पूंजी 21वीं सदी में

पूंजी

21वीं सदी में

Capital in the 21st Century

थॉमस पिकेटी

अनुवादक

प्रो. बी.एस. बागला

सम्पादकीय सहयोग

डा. एस. एस. अवस्थी

प्रकाशक
यूनीकॉर्न बुक्स

F-2/16, अंसारी रोड़, दरियागंज, नई दिल्ली-110002
23275434, 23262683, 23250704 • 011-23257790
ई-मेल: info@unicornbooks.in • वेबसाइट: www.unicornbooks.in

शाखा : मुम्बई
23-25, जाओबा वाड़ी, ठाकुरद्वार, मुम्बई-400002
022-22010941, 022-22053387
ई-मेल: rapidex@bom5.vsnl.net.in

Cet ouvrage a bénéficié du soutien des Programmes d'aide à la publication de l'Institut français.

ISBN: 978-81-7806-390-4

मूल संस्करण (फ्रांसीसी): Le Capital au XXIe siècle

मुद्रक: परम ऑफसेटर्स, ओखला, नई दिल्ली-110020

अनुक्रम

खण्ड-4

21वीं सदी में पूंजी पर विनियमन

आभार

यह पुस्तक धन सम्पदा और आय की ऐतिहासिक गत्यात्मकताओं को समझने हेतु चले 15 वर्षीय शोध प्रयास [1998-2013] पर आधारित है। इस शोध का अधिकांश कार्य अन्य अध्येताओं के सहयोग से ही हो पाया है।

फ्रांस में उच्च आय अर्जकों पर मेरा पिछला कार्य, Les hauts revenus en France an 20e siecle [2001] को सौभाग्यवश एंथनी एटकिन्सन और इम्मैनुअल सईज का उत्साह वर्धक अनुमोदन भी मिला था। उनके बिना मेरा फ्रांस केंद्रित प्रकल्प उस अंतर्राष्ट्रीय सार्थकता को कभी नहीं पा सकता था। स्नातक अध्ययन काल में मेरे आदर्श रहे एंथनी ने फ्रांस में विषमता पर मेरे ऐतिहासिक अंवेषण को सबसे पहले पढ़ा और तुरंत ही ब्रिटेन और अन्य कई देशों के घटनाक्रम का उसी दृष्टि से अध्ययन प्रारंभ कर दिया। हम दोनों ने मिलकर दो भारी भरकम संकलन सम्पादित किए, जिनका प्रकाशन 2007 और 2010 में हुआ। इनमें आय की विषमताओं के विकासक्रम के विषय में कुल मिलाकर 20 देशों का विशद आंकड़ा सार संग्रहित है। इम्मैनुअल और मैंने मिलकर संयुक्त राज्य का अध्ययन किया। हमें 1970 और 1980 के दशकों में शीर्षस्थ एक प्रतिशत आय में आकाशगामी संवृद्धि के दर्शन हुए और हमारे शोध अध्ययन का संयुक्त राज्य में राजनीतिक विमर्श पर भी कुछ प्रभाव अवश्य हुआ। हमने मिलकर पूंजी और आय पर अभीष्ट कराधान पर कई सैद्धांतिक शोध पत्र भी लिखे हैं। यह पुस्तक इन सभी सांझे प्रयासों की अत्यंत ऋणी है।

यह पुस्तक गिल्लेस पोस्टल-विनय और ज्यां-लॉरेंट रोजेंथाल के सहयोग से फ्रांसीसी क्रांति से लेकर वर्तमान समय तक पैरिस की सम्पदाओं के अभिलेखों के एतिहासिक शोध से भी बहुत गहराई से प्रभावित हुई है। इस कार्य ने मुझे धन और पूंजी के महत्व को अधिक घनिष्ठ एवं विशद रूप में समझने और उनके मापन की समस्याएं जानने में सहायता की है। सबसे बढ़कर तो यह बात है कि गिल्लेस और ज्यां-लॉरेंट ने मुझे 1900-1910 तथा वर्तमान समय में सम्पत्ति की रचना में अनेक समानताओं और अंतरों को समझना सिखाया है।

मेरा यह कार्य उन पीएचडी स्तर के एवं युवा अध्येताओं का भी गहन रूप से ऋणी है जिनके साथ पिछले 15 वर्षों में मुझे काम करने का सुयोग मिला है। इस पुस्तक के आधार स्वरूप शोध कार्यों में उनके प्रत्यक्ष योगदान से भी बढ़कर तो उनका वह उत्साह, वह ऊर्जा हैं जिन्होंने उस बौद्धिक उत्साह से

ओतप्रोत वातावरण का सृजन किया है जिसमें यह शोध कार्य और प्रखर हो पाया है। मैं विशेष रूप से इनके विषय में सोच रहा हूं : फेकंडो अलवारेडो, लॉरेंट बेश, एंटॉइन बोजिओ, क्लेमेंट कार्बोनियर, फैबियन डेल, गेबरियल फैक, निकोलस फ्रेमॉक्स, लूसी गेडेन्न, जूलियन ग्रेनेट, ऐलिज हयूलेरी, कैमिल्ले लैंडैइस, आइजोना मैरीनेस्क, एलोडी मोरीवल, मोरीवल,नैन्सी किआन, डोरोथी रौजे, स्टीफानी स्टेन्त्सेवा, जुलिआना लोंडोनोवा वेलेज, गुइल्लोम सैंट जेक्वेस, क्रिस्टोफ शिंके, ऑरिल्ले सोतुरा, मैथियू वाल्डेनेयर और गैबरियल जुक्मैन। अधिक स्पष्ट रूप से कहूं तो इस पुस्तक में जिस विश्व शीर्ष आय आंकडा सार [WTID] की मैंने बार-बार चर्चा की है, फैकंडो अलवारेडो की दक्षता, सटीकता और प्रतिभा के बिना उसकी रचना ही नहीं हो पाती। कैमिल्ले लैंडाइस के उत्साह और आग्रह के बिना "राजकोषीय क्रांति" पर हमारा सांझा प्रकल्प कभी लिखा ही नहीं जाता। गैबरियल जुक्मैन की पैनी दृष्टि और अद्‌भुत कार्य क्षमता के बिना मैं धनी देशों में पूंजी/आय अनुपात के ऐतिहासिक विकासक्रम विषयक कार्य को कभी संपूर्ण नहीं कर पाता और यही कार्य इस पुस्तक का एक आधार स्तंभ है।

मैं उन सभी संस्थानों का भी धन्यवाद करना चाहता हूं जिन्होंने इस महती शोध कार्य को संभव बनाया है। मैं सर्वप्रथम Ecole des Hautes Erudes en Sciences Sociales का आभार कर रहा हूं जहां मैं वर्ष 2000 से शिक्षण मंडल का सदस्य हूं। मैं Ecole Normale Superieure सहित उन सभी संस्थानों का भी आभारी हूं जिनके योगदान से पैरिस स्कूल ऑफ इक्नॉमिक्स की स्थापना हो पायी और जहां मैं स्थापना काल से ही प्रोफैसर ही नहीं हूं, बल्कि जिसका मैं संस्थापक निर्देशक भी रहा हूं [2005 से 2007तक]। अपनी सामर्थ्य का योगदान करते हुए और अल्पमत भागीदारों के रूप में सहयोग करते हुए इन संस्थानों ने अपने निजी हितों से बहुत ऊपर उठकर एक नूतन सार्वजनिक संस्थान का निर्माण किया है। मुझे आशा है कि यह संस्थान 21वीं सदी में राजार्थशास्त्र के बहुमुखी एवं बहुविध विकास में अपना योगदान देता रहेगा।

और अंत में, मैं अपनी तीन अतिप्रिय पुत्रियों, जुलियट, डेबोरा और हेलेन का उस स्नेह और ऊर्जा के लिए आभारी हूं जो उनसे मुझे निरंतर मिलती रहती है। मेरी जीवन संगिनि जूलिया का भी आभार है जो मेरी सर्वश्रेष्ठ पाठक भी है। इस पुस्तक के रचना काल में उनका प्रभाव और सहयोग अत्यंत मूल्यवान रहा है। इनके बिना मुझमें इस प्रकल्प को संपूर्णता तक ले जाने की ऊर्जा ही नहीं होती।

अनुवादक की टिप्पणी

'पूंजी-21वीं सदी में' प्रख्यात फ्रांसीसी अर्थशास्त्री थॉमस पिकेटी के 15 वर्ष के अथक शोध प्रयास की परिणति है। उनका आग्रह है कि पूंजी अपना स्वरूप, रचना और कलेवर निरंतर बदलती एवं संवर्धित करती रही है। यह कभी कृषि भूमि, दास श्रमिक, भवन सम्पदा, औद्योगिक मशीन –उपकरण आदि से आगे निकल वित्तीय एवं मानवीय पूंजी का रूप धारण कर चुकी है— आगामी दशकों में इसके रूप-स्वरूप और व्यवहार में होने वाले परिवर्तनों के विषय में आज केवल इतना कहा जा सकता है कि परिवर्तन अवश्य होंगे—कैसे और किस प्रकार के—यह तो भविष्य ही बता पाएगा।

प्रो. पिकेटी ने पूंजी की परिभाषा में व्यक्ति की सभी परिसम्पत्तियों को समाहित किया है। सामान्यत: अर्थशास्त्र की पुन्तकों में पूंजी को धन सम्पदा का वह अंश बताया जाता है जो आय के सृजन के उत्पादक कार्यों में लगा हो। किंतु इस पुस्तक के लेखक का आग्रह है कि प्रत्यक्ष रूप से उत्पादन में प्रयुक्त नहीं होने पर भी सम्पित्त या धन दौलत निरंतर आय उपार्जन करती है— चाहे वह पूंजीगत लाभ के रूप में हो या फिर अपरिहार्य मदों पर व्यय करने से बचाव के रूप में— यदि व्यक्ति अपनी सम्पत्ति अर्थात घर में स्वयं निवास करता है तो वह किराया भरने से बच जाता है— अत: उसकी वह निष्क्रिय संम्पत्ति भी निहित रूप से उसकी सकल प्रयोज्य आय में वृद्धि तो कर ही देती है— संभावित पूंजीगत लाभ इससे अतिरिक्त ही रहेगा। वैसे पूंजी के विषय में यह विचार भारत में जनमानस की सामान्य धारणा के बहुत निकट है— आम आदमी समस्त धन सम्पदा को ही पूंजी मानता है। यही नहीं, पूंजी के रूप-स्वरूप के अंतरणों और सामाजिक जीवन स्तर पर प्रभाव को लेकर तो हिन्दी की एक कहावत—माया तेरे तीन नाम— परसू, परसा, परशुराम बहुत ही सटीक प्रतीत होती है।

सामाजिक सरकार विषयक धारणा निरंतर प्रशासकीय स्तर पर सार्वजनिक सेवाओं— विशेषकर शिक्षा एवं स्वास्थ्य— पर आग्रह कर रही है। इसके वित्तीय प्रबंध के लिए कर आधार को और गहन एवं विस्तृत करने

के सुझाव भारत के वर्तमान संदर्भ में नीति निर्माताओं के लिए बहुत ही सटीक प्रतीत होते हैं। विषमताओं की आशंकित गहनता का निवारण नयी पीढ़ी को शिक्षा ऋण के भार के तले दबे हुए अपना जीवन प्रारंभ करने को विवश करने से नहीं हो पाएगा— इसके लिए तो सर्वसुलभ सार्वजनिक शिक्षा व्यवस्था की ही आवश्यकता होगी। भले ही पिछले कुछ वर्षों में हमारे नीति निर्माताओं ने "प्रयोक्ता शुल्क उगाही" की परिधि का निरंतर विस्तार करने का प्रयास किया है, किंतु प्रो. पिकेटी ने विकसित यूरोपीय देशों के एतिहासिक अनुभवों के आधार पर स्पष्ट किया है कि सामाजिक सेवाओं के सार्वजनिक बजट से प्रावधान से अधिक समताकारी कोई विकल्प नहीं है।

अंत में मैं प्रकाशक डा. अशोक गुप्ता जी का आभारी हूं कि उन्होंने मुझे यह अनुवाद कार्य करने का अवसर प्रदान किया। मेरे सहयोगी डा. शिवशंकर अवस्थी भी मेरे आभार के पात्र हैं जिन्होंने हिन्दी अनुवाद के सम्पादन में अथक सहयोग दिया है। श्री दिनेश मिश्र और उनकी सुपुत्री श्रीमती अर्चना शर्मा ने बहुत मनोयोग से मेरे लेखन का परिमार्जन करने में अमूल्य योगदान किया है— मैं उनका भी ऋणी हूं।

■ ■ ■

भूमिका

"सामाजिक भेद केवल सांझी उपयोगिता पर ही आधारित हो सकते हैं"—मानव एवं नागरिक अधिकार उद्घोषणा अनुच्छेद–1, 1789.

आज एक बहुचर्चित और विवादपूर्ण प्रश्न है धन का विभाजन! किंतु दीर्घकालिक दृष्टि से इस प्रश्न के उद्भव और विकास के विषय में हम क्या जानते हैं? क्या वास्तव में, जैसा कि उन्नीसवीं शताब्दी में कार्ल मार्क्स का विश्वास था, निजी पूंजी के संकलन की गत्यात्मकता *(Dynamics)* से धन निश्चित रूप से कम से कम लोगों के हाथों में सिमटता चला जाएगा? या फिर साइमन कुजगेट्स का बीसवीं शताब्दी का विचार अधिक सटीक होगा कि संवृद्धि, स्पर्धा *(Competition)* और प्रौद्योगिकीय प्रगति की संतुलनकारी शक्तियां विकास के अगले सोपानों में विभिन्न सामाजिक वर्गों के बीच विषमताओं का परिहार करते हुए उनमें अधिक समरसता का संचार कर देंगी? आखिर अठारहवीं शताब्दी से धन और आय के विकास-क्रम को लेकर हमारी जानकारी कितनी विकसित है और उस ज्ञान से हम वर्तमान शताब्दी के लिए क्या सीख प्राप्त कर सकते हैं?

यह वे प्रश्न हैं जिनके उत्तरों की खोज का प्रयास मैं इस पुस्तक में करने जा रहा हूँ। एक बात मैं पहले ही स्पष्ट कर देना चाहता हूँ। यहाँ जो उत्तर हमें मिल रहे हैं वे कुछ 'अपूर्ण' और अपर्याप्त ही हैं। किंतु ये उत्तर हमारे पूर्ववर्ती शोधकर्ताओं को उपलब्ध जानकारी की अपेक्षा कहीं अधिक विस्तृत एवं तुलनीय आंकड़ों पर आधारित हैं जो तीन शताब्दियों के कार्यकाल और बीस देशों के अनुभवों को दर्शाते हैं। यही नहीं, ये एक नई सैद्धांतिक रूपरेखा पर भी आधारित है जो इनकी अंतर्निहित प्रक्रियाओं को कहीं अधिक गहराई से समझने में सहायक है। आधुनिक आर्थिक संवृद्धि एवं ज्ञान के प्रसार से मार्क्सवादी अंतर्ज्ञान से बचना संभव हो गया है, किंतु पूंजी और विषमता की गहन अंतर्रचनाओं में अभी अधिक परिवर्तन नहीं आ पाया

है— कम से कम उस सीमा तक तो नहीं जिसकी अपेक्षा द्वितीय महायुद्ध के उपरांत के आशापूर्ण दशकों में की जा रही थी। जब पूंजी पर प्रतिप्राप्ति *(Capita Income/Return on Capital)* की दर उत्पादन और आय की संवृद्धि दर से अधिक हो जाती है तो पूंजीवाद स्वत: ही बहुत ही मनमानी और अधारणीय (असाध्य) विषमताओं का सृजन करने लगता है जो लोकतांत्रिक समाजों की रचना के आधारभूत गुणाधारित तंत्र के मूल जीवन मूल्यों को ही खोखला कर देती हैं। उन्नीसवीं शताब्दी में ऐसा ही हो रहा था— और 21वीं में भी इसकी पुनरावृत्ति की आशंकाएं प्रबल हो रही हैं। फिर भी ऐसी विधियां विद्यमान हैं जिनके माध्यम से लोकशाही निजी हितों पर प्राथमिकता हासिल कर सकती है और आर्थिक खुलेपन को बनाए रख कर संरक्षणवाद तथा राष्ट्रवादी प्रतिक्रियाओं से बची रह सकती है। इस पुस्तक में आगे चलकर मैं जो नीतिगत सुझाव देना वाला हूँ, वे इसी दिशा में संकेत करते हैं। ये सब हमारे ऐतिहासिक अनुभवों के, आगामी पृष्ठों में अंकित विवरणों में निहित सीखों पर ही आधारित हैं।

बिना आंकड़ों के विवाद?

बहुत समय से धन के विभाजन से जुड़ा बौद्धिक एवं राजनीतिक विवाद अत्यधिक पूर्वाग्रहों से ग्रस्त और तथ्यों के अभाव पर आधारित रहा है।

यह तो तय है कि सैद्धांतिक रूपरेखा और सांख्यिकीय विश्लेषण के बिना भी धन और आय के समयकालिक स्तरों को लेकर जो सामान्य जानकारी या बोध समाज में प्राय: सभी को हो रहा होता है, उसके महत्त्व को कम करके आंकना एक भूल होगी। फिल्मों और साहित्य में, विशेषकर उन्नीसवीं शताब्दी के उपन्यासों में, तो उस समय के समाज के विभिन्न वर्गों के सापेक्ष धन और जीवन निर्वाह के स्तरों के विषय में बहुत ही विस्तृत जानकारी भरी है। इस जानकारी में विषमता *(Inequality)* की गहन रचना, उसे किस प्रकार उचित ठहराया जाता था और उस विषमता का व्यक्तियों के जीवन पर क्या प्रभाव होता था–आदि बातें विशेष रूप से उभर कर स्पष्ट होती हैं। वास्तव में जेन ऑस्टिन और ऑनर डी बालजाक के उपन्यासों ने तो 1770 से 1830 की अवधि के ब्रिटेन और फ्रांस में धन

के वितरण का बहुत सजीव चित्रण किया है। दोनों उपन्यासकार अपने-अपने समाज में धन धारण की क्रमिकताओं को अंतरंग रूप से जानते थे। उन्होंने धन के परोक्ष आयामों और नर-नारियों के जीवन पर उन [आयामों] के अपरिहार्य निहितार्थों को भी भलीभांति समझ लिया था। वे जानते थे कि विवाह की युक्ति [या रणनीति], व्यक्तिस्तरीय अपेक्षाओं और निराशाओं का धन संपन्नता से किस प्रकार सीधा संबंध रहता था। इन्होंने तथा अन्य उपन्यासकारों ने जितने सुस्पष्ट और सशक्त रूप से विषमता के प्रभावों का चित्रण किया है, उसकी समानता न कोई सैद्धांतिक चर्चा कर सकती है और न ही सांख्यिकीय विश्लेषण।

वास्तव में धन का वितरण इतना महत्त्वपूर्ण मुद्दा है कि इसे अर्थशास्त्रियों, समाजशास्त्रियों, इतिहासकारों और दार्शनिकों के भरोसे नहीं छोड़ा जा सकता। इसमें तो सभी को दिलचस्पी होती है और यह एक अच्छी बात है। विषमता की स्थूल वास्तविकता किसी की आंखों से छुपी नहीं रहती और यह सहज ही बड़े तीखे, किंतु परस्पर विरोधी, निष्कर्षों का सृजन भी करती है। कृषक और संभ्रात, मजदूर और फैक्ट्री मालिक, वेटर और बैंकर, सभी का अपना अपना विशेष अवलोकन स्तर और दृष्टिकोण होता है। उन्हीं से वे अन्य लोगों के रहन-सहन के मुख्य लक्षणों को देखते हैं और यह जानने का प्रयास करते हैं कि विभिन्न सामाजिक समूहों के बीच किस प्रकार के 'शक्ति' और 'प्रबलता' के संबंध विद्यमान हैं। यही अवलोकन उनके उचित और अनुचित के न्यायबोध की रचना करता है। अत: सदैव ही विषमता का एक मनोवैज्ञानिक आधारभूत आयाम रहता है। यही आयाम निश्चित रूप से ऐसे राजनीतिक द्वंद्व को जन्म देता है जिसका निवारण कोई भी वैज्ञानिक (घोषित किया गया) विश्लेषण नहीं कर पाता, लोकतंत्र का स्थान कोई विशेषज्ञों का जनतंत्र नहीं ले सकता और यह एक अत्यंत ही उत्कृष्ट बात है।

फिर भी वितरण के प्रश्न का व्यवस्थित एवं विधिवत् अध्ययन होना ही चाहिए। यदि विभिन्न स्रोतों, विधियों और अवधारणाओं की सटीक परिभाषाएं नहीं हों तो प्रत्येक स्तर पर भारी विभ्रम की संभावना बनी रहती है। कुछ व्यक्तियों का विश्वास है कि विषमताएं निरंतर बढ़ती जा

रही हैं और यह विश्व निश्चित रूप से अधिक से अधिक अन्यायपूर्ण होता जा रहा है। अन्य यह मानते हैं कि विषमता स्वाभाविक रूप से कम हो रही है, अर्थात् स्वत: ही समरसता का संचार हो रहा है और किसी भी स्थिति में कोई हस्तक्षेप नहीं होना चाहिए, क्योंकि उस हस्तक्षेप से इस सुखकर संतुलन के दुष्प्रभावित होने की आशंका हो सकती है। यह बहिर–संवाद है—इसमें सभी पक्ष अपनी बौद्धिक अकर्मण्यता को उचित सिद्ध करने के लिए दूसरों की सुस्ती की ओर संकेत करना ही प्रर्याप्त मान रहे हैं । अत: इस विषय में संपूर्ण रूप से वैज्ञानिक दृष्टिकोण संभव नहीं हो, तो भी व्यवस्थित् और विधिवत शोध की आवश्यकता से इनकार नहीं किया जा सकता। विशेषज्ञों के विश्लेषण कभी विषमता प्रेरित हिंसात्मक राजनीतिक द्वंद्वों को समाप्त नहीं कर पाएंगे। सामाजिक वैज्ञानिक शोध आज भी प्रयोगात्मक और अपूर्ण हैं और भविष्य में भी इसका स्वरूप इसी प्रकार बना रहेगा। अर्थशास्त्र, समाजशास्त्र और इतिहास को किसी संपूर्णतायुक्त विज्ञान में परिवर्तित करने का कोई दावा यहाँ नहीं किया जा रहा है। किंतु तथ्यों और उनकी उभरती हुई रूपरेखाओं (प्रवृत्तियों) की धैर्यपूर्वक खोज तथा उनकी व्याख्या करने वाली आर्थिक, सामाजिक और राजनीतिक प्रक्रियाओं का शांतभाव से विश्लेषण लोकतांत्रिक संवाद को अधिक सटीक स्वरूप प्रदान कर सही प्रश्नों पर ध्यान केंद्रित कर सकता है। इससे संवाद की रचना की पुन: परिभाषा होगी, कुछ पूर्वाग्रह अथवा भ्रमजनित धारणाएं उजागर होंगी और सभी स्थापनाओं की निरंतर तर्काधारित समीक्षा हो पाएगी। मेरा मत है, कि अन्य सामान्य नागरिकों की ही भांति समाजशास्त्रियों सहित सभी बुद्धिजीवियों को यह भूमिका निभानी चाहिए और सौभाग्यवश उनके पास ऐसे अध्ययन के लिए अधिक समय भी होता है—एक और विशिष्ट विशेषाधिकार यहाँ दिखाई दे ही जाता है—इन्हें इस अध्ययन के लिए किसी न किसी स्रोत से आय भी प्राप्त हो जाती है।

इस तथ्य से मुँह चुराना संभव नहीं है कि बहुत समय से धन के वितरण से जुड़ा समाजशास्त्रीय अनुसंधान धारित तथ्यों के अपेक्षाकृत सीमित समुच्चय और अनेक प्रकार के विशुद्ध सैद्धांतिक अनुमानों पर आधारित रहा है। इस पुस्तक की रचना के लिए संकलित स्रोत सामग्री पर

विस्तारपूर्ण चर्चा से पूर्व मैं इन प्रश्नों पर पूर्ववर्ती चिंतन का एक ऐतिहासिक वृत चित्रित दर्शाना चाहता हूँ।

माल्थस, यंग और फ्रांसीसी क्रांति

अठारहवीं सदी के उत्तरार्द्ध एवं उन्नीसवीं के पूर्वार्द्ध में शास्त्रीय राजार्थशास्त्र का जन्म हुआ, उस समय तक वितरण का प्रश्न सामाजिक संवाद का एक प्रमुख मुद्दा बन चुका था। सभी को लग रहा था कि निरंतर जनसंख्या वृद्धि [पहले ऐसा घटनाचक्र कभी नहीं देखा गया था], ग्रामीण क्षेत्रों से जन पलायन और औद्योगिक क्रांति मिलकर एक बड़े क्रांतिकारी परिवर्तन की रचना कर रहे थे। इस उथल-पुथल के यूरोपीय समाज में धन के वितरण, सामाजिक संरचना और राजनीतिक संतुलन पर क्या प्रभाव पड़ सकता थे?

थॉमस माल्थस, जिन्होंने 1798 में *जनसंख्या सिद्धांत पर अपना निबंध प्रकाशित* किया था, के अनुसार निश्चित रूप से प्राथमिक खतरा तो अतिजनसंख्या से उत्पन्न होने जा रहा था।[1] यद्यपि उनके सूचना स्रोत बहुत ही सीमित थे, पर उन्होंने उनका भरपूर उपयोग किया। उन्हीं सूचना स्रोतों में प्रमुख थी अंग्रेज कृषिशास्त्री आर्थर यंग की यात्रा वृतांत डायरी। यंग ने कैलैस से पिरेनीज तक और ब्रिटेनी से फ्रैंच कौंट तक फैले फ्रांसीसी क्षेत्र में औद्योगिक क्रांति के प्रारम्भ काल में, वर्ष 1787-88 में, व्यापक भ्रमण किया था। अपने वृतांत में यंग ने फ्रांस के ग्रामीण अंचल में व्याप्त गरीबी का वर्णन किया था।

उनका वह सजीव निबंध किसी भी प्रकार से पूर्णत: अशुद्ध नहीं था। उस समय 'फ्रांस' यूरोप का सबसे अधिक जनसंख्या वाला देश था। अत: निश्चित रूप से उसे जनसंख्या की विशालता के प्रभावों का अवलोकन करने के लिए आदर्श माना जा सकता था। यह देश 1700 ईसवी में 20 मिलियन जनसंख्या का दम भरता था जबकि ग्रेट ब्रिटेन में केवल 8 मिलियन नागरिक थे, अकेले इंग्लैंड का जनसमुदाय तो मात्र 5 मिलियन ही था। अठारहवीं सदी में लुई चौदह के कार्यकालांत से लेकर लुई चौदह के निधन तक फ्रांस की जनसंख्या निरंतर वृद्धिमान रही और 1780 में यह

30 मिलियन के पास पहुंच गई थी। इस बात पर विश्वास करने का पूरा आधार है कि 1789 की क्रांति के पूर्ववर्ती दशकों में जनसंख्या की अभूतपूर्व तीव्र वृद्धि ने जहां कृषि मजदूरी दरों को निम्न स्तर पर स्थिर बनाए रखा वहीं भूमि लगान में निरंतर वृद्धि होती रही। यद्यपि वह जनांकीय *(Demographic)* बदलाव फ्रांसीसी क्रांति का एकमात्र कारण नहीं था, किंतु, इसने स्पष्टत: उस समय के कुलीनतंत्र तथा राजनीतिक व्यवस्था को अलोकप्रिय बनाने में बहुत बड़ा योगदान दिया था।

किंतु यंग के 1792 में प्रकाशित लेख में राष्ट्रवादी पूर्वाग्रहों और भ्रामक तुलनाओं की झलक भी विद्यमान थी। उस महान कृषिशास्त्री को उन सरायों का वातावरण अच्छा नहीं लगा, जहां वह अपनी यात्रा के दौरान ठहरा था—उन स्थानों पर परिचारिका का काम करने वाली महिलाओं का बर्ताव भी उन्हें अच्छा नहीं लगा था। उनकी बहुत सी बातें बहुत तुच्छ और इक्का-दुक्का घटनाओं पर आधारित थीं— किंतु उन्हें विश्वास था, कि वह उन्हीं बातों के आधार पर पूरे फ्रांस के विषय में सर्वव्यापी निष्कर्ष तक पहुंच सकते थे। उनकी मुख्य चिंता यह थी कि जिस व्यापक गरीबी के दर्शन उन्होंने किये थे, वह एक बड़े राजनीतिक विस्फोट को जन्म देगी। उनका एक विशेष आग्रह यह था कि ब्रिटिश पद्धति की राजनीतिक व्यवस्था, जिसमें संसद के दो सदन हों, एक जनसामान्य के लिए तथा दूसरा अभिजात्य वर्ग के लिए, तथा जिसमें उच्च वर्गों को निषेधाधिकार प्राप्त हो, उन्हीं उत्तरदायित्वपूर्ण व्यक्तियों द्वारा शासन के माध्यम से समरसता एवं शांतिपूर्ण विकास का मार्ग प्रशस्त कर सकती थी। उन्हें पूरा विश्वास था कि 1789–90 में फ्रांस का सामान्य एवं अभिजात्य वर्गों को एक ही विधायी सदन में सदस्य बनाने का निर्णय, उसे बर्बाद करने वाला था। यह कहना अतिशयोक्ति पूर्ण नहीं होगा, कि उनका सारा विवरण विश्लेषण फ्रांस में क्रांति की आशंका के भय से ओतप्रोत था। जब भी कोई धन के वितरण की बात करता है, राजनीति उस चर्चा से बहुत दूर नहीं रह पाती और किसी भी व्यक्ति के लिए समकालिक वर्ग पूर्वाग्रहों और हितों से निरपेक्ष रह पाना संभव नहीं होता।

जब 1798 में रेवरेंड माल्थस ने अपना सुविख्यात निबंध प्रकाशित किया तो वह यंग से भी कहीं अधिक क्रांतिकारी नतीजों तक पहुंच गए। वह भी अपने देशवासी यंग की ही भांति फ्रांस से उदित होने वाले नए राजनीतिक विचारों से बहुत घबराए हुए थे और स्वयं को आश्वस्त करना चाहते थे कि जैसी उथलपुथल फ्रांस में हुई थी वैसी ब्रिटेन में न हो जाए। इसीलिए उन्होंने सुझाव दिया, कि विश्व को जनाधिक्य से संभावित अराजकता और दुरवस्था से बचाने के लिए आवश्यक होगा कि गरीबों के कल्याण के लिए दी जा रही हर प्रकार की सहायता तुरंत बंद कर दी जाए तथा गरीब परिवारों के और बच्चे पैदा होने की भी बड़ी कड़ाई से समीक्षा की जाए। यूरोप के अभिजात्य वर्गों में 1790 के दशक में व्याप्त भय को समझे बिना माल्थस द्वारा मानव जाति के लिए जिस अंधकारमय भविष्य का चित्रण किया गया था, उसे समझ पाना संभव नहीं होगा।

रिकार्डो: दुर्लभता का सिद्धांत

आज उन सर्वनाश की भविष्यवाणियों का उपहास करना बहुत सरल लगता है किंतु, यह भी नहीं भूलना चाहिए कि अठारहवीं–उन्नीसवीं शताब्दियों के उस संक्रांति काल के आर्थिक सामाजिक संक्रमण का घटनाक्रम प्रत्यक्ष- दर्शियों को बहुत ही प्रभावशाली, बल्कि भयकारी, भी लगा होगा। केवल माल्थस और यंग ही नहीं, उस युग के और भी अध्येता धन के वितरण और समाज की वर्ग व्यवस्था के दीर्घकालिक विकासक्रम विषयक अंधकारपूर्ण भविष्यवाणियों में भागीदार रहे थे। यह बात डेविड रिकार्डो और कार्ल मार्क्स के विषय में तो विशेष रूप से सत्य है। ये दोनों 19वीं सदी के सर्वाधिक प्रभावशाली अर्थशास्त्री थे। दोनों का विचार था कि समाज का एक बहुत छोटा–सा वर्ग उत्पादन और आय का निरंतर वृद्धिमान अंश हस्तगत करता चला जाएगा। अंतर इतना ही है कि जहां रिकार्डो ने इस वर्ग में भूस्वामियों को रखा था, वहीं मार्क्स ने औद्योगिक पूंजीपतियों को लेकर यही आशंका जताई थी।[2]

रिकार्डो द्वारा रचित सन 1817 में प्रकाशित रचना *"प्रिंसिपल्स ऑफ पॉलिटिकल इकॉनॉमी एंड टैक्सेशन"* की मुख्य चिंता भूमि की कीमतों पर

किरायों के दीर्घकालिक विकासक्रम से संबंधित थी। माल्थस की भांति ही उनके पास भी कोई सटीक आंकड़े नहीं थे। किंतु उनके पास उस समय के पूंजीवाद से जुड़ा अंतरंग ज्ञान अवश्य था। पुर्तगाली मूल के यहूदी साहूकार परिवार में जन्मे रिकार्डो माल्थस, यंग या फिर स्मिथ से कम राजनीतिक पूर्वाग्रहग्रस्त प्रतीत होते हैं। वे माल्थस के प्रतिभाग से प्रभावित थे—किंतु वे उस तर्क को और आगे तक ले गए। उनकी सबसे अधिक रुचि तो तार्किक विरोधाभास के अन्वेषण में थी। जब जनसंख्या और उत्पादन सत्वररूप से वृद्धिशील हों तो निश्चित रूप से अन्य पदार्थों की तुलना में भूमि सपेक्षत: दुर्लभ होती जाएगी। फिर तो आपूर्ति एवं मांग के नियमों के परिणामस्वरूप भूमि की कीमत में निरंतर वृद्धि होगी तथा भूस्वामियों को मिलने वाला किराया भी बढ़ता जाएगा। अत: भूस्वामी राष्ट्रीय आय का एक वृद्धिमान अंश हस्तगत करते जाएंगे। शेष समाज को सुलभ अंश में कमी से वर्तमान सामाजिक संतुलन में व्यवधान आ जाएगा। अत: रिकार्डो के अनुसार इस समस्या का तार्किक और राजनीतिक दृष्टियों से स्वीकार्य समाधान भू–किराये पर कर में निरंतर वृद्धि था।

यह धुंधले भविष्य की कल्पना गलत सिद्ध हुई : भूमि के किराये काफी समय तक उच्च स्तर पर रहे,पर अंतत: राष्ट्रीय आय में कृषि के अंश में गिरावट की प्रवृत्तियां आने पर कृषि भूमि का मूल्य भी अनिवार्य रूप से कम हो गया। वर्ष 1810 के दशक में लिख रहे रिकार्डो, आने वाले वर्षों में प्रौद्योगिकीय प्रगति और औद्योगिक संवृद्धि के महत्त्व का पूर्वानुमान कर पाने की स्थिति में नहीं थे। माल्थस और यंग की भांति ही वे भी कल्पना नहीं कर पाये कि कभी मानवजाति अपनी संधार्य विवशताओं से पूरी तरह मुक्त हो पाएगी।

फिर भी भूमि की कीमत विषयक उनकी अंतर्दृष्टि रुचिकर है: जिस दुर्लभता के सिद्धांत का उन्होंने सहारा लिया था उसके अनुसार अनेक दशकों तक चल कर कतिपय कीमतें बहुत ही उच्च स्तरतक पहुंच सकती है। ये सारे समाज को अस्थिर करने के लिए काफी हो सकता है। कीमत प्रणाली लाखों, आज के वैश्वीकृत संदर्भ में तो करोड़ों, व्यक्तियों की

गतिविधियों में सामंजस्य की स्थापना में एक बड़ी भूमिका निभाती है। समस्या यह है कि कीमत प्रणाली न तो किसी सीमा का सम्मान करती है और न ही किसी प्रकार की नैतिकता से उसका परिचय होता है।

आज 21वीं सदी में विश्व स्तर पर धन के वितरण को समझने में दुर्लभता के सिद्धांत की अनदेखी करना एक गंभीर गलती होगी। इस कथन को समझने के लिए बस इतना पर्याप्त रहेगा कि रिकार्डो के प्रतिमान की कृषि भूमि की कीमत के स्थान पर एक बार आज के विश्व की किसी राजधानी में शहरी भूसम्पदा की कीमत या फिर तेल की कीमत रख कर विचार करें। यदि 1970-2010 की प्रवृत्तियों का 2010-50 या 2010-2100 तक प्रक्षेपण करें, तो दोनों ही कीमतों से न केवल विभिन्न देशो के बीच बल्कि, उन सभी में आंतरिक रूप से भी भीषणतम आर्थिक, सामाजिक और राजनीतिक असंतुलन की विभीषिका प्रकट हो जाएगी, यह असंतुलन निश्चय ही रिकार्डो द्वारा चिन्हित अंतर्ज्ञान से अधिक भिन्न नहीं है।

हां, यह सत्य है कि एक साधारण सी आर्थिक मांग और आपूर्ति की प्रक्रिया इस संतुलन को पुन: स्थापित कर सकती है। यदि किसी वस्तु की आपूर्ति अदक्ष है और इसकी कीमत बहुत अधिक हो गई है तो उसकी मांग में कमी आनी चाहिए और उसके फलस्वरूप कीमत में गिरावट आनी चाहिए। दूसरे शब्दों में, यदि शहरी भूसम्पदा और तेल बहुत महंगे हो गए हों तो लोगों को शहर से गांवों की ओर चल देना चाहिए तथा जहां तक हो सके साइकलें चलाना शुरू कर देना चाहिए। [संभवत: दोनों काम एक साथ करने चाहिए]। दोनों संभवत: काफी असुखद और जटिल भी होंगे : इनमें कई दशकों का समय भी लग सकता है। किंतु इस अवधि में भू-स्वामी और तेलकूपों के मालिक के शेष जन समुदाय पर लेनदारी के दावे इतने विराटकाय हो जाएंगे कि यही दो वर्ग विश्व भर की ग्रामीण भूमि और साइकलों सहित सभी स्वामित्व योग्य चीजों के सदा-सदा के लिए मालिक बन बैठेंगे।[3] किंतु, जैसा हमेशा होता है—निकृष्टतम आशंका का सत्य होना आवश्यक नहीं होता।

अभी अपने पाठकों को ऐसी चेतावनी देना जल्दबाजी होगी कि 2050 तक वे सभी कतर के अमीर को किराया चुका रहे होंगे। मैं इन प्रश्नों पर आगे चलकर विचार मंथन करूंगा और मेरा उत्तर कुछ अधिक सूक्ष्म होगा—पर उसमें सामान्य सी आश्वस्ति ही निहित होगी। हां, अभी तो यही समझ लेना पर्याप्त है कि मांग और आपूर्ति की अंतर्क्रियाएं कीमतों के सापेक्ष स्तर में भारी बदलाव के कारण धन के वितरण में व्यापक और स्थायी भिन्नता की संभावना को नकार नहीं पातीं। रिकार्डो के दुर्लभता के सिद्धांत का यही मुख्य निहित अर्थ है। किंतु हमें इस प्रकार का पांसा फेंकने को कोई विवश तो नहीं कर सकता।

मार्क्स : असीमित संचयन का सिद्धांत

रिकार्डो के *सिद्धांत* के प्रकाशन के अर्द्धशती पश्चात् 1867 में कार्ल मार्क्स के ग्रंथ *कैपिटल* का पहला खंड प्रकाशित हुआ। उस समय तक आर्थिक और सामाजिक वास्तविकताओं में बहुत बदलाव आ चुके थे। अब मुख्य प्रश्न यह नहीं रहा था कि क्या किसान वृद्धिमान जनसंख्या का पेट भर पाएंगे अथवा क्या भूमि की कीमतें आसमान छूने लगेंगी। अब तो पूर्णरूप से प्रस्फुटित हो रहे औद्योगिक पूंजीवाद की गत्यात्मकता को समझ पाना ही मुख्य सरोकार हो गया था।

उस समय की सबसे बड़ी सच्चाई औद्योगिक सर्वहारा श्रमिक की दुर्दशा थी। अर्थ व्यवस्था में संवृद्धि के बावजूद, संभवत: इसके कारण भी, तथा ग्रामीण क्षेत्रों में जनसंख्या के दबाव में वृद्धि और औद्योगिक उत्पादिता में निरंतर वृद्धि के प्रभावस्वरूप श्रमिक गांवों से पलायन कर शहरी क्षेत्रों की मलिन बस्तियों में भरते जा रहे थे। कार्य दिवस बडे लंबे होते थे और मजदूरी दरें निम्न थीं। शहरी क्षेत्रों में जो नवीन दुर्दशा उभर रही थी, वह पुरानी व्यवस्था की ग्रामीण दुर्दशा से कहीं अधिक स्पष्टत: सहजदृष्ट थी और उससे कहीं अधिक गहन एवं भयावह भी थी। *जर्मीनेल, ऑलिवर ट्विस्ट* और *ला मिजरेबल* जैसी रचनाएं किसी कल्पना से सृजित नहीं हुई थीं, न ही फ्रांस का 1841 का फैक्ट्री मजदूरों की न्यूनतम आयु 8 वर्ष निर्धारित करने वाला कानून था। ब्रिटेन का 1842 का खान मजदूर की

न्यूनतम आयु 10 वर्ष करने वाला कानून ऐसे ही पारित नहीं हो गया था। डॉ. विल्लीर्मीस द्वारा रचित *"टेबेल्यू डे एलइटेट फिजीक् एट मोराल डेस ऑवियर्स एम्पलॉएस लेस मैन्यूफैक्चर्स"* [1840, फ्रांस] ने अंततः एक निर्बल से बाल मजदूरी कानून को पारित कराने का आधार तैयार किया था। इस रचना ने फ्रांस की उसी भयावह वास्तविकता का चित्रण किया था, जैसा इंग्लैंड का स्वरूप 1845 में फ्रैड्रिक एंगल्स की रचना *"द कंडीशन ऑफ द वर्किंग क्लास इन इंग्लैंड"* ने प्रस्तुत किया था।[4]

आज हमें इस बात के पर्याप्त आंकड़े सुलभ हैं कि श्रमिकों की मजदूरी की क्रयशक्ति में अच्छा सुधार 19वीं शताब्दी के पूर्वार्ध—बल्कि अंतिम चतुर्थांश से पहले संभव नहीं हो पाया था। उन्नीसवी सदी के प्रथम से षष्ठम दशक तक मजदूरी दरें बहुत निम्न स्तर पर ही अटकी रहीं—यह स्तर 18वीं सदी और उससे पूर्व अवधि की दरों के समान बल्कि उससे भी कम था। इंगलैंड और फ्रांस में दिखाई दे रही यह मजदूरी स्थिरता और अधिक अखरती है—क्योंकि इन दोनों ही देशों में उस काल में आर्थिक संवृद्धि तीव्र हो रही थी। राष्ट्रीय आय में पूंजी का अंश—औद्योगिक लाभ, भूमि का किराया और भवनों का किराया—दोनों ही देशों में 19वीं सदी के पूर्वार्द्ध भाग में निश्चित रूप से भारी वृद्धि के संकेत दे रहा था [भले ही आज के मानकों की तुलना में उसकी आकलन विधि चाहे जितनी भी अपरिष्कृत प्रतीत हो]।[5] इस अंश में 19वीं सदी के अंतिम वर्षों में मजदूरी की संवृद्धि से कुछ निकटता के फलस्वरूप कुछ कमी दिखाई पड़ी। किंतु, जो आंकड़े हम एकत्र कर पाये हैं, उनसे प्रथम महायुद्ध से पूर्व विषमता में किसी संरचनागत गिरावट के संकेत नहीं मिल पाते। हनें 1870-1914 की अवधि में अधिक से अधिक यही दिखाई पड़ता है कि विषमता अपने अति उच्च स्तर पर जैसे स्थिर हो गई थी—कुछ आयामों में तो यह अंतहीन विषमता वृद्धि के कुचक्र का रूप धारण कर गई थी, जिसमें धन निरंतर सीमित हाथों में सीमित हो रहा था। यह कह पाना कठिन है कि महायुद्ध द्वारा सृजित बड़े आर्थिक और राजनीतिक संक्षोभों के अभाव में वह सीमित पथ कहां ले जाता। ऐतिहासिक विश्लेषण और कुछ संदर्भ परिप्रेक्षण द्वारा

आज हम यह समझ सकते हैं कि औद्योगिक क्रांति के बाद यही महायुद्ध सृजित संक्षोभ *(Shocks)* विषमता निवारण में समर्थ शक्ति रहे हैं।

कुछ भी हो, यह तो स्पष्ट है कि 1840 के दशक में औद्योगिक लाभ में संवृद्धि हुई, जबकि श्रमिकों की आय स्थिर ही रही। यद्यपि, उन दिनों राष्ट्रीय आय के आंकड़े तैयार नहीं किए जाते थे फिर भी उपर्युक्त जानकारी सभी को ज्ञात थी। इसी परिप्रेक्ष्य में प्रथम साम्यवादी एवं समाजवादी आंदोलन विकसित हुए। मूल तर्क एकदम सीधा–सरल था: औद्योगिक विकास में अच्छा क्या था, सभी प्रौद्योगिकीय नवप्रवर्तनों में ऐसी क्या अच्छाई थी, भारी मेहनत और जनसंख्या के एक स्थान से दूसरे [गांवों से शहरों] में पलायन करने से कौन सा हित साधन हुआ जबकि, जन सामान्य की जीवन दशा पहले की तरह ही दुर्दशापूर्ण रही है? और यदि कानून निर्माता तो बस 8 वर्ष से कम आयु के बच्चों को फैक्ट्री में काम पर रखने से मना कर के चुप बैठ गए? उस समय विद्यमान आर्थिक और राजनीतिक व्यवस्था का दिवालियापन तो सहज स्पष्ट हो रहा था। अत: स्वाभाविक रूप से इस घटनाक्रम के दीर्घकालिक विकास को लेकर हैरानी थी कि आखिर इसके बारे में कोई क्या करेगा?

मार्क्स ने अपने लिए यही कार्य तय कर लिया था। वर्ष 1848 में "राष्ट्रों के वसंत" [यहाँ उस वर्ष के वसंत में यूरोप के अनेक देशों में हुई क्रांति की ओर संकेत किया गया है] की पूर्वसंध्या पर मार्क्स ने अपना *"साम्यवादी घोषणा-पत्र"* प्रकाशित किया। यह एक संक्षिप्त किंतु, तीखा प्रहार करने वाला दस्तावेज था, जिसके पहले ही अध्याय का आरंभ उसके जाने-माने शब्दों से हुआ था: "यूरोप पर एक प्रेत मंडरा रहा है—साम्यवाद का प्रेत।"[6] यह आलेख इसी प्रकार की एक प्रसिद्ध क्रांति की भविष्यवाणी के साथ समाप्त हुआ था : "आधुनिक उद्योग का विकास स्वयं अपने पैरों के तले उस आधार को काट डालता है जिसके सहारे बुर्जुआ उत्पादन करते हैं और उत्पाद को हथिया लेते हैं। अत: जो उत्पादन बुर्जुआ करते हैं, वही उत्पादन सबसे पहले उनकी कब्रें खोदने वाले बन जाते हैं। उसका विध्वंस और सर्वहारा की विजय उतनी ही अपरिहार्य है।"

अगले दो दशकों तक मार्क्स उस भारी भरकम ग्रंथ की रचना में अथक प्रयास करते रहे, जो उनके उपर्युक्त निष्कर्ष को उचित ठहराए तथा पूंजीवाद और उसके पतन का प्रथम वैज्ञानिक विश्लेषण सिद्ध हो। कार्य अपूर्ण ही रहा—*'ग्रंथ'* का प्रथम खंड तो 1867 में प्रकाशित हो गया, किंतु बाद के दो परवर्ती खंडों की रचना 1883 में उनकी मृत्यु तक पूर्ण नहीं हो पायी। मार्क्स के छोड़े हुए इधर-उधर बिखरे [अस्पष्ट से भी] पन्नों को बटोर उन्हें एक पांडुलिपि का रूप देकर उनके मित्र ऐंगल्स ने उनके मरणोपरांत वे दो खंड प्रकाशित किए।

रिकार्डो की भांति मार्क्स ने भी अपने विश्लेषण का आधार पूंजीवादी व्यवस्था में अंतर्निहित टकरावों को बनाया था। अत: उन्होंने स्वयं को बुर्जुआ अर्थशास्त्रियों [जो बाजार को एक स्वत: नियमित व्यवस्था मानते थे—जो समझते थे कि एडम स्मिथ के 'अदृश्य हाथ' और ज्यां बैप्तिस्ट से के "उत्पादन द्वारा अपनी मांग के स्वयं सृजन" के अनुसार कार्य करते हुए यह व्यवस्था बिना किसी बड़े उतार-चढ़ाव के स्वयं ही संतुलन तक पहुंच पाने में समर्थ होगी] तथा आदर्श लोक कल्याणवादी समाजवादियों और प्रूधों के अनुयायियों से अलग सिद्ध करने का प्रयास किया। मार्क्स का कहना था कि दूसरे वर्ग के अर्थशास्त्री तो श्रमजीवी वर्ग की दुर्दशा की भर्त्सना कर संतुष्ट हो जाते थे—वे कभी उन आर्थिक प्रक्रियाओं का वैज्ञानिक विश्लेषण नहीं सुझा पाते थे जो उस दुर्दशा के लिए उत्तरदायी थीं।[7] संक्षेप में, मार्क्स ने ऐसे विश्व में, जहां पूंजी भूसम्पदा नहीं बल्कि औद्योगिक मशीनों-संयंत्रों के रूप में निरूपित थी [और इसी कारण सैद्धांतिक दृष्टि से उसके संकलन की कोई सीमा नहीं हो सकती थी] पूंजीवाद की गत्यात्मकता के बेहतर संपूर्ण विश्लेषण के लिए रिकार्डो के पूंजी की कीमत के सिद्धांत और दुर्लभता के सिद्धांत को आधार बनाया। उनका प्रमुख निष्कर्ष था अपरिमित संचयन *(Infinite Accumulation)* का सिद्धांत "अर्थात पूंजी में एक अनिवार्य संचयन की प्रवृत्ति होती है और यह कम से कम हाथों में संकुलित होती जाती है। इस प्रक्रिया की कोई सीमा नहीं होती। यह मार्क्स की पूंजीवाद के ध्वंस की अंतर्ज्ञानी भविष्यवाणी का आधार था: या तो पूंजी पर प्रतिप्राप्ति की दर निरंतर गिरती जाएगी [और इस प्रकार संचयन की प्रेरणा के अंत के

कारण पूंजीपतियों में हिंसक कलह होगा], या राष्ट्रीय आय में पूंजी का अंशभाग निरंतर बढ़ता जाएगा [जो अंतत: श्रमिकों को विद्रोह के लिए संगठित कर देगा]। दोनों ही दशाओं में स्थायित्व पूर्ण सामाजिक-आर्थिक या राजनीतिक संतुलन असंभव हो जाएगा।

मार्क्स की कालिमापूर्ण भविष्यवाणी भी रिकार्डो की भांति वास्तविकता का रूप धारण नहीं कर पायी। उन्नीसवीं सदी के तीसरे चतुर्थांश में अंतत: मजदूरी दरों में सुधार होने लगा: श्रमिकों की क्रय शक्ति में सुधार सभी ओर हुआ और इससे भीषण विषमताओं के होने और कुछ मामलों में प्रथम महायुद्ध तक उनके बढते रहने के बावजूद स्थिति में मौलिक परिवर्तन आ गया। साम्यवादी क्रांति हुई, किंतु यूरोप के सबसे पिछड़े देश रूस में जहां औद्योगिक क्रांति शुरु ही हो पायी थी, जबकि उन्नत यूरोपीय देशों ने अपने नागरिकों के कल्याण हेतु अन्य सामाजिक लोकतांत्रिक मार्गों का अन्वेषण व अनुसरण किया। मार्क्स ने भी अपने पूर्ववर्ती अध्येताओं की भांति स्थायी प्रौद्योगिकीय प्रगति और उत्पादिता में उत्तरोत्तर वृद्धि की संभावना को नजरअंदाज किया। यही वे शक्तियां हैं जो किसी सीमा तक निजी पूंजी के संचयन और संकुलन *(Concentration)* की प्रवृत्तियों के संत्तोलक भार का कार्य कर सकती हैं। कहीं न कहीं उपर्युक्त तर्काधार के निर्माण से पूर्व ही 1848 में अपने निष्कर्षों की घोषणा करना उसके लिए एक आघात सिद्ध हुआ। स्पष्ट है मार्क्स ने बहुत ही गहन राजनीतिक उद्वेग में यह घोषणाएं कर डालीं, जिनसे आगे चल कर पीछा छुड़ाना मुश्किल हो गया। इसीलिए [मेरा आग्रह है कि] आर्थिक सिद्धांत का मूल आधार यथासंभव संपूर्णतायुक्त ऐतिहासिक स्रोतों में निहित होना चाहिए और यहाँ [स्पष्ट होता है कि] मार्क्स ने उन सब संभावनाओं का भी भरपूर लाभ नहीं उठाया जो उस समय उन्हें सुलभ थीं।[8]

यही नहीं, उन्होंने इस बात पर भी कुछ ध्यान नहीं दिया कि जिस समाज में निजी पूंजी की पूरी तरह समाप्ति कर दी जाएगी, उसकी राजनीतिक व आर्थिक संरचना कैसी होगी। यह एक बहुत ही जटिल मुद्दा है और निजी पूंजी की समाप्ति करने वाले देशों में अपनाए गए तरह-तरह के दुखद निरंकुशतावादी प्रयोग इसी ओर इंगित करते हैं।

इन त्रुटियों-सीमाओं के बावजूद अनेक दृष्टियों से मार्क्स का विश्लेषण आज भी प्रासंगिक है। सर्वप्रथम तो उन्होंने औद्योगिक क्रांति के दौरान धन के अभूतपूर्व संकुलन को लेकर एक महत्त्वपूर्ण प्रश्न से अपना विश्लेषण प्रारम्भ किया और सुलभ साधनों के द्वारा उस प्रश्न का उत्तर देने का प्रयास किया। आज के अर्थशास्त्री उनके इस उदाहरण से प्रेरणा ग्रहण कर सकते हैं। इससे भी अधिक महत्त्वपूर्ण तो वह अंतर्दृष्टि है जो उनके अपरिमित संचयन के सिद्धांत में निहित है और यह आज 21वीं सदी के अध्ययन में भी उतनी ही उपयोगी है जितनी 19वीं सदी में थी। यह अंतर्दृष्टि किन्हीं अर्थों में रिकार्डो के दुर्लभता के सिद्धांत से भी कहीं अधिक चिंताजनक है। यदि जनसंख्या और उत्पादिता वृद्धि की दरें अपेक्षाकृत कम हों तो संचित धन का महत्त्व बहुत बढ़ जाता है [विशेषकर उस दशा में जब यह संचय विराट होकर सामाजिक दृष्टि से अस्थिरकारी होने लगे]। दूसरे शब्दों में निम्न दर पर संवृद्धि मार्क्स द्वारा प्रतिपादित अपरिमित संचयन के सिद्धांत का संत्तोलन नहीं कर सकती–हां परिणामत: प्राप्त संतुलन उतना घोर निराशाजनक नहीं होगा जितना मार्क्स ने सुझाया था, किंतु उसका स्वरूप चिंताजनक बना रहेगा। यहाँ मैं कहना चाहता हूँ कि 1980 एवं 1990 के दशकों में यूरोप के धनी देशों और जापान में निजी धन संचय जिन अतिउच्च स्तरों पर पहुंचा और जिसका मापन वर्षों की राष्ट्रीय आय के अनुसार हो रहा है, प्रत्यक्षत: मार्क्सवादी तर्क धारा की झलक देता है।

मार्क्स से कुजनेट्स या अंतर्ज्ञान से परिकथा की ओर

रिकार्डो और मार्क्स के 19वीं सदी के विश्लेषण से बीसवीं सदी के साइमन कुजनेट्स के विवेचन की ओर बढ़ते हुए लगता है कि अर्थशास्त्रियों की कालिमापूर्ण अंतर्ज्ञान में अतिविकसित अभिरुचियों ने परिकथाओं की ओर मोड़ ले लिया था—यह मोड़ कम से कम "अंत भला सो भला" की दिशा में था। कुजनेट्स के सिद्धांत के अनुसार विभिन्न देशों की अवस्थाएं कैसी भी हों और उनमें किसी भी प्रकार की नीतियों का चयन किया गया हो, पूंजीवादी विकास के उन्नत चरणों में पहुंचकर स्वत: ही विषमताएं कम हो जाएंगीं और किसी न किसी स्वीकार्य स्तर पर स्थिर हो जाएंगी। वर्ष 1955 में सुझाया गया यह विचार द्वितीय महायुद्ध पश्चात् के उन जादुई

वर्षों का सिद्धांत कहा जा सकता है जिसे फ्रांस में "शानदार त्रैदशकी"—वर्ष 1945-1975 कहा जाता है।[9] कुजनेट्स के लिए बस कुछ धैर्य रखना पर्याप्त था–क्योंकि संवृद्धि अंतत: सभी का ध्यान रख लेने वाली थी। उस समय का 'युग दर्शन' सहज ही एक वाक्य में समा जाता था—'संवृद्धि वह चढ़ता हुआ ज्वार है जो सभी किश्तियों को उठा लेता है, ऐसा ही आशावाद रॉबर्ट सोलो के 1956 के उस विवेचन में झलकता है जहां उन्होंने अर्थव्यस्था के संतुलित संवृद्धि पथ पर अग्रसर होने की आवश्यक शर्तों की बात की है—यह वह संवृद्धि पथ है जहां उत्पादन, आय, लाभ, मजदूरी, पूंजी, परिसम्पदा कीमतें आदि एक ही दर पर प्रगतिमान होंगे, फिर सभी सामाजिक वर्ग संवृद्धि से समान रूप से लाभान्वित होंगे और समाज के सामान्य मानकों से कोई बड़ा प्रत्यांतर भी नहीं होगा।[10] कुजनेट्स की यह स्थापना तो रिकार्डो और मार्क्स की संवृद्धिशील विषमताकारी दुष्चक्र की अपरिहार्यता के एकदम विपरीत थी—19वीं सदी की धूमिल भविष्यवाणियों के एकदम प्रतिकूल थी।

कुजनेट्स के विचारों के 1980 और 1990 के दशकों में व्यापक प्रभाव [जो आज भी समाप्त नहीं हुआ है] को ठीक से समझने के लिए इस बात पर जोर देना जरूरी होगा कि यह पहला सिद्धांत था जिसने एक दुर्जेय सांख्यिकीय समीक्षा उपकरण का सहारा लिया था। वस्तुत: 20वीं सदी के मध्य में पहुंचकर ही आय आबंटन के ऐतिहासिक आंकड़ों की श्रृंखला हमें उपलब्ध हो पायी थी और यह भी 1953 में प्रकाशित कुजनेट्स की ही महान रचना *"आय और बचत में उच्च आय वर्गों के अंश"* थी। कुजनेट्स की इस श्रृंखला में केवल एक देश–संयुक्त राज्य अमेरिका—के 1913–48 के 35 वर्षों की जानकारी समाहित थी। फिर भी यह एक महत्त्वपूर्ण योगदान था—इसने आंकड़ों के उन दो स्रोतों का उपयोग किया था जो 19वीं सदी के अध्येताओं को बिल्कुल सुलभ नहीं थे। एक स्रोत था अमेरिकी संघीय आयकर विवरणियां—जिनका 1913 में आयकर अधिनियम बनने से पूर्व अस्तित्व ही नहीं था और दूसरा स्रोत कुजनेट्स द्वारा कुछ वर्षों से राष्ट्रीय आय के आकलन। इतने महत्त्वाकांक्षी स्तर पर सामाजिक विषमता के मापन–आकलन का यह सर्वप्रथम प्रयास था।[11]

यह बात समझ लेना महत्त्वपूर्ण है कि इन दो परस्पर पूरक और अपरिहार्य आंकड़ा-समूहों के बिना आय के वितरण में विषमता को मापना या इसके विकासक्रम का अनुमान लगाना असंभव होता। यह ठीक है कि ब्रिटेन और फ्रांस में 17वीं सदी के अंत और 18वीं सदी के आरंभ में राष्ट्रीय आय के आकलन के पहले प्रयास हो चुके थे और 19वी सदी में भी ऐसे कई प्रयास रहे होंगे। किंतु ये सभी प्रयास बिखरे हुए थे। 20वीं सदी में दोनों महायुद्धों के अंतवर्ती वर्षों में ही कुजनेट्स और जॉन डब्लयु केंड्रिक (संयुक्त राज्य अमेरिका), ऑर्थर बॉले और कोलिन क्लार्क (ब्रिटेन) और एल ड्यूज डी बर्ननविले (फ्रांस) ने उक्त देशों में राष्ट्रीय आय के वार्षिक आंकड़ों की श्रृंखलाएं विकसित की थी।, ऐसे आंकड़े हमें देश की समग्र आय का मापन करने में समर्थ बनाते हैं। राष्ट्रीय आय में उच्च आय के अंश के मापन के लिए हमें आय विवरणियों की भी आवश्यकता है। यह जानकारी उस समय प्रकाश में आने लगी जब प्रथम महायुद्ध के आसपास अनेक देशों में प्रगतिशील आयकर अपनाया गया (अमरीका–1913, फ्रांस–1914 ब्रिटेन–1909, भारत–1922 और अर्जेंटाइना–1932)।[12]

यह स्वीकार करना भी अत्यंत महत्वपूर्ण है कि जहां आयकर नहीं होता वहाँ भी अनेक प्रकार के आंकड़े उपलब्ध हो सकते हैं जो कर के आधार का रूप ले सकते हैं। इस संदर्भ में 19वी शताब्दी के फ्रांस में दरवाजों और खिड़कियों के वितरण की जानकारी बहुत दिलचस्प हो सकती है। फिर भी ये आंकड़े हमें आय के स्तरों की जानकारी नहीं दे पाते। यही नहीं, जब तक कर अधिकारियों के समक्ष आय की घोषणा करना कानूनी दायित्व नहीं बनाया गया था, अधिकांश लोगों को स्वयं भी अपनी आमदनी की सटीक जानकारी नहीं होती थी। यही बात निगम कर और धन कर पर भी लागू होती है। इस दृष्टि से कराधान न केवल नागरिकों को सार्वजनिक व्यय और परियोजनाओं के वित्तीयन में अपना योगदान देने एवं कर भार का यथासंभव न्यायसंगत विभाजन करने में सहायक होता है, बल्कि, यह वर्गीकरण निर्धारण और ज्ञान संवर्धन तथा लोकतांत्रिक पारदर्शिता *(Transparency)* को भी बढावा देता है।

कुजनेट्स द्वारा संकलित आंकड़ों ने [कम से कम] उन्हें अमेरिका की सकल राष्ट्रीय आय की क्रमिक रचना के प्रत्येक दशमंक *(Decile)* तथा उच्च शतमंकों के अंश भाग की गणना कर पाने योग्य तो बना ही दिया था। तो फिर उन्हें क्या प्राप्त हुआ? उन्होंने पाया कि 1913–48 की अवधि में अमेरिका में आय की विषमता में बड़ी तेजी से गिरावट आई थी। इस अवधि के प्रारम्भ में आय वितरण के शीर्षस्थ दशमंक *(Top Decile)* का अंश वार्षिक आय के 45 से 50 प्रतिशत के बीच था। यह अंश 1940 के दशक के अंतिम वर्षों तक पहुंचते पहुंचते 30 से 35 प्रतिशत ही रह गया था। दस प्रतिशत अंकों की यह गिरावट बहुत महत्त्वपूर्ण थी—उदाहरण के रूप में यह गरीबतम 50 प्रतिशत अमेरिकी नागरिकों की कुल आय के आधे अंश के समान थी।[13] विषमता में यह कमी सुस्पष्ट और निर्विवाद थी। यह एक महत्त्वपूर्ण समाचार था और इसका युद्धोपरांत काल में विश्व भर के विश्वविद्यालयों और अंतर्राष्ट्रीय संस्थाओं में आर्थिक चर्चाओं/संवादों पर बहुत गहरा प्रभाव पड़ा।

माल्थस, रिकार्डो और मार्क्स आदि दशकों तक विषमता की बात करते रहे पर उन्होंने कभी किसी जानकारी का स्रोत उद्धत नहीं किया और न ही एक युग की दूसरे से तुलना की विधि स्पष्ट की। यही नहीं इस संदर्भ में परस्पर स्पर्धी अवधारणाओं के बीच तुलना की विधि भी नहीं समझाई। तथ्याधारित आंकड़े तो अब सुलभ हुए हैं—किंतु उनके समय में भले ही जानकारी इतनी संपूर्णतायुक्त नहीं रही हो पर वह विद्यमान तो अवश्य थी। यही नहीं, उस जानकारी के संकलन का कार्य भी पूरे मनोयोग से रिकार्ड रखते हुए किया गया था— यह बात उस समय स्पष्ट हुई जब 1953 में कुजनेट्स ने बारीकियों के विस्तार सहित अपने सूचना स्रोतों और विधियों का प्रकाशन किया—वे चाहते थे कि यदि कोई उनके आकलन की जांच करना चाहे तो उसमें किसी भ्रांति की संभावना न रहे। इसके अतिरिक्त कुजनेट्स एक शुभ संदेश के वाहक तो थे ही :- विषमताएं कम हो रही हैं।

कुजनेट्स वक्र: शीतयुद्ध के बीच एक शुभ संदेश

वास्तव में स्वयं कुजनेट्स को भी यह एहसास था कि अमेरिका में 1913-48 के बीच उच्च स्तर की आमदनियों का संकुचन मुख्यत: कुसंयोग वश ही हुआ था। इसका किसी प्राकृतिक या स्वचालित प्रक्रिया से कुछ लेना देना नहीं था— यह मुख्यत: महामंदी और द्वितीय महायुद्ध द्वारा सृजित अनेक आघातों का परिणाम था। अपनी1953 की रचना में उन्होंने अपनी आंकड़ा श्रृंखला का विस्तार से विश्लेषण करते हुए पाठकों को सतर्क किया था कि वे जल्दबाजी में किसी सामान्यीकरण का त्रयास न करें। किंतु दिसंबर 1954 में अमेरिकी आर्थिक संघ के मंच से अपने अध्यक्षीय अभिभाषण में उनका सुर बदल गया और अपने उन्हीं 1953 के आकड़ों एवं निष्कर्षों की एक बहुत ही आशावादी व्यवस्था बनाई। यही भाषण 1955 में "आर्थिक संवृद्धि और आय की विषमता" नाम से प्रकाशित हुआ और यही से "कुजनेट्स वक्र" नामक सिद्धांत का भी उदय हुआ।

इस सिद्धांत के अनुसार सभी स्थानों पर विषमता के एक घंटाकार वक्र का अनुसरण करने की अपेक्षा की जा सकती है। दूसरे शब्दों में, इसमें, औद्योगीकरण और आर्थिक विकास के क्रम के साथ-साथ पहले वृद्धि आती है और फिर यह कम होने लगती है। कुजनेट्स के अनुसार संयुक्त राज्य अमेरिका के संदर्भ में औद्योगीकरण के प्रारम्भिक सोपानों की अवधि 19वीं सदी रही और इस से आगे 20वीं सदी के पूर्वाद्ध के सोपान में अमरिकी आय की विषमताओं में तीव्र दर से गिरावट आएगी।

कुजनेट्स का 1955 का लेख बहुत ज्ञानवर्धक है। वह पहले तो पाठक को आंकड़ों की बड़ी सजगता से व्याख्या करने के कारणों और अमेरिका में विषमताओं में हाल ही में आई गिरावट में बाह्य आघातो के महत्त्व के प्रति जागरूक करते हैं, किंतु, फिर बहुत ही मासूमियत के साथ कहते हैं कि आर्थिक विकास का आंतरिक तर्कशास्त्र बिना किसी नीतिगत हस्तक्षेप और बाह्य संक्षोभ के भी उसी परिणाम तक पहुंच सकता है। इसके पीछे धारणा यह थी कि विकास के प्रारम्भिक चरणों में समाज के बहुत कम व्यक्ति औद्योगीकरण द्वारा नवसृजित धन से लाभ उठा पाने की स्थिति में होते

हैं— अत: विषमता में वृद्धि हो जाती है। आगे चल कर औद्योगीकरण के अधिक उन्नत सोपानों में विषमता स्वत: ही घटने लगती है क्योंकि, उस समय जनसंख्या का निरंतर वृद्धिशील अंश आर्थिक संवृद्धि के फलों का रसास्वादन करने में समर्थ होने लगता है।[14]

औद्योगिक देशों में विकास के ये उन्नत सोपान 19वीं सदी के अंत/20वीं के आरंभ में प्रारम्भ माने गए हैं और इस प्रकार1913-48 में अमेरिका में विषमता में गिरावट को एक ऐसी सामान्य प्रक्रिया का उदाहरण कह देना सहज हो गया जो सैद्धांतिक दृष्टि से सभी देशों में स्वयं को दोहराएगी, उन देशों में भी जो उस समय उपनिवेश कालोपरांत गरीबी की समस्या से जूझ रहे थे। इस प्रकार अचानक ही 1953 में कुजनेट्स ने अपनी पुस्तक में जो आंकड़े प्रस्तुत किए थे, वे एक बड़े सशक्त राजनीतिक शस्त्र का रूप धारण कर गए।[15] वे अपने सिद्धांत रचना के काल्पनिक स्वरूप को भली प्रकार जानते थे।[16] फिर भी अंतत: अमरीकी अर्थशास्त्रियों के संघ के उस मंच के अध्यक्ष पद से अभिभाषण देते समय उन्हें पूरा विश्वास था कि सदस्य अपने माननीय अध्यक्ष द्वारा दिए गए शुभ संदेश का व्यापक रूप से प्रचार और प्रसारण करेंगे और उनका [कुजनेट्स का] प्रभाव बहुत हो जाएगा। इस प्रकार से कुजनेट्स वक्र का जन्म हुआ था। अपने श्रोताओं को और अधिक स्पष्ट शब्दों में यह समझाते हुए कि क्या दांव पर लगा था, उन्होंने स्वयं कहा कि उनकी आशापूर्ण भविष्यवाणी का ध्येय अल्पविकसित देशों को "स्वतंत्र विश्व की परिधि में बनाए रखना है।[17] अत: कुजनेट्स वक्र का सिद्धांत मुख्यत: शीतयुद्ध की एक उत्पत्ति जैसा प्रतीत होता है।"

कोई भ्रांति नहीं हो, इसलिए, मैं स्पष्ट कर देना चाहता हूँ कि प्रथम अमरिकी राष्ट्रीय आय लेखा आंकड़ों की स्थापना और विषमता मापकों की प्रथम श्रृंखला की रचना का कुजनेट्स का कार्य अत्यंत ही महत्त्वपूर्ण था और उनकी पुस्तकों [पत्रकों नहीं] के पठन से यह भी स्पष्ट हो जाता है कि वे वैज्ञानिक अध्ययन मनन के नीतिशास्त्र का अनुसरण–पालन भी करते थे। साथ ही, सभी विकसित देशों में द्वितीय महायुद्ध पश्चात के वर्षों में दिखाई दी उच्च संवृद्धि दरें भी महान महत्त्व के घटनाक्रम से कम नहीं थी–यह

तथ्य भी उतना ही अहम था कि सभी सामाजिक वर्ग संवृद्धि के इन फलों में भागीदारी कर रहे थे। यह समझ आ सकता है कि "शानदार त्रैदशकी" ने कदाचित आशावादिता का संचार कर दिया हो और इससे भी 19वीं शताब्दी की अंधकारपूर्ण भविष्यवाणियों की लोकप्रियता का कुछ ह्रास हुआ हो।

फिर भी कुजनेट्स वक्र सिद्धांत का आभामंडल अधिकांशत: गलत कारणों से निरूपित था और इसका सूचना आधार अत्यंत ही सीमित था। विश्व के सभी विकसित देशों में 1913-48 की अवधि में विषमता से आई तीव्र गिरावट का सबसे प्रमुख कारण विश्वयुद्धों द्वारा सर्जित भीषण आर्थिक एवं राजनीतिक आघात (अधिक संपन्न व्यक्तियों पर इनके दुष्प्रभाव भी अधिक गंभीर रहे थे)। इस गिरावट का कुजनेट्स द्वारा वर्णित अंतर्क्षेत्रीय प्रचलन की शांत प्रक्रिया से शायद ही कुछ संबंध रहा हो।

वितरण के प्रश्न की पुन: आर्थिक विश्लेषण के केंद्र में स्थापना

यह प्रश्न महत्त्वपूर्ण है और ऐसा केवल ऐतिहासिक कारणों से नहीं है। धनी देशों में 1970 के दशक से आय की विषमताएं बहुत बढ़ गई हैं। अमरिका में यह और गहन रूप धारण कर गई हैं जहां 21वीं सदी के प्रथम दशक में आय संकुलन का स्तर पिछली शती के दूसरे दशक के स्तर से भी कहीं अधिक हो गया है। अत: यह जानना और भी आवश्यक हो जाता है कि उपर्युक्त अंतराल में ही विषमताओं में क्यों और कैसे कमी आई थी? यह भी निश्चित है कि चीन जैसे गरीब और उदीयमान देशों में अति तीव्र संवृद्धि से विश्वस्तरीय विषमताओं में उसी प्रकार गिरावट आयेगी जैसा कि 1913-75 की अवधि में अमीर देशों में संवृद्धि के कारण हुआ था। किंतु अमीर देशों की विषमताओं में पुन: वृद्धि की प्रक्रिया ने उदीयमान देशों में गहन बेचैनी पैदा कर दी है—संभवत: अमीर देशों में इस व्यग्रता की गहनता और अधिक है। यही नहीं, पिछले कुछ दशकों से वित्त, तेल और भू एवं भवन सम्पदा बाजार बहुत असंतुलित दिखाई पड़े हैं। इनके कारण कुजनेट्स द्वारा वर्णित संतुलित संवृद्धि की अपरिहार्यता के विषय में स्वाभाविक रूप से संदेह जाग्रत हो गए हैं जिसके अनुसार सभी निर्णायक

आर्थिक चर एक साथ एक-सी दर पर संवर्धित होने चाहिए। क्या 2050 या 2100 के विश्व पर व्यापारियों, शीर्ष प्रबंधकों तथा अतिधनिकों का अधिकार होगा या तेल उत्पादक देशों का या फिर बैंक ऑफ चाइना का? या इस पर वे 'कर स्वर्ग *(Tax Havens)*' अधिकार कर लेंगे जहां हमारे पूर्वोक्त व्यक्तियों ने कभी न कभी शरण ली होगी। यह प्रश्न ही नहीं उठाना बहुत बेतुका होगा कि किसका किस पर स्वामित्व है या शुरु में ही यह मान लेना भी अटपटा रहेगा कि दीर्घकालिक दृष्टि से संवृद्धि सदैव ही संतुलित रहती है।

एक दृष्टि से 21वीं सदी के प्रारम्भ में हम वैसी ही स्थिति में फंसे दिख रहे हैं, जिसमें 200 वर्ष पूर्व हमारे पूर्वज थे। हमें विश्व भर की अर्थव्यवस्थाओं में बड़े प्रभावशाली परिवर्तन दिखाई दे रहे हैं और अभी से यह जान पाना बड़ा कठिन लग रहा है कि अगले कुछ दशकों में ये परिवर्तन किस प्रकार विकसित होंगे, विश्व स्तर पर विभिन्न देशों के बीच और उनके भीतर धन का वितरण किस प्रकार होगा। उन्नीसवीं सदी के अर्थशास्त्रियों को यह श्रेय निर्विवाद रूप से मिलना चाहिए कि उन्होंने वितरण के प्रश्न को आर्थिक विश्लेषण के ह्रदय स्थल में स्थापित कर दिया था और इसी को ध्यान में रखकर वे दीर्घकालिक प्रवृत्तियों का अध्ययन अन्वेषण कर रहे थे। उनके उत्तर या समाधान सदैव संतोषजनक नहीं होते थे, किंतु वे कम से कम प्रश्न तो अवश्य सही पूछ रहे थे। इस बात को स्वीकार करने का हमारे पास कोई आधारभूत कारण नहीं है कि संवृद्धि स्वत: ही संतुलित होती है। हमें तो बहुत पहले से ही विषमता को आर्थिक विश्लेषण के केंद्र में स्थापना कर वही प्रश्न उठाने शुरू कर देने चाहिए थे जो पहले पहल 19वीं सदी में उठे थे। बहुत समय तक अर्थशास्त्री धन के वितरण के प्रश्न से मुंह चुराते रहे हैं—इसका आंशिक कारण कुजनेट्स के आशावादी निष्कर्ष थे तो शेष दायित्व तथाकथित प्रतिनिधि अभिकर्ता की मान्यता पर गढ़े गए सामान्यीकारक गणितीय प्रतिमानों के प्रति विशेषज्ञों का अतिउत्साह का भी बनता है।[18] यदि विषमता के प्रश्न को एक बार फिर केंद्रीय स्थान पाना है तो हमें विगत और वर्तमान प्रवृत्तियों को समझने के लिए यथासंभव विस्तृत ऐतिहासिक स्थूल जानकारियां संकलित करनी होंगी। धैर्यपूर्वक सत्यों एवं उनके स्वरूपों को स्थापित कर विभिन्न

देशों की तुलनाएं करने के बाद ही हम उन प्रक्रियाओं को समझने और भविष्य के विषय में अधिक स्पष्ट झलक पाने की आशा कर सकेंगे।

इस पुस्तक में प्रयुक्त स्रोत

यह पुस्तक उन दो प्रकार के स्रोतों पर आधारित है, जो मिलकर धन वितरण की ऐतिहासिक गत्यात्मक प्रक्रिया के अध्ययन को संभव बनाते हैं : ये स्रोत हैं, विषमता और आय के वितरण संबंधी स्रोत और धन के वितरण तथा धन और आय के संबंधों की समीक्षा करने वाले स्रोत।

आइए आय के साथ काम आरंभ करें। मेरे इस कार्य ने तो केवल कुजनेट्स के 1913-48 की अवधि में अमरिका में आय की विषमता के विकास संबंधी नवप्रवर्तनकारी अग्रणी कृति की स्थानिक एवं समय सीमाओं का विस्तार मात्र किया है। इस प्रकार मैं कुजनेट्स के सटीक एवं यथेष्ट निष्कर्षों को एक अधिक व्यापक परिप्रेक्ष्य में स्थापित कर आर्थिक विकास और धन के वितरण के बीच संबंध विषयक उनके आशावादी दृष्टिकोण को गंभीर चुनौती दे रहा हूँ। यह विचित्र लगता है कि किसी भी व्यक्ति ने कुजनेट्स द्वारा किए गए कार्य को व्यवस्थित रूप से दोहराने का प्रयास क्यों नहीं किया—निस्संदेह कर अभिलेखों का अध्ययन शैक्षिक दृष्टि से सीमावर्ती क्षेत्र-सा प्रतीत होता है—इसे अर्थशास्त्रियों ने कुछ अधिक ही ऐतिहासिक-सा मान लिया है तो इतिहासकार इसे ज्यादा ही आर्थिक-सा मान रहे हैं। यह दुर्भाग्य है। आय की विषमता की प्रक्रिया को केवल दीर्घकालिक परिप्रेक्ष्य में ही समझा जा सकता है और वह तभी संभव है जब कर अभिलेखों का उपयोग करें।[19]

मैंने कुजनेट्स की विधियों को फ्रांस पर लागू करने के प्रयास से प्रारम्भ किया और उस अध्ययन को 2001 में प्रकाशित पुस्तक में निबद्ध किया।[20] फिर मैंने अनेक सहयोगियों के साथ मिल काम को आगे बढ़ाया—उनमें एंथनी एटकिन्स और इमैनुअल सईज सर्वप्रमुख हैं—और उनके सहयोग से हमने अन्य बहुत से देशों तक इस कार्य की परिधि को विस्तृत करने में सफलता पाई है। एंथनी एटकिन्स ने ब्रिटेन सहित कई अन्य देशों पर कार्य किया और हमने संयुक्त रूप से दो खंडों का संपादन किया जो 2007 और

2010 में प्रकाशित हुए हैं। इनमें हमने विश्व के 20 देशों के अध्ययन के निष्कर्ष प्रस्तुत किए हैं।[21] इमैनुअल सईज के साथ मिल कर मैंने अमरिका के आंकड़ों की श्रृंखला का अगली आधी शताब्दी तक विस्तार किया है।[22] सईज ने स्वयं भी कनाडा और जापान सहित अनेक प्रमुख देशों के अध्ययन का काम स्वयं संभाला था। इस सांझे अध्ययन में अनेक अन्य अध्येताओं ने भी योगदान किया है। उनमें प्रमुख हैं फेकंडो अल्वारेडो जिन्होंने अर्जेंटीना, स्पेन और पुर्तगाल का अध्ययन किया, फेबिअन डेल ने जर्मनी और कनाडा का, और अभिजित बनर्जी तथा मैंने मिलकर भारतीय जानकारी का विश्लेषण किया है। नैन्सी कियान के सहयोग से मैं चीन के आंकड़ों पर भी काम कर पाया। इत्यादि, इत्यादि।[23]

प्रत्येक देश में हमने एक ही प्रकार के स्रोत, एक जैसी विधियों और अवधारणाओं का प्रयोग किया है। उच्च आय के दशमंकों एवं शतमंकों का आकलन कर विवरण के लिए घोषित आय के आंकड़ों पर आधारित किया है—इनका कई प्रकार से परिमार्जन कर आंकड़ों और अवधारणाओं को अंत: कालिक एवं भौगोलिक समरूपता प्रदान की गई है। राष्ट्रीय आय और औसत आय का आकलन राष्ट्रीय लेखा से किया गया है—कुछ मामलों के उन्हें और सुदृढ़ बनाने या विस्तृत करने का कार्य भी करना पड़ा है। मोटे तौर पर प्रत्येक देश संबंधी हमारी श्रृंखला उस समय से प्रारम्भ हो रही है जब वहाँ आयकर लगाना प्रारम्भ किया गया था—अधिकांश देशों में कर 1910 से 1920 के बीच लगा था—हां कुछ देशों जैसे जर्मनी और जापान में यह 1880 के दशक में ही प्रारम्भ हो चुका था तो कुछ अन्य देशों ने कुछ वर्ष ठहर कर आयकर लागू किया। इन श्रृंखलाओं को निरंतर नवीकृत किया जाता है और इस पुस्तक की रचना करते समय हम उन्हें 2010 के दशक के प्रारम्भिक वर्षों तक विस्तृत कर चुके हैं।

अंतत: इस पुस्तक का मूल प्राथमिक स्रोत वर्ल्ड टॉप इन्कम्स डेटाबेस (WTID) है, जो विश्व भर के 30 शोधकर्ताओं के सांझे एवं सतत प्रयासों पर निर्भर है और आय की विषमता के विकासक्रम का सबसे बड़ा ऐतिहासिक आंकड़ा आधार है।[24]

पुस्तक के लिए दूसरा सबसे महत्त्वपूर्ण आंकड़ा स्रोत धन से संबंधित है। इसमें धन का वितरण और उसका आय से संबंध सम्मिलित है। वस्तुत: मैं इस स्रोत का प्रयोग पहले करने वाला हूँ। धन आय का सृजन भी करता है और इसीलिए आय के अध्ययन में इसका महत्त्व बना रहता है। वास्तव में आय के दो घटक होते हैं: श्रम से आय [मजदूरी, वेतन, बोनस, गैर मजदूरी श्रम आय, और अन्य पारिश्रमिक जो कानूनी तौर पर श्रम संबद्ध के रूप में वर्गीकृत है] तथा पूंजी से आय [लगान/भाड़ा, लाभांश, ब्याज, लाभ, पूंजी मूल्य वृद्धि, रॉयल्टी तथा पूंजी का स्वामित्व जैसे कि भूमि भवन सम्पदा धारण, वित्तीय पत्रक धारण और स्वामित्व—इनका सटीक कानूनी वर्गीकरण कुछ भी हो सकता है] बीसवीं सदी के दौरान पूंजी से आय के विकास को लेकर WTID में बहुत सारी जानकारी समाहित है। किंतु फिर भी धन से प्रत्यक्ष रूप से जुड़े स्रोतों पर ध्यान देकर उक्त जानकारी को संपूर्ण बनाना आवश्यक होगा। यहाँ मैं तीन प्रकार के पृथक ऐतिहासिक आंकड़ों और कार्यविधि का सहारा ले रहा हूँ जोकि परस्पर पूरक हैं।[25]

जिस प्रकार आयकर अभिलेख हमें आय की विषनता में परिवर्तन की जानकारी प्रदान करते हैं, उसी प्रकार सम्पदाकर अभिलेखों से हम धन की विषमताओं में परिवर्तन का अध्ययन करते हैं।[26] रॉबर्ट लैपमैन ने 1962 में संयुक्त राज्य अमेरिका की 1922 से 1956 तक की धन की विषमताओं का अध्ययन करते हुए यह विश्लेषण विधि अपनाई थी। आगे चलकर एंथनी एटकिन्स और अलान हैरिसन ने इसी विधि से 1923 से 1972 की अवधि में ब्रिटेन की धन विषमता का अध्ययन किया था।[27] इन परिणामों को हाल ही में सामयिक किया गया और फ्रांस तथा स्वीडन में उन्हें लागू किया गया। दुर्भाग्यवश इस विषय पर आय विषमता की अपेक्षा थोड़े से देशों के आंकड़े उपलब्ध हैं। कुछ मामलों में सम्पदाकर के आंकड़े और अधिक पीछे समय तक उपलब्ध हैं—प्राय: 19वीं सदी के आरंभ तक। इसका कारण यह है कि सम्पदाकर लागू करने की प्रथा आयकर से बहुत पहले प्रारम्भ हो गई थी। मैंने फ्रांस सरकार द्वारा एकत्र आंकड़ों का विशेष रूप से संकलन किया है और गिल्स पोस्टेल विनय और ज्यां लॉरेन रोजेन्दाल के साथ मिलकर वैयक्तिक स्तर पर सम्पदाकर अभिलेखों का बहुत बड़ा भंडार तैयार किया

है। इसे आधार बनाकर फ्रांसीसी क्रांति के समय से लेकर धन की विषमता की एक समरूप श्रृंखला निर्धारित करना संभव हो गया है।[28] इसके आधार पर हम प्रथम महायुद्ध सृजित संक्षोभ का आय विषमता की अपेक्षा कहीं अधिक व्यापक परिप्रेक्ष्य में अवलोकन कर पाएंगे—कारण यही है कि आयकर के आंकड़े तो 1910 से पूर्व उपलब्ध ही नहीं थे। स्वीडन के ऐतिहासिक स्रोतों पर जेस्पर रॉयन और डेनियल वॉटडेन्स्टोर्म का अध्ययन भी बहुत शिक्षाप्रद है।[29]

धन और उत्तराधिकार के आंकड़े हमें संपन्नता के निर्माण और धन की विषमता की गत्यात्मकता में विरासत में मिली सम्पत्ति और बचत के सापेक्ष महत्त्व में परिवर्तन का अध्ययन करना संभव करते है। फ्रांस के विषय में यह आकलन कार्य संपूर्ण है—वहाँ सुलभ समृद्ध ऐतिहासिक स्रोत एक ऐसा अवलोकन बिंदु प्रदान करते हैं, जहां से उत्तराधिकार की स्वरूप-रचना में दीर्घकालिक परिवर्तनों को देखा जा सकता है।[30] किसी न किसी सीमा तक मेरे सहयोगियों के साथ मिलकर मैं अन्य देशों के विषय में भी इसी प्रकार के आकलन-अवलोकन को आगे बढ़ा पाने में सफल रहा हूँ। हमें ग्रेट ब्रिटेन, जर्मनी, स्वीडन और संयुक्त राज्य अमेरिका के संदर्भ में विशेष सफलता मिल पाई है। इस पुस्तक की रचना में उपर्युक्त सामग्री के महत्त्व पर इस बात का बड़ा प्रभाव रहता है कि विषमताएं उत्तराधिकार के कारण आई है अथवा बचत के कारण इनका जन्म हुआ है। इस पुस्तक में मेरा ध्यान केवल विषमता के स्तर तक ही सीमित नहीं है बल्कि विषमता की संरचना पर अधिक है—अर्थात मैं यह स्पष्ट करना चाहता हूँ, कि विभिन्न सामाजिक समूहों में आय और धन की विषमताओं का उद्गम कहां से हुआ है; विभिन्न आर्थिक, सामाजिक एवं नीतिक व्यवस्थाएं क्या रही हैं ; और उन विषमताओं के पक्षपोषण तथा भर्त्सना के लिए किस प्रकार के राजनीतिक औचित्य प्रतिपादित किए गए हैं। विषमता का अपने आप में बुरा होना आवश्यक नहीं है : निर्णायक तो इस प्रश्न का उत्तर होगा कि क्या वह विषमता औचित्यपूर्ण है? अथवा इसके कारण विशेष क्या हैं?

और अंत में, हम इन आंकड़ों का दीर्घकाल तक राष्ट्रीय धन के समस्त भंडार [भूमि, भवन सम्पदा, औद्योगिक और वित्तीय पूंजी] का आकलन

करने के लिए प्रयोग कर सकते हैं। हम प्रत्येक देश के लिए उस धन सम्पदा का आकलन इस आधार पर कर सकते हैं कि उसे एकत्र करने में उस देश को कितने वर्ष लगे होंगे। विश्व स्तर पर इस प्रकार के पूंजी/आय अनुपात *(Capital/Income Ratio)* के आकलन की कुछ सीमाएं भी रहती हैं। यह सदैव बेहतर रहेगा कि धन की विषमता का वैयक्तिक स्तर पर भी आकलन किया जाए और साथ ही पूंजी निर्माण में उत्तराधिकार और बचत संकलन के सापेक्ष महत्त्व का भी आकलन किया जाए। फिर भी पूंजी/आय विश्लेषण विधि हमें समस्त समाज के लिए पूंजी के महत्त्व की एक झलक तो प्रदान कर देती है। यही नहीं, कुछ मामलों में [विशेषकर ब्रिटेन और फ्रांस में] विभिन्न कालावधियों के आंकड़े एकत्र कर तुलना कर पाना संभव है और इस प्रकार के विश्लेषण को हम 18वीं शताब्दी के प्रारम्भिक वर्षों तक ले जा सकते हैं। इस प्रकार हम औद्योगिक क्रांति को पूंजी के इतिहास के संदर्भ में समझ पाने में सफल हो जाएंगे। इसके लिए मैं उन आंकड़ों का प्रयोग करूंगा जो मैंने गेब्रियल जुस्मैन के साथ मिलकर संकलित किए हैं।[31] कुल मिलाकर यह कृति रेमंड गोल्डस्मिथ द्वारा 1970 के दशक में राष्ट्रीय तुलन-पत्रों की रचना के कार्य का विस्तार और सामान्यीकरण ही है।[32]

पूर्ववर्ती शोधकार्यों की अपेक्षा इस पुस्तक की विलक्षणता का एक कारण तो यह है कि मैंने आय और धन के दीर्घकालिक वितरण की विषमताओं की प्रक्रिया के अध्ययन के निमित्त जहां तक संभव हुआ है ऐतिहासिक आंकड़ों का एक संपूर्ण और संगतिपूर्ण समुच्चय संकलित करने का प्रयास किया है। इस में पूर्ववर्ती लेखकों की तुलना में मुझे दो सुविधाएं भी सुलभ रही हैं। प्रथम तो, स्वाभाविक रूप से, इस कार्य को पूर्ववर्तियों की अपेक्षा अधिक दीर्घ ऐतिहासिक परिप्रेक्ष्य में लाभान्वित होने का अवसर सुलभ रहा है [कुछ दीर्घकालिक परिवर्तन 2000 से 2010 की जानकारी मिलने के बाद स्पष्ट हुए हैं—इसका मुख्य कारण यही रहा है कि महायुद्धों द्वारा सृजित आघातों के कुछ प्रभाव बहुत लंबे समय तक चलते रहे हैं]। दूसरे, कम्प्यूटर प्रौद्योगिकी की प्रगति ने अब ऐतिहासिक आंकड़ों को विशाल स्तर पर एकत्र करने और उसका प्रसंस्करण कर उससे निष्कर्ष निकालने के कार्य को बहुत सरल बना दिया है।

मैं विचारों के इतिहास में प्रौद्योगिकी की भूमिका की अतिशयोक्ति तो नहीं चाहता पर कुछ तकनीकी मुद्दों पर कुछ क्षण ध्यान देना आवश्यक समझता हूँ।

निष्पक्ष रूप से बात करें तो आज की अपेक्षा कुजनेट्स के समय में ऐतिहासिक आंकड़ों के विशाल संग्रह का विश्लेषण बहुत कठिन था। यह कठिनाई तो 1980 के दशक में भी बहुत कुछ उसी रूप में बनी रही थी। 70 के दशक में जब एलिस हैन्सन जोन्स ने उपनिवेशी काल के संयुक्त राज्य अमेरिका के सम्पदा दस्तावेजों के आंकड़े एकत्र किए और एडोलिन डौमार्ड ने 19वीं सदी के फ्रांस के सम्पदा रिकार्डो की खोजबीन की तो उन्होंने मूलत: हाथ से अभिसूचक पत्रकों [इंडेक्स कार्ड] पर ही जानकारी दर्ज कर उसका वर्गीकरण और विश्लेषण किया था।[33] आज जब उनके उत्कृष्ट कार्य पर पुन: दृष्टिपात करते हैं, अथवा, फ्रैंकोइल सिमिना के उन्नीसवीं सदी में मजदूरी के विकास विषयक शोध या फिर 18वीं सदी में कीमत और आय के इतिहास पर एर्नेस्ट लेब्रौ की कृति अथवा 19वीं सदी में लाभों के उतार चढ़ाव पर व्यांबोवियर और फ्रैंकोयज फ्यूरे के शोध पर ध्यान देते हैं तो एक बात अवश्य स्पष्ट होती है : इन अध्येताओं ने अपने आंकड़े एकत्र करने और उनका प्रसंस्करण-विश्लेषण करने के कार्य में बहुत विराटकाय वास्तविक कठिनाइयों को पार किया होगा।[34] अनेक मामलों में कार्य कर पाने की तकनीकी कठिनाइयों ने ही उनकी ऊर्जा को लील लिया। यह करना विश्लेषण और व्याख्या से कहीं महत्त्वपूर्ण था क्योंकि इन तकनीकी कठिनाइयों ने उनकी अंतर्राष्ट्रीय एवं अंतर्कालिक तुलना कर पाने की क्षमता को कुंठित कर दिया होगा।आज पिछले समय की तुलना में धन के वितरण के इतिहास का अध्ययन करना बहुत सरल हो गया है। इस दृष्टि से यह पुस्तक शोध प्रौद्योगिकी में अभी हाल ही में हुए उन्नयनों की अत्यंत ही ऋणी है।[35]

इस अध्ययन के मुख्य परिणाम

इन नवीन ऐतिहासिक स्रोतों की जानकारी ने मुझे किन निष्कर्षों तक पहुंचा दिया है? सबसे पहले तो धन और आय की विषमताओं के संदर्भ में

हमें आर्थिक निर्धारणवाद के प्रति सतर्क रहना चाहिए। धन के वितरण के इतिहास में सदैव गहन राजनीतिक तत्त्वों का समावेश रहा है और इसे विशुद्ध आर्थिक प्रक्रिया का रूप नहीं दिया जा सकता। विशेष रूप से हमें ध्यान रखना होगा कि 1910 से 1950 के बीच विभिन्न विकसित देशों में विषमता में आई गिरावट मुख्यत: युद्ध और उन नीतियों का ही परिणाम था जिनकी रचना युद्ध के संक्षोभों से निपटने के लिए की गई थी। इसी प्रकार 1980 के बाद से फिर विषमता के उछाल में पिछले कई दशकों के परिवर्तनों—[विशेष रूप से कराधान और वित्तीय क्षेत्रों में] का परिगाम अधिक है। विषमता के इतिहास की रूपरेखा का निर्धारण विभिन्न आर्थिक सामाजिक और राजनितिक कर्ताओं के न्याय एवं उचित-अनुचित के बोध तथा उनकी सापेक्ष शक्तियों एवं तद् परिणामस्वरूप सामाजिक चयनों द्वारा होता है। यह सभी संबद्ध कर्ताओं की कारगुजारियों का सांझा परिणाम होता है।

दूसरा मुख्य निष्कर्ष [जो इस पुस्तक का सार भी है] यह है कि वितरण की गत्यात्मकता उन सशक्त प्रक्रियाओं को उजागर करती है जो कभी अभिसृति की ओर खींचती हैं तो कभी अपसृतिकारी प्रभावों को जन्म देती हैं। यही नहीं, ऐसी कोई प्राकृतिक एवं सहज ही प्रभावी हो जाने वाली प्रक्रिया नहीं होती जो अव्यवस्थाकारी एवं विषमताकारी शक्तियों को स्थायी रूप से प्रभावी हो जाने से रोक सके।

आइए पहले अभिसृति की ओर ले जाने वाली प्रक्रिया पर विचार करें, अर्थात विषमताओं को घटाने और संकुचित करने की प्रक्रिया की बात करें। अभिसृति के लिए सबसे महत्त्वपूर्ण शक्तियां ज्ञान का प्रसार और प्रशिक्षण एवं कौशल संवर्धन में निवेश की हैं। मांग एवं आपूर्ति के नियम तथा उसी का दूसरा रूप पूंजी और श्रम की गतिशीलता भी सदैव ही अभिसृति की ओर ले जाने का कार्य कर सकती है, किंतु इस आर्थिक नियम का प्रभाव ज्ञान और कौशल के प्रसार की अपेक्षा कम शक्तिशाली होता है और प्राय: उसकी व्याख्या में अस्पष्टता और निहित अर्थों में कदाचित अंतर्विरोध भी रहते हैं। ज्ञान एवं कौशल का प्रसार ही समग्र स्तर पर उत्पादित वृद्धि एवं देश के भीतर ही नहीं अंतर्राष्ट्रीय स्तर पर भी विषमता को घटाने की कुंजी

सिद्ध होता है। आज कुछ समय पहले गरीब कहे जाने वाले देशों में यही हो रहा है—चीन इनमें अग्रणी है। ये उभरती अर्थव्यस्थाएं अब विकसित देशों के निकट पहुंचने की प्रक्रिया में हैं। अमीर देशों की उत्पादन विधाओं को अपनाते हुए और अन्य देशों के समान कौशल को धारण कर कम विकसित देशों ने उत्पादिता में ऊंची छलांग लगाई है और उनकी राष्ट्रीय आय में वृद्धि हुई है। व्यापार के लिए खुली सीमाएं प्रौद्योगिकीय अभिसृति को बढ़ावा दे सकती हैं किंतु मूल रूप से तो यह भी ज्ञान एवं कौशल के प्रसार रूपी उत्कृष्ट सार्वजनिक पदार्थ ही है—न कि बाजार की प्रक्रिया।

विशुद्ध सैद्धांतिक दृष्टि से अधिक समता की ओर दबाव बनाने वाली अन्य शक्तियां भी कार्यरत हो सकती हैं। उदाहरण के लिए कहा जा सकता है कि समय गुजरने पर उत्पादन तकनीकें श्रमिक में अधिक कौशल की मांग करती हैं और इसके कारण भी कुल उत्पादन में श्रम के अंश में वृद्धि तथा पूंजी के अंश में कमी आएगी : इसे मानवीय पूंजी *(Human Capital)* उदय अवधारणा कहा जा सकता है। दूसरे शब्दों में यह अपेक्षा की जाती है कि प्रौद्योगिकीय संगति स्वचालित रूप से वित्तीय पूंजी और भू-भवन सम्पदा धारण पर मानवीय पूंजी की विजय को प्रशस्त कर सकती है—यह भारी भरकम अंशपूर्ण धारकों पर योग्य प्रबंधकों की और भाई-भतीजावाद पर कौशल की विजय है। इस प्रकार विषमता योग्यता पर आधारित अधिक और कम स्थायित्वपूर्ण हो जाएगी। इस प्रकार आर्थिक तर्कशक्ति कुछ अर्थों में अपने आप ही लोकतांत्रिक तर्कशक्ति को जन्म देगी।

आजकल प्रचलित एक अन्य आशावादी विचार है कि जीवाशा में हाल ही में आए सुधार के कारण "वर्ग संघर्ष" स्वत: ही "पीढ़ीगत संघर्ष" के लिए स्थान बना देगा। यह विचार अपेक्षाकृत कम विभाजनकारी है—क्योंकि बूढ़े होने से पूर्व हम सभी युवा भी होते हैं। इस अपरिहार्य जीव वैज्ञानिक सत्य को निहित अर्थ यही है कि अब धन के संचयन और विभाजन से पूर्व किराया खाने वाले वंशों और श्रम के अतिरिक्त सभी संसाधनों से विहीन वंशों के बीच अनिवार्य टकराव आवश्यक नहीं रहेगा। आधारभूत तर्क शास्त्र जीवन चक्र के दौरान बचत बन जाता है—सभी अपनी वृद्धावस्था की आवश्यकताओं की पूर्ति के लिए व्यवस्था करने हेतु युवावस्था में बचत

करते हैं। यह तर्क दिया जाता है कि चिकित्साशास्त्र में प्रगति ने जीवन की दशाओं में सुधार के साथ-साथ पूंजी के सार-सत्व को ही संपूर्ण रूप से परिवर्तित कर दिया है।

दुर्भाग्यवश, मानवीय पूंजी उदय और वर्ग संघर्ष के स्थान पर पीढ़ीगत टकराव की स्थापना की अवधारणाएं आशावादी विश्वास मात्र हैं—और काफी हद तक भ्रामक हैं। यह दोनों ही संक्रमण तर्क की दृष्टि से संभव तो हैं, किसी न किसी सीमा तक वास्तविक भी हैं—किंतु इनके प्रभाव का परिणाम उतना सबल नहीं होता जितनी हम कल्पना कर बैठते हैं। राष्ट्रीय आय में बड़ी दीर्घावधि में श्रम के अंश में वृद्धि होने का कोई प्रमाण नहीं मिलता : बीसवीं सदी में भी गैरमानवीय पूंजी उतनी ही अपरिहार्य प्रतीत होती है जितनी कि वह अठारहवीं और उन्नीसवीं शताब्दियों में थी। ऐसा कोई कारण नहीं दिखाई देता कि उसकी यह अपरिहार्यता और अधिक गहन नहीं हो जाएगी। आज भी पहले की भांति सभी आयु समूहों में धन की विषमताएं होती हैं और 21वीं शताब्दी के प्रारम्भ में भी उत्तराधिकार की विषमताएं उतनी ही निर्णायक है जितनी कि बालजाक के "पेयरे गोरियो" के युग में थीं। दीर्घकालिक दृष्टि से ज्ञान और कौशल का प्रसार ही अधिक समता के पक्ष की प्रमुख शक्ति रहा है।

अभिसृति की शक्तियां : अपसृति (Divergence) की शक्तियां

यह भी एक महत्त्वपूर्ण तथ्य है: विभिन्न देशों के बीच अभिसृति *(Convergence)* में [तो विशेष रूप से] ज्ञान और कौशल के प्रसार की शक्ति चाहे जितनी ही प्रबल हो, अधिक विषमता की दिशा में धकेलने वाली अति प्रबल शक्तियां उन्हें निष्प्रभावी बना उन पर अपना वर्चस्व स्थापित कर सकती हैं। प्रशिक्षण में पर्याप्त निवेश का अभाव समूचे समुदायों को ही आर्थिक संवृद्धि के लाभ से वंचित रख सकता है। संवृद्धि से कुछ समूहों को लाभ होता है तो कुछ को हानियाँ भी उठानी पड़ सकती हैं—इस संदर्भ में पिछले कुछ समय से विकसित देशों के श्रमिकों का चीन के श्रमिकों द्वारा विस्थापन बहुत प्रासंगिक लगता है। दूसरे शब्दों में अभिसृति की प्रमुख शक्ति—ज्ञान का प्रसार—भी आंशिक रूप से ही

प्राकृतिक और स्वयंस्फूर्त ही प्रतीत होती है। यह बहुत सीमा तक शैक्षणिक नीतियों, प्रशिक्षण की सुलभता, समुचित कौशल का अर्जन और इन सबसे जुड़ी संस्थाओं पर निर्भर रहता है।

मैं अपने इस अध्ययन में अपसृति की कुछ ऐसी चिंताजनक शक्तियों पर विशेष ध्यान दे रहा हूँ, जो उस विश्व में भी अपने चिंताजनक रूप में बनी रहती हैं, जहां कौशल में पर्याप्त निवेश हो रहा हो और जहां अर्थशास्त्रियों की जानी-मानी "बाजार की दक्षता" की शर्तें भी पूरी हो रही हों। ये अपसृतिकारी शक्तियां आखिर क्या हैं? सबसे पहली बात तो यही है कि उच्चतम आय कमाने वाले स्वयं को सबसे बहुत अधिक अलग मान लेते हैं [वैसे अभी इसी समस्या का प्रभाव बहुत व्यापक नहीं—सीमित ही है] इससे कहीं अधिक गंभीर तो अपसृतिकारी शक्तियों का निम्न संवृद्धि और उच्च पूंजी प्रतिलाभ की अवधि में धन के संचयन और संकुचन से जुड़ा समूह है। यह दूसरी प्रक्रिया पहली की अपेक्षा कहीं अधिक अस्थिरता कारी होती है और नि:संदेह रूप से दीर्घकाल में धन के समतापूर्ण वितरण के लिए सबसे गंभीर खतरा है।

आइए सीधे ही बात के सत्त्व तक चलें: मैं रेखाचित्र 1.1 और 1.2 में वे रूपरेखाएं और प्रवृत्तियां दिखा रहा हूँ जिनकी आगे चल कर व्याख्या करने वाला हूँ। ये रेखाचित्र इनमें से एक, अपसृतिकारी शक्तियों के महत्त्व का प्रतिनिधित्व करते हैं। दोनों में ही 'U आकार' वक्र दर्शाए गए हैं—अर्थात ये पहले गिरती हुई और फिर वृद्धिमान विषमताओं की अवधि दिखा रहे हैं। माना जा सकता है कि दोनों रेखाचित्र ऐसी दशाएं दिखा रहे हैं जो मिलती-जुलती हैं। किंतु वास्तव में ऐसा नहीं है। विभिन्न वक्रों को आकार प्रदान करने वाले घटनाक्रम बहुत ही अलग हैं और इनमें अनेक आर्थिक, सामाजिक और राजनीतिक प्रक्रियाएं सम्मिलित हैं। यही नहीं, रेखाचित्र 1.1 संयुक्त राज्य अमेरिका में आय की विषमताएं दिखा रहा है तो रेखाचित्र 1.2 के वक्रों में यूरोप के कुछ देशों के पूंजी/आय अनुपात दिखाए गए हैं [जापान का वक्र भी ऐसा ही बनता किंतु यहाँ उसे नहीं दर्शाया गया है] इस बात से इनकार नहीं किया जा सकता कि 21वीं सदी में ये दोनों अपसृतिकारी शक्तियां अंतत: एक साथ मिल जाएंगी। कुछ सीमा तक तो

यह हो चुका है और इसके विश्वव्यापी स्वरूप धारण करने की बहुत संभावना है। इससे विषमता के अभूतपूर्व स्तरों और एक बहुत ही नए स्वरूप के उभरने की आशंका है। हां, अभी तो ये दो दृश्य अलग-अलग घटनाक्रमों को ही दर्शा रहे हैं।

रेखाचित्र–I.1 में प्रदर्शित संयुक्त राज्य अमेरिका का वक्र 1910-2010 की अवधि में वहाँ की राष्ट्रीय आय में उच्चतम दशमक का अंश दिखा रहा है। यह कुजनेट्स द्वारा निर्मित 1913-48 की अवधि की ऐतिहासिक श्रृंखला का संवर्धन मात्र है। सर्वोच्च दशमंक 1910 और 1920 के दशकों में 45-50 प्रतिशत राष्ट्रीय आय को हस्तगत कर रहा था। यह अंश घटकर 1940 के दशक अंत तक 30-35 प्रतिशत रह गया था। फिर 1950-70 तक विषमता इसी स्तर पर स्थिर रही। किंतु आगे चलकर 1980 के दशक से हमें विषमता में तीव्र वृद्धि दिखाई दे रही है। और वर्ष 2000 में तो यह दशमंक वापस राष्ट्रीय आय के 45-50 अंश पर पहुंच चुका है। परिवर्तन का आकार बहुत प्रभावशाली है। यह प्रश्न उठना स्वाभाविक होगा कि आखिर यह प्रवृत्ति कब तक चलती रहेगी?

रेखाचित्र I.1: संयुक्त राज्य अमेरिका में आय की विषमता, 1910-2010

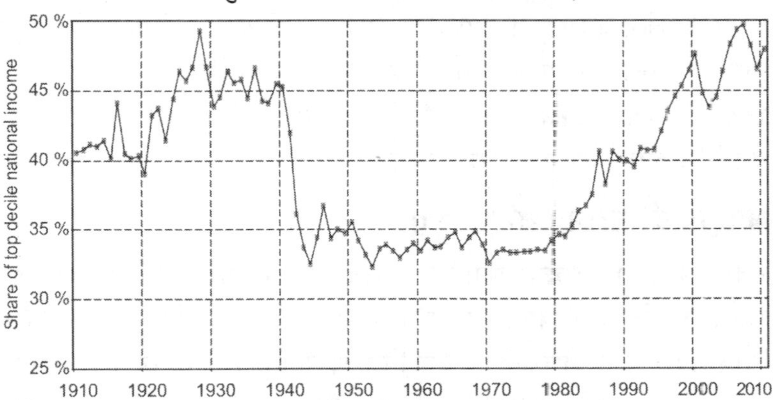

संयुक्त राज्य अमेरिका की राष्ट्रीय आय में उच्चतम दशमंक का अंश 1910 और 1920 के दशकों के 45-50 प्रतिशत से घटकर 1950 के दशक में 35 प्रतिशत से नीचे हो गया [कुजनेट्स ने इस गिरावट का अपने विश्लेषण में उल्लेख किया है।; यह अंश 1970 के दशक से फिर उठना प्रारम्भ हुआ और 2000-2010 में पुन: 45-50 प्रतिशत हो गया।] स्रोत और श्रृंखला हेतु देखें: piketty.pse.ens.fr/capital21C.

मैं दिखाने जा रहा हूँ कि विषमता में यह असाधारण वृद्धि मुख्य रूप से श्रम की आय में हुए एक अभूतपूर्व विस्फोट की झलक है—यह वस्तुत: बड़ी फर्मों के शीर्ष प्रबंधकों के शेष जनसंख्या से अलग हो जाने का उदाहरण है। इसकी एक संभावित व्याख्या यह है कि इन शीर्ष प्रबंधकों के कौशल और इनकी उत्पादिता में अन्य कर्मियों की तुलना में अचानक बड़ा उछाल आया। मुझे एक अन्य व्याख्या अधिक व्यावहारिक लगती है, यह उपलब्ध साक्ष्यों से अधिक संगत भी लगती है: इन शीर्ष प्रबंधकों को अपना पारिश्रमिक स्वयं निर्धारित करने की शक्ति प्राप्त है, कई मामलों में इस की कोई सीमा नहीं होती और बहुधा उस पारिश्रमिक का उनकी वैयक्तिक उत्पादिता से भी कोई नाता नहीं होता—वैसे ही एक विशाल संगठन में किसी व्यक्ति विशेष की उत्पादिता का आकलन कर पाना संभव नहीं होता। यह घटनाचक्र मुख्यत: संयुक्त राज्य अमेरिका में चल रहा है, कुछ सीमा तक ब्रिटेन में भी दिख रहा है और इन दो देशों में पिछली शताब्दी में प्रचलित रहे सामाजिक एवं वित्तीय मानकों के आधार पर इसकी व्याख्या हो सकती है। अन्य अमीर देशों में यह प्रवृत्ति उतनी प्रबल नहीं है [जापान, जर्मनी, फ्रांस तथा अन्य यूरोपीय महाद्वीप के देशों में] किंतु वे भी इसी दिशा की ओर अग्रसर हैं। संपूर्ण विश्लेषण से पूर्व यह कह देना जोखिमपूर्ण होगा कि अन्य देशों में भी अंतत: यही होगा जो अमेरिका में हो चुका है—और दुर्भाग्यवश उपलब्ध आंकड़ों की सीमितता की सीमा के कारण यह संपूर्ण विश्लेषण कर पाना सहज नहीं है।

अपसृति की मूलभूत शक्ति r > g

रेखाचित्र I.2 में दिखाया गया दूसरा प्रतिरूप उस अपसृति प्रक्रिया को दर्शा रहा है जो किसी न किसी रूप में सरल और अधिक पारदिर्शतापूर्ण है और निर्विवाद रूप से दीर्घकालिक धन वितरण के विकासक्रम पर कहीं अधिक प्रभाव भी डालती है। यह रेखाचित्र निजी धन [भू एवं भवन सम्पदा वित्तीय परिसम्पदाएं *(Financial Assets)*, और ऋण पश्चात् व्यावसायिक पूंजी का योग] को राष्ट्रीय आय के वर्षों की इकाइयों में दर्शा रहा है। विश्लेषण अवधि 1870 से 2010 तथा संबद्ध देश ब्रिटेन, फ्रांस और जर्मनी हैं। सबसे पहले तो 19वीं सदी के अंतिम वर्षों में यूरोप में निजी सम्पत्ति के

अतिउच्च स्तर पर ध्यान दीजिए—यह छः से सात वर्षों की राष्ट्रीय आय के बीच रहा है। यह वस्तुतः बहुत ही ऊंचा स्तर है। फिर 1914 से 1945 की अवधि के संक्षोभों से इसमें तीखी गिरावट दर्ज की गई—यह पूजी अनुपात घटकर 2 या 3 ही रह गया। किंतु 1950 के बाद से इसमें फिर तीव्र वृद्धि के दर्शन हो रहे हैं और 21वीं सदी के प्रारम्भिक वर्षों में ब्रिटेन और फ्रांस में इसके पुनः 5 से 6 वर्षों की राष्ट्रीय निम्न तक पहुंच जाने की आशंका प्रतीत हो रही है। जर्मनी में निजी सम्पत्ति एक निम्न स्तर से प्रारम्भ हुई थी, उसके वर्तमान स्तर निम्न ही रहे हैं किंतु, वहाँ भी यह वृद्धि की प्रक्रिया उतनी ही स्पष्ट दिखाई दे रही है।

यह U-आकार वक्र एक अत्यंत ही निर्णायक संक्रमण की झलक है हम इस पर आगे विस्तार से चर्चा करेंगे। विशेष रूप से मैं यह दर्शाने जा रहा हूँ कि यह पिछले कुछ दशकों में उच्च पूंजी अनुपात की वापसी की व्याख्या मुख्यतः अपेक्षाकृत निम्न संवृद्धि के दौर में निहित है। धीमी गति से वृद्धिशील अर्थव्यवस्था में पूर्ण संग्रहित धन का महत्त्व अप्रत्याशित रूप से अधिक हो जाता है। कारण यही है कि नई बचतों का सीमित सा प्रवाह भी पूंजी के भंडार को नियमित रूप से बढ़ाते हुए बहुत विराट रूप प्रदान कर सकता है।

यदि काफी समय तक पूंजी से प्रतिप्राप्ति की दर [राष्ट्रीय आय की संवृद्धि दर से अधिक रहे [यह आवश्यक नहीं, किंतु, निम्न संवृद्धि काल में अधिक संभावित है] तो धन के वितरण में बहुत बड़ी अपसृति की आशंका और भी प्रबल हो जाती है।

मैं इसी विषमता को $r > g$ द्वारा व्यक्त कर रहा हूँ। यहाँ r पूंजी पर सकल वार्षिक प्रतिप्राप्ति की दर है–इसे लाभ, लाभांश, ब्याज, भाड़ा और पूंजी से प्राप्य अन्य सभी आयों के योगफल को पूंजी के सकल मान से विभाजित कर प्रतिशत रूप में अभिव्यक्त किया गया है। साथ ही, g द्वारा हम राष्ट्रीय आय की संवृद्धि दर—अर्थात देश के उत्पादन या उसकी आय में वार्षिक वृद्धि दर दर्शा रहे हैं। विषमता का यह निरूपण मेरी पुस्तक में

बहुत महत्त्वपूर्ण भूमिका निभाने जा रहा है। यह एक प्रकार से, मेरे सभी निष्कर्षों के तर्क सिद्धांत को समेटे हुए है।

रेखाचित्र I.2: यूरोप में पूंजी/आय अनुपात, 1870-2010

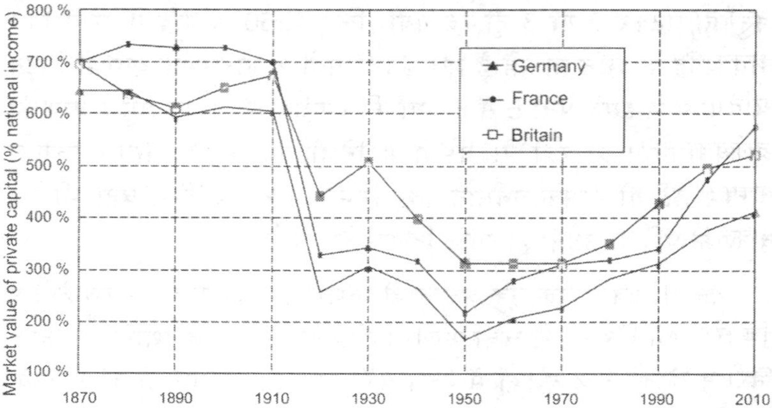

यूरोप में 1910 में निजी धन सम्पदा का मान 6 से 7 वर्षों की राष्ट्रीय आय के समान रहा और 2010 में इसे 4 से 6 वर्षों की आय के तुल्य आंका गया है। स्रोत और श्रृंखला हेतु देखें: piketty.pse.ens.fr/capital21C.

जब पूंजी से प्रतिप्राप्ति की दर अर्थव्यवस्था की संवृद्धि दर से बहुत अधिक हो जाए [जैसा कि 19वीं सदी से पूर्व का इतिहास रहा है और जिसकी 21वीं सदी में पुनरावृत्ति की आशंका है] तो तर्क की दृष्टि से उत्तराधिकार से प्राप्त धन, उत्पादन और आय की अपेक्षा बहुत तेजी से बढ़ने लगता है। विरासत से अमीर बने लोगों को अपनी पूंजी को राष्ट्रीय आय की अपेक्षा तेजी से बढ़ाने के लिए अपनी आय का एक अंश ही उसमें जोड़ना पर्याप्त रहता है। इस दशा में विरासत का धन जीवनपर्यंत के श्रम द्वारा संकलित धन से बहुत आगे निकल जाता है। फिर तो पूंजी का संकुलन एक अत्यधिक उच्च स्तर प्राप्त कर लेगा। विषमता का यह स्तर आधुनिक लोकतांत्रिक समाज के आधारभूत जीवन मूल्यों—प्रतिभा की प्रतिष्ठा और सामाजिक न्याय के साथ सहनिर्वाह नहीं कर पाएगा।

यही नहीं, अपसृति की यह मूलशक्ति अन्य प्रक्रियाओं के कारण और बल पकड़ सकती है। उदाहरण के लिए धन में वृद्धि के साथ-साथ बचत की दर में भी तीव्र वृद्धि हो सकती है।[36] इससे भी अधिक महत्त्वपूर्ण बात यह है

कि पूंजी पर औसत प्रभावी प्रतिप्राप्ति दर व्यक्ति की प्रारम्भिक पूंजी संपन्नता अधिक होने पर और उच्चतर हो जाती है [यह बात बहुत ही सामान्य है]। यह भी सत्य है कि पूंजी पर प्रतिप्राप्ति का पूर्वाकलन सम्भव नहीं होता—इसमें स्वेच्छाचारिता भी होती है। इसी कारण धन संवर्धन की अनेक विधियां हो सकती हैं। यह तथ्य भी प्रतिभा की प्रतिष्ठा वाले प्रतिमान को एक चुनौती प्रस्तुत करता है। अंतत: ये सभी कारक रिकार्डो के दुर्लभता के सिद्धांत के कारण और गंभीर रूप धारण कर लेते हैं: भू-भवन सम्पदा या कच्चे तेल के उच्च दाम संरचनात्मक अपसृति में योगदान कर सकते हैं।

आइए, अभी तक की चर्चा का सार-संक्षेप कर लें: धन के संचयन और वितरण की प्रक्रिया में अपसृति की ओर उन्मुख करने वाली प्रबल शिक्तयां भरी रहती हैं—यह समाज को विषमता के अति उच्च स्तर तक अवश्य ले जाती हैं। अभिसृति की शक्तियां भी रहती हैं, कभी-कभी समाज में उनकी प्रबलता भी हो जाती है, किंतु अपसृति की शक्तियां किसी भी समय उन पर भारी पड़ सकती हैं, जैसा कि अब 21वीं सदी के प्रारम्भ में दिखाई दे रहा है। आगामी दशकों में जनसंख्या और अर्थव्यवस्था की संवृद्धि दरों में संभावित कमी इस प्रवृत्ति को और भी अधिक चिंताजनक बना रही है।

मेरे निष्कर्ष मार्क्स द्वारा इंगित अंतहीन संचयन के सिद्धांत और निरंतर अपसृति से कम विनाशकारी है [क्योंकि मार्क्स का सिद्धांत तो दीर्घकालिक स्तर पर उत्पादिता में वृद्धि के शून्य होने की कड़ी मान्यता पर आधारित है] मेरे द्वारा प्रस्तावित प्रतिमान में अपसृति निरंतर नहीं है और यह धन के वितरण की अनेक संभावित दिशाओं में से एक है। किंतु, संभावनाएं अधिक प्रशंसनीय नहीं हैं। इस बात पर ध्यान देने की विशेष आवश्यकता है : मेरे प्रतिमान में निहित अपसृतिकारी शक्ति की आधारभूत रचना $r > g$ का बाजार की किसी प्रकार की त्रुटि से कोई नाता नहीं है। इसके पूर्णत: विपरीत तथ्य यह है कि पूंजी बाजार जितना अधिक संपूर्ण होगा r उतना ही g से अधिक हो जाएगा। ऐसी सामाजिक संस्थाओं और नीतियों की कल्पना की जा सकती है, जो इन वैश्विक प्रभावों का सामना कर सकें: उदाहरण के रूप में पूंजी पर एक प्रगतिशील कर *(Progressive*

Tax)। किंतु ऐसी संस्थाओं और नीतियों की रचना के लिए बहुत बड़े स्तर पर अंतर्राष्ट्रीय सहयोग की आवश्यकता होगी। दुर्भाग्यवश यही अधिक संभावना है कि इस समस्या की प्रतिक्रिया—राष्ट्रवादी प्रतिक्रियाओं सहित—कहीं अधिक नम्र और कम प्रभावी होगी।

इस अध्ययन की भौगोलिक और ऐतिहासिक सीमाएं

इस अध्ययन की भौगोलिक और ऐतिहासिक सीमाएं क्या होगी? मैं यथासंभव 18वीं शताब्दी से लेकर विश्व भर के देशों में आंतरिक और उनके बीच धन वितरण की गत्यात्मकता का अन्वेषण करूंगा। किंतु उपलब्ध आंकड़ों का अभाव अनेक मामलों में मुझे अन्वेषण के क्षेत्र को बहुत ही सीमित करने के लिए बाध्य भी कर सकता है। पुस्तक का प्रथम भाग विभिन्न देशों के बीच उत्पादन और आय के विभाजन से संबंधित है और यहाँ वर्ष 1700 से विश्वस्तरीय विश्लेषण विधि अपनाना संभव है [इस कार्य में एंजस मैडीसन द्वारा संकलित राष्ट्रीय लेखा आंकड़ों का ऋणी हूँ]। दूसरे भाग में पूंजी/आय अनुपात और पूंजी/श्रम अनुपात का अध्ययन करते समय पर्याप्त ऐतिहासिक आंकड़ों के अभाव के कारण मुझे अपना ध्यान केवल धनी देशों तक सीमित रख उन्हीं के निष्कर्षों को गरीब और देशों में भी संभवत: मान्य रहने की बात कहने की विवशता रहेगी। तीसरे भाग में आय और धन की विषमताओं के विकासक्रम की व्याख्या में आंकड़ों का अभाव मेरी सीमाओं को संकुचित करेगा। मैं WTID के आंकड़ों के प्रयोग के माध्यम से कई गरीब और उभरते देशों को भी अपने अध्ययन में सम्मिलित करने का प्रयास करूंगा—मेरा ध्येय यथासंभव पांचों महाद्वीपों के मानव समाज का अध्ययन करना है। फिर भी दीर्घकालिक प्रवृत्तियों की जानकारी के दस्तावेज तो अमीर देशों में ही अधिक बेहतर उपलब्ध हैं। सीधे शब्दों में यह पुस्तक प्राथमिक रूप से विश्व के अग्रणी विकसित देशों : संयुक्त राज्य अमेरिका, जापान, जर्मनी, फ्रांस और ग्रेट ब्रिटेन के ऐतिहासिक अनुभवों पर आधारित है।

ब्रिटिश और फ्रांसीसी मामले विशेष रूप से महत्त्वपूर्ण सिद्ध होते हैं, कारण यह है कि इन्हीं दो देशों के दीर्घकालिक ऐतिहासिक स्रोत सबसे

अधिक पूर्ण है। इन देशों के लिए 18वीं सदी के प्रारम्भिक वर्षों से ही राष्ट्रीय धन के आकार और उसकी संरचना के कई अनुमान उपलब्ध हैं। यह दोनों ही देश 19वीं एवं 20वीं सदी के प्रारम्भिक वर्षों में अग्रणी औपनिवेशिक एवं वित्तीय शक्तियां भी रहे हैं। अत: औद्योगिक क्रांति से प्रारम्भ कर विश्व स्तर पर धन के वितरण के अध्ययन के लिए तो हमें इन दो देशों का अध्ययन करना ही होगा। वित्त और व्यापार के प्रथम वैश्वीकरण [1870-1914] के अध्ययन के लिए तो इन देशों के इतिहास अपरिहार्य हैं। वह वैश्वीकरण अनेक दृष्टियों से 1970 के दशक से प्रारम्भ वर्तमान द्वितीय वैश्वीकरण से मिलता जुलता ही था। प्रथम वैश्वीकरण की अवधि जितनी सम्मोहक है उतनी ही अद्भुत रूप से विषमताकारी भी रही है। इसने बिजली के लैंप का आविष्कार देखा तो साथ ही महासागर गामी विशालकाय जलपोत भी बने [टाइटैनिक ने अपनी पहली यात्रा 1912 में की थी], चलचित्र और रेडियो का उद्भव और मोटर वाहनों का उदय तथा अंतर्राष्ट्रीय निवेश का चलन भी उसी काल की देन है। ध्यान देने योग्य बात, है कि यह स्तर का सकल घरेलू उत्पाद के सापेक्ष बाजार पूंजीकरण लंदन और पैरिस में 20वीं सदी के प्रारम्भिक वर्षों में हो चुका था, वह अनेक धनी देशों में तो 21वीं सदी में संभव हुआ। आज के विश्व को ठीक से समझने के लिए यह तुलना बहुत शिक्षात्मक होगी।

कुछ पाठकों को मेरा फ्रांस के अध्ययन पर आग्रह विचित्र लग सकता है—वे इसे मेरे राष्ट्राभिमान का प्रतीक मान सकते हैं। अत: मुझे अपने निर्णय को न्यायोचित ठहराना चाहिए। मेरे इस चयन का एक कारण तो जानकारी के स्रोतों से संबंधित है। फ्रांसीसी क्रांति ने एक न्यायपूर्ण अथवा आदर्श समाज की रचना तो नहीं की किंतु उसने धन की संरचना का एक अभूतपूर्व विस्तार से अवलोकन अवश्य संभव बना दिया। भूमि, भवन और वित्तीय परिसम्पदाओं के लेख बनाने की 1790 के दशक में लागू की गई व्यवस्था उस समय की दृष्टि से बहुत ही व्यापक और आश्चर्यजनक रूप से आधुनिक थी। विश्व भर में यदि फ्रांस के सम्पदा के लेखे दीर्घकालिक परिप्रेक्ष्य में संभवत: सबसे समृद्ध हैं तो उसका कारण वह क्रांति ही थी।

मेरा दूसरा कारण है कि फ्रांस जंनाकिकीय संक्रमण से गुजरने वाला पहला देश था—इस दृष्टि से वहाँ का घटनाक्रम यह जानने के लिए उपयोगी है कि शेष विश्व में क्या घटित हो सकता है। इस देश की जनसंख्या पिछली दो सदियों में बढ़ी तो है, किंतु यह वृद्धि दर सापेक्षत: कम ही रही है। क्रांति के समय देश की जनसंख्या लगभग 30 मिलियन थी और आज यह 60 मिलियन से कुछ ही अधिक है। यह वही देश है—इसका आकार कुछ अधिक परिवर्तित नहीं हुआ है। इसकी तुलना में स्वतंत्रता की घोषणा के समय संयुक्त राज्य अमेरिका की जनसंख्या मात्र 3 मिलियन थी जो 1900 में 100 मिलियन हो गयी और अब तो 300 मिलियन का आंकड़ा पार कर रही है [हम यहाँ 19वीं शताब्दी के पश्चिमोन्मुखी विस्तार की बात नहीं कर रहे हैं]—किंतु अब यह वही पुराना देश तो नहीं है।

ऐसा देश जिसकी जनसंख्या 100 गुना अधिक हो गई हो, वहाँ विषमता की गत्यात्मकता और संरचना का किसी ऐसे देश से अलग दिखना अनिवार्य है, जिसकी जनसंख्या केवल दुगुनी हुई हो। पहले देश में उत्तराधिकार का कारक निश्चय ही कम महत्त्वपूर्ण रहेगा। नए विश्व की जनांकीय संवृद्धि ही मूलत: इस बात के लिए उत्तरदायी है कि संयुक्त राज्य में उत्तराधिकार की दौलत की भूमिका यूरोप से कम रही है। यही कारक संयुक्त राज्य में विषमता की संरचना की विलक्षणता की व्याख्या कर सकता है और यही बात वहाँ विषमता और सामाजिक वर्गों के अभिलक्षणों पर भी लागू होती है। किंतु इससे यह भी संदेश मिलता है कि संभवत: अमेरिकी अनुभव का सामान्यीकरण संभव नहीं होगा [क्योंकि आज ऐसा संभव नहीं लगता, आगामी दो सदियों में विश्व की जनसंख्या सौगुना हो जाएगी] और साथ ही यह संकेत भी मिलता है कि भविष्य को समझने के लिए फ्रांस का अनुभव अधिक सार्थक और उपयुक्त सिद्ध होगा। मैं तो आश्वस्त हूँ कि चीन, ब्राजील और भारत जैसे उभरते देशों, जहां आने वाले वर्षों में जनांकीय और आर्थिक संवृद्धि में शिथिलन आएगा [आ भी रहा है], सहित वैश्विक धन के वितरण विभाजन की भावी गत्यात्मकता के विषय में फ्रांस तथा यूरोप, जापान, उत्तरी अमेरिका और महासागरीय क्षेत्र के

विकसित देशों में स्पष्ट हुई ऐतिहासिक प्रवृत्तियों के अध्ययन से हमें एक ज्ञान दृष्टि प्राप्त हो सकती है।

अंत में, फ्रांस का उदाहरण इसलिए भी रुचिकर है क्यों कि फ्रांसीसी क्रांति एक उत्कृष्ट बुर्जुआ क्रांति थी जिसने शीघ्र ही बाजार की तुलना में समता के एक विधिक आदर्श की स्थापना कर दी। यह जानना भी रुचिकर रहेगा कि इस आदर्श का धन के वितरण पर क्या प्रभाव पड़ा। यद्यपि 1688 की अंग्रेजी क्रांति ने आधुनिक संसदवाद की स्थापना तो कर दी थी किंतु उसने एक राजपरिवार और भू सम्पदाओं पर वयोज्येष्ठताधिकार [जिसे 1920 के दशक में समाप्त किया गया था] और आनुवंशिक अभिजात्य वर्ग के राजनीतिक विशेषाधिकारों को अछूता छोड़ दिया था। [वहाँ आज भी इतनी देर बाद हाउस ऑफ लॉर्डस की रचना में सुधारों की चर्चा ही चल रही है]। यद्यपि अमेरिकी क्रांति ने जनतंत्रवादी सिद्धांत की स्थापना कर दी थी किंतु उसने भी लगभग एक शती तक दास प्रथा को और कानूनी रूप से रंग भेद को चलते रहने दिया था। आज भी संयुक्त राज्य अमेरिका में रंग का प्रश्न सामाजिक प्रश्नों और विमर्श पर छाया रहता है। एक प्रकार से 1789 की फ्रांसीसी क्रांति कहीं अधिक महत्वाकांक्षी थी। उसने सभी विधिक विशेषाधिकारों का उन्मूलन कर ऐसी सामाजिक और राजनीतिक व्यवस्था की रचना करनी चाही थी जो केवल अधिकारों और अवसरों की समानता पर आधारित हो। नागरिक संहिता ने सम्पदा कानूनों के समक्ष पूर्ण समानता और अनुबंध की स्वतंत्रता [कम से कम पुरुषों के लिए] की गारंटी दी थी। उन्नीसवीं सदी के अंत में भी पॉलटेरॉय-ब्युलियों जैसे अनुदार, फ्रांसीसी अर्थशास्त्री प्राय: यह तर्क देते थे : क्रांति द्वारा समतावादी बनाए गए "छोटे सम्पदाधारियों" के देश फ्रांस में अभिजात्यतंत्रीय एवं राजतंत्रीय ब्रिटेन की भ्रांति प्रगतिशील या राज्यसात् (जब्त) करने वाले आयकर और सम्पदाकर की भला क्या आवश्यकता है? किंतु आंकड़े बताते हैं कि उस समय के फ्रांस में भी धन का संकुलन उसी स्तर पर था जो ब्रिटेन में था। इससे स्पष्ट हो जाता है कि बाजार में समानता न्यायालय में समानता सुनिश्चित नहीं कर पाती। यहाँ फ्रांस के अनुभव आज के विश्व में प्रासांगिक है, जहां आज भी अनेक विचारक, सौ

वर्ष पूर्व के लेरॉय-व्यूलियो की भांति ही यह माने बैठे हैं कि अधिक सशक्त सम्पदा अधिकार, अधिक स्वंतत्र बाजार और अधिक शुद्धतर और उच्चतर स्पर्धा एक न्यायपूर्ण, समृद्ध और समतापूर्ण समाज की रचना के लिए पर्याप्त रहेंगे। दुर्भाग्यवश यह कार्य कहीं अधिक जटिलता पूर्ण है।

सैद्धांतिक एवं अवधारणागत रूपरेखा

आगे बढ़ने से पूर्व इस शोध की सैद्धांतिक और अवधारणात्मक रूपरेखा और साथ ही उस बौद्धिक यात्रा पर भी ध्यान देने की आवश्यकता प्रतीत हो रही है, जिसने मुझे यह पुस्तक लिखने की प्रेरणा दी है।

मैं उस पीढ़ी का सदस्य हूँ, जो 1989 में 18 वर्ष की हुई—यह न केवल फ्रांसीसी क्रांति का द्विशताब्दी वर्ष था बल्कि इसी वर्ष बर्लिन की दीवार भी धराशायी हुई थी। मैं उस पीढ़ी से हूँ, जो साम्यवादी तानाशाहियों के पतन के समाचार सुनते हुए बड़ी हुई है और जिसके मन में उन तानाशाहियों एवं सोवियत संघ के लिए रंचमात्र भी स्नेह भावना नहीं रही है। मैं तो परंपरागत पूंजीवादी विरोधी आलस्यभरी वाक्पटुता के प्रभावों के प्रति जीवन भर के लिए मसूरित [टीकाकृत] हो गया था—क्योंकि वह वाक्पटुता साम्यवाद की ऐतिहासिक विफलताओं को नजरअंदाज करती थी और उन विफलताओं से आगे बढ़ने के बौद्धिक प्रयासों की ओर पीठ फेर चुकी थी। मैं विषमता या पूंजीवाद की दरअसल भर्त्सना करने को तैयार नहीं हूँ—मेरा तो विशेष आग्रह है कि जब तक औचित्यपूर्ण हों, सामाजिक विषमताएं अपने आप में बुरी नहीं हैं। यहाँ औचित्यपूर्णता से तात्पर्य उनके सर्वसाधारण की सांझी उपयोगिता पर आधारित होने से है—जैसी कि 1789 की मानव और नागरिकों की उद्घोषणा के प्रथम अनुच्छेद ने परिभाषा की थी [यद्यपि सामाजिक न्याय की यह परिभाषा कुछ अस्पष्ट और लोकलुभावन भी है किंतु, यह इतिहास का अंग है। हम इसे एक बार स्वीकार कर आगे बढ़ते हैं—लेकिन कुछ बाद फिर इसकी समीक्षा की ओर लौट कर आऊंगा]। मैं तो समाज को संगठित करने के सर्वश्रेष्ठ उपाय और एक न्यायपूर्ण सामाजिक व्यवस्था की प्राप्ति हेतु सर्वाधिक उपयुक्त संस्थाओं व नीतियों से संबंधित विमर्श में बड़ी विनम्रता से योगदान करना

चाहता हूँ। मैं यह भी चाहता हूँ कि न्याय की प्राप्ति प्रभावशाली व दक्षतापूर्ण विधि के शासन के अंतर्गत हो, जो सभी पर समान तौर पर लागू हो और लोकतांत्रिक विमर्श को ध्यान में रखते हुए सार्वभौमिक तौर पर स्वीकृत नियमों से उत्पन्न हुआ हो।

मुझे यह भी बता देना चाहिए कि मैं अमेरिकी स्वप्न का अनुभव भी 22 वर्ष की आयु में कर चुका हूँ—जब बोस्टन के निकट एक विश्वविद्यालय ने मुझे अपना डॉक्ट्रेट का शोध पूरा करते ही काम पर रख लिया था। यह अनुभव एक से अधिक रूप से निर्णायक रहा। तब मैंने पहली बार संयुक्त राज्य में कदम रखा था और यह भी अच्छा लग रहा था कि मेरे कार्य को इतनी शीघ्र मान्यता मिल रही थी। यह एक ऐसा देश था, जो जब चाहता प्रवासियों को आकृष्ट कर लेता था। फिर भी मुझे शीघ्र ही अनुभूति हो गई कि मुझे फ्रांस और यूरोप वापस लौटना है और 25 वर्ष की आयु में ही मैं लौट भी आया। उसके बाद से कुछ संक्षिप्त सी यात्राओं के अतिरिक्त मैं पेरिस से बाहर नहीं गया हूँ। मेरे इस चयन का इस पुस्तक की रचना पर प्रत्यक्ष प्रभाव भी है। मुझे संयुक्त राज्य के अर्थशास्त्रियों के शोध कार्य पूरी तरह विश्वसनीय नहीं लगे। यह ठीक है कि वे सभी बहुत बुद्धिमान थे और जीवन के उस काल से मेरे कुछ मित्र अभी भी हैं। किंतु कुछ विचित्र बातें भी हुई थीं। मैं इस बात को अच्छी तरह जानता था कि मुझे विश्व की आर्थिक समस्याओं के विषय में कोई ज्ञान नहीं था। मेरा शोध प्रबंध तो अनेक अपेक्षाकृत अमूर्त गणितीय प्रमेयों से बना था। फिर भी मेरा कार्य पसंद किया गया था। मुझे शीघ्र ही यह अनुभूति हो गई कि कुजनेट्स के बाद विषमता की प्रक्रिया को लेकर ऐतिहासिक आंकड़े एकत्र करने का कोई महत्त्वपूर्ण प्रयास नहीं किया गया था, फिर यह जाने बिना कि किस प्रकार के तथ्यों की व्याख्या की जानी है, एक के बाद एक विशुद्ध सैद्धांतिक परिणाम निकाले जा रहे थे। वे मुझ से भी यही करने की अपेक्षा कर रहे थे। जब मैं फ्रांस वापस लौटा तो मैंने अभी तक अज्ञात आंकड़ों की खोज का बीड़ा उठा लिया। खरी बात तो यह है कि अर्थशास्त्र का विषय गणित और विशुद्ध सैद्धांतिक तथा प्रायः विचारधारा- गत तुक्केबाजी के प्रति अपने बचकाने मोहपाश से उबर नहीं पा रहा है, इसीलिए, यह ऐतिहासिक शोध

और अन्य समाजशास्त्रों से सहयोग भी नहीं कर पा रहा। अर्थशास्त्री प्राय: स्वयंलुभावनी छोटी-छोटी गणितीय जटिलताओं में उलझे रहते हैं। गणित के साथ उनका यह मोह उन्हें वैज्ञानिकता का आवरण ओढ़े रहने और आज के विश्व द्वारा पूछे जा रहे जटिल प्रश्नों से मुंह छिपाने का आवरण भी प्रदान कर देता है। फ्रांस में एक शैक्षिक स्तर का अर्थशास्त्री होने का एक बड़ा लाभ है : यहाँ न तो शैक्षिक बौद्धिक विश्व में उनका अधिक सम्मान होता है और न ही राजनीतिक और वित्तीय विद्वानों में। अत: अन्य विषयों के प्रति हेयता के भाव के साथ-साथ उन्हें अपने अधिक वैज्ञानिक वैधता के बेतुके दावों का भी परित्याग करने को विवश होना पड़ता है। यही तो इस विषय और प्राय: सभी सामाजिक विज्ञानों का आकर्षण है: सभी को बिल्कुल शुरू से ही प्रारम्भ करना पड़ता है—तभी कुछ बड़ी प्रगति की आस हो सकती है। मेरा विश्वास है कि फ्रांस में अर्थशास्त्री इतिहासकारों और समाजशास्त्रियों को तथा शैक्षिक विश्व से बाहर के लोगों को भी यह समझाने में विशेष रुचि लेते हैं कि हम जो कार्य कर रहे हैं वह रुचिकर है [यद्यपि वे इसमें सदैव सफल तो नहीं हो पाते]। बोस्टन में अध्यापन करते समय मेरा स्वप्न था कि कभी मैं भी इकॉल डेस हॉटेस एज्यूडेस एन साइन्सिस सोसिएल्स में अध्यापन कर पाऊं—जहां के शिक्षण मंडल में लूसिएन फेब्वरे फर्नेन्ड ब्रॉडेल, क्लॉड लुई-स्ट्रास, पियरे बोर्डियू फ्रैकॉयल हेरिटीअर और मॉरिस गोडलिअर जैसे अनेक महारथी थे। मैं समाज शास्त्रों के संदर्भ में संकीर्ण मानसिकता का आरोप आमंत्रित करते हुए भी अपने इस स्वप्न की बात को स्वीकार कर रहा हूँ। मैं इन विद्वानों का राबर्ट सोलो और स्वयं साइमन कुजनेट्स से भी अधिक सम्मान करता हूँ, हां! इस बात का मुझे अफसोस है कि 1970 के दशक से सामाजिकशास्त्रों के अध्येताओं ने प्राय: धन के वितरण और सामाजिक वर्ग जैसे प्रश्नों में रुचि लेना ही छोड़ दिया है। उससे पूर्व तो आय, मजदूरी, कीमत और धन के आंकड़े ऐतिहासिक और समाजशास्त्रीय शोध में बहुत प्रमुख भूमिका धारण किए रहते थे। मुझे आशा है कि उन लोगों से प्रारम्भ करते हुए जो दावा करते हैं कि उन्हें अर्थशास्त्र के बारे कुछ नहीं आता किंतु, जिनके स्वाभाविक रूप से आय और धन की विषमताओं को लेकर बड़े प्रबल विचार होते हैं, सभी

क्षेत्रों के शौकिया एवं समाजशास्त्रों के व्यावसायिक अध्येताओं को भी इस पुस्तक में कुछ न कुछ रुचिकर या उपयोगी अवश्य मिलेगा।

सच तो यही है कि, अर्थशास्त्र को अन्य सामाजिक शास्त्रों से संबंध विच्छेद नहीं करना चाहिए था और यह उन्हीं के साथ मिलकर प्रगति कर सकता है। समाजशास्त्री सामूहिक रूप से बहुत कम जानते हैं कि उन्हें अपने अपने विषयों से जुड़े छोटे-छोटे विवादों में समय नष्ट नहीं करना चाहिए। यदि हमें धन वितरण और सामाजिक वर्गों की रचना की ऐतिहासिक गत्यात्मकता के अपने बोध को और आगे बढ़ाना है तो हमें व्यावहारिक बन कर इतिहासविदों, समाजशास्त्रियों, राजनीतिशास्त्र और अर्थशास्त्रियों को सुलभ विधियों का उपयोग करना होगा। हमें मूलभूत प्रश्न उठाने और उनके उत्तर देने के प्रयास करने होंगे। अंतर्विषयी विवाद या अध्ययन क्षेत्र के विभाजनों का कोई महत्त्व नहीं है। मेरे विचार से तो यह पुस्तक जितनी इतिहास की है उतनी ही अर्थशास्त्र की भी है।

जैसा पहले बतलाया गया है, मैंने इस कार्य का प्रारम्भ स्रोतों की पहचान कर आय और धन के वितरण की ऐतिहासिक काल श्रृंखलाओं के निर्माण से किया। जैसे-जैसे इसकी रचना आगे बढ़ती है, मैं कहीं-कहीं विशुद्ध सैद्धांतिक प्रतिमानों और अवधारणाओं का प्रयोग भी करता हूँ—किंतु बहुत सीमित मात्रा में, वह भी इतना भर कि, सिद्धांत उन परिवर्तनों को समझने में हमारी सहायता कर सकें, जिनका हम अवलोकन करने चले हैं। उदाहरण के लिए आय, पूंजी, आर्थिक संवृद्धि दर और पूंजी पर प्रतिप्राप्ति दर *(Rate of Return on Capital)* आदि निगमित अमूर्त अवधारणाएं हैं—गणितीय निश्चितताएं नहीं। मैं आगे चल कर यही समझाऊंगा कि यदि हमारी आंखें खुली रहें और हम इन अवधारणाओं के मापन में निहित सीमित सूक्ष्मता या सटीकता के प्रति सजग रहें तो ये हमें ऐतिहासिक वास्तविकताओं को अनेक अनूठे रूपों में विश्लेषण करने में सहायक हो सकती हैं। मैं कुछ समीकरणों का भी प्रयोग करूंगा—जैसे कि $\alpha = r \times \beta$ [जिसका अर्थ है कि राष्ट्रीय आय में पूंजी का अंश पूंजी पर प्रतिप्राप्ति की दर और पूंजी/आय अनुपात के गुणनफल के समान है]; या फिर $\beta = s/g$ [अर्थात पूंजी/आय अनुपात, दीर्घकाल में, संवृद्धि से

विभाजित बचत दर के समान है]। जिन पाठकों को गणित इतनी अच्छी तरह नहीं आता, उन्हें मेरा सुझाव है कि धैर्य रखें और पुस्तक को तुरंत बंद करके न रख दें; यह बड़े सामान्य समीकरण हैं, इन्हें सीधे सरल तरीके से भी समझाया जा सकता है और उसे समझने के लिए किसी विशिष्ट तकनीकी ज्ञान की आवश्यकता नहीं होगी। सर्वोपरि बात तो यही है कि मैं यह भी स्पष्ट करूंगा कि महत्त्वपूर्ण ऐतिहासिक घटनाक्रमों को स्पष्ट रूप में समझने बूझने के लिए यह न्यूनतम सैद्धांतिक रूपरेखा पर्याप्त रहेगी।

पुस्तक की रूपरेखा

शेष पुस्तक चार खंडों में विभाजित 16 अध्यायों में है। खंड एक का शीर्षक है आय और पूंजी। इसके दो अध्याय शेष पुस्तक में बार बार प्रयुक्त आधारभूत विचारों से आपको परिचित कराएंगे। विशेषत: अध्याय–1 में राष्ट्रीय आय, पूंजी और पूंजी/आय अनुपात की अवधारणाएं प्रस्तुत की गई हैं और फिर मोटे तौर पर यह बताया गया है कि आय और उत्पाद का वैश्विक वितरण किस प्रकार विकसित हुआ है। अध्याय-2 में औद्योगिक क्रांति के बाद से जनसंख्या और उत्पादन के विकास का अधिक विस्तारपूर्वक विश्लेषण किया गया है। पुस्तक के प्रथम भाग में कुछ भी नया नहीं है। जो पाठक इन विचारों और 18वीं शताब्दी से वैश्विक संवृद्धि से परिचित हैं, वे इस भाग को छोड़कर सीधे ही दूसरे भाग को पढ़ना आरंभ कर सकते हैं।

पूंजी/आय अनुपात की गत्यात्मकता शीर्षक वाले दूसरे भाग में चार अध्याय हैं और उसका ध्येय 21वीं शताब्दी में पूंजी/आय अनुपात के दीर्घकालिक विकास-क्रम और विश्वस्तर पर श्रम और पूंजी के बीच राष्ट्रीय आय के विभाजन की संभावनाओं का अन्वेषण करना है। अध्याय-3 में हम ब्रिटेन और फ्रांस [जिनके संबंध में हमारे पास अधिकतम दीर्घकालिक आंकड़े उपलब्ध हैं] से प्रारम्भ कर 18वीं सदी से अब तक पूंजी के रूपांतरणों पर विचार कर रहे हैं। अध्याय-4 हमें जर्मनी और संयुक्त राज्य अमेरिका के अनुभव से परिचित कराएगा और अध्याय 5 एवं 6 विश्लेषण की परिधि को पूरे विश्व तक [जहां तक जानकारी के स्रोत इसे संभव बनाते

हैं] विस्तृत करेंगे। साथ ही हम इन सभी ऐतिहासिक अनुभवों से वे सीख पाने का प्रयास करेंगे जिनसे हम आगामी दशकों में पूंजी/आय अनुपात और पूंजी और श्रम के सापेक्ष अंशों के संभावित विकासक्रम का कुछ पूर्वानुमान कर सकेंगे।

तीसरे खंड का शीर्षक है "विषमता की संरचना" इसमें 6 अध्याय हैं। अध्याय-7 पाठक को एक ओर श्रम से आय के तो दूसरी और पूंजी के स्वामित्व और पूंजी से आय के वितरण से परिचित कराएगा। अध्याय-8 इन विषमताओं की ऐतिहासिक गत्यात्मकता का फ्रांस और संयुक्त राज्य अमेरीका की तुलना से प्रारम्भ कर विश्लेषण करेगा। अध्याय-9 और 10 में हम उन सभी देशों तक इस विश्लेषण का विस्तार करेंगे जिनके ऐतिहासिक आंकड़े हमें WTID में सुलभ हैं। इस क्रम में हम श्रम और पूंजी से संबंधित विषमताओं पर पृथक-पृथक विचार करेंगे। अध्याय-11 उत्तराधिकार में प्राप्त धन के महत्त्व में दीर्घकालिक परिवर्तनों की समीक्षा करेगा। अंत में, वैश्विक वितरण की संभावनाओं का एक पूर्वावलोकन किया गया है।

चौथे खंड का शीर्षक है "21वीं शताब्दी में पूंजी का नियमन' और इसमें 4 अध्याय हैं। इसका प्राथमिक ध्येय पहले तीन खंडों के आधार पर मानकीय एवं नीतिगत सीख प्राप्त करना है, तथ्यों की स्थापना करना और परिवर्तनों के कारणों को समझना है। अध्याय-13 उस "सामाजिक अवस्था" का चित्रण करने का प्रयास करता है, जो वर्तमान दशाओं के लिए उपयुक्त हो सके। अध्याय-14 पिछले अनुभवों और हाल ही की प्रवृत्तियों के आधार पर प्रगतिशील आय कर पर पुन: विचार का सुझाव दे रहा है। अध्याय–15 यह दर्शाता है कि 21वीं सदी की दशाओं के अनुरूप परिवर्तित प्रगतिशील पूंजी कर *(Capital Tax)* व्यवस्था कैसी होगी और इस आदर्श उपकरण की राजनीतिक प्रक्रिया से उभर कर आने वाले वैकल्पिक विनियमनों से तुलना करेगा। यह विकल्प यूरोप में धन सम्पदाकर तो चीन में पूंजी नियंत्रण, संयुक्त राज्य अमेरिका में आप्रवासन सुधार और अन्य अनेक देशों में संरक्षणवादी रूप धारण कर सकता है। अध्याय-16 का संबंध सार्वजनिक संवाद के अन्य ज्वलंत प्रश्नों से है। ये हैं प्राकृतिक पूंजी में निरंतर ह्रास के परिवेश में सार्वजनिक पूंजी के अभीष्ट संचयन के प्रश्न।

एक अंतिम टिप्पणी। वर्ष 1913 में 21वीं सदी में पूंजी नामक पुस्तक का प्रकाशन बहुत असमीचीन प्रतीत हो सकता था। मैं पाठकों से अनुकंपा की याचना कर रहा हूँ—यह पुस्तक 2013 में फ्रेंच तथा 2014 में अंग्रेजी भाषा में प्रकाशित हुई है। मैं यह बता पाने में (कि 2063 में या 2113 में पूंजी का स्वरूप धारण करेगी) अपनी संपूर्ण असमर्थता से परिचित हूँ। जैसे मैंने पहले भी कहा गया है और मैं आगे चलकर दिखाऊंगा भी कि आय और धन का इतिहास सदैव राजनीतिपूर्ण, अव्यवस्थित और अप्रत्याशित रहा है। यह इतिहास आगे क्या रूप धारण करेगा यह तो इस बात पर निर्भर करेगा कि विभिन्न समाज विषमताओं को किस प्रकार देखते हैं, और वे इनके मापन और परिवर्तन के लिए किस प्रकार की नीतियों और संस्थागत व्यवस्थाओं को अपनाते हैं। यह कोई नहीं जानता कि आगामी दशकों में परिस्थितियां किस प्रकार परिवर्तित होंगी। फिर भी इतिहास की सीखें उपयोगी होती हैं—वह हमें यह जानने में सहायता करेंगी कि हमें आने वाली शताब्दी में किस प्रकार की समस्याओं का सामना करना होगा और किस प्रकार की गत्यात्मकता होगी। इस पुस्तक, जिसका तार्किक दृष्टि से सटीक शीर्षक तो 21वीं सदी के प्रारम्भ में पूंजी होना चाहिए था, का एक मात्र ध्येय अतीत काल से भविष्य ग्रंथियों के लिए कुछ विनम्र कुंजियां तलाश करना है। हम जानते हैं कि इतिहास अपनी राहों का स्वयं अन्वेषण करता है। अत: अतीत से ग्रहण की गई इन सीखों की उपादेयता भी भविष्य में ही स्पष्ट हो पाएगी। मैं उनके सही महत्त्व को जानने की दंभोक्ति के बिना ही उन्हें अपने पाठकों के समक्ष प्रस्तुत कर रहा हूँ।

■ ■ ■

खण्ड-1

आय और पूंजी

अध्याय-1

आय और उत्पादन

16 अगस्त 2012 जोहांसबर्ग के निकट मरीकाना प्लेटिनम खदान में मजदूरों तथा खदान मालिकों के बीच एक मजदूर संघर्ष में दक्षिणी अफ्रीकी पुलिस ने हस्तक्षेप किया। मरीकाना प्लेटिनम खदान के मालिक लंदन आधारित लॉनमिन इन्कोरपोरेटिड के साझीदार थे। पुलिस ने हड़तालियों पर गोली चलाई। चौंतीस खदान मजदूर मारे गये। जैसा कि इस प्रकार की हड़तालों के साथ प्राय: होता है, संघर्ष का मुख्य कारण मजदूरी की मांग थी। मजदूरों ने मजदूरी 500 से 1000 यूरो प्रति माह दुगुनी करने की मांग की थी। इस दुखद घटना के बाद कम्पनी ने अंतत: 75 यूरो प्रतिमाह की वृद्धि का प्रस्ताव किया।

यह घटना हमें याद दिलाती है, यदि हमें याद करवाने की आवश्यकता हो तो, कि वितरणात्मक संघर्ष के केंद्र में हमेशा यह बात रही है कि उत्पादन का कितना अंश मजदूरी में जाये और कितना लाभ में— दूसरे बंटवारा कैसे किया जाये? पारंपरिक समाजों में सामाजिक असमानता का आधार और विद्रोह का मुख्य सामान्य कारण भूपतियों तथा किसानों के मध्य, वे लोग जो भूमि के मालिक थे और वे जो उसमें खेती करते थे, वे लगान पाते थे और उसको अदा करते थे, के मध्य हितों में संघर्ष था। औद्योगिक क्रांति ने पूंजी और श्रम के बीच संघर्ष को बढ़ाया शायद इसलिए कि भूतकाल की अपेक्षा अब उत्पादन अधिक पूंजीगहन हो गया (अब मशीन का उपयोग और प्राकृतिक संसाधनों के पहली बार अत्यधिक दोहन द्वारा) और शायद इसलिए भी कि आय का एक अधिक समतावान वितरण और एक अधिक लोकतांत्रिक सामाजिक व्यवस्था की आशाओं का अंत हो गया था। मैं इस बिंदु पर वापिस आऊंगा।

मरीकाना की दुर्भाग्यपूर्ण दुर्घटना हमें हिंसा की पूर्व घटनाओं की याद दिलाती है। शिकागो में 1 मई 1886 में हेमार्केट स्कवेयर और फिर 1 मई

सभी विषयों पर अतिरिक्त जानकारी इस ऑन लाईन तकनीकी परिशिष्ट में उपलब्ध है : http://piketty.pse.ens.fr/capital21c.

1891 में उत्तरी फ्रांस की दुर्घटनाएं जहां पुलिस ने ऊंची मजदूरी की मांग करते हड़ताली श्रमिकों पर गोली चलाई थी। क्या श्रम और पूंजी के मध्य हिंसात्मक संघर्ष का इस प्रकार का रूप अतीत का था, या क्या 21वीं सदी के इतिहास का यह अभिन्न अंग होगा?

इस पुस्तक के प्रथम दो भाग श्रम और पूंजी की ओर जाने वाली वैश्विक आय के हिस्सों और किस प्रकार से अठारहवीं सदी से ये हिस्से परिवर्तित हुए हैं पर केंद्रित हैं। मैं अस्थाई तौर पर श्रमिकों के मध्य आय असमानता (उदाहरण के लिए एक साधारण श्रमिक, एक अभियंता और एक कारखाना प्रबंधक के मध्य) और पूंजीपतियों के मध्य आय असमानता (उदाहरण के लिए लघु, मध्यम, और बड़े साझेदार या भूपति) को तीसरे भाग के लिए छोड़ता हूँ। स्पष्टत: सम्पदा के वितरण के यह दो आयाम—कारक अनुसार वितरण जिसमें श्रम और पूंजी, उत्पादन के कारक के रूप में माने जाते हैं, जिन्हें कल्पनाओं में सजातीय हस्तियों के रूप में देखा जाता है, और वैयक्तिक वितरण अर्थात व्यक्ति स्तर पर श्रम व पूंजी से आय की असमानताओं को स्पष्ट करता है—व्यवहार में मौलिक रूप से महत्त्वपूर्ण हैं। दोनों के विश्लेषण के बिना वितरणात्मक समस्या का संतोषजनक बोध पाना असंभव है।[3]

कुछ भी हो, मरीकाना श्रमिक न केवल लॉनमिन के अत्यधिक लाभ का विरोध कर रहे थे बल्कि वे खदान प्रबंधक को दिए जा रहे शानदार वेतन और उसको तथा अन्यों को मिलने वाली सुविधाओं में विभेद के भी विरोधी थे।[4] वास्तव में यदि पूंजी स्वामित्व का समान वितरण होता और प्रत्येक श्रमिक अपनी मजदूरी के अलावा लाभ में समान साझीदार होता तो किसी को भी मुनाफे और मजदूरी के मध्य विभाजन में दिलचस्पी नहीं होती। यदि पूंजी-श्रम विभाजन बहुत ज्यादा संघर्षों को जन्म देते हैं तो इसका पहला और प्रमुख कारण–पूंजी के स्वामित्व का अत्यधिक संकुलन है। वास्तव में सम्पदा की असमानता—और परिमणामत: पूंजी से आय—हमेशा ही श्रम से आय की असमानता से अत्यधिक होती है। मैं इस घटनाचक्र और उसके कारणों का विश्लेषण भाग तीन में करूंगा। अभी के लिए, मैं श्रम और पूंजी की असमानता को निश्चित मानकर चलूंगा और

पूंजी तथा श्रम के मध्य राष्ट्रीय आय के वैश्विक विभाजन पर ध्यान केंद्रित करूंगा।

यहाँ स्पष्ट करना जरूरी है कि मेरा प्रयोजन स्वामियों के विरुद्ध श्रमिकों के मामले की वकालत करना नहीं है बल्कि वास्तविकता के दृश्य को यथासंभव समझना है। प्रतीकात्मक रूप में पूंजी तथा श्रम की असमानता एक ऐसा मुद्दा है जिसमें गंभीर उत्तेजनाएँ उठती है। उसका 'क्या हैं' और 'क्या उचित नहीं है' का व्यापक तौर पर स्थापित विचारों से संघर्ष होता है, और इसमें कोई आश्चर्य नहीं होना चाहिए यदि इसकी वजह से कभी–कभी शारीरिक हिंसा हो जाये। वे लोग जिनके पास अपनी श्रमशक्ति के अलावा और कुछ नहीं है और जो प्राय: विनम्र स्थितियों (यहाँ अठारहवीं सदी के किसानों की दयनीय स्थिति या मरीकाना श्रमिकों के बारे में कुछ नहीं कहा जा रहा है) में रहते हैं, उनके लिए यह स्वीकार करना मुश्किल होगा कि उनके श्रम से उत्पन्न धन के अधिकांश अंश को पूंजी के स्वामी— इनमें से कुछ ने अपने धन का कुछ भाग उत्तराधिकार में प्राप्त किया है—हजम कर जायें। पूंजी का हिस्सा काफी बड़ा हो सकता है; प्राय: कुल उत्पादन का एक तिहाई [और खदान जैसे पूंजीगहन क्षेत्रों में तो कई बार आधा या उसमें भी अधिक जहां स्थानीय एकाधिकार पूंजी के स्वामी को और अधिक हिस्सा देता हो]।

बेशक सभी यह भी समझ सकते हैं कि यदि कम्पनी के उत्पादन से सारी कमाई यदि मजदूरी अदा करने में चली जाती है और उससे कम्पनी को कोई लाभ नहीं होता तो आज की अर्थव्यवस्थाओं के संगठन को देखते हुए हम कह सकते है कि नये निवेशों के लिए आवश्यक पूंजी का मिलना कठिन हो जायेगा (ऐसा अर्थव्यवस्था के संगठन के भिन्न रूपों में शायद ऐसी संभावना की कल्पना की जा सकती है)। फिर यह उचित भी नहीं है कि उन्हें पारिश्रमिक से वंचित किया जाए जो अन्य से अधिक बचत करते हैं। यहाँ हम यह मानते हैं कि बचत में भिन्नताएं धन की असमानता का एक प्रमुख कारण हैं। यह भी ध्यान रखा जाये कि जिसे हम "पूंजी से आय" कहते हैं, वह "उद्यमी *(Entrepreneur)*" श्रम का पारिश्रमिक भी हो सकता है, निस्संदेह हमें इससे उस प्रकार का व्यवहार नहीं करना चाहिए जैसा कि

हम श्रम के अन्य रूपों से करते हैं। इस शास्त्रीय तर्क की सूक्ष्मता से जांच की आवश्यकता है। इन सभी तत्त्वों को देखते प्रश्न यह है कि पूंजी और श्रम के मध्य 'उचित' विभाजन कौन सा है? क्या हम निश्चित तौर पर कह सकते हैं कि "मुक्त बाजार" और निजी सम्पत्ति पर आधारित अर्थ व्यवस्था किसी जादू से हमेशा और प्रत्येक जगह सर्वोत्तम विभाजन करती है? एक आदर्श समाज में पूंजी और श्रम के बीच कैसे विभाजन किया जा सकता है? इस समस्या के बारे में किसी को कैसे सोचना चाहिए?

दीर्घकाल में पूंजी–श्रम विभाजन: अधिक स्थाई नहीं होता

यदि इस अध्ययन का उद्देश्य इन प्रश्नों पर विचार करना है और यह अंतहीन लगने वाली बहस के मुद्दों का स्पष्टीकरण करना है, तो कुछ तथ्यों को सही ढंग से और सावधानीपूर्वक स्थापित करके शुरूआत करनी होगी। अठारहवीं शताब्दी से पूंजी–श्रम विभाजन के विकास के बारे में निश्चित तौर पर हम क्या जानते हैं? काफी समय तक अधिकांश अर्थशास्त्रियों का यह विचार रहा और इसे पाठ्य पुस्तकों में बारंबार दोहराया गया कि राष्ट्रीय आय में श्रम और पूंजी का सापेक्ष अंश दीर्घकाल तक स्थाई रहता है। इसमें आमतौर पर श्रम के लिए दो-तिहाई और पूंजी के लिए एक–तिहाई अंश को स्वीकारा गया।[5] आज एक बेहतर ऐतिहासिक परिप्रेक्ष्य और नवीन आंकड़ों के उपलब्ध होने के कारण यह स्पष्ट है कि सच्चाई कुछ अधिक जटिल थी।

पहली बात तो यह है कि बीसवीं शताब्दी में पूंजी–श्रम विभाजन में काफी विभिन्नता थी। उन्नीसवीं शताब्दी में जो परिवर्तन नजर आए, जिनका उल्लेख मैंने विषय प्रवेश में किया है, वे तुलनात्मक दृष्टि से काफी हल्के थे। हमने यह देखा था कि शताब्दी के प्रथम–आधे हिस्से में पूंजी अंश में वृद्धि हुई, फिर कुछ कमी और फिर स्थायित्व का युग आया। संक्षेप में 1914–45 के दौरान प्रथम विश्व युद्ध, 1917 की सोवियत क्रांति, विशाल आर्थिक मंदी *(Depression)*, द्वितीय विश्वयुद्ध, जैसे अर्थव्यवस्था को स्तब्ध करने वाले धक्कों और परिणामतः पूंजी पर नियंत्रण के साथ–साथ नये कानून तथा कर–नीतियों ने 1950 के दशक में आय में पूंजी के अंश को

ऐतिहासिक तौर पर निम्न स्तरों पर ला दिया। लेकिन शीघ्र ही पूंजी ने स्वयं की पुर्नरचना करनी शुरू कर दी। पूंजी अंश में अभिवृद्धि 1979 में इंगलैंड में मारग्रेट थैचर और 1980 में संयुक्त राज्य अमेरिका में रोनाल्ड रीगन की सफलताओं से बढ़ने लगी जिनसे अनुदार क्रांति की शुरूआत हुई। फिर 1989 में सोवियत गुट छिन्न-भिन्न हो गया और उसके बाद 1990 के दशक में वित्तीय वैश्वीकरण तथा विनियमीकरण हुआ। इन सभी घटनाओं से बीसवीं शताब्दी के पूर्वार्द्ध में जो कुछ पर्यवेक्षित हुआ था, उसके विपरीत दिशा की ओर राजनीतिक परिवर्तन हुआ। 2010 से और 2007-2008 में शुरू होने वाले संकट के बावजूद 1913 के बाद पहली बार पूंजी फलने-फूलने लगी। पूंजी के इस नवीनीकृत विकास के सभी परिणाम नकारात्मक नहीं थे; कुछ सीमा तक यह प्राकृतिक व जरूरी था। लेकिन इसने बींसवी शताब्दी के प्रारम्भ से पूंजी-श्रम विभाजन को देखने के हमारे नजरिए में परिवर्तन किया। इसके साथ-साथ आने वाले दशकों में घटित होने वाले परिवर्तनों के बारे में भी हमारे विचार बदले।

फिर यदि हम बीसवीं शताब्दी से आगे देखें और एक दीर्घकालीन दृष्टिकोण लें तो पूंजी-श्रम विभाजन के विचार को इस तथ्य से भी जूझना होगा कि पूंजी की प्रकृति में ही परिवर्तन हो गया है (अठारहवीं शताब्दी में पूंजी भूमि तथा अन्य भूसम्पदा के रूप में थी जबकि 21वीं शताब्दी में यह औद्योगिक व वित्तीय पूंजी के रूप में है)। अब तो अर्थशास्त्रियों में व्यापक तौर पर यह विचार है कि आधुनिक आर्थिक संवृद्धि मुख्य तौर पर मानव पूंजी के उदय पर ही निर्भर करती है। पहली नजर में इसका अर्थ होगा कि राष्ट्रीय आय के अधिक अंश की मांग श्रम को करनी चाहिए। और वास्तव में हम देखते हैं कि दीर्घकाल में श्रम के अंश की बढ़ोतरी का रुझान तो है लेकिन यह वृद्धि अपेक्षाकृत कम है। (मानवपूंजी के अलावा) पूंजी का अंश उन्नीसवीं शताब्दी के पूंजी-अंश से अपेक्षाकृत कम था। आजकल धनवान देशों में पूंजी के महत्त्व के कारण जनांकीय वृद्धि तथा उत्पादकता संवृद्धि हैं। इनके साथ-साथ वे राजनीतिक व्यवस्थाएं भी हैं जो निजी पूंजी का तटस्थ भाव से स्वागत करती हैं।

इन परिवर्तनों को सबसे लाभदायक ढंग से समझने का तरीका यह है पूंजी–श्रम विभाजन (अर्थात् पूंजी और श्रम को जाने वाली आय के अंश) पर पूर्ण तौर से केंद्रित करने की बजाय पूंजी/आय अनुपात (अर्थात् आय के वार्षिक प्रवाह से पूंजी के कुल भंडार का अनुपात) के विकास का विश्लेषण करें। अतीत में विद्वानों ने मुख्य तौर पर पहले का अध्ययन किया है क्योंकि कुछ अन्य करने के लिए उनके पास समुचित आंकड़ों की कमी थी।

मेरे परिणामों को विस्तार से प्रस्तुत करने की ओर स्तरवार आगे बढ़ना बेहतर होगा। इस पुस्तक के प्रथम भाग का उद्देश्य कुछ बुनियादी धारणाओं का परिचय देना है। इस पाठ के शेष अंशों में मैं घरेलू उत्पाद और राष्ट्रीय आय,पूंजी तथा श्रम और पूंजी/आय अनुपात की अवधारणाएं प्रस्तुत करूंगा। फिर मैं यह देखूंगा कि औद्योगिक क्रांति के पश्चात् आय के वैश्विक वितरण में परिवर्तन कैसे हुआ है। दूसरे अध्याय में समय के साथ संवृद्धि के सामान्य विकास का विश्लेषण करूंगा। आगे के विश्लेषण में यह प्रमुख भूमिका अदा करेगा।

इन प्रारम्भिक बातों को समझने के बाद भाग दो में पूंजी/आय अनुपात और पूंजी–श्रम विभाजन की गत्यात्मकताओं को विषय बनाया गया है। यह अध्ययन कई चरणों में विकसित होगा। अध्याय तीन में हम अठारहवीं शताब्दी से पूंजी की संरचना और पूंजी/आय अनुपात में परिवर्तनों का अध्ययन करेंगे। यहाँ हम ब्रिटेन और फ्रांस से शुरूआत करेंगे क्योंकि इनके बारे में हमारे पास पर्याप्त दीर्घकालीन आंकड़े हैं। अध्याय चार में जर्मनी के मामले को उठाया गया है। यहाँ हम संयुक्त राष्ट्र अमेरिका को भी देखते हैं जो यूरोपीय व्यवस्था के संपार्श्व के संपूरक रूप में दिखाई देता है। अंत में अध्याय पांच और छः में विश्व के सभी धनी देशों और [जितना संभव हो सके] पूरे ग्रह पर इस विश्लेषण का विस्तार करने का प्रयत्न किया गया है। मैंने पूंजी/आय अनुपात की वैश्विक गत्यात्मकता और 21वीं शताब्दी में पूंजी–श्रम विभाजन से संबंधित निष्कर्ष प्राप्त करने का प्रयत्न भी किया है।

राष्ट्रीय आय का विचार

"राष्ट्रीय आय" की अवधारणा से प्रारम्भ करना उपयोगी होगा जिसके बारे में मैं आगे भी उल्लेख करता रहूँगा। राष्ट्रीय आय को एक निश्चित देश में एक निश्चित देश के नागरिकों को उपलब्ध समस्त आय के योग के रूप में परिभाषित किया जाता है। इसमें उस आय के वैधिक वर्गीकरण को ध्यान में रखा नहीं जाता। राष्ट्रीय आय का कुल सकल घरेलू उत्पाद के विचार से करीबी संबंध है। सकल घरेलू उत्पाद पर प्राय: सार्वजनिक बहसें होती हैं। लेकिन सकल घरेलू उत्पाद तथा राष्ट्रीय आय में दो महत्त्वपूर्ण अंतर हैं। सकल घरेलू उत्पाद एक विशेष देश की सीमाओं के भीतर एक विशेष वर्ष में उत्पादित वस्तुओं तथा सेवाओं का माप करता है। राष्ट्रीय आय की गणना के लिए पहले हमें सकल घरेलू उत्पाद से उस पूजी के मूल्य ह्रास *(Depreciation)* को घटाना होगा जिसने इस उत्पादन को संभव बनाया : दूसरे शब्दों में हमें वर्ष के दौरान हुए भवनों, आधारभूत संरचना, उपकरण, वाहनों, कम्प्यूटरों और अन्य वस्तुओं पर टूट–फूट के खर्चों की कटौती करनी होगी। यह कटौती आजकल बहुत अधिक, अधिकांश देशों में सकल घरेलू उत्पाद का 10 प्रतिशत होती है, और यह किसी की अय की समानुपाती नहीं होती। इससे पहले कि श्रमिकों में मजदूरी या साझेदारों में लाभांशों का वितरण हो, और इससे पहले कि वास्तविक नवीन निवेश हो, घटी पूंजी की जगह नई पूंजी अथवा उसमें सुधार का होना आवश्यक है। यदि ऐसा नहीं होता तो धन की हानि होती है जिसके परिणामस्वरूप मालिकों को नकारात्मक आय प्राप्त होती है। जब सकल घरेलू उत्पाद से कटौती को घटाया जाता है तो हमें "निवल घरेलू उत्पाद" प्राप्त होता है, जिसे मैं साधारण शब्दों में "घरेलू उत्पादन" कहूँगा जो सकल घरेलू उत्पाद का प्रतीकात्मक रूप में 90 प्रतिशत होता है।

फिर हमें विदेश से प्राप्त कुल आय को जोड़ना होगा (या प्रत्येक देश की स्थिति को ध्यान में रखते हुए विदेशियों को भुगतान की गई निवल आय घटानी होगी)। उदाहरण के लिए एक देश जिसकी व्यापारिक कम्पनियां तथा पूंजीगत परिसम्पत्तियों पर विदेशी स्वामित्व है, का ऊंचा घरेलू उत्पादन लेकिन काफी नीची राष्ट्रीय आय होगी क्योंकि कुल आय से

विदेश की और जाने वाले लाभ और भाड़ों को घटाना पड़ेगा। इसके विपरीत अन्य देशों की पूंजी का प्रचुर मात्रा में स्वामित्व रखने वाले देश की राष्ट्रीय आय उसके घरेलू उत्पादन से ऊंची होगी।

बाद में मैं पूंजीवाद के इतिहास और आजकल के विश्व से इन दोनों स्थितियों के उदाहरण दूंगा। अभी तो मुझे यही कहना चाहिए कि इस प्रकार की अंतर्राष्ट्रीय असमानता से बड़े-बड़े राजनैतिक तनाव पैदा हो सकते है। [यह असाधारण बात नहीं है कि जब एक देश दूसरे देश के लिए कार्य करता है और लम्बी अवधि के दौरान अपने उत्पादन का एक महत्त्वपूर्ण अंश विदेशियों को लाभांश तथा किराये के रूप में अदा करता है।] कई मामलों में ऐसी व्यवस्था (एक बिंदु तक) जीवित तभी रह सकती हैं जबकि राजनीतिक प्रभुत्व के संबंध हों, जैसा कि औपनिवेशिक काल का मामला था, जिसमें यूरोप का शेष विश्व पर प्रभावशाली स्वामित्व था। इस अनुसंधान का प्रमुख प्रश्न यह है : किन परिस्थितियों में 21वीं शताब्दी में इस प्रकार की स्थिति की संभवत: किसी नवीन भौगोलिक संरचना में, पुनरावृत्ति होती है? उदाहरणत: यूरोप अपने आप को स्वामी होने की बजाय प्रभुत्व में पाये। पुराने विश्व में आजकल इस प्रकार के भय व्यापक, या शायद बहुत अधिक, व्यापक हैं। यह हम देखेंगे।

अभी तो इतना कहना काफी होगा कि अधिकांश देश, चाहे वे धनी हों या उदीप्यमान, उससे अधिक संतुलित स्थितियों में हैं जितना कि उनके बारे में कभी–कभी अनुमान लगाया जाता है। फ्रांस, संयुक्त राष्ट्र अमेरिका, जर्मनी, ग्रेट ब्रिटेन, चीन, ब्राजील, जापान और इटली में राष्ट्रीय आय घरेलू उत्पादन के 1 या 2 प्रतिशत के भीतर है। दूसरे शब्दों में इन सभी देशों में लाभ, ब्याज, लाभांश, किराया आदि कम या अधिक तुलनात्मक बहाव से संतुलित हैं। धनी देशों में विदेशों से कुल आय कुछ हल्की सी सकारात्मक है। पहले अनुमान में इन देशों के निवासी विदेशी भूसम्पत्ति और वित्तीय साधनों के उतने भाग के स्वामी हैं जितना कि स्वयं विदेशी अपनी भूसम्पत्ति और वित्तीय साधनों के स्वामी हैं। एक तनाव-पूर्ण मिथक के विपरीत फ्रांस के स्वामी न तो कैलीफोर्निया पेंशन कोष या बैंक ऑफ चाइना नहीं है, ठीक उसी प्रकार से जैसा कि संयुक्त राज्य अमेरिका पर

जापानी तथा जर्मन निवेशकों का स्वामित्व नहीं है। इस प्रकार की कठिन परिस्थिति में फंसने का भय इतना अधिक है कि कई बार कल्पना सच्चाई को पीछे छोड़ देती है। सच्चाई तो यह है कि पूंजी के संबंध में असमानता अंतर्राष्ट्रीय मुद्दा होने की बजाय राष्ट्रीय अधिक है।

पूंजी पर स्वामित्व में असमानता एक देश को दूसरे के विरुद्ध करने से अधिक प्रत्येक देश के भीतर अमीर व गरीब के मध्य परस्पर तनाव को जन्म देती है। लेकिन ऐसा हमेशा नहीं रहा और ऐसा पूछना उचित होगा कि कहीं हमारा भविष्य हमारे अतीत की तरह तो नहीं होगा? यह प्रश्न इसलिए भी सार्थक है जापान, जर्मनी, तेल निर्यातक देश और कुछ कम सीमा तक चीन ने शेष विश्व पर बड़ी मात्रा में दावे इकट्ठे कर लिए हैं। (ये दावे उतने अधिक नहीं हैं जितने कि औपनिवेशिक काल में थे।) फिर परस्पर स्वामित्व की बड़ी मात्रा में बढ़ोतरी, जिसमें विभिन्न देश बड़ी मात्रा में एक–दूसरे के अंशों के स्वामी होते हैं, से बेदखली का उचित विचार भी आ सकता है भले ही निवल परिसम्पत्ति स्थिति शून्य के करीब हो।

निष्कर्ष में कहा जा सकता है कि एक देश की राष्ट्रीय आय उसके घरेलू उत्पाद से कम या अधिक हो सकती है। यह इस बात पर निर्भर करता है कि विदेश से निवल आय सकारात्मक है अथवा नकारात्मक

राष्ट्रीय आय = घरेलू उत्पादन + विदेश से निवल आय

वैश्विक स्तर पर विदेश से प्राप्त आय और विदेश में किये गये भुगतान में संतुलन होना चाहिए ताकि आय स्पष्ट तौर पर उत्पादन के बराबर हो।

वैश्विक आय = वैश्विक उत्पादन[7]

आय और उत्पादन के ये दोनों वार्षिक प्रवाह लेखा के विषय हैं लेकिन ये एक महत्त्वपूर्ण सच्चाई को प्रतिबिंबित करते हैं। किसी भी विशिष्ट वर्ष में कुल आय का नवीन उत्पादित धन की मात्रा से अधिक होना असंभव है (वैसे वैश्विक स्तर पर कहा जा सकता है कि एक अकेला देश विदेश से ऋण ले सकता है) इसके विपरीत सारे उत्पादन का आय के रूप में किसी–न–किसी प्रकार से वितरण श्रम अथवा पूंजी के मध्य करना होगा; चाहे यह

मजदूरी, वेतन, मानदेय, बोनस आदि (अर्थात् श्रमिकों व अन्यों को भुगतान के रूप में जिन्होंने उत्पादन की प्रक्रिया में श्रम का योगदान किया) के रूप में हो या लाभ, लाभांश, ब्याज, भाड़ा, रॉयल्टी आदि (अर्थात् उत्पादन प्रक्रिया में प्रयुक्त पूंजी के स्वामियों को भुगतान) के रूप में हो।

पूंजी क्या है?

पुन र्स्मरण के लिए यह जान लें कि हम जब भी एक कम्पनी, एक राष्ट्र या वैश्विक अर्थ व्यवस्था के लेखा को देखते हैं, तो संबंधित उत्पादन तथा आय को पूंजी से आय तथा श्रम से आय के कुल के रूप में विघटित किया जा सकता है।

राष्ट्रीय आय = पूंजीगत आय + श्रमगत आय

लेकिन पूंजी क्या है? उसकी सीमाएं क्या हैं? वह कौन सा रूप लेती है? क्या समय के साथ उसकी बनावट में परिवर्तन आया है? इस पुस्तक के केंद्रीय विषय के रूप में इस प्रश्न पर आगे के अध्यायों में अधिक विस्तार से विचार किया जायेगा) अभी तो निम्न बातें बताना आवश्यक हैं :

प्रथमत: इस सम्पूर्ण पुस्तक में जहां मैं पूंजी की बात करता हूँ तो मैं उसमें उसे शामिल नहीं करता, जिसे मानव पूंजी के नाम से पुकारते हैं जिसमें व्यक्ति की श्रम शक्ति, हुनर, प्रशिक्षण और योग्यता शामिल है। इस पुस्तक में पूंजी की परिभाषा गैरमानवीय सम्पदा के योगफल के रूप में की गई है जिसका किसी बाजार में स्वामित्व और लेन देन किया जा सकता है)। पूंजी में (आवासीय सम्पत्ति सहित सभी प्रकार की भूसम्पत्ति और व्यापारिक कम्पनियों तथा सरकारी संस्थानों द्वारा उपयोग में लाई जाने वाली वित्तीय तथा व्यावसायिक पूंजी (कारखाना, आधारभूत संरचना, मशीनरी, पेटेंट आदि) शामिल हैं।

पूंजी की हमारी परिभाषा से मानव पूंजी को अलग रखने के कई कारण हैं। सबसे स्पष्ट तो यह कि मानव पूंजी का स्वामित्व किसी अन्य के पास नहीं हो सकता और बाजार (किसी भी स्थिति में स्थायी रूप से नहीं) में उसका व्यापार नहीं हो सकता। यह सही है कि किसी समझौते के अंतर्गत कोई अपना श्रम किराये पर दे सकता है। लेकिन आज की वैध व्यवस्थाओं

में इस प्रकार की व्यवस्था को समय व अवसर–दोनों दृष्टिकोण से सीमित होना होता है। एक गुलाम समाज में यह सही नहीं है; क्योंकि दासों का मालिक दूसरे व्यक्ति की मानव पूंजी और यहाँ तक कि उसके बच्चों का स्वामी हो सकता है। ऐसे समाजों में गुलामों को बाजार में खरीदा और बेचा जा सकता है और यह उत्तराधिकार में चलता है, और एक स्वामी के धन में गुलामों को शामिल करना आम है। मैं यह बताऊंगा कि यह कैसे होता है जब मैं 1865 से पहले दक्षिणी संयुक्त राज्य अमेरिका में निजी पूंजी की संरचना का परीक्षण करूंगा। इस प्रकार के विशिष्ट (और अभी के लिए ऐतिहासिक) मामलों को एक तरफ रख दें तो मानव और गैर मानव पूंजी को जोड़ने के प्रयास का कोई अर्थ नहीं है। सम्पूर्ण इतिहास में धन के इन दोनों रूपों ने आर्थिक संवृद्धि व विकास में बुनियादी तथा पूरक भूमिकाएँ अदा की हैं और 21वीं सदी में ऐसा करते रहेंगे। लेकिन संवृद्धि प्रक्रिया और उसके द्वारा उत्पन्न हो जाने वाली असमानताओं को समझने के लिए हमें मानव और गैर मानव पूंजी में सावधानी पूर्वक अंतर करना और उन्हें अलग अलग समझना होगा।

गैर मानव पूंजी, जिसे इस पुस्तक में मैं सिर्फ "पूंजी" कहूँगा, में धन के वे सभी रूप शामिल हैं जो व्यक्तियों (या व्यक्तियों के समूहों) के स्वामित्व में हो सकते हैं और जिन्हें स्थायी तौर पर बाजार में हस्तांरित किया जा सकता है अथवा उनका लेन देन हो सकता है। व्यवहार में पूंजी का स्वामित्व निजी व्यक्तियों (इसे हम "निजी पूंजी" कहेंगे) अथवा सरकार या सरकारी एजेंसियों (इसे हम "सार्वजनिक पूंजी" कहेंगे) द्वारा हो सकता है। विशिष्ट उद्देश्य प्राप्ति हेतु संलग्न "नैतिक व्यकृति" (जैसे संस्थान या चर्च) के स्वामित्व में सामूहिक सम्पत्ति के माध्यमिक रूप भी होते हैं। मैं इनकी चर्चा बाद में करूंगा। निजी व्यक्ति किसका स्वामित्व कर सकता है अथवा किसका नहीं, इसकी सीमाएं समयानुसार पूरे विश्व में काफी विकसित हुई है जैसा कि दासता की पराकाष्ठा का मामला संकेत करता है। ऐसा वातावरण, समुद्र, पहाड़ों, ऐतिहासिक स्मारकों, और ज्ञान की सम्पत्ति पर भी लागू होता है। कुछ 'निजी हित' इन वस्तुओं पर स्वामित्व करना चाहेंगे, और कभी–कभी वे इसे सिर्फ निजी हित के बजाय कार्य कुशलता के आधार

पर भी न्यायोचित ठहराते हैं। लेकिन ऐसी कोई गारंटी नहीं है कि यह इच्छा सामान्य हित से मेल खाती हो। पूंजी कोई अवधारणा नहीं हैं; यह प्रत्येक समाज के विकास की अवस्था और स्थापित सामाजिक संबंधों का दर्पण है।

पूंजी और धन

गद्य को सरल बनाने के लिए "पूंजी" और "धन" शब्दों का अदल–बदल के रूप में उपयोग किया है मानो वे बिल्कुल एक जैसे हों। पारिभाषिक तौर पर यह बेहतर होगा कि मनुष्य द्वारा धन के रूपों (भवन, मशीनरी, आधारभूत संरचना आदि) को संचित करने का वर्णन करने के लिए "पूंजी" शब्द को आरक्षित कर दिया जाये जिसमें भूमि तथा प्राकृतिक संसाधनों को शामिल न किया जाये कि मनुष्य को वरदान में मिली हैं और जिन्हें संचित करने की आवश्यकता नहीं है। तब भूमि पूंजी का नहीं बल्कि धन का अंग होगी। समस्या यह है कि भवन के मूल्य और जिस भूमि पर वह खड़ा है, उस भूमि के मूल्य में अंतर करना हमेशा संभव नहीं होता। "अप्रयुक्त" भूमि जैसा कि मनुष्य ने शताब्दियों या सहस्त्राब्दियों पूर्व उसे पाया था) के मूल्य को निकास, सिंचाई, उर्वरक आदि जैसे मानव हस्तक्षेप के कारण भूमि में सुधार के मूल्य से अलग करके तय करना और भी अधिक कठिन होता है। यही समस्या पेट्रोलियम, गैस, दुर्लभ खनिजों जैसे प्राकृतिक संसाधनों के साथ है जिनके शुद्ध मूल्य से भंडार की खोज तथा उनके खनन के लिए निवेश के कारण मूल्य में वृद्धि से अंतर करना कठिन होता है। मैं इसीलिए धन के इन सभी रूपों को पूंजी में शामिल करता हूँ। हां, इससे धन की उत्पत्ति, विशेषकर संचयन और भोग (appropriation) के बीच सीमा रेखा, को नजदीकी से देखने की आवश्यकता का उन्मूलन नहीं होता।

'पूंजी' की कुछ परिभाषाएं मानती हैं कि यह शब्द उत्पादन प्रक्रिया में प्रत्यक्ष तौर पर प्रयुक्त धन के अंश पर ही लागू होना चाहिए। उदाहरण के लिए सोने को धन के न कि पूंजी के रूप में गिना जा सकता है क्योंकि सोने को मूल्य के भंडार के रूप में ही उपयोगी कहा जा सकता है। लेकिन फिर यह सीमितता मुझे न तो व्यावहारिक और न ही आवश्यकता लगती है

(क्योंकि सोना जेवरों के निर्माण में उत्पादन का तत्त्व हो सकता है तो इलेक्ट्रोनिक्स और सूक्ष्म प्रौद्योगिकी (Nanotechnology) के निर्माण में भी। अपने सभी रूपों में पूंजी ने मूल्य के भंडार तथा उत्पादन के तत्त्व की दोहरी भूमिका अदा की है। मैंने इसीलिए निर्णय किया कि धन और पूंजी के मध्य कठोर अंतर का आरोपण न करना सरल होगा।

इसी तरह से मैंने आवासीय भूसम्पदा को पूंजी से निष्कासित करने के विचार की उपेक्षा इस आधार पर की कि यह औद्योगिक संयंत्र, कार्यालय भवन, मशीनरी, आधारभूत संरचना आदि जैसे, उद्यमों व सरकार द्वारा प्रयुक्त उत्पादक पूंजी से भिन्न "अनउत्पादक है"। सच्चाई तो यह है कि धन के ये सभी रूप उपयोगी और उत्पादक हैं और पूंजी के दो प्रमुख आर्थिक कार्यों का प्रतिबिंब हैं। आवासीय भूसम्पदा को पूंजी परिसम्पदा के रूप में देखा जा सकता है जोकि आवास सेवा प्रदान करती है और उसके मूल्य को उसके किराये से आंका जा सकता है। अन्य पूंजी परिसन्पदा उद्यमों तथा सरकारी एजेंसियों के उत्पादन के तत्त्वों के रूपों में प्रयुक्त हो सकती हैं जो वस्तुओं और सेवाओं का उत्पादन करती हैं और जिन्हें संयंत्र, कार्यालयों, मशीनरी, आधारभूत संरचनाओं आदि की आवश्यकता होती है। पूंजी के इन दोनों प्रकारों में से प्रत्येक आजकल विकसित देशों के पूंजी भंडारण के लगभग आधा हिस्से का निर्माण करता है।

सारांश में "राष्ट्रीय धन" या "राष्ट्रीय पूंजी" को मैं किसी विशेष समय में किसी विशेष देश की सरकार व निवासियों के स्वामित्व में समस्त वस्तुओं के कुल बाजार मूल्य के रूप में परिभाषित करता हूँ, बशर्ते किसी बाजार में उसका व्यापार किया जा सके।[8] इसमें कुल वित्तीय देनदारियों (ऋण) को घटाकर गैर वित्तीय परिसम्पत्तियाँ (भूमि, मकान, व्यावसायिक इन्वेंट्री, मशीनरी, आधारभूत संरचना, पेटेंटस और प्रत्यक्ष स्वामित्व वाली व्यावसायिक परिसम्पत्तियां) और वित्तीय परिसम्पत्तियां (बैंक खाते, म्युचअल फंड्स, बौंड्स, स्टॉक्स, सभी प्रकार के वित्तीय निवेश, बीमा योजनाए, पेंशन कोष आदि) शामिल हैं।

यदि हम केवल निजी व्यक्तियों की परिसम्पत्तिया तथा देनदारियों को देखते हैं तो निजी धन या निजी पूंजी मिलती है। यदि हम सरकार तथा अन्य सरकारी संस्थाओं (नगर परिषदों, सामाजिक बीमा संस्थाओं आदि) की परिसम्पत्तियां व देनदारियों पर विचार करते हैं तो उसे सार्वजनिक धन या सार्वजनिक पूंजी कहा जाता है। परिभाषा के तौर पर राष्ट्रीय धन इन दोनों का कुल है:

राष्ट्रीय धन = निजी धन + सार्वजनिक धन

अधिकांश विकास देशों में आजकल सार्वजनिक धन महत्त्वहीन (या यहाँ तक कि नकारात्मक [जहां सार्वजनिक ऋण *(Public Debt)* सार्वजनिक परिसम्पत्तियों से अधिक] है। जैसा कि मैं स्पष्ट करूंगा कि लगभग सभी जगह निजी धन लगभग सारे राष्ट्रीय धन के समान बनता है। ऐसा हमेशा नहीं रहा। इसीलिए दोनों विचारों में अंतर करना आवश्यक है।

मैं यह स्पष्ट कर दूं कि पूंजी की मेरी अवधारणा में मानव पूंजी (जिसका गैर दास समाजों में किसी भी बाजार में विनिमय नहीं हो सकता) वैसे शामिल नहीं है लेकिन वह "अमूर्त" पूंजी (भूमि,भवन, आधार भूत संरचना तथा अन्य भौतिक वस्तुएं) तक सीमित नहीं है। उसमें पेटेंट व अन्य बुद्धिजीवी सम्पत्ति जिन्हें या तो गैर वित्तीय परिसम्पत्तियों के रूप में (जबकि व्यक्तियों के पास प्रत्यक्षतौर पर पेटेंट होते हैं) गिना जाता है अथवा वित्तीय परिसम्पत्तियों (जब व्यक्ति, जैसा कि आमतौर पर होता है, उस निगम का सदस्य है जिसके पास पेटेंट है) के रूप में मोटे तौर पर निगमों के स्टॉक बाजार पूंजीकरण के द्वारा अमूर्त पूंजी के कई रूपों को समझा जा सकता है। उदाहरण के लिए किसी कम्पनी का स्टॉक बाजार महत्त्व उसकी प्रतिष्ठा और ट्रेडमार्कों, उसकी सूचना प्रणालियों व संगठन के साधनों, उसके निवेशों, चाहे भौतिक हों या चाहे आमूर्त, पर होता है जिनका उद्देश्य अपने उत्पादों व सेवाओं को अधिक दृश्यमान व आकर्षक आदि बनाना होता है। यह सब सांझे स्टॉक की कीमत और अन्य सामूहिक वित्तीय परिसम्पत्तियों में और इसीलिए राष्ट्रीय धन में प्रतिबिंबित होता है।

यह भी सही है कि किसी भी समय वित्तीय बाजारों द्वारा निश्चित की गई एक कम्पनी या एक क्षेत्र की अमूर्त पूंजी की कीमत आम तौर पर मनमानी और अनिश्चित होती है। इसे हम 2000 में इंटरनेट बुलबुले के पतन, 2007–2000 से शुरू होने वाले वित्तीय संकट और अधिक सामान्य तौर पर स्टॉक बाजार में अत्यधिक अस्थिरता में देखते हैं। इस समय जानने के लिए यह तथ्य महत्त्वपूर्ण है कि यह न केवल अमूर्त पूंजी बल्कि सभी प्रकार की पूंजी की विशेषता है। चाहे हम एक भवन या एक कम्पनी या एक विनिर्माण फर्म या चाहे सेवा फर्म की बात कर रहे हों, पूंजी की कीमत निश्चित करना बहुत ही कठिन है। फिर भी, जैसा कि मैं दिखाऊंगा, कुल राष्ट्रीय धन अर्थात देश का समस्त धन न कि परिसम्पत्ति का कोई विशिष्ट रूप, कुछ नियमों का अनुपालन करता है और किसी निरंतर प्रतिमान के अनुकूल होता है।

आगे एक और विचार: कुल राष्ट्रीय धन को घरेलू पूंजी और विदेशी पूंजी *(Foreign Capital Holding)* के रूप में हमेशा बांटा जा सकता है :

राष्ट्रीय धन = राष्ट्रीय पूंजी = घरेलू पूंजी + निबल विदेशी पूंजी

घरेलू पूंजी किसी देश की सीमाओं के भीतर स्थित स्टॉक पूंजी (भवन फर्म, आदि) का मूल्य है। निवल विदेशी पूंजी—या निवल विदेशी परिसम्पत्ति शेष विश्व के विरुद्ध देश की स्थिति का आकलन करती है : अधिक स्पष्टता के साथ कहा जा सकता है कि यह शेष विश्व में देश के नागरिकों के स्वामित्व में परिसम्पत्तियों और अन्य देशों के नागरिकों के स्वामित्व में देश की परिसम्पत्तियों का अंतर है। प्रथम विश्वयुद्ध की पूर्वसंध्या में ब्रिटेन और फ्रांस दोनों के पास शेष विश्व की तुलना में बेहतर निवल परिसम्पत्ति स्थिति थी। 1980 के दशक से हुए वित्तीय वैश्वीकरण की एक विशेषता यह है कि अनेक देशों की निवल परिसम्पत्ति स्थितियां कुल मिला कर संतुलित हैं लेकिन निरपेक्ष अर्थों में यह स्थितियां काफी बड़ी हैं। दूसरे शब्दों में अनेक देशों के अन्य देशों में विशाल पूंजी दांवे हैं और अन्य देशों के इन देशों में भी दांवे हैं और इस तरह दोनों स्थिति कम या ज्यादा समान हैं और इसीलिए निवल विदेशी पूंजी शून्य प्रायः है। हां,

वैश्विक स्तर पर कुल स्थितियों का योगफल शून्य होगा तभी वैश्विक धन सम्पूर्ण ग्रह की "घरेलू" पूंजी के बराबर हो पाएगा।

पूंजी/आय अनुपात

अब जबकि आय और पूंजी परिभाषित हो गये हैं मैं इन दोनों विचारों को जोड़ने वाले प्रथम बुनियादी नियम की ओर बढ़ सकता हूँ। मैं पूंजी/आय अनुपात को परिभाषित करने से शुरू करता हूँ।

आय एक प्रवाह है। एक निश्चित अवधि (आम तौर पर इसे हम एक वर्ष मानते हैं) में वस्तुओं की मात्रा के उत्पादन व वितरण को यह प्रतिबिंबित करती है।

पूंजी एक भंडार (स्टॉक) है। इसका अर्थ एक निश्चित समय में कुल पूंजी के स्वामित्व से है। यह स्टॉक पिछले सभी वर्षों को सम्मिलित कर धन को इकट्ठा करने से बना है।

किसी विशिष्ट देश के पूंजी स्टॉक के आकलन का सबसे प्राकृतिक व उपयोग तरीका यह है कि उस स्टॉक को आय के वार्षिक प्रवाह से भाग कर दिया जाये। इससे हमें पूंजी/आय अनुपात मिलता है जिसे मैं ग्रीक अक्षर β से सूचित करूंगा।

उदाहरण के लिए एक देश का कुल पूंजी स्टॉक उसकी राष्ट्रीय आय के 6 वर्षों के बराबर है तो हम लिखेंगे $\beta = 6$ (या $\beta = 600\%$)

आजकल विकसित देशों में आमतौर पर पूंजी/आय अनुपात 5 और 6 के बीच रहता है, और पूंजी स्टॉक में लगभग सारी पूंजी निजी होती है। फ्रांस और ब्रिटेन, जर्मन और इटली, संयुक्त राज्य अमेरिका और जापान में 2010 में राष्ट्रीय आय लगभग 30000–35000 यूरो प्रति व्यक्ति थी जबकि कुल निजी धन (ऋण से निवल) 150,000–2,00,000 यूरो प्रति व्यक्ति था। यानी कि वार्षिक राष्ट्रीय आय से पांच या छह गुना अधिक। इस संबंध में यूरोप के भीतर व पूरे विश्व में रोचक विविधताएं हैं। उदाहरण के लिए β जापान और इटली में 6 से अधिक है जबकि संयुक्त राज्य अमेरिका व जर्मनी में 5 से कम है। कुछ देशों में सार्वजनिक पूंजी

थोड़ी-सी सकारात्मक और अन्य में हल्की-सी नकारात्मक है। इस तरह से विविधताएँ और भी जगह हैं। अगले कुछ अध्यायों में इसका विस्तार से परीक्षण करूंगा। यहाँ इन विविधताओं की मात्रा को ध्यान में रखना काफी होगा ताकि हम विचारों को जितना संभव हो सके, ठोस बनायें।

यह तथ्य है कि विश्व के धनी देशों की 2010 में राष्ट्रीय आय 30,000 यूरो प्रति व्यक्ति प्रति वर्ष (या 2500 यूरो प्रति माह) थी लेकिन इसका यह अर्थ नहीं है कि सभी उतनी राशि की कमाई करते हैं। सभी औसतों के समान औसत आय आंकड़े में अत्यधिक विषमताएँ छिपी हैं। व्यवहार में बहुत सारे लोग 2500 यूरो प्रति माह से कम पाते हैं जबकि अन्य उसने ढाई गुना अधिक। आय विषमताएँ आंशिक रूप से नौकरी में असमान वेतन और आंशिक तौर पर पूंजी से आय की अत्यधिक असमानताओं के परिणाम हैं। ये दोनों धन के अत्यधिक केंद्रीयकरण का परिणाम हैं। औसत प्रति व्यक्ति राष्ट्रीय आय तो सिर्फ वह राशि है जिसे प्रत्येक व्यक्ति को समान तौर पर बांटा जा सकता था यदि बिना कुल उत्पादन या राष्ट्रीय आय में परिवर्तन किए हुए आय वितरण को समान करना संभव होता।[11]

इसी तरह से 180,000 यूरो या छह वर्ष की राष्ट्रीय आय के आंकड़े अर्थ यह नहीं है कि सभी के पास इतने धन का स्वामित्व है। कई लोगों के पास काफी कम होता है जबकि कुछ के पास लाखों या करोड़ों यूरो की कीमत की पूंजी परिसम्पत्ति है। जनसंख्या में से अधिकांश लोगों के पास बहुत कम धन इकट्ठा होता है—एक वर्ष की आय से काफी कम, बैंक खाते में कुछ हजार यूरो, कुछ सप्ताह या महीने की कीमत की मजदूरी, कुछ लोगों के पास नकारात्मक सम्पत्ति होती है; दूसरे शब्दों में जो वस्तुएं उनके पास है उनकी कीमत ऋणों से कम है। इसके विपरीत अन्यों के पास काफी सम्पदा है, उनकी वार्षिक आय से दस से बीस गुनी, या उससे भी अधिक। एक देश का पूंजी/आय अनुपात हमें देश के भीतर असमानताओं के बारे में कुछ नहीं बताता। लेकिन β एक समाज में पूंजी के सम्पूर्ण महत्त्व का आकलन करता है, इसीलिए इस अनुपात का विश्लेषण असमानता के अध्ययन की ओर पहला अनिवार्य कदम है। भाग दो का मुख्य उद्देश्य यह

समझना है कि पूंजी/आय अनुपात विभिन्न देशों में अलग अलग क्यों और कैसे है और समय के साथ-साथ कैसे विकसित हुआ है।

आज की दुनिया में यह समझने के लिए कि धन किस प्रकार के ठोस रूप लेता है, यह जानना उपयोगी होगा कि विकसित देशों में इन दिनों मोटे तौर पर पूंजी स्टॉक दो बराबर के हिस्सों में मिलता है—आवासीय पूंजी और फर्मों तथा सरकार द्वारा उपयोग की जाने वाली व्यावसायिक पूंजी। निष्कर्ष में धनी देशों में से एक देश के प्रत्येक नागरिक ने 2010 में 30,000 यूरो प्रति वर्ष की कमाई की, लगभग 180,000 यूरो की पूंजी का वह स्वामी था जिसमें 90,000 मकान और अगले 90,000 स्टॉक, बौंड, बचत,या अन्य निवेश के रूप में थे।[12] इस बारे में देशों में विभिन्नताएं हैं जिसका विश्लेषण मैं अध्याय दो में करूंगा। अभी के लिए यह ध्यान रखना उपयोगी होगा कि पूंजी को मोटे तौर पर दो बराबर हिस्सों में बांटा जा सकता है।

पूंजीवाद का पहला मौलिक नियम: a = r × β

मैं अब पूंजीवाद के पहले मौलिक नियम को प्रस्तुत कर सकता हूँ जो पूंजी भंडार को पूंजी से प्राप्त आय के प्रवाह से जोड़ता है। पूंजी/आय अनुपात सरल तरीके से राष्ट्रीय आय में पूंजी से आय के हिस्से से जुड़ा है जिसे हम α से सूचित करते हैं। फार्मूला

$$\alpha = r \times \beta$$

जहाँ पर r का अर्थ पूंजी पर प्रतिप्राप्ति की दर है। उदाहरण के लिए, यदि $\beta = 600\%$ और $r = 5\%$, तो $\alpha = r \times \beta = 30\%$।[13] दूसरे शब्दों में यदि राष्ट्रीय धन राष्ट्रीय आय के छः वर्षों को दर्शाता है, और यदि पूंजी पर प्रतिप्राप्ति की दर 5 प्रतिशत प्रति वर्ष है तो राष्ट्रीय आय में पूंजी का हिस्सा 30 प्रतिशत है।

फार्मूला $\alpha = r \times \beta$ एक शुद्ध लेखांकन सूत्र है और इसे सभी समाजों में इतिहास की सभी काल अवधियों में लागू किया जा सकता है। यह सत्यसूचक वाक्य है और इसे पूंजीवाद का पहला मौलिक नियम माना जाना चाहिए क्योंकि यह पूंजीवादी व्यवस्था के विश्लेषण में तीन

सर्वाधिक महत्त्वपूर्ण अवधारणाओं के मध्य एक सरल पारदर्शी संबंध को अभिव्यक्त करता है। ये तीन अवधारणायें हैं: पूंजी/आय अनुपात, आय में पूंजी का हिस्सा और पूंजी पर प्रतिप्राप्ति की दर।

पूंजी पर प्रतिप्राप्ति की दर अनेक आर्थिक सिद्धांतों की केंद्रीय अवधारणा है। विशेष रूप से मार्क्सवादी विश्लेषण लाभ की गिरती दर पर जोर देता है।—यह एक ऐतिहासिक भविष्यवाणी थी जो कि गलत साबित हुई हालांकि इसमें एक रोचक सहजता है। अन्य सिद्धांतों में भी पूंजी पर प्रतिप्राप्ति की दर की अवधारणा केंद्रीय स्थान पर है। किसी भी रूप में पूंजी पर प्रतिप्रासि की दर पूंजी से एक वर्ष के दौरान प्राप्ति का आक्लन करती है और इसमें वह उसके कानूनी रूप (लाभ, किराया, लाभांश, ब्याज, रॉयल्टी, पूंजीगत लाभ *(Capital Gains)* आदि) को ध्यान में नहीं रखती। इसे निवेशित पूंजी के मूल्य के प्रतिशत के रूप में अभिव्यक्त किया जाता है। इसीलिए यह "लाभ की दर" से विस्तृत विचार है और "ब्याज की दर"[15] से और भी अधिक विस्तृत है। लेकिन यह दोनों को सम्मिलित करता है।

स्पष्टत: निवेश के रूप को देखते हुए प्रतिप्राप्ति की दर में बहुत अधिक भिन्नता होगी। कुछ फर्में 10 प्रतिशत प्रतिवर्ष से अधिक की कमाई करती हैं; अन्यों को हानि होती है (प्रतिप्राप्ति की नकारात्मक दर)। अनेक देशों में भंडारों पर प्रतिप्राप्ति की दीर्घकालीन आनुपातिक दर 7–8 प्रतिशत है। आवासीय सम्पत्ति और बौंड पर 3–4 प्रतिशत प्रतिप्राप्ति, जबकि सार्वजनिक ऋण पर ब्याज की वास्तविक दर कभी–कभी काफी नीची होती है। सूत्र $\alpha = r \times \beta$ हमें इन बारीकियों के बारे में कुछ नहीं बताता लेकिन यह जरूर बताता है कि किस प्रकार से इन तीनों मात्राओं को संबद्ध किया जाये कि बहस के लिए उपयोगी हों।

उदाहरण के लिए, 2010 के आसपास धनी देशों में पूंजी से आय (लाभ, ब्याज, लाभांश, किराया आदि) राष्ट्रीय आय के 30 प्रतिशत के आसपास मंडराती रही। 600 प्रतिशत की संख्या पर पूंजी/आय अनुपात होने पर इसका अर्थ था कि पूंजी पर प्रतिप्राप्ति की दर लगभग 5 प्रतिशत थी।

ठोस रूप में इसका अर्थ है कि धनी देशों में 30,000 यूरो प्रतिवर्ष की प्रति व्यक्ति वर्तमान राष्ट्रीय आय 21000 यूरो प्रतिवर्ष की श्रम से आय (70 प्रतिशत) और 9000 यूरो की पूंजी से आय में बंट जाती है। प्रत्येक नागरिक 18000 यूरो की अनुपात की पूंजी का स्वामी है, और पूंजी से 9000 यूरो की आय, अत: 5 प्रतिशत की पूंजी पर आनुपातिक वार्षिक प्रतिप्राप्ति को दर्शाती है।

एक बार फिर मैं केवल अनुपातों की बात कर रहा हूँ; कुछ व्यक्ति पूंजी से आय के रूप में 9000 यूरो प्रति वर्ष से अधिक प्राप्त करते हैं, जबकि अन्य कुछ प्राप्त नहीं करते हैं, जबकि वे अपने भू मालिकों को किराया और अपने ऋणदाताओं को ब्याज चुकाते हैं। यहा भी देशों में विभिन्नताएं हैं। इसके साथ–साथ अवधारणा और व्यावहारिक दृष्टि से पूंजी में आय के हिस्से को मापना आमतौर पर कठिन है क्योंकि आय की कुछ ऐसा श्रेणियां (जैसे गैर मजदूरी, स्व–रोजगार आय और उद्यमी आय) हैं जिन्हें पूंजी से आय और श्रम से आय के रूप में बांटना बहुत कठिन है। कुछ मामलों में इनसे तुलना भ्रमित कर सकती है। जब ऐसी समस्याएं उत्पन्न होती है तो आय के पूंजीगत हिस्से को मापने का त्रुटिपूर्ण तरीका पूंजी/आय अनुपात पर प्रतिप्राप्ति की संभावित आनुपातिक दर को लागू करना होता है। इस स्तर पर ऊपर दी गई मात्रा की क्रमता (β = 600%, α = 30%, r = 5%) को नमूना मानना चाहिए।

अधिक स्पष्टता के लिए हम यह ध्यान रखें कि ग्रामीण समाजों में भूमि पर प्रतिप्राप्ति की आनुपातिक दर 4–5 प्रतिशत के क्रम पर आमतौर पर है। जेन ऑस्टिन और हॉनर डे बालजक के उपन्यासों में (सरकारी बौंड की तरह) भूमि पर पूंजी निवेश की राशि के लगभग 5 प्रतिशत की प्राप्ति (या उसके बराबर और यह तथ्य कि पूंजी का मूल्य बीस वर्ष के वार्षिक किराये को दर्शाता है) को इतना सही मान कर चला जाता है कि आम तौर पर उसका जिक्र भी नहीं होता। समकालीन पाठक यह भली भांति जानते थे कि 50,000 फ्रैंक के वार्षिक किराये के उत्पादन के लिए 10 मिलियन फ्रैंक की पूंजी की आवश्यकता पड़ती थी। उन्नीसवीं शताब्दी के उपन्यासकारों और उनके पाठकों के लिए पूंजी और वार्षिक किराये के मध्य

संबंध स्वयंसिद्ध था और दोनों के मापने के पैमाने अदल–बदल कर उपयोग किए जाते थे मानो कि जैसे किराया और पूंजी एक जैसे हों या यह दो भिन्न भाषाओं के पूर्ण समानार्थी शब्द हों।

अब, 21वीं शताब्दी के प्रारम्भ में, हम भवन सम्पदा में वही प्रतिप्राप्ति पाते हैं, 4–5 प्रतिशत, कभी–कभी कुछ कम, विशेषकर यदि कीमतों में तो तेज वृद्धि हुई हो लेकिन साथ–साथ किरायों में वृद्धि नहीं हुई तब। उदाहरण के लिए 2010 में पेरिस में एक बड़े अपार्टमेंट की कीमत दस लाख यूरो थी लेकिन उसका किराया 2500 यूरो प्रतिमाह अथवा 30,000 यूरो वार्षिक था जोकि मकान मालिक के दृष्टिकोण से पूंजी पर प्रतिप्राप्ति मात्र 3 प्रतिशत प्रति वर्ष थी। एक किरायेदार के लिए जो केवल श्रम से आय से जीवन निर्वाह कर रहा है, (यह आशा है कि उसे समुचित वेतन मिल रहा है), यह किराया बहुत अधिक है जबकि मकान मालिक के लिए यह महत्त्वपूर्ण आय दर्शाता है। बुरी खबर (या अच्छी खबर, यह आपके दृष्टिकोण पर निर्भर करेगा) यह है कि ऐसा हमेशा होता आया है। इस प्रकार का किराया तब तक बढ़ता है जब तक कि पूंजी पर प्रतिप्राप्ति 4 प्रतिशत के करीब नहीं हो जाती (इस उदाहरण में 3000–3500 यूरो प्रतिमाह, या 40000 प्रति वर्ष का किराया होगा) अत: इस किरायेदार के किराये में भविष्य में बढ़ोतरी की संभावना है। एक अपार्टमेंट के मूल्य पर दीर्घकालीन पूंजीगत लाभ से अंतत: निवेश पर मकान मालिक की वार्षिक प्रतिप्राप्ति बढ़ सकती है। अपेक्षाकृत छोटे अपार्टमेंट से इसी तरह की या शायद थोड़ी अधिक प्रतिप्राप्ति होती है। 100000 यूरो के मूल्य वाले अपार्टमेंट से 400 यूरो प्रति माह या लगभग 5,000 यूरो प्रति वर्ष (5 प्रतिशत) से किराया प्राप्त हो सकता है। एक व्यक्ति जो इस प्रकार के अपार्टमेंट का मालिक है और उसमें रहने का चयन करता है, वो उसके बराबर के किराये की बचत कर सकता है और उस धन का उपयोग किसी अन्य कार्य में कर सकता है जिससे उसे निवेश से इसी तरह से प्रतिप्राप्ति हो।

व्यापार में पूंजी निवेश में अपेक्षाकृत अधिक जोखिम है और इसीलिए उनमें अधिक प्रतिप्राप्ति होती है। विभिन्न देशों में अनुसूचित कम्पनियों के

स्टॉक बाजार पूंजीकरण आमतौर पर 12 से 15 वर्षों का वार्षिक लाभ दर्शाता है जोकि निवेश पर 6–8 प्रतिशत के वार्षिक प्रतिप्राप्ति स्पष्ट करता है।

$\alpha = r \times \beta$ का सूत्र एक देश के लिए और यहाँ तक कि सम्पूर्ण ग्रह के लिए पूंजी के महत्त्व के विश्लेषण को संभव बनाता है। इसका उपयोग एक विशेष कम्पनी के खाते के अध्ययन के लिए भी किया जा सकता है। उदाहरण के लिए, 5 मिलियन यूरो (इसमें कार्यालय, आधारभूत संरचना, मशीनरी आदि भी शामिल हैं) की पूंजी का उपयोग करने वाली फर्म को लें जो 1 मिलियन यूरो के मूल्य की वस्तुओं का उत्पादन करती है जिसमें से 6,000,000 यूरो श्रमिकों की मजदूरी और 4,000,00 यूरो पूंजी का हिस्सा होता है।[16] इस कम्पनी का पूंजी/आय अनुपात $\beta = 5$ (यह पूंजी पांच वर्षों के उत्पादन के बराबर है) है जबकि पूंजी का हिस्सा α 40 प्रतिशत और पूंजी पर प्रतिप्राप्ति की दर $r = 8$ प्रतिशत है।

एक ऐसी कम्पनी की कल्पना कीजिए जो इतने ही उत्पादन (1 मिलियन यूरो) की प्राप्ति के लिए कम पूंजी (3 मिलियन यूरो) का उपयोग करती है लेकिन वह अधिक श्रम (7,000,000 यूरो मजदूरी में, 3,000,000 लाभ में) का इस्तेमाल करती है। इस कम्पनी के लिए $\beta = 3$, $\alpha = 30$ प्रतिशत और $r = 10$ प्रतिशत है। दूसरी कम्पनी पहली की अपेक्षा कम पूंजी गहन है लेकिन यह अधिक लाभप्रद है (उसकी पूंजी से प्रतिप्राप्ति की दर बहुत अधिक है)।

सभी देशों में β, α और r के मान में कम्पनी–कम्पनी में भिन्नता होती है। कुछ क्षेत्र अन्यों की अपेक्षा अधिक पूंजी गहन हैं, उदाहरणार्थ धातु व ऊर्जा क्षेत्र, कपड़ा व खाद्य procesing क्षेत्रों से अधिक पूंजी केंद्रित हैं, और विनिर्माण क्षेत्र सेवा क्षेत्र से अधिक 'पूंजी केंद्रित है। एक ही क्षेत्र में कई फर्मों में महत्त्वपूर्ण अंतर भी होते हैं जो उनकी उत्पादन प्रौद्योगिकी और बाजार–स्थिति पर निर्भर करते हैं। एक देश के β, α और r के स्तर कुल पूंजी में आवासीय भूसम्पदा और प्राकृतिक संसाधनों से संबंधित हिस्सों पर भी निर्भर करते हैं।

यह जोर देना आवश्यक है कि $\alpha = r \times \beta$ का नियम हमें यह नहीं बताता कि इन सभी कारकों का निर्धारण और विशेष तौर पर राष्ट्रीय पूंजी/आय अनुपात (β) का निर्धारण कैसे होता है? (इनमें पूंजी/आय अनुपात किसी समाज का कुछ अर्थों में यह मापदंड होता है कि वह कितता पूंजी गहन है।) इस प्रश्न के उत्तर में हमें अतिरिक्त विचारों व संबंधों को प्रस्तावित करना होगा। इनमें बचत, निवेश दर व संवृद्धि की दर शामिल हैं। यह हमें पूंजीवाद के दूसरे मौलिक नियम की ओर ले जायेगा : बचत दर अधिक तो संवृद्धि दर कम, पूंजी/आय अनुपात अधिक। इसे हम अगले कुछ अध्यायों में दिखायेंगे; इस स्तर पर यह बताना पर्याप्त होगा कि $\alpha = r \times \beta$ के नियम का अर्थ केवल इतना है कि कौन सी आर्थिक, सामाजिक व राजनीतिक शक्तियां पूंजी/आय अनुपात (β), आय में पूंजी का हिस्सा (α), और पूंजी पर प्रतिप्राप्ति की दर का निर्धारण करती है, इससे इस बात पर कोई फर्क नहीं पड़ता कि ये तीन कारक एक दूसरे से स्वतंत्र नहीं है। अवधारणा के दृष्टिकोण से स्वतंत्रता की तीन नहीं बल्कि दो श्रेणियाँ हैं।

राष्ट्रीय लेखा : एक विकासमान सामाजिक रचना

अब जबकि उत्पादन और आय और धन, पंजी/आय अनुपात, और पूंजी पर प्रतिप्राप्ति की दर की मुख्य अवधारणाओं की व्याख्या हो गई है, मैं अधिक विस्तार से यह परीक्षण करूंगा कि इन सामान्य मानों का मापन कैसे हो सकता है और ये मापन विभिन्न देशों में धन के वितरण के विकास के बारे में हमें क्या बतला सकते हैं। राष्ट्रीय लेखा के इतिहास की मैं संक्षिप्त रूप में समीक्षा करूंगा और फिर मोटे तौर पर यह चित्रण प्रस्तुत करूंगा कि 18वीं शताब्दी से उत्पादन और आय के वैश्विक वितरण में परिवर्तन कैसे हुआ। इसके साथ–साथ इस पर भी चर्चा होगी कि इसी अवधि के दौरान जनांकीय व आर्थिक वृद्धि दर कैसे परिवर्तित हुईं। इस विश्लेषण में ये वृद्धि दरें महत्त्वपूर्ण भूमिका अदा करेंगी।

जैसे कि बतलाया गया है कि राष्ट्रीय आय और पूंजी के मापन के पहले प्रयत्न सत्रहवीं शताब्दी के उत्तरार्द्ध तथा अठारहवीं शताब्दी के शुरूआत में हुए। 1700 के आसपास ब्रिटेन और फ्रांस में अनेक अलग-अलग आंकड़े

(स्पष्ट तौर पर एक दूसरे से स्वतंत्र) प्रकट हुए। मैं मुख्य तौर पर इंग्लैण्ड के लिए विलियम पैट्टी (1664) तथा जोगरी किंग (1696) और फ्रांस के लिए पीयर ले पिसेण्ट, सायर द बोइस, गिल्ली बर्ट (1695), और सेविस्टन ले प्रेस्ट्रे दे वॉबान (1707) के कार्यो की बात कर रहा हूँ। इन लोगों ने पूंजी के राष्ट्रीय भंडार और राष्ट्रीय आय के वार्षिक प्रवाह पर ध्यान केंद्रित किया। उनके प्रमुख उद्देश्यों में भूमि की कुल कीमत का आकलन, उन दिनों के कृषि समाज के धन के सर्वाधिक महत्त्वपूर्ण स्रोत को जानना और फिर भौमिक धन की मात्रा को कृषक उत्पादन तथा भू करों से जोड़ना था।

यह जानने योग्य है कि इन लेखकों के मन में आमतौर पर एक राजनीतिक उद्देश्य था, वे कर प्रणाली का आधुनिकीकरण चाहते थे। राष्ट्र की आय एवं धन की गणना से वे राजा को दिखाना चाहते थे कि कर दरों को अपेक्षाकृत नीचा रखते हुए कर पावतियां बढ़ाई जा सकती थीं बशर्ते सभी सम्पत्ति तथा उत्पादित वस्तुएं करारोपण के अधीन हों और कुलीन तथा सामान्य जन, दोनों के भूमालिक सभी कर अदा करें। यह उद्देश्य वॉबान की पुस्तक प्रोजेट दे डाइम रोयेल (शाही दशांश हेतु योजना) में स्पष्ट तो है ही, यह बोइन गिलेबर्ट और किंग में (पैट्टी के लेखन में कुछ कम) भी दिखाई देता है।

अठारहवीं शताब्दी के उतरार्द्ध में, विशेष तौर पर फ्रांसीसी क्रांति के समय के आसपास, आय और धन के मापन के आगे प्रयत्न हुए। एनटोइने लेवोइसिअर ने 1791 में प्रकाशित अपनी पुस्तक ला रिचेडे टैरिटोरियले दु रोयेमो दी फ्रांस (फ्रांस राजतंत्र का भौमिक धन) में 1789 वर्ष के अपने अनुमान दिए। फ्रांसीसी क्रांति के पश्चात् नई कर प्रणाली उन्हीं की पुस्तक से प्रेरित थी। इस कर प्रणाली द्वारा कुलीनों के विशेषाधिकारों का अंत हुआ और सभी भूमि पर सम्पत्ति कर लगाया गया और एनटोइने लेवोइसिअर की पुस्तक का उपयोग नये करों से प्राप्ति के अनुमान के लिए व्यापक तौर पर किया गया।

सबसे अधिक तो उन्नीसवीं शताब्दी में राष्ट्रीय धन के अनुमानों का प्रसार हुआ। 1870 से 1900 तक रॉबर्ट गिफ्फन ब्रिटेन की राष्ट्रीय पूंजी के भंडार के अनुमानों का अपडेट करते रहे और उनकी तुलना उन्होंने अन्य लेखकों (विशेषकर पैट्रिक कोलउहॉन) के द्वारा किए गए अनुमानों से की। गिफ्फन ब्रिटेन की औद्योगिक पूंजी के भंडार के आकार के साथ-साथ नैपोलियन के साथ युद्धों के बाद विदेशी परिसम्पत्तियों के भंडार से अचंभित थे। ये परिसम्पत्तियाँ इन युद्धों की वजह से लिए गए समस्त सार्वजनिक ऋणों से कई गुना अधिक थीं।[17] फ्रांस में इसी समय अल्फ्रेड डे फोविल्ले और क्लीमेंट कॉलसॅन ने "राष्ट्रीय धन" व "सार्वजनिक धन" के अनुमान प्रकाशित किए और गिफ्फन की तरह उन्नीसवीं शताब्दी के दौरान निजी पूंजी के महत्त्वपूर्ण संचय से अचंभित भी हुए। यह सबको स्पष्ट था कि 1870–1914 की अवधि के दौरान निजी सम्पदा समृद्ध हो रही थी। उन दिनों के अर्थशास्त्रियों के लिए धन की पैमाइश और विभिन्न देशों की तुलना (उनके मन से फ्रांस–ब्रिटेन होड़ कभी हटी नहीं) समस्या थी. उन दिनों के अर्थशास्त्रियों के लिए धन की पैमाइश और विभिन्न देशों की तुलना (उनके मन से फ्रांस–ब्रिटेन होड़ कमी हटी नहीं) समस्या थी। प्रथम विश्वयुद्ध तक प्राप्त धन के अनुमान, आय और उत्पादन के अनुमानों की अपेक्षा अधिक ध्यान में थे और किसी भी मामले में ये ब्रिटेन और फ्रांस ही नहीं बल्कि जर्मनी, अमेरिका तथा अन्य औद्योगिक शक्तियों में अधिक थे। उन दिनों अर्थशास्त्री होने का अर्थ सबसे पहले एक देश की राष्ट्रीय पूंजी के अनुमान लगाने की क्षमता से था; यह शुरूआत की मानों रस्म थी।

यह दो विश्वयुद्धों के अंत: काल में ही राष्ट्रीय लेखा वार्षिक तौर पर आंकलित होने शुरू हुए। पूर्व के अनुमान हमेशा पृथक वर्ष पर केंद्रित थे और आगे के अनुमान दस या अधिक वर्षों द्वारा अलग होते थे, जैसे कि 19वीं शताब्दी में ब्रिटिश राष्ट्रीय पूंजी के गिफ्फन की गणना का मामला था। 1930 के दशक में, प्राथमिक सांख्यिकीय स्रोतों में सुधारों के फलस्वरूप राष्ट्रीय आय आंकड़ों की प्रथम वार्षिक श्रृंखला संभव हुई। यह सामान्यत: बीसवीं शताब्दी की शुरूआत या उन्नीसवीं शताब्दी के अंतिम

दशक तक होता रहा। उन्हें कुजनेट्स और केन्डरिक द्वारा संयुक्त राज्य अमेरिका के लिए, ब्रिटेन के लिए बॉले व क्लार्क, और दे बरननविल्ले द्वारा फ्रांस के लिए निर्धारित किया गया। द्वितीय विश्वयुद्ध के उपरांत सरकारी सांख्यिकीय कार्यालयों ने अर्थशास्त्रियों की जगह ले ली और सकल घरेलू उत्पाद और राष्ट्रीय आय के आधिकारिक वार्षिक आंकड़े संकलित और प्रकाशित करने शुरू कर दिए। यह आधिकारिक श्रृंखला अब तक जारी है।

फिर भी प्रथम विश्वयुद्ध के पूर्व काल की तुलना में आंकड़ों के केंद्रीय बिंदु में पूरी तरह से परिवर्तन आ गया था। 1940 के दशक के पश्चात् प्राथमिक प्रेरक महान मंदी के आघात का उत्तर देना था। इस महान मंदी के दौरान सरकारों के समक्ष आर्थिक उत्पादन के विश्वसनीय वार्षिक आंकड़े नहीं थे। इसीलिए सांख्यिकीय व राजनीतिक उपकरणों की आवश्यकता थी जो अर्थव्यवस्था का सुचारु संचालन करते और महान मंदी की पुनरावृत्ति रोकते। सरकारों ने इसीलिए उत्पादन व आय के वार्षिक या यहाँ तक कि त्रैमासिक आंकड़ों पर जोर देना शुरू किया, राष्ट्रीय धन के अनुमान, जिन पर 1914–1945 की आर्थिक एवं राजनीतिक अव्यवस्था ने उनके अर्थों की व्याख्या करना कठिन कर दिया था, मुख्य तौर पर भू सम्पदा तथा वित्तीय परिसम्पत्तियों की कीमतें अत्यधिक नीची हो गईं, इतनी नीची कि ऐसा लगने लगा मानो निजी सम्पत्ति का अंत हो गया। 1950 और 1960 के दशकों में पुननिर्माण और इस दौरान उद्योग की विभिन्न शाखाओं में उत्पादन की उल्लेखनीय वृद्धि का मापन प्रमुख लक्ष्य था।

1990 तथा 2000 के दशकों में धन लेखांकन फिर महत्त्वपूर्ण हो गया। अर्थशास्त्री व राजनीतिक नेतागण भली-भांति अवगत थे कि 21वीं शताब्दी के वित्तीय पूंजीवाद का 1950 तथा 1960 के दशकों के उपकरणों से विश्लेषण नहीं किया जा सकता। केंद्रीय बैंकों के सहयोग से विभिन्न विकसित देशों की सरकारी सांख्यिकीय एजेंसियों ने सामान्यत: आय व उत्पादन आंकड़ों के अलावा विभिन्न समूहों की परिसम्पत्तियों व देनदारियों के आंकड़ों का संकलन व उनकी वार्षिक श्रृंखला का प्रकाशन किया। इन धन लेखांकनों में अभी भी पूर्णता का अभाव था : उदाहरण के

लिए, प्राकृतिक पूंजी और पर्यावरण की क्षति का सही लेखांकन नहीं होता। फिर भी वे प्रारम्भिक युद्धोत्तर वर्षों के राष्ट्रीय लेखांकनों, जिनमें चिंता केवल उत्पादन में अंतहीन वृद्धि की थी, की तुलना में वास्तविक प्रगति दर्शाते हैं।[18] यह आधिकारिक श्रृंखलाएं हैं जिनका इस पुस्तक में मैंने उपयोग धनी देशों में कुल धन और वर्तमानकालिक पूंजी/आय अनुपात के विश्लेषण में किया है।

राष्ट्रीय लेखांकन के इस संक्षिप्त इतिहास में एक निष्कर्ष तो स्पष्ट हो जाता है :

राष्ट्रीय लेखा क्रमिक विकास में एक सामाजिक रचना है। वह उस काल की चिंताओं की प्रतिबिम्ब है जिसमें प्रकाशित आंकड़ों के बारे में आवश्यकता से अधिक ध्यान देने की आवश्यकता नहीं है। जब एक देश की प्रतिव्यक्ति राष्ट्रीय आय 30,000 यूरो बताई जाती है तो यह स्पष्ट है कि इस संख्या को अन्य आर्थिक व सामाजिक सांख्यिकी की तरह एक अनुमान या एक रचना ही मानना चाहिए न कि गणितीय निश्चितता। यह तो हमारे पास केवल सरल अनुमान है। राष्ट्रीय लेखा देश की आर्थिक गतिविधि के विश्लेषण का एकमात्र निरंतर, व्यवस्थित प्रयत्न है। राष्ट्रीय लेखा को एक सीमित व अपूर्व उपकरण, भिन्न संवेदनशील स्रोतों से संकलित व व्यवस्थित आंकड़ों के रूप में लिया जाना चाहिए। सभी विकसित देशों में राष्ट्रीय लेखाओं का वर्तमानकाल में संकलन सरकारी सांख्यिकी अधिकारियों व केंद्रीय बैंकों द्वारा वित्तीय व गैर वित्तीय निगमों के तुलन पत्रों व बही खातों के साथ–साथ कई अन्य सांख्यिकीय स्रोतों व सर्वेक्षणों से होता है। हमें यह पूर्व धारणा बनाने का कोई कारण नहीं है कि इन प्रयत्नों में लगे अधिकारीगण सर्वश्रेष्ठ संभव अनुमानों की प्राप्ति हेतु आंकड़ों में असंगतियों को पकड़ने की कोशिश नहीं करते। यदि हम इन आंकड़ों को सावधानी से और आलोचनात्मक दृष्टि से उपयोग करें और जहां त्रुटियां या कमियां हैं (जैसे अल्पकरदायी देश, टैक्स हेवन, के मामलों में) वहाँ अन्य आंकड़ों से पूर्ति करें तो यह राष्ट्रीय लेखा कुल आय व धन के अनुमान का एक अनिवार्य उपकरण है।

विशेष तौर पर, जैसा कि मैं भाग दो में दिखाऊंगा कि हम पूंजी/आय अनुपात के ऐतिहासिक विकास क्रम का व्यवस्थित विश्लेषण अठारहवीं से लेकर प्रारम्भिक बीसवीं शताब्दी के लेखकों द्वारा प्रदत्त राष्ट्रीय धन अनुमानों का तल्लीनता से संकलन व उनकी तुलना करते हुए उन्हें बीसवीं शताब्दी के अंत तथा प्रारम्भिक 21वीं शताब्दी के आधिकारिक पूंजी लेखाओं से मिलान कर सकते हैं। आधिकारिक राष्ट्रीय लेखों में ऐतिहासिक परिप्रेक्ष्य के अभाव के अलावा एक प्रमुख कमी यह है कि उनकी चिंता जानबूझकर केवल कुल योगों व अनुपातों से है न कि वितरणों और असमानताओं से। इसीलिए हमें आय व धन के वितरण के मापन करने और असमानताओं के अध्ययन के लिए अन्य स्रोतों का सहारा लेना होगा। इसीलिए राष्ट्रीय लेखा हमारे विश्लेषण का एक महत्त्वपूर्ण तत्त्व है, लेकिन तभी जब वह अतिरिक्त ऐतिहासिक और वितरणात्मक आंकड़ों से पूर्ण हो।

उत्पादन का वैश्विक वितरण

मैं उत्पादन के वैश्विक वितरण के विकास क्रम के परीक्षण करूंगा जिसके बारे में प्रारम्भिक उन्नीसवीं शताब्दी से हमारे पास अपेक्षाकृत सभी जानकारियां हैं। प्रारम्भिक वर्षों के लिए आकलन अधिक अनुमानित हैं। लेकिन हम वृहत रूपरेखा अंगुस मेड्डीसन के ऐतिहासिक अध्ययन की वजह से जानते हैं। विशेष तौर पर इसलिए भी कि कुल मिला कर व्यवस्था अपेक्षाकृत सरल है।

1900 से 1980 से वस्तुओं व सेवाओं के वैश्विक उत्पादन का 70–80 प्रतिशत यूरोप व अमेरिका तक केंद्रित था, जिन्होंने बिना किसी संघर्ष के शेष विश्व पर प्रभुत्व रखा। 2010 तक यूरोपीय अमेरिकन हिस्सा लगभग 50 प्रतिशत तक गिर गया था लगभग उसी स्तर तक जहां तक वह 1860 में था। सभी संभावनाओं में यह प्रभुत्व गिरता जायेगा और 21वीं शताब्दी में 20–30 प्रतिशत के बिंदु तक नीचे हो जाएगा। यह स्तर 19वीं शताब्दी के शुरूआत में था और विश्व जनसंख्या में यूरोपीय-अमेरिकी हिस्से के अनुकूल है (देखें चित्र 1.1 और 1.2)।

रेखाचित्र 1.1: विश्व उत्पाद वितरण, 1700-2012

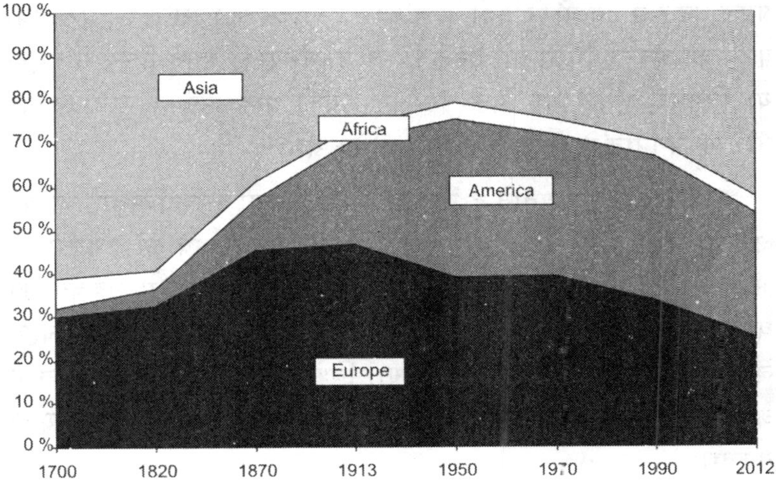

वर्ष 1913 में विश्व सकल घरेलू उत्पाद में यूरोप का अंश 47 प्रतिशत था— यह 2012 में 25 प्रतिशत रह गया। स्रोत और श्रृंखला हेतु देखें: piketty.pse.ens.fr/capital21C.

रेखाचित्र 1.2: विश्व जनसंख्या वितरण, 1700-2012

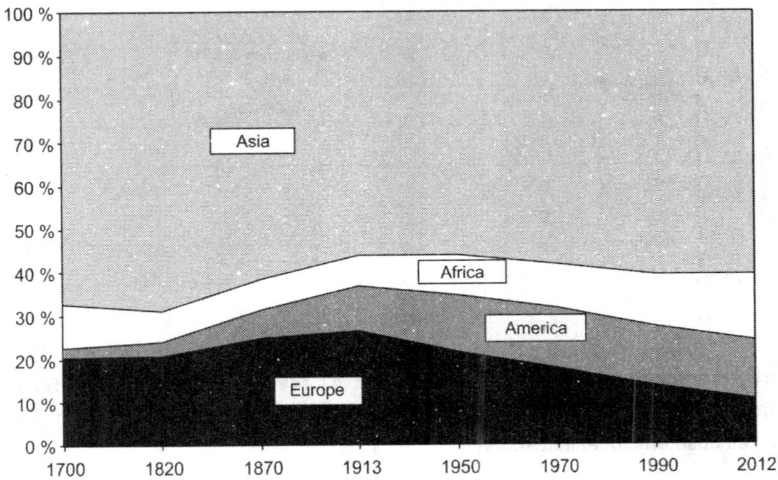

यूरोप की जनसंख्या 1913 में विश्व जनसंख्या का 25 प्रतिशत थी, 2012 में यह 10 प्रतिशत रह गई। स्रोत और श्रृंखला हेतु देखें: piketty.pse.ens.fr/capital21C.

दूसरे शब्दों में औद्योगिक क्रांति के दौरान यूरोप और अमेरिका द्वारा प्राप्त बढ़त से इन दोनों क्षेत्रों के वैश्विक उत्पादन के जिस हिस्से पर दावा करने का अवसर मिला वह उनके विश्व जनसंख्या में अपने हिस्से से दुगुना या तिगुना अधिक था सिर्फ इसलिए उनकी प्रति व्यक्ति उत्पादन दर वैश्विक अनुपात से दो या तीन गुना अधिक थी।[21]

सभी इशारे यह बताते हैं कि प्रति व्यक्ति उत्पादन के विस्तार का यह अवस्था समाप्त हो गई है और अब हम एक और झुकाव की अवस्था की ओर बढ़ रहे हैं। लेकिन इसके परिणामस्वरूप बराबर में पहुंचने का घटनाचक्र अभी खत्म नहीं हुआ (देखें चित्र 1.3) है। अभी यह कहना बहुत जल्दी होगा कि कब इसका अंत होगा, विशेषकर चीन व अन्य जगहों में आर्थिक और/या राजनीतिक खंडन की संभावनाओं से इंकार नहीं किया जा सकता।

रेखाचित्र 1.3.: विश्वस्तरीय विषमता, 1700-2012 अपसृति और फिर अभिनति?

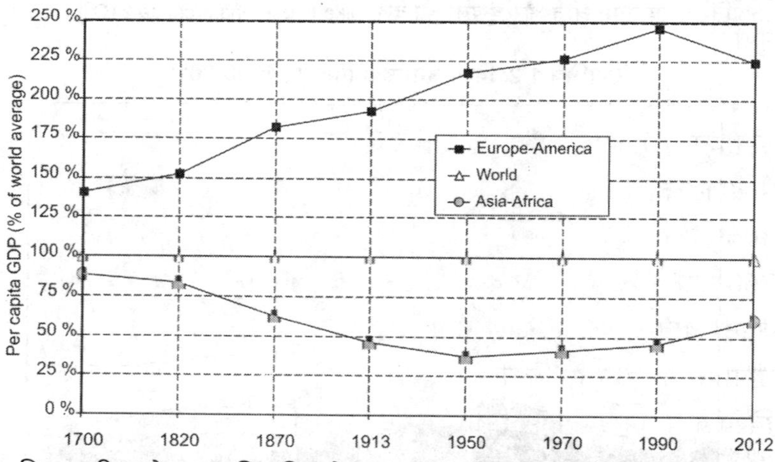

एशिया-अफ्रीका क्षेत्र का प्रतिव्यक्ति घरेलू उत्पाद का विश्व उत्पाद से अनुपात 1950 में मात्र 37 प्रतिशत था— यह 2012 में 61 प्रतिशत हो गया है। स्रोत और श्रृंखला हेतु देखें: piketty.pse.ens.fr/capital21C.

महाद्वीपीय गुटों से क्षेत्रिक गुटों की ओर

अभी वर्णित सामान्य व्यवस्था सब जानते हैं, लेकिन कुछ बिंदुओं के स्पष्टीकरण व शुद्धिकरण की आवश्यकता है। प्रथमत: यूरोप और अमेरिका

को एक मात्र "पश्चिमी गुट" के रूप में रखने में प्रस्तुतिकरण सरल होता है लेकिन वह कृत्रिम है। यूरोप ने प्रथम विश्वयुद्ध की पूर्वसंध्या में अधिकतम आर्थिक महत्त्व प्राप्त किया, जब वह वैश्विक उत्पादन के लगभग 50 प्रतिशत का अधिकारी था, और उसके बाद उसमें तीव्रता से गिरावट आई जबकि अमेरिका ने 1950 के दशक में उत्कृष्टता प्राप्त की जब वैश्विक उत्पादन के लगभग 40 प्रतिशत का अधिकारी हुआ।

फिर यूरोप और अमेरिका को दो अत्यधिक असमान उपक्षेत्रों में तोड़ा जा सकता है; एक अत्यधिक विकसित मुख्य भाग और कम विकसित परिधि। मोटे तौर पर यह कहा जा सकता है कि वैश्विक असमानता का महाद्वीपीय गुटों की अपेक्षा क्षेत्रीय गुटों के रूप में सबसे अच्छा विश्लेषण हो सकता है। इसे स्पष्ट तौर पर सारणी 1.1 में देखा जा सकता है जिसमें 2012 में वैश्विक उत्पादन को दर्शाया गया है। इन सभी संख्याओं का अपने आप में कोई महत्त्व नहीं है लेकिन विस्तार के प्रमुख बिंदुओं के साथ सुपरिचित होना उपयोगी है।

इस ग्रह की जनसंख्या 2012 में 7 अरब के पास है और वैश्विक उत्पादन 70 ट्रिलियन यूरो से कुछ अधिक है, इसीलिए प्रति व्यक्ति वैश्विक उत्पादन भी लगभग 10,000 यूरो है। यदि हम पूंजी ह्रास के लिए 10 प्रतिशत घटा दें और फिर 12 से भाग कर दें तो हम पाते हैं कि इससे 760 यूरो के औसत से प्रति व्यक्ति मासिक आय की प्राप्ति होती है। यह अपनी बात स्पष्ट करने का सही तरीका है। दूसरे शब्दों में यदि वैश्विक उत्पादन और उससे होने वाली आय को समान तौर पर विभाजित करते तो विश्व के प्रत्येक व्यक्ति की लगभग 760 यूरो प्रतिमाह आय होती।

यूरोप की जनसंख्या लगभग 740 मिलियन है, इसमें लगभग 540 मिलियन लोग यूरोपीय संघ के सदस्य देशों में रहते हैं जिनका प्रति व्यक्ति उत्पादन 27,000 यूरो प्रति वर्ष से अधिक है। शेष 200 मिलियन लोग रूस और यूक्रेन में रहते हैं जहां पर प्रति व्यक्ति उत्पादन लगभग 15000 यूरो प्रति वर्ष है, वैश्विक अनुपात से सिर्फ 50 प्रतिशत अधिक। यूरोपीय

यूनियन भी अपने आप में बहुराष्ट्रीय है; उसके 410 मिलियन नागरिक वहाँ रहते हैं जिसे पहले पश्चिमी यूरोप कहा जाता था, तीन–चौथाई लोग यूनियन के पांच सर्वाधिक आबादी वाले देशों, जर्मनी, फ्रांस, ग्रेट ब्रिटेन, इटली और स्पेन में रहते हैं जिनका प्रति व्यक्ति सकल घरेलू उत्पादन 31000 यूरो प्रति वर्ष है। शेष बचे 130 मिलियन लोग वहाँ रहते हैं जिसे पूर्वी यूरोप कहा जाता था जिनका आनुपातिक प्रति व्यक्ति उत्पादन 16000 यूरो प्रति वर्ष है जोकि रूस–यूक्रेन गुट से कोई अधिक भिन्न नहीं है।

अमेरिका भी स्पष्ट क्षेत्रों में विभाजित हैं और यहाँ यूरोपीय केंद्र और परिधि से अधिक असमानता है; अमेरिका–केनेडा गुट में 40000 यूरो प्रति व्यक्ति उत्पादन के साथ 350 मिलियन लोग हैं, जबकि लैटिन अमेरिका में 600 मिलियन लोग हैं जिनका विश्व अनुपात के बिल्कुल बराबर 10,000 यूरो प्रति व्यक्ति उत्पादन है।

उप-सहारा अफ्रीका 900 मिलियन आबादी और सिर्फ 1.8 ट्रिलियन यूरो (फ्रांस की कुल घरेलू उत्पाद के 2 ट्रिलियन से कम) के साथ आर्थिक तौर पर विश्व का सबसे गरीब क्षेत्र है। इसका प्रति व्यक्ति उत्पादन केवल 2000 यूरो प्रति वर्ष है। भारत का स्तर कुछ ऊंचा है जबकि उत्तरी अफ्रीका ने उल्लेखनीय तौर पर बेहतर है और चीन तो और भी बेहतर है। उसका प्रति व्यक्ति उत्पादन 8000 यूरो प्रति वर्ष है। 2012 में चीन विश्व अनुपात से कोई अधिक नीचे नहीं है। जापान का प्रति व्यक्ति उत्पादन यूरोप के सर्वाधिक धनी देशों (लगभग 30,000 यूरो) के समान है लेकिन अधिकतर एशिया की आबादी में उसकी आबादी इतनी छोटी अल्पसंख्यक है कि उसका महाद्वीपीय औसत पर कोई प्रभाव नहीं, जोकि चीन के अधिक करीब है।[24]

तालिका 1.1: विश्व सकल घरेलू उत्पाद का वितरण, 2012

क्षेत्र	जनसंख्या मिलियन		सकल घरेलू उत्पाद बिलियन यूरो 2012		प्रतिव्यक्ति सकल घरेलू उत्पाद यूरो 2012	समतुल्य प्रतिव्यक्ति मासिक आय यूरो 2012
विश्व	050	100%	71200	100%	10100€	760€
यूरोप	740	10%	17800	25%	24000€	1800€
यूरोप संघ सहित	540	8%	14700	21%	27300€	2040€
रूस, यूक्रेन सहित	200	3%	3100	4%	15400€	1150€
अमेरिका	950	13%	20600	29%	21500€	1620€
संयुक्त राज्य और कनाड्डा सहित	350	5%	14300	20%	40700€	3050€
लेटिन अमरिका सहित	600	9%	6300	9%	10400€	780€
अफ्रीका	070	15%	2800	4%	2500€	200€
उत्तरी अफ्रीका सहित	170	2%	1000	1%	5700€	430€
सहरेतर अफ्रीका सहित	900	13%	1800	3%	2000€	150€
एशिया	290	61%	30000	42%	7000€	520€
चीन सहित	350	19%	10400	15%	7700€	580€
भारत सहित	260	18%	4000	6%	3200€	240€
जापान सहित	130	2%	3800	5%	30000€	2250€
अन्य सहित	550	22%	11800	17%	7600€	570€

नोट: वर्ष 2012 में क्रयशक्ति तुल्य विश्व सकल घरेलू उत्पाद 71,200 बिलियन यूरो था। विश्व जनसंख्या 7.05 बिलियन। अत: प्रतिव्यक्ति सकल घरेलू उत्पादन 10,000 यूरो—[अर्थात औसत मासिक आय 760 यूरो] था। सभी आकंडों को निकटतम दर्जन या 100 तक अनुमानित कर लिया गया है।

वैश्विक असमानता: 150 यूरो प्रति महीना से 3000 प्रति महीना

सारांश में वैश्विक असमानता का विस्तार उन क्षेत्रों से जहां प्रति व्यक्ति आय *(Per Capita Income)* 150–250 यूरो प्रति महीना (उप–सहारा अफ्रीका, भारत) से उन क्षेत्रों तक है जहां वह 2500–3000 यूरो प्रति महीना (पश्चिमी यूरोप, उत्तरी अमेरिका, जापान) अर्थात् दस से बीस गुना अधिक है। वैश्विक अनुपात लगभग 600–800 यूरो प्रति महीना है जो चीनी अनुपात के लगभग समान है।

परिमाण के ये क्रम महत्त्वपूर्ण व याद रखने योग्य हैं। यह ध्यान रखें कि इन आंकड़ों में गलती की गुंजाइश काफी है; देशों के बीच (या विभिन्न अवधियों में) असमानताओं का मापन उनके भीतर की असमानताओं से अधिक कठिन है।

उदाहरण के लिए वैश्विक असमानता स्पष्ट रूप से उच्चतर होगी यदि हम क्रयशक्ति समता की अपेक्षा वर्तमान विनिमय दर का उपयोग करें जैसा कि मैंने अभी तक किया है। इन शब्दों के अर्थ समझने के लिए सबसे पहले हम यूरो/डॉलर विनिमय दर पर विचार करें। 2012 में विदेशी विनिमय बाजार में एक यूरो की कीमत $ 1.30 लगभग थी। एक यूरोपीय जिसकी आय 1000 यूरो प्रति माह थी। वह अपने बैंक में जाकर $ 1,300 की राशि से उसका विनिमय कर सकता था। यदि वह व्यक्ति फिर उस पैसे को संयुक्त राज्य अमेरिका में खर्च करने ले जाता तो उसकी क्रयशक्ति $ 1300 होती। लेकिन अधिकारिक अंतर्राष्ट्रीय तुलना कार्यक्रम (Official International Comparison Progamme या ICP) के अनुसार यूरोपीय कीमतें अमेरिकी कीमतों से 10 प्रतिशत उच्चतर हैं इसलिए यदि वही यूरोपीय उसी धन का यूरोप में उपयोग करता तो उसकी क्रयशक्ति अमेरिकी आय के $ 1200 के करीबी होती। अत: हम कहते हैं कि $ 1.20 की 1 यूरो के साथ "क्रयशक्ति समता" है। मैंने तालिका 1.1 में विनिमय दर की अपेक्षा इस समता का उपयोग अमेरिकी सकल घरेलू उत्पाद को यूरो में बदलने के लिए किया है और ऐसा ही मैंने अन्य सूचीबद्ध देशों के लिए किया है। दूसरे शब्दों में, हम विभिन्न देशों के सकल घरेलू उत्पाद की तुलना उनके नागरिकों की वास्तविक क्रयशक्ति के आधार पर करते हैं जो आमतौर पर अपनी आय विदेश की अपेक्षा देश में खर्च करते हैं।[25]

क्रयशक्ति समता का उपयोग करने का एक दूसरा लाभ यह है कि यह विनिमय दर की अपेक्षा अधिक स्थिर है। वास्तव में विनिमय दर विभिन्न देशों की वस्तुओं व सेवाओं के लिए आपूर्ति और मांग को न केवल प्रतिबिंबित करती है बल्कि मौद्रिक नीति में अप्रत्याशित परिवर्तन के अलावा अंतर्राष्ट्रीय निवेशकों की निवेश रणनीतियों में अचानक परिवर्तनों और इस या उस देश की राजनीतिक और/या वित्तीय स्थिरता के परिवर्तनशील अनुमानों को भी दर्शाती है। विनिमय दर इसीलिए अत्यधिक परिवर्तनशील है, जैसा कि पिछले कुछ दशकों में डॉलर में अस्थिरता पर एक नजर डालने से पता चलेगा। 1990 के दशक में डॉलर/यूरो कीमत $ 1.30 प्रति यूरोसे 2001 में $ 0.91 से भी कम हो गई। इससे पहले 2008

में यह 1.50 और 2012 में $ 1.30 तक गिर गई। उसी समय के दौरान यूरो की क्रयशक्ति क्षमता 1990 के प्रारम्भिक दशकों में लगभग $ प्रति यूरो से धीरे-धीरे उठती हुई 2010 में लगभग $ 1.20 हो गई (देखें आंकड़े 1.4)[26]

रेखाचित्र 1.4.: विनिमय दर और क्रय शक्ति तुल्यता,यूरो/डालर

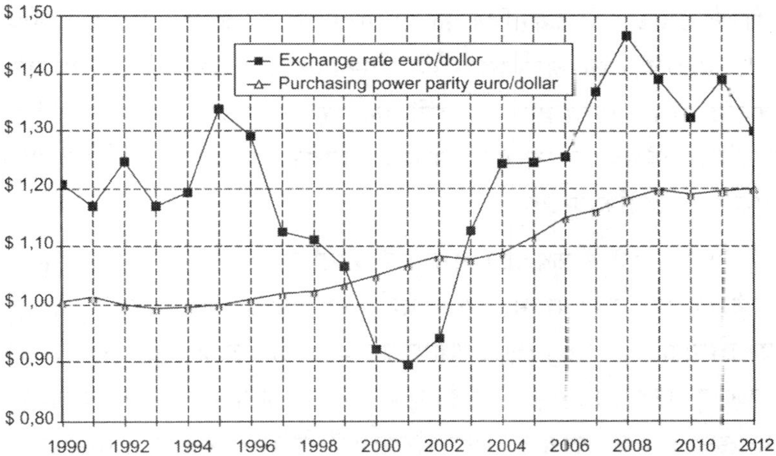

वर्ष 2012 2012 में एक यूरो 1.30 डालर के समान था, किंतु क्रय शक्ति तुल्यता *(Purchasing Power Parity)* की दृष्टि से इसका मान 1.2 डालर के समान बनता था। स्रोत और श्रृंखला हेतु देखें: piketty.pse.ens.fr/capital21C.

ICP से संबद्ध सभी अंतर्राष्ट्रीय संगठनों के पूरे प्रयत्नों के बावजूद, इस तथ्य में सच्चाई है कि यह क्रयशक्ति समता अनुमान अपेक्षाकृत अनिश्चित हैं। इनमें विकास के तुलनात्मक स्तरों वाले देशों में भी ज्यादा नहीं तो 10 प्रतिशत की गलती की गुंजाइश है। उदाहरण के लिए अभी हाल के सर्वेक्षणों से पता चलता है कि जहां कुछ यूरोपीय कीमतें (ऊर्जा, आवास, होटल और रेस्त्रां के लिए) वास्तव में उनके तरह की अमेरिकी कीमतों से उच्चतर है तो अन्य काफी निम्न (उदाहरणार्थ स्वास्थ्य व शिक्षा के लिए) हैं।[27] सिद्धांत में प्रत्येक देश के लिए एक नियत बजट में आधिकारिक अनुमान सभी कीमतों का महत्त्व विभिन्न वस्तुओं व सेवाओं के महत्त्व के अनुसार तय करते हैं, लेकिन इन गणनाओं में त्रुटि की संभावना काफी

होती है क्योंकि कई सेवाओं के लिए गुणात्मक अंतरों की पैमाइश बहुत कठिन होती है। किसी भी मामले में, इस पर जोर देना महत्त्वपूर्ण होगा कि ये सभी कीमत सूचकांक सामाजिक वास्तविकता के एक भिन्न पहलू को दर्शाते हैं। ऊर्जा की कीमतें ऊर्जा के लिए क्रयशक्ति का मापन करती है (जोकि संयुक्त राज्य अमेरिका में अधिक है) जबकि स्वास्थ्य देखरेख की कीमत उस क्षेत्र में क्रयशक्ति का मापन करती है (जोकि यूरोप में अधिक है)। देशों के बीच असमानता की वास्तविकता बहुआयामी है और यह कहना भ्रमित करना होगा कि इन्हें एक एकमात्र सूचक में रखा जा सकता है जिससे विशेष कर लगभग समान अनुपातिक आय वाले विभिन्न देशों में एक स्पष्ट वर्गीकरण हो।

गरीब देशों में क्रयशक्ति समता में अनिश्चितता तो और भी अधिक है; अफ्रीका और एशिया में अमीर देशों की अपेक्षा कीमतें आधी हैं और इसलिए सकल घरेलू उत्पाद दुगुना हो जाता है जब क्रयशक्ति समता का उपयोग बाजार विनिमय दर की बजाय तुलनाओं के लिए किया जाता है। यह इस तथ्य का मुख्य तौर पर परिणाम है कि जिन वस्तुओं व सेवाओं का व्यापार अंतराष्ट्रीय तौर पर नहीं हो सकता, उनकी कीमत कम है क्योंकि वे कुशल श्रम व पूंजी (जो कम विकसित देशोंमें अपेक्षाकृत दुर्लभ होती है) के विपरीत आमतौर पर अपेक्षाकृत श्रम केंद्रित और अपेक्षाकृत अकुशल श्रम (कम विकासित देशों में उत्पादन का अपेक्षाकृत प्रचुर तत्त्व) से संबद्ध होते हैं।[28] मोटे तौर पर कहा जा सकता है कि एक देश जितना गरीब है वहाँ उतनी ही अधिक अनिश्चिता है; 2012 में यह चीन में आवश्यक परिमार्जन गुणांक 1.6 और भारत मे 2.5 था।[29] इस समय विदेशी विनिमय बाजार में यूरो की कीमत 8 चीनी युआन है लेकिन क्रयशक्ति क्षमता में उसकी कीमत केवल 5 युआन है। लेकिन जैसे-जैसे चीन विकसित होता है और युआन का पुनर्मूल्यांकन करता है, यह अंतर कम हो रहा है। अंगुस मेड्डीसन सहित कई लेखक यह दलील देतेहैं कि यह अंतर उतना नहीं जितना दिखाई देता है क्योंकि आधिकारिक अंतर्राष्ट्रीय सांख्यिकी चीन के सकल घरेलू उत्पाद का अल्प मूल्यांकन करता है।[30]

रेखाचित्र 1.5.: विनिमय दर और क्रय शक्ति तुल्यता, यूरो/युवान

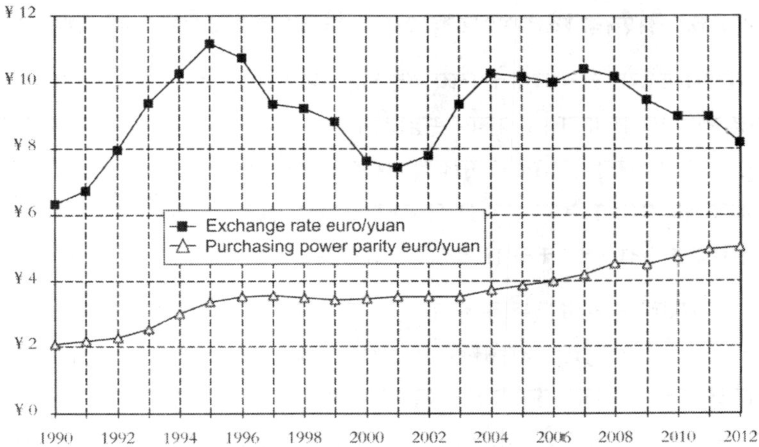

वर्ष 2012 में एक यूरो 8 युवान के समान था किंतु क्रय शक्ति तुल्यता में यह मान 5 युवान ही था। स्रोत और श्रृंखला हेतु देखें: piketty.pse.ens.fr/capital21C.

विनिमय दरों और क्रयशक्ति समताओं से संबंधित अनिश्चितताओं के कारण ऊपर चर्चित अनुपातिक प्रति व्यक्ति मासिक आयों (150–250 यूरो गरीब देशों, 600–800 यूरो मध्य में स्थित देशों और 2,500–3,000 धनी देशों के लिए) को गणितीय निश्चितता की बजाय सन्निकट मानना चाहिए। उदाहरण के लिए, यदि हम क्रयशक्ति समता का उपयोग करें तो अमीर देशों (यूरोपियन यूनियन, संयुक्त राज्य अमेरिका, कनाडा और जापान) का वैश्विक आय में हिस्सा 2012 में 46 प्रतिशत था लेकिन मौजूदा विनिमय दरों का उपयोग करें तो यह 57 प्रतिशत था।[31] शायद "सत्य" इन दोनों आंकड़ों के बीच में कहीं है और शायद पहले के करीब है। फिर भी परिमाण का क्रम एक समान रहता है और यह तथ्य भी कि धनी देशों को जाने वाली आय का हिस्सा 1970 के दशक से तेजी से कम होता जा रहा है। कैसा भी उपाय क्यों न उपयोग किया जाये, विश्व अब ऐसी अवस्था में प्रवेश कर रहा है जिसमें आय में अमीर व गरीब देश एक बिंदु पर मिल रहे हैं।

आय का वैश्विक वितरण उत्पादन के वितरण से अधिक असमान है

व्याख्या को सरल बनाने के लिए यह कह सकते हैं कि अभी तक की चर्चा में यह मान लिया गया कि प्रत्येक महाद्वीपीय अथवा क्षेत्रीय समूह की राष्ट्रीय आय अपने घरेलू उत्पाद से मेल खाती थी : तालिका 1.1 में इंगित मासिक आयों की प्राप्ति सकल घरेलू उत्पाद से 10 प्रतिशत (पूंजी पर हानि के हिसाब के लिए) की कटौती कर उसे बारह से भाग करके हुई।

वास्तव मे यही उचित होगा कि आय और उत्पादन को वैश्विक स्तर पर, न कि राष्ट्रीय अथवा महाद्वीपीय स्तर पर, बराबर माना जाये। सामान्यत: यह कहा जा सकता कि वैश्विक आय वितरण उत्पादन वितरण से अधिक असमान है, क्योंकि यह संभावना अधिक है कि उच्चतम प्रति व्यक्ति उत्पादन वाले देश अन्य देशों की पूंजी के हिस्से के स्वामी हों और इसीलिए प्रति व्यक्ति उत्पादन के कम स्तर वाले देशों से उत्पन्न पूंजी से आय का एक सकारात्मक प्रवाह उन्हें प्राप्त हो रहा हो। दूसरे शब्दों में अमीर देश दोगुने रूप में धनी हैं : वे घर में अधिक उत्पादन कहते हैं और बाहर अधिक निवेश करते हैं जिससे कि उनकी प्रति व्यक्ति राष्ट्रीय आय उनके प्रति व्यक्ति उत्पादन से अधिक है। गरीब देशों के लिए इसका विपरीत सही है।

विशेष तौर पर सभी प्रमुख विकसित देश (संयुक्त राज्य अमेरिका जापान, जर्मनी, फ्रांस और ब्रिटेन) वर्तमान में राष्ट्रीय आय के एक ऐसे स्तर का उपभोग *(Consumption)* कर रहे हैं जो उनके घरेलू उत्पाद से थोड़ा अधिक है। जैसा कि अंकित किया गया कि विदेश से कुल आय थोड़ी सी ही सकारात्मक है और इन देशों के जीवन स्तर में कोई खास परिवर्तन नहीं करती। अमेरिका, फ्रांस व ब्रिटेन में यह सकल घरेलू उत्पाद का 1 या 2 प्रतिशत है और जापान व जर्मनी में सकल घरेलू उत्पाद का 2–3 प्रतिशत है। फिर भी यह विशेष तौर पर जापान और जर्मनी की राष्ट्रीय आय को उल्लेखनीय प्रोत्साहन है जिनके व्यापारिक अधिशेष ने उन्हें पिछले अनेक

दशकों के दौरान विदेशी पूंजी का अच्छी मात्रा में संचय करने दिया जिससे आजकल प्रतिप्राप्ति काफी है।

अब मैं धनाढ्य देशों को व्यक्तिगत रूप से लेने के बाद महाद्वीपीय गुट को पूरा एक साथ लेता हूँ।

यूरोप, अमेरिका और एशिया में जो हम पाते हैं वह संतुलन के करीब है; प्रत्येक गुट (सामान्यत: उत्तर में) पूंजी से आय का सकारात्मक प्रवाह प्राप्त करता है जो आंशिक रूप से अन्य देशों (सामान्यत: दक्षिण व पूर्व में) से आने वाले प्रवाह से समंजित हो जाती है, जिससे कि महाद्वीपीय स्तर पर कुल आय कुल उत्पादन के करीब–करीब वास्तव में समान है, सामान्यत: 0.5 प्रतिशत के भीतर।[32]

अकेला महाद्वीप जोकि संतुलन में नहीं है, वह है अफ्रीका जहां पूंजी के उल्लेखनीय हिस्से के मालिक विदेशी हैं। संयुक्त राष्ट्र संघ और विश्व बैंक तथा अंतर्राष्ट्रीय मौद्रिक फंड जैसे अन्य अंतर्राष्ट्रीय संगठनों द्वारा 1970 में संकलित भुगतान संतुलन के आंकड़ों के अनुसार अफ्रीकियों की आय महाद्वीप के उत्पादन से लगभग 5 प्रतिशत कम है (और कुछ देशों में तो 10 प्रतिशत से भी कम है)[33] आय में पूंजी हिस्से के लगभग 30 प्रतिशत के साथ, इसका अर्थ है कि अफ्रीकी पूंजी के लगभग 20 प्रतिशत के स्वामी विदेशी हैं; [आप मरीकाना प्लेटिनम के लंदन स्टॉकधारियों के बारे में सोचें जिनका जिक्र इस अध्याय के प्रारम्भ में किया गया है]

यह समझना जरूरी है कि इस प्रकार के आंकड़ों का व्यवहार में क्या अर्थ है। चूंकि धन के कुछ रूपों (जैसे आवासीय भूसम्पदा तथा कृषि पूंजी) पर विदेशी निवेशकों का स्वामित्व कभी कभार होता है, इससे यह स्पष्ट होता है कि अफ्रीका की विनिर्माण पूंजी में विदेशी स्वामित्व का हिस्सा 40–50 प्रतिशत से अधिक हो सकता है और अन्य क्षेत्रों में यह और भी अधिक हो सकता है। इस तथ्य के बावजूद कि भुगतान संतुलन के आंकड़ों में अपूर्णता है, आज के अफ्रीका में विदेशी स्वामित्व एक महत्त्वपूर्ण वास्तविकता है।

यदि हम समय में और पीछे जायें तो हमें और भी अंतर्राष्ट्रीय असंतुलन नजर आयेंगे। प्रथम महायुद्ध की पूर्वसंध्या में विश्व के सबसे बड़े निवेशक ग्रेट ब्रिटेन की राष्ट्रीय आय उसके घरेलू उत्पाद से लगभग 10 प्रतिशत अधिक थी। नवम्बर दो औपनिवेशिक शक्ति तथा वैश्विक निवेशक फ्रांस में यह अंतर 5 प्रतिशत से अधिक था और जर्मनी तीसरे नवम्बर पर था। यह ध्यान रहे कि जर्मनी का औपनिवेशिक साम्राज्य महत्त्वहीन था लेकिन उसके अत्यधिक विकसित औद्योगिक क्षेत्र ने शेष विश्व पर प्रचुर दावे संचित कर लिए थे। ब्रिटेन, फ्रांस, और जर्मन निवेश आंशिक रूप से अन्य यूरोपीय देशों व अमेरिका में और आंशिक रूप से एशिया और अफ्रीका में हुआ। कुल मिलाकर 1913 में यूरोपीय शक्तियों का एशिया और अफ्रीका की घरेलू पूंजी के अनुमानित एक-तिहाई से आधे हिस्से पर और उनकी औद्योगिक पूंजी के तीन–चौथाई हिस्से पर स्वामित्व था।[34]

अभिनति के पक्ष में कौन सी शक्तियां हैं

सिद्धांत में यह तथ्य कि धनी देश गरीब देशों की पूंजी के हिस्से के स्वामी हैं, इसका अभिनति के उन्नयन द्वारा अच्छा प्रभाव हो सकता है। यदि धनी देशों में बचत और पूंजी की बहुतायत है और वहाँ नये मकान नहीं बन सकते या नई मशीनरी जोड़ी नहीं जा सकती (अर्थशास्त्री इसे पूंजी की सीमांत उत्पादिकता कहेंगे अर्थात "सीमांत" में पूंजी की एक नई इकाई जोड़ने से अतिरिक्त उत्पादन बहुत ही कम है) तो यह सामूहिक तौर पर प्रभावशाली हो सकता है कि घरेलू बचत का कुछ अंश विदेश में गरीब देशों में निवेश किया जाये। इस तरह से धनी देश—या धनी देश के निवासी जिनके पास अतिरिक्त पूंजी है—विदेश में निवेश करके अपने निवेश पर बेहतर प्रतिप्राप्ति करेंगे और गरीब देश अपनी उत्पादकता बढ़ायेंगे और इस तरह से उनके तथा धनी देशों के बीच अंतर कम हो जायेगा। शास्त्रीय आर्थिक सिद्धांत के अनुसार पूंजी के स्वतंत्र प्रवाह और वैश्विक स्तर पर पूंजी की सीमांत उत्पादकता की समानता पर आधारित इस तंत्र से अमीर और गरीब देशों में मिलन होना चाहिए और बाजार शक्तियों तथा प्रतिस्पर्द्धा से अंततः असमानताओं में कटौती होनी चाहिए।

लेकिन इस आशावादी सिद्धांत में दो प्रमुख कमियां हैं। पहला, पूरी तरह से तर्क संगत दृष्टिकोण से संतुलनीकरण तंत्र प्रति व्यक्ति आय के वैश्विक मिलन की गारंटी नहीं देता। अधिक से अधिक यह प्रति व्यक्ति उत्पादन के मिलन को पा सकता है यदि हम पूर्ण पूंजी गतिशीलता, और, उससे भी ज्यादा देशों के बीच कौशल स्तर व मानव पूंजी की पूरी समानता की कल्पना करते हैं और यह कोई छोटी पूर्वधारणा नहीं है। किसी भी स्थिति में प्रति व्यक्ति आय की अभिनति नहीं है। धनी देशों द्वारा अपने गरीब पड़ोसियों में निवेश करने के पश्चात् वह उनके अनिश्चित काल तक मालिक बने रहेंगे, और निश्चित ही उनके स्वामित्व का हिस्सा भारी पैमाने में बढ़ सकता है ताकि धनी देशों की प्रति व्यक्ति राष्ट्रीय आय स्थायी रूप से गरीब देशों की प्रति व्यक्ति राष्ट्रीय आय से अधिक रहे और गरीब देश अपने नागरिकों द्वारा किए गए उत्पादन का ठोस हिस्सा विदेशियों को अदा करते रहें (जैसा कि अफ्रीकी देशों ने अनेक दशकों में किया है)। यह निर्धारित करने के लिए कि इस प्रकार की स्थिति के बनने की क्या संभावना है, हमें गरीब देशों द्वारा अमीर देशों को अदा करने वाली पूंजी पर प्रतिप्राप्ति दर की तुलना अमीर व गरीब अर्थव्यवस्थाओं की संवृद्धि दरों से करनी होगी। इस रास्ते पर आगे चलने से पहले हमें किसी विशिष्ट देश की पूंजी/आय की गत्यात्मकता की बेहतर समझ प्राप्त करनी होगी।

और फिर यदि हम ऐतिहासिक रिकार्ड का अवलोकन करें तो ऐसा नहीं लगता कि पूंजी गतिशीलता अमीर व अमीर देशों के मिलन का संवर्द्धन करने वाला प्रमुख तत्त्व रहा है। वर्तमान काल में एशियाई देशों में से वे देश जोकि पश्चिम के विकसित देशों के करीब पहुंचे, उनमें से किसी को भी भारी विदेशी निवेश से लाभ नहीं पहुंचा चाहे वह जापान, दक्षिण कोरिया, या ताइवान हो या अभी हाल ही में चीन हो। वास्तव में इन सभी देशों में भौतिक पूंजी *(Physical Capital)* और मानव पूंजी (नवीनतम शोध इसे दीर्घकालीन संवृद्धि के लिए प्रमुख मानते हैं)[35] पर और भी अधिक आवश्यक निवेश के लिए वित्त प्रबंध स्वयं किया। इसके विपरीत अन्य देशों के स्वामित्व वाले देश चाहे वे औपनिवेशिक काल में या आज के अफ्रीका में हों, कम सफल रहे। ऐसा इसलिए हुआ क्योंकि उन्होंने उन क्षेत्रों

में विशेषज्ञता प्राप्त की जिनकी भविष्य में विकास की कोई विशेष संभावना नहीं है और क्योंकि उनके यहाँ लगातार राजनीतिक अस्थिरता बनी रही।

उस अस्थिरता के कारण का एक अंश निम्न हो सकता है। जब एक देश पर मुख्यत: विदेशियों का स्वामित्व होता है तो वहाँ जब्ती के लिए बारंबार और अदम्य सामाजिक मांग होती है। अन्य राजनीतिक अभिकर्ता प्रतिक्रिया व्यक्त करते हैं कि निवेश तथा विकास तभी सम्भव हैं जबकि मौजूदा सम्पत्ति अधिकारों की बिना शर्त सुरक्षा हो। इस तरह से देश क्रांतिकारी सरकारों (जिनकी अपने नागरिकों की रहने की वास्तविक स्थिति में सुधार करने में सफलता प्राय: सीमित होती है) और सरकारें जो मौजूदा सम्पत्ति स्वामियों की सुरक्षा के लिए प्रतिबद्ध होती हैं जिससे अगली क्रांति या आकस्मिक शासन परिवर्तन की पृष्ठभूमि तैयार होती है, में एक अंतहीन अदला–बदली के चक्कर में फंस जाता है। पूंजी स्वामित्व में विषमता को एक एकमात्र राष्ट्रीय समुदाय में स्वीकार करना व बनाये रखना पहले से ही कठिन है। अंतर्राष्ट्रीय तौर पर इसको जारी रखना राजनीतिक प्रभुत्व के औपनिवेशिक तरीके के बिना लगभग असम्भव है।

कोई गलती न करें: वैश्विक अर्थव्यवस्था में भागीदारी अपने आप में नकारात्मक नहीं है। आत्म–निर्भरता ने कभी समृद्धि का संवर्द्धन नहीं किया। एशियाई देश जो कुछ समय से शेष विश्व के बराबर आने की कोशिश कर रहे हैं, उन्होंने विदेशी प्रभावों के लिए खुलेपन से स्पष्ट तौर पर फायदा उठाया है। लेकिन उन्होंने अधिक फायदा मुक्त पूंजी प्रवाह की अपेक्षा वस्तुओं व सेवाओं के लिए खुले बाजारों और व्यापार की लाभकारी शर्तों से उठाया है। उदाहरण के लिए, चीन अब भी पूंजी पर नियंत्रण लगाता है; विदेशी चीन में स्वतंत्र रूप से निवेश नहीं कर सकते लेकिन उससे पूंजी संचयन *(Capital Accumulation)* पर कोई रुकावट नहीं आई जिसके लिए घरेलू बचत काफी है। जापान, दक्षिण कोरिया और ताइवान, इन सबने बचत से निवेश के लिए वित्त प्रबंधित किया। अनेक अध्ययन यह भी बतलाते हैं कि मुक्त व्यापार से लाभ मुख्य तौर पर ज्ञान के विसरण और खुली सीमाओं के कारण संभव हुए उत्पादकता लाभ से हुआ, न कि विशेषता के साथ जुड़े स्थिर लाभों से जो काफी साधारण लगते हैं।[36]

निष्कर्ष में, ऐतिहासिक अनुभव स्पष्ट करते हैं कि अंतर्राष्ट्रीय तथा घरेलू स्तर पर अभिनति का प्रमुख तंत्र ज्ञान का विसरण है। दूसरे शब्दों में, गरीब अमीर के पास इस सीमा तक पहुंचते हैं कि वह प्रौद्योगिकी ज्ञान, कौशल और शिक्षा के समान स्तर की प्राप्ति करते हैं लेकिन वे स्वयं धनी की सम्पत्ति नहीं बनते। ज्ञान का विसरण कोई अप्रत्याशित लाभ नहीं है; यह तो प्राय: अंतर्राष्ट्रीय खुलेपन व व्यापार (आत्मनिर्भरता प्रौद्योगिकी हस्तांतरण प्रोत्साहित नहीं करती) से तेजी से बढ़ता है। सबसे ऊपर ज्ञान विसरण एक देश की वित्तीय साधन जुटाने व ऐसी संस्थाओं पर निर्भर करता है जोकि एक स्थाई वैधिक संरचना की गारंटी करें, जिस पर विभिन्न आर्थिक अभिकर्ता विश्वास कर सकें और ऐसा करते हुए वह जनता की शिक्षा एवं प्रशिक्षण के लिए भारी स्तर पर निवेश को प्रोत्साहन दें। इसीलिए यह एक वैधिक व कार्यकुशल सरकार की उपलब्धि के साथ करीब से जुड़ी है। संक्षेप में कहा जा सकता है कि ये वह मुख्य पाठ हैं जिन्हें इतिहास को वैश्विक वृद्धि और अंतर्राष्ट्रीय विषमताओं के बारे में पढ़ाना है।

■ ■ ■

अध्याय-2

संवृद्धि : भ्रम एवं वास्तविकताएं

एक वैश्विक अभिनति प्रक्रिया, जिसमें उभरते देश विकसित देशों के साथ मिल रहे हैं, आजकल चलती नजर आती है। वैसे धनी व गरीब देशों के बीच ठोस असमानताएं अभी मौजूद हैं। लेकिन इसका कोई प्रमाण नहीं है कि यह मिलन प्रक्रिया गरीब देशों में अमीर देशों के निवेश का परिणाम है। वास्तव में विपरीत सत्य है; पिछला अनुभव यह दिखाता है कि एक बेहतर परिणाम की संभावना अधिक है जबकि गरीब देश स्वयं निवेश कर पाते हैं। लेकिन अभिनति के केंद्रीय मुद्दे के आगे मैं इस बिंदु पर जोर देना चाहता हूँ कि 21वीं शताब्दी में अल्प-संवृद्धि व्यवस्था की वापसी हो सकती है। आगे स्पष्ट कहा जाये तो हम यह पायेंगे कि संवृद्धि वास्तव में हमेशा ही अपेक्षाकृत धीमी रही है सिर्फ अपवाद अवधियों को छोड़कर या जबकि मिलन हो रहा है। फिर आगे सभी संकेत इस बात के हैं कि भविष्य में संवृद्धि या किसी भी दशा में उसका जनांकीय तत्त्व और भी धीमा होगा।

यह जानने के लिए कि यहाँ मामला क्या है और उसका अभिनति प्रक्रिया और विषमता की गत्यात्मकता के साथ क्या संबंध है, यह महत्त्वपूर्ण होगा कि उत्पादन की वृद्धि को दो शब्दों में बांटकर जांच करें: जनसंख्या वृद्धि और प्रतिव्यक्ति उत्पादन वृद्धि। दूसरे शब्दों में, वृद्धि में हमेशा एक शुद्ध जनांकीय अंग और एक शुद्ध आर्थिक अंग शामिल होते हैं, और केवल बाद वाला ही जीवन स्तर में सुधार कर सकता है। सार्वजनिक बहसों में इस बंटवारे को प्राय: भुला दिया जाता है क्योंकि कई लोग यह मानते हुए प्रतीत होते हैं कि जनसंख्या वृद्धि खत्म हो चुकी है जबकि ऐसा नहीं है। [वैसे सभी संकेत यह इंगित करते हैं कि हम उस ओर धीरे-धीरे बढ़ रहे हैं।] उदाहरण के लिए 2013-14 में उभरते देशों में तीव्र प्रगति के कारण विश्व आर्थिक संवृद्धि शायद 3 प्रतिशत से अधिक हो। लेकिन

वैश्विक आबादी अब भी 1 प्रतिशत के करीब वार्षिक दर से बढ़ रही है, इसलिए प्रति व्यक्ति वैश्विक उत्पादन तो वास्तव में 2 प्रतिशत की दर से थोड़ी अधिक (जैसा कि प्रति व्यक्ति वैश्विक आय है) बढ़ रहा है।

अति दीर्घ काल में संवृद्धि

वर्तमान प्रवृतियों की ओर जाने से पूर्व मैं अतीत में जाऊंगा और औद्योगिक क्रांति से वैश्विक संवृद्धि के विस्तार की अवस्थाओं व क्रमों के बारे में बताऊंगा। पहले तालिका 2.1 पर विचार करें जिसमें एक दीर्घ अवधि की संवृद्धि दर दी गई है। कई महत्त्वपूर्ण तथ्य सामने आते हैं। पहला, संवृद्धि में उड़ान जो अठारहवीं शताब्दी में प्रारम्भ हुई, उसमें अपेक्षाकृत मामूली वार्षिक संवृद्धि दर निहित थी। दूसरा, संवृद्धि के जनांकीय व आर्थिक अंश परिमाण में लगभग समान थे। सर्वश्रेष्ठ उपलब्ध अनुमानों के अनुसार 1700 से 2012 के बीच वैश्विक उत्पादन में 1.6 प्रतिशत की वार्षिक दर से वृद्धि हुई, जिसमें से 0.8 प्रतिशत जनसंख्या वृद्धि को प्रतिबिंबित करती है और शेष 0.8 प्रतिशत की वृद्धि प्रति व्यक्ति उत्पादन से प्राप्त हुई।

इस प्रकार की संवृद्धि दरें बहुत कम लगती हैं जबकि हम उनकी तुलना आज से करें। आजकल 1 प्रतिशत से नीची दर को महत्त्वहीन मानकर नकार दिया जाता है और आम तौर पर यह माना जाता है कि जब तक 3–4 प्रतिशत प्रति वर्ष या इससे अधिक न हो तो वास्तविक संवृद्धि तो होती ही नहीं, जैसा कि यूरोप में द्वितीय विश्वयुद्ध के 30 वर्षों बाद हुआ और जैसा कि आज चीन में हो रहा है।

लेकिन वास्तव में, जनसंख्या और प्रति व्यक्ति उत्पादन दोनों में संवृद्धि यदि 1 प्रतिशत की दर से होती है और यदि यह संवृद्धि दीर्घ काल तक चलती है जैसा कि 1700 के बाद हुआ तो वह अत्यधिक तीव्र है विशेषकर जब हम उसकी तुलना लगभग शून्य संवृद्धि दर से करते हैं जो हम औद्योगिक क्रांति से शताब्दियों पूर्व दिखाई दे रही थी।

तालिका 2.1

औद्योगिक क्रांति के बाद से विश्व संवृद्धि (वार्षिक औसत संवृद्धि दर)

वर्ष	विश्व उत्पाद (%)	विश्व जनसंख्या वृद्धि दर (%)	प्रति व्यक्ति उत्पादन (%)
0-1700	0.1	0.1	0.0
1700-2012	1.6	0.8	0.8
1700-1820	0.5	0.4	0.1
1820-1913	1.5	0.6	0.9
1913-2012	3.0	1.4	1.6

नोट: वर्ष 1913 से 2012 के बीच विश्व सकल घरेलू उत्पाद की औसत संवृद्धि दर 3 प्रतिशत वार्षिक रही। इस संवृद्धि का विश्व जनसंख्या—1.4 प्रतिशत और प्रति व्यक्ति सकल घरेलू उत्पाद—1.6, इन दो भागों में विभाजन हो सकता है। स्रोत और श्रृंखला हेतु देखें: piketty.pse.ens.fr/capital21C.

वास्तव में मेडीसन की गणनाओं के अनुसार 0 से 1700 के बीच जनसांख्यिकीय व आर्थिक संवृद्धि दरें 0.1 प्रतिशत (अधिक स्पष्टत: 0.06 प्रतिशत वृद्धि और 0.02 प्रतिशत प्रति व्यक्ति उत्पादन)[1] थीं।

यह जानना भी आवश्यक है कि इस प्रकार के अनुमान भ्रम हैं। हमारे पास विश्व जनसंख्या की वृद्धि के बारे में जानकारी बहुत कम है और प्रति व्यक्ति उत्पादन के बारे में तो और भी कम जानकारी है। फिर भी पक्के आंकड़ों की अनिश्चितता होने के बावजूद (जो बहुत महत्त्वपूर्ण भी नहीं हैं) इस बात में कोई संदेह नहीं है कि प्राचीन काल से औद्योगिक क्रांति तक संवृद्धि की गति बहुत धीमी थी, निस्संदेह 0.1 से 0.2 प्रतिशत प्रति वर्ष के अधिक नहीं। कारण बहुत सरल है: उच्चतर संवृद्धि दरों का अर्थ अविश्वनीय तौर यह होगा कि ईसा पूर्व की शुरूआत के समय विश्व जनसंख्या बहुत थोड़ी थी, अथवा जीवन स्तर निर्वाह के आम मान्य स्तरों से बहुत ही अधिक नीचा था। इसी कारणवश आने वाली शताब्दियों में भी संवृद्धि की काफी नीचे स्तर पर वापसी संभावित है जहां तक जनांकीय तत्त्व का संबंध है।

संचयी संवृद्धि का नियम (Principle of Cumulative Growth)

इस तर्क को बेहतर समझने के लिए, जिसे "संचयी वृद्धि का नियम" कहते हैं, के लिए रुकना अच्छा है, जो यह कहता है कि एक अति दीर्घ काल के दौरान नीची वार्षिक संवृद्धि दर से उल्लेखनीय प्रगति संभव होती है।

ठोस रूप में, 1700 से 2012 के बीच विश्व की जनसंख्या में सिर्फ 0.8 प्रतिशत की औसत वार्षिक दर से संवृद्धि हुई, तीन शताब्दियों के दौरान, लेकिन इसका अर्थ हुआ कि वैश्विक जनसंख्या में दस गुने से ज्यादा वृद्धि हुई। 1700 में लगभग 600 मिलियन निवासियों के इस ग्रह में अब 2012 में 7 बिलियन लोग से अधिक रहते हैं (तालिका 2.1 देखें)। यदि अगली तीन शताब्दियों तक यह गति जारी रही तो 2300 में विश्व जनसंख्या 70 बिलियन से अधिक होगी।

रेखाचित्र 2.1: विश्व जनसंख्या की वृद्धि, 1700-2012

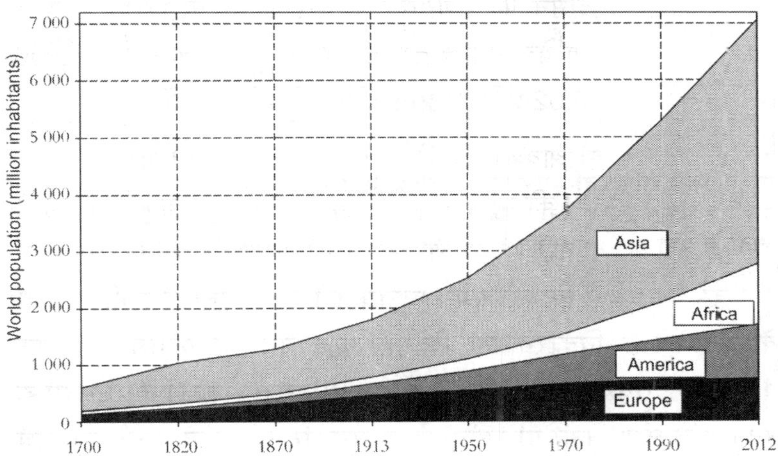

विश्व जनसंख्या वर्ष 1700 में 600 मिलियन से बढ़ कर 2012 में 7 बिलियन हो गई। स्रोत और श्रृंखला हेतु देखें: piketty.pse.ens.fr/capital21C.

संचयी संवृद्धि के नियम के विस्फोटक प्रभावों को स्पष्ट करने हेतु तालिका 2.2 में मैंने वार्षिक संवृद्धि दर (आमतौर पर सूचित आंकड़ा) और दीर्घकालीन संवृद्धि गुणक दर के बीच संबंध के संकेत दिए हैं। उदाहरण के लिए 1 प्रतिशत संवृद्धि दर तीस वर्ष बाद 1.35, एक सौ वर्ष बाद 3, तीन

वर्ष बाद 20 और एक हजार वर्ष बाद 20,000 गुना जनसंख्या बढ़ा देंगे। इस तालिका से जो सरल निष्कर्ष निकलता है वह यह है कि 1–1.5 प्रतिशत से अधिक संवृद्धि दरें अनिश्चित काल तक बिना अति विशाल जनसंख्या के जन्म के जारी नहीं रह सकती।

तालिका 2.2

संचयित संवृद्धि का नियम

वार्षिक संवृद्धि का यह मान ...	पीढ़ीवार [30 वर्ष] की इस संवृद्धि के समान होगा	अर्थात इतने गुना	100 वर्ष में यह इतने गुना हो जाएगा	और 1000 वर्ष में इतने गुना
0,1%	3%	1,03	1,11	2,72
0,2%	6%	1,06	1,22	7,37
0,5%	16%	1,16	1,65	147
1,0%	35%	1,35	2,70	20959
1,5%	56%	1,56	4,43	2924437
2,0%	81%	1,81	7,24	398264652
2,5%	110%	2,10	11,8	52949930179
3,5%	181%	2,81	31,2	...
5,0%	332%	4,32	131,5	...

एक प्रतिशत वार्षिक वृद्धि एक पीढी में 35 प्रतिशत की वृद्धि बन जाती है और 100 वर्ष में प्रारंभिक संख्या 2.7 से गुना हो जाती है तो प्रति एक हजार वर्ष यह मान 20,000 गुना हो जाता है। स्रोत और श्रृंखला हेतु देखें: piketty.pse.ens.fr/capital21C.

हम देख रहे हैं कि कैसे समय परिधि के भिन्न चयनों से संवृद्धि प्रक्रिया के अंतर्विरोधी विचार जन्म लेते हैं। एक वर्ष की अवधि के दौरान 1 प्रतिशत संवृद्धि बहुत धीमी, लगभग अतिसूक्ष्म लगती है। उस समय रहने वाले लोग किसी परिवर्तन को महसूस भी नहीं करते। उनके लिए इस प्रकार की संवृद्धि तो पूर्ण निष्क्रियता है जिसमें प्रत्येक वर्ष पूर्व वर्ष के लगभग समान होता है। इसीलिए संवृद्धि तो एक काल्पनिक विचार, एक शुद्ध गणितीय व सांख्यिकीय रचना प्रतीत होती है। लेकिन जब समय परिधि को हम एक पीढ़ी यानी कि लगभग तीन वर्ष तक विस्तृत करते हैं जोकि हमारे रहने वाले समाज में परिवर्तन मूल्यांकन हेतु सर्वाधिक सामयिक काल तुला है, तो यही संवृद्धि दर उल्लेखनीय परिमाण पर

संक्रमण दर्शाती है। यद्यपि यह 2–2.5 प्रतिशत प्रति वर्ष संवृद्धि दर से कम आकर्षक है जिससे प्रत्येक पीढ़ी दुगुनी हो जाती है तथापि यह समाज में नियमित और गहन परिवर्तन और अति दीर्घ काल में उसके पूर्ण संक्रमण के लिए पर्याप्त है।

संचयी संवृद्धि का नियम संचयी प्रतिप्राप्ति के नियम के बिल्कुल एक समान है जोकि यह कहता है कि अनेक दशकों से चक्रवर्धित एक छोटी सी प्रतिशत की प्रतिप्राप्ति की वार्षिक दर का स्वाभाविक परिणाम प्रारम्भिक पूंजी की बड़ी भारी बढ़ोतरी से होता है अथवा छोटे पूंजी के स्वामी उसके एक छोटे से अंश का उपयोग करें (छोटे से अर्थ है कि समाज की संवृद्धि दर की तुलना में छोटा)। इस पुस्तक का केंद्रीय विषय स्पष्ट तौर पर यह है कि पूंजी पर प्रतिप्राप्ति और संवृद्धि दर में दिखता थोड़ा अंतर दीर्घकाल में सामाजिक विषमता की संरचना और गत्यात्मकता पर शक्तिशाली व अस्थिरताकारी प्रभाव डाल सकता है। कुछ शब्दों में सब कुछ संचयी संवृद्धि और संचयी प्रतिप्राप्ति के नियमों से ही संचारित होता है, और इसीलिए इस बिंदु में पाठक इन विचारों से परिचित होना उपयोगी पायेंगे।

जनांकीय वृद्धि के सोपान

अब मैं वैश्विक जनसंख्या वृद्धि के परीक्षण की ओर वापिस आता हूँ।

यदि 1700 से 2000 (0.8 प्रतिशत आनुपातिक प्रति वर्ष) के मध्य पर्यवेक्षित जनांकीय वृद्धि की लय प्राचीन काल में प्रारम्भ हुई और उसके बाद चलती रहती तो विश्व की जनसंख्या 0 से 1700 के मध्य लगभग 1,00,000 गुना हो जाती। जैसा कि अनुमान लगाया गया कि 1700 में जनसंख्या लगभग 600 मिलियन थी, हमें यह बेतुकी कल्पना करनी होगी कि ईसा के जन्म के समय विश्व जनसंख्या बहुत ही कम विश्व जनसंख्या (दस हजार से भी कम) थी। 1700 वर्षों के दौरान 0.2 प्रतिशत की संवृद्धि दर का अर्थ भी शून्य वर्ष में 20 मिलियन वैश्विक जनसंख्या होगा जबकि सर्वाधिक उपलब्ध जानकारी के अनुसार वास्तव में यह संख्या 200 मिलियन से अधिक थी। इसमें से केवल 50 मिलियन लोग रोमन साम्राज्य

में रहते थे। इन दोनों तिथियों के ऐतिहासिक स्रोतों व वैश्विक जनसंख्या के अनुमानों में जो भी गलतियां हो, इनमें शक की कोई गुंजाइश नहीं है कि 0 से 1700 के बीच औसत जनसांख्यिकी संवृद्धि दर 0.2 से कम बल्कि लगभग निश्चित है कि यह दर 0.1 प्रतिशत से कम ही थी।

व्यापक तौर पर व्याप्त धारणा के विपरीत यह अति अल्प संवृद्धि का माल्थसीय तंत्र पूर्ण जन स्थिरता का तंत्र नहीं था। इसमें शक नहीं कि संवृद्धि की दर काफी धीमी थी, और अनेक पीढियों की संचयी संवृद्धि प्राय: कुछ सालों की महामारी और अकाल से पूरी तरह से नष्ट हो जाती थी। फिर भी ऐसा प्रतीत होता है कि विश्व जनसंख्या में 0 से 1000 के बीच एक-तिहाई और फिर 1000 से 1500 के बीच आधी संवृद्धि हुई और इस दौरान जनांकीय वृद्धि दर 0.2 प्रतिशत के करीब रही। वृद्धि में बढ़ोतरी संभवत: एक निरंतर प्रक्रिया थी जो चिकित्सा ज्ञान में वृद्धि और स्वच्छता सुधारों के साथ साथ बढ़ती रही। इस तरह से यह प्रक्रिया अत्यंत धीमी थी।

1700 के प्रश्चात जनांकीय संवृद्धि में उल्लेखनीय चढ़ाव आया। अठारहवीं शताब्दी में यह 0.4 प्रतिशत प्रतिवर्ष और उन्नीसवीं शताब्दी में 0.6 प्रतिशत औसत रही। यूरोप (इसमें उसका अमेरिकी अंश भी शामिल है) ने 1700 और 1913 के मध्य सर्वाधिक तीव्र जनसांख्यिकी संवृद्धि देखी। लेकिन बीसवीं शताब्दी में यह प्रक्रिया उल्टी हो गई: यूरोपीय जनसंख्या की वृद्धि दर 1820 और 1913 की 0.8 प्रतिशत की तुलना में 1913–2012 की अवधि में आधी तक गिरकर 0.4 प्रतिशत रह गई। यहाँ हम उस घटनाचक्र को देखते हैं जिसे जनांकीय संक्रमण कहा जाता है: जीवाशा में निरंतर वृद्धि गिरती जन्म दर की पूर्ति नहीं कर पाती, और जनसंख्या की रफ्तार धीरे–धीरे नीचे स्तर पर लौट जाती है।

लेकिन एशिया और अफ्रीका में यूरोप की तुलना में जन्म दर अधिक समय तक ऊंची रही और इस तरह से 20वीं शताब्दी में यह जनांकीय वृद्धि चरम ऊंचाई तक पहुंच गई: 1.5–2 प्रतिशत प्रतिवर्ष, जिससे एक शताब्दी के दौरान जनसंख्या में पांच गुना या उससे अधिक की वृद्धि हुई। बीसवीं

शताब्दी की शुरूआत में नाइजीरिया की जनसंख्या 10 मिलियन से थोड़ी अधिक थी, वह अब 80 मिलियन से अधिक है। नाइजीरिया और पाकिस्तान में से प्रत्येक में 20 मिलियन से कम लोग थे लेकिन आज प्रत्येक के पास 160 मिलियन से अधिक जनसंख्या है।

यह जानना रोचक होगा कि बीसवीं शताब्दी में एशिया और अफ्रीका द्वारा प्राप्त 1.5–2 प्रतिशत प्रतिवर्ष वृद्धि दर लगभग वही है जोकि उन्नीसवीं व बीसवीं शताब्दी में अमेरिका में पर्यवेक्षित की गई थी (देखें तालिका 2.3)। इस तरह से अमेरिका की 1780 में 3 मिलियन से कम जनसंख्या 2010 में 300 मिलियन हो गई अर्थात सिर्फ दो शताब्दियों के दौरान जैसा कि ऊपर बताया गया, सौ गुना से अधिक वृद्धि हुई। दोनों के बीच महत्त्वपूर्ण अंतर यह है कि नई दुनिया में जनसंख्या वृद्धि मुख्य तौर पर अन्य महाद्वीपों, विशेषकर यूरोप, से आप्रवासन द्वारा हुई जबकि एशिया और अफ्रीका की 1.5 से 2 प्रतिशत संवृद्धि केवल प्राकृतिक वृद्धि (मृत्यु से जन्म की अधिकता) के कारण हुई।

यह जानना आवश्यक होगा कि हम अभी–अभी निर्बाध जनसंख्या वृद्धि की इस अवधि से उभर रहे हैं। 1970 से 1990 के मध्य वैश्विक जनसंख्या 1.8 प्रतिशत प्रतिवर्ष की दर से बढ़ रही थी, लगभग उतनी ही ऊंची जितना कि 1950–1970 की अवधि का 1.9 प्रतिशत का ऐतिहासिक रिकार्ड था। 1990–2012 अवधि के लिए आनुपातिक दर अभी भी 1.3 प्रतिशत है जो अत्यधिक ऊंची है।[3]

आधिकारिक भविष्यवाणियों के अनुसार वैश्विक स्तर पर जनांकीय संक्रमण की ओर प्रगति में चढ़ाव आना चाहिए जिससे अंततः इस ग्रह की जनसंख्या स्थिर हो जाएगी। संयुक्त राष्ट्र संघ की एक भविष्यवाणी के अनुसार 2030 के दशक तक जनांकीय वृद्धि में 0.4 प्रतिशत की गिरावट आनी चाहिए और 2070 के दशक तक उसे लगभग 0.1 प्रतिशत पर स्थिर होना चाहिए। यदि भविष्यवाणी सत्य है तो विश्व 1700 से पूर्व के वर्षों के अत्यधिक नीचे–संवृद्धि तंत्र की ओर लौट आएगा। तब वैश्विक जनांकीय

वृद्धि दर 1700–2100 की विशाल वक्र घंटी का अनुसरण करता जिसमें 1950–1990 अवधि में 2 प्रतिशत के करीब का शानदार उछाल होता। (तालिका 2.2 देखें) फिर, यह ध्यान रखें कि 21वीं शताब्दी के उत्तरार्द्ध की अनुमानित जनसांख्यिकी संवृद्धि (2050–2100 की अवधि में 0.2 प्रतिशत) केवल अफ्रीकी महाद्वीप (1 प्रतिशत वार्षिक संवृद्धि) के कारण है। अन्य तीन महाद्वीपों में जनसंख्या या तो स्थिर (अमेरिका में 0.0 प्रतिशत होगी) या घटेगी (–0.1 प्रतिशत यूरोप में और –0.2 प्रतिशत एशिया में) इस प्रकार की नकारात्मक जनांकीय वृद्धि की लम्बी अवधि शांति काल में अप्रत्याशित होगी (देखें तालिका 2.3)

तालिका 2.3

औद्योगिक क्रांतिकेउपरांत जनांकीय वृद्धि (औसत वार्षिक वृद्धि दर)

वर्ष	विश्व जनसंख्या	यूरोप (%)	अमेरिका (%)	अफ्रीका (%)	एशिया (%)
0–1700	0.1	0.1	0.0	0.1	0.1
1700–2012	0.8	0.6	1.4	0.9	0.8
1700–[illegible]	0.4	0.5	0.7	0.2	0.5
1820–1913	0.6	0.8	1.9	0.6	0.4
1913–2012	1.4	0.4	1.7	2.2	1.5
Projections 2012–2050	0.7	–0.1	0.6	1.9	0.5
Projections 2050–2100	0.2	–0.1	0.0	1.0	–0.2

Note: Between 1913 and 1012, the growth rate of world population was 1.4% per year, including 0.4% for Europe, 1.7% for America, etc.

स्रोत और श्रृंखला हेतु देखें: piketty.pse.ens.fr/capital21C.

रेखाचित्र 2.2: विश्व जनसंख्या की वृद्धि दर, पुरातन काल से 2100 तक

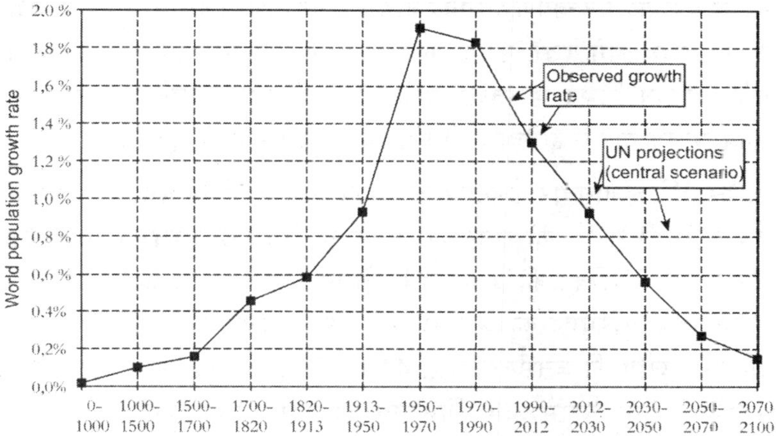

विश्व जनसंख्या की वृद्धि दर 1950 से 2012 के बीच 1 प्रतिशत वार्षिक रही हैं और 21वीं सदी के अंत तक इसे शून्य तक पहुंच जाना चाहिए। स्रोत और श्रृंखला हेतु देखें: piketty.pse.ens.fr/capital21C.

नकारात्मक जनांकीय वृद्धि?

ये भविष्यवाणियां अनिश्चित सी हैं। यह प्रथमत: जीत्राशा के विकास (और इसीलिए आंशिक रूप से चिकित्सा विज्ञान में उपलब्धियों पर) और दूसरा भविष्य की पीढियों द्वारा शिशु–धारण के संबंध में निर्णय लेने पर निर्भर करती हैं। यह ध्यान में रखने योग्य बात है कि दम्पतियों द्वारा निर्धारित किया जाता है कि वे कितने बच्चे पैदा करते हैं और इसमें छोटे–छोटे अंतरों से सम्पूर्ण समाज के लिए महत्त्वपूर्ण परिणाम हो सकते हैं।[4]

जनांकीय इतिहास हमें यह सीख देता है कि ये बच्चे–धारण निर्णय अत्यंत ही अप्रत्याशित हैं। वे जीवन उद्देश्यों से जुडे सांस्कृतिक, आर्थिक, मनोवैज्ञानिक, और व्यक्तिगत कारणों से प्रभावित होते हैं जिनका व्यक्ति अपने लिए चयन करते हैं। ये निर्णय उन भौतिक दशाओं पर भी निर्भर करते हैं जिनका विभिन्न देश व्यावसायिक जीवन को पारिवारिक जीवन के अनुकूल बनाने के उद्देश्य से प्रदान करने या न करने का निर्णय लेते हैं: जैसे स्कूल, बच्चों की दिन में देखभाल, लैंगिक समानता, आदि आदि।

निस्संदेह 21वीं शताब्दी के राजनैतिक वाद–विवादों व सार्वजनिक नीति में इन मुद्दों की महत्त्वपूर्ण भूमिका होगी। अभी–अभी जिस सामान्य योजना की रूपरेखा हमने देखी, उसके आगे जाने पर हमें जनांकीय व्यवस्थाओं में अनेक क्षेत्रीय विभेद व स्तब्ध करने वाले परिवर्तन मिलते हैं, जिनमें से अनेक प्रत्येक देश के इतिहास की विशिष्ट विशेषताओं से जुड़े हैं।[5]

सर्वाधिक शानदार उलटफेर तो यूरोप और अमेरिका में हुई। 1780 में जब पश्चिमी यूरोप की जनसंख्या पहले से ही 100 मिलियन से अधिक और उत्तरी अमेरिका की केवल 3 मिलियन थी, कोई भी आगे आने वाले परिवर्तन के परिमाण का अंदाजा नहीं लगा सकता था। वर्ष 2010 तक पश्चिमी यूरोप की जनसंख्या जहाँ 410 मिलियन से कुछ ऊपर थी, उत्तरी अमेरिकी जनसंख्या में 350 मिलियन की बढ़ोतरी हो चुकी थी। संयुक्त राष्ट्र संघ के अनुमानों के अनुसार इस पाटने की प्रक्रिया का अंत 2050 तक होगा जिस वक्त पश्चिमी यूरोप की जनसंख्या उत्तरी अमेरिका की 450 मिलियन की तुलना में 430 मिलियन के आसपास होगी। इस उलटफेर की व्याख्या क्या है? केवल नये आप्रवासनों के प्रवाह के कारण नहीं बल्कि यूरोप की तुलना में उच्चतर उर्वर दर भी इसके लिए उत्तरदायी है। दोनों के बीच अंतर आज भी है, यहाँ तक कि यूरोप में अमेरिका में आये समूहों में भी है और जनसांख्यिकी विशेषज्ञों के लिए इसके कारण रहस्यमय हैं। लेकिन एक बात तो पक्की है—उत्तरी अमेरिका में उच्चतर प्रजनन दर उदार परिवार नीतियों के कारण नहीं हैं क्योंकि वहाँ इस प्रकार की नीतियों का लगभग आस्तित्व ही नहीं हैं।

क्या इस अंतर की व्याख्या भविष्य के प्रति अधिक उत्तरी अमेरिकी विश्वास एक नई दुनिया के आशावाद का प्रतिबिंब है, और एक निरंतर प्रगतिशील अर्थव्यवस्था में स्वयं और बच्चों के भविष्य के बारे में सोचने की बेहतर क्षमता के रूप में की जा सकती है? जब प्रजनन जैसे जटिल-से निर्णयों की बात आती है तो किसी भी मनोवैज्ञानिक या सांस्कृतिक व्याख्या को पहले से ही नकारा नहीं जा सकता और सब कुछ सम्भव है। वास्तव में संयुक्त राज्य अमेरिका की जनांकीय वृद्धि तेजी से गिर रही है, और वर्तमान प्रवृतियों को उलटा जा सकता है, यदि यूरोपियन यूनियन में

आप्रवासन निरंतर बढ़ता रहे, या प्रजनन बढ़े, या यूरोपीय जीवाशा अमेरिका से अंतर विस्तृत करे। संयुक्त राष्ट्र संघ की भविष्यवाणियां कोई निश्चितताएं तो नहीं है।

हम प्रत्येक महाद्वीप के भीतर भी शानदार जनांकीय उलटफेर पाते हैं 18वीं शताब्दी में फ्रांस यूरोप का सबसे अधिक जनसंख्या वाला देश था (और यंग और माल्थस ने इसे फ्रांसीसी क्रांति का कारण बताया)। लेकिन फ्रांस में अप्रत्याशित तौर पर सबसे पहले जनांकीय संक्रमण हुआ : जन्म दर में गिरावट से उन्नीसवीं शताब्दी में जनसंख्या लगभग स्थिर हो गई। इसे आमतौर पर वि–ईसाईकरण से जोड़ा जाता है जोकि फ्रांस में सबसे पहले हुआ। फिर बीसवीं शताब्दी में जन्म दर में एक अप्रत्याशित उछाल आई—इस उछाल के लिए आमतौर पर दो महायुद्धों के पश्चात् अपनाई गई प्रसवपूर्व नीतियां तथा 1940 में पराजय के जख्मों को उत्तरदायी माना जाता है। फ्रांस के प्रयत्नों को सफलता मिलेगी क्योंकि संयुक्त राष्ट्र संघ की भविष्यवाणियां यह कहती हैं कि 2050 या उसके आसपास फ्रांस की जनसंख्या जर्मनी से अधिक हो जाएगी। लेकिन इस उलटफेर के कारणों में अंतर करना कठिन होगा; आर्थिक, राजनीतिक, सांस्कृतिक और मनोवैज्ञानिक, सभी की भूमिका इसमें है।[6]

अधिक व्यापक स्तर पर केवल एक शिशु प्रति परिवार की चीनी नीति के परिणामों से सभी परिचित हैं (1970 के दशकों में लिया गया यह निर्णय, जब चीन को हमेशा अल्पविकसित देश बने रहने का भय था, और अब सरकार इसमें ढील देने की प्रक्रिया में है)। जब इस नीति को अपनाया गया था तब चीनी जनसंख्या भारत की जनसंख्या से लगभग 50 प्रतिशत अधिक थी, अब भारत उसे इस विषय में पीछे छोड़ने के करीब है।

संयुक्त राष्ट्र संघ के अनुसार 2020 तक भारत विश्व का सबसे अधिक जनसंख्या वाला देश होगा। लेकिन यहाँ भी कुछ भी पत्थर पर लिखा नहीं है; जनसंख्या इतिहास में प्राय: वैयक्तिक चयन, विकास राजनीतियां, और राष्ट्रीय मनोविज्ञान—निजी उद्देश्य व शक्ति के उद्देश्य शामिल होते हैं।

इस बिंदु पर कोई भी गम्भीरता से जानने का दावा नहीं कर सकता कि 21वीं शताब्दी में कैसा जनांकीय परिवर्तन होगा।

इसीलिए आधिकारिक संयुक्त राष्ट्र संघ की भविष्यवाणियों को 'केंद्रीय परिदृश्य' के अलावा और कुछ मानना ठीक नहीं होगा। कुछ भी हो, संयुक्त राष्ट्र संघ ने भविष्यवाणियों के दो नमूने भी प्रकाशित किए हैं और 2100 के क्षितिज में इन विभिन्न परिदृश्यों में अंतर बहुत अधिक है।[7] इसमें कोई आश्चर्य नहीं होना चाहिए और इन भविष्यवाणियों को केवल मान्यता के रूप में देखना चाहिए।

फिर भी हमारे ज्ञान की वर्तमान स्थिति के अनुसार केंद्रीय परिदृश्य ही सर्वाधिक संभावित है। 1990 से 2012 में यूरोप की जनसंख्या लगभग स्थिर थी, और अनेक देशों की जनसंख्या वास्तव में कम हुई। 2000 के दशक में जर्मनी, इटली, स्पेन और पोलेंड में गर्भाधान दर 1.5 शिशु प्रति महिला के नीचे गिर गया, और सिर्फ जीवाशा में वृद्धि के साथ साथ आप्रवासन के उच्च स्तर के कारण जनसंख्या में तीव्र घटाव नहीं हुआ। इन तथ्यों को ध्यान में रखा जाये तो संयुक्त राष्ट्र संघ की 2030 तक यूरोप में शून्य जनसांख्यिकी संवृद्धि और उसके बाद थोड़ी सी नकारात्मक दरों की भविष्यवाणी कोई अतिशयोक्ति नहीं लगती। निश्चय ही मुझे यह सर्वाधिक युक्तिसंगत भविष्यवाणी लगती है। संयुक्त राष्ट्रसंघ की एशिया और अन्य क्षेत्रों के लिए भविष्यवाणियां भी इसी तरह से सही लगती हैं; जापान और चीन में आज जन्म लेने वाली पीढ़ियां 1990 के दशक में जन्म लेने वाली पीढ़ियों की तुलना में एक-तिहाई छोटी हैं। जनांकीय संक्रमण लगभग पूर्ण हो गया है। वैयक्तिक निर्णय और सरकारी नीतियां इन प्रवृतियों में थोड़ी सा परिवर्तन कर सकती हैं; उदाहरणार्थ, थोड़ी सी नकारात्मक दरें (जैसी कि हम जापान व अमेरिका में देखते हैं) थोड़ी सी सकारात्मक (जैसी कि फ्रांस व स्कैंडीनेविया में) हो सकती हैं जो एक महत्त्वपूर्ण परिवर्तन होगा। लेकिन कम से कम अगले अनेक दशकों के लिए इसमें अधिक परिवर्तन की कोई संभावना नहीं है।

हां, अति दीर्घकालीन भविष्यवाणियां ज्यादा अनिश्चित हैं। ध्यान करें यदि 1700–2012 की 0.8 प्रतिशत प्रति वर्ष की जनसंख्या वृद्धि अगली तीन पीढ़ियों तक जारी रहती है तो 2300 में विश्व जनसंख्या 70 बिलियन होगी। इस संभावना से इंकार नहीं किया जा सकता; गर्भाधान व्यवहार बदल सकता है, या प्रौद्योगिकी विकास के कारण आज के समय के अनुसार संभावित बहुत कम प्रदूषण के साथ वृद्धि हो सके, जिसमें नकारने योग्य कार्बन उत्सर्जन के साथ नये व लगभग सम्पूर्ण गैर भौतिक वस्तुओं व सेवाओं का उत्पादन नवीकरणीय ऊर्जा से हो। इस बिंदु पर अतिशयोक्ति नहीं होगी यदि यह कहा जाये कि 70 बिलियन की विश्व जनसंख्या न तो संभावित लगती है और न ही विशिष्ट तौर पर इच्छित। सर्वाधिक सभव विचार तो यह है कि अगली अनेक शताब्दियों के दौरान विश्व जनसंख्या संवृद्धि दर 0.8 प्रतिशत से काफी कम होगी। अति दीर्घकालिक समय में 0.1–0.2 प्रतिशत प्रति वर्ष की आधिकारिक भविष्यवाणी संभवत: प्रशंसनीय लगती है।

समानीकरण (Equalization) के कारक के रूप में संवृद्धि (Growth)

किसी भी स्थिति में इस पुस्तक का उद्देश्य जनांकीय भविष्यवाणियां करने का नहीं है बल्कि इन विभिन्न संभावनाओं को समझना है और धन वितरण के विकास के लिए उनके प्रभाव का विश्लेषण करना है। राष्ट्रों के विकास एवं उनकी तुलनात्मक शक्ति के लिए परिमाणों से आगे बढ़ते हुए जनांकीय वृद्धि का विषमता की संरचना पर भी महत्त्वपूर्ण प्रभाव पड़ता है। यदि अन्य चीजें समान हों तो उच्च जनांकीय वृद्धि समानीकरण की भूमिका अदा करती है क्योंकि वह विरासती सम्पत्ति का महत्त्व कम करती है, प्रत्येक पीढ़ी को, कुछ अर्थ में पुनर्निमाण स्वयं करना होगा।

एक चरम उदाहरण लें, एक दुनिया जिसमें प्रत्येक दम्पत्ति के पास दस बच्चे हों, यह बेहतर होगा कि एक सामान्य नियम के रूप में विरासती धन पर अधिक निर्भर नहीं करना होगा क्योंकि प्रत्येक नई पीढ़ी के साथ पारिवारिक धन को दस से विभाजित करना होगा। इस प्रकार के समाज

में विरासती धन का कुल प्रभाव बहुत कम होगा, और अधिकांश लोग अधिक यथार्थवादी हो अपने श्रम व बचत पर निर्भर करेंगे।

यही बात उस समाज पर भी लागू होती है जहां अमेरिका की तरह अन्य देशों से आप्रवासन से जनसंख्या में निरंतर प्रतिपूर्ति होती है। यह कल्पना करें कि अधिकांश आप्रवासक बिना किसी धन के आये तो पिछली पीढ़ियों से विभाजित धन की राशि बचत द्वारा संचित नए धन की अपेक्षा काफी सीमित होगी। आप्रवासन द्वारा जनांकीय वृद्धि के अन्य परिणाम भी होते हैं। इनमें विशेषकर आप्रवासियों और स्थानीय निवासियों तथा समूह के भीतर के लोगों में विषमता शामिल है। अत: इस प्रकार के समाज की वैश्विक तौर पर उस समाज से तुलना नहीं की जा सकती जहां जनसंख्या संवृद्धि का प्राथमिक स्रोत प्राकृतिक वृद्धि (अर्थात नये जन्मों से) है।

मैं यह दिखाऊंगा कि मजबूत जनसांख्यिकी वृद्धि के प्रभावों से संबंधित सहजबोध का कुछ सीमा तक तीव्र आर्थिक (और केवल जनांकीय ही नहीं) संवृद्धि वाले समाजों के साथ सामान्यीकरण किया जा सकता है। उदाहरण के लिए, एक समाज में जहां प्रत्येक पीढ़ी के साथ प्रति व्यक्ति उत्पादन दस गुना बढ़ता है, वहाँ देखना इस पर निर्भर करना बेहतर होगा कि स्वयं के श्रम से कोई कितना कमा और बचत कर सकता है; वर्तमान आय की तुलना में पिछली पीढ़ियों की आय इतनी थोड़ी है कि अपने अभिभावकों और दादा–दादियों द्वारा संचित धन कुछ खास नहीं होता।

इसके विपरीत एक स्थिर या उससे भी बदतर स्थिति घटती जनसंख्या की है, जिसमें पिछले पीढियों द्वारा संचित पूंजी का प्रभाव बढ़ जाता है। यह बात आर्थिक स्थिरता के साथ भी सही है। अल्प संवृद्धि से यह बहुत संभव हो सकता है कि पूंजी पर प्रतिप्राप्ति की दर संवृद्धि दर की अपेक्षा काफी ऊंची हो, एक स्थिति, जिसके बारे में मैंने भूमिका में स्पष्ट किया था कि यह दीर्घकाल के दौरान धन के वितरण में अत्यधिक सात्विक विषमता की ओर ले जाने वाला तत्त्व है। अतीत में पूंजी प्रभुत्व वाले समाजों जहां क्रमबद्धता मुख्य तौर पर विरासती धन (एक वर्ग जिसमें दोनों, पारम्परिक ग्रामीण समाज और उन्नीसवीं शताब्दी के यूरोप के देश शामिल हैं) का

उदय व निर्वाह केवल अल्प–संवृद्धि तंत्रों में ही हो सकता है। मैं इस पर विचार करूंगा की किस सीमा तक अल्प–संवृद्धि तंत्र की ओर संभावित वापसी [यदि ऐसा होता है] पूंजी संचयन की गत्यात्मकता और विषमता की संरचना को प्रभावित करेगी। विशेष तौर पर विरासती धन वापिस आयेगा—यह एक दीर्घकालीन घटनाचक्र है जिसके असर यूरोप में महसूस किये जा रहे हैं और यह घटनाचक्र विश्व के अन्य भागों में भी फैल सकता है। इसीलिए तो वर्तमान उद्देश्यों के लिए यह महत्त्वपूर्ण होगा कि हम जनांकीय व आर्थिक संवृद्धि के इतिहास से परिचित हो।

एक और तंत्र है जिसके द्वारा संवृद्धि विषमता को कम कर सकती है या विशिष्ट जनों के तीव्र प्रसार को सुनिश्चित कर सकती है जिस पर विचार करना ही होगा। इस तंत्र में पहले के पूरक होने की संभावना है, वैसे यह कम महत्त्वपूर्ण और अधिक जटिल है। जब संवृद्धि शून्य है अथवा बहुत कम है तो विभिन्न आर्थिक व सामाजिक कार्यों और व्यावसायिक गतिविधि का बिना किसी परिवर्तन के पुनरुत्पादन होता है। इसके विपरीत निरंतर संवृद्धि, चाहे वह 0.5 या 1.5 प्रतिशत प्रति वर्ष ही क्यों न हो, का अर्थ है कि नये कार्यों की निरंतर रचना हो रही है और प्रत्येक पीढ़ी में नये कौशल की आवश्यकता है। स्वाद और क्षमताएं तो एक पीढ़ी से दूसरी पीढ़ी केवल आंशिक तौर पर ही संप्रेषित होते हैं [या ये भूमि, आवासीय सम्पदा या वित्तीय सम्पदा जो विरासत में संप्रेषित होते है, की अपेक्षा अपने आप या यांत्रिक रूप से कम संप्रेषित होते हैं], संवृद्धि इस तरह से उन व्यक्तियों के लिए सामाजिक गतिशीलता बढ़ा सकती है जिनके अभिभावक पिछली पीढ़ी के विशिष्ट वर्ग के सदस्य नहीं थे। जरूरी नहीं कि इस बढ़ी सामाजिकता का तात्पर्य घटी विषमता हो लेकिन सिद्धांत में यह धन की विषमताओं का पुनरुत्पादन और उसकी बढ़ोतरी को सीमित करती है और इसीलिए दीर्घकाल के दौरान कुछ सीमा तक आर्थिक विषमता को सीमित रख सकती है।

लेकिन हमें उस पारंपरिक समझ से सावधान रहना चाहिए जिसके अनुसार वर्तमान आर्थिक संवृद्धि व्यक्तिगत प्रतिभा तथा झुकाव को अभिव्यक्त करने के लिए सर्वश्रेष्ठ साधन है। इस विचार में कुछ सत्य है

लेकिन प्रारम्भिक उन्नीसवीं शताब्दी में इसका उपयोग हर प्रकार की विषमताओं को न्यायोचित ठहराने के लिए किया गया, चाहे उनका परिमाण कितना ही अधिक क्यों न हो और चाहे उनके वास्तविक कारण जो भी रहे हों। इसके साथ–साथ जीतने वालों को नई औद्योगिक अर्थव्यवस्था में प्रत्येक प्रकार के संभावित सद्गुणों से सम्पन्न माना गया है। उदाहरण के लिए उदार अर्थशास्त्री चार्ल्स दुनोयर, जो जुलाई राजतंत्र के एक प्रशासक थे, ने 1845 में अपनी पुस्तक 'द ला लिबररटे दु ट्रेवेल' (जिसमें उन्होंने प्रत्येक प्रकार के श्रम कानून या सामाजिक व्यवस्थापन के विरुद्ध अपने विचार अभिव्यक्त किये थे) निम्न विचार व्यक्त किये : "औद्योगिक व्यवस्था का एक उद्देश्य कृत्रिम विषमताओं का अंत करना है लेकिन यह प्राकृतिक विषमताओं को स्पष्ट तौर पर उजागर करता है।" दुनोयर के लिए प्राकृतिक विषमताओं में शारीरिक, बौद्धिक, और नैतिक विभेद शामिल थे। ये विभेद संवृद्धि और नवीनता की नई अर्थव्यवस्था के लिए महत्त्वपूर्ण थे। इन्हें दुनोयर ने जहां-जहां देखा, वहाँ अनुभव किया। किसी भी प्रकार के राज्य हस्तक्षेप को अस्वीकृत करने के पीछे उनका यह तर्क था: "श्रेष्ठ क्षमताएं....उन सभी का साधन हैं जोकि महान और उपयोगी हैं....सब कुछ समानता पर सीमित कर दीजिए और आप सब कुछ गतिहीनता पर ले आएंगे।"[8] इसी प्रकार के विचार को आजकल हम स धारणा में अभिव्यक्त पाते हैं कि नई सूचना अर्थव्यवस्था सर्वाधिक प्रा िभावान व्यक्तियों को अपनी उत्पादकता कई गुना बढ़ाने का अवसर देगी। पीधी सी सच्चाई तो यह है कि इस तर्क का प्राय: उग्र विषमताओं को न्यायोचित ठहराने के साथ-साथ हारने वालों को बिना ध्यान में रखे जीतने वालों के विशेषाधिकारों का बचाव करने के लिए किया जाता है। इसमें तथ्यों की ओर तो कम ध्यान दिया जाता है और यह जांचने का कोई प्रयत्न नहीं होता कि क्या यह सुविधाजनक सिद्धांत उन परिवर्तनों की वास्तविक व्याख्या कर सकता है जिनको कि हम अनुभव करते हैं। मैं इस बिंदु पर बाद में लौटूंगा।

आर्थिक संवृद्धि के सोपान

अब मैं प्रति व्यक्ति उत्पादन की वृद्धि ओर बढ़ता हूँ। जैसा कि बताया गया 1700–2012 अवधि में यह जनसंख्या वृद्धि के बराबर थी; अर्थात 0.8 प्रतिशत प्रति वर्ष, जो कि उत्पादन के गुणक को तीन शताब्दियों दौरान के लगभग दस के समान कर देता है। आजकल वैश्विक प्रति व्यक्ति आय 760 यूरो प्रति माह है; 1700 में यह 70 यूरो प्रति माह से कम थी। 70 यूरो प्रति माह तो 2012 में उप–सहारा अफ्रीका के सर्वाधिक गरीब देशों की आय के लगभग बराबर थी।[9]

यह तुलना सांकेतिक है लेकिन इसके महत्त्व की अतिशयोक्ति नहीं होनी चाहिए। विभिन्न समाज व अवधियों में तुलना करते समय हमें एक-मात्र संख्या से सारा निष्कर्ष निकालने से बचना चाहिए। उदाहरणार्थ, "समाज क में जीवन स्तर समाज ख से दस गुना उच्चतर है।" जब संवृद्धि इस तरह जैसा स्तर प्राप्त कर जाती है तो प्रति व्यक्ति उत्पादन का विचार जनसंख्या की अपेक्षा अधिक काल्पनिक हो जाता है जो कि वास्तविक सच्चाई को कम से कम परिलक्षित करती है (जनसंख्या की गिनती वस्तुओं व सेवाओं की गिनती की अपेक्षा अधिक आसान है)। आर्थिक विकास जीवन पद्धतियों की विविधता और उत्पादित व उपभोगित वस्तुओं व सेवाओं के विभिन्न प्रकारों से शुरू होता है। अत: यह बहुआयामी प्रक्रिया है जिसको प्रकृति ही एक एकमात्र मौद्रिक सूचक द्वारा निष्कर्ष निकालने का असंभव बना देती है।

धनिक देशों को उदाहरण के रूप में लें। पश्चिम यूरोप में उत्तरी अमेरिका तथा जापान में आनुपातिक प्रति व्यक्ति आय 1700 की सिर्फ 100 यूरो प्रतिमाह से 2012 में बढ़कर 2500 यूरो प्रतिमाह से अधिक हो गई, यह बीस गुना से अधिक वृद्धि थी।[10] उत्पादकता में वृद्धि, या प्रति घंटा उत्पादन कार्य तो और भी अधिक था, क्योंकि प्रत्येक व्यक्ति के औसत काम के घण्टों में भी नाटकीय तौर पर कमी आई; जैसे–जैसे विकसित देश धनी बनते गये, उन्होंने कम घंटे काम करने का निर्णय किया ताकि अधिक खाली समय मिल सके (कार्य दिवस छोटे होते गये, छुट्टियां बढ़ी, आदि आदि)।[11]

शानदार संवृद्धि का बहुत बड़ा हिस्सा बीसवीं शताब्दी में घटित हुआ। वैश्विक तौर पर, 1700–2012 दौरान 0.8 प्रतिशत के प्रति व्यक्ति उत्पादन संवृद्धि निम्न प्रकार से बंटी: केवल 0.1 प्रतिशत की 18वीं शताब्दी में, 0.9 प्रतिशत की 19वीं शताब्दी में, बीसवीं शताब्दी में 1.6 प्रतिशत (तालिका 2.1 देखें)। पश्चिम यूरोप में 1.0 प्रतिशत की इसी समय की औसत संवृद्धि अठारहवीं शताब्दी में 0.2 प्रतिशत, उन्नीसवीं शताब्दी में 1.1 प्रतिशत और बीसवीं शताब्दी में 1.9 प्रतिशत में बंटती है।[12] यूरोप में आनुपातिक क्रयशक्ति 1700 से 1820 में बिल्कुल भी नहीं बढ़ी लेकिन 1820 और 1930 के बीच दुगुनी से अधिक बढ़ी और 1913 से 2012 के बीच छ: गुना से अधिक बढ़ी। मूल तौर पर अठारहवीं शताब्दी पूर्व की शताब्दियों के समान आर्थिक गतिहीनता का शिकार थी। उन्नीसवीं शताब्दी में प्रति व्यक्ति उत्पादन में पहली बार निरंतर संवृद्धि हुई। लेकिन इससे कम से कम उस शताब्दी के अंतिम तीन दशकों के पूर्व अधिकांश जनसंख्या को कोई लाभ नहीं हुआ। यह तो बीसवीं शताब्दी में हुआ जबकि आर्थिक संवृद्धि सबके लिए एक वास्तविकता बनी। बीसवीं सदी के मोड़ पर यूरोप में औसत प्रति व्यक्ति आय 2010 की 2500 यूरो की तुलना में 400 यूरो प्रति माह से भी कम थी।

लेकिन क्रयशक्ति को बीस, दस या यहाँ तक कि छ: के गुणक से गुणा करने से क्या तात्पर्य है? इसका बिल्कुल साफ मतलब यह नहीं है कि यूरोपवासी 2012 में 1913 की अपेक्षा छ: गुना अधिक वस्तुओं व सेवाओं का उत्पादन और उपभोग कर रहे थे। उदाहरण के लिए, औसत भोजन उपभोग में छ: गुना वृद्धि नहीं हुई। बुनियादी खुराक की आवश्यकताएं तो पूरी हो जातीं यदि उतनी अधिक उपभोग में वृद्धि हो गई होती। यूरोप में ही नहीं बल्कि सभी जगह क्रयशक्ति और जीवन स्तर में सुधार मुख्यत: उपभोग की संरचना में संक्रमण पर निर्भर करता है; शुरू में उपभोक्ता की टोकरी में मुख्यत: भोज्य पदार्थ होते थे, धीरे-धीरे उस टोकरी में विनिर्माण उत्पाद और सेवाओं में भरपूर विविधता हो गई।

फिर यह भी कि यदि 2012 में यूरोपवासी 1913 में उपभोग किये जाने वाली वस्तुओं व सेवाओं से छ: गुना अधिक उपभोग करने की सोचते

तो वे ऐसा नहीं कर सकते थे; कुछ कीमतें औसत कीमतों से अधिक तीव्रता से बढ़ीं जबकि अन्य में वृद्धि कम हुई। इसका अर्थ हुआ कि सभी प्रकार की वस्तुओं व सेवाओं में छः गुना वृद्धि हुई। अल्पावधि में "सापेक्ष कीमतों" की समस्या की उपेक्षा की जा सकती है और यह मानना विवेकपूर्ण होगा कि सरकारी एजेंसियों द्वारा प्रकाशित "औसत" कीमतों के सूचकांकों के आधार पर हम क्रयशक्ति में परिवर्तनों के समझ सकते है। लेकिन दीर्घ अवधि में सापेक्ष कीमतों में नाटकीय तौर पर परिवर्तन आता है। इसी तरह का परिवर्तन उपभोक्ता की वस्तुओं की टोकरी में आता है। इसमें अब नई वस्तुएं व सेवाएं होती हैं। इससे औसत कीमत सूचकांक परिवर्तनों का वास्तविक चित्र प्रस्तुत करने में असफल हो जाते हैं। इसमें इस बात का कोई फर्क नहीं पड़ता कि सांख्यिकीविदों ने हजारों कीमतों को जानने और उत्पाद गुणवत्ता से सुधार के लिए किस प्रकार की जटिल तकनीक का सहारा लिया।

क्रयशक्ति में दसगुना वृद्धि का क्या अर्थ है?

वास्तव में औद्योगिक क्रांति के बाद से जीवन स्तर में शानदार वृद्धि को समझने के लिए हमें आज की मुद्रा में आय स्तरों को देखना होगा और विभिन्न अवधियों में उपलब्ध विभिन्न वस्तुओं व सेवाओं के कीमत स्तरों से उनकी तुलना करनी होगी। लेकिन अभी तो मैं इस प्रकार के अभ्यास से प्राप्त प्रमुख सीखों को सारांश में प्रस्तुत करूंगा।[13]

वस्तुओं व सेवाओं के निम्न तीन प्रकारों में अंतर करना आम है। औद्योगिक वस्तुओं के लिए, उत्पादकता संवृद्धि सम्पूर्ण अर्थव्यवस्था की तुलना में अधिक तीव्र थी इसीलिए इस क्षेत्र में सभी कीमतों के अनुपात की तुलना में कीमतें कम हुईं। भोज्य पदार्थ एक ऐसा क्षेत्र है जिसमें उत्पादकता में निरंतर वृद्धि हुई, अति दीर्घकाल में यह वृद्धि बहुत महत्त्वपूर्ण रूप में बढ़ी (जिससे थोड़े से हाथों द्वारा अत्यधिक बढ़ी जनसंख्या को भोजन उपलब्ध कराना संभव हुआ और इससे श्रमिकबल के एक बड़े हिस्से को दूसरे कार्य करने का अवसर मिला)। लेकिन कृषि क्षेत्र में औद्योगिक क्षेत्र की अपेक्षा उत्पादकता में वृद्धि कम तीव्र रही। इससे भोज्य पदार्थ की कीमतों

का विकास सभी कीमतों के औसत दर के लगभग समान हुआ। अंत में आमतौर पर सेवा क्षेत्र में उत्पादकता संवृद्धि कम रही (कुछ मामलों में तो शून्य, इससे यह पता चलता है कि यह क्षेत्र श्रमिक बल के तीव्रता से बढ़ते अंश को क्यों रोजगार देता है)। इसीलिए सेवाओं की कीमत में सभी कीमतों के औसत से अधिक तीव्रता से वृद्धि हुई है।

यह प्रतिमान सुविख्यात है। वैसे यह मोटे तौर पर सही है लेकिन इसे अधिक निखारने और स्पष्ट करने की आवश्यकता है। वस्तुत: इन तीनों क्षेत्रों के भीतर बहुत अधिक विविधता है। कई भोज्य पदार्थों की कीमतों में, वास्तव में, सभी कीमतों के औसत के समान दर में विकास हुआ। उदाहरणार्थ फ्रांस में 1900–2010 के दौरान एक किलो गाजर की कीमत कुल कीमत सूची की दरों के समान वर्धित हुई। इस तरह से गाजर की क्रय शक्ति औसत क्रय शक्ति (जोकि लगभग छह गुना बढ़ी) के समान तरीके से वर्धित हुई। बीसवीं शताब्दी के मोड़ पर एक आम श्रमिक दस किलो गाजर प्रति दिन खरीदने की सामर्थ्य रखता था जबकि 21वीं शताब्दी के मोड़ पर उसकी सामर्थ्य करीब 60 किलो प्रति दिन की थी[14]

अन्य भोज्य पदार्थों जैसे दूध, घी, अंडे, और आम तौर पर दूध उत्पाद में प्रसंस्करण, विनिर्माण, संरक्षण आदि में प्रमुख प्रौद्योगिकी विकास के कारण सापेक्ष कीमतों में कमी आई और इस तरह से क्रय शक्ति छह गुना से अधिक बढ़ गई। यही बात उन उत्पादों पर भी लागू होती है जिनको बीसवीं शताब्दी के दौरान परिवहन खर्चों में महत्त्वपूर्ण कमी के कारण लाभ हुआ। उदाहरण के लिए, आम की फ्रेंच क्रय शक्ति दस गुना बढ़ी और केले की तो बीस गुना। इसके विपरीत ब्रैड या मांस की फ्रेंच क्रयशक्ति में चार गुना से कम वृद्धि हुई। वैसे इन उत्पादों की गुणवत्ता और विविधता में तीव्र वृद्धि हुई।

विनिर्माण वस्तुएं और भी अधिक मिश्रित चित्र प्रस्तुत करती हैं, मुख्य रूप से इस कारण से कि अनेक नई वस्तुएं आईं और उनके निष्पादन में शानदार सुधार हुए। आजकल आमतौर पर इलेक्ट्रोनिक व कम्प्यूटर प्रौद्योगिकी का भी उदाहरण दिया जाता है। 2000 के दशक और उसके

बाद कम्प्यूटरों तथा मोबाइल फोनों में विकास से बहुत ही छोटे समय में क्रय शक्ति दस गुना बढ़ी; कीमतें आधी हो गईं जबकि निष्पादन में पांच गुना वृद्धि हुई।

यह जानना जरूरी होगा कि औद्योगिक विकास के लम्बे इतिहास में इस सुधार के समान प्रभावशाली उदाहरण मिल सकते हैं। साइकल को ही लें। 1880 के दशक में फ्रांस में सर्वाधिक सस्ती साइकल की कीमत श्रमिकों के छः महीने की मजदूरी के औसतन बराबर थी। और यह बहुत ही प्रारम्भिक साइकल थी जिसमें "चक्के केवल एक मजबूत रबर की पट्टी से ढंके और उसमें आगे के चक्के पर ब्रेक लगी थी।" 1910 तक प्रौद्योगिक प्रगति ने साइकल की कीमत एक महीने की मजदूरी तक घटा दी थी। प्रगति जारी रही और 1960 के दशक के अंत तक आप एक गुणवत्तापूर्ण साइकल, जिसमें अलग करने योग्य चक्के, दो ब्रेक व मडगार्ड, काठी बैग, बत्तियां और प्रतिदर्पण थे, एक सप्ताह की औसत मजदूरी से भी कम में खरीद सकते थे। कुल मिलाकर उत्पादन की गुणवत्ता और सुरक्षा को छोड़ दें तो साइकल की क्रय शक्ति 1890 और 1970 के बीच 40 के गुणंक से बढ़ी।[15]

हम बड़ी सरलता से बिजली के बल्ब घरेलू उपकरण, टेबल सेटिंग कपड़ा और मोटरकार की कीमतों के इतिहास की विकसित व उभरती अर्थव्यवस्थाओं की मौजूदा कीमतों से तुलना करके बहुत सारे उदाहरण दे सकते हैं।

ये उदाहरण स्पष्ट करते हैं कि इन सभी परिवर्तनों को एक एकमात्र सूचक में रखना कितना व्यर्थ है क्योंकि "तिथि क से तिथि ख के बीच जीवन स्तर दस गुना बढ़ गया।" जब पारिवारिक वजट और जीवन शैली में इतने अधिक उग्र परिवर्तन आते हैं और क्रय शक्ति में एक से दूसरी वस्तु के बीच इतना अधिक अंतर आता है तो किसी प्रकार के औसत को लेना व्यर्थ है क्योंकि परिणाम चयनित वस्तु के वजन और गुणवत्ता के माप पर बहुत अधिक निर्भर करता है और ये सब काफी अनिश्चित हैं, विशेष तौर पर तब जबकि आप अनेक देशों के बीच तुलना कर रहे हों।

लेकिन इनमें से कोई भी संवृद्धि की वास्तविकता को चुनौती नहीं देते। इसके विपरीत, औद्योगिक क्रांति के बाद से जीवन की भौतिक परिस्थितियों में नाटकीय तौर पर स्पष्ट सुधार हुआ है जिससे कि विश्व में लोग बेहतर खा सकें, बेहतर पहन सकें, घूमें, पढ़ें और चिकित्सा देखभाल आदि प्राप्त कर सकें। अब लघुतर काल में संवृद्धि दर को जैसे एक या दो पीढ़ी में मापना रोचक होगा। तीस से साठ वर्षों के दौरान 0.1 प्रतिशत प्रति वर्ष (3 प्रतिशत प्रति पीढ़ी), 1 प्रतिशत प्रति वर्ष (35 प्रतिशत प्रति पीढ़ी), या 3 प्रतिशत प्रति वर्ष (143 प्रतिशत प्रति पीढ़ी) की संवृद्धि दरों में महत्त्वपूर्ण अंतर है। यह तो तब है जबकि संवृद्धि आंकड़ों का दीर्घकालीन संकलन होता है जिससे बहुत सारे कारकों का गुणन हो जाता है। तब संख्याएं अपने महत्त्व का एक अंश खो देती हैं और वे अपेक्षाकृत काल्पनिक और मनमाने परिमाण बन जाती हैं।

संवृद्धि: जीवन शैलियों का विविधिकरण

इस चर्चा का समापन करने हेतु सेवाओं के मामले पर विचार करें जिसमें विविधता शायद चरम पर है। सिद्धांत में चीजें काफी सरल हैं; सेवा क्षेत्र में उत्पादकता संवृद्धि कम तीव्र रही और इसीलिए सेवा के रूप में अभिव्यक्त क्रयशक्ति में वृद्धि कम रही। एक उदाहरण के रूप में हम एक “शुद्ध” सेवा को लें जिसमें पीढ़ियों के दौरान कोई बड़ी प्रौद्योगिक नवीनता नहीं आई। इसके लिए प्राय: नाई का उदाहरण लिया जाता है। बाल काटने में उतना ही वक्त आज लगता है जितना कि एक शताब्दी पूर्व लगता था। इस तरह से बाल काटने की कीमत उसी घटक से बढ़ी है जिससे कि नाई की आय। लेकिन नाई की आय में बढ़ोतरी भी औसतन मजदूरी व औसतन आय के समान दर से हुई। दूसरे शब्दों में, 21वीं शताब्दी में एक ठेठ मजदूर के एक घंटे का कार्य सौ वर्ष पहले एक घंटे के कार्य के समान प्राय: रहा है।[16]

वास्तव में सेवाओं में इतनी अधिक है कि सेवा क्षेत्र का विचार ही कोई अर्थ नहीं रखता। अर्थव्यवस्था का तीन क्षेत्रों—प्राथमिक, माध्यमिक और तृतीयक—में पृथक्करण का विचार बीसवीं शताब्दी के मध्य में उन समाजों का था जहाँ प्रत्येक क्षेत्र में आर्थिक क्रिया के एक समान अथवा तुलनीय अंश

और श्रम बल शामिल होते (देखें तालिका 2.4) थे। लेकिन एक बार जब विकसित देशों में 70–80 प्रतिशत श्रम बल ने सेवा क्षेत्र में अपने आप को कार्य करते पाया तो इस वर्ग का एक ही अर्थ होना बेकार हो गया: इससे एक विशिष्ट समाज में व्यापार की प्रकृति और उत्पादित सेवाओं के बारे में कोई जानकारी नहीं मिलती।

तालिका 2.4

फ्रांस और संयुक्त राज्य में क्षेत्रवार रोजगार, 1800-2012

वर्ष	फ्रांस			संयुक्त राज्य		
	कृषि	विनिर्माण	सेवा	कृषि	विनिर्माण	सेवा
1800	64	22	14	68	18	13
1900	43	29	28	41	28	31
1950	32	33	35	15	34	50
2012	3	21	76	2	18	80

वर्ष 2012 में फ्रांस में कुल रोजगार में कृषि का अंश 3%, विनिर्माण का 21% तथा सेवाओं में 76% था। दोनों ही देशों में भवन निर्माण का अंश—7% था और उसे विनिर्माण में ही जोड़कर दिखाया गया है।

गतिविधियों के इस विशाल समुच्चय, जिसकी संवृद्धि के कारण ही 19वीं शताब्दी से जीवन दशाओं में सुधार हुआ है, को समझने के लिए उसे अनेक उपक्षेत्रों में बांटना उपयोगी होगा। सबसे पहले स्वास्थ्य और शिक्षा में सेवाओं को लें, जिनका अधिकांश विकसित देशों में कुल रोजगार का 20 प्रतिशत अंश (या उतना जितना कि सभी औद्योगिक क्षेत्रों में रोजगार) है। यह मानने का पूरे कारण है कि यह अंश बढ़ता ही जाएगा क्योंकि चिकित्सा क्षेत्र में तीव्र प्रगति और उच्चतर शिक्षा में लगातार संवृद्धि हो रही है। खुदरा में नौकरियों की संख्या : होटल, कैफे, रेस्त्रां, और आराम की गतिविधियों में भी तीव्र वृद्धि हुई। इनमें कुल रोजगार का 20 प्रतिशत अंश रहा। कुल नौकरियों का अगला 20 प्रतिशत अंश फर्मों (परामर्श, लेखांकन डिजाइन, डाटा प्रोसेसिंग आदि) के साथ-साथ भूसम्पदा तथा वित्तीय सेवाएं (भूसम्पदा एजेंसियां, बैंक, बीमा आदि) तथा परिवहन का रहा। फिर आप सरकार और सुरक्षा सेवाओं (सामान्य प्रशासन, न्यायालय, पुलिस, सशस्त्र सेवाएं आदि) को जोड़ लें जिनका अधिकांश देशों में कुल

रोजगारों का लगभग दस प्रतिशत अंश होता है, आप आधिकारिक आंकड़ों में दिए 70–80 प्रतिशत की संख्या में पहुंच जाते हैं।[17]

यह ध्यान रहे कि इन सेवाओं के महत्त्वपूर्ण अंश, विशेषकर स्वास्थ्य और शिक्षा, के लिए वित्तीय साधन करों द्वारा जुटाये जाते हैं और वे निशुल्क प्रदान की जाती हैं। इन वित्तीय साधनों का ब्यौरा विभिन्न देशों में भिन्न–भिन्न हैं क्योंकि करों द्वारा ठोस पूंजी प्रबन्ध का अंश भी भिन्न देशों में भिन्न है। उदाहरण के लिए, यूरोप में अमेरिका या जापान की अपेक्षा यह काफी ऊँचा है। फिर भी यह सभी विकसित देशों में काफी ऊंचा हैं, मोटे तौर पर कहा जा सकता है कि स्वास्थ्य और शिक्षा सेवाओं के कुल खर्च का कम से कम आधा अंश करों द्वारा प्राप्त किया जाता है, और अनेक यूरोपीय देशों में तो यह तीन–चौथाई अंश है। इससे नई कठिनाइयां और अनिश्चिताएं खड़ी हो जाती हैं [जब हम दीर्घ-काल में विभिन्न देशों में जीवन स्तरों को मापते और उनकी तुलना करते हैं]। यह कोई छोटी बात नहीं है; इन दोनों क्षेत्रों में अधिकांश विकसित देशों में सकल घरेलू उत्पाद और रोजगार का 20 प्रतिशत से अधिक हिस्सा होता है और भविष्य में निस्संदेह यह हिस्सा बढ़ेगा ही। लेकिन यह भी ध्यान रहे कि पिछली दो शताब्दियों के दौरान स्वास्थ्य एवं शिक्षा जीवन स्तर में सर्वाधिक वास्तविक और प्रभावशाली सुधार के प्रतीक रहे हैं। ऐसे समाज जहां जीवाशा केवल 40 वर्ष थी और लगभग सभी निरक्षर थे, में रहने की बजाय अब हम ऐसे समाजों में रह रहे हैं जहां 80 वर्ष की उम्र तक पहुंचना आम है और सभी की संस्कृति तक न्यूनतम पहुंच तो है।

राष्ट्रीय लेखाओं में जनता के लिए उपलब्ध सार्वजनिक सेवाओं के मूल्य का अनुमान सरकार, यानी कि अंततः करदाता, स्वीकृत उत्पादन कीमतों के आधार पर हमेशा होता है। इन कीमतों में अस्पतालों, स्कूलों व सार्वजनिक विश्वविद्यालयों में नियुक्त स्वास्थ्य कर्मचारियों व अध्यापकों को भुगतान किए गए वेतन शामिल हैं। सेवाओं के मूल्यांकन के इस तरीके में त्रुटियां हैं लेकिन यह सकल घरेलू उत्पाद की गणना से निःशुल्क सार्वजनिक सेवाओं के निष्कासन और केवल वस्तु उत्पादन पर केंद्रित करने

की अपेक्षा तार्किक तौर पर अनुकूल और अधिक संतोषजनक है। सार्वजनिक सेवाओं को पूरी तरह से अलग रखना आर्थिक तौर पर असंगत होगा क्योंकि ऐसा करने से उस देश के सकल घरेलू उत्पाद और राष्ट्रीय आय का कम मूल्यांकन होगा, जिसने स्वास्थ्य व शिक्षा की निर्जी प्रणाली की अपेक्षा सार्वजनिक प्रणाली का चयन किया, भले ही निजी प्रणाली की सेवाएं भी वैसी ही थीं।

राष्ट्रीय खातों की गणना में प्रयुक्त प्रणाली में इस पूर्वाग्रह में ठीक सुधार करने का सदगुण है। लेकिन यह बिल्कुल ठीक नहीं हैं। विशेष तौर पर प्रदत्त सेवाओं की गुणवत्ता का तरीका निरपेक्ष नहीं है (वैसे इस बारे में अनेक सुधार विचाराधीन हैं)। उदाहरण के लिए यदि एक निजी स्वास्थ्य बीमा प्रणाली सार्वजनिक प्रणाली से महंगी है लेकिन उससे वास्तव नें कोई उच्चतर गुणवत्ता नहीं मिलती [जैसा कि अमेरिका की यूरोप के साथ तुलना से प्रतीत होता है] तब उन देशों के सकल घरेलू उत्पाद का कृत्रिम तौर पर अधिक मूल्यांकन होगा जो कि मुख्य तौर पर निजी बीमा पर निर्भर करते हैं। यहाँ यह ध्यान रहे कि राष्ट्रीय खातों में अस्पताल भवन व उपकरण या स्कूल तथा विश्वविद्यालय जैसी सार्वजनिक पूंजी के लिए किसी परितोषिक की गणना होने की परम्परा नहीं है।[18] इसका परिणाम यह है कि एक देश जोकि स्वास्थ्य व शिक्षा सेवाओं का निजीकरण करता है, उसका सकल घरेलू उत्पाद कृत्रिम तौर पर बढ़ जाता है भले ही उत्पादित सेवाएं और कर्मचारियों को दिए गये वेतन बिल्कुल एक समान रहें।[19] यह भी संभव है कि लागत द्वारा लेखांकन का यह तरीका शिक्षा एवं स्वास्थ्य के बुनियादी “मूल्य” का कम मूल्यांकन करता है और इसीलिए इन सेवाओं के तीव्र प्रसार के समय में इनके योगदान का भी न्यून अंकन हो जाता है।[20]

अत: इसमें कोई शक नहीं कि दीर्घकाल के दौरान आर्थिक संवृद्धि ने जीवन स्तर में महत्त्वपूर्ण सुधार किए थे। सर्वाधिक उपलब्ध अनुमानों के अनुसार वैश्विक प्रति व्यक्ति आय में 1700 से 2012 के बीच 10 के गुणा से अधिक (70 यूरो से 760 यूरो प्रति माह) और धनी देशों में 20 के गुणा

से अधिक (100 यूरो से 2500 यूरो प्रतिमाह) की वृद्धि हुई। इतने प्रखर संक्रमण को मापने में, विशेष तौर पर जब इसे हम एक एकमात्र सूचक में डालने की कोशिश करते हैं, हमें सावधान रहना चाहिए कि कहीं हम संख्याओं पर अंधी श्रद्धा तो नहीं रख रहे। इन संख्याओं को परिमाणों की व्यवस्था का संकेत मानना चाहिए, इससे अधिक नहीं।

संवृद्धि का अंत?

अब भविष्य के बारे में विचार किया जाए। अभी मैंने प्रति व्यक्ति उत्पाद के बारे में बताया। क्या प्रति व्यक्ति उत्पाद में शानदार वृद्धि 21वीं शताब्दी में निर्दयतापूर्वक धीमी हो जाएगी? क्या हम प्रौद्योगिकी अथवा पारिस्थि कारणों या शायद दोनों के कारण संवृद्धि के अंत की ओर बढ़ रहे हैं?

इस प्रश्न का उत्तर देने से पूर्व हमें यह याद करना चाहिए कि अतीत की संवृद्धि जो शानदार थी, धीमी गति से और आम तौर पर 1-1.5 प्रतिशत प्रति वर्ष से अधिक नहीं थी। अधिक तीव्र संवृद्धि का उल्लेखनीय ऐतिहासिक उदाहरण, 3-4 प्रतिशत या इससे अधिक, उन देशों में हुआ जो अन्य देशों के बराबर हो रहे थे। इस बराबरी के साथ ही यह प्रक्रिया समाप्त हो जाती है और इसीलिए यह संक्रमक और समय से सीमित है। फिर इस प्रकार की बराबरी की प्रक्रिया वैश्विक स्तर पर नहीं हो सकती।

वैश्विक स्तर में प्रति व्यक्ति उत्पाद की औसत संवृद्धि दर 1700 से 2012 में 0.8 प्रतिशत, या 1700–1820 की अवधि में 0.1 प्रतिशत, 1820–1913 में 0.9 प्रतिशत और 1913–2012 में 1.6 प्रतिशत। जैसा कि तालिका 2.1 में इशारा किया गया है, हम यही औसत वृद्धि दर–0.8 पाते हैं जबकि हम 1700–2012 में विश्व जनसंख्या को देखते हैं।

तालिका 2.5 में प्रत्येक शताब्दी और सभी महाद्वीपों की आर्थिक संवृद्धि दरों को अलग–अलग दिखाया गया है। यूरोप में 1820–1913 में प्रति व्यक्ति उत्पाद 1.0 प्रतिशत और 1913–2012 में 1.9 प्रतिशत बढ़ा।

अमेरिका में 1820–2013 में 1.5 प्रतिशत और फिर से 1913–2012 में 1.5 प्रतिशत संवृद्धि दर हुई।

तालिका 2.5

औद्योगिक क्रांति के समय से प्रति व्यक्ति उत्पादन में संवृद्धि
(औसत वार्षिक संवृद्धि दर)

वर्ष	विश्व प्रति व्यक्ति उत्पादन	यूरोप (%)	अमेरिका (%)	अफ्रीका (%)	एशिया (%)
0–1700	0.0	0.0	0.0	0.0	0.0
1700–2012	0.8	1.0	1.1	0.5	0.7
1700–1820	0.1	0.1	0.4	0.0	0.0
1820–1913	0.9	1.0	1.5	0.4	0.2
1913–2012	1.6	1.9	1.5	1.1	2.0
1913–1950	0.9	0.9	1.4	0.9	0.2
1950–1970	2.8	3.8	1.9	2.1	3.5
1970–1990	1.3	1.9	1.6	0.3	2.1
1990–2012	2.1	1.9	1.5	1.4	3.8
1950–1980	2.5	3.4	2.0	1.8	3.2
1980–2012	1.7	1.8	1.3	0.8	3.1

नोट: वर्ष1910-2012 की अवधि में विश्व स्तर पर प्रति व्यक्ति उत्पादन की औसत संवृद्धि दर 1.7% वार्षिक रही। यह यूरोप में 1.9% और अमेरिका में 1.6% रही

स्रोत और श्रृंखला हेतु देखें: piketty.pse.ens.fr/capital21C.

अधिक विवरण महत्त्वहीन है। मुख्य बिंदु तो यह है कि विश्व प्रौद्योगिकी क्षेत्र में किसी देश का कोई ऐसा ऐतिहासिक उदाहरण नहीं है जिसमें एक लम्बे समय के दौरान प्रति व्यक्ति उत्पाद में 1.5 प्रतिशत से अधिक की संवृद्धि हुई हो। यदि हम पिछले कुछ दशक देखें तो हम सर्वाधिक धनी देशों में नीची संवृद्धि दर पाते हैं: 1990 से 2012 के बीच पश्चिमी यूरोप में प्रति व्यक्ति उत्पाद में 1.6 प्रतिशत की वृद्धि हुई, उत्तरी अमेरिका में 1.4 प्रतिशत और जापान में 0.7 प्रतिशत।[21] जैसे–जैसे मैं आगे

बढ़ता हूँ, इस वास्तविकता को दिमाग में रखने की आवश्यकता है क्योंकि अनेक लोग सोचते हैं कि संवृद्धि तो कम से कम 3 या 4 प्रतिशत प्रति वर्ष होनी चाहिए। जैसा कि हमने देखा इतिहास और विवेक यह बतलाता है कि यह काल्पनिक है।

इन प्रारम्भिक बातों के बाद, अब हम भविष्य की संवृद्धि दरों के बारे में क्या कह सकते हैं? रॉबर्ट गोर्डन की तरह कुछ अर्थशास्त्रियों का यह विश्वास है कि प्रति व्यक्ति उत्पाद की संवृद्धि सर्वाधिक विकसित देशों में धीमी होना निश्चित है। यह अमेरिका से शुरू होगी और 2050 और 2100 के बीच 0.5 प्रतिशत प्रतिवर्ष तक गिर जायेगी।[22] गोर्डन के विश्लेषण उस नवीनता की विभिन्न लहरों की तुलना पर आधारित हैं जो स्टीम इंजन के आविष्कार और बिजली के आने के बाद एक के बाद एक आईं, और यह हाल ही की लहर—जिसमें सूचना प्रौद्योगिकी शामिल है—पर भी आधारित है। इन लहरों में पूर्व की लहरों की अपेक्षा अधिक नीची संवृद्धि दर की संभावना है क्योंकि ये उत्पादन के तत्त्वों के लिए कम हानिकारक हैं और अर्थ व्यवस्था में चारों ओर उत्पादकता सुधारने में कुछ योगदान नहीं करती।

जैसा कि पूर्व में मैं जनांकीय वृद्धि की भविष्यवाणी करने से बचता रहा, मैं अब 21वीं शताब्दी में आर्थिक संवृद्धि की भविष्यवाणी करने का प्रयत्न नहीं करूंगा। इसके बाद मैं धन वितरण की गत्यात्मकता के विभिन्न संभावित परिदृश्यों के परिणामों को निकालने का प्रयत्न करूंगा। मेरे दिमाग में भविष्य की नवीनताओं की गति की भविष्यवाणी करना भविष्य की प्रजनन क्षमता की भविष्वाणी करने के बराबर है। पिछली दो शताब्दियों का इतिहास इस बात को असंभावित करता है कि विकसित देशों में प्रति व्यक्ति उत्पाद 1.5 प्रतिशत प्रति वर्ष की दर से अधिक वृद्धि करेगा लेकिन मैं यह भविष्यवाणी नहीं कर सकता कि वास्तविक दर 0.5 प्रतिशत, 1 प्रतिशत, या 1.5 प्रतिशत होगी। मैं जिस मध्य परिदृश्य को प्रस्तुत करूंगा वह धनी देशों में 1.2 प्रतिशत दीर्घकालीन प्रति व्यक्ति उत्पाद संवृद्धि दर पर आधारित है जो कि रॉबर्ट गोर्डन की भविष्यवाणियां (मेरे विचार से ये भविष्यवाणियां अंधेरे में अधिक हैं) की तुलना में अधिक

आशावादी हैं। लेकिन संवृद्धि के इस स्तर को तब तक प्राप्त नहीं किया जा सकता जब तक कि ऊर्जा के नये साधनों का विकास नहीं होता और वह हाइड्रोकार्बन का स्थान नहीं ले लेते। हाइड्रोकार्बन का तो अब तीव्रता से ह्रास हो रहा है।[23] अनेकों में से यह केवल एक परिदृश्य है।

1 प्रतिशत की वार्षिक संवृद्धि का अर्थ प्रमुख सामाजिक परिवर्तन है

मेरे विचार में सर्वाधिक महत्त्वपूर्ण बिंदु और यह विशिष्ट संवृद्धि दर भविष्यवाणी से अधिक महत्त्वपूर्ण है (क्योंकि मैंने यह दिखाया है कि दीर्घकालीन संवृद्धि को एक अकेली संख्या में लाना कुल मिलाकर काल्पनिक है) कि 1 प्रतिशत की संख्या की प्रति व्यक्ति उत्पाद संवृद्धि दर वास्तव में अत्यधिक चरम है, यह अनेक लोगों की सोच की अपेक्षा अत्यधिक तीव्र है।

समस्या को देखने का सही नजरिया फिर से पीढ़ी आधार का है। तीस वर्षों के दौरान 1 प्रतिशत प्रति वर्ष की संवृद्धि दर 35 प्रतिशत से अधिक की संचित संवृद्धि को प्रतिबिंबित करती है। 1.5 प्रतिशत प्रति वर्ष की संवृद्धि दर का अर्थ 50 प्रतिशत से अधिक की संचयी संवृद्धि से है। व्यवहार में इसका अर्थ जीवन पद्धति और रोजगार में प्रमुख परिवर्तनों से है। ठोस रूप में यूरोप, उत्तरी अमेरिका तथा जापान में पिछले तीस वर्षों के दौरान प्रति व्यक्ति उत्पाद संवृद्धि 1 और 1.5 प्रतिशत की श्रेणी में रही और लोगों के जीवन में प्रमुख परिवर्तन आए। 1980 में न तो इंटरनेट था न ही मोबाइल फोन नेटवर्क। अधिकांश लोग हवाई यात्रा नहीं करते थे। आज के समय जैसी विकसित चिकित्सा प्रौद्योगिकी भी नहीं थी और थोड़े से लोग विश्वविद्यालय में पढ़ते थे। संचार, परिवहन स्वास्थ्य और शिक्षा के क्षेत्रों में महत्त्वपूर्ण परिवर्तन हुए हैं। इन परिवर्तनों का रोजगार की संरचना पर भी शक्तिशाली प्रभाव पड़ा है। जब प्रतिव्यक्ति उत्पादन तीस वर्षों में 35 से 50 प्रतिशत तक बढ़ता है, इसका अर्थ है कि आज के उत्पादन का एक बहुत बड़ा अंश एक चौथाई और एक तिहाई के बीच, तीस वर्ष पहले मौजूद नहीं था और इसलिए एक चौथाई और एक तिहाई व्यवसाय भी उस समय नहीं थे।

इसका अर्थ है कि आज के समाज पुराने समाजों से बहुत भिन्न हैं जहां पर संवृद्धि दर या तो शून्य थी या सिर्फ 0.1 प्रतिशत प्रति वर्ष जैसी कि अठारहवीं शताब्दी में स्थिति थी। एक समाज, जिसमें 0.1–0.2 प्रतिशत प्रति वर्ष की संवृद्धि दर है, में एक पीढ़ी से दूसरी पीढ़ी में थोड़ा या कुछ भी परिवर्तन नहीं होता: व्यवसायों की संरचना और सम्पत्ति ढांचे में भी कोई परिवर्तन नहीं होता। एक समाज जो 1 प्रतिशत प्रति वर्ष के हिसाब से आगे बढ़ता है, जैसा कि बीसवीं शताब्दी के प्रारम्भ में विकसित समाजों ने किया, वह एक ऐसा समाज है जिसमें गहन और स्थाई परिवर्तन होते हैं। इसके सामाजिक विषमताओं की संरचना और धन वितरण की गत्यात्मकता के लिए महत्त्वपूर्ण परिणाम होते हैं। संवृद्धि विषमताओं के नये रूपों की रचना कर सकती है: उदाहरण के लिए आर्थिक क्रिया के नये क्षेत्रों में सम्पदा बहुत जल्दी एकत्रित की जा सकती है। इसके साथ-साथ संवृद्धि भूतकाल से विरासत में मिली धन की विषमताओं को मिथ्या बना देती है जिससे विरासती धन कम निर्णायक हो जाता है। यह भी ध्यान रहे कि 1 प्रतिशत की संवृद्धि दर से हुए परिवर्तन 3-4 प्रतिशत की दर से जरूरी परिवर्तनों की अपेक्षा काफी कम व्यापक हैं, इसीलिए मोहभंग का खतरा बहुत है, विशेषकर जैसे कि ज्ञानोदय के बाद एक न्यायोचित सामाजिक व्यवस्था की आशा निराशा में बदली। आर्थिक विकास इस लोकतांत्रिक व बुद्धिजीवी आशा को पूर्ण करने में सक्षम नहीं है जिसे इस उद्देश्य के लिए विशिष्ट संस्थाओं का निर्माण करना होगा और बाजार की शक्तियों या प्रौद्योगिकी प्रगति पर ही केवल निर्भर नहीं रहना चाहिए।

युद्धोत्तर अवधि के बाद की पीढ़ी : अटलांटिक पार की जटिल नियतियां

महाद्वीपीय यूरोप और विशेष कर फ्रांस में उन तीस वर्षों की सुनहरी यादें हैं जिन्हें गौरवमय त्रै-दशकी के नाम से पुकारा जाता है। 1940 के उत्तरार्द्ध से 1970 के उतरार्द्ध के दौरान आर्थिक संवृद्धि अप्रत्याशित तौर पर तीव्र थी। लेकिन लोग आज भी समझ नहीं पाये कि किस शैतानी आत्मा ने 1970 के दशक के उत्तरार्द्ध की शुरूआत में संवृद्धि की बहुत नीची दर कर

दी। आज भी कई लोग यह विश्वास करते हैं कि ये दयनीय वर्ष बुरे सपने की तरह समाप्त होंगे और फिर से वही हो जाएगा जो पहले था।

वास्तव में जब हम ऐतिहासिक परिप्रेक्ष्य में देखते हैं तो युद्धोत्तर तीस वर्ष अपवादपूर्ण काल था क्योंकि 1917–1945 की अवधि में यूरोप संयुक्त राष्ट्र अमेरिका से पीछे हो गया था लेकिन "गौरवमय त्रै-दशकी" के दौरान तेजी से उसके बराबर हो गया। एक बार जब यह बराबरी पूरी हुई तो यूरोप और अमेरिका वैश्विक प्रौद्योगिकी सीमांतों में खड़े हो गये और अपेक्षाकृत समान धीमी गति से वृद्धि करने लगे। यह सीमांत की अर्थव्यवस्थाओं की विशेषता है कि उसमें बाद में धीमी गति से वृद्धि हो पाती है।

रेखाचित्र 2.3: औद्योगिक क्रांति के बाद से प्रति व्यक्ति उत्पाद की संवृद्धि

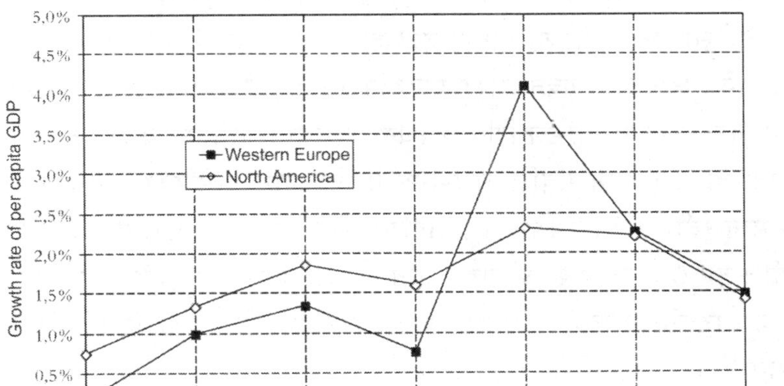

यूरोप में 1950 से 1970 की अवधि में प्रति व्यक्ति उत्पाद की संवृद्धि दर 4 प्रतिशत से अधिक रही— हां आगे चल कर यह दर अमरीकी स्तर के निकट पहुंच गई। स्रोत और श्रृंखला हेतु देखें: piketty.pse.ens.fr/capital21C.

चित्र 2.3 में यूरोपीय तथा उत्तरी अमेरीकी संवृद्धि दरों का तुलनात्मक विकास दिखाया गया है। इससे यह बिंदु स्पष्ट हो जाएगा। उत्तरी अमेरिका में युद्धोतर अवधि की कोई सुनहरी यादें नहीं हैं क्योंकि वहाँ "गौरवमय त्रै-दशकी" (Trente Glorieuses) कभी रही ही नहीं; 1820–2012 के बीच प्रति व्यक्ति उत्पादन 1.5–2 प्रतिशत प्रति वर्ष के लगभग समान दर

पर विकसित हुई। हां, 1930 से 1950 के बीच यह 1.5 प्रतिशत से थोड़ी ऊपर रही, फिर 1950 और 1970 के बीच 2 प्रतिशत से थोड़ी ऊपर रही और फिर धीमी होते हुए 1990 से 2012 के बीच 1.5 प्रतिशत से कम हो गई। पश्चिमी यूरोप में जो दोनों महायुद्धों से पीडित अधिक रहा, अंतर काफी हैं; 1913 से 1950 के बीच प्रति व्यक्ति उत्पादन स्थिर हो गया (संवृद्धि दर केवल 0.5 प्रतिशत रही) और फिर उसमें आगे उछाल आया और 1950 से 1970 में अमेरिका स्तर तक तीव्रता से गिरावट आई (2 प्रतिशत से थोड़ा अधिक) और फिर 1990 और 2012 में केवल 2.5 प्रतिशत पर गिर गया।

पश्चिमी यूरोप ने 1950 और 1970 के दौरान संवृद्धि के सुनहरे युग का अनुभव किया, लेकिन आने वाले दशकों में उसने संवृद्धि दर को अपने उत्कर्ष स्तर का आधा या एक–तिहाई तक गिरते देखा। ध्यान रहे कि चित्र 2.3 में गिरावट की गहनता का कम आकलन हुआ है क्योंकि मैंने ब्रिटेन को पश्चिम यूरोप में शामिल किया है (जैसा कि होना चाहिए), यद्यपि बीसवीं शताब्दी में ब्रिटिश संवृद्धि अर्द्ध–स्थिरता के उत्तरी अमेरिकी प्रतिमान के समान रही। यदि हम सिर्फ महाद्वीपीय यूरोप को देखें, 1950 से 1970 के बीच हम 5 प्रतिशत की औसत से प्रति व्यक्ति उत्पादन संवृद्धि दर पाते हैं, यह स्तर तो पिछली दो शताब्दियों में अन्य विकसित देशों में कभी नहीं रहा।

बीसवीं शताब्दी में संवृद्धि के बिल्कुल भिन्न–भिन्न सामूहिक अनुभवों के कारण ही विभिन्न देशों में जनमत व्यावसायिक व वित्तीय वैश्वीकरण और सामान्यत: पूंजीवाद के बारे में भिन्न–भिन्न विचार रखता है। महाद्वीपीय यूरोप में विशेषकर फ्रांस में, लोग प्रथम तीन युद्धोत्तर दशकों को तीव्र संवृद्धि वाली अवधि के रूप में सहजता से देखते हैं। इस अवधि में अर्थव्यवस्था में मजबूत राज्य हस्तक्षेप रहा, और कइयों का विचार है कि 1980 के आसपास अर्थव्यवस्था के निजीकरण की जो शुरूआत हुई, उससे ही गिरावट आई।

ग्रेट ब्रिटेन और अमेरिका में युद्धोत्तर इतिहास की व्याख्या भिन्न तरीके से हुई। 1950 और 1980 के बीच अंग्रेजी बोलने वाले देशों और युद्ध में पराजित हुए देशों में अंतर तेजी से समाप्त हो गया। अमेरिकी पत्रिकाओं के मुख्य पृष्ठों में अमेरिकी पतन की निंदा और जर्मन तथा जापानी उद्योगों की सफलता की प्रशंसा हुई। ब्रिटेन में प्रति व्यक्ति घरेलू सकल उत्पाद जर्मनी, फ्रांस, जापान और यहाँ तक कि इटली के स्तर से भी नीचे गिर गया। यह हो सकता है कि पराजित होने की (या ब्रिटेन के मामले में पीछे रह जाने की) भावना ने "अनुदारवादी क्रांति" में महत्त्वपूर्ण भूमिका निभाई। ब्रिटेन में मारग्रेट थ्रैचर और अमेरिका में रोनाल्ड रीगन ने कल्याण राज्य को वापस लेने का वचन दिया। इस कल्याण राज्य ने, यह कहा गया, एंग्लो–सेक्सन उद्यमियों की पाश्विक आत्मा को शक्तिहीन कर दिया और इसीलिए उन्नीसवीं शताब्दी के विशुद्ध पूंजीवाद की ओर वापसी हो जिससे ब्रिटेन और अमेरिका पुन: ऊंचे स्तर पर पहुंचेंगे। आज भी दोनों देशों में अनेक लोग यह विश्वास करते हैं कि अनुदारवादी क्रांति उल्लेखनीय तौर पर सफल रही क्योंकि उनकी संवृद्धि दर पुन: महाद्वीपीय यूरोप और जापानी स्तर तक पहुंच गई।

वास्तव में न तो 1980 के आसपास शुरू होने वाला आर्थिक उदारीकरण और न ही 1945 में प्रारम्भ होने वाला राज्य हस्तक्षेपवाद ऐसी प्रशंसा या निंदा के पात्र हैं। 1914–1945 में अपने विध्वंस के पश्चात् फ्रांस, जर्मनी और जापान की ब्रिटेन व अमेरिका के साथ बराबरी का संभावना बहुत थी, वे चाहे कोई भी नीतियां क्यों न अपनाते। (मैं इसे सिर्फ थोड़ी सी अतिशयोक्ति के साथ कहता हूँ)। ज्यादा से ज्यादा कोई कह सकता है कि राज्य हस्तक्षेप से कोई हानि नहीं हुई। इसी तरह से एक बार इन देशों ने वैश्विक प्रौद्योगिकी सीमांत को प्राप्त कर लिया तो इसमें आश्चर्य की कोई बात नहीं कि ब्रिटेन और अमेरिका से अधिक तीव्रता से वृद्धि नहीं कर पाये और जैसा कि चित्र 2.3 दिखाता है, इन सभी धनी देशों की संवृद्धि दरें समानीकृत हो गईं। (मैं इस पर बाद में आऊंगा)। मोटे तौर

पर आर्थिक उदारीकरण की ब्रिटिश और अमरीकी नीति ने इस सरल वास्तविकता पर कोई प्रभाव नहीं डाला क्योंकि उससे न तो वृद्धि हुई और न ही गिरावट आई।

वैश्विक संवृद्धि के दो घंटी वक्र

संक्षेप में, पिछली तीन शताब्दियों के दौरान वैश्विक संवृद्धि को एक बड़ी ऊंची चोटी के साथ घंटी वक्र के रूप में देखा जा सकता है। जनसंख्या वृद्धि और प्रति व्यक्ति उत्पादन संवृद्धि के संबंध में अठारहवीं और उन्नीसवीं शताब्दी और विशेष तौर पर बीसवीं शताब्दी के दौरान गति क्रमश: तेज हुई और अब उसके 21वीं शताब्दी में काफी नीचे स्तर पर लौटने की संभावना है।

लेकिन दोनों घंटी वक्रों में स्पष्ट अंतर है। यदि हम जनसंख्या वृद्धि के वक्र को देखें तो हम देखते हैं कि वृद्धि अठारहवीं शताब्दी में बहुत जल्दी शुरू हो गई और उसकी गिरावट भी बहुत पहले शुरू हुई। यहाँ हम जनांकीय संक्रमण के प्रभावों को देखते हैं जो पूर्ण हो चुके हैं। वैश्विक जनसंख्या संवृद्धि की दर 1950–1970 की अवधि में लगभग 2 प्रतिशत प्रति वर्ष के चरम पर थी और उसके बाद तेजी से गिरी है। इस क्षेत्र में वैसे किसी चीज के बारे में विश्वास नहीं हो सकता, इस प्रक्रिया के जारी रहने की संभावना है और 21वीं शताब्दी के उतरार्द्ध में संवृद्धि दरें लगभग शून्य तक गिर जायेंगी। घंटी वक्र का आकार पूरी तरह से स्पष्ट परिभाषित है। (देखें चित्र 2.2)।

जब हम प्रति व्यक्ति उत्पादन की संवृद्धि दर की बात करते हैं तो बात बहुत ही जटिल होती है। "आर्थिक संवृद्धि" को उड़ान करने में लम्बा समय लगा; यह पूरी अठारहवीं शताब्दी के दौरान शून्य के करीब रहा, और उन्नीसवीं शताब्दी में उसने चढ़ना शुरू किया और उन्नीसवीं शताब्दी में वास्तविक हुआ। प्रति व्यक्ति उत्पादन में वैश्विक वृद्धि 1950 और 1990 के बीच 2 प्रतिशत से अधिक हुई। यह यूरोपीय देशों के बराबर आने से हुआ, और फिर से यह 1990 से 2012 के बीच हुई जो एशियाई विशेष कर चीन के बराबर आने से हुआ। उस काल में आधिकारिक आंकड़ों के

अनुसार चीन में संवृद्धि 9 प्रतिशत प्रति वर्ष से अधिक हुई, (एक ऐसा स्तर जो पूर्व में कभी नहीं देखा गया)।[24]

रेखाचित्र 2.4.: विश्व प्रति व्यक्ति उत्पाद की संवृद्धि दर-पुरातन काल से 2100 तक

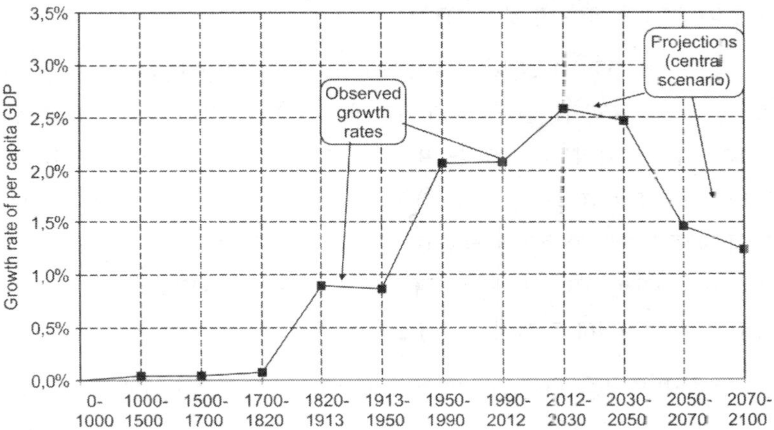

यह प्रति व्यक्ति उत्पाद संवृद्धि दर 1950 से 2012 तक 2 प्रतिशत से अधिक रही है। यदि अभिनति का क्रम चलता रहा तो यह दर 2012 से 2050 के बीच 2.5 प्रतिशत रहेगी और फिर घट कर 1.5 प्रतिशत से कम हो जाएगी। स्रोत और श्रृंखला हेतु देखें: piketty.pse.ens.fr/capital21C.

वर्ष 2012 के पश्चात् क्या होगा? चित्र 2.4 में मैंने एक "माध्यिका संवृद्धि भविष्यवाणी का संकेत दिया है। वास्तव में यह तो एक आशावादी भविष्यवाणी है चूंकि मैंने यह कल्पना की है कि अमीरतम देश (पश्चिमि यूरोप, उत्तरी अमेरिका, और जापान) 2012 से 2100 के बीच 1.2 प्रतिशत की दर से बढेंगे (यह कई अन्य अर्थशास्त्रियों की भविष्यवाणी की अपेक्षा काफी ऊंची है) जबकि गरीब और उभरते देशों में बिना गिरे अभिनति प्रक्रिया जारी रहेगी और वे 2012 से 2030 तक 5 प्रतिशत प्रति वर्ष और 2030 से 2050 तक 4 प्रतिशत की दर से संवृद्धि प्राप्त करेंगे। यदि जैसी कि भविष्यवाणी है वैसा ही होगा तो चीन, पूर्वी यूरोप, दक्षिण अमेरिका और मध्यपूर्व का प्रति व्यक्ति उत्पादन 2050 तक अमीरतम देशों के प्रति व्यक्ति उत्पादन के बराबर तक पहुंच जायेगा। उसके बाद अध्याय 1 में वर्णित वैश्विक उत्पादन का वितरण जनसंख्या के वितरण के समान प्राय: होगा।[26]

इस आशावादी "मध्यम" परिदृश्य में प्रति व्यक्ति उत्पादन की वैश्विक संवृद्धि 2012 तथा 2030 के बीच 2.5 प्रतिशत प्रति वर्ष से थोड़ी बढ़ेगी, फिर से 2030 और 2050 में ऐसा होगा और शताब्दी के अंतिम तिहाई में 1.2 प्रतिशत के लगभग ह्रास होगा।

यदि हम दूसरी घंटी वक्र की पहली से (जनसांख्यिकी संवृद्धि के दर के साथ) तुलना करें तो दूसरी घंटी वक्र की दो विशेषताएं नजर आती हैं। प्रथम, यह पहली की अपेक्षा देर से (लगभग एक शताब्दी बाद, बीसवीं की बजाय 21वीं शताब्दी के मध्य में) चरम पर पहुंचती है और द्वितीय, यह शून्य अथवा शून्य के करीब संवृद्धि को घटाती नहीं बल्कि 1 प्रतिशत प्रति वर्ष के लगभग ऊपर के स्तर तक लाती है। यह पारंपरिक समाजों की संवृद्धि दर से काफी ऊंची है। (चित्र 2.5 देखें)

रेखाचित्र 2.5.: विश्व उत्पादन की संवृद्धि दर, पुरातन काल से 2100 तक

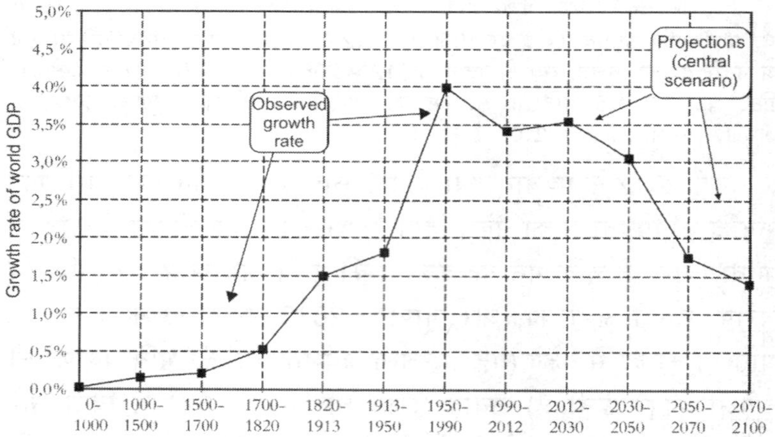

विश्व उत्पादन की संवृद्धि दर 1950 से 1990 की अवधि में 4 प्रतिशत से अधिक रहा। यदि अभिनति का क्रम चलता रहा तो 2050 तक यह 2 प्रतिशत से कम रह जाएगी। स्रोत और श्रृंखला हेतु देखें: piketty.pse.ens.fr/capital21C.

इन दोनों वक्रों को जोड़कर हम एक तीसरी वक्र को पा सकते हैं जोकि कुल वैश्विक उत्पादन की संवृद्धि की दर दिखायेगी (चित्र 2.5)। 1950 तक यह हमेशा 2 प्रतिशत प्रति दिन के कम रही, 1950–1990 में यह अपवाद स्वरूप उच्च स्तर की 4 प्रतिशत हो गई। यह अपवादपूर्ण उच्च स्तर

इतिहास में उच्चतम जनांकीय वृद्धि दर और प्रति व्यक्ति उत्पादन में उच्चतम संवृद्धि दर दोनों को प्रतिबिंबित करता है। उसके बाद वैश्विक उत्पादन की संवृद्धि की दर में गिरावट होने लगी और यह 1990–2012 में 3.5 प्रतिशत के नीचे तक गिर गई। यह चीन सहित उभरते देशों में अत्यधिक ऊंची संवृद्धि दरों के बावजूद हुआ। मेरे "मध्यम" परिदृश्य के अनुसार यह दर 2030 तक जारी रहेगी, 2030–2050 में यह 3 प्रतिशत तक गिरेगी और 21वीं शताब्दी के उत्तरार्द्ध में लगभग 1.5 प्रतिशत तक गिर जायेगी।

मैं यह पहले ही स्वीकार कर चुका हूँ कि ये माध्यिका भविष्यवाणियां बहुत ही काल्पनिक हैं। मुख्य बात तो यह है कि निश्चित तिथियों और संवृद्धि दरों (इनके विवरण तो वास्तव में महत्त्वपूर्ण हैं) को ध्यान में न रखने के बावजूद वैश्विक संवृद्धि की दोनों वक्र घंटियां काफी सीमा तक निर्धारित हो चुकी हैं चित्र 2.2–5 में दिखाई गई मध्यम भविष्यवाणी दो बातों में आशाजनक है; पहला क्योंकि यह मान कर चलती है कि धनी देशों में उत्पादकता संवृद्धि 1 प्रतिशत प्रति वर्ष से अधिक जारी रहेगी (जो शुद्ध ऊर्जा के साथ–साथ महत्त्वपूर्ण प्रौद्योगिकी प्रगति की कल्पना भी करती है, और दूसरा, शायद यह अधिक महत्त्वपूर्ण है, क्योंकि यह कल्पना करती है कि उभरती अर्थव्यवस्थाएं धनी अर्थव्यवस्थाओं के साथ बिना किसी प्रमुख राजनीतिक अथवा सैनिक रोक–टोक के अभिनति तब तक करती रहेंगी जब तक कि 2050 के करीब प्रक्रिया पूरी नहीं हो जाती और यह सब बड़ी तीव्रता के साथ होगा। इसमें कम आशावादी की कल्पना करना सरल है और तब इन ग्राफों में दिए गए संकेतों की अपेक्षा वैश्विक संवृद्धि की वक्र घंटी तेजी से नीचे गिर सकती है।

मुद्रास्फीति (Inflation) का प्रश्न

औद्योगिक क्रांति के पश्चात् से ऊपर दिया गया परिदृश्य बुरी तरह से अपूर्ण होगा यदि मैं मुद्रास्फीति के प्रश्न पर विचार न करूं। कुछ ऐसा कहेंगे कि मुद्रास्फीति तो एक शुद्ध मौद्रिक घटनाचक्र है और उस पर हमें चिंता करने की आवश्यकता नहीं है। वास्तव में अभी तक मैंने जिन संवृद्धि दरों

की बात की है वे सब तथाकथित वास्तविक संवृद्धि दरें हैं जिन्हें (उपभोक्ता कीमत के रूप में मापी गई) तथाकथित नाममात्र संवृद्धि दर से (उपभोक्ता कीमत सूचकों से प्राप्त) मुद्रास्फीति की दर को घटा कर प्राप्त किया जाता है।

वास्तविकता में इस जांच पड़ताल में मुद्रास्फीति की भूमिका प्रमुख है। जैसा कि बताया गया है "औसतों" पर आधारित कीमत सूचक एक समस्या पैदा करते हैं। संवृद्धि अपने साथ नई वस्तुएं व सेवाएं लाती है जिससे सापेक्ष कीमतों में अत्यधिक परिवर्तन होता है और इसे एक सूचक में डालना कठिन होता है। परिणामत: मुद्रास्फीति और संवृद्धि की अवधारणाएं हमेशा भलीभांति परिभाषित नहीं होतीं। नाममात्र संवृद्धि (यही एक चीज है जिसका नंगी आंखों से अवलोकन किया जा सकता है) का वास्तविक घटक और स्फीति घटक में विभाजन कुछ हद तक मनमानापूर्ण है और अनेक विवादों का स्रोत रहा है।

उदाहरण के लिए, यदि मौद्रिक संवृद्धि दर 3 प्रतिशत प्रति वर्ष है और कीमतों में वृद्धि 2 प्रतिशत है तो हम कहते हैं कि वास्तवकि संवृद्धि दर 1 प्रतिशत है। लेकिन यदि हम मुद्रास्फीति आकलन को नीची ओर संशोधन करते हैं क्योंकि उदाहरणार्थ हम यह मानते हैं कि स्मार्ट फोन्स और टेबलटों की वास्तविक कीमत हमारे पहले सोचने की कीमत की अपेक्षा अधिक गिर गई है। अब तो उनकी गुणवत्ता और निष्पादन में उल्लेखनीय वृद्धि है जिसे सांख्यिकीविद् सावधानी से माप करने की कोशिश करते हैं—(यह कोई मेरा कमाल नहीं है) और अब हम यह मानते हैं कि कीमतों में केवल 1.5 प्रतिशत की वृद्धि हुई है, फिर हम यह निष्कर्ष निकालते हैं कि वास्तविक संवृद्धि दर तो 1.5 प्रतिशत है। वास्तव में जब अंतर इतना छोटा होता है तो सही संख्या के बारे में निश्चित होना कठिन होता है और सारे आकलन सत्य के किसी हिस्से को ही दर्शाते हैं; स्मार्ट फोन्स और टेबलेटों के विशेषज्ञों के लिए संवृद्धि निस्संदेह 1.5 प्रतिशत के करीब थी जबकि अन्य के लिए यह 1 प्रतिशत के करीब थी।

कीमतों में सापेक्ष परिवर्तन तो रिकार्डो के अभाव पर आधारित सिद्धांत में निर्णायक भूमिका अदा कर सकते हैं: यदि भूमि भवन या गैस जैसी वस्तुओं की कीमतें लम्बे समय तक काफी ऊंचे स्तर पर पहुंच जाती हैं तो इससे धन का वितरण स्थायी तौर पर उन लोगों के पक्ष में हो सकता है जो इन दुर्लभ संसाधनों के प्रारम्भिक मालिक होते हैं।

सापेक्ष कीमतों के प्रश्न के साथ-साथ मैं यह दिखाऊंगा कि अपने आप में मुद्रास्फीति—अर्थात सभी कीमतों में सामान्य तौर पर वृद्धि—भी धन वितरण की गत्यात्मकता में एक बुनियादी भूमिका अदा कर सकती है। वास्तव में यह अनिवार्य तौर पर मुद्रास्फीति थी जिसकी वजह से धनी देश द्वितीय विश्व युद्ध के पश्चात सार्वजनिक ऋणों से मुक्ति पा सके। मुद्रास्फीति से बीसवीं शताब्दी में सामाजिक समूहों में अनेक पुनर्वितरण हुए। यह प्राय: अव्यवस्थित ढंग से या अनियंत्रित तरीके से हुए। इसके विपरीत अठारहवीं और उन्नीसवीं शताब्दियों में पनपे धन आधारित समाज उस समय की अत्यधिक स्थिर भौतिक दशाओं से जुड़े हुए थे। यह मौद्रिक स्थिरता काफी लम्बे समय तक रही।

अठारहवीं व उन्नीसवीं शताब्दियों की महान मौद्रिक स्थिरता

यह ध्यान रहे कि मुद्रास्फीति कुल मिलाकर बीसवीं शताब्दी का घटनाचक्र है। इसके पहले, प्रथम विश्वयुद्ध तक मुद्रास्फीति या तो शून्य थी या उसके करीब। कीमतों में उछाल या गिरावट अनेक वर्षों, यहाँ तक कि अनेक दशकों तक आता रहा लेकिन अंत में ये कीमत परिवर्तन संतुलित हो जाते थे। ये उन सब देशों में हुआ है जिनकी दीर्घकालीन कीमत श्रृंखला हमारे पास है।

अधिक स्पष्ट करें तो यदि हम सब 1700–1820 और 1820–1931 की अवधियों के दौरान औसत कीमत वृद्धियों को देखें तो हम पाते हैं कि फ्रांस, ब्रिटेन, अमेरिका और जर्मनी में मुद्रास्फीति का कोई महत्त्व नहीं था; अधिक से अधिक यह 0.2–0.3 प्रतिशत प्रति वर्ष थी। हम तो थोड़ा सा नकारात्मक कीमत परिवर्तनों का समय भी देखते हैं; उदाहरण के लिए

उन्नीसवीं शताब्दी में ब्रिटेन और अमेरिका (दोनों जगह 1820 में 1931 के बीच—0.2 प्रतिशत प्रति वर्ष)।

यह भी सही है कि मौद्रिक स्थिरता के सामान्य नियम में कुछ अपवाद भी रहे लेकिन वे थोड़े समय के लिए ही रहे और फिर सामान्य स्थिति आ गई, जैसे कि उसका आना अनिवार्य था। एक विशेष प्रतीकात्मक किस्सा फ्रांसीसी क्रांति का था। 1789 के अंत में क्रांतिकारी सरकार ने अपनी सुविख्यात एसिगनेट्स (कागजी मुद्रा) जारी की जो 1790 या 91 में वास्तविक प्रसारित मुद्रा और विनिमय का साधन बन गई। कागजी मुद्रा का यह पहला ऐतिहासिक उदाहरण था। इसने 1794 या 1795 तक ऊंची मुद्रास्फीति (एसिगनेट्स के रूप में उसकी माप हुई) को जन्म दिया लेकिन महत्त्वपूर्ण बात यह है कि फ्रेंक जरनिमल (नई फ्रांसीसी मुद्रा) की धात्विक मुद्रा की ओर जब वापसी हुई तो उसे पुराने राजतंत्र की मुद्रा के समान मूल्य पर रखा गया। अधिनियम 18 जरमिनल, साल तीन (अप्रैल 7, 1795) ने पुरानी मध्य युग की मुद्रा (लीवर टर्नओइस, Livre tournois) (यह मुद्रा जनता को राजतंत्र की याद दिलाती थी) को समाप्त किया और उसके स्थान पर फ्रेंक को लागू किया जो देश की नई आधिकारिक मौद्रिक इकाई थी। इसमें उसके पूर्वज की तरह समान धातु अंश था। एक फ्रेंक सिक्के में 4.5 ग्राम की शुद्ध चांदी होती थी। (लीवर टर्नओइस में भी 1726 से इतनी ही चांदी होती थी। इसका अनुमोदन 1796 के कानून द्वारा और फिर 1803 के द्वारा किया गया जिसने (सोने व चांदी पर आधारित) द्विधातुवाद को स्थापित किया।[27]

अंतत: 1800–1810 अवधि में फ्रेंक में अभिव्यक्त कीमतें 1770–1780 अवधि में लिवरे टोरनियस (livre tournois) में अभिव्यक्त कीमतों के लगभग समान थी। इस तरह से क्रांति के दौरान मौद्रिक इकाई में परिवर्तन से पैसे की क्रय शक्ति में कोई अंतर नहीं पड़ा। बालजाक (Balzac) से शुरू होते प्रारम्भिक उन्नीसवीं शताब्दी के उपन्यासकारों को जब आय व धन का उल्लेख करना होता था, तब वे निरंतर एक इकाई से दूसरी इकाई का प्रयोग करते रहे; समकालीन पाठकों के लिए फ्रेंक जरमिनल (या फ्रेंक- और) और लीवर टोरनियस एक ही मुद्रा थे। पेरे

गोरयेट (Pere Goriot) के लिए "एक हजार दो सौ लिवरे" का किराया" बारह सौ फ्रैंक के पूर्णत: समान का और इसके लिए और किसी स्पष्टीकरण की आवश्यकता नहीं थी।

1803 में निर्धारित फ्रेंक का स्वर्ण मूल्य में आधिकारिक तौर पर जून 25, 1928 तक परिवर्तन नहीं किया गया। यह परिवर्तन जून 25, 1928 के पश्चात ही हुआ जबकि नये मौद्रिक कानून को अपनाया गया। वास्तव में बैंक दे फ्रांस (Banque de France) को अगस्त 1914 से सोना अथवा चांदी से अपने नोटों के विनिमय के उत्तरदायित्व से मुक्त कर दिया गया था। इस तरह से अब "फ्रेंक–और" "कागजी फ्रेंक" बन चुका था और 1926–1928 की मौद्रिक स्थिरता तक वह ऐसा ही रहा। इसके बावजूद 1726 से 1914 की अवधि में जो एक महत्त्वपूर्ण समय था, धातु से समानता बनी रही।

इसी तरह से हम ब्रिटेन के पाउंड–स्टर्लिंग में मौद्रिक स्थिरता की वही समान स्थिति पाते हैं। कुछ समायोजनों के बावजूद दो शताब्दियों में फ्रांसीसी और ब्रिटिश मुद्राओं की विनिमय दरों में स्थिरता रही; अठारहवीं शताब्दी से 1924 तक पाउंड स्टर्लिंग की कीमत 20–25 लिवरे टोरनियस निरंतर बनी रही।[28] उस समय के ब्रिटिश उपन्यासकारों के लिए पाउंड स्टर्लिंग और उसके शिलिंग व गिन्नी (guineas) संगमरमर की तरह मजबूत थे; इसी तरह से फ्रांसीसी उपन्यासकारों को भी लिवरे टोरनियस और फ्रेंक- और मजबूत मुद्राएं लगती थीं।[29] ये सभी इकाइयां ऐसी मात्राओं की माप कर रहीं थीं जिनमें समय के साथ परिवर्तन नहीं आया। इस तरह से ऐसे प्रतिमान बने जिनमें मौद्रिक परिमाणों को शाश्वतता का वातावरण और सामाजिक विभेदों का एक तरह का स्थायित्व मिला।

यही बात अन्य देशों पर भी लागू होती थी। इनमें जो प्रमुख परिवर्तन हुए उनका संबंध केवल मुद्रा की नवीन इकाई की परिभाषा या नई मुद्राओं की रचना से था, जैसा कि 1775 में अमेरिकी डॉलर और 1873 में स्वर्ण मार्क के साथ हुआ। लेकिन एक बार धातु से समानता स्थापित हो गई तो उसके बाद कोई परिवर्तन नहीं हुआ। उन्नीसवीं और प्रारम्भिक बीसवीं

शताब्दी में सभी जानते थे कि एक पाउंड की कीमत लगभग 5 डॉलर, 20 मार्क, और 25 फ्रैंक थी। दशकों से मुद्रा के मूल्य में कोई परिवर्तन नहीं हुआ था, और किसी के लिए यह सोचने का कारण नहीं था कि भविष्य में कुछ भिन्न होगा।

क्लासिकी साहित्य में मुद्रा का अर्थ

अठारहवीं तथा उन्नीसवीं शताब्दियों के उपन्यासों में पैसा हर जगह था; एक काल्पनिक शक्ति के तौर पर ही नहीं बल्कि एक स्पष्ट, ठोस परिमाण के रूप में। लेखकों ने अपने किरदारों की आय व धन को फ्रेंक या पाउंड के रूप में दर्शाया, वे संख्याओं में हमको उलझाना नहीं चाहते थे लेकिन इसलिए क्योंकि इन्हीं परिमाणों में किरदार की सामाजिक स्थिति का पाठक को भान होता था, सभी जानते थे कि ये संख्याएं किसी जीवन स्तर को इंगित करती थीं।

ये मौद्रिक चिन्ह इसलिए भी स्थिर रहे क्योंकि संवृद्धि अपेक्षाकृत धीमी थी। इससे इनकी कीमतों में परिवर्तन अनेक दशकों के दौरान धीरे-धीरे हुआ। अठारहवीं शताब्दी में प्रति व्यक्ति आय में वृद्धि बहुत धीरे-धीरे हुई। ग्रेट ब्रिटेन में प्रारम्भिक उन्नीसवीं शताब्दी के दौरान जब जेन ऑस्टिन ने अपने उपन्यासों की रचना की तब औसत आय 30 पाउंड प्रति वर्ष थी।[30] यही औसत 1720 या 1770 में देखा जा सकता था। अत: ये बहुत ही स्थिर संदर्भ बिंदु थे जिनके साथ ऑस्टिन का पालन–पोषण हुआ। वे जानती थीं कि सुविधापूर्वक और सौम्य जीवन के लिए, उपयुक्त परिवहन और कपड़े, अच्छे भोजन और मनोरंजन के लिए और घरेलू नौकरों की न्यूनतम संख्या में आवश्यकता के लिए औसत से कम से कम बीस से तीस गुना कमाना आवश्यक था। उनके उपन्यासों के किरदार अपने को आवश्यकताओं से मुक्त तभी समझते थे जबकि वे 500 से 1000 पाउंड प्रति वर्ष की आय खर्च कर सकते थे।

इन वास्तविकताओं व परिप्रेक्ष्यों में निहित विषमताओं की संरचना और जीवन निर्वाह मानकों और विशेष तौर पर उनसे प्रवाहित होने वाले

धन व आय के वितरण के बारे में मुझे और भी कहना है। लेकिन अभी महत्त्वपूर्ण बिंदु यह है कि अनुपस्थित मुद्रास्फीति और अत्यधिक धीमी संवृद्धि *(Low Growth)* के कारण ये बातें अधिक ठोस व स्थिर वास्तविकताओं को दर्शाती हैं। वास्तव में आधी शताब्दी पश्चात भी औसत आय मात्र 40–50 पाउंड थी। संभवत: जेन ऑस्टिन द्वारा दर्शाई राशियों को पाठकों ने सुविधाजनक जीवन जीने के लिए अत्यधिक कम पाया हो, लेकिन वे उनसे बहुत अधिक भ्रमित भी नहीं हुए थे। बीसवीं शताब्दी की शुरूआत में ग्रेट ब्रिटेन में औसत आय 80–90 पाउंड प्रति वर्ष तक बढ़ गई थी। यह वृद्धि उल्लेखनीय थी लेकिन ऑस्टिन जिस 1000 पाउंड या उससे अधिक की वार्षिक आय की बात कर रही थीं, वह बहुत बड़े अंतर की बात थी।

हम फ्रांसीसी उपन्यासों में इसी तरह की मुद्रा स्थिरता के संदर्भ पाते हैं। 1810–1820 की अवधि में जब बालजाक (Balzac) ने पेयरे गोरियेट (Pere Goriot) लिखा, फ्रांस में औसत आय 400–500 फ्रेंक प्रतिवर्ष थी। लिवरे टोरनियस में अभिव्यक्त राजशाही में औसत आय थोड़ी कम थी। ऑस्टिन की तरह बालजाक ने एक ऐसे विश्व का वर्णन किया जिसमें एक अच्छे जीवन निर्वाह के लिए उस समय की औसत आय से बीस से तीस गुना धन की आवश्यकता थी। दस–बीस हजार फ्रेंक से कम की आय वाला बालजाक का कोई हीरो यह सोच सकता था कि वह गरीबी में रह रहा है। फिर से परिमाणों की इस व्यवस्था में परिवर्तन उन्नीसवीं शताब्दी के दौरान बहुत ही क्रमश: होता है और "उत्कर्ष युग" के पाठकों को जाना पहचाना भी नहीं लगता।[31] इन राशियों द्वारा लेखकों ने आर्थिक दृष्टि से पृष्ठभूमि बनाई, जीने की एक राह की ओर इशारा किया, संघर्षों को जन्म दिया और एक शब्द में एक सभ्यता का वर्णन दिया।

हम अमेरिकी जर्मन और इटालियन उपन्यासों और उन सभी देशों के साहित्य से कई गुना उदाहरण पेश कर सकते हैं जिन्होंने मौद्रिक स्थिरता की लम्बी अवधि को अनुभव किया। प्रथम विश्व युद्ध तक पैसे का कुछ अर्थ

था और उपन्यासकारों ने उसको समझने, उसके अन्वेषण में तथा उसको एक साहित्यिक विषय बनाने में तत्परता दिखाई।

बीसवीं शताब्दी में मौद्रिक संदर्भ बिंदुओं का ह्रास

प्रथम विश्वयुद्ध के साथ विश्व में बर्बादी छा गई। असाधारण हिंसा और तीव्रता के इस युद्ध का खर्चा वहन करने के लिए, सैनिकों और अत्यंत महंगे और परिष्कृत शस्त्रों का खर्चा वहन करने के लिए सरकारों पर भारी ऋण चढ़ गया। अगस्त 1914 में ही प्रमुख युद्धरत देशों ने अपनी मुद्रा की सोने से परिवर्तनशीलता समाप्त कर दी। युद्ध के उपरांत सभी देशों ने अपने विशाल सार्वजनिक ऋणों की अदायगी के लिए प्रिंटिंग प्रेस का सहारा लिया। 1920 के दशक में स्वर्ण मानक को पुन: लागू करने के प्रयत्न 1930 की दशक के संकट ने समाप्त कर दिये; ब्रिटेन ने 1931 में स्वर्ण मानक को छोड़ दिया, अमेरिका ने 1933 में और फ्रांस ने 1936 में। द्वितीय विश्व युद्ध के बाद के स्वर्ण मानक कुछ समय ही सुदृढ़ रहे : 1946 में स्थापित और 1971 में समाप्ति, जबकि डॉलर की सोने के साथ परिवर्तनशीलता समाप्त हो गई।

1913 और 1950 के बीच फ्रांस में मुद्रास्फीति 13 प्रतिशत प्रति वर्ष से अधिक थी (इससे कीमतों में 100 गुणा वृद्धि हुई)। जर्मनी में मुद्रास्फीति 17 प्रतिशत प्रति वर्ष थी (इससे 300 से अधिक गुणा कीमत वृद्धि हुई)। ब्रिटेन और अमेरिका जहां दो महायुद्धों से कम नुकसान और कम राजनीतिक अस्थिरता हुई, मुद्रास्फीति की दर उल्लेखनीय तौर पर नीची रही : 1913–1950 की अवधि में केवल 3 प्रतिशत प्रति वर्ष। लेकिन इसका अर्थ यह भी है कि दो शताब्दियों की कीमतों में स्थिरता के बाद कीमतों में तीन गुना वृद्धि हुई।

सभी देशों में 1913–1945 की अवधि के आघातों ने युद्ध पूर्व की मौद्रिक निश्चितताओं को तहस नहस किया। इसका यह भी कारण था कि युद्ध द्वारा उन्मुक्त मुद्रास्फीति प्रक्रिया वास्तव में कभी समाप्त ही नहीं हुई।

यह हम चित्र 2.6 में बड़े स्पष्ट तौर पर देखते हैं। इसमें 1700–2012 की अवधि में चार देशों में उप–अवधियों में मुद्रास्फीति के विकास को

दिखाया गया है। यह ध्यान रहे कि 1950 से 1970 की अवधि के दौरान मुद्रास्फीति 2 और 6 प्रतिशत प्रति वर्ष के अंतराल में रही। 1970 के दशक में यह तीव्रता से ऊंची हुई जबकि औसत मुद्रास्फीति ब्रिटेन में 10 प्रतिशत और फ्रांस में 8 प्रतिशत रही। यह सब 1980 के बाद लगभग सभी जगह उल्लेखनीय अवस्फीति की शुरूआत के बावजूद हुआ। यदि हम मुद्रास्फीति के इस व्यवहार की पिछले दशकों की मुद्रास्फीति से तुलना करें तो यह सोचना अच्छा लगेगा कि 1990–2012 की अवधि में चार देशों में लगभग 2 प्रतिशत की औसत मुद्रास्फीति (जर्मनी और फ्रांस में थोड़ा कम, ब्रिटेन और अमेरिका में थोड़ा अधिक) प्रथम विश्व युद्ध के पूर्व की शून्य मुद्रास्फीति की ओर उल्लेखनीय वापसी दर्शाती है।

इस निष्कर्ष को निकालने से पूर्व हम यह भूलना होगा कि 2 प्रतिशत प्रति वर्ष की मुद्रास्फीति शून्य मुद्रास्फीति से भिन्न है। यदि हम 2 प्रतिशत की वार्षिक मुद्रास्फीति को 1–2 प्रतिशत की वार्षिक संवृद्धि के साथ जोड़ें तो हमारी सभी प्रमुख राशियों—उत्पादन, आय, मजदूरी में 3–4 प्रतिशत वार्षिक की वृद्धि होगी और इस तरह से दस या बीस वर्ष बाद जिन राशियों से आज हमारा संबंध होगा, उनका वर्तमान परिमाणों से कोई नाता नहीं रहेगा। 1980 के दशक या 1990 के दशक के प्रारम्भ की प्रचलित मजदूरी दर को कौन याद रखता है? फिर यह पूर्णत: संभव है कि इस 2 प्रतिशत की मुद्रास्फीति में आने वाले वर्षों में उछाल आयेगा क्योंकि 2007-2008 से विशेष कर ब्रिटेन और अमेरिका में मुद्रा नीति में परिवर्तन हुए हैं। आज का मौद्रिक तंत्र एक शताब्दी पूर्व प्रचलित मौद्रिक तंत्र से बहुत भिन्न है। यह भी जानना रोचक होगा कि दो देश–जर्मनी और फ्रांस—जिन्होंने बीसवीं शताब्दी और विशेषकर 1913 और 1950 के बीच मुद्रास्फीति का सहारा लिया था, मुद्रास्फीति नीतियों के उपयोग करने का प्रश्न उठता है, उन्हीं में सबसे ज्यादा हिचकिचाहट होती है। इससे अधिक महत्त्वपूर्ण यह बात है कि उन्होंने एक मौद्रिक क्षेत्र बनाया और यह मौद्रिक क्षेत्र मुद्रास्फीति के रोकथाम के सिद्धांत पर आधारित है।

आगे मैं विभिन्न अवधियों में धन वितरण की गत्यात्मकता और विशेषकर सम्पदा के संचयन और वितरण में मुद्रास्फीति की भूमिका पर विस्तार से चर्चा करूंगा।

रेखाचित्र 2.6: औद्योगिक क्रांति के बाद से मुद्रा स्फीति

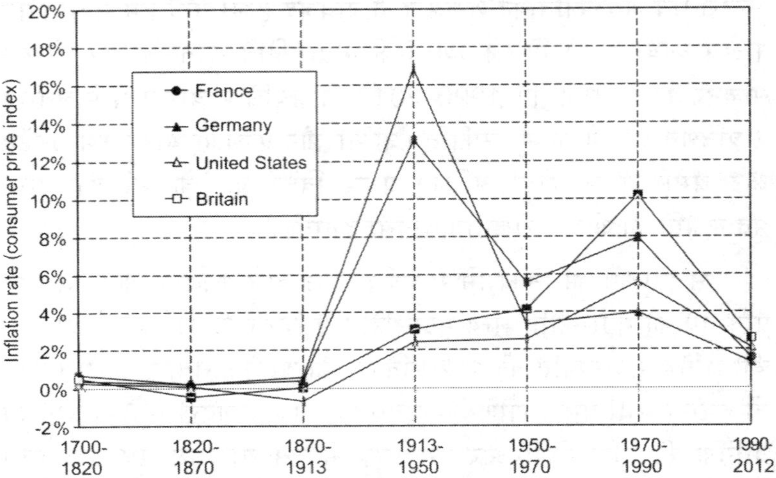

धनी देशों में 18वीं-19वीं सदियों में मुद्रा सफीति दर शून्य थी। यह 20वीं सदी में उच्च रही और 1990 से लगभग 2 प्रतिशत चल रही है।

स्रोत और श्रृंखला हेतु देखें: piketty.pse.ens.fr/capital21C.

इस स्तर पर मैं इस सिर्फ पर इस तथ्य पर जोर देना चाहता हूँ कि बीसवीं शताब्दी में स्थिर मौद्रिक संदर्भ बिंदुओं की हानि न केवल आर्थिक व राजनीति क्षेत्रों में है बल्कि सामाजिक, सांस्कृतिक व साहित्यिक मामलों में भी पिछली शताब्दियों से एक महत्त्वपूर्ण अलगाव है। यह कोई संयोग नहीं है। 1914–1945 के आघातों के बाद कम से कम विशिष्ट राशियों के रूप में मुद्रा, साहित्य से लगभग गायब हो गई। 1914 से पूर्व सभी देशों के साहित्य में धन और आय के विशिष्ट संदर्भ सर्वव्यापी रहे; 1914 और 1945 के बीच ये संदर्भ दृष्टि से थोड़े ओझल हुए और फिर वास्तव में कभी प्रकट नहीं हुए। यह बात न केवल यूरोपीय और अमेरिकी उपन्यासों के बारे में सही है बल्कि अन्य महाद्वीपों के साहित्य के साथ भी ऐसा ही हुआ है। आप नजीब महफूज (Naguib Mahfouz) के या उन सभी उपन्यासकारों

के उपन्यासों को देखें जोकि विश्वयुद्धों के बीच काहिरा की उस पृष्ठभूमि पर लिखे गये जबकि मुद्रास्फीति के कारण कीमतें दूषित नहीं हुई थीं। इनमें चरित्रों को स्थिर करने और उनकी उत्कंठाओं का अर्थ समझाने के लिए आय और धन पर बहुत ध्यान दिया जाता था। हम बालजाक और ऑस्टिन की दुनिया से दूर नहीं है। इसमें शक नहीं कि सामाजिक संरचनाएं बहुत ही भिन्न हैं लेकिन अभी भी मौद्रिक संदर्भों के संबंध में दृष्टिकोणों, अपेक्षाओं व अनुक्रमों को अनुकूल बनाया जा सकता है। 1970 के दशक के इस्तांबुल (Istambul) की पृष्ठभूमि में ऑरहन पामुक (Orhan Pamuk) के उपन्यास लिखे गये हैं। यह वही समय है जबकि मुद्रा के अर्थ अस्पष्ट हो गये थे। ऑरहन पामुक के उपन्यासों में किसी राशि का कोई उल्लेख नहीं है। स्नो (Snow) उपन्यास का हीरो पामुक की तरह उपन्यासकार है। वह कहता है कि एक उपन्यास के लिए पैसे के बारे में बात करने या पिछले वर्ष की कीमतों या आय की चर्चा करने से अधिक थकाने वाला कुछ नहीं है। उन्नीसवीं शताब्दी के बाद से दुनिया बहुत बदल गई है।

■ ■ ■

खण्ड-2

पूंजी/आय अनुपात की गत्यात्मकता

अध्याय-3

पूंजी के रूपांतरण

पहले खंड में मैंने आय और पूंजी की मूल अवधारणाओं का परिचय दिया था और औद्योगिक क्रांति के बाद से आय और उत्पादन की संवृद्धि के विभिन्न सोपानों की समीक्षा की थी।

इस भाग में मैं पूंजी के भंडार या स्टॉक के विकास पर ध्यान दे रहा हूँ। यहाँ पूंजी/आय अनुपात द्वारा मापित उसके कुल आकार और विभिन्न प्रकार की परिसम्पदाओं में उसके विभाजन पर भी ध्यान दिया जाएगा [इन परिसम्पत्तियों की प्रकृति में 18वीं शताब्दी से अब तक बहुत बड़े परिवर्तन आए हैं। मैं धन के विभिन्न स्वरूपों [भूमि, भवन, मशीनें, फर्में, भंडार, बौंड, पेटेंट, पशुधन, स्वर्ण, प्राकृतिक संसाधन आदि] पर विचार करते हुए ब्रिटेन और फ्रांस, जहां की विशद दीर्घकालिक जानकारी सुलभ है, से प्रारम्भ कर उनके विकास की प्रक्रिया का आकलन प्रस्तुत करूंगा। किंतु उससे पूर्व एक साहित्यिक यात्रा पर आप को लिए चलता हूँ। ब्रिटेन और फ्रांस का उस युग का साहित्य धन के विषय का बहुत ही सटीक परिचय प्रदान कर देता है।

धन की प्रकृति: साहित्य से वास्तविकता तक

जब 19वीं सदी के आरंभ में ऑनर डे बालजाक और जेन ऑस्टिन ने अपने उपन्यास लिखे, प्राय: सभी पाठकों को धन के स्वरूप का ज्ञान होता था। धन के अस्तित्व का एक मात्र ध्येय उसके स्वामियों के लिए किराये भाड़े का सृजन था—यह कुछ सम्पदाओं के स्वामी को भरोसेमंद नियमित भुगतान होता था और उन सम्पदाओं का स्वरूप मुख्यत: भूमि या फिर सरकारी बौंड होता था। पेअरे मोरियो के पास बौंड थे तो रैस्टीनेक की सम्पत्ति छोटी सी भूसम्पदा थी। *सेंस एंड सैंसीबिलिटी* में जॉन को उत्तराधिकार में मिली विस्तृत नॉर्लेंड सम्पदा भी कृषि भूमि थी, जिससे

उसने शीघ्र ही अपनी सौतेली बहनों ऐलिनर और मैरिअन को निष्काषित कर उन्हें पिता द्वारा दिए गए थोड़े से सरकारी बौंडों से मिलने वाले ब्याज के सहारे निर्वाह करने को विवश कर दिया था। कुल मिलाकर 19वीं सदी के शास्त्रीय उपन्यासों में धन के चहुं ओर दर्शन होते हैं—पूंजी चाहे बड़ी रही हो या छोटी, उसके दो ही स्वरूप थे : भूमि या सरकारी बौंड।

यदि हम 21वीं सदी के संदर्भ में विचार करें तो धन सम्पदा के ये दो स्वरूप इतने पुरातन लगते हैं कि इनको किसी गुजरे जमाने के साथ जोड़ कर भुला दिया जाता है, इनका आधुनिक युग की आर्थिक और सामाजिक वास्तविकताओं से कोई संबंध नहीं लगता—आज तो पूंजी ही अधिक गतिशील और सक्रिय दिखाई पड़ती है। वास्तव में 19वीं सदी के उपन्यास के पात्र आधुनिक लोकतांत्रिक युग में तो पक्के किरायाखोर लगते हैं जिन्हें प्रतिभावादी लोकतांत्रिक मानस सदैव ही संदेह की दृष्टि से देखता है। किंतु क्या एक पूंजीगत परिसपंदा से ये अपेक्षा करना स्वाभाविक नहीं है कि उससे उसके धारक या स्वामी को निश्चित रूप से स्थायी आय मिलती रहे? क्या यही अर्थशास्त्रियों द्वारा परिभाषित “पूर्ण” पूंजी बाजार का ध्येय भी नहीं है? अत: यह कहना कि 19वीं सदी की पूंजी के अध्ययन से आज हमें कोई सीख नहीं मिल सकती, पूरी तरह से गलत ही होगा।

यदि गौर से देखें तो 19वीं और 21वीं सदियों में (पूंजी बाजार आदि) के जो अंतर पहली नजर में दिखाई पड़ते है वह धूमिल हो जाते है। जो वास्तव में तो 19वीं सदी की दो परिसम्पदाओं—भूमि और सरकारी बौंडों को भी इतनी लापरवाही से एक साथ नहीं जोड़ देना चाहिए जैसा कि उस जमाने के उपन्यासकारों ने अपनी कहानियों में किया—कारण यही है कि सम्पदा के ये दो प्रकार अलग-अलग किस्म के प्रश्नों और मुद्दों को भी उठाते हैं। अंतत: सरकारी बौंड ब्याज पाने वाले लोगों का करदाताओं पर एक दावा होते हैं: अत: इन्हें राष्ट्रीय पूंजी में जोड़ना उचित नहीं होगा—ये केवल निजी पूंजी का हिस्सा बन सकते है। सरकारी ऋणों और उनसे जुड़ी सम्पत्ति के जटिल प्रश्न आज भी उतने ही महत्त्वपूर्ण हैं जितने सन् 1800 में

थे और इसी कारण हम अतीत के अध्ययन से आज के एक बहुत ही महत्त्वपूर्ण मुद्दे के विषय में बहुत कुछ सीख सकते हैं। भले ही आज सार्वजनिक ऋण 19वीं सदी के आरंभ की भांति आकाश तो नहीं छू रहे—कम से कम ब्रिटेन में तो नहीं; किंतु फ्रांस और अन्य देशों में ये ऐतिहासिक दृष्टि से रिकार्ड स्तरों पर अवश्य हैं और आज भी उतना ही भ्रम फैला रहे है जितना नेपोलियन के युग में फैला था। वित्तीय मध्यस्थता की प्रक्रिया [व्यक्तियों द्वारा बैंक में बचत जमा करना और बैंकों द्वारा उसका अन्यत्र निवेश करना] आज इतनी जटिल हो गई है कि प्राय: हमें यह पता ही नहीं चल पाता कि किस चीज या सम्पदा का वास्तव में स्वामी कौन है। हमें एक बात का पता है कि हम पर कर्ज चढ़ा हुआ है। हम यह बात भूल भी कैसे सकते हैं? मीडिया रोज ही तो हमें इसकी याद दिला रहा होता है। किंतु हमें किसका कर्ज चुकाना है? उन्नीसवीं सदी के किरायाखोर तो स्पष्ट पहचाने जाते थे क्योंकि उनका निर्वाह तो सार्वजनिक ऋण के ब्याज से ही होता था। क्या आज भी ऐसी ही स्थिति है? इस रहस्य को सुलझाना चाहिए और अतीत का अध्ययन इस गुत्थी को सुलझाने में हमारी सहायता कर सकता है।

एक और भी, गंभीर जटिलता है: पूंजी के कई अन्य स्वरूपों ने, जिनमें से कुछ तो बहुत ही गत्यात्मक रहे हैं, न केवल उपन्यासों बल्कि उस समय के समाज में भी बड़ी आवश्यक भूमिका निभाई थी। एक नूडल बनाने वाले से जीवन प्रारम्भ कर पेअरे गोरियेट ने पास्ता निर्माता और अन्न विक्रेता के रूप में बड़ा धन कमाया था। क्रांति तथा नेपोलियन के युग के दिनों के युद्धों में उसे श्रेष्ठ आटे की गहरी सूझ थी और वह पास्ता बनाने की तरकीबों को भी सुधार रहा था—साथ ही उसने अपने वितरण तंत्र और स्थान पर गोदामों की भी स्थापना कर ली थी ताकि सही समय पर सही स्थान पर सही उत्पाद पहुंचा सके। एक उद्यमी के रूप में अपना भाग्य निर्माण करने के बाद ही उसने अपने व्यवसाय के शेयर जारी किए थे—जैसा कि 21वीं सदी के नवप्रवर्तक उद्यमी कार्य प्रारम्भ कर शेयर बेचकर अपना लाभ कमा

लेते हैं। उसके बाद गोरियो ने अपना धन सुरक्षित परिसपंदा में लगाया: ऐसे सरकारी बौंड खरीदे जो निरंतर ब्याज देनेवाले थे। इस पूंजी के दम पर उसने अपनी बेटियों के अच्छे विवाह किए और उन्हें पैरिस के संभ्रांत परिवारों में सम्मानित स्थान दिलाया, पर 1821 में मृत्युशय्या पर पड़ा और पुत्रियों डेल्पिफन और एनास्ट्सी द्वारा परित्यक्त गोरियो औडेसा के अपने पास्ता व्यापार में कमाऊ निवेश के ही स्वप्नों में खोया रहता था। बालजाक का एक अन्य पात्र सीजा बिरोतो था—जिसने इत्र के व्यवसाय में धन कमाया था। वह उस युग में अनेक सौंदर्य प्रसाधनों का चतुर आविष्कारक था—जैसे कि सुल्तान की क्रीम, कार्मिनेटिव वाटर आदि आदि। बालजाक हमें बताते हैं कि उसके उन उत्पादों का राजशाही युग के अंतिम वर्षों और पुनर्स्थापन काल के फ्रांसीसी समाज में बहुत प्रचलन था। किंतु यही उसके लिए काफी नहीं रहा: जब सेवानिवृत्ति का समय आया तो उसने अपनी पूंजी को तिगुनी करने के लिए बड़े साहसपूर्वक ला मैडोलिन के आसपास भूसम्पदा में चल रही सट्टेबाजी में भाग लेने का फैसला किया—1820 के दशक में वह भू क्षेत्र बड़ी तेजी से विकसित हो रहा था। उसने अपनी पत्नी की समझदारी भरी सलाह कि शिनोन के पास कृषि भूमि और सरकारी बौंडों में निवेश करना चाहिए, का उसने निरादर किया और उस सट्टेबाजी में कूद पड़ा जिसने उसे बर्बाद करके छोड़ा।

जेन ऑस्टिन के नायक बालजाक की तुलना में ग्रामीण परिवेश के थे। सभी समृद्ध भू स्वामी, पर वे बालजाक के पात्रों की अपेक्षा वे सतही रूप से ही समझदार सिद्ध होते हैं। *"मेन्सफील्ड पार्क"* उपन्यास में फैन्नी के अंकल सर थॉमस को अपने व्यवसाय और निवेश की देखभाल के लिए अपने सबसे बड़े पुत्र के साथ एक वर्ष के लिए वेस्टइंडीज जाना पड़ा। मैन्सफील्ड लौटने के बाद उसे फिर कई महीनों के लिए इन्हीं द्वीपों की ओर जाना पड़ गया। उन्नीसवीं शताब्दी के उन प्रारम्भिक वर्षों में हजारों मील दूर के बागानों का प्रबंधन कोई आसान काम नहीं था। इस प्रकार से अपनी धन

सम्पत्ति की देखभाल करना निश्चित रूप से भूमि का किराया या सरकारी बौंडों का ब्याज पाने जैसा शान्तिपूर्ण कार्य तो कदापि नहीं था।

तो फिर यह था क्या? शांतिपूर्ण पूंजी निवेश या जोखिम भरा निवेश? क्या यह कहना सही होगा कि सन् 1800 से अब तक कुछ नहीं बदला है? अठारहवीं सदी से अब तक पूंजी की संरचना में क्या वास्तविक बदलाव आए हैं? पेअरे गोरिये का पास्ता स्टीव जॉब्स का 'टेबलेट' बन गया होगा और सन् 1800 में वेस्टइंडीज के बागानों में निवेश का स्थान सन् 2010 में संभवत: चीन या दक्षिण अफ्रीका में किसी निवेश ने ले लिया होगा किंतु क्या पूंजी की अंतर्भूत संरचना में कोई परिवर्तन हुआ है? पूंजी कभी शांत नहीं होती, कम से कम अपने प्रारम्भ में तो यह अवश्य जोखिमप्रद और उद्यमशील होती है। किंतु जब इसकी बहुत बड़ी राशियां इकट्ठी हो जाती हैं तो ये अंतत: किराये में परिवर्तित होने लगती हैं—यही इसकी नियति है—इसकी अंतिम मंजिल है। तो फिर हमें ऐसा आभास क्या प्रदान करता है कि आज की सामाजिक विषमता बालजाक और ऑस्टिन के युग से बहुत अलग किस्म की है? क्या यह कहना खोखलापन है? या हम ऐसे तथ्य परक कारणों की खोजकर सकते हैं जिनके आधार पर कुछ व्यक्ति यह समझाने का प्रयास करते रहते हैं कि आधुनिक पूंजी अधिक गत्यात्मक हो गई है और इसका स्वरूप "उतना किराया खोरी" नहीं रहा है।

ब्रिटेन और फ्रांस में पूंजी के रूपान्तरण

मैं ब्रिटेन और फ्रांस में 18वीं सदी से पूंजी के स्वरूप में आए परिवर्तनों से चर्चा आरंभ कर रहा हूँ। यही वे देश हैं जिनके हमें सबसे समृद्ध ऐतिहासिक आंकड़े उपलब्ध हैं और हम इनके लिए सर्वाधिक संपूर्ण एवं समरूपतापूर्ण अनुमान श्रृंखलाएं तैयार करने में सफल रहे हैं। इस कार्य के प्रमुख परिणाम रेखाचित्र 3.1 और 3.2 में दिखाए जा रहे हैं। यह पूंजीवाद के तीन शताब्दियों के इतिहास के अनेक मुख्य आयामों का सार समझाने का प्रयास है। इनसे दो सुस्पष्ट निष्कर्ष उभर कर आते हैं।

रेखाचित्र 3.1: ब्रिटेन में पूंजी, 1700-2010

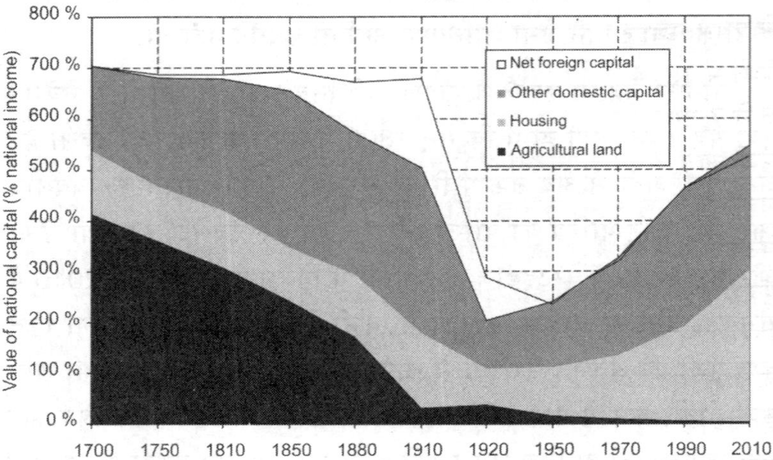

वर्ष 1700 में ब्रिटेन की राष्ट्रीय पूंजी 7 वर्षों की राष्ट्रीय आय के तुल्य था—इसमें कृषि भूमि का मान 4 वर्षों की आय के तुल्य था। स्रोत और श्रृंखला हेतु देखें: piketty.pse.ens.fr/capital21C.

रेखाचित्र 3.2: फ्रांस में पूंजी, 1700-2010

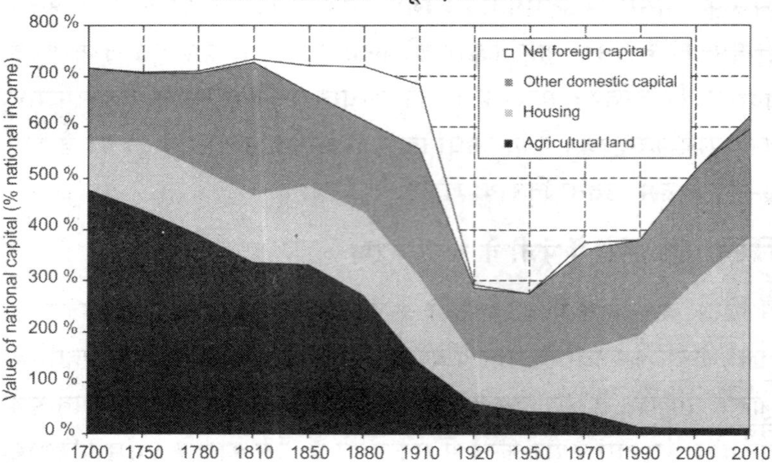

वर्ष 1910 में फ्रांस की राष्ट्रीय पूंजी लगभग 7 वर्षों की राष्ट्रीय आय के तुल्य थी। उसमें से एक वर्ष की आय के तुल्य पूंजी विदेशों में निवेशित थी। स्रोत और श्रृंखला हेतु देखें: piketty.pse.ens.fr/capital21C.

सर्वप्रथम तो दोनों ही देशों में पूंजी/आय अनुपात ने एक जैसे ही पथ का अनुसरण किया है, यह 18वीं-19वीं शताब्दियों में अपेक्षाकृत स्थायित्व

पूर्ण रही, 20वीं सदी के पूर्वार्द्ध के संक्षोभ बहुत भारी रहे हैं किंतु यह फिर से प्रथम महायुद्ध पूर्व के स्तरों तक जा पहुंचा है। ब्रिटेन और फ्रांस, दोनों ही देशों में 1914 से पूर्व [18वीं-19वीं सदियों में] समग्र राष्ट्रीय पूंजी का मान 6 से 7 वर्षों की राष्ट्रीय आय के समान रहा है। फिर प्रथम महायुद्ध के बाद पूंजी/आय अनुपात गिरना शुरू हुआ—यह गिरावट महामंदी और द्वितीय महायुद्ध काल से भी चलती रही। 1950 के दशक में राष्ट्रीय पूंजी का मान घटकर 2 से 3 वर्षों की राष्ट्रीय आय के समान ही रह गया। उसके बाद पूंजी/आय अनुपात में जो वृद्धि की प्रक्रिया प्रारम्भ हुई है वह अभी तक निरंतर चल रही है। दोनों देशों में राष्ट्रीय पूंजी का मूल्य 2010 में 5 से 6 के आसपास पहुंचा गया है। वास्तव में फ्रांस में इसका स्तर 6 से कुछ अधिक है, जबकि यह 1980 के दशक में 4 तथा 1950 के दशक में केवल 2 आंका गया था। इन आकलित आंकड़ों में कुछ न कुछ अनुमान का अंश है—किंतु अंकित वक्रों का सामान्य स्वरूप पूरी तरह से स्पष्ट है।

संक्षेप में हमें अभी अभी गुजरी शताब्दी में एक प्रभावशाली U-आकार का वक्र दिखाई दे रहा है। पूंजी/आय अनुपात 1914 से 1945 की अवधि में दो तिहाई घट गया था किंतु 1945-2012 की अवधि में यह दो गुना हो गया।

ये उतार चढ़ाव 20वीं शताब्दी के हिंसक सैन्य, राजनीतिक और आर्थिक संघर्षों/टकरावों के अनुरूप ही रहे हैं। इन संघर्षों में पूंजी, निजी सम्पत्ति और विश्व के धन का बंटवारा आदि मुख्य मुद्दे रहे हैं। इनकी तुलना में 18वीं और 19वीं शताब्दियां बहुत शांत प्रतीत होती हैं।

अंतत: 2010 आते आते पूंजी/आय अनुपात अपने प्रथम विश्वयुद्ध पूर्व के स्तर पर लौट आया। यह उससे आगे भी निकल जाता यदि हम पूंजी को निवर्त्य पारिवारिक आय द्वारा विभाजित करते। वस्तुत: सकल राष्ट्रीय आय द्वारा विभाजन करना कार्यविधि की दृष्टि से इतना उपयुक्त चयन नहीं है [इस बारे में मैं कुछ आगे चलकर चर्चा करूंगा] उपलब्ध मापकों में चाहे कुछ अपूर्णता हो या अनिश्चितता, एक बात तो स्पष्ट है कि ब्रिटेन और फ्रांस ने 1990 तथा 2000 के दशक में एक बार फिर धन संचयन के उन

स्तरों को पा लिया है जो 20वीं सदी के प्रारम्भिक वर्षों में ही दिखाई पड़े थे।—यह उस घटनाक्रम की परिणति है जो 1950 के दशक में प्रारम्भ हुआ था। बीसवीं सदी के मध्य में तो पूंजी गायब सी हो गई थी। अब आधी शती से कुछ ही अधिक समय में यह संचयन पुन: 18वीं-19वीं सदियों के स्तर पर पहुंच गया है। धन एक बार फिर फल-फूल रहा है। कुल मिलाकर कह सकते हैं कि 20वीं सदी के युद्धों ने अतीत पर एक पुताई सी कर यह भ्रम पैदा कर दिया था कि पूंजीवाद ने अपनी अंतर्रचना को सुधार लिया है।

यद्यपि पूंजी/आय अनुपात का यह विकासक्रम बहुत महत्त्वपूर्ण है, किंतु इससे अभिभूत होकर सन् 1700 से पूंजी की रचना में आए बड़े बदलावों की अनदेखी नहीं करनी चाहिए। यह रेखाचित्र 3-1 और 3-2 से स्पष्टत: उभरने वाला हमारा दूसरा निष्कर्ष है। परिसम्पदा रचना की दृष्टि से तो 21वीं सदी की पूंजी की 18वीं सदी की पूंजी से कुछ भी समानता नहीं दिखती। जैसे विकासक्रम चल रहे हैं वे ब्रिटेन और फ्रांस की घटनाओं के बहुत निकट लगते हैं। सरल शब्दों में, कृषि भूमि का स्थान अब भवनों और फर्मों और सरकारी निकायों में निवेशित व्यावसायिक पूंजी ने ले लिया है। फिर भी राष्ट्रीय आय के वर्षों की इकाई में मापित पूंजी के मूल्य में परिवर्तन नहीं हुआ है।

ध्यान रखें कि हमने राष्ट्रीय पूंजी को निजी और सार्वजनिक पूंजी के योग के रूप में उपर्युक्त रेखाचित्रों में दर्शाया है। सार्वजनिक ऋण सरकार की देयता और निजी क्षेत्र के लिए परिसम्पदा है—यह तो योग करने पर शून्य हो जाता है। [शर्त यही है कि देश स्वयं अपने सार्वजनिक ऋण का स्वामी हो]। जैसा हमने अध्याय-1 में देखा था, इस प्रकार परिभाषित राष्ट्रीय पूंजी के दो भाग हो सकते हैं—घरेलू पूंजी और निवल विदेश पूंजी घरेलू पूंजी संबद्ध देश की सीमाओं के भीतर स्थित पूंजी भंडार (भवन, फर्में आदि) का मूल्य है। निवल विदेशी पूंजी (या निवल विदेशी परिसम्पदा) संबद्ध देश के धन का शेष विश्व के धन से मापीकरण है। अर्थात यह उस देश के नागरिकों द्वारा शेष विश्व में एकत्र की गई परिसम्पदा के स्वामित्व और उसी देश में शेष विश्व के स्वामित्व की परिसम्पदा (इसमें सरकारी बौंड के रूप में परिसम्पदा भी शामिल है) का अंतर है।

घरेलू पूंजी के तीन वर्ग बनाए जा सकते हैं: कृषि भूमि, भवन सम्पदा [भवन के निर्माण में लगी भूमि सहित] और अन्य घरेलू पूंजी—इसमें फर्मों और सरकारी निकायों में लगी पूंजी [व्यवसाय के लिए प्रयुक्त भवन, उनसे जुड़ी भूमि, उपरिसंरचना, मशीनरी, कंप्यूटर, पेटेंट आदि] शामिल हैं। इन सभी परिसम्पदाओं का मूल्यांकन, अन्य की भांति ही, बाजार कीमतों पर होता है : उदाहरण के लिए यदि किसी ने शेयर जारी किए हैं तो उस फर्म का मूल्यांकन उन शेयरों की बाजार कीमत पर निर्भर करेगा। इसी से राष्ट्रीय पूंजी का निम्न विभाजन हमें मिलता है, जिसका मैंने रेखाचित्र 3.1 और 3.2 की रचना के लिए उपयोग किया है:

राष्ट्रीय पूंजी = कृषिभूमि + भवन + अन्य घरेलू पूंजी + नित्रल विदेशी पूंजी

इन रेखाचित्रों पर एक दृष्टि से स्पष्ट हो जाता है कि 18वीं सदी के प्रारम्भ में कृषि भूमि का मूल्य [अकेले ही] 4 से 5 वर्षों की राष्ट्रीय आय के समान था—यह कुल राष्ट्रीय पूंजी के दो तिहाई के समान बनता था। किंतु तीन शती बाद के ब्रिटेन और फ्रांस दोनों में ही यह राष्ट्रीय आय के 10 प्रतिशत से कम रह गया—अर्थात् कुल धन के अंश के रूप में अब इसका मान 2 प्रतिशत से भी कम रह गया। यह प्रभावशाली परिवर्तन आश्चर्यजनक नहीं है: 18वीं सदी में अकेले कृषि क्षेत्र में समस्त आर्थिक गतिविधियों और रोजगार के तीन चौथाई अंश शामिल थे—आज इसका योगदान बस कुछ प्रतिशत बिंदुओं तक सिमट कर रह गया है। अत: स्वाभाविक ही है कि कृषि में संलग्न पूंजी के अंश में यह प्रवृत्ति दिखाई दे रही है।

कृषि भूमि के राष्ट्रीय आय राष्ट्रीय पूंजी के अंश के रूप में मूल्य में इस भारी संकुचन की प्रतिपूर्ति एक ओर तो गृहभवनों के मूल्य में वृद्धि से हुई है—यह 18वीं सदी में एक वर्ष की राष्ट्रीय आय के समान था जो अब वृद्धि होकर 3 वर्षों की आय के बराबर हो गया है। अन्य घरेलू पूंजी में भी इसी के आसपास उछाल आ गया है—यह 18वीं सदी में 1.5 वर्षों की आय के

समान था और अब 3 वर्षों की आय के पास पहुंच रहा है।[1] दीर्घकालिक संरचनात्मक परिवर्तन के भी दो पक्ष हैं: एक तो गृह आवासों का महत्त्व, आकार, गुण और मूल्य, सभी दृष्टियों से आर्थिक और औद्योगिक विकास[2] के साथ-साथ बढ़ता गया है; और दूसरे, औद्योगिक क्रांति के बाद से उद्योगों/व्यवसायों के लिए बड़े भारी स्तर पर भवनों, उपरिसंरचना, मशीनों, गोदामों, कार्यालयों, उपकरणों एवं अन्य मूर्त एवं अमूर्तपूंजियों का प्रयोग बढ़ा है—जिन्हें प्रयुक्त कर फर्में और सरकारी निकाय सभी प्रकार की गैर कृषिक वस्तुओं और सेवाओं का उत्पादन करती हैं।[3] पूंजी का स्वरूप बदला है—पहले यह मुख्यत: कृषि भूमि होता था। किंतु अब भवन-आवास तथा औद्योगिक और वित्तीय पूंजी हो गया है। किंतु इसके महत्त्व में कोई कमी नहीं आई है।

विदेशी पूंजी का उदय और पतन

विदेशी पूंजी का परिदृश्य क्या रहा? ब्रिटेन और फ्रांस में इसका विकासक्रम बहुत ही अलग रहा है और उस पर उस समय की अग्रणी औपनिवेशक शक्ति रहे इन देशों के तीन शताब्दियों के अशांत इतिहास की छाप रही है। विदेशों में इन देशों की परिसम्पदा संपन्नता 18वीं-19वीं शताब्दियों में निरंतर वृद्धिमान रही और प्रथम महायुद्ध की पूर्वसंध्या पर इसके स्तर बहुत ही उच्च हो गए थे, किंतु 1914-45 की अवधि में यह स्तर धड़ाम से नीचे गिरा और उसके बाद से एक निम्न स्तर पर ही टिका हुआ है—यही बात हमने रेखाचित्र 3.1 और 3.2 में दर्शाई है।

जैसा कि हमने जेन ऑस्टिन की रचना *मैन्सफील्ड पार्क* में सर थॉमस के वेस्टइंडीज में निवेश में देखा था, विदेशों में सम्पदा पर अधिकार 1750-1800 की अवधि में ही महत्त्वपूर्ण रूप धारण कर गए थे। किंतु जिस समय ऑस्टिन 1812 में अपना उपन्यास लिख रही थीं, उस समय तक विदेशी सम्पदाओं का कुल सम्पदा में अंश बहुत अधिक नहीं हुआ था। हम अपने पास सुलभ अन्य स्रोतों से कुछ इतना ही आकलन कर पाते हैं कि यह अंश ब्रिटेन की राष्ट्रीय आय का 10 प्रतिशत ही था अर्थात् उसकी कृषि भूमि के

मूल्य के तीसवें अंश के समान ही था [जो तीन वर्षों की राष्ट्रीय आय के बराबर बनता था]। अत: इस जानकारी से कोई हैरानी नहीं होती कि ऑस्टिन के अधिकांश पात्र ग्रामीण परिसम्पदा से प्राप्त किराये-भाड़े पर ही निर्वाह कर रहे थे।

ब्रिटिश नागरिकों ने 19वीं सदी में शेष विश्व में जिस अभूतपूर्व ढंग से सम्पदा पर अधिकार करना प्रारम्भ किया—वैसा उस समय के बाद से कभी देखने में नहीं आया। प्रथम महायुद्ध के निकट पहुंच कर ब्रिटेन के पास विश्व का सबसे विशाल साम्राज्य एकत्रित हो गया था और दो वर्षों की राष्ट्रीय आय के बराबर उसकी विदेशी सम्पदा हो गयी थी—यह राशि कुल ब्रिटिश कृषि भूमि के मूल्य से 6 गुना थी [जो उस समय राष्ट्रीय आय का मात्र 30 प्रतिशत थी]।[4] स्पष्टत: *मैन्सफील्ड पार्क* के समय से धन सम्पत्ति की रचना बहुत बदल चुकी थी और हम केवल यही आशा कर सकते हैं कि ऑस्टिन के नायक और उनके उत्तराधिकारी समय के अनुसार बदल गए होंगे और सर थॉमस की तरह उन्होंने भूमि से प्राप्त किराये के एक अंश का विदेश में निवेश किया होगा। बीसवीं सदी के आरंभ में विदेशों में निवेश से लाभांश, ब्याज और भाड़े के रूप में 5 प्रतिशत वार्षिक की दर से प्रतिप्राप्ति हो रही थी—अर्थात् ब्रिटिश राष्ट्रीय आय उस विदेशों से प्राप्त आय के सहारे ही अपने घरेलू उत्पाद की तुलना में 10 प्रतिशत और अधिक थी। समाज का एक अच्छा खासा वर्ग इसी कमाई के सहारे निर्वाह कर रहा था।

फ्रांस, जिसका साम्राज्य दूसरे क्रम पर था, भी इस मामले में बहुत पीछे नहीं रहा: उसने भी विदेशों में अपनी एक वर्ष की राष्ट्रीय आय से अधिक परिसम्पदा हथिया रखी थी और बीसवीं सदी के आरंभ में उसकी राष्ट्रीय आय उस सम्पदा से आय के कारण घरेलू आय से 5 से 6 प्रतिशत अधिक थी। यह देश के उत्तरी और पूर्वी संभागों के कुल औद्योगिक उत्पादन के समान राशि थी और यह फ्रांस में लाभांश, ब्याज, रॉयल्टी, भाड़ा और अपने उपनिवेशों में फ्रांसीसी नागरिकों द्वारा अन्य सम्पदाओं से आय के रूप में आती थी।[5]

यह समझ लेना भी अहम है कि निवल विदेशी परिसपंदाओं का यह बड़े स्तर का स्वामित्व ब्रिटेन और फ्रांस को 19वीं सदी के अंत और 20वीं के प्रारम्भ में संरचनात्मक व्यापार घाटे का व्यवहार करने में सक्षम बना रहा था। वर्ष 1880 से 1914 की अवधि में दोनों ही देश विश्व को जितना निर्यात कर रहे थे उससे कहीं अधिक मात्राओं में वे वस्तुओं और सेवाओं के आयात कर रहे थे। इस सारी अवधि में उनके व्यापार घाटे उनकी सकल राष्ट्रीय आय के 1 से 2 प्रतिशत के बीच रहे। फिर भी उन्हें कोई समस्या नहीं हुई—विदेशों में स्थित परिसम्पदाओं से उनकी आय राष्ट्रीय आय के 5 प्रतिशत से अधिक थी। अत: उनका भुगतानों का संतुलन शेष प्रबल रूप से सकारात्मक बना रहा और उसी के दम पर वे साल-दर-साल विदेशों में और परिसम्पदा बढ़ाते रहे।[6] दूसरे शब्दों में, शेष विश्व इन औपनिवेशिक शक्तियों के उपभोग को बढ़ाने के लिए मेहनत करता था और इसी प्रक्रिया में उनके कर्ज की दलदल में और गहरे धंसता जा रहा था! इस बात को जानकर धक्का लग सकता है। किंतु यह बात समझ लेना जरूरी है कि व्यापारिक आधिक्य और औपनिवेशिक गबन के माध्यम से विदेशी सम्पदा के संकलन का उद्देश्य ही आगे चलकर व्यापार घाटे का लाभ उठाना था। सदा सर्वदा व्यापार आधिक्य में किसी की क्या रुचि हो सकती है? इन सम्पदाओं पर अधिकार का यही तो लाभ है कि बिना मेहनत किए उपभोग और संचय कर सकते हैं या अपनी मेहनत से संभव उत्पादन की तुलना में उपभोग एवं संचय अधिक कर सकते है। यही बात औपनिवेशिक युग में अंतर्राष्ट्रीय स्तर पर हो रही थी।

दो विश्व युद्धों, महामंदी और उपनिवेशों की स्वतंत्रता के प्रभावों के फलस्वरूप विदेशी सम्पदा के उस विशाल भंडार का अंत होना ही था। पचास के दशक में ब्रिटेन और फ्रांस दोनों ने पाया कि उनकी निवल विदेशी सम्पदाएं शून्य प्राय हो गई थीं, अर्थात अब वे सम्पदाएं मात्र उतनी रह गई थीं जितनी पर शेष विश्ववासियों का इन दोनों महाशक्तियों के आंतरिक क्षेत्र में अधिकार था। अगली अर्द्धशती में भी, मोटे तौर पर, इस स्थिति में

कोई बदलाव नहीं आया। कुल मिलाकर 1950 से 2010 के बीच ब्रिटेन और फ्रांस, दोनों की ही निवल विदेशी सम्पदाएं कभी जरा सी सकारात्मक तो कभी नकारात्मक—अर्थात शून्य के आसपास झूलती रही हैं—यदि पुराने स्तर से तुलना करें तो यह स्थिति बहुत ही नकारात्मक लगती है।[7]

और अंत में, जब हम 18वीं सदी की राष्ट्रीय पूंजी की संरचना की आज की संरचना से तुलना करें तो पाते हैं कि दोनों ही अवधियों में निवल विदेशी परिसम्पदाओं का कोई महत्त्व नहीं था—वास्तविक संरचनात्मक परिवर्तन तो कृषि भूमि के स्थान पर भवन सम्पदा और काम चलाऊ पूंजी का स्थापित हो जाना रहा है—राष्ट्रीय आय में सकल पूंजी स्टॉक का अंश भाग तो प्राय: अपरिवर्तित लगता है।

आय और धन : परिमाण के कुछ अनुक्रम

इन परिवर्तनों का सारांश समझने के लिए हमें आज की दुनिया को संदर्भ बिंदु बनाना पड़ेगा। आज ब्रिटेन और फ्रांस की प्रति व्यक्ति राष्ट्रीय आय 30000 यूरो प्रतिवर्ष है और राष्ट्रीय पूंजी उससे 6 गुना—अर्थात् 180,000 यूरो प्रति व्यक्ति है। अब राष्ट्रीय पूंजी के दो लगभग एक समान भाग हैं, प्रत्येक नागरिक के पास 90000 यूरो आवासीय सम्पदा [स्वयं रहने या किराये पर देने के लिए] और लगभग 90000 यूरो ही अन्य प्रकार की घरेलू पूंजी [मुख्यत: वितीय पत्रकों के माध्यम से विभिन्न फर्मों में निवेशित] है।

आइए अब एक वैचारिक प्रयोग करें, तीन शती पीछे चलते हैं और 1700 के आसपास की पूंजी संरचना को आज की वार्षिक प्रति व्यक्ति आय [30000 यूरो] और राष्ट्रीय प्रति व्यक्ति पूंजी [180,000 यूरो] को विभाजित करें। फिर तो हमारे औसत ब्रिटिश या फ्रांसीसी नागरिक के पास 120,000 यूरो की भूमि, 30000 यूरो के भवन और 30000 यूरो की अन्य घरेलू सम्पत्तियां होतीं।[8] स्पष्टत: इनमें से कुछ उदाहरणत: जेन ऑस्टिन का पात्र जॉन डैशवुड जो नार्लेंड सम्पदा का स्वामी था, और पैंबर्ले के डार्सी के पास सैंकड़ों हैक्टेयर भूमि थी जिसका मूल्य दसों या सैकड़ों मिलियन यूरो होता और कुछ ऐसे भी होते जिनके पास कुछ भी नहीं होता। किंतु यह

औसत हमें 18वीं सदी से राष्ट्रीय पूंजी की संरचना में आए बदलावों के बारे में कुछ अधिक पक्की सी जानकारी दे सकती है—हम यहाँ वार्षिक आय के उसी मान को स्थिर रख रहे हैं।

अब इसी औसत ब्रिटिश या फ्रांसीसी नागरिक की 20वीं सदी के प्रारम्भ में कल्पना करें—वार्षिक आय अभी भी 30000 यूरो और पूंजी 180,000 यूरो ही है। ब्रिटेन में तो हम जानते ही हैं कि कृषि भूमि प्रत्येक ब्रिटिश नागरिक की सारी सम्पत्ति का एक छोटा सा अंश, 10000 यूरो ही रह गई थी, आवास 50000 और अन्य घरेलू सम्पत्तियों में 60000 यूरो और विदेशी सम्पदाओं में भी 60000 यूरो लगे होते। फ्रांस में भी ऐसी ही अवस्था थी—अंतर यही था कि प्रत्येक औसत नागरिक 30 से 40 हजार यूरो की भूमि और उसी मूल्य की विदेशी संपतियों का स्वामी था।[9] दोनों ही देशों में विदेशों में परिसम्पत्तियां बहुत महत्त्वपूर्ण हो चली थीं। हां, यह कहने की तो कोई बात ही नहीं है कि प्रत्येक नागरिक न तो स्वेज नहर में हिस्सेदार था और न ही रूस सरकार के बौंडों का धारक था। किंतु सारी जनंसख्या के औसत के माध्यम से [यह जानते हुए भी कि अधिकांश के पास ऐसी विदेश पूंजी बिल्कुल नहीं होगी और कुछ लोगों के पास ही इसका भारी परिमाण में संकुलन होगा] हम ब्रिटेन और फ्रांस की विदेशी सम्पदाओं के रूप में संचित विशाल धन राशि का मापन कर सकते हैं।

सावर्जनिक सम्पदा, निजी सम्पदा

बीसवीं सदी में पूंजी को लगे संघातों के स्वरूप के अधिक सटीक अध्ययन और द्वितीय महायुद्ध के बाद की अवधि में पूंजी के पुनरुत्थान के कारणों की समीक्षा से पहले सार्वजनिक ऋण और अधिक सामान्य स्तर पर राष्ट्रीय पूंजी के सार्वजनिक एवं निजी परिसम्पदाओं में विभाजन की चर्चा करना उपयोगी रहेगा। आज के युग में प्राय: सभी अमीर देशों में सार्वजनिक ऋण के विशाल आंकड़े दिखाई देते हैं और यह याद रखना भी कठिन हो जाता है कि सार्वजनिक क्षेत्र के तुलन पत्र के भी दो पक्ष होते हैं—देयताएं और परिसम्पत्तियां–हमें इस तथ्य को सदैव अपने मस्तिषक में रखना चाहिए।

एक और बात, सार्वजनिक और निजी पूंजी के विभाजन से न तो राष्ट्रीय आय के आकार पर प्रभाव होता है और न ही इसकी संरचना बदलती है। फिर भी सरकार और निजी व्यक्तियों के बीच सम्पत्ति अधिकारों के विभाजन का, बहुत राजनीतिक, आर्थिक और सामाजिक महत्त्व होता है।

यहाँ एक बार अध्याय 1 में दी गई परिभाषाओं को फिर से याद कर लेते हैं। राष्ट्रीय पूंजी [या सम्पदा] निजी पूंजी और सार्वजनिक पूंजी का योगफल है। सार्वजनिक पूंजी राज्य (और उसके सभी निकायों) की परिसम्पत्तियों और देयताओं का अंतर है और निजी पूंजी, निजी व्यक्तियों की परिसंम्पत्तियों और देयताओं के बीच अंतर है। चाहे सार्वजनिक हो या निजी, पूंजी को हमेशा निवल सम्पदा के रूप में परिभाषित किया जाता है अर्थात अपने स्वामित्व में परिसम्पत्तियों का बाजार मूल्य और देनदारियां (देयताएं या ऋण) का अंतर।

साफ शब्दों में कहें तो सार्वजनिक सम्पदाओं के दो स्वरूप होते हैं। ये गैरवित्तीय रूप में हो सकते हैं—अर्थात् सरकारी कार्यालयों या फिर लोक सेवाएं प्रदान करने वाले निकायों के भवन [जैसे कि शिक्षा संस्थाएं, स्वास्थ्य संस्थान आदि]। दूसरा स्वरूप वित्तीय हो सकता है। सरकार किन्हीं फर्मों की शेयरधारक हो सकती है—कहीं उसके पास शेयर पूंजी का बहुमत हो सकता है, कहीं अल्पमत। ये फर्में देश की सीमा के अन्दर या विदेशों में भी स्थित हो सकती हैं। उदाहरण के लिए पिछले कुछ वर्षों से तथाकथित संप्रभुता संपन्न धन कोषों का उदय हुआ है जो कुछ राज्यों द्वारा अधिग्रहित विशाल विदेशी वित्तीय परिसम्पदाओं का प्रबंधन कर रहे हैं।

व्यावहारिक स्तर पर वित्तीय और गैरवित्तीय परिसम्पदाओं के बीच विभाजन रेखा को स्थित करना उपयुक्त नहीं है। उदाहरण के लिए जब फ्रांस की सरकार ने फ्रांस दूर संचार और फ्रांस डाक सेवा को अंशधारक स्वामित्व युक्त निगमों में बदल दिया तो इन नई फर्मों द्वारा प्रयोग किए जा रहे सभी सरकारी भवन राज्य की वित्तीय परिसम्पदा बन गए जबकि उस समय से पूर्व उन्हें गैर वित्तीय परिसम्पदा माना जाता था।

इस समय ब्रिटेन में समस्त सार्वजनिक [वित्तीय और गैर वित्तीय] परिसम्पदाओं का मूल्य देश की एक वर्ष की राष्ट्रीय आय के बराबर है। फ्रांस में यह मूल्य लगभग डेढ़ वर्ष की आय के पास पहुंच जाता है। इन दोनों ही देशों में सार्वजनिक ऋण भी एक वर्ष की राष्ट्रीय आय के बराबर है—अत: वहाँ निवल सार्वजनिक सम्पदा (या पूंजी) का मूल्य शून्यप्राय ही हो जाता है। दोनों देशों की सांख्यिकीय सेवाओं और केंद्रीय बैंकों के नवीनतम अनुमानों के अनुसार ब्रिटेन की निवल सार्वजनिक पूंजी शून्यप्राय ही है तो फ्रांस में इसका मूल्य राष्ट्रीय आय के 30 प्रतिशत से कुछ कम आंका गया है यह सकल राष्ट्रीय पूंजी के 1/20 अंश (5%) के बराबर बनता है। देखें तालिका 3.1।[10]

दूसरे शब्दों में यदि इन देशों की सरकारें अपना सारा ऋण तुरंत उतारने के उद्देश्य से अपनी सारी परिसम्पदाएं बेच दें तो ब्रिटेन की सरकार के पास कुछ भी नहीं बचेगा—हां फ्रांस सरकार के पास थोड़ी सी पूंजी बच रहेगी।

तालिका 3.1: फ्रांस में सार्वजनिक पूंजी और निजी पूंजी फ्रांस, 2012

	राष्ट्रीय आय का %		पूंजी का मूल्य (राष्ट्रीय पूंजी का %)	
राष्ट्रीय पूंजी (सार्वजनिक पूंजी + निजी पूंजी)	605%		100%	
सार्वजनिक पूंजी (निवल सार्वजनिक धन: सरकार एवं सार्वजनिक प्रतिष्ठानों की परिसम्पदाओं और ऋण देयताओं में अंतर)	31%		5%	
	Assets 145%	Debt 114%	Assets 24%	Debt 19%
निजी पूंजी (निवल निजी धन: निजी व्यक्तियों (परिवारों) की परिसम्पदाओं और ऋण देयताओं का अंतर)	574%		95%	
	Assets 646%	Debt 72%	Assets 107%	Debt 12%

नोट: फ्रांस में 2012 में राष्ट्रीय पूंजी का सकल मूल्य राष्ट्रीय आय के 605 प्रतिशत के बराबर था [राष्ट्रीय आय का 6.05 गुना] इसमें सार्वजनिक अंश 31% था [अर्थात कुल का 5%] तथा शेष 574% निजी अंश था [अर्थात कुल का 95%].

(a) राष्ट्रीय आय = सकल घरेलू उत्पाद—मूल्य ह्रास + विदेशों से प्राप्त निवल आय। फ्रांस में यह व्यावहारिक रूप से 2012 में सकल घरेलू उत्पाद का 90% है। देखें अध्याय-1 तथा online तकनीकी परिशिष्ट। स्रोत और श्रृंखला हेतु देखें: piketty.pse.ens.fr/capital21C.

मैं एक बार फिर आग्रह करूंगा कि हमें इन अनुमानों की सटीकता से भ्रमित नहीं होना चाहिए। भले ही देश संयुक्त राष्ट्र संघ और अन्य अंतर्राष्ट्रीय संस्थाओं द्वारा प्रतिपादित अवधारणाओं और विधियों का प्रयोग कर रहे हैं फिर भी राष्ट्रीय लेखांकन एक संपूर्ण विज्ञान नहीं है—और न ही कभी हो पाएगा। समस्या सार्वजनिक ऋण या वित्तीय परिसम्पदाओं के आकलन की नहीं है। समस्या तो यह है कि सार्वजनिक भवनों (जैसे स्कूलों, अस्पतालों) के सटीक बाजार मूल्य का निर्धारण सरल नहीं होता। इसी प्रकार परिवहन संरचना [रेलवे लाइनें और राजमार्ग] का मूल्यांकन भी सहज नहीं होगा—क्योंकि इनकी बिक्री रोज रोज नहीं होती। सिद्धांतत: ऐसी मदों का मूल्यांकन इसी प्रकार की अन्य चीजों के हाल ही में हुए सौदों के आधार पर किया जाता है, किंतु ऐसी तुलना सदैव विश्वसनीय नहीं होती—बाजार की कीमतों में तो उतार-चढ़ाव आते रहते हैं और कभी-कभी तो ये बहुत तीखे भी होते हैं। अत: इन आंकड़ों को मोटा मोटा अनुमान ही मानना चाहिए, गणितीय दृष्टि से निश्चित अनुमान नहीं।

किंतु इस बात में कोई संदेह नहीं है कि दोनों देशों में निवल सार्वजनिक सम्पदा बहुत ही कम है और निजी सम्पदा की तुलना में तो निश्चित रूप से महत्त्वहीन प्रतीत होती है। चाहे ब्रिटेन की तरह निवल सार्वजनिक सम्पदा सकल राष्ट्रीय सम्पदा का 1 प्रतिशत हो या फ्रांस की भांति 5 प्रतिशत हो या भले ही 10 प्रतिशत हो जाए [यदि यह स्वीकार भी करें कि संभवत: सार्वजनिक परिसम्पदाओं का बहुत अधोमूल्यांकन हो रहा है] किंतु यह तो निर्विवाद है कि हमारे वर्तमान अध्ययन के उद्देश्य की दृष्टि से यह महत्त्वहीन है। मापन की त्रुटियों के बावजूद आज 2010 में तो दोनों ही देशों में प्राय: सारी राष्ट्रीय सम्पदा निजी सम्पदा के रूप में है यह नवीनतम अनुमानों के अनुसार ये ब्रिटेन में 99 प्रतिशत से अधिक और फ्रांस में लगभग 95 प्रतिशत है। किसी भी सूरत में निजी सम्पदा के वास्तविक आंकड़े 90 प्रतिशत से तो अधिक ही है।

रेखाचित्र 3.3: ब्रिटेन में सार्वजनिक धन सम्पदा, 1700-2010

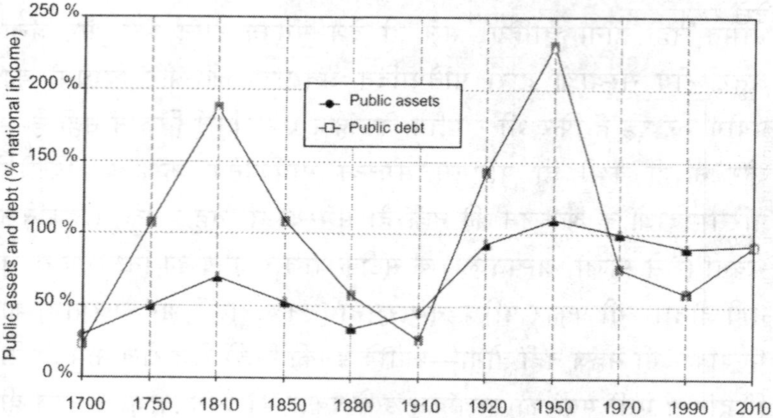

सार्वजनिक ऋण 1950 में 2 वर्षों की राष्ट्रीय आय से अधिक हो गया था [जबकि सार्वजनिक परिसम्पदाएं केवल 1 वर्ष की आय के तुल्य रहीं] स्रोत और श्रृंखला हेतु देखें: piketty.pse.ens.fr/capital21C.

ऐतिहासिक परिप्रेक्ष्य में सार्वजनिक सम्पदा

यदि हम 18वीं सदी से ब्रिटेन और फ्रांस में सार्वजनिक सम्पदा के इतिहास और राष्ट्रीय पूंजी के सार्वजनिक-निजी विभाजन के विकासक्रम पर विचार करें तो हमारा उपर्युक्त विवरण प्राय: पूरी तरह सटीक सिद्ध होगा [देखें रेखाचित्र 3.3 से 3.6 तक] एक प्रथम अनुमान की दृष्टि से सार्वजनिक परिसम्पदाओं एवं देनदारियों के मूल्य तथा परिणामत: उनके अंतर निजी सम्पदा के भारी भरकम आकार के सामने बहुत ही छुद्र या बौने दिखाई देते हैं। पिछली तीन शताब्दियों में निवल सार्वजनिक सम्पदा तो कभी सकारात्मक कभी नकारात्मक होती रही है! ये उच्चावचन कभी-कभी राष्ट्रीय आय के (+) 100 प्रतिशत या (–) 100 प्रतिशत भी हुए हैं किंतु अधिकांशत: (+) 50 से (–) 50 प्रतिशत के बीच ही रहे हैं। दूसरी और निजी सम्पदा का मूल्य तो राष्ट्रीय आय के 700 से 800 प्रतिशत के बीच आंका गया है।

दूसरे शब्दों में, ब्रिटेन और फ्रांस में राष्ट्रीय पूंजी और राष्ट्रीय आय के अनुपात का इतिहास, जिसे हमने पिछले पृष्ठों में संक्षेप में प्रस्तुत किया है,

मुख्यत: निजी पूंजी और राष्ट्रीय आय के बीच संबंध का इतिहास रहा है [देखें रेखाचित्र 3.5 और 3.6]।

रेखाचित्र 3.4: फ्रांस में सार्वजनिक धन सम्पदा, 1700-2010

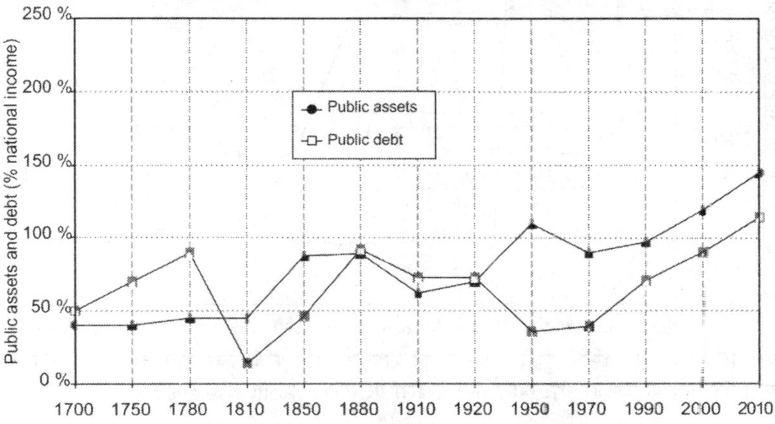

फ्रांस में सार्वजनिक ऋण 1780 में लगभग एक वर्ष की राष्ट्रीय आय के समान था—इसका यही स्तर 1880 और 2000-2010 में भी आंका गया है। स्रोत और श्रृंखला हेतु देखें: piketty.pse.ens.fr/capital21C.

रेखाचित्र 3.5: ब्रिटेन में निजी और सार्वजनिक पूंजी, 1700-2010

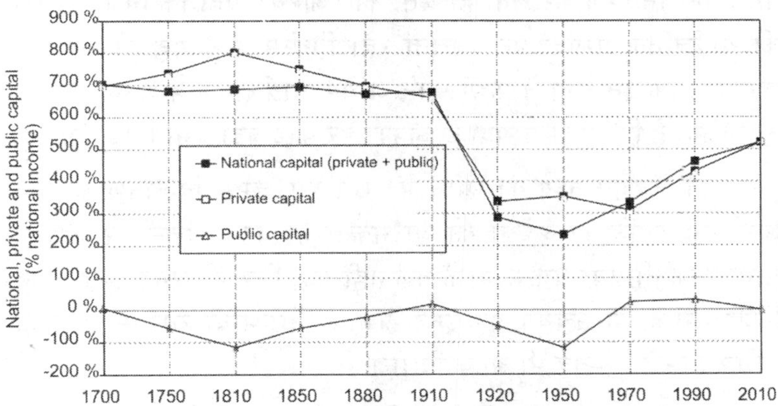

ब्रिटेन में वर्ष 1810 में निजी पूंजी 8 वर्षों की राष्ट्रीय आय के बराबर थी [जबकि राष्ट्रीय पूंजी का मूल्य 7 वर्ष की आय के तुल्य रहा] स्रोत और श्रृंखला हेतु देखें: piketty.pse.ens.fr/capital21C.

रेखाचित्र 3.6: फ्रांस में निजी और सार्वजनिक पूंजी, 1700-2010

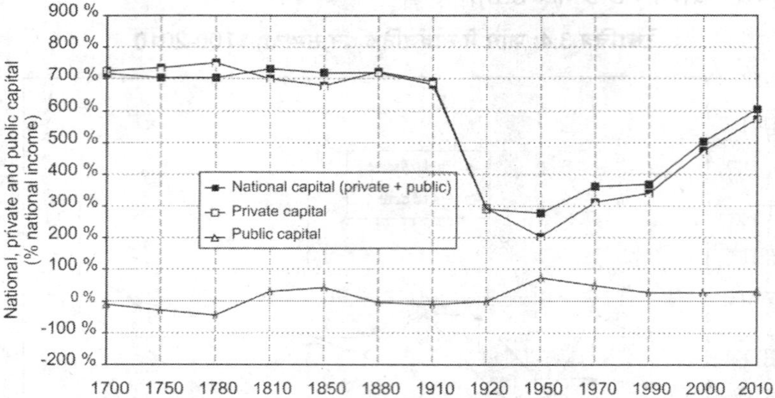

वर्ष 1950 में सार्वजनिक पूंजी एक वर्ष की राष्ट्रीय आय के बराबर रही तो निजी पूंजी 2 वर्षों की आय के बराबर थी। स्रोत और श्रृंखला हेतु देखें: piketty.pse.ens.fr/capital21C.

यहाँ इस निर्णायक तथ्य पर भी ध्यान देना आवश्यक है : ब्रिटेन और फ्रांस सदा से निजी सम्पत्ति पर आधारित देश रहे हैं और इन्होंने कभी उस सोवियत व्यवस्था का प्रयोग नहीं किया जिसमें सरकार प्राय समस्त पूंजी पर अपना नियंत्रण कर लेती है। अत: कोई आश्चर्य नहीं कि निजी सम्पदा की सार्वजनिक सम्पदा पर प्रबलता रहे। विलोमार्थ में यह भी कहा जा सकता है कि इन देशों ने कभी इतने अधिक सार्वजनिक ऋण का संकलन नहीं किया है कि निजी सम्पदा के आकार पर कोई बड़ा प्रभाव पड़ जाए।

इसके केंद्रभूत तथ्य को ध्यान में रखते हुए, हमसे विश्लेषण को कुछ और आगे बढ़ाने की अपेक्षा की जा सकती है। यद्यपि किसी भी देश में सार्वजनिक नीतियां धर्म सीमाओं तक नहीं गईं, फिर भी अनेक बिंदुओं पर निजी सम्पदा के संचयन पर इनके प्रभाव निष्प्रभावी स्तर से तो कहीं अधिक ही रहे हैं—वह भी अनेक दिशाओं में।

अठारहवीं-उन्नीसवीं सदियों में ब्रिटेन की सरकारों ने बड़े सार्वजनिक ऋण उठाकर निजी सम्पदा को बढ़ाने में योगदान दिया था। प्राचीन व्यवस्था और उत्कर्ष युग में फ्रांस सरकार ने भी कुछ ऐसा ही किया था। किंतु किन्हीं अन्य अवसरों पर सरकार ने अपना ऋण भार घटाने के प्रयास

भी किए। द्वितीय महायुद्ध के बाद फ्रांस ने तो सार्वजनिक ऋणों को रद्द कर दिया था और एक बड़े सार्वजनिक क्षेत्र का निर्माण किया था। उसी समय ब्रिटेन में भी ऐसा ही हुआ, किंतु अपेक्षतया सीमित स्तर पर। उसी समय से दोनों देश भी अन्य समृद्ध देशों की भांति ही भारी भरकम सार्वजनिक ऋणों के साथ अपना काम चला रहे हैं। किंतु ऐतिहासिक अनुभव दर्शाते हैं कि इस स्थिति में बहुत तेजी से बड़े बदलाव आ सकते हैं। अत: ब्रिटेन और फ्रांस में ऐतिहासिक नीतिगत बदलावों का अध्ययन कर एक विश्लेषण-आधार की तैयारी करना उपयोगी रहेगा। इन दोनों देशों के इस विषय के अनुभव बहुत विविधतापूर्ण और समृद्ध रहे हैं।

गेट ब्रिटेन: सार्वजनिक ऋण और निजी पूंजी का संपोषण

ब्रिटेन से बात प्रारम्भ कर रहा हूँ। दो अवसरों पर, एक तो नेपोलियन के युद्धों के दौरान और दूसरे द्वितीय विश्वयुद्ध के बाद, ब्रिटेन का सार्वजनिक ऋण बहुत ऊंचे स्तर पर पहुंच गया था—यह सकल घरेलू उत्पाद के 200 प्रतिशत से भी कुछ अधिक हो गया था। यद्यपि कोई भी देश इतने उच्च स्तर के सार्वजनिक ऋण का वहन नहीं कर पाया है—किंतु ब्रिटेन से कभी ऋण भुगतान में चूक नहीं हुई। यदि कोई देश अपनी देनदारी से मुकरे नहीं या अप्रत्यक्ष रूप से आन्तरिक स्फीति दर बढ़ा कर ऋण भुगतान के भार को कम करने का प्रयास न करे तो उसे अपने विशाल सार्वजनिक ऋण को चुकाने के लिए बड़ी लम्बी मोहलत मिल जाती है।

इस संदर्भ में 19वीं सदी का ब्रिटिश सार्वजनिक ऋण एक सटीक दृष्टांत प्रस्तुत करता है। अगर इतिहास में कुछ और पीछे झांकें तो ब्रिटेन और फ्रांस का सार्वजनिक ऋण बहुत विशाल हो गया था। दोनों राजशाहियों में प्राय: युद्ध होते रहते थे—वे अन्य यूरोपीय देशों से भी लड़ते रहते थे—इस दशा में व्यय की पूर्ति के लिए अधिक कर संग्रह तो संभव था—हां, इनकी सरकारें बड़े स्तर पर सार्वजनिक ऋण ले रही थीं। कुल मिलाकर दोनों ही देशों में 1700-1720 की अवधि में ऋण का स्तर राष्ट्रीय आय का 50 प्रतिशत और 1760-1770 की अवधि में तो 100 प्रतिशत तक जा पहुंचा।

फ्रांसीसी राजशाही की कर प्रणाली को आधुनिक बनाने और सामंत वर्ग के राजकोषीय विशेषाधिकारों के उन्मूलन में अयोग्यता का तो सभी को ज्ञान है—और इस समस्या का अंतिम समाधान एक क्रांति द्वारा ही हो पाया था—1789 की व्यवस्थापन महासभा के समावर्तन से प्रारम्भ उस प्रक्रिया ने अंतत: 1790-91 में नई कर प्रणाली का शुभारंभ किया। सभी भू-स्वामियों पर भूमि कर तथा सभी विरासती सम्पदाओं पर उत्तराधिकार कर लागू किया गया। सन् 1797 में तो दो तिहाई दिवालियापन की घटनाएं हुई—सरकार ने अपने बकाया ऋण के 2/3 भाग को रद्द घोषित कर दिया—इस दिवालियेपन को राष्ट्रीयकृत भूमि को प्रतिभूमि बनाकर जारी की गई कागजी मुद्रा के कारण फैली मुद्रा स्फीति ने और भी अधिक गंभीर बना दिया था। यही वह विधि थी जिसके द्वारा अंतत: पुरातन तंत्र के ऋणों का निपटारा किया गया।[11] इस प्रकार 19वीं सदी के प्रारम्भिक दशकों में फ्रांसीसी सार्वजनिक ऋण तेजी से घटकर बहुत निम्न स्तर पर पहुंच गया था—वर्ष 1815 में यह राष्ट्रीय आय का 20 प्रतिशत से कम हो गया था।

ब्रिटेन में एकदम विपरीत मार्ग अपनाया गया। अमेरिकी क्रांतिकारियों और नेपोलियन एवं क्रांतिकारी युग में फ्रांस से अनेक युद्धों के निमित धन जुटाने के लिए ब्रिटेन की राजशाही निर्बाध रूप से ऋण लेती गई। परिणामस्वरूप 1770 के दशक में सार्वजनिक ऋण राष्ट्रीय आय के 100 प्रतिशत के लगभग हो गया और 1810 के दशक में तो वह 200 प्रतिशत हो गया—यह उसी अवधि के फ्रांस के ऋण से 10 गुना था। ब्रिटेन के उस विशालकाय ऋण को धीरे-धीरे बजट में अतिरेक के माध्यम से घटा कर 1910 में राष्ट्रीय आय के 30 प्रतिशत से नीचे पहुंचाने में एक शती का समय लग गया [देखें रेखाचित्र 3.3]।

इस ऐतिहासिक अनुभव से हम क्या सीख सकते हैं? प्रथम तो इसमें कोई संदेह नहीं है कि उच्च स्तर के सार्वजनिक ऋणों ने ब्रिटेन के समाज में निजी सम्पदा के महत्त्व को बहुत बढ़ा दिया था। साधन सम्पन्न ब्रिटिश नागरिकों ने अपने निजी निवेश को घटाए बिना ही सरकार को अपेक्षित ऋण प्रदान कर दिए। 1770-1810 की अवधि में सार्वजनिक ऋण में हुई

विशाल वृद्धि का वित्त पोषण उसी काल में निजी बचतों में हुई वृद्धि के दम पर हुआ था [इससे सिद्ध होता है कि उस समय का ब्रिटिश सम्पदाधारी वर्ग समृद्ध था और सरकारी बौंडों पर प्रतिप्राप्ति दर आकर्षक थी] यह तभी संभव हो पाया कि राष्ट्रीय पूंजी भी इस सारी अवधि में सात वर्षों की राष्ट्रीय आय के समान बनी रही और सरकार को ऋण भी मिल गए। उसी अवधि में (1810 के दशक में) निजी धन सम्पत्ति का मूल्य बढ़कर आठ वर्षों की राष्ट्रीय आय के स्तर को पार कर चुका था और निवल सार्वजनिक पूंजी निरंतर नकारात्मक क्षेत्र में जा रही थी [देखें रेखाचित्र 3.5]

अत: कोई आश्चर्य नहीं कि जेन ऑस्टिन के उपन्यासों में हर तरफ दौलत छलकती दिखाई देती है: परंपरागत धनी भू-स्वामियों के साथ सरकारी बौंडधारी वर्ग भी जुड़ गया था। [यदि साहित्यिक स्रोतों को ऐतिहासिक जानकारी का स्रोत मानें तो ये दोनों वर्ग एक ही थे] परिणाम था सकल निजी सम्पदा का एक अत्यंत ही उच्च स्तर। सरकारी बौंडों पर ब्याज भूमि से प्राप्त किराये भाड़े की वृद्धि कर रहा था और इस प्रकार निजी पूंजी अभूतपूर्व आयाम धारण कर फलफूल रही थी।

दूसरे, यदि उस विकल्प से तुलना करें कि ब्रिटिश राजशाही ने अपने युद्ध व्यय को पूरा करने के लिए भूस्वामियों पर कर लगाए होते तो क्या होता, तो हम पाते हैं कि ऋण के माध्यम से युद्धों का वित्त पोषण सरकार को ऋण देने वाले धनिकों और उनके उत्तराधिकारियों के हितों की पूर्ति भी कर रहा था। सरकार को ऋण देने के साधनों से संपन्न व्यक्तियों को इस ऋण पर दशकों तक ब्याज कमाना उस स्थिति से कहीं आकर्षक लग रहा था जहां अधिक कर चुका कर उसे भूल जाना होता। फिर सरकारी घाटे की वृद्धि से निजी सम्पदा की मांग में उछाल आया, जिसके फलस्वरूप उस सम्पत्ति पर प्रतिफल में वृद्धि होने लगी—इससे उन लोगों के हितों का पोषण हुआ जिनकी समृद्धि सरकारी बौंड़ों के ब्याज पर निर्भर थी।

सच्चाई तो यह है कि 20वीं सदी की तुलना में मूल अंतर यही था कि 19वीं सदी में सरकार से ऋण देने वालों को जो क्षतिपूर्ति मिल रही थी वह काफी उच्च थी जब कि 1815 से 1914 तक स्फीति की दर शून्य प्राय:

रही और सरकारी ऋणों पर ब्याज दर 4 से 5 प्रतिशत—जो उस समय की संवृद्धि दर से काफी अधिक था। ऐसी अवस्था में सार्वजनिक ऋण में निवेश करना धनिकों और उनके उत्तर्राधिकारियों के लिए बहुत अच्छा धन्धा बन जाता है।

एक और सटीक उदाहरण लें: एक ऐसी सरकार की कल्पना करें जो 20 वर्षों तक निरंतर सैनिकों की विशाल संख्या को वेतन देने के लिए करारोपण की बजाय [जैसे 1795 से 1895 के बीच हुआ था] सकल घरेलू उत्पाद के 5 प्रतिशत के समान घाटा बनाए रखती है। फिर तो बीस वर्षों बाद सकल घरेलू उत्पाद के 100 प्रतिशत के बराबर अतिरिक्त सार्वजनिक ऋण का संचय हो जाएगा। मान लें कि सरकार मूल धन नहीं लौटाना चाहती, केवल ब्याज चुकाती रहती है। यदि उस सार्वजनिक ऋण पर ब्याज की दर 5 प्रतिशत हो तो उसे अनंत काल तक प्रतिवर्ष सकल घरेलू उत्पाद के 5 प्रतिशत की राशि उस अतिरिक्त सार्वजनिक ऋण के धारकों को चुकानी पड़ेगी।

कुल मिलाकर ब्रिटेन ने ऐसा कुछ ही 19वीं सदी में किया था। पूरे सौ वर्षों तक—1815 से 1914 तक —ब्रिटिश बजट में सदा अच्छा खासा प्राथमिक अधिशेष रहता था—कर राजस्व सरकार के व्यय से इतना अधिक रहता था कि वह सकल घरेलू उत्पाद के कई प्रतिशत अंकों के बराबर बन जाता था। यदि और स्पष्ट करें तो यह अधिशेष की राशि उस सारी अवधि में शिक्षा पर किए गए सकल व्यय से अधिक थी। यह तो ब्रिटिश घरेलू उत्पाद में 1815 से 1914 तक 2.5 प्रतिशत की संवृद्धि ही थी जिसने [एक शती तक चले प्रायश्चित के बाद] राष्ट्रीय आय के प्रतिशत के रूप में सार्वजनिक ऋण को महत्त्वपूर्ण रूप से घटा पाने में ब्रिटेन को सफल बना दिया।[12]

सार्वजनिक ऋण से कौन लाभान्वित होता है?

यह ऐतिहासिक रिकार्ड अनेक कारणों से विश्लेषण के लिए आधार का कार्य करेगा। सबसे पहले तो इससे हमें यह बात समझने में आसानी हो जाती है कि मार्क्स से प्रारम्भ कर 19वीं सदी के सभी समाजवादी चिंतक

सार्वजनिक ऋण को लेकर क्यों आशंकित थे। वे इसे निजी पूंजी का एक उपकरण क्यों मानते थे [इसमें निश्चय ही उनकी कुशाग्रता की झलक मिलती है]।

यह चिंता इसलिए भी गंभीर थी कि उन दिनों केवल ब्रिटेन ही नहीं बल्कि फ्रांस सहित अन्य अनेक देशों में भी सार्वजनिक ऋण में योगदान करने वालों को बड़ा अच्छा प्रतिफल दिया जाता था। आगे चलकर 1797 के क्रांतिकारी दिवालियेपन को कभी दोहराया नहीं गया और बालजाक के उपन्यासों के भाड़ाखोरों को अपने सरकारी बौंडों को लेकर जेन ऑस्टिन के पात्रों से अधिक चिंता नहीं करनी पड़ी। ब्रिटेन की भांति फ्रांस में भी 1714-1815 की अवधि में मुद्रास्फीति बहुत न्यून रही और सरकारी ऋणों पर ब्याज भुगतान सदा नियमित रूप से होता रहा। फ्रांस का संप्रभु ऋण समूची 19वीं सदी में एक अच्छा निवेश माना जाता था और इसके निजी निवेशक ब्रिटेन की भांति ही समृद्ध होते रहे। यद्यपि 1815 में फ्रांस का बकाया सार्वजनिक ऋण बहुत सीमित था, किंतु अगले कुछ दशकों में वह निरंतर वृद्धिशील रहा—विशेषकर पुन: प्रतिष्ठान और जुलाई राजशाही [1815-48] के काल में ऐसा हुआ। उस अवधि में मतदान का अधिकार सम्पत्ति की योग्यता पर आधारित था।

फ्रांसीसी सरकार को 1815-16 में अधिकृत सैन्य बलों को हर्जाने का भुगतान करने के लिए भारी ऋण लेना पड़ा और 1825 में फिर प्रवासियों की अरबों की राशि [उन सामंतों की क्षतिपूर्ति जोकि क्रांतिकाल में फ्रांस से भागने को विवश हो गए थे और जिनकी अनुपस्थित में उनकी भूमि का सीमित-सा पुन: वितरण सरकार ने कर दिया था] के वित्तीयन के लिए भारी ऋण उठाना पड़ा। द्वितीय साम्राज्यशाही के अंतर्गत वित्तीय हितों का जमकर पोषण हुआ था। मार्क्स ने 1849-50 में 'फ्रांस में वर्ग–संघर्ष' शीर्षक से प्रकाशित संकलन में बहुत ही धुंआधार लेख लिखे थे। उन्हें प्रारम्भ से ही लुईस नेपोलियन बोनापार्ट के नए वित्तमंत्री एशिले फॉल्ड की नियुक्ति पर आपत्ति थी क्योंकि वह बैंकरों और धन संग्रह करने वालों का प्रतिनिधि था और उसने भाड़ा खोरों को बकाया चुकाने के लिए शराब पर कर अचानक बढ़ा दिए थे। आगे चलकर 1970-71 के फ्रांस-एशिया युद्ध के बाद फ्रांस

सरकार को अपनी जनता से उधार लेकर जर्मनी को अपनी राष्ट्रीय आय के 30 प्रतिशत के समान धनराशि का हस्तांतरण करना पड़ा।[13] अंततः 1880-1914 की अवधि के अंत तक फ्रांस का सार्वजनिक ऋण ब्रिटिश ऋण से भी अधिक हो गया था। यह ब्रिटेन की राष्ट्रीय आय के 50 प्रतिशत की तुलना में फ्रांस की राष्ट्रीय आय के 70 से 80 प्रतिशत तक पहुंच गया था। फ्रांस के उत्कर्ष युग के उपन्यासों में सरकारी बौंडों पर ब्याज की चर्चा बड़े महत्त्वपूर्ण रूप से होती है। सरकार प्रतिवर्ष राष्ट्रीय आय के 2 से 3 प्रतिशत का भुगतान केवल ब्याज में कर रही थी। [यह उस काल के राष्ट्रीय शिक्षा बजट से कहीं अधिक राशि थी] और देश का एक बड़ा वर्ग उसी ब्याज पर निर्वाह कर रहा था।[14]

बीसवीं सदी में सार्वजनिक ऋण को लेकर एक नया ही दृष्टिकोण उभर कर आया : यह इस धारणा पर आधारित था कि ऋण भी एक नीति उपकरण का कार्य कर सकता था। यह नीति सार्वजनिक व्यय के संवर्धन और समाज के न्यूनतम स्तर पर निर्वाह कर रहे अंग के लाभार्थ धन के पुनर्वितरण की नीति होगी। दोनों विचारों के बीच अंतर बहुत सीधा-सा है: 19वीं सदी में ऋणदाताओं को बहुत शानदार परितोषिक दिया गया जिससे निजी सम्पत्ति में वृद्धि हुई थी : 20वीं सदी में ऋण को स्फीति के महासागर में विलीन कर दिया गया—ऋण का पुनः भुगतान उस मुद्रा में किया गया जिसका अपना मूल्य ही निरंतर गिरता जा रहा था। व्यवहार में इस प्रकार से बजट के घाटे का वित्तीयन सरकार को उधार देने वालों द्वारा हो गया—करों की वृद्धि द्वारा ऋण के समतुल्य राशियां एकत्र करने की आवश्यकता नहीं हुई। अभी भी सार्वजनिक ऋण को लेकर यह प्रगतिशील धारणा अनेक व्यक्तियों के मस्तिष्क पर छाई हुई है जबकि स्फीति की दर तो कभी की 19वीं सदी के दर के पास पहुंच चुकी है, और वैसे भी इस सारी ऋण प्रक्रिया में निहित पुनर्वितरण प्रभाव बहुत स्पष्ट नहीं हैं।

एक और बात को याद करना उपयोगी होगा: स्फीति के माध्यम से पुनर्वितरण फ्रांस में ब्रिटेन की तुलना में बहुत महत्त्वपूर्ण रहा है। जैसा कि अध्याय-2 में हमने स्पष्ट किया था, फ्रांस में 1913-50 की अवधि में औसत स्फीति दर 13 प्रतिशत वार्षिक से कुछ अधिक रही थी जिससे उस

35 वर्षों की अवधि में कीमत स्तर 100 गुना हो गया था। जब 1913 में प्रस्ट ने अपनी रचना "स्वान्स वे" प्रकाशित की थी तो सरकारी बौंड के-बोर्ग के ग्रैंड होटल जैसे अनश्वर प्रतीत हो रहे थे [जहां उपन्यासकार ने अपना ग्रीष्मकाल बिताया था]। किंतु 1950 आते आते उन बौंडों की क्रय शक्ति घटकर मात्र एक प्रतिशत रह गई थी—अर्थात 1913 के भाड़ाखोरों और उनकी संतति के पास अब कुछ नहीं बचा था।

इसका सरकार के लिए क्या अर्थ रहा? प्रारम्भिक ऋण के उच्च स्तर [1913 से राष्ट्रीय आय के 80 प्रतिशत के बराबर] और 1913-50 की अवधि के बजट घाटे के अतिउच्च स्तर के बावजूद 1950 आते आते फ्रांस का सार्वजनिक ऋण घट कर 1815 की भांति अपेक्षाकृत न्यून स्तर [राष्ट्रीय आय के 30 प्रतिशत के बराबर] पर पहुंच गया था। स्वतंत्रता काल के अतिविशाल घाटे की भरपाई तो 50 प्रतिशत वार्षिक की स्फीति ने 1945-48 के केवल चार वर्षों में कर दी थी। वह वास्तव में राजनीतिक सरगर्मी से भरा समय था। एक प्रकार से यह 1797 के 'दो तिहाई दिवालियापन" जैसी ही घटना थी : पुराने ऋणों पर समाप्त कर एक नए निम्न स्तरीय सार्वजनिक ऋण के साथ देश का पुनर्निर्माण प्रारम्भ किया गया [देखें रेखाचित्र 3.4]

ब्रिटेन में यह कार्य अलग विधि से किया गया: धीमे धीमे और कम उग्रतापूर्वक। वर्ष 1913 से 1950 के बीच स्फीति की औसत दर 3 प्रतिशत से कुछ अधिक भी, अत: वहाँ कीमत स्तर केवल 3 गुना हो पाया—अर्थात् फ्रांस की कीमत वृद्धि का 1/30 अंश मात्र। वैसे ब्रिटिश भाड़ाखोरों के लिए यह भी इतना खराबी भरा अनुभव था जिसके बारे में 19वीं सदी ही नहीं, प्रथम विश्व युद्ध के प्रारम्भ तक कल्पना करना भी कठिन था। किंतु यह भी दोनों महायुद्धों के अंतर्वर्तीकाल में सार्वजनिक घाटे के विशाल स्तर पर संचयन को रोक पाने के लिए पर्याप्त नहीं रहा : ब्रिटेन करेंसी प्रेस का सहारा लिए बिना ही युद्ध प्रयासों का वित्तीयन करने के लिए पूरी तरह से तैयार रहा था। परिणामस्वरूप 1950 तक देश ने स्वयं को अतिविराट ऋण भार—राष्ट्रीय आय के 200 प्रतिशत से दबा हुआ पाया—यह तो 1815 से भी बहुत भारी था। यह तो 1950 के दशक की 4 प्रतिशत

वार्षिक और फिर 1970 के दशक की 15 प्रतिशत वार्षिक कीमत वृद्धि की कृपा है कि एक बार फिर से ब्रिटेन का ऋण गिर कर राष्ट्रीय आय के 50 प्रतिशत से कम हो गया है [देखिए रेखाचित्र 3.3]।

स्फीति के माध्यम से पुनर्वितरण की प्रक्रिया अत्यंत ही सशक्त होती है और इसने 20वीं सदी के फ्रांस और ब्रिटेन में एक निर्णायक ऐतिहासिक भूमिका निभाई है। फिर भी, इससे दो समस्याएं उत्पन्न होती हैं। यह अपने लक्ष्यों का चयन बड़े अपरिष्कृत रूप में करती है: ऐसे लोग जिनके पास कुछ धन हो और सरकारी बौंड़ हो (प्रत्यक्षत: या अप्रत्यक्ष: बैंक जमाओं के रूप में) उनका सबसे धनाढ्य होना आवश्यक नहीं होता प्राय: ये बहुत धनी होते ही नहीं। दूसरे, स्फीति की प्रक्रिया अनिश्चितकाल तक जारी नहीं रह सकती। जैसे ही स्फीति की दर उच्च स्तर पर स्थिर होती है, उधार देने वाले उच्चतर मौद्रिक ब्याज दर की मांग करने लगेंगे और उच्च कीमत स्तर का वांछित प्रभाव नहीं रह पाएगा। यही नहीं, उच्च स्फीति दर स्वयं ही निरंतर तेज होने लगती है और ऐसी प्रक्रिया के प्रारम्भ हो जाने पर उसके परिणामों पर नियंत्रण में रख पाना सरल नहीं रहता। कुछ सामाजिक वर्गों की आय में भारी वृद्धि हुई तो कुछ की आय नहीं बढ़ी। 1970 के दशक के उतरार्द्ध में जब उच्च स्फीतिदर, वृद्धिमान बेरोजगारी और सापेक्ष आर्थिक स्थिरता [मुद्रास्फीतिजनित मंदी] का सम्मिश्रण विकसित हो गया तभी जाकर निम्न स्फीति के विचार पर आम सहमति बन पाई थी। इस विषय में मैं बाद में फिर चर्चा करूंगा।

रिकार्डोवादी "समतुल्यता" का उत्कर्ष और पतन

सार्वजनिक ऋण का इतिहास बहुत कोलाहलपूर्ण रहा है—यह 18वीं 19वीं शताब्दियों के शांत भाड़ाभोगी वर्ग से प्रारम्भ कर 20वीं सदी में स्फीति द्वारा सम्पदाहरण तक की यात्रा करते हुए सांझी स्मृतियों और अभिव्यक्तियों पर अपनी अमिट छाप छोड़ गया है। इन ऐतिहासिक अनुभवों की छाप अर्थशास्त्रियों पर भी रही है। उदाहरण के लिए, जब 1817 में "रिकार्डोवादी समतुल्यता" नाम से विख्यात अपनी अवधारणा का प्रतिपादन करते समय अपने आसपास के घटनाक्रम से प्रभावित डेविड़

रिकार्डो ने कहा कि सार्वजनिक ऋण का राष्ट्रीय पूंजी के संचय पर कोई प्रभाव नहीं होता। उनके लेखन के समय ब्रिटेन का सार्वजनिक ऋण राष्ट्रीय आय का 200 प्रतिशत हो चुका था, किंतु, उसके कारण पूंजीनिर्माण के लिए सुलभ धन के निजी स्रोत निरंतर प्रवाहित हो रहे थे। अति आशंकित "बहिष्कृति प्रक्रिया" अभी आरंभ नहीं हुई थी और वृद्धिमान सार्वजनिक ऋण के लिए धन वृद्धिशील निजी बचतों ने जुटाया था। इससे यह सिद्ध नहीं हो सकता कि रिकार्डों का 'समतुल्यता' का नियम सर्वव्यापी है और प्रत्येक देश काल में वैध रहेगा। सब कुछ उस सामाजिक वर्ग की संपन्नता के स्तर पर निर्भर है जिसके संदर्भ में चर्चा हो रही हो [रिकार्डो के समय में आवश्यक अतिरिक्त बचत करने में समर्थ एक छोटा सा धनी वर्ग ब्रिटेन में मौजूद था], ब्याज की जो दर सरकार दे रही हो और सबसे महत्त्वपूर्ण बात तो जनता का सरकार पर भरोसा था। यह भी एक ध्यान देने योग्य तथ्य है कि रिकार्डो को न तो आंकड़ों की ऐतिहासिक श्रृंखला सुलभ थी और न ही हमारे रेखाचित्र 3.3 में इंगित आकलन-मापन। किंतु उनके पास उस काल के ब्रिटिश पूंजीवाद का अंतरंग ज्ञान था और उन्होंने स्पष्टत: यह देख लिया था कि वह विराटकाय ब्रिटिश सार्वजनिक ऋण तो मात्र एक समुदाय का दूसरे पर दावा था—उसका राष्ट्रीय पूंजी पर कोई स्पष्ट प्रभाव नहीं था।[15]

इसी प्रकार 1936 में भाड़ाजीवी वर्ग की 'इच्छा मृत्यु' के विषय में लिखते समय जॉन मेनार्ड केन्ज भी अपने आसपास के परिदृश्य से बहुत ही अभिभूत दिखाई पड़ते हैं। प्रथम महायुद्ध पूर्व का भाड़ाजीवी संसार ध्वस्त हो रहा था और उस काल के आर्थिक और बजटीय संकट से उबरने का और कोई भी राजनीतिक दृष्टि से स्वीकार्य मार्ग नहीं सूझ रहा था। केन्स ने महसूस किया कि अंग्रेज 1914 पूर्व के स्वर्ण मानक के प्रति प्रबल अनुदारवादी आसक्ति के कारण स्फीति को स्वीकार करने में हिचकते थे लेकिन वही स्फीति सार्वजनिक ऋण के भार और संचित धन दौलत के प्रभाव को कम करने का सरलतम मार्ग होगी भले ही वह सबसे न्यायपूर्ण सिद्ध नहीं हो पाए।

सार्वजनिक ऋण के 1970 के समय हो रहे विश्लेषण सबसे अधिक इस बात से ग्रस्त हैं कि अर्थशास्त्री प्रतिनिधि अभिकर्ता की अवधारणा पर आधारित प्रतिमानों में ही उलझे रहे हैं। इन प्रतिमानों की मान्यता थी कि सभी अभिकर्ताओं की आय और सम्पत्ति समान प्राय थी और इसी नाते सभी के पास एक समान मूल्य के सरकारी बौंडों का संकलन भी था। इस प्रकार आय और धन की विषमताओं के प्रश्न की पूरी तरह अनदेखी कर ये प्रतिमान ऐसे चरम एवं अवास्तविकतापूर्ण निष्कर्षों पर पहुंच जाते हैं जो किसी बात का स्पष्टीकरण करने के स्थान पर विभ्रम फैलाने के स्रोत होते हैं। सार्वजनिक ऋण के बारे में तो इस प्रतिनिधि अभिकर्ता प्रतिमान का निष्कर्ष यही होगा कि ये ऋण न केवल राष्ट्रीय पूंजी के सकल परिणाम की दृष्टि से निरपेक्ष होगा बल्कि इसके राजकोषीय भार का वितरण भी निरपेक्ष स्वरूप का होगा। रिकार्डो के समतुल्यता के नियम की ये क्रांतिकारी व्याख्या अमेरिकी अर्थशास्त्री रॉबर्ट बैरो[16] ने सुझाई थी। इसमें इस तथ्य पर ध्यान नहीं दिया जाता कि अधिकांश सार्वजनिक ऋण के स्वामी तो समाज के एक बहुत छोटे से वर्ग के सदस्य होते हैं [जैसा 19वीं सदी के ब्रिटेन तथा अन्य कई देशों में देखा गया था]। अत: यह ऋण आंतरिक पुनर्वितरण का एक बड़ा माध्यम है—[चाहे इसका भुगतान हो या फिर नहीं हो] जब हम समाज के विभिन्न समूहों के बीच विषमताओं के प्रश्नों की चर्चा किए बिना ही धन के वितरण के अतिसंकुलन के लक्षणों की व्याख्या करने का प्रयास करेंगे तो वास्तविक विषय और क्या कुछ दांव पर लगा है, के बारे में कोई भी महत्त्वपूर्ण बात नहीं कर पाएंगे।

फ्रांस : युद्धोपरांत काल में पूंजीपति विहीन पूंजीवाद

अब मैं सार्वजनिक सम्पदा और सरकार के स्वामित्व की परिसम्पदाओं के प्रश्न की ओर लौटता हूँ। सरकारी ऋण की तुलना में सार्वजनिक परिसम्पदाओं का इतिहास इतना कोलाहलपूर्ण नहीं रहा है।

सरल शब्दों में, ब्रिटेन और फ्रांस, दोनों ही देशों में सार्वजनिक परिसम्पदाओं के सकल मूल्य मान में दीर्घकालिक वृद्धि हुई है। यह 18वीं-19वीं सदियों की राष्ट्रीय आय के मात्र 50 प्रतिशत से बढ़कर 20वीं सदी

के अंत तक 100 प्रतिशत के लगभग हो गई थी [देखें रेखाचित्र 3.3 और 3.4]।

प्रथम आकलन में, तो यह इतिहास के क्रम में सरकार की आर्थिक भूमिका का निरंतर विस्तार लगता है—इसमें स्वास्थ्य और शिक्षा के क्षेत्रों में [बड़े स्तर पर भवन और उपकरणों में निवेश के माध्यम से] तथा परिवहन और संचार के विकास के लिए सरकारी एवं अर्द्धसरकारी संरचना निवेश शामिल हैं। ये जनसेवाएं एवं संरचनाएं फ्रांस में ब्रिटेन से अधिक व्यापक हैं : फ्रांस में सार्वजनिक परिसम्पदाओं का कुल मूल्य राष्ट्रीय आय के 150 प्रतिशत के समान है जबकि ब्रिटेन में यह मात्र 100 प्रतिशत है।

फिर भी सार्वजनिक परिसम्पदाओं के इस दीर्घकालिक संचयन का यह सरलीकृत और प्रशांत चित्रण पिछली सदी के इतिहास के एक महत्त्वपूर्ण अंश को अनदेखा करता है। यह है 1950-80 की अवधि में बड़े पैमाने पर औद्योगिक और वित्तीय सार्वजनिक परिसम्पदाओं में वृद्धि; इसके तुरंत बाद,1980 में ही इन परिसम्पदाओं के निजीकरण की भी कई लहरें आयी हैं। ये दोनों ही घटनाक्रम प्राय: सभी विकसित देशों में चले हैं—यूरोप इनका विशेष गवाह रहा है तो अनेक उभरती अर्थव्यवस्थाएं भी इनसे अछूती नहीं रही हैं।

फ्रांस का उद्धरण तो प्रतीकात्मक बन गया है। इसे समझने के लिए कुछ सिंहावलोकन करना होगा। केवल फ्रांस ही नहीं समूचे विश्व का निजी पूंजी में विश्वास 1930 के दशक के आर्थिक संकट और उसके कारण हुई उठापटक के कारण हिल गया था। अक्तूबर 1929 में वॉल स्ट्रीट के पतन से प्रारम्भ हुई महामंदी का धनी देशों पर बहुत ही हिंसात्मक आघात पड़ा था। उसके बाद से अभी तक वैसे अनुभव की पुनरावृत्ति नहीं हुई है। संयुक्त राज्य, जर्मनी, ब्रिटेन और फ्रांस आदि में कार्यरत श्रमशक्ति के एक चौथाई सदस्यों को अपने रोजगार से हाथ धोना पड़ गया था। सरकार द्वारा अहस्तक्षेप की जिस नीति का विश्वभर में 19वीं तथा 20वीं सदी में भी 1930 तक अक्षरश: अनुपालन होता रहा था वह पूरी तरह से अपनी प्रतिष्ठा खो बैठी थी। अनेक देशों ने अधिक बड़े स्तर पर हस्तक्षेप अपनाने

का निर्णय लिया। स्वाभाविक रूप से सरकारों और सामान्य जनता ने विश्व को विनाश की ओर ले जाते हुए अपनी निजी सम्पदा के संवर्धन में जुटी वित्तीय व आर्थिक विशिष्ट वर्ग की सूझबूझ पर प्रश्न उठाने प्रारम्भ कर दिए थे। अब तो मिश्रित अर्थव्यवस्था के अनेक प्रकार के भेदों की चर्चा होने लगी थी जहां परंपरागत निजी सम्पत्ति स्वरूप के साथ साथ फर्मों के सरकारी स्वामित्व के विभिन्न स्तरों के सहअस्तित्व या फिर कम से कम वित्तीय व्यवस्था [और निजी पूंजीवाद पर भी] कठोर सार्वजनिक नियमन और निगरानी की बात कही जा रही थी।

यही नहीं, अब तो सोवियत संघ द्वितीय महायुद्ध की विजयी मित्र शक्तियों का साथी था। इससे भी उस सरकारवादी आर्थिक व्यवस्था का सम्मान बढ़ गया था जिसे बोल्शिविको ने स्थापित कर लिया था। क्या उस व्यवस्था ने 1917 में भूदासता से बाहर निकल रहे अत्यंत ही पिछड़े हुए देश को औद्योगीकरण के पथ पर आगे बढ़ने को विवश नहीं कर दिया था? जोसेफ शुंपिटर को विश्वास था कि एक दिन समाजवाद की पूंजीवाद पर विजय होगी। पॉल सैम्युअलसन भी 1970 में अपनी अर्थशास्त्र की पुस्तक के आठवें संस्करण में यही भविष्यवाणी कर रहे थे कि संभवत: 1990 से 2000 के बीच सोवियत संघ का सकल घरेलू उत्पाद संयुक्त राज्य अमेरिका से आगे निकल जाएगा।[17]

फ्रांस में 1945 के बाद इस रहस्योदघाटन ने निजी पूंजीवाद के विरूद्ध अविश्वास को और व्यापक बना दिया कि उसके आर्थिक संभ्रांत वर्ग के अनेक सदस्य युद्ध के दौरान जर्मन आक्रांता के सहयोगी बने और निर्लज्ज तरीके से धनी हुए थे। इस अत्यंत ही भावनात्मक स्वतंत्रोत्तर परिवेश में अर्थव्यवस्था के प्रमुख क्षेत्रों का राष्ट्रीयकरण कर दिया गया। इनमें बैंकिंग, खनन और वाहन निर्माण क्षेत्रक भी सम्मिलित थे। सितंबर 1944 में लुई रेनो को जर्मन आक्रांताओं के साथ सहयोग करने के अपराध में गिफ्तार कर लिया गया और उसकी सभी फैक्ट्रियों पर कब्जा कर लिया गया। जनवरी 1945 में कार्यवाहक सरकार ने उन फैक्ट्रियों का राष्ट्रीयकरण कर दिया।[18]

उपलब्ध अनुमानों के अनुसार 1950 में फ्रांस की सार्वजनिक परिसम्पदा का सकल मूल्य एक वर्ष की राष्ट्रीय आय से कुछ अधिक था। किंतु स्फीति ने सरकारी ऋणों के मूल्य को बहुत कम कर दिया था, अत: स्वाभाविक रूप से उस समय में निवल सावर्जनिक सम्पदा का मूल्य एक वर्ष की राष्ट्रीय आय के पास पहुंच गया जबकि सकल निजी सम्पदा केवल दो वर्ष की राष्ट्रीय आय के समान थी [देखें रेखाचित्र 3.6] इन अनुमानों की सटीकता से भ्रमित नहीं होना चाहिए। इस काल में पूंजी का मूल्यांकन इतना आसान नहीं था क्योंकि परिसम्पदा कीमतें इतिहास काल के न्यूनतम स्तर को छू रही थीं और यह भी संभव है कि निजी सम्पदाओं की तुलना में सार्वजनिक सम्पदाओं का न्यूनांकन ही किया गया हो। किंतु कुल मिलाकर परिमाणों की क्रमिकता बहुत अहम थी : 1950 में फ्रांस की सरकार राष्ट्र की सम्पदा के 25 से 30 प्रतिशत—संभवत: इससे भी कुछ अधिक की स्वामिनी थी।

यदि इस बात पर भी ध्यान दिया जाए कि सरकार ने लघु और मध्यम उद्यमों और कृषि को नहीं छुआ था तथा रिहाशी सम्पदा में अपनी हिस्सेदारी को 20 प्रतिशत से न्यून अंश तक ही सीमित रखा था, तो यह [20 प्रतिशत से कम] अनुपात बहुत ही महत्त्वपूर्ण स्वरूप धारण कर लेता है। युद्धोपरांत राष्ट्रीयकरण से सर्वाधिक प्रत्यक्ष रूप से प्रभावित औद्योगिक और वित्तीय क्षेत्र थे और राष्ट्रीयकरण के पश्चात राष्ट्रीय सम्पदा में फ्रांस सरकार की हिस्सेदारी 1950-80 की अवधि में 50 प्रतिशत से अधिक बढ़ गई।

यद्यपि यह ऐतिहासिक घटनाक्रम संक्षिप्त ही कहा जाएगा किंतु इससे फ्रांसीसी जन मानस के निजी पूंजी के प्रति जटिलतापूर्ण दृष्टिकोण को समझने में बड़ी सहायता मिलेगी। राष्ट्रीय पुननिर्माण की “गौरवमय त्रैदशकी” में आर्थिक संवृद्धि फ्रांस के इतिहास में पहली बार अधिक प्रबल रही, फ्रांस एक मिश्रित अर्थव्यवस्था था, यह एक पूंजी पति विहीन पूंजीवाद था—या ऐसा राज्य पूंजीवाद भी लगता था जिसमें सबसे बड़ी फर्मों पर निजी स्वामियों का अधिकार नहीं था।

हां, यह भी सत्य है कि ब्रिटेन सहित अनेक देशों में उसी समय राष्ट्रीयकरण की लहर चली और ब्रिटेन में भी सार्वजनिक सम्पदा का मूल्य फ्रांस की ही भांति 1950 में राष्ट्रीय आय से अधिक हो गया था। अंतर यही था कि उस समय भी ब्रिटेन का सार्वजनिक ऋण दो वर्षों की राष्ट्रीय आय से अधिक था। इस प्रकार निवल सार्वजनिक सम्पदा का मान महत्त्वपूर्ण रूप से नकारात्मक हो गया था जबकि निजी सम्पदा का मान बहुत उच्च सकारात्मक स्तर पर था। ब्रिटेन में निवल सार्वजनिक सम्पदा का मान 1960 और 1970 के दशकों से पहले सकारात्मक नहीं हो पाया और उसके बाद भी उसका स्तर 20 से अधिक नहीं हुआ। वह राष्ट्रीय आय के 20 प्रतिशत से कम ही रहा (जो अब काफी बढ़ चुका है)।[19]

फ्रांस के दृश्य पथ की विलक्षणता यही है कि 1950-80 के बीच सार्वजनिक स्वामित्व खूब फलफूला और 1980 के बाद इसका स्तर बहुत नीचे चला गया जबकि इसी दौरान वित्तीय एवं रिहाइशी सम्पदा में लगी निजी पूंजी निरंतर बढ़कर ब्रिटेन के आंकड़ों को भी पार कर गई—यह 2010 में 6 वर्षों की राष्ट्रीय आय के समान थी—अथवा सार्वजनिक सम्पदा के मूल्य से 20 गुना। राज्य पूंजीवाद के एक दौर के बाद 1950 से फ्रांस 21वीं सदी का नवीन निजी स्वामित्व के पूंजीवाद का देश बन गया।

इस परिवर्तन की सबसे बड़ी विशेषता यही है कि इसके वास्तविक स्वरूप को कभी स्वीकारा नहीं गया। वर्ष 1980 के दशक से प्रारम्भ अर्थव्यवस्था के जिस निजीकरण [जिसमें वस्तुओं और सेवाओं के बाजारों का उदारीकरण, वित्तीय बाजारों और पूंजी प्रवाहों का विनियमन *(Regulation)* भी सम्मिलित था] ने शेष विश्व की अर्थव्यवस्था पर भी गहरा प्रभाव डाला था, उसका एक उद्गम स्रोत नहीं था—यह अनेक और जटिलतापूर्ण स्रोतों से उदय हुआ था। महामंदी और उससे जुड़े विध्वंस की यादें धुंधली पड़ गई थीं। सत्तर के दशक की मुद्रास्फीति जनित मंदी ने युद्धोपरांत विकसित केंद्रीय सहमति की सीमाएं उजागर कर दी थीं। "गौरवमय त्रैदशकी" और युद्धोपरांत पुनर्निमाण की पूर्ति के बाद अब राज्य की भूमिका के निरंतर प्रसार और राष्ट्रीय उत्पाद पर उसके दावों में निरंतर वृद्धि को लेकर अब प्रश्न उठने लगे थे। विर्नियमन आंदोलन का

आरंभ 1979-80 में अमेरिका और ब्रिटेन में अनुदार क्रांति से हुआ। ये दोनों देश अन्य देशों के आगे निकल जाने को लेकर अधिकाधिक विक्षुब्ध थे [यद्यपि, जैसा हमने अध्याय-2 में दर्शाया था—अन्य देश अग्रणी देशों की संवृद्धि दरों को पाने की स्वाभाविक प्रक्रिया का ही अनुसरण कर रहे थे] उसी समय 1970 के दशक में राज्याधिकार वादी सोवियत और चीनी अर्थव्यवस्थाएं अपनी विफलताओं से परेशान थीं। इसी कारण 1980 के दशक की इन साम्यवादी सरकारों ने अपने अर्थतंत्रों का कुछ उदारीकरण करने की दृष्टि से फर्मों में निजी सम्पत्ति के नए स्वरूपों का प्रारम्भ किया।

इल अंतर्राष्ट्रीय धाराओं की अभिनति के बावजूद 1981 में फ्रांस के मतदाताओं ने प्रवाह के विरुद्ध बहने की एक इच्छा व्यक्त की। प्रत्येक देश का अपना इतिहास होता है और उसकी अपनी राजनीतिक समय सारिणी भी। फ्रांस में समाजवादियों और साम्यवादियों के एक गठबंधन ने 1945 में प्रारम्भ औद्योगिक और बैंकिंग क्षेत्रों के राष्ट्रीयकरण को और आगे बढ़ाने के नारे के आधार पर संसद में अच्छा बहुमत पा लिया। किंतु यह एक संक्षिप्त अंतराल ही रहा—और 1986 के बाद से एक उदारवादी बहुमत ने सभी क्षेत्रों में निजीकरण की एक अत्यंत महत्वपूर्ण लहर चला दी। इसी प्रयास को 1988-93 के नए समाजवादी बहुमत ने भी जारी रखा। रेनॉ कम्पनी भी 1990 में एक संयुक्त स्टॉक पूंजी कम्पनी बना दी गई—यही हाल सार्वजनिक दूरसंचार प्रशासन का हुआ जिसे फ्रेंच टेलीकॉम का नाम देकर 1997-98 में निजी निवेश के लिए खोल दिया गया। धीमी संवृद्धि दर, उच्च बेरोजगारी और विशाल सरकारी घाटों के संदर्भ में सार्वजनिक शेयर धारिता के 1990 के बाद से सार्वजनिक शेयरों के उतरोत्तर विक्रय से राजकोष में अतिरिक्त धन का प्रवाह तो अधिक हुआ है किंतु यह सार्वजनिक ऋण में वृद्धि को थाम नहीं पाया है। निवल सार्वजनिक सम्पदा का मूल्य गिरकर बहुत ही निम्न स्तर पर पहुंच गया है। इसी समय में निजी सम्पदा धीरे-धीरे उच्च स्तरों को छूने लगी है। ऐसा 20वीं सदी के आघातों के बाद कभी दिखाई नहीं पड़ा। इस प्रकार फ्रांस ने कारण समझे बिना ही दो अलग-अलग समय बिंदुओं पर अपनी राष्ट्रीय पूंजी की संरचना पूरी तरह बदल डाली।

■ ■ ■

अध्याय-4

पुराने यूरोप से नए विश्व की ओर

पिछले अध्याय में मैंने 18वीं शताब्दी से ब्रिटेन और फ्रांस में पूंजी के रूपांतरण की व्याख्या की। प्रत्येक देश से मिली सीखें सम्यक और संपूरक सिद्ध हुई हैं। पूंजी का स्वरूप तो पूर्णत: परिवर्तित हो गया किंतु आय के सापेक्ष इसका सकल आकार प्राय: अपरिवर्तित रहा। विभिन्न ऐतिहासिक घटनाक्रमों और प्रक्रियाओं को बेहतर समझने के लिए हमें अपने विश्लेषण को अन्य देशों की ओर विस्तृत करना होगा। मैं जर्मनी से प्रारम्भ करूंगा—इससे मेरा यूरोपीय दृश्य चित्रण पूरा हो जाएगा। उसके बाद मैं उत्तरी अमेरिका की ओर ध्यान दूंगा [संयुक्त राज्य अमेरिका और कनाडा]। नए विश्व में पूंजी के कुछ विलक्षण और विशिष्ट स्वरूप रहे हैं। इसके कई कारण हैं : एक तो वहाँ भूमि इतनी अधिक थी और इसलिए उसकी लागत बहुत ही कम थी; दूसरा कारण दास प्रथा का प्रचलन रहा और अंतत: निरंतर जनसंख्या वृद्धि से इस क्षेत्र में, संरचनात्मक दृष्टि से, पूंजी का संचयन यूरोप की तुलना में छोटी-छोटी रकमों के माध्यम से हुआ। [राष्ट्रीय आय और उत्पादन के सापेक्ष] इससे हम फिर भी उसी मूल प्रश्न पर पहुंच जाते हैं कि दीर्घकाल में पूंजी/आय अनुपात का निर्धारक क्या होता है? यही हमारे अध्याय-5 की विषय वस्तु रहेगी। मैं उस प्रश्न पर पहुंचने से पूर्व अपना विश्लेषण पहले सभी धनी देशों तक और फिर समस्त भूमंडल तक विस्तृत करूंगा किंतु इस विस्तार की एक सीमा रहेगी : आंकड़ों की सुलभता।

जर्मनी : रीनिश पूंजीवाद और सामाजिक स्वामित्व

मैं जर्मनी के मामले से शुरू कर रहा हूँ। द्वितीय महायुद्ध के बाद महत्त्वपूर्ण हो गए मिश्रित अर्थव्यवस्था के मुद्दे की दृष्टि से जर्मन अनुभवों की ब्रिटेन और फ्रांस के प्रवाह पथों से तुलना बहुत रुचिकर रहेगी। दुर्भाग्यवश जर्मनी के ऐतिहासिक आंकड़े अधिक विविधता पूर्ण हैं—इसका मुख्य कारण जर्मनी

के एकीकरण का बहुत देर से होना था और दूसरे उसकी भौगोलिक संरचना में अनेक परिवर्तन होते रहे हैं। अत: के 1870 से पहले के इतिहास को समझना संभव नहीं हो पाया है। 1870 के बाद के अनुमान ब्रिटेन और फ्रांस से अनेक समानताएं दिखा रहे हैं और अंतर भी।

रेखाचित्र 4.1: जर्मनी में पूंजी, 1870-2010

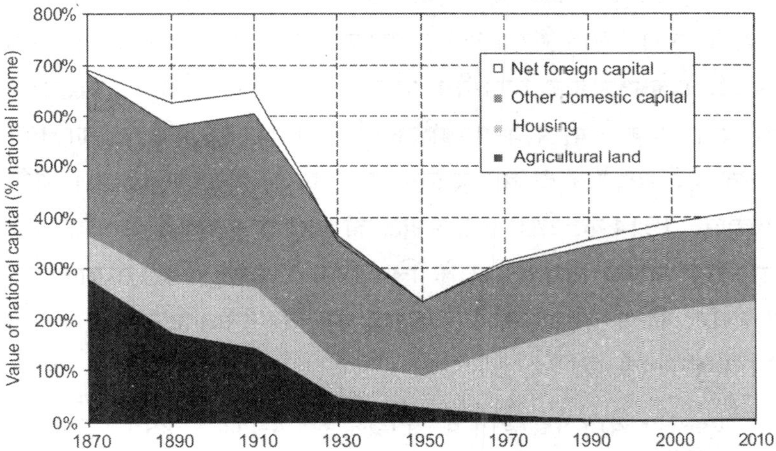

वर्ष 1910 में राष्ट्रीय पूंजी 6.5 वर्षों की राष्ट्रीय आय के बराबर थी, उसमें से 0.5 वर्ष की आय के बराबर पूंजी विदेशों में निवेशित थी। स्रोत और श्रृंखला हेतु देखें: piketty.pse.ens.fr/capital21C.

सबसे पहली ध्यान योग्य बात तो यही है कि कुल मिलाकर विकास-क्रम एक जैसा ही रहा है—पहले दीर्घकालिक दृष्टि से कृषि भूमि का स्थान आवासीय और व्यापारिक भवन सम्पदा ने लिया और फिर औद्योगिक और वित्तीय पूंजी का उदय हुआ। दूसरे द्वितीय महायुद्ध के बाद से पूंजी और आय का अनुपात निरंतर वृद्धिमान है और यह 1914-45 के संक्षोभ पूर्व के अपने स्तर की ओर अग्रसर है [देखे रेखाचित्र 4.1]

ध्यान दें कि 19वीं सदी के उत्तरार्द्ध में कृषि भूमि का महत्त्व जर्मनी को ब्रिटेन की अपेक्षा फ्रांस के अनुभव के अधिक निकट ले जाता है। [राईन नदी के पूर्व से अभी कृषि विलुप्त नहीं हुई थी] किंतु यहाँ औद्योगिक पूंजी का मूल्य फ्रांस और ब्रिटेन, दोनों से अधिक था। फिर भी प्रथम विश्व युद्ध के

प्रारम्भ में जर्मनी के पास फ्रांस से आधी ही विदेशी परिसम्पदाएं थीं। जर्मनी की विदेशी परिसम्पदाएं उसकी राष्ट्रीय आय का मात्र 50 प्रतिशत थीं—जबकि फ्रांस में यह अनुपात 100 प्रतिशत और ब्रिटेन में तो 200 प्रतिशत था। इसका मुख्य कारण यही था कि जर्मनी के पास कोई साम्राज्य नहीं था, यह तथ्य कई प्रबल राजनीतिक और सैन्य तनावों का कारण भी रहा है : जरा 1905 और 1911 के मोरक्को संकटों की ओर ध्यान दें—वहाँ जर्मनी के कैसर सम्राट ने फ्रांसीसी आधिपत्य को चुनौती देने के प्रयास किए थे। यूरोपीय शक्तियों में औपनिवेशिक परिसम्पदाओं पर अधिकार को लेकर बढ़ती हुई स्पर्धा ने ही वह वातावरण बनाने में योगदान किया जिसकी परिणति 1914 की ग्रीष्म ऋतु में युद्ध की घोषणा के रूप में हुई। लेनिन के इस निष्कर्ष से सहमत होने के लिए आपको उनके ग्रंथ "साम्राज्यवाद पूंजीवाद की उच्चतम स्थिति" [1916] के प्रत्येक निष्कर्ष के साथ सहमत होना आवश्यक नहीं हैं।

एक और बात पर ध्यान दें : पिछले कुछ दशकों में अपने व्यापार में अतिरिक्त लाभ के दम पर जर्मनी ने भी विदेशी परिसम्पदाओं का विशाल संचय कर लिया है। वर्ष 2010 तक यह संचय जर्मनी की राष्ट्रीय आय के 50 प्रतिशत के निकट था [इसमें से आधे से अधिक का संकलन वर्ष 2000 के बाद हुआ है]। यह 1913 के स्तर से बहुत भिन्न नहीं है। 19वीं सदी के अंत में ब्रिटेन और फ्रांस के विदेशी परिसम्पदा संकलनों की तुलना में यह भले ही छोटी सी रकम प्रतीत हो किंतु उन दोनों [भूतपूर्व] औपनिवेशिक शक्तियों की आज की सम्पदाधारिता के मुकाबले में बहुत बड़ी राशि है [उनके संकलन तो शून्यप्राय हैं]। रेखाचित्र 4.1 की रेखाचित्रों 3.1 और 3.2 से तुलना यह स्पष्ट कर देती है कि 19वीं सदी से जर्मनी का विकास मार्ग किस प्रकार फ्रांस और ब्रिटेन से अलग रहा है—कुछ सीमा तक तो उनकी स्थिति पलटी है। जर्मनी के वर्तमान खाते के अतिरेक को देखते हुए तो इसके फ्रांस और ब्रिटेन के अंतर के बढ़ने की संभावना को नकारा नहीं जा सकता। मैं इस बात की ओर वापस आऊंगा।

सार्वजनिक ऋण और सार्वजनिक एवं निजी पूंजी के विभाजन के मामले में भी जर्मन विकास पथ, फ्रांसीसी पथ के ही निकट लगता है। 1930 से 1950 के बीच जर्मनी में औसत स्फीति दर 17 प्रतिशत रही जिसने इस अवधि में कीमतों के स्तर को 300 गुना कर दिया—फ्रांस में तो यह केवल 100 गुना था। इस प्रकार जर्मनी वह देश बन गया जिसने अपने सार्वजनिक ऋण को बीसवीं सदी में स्फीति में डुबो दिया। दोनों ही विश्व युद्धों के दौरान जर्मनी की सरकारों ने बहुत विशाल स्तर पर घाटे की वित्त व्यवस्था को अपनाया था—1918-20 में सार्वजनिक ऋण राष्ट्रीय आय के 100 प्रतिशत रहा तो 1943-44 के बीच 150 प्रतिशत हो गया, फिर भी तीव्र स्फीति दर ने दोनों बार ऋण को संकुचित कर शीघ्र ही बड़े निम्न स्तर पर पहुंचा दिया—1930 में सकल घरेलू उत्पाद का 20 प्रतिशत तो 1950 में भी वही 20 प्रतिशत [देखें रेखाचित्र 4.2]।[1] किंतु यह स्फीति का सहारा इतना अधिक असहय था कि इसने जर्मन अर्थतंत्र और समाज को बहुत बुरी तरह से झकझोर डाला। 1920 के दशक का अतितीव्र स्फीति का अनुभव तो इतना भयंकर था कि जर्मन जनता ने एक बहुत सशक्त स्फीति विरोधी दृष्टिकोण अपनाया।[2] इसी कारण से आज एक नाटकीय विरोधाभास के दर्शन होते हैं। जिस जर्मनी ने ऋण मुक्ति पाने के लिए 20वीं सदी में स्फीति का सहारा लिया था वही आज 2 प्रतिशत वार्षिक से अधिक की स्फीति को बर्दाश्त करने को तैयार नहीं होता। इसके विपरीत जिस ब्रिटेन की सरकार ने सदा अपना ऋण नियमित रूप से चुकाया है और बहुत अधिक युक्तिसंगत व्यवहार करता रहा है, उसका दृष्टिकोण अधिक लचीला है और उसे इस बात पर कोई आपत्ति नहीं होती कि उसका केंद्रीय बैंक *(Central Bank)* सार्वजनिक ऋण पत्रों की बड़े पैमाने पर खरीदारी करे—भले ही इससे स्फीति दर में कुछ वृद्धि भी हो जाती हो।

रेखाचित्र 4.2: जर्मनी में सार्वजनिक धन सम्पदा, 1870-2010

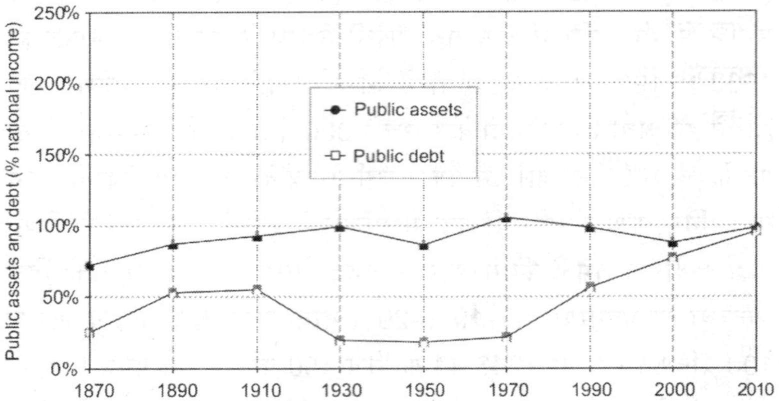

वर्ष 2010 में जर्मनी का सार्वजनिक ऋण लगभग एक वर्ष की राष्ट्रीय आय के बराबर है— सार्वजनिक परिसम्पदाओं का मूल्य भी इतना ही रहा। स्रोत और श्रृंखला हेतु देखें: piketty.pse.ens.fr/capital21C.

सार्वजनिक परिसम्पदा संचयन के मामले में भी जर्मनी का व्यवहार फ्रांस के अधिक निकट है : सरकार ने 1950-80 की अवधि में बैंकिंग और उद्योगों में बहुत बड़े परिसम्पदा अधिकार संग्रहित किए, फिर 1980 से 2000 के बीच उनके कुछ अंशों की ब्रिक्री कर दी—लेकिन अभी भी काफी कुछ सरकारी अधिकार में बचा हुआ है। उदाहरणत: आज भी लोअर सैक्सनी प्रांतीय सरकार फॉक्सवैगन की 15 प्रतिशत अंशपूंजी [और 20 प्रतिशत मताधिकार] की स्वामी है। यूरोप ही नहीं बल्कि संपूर्ण विश्व में यह कम्पनी एक अग्रणी वाहन निर्माता है— इसमें इतना बड़ा मताधिकार कानून द्वारा सरकार ने अपने हाथ रखा है। यूरोपीय संघ इस पर अपनी आपत्तियां भी दर्ज करा चुका है।[3] [देखें रेखाचित्र 4.2] जब 1950-80 की अवधि में जर्मन सार्वजनिक ऋण शून्य के बराबर था, निवल सार्वजनिक पूंजी एक वर्ष की राष्ट्रीय आय के बराबर थी—उसी समय वहाँ की निजी पूंजी बहुत निम्न स्तर पर थी। वह केवल दो वर्षों की राष्ट्रीय आय के समतुल्य थी [देखें रेखावित्र 4.3]। फ्रांस की ही भांति युद्धोपरांत पुनर्निर्माण एवं जर्मन आर्थिक चमत्कार के दशकों में जर्मन सरकार 25-30 प्रतिशत राष्ट्रीय पूंजी की ही स्वामी थी। यहाँ भी फ्रांस की ही भांति 1970 के बाद संवृद्धि दर में कुछ शिथिलता आई और [एकीकरण से पहले ही प्रारम्भ हो

गए] सार्वजनिक ऋण की अभी तक जारी प्रक्रिया के फलस्वरूप स्थिति पिछले कुछ दशकों में पूरी तरह से बदल गई है। वर्ष 2010 में निवल सार्वजनिक धन का मान शून्यप्राय ही था और 1950 से निरंतर वृद्धिशील निजी धन ही अब प्राय: समूचे राष्ट्रीय धन के समान आंका जा रहा है।

रेखाचित्र 4.3: जर्मनी में निजी और सार्वजनिक पूंजी 1870-2010

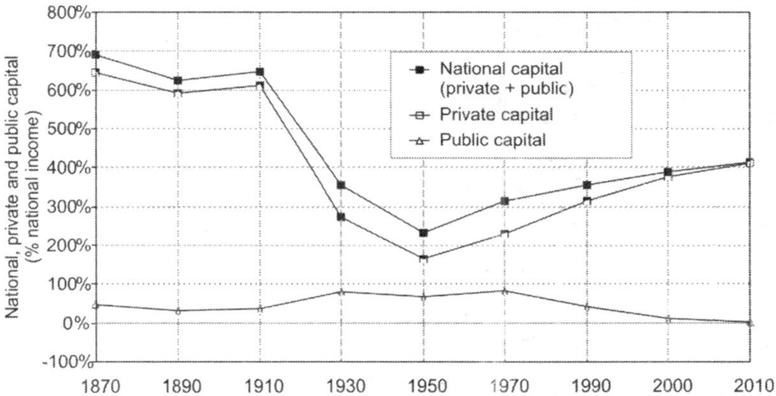

वर्ष 1970 में सार्वजनिक पूंजी लगभग एक वर्ष की तथा निजी पूंजी दो वर्ष से कुछ अधिक की राष्ट्रीय आय के बराबर थी। स्रोत और श्रृंखला हेतु देखें: piketty.pse.ens.fr/capital21C.

जर्मनी में निजी पूंजी के मूल्य और फ्रांस और ब्रिटेन में निजी पूंजी के मूल्य में महत्वपूर्ण अंतर भी है। जर्मन निजी धन में द्वितीय महायुद्ध के बाद से बहुत अधिक वृद्धि हुई है: 1950 में तो यह बहुत ही निम्न स्तर [केवल डेढ़ वर्ष की आय के बराबर] था। किंतु आज यह चार वर्ष से अधिक आय के बराबर है। रेखाचित्र 4.4 तीनों देशों में निजी धन के पुनर्निर्माण को स्पष्ट कर रहा है। फिर भी 2010 में जर्मन निजी धन का स्तर ब्रिटेन और फ्रांस के राष्ट्रीय आय के 6 गुना की तुलना में मात्र 4 गुना था—हम आगे अध्याय 5 में देखेंगे कि स्पेन और इटली में तो यह स्तर 6 गुना से भी अधिक था। किंतु जर्मनी की बचत की उच्च दर के बाद भी वहाँ निजी धन का अपेक्षाकृत कम संचय कुछ विरोधाभासी लगता है—यह अस्थायी हो सकता है और इसकी व्याख्या निम्न रूप से संभव है।[4]

पहला कारक तो अन्य यूरोपीय देशों की तुलना में जर्मनी में रिहाइशी सम्पदा के कम दाम हैं, इस की आंशिक व्याख्या यह हो सकती है कि 1940

के बाद से अन्य सभी स्थानों पर उनकी कीमतों में आई तीव्रवृद्धि पर जर्मनी के एकीकरण ने अंकुश लगा दिया [जिसके कारण जर्मनी के बाजार में निम्न लागत वाले घरों की बहुत बड़ी आपूर्ति आ गई थी]। फिर भी दीर्घकालिक अंतर की व्याख्या के लिए हमें अधिक स्थायी कारकों की आवश्यकता होगी—इनमें अधिक कड़े किराया नियंत्रण नियम भी हो सकते हैं।

रेखाचित्र 4.4 यूरोप में निजी और सार्वजनिक पूंजी, 1870-2010

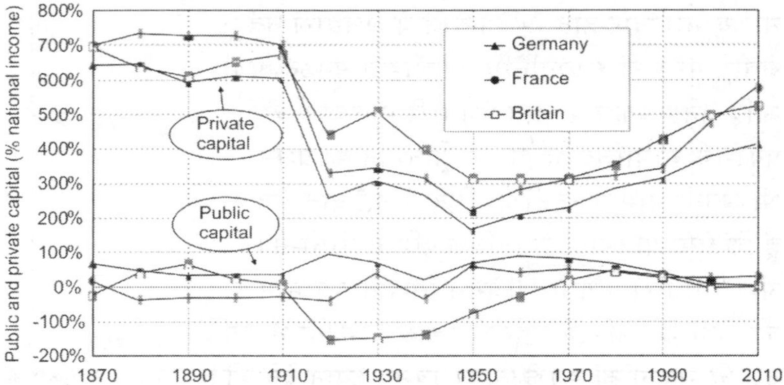

यूरोप में राष्ट्रीय पूंजी में दीर्घकालिक उतार चढ़ाव मूलतः निजी पूंजी के परिवर्तनों के कारण हुए हैं। स्रोत और श्रृंखला हेतु देखें: piketty.pse.ens.fr/capital21C.

फिर भी, जर्मनी का ब्रिटेन-फ्रांस से यह अंतर मकानों के मूल्य पर कम और अन्य घरेलू पूंजी के मूल्य अंतर पर अधिक निर्भर है—यहाँ मुख्य घटक फर्मों की पूंजी रहती है। [देखें रेखाचित्र 4.1]। दूसरे शब्दों में अंतर जर्मनी के मकानों में न्यून मूल्यांकन के कारण नहीं है, इसका कारण तो जर्मन फर्मों का निम्न स्टॉक बाजार मूल्यांकन है। यदि सकल निजी धन सम्पदा के मूल्यांकन में हम स्टॉक बाजार मूल्यांकन के स्थान पर खाता मूल्य [बुक वैल्यू] का प्रयोग करें तो जर्मन विरोधाभास गायब हो जाता है। [इस खाता मूल्य का आकलन फर्म के निवेश के संचयी मूल्य में से ऋण घटाकर होता है और जर्मन निजी धन सम्पदा भी ब्रिटेन और फ्रांस की भांति 5 से 6 वर्ष की राष्ट्रीय आय के तुल्य हो जाती है, 4 वर्ष की आय के तुल्य नहीं रहती]। ये जटिलताएं भले ही विशुद्ध रूप से लेखा पद्धति की समस्याएं दिख रही हों, किंतु, इनका स्वरूप अत्यंत ही राजनीतिक होता है।

इस समय तो जर्मन फर्मों के निम्न बाजार मूल्यांकन को "रीनिश पूंजीवाद" या "पणधारी प्रतिमान" [the stake-holder mode] का परिलक्षण माना जा सकता है। इस प्रतिमान में केवल अंश पूंजीधारी फर्म के स्वामी नहीं रहते—इसके साथ अन्य हितधारी पक्ष भी जुड़े रहते हैं। सबसे पहला क्रम तो फर्म के कर्मचारी वर्ग का है—जिसके प्रतिनिधि प्रबंधन मंडल में केवल सलाहकार नहीं बल्कि सभी प्रकार के विचार विमर्श में सक्रिय भागीदार होते हैं—भले ही वे अंशधारी नहीं हों]। उनके साथ-साथ क्षेत्रीय सरकारों के प्रतिनिधि, उपभोक्ता संगठन, पर्यावरण कार्यकर्ता समूह आदि अनेक प्रकार के अन्य पणधारी महत्त्वपूर्ण होते हैं। मेरा ध्येय यहाँ इस प्रकार के सामाजिक भागीदारी प्रतिमान की प्रशंसा करना नहीं है—इसकी भी अपनी सीमाएं रहती हैं। किंतु मैं यह बात अवश्य स्पष्ट करना चाहता हूँ कि ऐसा प्रतिमान भी आर्थिक दृष्टि से एंग्लो-सैक्सन बाजार पूंजीवाद या अंश पूंजीधारी प्रतिमान [जिसमें सिद्धांत रूप में सारी शक्तियां अंशधारियों की होती हैं—भले ही व्यावहारिक रूप कितना भी जटिल रहे] के समान ही दक्ष हो सकता है। इस बात पर विशेष ध्यान देने की आवश्यकता है। भले ही पणधारी प्रतिमान में बाजार मूल्यांकन कम रहता हो—पर सामाजिक मूल्यांकन का किसी भी दृष्टि से कम होना आवश्यक नहीं होता। पूंजीवाद के विभिन्न स्वरूपों को लेकर चर्चा 1990 के दशक में सोवियत संघ के विघटन के बाद अधिक गर्म हो गई थी।[5] बाद में धीरे-धीरे इसकी गहनता कम रह गई। इसका एक कारण यह भी रहा कि एकीकरण के बाद जर्मन प्रतिमान की चमक धूमिल हो गई थी।—यहाँ तक कि 1998-2002 के बीच तो जर्मनी को यूरोप का रोगी पुरुष भी कह दिया जाता था। वैश्विक वित्तीय संकट (2007-12) के दौरान भी जर्मनी के अपेक्षाकृत स्वस्थ बने रहने के प्रभावस्वरूप आने वाले वर्षों में इस चर्चा का उठाया जाना असंभव नहीं लगता।[6]

बीसवीं शताब्दी में पूंजी को लगे संक्षोभ

मैं आपको दीर्घकालिक पूंजी/आय अनुपात और निजी-सार्वजनिक विभाजन की प्रथम झलक तो दे ही चुका हूँ। अब मुझे कालचक्र की ओर लौटना

चाहिए और 20वीं सदी में पहले पूंजी/आय अनुपात के पतन और फिर इसके शानदार उत्थान के कारणों की विशेष रूप से पहचान करनी चाहिए।

सबसे पहली ध्यान देने योग्य बात तो यह है कि इस घटनाचक्र ने सभी यूरोपीय देशों को प्रभावित किया था। सभी उपलब्ध स्रोत यही दर्शा रहे हैं कि ब्रिटेन, फ्रांस और जर्मनी [जो 1910 और अब 2010 में भी पश्चिमी यूरोप के दो तिहाई तथा सारे यूरोप की आधी सकल घरेलू उत्पाद का सृजन करते हैं] सारे महाद्वीप का प्रतिनिधित्व करते हैं। यद्यपि विभिन्न देशों में कुछ विविधताएं दिखाई देती है, किंतु कुल मिलाकर एक जैसा परिदृश्य ही उभर रहा है। इटली और स्पेन में तो 1970 के बाद से पूंजी/आय दर बहुत ही तेजी—ब्रिटेन और फ्रांस से अधिक—से बढ़ी है और उपलब्ध ऐतिहासिक आंकड़े दर्शाते हैं कि यह 20वीं सदी के मोड़ पर 6 से 7 वर्षों की राष्ट्रीय आय के बराबर हो गई थी। बेल्जियम, नीदरलैंड और ऑस्ट्रिया के उपलब्ध अनुमान भी यही स्वरूप दर्शाते हैं।[7]

रेखाचित्र 4.5: यूरोप में राष्ट्रीय पूंजी, 1870-2010

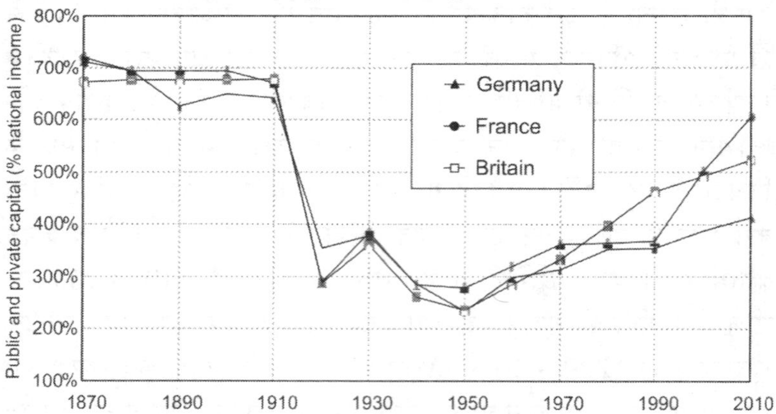

वर्ष 1950 में यूरोप में राष्ट्रीय पूंजी [सार्वजनिक + निजी] का मान 2 से 3 वर्षों की राष्ट्रीय आय के बराबर रहा। स्रोत और श्रृंखला हेतु देखें: piketty.pse.ens.fr/capital21C.

दूसरे हमें यह भी आग्रह करना होगा कि 1914-45 की अवधि में पूंजी/आय अनुपात में कमी का बहुत थोड़ा सा अंश ही दो महायुद्धों में पूंजी [भवनों, कारखानों, संरचना] के विनाश का परिणाम था। ब्रिटेन, फ्रांस और जर्मनी में 1913 में राष्ट्रीय पूंजी का मूल्य साढ़े छ: से सात वर्ष की राष्ट्रीय

आय के बराबर था। यह गिर कर 1950 में लगभग अढ़ाई वर्ष की राष्ट्रीय आय के समान रह गया। यह गिरावट आश्चर्यजनक रूप से बहुत बड़ी थी—यह चार वर्षों की राष्ट्रीय आय से अधिक की गिरावट थी [देखें रेखाचित्र 4.4 और 4.5]। यह भी सत्य है कि पहले महायुद्ध के फ्रांस में भौतिक पूंजी *(Physical Capital)* का बहुत विनाश हुआ था [उस समय देश का उत्तरपूर्वी क्षेत्र ही युद्ध का मोर्चा था और वहाँ बहुत विध्वंस हुआ था]। दूसरे महायुद्ध में 1944-45 की भीषण बमबारी ने फ्रांस और जर्मनी में विनाश का तांडव किया था [यद्यपि युद्ध की अवधि अपेक्षाकृत सीमित थी किंतु प्रौद्योगिकी कहीं अधिक विनाशक थी। कुल मिलाकर फ्रांस में एक वर्ष की आय के बराबर पूंजी का विनाश हुआ—यह पूंजी/आय अनुपात की गिरावट का चौथाई से पांचवा अंश ही है। जर्मनी में डेढ़ वर्ष की आय के बराबर पूंजी का विनाश हुआ। वहाँ भी पूंजी/आय अनुपात कुल गिरावट का एक तिहाई भाग ही बनता है। ये पूंजी हानियां भी अहम थीं, किंतु एक बात तो स्पष्ट है कि युद्धों से स्पष्टत: प्रभावित रहे दोनों ही देशों में युद्ध ने कुल पूंजी हानि में आंशिक भूमिका ही निभाई थी। ब्रिटेन में भौतिक विनाश और भी सीमित रहा—प्रथम युद्ध में वह नगण्य था तो द्वितीय महायुद्ध में जर्मन विमानों की गोलाबारी से 10 प्रतिशत से कम भौतिक पूंजी ही ध्वस्त हो पाई थी। किंतु फिर भी राष्ट्रीय पूंजी में चार वर्षों की राष्ट्रीय आय के बराबर गिरावट दर्ज हुई [भौतिक विध्वंस से 40 गुना अधिक]। यह गिरावट तो फ्रांस और जर्मनी जितनी ही हो गई थी।

वास्तव में युद्धों से कहीं अधिक विनाशकारी तो उस समय के बजटीय एवं राजनीतिक संक्षोभ रहे। भौतिक विनाश के साथ-साथ उस समय पूंजी/आय अनुपात में भीषण गिरावट की व्याख्या करने वाले कारकों में प्रमुख थे—विदेशी पूंजी अधिकार का पतन और उस समय की बहुत ही न्यून बचत दर [उस सारे समय की यह विशेषता थी]। ये दोनों कारक भौतिक विनाश को मिलाकर दो तिहाई से तीन चौथाई पूंजी/आय अनुपात की हानि की व्याख्या करते हैं। दूसरी ओर युद्धोपरांत काल के राजनीतिक

परिवेश में मिश्रित स्वामित्व और नियमन के कारण निम्न परिसम्पदा मूल्यों की बात बची है। यह शेष एक चौथाई से एक तिहाई पूंजी/आय अनुपात की हानि की व्याख्या करती है।

मैं विदेशी परिसम्पदाओं की हानि के महत्त्व पर पहले ही बात कर चुका हूँ—ब्रिटेन में तो प्रथम महायुद्ध की पूर्वसंध्या पर यह निवल विदेशी पूंजी दो वर्षों की राष्ट्रीय आय के बराबर थी—यही 1950 में घट कर शून्यप्राय रह गई थी। अत: अंतर्राष्ट्रीय सम्पदा संग्रह की हानि ब्रिटेन में फ्रांस और जर्मनी की तुलना में कहीं अधिक गंभीर थी और इससे ब्रिटेन में बहुत कम भौतिक हानि के बावजूद अधिक आंतरिक भौतिक हानि वाले फ्रांस और जर्मनी के समान ही कुल पूंजी/आय अनुपात की हानि हो गई।

विदेशी पूंजी के पतन में कुछ योगदान क्रांतियों का रहा तो कुछ वि-उपनिवेशीकरण का [जरा उन रूसी ऋणों के बारे में ध्यान करें जिनमें अनेक फ्रांसीसी बचतकर्ताओं ने अपना धन लगाया था और जिसे बॉलेशेविक क्रांतिकारियों ने 1917 में पूरी तरह खारिज कर दिया—इसी तरह 1956 में नासर ने स्वेज नहर का राष्ट्रीयकरण कर उन ब्रिटिश और फ्रांसीसी शेयरधारियों को स्तब्ध कर दिया था जो नहर के स्वामी थे और जो 1869 से निरंतर लाभांश और रायल्टी प्राप्त कर रहे थे।] इनसे भी अधिक गंभीर प्रभाव विभिन्न यूरोपीय देशों में 1914-45 के बीच निम्न बचत दरों का रहा—जिनके कारण ब्रिटेन और फ्रांस तथा कुछ सीमा तक जर्मन बचतकर्ताओं ने अपनी विदेशी परिसम्पदाओं को धीरे-धीरे बेच डाला। निम्न दर पर संवृद्धि और बार बार मंदियों के कारण 1914-45 का समय अंधकार भरा था—इसके धनिक वर्गों पर प्रभाव अधिक गंभीर रहे जिनकी आय में उत्कर्ष युग की अपेक्षा बहुत कमी आई थी। अत: निजी बचत दरें अपेक्षाकृत कम थीं [जब युद्ध के हर्जाने के भुगतान और ध्वस्त पूंजी सम्पदा के पुननिर्माण का भी समंजन करें तो यह न्यूनता बहुत ही स्पष्ट हो जाती है]। विवश होकर अनेक संपन्न व्यक्तियों ने अपने उपभोग स्तर को बनाए रखने के लिए पूंजी को बेचना प्रारम्भ कर दिया। जब

1930 के दशक की महामंदी आई तो एक के बाद एक कम्पनी दिवालिया होती गईं और उनके शेयर तथा बौंड़ धारक बर्बाद होते गए।

यही नहीं, उस सीमित निजी बचत को भी विशालकाय सार्वजनिक घाटा पचाता चला गया। युद्ध काल में तो यह विशेष रूप से हो रहा था: ब्रिटेन, फ्रांस और जर्मनी, तीनों देशों में ही 1914-45 की अवधि में निजी और सार्वजनिक बचतों का योग, राष्ट्रीय बचत, अत्यंत ही निम्न पाया गया है। बचतकर्ता अपनी बचत राशियां बड़े पैमाने पर अपनी सरकारों को उधार दिए जा रहे थे—अनेक मामलों में तो वे अपनी विदेशी सम्पदाएं बेच कर सरकार को ऋण दे रहे थे। और अंतत: उस सारे ऋण के वास्तविक मूल्य को बहुत तेजी से स्फीति ने निगल लिया—अंतर यही है कि ब्रिटेन में यह प्रक्रिया फ्रांस और जर्मनी की अपेक्षा काफी धीमी रही है। इसी से ये भ्रम भी पैदा होता रहा है कि 1950 में ब्रिटेन में निजी पूंजी की अवस्था कहीं बेहतर थी। वस्तुत: दोनों ही स्थानों पर राष्ट्रीय धन सम्पदा की स्थिति (या दुर्गति) एक जैसी ही थी [देखें रेखाचित्र 4.4 और 4.5] कई बार सरकारों ने सीधे ही विदेशों से भी ऋण उठा लिए थे : संयुक्त राज्य अमेरिका इसी पथ पर चल कर प्रथम महायुद्ध के पूर्व के नकारात्मक स्तर से उठकर 1950 के दशक में सकारात्मक हो गया था। किंतु, ब्रिटेन और फ्रांस की राष्ट्रीय धन सम्पदा पर भी यही प्रभाव रहा था।[8]

अंतत: 1913-50 की पूंजी/आय अनुपात की गिरावट यूरोप की आत्महत्या का इतिहास है तो यूरोपीय पूंजीपतियों द्वारा इच्छा मृत्यु के वरण का।

किंतु यदि हमने यह नहीं बताया कि द्वितीय महायुद्ध के बाद निम्न पूंजी/आय अनुपात किसी न किसी दृष्टि से एक सकारात्मक घटना भी था—तो यह राजनीतिक, सैन्य और बजटीय इतिहास बहुत गंभीर रूप से त्रुटिपूर्ण रह जाएगा। गिरावट में एक विचारित नीतिगत चयन की झलक है—यह जान बूझकर न्यूनाधिक प्रभावी रूप से परिसम्पदाओं के बाजार मूल्य और उनके स्वामियों की आर्थिक शक्ति को कम करने की नीति थी।

पक्की बात तो यह है कि 1950 और 1960 के दशकों में वस्तुओं और सेवाओं की तुलना में भवन सम्पदा और शेयरों की कीमतें ऐतिहासिक रूप से निम्न स्तरों तक गिर गई थीं और यह भी किसी सीमा तक निम्न पूंजी/आय अनुपात की व्याख्या कर देती है। ध्यान रहे कि सभी प्रकार की धनसम्पत्ति का मूल्यांकन प्रचलित बाजार कीमतों के आधार पर होता है। इससे कुछ स्वेच्छाचारिता का संचार हो जाता है। [हम जानते हैं कि बाजार बहुत चपल हो सकते हैं] किंतु राष्ट्रीय पूंजी के भंडार के मूल्यांकन की हमारे पास यही एकमात्र विधि है : अन्यथा कृषि भूमि के हेक्टेयरों, भवन सम्पदा के वर्ग मीटरों और धमन भट्ठियों का योग किस प्रकार हो पाएगा?

युद्ध के बाद गृह सम्पत्तियों के दाम ऐतिहासिक न्यून स्तर तक गिर गए थे। इसका मुख्य कारण 1920 और 1940 के दशकों में उच्च स्फीति के समय प्राय: सभी देशों में किराया नियंत्रण कानून लागू किए गए थे। किराये अन्य कीमतों की तुलना में धीमी गति से बढ़ रहे थे। किरायेदारों के लिए घर सस्ते हो गए तो मकान मालिकों को अपनी सम्पत्ति से होने वाली आमदनी कम रह गई—अत: भवन सम्पदाओं के दाम तेजी से गिरने लगे। इसी प्रकार फर्मों के मूल्यमान, अर्थात सूचीगत फर्मों के स्टॉक मूल्य या उनके शेयरों का बाजार मूल्यांकन तथा साझेदारी फर्मों के अंशों के मूल्य भी 1950 और 1960 के दशकों में निम्न स्तरों पर पहुंच गए थे। न केवल महामंदी और युद्ध पश्चात् की राष्ट्रीयकरण की लहर से पूंजी बाजार में निवेशकों के विश्वास को गहरा आघात लगा था—और साथ ही वित्तीय नियमन की नई नीतियों [लाभांश और लाभ पर कर] भी लागू हो गई थीं। इन सबने मिल कर स्टॉक धारियों की शक्तियों और उनके शेयरों के मूल्य में भारी कमी ला दी थी।

ब्रिटेन, फ्रांस और जर्मनी के विस्तृत अनुमान यह भी स्पष्ट कह रहे हैं कि द्वितीय महायुद्ध के पश्चात भवन सम्पदा और शेयर कीमतों में गिरावट 1913-50 की अवधि में पूंजी/आय अनुपात में आई कमी के एक न्यून अंश की ही व्याख्या कर पाती है—यह अंश विभिन्न देशों में एक चौथाई से एक

तिहाई तक रहा जबकि निम्न बचत दरें, विदेशी सम्पदाओं की हानि और विनाश के सांझे] परिमाण प्रभाव उस अनुपात में गिरावट के दो तिहाई से तीन चौथाई के लिए उत्तरदायी रहे।[9] इसी प्रकार, जैसे कि मैं अगले अध्याय में दर्शाऊंगा, भवन सम्पदा और स्टॉक बाजार की कीमतों में 1970 और 1980 के दशकों के उछाल, विशेष रूप से 1990 और 2000 के दशक की वृद्धि पूंजी/आय अनुपात में हुए सुधार के महत्त्व को समझाते हैं यद्यपि वह अभी भी परिमाण प्रभावों की अपेक्षा कम प्रबल है, जो इस बार संवृद्धि दर में संरचनात्मक गिरावट से संबंधित हैं।

अमेरिका में पूंजी: यूरोप से अधिक स्थायित्वपूर्ण

बीसवीं सदी के उत्तरार्ध में पूंजी/आय अनुपात के पुररुत्थान का अधिक विस्तार से अध्ययन करने और 21वीं सदी के लिए संभावनाओं का विश्लेषण करने से पूर्व मैं यूरोपीय परिवेश से बाहर निकल कर अमेरिका में पूंजी के ऐतिहासिक स्वरूप और उसके स्तरों की जांच पड़ताल करना चाहता हूँ।

इस संदर्भ में कई तथ्य स्पष्ट हो रहे हैं। सबसे पहले तो अमेरिका नया विश्व था जहां पुराने विश्व [अर्थात यूरोप] की अपेक्षा पूंजी का महत्त्व कम था। अधिक सटीक रूप से कहें तो जिस प्रकार से मैंने अन्य देशों की राष्ट्रीय पूंजी के भंडार का मूल्य आकलित किया है उसी प्रकार मैंने अनेक समकालिक अनुमानों को एकत्र किया तो पाया कि 1770-1810 में स्वंतत्रता के समय संयुक्त राज्य अमेरिका में पूंजी/आय अनुपात मुश्किल से साढ़े तीन वर्ष की राष्ट्रीय आय के बराबर था [देखें रेखाचित्र 4.6]। अनिश्चितताएं जो भी हों, एक बात में कोई संदेह नहीं कि नए विश्व के उपनिवेशों में पूंजी/आय अनुपात ब्रिटेन या फ्रांस से बहुत कम था [जहां इसका मूल्य लगभग सात वर्ष की राष्ट्रीय आय था—इसमें भी चार वर्ष के बराबर तो केवल कृषि भूमि का मूल्य था [देखें रेखाचित्र 3.1 और 3.2]।

रेखाचित्र 4.6: संयुक्त राज्य अमेरिका में पूंजी 1770-2010

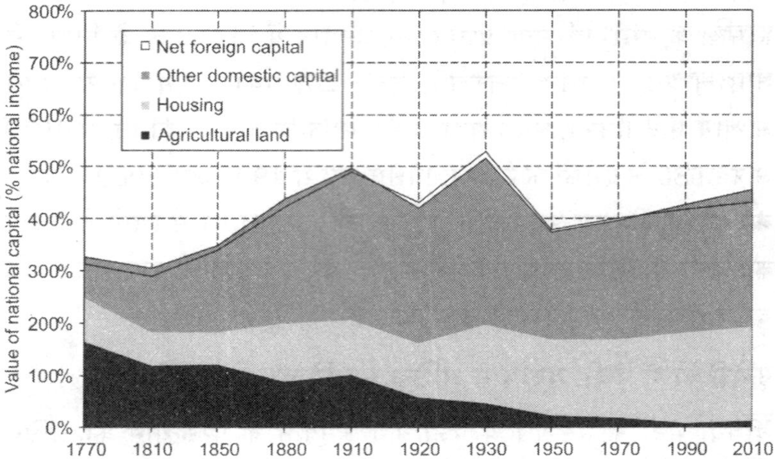

वर्ष 1770 में संयुक्त राज्य अमेरिका में राष्ट्रीय पूंजी लगभग तीन वर्षों की राष्ट्रीय आय के बराबर थी—इसका आधा अंश कृषि भूमि के रूप में था। स्रोत और श्रृंखला हेतु देखें: piketty.pse.ens.fr/capital21C.

सबसे कांटे की बात तो यह है कि पुराने यूरोप की तुलना में उत्तरी अमेरिका में प्रति व्यक्ति हेक्टेयर संख्या कहीं अधिक थी। अत: परिमाण की दृष्टि से तो संयुक्त राज्य में प्रति व्यक्ति पूंजी अधिक थी। वस्तुस्थिति यह थी कि भूमि की बहुतायत के कारण वहाँ भूमि की कीमत बहुत कम थी। कोई भी विशाल भूक्षेत्र का स्वामी बन सकता था, इसलिए इसका कोई विशेष मूल्य नहीं बनता था। दूसरे शब्दों में, कीमत प्रभाव द्वारा परिमाण प्रभाव का परिमार्जन हो जाता था। जब भी किसी प्रकार विशेष की पूंजी स्तर विशेष से अधिक होती है तो उसके दाम कम होने लगते हैं। यह कभी इतनी अधिक हो जाती है कीमत और परिमाण का गुणनफल उस स्तर से भी नीचे गिर जाता है जो परिमाण कम होने की स्थिति में संभव हो जाता।

भूमि की खरीदारी और उत्तराधिकार में प्राप्ति [वसीयत और उनके क्रियान्वयन] आदि दस्तावेजों की जानकारी यह बता रही है कि 18वीं के अंत और 19वीं सदी के आरंभ में नए विश्व और यूरोप में भूमि की कीमतों में काफी अंतर था।

यही नहीं, औपनिवेशिककाल के अंत और अमेरिकी गणतंत्र के प्रारम्भिक वर्षों में गृह सम्पदा ओर अन्य किस्म की घरेलू पूंजी भी अपेक्षाकृत कम महत्त्वपूर्ण थी। उसके कारण अलग हैं किंतु यह तथ्य आश्चर्यजनक नहीं है। संयुक्त राज्य की जनसंख्या में बड़ा अनुपात नए नए आप्रवासियों का था—और वे अपने साथ घर, औजार या मशीनें लेकर नहीं आए थे और कई वर्षों की राष्ट्रीय आय के बराबर साधन एकत्र करने में काफी समय लगना स्वाभाविक ही था।

लेकिन कोई गलती मत करिये : अमेरिका का निम्न पूंजी-आय अनुपात यूरोप की अपेक्षा सामाजिक विषमताओं की एक अलग संरचना को दर्शा रहा था। अमेरिका कुल पूंजी का मात्र तीन वर्षों की राष्ट्रीय आय के बराबर होना [जबकि यूरोप में यह सात वर्षों की राष्ट्रीय आय से अधिक थी] एक बड़े ही ठोस रूप से समझा रहा है कि नए विश्व में भूस्वामियों और पूर्वसंचित धन का महत्त्व कहीं कम था। आप्रवास के कुछ वर्षों की मेहनत के बाद नए आने वाले व्यक्ति भी अपने अधिक धनी पूर्ववर्तियों के बीच का अंतर पाटने में सफल रहे—कम से कम उनके लिए इस अंतर को पाटना यूरोप की अपेक्षा आसान अवश्य था।

वर्ष 1840 में, टॉक्विल ने ठीक ही कहा था कि [संयुक्त राज्य में] “बहुत बड़ी धन सम्पदाओं की संख्या काफी कम है और पूंजी अब भी दुर्लभ है।” उन्हें यही उस देश में लोकतांत्रिक भावना के वर्चस्व का कारण भी प्रतीत हुआ था। जैसा कि उनकी जानकारी दर्शा रही थी, उनके विचार से इसका कारण कृषि भूमि के दाम कम होना था : “अमेरिका में भूमि के दाम कम हैं और कोई भी आसानी से भूस्वामी बन सकता है।[10] यहाँ हमें जेफर्सन के स्वतंत्र और समान छोटे भूस्वामियों के आदर्श समाज के व्यावहारिक स्वरूप के दर्शन होते हैं।

उन्नीसवीं सदी में तो चीजों में बदलाव आना ही था। समग्र उत्पाद में कृषि का अंश निरंतर कम होता गया और यूरोप की भांति कृषि भूमि का

मूल्य भी घटता गया। किंतु संयुक्त राज्य ने भवन सम्पदा और औद्योगिक पूंजी का बहुत संकलन भी किया—यहाँ तक कि जो राष्ट्रीय पूंजी 1810 में राष्ट्रीय आय से केवल तीन गुना थी वही 1910 में पांच गुना के निकट पहुंच गई। पुराने यूरोप से अंतर अभी भी था किंतु ये अंतराल एक सदी में ही आधा रह गया [देखें रेखाचित्र 4.6]। संयुक्त राज्य पूंजीवादी बन गया था किंतु यदि उसके समस्त भूक्षेत्र को देखें तो वहाँ उत्कर्ष युग के यूरोप की अपेक्षा धन का प्रभाव बहुत कम ही रहा। यदि हम अपना दृष्टिकोण केवल पूर्वी तट तक सीमित रखें तो अंतर और भी कम रह जाता है। फिल्म 'टाइटैनिक' में निर्देशक जेम्ज कैमरोन ने 1912 की सामाजिक संरचना का निरूपण किया है। उसने अमेरिकी धनिकों को यूरोपीय अमीरों जितना ही समृद्ध और उद्दंड दर्शाया है। उदाहरण के लिए, निंदनीय हॉक्ले, रोज नामक युवती को फिलेडेल्फिया ले जाकर उससे विवाह करना चाहता था। [किंतु बड़ी बहादुरी से रोजने एक सम्पत्ति की भांति समझने जाने के व्यवहार को अस्वीकार कर दिया और रोज डॉसन बन गई] हेनरी जेम्ज के 1880-1910 के बोस्टन और न्यूयार्क की पृष्ठभूमि का चित्रण करते उपन्यासों में वही सामाजिक वर्ग दिखाए गए हैं जिनके लिए भवन सम्पदा और औद्योगिक पूंजी उस समय के यूरोपीय उपन्यासों की भांति ही महत्त्वपूर्ण थीं। क्रांतिकारी युद्ध के दौर के बाद अब समय वस्तुत: बदल गया था [उस समय तो संयुक्त राज्य एक पूंजी-विहीन भूक्षेत्र था]।

बीसवीं सदी के संक्षोभों के अमेरिका पर आघात बहुत कम गंभीर रहे। इस कारण वहाँ पूंजी/आय अनुपात कहीं अधिक स्थिरतापूर्ण रहा : वह 1910 से 2010 की एक सदी में 4 से 5 वर्षों की राष्ट्रीय आय के बीच ही रहा [देखें रेखाचित्र 4.6] जबकि यूरोप में यह अनुपात 7 से अधिक वर्षों से गिर कर तीन रह गया था, हां बाद में सुधार होकर यह फिर से 5 से 6 हो गया [देखें रेखाचित्र 3.2]।

रेखाचित्र 4.7: संयुक्त राज्य में सार्वजनिक धन सम्पदा, 1770-2010

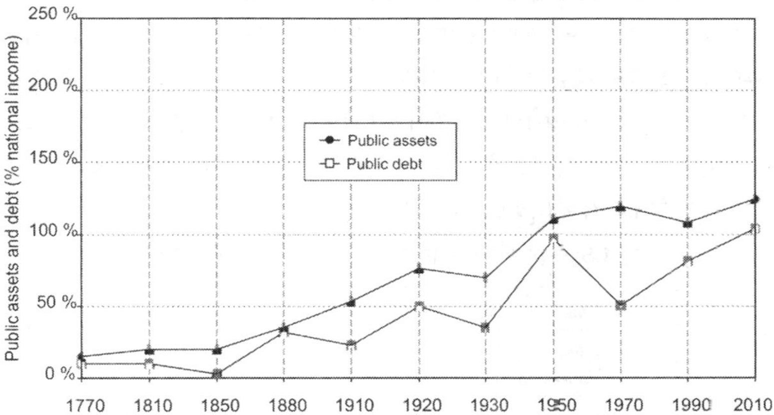

वर्ष 1950 में सुंयक्त राज्य अमेरिका में सार्वजनिक ऋण एक वर्ष की राष्ट्रीय आय के समान था—लगभग यही मूल्य परिसम्पदाओं का भी रहा। स्रोत और श्रृंखला हेतु देखें: piketty.pse.ens.fr/capital21C.

यह तो निश्चित है कि 1914-45 में संयुक्त राज्य की संपन्नता को भी संकटों के थपेड़े सहन करने पड़े थे। युद्ध व्यय, विशेषकर द्वितीय महायुद्ध के दौरान, के कारण संयुक्त राज्य में भी सार्वजनिक व्यय में तीक्ष्ण वृद्धि हो गई थी—और उसने आर्थिक अस्थिरता के दौर में राष्ट्रीय बचतों को प्रभावित किया : 1920 के दशक के अतिउत्साह ने 1930 के दशक की महामंदी के लिए रास्ता साफ कर दिया। [कैमरोन ने हमें बताया है कि घृणित हॉक्ले ने अक्टूबर 1929 में आत्महत्या कर ली थी]। यही नहीं, फ्रैंकलिन डी रूजवेल्ट के शासन में यूरोप की भांति संयुक्त राज्य में भी किराया नियंत्रण जैसी निजी पूंजी के प्रभाव को कम करने वाली नीतियां अपनाई गई थी। द्वितीय विश्व युद्ध के बाद तो भवन सम्पदा और स्टॉक कीमतें ऐतिहासिक रूप से निम्न स्तर पर पहुंच गई थीं। प्रगतिवादी कराधान के मामले में तो संयुक्त राज्य यूरोप से भी आगे निकल गया—संभवत: यह प्रदर्शित किया जा रहा था कि वहाँ लक्ष्य विषमता निवारण था—न कि निजी सम्पत्ति का उन्मूलन। राष्ट्रीयकरण का कोई व्यापक अभियान नहीं चलाया गया—हालांकि 1930 और 1940 के दशकों में बड़े सार्वजनिक निवेश, विशेष कर आधारभूत संरचना में, किए गए। स्फीति

और संवृद्धि ने मिलकर 1950 और 1960 के दशकों में अंतत: सार्वजनिक ऋण को सामान्य से स्तर पर पहुंचा दिया और 1970 में सार्वजनिक धन सम्पदा निश्चित रूप से सकारात्मक हो गयी। [देखें रेखाचित्र 4.7] इस घटनाक्रम के अंत में अमेरिकी निजी सम्पति घटकर 1930 के राष्ट्रीय आय के 5 गुना स्तर से 1970 में साढ़े तीन गुना रह गई। यह गिरावट मामूली या महत्त्वहीन नहीं थी [देखें रेखाचित्र 4.8]।

रेखाचित्र 4.8: संयुक्तराज्य में निजी और सार्वजनिक पूंजी, 1770-2010

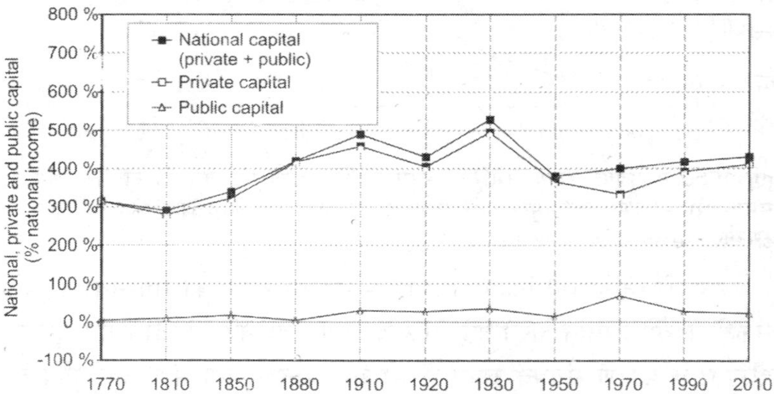

वर्ष 2010 में, सार्वजनिक पूंजी राष्ट्रीय आय की मात्र 20 प्रतिशत थी जबकि निजी पूंजी 400 प्रतिशत से भी अधिक रही। स्रोत और श्रृंखला हेतु देखें: piketty.pse.ens.fr/capital21C.

फिर भी 20वीं सदी के पूंजी/आय अनुपात के U-आकार वक्र पर दृष्टि डाले तो संयुक्त राज्य में इसका विस्तार यूरोप की तुलना में कम है। वर्षों के उत्पादन या आय के रूप में अभिव्यक्त पूंजी का मूल्य संयुक्त राज्य में 20वीं सदी के प्रारम्भ से ही स्थिरप्राय रहा है। इसकी स्थिरता का प्रभाव इतना बड़ा रहा है कि संयुक्त राज्य अमेरिका की पाठ्य पुस्तकों [देखें पॉल सैम्युअलसन का अर्थशास्त्र] में भी स्थिर पूंजी/आय या पूंजी/उत्पाद के विचार को एक सर्वव्यापी सिद्धांत की भांति निरूपित किया जा रहा है। इसकी तुलना में पिछली सदी में यूरोप की पूंजी [विशेषकर निजी पूंजी] के साथ रिश्ता बहुत अराजकतापूर्ण रहा है। उत्कर्ष युग में तो पूंजी शहंशाह थी। द्वितीय महायुद्ध के बाद तुरंत बाद तो कुछ लोगों को लगने लगा था कि पूंजीवाद के दिन लद गए हैं। किंतु फिर भी 21वीं सदी के आरंभ में ही

यूरोप नए सम्पतिधारी पूंजीवाद के अग्रगामी सैन्यबल की तरह काम करता दिखाई दे रहा है और एक बार फिर यहाँ की निजी धन सम्पदा संयुक्त राज्य के स्तरों को पार कर रही है। यूरोप में अपेक्षाकृत निम्न आर्थिक जनांकीय वृद्धि इसकी सहज सरल व्याख्या है—इसी कारण पूर्व संचित सम्पदा के [उत्तराधिकार के माध्यम से] महत्व में वृद्धि हो जाती है। हम इस पक्ष की अध्याय-5 में और व्याख्या करेंगे! किंतु प्रत्येक स्थिति में यह निर्विवाद सत्य है कि 20वीं सदी में संयुक्त राज्य में यूरोप की अपेक्षा पूंजी/आय अनुपात में बहुत अधिक स्थिरता रही है और संभवत: इसी कारण यूरोपवासियों की तुलना में अमेरिकी जनसमुदाय का पूंजीवाद के प्रति सामान्य दृष्टिकोण अधिक उदार-मना रहता है।

नया विश्व और विदेशी पूंजी

अमेरिकी और यूरोपीय पूंजी के इतिहासों में एक और निर्णायक अंतर रहा है: अमेरिका में विदेशी पूंजी का महत्त्व कभी भी सापेक्षत: सीमित से अधिक नहीं रहा। इसका कारण यह है कि सबसे पहले स्वतंत्र होने वाला उपनिवेश संयुक्त राज्य अमेरिका स्वयं कभी औपनिवेशिक शक्ति नहीं बना।

समूची 19वीं सदी में संयुक्त राज्य की निवल विदेशी पूंजी का मूल्य कदाचित नकारात्मक ही बना रहा : अर्थात् अन्य देशों में अमेरिकी नागरिकों की सम्पत्ति का मूल्य विदेशियों [मुख्यत: ब्रिटिश] की अमेरिकन सम्पत्तियों के मूल्य से कम था। अंतर बहुत कम था। यह अमेरिकी राष्ट्रीय आय के 10 से 20 प्रतिशत से अधिक कभी नहीं था और 1770 से 1920 की अवधि में अधिकांशत: 10 प्रतिशत से भी कम था।

उदाहरण के लिए, प्रथम महायुद्ध की पूर्वसंध्या संयुक्त राज्य में कृषि भूमि, भवन सम्पदा और शेष घरेलू पूंजी का योग राष्ट्रीय आय के 500 प्रतिशत के बराबर था। इस योगफल में से विदेशियों का निवल रूप से राष्ट्रीय आय के 10 प्रतिशत अंश के बराबर सम्पदा पर स्वामित्व था। इस प्रकार संयुक्त राज्य अमेरिका की निवल राष्ट्रीय पूंजी उसकी राष्ट्रीय आय के 490 प्रतिशत के बराबर थी। दूसरे शब्दों में, संयुक्त राज्य पर 98

प्रतिशत अधिकार स्वदेशी नागरिकों का था—केवल 2 प्रतिशत अधिकार विदेशियों का था] निवल विदेशी सम्पदा धारण संतुलित सा ही था। उसके विपरीत यूरोप वासियों का निवल विदेशी सम्पदा धारण विशालकाय था—ब्रिटेन और फ्रांस में यह दो वर्ष राष्ट्रीय आय के बराबर था और जर्मनी में आधे वर्ष की आय के समान। संयुक्त राज्य अमेरिका की 1913 की सकल घरेलू आय पश्चिमी यूरोप की आय से आधी थी, अत: यह भी स्पष्ट हो जाता है कि यूरोपवालों की अमेरिकी सम्पदाओं की निवल धारिता 5 प्रतिशत से कम ही थी। दूसरे शब्दों में, 1913 के विश्व में यूरोप का अफ्रीका, एशिया और लैटिन अमेरिका की सम्पदाओं पर व्यापक अधिकार था जबकि संयुक्त राज्य अमेरिका स्वयं अपना ही स्वामी था।

दो विश्व युद्धों ने अमेरिकी निवल विदेशी सम्पदा धारिता का स्वरूप उलट दिया : यह 1913 में नकारात्मक से 1920 में थोड़ी सकारात्मक हुई और 1970 व 1980 के दशकों में भी सकारात्मक ही बनी रही। संयुक्त राज्य अमेरिका ने युद्धों में जूझ रहे देशों को उधार देना प्रारम्भ किया और यूरोप के कर्जदार से परिवर्तित हो उसका ऋणदाता बन गया। फिर भी ये बात ध्यान रखना जरूरी है कि संयुक्त राज्य की निवल विदेशी पूंजी धारिता सामान्य-सी ही रही—यह उसकी अपनी राष्ट्रीय आय के 10 प्रतिशत तक ही पहुंची [देखें रेखाचित्र 4.6]।

यही नहीं, 1950 और 1960 के दशकों में तो अमेरीका की यह निवल विदेशी पूंजी धारिता और भी सीमित थी—राष्ट्रीय आय की मात्र 5 प्रतिशत, जबकि घरेलू पूंजी उससे 80 गुना थी [राष्ट्रीय आय के 400 प्रतिशत के बराबर]। यूरोप और शेष विश्व में अमेरिकी बहुराष्ट्रीय निगमों के निवेश ऐसे स्तरों पर पहुंच चुके थे जो बहुत बड़े लगते थे। यूरोपवासी, जो वर्षों से दुनिया के मालिक होने का दम भरते आ रहे थे, उन्हें तो अपने पुनर्निर्माण के लिए भी 'अंकल सैम' और मार्शल योजना पर आश्रित होने की अनुभूति भी कष्टदायक प्रतीत हो रही थी। वास्तव में, इन राष्ट्रीय स्तर के आघातों के बावजूद, यूरोप में निवेश उन स्तरों की तुलना में बहुत सीमित ही रहा जो पूर्व औपनिवेशिक शासकों ने कुछ दशकों पूर्व विश्वभर में किया हुआ था। सत्य ही अमेरिका के यूरोप और अन्य देशों में निवेश का

काफी सीमा तक विदेशी, विशेषकर ब्रिटेन, के अमेरिका में निवेश द्वारा संतुलन हो रहा था। न्यूयार्क की विज्ञापन एजेंसी स्टर्लिंग कूपर ने अपनी "मैड मैन" [जो 1960 के दशक का आरंभ] नामक श्रृंखला में इसी कथा को स्पष्ट किया था। एक प्रख्यात ब्रिटिश स्टॉकधारी को यह कहते दिखाया गया था कि *"विदेशियों को अपना स्वामी मान पाना कभी सहज अनुभूति नहीं होती।"* इस वाक्य ने 'मैडिसन एवेन्यू' की छोटी सी दुनिया में एक सांस्कृतिक खलबली जैसी मचा दी थी।

संयुक्त राज्य की निवल विदेशी पूंजी की स्थिति 1980 के दशक में थोड़ी नकारात्मक हुई और अगले दो दशकों में व्यापार घाटे में निरंतर वृद्धि से ये नकारात्मकता और गहन होती गई। फिर भी इसके विदेशी निवेश उस दर से कहीं अधिक कमाते रहे जिस पर ये देश अपने विदेशी ऋण पर भुगतान कर रहा था—यह करेंसी डॉलर में विश्वास का विशेषाधिकार था। इसी ने अमेरिका की नकारात्मक सम्पदा धारिता [जो 1990 के दशक में राष्ट्रीय आय के 10 प्रतिशत से बढ़कर 2010 के दशक आरंभ में 20 प्रतिशत से अधिक हो चली थी] को और आगे गिरावट से रोके रखा था। कुल मिलाकर आज की स्थिति प्रथम महायुद्ध की पूर्वसंध्या वाली स्थिति ही है। आज भी संयुक्त राज्य की घरेलू पूंजी उसकी राष्ट्रीय आय की 450 प्रतिशत है। इस योग में संयुक्त राज्य में विदेशी निवेशकों की पूंजी में अमेरिकी निवेशकों की विदेशों में पूंजी घटाने पर राष्ट्रीय आय के 20 प्रतिशत के बराबर होता है। अत: संयुक्त राज्य की निवल राष्ट्रीय पूंजी उसकी राष्ट्रीय आय की 430 प्रतिशत बनती है। दूसरे शब्दों में, अमेरिका के 95 प्रतिशत से अधिक पर इसके अपने नागरिकों का स्वामित्व है और विदेशी स्वामित्व 5 प्रतिशत से भी कम है।

संक्षेप में, संयुक्त राज्य की निवल विदेशी सम्पदा धारिता कभी-कभी कुछ नकारात्मक होती रही है तो कभी सकारात्मक। किंतु इन धारिता दशाओं का सापेक्ष महत्त्व सीमित रहा है—क्योंकि इनका आकार सदैव अमेरिकी नागरिकों की कुल पूंजी धारिता के 5 प्रतिशत से कम, और प्राय: 2 प्रतिशत से कम रहा है।

रेखाचित्र 4.9: कनाडा में पूंजी, 1860-2010

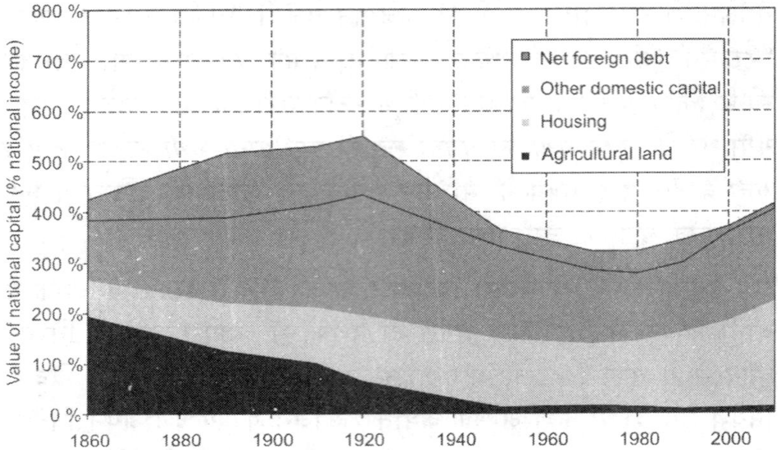

कनाडा की घरेलू पूंजी के एक बड़े भाग पर विदेशी स्वामित्व रहा है। अत: राष्ट्रीय पूंजी का मूल्य सदैव घरेलू पूंजी से कम रहता है। स्रोत और श्रृंखला हेतु देखें: piketty.pse.ens.fr/capital21C.

कनाडा: लम्बे अरसे से ब्रिटिश ताज की सम्पदा

यह बात दिलचस्प है कि कनाडा का घटनाक्रम बहुत ही अलग रहा है। वहाँ घरेलू पूंजी का एक बहुत बड़ा अंश [19वीं-20वीं सदी के संधि काल में 25 प्रतिशत तक] विदेशी निवेशकों के अधिकार में रहा है। वे विदेशी मुख्यत: ब्रिटिश थे और उनका निवेश विशेषकर प्राकृतिक संसाधनों [तांबे, जस्ते और अलम्यूनियम की खानों तथा तेल संसाधनों] में था। कनाडा की घरेलू पूंजी, 1910 में, राष्ट्रीय आय की 530 प्रतिशत थी। इस योग में से निवल विदेशी धारिता राष्ट्रीय आय के 120 प्रतिशत के बराबर थी—जो समस्त के पांचवें अंश से चौथे अंश के बराबर बनती थी। अत: कनाडा की निवल राष्ट्रीय सम्पदा उसकी राष्ट्रीय आय के लगभग 410 प्रतिशत के बराबर थी। [देखें रेखाचित्र 4.9]।[11]

दो विश्व युद्धों ने इस अवस्था को बहुत बदल डाला—यूरोपवासी बहुत सी विदेशी सम्पदाएं बेचने को विवश हो गए थे। इसमें कुछ समय लगा, फिर भी 1950 से 1990 तक कनाडा का निवल विदेशी ऋण इसकी

घरेलू पूंजी का लगभग 10 प्रतिशत रहा। इस अवधि के अंत की ओर सार्वजनिक ऋण में वृद्धि होती रही, जो 1990[12] के बाद स्थिर होकर थम गई। आज कनाडा की स्थिति संयुक्त राज्य के काफी निकट है। इसकी घरेलू पूंजी राष्ट्रीय आय की लगभग 410 प्रतिशत है। इसमें से विदेशियों के अधिकार में निवल सम्पदाओं का मान राष्ट्रीय आय के 10 प्रतिशत से भी कम है। अत: 98 प्रतिशत से अधिक कनाडा पर कनाडावासियों का अधिकार है—विदेशियों का अधिकार 2 प्रतिशत से भी कम पर है [ध्यान रहे कि निवल विदेशी पूंजी के प्रति इस दृष्टिकोण में विभिन्न देशों के बीच एक दूसरे में पूंजीधारिता के परिमाण का बोध विलुप्त हो जाता है—उस विषय में मैं अगले अध्याय में चर्चा करूंगा]।

संयुक्त राज्य और कनाडा की ये तुलना दिलचस्प है, क्योंकि इन दो उत्तर अमेरिकी देशों के घटनाक्रमों में इतने व्यापक अंतर की कोई विशुद्ध आर्थिक व्याख्या नहीं सूझती। स्पष्टत: यहाँ सार्वजनिक कारकों की ही प्रधानता रही है। यद्यपि संयुक्त राज्य विदेशी निवेश के प्रति सदैव उदारमना रहा है किंतु यह स्वीकार कर पाना कठिन होगा कि 19वीं सदी के अमेरिकी नागरिक इस बात को सहन कर पाते कि उनके एक चौथाई देश पर पूर्व शासक देश के नागरिकों का स्वामित्व रहे।[13] किंतु उस समय तक ब्रिटिश उपनिवेश रहे कनाडा में ऐसी कोई समस्या नहीं थी। वस्तुत: देश के बहुत बड़े भू भाग पर ब्रिटिश नागरिकों का स्वामित्व, लंदनवासियों के स्कॉटलैंड या ससेक्स में अधिकांश भूमि या फैक्टरियों के स्वामित्व से अधिक भिन्न नहीं था। इसी प्रकार बहुत देर तक कनाडा की निवल विदेशी सम्पदा की नकारात्मकता भी किसी बड़े राजनीतिक विक्षोभ के अभाव की ओर संकेत करती है [कनाडा धीरे-धीरे स्वतंत्र हो गया, किंतु फिर भी ब्रिटिश सम्राट को ही अपना राष्ट्रध्यक्ष मानता रहा]। अत: वहाँ त्रिश्व के अन्य भागों में संभावित स्वतंत्रता से जुड़ी विदेशियों की सम्पत्ति को हस्तगत करने जैसी घटना नहीं हुई [ऐसा प्राकृतिक संसाधनों के त्रिषय में प्राय: होता रहा है]।

नया विश्व और पुराना विश्व: दासता की महत्ता

मैं यूरोप और संयुक्त राज्य अमेरिका में पूंजी के रूपांतरणों की इस समीक्षा का समापन अमेरिकी समृद्धि में दासप्रथा के प्रश्न और अमेरिकी संपन्नता में दासों के स्थान की चर्चा किए बिना नहीं कर पाऊंगा।

थॉमस जैफर्सन केवल भूस्वामी नहीं थे। वे 600 दासों के स्वामी भी थे। ये दास उन्हें अपने पिता और ससुर से विरासत में मिले थे। उनका दास प्रथा के प्रति राजनीतिक दृष्टिकोण कभी भी स्पष्ट नहीं रहा। उनके समान अधिकार भोगने वाले छोटे भूस्वामियों के आदर्श गणतंत्र में रंगदार चमड़ी वालों का कोई स्थान नहीं था जबकि उन्हीं रंगदार चमड़ी के दासों से जबरदस्ती कराए गए श्रम के दम पर ही उनके अपने वर्जीनिया की अर्थव्यवस्था फल फूल रही थी। दक्षिणी प्रांतों के मतों के सहारे 1801 में संयुक्त राज्य के राष्ट्रपति निर्वाचित होने के बाद भी उन्होंने 1808 के बाद संयुक्त राज्य में और नये दासों का आयात प्रतिबंधित करने वाले कानून पर हस्ताक्षर कर दिए। किंतु इससे दासों की संख्या में तीव्र वृद्धि नहीं थमी। [क्योंकि प्राकृतिक वृद्धि नए गुलामों की खरीदारी से सस्ती पड़ती थी]। यह संख्या 1770 के दशक में चार लाख से बढ़कर 1800 की जनगणना में 10 लाख का आंकड़ा पार कर गई। 1800 और 1860 की जनगणना के बीच दासों की संख्या फिर चार गुनी होकर 40 लाख तक जा पहुंची। दूसरे शब्दों में, एक सदी से कम समय में दासों की संख्या बढ़कर दस गुना हो चली थी। जब 1861 में गृहयुद्ध प्रारम्भ हुआ तो दासों का व्यापार अपने उत्कर्ष पर था और अंत में 1865 में दास प्रथा का अंत करना पड़ गया।

वर्ष 1800 में ये दास संयुक्त राज्य की जनसंख्या का 20 प्रतिशत थे—50 लाख की कुल जनसंख्या में दासों की संख्या 10 लाख थी। दक्षिणी प्रांतों में [जहां अधिकतर दास समेटकर रखे गए थे] तो यह अनुपात 40 प्रतिशत—अर्थात् 15 लाख श्वेत और 10 लाख अश्वेत दास।[14] सभी श्वेतों ने दास नहीं रखे हुए थे और बहुत ही कम व्यक्तियों के पास जैफर्सन जितने दास थे: किंतु दासता पर आधारित धनाड्यता सबसे अधिक प्रखर दिखाई देती थी।

वर्ष 1860 आते आते अमेरिकी जनसंख्या में दासों का अनुपात घटकर 15 प्रतिशत रह गया था [कुल 3 करोड़ की जनसंख्या में 40 लाख दास थे]। इसका कारण उत्तरी और पश्चिमी क्षेत्रों में जनसंख्या का तीव्र प्रसार था, किंतु दक्षिण में यह अनुपात 40 प्रतिशत ही रहा—40 लाख दास और 60 लाख श्वेत, कुल जनसंख्या एक करोड़।

हम 1770 से 1865 की अवधि में अमेरिका में दासों की कीमत की झलक कितने ही ऐतिहासिक स्रोतों से पा सकते है। इनमें ऐलिस हैन्सन जोन्स द्वारा संकलित मृतक इच्छा पत्रकों के रिकार्ड, रेमण्ड गोल्डस्मिथ द्वारा प्रयुक्त कर और जनगणना के आंकड़े और मुख्यत: रॉबर्ट फोगेल द्वारा एकत्र दास बाजार के लेन देन विषयक आंकड़े प्रमुख हैं इन स्रोतों के आंकड़े परस्पर संगतिपूर्ण हैं और इन्हीं की तुलना के आधार पर मैंने जो अनुमान लगाए हैं उनका चित्रण रेखाचित्र 4.10 और 4.11 में किया गया है।

रेखाचित्र 4.10: संयुक्त राज्य में पूंजी और दास प्रथा

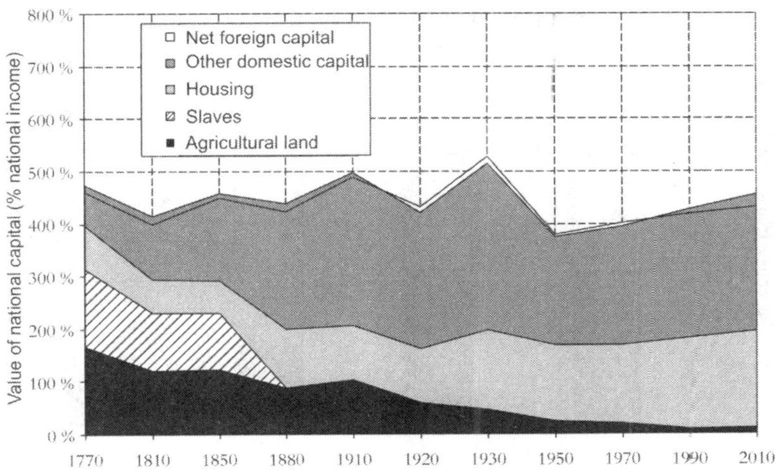

वर्ष 1970 में दासों का बाजार मूल्य 1.5 वर्ष की राष्ट्रीय आय के बराबर था—इतना ही मूल्य कृषि भूमि का था। स्रोत और श्रृंखला हेतु देखें: piketty.pse.ens.fr/capital21C.

सबसे प्रमुख बात यह उभरती है कि इन सभी दासों का मूल्य 18वीं-19वीं सदी-संधि में संयुक्त राज्य की डेढ़ वर्ष की राष्ट्रीय आय के बराबर था—जो उसी समय की कृषि भूमि के सकल मूल्य के बराबर बनता है! यदि

इस दास सम्पदा को भी अन्य घरेलू सम्पदा के साथ जोड़ दें तो औपनिवेशिक काल से आज तक सकल अमेरिकी सम्पदा लगभग साढ़े चार वर्षों की राष्ट्रीय आय के बराबर स्थिरप्राय रही है [देखें रेखाचित्र 4.10]। इस प्रकार दासों के मूल्य को पूंजी में जोड़ना कुछ विचित्रता का आभास देता है। वह उस सभ्यता की ओर इंगित करता है जहां व्यक्तियों को [विशेषकर सम्पत्ति धारिता के संदर्भ में] स्वयं ही चल-सम्पत्ति माना जाता था।[15] किंतु इससे हमें दास स्वामियों के लिए दास पूंजी के महत्त्व का आकलन करने का अवसर मिल जाता है।

यही बात यदि हम अमेरिका के दक्षिणी और उत्तरी क्षेत्रों के अलग अलग पूंजी संरचना के आंकड़ों की तुलना करें तो और अधिक स्पष्ट रूप से सामने आती है। अवधि 1770-1810 की है और अमेरिका के दोनों क्षेत्रों की पूंजी संरचना में दासों के बाजार मूल्य भी दर्शाते हुए उनकी तुलना ब्रिटेन और फ्रांस से की गई है [देखें रेखाचित्र 4.11]।

रेखाचित्र 4.11: नया और पुराना विश्व: पूंजी, 1770-1810

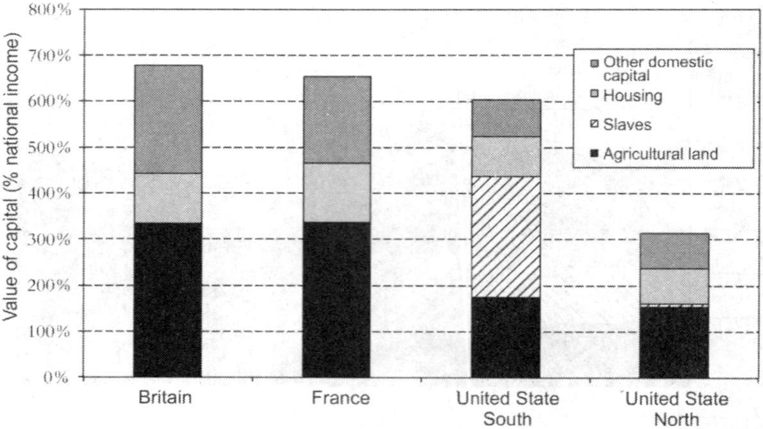

संयुक्त राज्य के दक्षिणी प्रांतों में कृषि भूमि और दासों का मूल्य मिलकर, 1770-1810 की अवधि में, चार वर्ष की राष्ट्रीय आय से अधिक हो गया था। स्रोत और श्रृंखला हेतु देखें: piketty.pse.ens.fr/capital21C.

दक्षिणी अमेरिकी क्षेत्र में दासों का मूल्य ढाई से तीन वर्षों की राष्ट्रीय आय के बराबर रहा और इस प्रकार कृषि भूमि और दास मूल्य का योग

चार वर्षों की राष्ट्रीय आय से अधिक हो गया। सही बात तो यह है कि नए विश्व के दास स्वामियों का पुराने यूरोप के भूस्वामियों से कहीं अधिक धन सम्पदा पर नियंत्रण था। उनकी कृषि भूमि का मूल्य तो अधिक नहीं था किंतु उन्हें भूमि के साथ-साथ उस पर काम करने वाले श्रमिकों का भी मालिक बनने का "शानदार विचार" कौंध गया था : उनकी कुल पूंजी भी इस प्रकार अधिक हो गयी थी।

यदि दासों के बाजार मूल्य को अन्य सभी प्रकार की सम्पदा से जोड़ दें तो दक्षिणी क्षेत्र में पूंजी का मूल्य वहाँ की 6 वर्ष की आय से अधिक बनता था—या ब्रिटेन और फ्रांस की कुल पूंजी के मूल्य के बराबर हो जाता था। इसके विपरीत उत्तरी क्षेत्र में दास प्रथा नहीं थी और वहाँ की सकल सम्पदा भी कम थी : केवल तीन वर्षों की उत्तरी राज्यों की आय के बराबर—अर्थात् दक्षिणी क्षेत्र या यूरोप से लगभग आधी।

स्पष्ट है कि गृहयुद्ध से पूर्व संयुक्त राज्य पूंजीविहीन देश नहीं था—जैसा कि पहले लगा था। वास्तव में नए विश्व में दो विपरीतगामी वास्तविकताएं निहित थीं। उत्तर में अपेक्षतया समतापूर्ण समाज था किंतु वहाँ पूंजी का भी कोई विशेष महत्त्व नहीं था—क्योंकि भूमि इतनी सहज सुलभ थी कि कोई भी सस्ते में ही भूस्वामी बन सकता था और दूसरे नए नए आए आप्रवासियों को अधिक धनसम्पत्ति का संचय करने का पर्याप्त समय भी नहीं मिला था। दक्षिण में स्वामित्व की विषमताएं अपने अधिकतम संभव वीभत्स स्तर पर थीं—आधी जनसंख्या शेष आधी का स्वामी होने का दम भरती थी, यहाँ दास पूंजी ने भू-पूंजी का स्थान ले लिया था और उससे आगे निकल गई थी।

विषमता के विषय में यह जटिल और विरोधाभास भरा रिश्ता आज भी संयुक्त राज्य अमेरिका में परिनिष्ठत है; एक ओर यह देश समतापूर्ण अवसरों का दावा भरता है, यह सामान्य पृष्ठभूमि के आप्रवासियों के लिए आकर्षण का केंद्र है तो दूसरी ओर यह अत्यंत ही पाशविक विषमताओं का देश भी है। प्रजाति विषयक यह पाशविकता अभी भी बहुत साफ दिखाई दे जाती है। [दक्षिणी अमेरिकी अश्वेतों को 1960 के दशक तक कोई नागरिक

अधिकार नहीं थे और वहाँ की प्रशासन व्यवस्था उन्हें कानूनी रूप से श्वेत वर्णीय समाज और क्षेत्रों से दूर रखने का कार्य कर रही थी। यह 1980 तक दक्षिणी अफ्रीका में प्रचलित रंगभेद से बहुत मिलती जुलती व्यवस्था थी]। यह विवरण संयुक्त राज्य अमेरिका की जन क्षेमवादी शासन व्यवस्था के विकास [अथवा विकास के अभाव] के अनेक आयामों को उजागर कर देता है।

दास पूंजी और मानवीय पूंजी

मैंने अन्य दास प्रथा का लाभ उठाने वाले समाजों में दास पूंजी के मूल्य का अनुमान लगाने का प्रयास नहीं किया है। ब्रिटिश साम्राज्य में दास प्रथा 1833-38 में समाप्त कर दी गई थी। फ्रांसीसी साम्राज्य में इसका उन्मूलन दो चरणों में हुआ [पहली बार 1792 में उन्मूलन हुआ किंतु नेपोलियन ने 1803 में इसे फिर लागू कर दिया था; अंततः 1848 में इसका पूर्णांत हो गया]। दोनों ही साम्राज्यों में 18वीं-19वीं सदी के संधि काल में विदेशों में निवेश का एक हिस्सा वैस्टंडीज के बागानों में लगाया था [सर थॉमस 'मैन्सफील्ड पार्क' वाले] या हिन्द महासागर के द्वीपों में स्थापित दास आधारित सम्पदाओं में [ले बॉर्बोन और ले डे फ्रांस—जो फ्रांसीसी क्रांति के बाद रेयूनियन और मॉरिशियस कहलाए। इन सम्पदाओं में दासों को भी सम्पत्ति माना जाता था और मैंने उनका मूल्य अलग से आकलित करने का प्रयास नहीं किया है। इन दोनों देशों में 19वीं सदी के प्रारम्भ में विदेशी सम्पदाओं का सकल मूल्य उनकी राष्ट्रीय आय के 10 प्रतिशत से अधिक नहीं था और इसी लिए सकल सम्पदा में दास पूंजी का अंश भाग संयुक्त राज्य अमेरिका से कम ही था।[16]

यदि विपरीत पक्ष से विचार करें तो ऐसे समाज में जहां दास वर्ग समस्त जनसंख्या का बहुत बड़ा हिस्सा हो, वहाँ उनका बाजार मूल्य बहुत उच्च स्तर पर पहुंच सकता है—और जैसे 1770-1810 के बीच संयुक्त राज्य में रहा—इसका मूल्य धन सम्पदा के अन्य सभी स्वरूपों से अधिक हो सकता है। इसका चरम स्वरूप तो वही होगा जहां लगभग सारी जनसंख्या पर इने गिने लोगों का स्वामित्व हो। तर्क के लिए मान लेते हैं कि श्रम से

आय [अर्थात् अपने दासों के श्रम से दास स्वामियों को होने वाली प्राप्ति] राष्ट्रीय आय के 60 प्रतिशत के बराबर है तथा पूंजी [अर्थात् भूमि और अन्य प्रकार की पूंजी पर भाड़ा, लाभ आदि] की आय राष्ट्रीय आय के 40 प्रतिशत के बराबर है तथा सारी गैर मानवीय पूंजी पर प्रतिप्राप्ति दर 5 प्रतिशत वार्षिक है।

परिभाषानुसार [दासों को छोड़ कर] राष्ट्रीय पूंजी का मूल्य आठ वर्षों की राष्ट्रीय आय के समान है। यही अध्याय-1 में निरूपित पूंजीवाद का प्रथम मूल सिद्धांत है [$\beta = \alpha/r$].

एक दास समाज में हम इसी नियम को दास पूंजी पर लागू कर सकते हैं: यदि दास 60 प्रतिशत राष्ट्रीय आय कमा कर देते हैं और सभी प्रकार की पूंजी पर प्रतिप्राप्ति दर 5 प्रतिशत वार्षिक है तो दासों के समग्र समूह का बाजार मूल्य 12 वर्ष की राष्ट्रीय आय के बराबर होगा—अर्थात गैर मानवीय राष्ट्रीय पूंजी से आधा अधिक। सीधा सा कारण यही है कि दासों से आय गैर मानवीय पूंजी से आय से आधी रहती है। यदि हम दासों का मूल्य पूंजी के साथ जोड़ दें तो हमें 20 वर्षों की राष्ट्रीय आय की प्राप्ति होती है [क्योंकि आय और उत्पादन के वार्षिक प्रवाह को 5 प्रतिशत की दर पूंजीकृत किया जाता है]।

संयुक्त राज्य के मामले में 1770-1810 की अवधि में दास पूंजी का मूल्य डेढ़ वर्ष की राष्ट्रीय आय के समान था [बारह वर्षों के समान नहीं]। इसका एक कारण तो यह था कि जनसंख्या में दासों का अनुपात 100 प्रतिशत नहीं, मात्र 20 प्रतिशत था और दूसरे, दासों की औसत उत्पादिता मुक्त श्रमिकों से कुछ कम थी और सामान्यत: दास पूंजी पर प्रतिप्राप्ति 7-8 प्रतिशत या उससे कुछ अधिक थी [न कि 5 प्रतिशत]। इन सबके कारण पूंजीकरण का स्तर निम्न रह जाता है। गृहयुद्ध पूर्व के संयुक्त राज्य में एक दास की कीमत सामान्यत: एक मुक्त श्रमिक की दस से बारह वर्षों की मजदूरी के बराबर थी [20 वर्ष की मजदूरी के बराबर नहीं, जैसा कि 5 प्रतिशत प्रतिप्राप्ति दर द्वारा निर्धारित हो रहा था]। वर्ष 1860 में एक युवा पुरुष दास की कीमत $ 2000 थी जबकि औसत मुक्त कृषि श्रमिक की

वार्षिक मजदूरी $ 200 ही थी। हां एक बात पर और ध्यान देना आवश्यक है कि दास की कीमत में अनेक अन्य अभिलक्षणाओं और दास स्वामी के मूल्यांकन आदि के आधार पर बड़े उतार चढ़ाव आ सकते थे। उदाहरण के लिए जांगो अनचेंड" का चित्रित समृद्ध भूस्वामी क्वेनटिन टारान्टिनो खूबसूरत ब्रूमहिल्डा को केवल $ 700 में बेचने को तैयार है जबकि अपने श्रेष्ठ दास योद्धाओं के लिए वह $ 12000 पाना चाहता है।

फिर भी, स्पष्ट है कि इस प्रकार की गणना केवल एक दास समाज में सार्थक हो सकती है जहां मानवीय पूंजी को बाजार में बेचा जा सकता हो—यह बिक्री स्थायी और अविलोप्य होती थी। "राष्ट्रों की सम्पदा" 'पर विश्व बैंक की हाल ही की श्रृंखला के लेखकों सहित कुछ अर्थशास्त्री "मानवीय पूंजी" के सकल मूल्य का आकलन करने के लिए श्रम की वार्षिक आय को मनमाने ढंग से 4 से 5 प्रतिशत पर पूंजीकृत कर रहे हैं। यह रिपोर्ट बड़े ही आश्चर्य के साथ इस निष्कर्ष पर पहुंच रही हैं कि 21वीं सदी के मनोहारी विश्व में मानवीय पूंजी ही पूंजी का सबसे अग्रणी स्वरूप है। वास्तव में यह निष्कर्ष स्वयंसिद्ध सा लगता है। यह 18वीं सदी में भी सत्य था: जब भी आधी से अधिक राष्ट्रीय आय श्रम को प्राप्त हो रही हो और श्रम की आय को पूंजी के समान प्राय दर पर पूंजीकृत करने का प्रयास किया जाएगा तो परिभाषात्मक रूप से ही मानवीय पूंजी का मूल्य अन्य सभी प्रकार की पूंजियों से अधिक हो जाएगा। इसमें न चकित होने की कोई बात है और न ही इस निष्कर्ष पर पहुंचने के लिए किसी कृत्रिम आय प्रवाह की मान्यता करने की [केवल प्रवाहों की तुलना पर्याप्त रहती है]।[18] मानवीय पूंजी के मौद्रिक मूल्यांकन का उसी समाज में कुछ अर्थ हो सकता है जहां अन्य मनुष्यों पर पूर्णत पूर्ण स्वामित्व संभव हो—किंतु ऐसे समाज तो अब अस्तित्व में ही नहीं हैं।

■ ■ ■

अध्याय-5

पूंजी/आय अनुपात: दीर्घकाल में

पिछले अध्याय में मैंने यूरोप और उत्तरी अमेरिका में 18वीं सदी से अब तक हुए पूंजी *(Capital)* के रूपांतरणों की समीक्षा की थी। दीर्घकालिक दृष्टि से देखें तो पूंजी का स्वरूप पूरी तरह से बदल गया है : कृषि भूमि के रूप की पूंजी धीरे-धीरे औद्योगिक और वित्तीय पूंजी तथा शहरी भवन सम्पदाओं का स्वरूप धारण कर गई। किंतु फिर भी, एक बात निश्चित रही : इतने बड़े बदलाव के बाद भी अर्थव्यवस्था और समाज में पूंजी के महत्त्व का निरूपण करने वाले अनुपात [जो देश के पूंजी भंडार का उसकी राष्ट्रीय आय के वर्षों में मापन करता है] अर्थात पूंजी/आय अनुपात में दीर्घकाल में भी कोई विशेष परिवर्तन नहीं आया है। हमारे पास ब्रिटेन और फ्रांस के सबसे अधिक संपूर्ण ऐतिहासिक आंकड़े हैं और वहाँ आज की राष्ट्रीय पूंजी 5-6 वर्षों की राष्ट्रीय आय के समान है—ये 18वीं-19वीं शताब्दियों से प्रथम महायुद्ध के आरंभ तक के अनुपात [6-7 वर्षों की आय] से थोड़ी ही कम है। हमें 1950 से पूंजी/आय अनुपात में निरंतर सशक्त वृद्धि के आंकड़े मिल रहे हैं। अत: यह प्रश्न उठना स्वाभाविक हो जाता है कि क्या यह अनुपात आने वाले दशकों में भी इसी प्रकार वृद्धिशील रहेगा? और, क्या 21वीं सदी के अंत तक पूंजी/आय अनुपात अतीत के उच्च स्तरों को पार कर जाएगा?

दूसरी मुख्य विशेषता यूरोप और संयुक्त राज्य अमेरिका की तुलना से स्पष्ट हो रही है। निस्संदेह, 1914-45 के संक्षोभों ने यूरोप पर अधिक सशक्त एवं गंभीर प्रभाव छोड़े थे और वहाँ 1920-80 की अवधि में पूंजी/आय अनुपात काफी कम रहा। यदि इन लम्बे युद्धों और उनके पश्च प्रभाव काल को छोड़ दें तो स्पष्ट है कि यूरोप में पूंजी/आय अनुपात सदैव उच्चतर रहा है। यह बात उन्नीसवीं सदी और बीसवीं के आरंभ में सत्य थी [उस समय यूरोप का पूंजी/आय अनुपात 6 से 7 था तो संयुक्त राज्य में मात्र 4 से 5 था]। आगे चलकर 20वीं-21वीं सदी के संधि काल में निजी सम्पदा के मामले में यूरोप फिर संयुक्त राज्य के स्तरों से 1990 के दशक में

ही आगे निकल चुका है: वहाँ पूंजी/आय अनुपात 6 के लगभग है जबकि संयुक्त राज्य में इसका मूल्य 4 से मामूली सा अधिक बन रहा है [देखें रेखाचित्र 5.1 और 5.2]।[1]

रेखाचित्र 5.1: निजी और सार्वजनिक पूंजी, यूरोप और संयुक्त राज्य 1870-2010

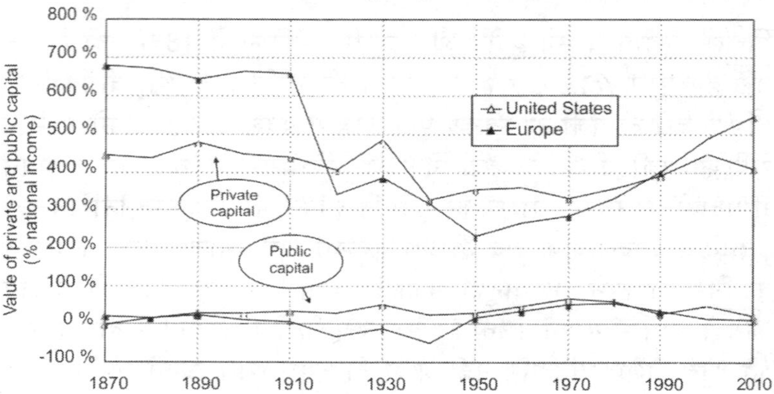

यूरोप और संयुक्त राज्य, दोनों ही क्षेत्रों में राष्ट्रीय पूंजी में निजी पूंजी के उच्चावचनों से ही उतार चढ़ाव आते रहे हैं। स्रोत और श्रृंखला हेतु देखें: piketty.pse.ens.fr/capital21C.

रेखाचित्र 5.2: यूरोप और संयुक्त राज्य में राष्ट्रीय पूंजी 1870-2010

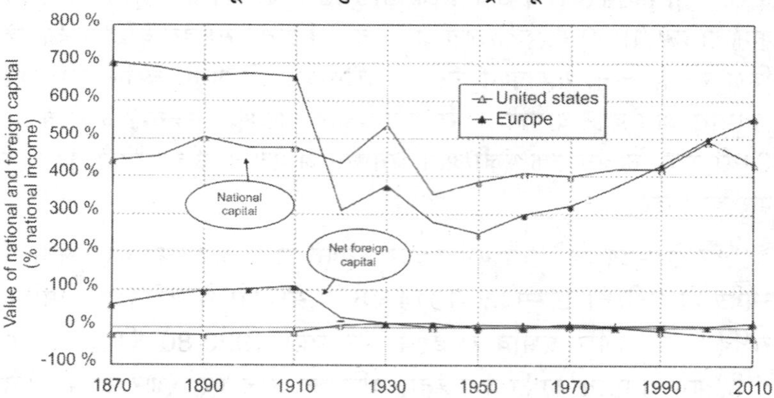

यूरोप में 1910 में राष्ट्रीय पूंजी (निजी + सार्वजनिक) 6.5 वर्षों की राष्ट्रीय आय के बराबर थी तो अमेरिका में इसका मूल्रू 4.5 वर्ष ही था। स्रोत और श्रृंखला हेतु देखें: piketty.pse.ens.fr/capital21C.

अभी इन तथ्यों की व्याख्या बाकी है: यूरोप में पूंजी/आय अनुपात पुन: ऐतिहासिक उच्च स्तर पर क्यों पहुंच गया? इसे संरचनात्मक दृष्टि से

[यूरोप में] संयुक्त राज्य से ऊंचा क्यों रहना चाहिए? कोन सी जादुई शक्तियां एक देश में पूंजी को 6 से 7 वर्षों की आय के समान बना देती हैं—और अन्यत्र यह 3 या 4 ही रहती है? क्या पूंजी/आय अनुपात का कोई संतुलन स्तर होता है? यदि हां, तो इसका निर्धारण किस प्रकार होता है? इसके पूंजी पर प्रतिप्राप्ति की दर पर क्या प्रभाव होंगे? इस अनुपात और राष्ट्रीय आय के पूंजी एवं श्रम के बीच विभाजन के बीच क्या संबंध होंगे? इन प्रश्नों के उत्तरों की खोज का आरंभ मैं अर्थव्यवस्था के पूंजी/आय अनुपात को उनकी बचत और संवृद्धि दरों से जोड़ने वाले एक गत्यात्मक नियम की प्रस्तुति से कर रहा हूँ।

पूंजीवाद का द्वितीय आधारभूत सिद्धांत: β = s/g

दीर्घकाल में पूंजी/आय अनुपात का बचत दर और संवृद्धि दर 'g' के साथ एक सरल और स्पष्ट संबंध रहता है। इसका सूत्र है:

$$\beta = s/g$$

उदाहरण के लिए यदि $s = 12\%$, $g = 2\%$ तो $\beta = s/g = 600\%$ दूसरे शब्दों में यदि कोई देश अपनी राष्ट्रीय आय में से 12 प्रतिशत बचत करता है और आय में 2 प्रतिशत दर पर वृद्धि हो रही है तो दीर्घकाल में इसका पूंजी/आय अनुपात 600 प्रतिशत हो जाएगा : देश के पास 6 वर्षों की राष्ट्रीय आय के योग के समान पूंजी का संचय हो जाएगा।

यह सूत्र, जिसे पूंजीवाद का द्वितीय आधारभूत सिद्धांत कहा जा सकता है, एक सीधे से, किंतु महत्त्वपूर्ण तथ्य को दर्शाता है : एक ऐसा देश जो बहुत कुछ बचा रहा हो और जिसकी संवृद्धि दर धीमी हो, दीर्घकाल में अपनी आय के सापेक्ष पूंजी के एक अतिविशाल भंडार का संचय कर लेगा। इसका सामाजिक संरचना और धन के वितरण पर एक महत्त्वपूर्ण प्रभाव होगा।

यदि इसी बात को एक दूसरे दृष्टिकोण से कहें तो एक अर्ध-शिथिलताग्रस्त समाज में विगत संचित धन का महत्त्व बहुत ही विकृतिपूर्ण अनुपात में बढ़ा चढ़ा दिखाई देता है।

अत: यूरोप में 21वीं सदी के आरंभ में फिर से 19वीं-20वीं सदियों के संरचनात्मक रूप से उच्च पूंजी/आय अनुपात के दर्शनों की व्याख्या धीमी गति से चल रही संवृद्धि में निहित है। संवृद्धि, विशेषकर जनांकीय वृद्धि, में शिथिलता ही पूंजी की पुनर्प्रतिष्ठा के लिए उत्तरदायी है।

यहाँ मुख्य बात यह है कि संवृद्धि दर में छोटे उतार चढ़ाव का भी दीर्घकाल में पूंजी/आय अनुपात पर बहुत बड़ा प्रभाव हो सकता है।

उदाहरण: यदि बचत की दर 12 प्रतिशत ही रहे और संवृद्धि दर 2 से घटकर 1½ प्रतिशत रह जाए तो दीर्घकालिक पूंजी/आय अनुपात 6 वर्ष से बढ़कर 8 वर्ष की राष्ट्रीय आय के बराबर हो जाएगा। यही संवृद्धि दर 1 प्रतिशत रह जाने पर पूंजी/आय अनुपात 12 वर्ष की आय के बराबर होगा। अर्थात् समाज की पूंजी गहनता उस स्थिति से दुगुनी हो जाएगी जबकि संवृद्धि दर 2 प्रतिशत थी। एक दृष्टि से यह एक शुभ समाचार भी है : पूंजी में सभी के लिए उपयोगी होने की संभावना भरी है और यदि अन्य सभी चीजों की ठीक से व्यवस्था की जाए तो सभी इससे लाभान्वित हो सकते है। लेकिन एक अन्य दृष्टिकोण भी है : धन के वितरण के वर्तमान स्तर पर बने रहने पर पूंजी के स्वामियों का समस्त आर्थिक संसाधनों के बहुत बड़े अंश पर नियंत्रण होता है। कोई भी परिदृश्य क्यों न हो, ऐसे परिवर्तनों के आर्थिक, सामाजिक और राजनीतिक प्रभाव बहुत गंभीर हो सकते हैं।

एक अन्य परिदृश्य की कल्पना करें : यदि उक्त उदाहरण में संवृद्धि दर उठकर 3 प्रतिशत हो जाए तो $\beta = s/g$ केवल चार वर्षों की राष्ट्रीय आय के बराबर रह जाएगा। यदि इसी समय बचत दर भी घटकर 9 प्रतिशत रह जाए तो पूंजी/आय अनुपात 3 ही रह जाएगा।

ये प्रभाव वास्तव में कहीं अधिक महत्त्वपूर्ण होते हैं, कारण यह है कि $\beta = s/g$ समीकरण द्वारा निरूपित नियम में सकल राष्ट्रीय आय की संवृद्धि की दर भी सम्मिलित है—अर्थात् प्रतिव्यक्ति आय संवृद्धि दर और जनसंख्या वृद्धि दर का योग समाहित है।[3] दूसरे शब्दों में, यदि बचत दर 10-12 प्रतिशत और प्रति व्यक्ति आय की संवृद्धि दर 1.5-2 प्रतिशत हो, तो तुरंत यह पता चल जाता है कि देश की जनसंख्या वृद्धि शून्यप्राय है।

इसीलिए यूरोप में 1.5-2 प्रतिशत की समग्र संवृद्धि दर 6-8 वर्षों की आय के बराबर पूंजी का स्टॉक संचित हो जाता है। किंतु यदि संयुक्त राज्य की भांति प्रतिशत वार्षिक जनसंख्या वृद्धि भी हो अर्थात सकल संवृद्धि दर 2.5-3 प्रतिशत हो तो केवल 3-4 वर्षों की राष्ट्रीय आय के बराबर पूंजी का संचय हो पाएगा। और यदि इस देश में अपेक्षाकृत युवा जनसंख्या होने के कारण बचत की दर कुछ कम रह जाए तो उपर्युक्त प्रवृत्ति और बलवती हो जाएगी। दूसरे शब्दों में समानप्राय संवृद्धि दरों वाले देशों के पूंजी/आय अनुपात बहुत भिन्न हो सकते हैं—क्योंकि उनकी जनसंख्या वृद्धि दरों का समान होना अनिवार्य नहीं होता।

यह नियम हमें पूंजी/आय अनुपात के ऐतिहासिक विकास वृतांत की रचना का अच्छा अवसर प्रदान कर देता है। विशेषकर, हम यह समझाने में सफल हो जाते हैं कि 1914-45 के संक्षोभों और 20वीं सदी के उत्तरार्द्ध की अति तीव्र संवृद्धि के बाद अब पूंजी/आय अनुपात पुन: बहुत उच्च स्तरों को क्यों छू रहा है। साथ ही हमें यह भी समझने में सहायता करता है कि यूरोप अपने संरचनात्मक कारणों से संयुक्त राज्य से अधिक पूंजी का संचय क्यों कर लेता है [या कम से कम तब तक तो करता रह सकता है जब तक संयुक्त राज्य की जनसंख्या वृद्धि यूरोप से अधिक रहे—वैसे इसके लम्बे समय तक अधिक रह पाने की संभावना नहीं लगती]। किंतु इस घटनाक्रम की व्याख्या कर पाने से पूर्व मुझे कुछ संकल्पनाओं और सैद्धांतिक मुद्दों का अधिक सटीक निरूपण करना होगा।

एक दीर्घकालिक नियम

यह समझ लेना आवश्यक है कि यह द्वितीय आधारभूत नियम कतिपय शर्तें पूरी होने पर मान्य हो सकता है। सबसे पहले तो यह एक अनंत स्पर्शी नियम है—अर्थात यह केवल दीर्घकाल में ही वैध होता है : यदि कोई देश अनिश्चित काल तक अपनी आय का 's' अंश बचाता रहे और उसकी राष्ट्रीय आय की संवृद्धि दर भी 'g' स्तर पर ही स्थिर रहे तो इसके पूंजी/आय अनुपात में $\beta = s/g$ की ओर अभिनति होगी—यह अंतत: इस स्तर पर पहुंच कर टिक जाएगा। किंतु यह एक दिन में नहीं हो जाने वाला

यदि कोई देश कुछ वर्षों तक अपनी आय का 's' अंश बचा पाता है तो वह भी β = s/g के स्थिर पूंजी/आय अनुपात की प्राप्ति के लिए पर्याप्त नहीं होगा।

उदाहरण के लिए, यदि प्रारम्भ में देश में पूंजी शून्य हो और वह एक वर्ष तक अपनी राष्ट्रीय आय का 12 प्रतिशत बचाता रहे तो स्वाभाविक है कि वह वर्ष भर की आय से 6 गुना पूंजी का संचय तो नहीं कर पाएगा। यदि 12 प्रतिशत वार्षिक दर से बचत की जाए तो शून्य पूंजी से प्रारम्भ कर राष्ट्रीय आय से 6 गुना पूंजी का संचय होने में 50 वर्ष लग जाएंगे—वस्तुत: उस समय भी पूंजी 6 गुना नहीं हो पाएगी—क्योंकि उस अवधि में स्वयं राष्ट्रीय आय में भी काफी वृद्धि हो जाएगी [बशर्ते कि हम शून्य संवृद्धि की मान्यता लेकर नहीं चल रहे हों]।

तो सबसे पहला ध्यान देने योग्य नियम है : धन सम्पदा का संचय *(Accumulation of Wealth)* समय लेता है : β = s/g के नियम सूत्र को सत्य होने में कई दशक लग जाएंगे। अब हम समझ सकते हैं कि 1914-45 के संक्षोभों के प्रभावों के धूमिल होने में इतना समय क्यों लग गया और इस प्रकार के प्रश्नों का अध्ययन करते समय एक दीर्घकालिक ऐतिहासिक दृष्टिकोण अपनाने का इतना महत्त्व क्यों होता है। कभी-कभी एक व्यक्ति बहुत शीघ्र बहुत धनी हो सकता है, किंतु राष्ट्रीय स्तर पर β = s/g सूत्र द्वारा परिभाषित पूंजी/आय अनुपात में परिवर्तन तो एक दीर्घकालिक प्रक्रिया ही रहती है।

अत: इस नियम और अध्याय-1 में बताए गए पूंजीवाद के प्रथम आधारभूत सिद्धांत: $\alpha = r\beta$ में एक बहुत निर्णायक अंतर है। उस नियम में राष्ट्रीय आय में पूंजी का अंश पूंजी पर औसत प्रतिप्राप्ति दर r तथा पूंजी/आय अनुपात का गुणनफल बताया गया था। यह अनुभूति बहुत महत्त्वपूर्ण है कि $\alpha = r \times \beta$ एक विशुद्ध लेखा सर्वसमिका मात्र है। यह सभी स्थानों और कालों में अपनी रचना के कारण ही वैध रहती है। हम इसे राष्ट्रीय आय में पूंजी के अंश की परिभाषा [या फिर पूंजी पर प्रतिप्राप्ति दर, जिस भी प्राचल का मापन सरल हो, के रूप में भी देखा जा सकता है

नियम के रूप में नहीं। इसकी तुलना में β = s/g एक गत्यात्मक प्रक्रिया की परिणति है: यह एक ऐसे साम्य के स्तर को इंगित करता है जिसकी ओर s बचत दर और g संवृद्धि दर वाली अर्थव्यवस्था अग्रसर रहती है—किंतु वास्तविक व्यवहार में ऐसा संतुलन स्तर शायद ही पूरी तरह प्राप्त हो पाता है।

दूसरे β = s/g का नियम पूंजी के उन्हीं स्वरूपों पर लागू होगा जिनका मानव संचय कर सकता है। यदि राष्ट्रीय पूंजी का एक बड़ा अंश प्राकृतिक संसाधन हो, जिनका मूल्य मनुष्यों द्वारा किए गए किसी भी सुधार कार्य और पुराने निवेश से स्वतंत्र हो, तो बचतों के किसी योगदान के बिना भी β का मान काफी उच्च हो सकता है। आगे चलकर मैं असंचनीय पूंजी के व्यावहारिक महत्त्व पर अधिक चर्चा करूंगा।

और अंत में, β = s/g का नियम तभी मान्य होगा जब परिसम्पदाओं की कीमतें औसतन अन्य उपभोक्ता कीमतों की भांति ही परिवर्तित हो रही हों। यदि भवन सम्पदा/या शेयरों की कीमतें अन्य कीमतों की अपेक्षा अधिक तेजी से वृद्धिशील हों तो राष्ट्रीय पूंजी के बाजार मूल्य और वार्षिक आय प्रवाह का अनुपात β नई बचतें जुड़े बिना ही अधिक उच्च स्तर पा सकता है। संक्षेप में 'सापेक्ष सम्पदा कीमतों [उपभोक्ता कीमतों की तुलना में] के उतार चढ़ाव अथवा पूंजीगत लाभ या हानियां कई बार परिमाण प्रभावों से प्रबल हो जाते हैं [अर्थात् नई बचतों के परिमाण के प्रभाव से अधिक बलशाली हो जाते हैं]। किंतु यदि हम स्वीकार कर लें कि ये कीमते उच्चावचन दीर्घ काल में स्वयं संतुलित हो जाएंगी तो β = s/g का नियम सर्वमान्य सर्वसिद्ध रूप धारण कर लेगा। इस बात का कोई प्रभाव नहीं रहेगा कि कोई देश अपनी आय का s अंश बचाने का निर्णय क्यों करता है।

इस तथ्य पर भी बल देना आवश्यक है : β = s/g का नियम उन कारकों से भी स्वतंत्र है जिनके कारण किसी देश के नागरिक या वहाँ की सरकार सम्पदा संचित करने का निर्णय लेते हैं। व्यवहार में व्यक्ति अनेक कारणों से प्रेरित होकर धन और पूंजी का संचय करते हैं—उदाहरणत: भविष्य में उपभोग बढ़ाने या फिर सेवानिवृत्ति के बाद उपभोग में कटौती

की विवशता से बचने; या अगली पीढ़ी के लिए अच्छी धरोहर छोड़ने, शक्ति अर्जित करने या वह सुरक्षा भावना और सम्मान पाने के लिए जो धन से ही प्राप्त हो सकती है। प्रायः ये सभी प्रेरणाएं एक साथ व्यक्ति की आयु, देश आदि के विभिन्न अनुपातों में एक साथ कार्यरत पाई जाती हैं। कितनी ही बार ये एक ही व्यक्ति में परिनिष्ठित हो सकती हैं, भले ही वह व्यक्ति इनकी उपस्थिति को अभिव्यक्त नहीं कर पा रहा हो। खंड तीन में मैं इन संप्रेरणाओं और संचय की प्रक्रिया के विषमता और धन के वितरण के लिए महत्त्वपूर्ण प्रभावों की गहराई से छानबीन करूंगा। साथ ही विषमता की रचना में उत्तराधिकार की भूमिका, और धन की विषमताओं को लेकर सामाजिक, नैतिक एवं राजनीतिक औचित्य के प्रश्नों पर भी विचार करूंगा। इस समय तो मैं केवल पूंजी/आय अनुपात की गत्यात्मकता को स्पष्ट कर रहा हूँ। [कम से कम आरंभ में तो इस प्रश्न का धन के वितरण से स्वतंत्र रूप से अध्ययन हो ही सकता है]। मैं इसी बात पर बल दे रहा हूँ कि $\beta = s/g$ का नियम प्रत्येक दशा में लागू हो सकता है—किसी भी देश के बचत दर के सटीक कारण कुछ भी हों।

इसका आधार यह साधारण सी बात है कि $\beta = s/g$ उस देश का एक स्थिर पूंजी/आय अनुपात है जो अपनी आय का s अंश बचा रहा है और जहां g दर से संवृद्धि हो रही है।

इस कथन के पक्ष में तर्क बहुत सीधा है। मैं एक उदाहरण द्वारा ये बात और स्पष्ट कर रहा हूँ। यदि देश अपनी आय का 12 प्रतिशत बचाता है और उसकी प्रारम्भिक पूंजी 6 वर्षों की आय के समान है तो उसके पूंजी भंडार में प्रतिवर्ष 2 प्रतिशत की दर से वृद्धि होगी।[4] उसकी आय भी इसी दर से वृद्धिशील है। तो फिर पूंजी/और आय का अनुपात भी स्थिर ही रहेगा।

किंतु यदि आरंभिक पूंजी भंडार 6 वर्ष की आय से कम हो तो 12 प्रतिशत की बचत दर के कारण पूंजी भंडार की वृद्धि दर, आय की संवृद्धि दर—2 प्रतिशत—से अधिक हो जाएगी। वह आय से तीव्र दर पर वृद्धि मान होगा और पूंजी/आय अनुपात अपने संतुलन स्तर पाने तक निरंतर बढ़ता रहेगा।

इसके विपरीत यदि पूंजी भंडार 6 वर्ष की आय से अधिक है तो 12 प्रतिशत की बचत दर के आधार पर इस भंडार की वृद्धि उस 2 प्रतिशत की दर से कम रह जाएगी। अत: पूंजी/आय अनुपात अपने पूर्ववत स्तर पर नहीं रह पाएगा—उसमें गिरावट आरंभ हो जाएगी और वह संतुलन स्तर तक गिर कर स्थायित्व प्राप्त करेगा।

दोनों ही दशाओं में पूंजी/आय अनुपात दीर्घकाल में अपने संतुलन स्तर $\beta = s/g$ की और अभिनत होता है [संभवत: विशुद्ध प्राकृतिक संसाधन इसमें कुछ उन्नयन भी कर सकते हैं], बस शर्त यही है कि सम्पदा कीमतें भी उपभोक्ता कीमतों जैसी दर पर ही परिवर्तित होती रहें।[5]

संक्षेप में कहें तो $\beta = s/g$ का नियम पूंजी/आय अनुपात पर होने वाले अत्यधिक संक्षोभों की व्याख्या नहीं करता—न ही यह विश्वयुद्धों या 1929 के आर्थिक संकट जैसी उन घटनाओं को स्पष्ट कर सकता है जिन्हें चरम संक्षोभ कहा जा सकता है। किंतु यह हमें यह समझने में सहायक अवश्य है कि संक्षोभों का प्रभाव धूमिल हो जाने पर पूंजी/आय अनुपात किस संभावित संतुलन स्तर की ओर अग्रसर होगा।

धनी देशों में 1970 के दशक में पूंजी का प्रत्यागमन

पूंजी/आय अनुपात के दीर्घकालिक और अल्पकालिक परिवर्तनों में भेद स्पष्ट करने के लिए 1970-2010 की अवधि में विश्व के कुछ सबसे धनी देशों में इस अनुपात में आए वार्षिक परिवर्तनों की परीक्षा उपयोगी रहेगी हमारे पास अनेक देशों के लिए इस अवधि के विश्वस्त एवं समरूप आंकड़े उपलब्ध हैं। इस क्रम का आरंभ हम आठ देशों में निजी पूंजी और राष्ट्रीय आय के अनुपात के चित्रांकन द्वारा कर रहे हैं [देखें रेखाचित्र 5.3]। इन देशों को हमने सकल घरेलू उत्पाद के ह्रासमान अनुक्रम में संयोजित किया है। ये हैं: संयुक्त राज्य, जापान, जर्मनी, फ्रांस, ब्रिटेन, इटली, कनाडा और आस्ट्रेलिया।

रेखाचित्र 5.3: धनी देशों में निजी पूंजी, 1970-2010

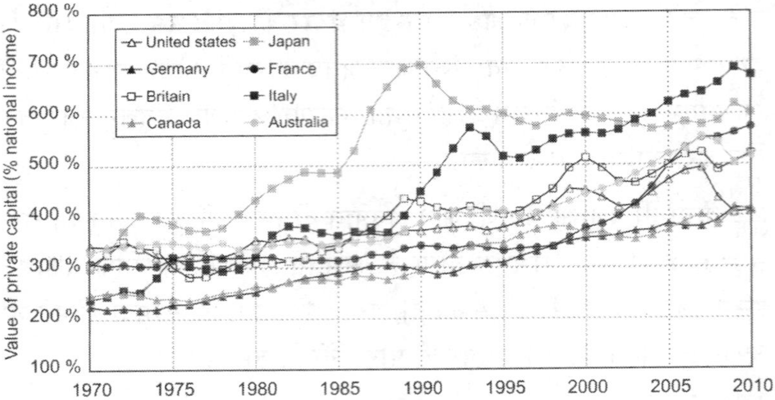

वर्ष 1970 में धनी देशों में निजी पूंजी 2 से 3.5 वर्षों की राष्ट्रीय आय के बीच रही और 2010 में यह मूल्य 4 से 7 वर्ष की आय के बराबर हो गया। स्रोत और श्रृंखला हेतु देखें: piketty.pse.ens.fr/capital21C.

रेखाचित्र 5.3 अपने पूर्ववर्ती रेखाचित्रों से एक दृष्टि में अलग है: उन सभी में हम दशकीय औसतों को अंकित कर रहे थे किंतु यहाँ वार्षिक आंकड़े अंकित किए गए हैं। वह दशकीय औसत की प्रस्तुति दीर्घकालिक प्रवृत्तियां दर्शा रही थी जबकि यहाँ हम वर्षानुगत परिवर्तनों की अल्पकालिक प्रवृत्तियां दिखा रहे हैं। हमें स्पष्ट हो रहा है कि इन सभी देशों में पूंजी/राष्ट्रीय आय अनुपात निरंतर परिवर्तित होते रहे हैं। इन अव्यवस्थित परिवर्तनों के मुख्य कारण भवन सम्पदा [गृह एवं व्यावसायिक भवन] और वित्तीय सम्पदा [शेयर, बौंड आदि] की कीमतों के उतार चढ़ाव हैं। ये दोनों ही प्रकार के भेद अपने तीव्र उच्चावचन के लिए कुख्यात हैं। पूंजी का मूल्य पहले से ही निर्धारित कर देना एक बहुत कठिन कार्य होता है क्योंकि वस्तुओं और फर्मों द्वारा प्रदत सेवाओं और भवन सम्पदा की मांग का पूर्वाकलन वस्तुत: बहुत ही जटिल होता है। इसीलिए लाभ, लाभांश, उन परिसम्पदाओं से रायल्टी, भाड़ा का अनुमान लगाना सहज नहीं रहता जबकि किसी भवन या फर्म अथवा निगम के आय प्रवाह का वर्तमान मूल्य न केवल इन मूलभूत कारकों पर निर्भर रहता है बल्कि उस कीमत से भी

प्रभावित होता है जिस पर जरूरत पड़ने पर उस परिसम्पदा को पाना संभव होगा [अर्थात संभावित पूंजी लाभ या हानि कितनी होगी]।

वास्तव में तो भावी कीमतों के ये पूर्वानुमान किसी परिसम्पदा विशेष के प्रति सामान्य उत्साह पर निर्भर करते हैं—जिनके कारण स्वयं ही पूर्ण हो जाने वाली प्रत्याशाओं का जन्म होता है। जब तक हमें यह भरोसा है कि हम किसी सम्पदा को उसकी चुकाई गई लागत से अधिक दाम पर बेच ही लेंगे तो हम उसके आधारभूत मूल्य से अधिक कीमत देने को तैयार रहते हैं [वह आधारभूत मूल्य तो स्वयं ही अनिश्चित रहता है]। इस प्रकार हम किसी सम्पदा के लिए सामान्य अति उत्साह में बह जाते हैं। यही कारण है कि भवन सम्पदा और शेयर बाजार में सट्टेबाजी के बुलबुलों का अस्तित्व पूंजी के अपने अस्तित्व जितना ही पुराना है : वे पूंजी के इतिहास के साथ एक-मूर्त हैं।

जैसा कि हम जानते हैं, 1970-2010 की अवधि का सबसे उत्कृष्ट बुलबुला जापान—1990 का था [देखें रेखाचित्र 5.3]। अस्सी के दशक में निजी सम्पत्ति—राष्ट्रीय आय अनुपात दशकारंभ के 4 से बढ़कर दशकांत में 7 तक पहुंच गया। स्पष्टत: इतने कम समय में इतनी अधिक वृद्धि कृत्रिमता के संकेत दे रही थी। अगले ही दशक के आरंभ में निजी पूंजी के मूल्य में तीखी गिरावट आयी और 1995 से यह 6 वर्ष की राष्ट्रीय आय के आसपास स्थिर हो गया।

मैं उन अनेक भवन सम्पदा और शेयर बाजार बुलबुलों के उत्थान और ध्वंस के किस्सों की चर्चा नहीं करने जा रहा जो 1970 के बाद से विभिन्न अमीर देशों में निरंतर दिखाई देते रहे हैं—न ही मैं किसी भावी बुलबुले की भविष्यवाणी करूंगा—वैसे भी मैं स्वयं को इस कार्य के अयोग्य मानता हूँ। फिर भी इटली के भवन सम्पदा बाजार में तीखे संशोधन [1994-95] और 2000-2001 में इंटरनेट बुलबुले के फूटने से संयुक्त राज्य और ब्रिटेन में पूंजी/आय अनुपात में आए परिवर्तन बड़े थे—भले ही उनका प्रभाव दस वर्ष पूर्व के जापानी घटनाक्रम जितना बड़ा नहीं रहा हो। यह भी ध्यान रहे कि संयुक्त राज्य का भवन सम्पदा का उत्कर्ष 2007 तक चल कर 2008-

09 के तीक्ष्ण अपकर्ष को जन्म दे गया था। दो वर्षों में ही अमेरीकी निजी संपन्नता 5 वर्ष की राष्ट्रीय आय से घटकर 4 वर्ष के स्तर पर पहुंच गई—यह गिरावट या संशोधन 1991-92 के जापानी संशोधन जैसा ही था। यूरोप के अन्य देशों में या तो संशोधन बहुत धीमा रहा या हुआ ही नहीं। ब्रिटेन, फ्रांस और इटली में भवन सम्पदा कीमतें 2008 में संक्षिप्त सी अवधि में स्थिरप्राय रहकर अगले ही वर्ष से फिर ऊपर उठने लगीं और उनका स्तर 2010 में कम से कम 2007 जितना अवश्य हो गया था।

यहाँ मैं इसी महत्त्वपूर्ण तथ्य पर आग्रह करना चाहता हूँ कि अल्पकालिक परिसम्पदा कीमतों में इन अनियमित और अपूर्वाकलनीय उच्चावचनों के अतिरिक्त भी ऐसे परिवर्तन हैं जिनकी विपुलता में पिछले कुछ दशकों में वृद्धि दिखाई पड़ी है [आगे चलकर हम देखेंगे कि इसका संभावित पूंजी/आय अनुपात में वृद्धि से कुछ संबंध हो सकता है]। सभी धनी देशों में इस सारी अवधि [1970-2010] में अवश्य ही एक दीर्घकालिक प्रक्रिया भी चलती रही है [देखें रेखाचित्र 5.3]। सत्तर के दशकारंभ में निजी सम्पदा का निवल मूल्य दो से साढ़े तीन वर्ष की राष्ट्रीय आय के बराबर था। यह बात सभी अमीर देशों और महाद्वीपों में समान रूप से सत्य थी।[6] चालीस वर्ष बाद 2010 में इन सभी अध्ययनाधीन देशों में निजी सम्पदा का मूल्य राष्ट्रीय आय के चार से सात वर्षों के समान हो गया है।[7] सामान्य विकास क्रम स्पष्ट है : उन बुलबुलों को छोड़ भी दें तो 1970 के बाद से सभी धनी देशों में निजी पूंजी का एक सशक्त प्रत्यागमन हुआ है—दूसरे शब्दों में, एक नए सम्पदाधारी पूंजीवाद *(Patrimonial Capitalism)* का उदय हो रहा है।

इस संरचनात्मक विकासक्रम की व्याख्या विभिन्न कारकों के तीन समूहों के आधार पर हो सकती है। ये परस्पर संपूरक और पोषक बन कर सारी प्रक्रिया की विपुलता का संवर्धन भी करते हैं। दीर्घकाल में सबसे बड़ा कारक तो अपेक्षाकृत धीमी संवृद्धि दर है [जब जनसंख्या वृद्धि भी धीमी हो तो] जो उच्च बचत दर के साथ मिल कर दीर्घकालिक पूंजी/आय अनुपात में एक संरचनात्मक वृद्धि का कारण बन जाती है—इसका कारण हमारा पूर्व परिचित $\beta = s/g$ का नियम ही है। दीर्घकाल में तो यह प्रक्रिया प्रबल होती

है—पर हमें उन दो कारकों की ओर से भी दृष्टि नहीं हटाना चाहिए जो पिछले कुछ दशकों से उस नियम के प्रभाव को और संपोषित करते रहे हैं। पहला तो सत्तर और अस्सी के दशकों में निजीकरण की नीतियों के अंतर्गत सार्वजनिक पूंजी का निजी क्षेत्र को हस्तांतरण ही है। दूसरा कारक भवन सम्पदा और शेयरों की कीमतों में पुन: उच्च स्तर की ओर बढ़ने की दीर्घकालिक प्रवृत्ति रहा है—यह प्रवृत्ति अस्सी नब्बे के दशकों में निजी संपन्नता के प्रति अधिक उदारमना [महायुद्धों के तुरंत बाद की अपेक्षा] राजनीतिक संदर्भ में और अधिक त्वरित हो गई थी।

बुलबुलों से आगे : धीमी संवृद्धि, उच्च बचत

मैं धीमी संवृद्धि, निरंतर उच्च बचत दर और $\beta = s/g$ के गत्यात्मक नियम पर आधारित पहली प्रक्रिया से व्याख्या का आरंभ कर रहा हूँ। तालिका 5.1 में 8 सर्वाधिक धनी देशों की 1970-2010 की अवधि की औसत संवृद्धि दर और निजी बचत दर दिखाई देती है। जैसा हमने अध्याय-2 में भी देखा था प्रति व्यक्ति राष्ट्रीय आय [या फिर प्रति व्यक्ति घरेलू आय] की संवृद्धि दरें पिछले कुछ दशकों से सभी विकसित देशों में एक जैसी बनी रही हैं। यदि केवल कुछ ही वर्षों की तुलनाएं की जाती हैं तो इनमें अंतर महत्त्वपूर्ण प्रतीत हो सकते हैं: इससे कहीं राष्ट्राभिमान तो कहीं ईर्ष्या का उफान आ जाता है। किंतु यदि दीर्घकालिक औसत की दृष्टि से देखें तो सत्य यही है: सभी धनी देश लगभग एक समान दर *(Flat Rate)* पर संवृद्धिशील हैं। यदि 1970-2010 की अवधि पर गौर करें तो 8 सबसे विकसित देशों में प्रति व्यक्ति राष्ट्रीय आय की औसत संवृद्धि दर 1.6 से 2.0 प्रतिशत वार्षिक रही—अधिकांश तो यह 1.7 और 1.9 के बीच ही रही। उपलब्ध सांख्यिकीय मापकों [विशेषकर कीमत सूचकों] की अपूर्णता को देखते हुए इतने छोटे अंतरों के भी महत्त्वपूर्ण होने को निश्चित नहीं माना जा सकता।[8]

वैसे भी ये अंतर उनकी जनसंख्या वृद्धि दरों के अंतरों की तुलना में बहुत ही कम हैं। इसी अवधि [1970-2010] में यूरोप और जापान में जनसंख्या 0.5 प्रतिशत वार्षिक से कम दर पर बढ़ रही थी [वस्तुत: 1990-2010 में यह दर शून्य प्रतिशत थी और जापान में तो ऋणात्मक हो गई

थी] जबकि संयुक्त राज्य, कनाडा और आस्ट्रेलिया में यह दर 1.0 से 1.5 के बीच रही। [देखें तालिका 5.1] अत: 1970-2010 की सारी अवधि में संयुक्त राज्य और अन्य 'नए देशों' में कुल मिलाकर संवृद्धि दर यूरोप और जापान से कहीं अधिक रही: नए देशों में 3 प्रतिशत वार्षिक तो पुराने देशों में 2 या फिर 1.5 प्रतिशत के आस पास ही। ऐसे अंतर छोटे प्रतीत होते हैं किंतु दीर्घकाल में इनके कारण आया अंतर बहुत बड़ा हो जाता है। इसलिए ये महत्त्वपूर्ण हैं। मैं यहाँ एक नई बात पर आग्रह करना चाहता हूँ कि वृद्धि दरों में इन अंतरों के पूंजी के दीर्घकालिक संचय पर बहुत बड़े प्रभाव होते हैं—इसी से काफी कुछ यह व्याख्या हो जाती है कि यूरोप और जापान में पूंजी/आय अनुपात संरचनात्मक दृष्टि से संयुक्त राज्य अमेरिका से ऊंचा रहता है।

तालिका 5.1

धनी देशों में संवृद्धि दरें और बचत दरें, 1970-2010

देश	राष्ट्रीय आय की संवृद्धि दर (%)	जनसंख्या वृद्धि दर (%)	प्रतिव्यक्ति राष्ट्रीय आय संवृद्धि दर (%)	निजी बचत [मूल्य ह्रास से निवल] (% राष्ट्रीय आय)
संयुक्त राज्य	2.8	1.0	1.8	7.7
जापान	2.5	0.5	2.0	14.6
जर्मनी	2.0	0.2	1.8	12.2
फ्रांस	2.2	0.5	1.7	11.1
ब्रिटेन	2.2	2.3	1.9	7.3
इटली	1.9	0.3	1.6	15.0
कनाडा	2.8	1.1	1.7	12.1
आस्ट्रेलिया	3.2	1.4	1.7	9.9

नोट: धनी देशों में बचत और जनसंख्या वृद्धि दरों में बहुत अंतर है किंतु प्रति व्यक्ति राष्ट्रीय आय की संवृद्धि दरों में अंतर बहुत कम रह जाते हैं। स्रोत और श्रृंखला हेतु देखें: piketty.pse.ens.fr/capital21C.

जब 1970-2010 में हम औसत बचत दरों पर ध्यान देते हैं तो वहाँ भी इन देशों में बहुत अंतर दिखाई पड़ते हैं—निजी बचत दर मोटे तौर पर राष्ट्रीय आय के 10-12 प्रतिशत थीं—किंतु यह ब्रिटेन और संयुक्त राज्य में

मात्र 7-8 प्रतिशत थी तो जापान और इटली में 14-15 प्रतिशत का उच्च स्तर दिखाई पड़ा [देखें तालिका 5.1]। जब 40 वर्षों तक ऐसे अंतर बने रहते हैं तो संचित बचत कोष में बहुत भारी अंतर पैदा हो जाते हैं। यह बात भी ध्यान रहे कि वही देश अधिक बचत करते मिले हैं जिनकी जनसंख्या स्थिरप्राय है और वृद्धता की ओर अग्रसर है [संभवत: यह वृद्धता वृत्ति सेवा काल के पश्चात जीवन निर्वाह और उत्तराधिकार में अच्छा कुछ छोड़कर जाने के ध्येय से अधिक बचत करा रही होगी]। किंतु यह संबंध इतना व्यवस्थित नहीं लगता। अधिक या कम बचत करने के कई कारण हो सकते हैं और कई बार तो संस्कृति, भविष्य की अनुभूतियां, और विशिष्ट राष्ट्रीय इतिहास आदि से जुड़े अनेक परस्पर प्रभावशील कारक उनसे उसी प्रकार मिल जाते हैं जैसे वे बच्चों को जन्म देने और आप्रवासन आदि के निर्णय से जुड़े रहते हैं [ये दोनों निर्णय अंतत: जनसंख्या वृद्धि दर का निर्माण भी करते हैं]।

यदि संवृद्धि दरों और बचत दरों के अंतरों को एक साथ रखें तो सहज ही समझ आ जाता है कि देश बहुत अलग-अलग पूंजी संचय किस प्रकार करते हैं और पूंजी/आय अनुपात में 1970 के बाद से इतनी तीव्र वृद्धि क्यों हुई है। जापान का अनुभव तो बहुत स्पष्ट है : 15 प्रतिशत की बचत दर और केवल 2 प्रतिशत की संवृद्धि दर से दीर्घकाल में 6-7 वर्ष की राष्ट्रीय आय के समतुल्य पूंजी का संकलन कोई आश्चर्यजनक बात नहीं रहती। यह तो संचयन के गत्यात्मक नियम $\beta = s/g$ का सीधा परिणाम है। इसी प्रकार जापान से कम बचाने और अधिक तीव्र दर से संवृद्धि करने वाले संयुक्त राज्य में पूंजी/आय अनुपात का स्तर महत्त्वपूर्ण रूप से कम पाया जाना भी आश्चर्यजनक नहीं है।

अधिक विस्तृत रूप से यदि 1970-2000 की अवधि के बचत प्रवाह के आधार पर 2010 के लिए अनुमानित निजी धन सम्पदा के स्तर की तुलना उक्त वर्ष के वास्तविक स्तर से करें तो ये दो आंकड़े सभी देशों में समानप्राय प्रतीत होते हैं।[9] यह सहगामिता संपूर्ण तो नहीं है—और उससे यह संकेत मिलता है कि अन्य कारक भी यहाँ अपना प्रभाव छोड़ रहे हैं।

उदाहरण के लिए ब्रिटेन के संदर्भ में बचत प्रवाह इस अवधि में निजी धन सम्पदा में तीव्र वृद्धि की व्याख्या करने में नितांत अपर्याप्त लगता है।

यदि प्रत्येक देश की विशिष्ट दशाओं पर ध्यान न दें तो कुल मिलाकर हमारे परिणाम बहुत संगतिपूर्ण दिखते हैं : अमीर देशों में 1970 और 2010 की अवधि में बचत के परिमाणों के अंतर तथा प्रारम्भिक पूंजी संचयन मिलकर निजी पूंजी संकलन की मुख्य विशेषताओं की व्याख्या कर सकते हैं [इसमें सम्पदा कीमतों में किसी बड़ी संरचनात्मक वृद्धि की मान्यता करने की आवश्यकता नहीं रहती]। दूसरे शब्दों में भवन सम्पदा और शेयर कीमतों के उतार चढ़ाव अल्पकाल में सदैव और बहुधा मध्यकाल में भी बहुत प्रबल रहते हैं किंतु दीर्घकाल में उनका संतुलन हो जाता है। वहाँ तो प्राय: परिमाण प्रभाव निर्णायक हो जाता है।

एक बार फिर जापान का अनुभव प्रतीकात्मक प्रतीत होता है। यदि वहाँ 1980 के दशक में पूंजी/आय अनुपात में भारी उछाल और अगले ही दशक में तीखी गिरावट की समीक्षा करें तो भवन सम्पदाओं और शेयरों की कीमतों के बुलबुले के उत्कर्ष ओर अपकर्ष प्रबल प्रक्रियाएं प्रतीत होती हैं। किंतु यदि पूरी अवधि—1970 से 2010 पर ध्यान दें तो स्पष्टत: परिमाण प्रभाव को हम कीमत प्रभाव से भारी पाते हैं। फिर तो केवल बचत प्रवाह ही पूंजी/आय अनुपात को 1970 के 3 वर्ष की राष्ट्रीय आय के आंकड़े से उठाकर 6 के निकट ले जाने में सक्षम प्रतीत होता है।[10]

निजी बचत के दो घटक

व्याख्या की पूर्णता के लिए मुझे यह स्पष्ट कर देना चाहिए कि निजी बचतों के दो घटक होते हैं: व्यक्तियों द्वारा सीधे रूप में बचाई गई राशियां [निवर्त्य आय का वह भाग जो तुरन्त उपभोग पर खर्च नहीं किया जाता] और फर्मों द्वारा अपने स्वामी व्यक्तियों के प्रतिनिधि के रूप में की गई बचत। ये व्यक्ति फर्मों के शेयरधारी के रूप में प्रत्यक्ष स्वामी हो सकते है या फिर वित्तीय निवेश के माध्यम से परोक्ष स्वामी बन सकते हैं किंतु फर्मों की बचत पर अंतत: इन्हीं का अधिकार रहता है। इस दूसरे घटक में फर्मों द्वारा पुनर्निवेशित लाभ सम्मिलित है [जिसे अवितरित आय भी कहते हैं] और

कई देशों में तो इस घटक का अंश निजी बचतों के आधे तक पहुंच जाता है। [देखें तालिका 5.2]

यदि इस दूसरे घटक की अनदेखी कर केवल परिवारों की बचत पर विचार करें तो सभी देशों के बचत प्रवाह उनकी निजी सम्पदा की व्याख्या करने में अपर्याप्त रह जाते हैं। उस दशा में सम्पदाओं, विशेषकर शेयर आदि, की कीमतों में संरचनात्मक रूप से सापेक्ष वृद्धि का सहारा लेकर व्याख्या कर दी जाती है। ऐसा निष्कर्ष लेखाकार की दृष्टि से भले ही ठीक हो किंतु आर्थिक दृष्टि से कृत्रिम रह जाता है : यह सत्य है कि शेयर कीमतें उपभोग कीमतों की तुलना में दीर्घकाल में भी तीव्रतर दर से बढ़ती हैं— किंतु इसका कारण यह है कि अवितरित आय का संचय फर्म के आकार और उसके पास पूंजी के भंडार को विस्तृत करता रहता है। अत: यहाँ हमें परिमाण वृद्धि के प्रभाव को स्पष्टत: समझना चाहिए, इसे कीमत प्रभाव मानने की भूल नहीं करना चाहिए]। यदि फर्मों की अवितरित आय को निजी बचतों के साथ जोड़ दिया जाए तो वह कीमत प्रभाव विलुप्तप्राय हो जाता है।

तालिका 5.2

धनी देशों में संवृद्धि दरें और बचत दरें, 1970-2010

देश	निजी बचत [मूल्य ह्रास से निवल] (% राष्ट्रीय आय)	परिवारों की निवल बचत सहित (%)	निगमों की निवल बचत [निवल अवितरित आय सहित (%)]
संयुक्त राज्य	7.7	4.6	3.1
जापान	14.6	6.8	7.8
जर्मनी	12.2	9.4	2.8
फ्रांस	11.1	9.0	2.1
ब्रिटेन	7.4	2.8	4.6
इटली	15.0	14.6	0.4
कनाडा	12.1	7.2	4.9
आस्ट्रेलिया	9.9	5.9	3.9

नोट: निजी बचत का एक बड़ा भाग निगमों की बचत (अवितरित लाभ) से प्राप्त होता है।
स्रोत और श्रृंखला हेतु देखें: piketty.pse.ens.fr/capital21C.

सामान्यत: शेयरधारी को बांटे गए लाभांश पर अवितरित आय की अपेक्षा कहीं भारी कर भी लगाए जाते हैं। अत: पूंजी के स्वामी वर्ग को लाभ का एक छोटा हिस्सा बांटने [शेयरधारियों की तात्कालिक उपभोग आवश्यकता के निमित्त] और बड़े अंश को संचित कर अपने एवं अपनी सहायक फर्मों में निवेश करने को प्रोत्साहन मिलता है। आगे चलकर कुछ शेयरों की बिक्री से पूंजीगत लाभ कमाया जा सकता है [और सामान्यत: इस पूजीगत लाभ पर कर की दरें लाभांश पर कर की दरों से काफी कम होती है]।[11] विभिन्न देशों में कुल निजी बचतों मे अवितरित आय के अनुपात में अंतर की अधिकांश व्याख्या उनके कानूनी और कर व्यवस्था के अंतरों के आधार पर हो जाती है। ये अंतर आर्थिक प्रकृति के हैं, केवल लेखाकारिता के अंतर नहीं हैं। अत: इन दशाओं में अवितरित आय को फर्मों के स्वामियों के प्रतिनिधि के रूप में की गई बचत मान कर निजी बचतों का घटक मानना ही बेहतर लगता है।

मैं यह भी स्पष्ट कर दूं कि गत्यात्मक नियम $\beta = s/g$ में बचत की जिस संकल्पना का प्रयोग किया जा रहा है वह पूंजी ह्रास से निवल बचत है—अर्थात् वह विशुद्ध रूप से नवीन बचत है। उसका आकलन करते समय भवनों और उपकरणों की घिसावट की क्षतिपूर्ति [छत में छेद की भराई, किसी पाइप या घिसे पिटे वाहन, कंप्यूटर मशीन आदि के स्थान पर नए उपकरण की प्राप्ति आदि] के लिए अनिवार्य राशियों को तात्कालिक बचतों में से घटा दिया जाता है। यह अंतर बहुत महत्त्वपूर्ण है। प्राय: विकसित देशों में वार्षिक पूंजी मूल्य ह्रास राष्ट्रीय आय के 10-15 प्रतिशत तक रहता है और सकल बचत का आधा हिस्सा इसी में खप जाता है। [वह सकल बचत राष्ट्रीय आय के 25-30 प्रतिशत के समान रहती है]। इस प्रकार हमें राष्ट्रीय आय के 10-15 प्रतिशत की निवल बचत की प्राप्ति होती है [देखे तालिका 5.3]। विशेष बात यह है कि अवितरित आय का एक बड़ा हिस्सा भवनों और उपकरणों के रख रखाव में काम आता है और नए निवल निवेश के लिए बहुत थोड़ा सा अंश ही बच पाता है [राष्ट्रीय आय का बहुत कम प्रतिशतांक—कभी कभी तो ऋणात्मक भी, जहां अवितरित आय पूंजी ह्रास की भरपाई के लिए पर्याप्त नहीं हो]। हमारी परिभाषा के अनुसार तो

केवल निवल बचत ही पूंजी के भंडार में वृद्धि कर सकती है, बचत का जो अंश पूजी क्षय की प्रतिपूर्ति में काम आ जाता है वह तो यही सुनिश्चित कर सकता है कि पूंजी के वर्तमान भंडार में कमी नहीं आए।[12]

तालिका 5.3

धनी देश : सकल और निवल बचत, 1970-2010

देश	सकल निजी बचत (% राष्ट्रीय आय)	घटा: पूंजी ह्रास (%)	बराबर हैं: निवल निजी बचत (%)
संयुक्त राज्य	18.8	11.1	7.7
जापान	33.4	18.9	14.6
जर्मनी	28.5	16.2	12.2
फ्रांस	11.0	10.9	11.1
ब्रिटेन	19.7	12.3	7.3
इटली	30.1	15.1	15.0
कनाडा	24.5	12.4	12.1
आस्ट्रेलिया	25.1	15.2	9.9

नोट : सकल बचत के आधे के लगभग तो मूल्य ह्रास रहता है—अर्थात उसका उपयोग टूट फूट की मरम्मत या पुरानी घिसी पिटी मशीनों के स्थान पर नई मशीनें लगाने में ही हो जाता है। स्रोत और श्रृंखला हेतु देखें: piketty.pse.ens.fr/capital21C.

दीर्घोपयोगी वस्तुएं (Durable Goods) और बहुमूल्य पदार्थ

अंत में मैं एक अन्य बात स्पष्ट करना चाहता हूँ: यहाँ परिभाषित निजी बचत [और इसीलिए निजी धन सम्पदा] में परिवार द्वारा खरीदे गए दीर्घोपयोगी सामान, फर्नीचर, उपकरण, वाहन, आदि को सम्मिलित नहीं किया गया है। इस बारे में मैं राष्ट्रीय लेखांकन के अंतर्राष्ट्रीय मानको का अनुसरण कर रहा हूँ, जिनके अनुसार सभी पारिवारिक दीर्घोपयोगी पदार्थों को तात्कालिक उपभोग वस्तु मान लिया जाता है [जबकि फर्मों द्वारा खरीदे गए यही पदार्थ निवेश माने जाते हैं और इन पर अपेक्षाकृत उच्च दर से मूल्य ह्रास का प्रावधान किया जाता है। मेरे उद्देश्य की दृष्टि से इसका अधिक महत्त्व नहीं है, फिर भी, ये दीर्घोपयोगी वस्तुएं कुल धन सम्पदा का बहुत छोटा सा अंश होती हैं और इस अंश में बहुत समय से कोई विशेष बदलाव नहीं आए हैं: सभी धनी देशों में 1970-2010 में इन

दीर्घोपयोगी पारिवारिक पदार्थों का कुल मूल्य राष्ट्रीय आय के 30-50 प्रतिशत के बीच रहा है और इसमें कोई परिवर्तन की प्रवृत्ति नहीं दिखाई दी है।

दूसरे शब्दों में, प्राय हर किसी के पास औसत वार्षिक आय के एक तिहाई से आधे तक मूल्य के फर्नीचर, रेफ्रीजरेटर, वाहन आदि होते हैं। यदि 2010 के दशक के प्रारम्भिक वर्षों में 30000 यूरो की प्रति व्यक्ति आय स्तर पर परिवारों के पास 10 से 15 हजार यूरो मूल्य का इस प्रकार का सामान रहा है। यह मामूली रकम नहीं है—अधिकांश जनसंख्या की तो सारी धन सम्पत्ति यही है। किंतु यदि इन दीर्घोपयोगी पदार्थों से अलग प्रति व्यक्ति निजी धन सम्पदा, जो 5-6 वर्षों की राष्ट्रीय प्रति व्यक्ति आय के बराबर है, अर्थात् 150,000-200,000 यूरो की बात करें जिसमें से आधा भवन सम्पदा और आधा वित्तीय पूंजी—बैंक जमा, शेयर, बौंड, आदि, ऋण से निवल] और साथ में व्यावसायिक पूंजी जोड़ लें तो फिर ये दीर्घोपयोगी उपभोक्ता पदार्थों में लगी राशि मामूली प्रतीत होती है। ठोस रूप से यदि हम इन चीजों के मूल्य को भी जोड़ दें तो रेखाचित्र 5.3 में दर्शाए गए वक्रों में राष्ट्रीय आय के 30 से 50 प्रतिशत के समान उन्नयन हो जाएगा—किंतु उससे वक्र द्वारा प्रदर्शित प्रवृत्तियों पर कोई प्रभाव नहीं होगा।[13]

चलते-चलते एक और बात : मैंने विभिन्न देशों की निजी और राष्ट्रीय धन सम्पदा की तुलनीयता बनाए रखने के लिए इस विषय में राष्ट्रीय आय लेखांकन के अंतर्राष्ट्रीय मानकों का अक्षरश: पालन करते हुए भवन सम्पदा और व्यावसायिक पूंजी के अतिरिक्त केवल उन बहुमूल्य वस्तुओं को गणना में सम्मिलित किया है जिन्हें परिवार विशुद्ध मूल्य सुरक्षित भंडार या फिर उनके सौंदर्य गुण आदि के कारण खरीद लेते हैं। इनमें सम्मिलित हैं: कलाकृतियां, आभूषण और सोना चांदी। सिद्धांतत: इनका मूल्य मान समय के साथ अधिक घटता नहीं है। अधिकांश अनुमानों के अनुसार इन बहुमूल्य वस्तुओं का सकल मूल्य दीर्घोपयोगी पदार्थों से बहुत कम [एक वर्ष की राष्ट्रीय आय का 5-10 प्रतिशत मात्र] रहता है। यदि राष्ट्रीय आय का प्रति व्यक्ति मान 30000 यूरो है तो विभिन्न देशों में इस 'मूल्यवान' सम्पदा का मान केवल 1500 से 3000 यूरो के बीच आकलित हो पाता है। अत: हम

कह सकते हैं कि पिछले कुछ समय से सोने की कीमत में उछाल के बाद भी सकल निजी सम्पदा में इस घटक का योगदान अपेक्षाकृत कम ही रहता है।[14]

यह भी विशेष बात है कि उपलब्ध ऐतिहासिक अनुमान इन मदों में किसी बड़े परिवर्तन के संकेत नहीं दे पा रहे। दीर्घोपयोगी पदार्थों का मूल्य 19वीं और 20वीं सदियों में राष्ट्रीय आय के 30-50 के प्रतिशत के समान ही बना रहा। ग्रेगरी किंग का वर्ष 1700 के लिए ब्रिटिश राष्ट्रीय धन सम्पदा का अनुमान भी यही बात दिखा रहा है : फनीर्चर, चीनी मिट्टी के बर्तन आदि का मूल्य राष्ट्रीय आय का 30 प्रतिशत था। किंतु "मूल्यबान" वस्तुओं का दीर्घकालिक अंश 19वीं-20वीं सदी संधि के 10-15 प्रतिशत से गिरकर अब 5-10 प्रतिशत ही रह गया है। किंग के अनुसार सिक्कों में लगी कीमती धातुओं को मिलाकर इन मूल्यवान चीजों का मूल्य 1700 में राष्ट्रीय आय के 25-30 प्रतिशत के समान था। प्रत्येक दृष्टि से, यदि ब्रिटेन की सकल संकलित धन सम्पत्ति पर ध्यान दें [जो सात वर्षों की आय के बराबर है] तो किंग के अनुसार, यह खुशी की बात है कि उसका अधिकांश कृषि भूमि, भवनों और दुकानों, फैक्ट्रियों, गोदामों, पशुधन और जलयानों के रूप में था।[15]

निजी पूंजी : निर्वर्त्य आय के वर्षों में

यदि मैंने निजी पूंजी को राष्ट्रीय आय के स्थान पर निर्वर्त्य आय के वर्षों के अनुसार दर्शाया होता तो निस्संदेह 2000-2010 में पूंजी/आय अनुपात और भी उच्च स्तर को प्राप्त कर जाता। इस तकनीकी प्रश्न पर कुछ और विचार करने की आवश्यकता है।

नाम से ही स्पष्ट है कि निर्वर्त्य आय परिवार की मौद्रिक आय का वह भाग है जिसे वह इच्छानुसार प्रयोग कर सकता है। राष्ट्रीय आय में से निर्वर्त्य आय का अनुमान लगाने के लिए हमें सभी कर और शुल्क घटाने होंगे और सभी मौद्रिक अंतरण जोड़ने होंगे [ये अंतरण हैं: पेंशन, बेरोजगारी बीमा, पारिवारिक सहायता, क्षेमार्थ भुगतान आदि]। बीसवीं सदी के आरंभ तक सामाजिक—आर्थिक जीवन में सरकार की भूमिका सीमित ही थी [सरकार को दिए गए सभी कर मिलाकर आय का 10

प्रतिशत बनते थे और इनका प्रयोग पुलिस, सेना, न्यायालय, राजमार्ग आदि पर होता था—इस प्रकार निर्वर्त्य आय राष्ट्रीय आय के 90 प्रतिशत के समान रही थी]। किंतु 20वीं सदी में सरकार की भूमिका का बहुत विस्तार हुआ और धनी देशों में निर्वर्त्य आय का अंश राष्ट्रीय आय के 70-80 प्रतिशत ही रह गया। अत: निजी सम्पदा को निर्वर्त्य आय के वर्षों में अभिव्यक्त करें तो ये आंकड़ा काफी अधिक हो जाएगा। उदाहरण के लिए, 2000-10 की अवधि में अमीर देशों में निजी सम्पदा 4-7 वर्षों की राष्ट्रीय आय के बराबर थी किंतु यही सम्पदा 5-9 वर्षों की निर्वर्त्य आय के समान आकलित होती हैं [देखें रेखाचित्र 5.4]।

रेखाचित्र 5.4: निर्वर्त्य आय तुल्य वर्षों में मापित निजी पूंजी

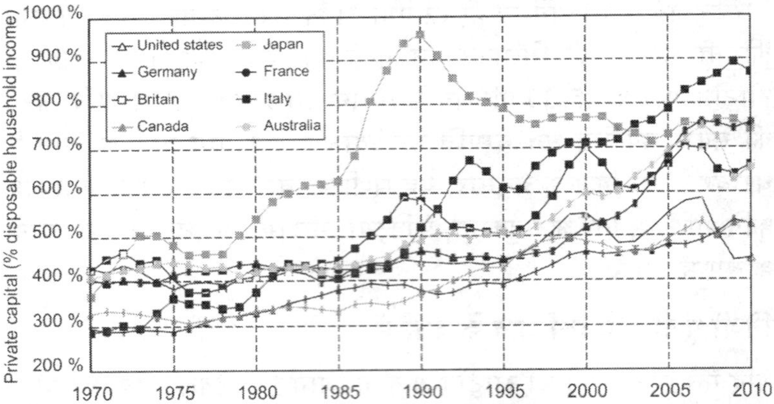

परिवारों की निर्वर्त्य आय के वर्षों में अभिव्यक्त पूंजी/आय अनुपात अब स्तर से अधिक प्रतीत होता है जब उसे राष्ट्रीय आय के वर्षों में व्यक्त किया जाता है। स्रोत और श्रृंखला हेतु देखें: piketty.pse.ens.fr/capital21C.

पूंजी/आय अनुपात की दोनों अभिव्यक्तियां उचित ठहराई जा सकती हैं—इस औचित्य का आधार आपका अध्ययन का ध्येय होता है। निर्वर्त्य आय के रूप में अभिव्यक्त अनुपात आज की मौद्रिक वास्तविकताएं दर्शाता है—अर्थात निजी धन, व्यक्तियों को उपलब्ध आय [मान लें कि बचाने के लिए] के अनुपात में कितना है? यह परिवार के बैंक खाते की सही वास्तविक स्थिति को दिखा रही है। किंतु हमारी परिभाषा स्पष्ट कर रही है कि निर्वर्त्य और राष्ट्रीय आय का अंतर उन सार्वजनिक सेवाओं का मूल्य

है जिनसे परिवारों को लाभ पहुंचता है [सरकारी खजाने से प्रदान की गई स्वास्थ्य सेवाएं, शिक्षा आदि इसके विशेष उदाहरण है]। इस प्रकार के वस्तुरूपी अंतरण भी उसी प्रकार महत्त्वपूर्ण होते हैं जैसे कि निर्वर्त्य आय में जोड़े गए मौद्रिक अंतरण। इनके कारण व्यक्तियों को अपनी जेब से उक्त सेवाओं पर पैसा नहीं खर्च करके निजी स्वास्थ्य और शिक्षा प्रदाताओं से ये सेवाएं नहीं लेनी पड़ती [ये बहुत महंगी भी हो सकती हैं—अत: सरकारी सेवाएं प्रयोग करने से हमारी जेब से होने वाला खर्च काफी कम हो सकता है]। इस प्रकार की वस्तुरूपी अंतरणों की अनदेखी करने से कई प्रकार के विकासक्रमों का आकलन और अंतर्राष्ट्रीय तुलनाएं बाधित हो सकती हैं। मुझे राष्ट्रीय आय की इकाइयों में अभिव्यक्ति का यही औचित्य लगता है कि हम आय के प्रति आर्थिक दृष्टिकोण अपना रहे हैं [मौद्रिक नहीं]। इस पुस्तक में मैं पूंजी/आय का अनुपात [राष्ट्रीय आय की इकाइयों में] ही प्रयोग करूंगा—उसमें कोई किंतु-परंतु नहीं लगाऊंगा।[16]

प्रतिष्ठानों—संस्थानों तथा अन्य पूंजीधारकों का प्रश्न

एक और बात पर ध्यान दें : मैंने संपूर्णता की दृष्टि से ही निजी धन सम्पदा के आकलन में न केवल [राष्ट्रीय लेखांकन में 'परिवार' कहे जाने वाले] व्यक्तियों की सम्पदाओं और दायित्वों को शामिल किया है बल्कि विभिन्न संस्थानों ओर गैर लाभ संगठनों की सम्पदाओं और दायित्वों का लेखा जोखा भी लिया है। ध्यान रहे कि ये संस्थान/प्रतिष्ठान और संगठन मूलत: निजी व्यक्तियों द्वारा दिए गए उपहारों या फिर उनकी सम्पत्ति से होने वाली आय के सहारे ही चलते हैं। मूलत: सरकारी सहायता पर निर्भर संस्थाओं को 'सरकारी संगठन' तथा मूलत: वस्तुओं की बिक्री पर निर्भर संस्थाओं को 'निगम' के रूप में वर्गीकृत किया जाता है।

व्यावहारिक दृष्टि से ये सभी विभाजन लचीले और सरंध्र हैं। वस्तुत: प्रतिष्ठानों/संस्थानों की सम्पदा को सार्वजनिक के स्थान पर निजी वर्ग में रखना या उनका अपना अलग वर्ग बना देना मनमाना विभाजन लगता है। वस्तुत: यह स्वामित्व का ही एक स्वरूप है जो विशुद्ध 'निजी' और 'सार्वजनिक' के कहीं बीच का स्वरूप माना जा सकता है। व्यावहारिक दृष्टि से यदि सदियों से चर्च की सम्पदाओं या फिर 'डॉक्टर्स विदाउट बार्डर्स' या

'बिल ऐंड मेलिंडा गेट्स फाउंडेशन' की परिसम्पत्तियों पर ध्यान दें तो स्पष्ट होता है कि अनेक प्रकार के नैतिक व्यक्ति बहुत से विशेष ध्येयों की पूर्ति के लिए प्रयास कर रहे हैं।

किंतु यह भी ध्यान रहे कि यहाँ बहुत कम धनराशि ही विचाराधीन है—नैतिक व्यक्तियों द्वारा प्रयुक्त धनराशियां भौतिक व्यक्तियों द्वारा अपने निजी कार्यों के लिए प्रयोग की जा रही राशियों की तुलना में बहुत कम हैं। धनी देशों के 1970-2010 के अनुमान दर्शाते हैं कि इन प्रतिष्ठानों और गैर लाभ संगठनों की सम्पदा सदैव ही सकल निजी सम्पदा के 10 प्रतिशत—सामान्यत: 5 प्रतिशत से भी कम रही है। हां, विभिन्न देशों में इस संदर्भ में काफी अंतर भी दिखाई दे जाते है—ये फ्रांस में 1 प्रतिशत मात्र, जापान में 3-4 प्रतिशत तो संयुक्त राज्य में 6-7 प्रतिशत हैं [इसमें किसी विशेष प्रवृत्ति की झलक भी नहीं है]। ऐतिहासिक स्रोतों से पता चलता है कि 18वीं सदी के फ्रांस में निजी सम्पदा के 7-8 प्रतिशत पर चर्च का स्वामित्व था—अर्थात वह एक वर्ष की राष्ट्रीय आय के 50-60 प्रतिशत के बराबर हो जाती थी। फ्रांसीसी क्रांति के दौरान इस सम्पदा के कुछ हिस्सों को सरकार ने जब्त कर पुरानी शासन व्यवस्था द्वारा उठाए गए ऋणों को चुकाने के लिए बेच दिया था।[17] दूसरे शब्दों में आज के धनी अमेरिकी प्रतिष्ठानों की तुलना में फ्रांस की पुरानी व्यवस्था के अंतर्गत चर्च का निजी सम्पदा के कहीं अधिक बड़े अंश पर अधिकार था। हां, ये बात भी कम रोचक नहीं है कि ये आंकड़े परस्पर निकट ही प्रतीत होते हैं।

ये धन संग्रह बहुत विशाल प्रतीत होते हैं यदि हम इनकी तुलना सरकार धारित निवल सम्पदा से करें—क्योंकि सरकारी सम्पदा तो कई बार ऋणात्मक भी रही है। किंतु निजी सम्पदा की तुलना में प्रतिष्ठानों की सम्पत्ति बहुत मामूली रही है। निजी पूंजी और राष्ट्रीय आय के अनुपात की दीर्घकालिक गणना में प्रवृत्तियों का आकलन करते समय इस प्रतिष्ठान धारित सम्पदा को सम्मिलित करने या नहीं करने से कोई विशेष प्रभाव नहीं पड़ता। किंतु उन्हें शामिल करने का एक औचित्य भी है : व्यक्ति प्राय: अपनी विशाल धन सम्पदा का प्रबंधन करने के लिए अनेक प्रकार के न्यास, कोष और प्रतिष्ठानों की रचना के विधिक प्रावधानों का प्रयोग कर निजी हित संवर्धन में लगे रहते हैं [राष्ट्रीय लेखांकन में उनकी पहचान हो जाने

पर उनकी सम्पदा को निजी सम्पदा ही माना जाता है]। उनको वास्तव में जनहित साधन में संलग्न संस्थानों और गैर लाभ संगठनों से अलग कर पाना प्राय: कठिन रहता है। इस नाजुक प्रश्न पर मैं खंड-3 में एक बार फिर वापस आऊंगा—वहाँ हमारी चर्चा वैश्विक सम्पदा विषमता पर केंद्रित होगी और उसमें 21वीं सदी में विशाल सम्पदा संकलन पर विशेष दृष्टि रहेगी।

धनी देशों में धन सम्पदा का निजीकरण

धनी देशों और विशेषकर यूरोप तथा जापान में 1970-2010 की अवधि में निजी सम्पत्ति में भारी वृद्धि की व्याख्या अधिकांशत: धीमी संवृद्धि और निरंतर उच्च बचत दर द्वारा हमारे $\beta = s/g$ के नियम द्वारा हो सकती है। अब मैं उन दो प्रतिपूरक प्रक्रियाओं की ओर लौट रहा हूँ जिन्होंने इस घटनाक्रम का परिपोषण किया है—इनके विषय में पहले जिक्र कर चुका हूँ। ये है : निजीकरण—अथवा सार्वजनिक सम्पदा का धीरे-धीरे निजी हाथों को अंतरण और दीर्घकाल में सम्पदा कीमतों का बढ़कर अपनी गिरावट की भरपाई कर लेना।

रेखाचित्र 5.5: धनी देशों में निजी और सार्वजनिक पूंजी, 1970-2010

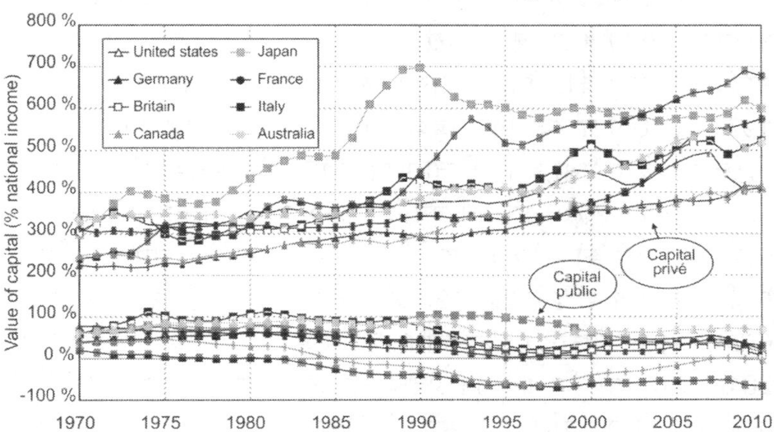

1970-2010 की अवधि में इटली में निजी पूंजी राष्ट्रीय आय के 240 प्रतिशत से उठ कर 680 प्रतिशत हो गई जबकि सार्वजनिक पूंजी 20 प्रतिशत से गिर कर (–) 70 प्रतिशत रह गई। स्रोत और श्रृंखला हेतु देखें: piketty.pse.ens.fr/capital21C.

मैं निजीकरण से इस चर्चा को प्रारम्भ कर रहा हूँ। आपने देखा ही है कि राष्ट्रीय पूंजी में सार्वजनिक पूंजी का अनुपात पिछले दशकों में बड़ी तेजी से गिरा है। यह घटनाक्रम फ्रांस और जर्मनी में विशेष रूप से प्रबल रहा है, जहां 1950-70 में एक चौथाई से तिहाई तक राष्ट्रीय पूंजी सार्वजनिक स्वामित्व में थी वहाँ आज यह सार्वजनिक अंश घट कर कुछ एक प्रतिशतांकों तक ही सिमट गया है। ये सार्वजनिक सम्पदाएं बस सार्वजनिक ऋण का समंजन करने मात्र के लिए पर्याप्त हैं। यह विकास उस घटनाक्रम को स्पष्ट करता है जो सभी 8 प्रमुख विकसित देशों में चला है : सकल राष्ट्रीय पूंजी में सार्वजनिक घटक के अंश में निरंतर कमी और उसी के साथ साथ निजी घटक के अनुपात में वृद्धि [देखें रेखाचित्र 5.5]। दूसरे शब्दों में, निजी सम्पदाओं का यह पुन: उत्कर्ष, आंशिक रूप से, सार्वजनिक सम्पदाओं के निजीकरण का परिणाम है। हां यह निश्चित है, सभी देशों में निजी पूंजी में वृद्धि सार्वजनिक पूंजी में कमी से कहीं अधिक रही है और इसलिए राष्ट्रीय आय के वर्षों में मापित सकल राष्ट्रीय पूंजी में कुछ वृद्धि भी दिखाई दे रही है। किंतु निजीकरण के कारण ये समष्टि स्तरीय वृद्धि निजी पूंजी वृद्धि से धीमी रही है।

इटली के संबंध में तो यह और भी स्पष्ट है। निवल सार्वजनिक सम्पदा का मूल्य 1970 के दशक में जरा सा सकारात्मक था जो अगले दशक में सार्वजनिक घाटे की वृद्धि के कारण नकारात्मक हो गया। कुल मिलाकर 1970-2010 में सार्वजनिक सम्पदा में एक वर्ष की राष्ट्रीय आय के बराबर गिरावट आई है। उसी समय निजी सम्पदा 1970 में अढाई वर्ष की राष्ट्रीय आय से बढ़कर 2010 में सात वर्षों की आय के समान हो गई। यह वृद्धि साढ़े चार वर्षों की वृद्धि है। दूसरे शब्दों में सार्वजनिक सम्पदा में कमी निजी सम्पदा में वृद्धि के 20 से 25 प्रतिशत के समान रही। यह अंश नगण्य नहीं है। इटली की राष्ट्रीय सम्पदा 1970 में अढ़ाई वर्षों की आय से उठकर 2010 में 6 वर्षों की आय तक पहुंच गई, किंतु यह वृद्धि इसी अवधि की निजी सम्पदा की वृद्धि से धीमी रही। किंतु निजी सम्पदा की यह अति उच्च वृद्धि किंचित भ्रामक भी है : इसमें जनसंख्या के एक वर्ग का दूसरे वर्ग को दिया गया ऋण भी सम्मिलित रहा है। एक प्रकार से संपन्न इटलीवासियों ने सरकार को कर देने के स्थान पर सरकारी बौंड या फिर

सरकारी सम्पदा को खरीदना बेहतर समझा—इससे उनकी निजी सम्पदा में तो वृद्धि हुई, किंतु राष्ट्रीय सम्पदा अपरिवर्तित ही रह गई।

इटली में निजी बचत का स्तर बहुत उच्च [राष्ट्रीय आय का 15 प्रतिशत] रहा किंतु 1970-2010 की इस अवधि में राष्ट्रीय बचत दर 10 प्रतिशत से भी कम रही। दूसरे शब्दों में निजी बचत का एक तिहाई से अधिक हिस्सा सरकारी घाटे की पूर्ति करने में ही खपता चला गया। ऐसी ही स्थिति सभी धनी देशों में दिखाई दे रही है, किंतु उसकी गहनता इटली जैसी नहीं है। अधिकांश देशोंमें सार्वजनिक बचत ऋणात्मक रही अर्थात् सार्वजनिक निवेश का मूल्य सार्वजनिक घाटे से कम रहा। सरकार ने सारी उधार की राशि का निवेश नहीं किया—उसके एक अंश से तात्कालिक या चालू खाते के खर्च को पूरा किया। फ्रांस, ब्रिटेन, जर्मनी और संयुक्त राज्य में सार्वजनिक घाटा सार्वजनिक निवेश से राष्ट्रीय आय के 2-3 प्रतिशत के बराबर अधिक रहा—जबकि इटली में इसी 1970-2010 की अवधि में यह अंतर 6 प्रतिशत बिंदुओं का रहा [देखें तालिका 5.4][18]

तालिका 5.4

धनी देशों में निजी और सार्वजनिक बचतें, 1970-2010

देश	राष्ट्रीय बचत (निजी + सार्वजनिक) (मूल्य ह्रास से निवल) (% राष्ट्रीय आय)	निजी बचत (%)	सार्वजनिक बचत (%)
संयुक्त राज्य	5.2	7.6	-1.4
जापान	14.6	14.5	0.1
जर्मनी	10.2	12.2	-2.0
फ्रांस	9.2	11.1	-1.9
ब्रिटेन	5.3	7.3	-2.0
इटली	8.5	15.0	-6.5
कनाडा	10.1	12.1	-2.0
आस्ट्रेलिया	8.9	9.8	-0.9

नोट: निजी बचतों का एक बड़ा भाग सार्वजनिक घाटे की भरपाई में खप जाता है। अत: राष्ट्रीय बचत (निजी + सार्वजनिक) का मूल्य निजी बचत से कम रह जाता है।

स्रोत और श्रृंखला हेतु देखें: piketty.pse.ens.fr/capital21C.

सभी विकसित देशों में सार्वजनिक अप-बचत के परिणामस्वरूप सार्वजनिक सम्पदा की कमी ने निजी सम्पदा की तीव्र वृद्धि में योगदान

किया है—अलग-अलग देशों में यह योगदान एक दशम से लेकर एक चौथाई तक रहा है। यह निजी सम्पदा में वृद्धि का प्राथमिक कारण भले ही नहीं रहा हो, किंतु इसे अनदेखा नहीं किया जा सकता।

यह भी बहुत संभव है कि उपलब्ध अनुमानों में सत्तर के दशक की सार्वजनिक परिसम्पदा का कुछ न्यूनांकन किया हो—ब्रिटेन में इसकी प्रबल संभावना रही है और कदाचित इटली व फ्रांस भी इससे बच नहीं पाए हैं। यह न्यूनांकन तो सार्वजनिक सम्पदा के निजी हाथों को अंतरण के परिमाण का न्यूनांकन करा देगा।[19] यदि यह बात सत्य है तो सहज ही हमें समझ आ सकता है कि अपर्याप्त निजी बचत दर के बाद भी 1970-2010 में ब्रिटिश निजी सम्पदा में इतनी वृद्धि कैसे हो गई—यह बात उस समय और सटीक लगती है जब निजी सम्पत्ति में उछाल अस्सी और नब्बे के दशकों की निजीकरण की लहरों के साथ भी संबंधित दिखाई पड़ रहा हो। ऐसे निजीकरण, संभावित क्रेताओं को आकर्षित करने के लिए, बहुत ही निम्न मूल्यांकनों पर आधारित रहने की आशंका रहती है।

यह ध्यान रखना भी महत्त्वपूर्ण है कि सार्वजनिक क्षेत्र की सम्पदा का निजी क्षेत्र को यह अंतरण केवल अमीर देशों में नहीं हुआ था—वस्तु स्थिति बहुत ही भिन्न है। यही क्रम पूरे विश्व में सभी महाद्वीपों में चल रहा था। विश्व स्तर पर पिछले दशकों का सबसे व्यापक निजीकरण तो पुराने सोवियत संघ के घटक देशों में हुआ—वह पूंजी के समस्त इतिहास का सबसे बड़ा निजीकरण है।

बहुत ही अपूर्ण अनुमान हमें ये दिखा रहे हैं कि रूस और पूर्वी यूरोप के उस के सहगामी देशों में 2000-10 की अवधि में निजी सम्पदा लगभग 4 वर्षों की आय के बराबर थी जबकि वहाँ भी निवल सार्वजनिक पूंजी का मूल्य धनी देशों जैसा ही था। बर्लिन की दीवार और साम्यवादी तंत्र के विध्वंस से पूर्व 70 और 80 के दशकों के अनुमान तो और भी अपूर्ण हैं—किंतु एक बात स्पष्ट हैं —उस समय सम्पदा स्वामित्व का स्वरूप बहुत ही उलट था—निजी सम्पदा शून्यप्राय थी [कहीं कहीं घर और उसके साथ जुड़ी जमीन, वह भी उन साम्यवादी देशों में जहां निजी सम्पत्ति के प्रति विद्वेष कम हो गया था] किंतु इसका मूल्य किसी भी दशा में एक वर्ष की आय से

अधिक नहीं बनता था] [देश की समस्त औद्योगिक पूंजी और सकल राष्ट्रीय पूंजी का अधिकांश भाग सार्वजनिक नियंत्रण के अधीन था—प्राथमिक अनुमान यही है कि यह तीन से चार वर्षों की राष्ट्रीय आय के बराबर था। दूसरे शब्दों में, सकल राष्ट्रीय पूंजी के संचय में परिवर्तन नहीं आए हैं केवल उसके निजी-सार्वजनिक विभाजन बदल गए हैं।

सारांश स्वरूप अस्सी के दशकांत से अभी तक रूस और पूर्वी यूरोप में निजी सम्पदा की बहुत तीव्र संवृद्धि हुई है—इससे कुछ व्यक्ति तो बहुत ही धनी हो गए हैं [यहाँ मेरा संकेत रूस के अत्याधिकारी संगुटों की ओर है]। किंतु इसका बचत के स्तर और $\beta = s/g$ के गत्यात्मक नियम से कोई नाता नहीं रहा। ये तो पूरी तरह से सार्वजनिक पूंजी के सरकार द्वारा निजी व्यक्तियों को हस्तांतरण का ही परिणाम रहा है। अन्य विकसित देशों में राष्ट्रीय सम्पदा के 1970 के बाद के निजीकरण तो इस चरमोत्कृष्ट प्रक्रिया के बहुत ही शिथिल से स्वरूप प्रतीत होते हैं।

परिसम्पदा कीमतों में ऐतिहासिक पुनरुत्थान

पिछले कुछ दशकों में पूंजी/आय अनुपात में वृद्धि की व्याख्या करने वाला अंतिम कारक परिसम्पदा कीमतों में ऐतिहासिक पुनरुत्थान है। दूसरे शब्दों में, 1970-2010 की अवधि की सही समीक्षा तभी संभव है जब इसे अधिक विस्तृत 1910-2010 के ऐतिहासिक परिप्रेक्ष्य के घटनाक्रमों में से एक मान कर आगे बढ़ा जाए। सभी देशों के लिए संपूर्ण ऐतिहासिक रिकार्ड तो उपलब्ध नहीं हैं किंतु मैंने ब्रिटेन, फ्रांस, जर्मनी और संयुक्त राज्य की जो श्रृंखलाएं बनाई हैं उनसे संगतिपूर्ण परिणाम मिले हैं। मैं इन्हीं का सार यहाँ प्रस्तुत कर रहा हूँ।

यदि उल्लिखित समूची अवधि 1910-2010 या उससे भी कहीं विस्तृत 1870-2010 पर विचार करें तो गत्यात्मक नियम $\beta = s/g$ द्वारा पूंजी/आय अनुपात के वैश्विक विकास की सही सही व्याख्या हो जाती है। विशेष बात तो यह है कि यूरोप का पूंजी/आय अनुपात संयुक्त राज्य के इसी अनुपात से संरचनात्मक दृष्टि से उच्चतर है और यह अंतर पूरी तरह से पिछली सदी के बचत दरों और संवृद्धि दरों के अंतरों के साथ संगतिपूर्ण है।[20] 1910-1950 की अवधि में इस अनुपात की गिरावट निम्न राष्ट्रीय

बचत और युद्ध कालीन विनाश का परिणाम रही और पूंजी/आय अनुपात में 1980-2010 की वृद्धि के 1950-80 की अपेक्षा अधिक रहने की व्याख्या भी इन अवधियों के बीच रही निम्न संवृद्धि दर द्वारा भली भांति हो जाती है।

फिर भी 1950 के दशक का निम्न स्तर $\beta = s/g$ नियम के तर्क द्वारा पूर्व आकलित स्तर से भी कम रहा। बीसवीं सदी के मध्य के इस निम्न स्तर की गहराई का सटीक आकलन तो तभी हो पाएगा जब हम द्वितीय महायुद्ध के तुरंत बाद भवन परिसम्पदा और शेयर कीमतों में आई ऐतिहासिक गिरावट को समझ लें। उस गिरावट के कई महत्त्वपूर्ण कारण थे—किराया नियंत्रण, वित्तीय नियमन, निजी पूंजीवाद के विपरीत राजनीतिक वातावरण आदि। ये परिसम्पदा कीमतें 1950 के बाद धीरे-धीरे सुधरने लगीं और 1980 के बाद इनमें बड़ी तेजी दिखाई देती है।

मेरे अनुमान के अनुसार यह ऐतिहासिक पुनरुत्थान प्रक्रिया अब समुत्थान पर है। कीमतों में दिशाहीन अल्पकालिक उतार-चढ़ाव को देखें तो लगता है कि 1950-2010 की परिसम्पदा कीमतें 1910-50 के बीच आई गिरावट की भरपाई कर चुकी हैं। किंतु इससे यह मान लेना जरा जोखिम भरा ही होगा कि आगे से परिसम्पदा कीमतें उपभोक्ता वस्तुओं की कीमतों के साथ साथ बढ़ती रहेंगी और सम्पदा कीमतों की संरचनात्मक वृद्धि का दौर संपूर्ण हो चुका है। इसका एक कारण तो दीर्घकालिक ऐतिहासिक रिकार्ड का पूरा नहीं मिलना, जो है उसका भी अपूर्ण सा होना और वैसे भी ऐसी कीमत तुलनाओं में अंदाजेबाजी का अंश महत्त्वपूर्ण होता है। दूसरे, सम्पदा कीमतों के उपभोक्ता कीमतों से अलग मार्ग पर अग्रसर होने के कुछ सैद्धांतिक कारण भी हैं : एक तो यह है कि भवनों और आधारभूत संरचनाओं पर प्रौद्योगिकीय प्रगति के प्रभाव शेष अर्थव्यवस्था की तुलना में अलग दर से पड़ते हैं। यही नहीं, कुछ प्राकृतिक संसाधनों की अनवीकरणीयता भी महत्त्वपूर्ण हो जाती है।

अंत में एक और बात पर सदा ध्यान देना चाहिए : निरंतर चल रहे अल्पकालिक एवं मध्यकालिक उतार चढ़ावों और बुलबुलों के उत्कर्षों एवं

अपकर्षों तथा संभावित दीर्घकालिक संरचनात्मक बदलावों के बावजूद पूंजी की कीमत एक सामाजिक-राजनीतिक संरचना भी होती है—इसमें एक समाज की सम्पत्ति विषयक अवधारणा झलकती है और यह अनेक ऐसी नीतियों एवं संस्थागत व्यवस्थाओं पर निर्भर करती है जो विभिन्न समुदायों [विशेषकर पूंजीधारियों और अ-पूंजीधारियों] के बीच संबंधों का निरूपण- नियमन करती है। यह बात भवन सम्पदा कीमतों में तो बहुत ही स्वयंसिद्ध सी प्रतीत होती है जो मकान मालिकों और किरायेदारों के बीच संबंधों के स्वरूप और किरायों की दरों को नियमित करने वाले कानूनों पर निर्भर करती है। कानूनों का प्रभाव शेयर बाजार की कीमतों पर भी पड़ता है—मैंने जर्मनी में शेयर कीमतों के सापेक्ष न्यून होने की समीक्षा करते समय इस विषय में पहले भी चर्चा की है।

इसी संदर्भ में 1970-2010 की अवधि में शेयर बाजार मूल्यों और फर्मों के लेखा मूल्यों में अनुपात का विश्लेषण बड़ा उपयोगी रहेगा किंतु यह केवल उन देशों के विषय में किया जा सकता है जिनके पर्याप्त आंकड़े उपलब्ध हैं [देखें रेखाचित्र 5.6]। जिन पाठकों को यह भाग अधिक तकनीकी या जटिल लगे वे इसे यही चित छोड़कर सीधे अगले भाग पर जा सकते हैं।

रेखाचित्र 5.6 : निगमों का बाजार मूल्य और लेखा मूल्य

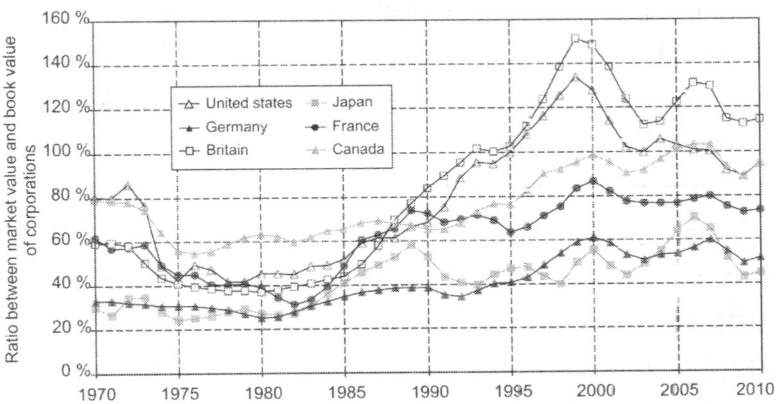

धनी देशों में टोबिन Q—अर्थात बाजार मूल्य लेखा मूल्य के अनुपात में 1970 और 1980 के दशकों में वृद्धि हुई है। स्रोत और श्रृंखला हेतु देखें: piketty.pse.ens.fr/capita 21C.

स्टॉक एक्सचेंज पर अनुसूचित किसी कम्पनी के बाजार मूल्य को ही उसका स्टॉक बाजार पूंजीकरण कहते हैं। अनेक कंपनियां अनुसूचित नहीं होतीं—कभी उनका आकार मानकों की दृष्टि से बहुत छोटा होता है या अनेक बड़ी कंपनियां भी अपने विशिष्ट परिवारिक स्वामित्व को बनाए रखने के लिए स्टॉक एक्सचेंज के माध्यम से पूंजी नहीं उठातीं। उनके बाजार मूल्यांकन का अनुमान राष्ट्रीय लेखांकन की दृष्टि से किया जाता है—यहाँ उन्हीं से मिलते जुलते आकार प्रकार की अनुसूचित फर्मों के शेयरों की बाजार कीमतों का [संबद्ध बाजार में तरलता *(Liquidity)* की स्थिति को ध्यान में रखकर] प्रयोग कर लिया जाता है।[21] अभी तक मैंने निजी सम्पदा और राष्ट्रीय सम्पदा के मूल्यांकन के लिए बाजार मूल्यांकनों का ही प्रयोग किया है। फर्म का लेखा मूल्य या खाता मूल्य अथवा निवल सम्पदा या अपनी पूंजी उसकी सभी सम्पदाओं का संचित मूल्य मान है। यह भवन, आधारभूत संरचनाएं, मशीनों, पेटेंट, सहायक कम्पनियों और अन्य कम्पनियों में बहुमत या अल्पमत की भागीदारी, तिजोरी में नकद आदि, तुलनपत्र में दर्ज परिसम्पदाओं के मूल्य में से सभी देय ऋण घटाकर प्राप्त हुई राशि के बराबर होता है।

सिद्धांत रूप से सभी अनिश्चितताओं की अनुपस्थिति में किसी फर्म का बाजार मूल्य उसके लेखा मूल्य के बराबर होता है और उनका अनुपात एक इकाई [या 100 प्रतिशत] होगा। किसी कम्पनी की स्थापना के समय यही स्थिति होती है। यदि शेयरधारी 100 मिलियन यूरो की राशि का योगदान देते हैं और फर्म उससे 100 मिलियन यूरो के बराबर कार्यालय भवन और उपकरण आदि खरीद लेती है। अत: फर्म का बाजार मूल्य और लेखा मूल्य एक समान होंगे—अर्थात 100 मिलियन यूरो। यदि फर्म 50 मिलियन यूरो ऋण लेकर उस मूल्य की मशीनरी खरीद ले तो उसका निवल परिसम्पदा मूल्य फिर भी 100 मिलियन यूरो ही रहेगा [150 मिलियन यूरो की परिसम्पदा घटा 50 मिलियन यूरो ऋण]। यही शेयर बाजार में उस फर्म का पूंजीकरण भी होगा। यदि फर्म 50 मिलियन यूरो लाभ कमा कर उससे नए निवेश का वित्तीयन कर ले तो उसके शेयरों का मूल्य उसी परिमाण में बढ़ जाएगा। [सभी जानते हैं कि फर्म की परिसम्पदा में 50 मिलियन यूरो

की वृद्धि हो गई है]। अत: फर्म के बाजार मूल्य और लेखा मूल्य वर्धित होकर 150 मिलियन यूरो हो जाएंगे।

कठिनाई का यही कारण है कि फर्म के भविष्य का तुंरत पूर्व आकलन बहुत जटिल और अनिश्चित होता है। कुछ निश्चित समय बीत जाने पर कोई भी निश्चयपूर्वक यह नहीं कह पाता कि कुछ वर्ष पूर्व फर्म द्वारा किया गया 50 मिलियन यूरो का निवेश [अब भी] आर्थिक दृष्टि से उपयोगी है। फिर तो लेखा मूल्य बाजार मूल्य से अलग हो जाएगा। फर्म अपने सभी निवेशों—नए कार्यालय, मशीनरी, आधारभूत संरचनाओं, पेंटेंट आदि को बाजार मूल्यों पर ही अपने तुलनपत्र में दिखाती रहती है और उसका लेखा मूल्य अपरिवर्तित रहता है।[22] फर्म का बाजार मूल्य, अर्थात शेयर बाजार पूंजीकरण उस फर्म के विषय में वित्तीय बाजार *(Financial Market)* की अपने निवेश द्वारा नया काम और लाभ सृजन की क्षमता के प्रति आशावादी अथवा निराशावादी दृष्टिकोण के कारण परिवर्तित हो सकता है। इसीलिए व्यवहार में विभिन्न फर्मों के बाजार मूल्य और लेखा मूल्य के अनुपात में भारी उतार चढ़ाव आते रहते हैं। इस अनुपात को "टोबिन का Q" कहा जाता है और 2012 में सीएसी 40 में अनुसूचित फ्रांसीसी फर्मों के ये अनुपात 20 प्रतिशत से 340 प्रतिशत रहे [यह नामकरण इस विचार के प्रतिपादक जेम्ज टोबिन के नाम पर हुआ है]।[23]

यह समझ पाना कहीं अधिक कठिन है कि देश की सभी फर्मों का सांझा टोबिन Q व्यवस्थित रूप से 1 से अधिक या कम होगा। इसके लिए, परंपरागत रूप से दो व्याख्याएं की जाती हैं।

यदि कुछ गैर-भौतिक निवेशों [किसी ब्रांड के मूल्य वर्धन या शोध और विकास आदि पर व्यय] की तुलनपत्र में गणना नहीं करें तो बाजार मूल्यांकन अपनी संरचना की दृष्टि से लेखा मूल्यांकन से अधिक हो जाता है। यह संयुक्त राज्य के इकाई से कुछ अधिक [100-140 प्रतिशत] और विशेषकर ब्रिटेन के [120-140 प्रतिशत] अनुपातों की व्याख्या कर देता है। इन देशों में ये अनुपात 1990 और 2000 के दशकों में पाए गए हैं। किंतु 1 से अधिक के ये अनुपात इन देशों में शेयर बाजार बुलबुले की झलक भी दे

रहे हैं। जब 2001-02 में इंटरनेट बुलबुला फूटा और 2008-09 का वित्तीय संकट उत्पन्न हुआ तो टोबिन Q अनुपात बड़ी तेजी से गिर कर 1 हो गया था [देखें रेखाचित्र 5.6]।

इसके विपरीत यदि शेयर धारियों का कम्पनी पर पूर्ण नियंत्रण नहीं हो, क्योंकि उन्हें दीर्घकालिक संबंधों के नाम पर अन्य पणधारियों के साथ कुछ समझौते करके चलना पड़े [इन पणधारियों में श्रमिक प्रतिनिधि, स्थानीय या राष्ट्रीय सरकार, उपभोक्ता संगठन आदि हो सकते हैं] जैसा कि हमने रीनिश पूंजीवाद के विषय में देखा था, तो यह तर्कसंगत है कि बाजार मूल्य संरचनात्मक दृष्टि से लेखा मूल्य से कम रह जाएगा। ये फ्रांस में [80 प्रतिशत] इकाई से कुछ कम तो इकाई से विशेष रूप से कम जर्मनी और जापान [50-70 प्रतिशत] टोबिन Q की व्याख्या कर देता है। उसी अवधि में [1990 और 2000 के दशकों में] अंग्रेजी और अमेरिकी फर्मों में यह अनुपात इकाई से अधिक ही था [देखें रेखाचित्र 5.6]। एक और बात भी ध्यान देने योग्य है: शेयर बाजार की कीमतें थोड़े-थोड़े शेयर खरीदने वाले अत्यल्प मताधिकार चाहने वाले खरीदारों की गतिविधियों से निर्धारित होती हैं—ये लोग फर्म पर नियंत्रण नहीं करना चाहते। नियंत्रण के इच्छुक व्यक्ति जब बड़े पैमाने पर शेयर खरीदते हैं तो वे प्रचलित बाजार कीमत से कहीं अधिक कीमत चुकाने को तत्पर रहते हैं—जो प्राय: 20 प्रतिशत अधिक हो सकती है। यह अंतर टोबिन Q के 80 प्रतिशत होने की उस स्थिति में भी व्याख्या कर सकता है जब अति अल्प शेयरधारी वर्ग के अतिरिक्त कोई अन्य पणधारी शेयर बाजार में सक्रिय नहीं हो।

इन रोचक अंतर्राष्ट्रीय प्रकारांतरों, जो यही दिखाते हैं कि पूंजी की कीमत देश की अपनी कानूनी और संस्थागत विशेषताओं को दर्शाती हैं, को नजर अंदाज करने पर भी धनी देशों में 1970 के बाद से टोबिन Q में वृद्धि की प्रवृत्ति स्पष्ट दिखाई दे रही है। यह परिसम्पदा कीमतों के ऐतिहासिक पुनरुत्थान का परिणाम है। कुल मिलाकर उच्चतर शेयर कीमतें और उच्चतर भवन सम्पदा कीमतें मिलकर 1970-2010 में धनी देशों में दिखाई पड़ी राष्ट्रीय पूंजी/राष्ट्रीय आय अनुपात की एक चौथाई से एक तिहाई वृद्धि की व्याख्या कर देती हैं।[24]

धनी देशों में राष्ट्रीय पूंजी और निवल विदेशी परिसम्पदाएं

जैसा आप पिछले कुछ पृष्ठों में देख चुके हैं कि धनिक देशों, विशेषकर ब्रिटेन और फ्रांस, के प्रथम विश्व युद्ध पूर्व के विपुल विदेशी सम्पदा भंडार 1914-45 के संक्षोभों के बाद पूरी तरह विलुप्त हो गए थे, और उनकी निवल विदेशी सम्पदाधारिता पुन: पुराने उच्च स्तरों तक कभी नहीं पहुंच पाई है। वस्तुत: 1970-2010 में राष्ट्रीय पूंजी और निवल विदेशी पूंजी पर विचार करें तो इस निष्कर्ष पर पहुंचने की लालसा रहती है कि धनी देशों के लिए विदेशी सम्पदाओं का महत्त्व बहुत सीमित रहा है। उनकी निवल विदेशी सम्पदाधारिता कभी मामूली सी सकारात्मक तो कभी नकारात्मक दिखाई देती है। किंतु कुल मिलाकर संतुलन राशि सकल राष्ट्रीय पूंजी की तुलना में बहुत ही न्यून रहती है। दूसरे शब्दों में, धनी देशों में राष्ट्रीय पूंजी में बड़ी वृद्धि वस्तुत: उनकी घरेलू पूंजी की वृद्धि की झलक है और प्रारम्भिक अनुमानों में तो विदेशी परिसम्पदाओं की भूमिका अपेक्षाकृत गौण रही लगती है [देखें रेखा चित्र 5.7]।

रेखाचित्र 5.7: धनी देशों में राष्ट्रीय पूंजी, 1970-2010

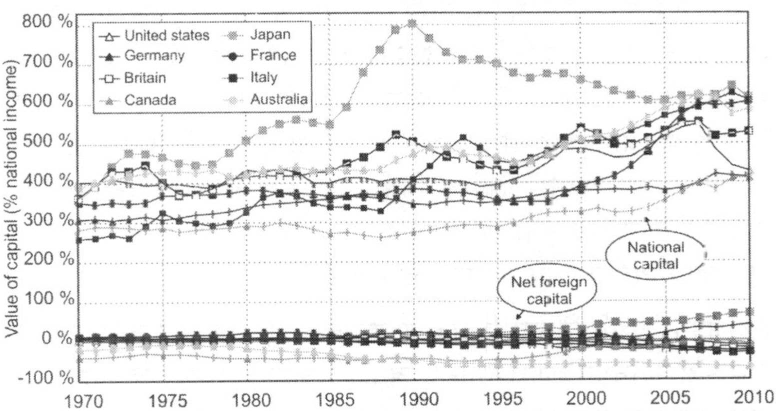

वर्ष 2010 में जापान और जर्मनी द्वारा धारित निवल विदेशी परिसम्पदाओं के मूल्य उनकी 0.5 से 1 वर्ष की राष्ट्रीय आय के बराबर रहे।
स्रोत और श्रृंखला हेतु देखें: piketty.pse.ens.fr/capital21C.

किंतु यह निष्कर्ष पूरी तरह से सही नहीं है। उदाहरण के लिए पिछले कुछ दशकों में [और विशेष रूप से 2000 के बाद से] जापान और जर्मनी ने

अपने व्यापार शेष के आधिक्य के माध्यम से स्वचालित रूप से ही बड़े पैमाने पर निवल विदेशी परिसम्पदाएं संग्रहित कर ली हैं। जापान की निवल विदेशी सम्पदाए 2000 के आसपास तो एक वर्ष की राष्ट्रीय आय के 70 प्रतिशत के निकट थीं तो जर्मनी के लिए ये मात्र 50 प्रतिशत थीं। हां यह निश्चित है कि ये सम्पदाधारिताएं प्रथम विश्वयुद्ध की पूर्वसंध्या पर ब्रिटेन और फ्रांस के स्तरों की तुलना में बहुत कम हैं [उस समय ब्रिटेन की विदेशी सम्पदाएं लगभग 2 वर्ष तो फ्रांस की लगभग 1½ वर्ष की राष्ट्रीय आय के बराबर आंकी गई थी]। किंतु इस तीव्र संकलन दर को देखकर एक प्रश्न उठना स्वाभाविक है: क्या यह प्रक्रिया इसी प्रकार चलती रहेगी?[25] 21वीं सदी में किस सीमा तक अनेक देश यह अनुभव करेंगे कि उन पर किसी अन्य देश का स्वामित्व हो रहा है? क्या निवल विदेशी सम्पदा धारिता के औपनिवेशिक स्तर एक बार फिर दिखाई देंगे—क्या [वर्तमान सदी में] ये स्तर उनसे भी आगे निकल जाएंगे?

इस प्रश्न पर सटीक विचार विमर्श के लिए हमें तेल निर्यातक देशों और उदीप्यमान अर्थव्यवस्थाओं *(Emerging Economies)* को भी विश्लेषण में सम्मिलित करना होगा [हम चीन को शामिल कर इस क्रम की शुरूआत कर रहे हैं]। यद्यपि इन देशों के ऐतिहासिक आंकड़े सीमित हैं [इसी कारण मैंने इनके विषय में अधिक बात नहीं की है] किंतु वर्तमान काल के लिए इनकी जानकारी भी काफी संतोषप्रद है। हमें विभिन्न देशों के बीच ही नहीं उनकी अपनी आंतरिक विषमताओं पर भी ध्यान देना चाहिए। इसीलिए में वैश्विक पूंजी वितरण की गत्यात्मक प्रक्रिया से जुड़े इस प्रश्न पर चर्चा तीसरे खंड तक स्थगित रख रहा हूँ।

अपनी चर्चा की इस स्थिति में यह बात स्पष्ट करना चाहता हूँ कि $\beta = s/g$ के नियम का तर्कशास्त्र स्वत: ही बहुत विशालकाय अंतर्राष्ट्रीय पूंजी असंतुलनों को जन्म दे सकता है जैसा कि जापान के अनुभव ने दर्शाया है। विकास के किसी भी स्तर विशेष पर संवृद्धि दरों [विशेषकर जनसंख्या वृद्धि दरों] में या बचत दरों में छोटे छोटे अंतर भी किन्हीं देशों में अन्य की अपेक्षा बहुत बड़े पूंजी/आय अनुपात का कारण बन जाते हैं। इस दशा में यह अपेक्षा स्वाभाविक हो जाती है कि उच्च पूंजी/आय अनुपात वाले देशों

द्वारा अन्य देशों में बड़े स्तर पर निवेश होगा। इससे गंभीर राजनीतिक तनाव पैदा हो सकते हैं। जापान का उदाहरण ही एक दूसरी जोखिम की ओर भी संकेत कर रहा है : यह जोखिम उस समय होती है जब β = s/g अनुपात बहुत ही उच्च हो जाता है। यदि उस देश के नागरिक किसी विशेष प्रकार की सम्पदा को अधिक पसंद करने लगें तो उसके दाम अभूतपूर्व उच्च स्तर तक पहुंच सकते हैं। कुछ ऐसा ही जापान में भवन सम्पदा को लेकर हुआ था। यह बात भी मजेदार है कि जापान को 1990 का उच्च पूंजी/आय अनुपात के कीर्तिमान को अभी कुछ समय पहले स्पेन ने भंग कर दिया है जहां निवल निजी पूंजी का स्तर 2007-08 के संकट से कुछ ही पहले 8 वर्षों की राष्ट्रीय आय के बराबर हो गया था। ये जापान के 1990 के स्तर से पूरा एक वर्ष अधिक है। किंतु स्पेन का बुलबुला भी 2010-11 में उतनी ही तेजी से सिकुड़ने लगा जैसे नब्बे के दशकारंभ में जापान में हुआ था।[26] बहुत संभावना है कि भविष्य में और बहुत उत्कृष्ट प्रतीत होने वाले बुलबुले फूलते दिखाई दें क्योंकि पूंजी/आय अनुपात β = s/g और भी ऊंचाइयां छू सकता है। एक बार फिर ध्यान दें कि पूंजी/आय अनुपात के ऐतिहासिक विकासक्रम की यह प्रस्तुति किस प्रकार हमें राष्ट्रीय लेखांकन में निबद्ध 'स्टॉक' और 'प्रवाह' चरों की व्याख्या में निहित जटिलताओं को समझने में सहायक हो सकती है। इस प्रकार हम उन अधिमूल्यनों को पहले भी भांप सकते हैं [जो भविष्य में समस्याओं को जन्म दे सकते हैं] और उनके लिए उपयुक्त सूझ भरी नीतियों और वित्तीय नियमनों की रचना कर देश की वित्तीय संस्थाओं के सट्टेबाजी से भरे अतिउत्साह को नियंत्रित कर सकते हैं।[27]

एक और बात भी ध्यान रखनी चाहिए कि बहुत संक्षिप्त सी निवल धारिता के पीछे बहुत विशाल सकल धारिताओं की वास्तविकता ओझल नहीं हो जाए। आज के वित्तीय वैश्वीकरण की एक बड़ी विशेषता यही है कि प्रत्येक देश पर किसी न किसी बड़ी सीमा तक विदेशियों का स्वामित्व है। इस तथ्य से न केवल वैश्विक सम्पदा वितरण के प्रति धारणाएं विकृतिपूर्ण हो जाती हैं बल्कि यह छोटे देशों की एक गंभीर भेद्यता या दुर्बलता का भी प्रतिनिधित्व करता है—साथ ही ये निवल धारिताओं के

वैश्विक वितरण में अस्थिरता का कारण भी बन जाता है। मोटे तौर पर 70 और 80 के दशकों में विश्व अर्थव्यवस्था का बड़े स्तर पर "वित्तीकरण" हुआ। दूसरे शब्दों में, धन सम्पदा की रचना में बड़ा बदलाव आया और विभिन्न क्षेत्रकों द्वारा धारित वित्तीय सम्पदाओं और देनदारियों का विस्तार निवल सम्पदा से कहीं अधिक तेजी से होने लगा [इन क्षेत्रकों में परिवार, निगम और सरकारी अधिकरण सभी सम्मिलित हैं]। अधिकांश देशों में सत्तर के दशक में वित्तीय सम्पदाएं और दायित्व 4-5 वर्ष की राष्ट्रीय आय से अधिक नहीं आंके जा रहे थे। किंतु 2010 आते आते ये मूल्यांकन 10-15 वर्षों की राष्ट्रीय आय तक पहुंच गए [संयुक्त राज्य, जापान, जर्मनी, फ्रांस इसके विशेष उदाहरण हैं]। ब्रिटेन में तो यह मूल्य 20 वर्ष की राष्ट्रीय आय के बराबर था—जो अभी तक का सबसे बड़ा कीर्तिमान है।[28] यह एक ही देश के वित्तीय एवं गैर वित्तीय निगमों में परस्पर निवेश के अभूतपूर्व विकास का प्रतिबिंब है—इसमें बैंकों के तुलनपत्रों के उनकी अपनी पूंजी से पूरी तरह मुक्त अति विशाल आकार बहुत ही महत्त्वपूर्ण रहे हैं। विभिन्न देशों के बीच भी इसी प्रकार के पारस्परिक निवेशों का बहुत प्रसार हुआ है।

इसी संदर्भ में ज्ञातव्य है कि अंतराष्ट्रीय स्तर पर पारस्परिक निवेश का यूरोपीय देशों में अधिक प्रचलन रहा है। ब्रिटेन, जर्मनी और फ्रांस इस क्षेत्र में अग्रणी हैं—जहां सकल घरेलू वित्तीय सम्पदाओं के एक चौथाई से आधे अंश पर विदेशियों का स्वामित्व है—यह बात बहुत बड़ी है। संयुक्त राज्य और जापान जैसी बड़ी अर्थव्यवस्थाओं में ऐसी बात नहीं है, वहाँ तो विदेशी स्वामित्व की वित्तीय सम्पदाएं 10 प्रतिशत से कम ही आंकी गई हैं।[29] इससे एक अधिकारहीनता की भावना पनपती है—यूरोप में इस विवशता के कई अच्छे कारण भी हैं किंतु उन्हें प्राय: बहुत बढ़ा चढ़ा कर प्रस्तुत कर दिया जाता है। लोग बड़ी जल्दी यह बात भूल जाते हैं कि घरेलू कम्पनियों और सरकार के ऋण पत्रों पर विदेशियों का स्वामित्व है तो उनके नागरिक भी विदेशों से प्राप्य वार्षिकियों और अन्य वित्तीय पत्रकों के स्वामी हैं। इस प्रकार रचित तुलनपत्र यूरोप के अनेक छोटे देशों को बहुत ही भेद्य स्वरूप प्रदान कर देते हैं—क्योंकि वित्तीय सम्पदाओं के मूल्यांकनों

में छोटी सी त्रुटि भी उन देशों की वित्तीय सम्पदाओं और देयताओं पर प्रतिप्राप्ति की दरों को बहुत बदल सकती है।[30] यही नहीं, एक देश की निवल विदेशी सम्पदा धारिता पर केवल उसके संचयित व्यापार अतिरेक और घाटे का प्रभाव नहीं होता—उसकी विदेशी सम्पदा धारिताओं पर प्रतिप्राप्ति का भी प्रभाव रहता है।[31] मैं यह भी स्पष्ट कर दूं कि इन अंतर्राष्ट्रीय धारिताओं का बहुत बड़ा भाग तो उन छद्म वित्तीय प्रवाहों द्वारा निर्मित होता है जिनका अर्थव्यवस्था की वास्तविक आवश्यकताओं से कोई संबंध नहीं होता—बल्कि ये प्रवाह तो कर भार अभीष्टीकरण युक्तियों और नियमन से प्रतिलाभ उठाने के लिए उन देशों में स्थापित निगमों के माध्यम से होते हैं जहां कर रचना और नियमन आदि अधिक आकर्षक लगते है।[32] मैं खंड-3 में विश्व स्तर पर धन सम्पदा के विभाजन में कर स्वर्गों के महत्त्व की चर्चा करते समय एक बार फिर इस विषय पर बात करूंगा।

21वीं शताब्दी में पूंजी/आय अनुपात क्या होगा?

हमारा गत्यात्मक नियम $\beta = s/g$ हमें यह सोच पाने योग्य बनाता है कि 21वीं सदी में वैश्विक पूंजी/आय अनुपात कहां तक पहुच सकता है। पहले तो यही सोचिए कि अतीत के बारे में क्या कहा जा सकता है। यूरोप, [कम से कम उस महाद्वीप की अग्रणी अर्थव्यवस्थाओं] और उत्तरी अमेरिका के विषय में हमारे पास 1870-2010 की अवधि के विश्वस्त आंकड़े मौजूद हैं। जापान का 1960 से पूर्व का कोई व्यापकार्थक निजी या राष्ट्रीय सम्पदा अनुमान नहीं है। किंतु कुछ अपूर्ण जानकारी है, जापान में 1905 से लेकर कुछ उत्तराधिकार पत्रक रिकार्ड मिल रहे हैं। उनसे स्पष्ट है कि जापान की सम्पदा को भी यूरोप की भांति एक U-आकार वक्र द्वारा दिखाया जा सकता है और वहाँ भी 1910-30 में पूंजी/आय अनुपात बहुत उच्च स्तर, 600 से 700 प्रतिशत, तक पहुंच गया था। फिर यह गिर कर 1950 और 1960 के दशकों में 200 से 300 प्रतिशत रह गया था, किंतु 1990 और 2000 के दशक में पुन: 600-700 प्रतिशत हो चला है।

अन्य देशों एवं महाद्वीपों,जापान से इतर एशिया, अफ्रीका एवं दक्षिणी अमेरिका के भी अपेक्षाकृत सम्पूर्ण अनुमान 1990 से उपलब्ध हैं। ये औसतन चार वर्ष के समान पूंजी/आय अनुपात दर्शा रहे हैं। अवधि 1870-1990 के लिए इन क्षेत्रों के कोई विश्वस्त अनुमान नहीं मिल पाते। अत: मैंने यह मान लिया है कि उस समय भी यही स्थिति रही होगी। ये देश इस सारी अवधि में वैश्विक उत्पादन के लगभग पंचम अंश का योगदान करते रहे हैं। अत: इनके पूंजी/आय अनुपात का वैश्विक पूंजी/आय अनुपात पर प्रभाव सीमित ही रहा होगा।

मेरे परिणाम रेखाचित्र 5.8 में दर्शाए गए हैं। इस समग्र में धनी देशों के भार मान को देखते हुए कोई आश्चर्य नहीं कि विश्व स्तरीय पूंजी/आय अनुपात वक्र भी U-आकार का अनुसरण कर रहा है। यह अनुपात आज 500 प्रतिशत के निकट है—लगभग वही स्तर जो प्रथम महायुद्ध की पूर्वसंध्या पर अनुमान किया जा रहा था।

रेखाचित्र 5.8: विश्व पूंजी/आय, 1870-2100

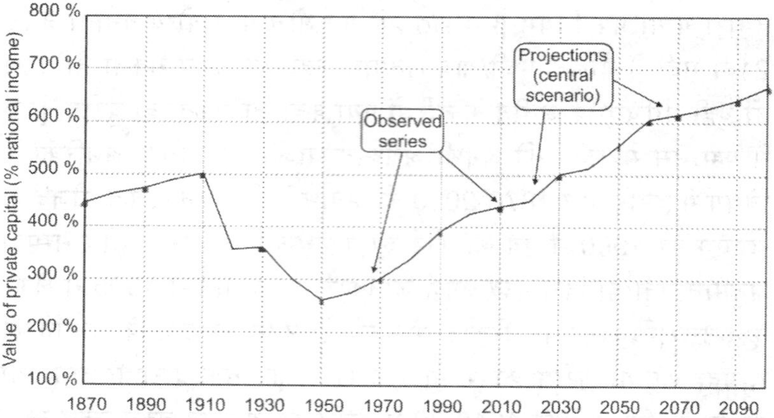

व्युत्पत्ति आधारित [केंद्रीय परिदृश्य] के अनुसार 21वीं सदी के अंत तक विश्व पूंजी/आय अनुपात 700 प्रतिशत के निकट पहुंच सकता है। स्रोत और श्रृंखला हेतु देखें: piketty.pse.ens.fr/capital21C.

सबसे उत्सुकतापूर्ण बात तो इस वक्र को भविष्य को ओर अग्रसरित करने से संबंधित है। यहाँ मैं अध्याय-2 के जनसंख्या और आर्थिक संवृद्धि दरों के पूर्वानुमानों का प्रयोग कर रहा हूँ। उनके अनुसार विश्व उत्पादन की

संवृद्धि दर वर्तमान 3 प्रतिशत वार्षिक से गिरकर 21वीं सदी के उत्तरार्ध में 1.5 प्रतिशत ही रह जाएगी। मैं यह भी मानकर चल रहा हूँ कि दीर्घकाल में बचत दर अंतत: 10 प्रतिशत पर आकर स्थिर हो जाएगी। इन मान्यताओं के आधार पर तो $\beta = s/g$ के नियम की गत्यात्मकता का तर्कशास्त्र यही सुझाता है कि वैश्विक पूंजी/आय अनुपात वृद्धिशील रहेगा और 21वीं सदी के अंत तक 700 प्रतिशत को छूने लगेगा—यह वही स्तर है जो यूरोप में 18वीं सदी से उत्कर्ष युग तक बना रहा था। दूसरे शब्दों में, 2010 तक सारा विश्व कम से कम पूंजी की गहनता की दृष्टि से वैसा ही दिखने लगेगा जैसा कि 20वीं सदी के प्रारम्भ में यूरोप था। स्वाभाविक रूप से यह अनेक संभावनाओं में से एक है। मैंने पहले भी कहा है कि संवृद्धि की भविष्यवाणियां अत्यंत ही अनिश्चित रहती हैं और बचत दर की भविष्यवाणी का स्वरूप भी ऐसा ही होता है। फिर भी पूंजी के संचयन में निम्न संवृद्धि की निर्णायक भूमिका का उद्धरण देने में ये पूर्व आकलन बहुत संभावी और मूल्यवान हो सकते हैं।

भूमि के मूल्यों का रहस्य

अपनी परिभाषा के अनुसार $\beta = s/g$ का नियम पूंजी के उन्हीं स्वरूपों के लिए मान्य है जिनका संचय किया जा सकता है। यह शुद्ध प्राकृतिक संसाधनों के मूल्य को अपने आकलन में स्थान नहीं दे पाता। अत: मनुष्य द्वारा सुधार करने से पूर्व की शुद्ध भूमि भी इस नियम के कार्य क्षेत्र से बाहर रह जाती है। फिर भी $\beta = s/g$ का नियम हमें 2010 में विभिन्न देशों में 80 से 100 प्रतिशत आकलित पूंजी संचयनों की व्याख्या करने में समर्थ बना रहा है। इससे संकेत मिलता है कि संभवत: भूमि राष्ट्रीय पूंजी का एक बहुत संक्षिप्त सा अंश है। किंतु यह है कितना? उपलब्ध आंकड़े इस प्रश्न का स्टीक उत्तर दे पाने के लिए पर्याप्त नहीं हैं।

सबसे पूर्व एक परंपरागत ग्रामीण समाज में कृषि भूमि पर विचार करें। यह कहना बहुत ही कठिन है कि उस भूखंड में "विशुद्ध भू मूल्य" का

कितना अंश है और सदियों से [जल निकास, बाड़-मेंड़ निर्माण सहित] चल रहे सुधारों और निवेशों का कितना अंशदान होगा। फ्रांस और ब्रिटेन में 18वीं सदी में कृषि भूमि का मूल्य चार वर्षों की राष्ट्रीय आय के बराबर था।[33] उसी समय के अनेक अनुमानों के अनुसार उस मूल्य में निवेश और सुधार कार्यों का योगदान तीन चौथाई से कुछ अधिक ही था। अत: विशुद्ध भूमूल्य संभवत: राष्ट्रीय आय के एक वर्ष से कम—प्राय: आधे से भी कम रहा होगा। निष्कर्ष का आधार इस तथ्य में निहित है कि भूमि को साफ कर उससे जल निकासी कर उसे कृषि योग्य बनाने में लगने वाले श्रम की लागत बहुत अधिक—राष्ट्रीय आय के 3-4 प्रतिशत थी [एक प्रतिशत से निम्न वार्षिक संवृद्धि की दशा में]। अत: उन निवेशों का संचयित मूल्य ही सकल भूमि मूल्य के समान [यदि अधिक नहीं] अवश्य बन जाता था।[34]

यह भी रोचक जानकारी है कि 1795 में थॉमस पायन ने फ्रांसीसी सांसदों को अपने "कृषिक न्याय" प्रस्ताव में भी ऐसा ही निष्कर्ष प्रस्तुत किया था कि "अपरिमार्जित भूमि" एक वर्ष की राष्ट्रीय पूंजी का एक दशांक अथवा आधे वर्ष की राष्ट्रीय आय से कुछ अधिक थी।

किंतु इस प्रकार के आकलनों में बहुत कुछ अनुमानों/अंदाजेबाजी पर आधारित होता है। जब संवृद्धि दर न्यून हो तो निवेश की दर में बहुत मामूली सा परिवर्तन भी पूंजी/आय अनुपात $\beta = s/g$ के दीर्घकालिक मान में बहुत भारी अंतर पैदा कर सकता है। यह बात स्मरण रहनी चाहिए कि एक परंपरागत समाज में भी राष्ट्रीय पूंजी का अधिकांश संचय और निवेश से ही व्युत्पन्न हो रहा था: और कुछ भी बदला नहीं है—केवल एक ही अंतर है : भवन सम्पदा और व्यावसायिक पूंजी की बार बार मरम्मत ही नहीं उसे नए सिरे से बनाना या पुरानी के स्थान पर नई मशीनों को भी लगाना पड़ता है जबकि भूमि का मूल्य ह्रास बहुत ही न्यून होता था। इससे यह भ्रम हो सकता है कि आधुनिक पूंजी बहुत गतिशील होती है। किंतु परंपरागत ग्रामीण समाज में निवेश संबंधी आंकड़े बहुत सीमित और असटीक होते हैं, इसलिए अधिक कुछ कह पाना कठिन है।

यह बात तो विशेष रूप से असंभव लगती है कि सुदूर अतीत में रहे शुद्ध भूमि के मूल्य की इसके आज के मूल्य से तुलना कैसे होगी। आज का मुख्य प्रश्न तो शहरी भूमि है: फ्रांस और ब्रिटेन दोनों में ही कृषि भूमि का मूल्य राष्ट्रीय आय के 10 प्रतिशत से कम ही है। किंतु आज के दिन विशुद्ध शहरी भूमि के मूल्य का मापन करना भी आसान नहीं है। उसे भवनों और निर्माण कार्यों ही नहीं, आधारभूत संरचनाओं और भूमि को आकर्षक बनाने के निमित्त सुधार कार्यों के प्रभाव से मुक्त कैसे रखा जाएगा। यह काम आज के दिन 18वीं सदी के भूमि के मूल्यांकन से कम जटिल नहीं है। मेरा अनुमान है कि पिछले कुछ दशकों का वार्षिक निवेश प्रवाह सम्पदा के समस्त मूल्य का निर्धारण कर देता है। उस सम्पदा में भवन सम्पदा भी सम्मिलित है। दूसरे शब्दों में, पूंजी/आय अनुपात की वृद्धि की शुद्ध शहरी भूमि के मूल्य मान में वृद्धि द्वारा व्याख्या नहीं हो सकती, हां वह मूल्य मान आज भी 18वीं सदी के अपने मान से अधिक भिन्न नहीं लगता—वह अभी भी 6 महीने से एक वर्ष की राष्ट्रीय आय से अधिक नहीं है। किंतु इस अनुमान में अनिश्चितता का अंतराल बहुत विशाल है।

दो और बातों की चर्चा आवश्यक लगती है। प्रथम, धनी देशों में सकल पूंजी [विशेष कर भवन सम्पदा में लगी] की व्याख्या बचत और निवेश के संचयी प्रवाहों द्वारा अच्छी तरह से हो सकती है। हमें एक संभावना को भुलाना नहीं चाहिए : बड़ी राजधानी जैसे क्षेत्रों में जनसंख्या के अधिक संकुलन के कारण स्थानीय स्तर पर बहुत अधिक पूंजीगत लाभ भी हो सकते हैं। अत: चैंप्स ऐलिसी या पेरिस के किसी भी भाग के किसी भवन के वर्तमान बाजार मूल्य की केवल निवेश प्रवाह द्वारा व्याख्या अधिक बुद्धिमत्ता भरा विचार नहीं होगा। हां, हमारे अनुमान यह भी संकेत दे रहे हैं कि बड़े नगरों में भवन सम्पदा के बड़े पूंजीगत लाभों की उन क्षेत्रों में पूंजीगत हानि से भरपाई हो जाती है जो अब कम आकर्षक रह गए हैं—जैसे छोटे कस्बे और जीर्ण प्राय: बस्तियाँ।

दूसरे, यदि आज धनी देशों में शुद्ध भूमि मूल्य की वृद्धि पूंजी/आय अनुपात के ऐतिहासिक पुनरुत्थान की अधिक व्याख्या नहीं कर पा रही है तो इसका यह अर्थ नहीं कि भविष्य में भी ऐसा नहीं होगा। एक सैद्धांतिक दृष्टि से भूमि के मूल्य से दीर्घकालिक स्थिरता को सुनिश्चित करने वाला कोई भी कारक नहीं होता—सभी प्राकृतिक संसाधनों के विषय में तो यह कह पाना और भी कठिन है। पैट्रोलियम निर्यातक देशों में धन सम्पदा और विदेशी सम्पदा धारिता की गत्यात्मकता का विश्लेषण करते समय मैं फिर से इस बिंदु पर लौट कर आऊंगा।[35]

■ ■ ■

अध्याय-6

21वीं सदी में पूंजी–श्रम विभाजन

अब हम β = s/g सूत्र द्वारा व्यक्त पूंजी आय अनुपात की गत्यात्मकता को बहुत कुछ समझ चुके हैं। दीर्घकाल में तो विशेष रूप से पूंजी/आय अनुपात बचत दर 's' और संवृद्धि दर 'g' पर निर्भर रहता है। ये दो समष्टि स्तरीय सामाजिक प्राचल स्वयं उन लाखों व्यक्तिगत निर्णयों पर निर्भर करते हैं जिन्हें सामाजिक, आर्थिक, सांस्कृतिक, मनोवैज्ञानिक और जनांकिय कारकों के अनेक ऐसे समूह प्रभावित करते हैं जो स्वयं समय और स्थान के साथ-साथ निरंतर परिवर्तनशील हैं। यही नहीं, ये सभी परस्पर असंबद्ध भी रहते हैं। यही तथ्य हमें पूंजी/आय अनुपात में ऐतिहासिक और भौगोलिक पटलों पर व्याप्त अंतरों को समझ पाने योग्य बनाते हैं—और ये अंतर अल्प एवं दीर्घकाल में पूंजी तथा अन्य प्राकृतिक संसाधनों की कीमतों में आ रहे सापेक्ष परिवर्तनों से निरपेक्ष रहते हैं।

पूंजी-आय अनुपात से पूंजी-श्रम विभाजन की ओर

अब मैं पूंजी/आय अनुपात के विश्लेषण से राष्ट्रीय आय के पूंजी और श्रम के बीच विभाजन की ओर बढ़ रहा हूँ। पहले अध्याय में पूंजीवाद का प्रथम मूलभूत सिद्धांत कहे गए सूत्र $\alpha = r \times \beta$ के सहारे हम यह यात्रा बड़ी पारदर्शिता पूर्वक कर सकते हैं। यदि पूंजी का भंडार 6 वर्षों की आय के तुल्य हो [β = 6] और पूंजी पर प्रतिप्राप्ति दर 5 प्रतिशत वार्षिक हो [r = 5%] तो राष्ट्रीय आय में पूंजी का अंश, α, 30 प्रतिशत रहेगा [अत: श्रम का आय अंश 70 प्रतिशत होगा]। अत: यहाँ हमारा केंद्रीय प्रश्न होगा : पूंजी पर प्रतिप्राप्ति दर का निर्धारण कैसे होता है? मैं इस प्रक्रिया में कार्य कर रही सैद्धांतिक, आर्थिक और सामाजिक शक्तियों के विश्लेषण से पूर्व बहुत दीर्घकाल से चल रहे विकासक्रम पर एक दृष्टिपात द्वारा इस कार्य का आरंभ कर रहा हूँ।

एक बार फिर ब्रिटेन और फ्रांस ही वे दो देश हैं जिनके विषय में हमें 18वीं सदी से ही पूर्ण ऐतिहासिक रिकार्ड सुलभ हैं।

हमें पता चल रहा है कि आय में पूंजी के अंश, a, के विकासक्रम का वक्र भी पूंजी/आय अनुपात की ही भांति U–आकार है किंतु इस U की गहराई कुछ कम रह गई है। दूसरे शब्दों में, लगता है कि पूंजी पर प्रतिप्राप्ति दर 'r' ने पूंजी के परिमाण, β, के विकासक्रम को क्षीण कर दिया है। जब भी β कम रहा उसी समय r का मान अधिक दिखाई दिया है—उनके बीच में विपरीत संबंध स्वाभाविक भी है।

अधिक सटीक रूप से 18वीं सदी के अंतिम वर्षों और समूची 19वीं सदी में फ्रांस और ब्रिटेन में पूंजी का आय में अंश 35-40 प्रतिशत रहा—यह 20वीं सदी के मध्य में गिरकर 20-25 प्रतिशत हो गया था किंतु 20वीं–21वीं सदी-संधि के समय यह फिर 30-35 प्रतिशत पर पहुंच गया है। [देखें रेखाचित्र 6.1 और 6.2]। यह पूंजी पर 5-6 प्रतिशत की औसत प्रतिप्राप्ति के समकक्ष है—18वीं-19वीं सदियों में यह दर थी, जो 20वीं के मध्य में बढ़कर 7-8 प्रतिशत तक पहुंची और फिर 20वीं-21वीं सदी-संधि में गिर कर 4-5 प्रतिशत रह गई है [देखें रेखाचित्र 6.1 और 6.2]।

रेखाचित्र 6.1: ब्रिटेन में 1770-2010 में पूंजी-श्रम विभाजन

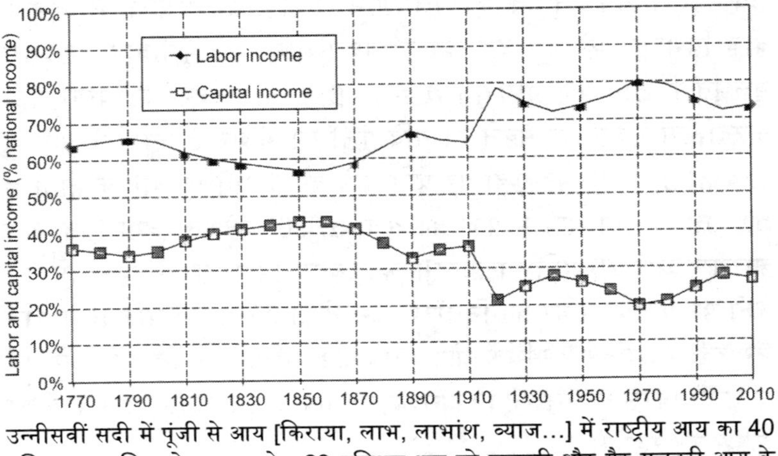

उन्नीसवीं सदी में पूंजी से आय [किराया, लाभ, लाभांश, व्याज...] में राष्ट्रीय आय का 40 प्रतिशत समाहित होता था—शेष 60 प्रतिशत श्रम को मजदूरी और गैर मजदूरी आय के रूप में मिलता था। स्रोत और श्रृंखला हेतु देखें: piketty.pse.ens.fr/capital21C.

रेखाचित्र 6.2: फ्रांस में पूंजी-श्रम विभाजन 1820-2010

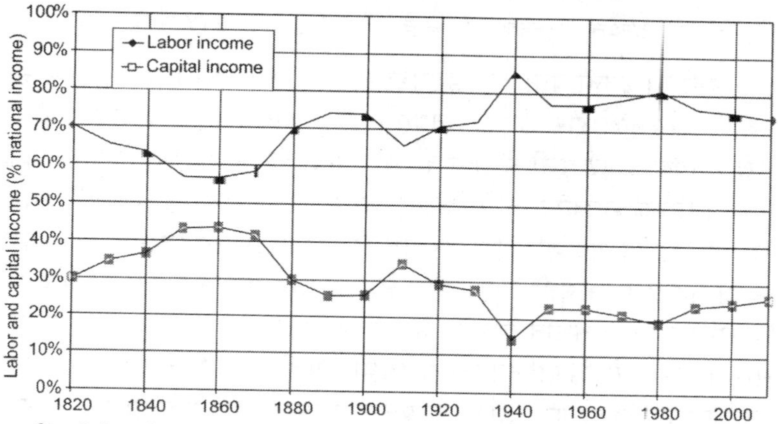

21वीं सदी में पूंजी आय [किराया, लाभ, लाभांश, ब्याज...] मिल कर राष्ट्रीय आय का 30 प्रतिशत बन रहे हैं [शेष 70 प्रतिशत मजदूरी और गैर मजदूरी आय के रूप में श्रम को मिल रहा है।] स्रोत और श्रृंखला हेतु देखें: piketty.pse.ens.fr/capital21C.

यहाँ अंकित वक्र और परिमाणों को एक प्रथम अनुमान जितना भरोसेमंद और महत्त्वपूर्ण माना जा सकता है। फिर भी आंकड़ों की सीमाओं और त्रुटियों पर भी तुरंत ध्यान दिया जाना चाहिए। एक तो पूंजी पर "औसत" प्रतिप्राप्ति दर का विचार अपने आप में काफी 'विविक्तिपूर्ण' रचना है। व्यवहार में तो प्रतिप्राप्ति दरों में परिसम्पदा के स्वरूप और आकार के आधार पर भी बहुत बड़े अंतर दिखाई पड़ते हैं [प्राय: अच्छे बड़े आकार के पूंजी भंडार से प्रारम्भ व्यवसाय में अच्छी दर पर कमाई करना सहज होता है], और इससे विषमताएं और अधिक बढ़ जाती हैं। यही नहीं, अधिक जोखिम भरी औद्योगिक परिसम्पदा [चाहे 19वीं सदी के पारिवारिक हिस्सेदारी फर्मों के पास हो या 20वीं सदी के अनुसूचित निगमों के पास] पर प्रतिप्राप्ति दर 7-8 प्रतिशत होती है—जबकि कम जोखिम भरी परिसम्पदा पर यह दर काफी कम, मात्र 4-5 प्रतिशत ही रह जाती है, जैसे कि 18वीं-19वीं सदियों की कृषि भूमि पर थी, या फिर 20वीं सदी के प्रारम्भ में भवन सम्पदा पर—जहां यह दर मात्र 3-4 प्रतिशत ही थी। चैक अंतरणीय छोटे-छोटे बचत खातों की ब्याज दर तो 1-2 प्रतिशत, या और भी कम, हो जाती है। जहां स्फीति दर ऐसी अतिन्यून मौद्रिक ब्याज दर से

अधिक हो वहाँ तो निवल ब्याज दर नकारात्मक स्वरूप धारण कर लेती है। यह भी एक अत्यंत महत्त्वपूर्ण प्रश्न है, और मैं इस पर बाद में चर्चा करूंगा।

अभी तो इतना बता देना ही महत्त्वपूर्ण है कि [रेखाचित्रों 6.1-6.4 के] पूंजी के आय अंश और औसत प्रतिप्राप्ति दरें आकलित करने के लिए राष्ट्रीय लेखे में दिखाई गई पूंजी से आय के अनेक मदों को जोड़ा गया है—[भले ही उनके विधिक वर्गीकरण चाहे किराए, लाभ, लाभांश, ब्याज, रॉयल्टी आदि रहे हों—हां ये मदें कर भुगतान पूर्व हैं और इनमें सार्वजनिक ऋण पर ब्याज को शामिल नहीं किया गया है] इस योग फल को राष्ट्रीय आय से विभाजित कर α अर्थात राष्ट्रीय आय में पूंजी का अंश और राष्ट्रीय पूंजी के संचित भंडार से विभाजित कर 'r' अर्थात पूंजी पर औसत प्रतिप्राप्ति दर, का आकलन किया गया है।1 इस प्रकार की रचनाविधि से ही इस औसत प्रतिप्राप्ति दर 'r' में विभिन्न प्रकार की परिसम्पदाओं पर प्रतिप्राप्तियां समाहित हो जाती हैं—यहाँ हमारा ध्यान विभिन्न दशाओं में अंतरों को अनदेखा करते हुए किसी समाज में कुल मिलाकर पूंजी की औसत प्रतिप्राप्ति दर की झलक पाना मात्र है। स्वाभाविक ही है कि कुछ व्यक्ति इस औसत से अधिक भी कमा सकते हैं जबकि अन्य अनेक की कमाई इससे कहीं कम होगी। वैयक्तिक प्रतिप्राप्तियों के औसत के गिर्द आबंटन पर ध्यान देने से पूर्व उस औसत की अपनी अवस्थिति से प्रारम्भ करना अधिक उपयुक्त होगा।

रेखाचित्र 6.3 : ब्रिटेन में पूंजी पर शुद्ध प्रतिप्राप्ति दर 1770-2010

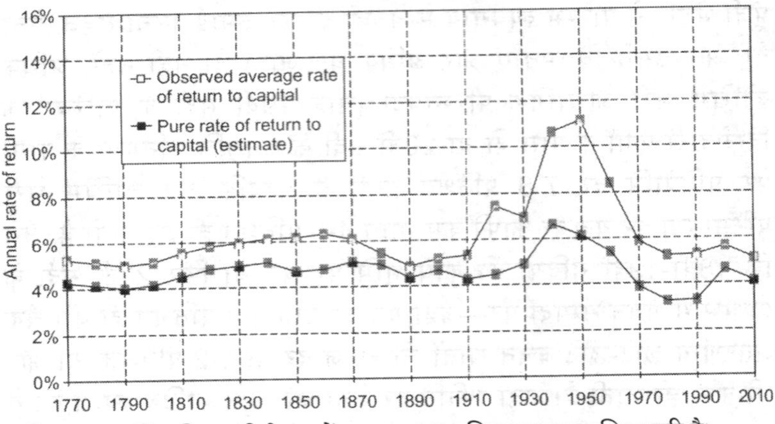

पूंजी पर शुद्ध प्रतिप्राप्ति दर दीर्घकाल में लगभग 4-5 प्रतिशत स्तर पर स्थिर रही है।
स्रोत और श्रृंखला हेतु देखें: piketty.pse.ens.fr/capital21C.

रेखाचित्र 6.4 : फ्रांस में पूंजी पर शुद्ध प्रतिप्राप्ति दर 1820-2010

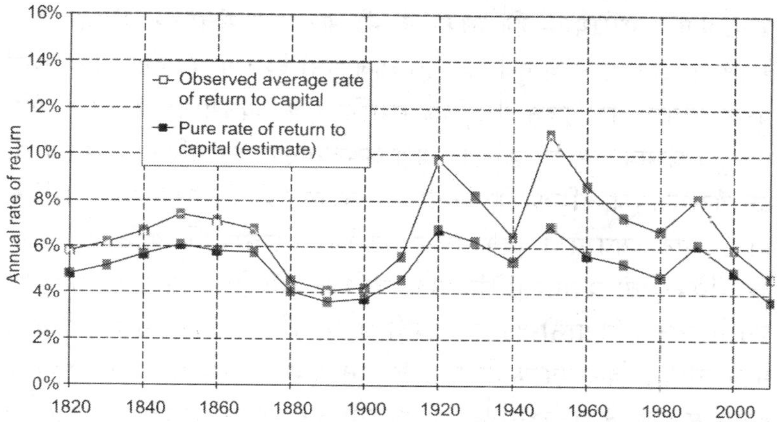

बीसवीं सदी में अवलोकित औसत प्रतिप्राप्ति दर में शुद्ध प्रतिप्राप्ति दर की अपेक्षा आधेक बड़े उतार-चढ़ाव दिखाई पड़े हैं। स्रोत और श्रृंखला हेतु देखें: piketty.pse.ens.fr/capital21C.

प्रवाह : इनका आकलन भंडारों के आकलन से अधिक कठिन होता है

एक अन्य महत्त्वपूर्ण चेतावनी गैर- मजदूरी श्रमिकों की आय से जुड़ी है। इसमें कुछ अंश पूंजी से आय का भी हो सकता है जिसे अन्य प्रकार की आय से अलग कर पाना कठिन है।

वैसे यह समस्या अब उतनी गंभीर नहीं है जितनी पहले होती थी—आज अधिकतर निजी आर्थिक गतिविधियों का संयोजन निगमों या संयुक्त पूंजी कम्पनियों के माध्यम से हो रहा है। अत: फर्मों के खाते उन्हें पूंजी की आपूर्ति करने वाले [सीमित दायित्व" की क्रांतिकारी विधिक व्यवस्था के कारण व्यक्ति केवल अपनी उक्त निगम में लगी पूंजी का ही जोखिम उठाते हैं—सारी धन-सम्पत्ति को दांव पर नहीं लगाते] व्यक्तियों के खातों से अलग होते हैं। ध्यान रहे कि यह सीमित दायित्व व्यवस्था 19वीं सदी के उत्तरार्ध में ही प्राय: सभी स्थानों पर प्रचलन में आयी थी। इन निगमों के खातों में श्रम के पारिश्रमिक [मजदूरी, वेतन तथा फर्म को अपनी सेवाएं देने वाले प्रबंधकों सहित कर्मचारियों को देय अन्य राशियों] एवं पूंजी के पारिश्रमिक [लाभांश, ब्याज, फर्म की पूंजी का मूल्य मान बढ़ाने के लिए पुन: निवेशित लाभ] पृथक-पृथक अंकित किए जाते हैं।

साझेदारी और एकल स्वामित्व फर्मों की बात अलग है : इनके खाते प्राय: फर्म के मुखिया—जो उसका स्वामी और प्राय: संचालक भी होते हैं—के निजी खातों के साथ गुंथे रहते हैं। आज धनी देशों में लगभग 10 प्रतिशत घरेलू उत्पाद का सृजन वैयक्तिक स्वामित्व के व्यवसायों में व्यस्त गैर-मजदूरी श्रमिक कर रहे हैं—यह अंश अर्थव्यवस्था की सक्रिय जनसंख्या में इन गैर-मजदूरी श्रमिकों के अनुपात के बराबर ही है। गैर-मजदूरी श्रमिक प्राय: छोटे व्यवसायी [दुकानदार कारीगर, रेस्त्रांकर्मी आदि] या फिर व्यावयिक सेवा प्रदाता [चिकित्सक, वकील] होते हैं। बहुत समय तक इस वर्ग में स्वतंत्र किसानों की बहुत बड़ी संख्या भी थी, किंतु आज धनी देशों में ये उपवर्ग विलुप्तप्राय हो गया है। इन वैयक्तिक स्वामित्व की फर्मों के खातों में पूंजी के पारिश्रमिक की पहचान कर पाना असंभव सा रहता है। उदाहरण के लिए, एक रेडियोलोजिस्ट डॉक्टर की आय में उसके श्रम के पारिश्रमिक के साथ-साथ उस द्वारा प्रयुक्त उपकरणों का पारिश्रमिक भी मिला रहता है—और वे उपकरण काफी महंगे हो सकते हैं। यही बात एक छोटे होटल या खेत के स्वामी पर भी लागू होती है। इसीलिए हम गैर-मजदूरी श्रमिकों की आय को मिश्रित आय कहते हैं क्योंकि इसमें श्रम की आय के साथ पूंजी से आय सम्मिलित रहती है। इसे 'उद्यमी आय' भी कहते हैं।

इस मिश्रित आय को श्रम और पूंजी के बीच विभक्त करने के लिए मैंने पूरी अर्थव्यवस्था के औसत पूंजी-श्रम विभाजन *(Capital-Labour Split)* अनुपात का सहारा लिया है। मुझे ये सबसे कम मनमानी भरी विधि लगी है और इसके परिणाम दो अन्य प्रचलित विधियों जैसे ही रहे हैं।[2] किंतु यह आकलन अनुमानात्मक ही है—क्योंकि मिश्रित आय में श्रम और पूंजी की आय के बीच कोई स्पष्ट विभाजन रेखा नहीं होती। आज के युग में इस विधि के प्रयोग से कोई विशेष अंतर नहीं पड़ता, अब तो पूरी आय में "मिश्रित आय" वर्ग का अंश बहुत न्यून है। दूसरे, इसमें पूंजी के जिस अंश भाग को लेकर अनिश्चितता रहती है वह राष्ट्रीय आय के 1-2 प्रतिशत से अधिक नहीं है। पहले समय में, विशेषकर 18वीं-19वीं सदियों में तो मिश्रित आय का अंश राष्ट्रीय आय के आधे से अधिक होता था। उस समय

पूंजी के अनिश्चितताग्रस्त अंश का मूल्य भी बहुत अधिक रहने की संभावना बहुत अधिक थी।[3] इसी कारण से 18वीं-19वीं सदियों के उपलब्ध पूंजी अंश के आंकड़ों को केवल अनुमान आधारित आंकड़े मानना चाहिए।[4]

इन चेतावनियों के बावजूद भी उक्त अवधि में राष्ट्रीय आय में पूंजी का अंश 40 प्रतिशत होने का मेरा अनुमान वैध लगता है—ब्रिटेन और फ्रांस दोनों में ही भूस्वामियों को दिए गए किराये भाड़े ही राष्ट्रीय आय के 20 प्रतिशत थे और पर्याप्त संकेत हैं कि कृषि भूमि [जो समस्त राष्ट्रीय पूंजी के आधे के बराबर थी] पर प्रतिप्राप्ति कुल पूंजी की प्रतिप्राप्ति से मामूली सी कम और औद्योगिक पूंजी से काफी कम थी।

औद्योगिक पूंजी के प्रतिफल की अधिकता के संकेत भी विशेषकर 19वीं सदी के पूर्वार्द्ध में बहुत उच्च औद्योगिक लाभों से मिलते हैं। किंतु आंकड़ों की अपूर्णताओं और अशुद्धियों के कारण इसे एक आंकड़े के स्थान पर 35 से 40 प्रतिशत की सीमाओं में मानना अधिक सुरक्षित प्रतीत होता है।

अठारहवीं-उन्नीसवीं सदियों के पूंजी भंडार के मूल्य के अनुमान उस काल में श्रम और पूंजी से आय प्रवाहों के मान से कहीं अधिक सटीक हैं। यह बात आज भी इसी स्वरूप में सत्य है। इसीलिए मैंने प्रारम्भ में ही पूंजी/आय अनुपात के विकास पर जोर दिया—आय के श्रम और पूंजी के बीच विभाजन पर नहीं—जैसा कि अतीत में अनेक आर्थिक शोधकर्ता करते रहे हैं।

पूंजी और विशुद्ध प्रतिप्राप्ति की संकल्पना

अनिश्चितता का एक अन्य स्रोत भी मुझे यह आभास दिलाता है कि संभवत: रेखाचित्र 6.3, 6.4 में दर्शाए गए औसत प्रतिप्राप्ति के अनुपात वास्तविक से कहीं अधिक हैं। राष्ट्रीय लेखांकन विधि में श्रम पर, विशेषकर किसी भी निवेश की इच्छा पर, जितना ध्यान देने की आवश्यकता है, वह नहीं दिया जाता। यह तो सही है कि पूंजी प्रबंधन की लागत और औपचारिक क्षेत्र में वित्तीय मध्यस्थता [किसी बैंक, वित्तीय संस्थान, सम्पदा एजेंट या प्रबंधक भागीदार आदि द्वारा प्रदान की गई निवेश सलाह] और

पत्रक (पोर्टफोलिओ) प्रबंधन सेवाओं की लागत को ध्यान में रखा जाता है और उसे पूंजी से औसत प्रतिप्राप्ति का आकलन करते समय घटा दिया जाता है। किंतु अनौपचारिक क्षेत्रक में यह सब नहीं हो पाता—प्रत्येक निवेशक को समय लगाना पड़ता है—कई मामलों में तो अपने पत्रक निवेश और उससे जुड़े मसलों पर बहुत अधिक समय लगाना आवश्यक हो जाता है कि कौन सा निवेश सबसे अधिक लाभप्रद होगा। कतिपय मामलों में इस प्रयास को वास्तविक उद्यमी श्रम या व्यावसायिक गतिविधि जैसा माना जा सकता है।

किंतु इस अनौपचारिक श्रम का सटीक मूल्यांकन करना सचमुच बहुत कठिन, कदाचित मनमानी पूर्ण है। इसी कारण इसे राष्ट्रीय आय लेखांकन से बाहर छोड़ दिया जाता है। सिद्धांत में तो निवेश संबंधी कार्यों में लगाए गए समय का अनुमान लगाना होगा और उसके लिए संभवत: औपचारिक निवेश या सम्पदा प्रबंधन क्षेत्रकों की तरह ही प्रति घंटा मूल्यांकन दर का भी निर्धारण करना होगा। यह भी कल्पना हो सकती है कि तीव्र संवृद्धि [या उच्च स्फीति] काल में ये अनौपचारिक लागतें उच्चतर हो सकती हैं—क्योंकि ऐसे समयों में निवेश के बार-बार आबंटन की जरूरत होती है और इसीलिए श्रेष्ठतम निवेश विकल्प का अन्वेषण किसी स्थिरप्राय अर्थव्यवस्था की अपेक्षा अधिक समय और प्रयास की मांग करता है। उदाहरण के लिए, यह विश्वास करना कुछ कठिन है कि फ्रांस में युद्धोपरांत पुनर्निर्माण काल में पूंजी की औसत प्रतिप्राप्ति दर [10%] सीधे से पूंजी पर विशुद्ध प्रतिप्राप्ति थी [ब्रिटेन में यह दर थोड़ी कम थी]। संभावना यही है कि इस उच्च पूंजी प्रतिप्राप्ति दर में अनौपचारिक उद्यमी श्रम के प्रतिफल का भी एक "गैर नगण्य" अंश अवश्य मिला हुआ था। आज चीन जैसी उभरती अर्थव्यवस्थाओं में भी, [जहां संवृद्धि दरें काफी उच्च हैं] ऐसी ही प्रतिप्राप्ति दरें आकलित हो रही हैं।

केवल उदाहरण के रूप में रेखाचित्र 6.3 और 6.4 में मैंने ब्रिटेन और फ्रांस में विभिन्न समय बिंदुओं पर, पूंजी पर विशुद्ध प्रतिफल के अपने अनुमान प्रस्तुत किए हैं। ये अनुमान प्राप्त करने के लिए मैंने अवलोकित औसत प्रतिप्राप्ति में से एक उचित सी प्रतीत होने वाली [संभवत: कुछ

अधिक ही] अनौपचारिक पत्रक प्रबंधन लागत को घटा दिया है [यह अपनी सम्पदा के प्रबंधन में लगाए गए समय की लागत ही है]। इस प्रकार आकलित विशुद्ध प्रतिप्राप्ति दरें 1 से 2 प्रतिशत बिंदु कम रहती हैं और इन्हें न्यूनतम मूल्य मानकर चलना चाहिए।[5] अलग-अलग आकार की सम्पत्तियों द्वारा अर्जित प्रतिप्राप्ति दरों के अध्ययन से ऐसा प्रतीत हुआ है कि इनके प्रबंधन में महत्त्वपूर्ण पैमाने की मितव्ययिताएं भी हैं। अत: बहुत बड़ी सम्पत्तियों द्वारा अर्जित प्रतिप्राप्तियां यहाँ इंगित स्तरों से काफी अधिक हैं।[6]

पूंजी पर प्रतिप्राप्तियां : ऐतिहासिक परिप्रेक्ष्य में

मेरे अनुमानों से निकला सबसे प्रमुख निष्कर्ष यह है : ब्रिटेन और फ्रांस में 18वीं से लेकर 21वीं सदी तक पूंजी पर विशुद्ध प्रतिप्राप्ति दर 4-5 प्रतिशत वार्षिक के बीच मंडराती रही है—यदि अधिक स्पष्ट रूप से कहें तो इसका मान 3-6 प्रतिशत प्रतिवर्ष के अंतराल में रहा है। इसमें किसी तरह की दीर्घकालिक उत्थान या अवनति की प्रवृत्ति नहीं दिखाई पड़ी है। दो विश्व युद्धों के काल में संक्षोभों सम्पत्ति के व्यापक विध्वंस और पूंजी को अनेक के तुरंत बाद यह विशुद्ध प्रतिप्राप्ति दर 6 प्रतिशत से भी काफी अधिक हो गई थी, किंतु शीघ्र ही यह अपने पूर्ववत् स्तर पर लौट आई। किंतु यह भी संभव है कि दीर्घकालिक दृष्टि से पूंजी पर विशुद्ध प्रतिप्राप्ति में कुछ कमी आ गई हो: 18वीं-19वीं शताब्दियों में तो यह प्राय: 4-5 प्रतिशत से अधिक थी किंतु 21वीं सदी के आरंभ में यह 3-4 प्रतिशत की ओर अग्रसर प्रतीत हो रही है, जबकि पूंजी/आय अनुपात एक बार फिर से अपने पुराने उच्च स्तरों को छूने लगा है।

किंतु इस अंतिम बात को सटीक रूप से कह पाने की हमारे पास अधिक गुंजाइश नहीं है। हम इस संभावना को पूरी तरह नकार भी नहीं सकते कि अगले कुछ दशकों में पूंजी पर विशुद्ध प्रतिप्राप्ति दर भी उच्च स्तर पा लेगी—क्योंकि अब पूंजी पाने के लिए अंतर्राष्ट्रीय स्तर पर स्पर्धा में वृद्धि हो रही है और जटिल तथा विविधीकृत संरचना के निवेश पत्रक समुच्चयों से अधिक प्रतिप्राप्ति का सृजन करने हेतु वित्तीय बाजार और संस्थान भी कहीं अधिक परिष्कृत रूप धारण करते जा रहे हैं।

किसी भी दृष्टि से देखें, पूंजी और प्रतिप्राप्ति की यह अति दीर्घकालिक स्थिरता [या इसमें एक चौथाई से पांचवे हिस्से की मामूली सी कमी अर्थात 18वीं व 19वीं सदियों के 4-5 प्रतिशत से घटकर आज 3-4 प्रतिशत हो जाना] एक तथ्य है जो इस अध्ययन के लिए बहुत महत्वपूर्ण है।

आइए, अब इन आंकड़ों को परिप्रेक्ष्य प्रदान करें। आपको याद होगा कि 18वीं-19वीं सदियों में पूंजी से किराये भाड़े में प्रत्यावर्तन की परंपरागत दर—वह भी सबसे कम जोखिम वाली सम्पदाओं [भूमि और सार्वजनिक ऋणों] पर 5 प्रतिशत वार्षिक थी। किसी पूंजीगत सम्पदा का मूल्य उसकी वार्षिक अर्जन क्षमता का 20 गुना होता था। कभी कभी यह बढ़ाकर 25 गुना कर दिया जाता था—जो 4 प्रतिशत की वार्षिक प्रतिप्राप्ति के समतुल्य होता था।[7]

प्रारम्भिक 19वीं सदी के उपन्यासकार बालजाक और जेन ऑस्टिन तो पूंजी और 5 प्रतिशत दर [कभी कभार ही 4 प्रतिशत] पर किराए की समतुल्यता का एक स्थापित सत्य मानकर चल रहे थे। प्राय: ये उपन्यासकार पूंजी के विभिन्न स्वरूपों में भेद बता पाने में असमर्थ रहे और भूमि तथा सार्वजनिक ऋण को पूर्ण प्रतिस्थापक मान कर उनकी अर्जन क्षमता को किराया भाड़ा ही कहते रहे। उदाहरण के लिए, हमें बताया जाता रहा कि किसी प्रमुख पात्र को 50000 फ्रैंक या 2000 पाउंड स्टर्लिंग का किराया भाड़ा मिल रहा था—किंतु यह नहीं बताया गया कि वह आय भूमि से मिल रही थी या सार्वजनिक ऋण से, बस दोनों ही दशाओं में आय निश्चित थी, स्थिर थी और एक निश्चित जीवन शैली के लिए वित्तीय प्रबंध कर सकती थी और आने वाली पीढियों के लिए एक परिचित और भली प्रकार जानी मानी सामाजिक प्रतिष्ठा सुलभ बनाने में समर्थ थी।

इसी प्रकार न ऑस्टिन और न ही बालजाक ने उस दर को निर्दिष्ट करने की आवश्यकता समझी जिस पर पूंजी की कोई राशि वार्षिक किराए में प्रत्यावर्तित हो सके : सभी पाठक अच्छी तरह जानते थे कि एक मिलियन फ्रैंक की पूंजी से 50000 फ्रैंक की वार्षिक आय [या 40000 पाउंड से 2000 पाउंड] प्राप्त होती थी—इससे फर्क नहीं पड़ता था कि वह

निवेश भूमि में होता था सरकारी बौंडों में या किसी अन्य चीज में। 19वीं सदी के उपन्यासकारों और उनके पाठकों के लिए धन और वार्षिक आय की तुल्यता तो स्वयं सिद्ध ही थी और एक मापन दंड से दूसरे की ओर चलने में किसी को कोई कठिनाई नहीं होती थी—उन्हें तो दोनों एक समान ही प्रतीत होते थे।

उपन्यासकारों और उनके पाठकों को यह भी सहज विदित था कि कुछ निवेशों में अधिक व्यक्तिगत भागीदारी भी आवश्यक थी—चाहे वह पिअरे गोरियो की पास्टा फैक्ट्रियां थी या सर थॉमस के वेस्ट इंडीज के बागान ['मैंसफील्ड पार्क' में]। यही नहीं, ऐसे निवेशों पर प्रतिप्राप्तियां भी अधिक होती थीं, 7-8 प्रतिशत, और यदि किसी को कोई अच्छा सौदा हाथ लग जाता तो इससे भी अधिक, जैसे सीजर बिरोटो (इत्र व्यवसाय में सफल) पैरिस के मैडेलिन क्षेत्र में भवन सम्पदा में निवेश से अपेक्षा कर रहा था। पर सभी को यह भी स्पष्ट था कि ऐसे धंधों के संचालन में लगाए गए समय और ऊर्जा के मूल्य को घटाने के बाद विशुद्ध प्रतिप्राप्ति 4-5 प्रतिशत से अधिक नहीं बचती थी—जोकि भूमि या सरकारी बौंड से भी सुलभ थी [याद कीजिए कि सर थॉमस को महीनों वेस्ट इंडीज के गुजारने पड़ते थे]। दूसरे शब्दों में, अतिरिक्त आय तो व्यवसाय में लगाए गए अपने श्रम का काफी हद तक पारिश्रमिक थी और पूंजी पर विशुद्ध प्रतिप्राप्ति, जोखिम अधिमूल्य को शामिल करने के बाद सामान्यत: 4-5 प्रतिशत से अधिक नहीं होती थी [वैसे यह कोई हीन प्रतिप्राप्ति दर नहीं थी]।

21वीं सदी के आरंभ में पूंजी पर प्रतिप्राप्ति

पूंजी पर विशुद्ध प्रतिप्राप्ति दर का निर्धारण कैसे होता है? अर्थात सभी प्रबंधकीय लागतों [पत्रक समुच्चय प्रबंधन की लागत सहित] को घटाने के बाद पूंजी पर वार्षिक प्रतिप्राप्ति दर क्या रहती है? ये बालजाक और ऑस्टिन के समय के बाद से दीर्घकाल में 4-5 प्रतिशत से घट कर अब 3-4 प्रतिशत क्यों रह गई है?

इन प्रश्नों के उत्तर से पूर्व एक अन्य स्पष्टीकरण भी आवश्यक है। कई पाठकों को पूंजी पर 3-4 प्रतिशत की प्रतिप्राप्ति दर आशापूर्ण लग सकती

है—क्योंकि उन्हें तो उनकी छोटी-छोटी बचतों पर इतना भी नहीं मिल पाता। यहाँ कई बातें समझनी जरूरी हैं।

हमारे रेखाचित्र 6.3 और 6.4 में दर्शाए गए प्रतिप्राप्ति के आंकड़े कर भुगतान से पूर्व के आकड़े हैं। दूसरे शब्दों में, पूंजी या आय पर कर न लगने की दशा में पूंजी पर इसी दर से प्रतिप्राप्ति होती। खंड-4 में मैं करों की भूमिका पर अधिक विस्तार से चर्चा करूंगा—हम यह देखेंगे कि अतीत में इन करों की क्या भूमिका रही है और भविष्य में जैसे जैसे विभिन्न राज्यों के बीच राजकोषीय स्पर्धा *(Fiscal Competition)* में वृद्धि होगी तो इनकी क्या संभावित भूमिका रहेगी। अभी तो इतना कहना ही पर्याप्त है कि 18वीं-19वीं सदियों में कोई राजकोषीय दबाव *(Fiscal Pressure)* की स्थिति नहीं थी। किंतु 20वीं सदी में यह दबाव बहुत अधिक हो गया था और आज भी अधिक बना हुआ है। इसी कारण से पूंजी से कर पश्चात् दीर्घकालिक प्रतिप्राप्ति में काफी कमी आई है—जबकि कर पूर्व प्रतिप्राप्ति में उतनी कमी नहीं आई है। आज राजकोषी अभीष्टीकरण की उचित तकनीकें अपना कर भार काफी कम कर सकते हैं [और कई निवेशक तो सरकार को कुछ न कुछ सहाय्य देने को भी सहमत कर लेते हैं] किंतु सामान्य रूप से कर काफी अधिक होता है। ये बात भी ध्यान में रखनी चाहिए कि आय कर के अतिरिक्त और भी कई प्रकार के कर होते हैं। भवन सम्पदा कर *(Estate Duty)* इन सम्पदाओं से आय में कटौती कर देते हैं तो निगमों पर कर वित्तीय पूंजी से प्राप्त होने वाली आय को घटा देते हैं। यदि ये सभी कर हटा दिए जाएं तो [हो सकता है किसी दिन यह हो ही जाए—किंतु अभी वह दिन बहुत दूर है] पूंजी से उसके स्वामियों को मिलने वाली प्रतिप्राप्ति रेखाचित्रों 6.3 और 6.4 द्वारा दिखाए गए स्तर तक पहुंच जाएगी। सभी करों को मिलाकर आज अधिकांश धनी देशों में पूंजी से आय पर 30 प्रतिशत के लगभग कर भार रहता है। पूंजी पर विशुद्ध आर्थिक प्रतिप्राप्ति और व्यक्तियों को वास्तव में मिल पा रही प्रतिप्राप्ति में अंतर का यह एक बहुत बड़ा कारण है।

दूसरी महत्त्वपूर्ण बात यह है कि 3-4 प्रतिशत की विशुद्ध प्रतिप्राप्ति के पीछे बड़ी गंभीर विषमताएं छिपी रहती हैं। जिन व्यक्तियों ने चैक वाले बैंक खातों में छोटी सी राशियां जमा कर रखी हों, उनकी बचत को तो

स्फीति ही हजम कर जाती है—अक्सर उन खातों पर ब्याज की दर की अपेक्षा कीमतों की वृद्धि की दर अधिक रहती है।[8] किंतु ऐसे व्यक्तियों की संख्या भले ही विशाल हो, उनकी राशियों का योगफल अपेक्षाकृत कम ही रहती है। आपको ध्यान होगा कि आज धनी देशों में धन सम्पदा दो समान भागों में बंटी हुई है—भवन सम्पदा और वित्तीय परिसम्पदाएं। प्राय: सारी वित्तीय परिसम्पदा शेयर, बौंड, म्युचुअल फंड, और वार्षिकी या पेंशन कोष आदि अनुबंधों में लगी है। बिना ब्याज वाले चैक खातों में मुश्किल से 10-20 प्रतिशत राष्ट्रीय आय अथवा 3-4 प्रतिशत कुल पूंजी जमा है [आप को ध्यान होगा कि कुल पूंजी राष्ट्रीय आय के 500-600 प्रतिशत के समान है]। यदि बचत खातों की रकमें भी जोड़ दें तो इनका योग राष्ट्रीय आय के 30 प्रतिशत तक पहुंच सकता है—अर्थात यह कुल धन सम्पदा का मुश्किल से 5 प्रतिशत होगा।[9] यह बात जमाकर्ताओं के लिए तो बहुत महत्त्वपूर्ण है कि उनके चैक और बचत खातों से उन्हें बहुत कम ब्याज मिलता है—किंतु पूंजी पर औसत प्रतिप्राप्ति की गणना में यह मद महत्त्वहीन हो जाती है।

औसत प्रतिप्राप्ति दर के आकलन से कहीं अधिक महत्त्वपूर्ण तो भवन सम्पदाओं से प्राप्त किराया भाड़ा है। ध्यान रहे कि इन सम्पदाओं में सकल राष्ट्रीय धन का आधा भाग लगा है। इस सम्पदा पर प्राय: इसके मूल्य के 3-4 प्रतिशत जितनी ही आमदनी होती है। उदाहरणत: 5 लाख यूरो की भवन सम्पदा से सामान्यत: 15 से 20 हजार यूरो की वार्षिक आय होती है-(लगभग 1500 यूरो प्रति माह)। जो अपने भवन में रहना चाहें, वह इतनी राशि की बचत कर सकते हैं। यही बात अपेक्षाकृत सामान्य से गृह खंडों पर भी लागू रहती है : एक लाख यूरो के भवन से 3-4 हजार यूरो का वार्षिक किराया प्राप्त हो जाता है [या उनके स्वामी इतना किराया भरने से बच जाते हैं]। एक और भी बात है—प्राय: छोटे भवनों पर किराया कुछ अधिक—लगभग 5 प्रतिशत रहता है। अधिक बड़े धन स्वामियों ने ही वित्तीय निवेश किए होते हैं और उन पर प्रतिप्राप्ति दरें भी अधिक रहती हैं। कुल मिलाकर इन सभी निवेशों, भवन सम्पदाओं और वित्तीय पत्रकों में ही अधिकांश निजी धन सम्पदा लगी है और इससे [वित्तीय पत्रकों से आय से] औसत प्रतिप्राप्ति दर में वृद्धि हो जाती है।

वास्तविक और मौद्रिक परिसम्पदाएं

तीसरी ध्यान देने योग्य बात यह है कि रेखाचित्र 6.3 और 6.4 में दर्शाई गई प्रतिप्राप्ति दरें 'वास्तविक' हैं। दूसरे शब्दों में इन प्राप्तियों में से स्फीति दर [धनी देशों में 1-2 प्रतिशत] का अनुमान करना एक गंभीर गलती हो जाएगी।

इसका कारण सीधा सा है और उसकी ओर पहले भी इंगित किया जा चुका है। परिवारों की धन सम्पदा का अधिकांश भाग तो "वास्तविक परिसम्पदा" अर्थात प्रत्यक्षत: आर्थिक गतिविधियों से जुड़ी परिसम्पदाओं में लगा है—[ये हैं घर-भवन, किसी निगम के शेयर आदि, इनकी कीमतों का वास्तविक गतिविधियों के अनुसार ही विकास होता है] न कि "मौद्रिक रूप की परिसम्पत्तियों" में [जिनका मान किसी मौद्रिक प्रारम्भिक मूल्य—जैसे चैक या बचत खाते में जमा धन राशि या गैर-स्फीति समंजित सरकारी बौंड में नहीं होता]।

मौद्रिक परिसम्पत्तियों में स्फीति जोखिम बहुत अधिक होता है। यदि अपने किसी चैक या बचत खाते या गैर-स्फीति समंजित सरकारी बौंड या निगम ऋण पत्र में 10000 यूरो की रकम लगाई है तो दस वर्ष बाद भी वह रकम 10000 यूरो ही रहेगी—भले ही उपभोक्ता कीमतें दुगुनी हो गई हों। उस दशा में हम कहेंगे कि उस निवेश का वास्तविक मूल्य मान घटकर आधा रह गया है : जितनी वस्तुएं उक्त राशि से दस वर्ष पूर्व खरीदी जा सकती थीं, आज उनसे आधी ही खरीदना संभव होगा। अत: आपके निवेश पर 10 वर्ष की अवधि में प्रतिप्राप्ति (–) 50 प्रतिशत रही—इस अवधि में आपको मिले ब्याज से इस नकारात्मक प्रतिप्राप्ति की भरपाई होना आवश्यक नहीं है। जब कीमतों में तीव्र वृद्धि चल रही हो तो मौद्रिक ब्याज दरें भी तेजी से बढ़ने लगती हैं—प्राय: स्फीति दर से अधिक हो जाती हैं। किंतु हमारे निवेशक को उपलब्ध परिणाम तो इस बात पर निर्भर करेगा कि उसने कब निवेश किया था और उस लेन देन से जुड़े पक्षों ने स्फीति की संभावनाओं का किस प्रकार आकलन किया था, आदि। उसी के आधार पर स्फीति समंजित (ब्याज) सकारात्मकता या नकारात्मकता महत्त्वपूर्ण रूप

धारण कर सकती है।[10] प्रत्येक दशा में किसी मौद्रिक परिसम्पदा की वास्तविक प्रतिप्राप्ति दर के आकलन के लिए मौद्रिक दर में से स्फीति दर को घटाना आवश्यक होगा।

किंतु वास्तविक परिसम्पदाओं के विषय में सभी बातें अलग रहती हैं। भवन सम्पदा, शेयर, कम्पनी में हिस्सेदारी या म्युचुअल फंड के निवेश इन सभी की कीमतें उपभोक्ता कीमत सूचकांक जितनी तो अवश्य बढ़ती रहती हैं। अत: हमें न केवल उनसे प्रतिप्राप्ति में से स्फीति दर को घटाना नहीं चाहिए बल्कि उनकी बिक्री के समय पूंजीगत लाभ को भी जोड़कर हिसाब लगाना चाहिए [हां, यदि पूंजीगत हानि हुई तो उसे घटाया जाएगा]। निर्णायक बात तो यह है कि वास्तविक परिसम्पदाएं मौद्रिक की अपेक्षा अधिक प्रतिनिधित्व करती हैं, वे पारिवारिक धन सम्पदा के कम से कम तीन चौथाई—और कभी कभी तो 90 प्रतिशत अंश के बराबर होती हैं।[11]

अध्याय-5 में पूंजी के संचय की व्याख्या करते हुए मेरा निष्कर्ष था कि ये विविध प्रभाव दीर्घकाल में परस्पर समंजित हो जाते हैं। ठोस रूप से कहें तो 1910-2010 अवधि में सभी सम्पदाओं की कीमतों में उसी दर पर वृद्धि हुई है जिस दर से उपभोक्ता कीमतों में स्फीति आई है, कम से कम प्रथम अनुमान तो यही है। यह ठीक है कि किन्हीं विशेष वर्ग की परिसम्पदाओं में बड़े पूंजीगत लाभ हुए होंगे और कहीं हानियां [प्राय मौद्रिक परिसम्पदाओं की पूंजीगत हानियों की भरपाई वास्तविक परिसम्पदाओं के पूंजीगत लाभ द्वारा हो जाती है]। किंतु इन लाभ हानियों में समयानुसार भारी परिवर्तन दिखाई देते हैं। हम जानते हैं कि 1910-50 में सापेक्ष पूंजी कीमतों में भारी गिरावट आई थी और 1950-2010 में ये पुन: ऊपर उठने लगीं। इन दशाओं में यही दृष्टिकोण अपनाना सबसे उचित प्रतीत होता है कि रेखाचित्र 6.3, 6.4 में दर्शाई गई पूंजी की औसत प्रतिप्राप्ति दरें दीर्घकालिक प्रतिप्राप्ति का सही अनुमान करती हैं [ध्यान रहे कि मैंने इस आकलन में किराया, लाभांश, ब्याज, लाभ आदि के योग के बराबर पूंजी से प्राप्त आय को पूंजी के भंडार से विभाजित कर उक्त दरों का निर्धारण किया है, इसमें पूंजीगत लाभों और हानियों को अनदेखा किया गया है]।[12] इसका यह अर्थ कदापि नहीं है कि किसी सम्पदा विशेष

की प्रतिप्राप्ति के आकलन में पूंजीगत लाभ या हानि का हिसाब नहीं रखना चाहिए [किसी मौद्रिक परिसम्पदा की आय में से स्फीति का समंजन तो बहुत ही महत्त्वपूर्ण होता है] किंतु सभी सम्पदाओं की सम्मिलित प्रतिप्राप्ति [जिसमें पूंजीगत लाभ शामिल नहीं है और वही स्फीति के प्रभाव का समंजन करने को पर्याप्त भी है] में स्फीति की दर को घटाना समझदारी पूर्ण नहीं होगा।

मैं यह अस्वीकार नहीं कर रहा कि किन्हीं परिस्थितियों में स्फीति का वास्तविक धन सम्पदा, उससे प्रतिप्राप्ति और धन के विभाजन पर भी प्रभाव हो सकता है। किंतु ये प्रभाव मुख्यत: विभिन्न सम्पदा-समूहों के बीच धन का पुन: वितरण करते हैं—किसी दीर्घकालिक संरचनात्मक परिवर्तन का सृजन नहीं करते। उदाहरण के लिए मैंने पहले बताया है कि दो महायुद्धों द्वारा प्रारम्भ स्फीति ने किस प्रकार धनी देशों के सार्वजनिक ऋणों के मूल्यमान का लगभग पूर्ण निर्मूलन कर दिया था। किंतु जब स्फीति की प्रक्रिया लम्बी हो जाती है तो निवेशक अपने धन को सुरक्षित रखने के लिए ही भवन सम्पदा आदि की ओर उन्मुख होते हैं। इस विश्वास के लिए पर्याप्त कारण है कि सबसे बड़ी धन सम्पदाएं वही हैं जो स्फीति समंजन में समर्थ और दीर्घकालिक दृष्टि से विविधीकृत हैं जबकि छोटी धन सम्पदाएं [विशेषकर चैक और बचत खातों में जमा राशियां] स्फीति से गंभीर रूप से दुष्प्रभावित होती हैं।

यह तर्क तो अवश्य दिया जा सकता है कि 19वीं सदी के शून्य स्फीति दर से बढ़कर 20वीं-21वीं सदी में 2 प्रतिशत तक पहुंचने से पूंजी से विशुद्ध प्रतिप्राप्ति दर कुछ तो कम हुई ही होगी। दूसरे शब्दों में शून्य स्फीति काल में भाड़ाखोरी बहुत आसान होती है—पहले से संचित धन का कीमत वृद्धि द्वारा अवमूल्यन *(Devaluation)* नहीं हो पाता। किंतु आज के निवेशक को निरंतर अपना निवेश एक सम्पदा से निकाल दूसरे में लगाने की युक्ति अपनाने में बहुत समय लगाना पड़ जाता है। फिर यह भी निश्चित नहीं रहता कि स्फीति के प्रभाव विशालतम धन सम्पदाओं पर सबसे अधिक होंगे या स्फीति के माध्यम से पूर्व संचित धन के प्रभाव को कम करने के लक्ष्य की प्राप्ति अवश्य हो जाएगी। मैं खंड-3 में इस प्रश्न की ओर फिर

आऊंगा—जहां धन सम्पदा के आकारानुसार किसी निवेशक को प्राप्य प्रभावी प्रतिप्राप्ति पर चर्चा होगी। साथ ही खंड-4 में कराधान और स्फीति की नीतियों के संदर्भ में विभिन्न संस्थात्मक व्यवस्थाओं के धन के पुन: वितरण पर प्रभावों की समीक्षा के संदर्भ में भी इसी प्रश्न पर कुछ और प्रकाश डाला जाएगा। वर्तमान में तो मुझे बस यही ध्यान रखने की सहमति प्रदान करें कि धन धारियों के बीच उसके वितरण पर स्फीति के प्रभाव कभी वांछनीय तो कभी बहुत ही अवांछनीय हो जाते हैं। हां, सकल रूप से पूंजी से औसत प्रतिप्राप्ति पर स्फीति के प्रभाव, मौद्रिक प्रभावों के आभास की तुलना में बहुत ही कम रहते हैं।[13]

पूंजी किस कार्य में प्रयुक्त होती है?

श्रेष्ठतम उपलब्ध ऐतिहासिक आंकड़ों का प्रयोग कर मैंने पूंजी की प्रतिप्राप्ति के विकासक्रम को प्रदर्शित किया है। अब मैं अवलोकित परिवर्तनों की व्याख्या का प्रयास करुंगा। किसी समाज में किसी समय बिंदु विशेष पर पूंजी पर प्रतिप्राप्ति दर का निर्धारण कैसे होता है? कौन सी मुख्य आर्थिक और सामाजिक शक्तियां क्रियाशील होती हैं? ये शक्तियां समय के चलते परिवर्तित क्यों हो जाती है? और, 21वीं सदी में पूंजी पर प्रतिप्राप्ति दर के विकासक्रम के विषय में हम क्या पूर्वाकलन कर सकते हैं?

सरलतम आर्थिक प्रतिमान के अनुसार यदि श्रम और पूंजी बाजारों में "शुद्ध एवं पूर्ण" प्रतियोगिता हो, तो पूंजी पर प्रतिप्राप्ति की दर "पूंजी की सीमांत उत्पादिता" *(Marginal Productivity)* के एकदम बराबर होनी चाहिए। यहाँ पूंजी की सीमांत उत्पादिता का अर्थ है एक इकाई अतिरिक्त पूंजी के प्रयोग से उत्पन्न उत्पाद की अतिरिक्त इकाइयाँ। अधिक जटिल प्रतिमान अधिक वस्तुपरक भी लगते हैं—वहाँ पूंजी पर प्रतिप्राप्ति दर संबद्ध पक्षों की परस्पर सौदेबाजी की क्षमता पर भी निर्भर रहती है। दशा विशेष के अनुसार यह पूंजी की सीमांत उत्पादिता से कम या अधिक हो सकती है [एक कारण तो यही है कि सीमांत उत्पादिता का सटीक मापन सदैव संभव नहीं हो पाता]।

कुछ भी स्थिति हो, पूंजी पर प्रतिप्राप्ति दर का निर्धारण इन दो शक्तियों द्वारा होता है : प्रौद्योगिकी [पूंजी का प्रयोग किस निमित्त होता

है?] और दूसरे पूंजी भंडार की सापेक्ष प्रचुरता [बहुत अधिक पूंजी से पूंजी की प्रतिप्राप्ति पर आघात होता है]।

स्वाभाविक रूप से प्रौद्योगिकी एक निर्णायक भूमिका निभाती है। यदि उत्पादन के एक कारक के रूप में पूंजी बिल्कुल उपयोगी नहीं हो तो परिभाषा के अनुसार उसकी सीमांत उत्पादिता शून्य हो जाएगी। हम चाहें तो ऐसी काल्पनिक अवस्था की चर्चा कर सकते हैं जहां उत्पादन प्रक्रिया में पूंजी का कोई उपयोग नहीं हो, कोई निवेश कृषि भूमि की उत्पादिता बढ़ा पाने में समर्थ नहीं हो, कोई कलपुर्जे/उपकरण उत्पादन न बढ़ा पाए और सिर के ऊपर छत के होने या खुले आसमान के नीचे रहने का व्यक्ति के कुशलक्षेम पर कोई प्रभाव नहीं हो। किंतु ऐसे समाज में भी पूंजी विशुद्ध मूल्य के भंडार की भूमिका निभा सकती है। एक उदाहरण पर विचार करें: किसी संभावित अकाल की आशंकावश लोग अनाज के ढेर बचा कर रख रहे हैं [हां, वातावरण उसके अनुरूप हो] या मान लें कि उसी ढेर को वे कीमती जवाहरात छिपा कर रखने का सुरक्षित स्थान मान कर चल रहे हैं। हम यह तो समझ ही सकते हैं कि ऐसे समाज में भी β द्वारा इंगित पूंजी/आय अनुपात तो बहुत बड़ा होगा किंतु उस पूंजी पर प्रतिप्राप्ति 'r' का मान तो शून्य ही रहेगा। फिर तो राष्ट्रीय आय में उस पूंजी का अंश $\alpha = r \times \beta$ भी शून्य हो जाएगा। ऐसे समाज में समस्त राष्ट्रीय आय श्रम को ही प्राप्त हो जाएगी।

हमें उपर्युक्त समाज की कल्पना करने से कोई नहीं रोक सकता, किंतु सभी ज्ञात मानवीय समाजों में, अति आदिम काल से ही, वास्तविक व्यवस्था उक्त कल्पना से बहुत भिन्न रही है। सभी सभ्यताओं में पूंजी दो आर्थिक कार्य संपादित करती रही है; एक तो गृह या निवास [पूंजी आवास सेवाएं सृजित करती है जिसका मूल्यांकन उन भवनों के किराये के मान द्वारा हो जाता है। इसे उस क्षेम वृद्धि के तुल्य मान सकते हैं जो खुले आसमान के नीचे रातें बिताने की अपेक्षा घर की छत के नीचे सोने से प्राप्त होता है]। दूसरे यह अन्य वस्तुओं और सेवाओं के उत्पादन में सहायक होती है [उन उत्पादन क्रियाओं में जहां भूमि, औजार, भवन, कार्यालय, मशीनरी, आधारभूत संरचनाओं और पेटेंट आदि की आवश्यकता होती है]

ऐतिहासिक दृष्टि से पूंजी के संचय के सबसे पुरातन स्वरूप में भूमि में औजार और सुधार [सिंचाई, जल निकासी, मेंड़ या बाड़ लगाना] और अति आदिम निवास [गुफाएं, झोंपड़ी आदि] शामिल रहे हैं। आगे चलकर अधिकाधिक परिष्कृत औद्योगिक और व्यावसायिक पूंजी का उदय हुआ—साथ ही, आवासीय पूंजी में भी परिमार्जन आता गया।

पूंजी की सीमांत उत्पादिता की संकल्पना

मूर्तरूप में पूंजी की सीमांत उत्पादिता पूंजी की एक अतिरिक्त इकाई के प्रयोग से उत्पादन में हुई वृद्धि का मूल्य होती है। उदाहरण के लिए, मान लीजिए कि एक कृषक समाज में एक व्यक्ति, जिसके पास 100 यूरो मूल्य के अतिरिक्त औजार और भूमि हो [इन दोनों की प्रचलित कीमतों पर] कृषि उत्पादन में 5 यूरो मूल्य की वार्षिक वृद्धि कर सकता है [यदि अन्य सभी बातें, विशेषकर भूमि की प्रयुक्त मात्रा, स्थिर रहें]। फिर हम कहेंगे कि पूंजी की सीमांत उत्पादिता 100 यूरो के निवेश पर 5 प्रतिशत वार्षिक है। विशुद्ध और पूर्ण प्रतियोगिता की स्थिति में पूंजी के स्वामी को अपने कृषि कर्मियों से इस दर पर वार्षिक प्रतिप्राप्ति होनी चाहिए। यदि श्रमिक 5 प्रतिशत से कम प्रतिदान देना चाहे तो फिर वह भूमि और औजार किसी अन्य श्रमिक को सौंप दिए जाएंगे। स्वाभाविक है कि जिस समय भूस्वामी औजार और भूमि किराए पर देते या श्रम का क्रय करते समय एकाधिकार की स्थिति में हो [श्रमिक को काम पर रखने की स्थिति को ऐकाधिकार के स्थान पर 'एकाक्रमण' अधिक कहा जाता है]। फिर तो पूंजी का स्वामी अपनी पूंजी की सीमांत उत्पादिता से अधिक प्रतिप्राप्ति दर लागू कर सकता है।

एक अधिक विकसित जटिल अर्थव्यवस्था (जहाँ पूंजी के विविध उपयोग होते हैं) में तो 100 यूरो का निवेश कृषि के अतिरिक्त भवन सम्पदा, औद्योगिक या फिर सेवा प्रदाता फर्म आदि में भी संभव है। फिर तो पूंजी की सीमांत उत्पादिता का निर्धारण बहुत कठिन हो जाएगा। सिद्धांत रूप से यह वित्तीय मध्यस्थता की व्यवस्था का कार्य हो जाता है [अर्थात बैंक और वित्त बाजार मिल कर ये कार्य करते हैं] कि पूंजी के श्रेष्ठतम

प्रयोजन क्या होंगे, कि पूंजी की प्रत्येक इकाई का वहीं निवेश हो जहां उसकी उत्पादिता सबसे अधिक रहे [भले ही पृथ्वी के दूसरे छोर तक जाना पड़े] और निवेशकर्ता को अधिकतम प्रतिफल मिल सके। वह पूंजी बाजार पूर्ण कहलाता है जहां पूंजी की प्रत्येक इकाई का सर्वाधिक उत्पादक रूप से निवेश हो और अर्थव्यवस्था द्वारा अनुमित अधिकतम सीमांत उत्पादन का अर्जन हो सके—यथासंभव यह कार्य एक विविधीकृत निवेश समुच्चय के रूप में होना चाहिए ताकि एक जोखिम मुक्त औसत प्रतिप्राप्ति दर की कमाई हो सके और मध्यस्थता की लागतें भी न्यूनतम रहें।

किंतु वास्तविक व्यवहार में वित्तीय संस्थान और शेयर बाजार पूर्णता के इस आदर्श की प्राप्ति से बहुत दूर हैं। ये प्राय: निरंतर अस्थिरता के स्रोत बन जाते हैं—सट्टेबाजी और बुलबुले बनने फूटने के दौर चलते रहते हैं। वैसे भी पूंजी की प्रत्येक इकाई के लिए, दुनिया भर तो दूर, किसी एक देश के भीतर भी सर्वोत्तम प्रयोजन के अवसर तलाश कर पाना कठिन हो जाता है। यही नहीं, प्राय; "अल्पकालवाद" और "सृजनात्मक लेखांकन" को ही पूंजी पर तात्कालिक निजी प्रतिप्राप्ति को अधिकतम करने का मार्ग मान लिया जाता है। वैसे संस्थागत अपूर्णताएं होते हुए भी वित्तीय मध्यस्थता व्यवस्था ने आर्थिक विकास के इतिहास में एक बहुत बड़ी और अपरिहार्य भूमिका निभाई है। इस प्रक्रिया में सदा ही बहुत बड़ी संख्या में कार्य करने वाले सम्मिलित रहे हैं—केवल बैंक और औपचारिक वित्तीय बाजार मात्र नहीं। उदाहरणत: 18वीं-19वीं सदियों में विपत्र-प्रमाणकों ने निवेशकों को वित्त प्राप्ति के इच्छुक उद्यमियों के निकट लाने में एक केंद्रीय भूमिका निभाई थी [पिअरे गोरियो को पास्टा फैक्ट्रियों के लिए और सीजर बिरोटो को भवन सम्पदा में निवेश के लिए धन जो चाहिए था]।[14]

यह स्पष्ट कर देना भी महत्त्वपूर्ण है कि पूंजी की सीमांत उत्पादिता की परिभाषा संस्थाओं और नियमों [या उनकी उपस्थिति के अभाव] जो किसी समाज में श्रम-पूंजी विभाजन को निर्धारित करते हैं, से स्वतंत्र रूप से होनी चाहिए। यदि एक भूखंड का स्वामी अपने औजारों का स्वयं प्रयोग करे तो वह स्वयं में निवेशित पूंजी पर प्रतिप्राप्ति का अलग से आकलन नहीं करेगा। किंतु फिर भी वह पूंजी उपयोगी तो रही है और उसकी सीमांत उत्पादिता

उतनी ही होगी जितनी किसी अन्य बाहरी व्यक्ति को चुकानी पड़ जाती। यही बात वहाँ भी लागू होगी जहां अर्थ व्यवस्था स्वतंत्र पूंजी भंडार को सामुदायिक स्वरूप प्रदान कर दे और अपने चरम रूप में [सोवियत संघ की भांति] पूंजी पर निजी प्रतिप्राप्ति का पूर्ण उन्मूलन भी कर दे। वहाँ पूंजी पर निजी प्रतिप्राप्ति दर 'सामाजिक' प्रतिप्राप्ति दर से बहुत कम होगी किंतु उस [सामाजिक दर] की परिभाषा अभी भी पूंजी की एक अतिरिक्त इकाई के उत्पादन के रूप में होगी। क्या अपनी सम्पदा के प्रयोग के बदले यह सीमांत उत्पादिता प्राप्त करना केवल पूंजी के स्वामियों के लिए महत्त्वपूर्ण है [यह सम्पत्ति भले ही उनकी अपनी संचित बचत हो या पूर्वजों से उत्तराधिकार में प्राप्त हुई हो] और वे किसी नए कार्य में योगदान नहीं कर रहे हों? यह एक बड़ा ही निर्णायक प्रश्न हो सकता है—किंतु यहाँ मैं इस पर चर्चा नहीं कर रहा।

बहुत अधिक पूंजी प्रतिप्राप्ति के लिए घातक होती है

बहुत अधिक पूंजी प्रतिप्राप्ति दर के लिए घातक होती है : पूंजी-श्रम विभाजिका के रचनाकार नियम और संस्थाएं कुछ भी हो यह तो आशा करना स्वाभाविक ही है कि जैसे जैसे पूंजी का प्रयुक्त भंडार अधिक होगा उसकी सीमांत उत्पादिता में कमी आएगी। उदाहरण के लिए, यदि एक कृषि श्रमिक के काम करने के लिए पहले से ही हजारों हैक्टेयर भूमि हो तो उसे दी गई एक हैक्टेयर अतिरिक्त भूमि की उत्पादिता तो बहुत कम ही होगी। इसी प्रकार यदि देश में पहले से ही इतनी भवन सम्पदा का निर्माण हो चुका है कि प्रत्येक नागरिक को रहने के लिए सैंकड़ों फुट का स्थान सुलभ हो तो एक नए भवन से क्षेम स्तर की वृद्धि [जिसे उसमें रहने के लिए किराया देने की तत्परता द्वारा मापा जाना है] निस्संदेह कम ही रहेगी। यही बात प्रत्येक प्रकार के मशीन-यंत्र आदि पर भी लागू होगी। किसी एक निश्चित स्तर से आगे किसी संसाधन के प्रयोग से उसकी सीमांत उत्पादिता कम होने लगती है [भले ही उत्पादन प्रारम्भ करने के लिए औजारों की कोई न्यूनतम संख्या आवश्यक हो किंतु शीघ्र ही 'संतृप्ति' की अवस्था उभरने लगती है] इसके विपरीत यदि किसी देश में बहुत विशाल जनसंख्या को सीमित भूमि, भवन सम्पदा और औजारों से काम चलाना पड़ रहा हो तो

वहाँ पूंजी की अतिरिक्त इकाई की सीमांत उत्पादिता भी काफी अधिक होगी और पूंजी के भाग्यशाली स्वामी अवसर का लाभ उठाने से चूकेंगे नहीं।

यह तो निश्चित हो गया कि पूंजी का स्टॉक बढ़ने पर उसकी सीमांत उत्पादिता में कमी आने लगती है—किंतु कहीं अधिक रुचि यह जानने में हो सकती है कि यह कमी कितनी तेजी से आती है। यदि मान लें कि पूंजी की सीमांत उत्पादिता उसकी प्रतिप्राप्ति दर 'r' के बराबर है तो फिर हमारा मुख्य प्रश्न यह हो जाएगा कि पूंजी/आय अनुपात β में वृद्धि होने पर 'r' में कितनी कमी आएगी। यदि पूंजी/आय अनुपात में वृद्धि की अपेक्षा अधिक अनुपात में 'r' में गिरावट आए [अर्थात β अनुपात के दुगुना होने पर 'r' में आधे से अधिक कमी आ जाए] तो राष्ट्रीय आय में पूंजी का अंश $\alpha = r \times \beta$ कम हो जाएगा। दूसरे शब्दों में, पूंजी पर प्रतिप्राप्ति में गिरावट पूंजी/आय अनुपात की वृद्धि से भी अधिक की भरपाई कर देती है। इसके विपरीत यदि 'r' की गिरावट β की वृद्धि से कम रहे [अर्थात β के दोगुना होन पर 'r' घटकर आधे से अधिक ही रह जाए] तो आय में पूंजी का अंश $\alpha = r \times \beta$ में β के साथ साथ वृद्धि हो जाती है। यहाँ प्रतिप्राप्ति दर की गिरावट पूंजी के अंश में वृद्धि के प्रभाव को पूंजी/आय अनुपात में वृद्धि से कुछ कम बनाए रखने का कार्य पूरा करती है।

ब्रिटेन और फ्रांस के ऐतिहासिक अनुभवों के आधार पर दूसरे घटनाक्रम को दीर्घकालिक दृष्टि से अधिक सार्थक माना जा सकता है: आय में पूंजी का अंश α, उसी U-आकार का अनुसरण करता है जिसे हमने पूंजी/आय अनुपात β के विषय में भी देखा था '18वीं-19वीं सदियों में उच्च स्तर, बीसवीं सदी के मध्य तक गिरावट और सदी अंत के पास पहुंच कर पुन: वृद्धि]। किंतु पूंजी पर प्रतिप्राप्ति दर 'r' का विकासक्रम इस वक्र के ऊर्ध्व अंतराल को काफी कम कर देता है। फिर भी द्वितीय महायुद्ध के बाद जब पूंजी का अभाव था तो पूंजी की प्रतिप्राप्ति दर उच्च थी जो ह्रासमान सीमांत उत्पादिता के नियम के अनुरूप ही थी। किंतु यह प्रभाव पूंजी/आय अनुपात, β के वक्र के U–आकार को उलट कर आय में पूंजी के अंश α को विलोम U का आकार प्रदान करनेके लिए काफी नहीं था।

फिर भी यह अवश्य जान लीजिए कि सिद्धांतत: दोनों ही परिदृश्य संभव हैं। सब कुछ प्रौद्योगिकीय परिवर्तनों पर निर्भर रहता है—या अधिक सटीक शब्दों में, इस बात पर निर्भर है कि समाज द्वारा उपभोग के लिए वांछित चीजों के उत्पादन के लिए श्रम और पूंजी का संयोजन करने के लिए किस किस प्रकार के प्रौद्योगिक विकल्पों का प्रसार उपलब्ध है। इस प्रकार के प्रश्नों के बारे में चर्चा करते समय अर्थशास्त्री प्राय: एक गणितीय सूत्र का प्रयोग कर समाज को उपलब्ध प्रौद्योगिकीय संभावनाओं का निरूपण करते हैं। इसे 'उत्पादन फलन' का नाम दिया जाता है। इस उत्पादन फलन की एक विशेषता पूंजी और श्रम के बीच प्रतिस्थापन की लोच *(Elasticity of Substitution)* की परिभाषा होती है। यह हमें बताती है कि श्रम के स्थान पर पूंजी या पूंजी के स्थान पर श्रम का [वांछित वस्तुओं और सेवाओं के उत्पादन में] प्रयोग कर पाना कितना सुगम है।

उदाहरण के लिए, यदि उत्पादन फलन के निरूपक गुणांक पूर्णत: स्थिर रहें तो प्रतिस्थापन की लोच का मान शून्य होगा—जैसे कि प्रत्येक कृषिकर्मी को काम करने के लिए एक हैक्टेयर भूमि और एक औजार की ही जरूरत हो—या प्रति औद्योगिक श्रमिक एक मशीन आवश्यक हो। यदि किसी कृषि श्रमिक को 1/100 हैक्टेयर अधिक भूमि या एक और औजार दे दिया जाए तो उस अतिरिक्त पूंजी की सीमांत उत्पादिता शून्य रहेगी। इसी प्रकार पूर्व निर्धारित पूंजी के भंडार का प्रयोग कर रहे श्रमिकों की संख्या में एक की वृद्धि कर दी जाए तो उसे किसी भी प्रकार से उत्पादक कार्य में लगा पाना संभव नहीं होगा।

इसके एकदम विपरीत यदि प्रतिस्थापन की लोच का मान अनंत है—तो पूंजी और श्रम की सीमांत उत्पादिताएं पूरी तरह से उसके उपलब्ध भण्डारों या परिमाणों से मुक्त हो जाती हैं। विशेषकर पूंजी पर प्रतिप्राप्ति दर स्थिर हो और वह पूंजी के भंडार पर निर्भर नहीं हो तो सदा ही अधिक पूंजी का संचय कर उत्पादन को किसी निश्चित वार्षिक दर, 5 प्रतिशत या फिर 10 प्रतिशत, बढ़ा पाना संभव रहेगा। एक पूर्णत रोबोट आधारित अर्थ व्यवस्था में कुछ ऐसा ही होगा जहां कुछ और पूंजी को काम पर लगा कर जब चाहें उत्पादन को बढ़ा पाना संभव होगा।

इन दोनों में से कोई भी चरम उद्धरण वास्तव में प्रासंगिक नहीं है। पहले का अपराध कल्पना का अभाव है तो दूसरे को प्रौद्योगिकी के विषय में 'अति आशावाद' का रोगी कहा जा सकता है [इसे मानव जाति के प्रति घोर निराशा का दृष्टिकोण भी कह सकते हैं]। यहाँ प्रासंगिक तो यह प्रश्न है कि श्रम और पूंजी के बीच प्रतिस्थापन की लोच का मान इकाई से अधिक है या कम है। यदि लोच का मान शून्य और एक के बीच रहे तो पूंजी/आय अनुपात β की वृद्धि से पूंजी की सीमांत उत्पादिता में इतनी गिरावट आ सकती है कि आय में पूंजी का अंश, $\alpha = r \times \beta$ कम हो जाएगा—यह हम यही मान रहे हैं कि पूंजी की सीमांत उत्पादिता उसकी प्रतिप्राप्ति की निर्धारक है।[15] यदि लोच का मान इकाई से अधिक हो तो पूंजी/आय अनुपात β की वृद्धि से पूंजी की सीमांत उत्पादिता में गिरावट आएगी और परिणामस्वरूप पूंजी का अंश $\alpha = r \times \beta$ बढ़ जाएगा—यहाँ भी प्रतिप्राप्ति दर को सीमांत उत्पादिता पर निर्भर माना गया है।[16] किंतु यदि इस लोच का मान इकाई हो तो दोनों प्रकार के प्रभाव परस्पर समंजक सिद्ध होंगे: पूंजी की प्रतिप्रास्ति 'r' उसी अनुपात में गिरेगी जिस अनुपात में पूंजी/आय अनुपात β में वृद्धि हुई है ताकि $\alpha = r \times \beta$ अपरिवर्तित रहे।

कॉब-डगलस से आगे : पूंजी-श्रम विभाजिका की स्थिरता का प्रश्न

प्रतिस्थापन लोच का मान इकाई के सामने होने की अवस्था कॉब-डगलस उत्पादन फलन के प्रतिमान के समतुल्य है। यह प्रतिमान 1928 में अर्थशास्त्रियों चार्ल्स कॉब और पॉल डगलस ने सुझाया था। कॉब डगलस उत्पादन फलन के अनुसार चाहे जो कुछ होता रहे, पूंजी और श्रम की चाहे जो भी मात्राएं उपलब्ध हों, आय में पूंजी का अंश एक निश्चित गुणांक α के समान रहेगा—उसे एक विशुद्ध प्रौद्योगिकीय प्राचल माना जा सकता है।

उदाहरण के लिए यदि α = 30 प्रतिशत हो तो कुछ भी होता रहे पूंजी/आय अनुपात कुछ भी हो, पूंजी से आय राष्ट्रीय आय का 30 प्रतिशत ही रहेगी—और शेष 70 प्रतिशत आय श्रम के हिस्से में आएगी। यदि बचत दर s और संवृद्धि दर g का अनुपात β, 6 वर्ष की राष्ट्रीय आय के समान हो तो पूंजी पर प्रतिप्राप्ति दर 5 प्रतिशत होगी—ताकि आय में पूंजी का

अंश 30 प्रतिशत हो। यदि दीर्घकालिक पूंजी भंडार केवल तीन वर्ष की आय हो तो पूंजी पर प्रतिप्राप्ति की दर 10 प्रतिशत तक पहुंच जाएगी और यदि बचत और संवृद्धि दरें पूंजी स्टॉक को 10 वर्ष की राष्ट्रीय आय के समान ले जाएं तो पूंजी पर प्रतिप्राप्ति गिरकर मात्र 3 प्रतिशत रह जाएगी। इन सभी दशाओं में सकल आय में पूंजी का अंश वहीं 30 प्रतिशत रहेगा।

द्वितीय महायुद्ध के बाद पॉल सैम्युलसन के प्रयासों से अर्थशास्त्र की पुस्तकों में कॉब-डगलस उत्पादन फलन ने बहुत ही लोकप्रियता पा ली थी। इसके अनेक अच्छे कारण थे किंतु कुछ बुरे कारण भी साथ में जुड़े थे एक कारण तो सरलता थी—अर्थशास्त्रियों को सरलता से बड़ा लगाव रहा है—भले ही वह एक अनुमानित से चित्र की रूपरेखा बनाकर शांत हो जाए। किंतु इससे भी बड़ा कारण रही पूंजी-श्रम विभाजिका की स्थिरता—यह एक बड़े शांति और समरसतापूर्ण सामाजिक व्यवस्था सुनिश्चित कर देती है। परंतु सत्य तो यह है कि आय में पूंजी के अंश की स्थिरता सत्य हो जाने पर भी समरसता को सुनिश्चित नहीं कर पाती : यह तो पूंजी के स्वामित्व और आय के वितरण में बहुत ही भीषण और असहय्य विषमताओं की सहगामी होती है। सामान्य रूप से प्रचलित धारणा के प्रतिकूल आय में पूंजी के अंश की स्थिरता पूंजी/आय अनुपात की स्थिरता सुनिश्चित नहीं कर पाती—वह तो बड़ी सरलता से अलग अलग देश-काल दशाओं में अलग-अलग स्तरों तक पहुंच सकती है—अर्थात पूंजी के स्वामित्व में बहुत भारी अंतर्राष्ट्रीय असंतुलन भी हो सकते हैं।

मैं केवल यही आग्रह करना चाहता हूँ कि पूर्णत: स्थिर पूंजी-श्रम विभाजिका द्वारा सुझाई गई स्थिति की अपेक्षा ऐतिहासिक वास्तविकता बहुत अधिक जटिल होती है। कई बार कॉब-डगलस अवधारणा किन्हीं सीमित अवधियों या किन्हीं क्षेत्रकों की अवस्था का सही अनुमान प्रदान कर सकती है और विचारक्रम को आगे बढ़ाने के लिए एक अच्छा आरंभिक बिंदु भी हो सकता है। किंतु मेरे द्वारा एकत्र आंकड़े बता रहे हैं कि यह अवधारणा दीर्घ, अल्प या मध्यम काल के उन ऐतिहासिक स्वरूपों की विविधता की अधिक संतोषप्रद व्याख्या कर पाने में समर्थ नहीं है जिनका सहज में ही [उन आंकड़ों से] साक्षात्कार हो जाता है।

लेकिन इसमें कोई बहुत हैरानी की बात नहीं है। जिस समय कॉब और डगलस ने अपनी अवधारणा सुझाई थी, उस समय तक अर्थशास्त्रियों के पास बहुत कुछ ऐतिहासिक आंकड़े उपलब्ध नहीं थे। अपने मूल लेख में इन अमेरिकी अर्थशास्त्रियों ने 1899-1922 के अमेरिकी विनिर्माण क्षेत्रक के आंकड़ों का प्रयोग किया था—वे आंकड़े तो वास्तव में आय के एक स्थिर-प्राय अंश को लाभ के खाते में जाते दिखा रहे थे।[18] लगता है कि इस विचार को सबसे पहले एक अंग्रेज अर्थशास्त्री आर्थर बॉले ने 1920 में अपनी पुस्तक में प्रकट किया था। वह पुस्तक 1880-1913 की ब्रिटिश राष्ट्रीय आय के वितरण पर थी। उनका प्राथमिक निष्कर्ष था कि उस अवधि के ब्रिटेन में पूंजी-श्रम विभाजन स्थिरप्राय था।[19] किंतु एक बात स्पष्ट है : दोनों ही अध्ययनों में अपेक्षाकृत अल्प अवधि के आंकड़ों का प्रयोग हुआ था और उन्होंने [18वीं सदी को तो भूल ही जाइए] 19वीं सदी के प्रारम्भिक वर्षों से भी तुलना करने का कोई प्रयास नहीं किया था।

हमने पहले भी ध्यान दिया है कि इन प्रश्नों ने 19वीं-20वीं सदी-संधि और पूरे ही शीत युद्ध काल में इतने विकट राजनीतिक तनाव पैदा किए हुए थे कि उस वातावरण में तथ्यों पर निष्पक्ष रह कर चर्चा कर पाना कठिन ही था। अनुदार एवं उदार, सभी अर्थशास्त्री यही सिद्ध करने में जुटे थे कि संवृद्धि से सभी को लाभ होता है और उन्हें पूंजी-श्रम विभाजन की इस स्थिरता से बड़ा लगाव हो गया था—भले ही इस लगाव के चलते उन्हें उन आंकड़ों और अवधियों को अनदेखा क्यों न करना पड़ा हो जिनमें पूंजी के अंश भाग में वृद्धि स्पष्ट दिखाई दे रही थी। इसी प्रकार मार्क्सवादी यही दर्शाने पर तुले हुए थे कि मजदूरी स्थिरप्राय रहती है जबकि पूंजी का अंश निरंतर वृद्धिमान होता है, वे अपने इस पूर्वकल्पित निष्कर्ष की पुष्टि के लिए आंकड़ों को तोड़ मरोड़ कर पेश करने से भी परहेज नहीं करते थे। एडवर्ड बर्नस्टीन ने 1899 में यह कहने का दुस्साहस किया था कि जर्मनी में मजदूरी में वृद्धि हो रही थी और उस समय की व्यवस्था के सहयोग से मेहनतकश वर्ग को लाभ हो सकते थे [वे संसद के उपाध्यक्ष बनने को भी तैयार थे]। किंतु जर्मन सोशल डेमोक्रेटिक पार्टी की हनोवर महासभा में

उन्हें बुरी तरह से पराजित होना पड़ा। वर्ष 1937 में जुर्गेन कुजिंस्की नामक युवा अर्थशास्त्री जो बाद में पूर्वी बर्लिन के हम्बोल्ट विश्वविद्यालजय में आर्थिक इतिहास के प्रख्यात प्रोफेसर बने और जिन्होंने 1960-72 में मजदूरी के सार्वभौमिक इतिहास पर अपना 38-खंडीय भव्य शोध प्रकाशित किया था, ने बॉले और अन्य बुर्जुआ अर्थशास्त्रियों पर तीखा प्रहार किया था। कुजिंस्की का तर्क था कि औद्योगिक पूंजीवाद के प्रारम्भ से 1930 के दशक तक राष्ट्रीय आय में श्रम के अंश में निरंतर कमी आई थी। यह बात 19वीं सदी के प्रथम अर्द्ध ही नहीं प्रथम दो तिहाई काल के लिए तो सत्य थी किंतु आगे की अवधि में नहीं।[20] अगले वर्षों में शैक्षिक पत्र-पत्रिकाओं के पृष्ठों में यह विवाद चलता रहा। इकनॉमिक हिस्ट्री रिव्यू, जहां अपेक्षाकृत शांत भाव से विमर्श चलता था, में 1939 में फ्रैड्रिक ब्राउन ने बॉले को स्पष्ट समर्थन देते हुए उन्हें 'एक महान विद्वान' और 'गंभीर सांख्यिकीविद्' की उपाधि देते हुए कुजिंस्की को आंकड़ों की हेराफेरी करने वाला घोषित कर डाला—यह आरोप बहुत ही बेतुका था।[21] इसी वर्ष [1939], केन्ज ने भी बुर्जुआ अर्थशास्त्रियों का साथ देते हुए पूंजी-श्रम विभाजिका की स्थिरता को समस्त अर्थविज्ञान की सर्वश्रेष्ठ स्थापना घोषित कर डाला। यह उदघोषणा और कुछ नहीं तो जल्दबाजी अवश्य थी—केन्ज केवल 1920 के दशक के ब्रिटेन के विनिर्माण क्षेत्र के आंकड़ों को आधार बना रहे थे, और वे आंकड़े किसी सर्वव्यापी-सार्वभौम नियम का प्रतिपादन करने के लिए नितांत अपर्याप्त थे।[22]

1950 से 1970 ही नहीं वरन अगले बीस वर्षों तक भी अर्थशास्त्र की पाठ्य पुस्तकों में पूंजी-श्रम विभाजिका की स्थिरता को एक अकाट्य सत्य की भांति दर्शाया जाता रहा है—पर दुर्भाग्यवश किसी भी लेखक ने इस नियम का अनुसरण करने वाली अवधि को स्पष्ट नहीं किया। अधिकांश लेखक उन आंकड़ों से ही संतुष्ट रहे जो 1950 से आगे नहीं बढ़ पाए। अंतर्महायुद्ध काल, प्रारम्भिक 20वीं या फिर 19वीं और 18वीं सदियों के अनुभव से तुलना करना तो बहुत दूर की बात होती। किंतु 1990 के बाद से अनेक अध्ययन ये बताने लगे हैं कि धनी देशों में लाभ और पूंजी के प्रतिफल

स्वरूप जा रहे राष्ट्रीय आय अंश में 1970 के बाद वृद्धि होने लगी है—स्वाभाविक है कि मजदूरी और श्रम अंश में गिरावट भी आ रही है। अत: पूजी श्रम अंश की स्थिरता को लेकर प्रश्न उठने लगे हैं—यहाँ तक कि 2000 से तो आर्गेनाइजेशन फॉर इक्नॉमिक को-ऑपरेशन एंड डिवेलपमेंट और अंतर्राष्ट्रीय मुद्राकोष की अनेक आधिकारिक रिपोर्टों में भी इस घटनाक्रम पर ध्यान दिया गया है [इसी से स्पष्ट है कि अब इस मुद्दे को गंभीरता से लिया जा रहा है]।

मेरी दृष्टि से तो मेरा यह अध्ययन पूंजी-श्रम विभाजिका और हाल ही में राष्ट्रीय आय में पूंजी के अंश में वृद्धि को एक विस्तृत ऐतिहासिक परिप्रेक्ष्य में रखने और 18वीं सदी से पूंजी/आय अनुपात के विकास पर ध्यान केंद्रित करने का पहला प्रयास है। ऐसे अध्ययन प्रयासों के विस्तार की कोई सीमा नहीं होती—क्योंकि उपलब्ध ऐतिहासिक जानकारियों और उनके स्रोतों में भी कुछ न कुछ त्रुटियां रहती हैं। फिर भी, मेरा विचार है कि एक दीर्घकालिक अध्ययन हमें मुख्य प्रश्नों को एक अधिक व्यापक पटल और नए आलोक में देखने-समझने का सुअवसर अवश्य प्रदान कर सकता है।

21वीं सदी में पूंजी-श्रम प्रतिस्थापन : इकाई से अधिक लोच

मैं दीर्घकालिक विकासक्रम की व्याख्या में कॉब-डगलस प्रतिमान की असमर्थता और अपर्याप्तता की समीक्षा से आरंभ कर रहा हूँ। बहुत लंबे समय से पूंजी और श्रम के बीच प्रतिस्थापन की लोच का मान इकाई से अधिक रहा प्रतीत होता है : लगता है पूंजी/आय अनुपात β की वृद्धि ने α, अर्थात राष्ट्रीय आय में पूंजी के अंश, में कुछ वृद्धि कर दी है [इसे विपरीत दिशा में भी मान्य समझा जा सकता है]। यह ऐसी स्थिति की ओर इंगित कर रहा है जहां पूंजी के अनेक वैकल्पिक उपयोग संभव हों। वास्तव में ऐतिहासिक घटनाक्रम यही दर्शा रहे हैं कि किसी न किसी सीमा तक पूंजी के नए नए उपयोग तलाश होते रहे हैं : भवन निर्माण की नई विधियां, घर में नए नए उपकरणों की स्थापना [छत पर लगे सौर ऊर्जा पट या डिजिटल प्रकाश नियंत्रण व्यवस्था आदि आदि], अधिक परिमार्जित रोबोट एवं अन्य

इलैक्ट्रोनिक उपकरण और चिकित्सीय प्रौद्योगिकी में आज अधिक से अधिक निवेश की आवश्यकता हो रही है। ऐसी पूर्णत: रोबोट चालित अर्थ व्यवस्था की कल्पना करने की आवश्यकता नहीं है जहां पूंजी स्वयं अपना सृजन कर लेती हो [जहां प्रतिस्थापन दर अनंत हो जाती हो]। फिर भी यह तो समझ आ ही जाता है कि आज की विविधतापूर्ण उन्नत अर्थव्यवस्थाओं में अनेक स्थानों पर प्रतिस्थापन दर इकाई से अधिक हो जाती है।

किंतु ये पूर्वाकलन कर पाना भी, स्वाभाविक रूप से, सरल नहीं है कि श्रम के स्थान पर पूंजी को प्रतिस्थापित करने की लोच का मान 21वीं सदी में इकाई से कितना अधिक रहेगा। ऐतिहासिक आंकड़ों के आधार पर इसके 1.3 से 1.6 के बीच रहने का अनुमान लगाया जा सकता है।[24] किंतु यह अनुमान केवल अनिश्चित और अ-सटीक ही नहीं है! इससे भी कही अधिक महत्त्वपूर्ण बात यह है कि भविष्य की प्रौद्योगिकी के लिए अतीत जैसी लोच का प्रदर्शन करना किसी भी तरह अनिवार्य नहीं माना जा सकता। केवल एक बात अपेक्षाकृत अधिक स्थापित लग रही है: पूंजी/आय अनुपात β में कुछ वृद्धि की प्रक्रिया चल रही है। धनी देशों में पिछले कई दशकों में ऐसा अनुभव रहा है और यही घटनाक्रम विश्व के अन्य देशों में भी प्रसारित हो सकता है। यदि समृद्धि [विशेषकर जनांकिकी वृद्धि] 21वीं सदी में धीमी पड़ गई तो राष्ट्रीय आय में पूंजी के अंश α में स्थायी वृद्धि हो सकती है। यह भी निश्चित मानिये कि यदि β में वृद्धि हुई तो पूंजी पर प्रतिप्राप्ति दर 'r' में गिरावट आएगी। किंतु ऐतिहासिक अनुभव फिर भी यही संकेत देते हैं कि परिमाण प्रभाव कीमत प्रभाव से प्रबल सिद्ध होंगे अर्थात संचयन में वृद्धि का प्रभाव पूंजी की प्रतिप्राप्ति दर में कमी के प्रभाव से अधिक सशक्त होगा।

वास्तव में उपलब्ध आंकड़े यही दर्शा रहे है कि अधिकांश धनी देशों में 1970-2010 की अवधि में आय में पूंजी का अंश उतना ही अधिक हुआ है जितनी वृद्धि पूंजी/आय अनुपात में रही है [देखें रेखाचित्र 6.5]। किंतु यह भी ध्यान रहे कि यह वृद्धिशीलता केवल प्रतिस्थापन की इकाई से अधिक लोच का प्रभाव नहीं है—कहीं न कहीं इसमें पूंजी की श्रमिक के सापेक्ष

सौदेबाजी की शक्ति की झलक भी होगी। यह भी ध्यान रखना चाहिए कि पिछले कुछ दशकों से पूंजी के आवागमन और विभिन्न देशों में इसे आकर्षित करने की स्पर्धा में भी वृद्धि हुई है। संभावना है कि इन दोनों प्रभावों ने परस्पर पोषण किया हो और यह क्रम आगे भी जारी रहे। कम से कम इतना तो अवश्य है कि पूंजी/आय अनुपात β में निरंतर वृद्धि, जिसके साथ-साथ पूंजी का राष्ट्रीय आय में अंश α भी बढ़ जाता है, की प्रक्रिया का परिमार्जन करने वाली कोई स्वयंस्फूर्त प्रक्रिया विद्यमान नहीं है।

रेखाचित्र 6.5 : धनी देशों में पूंजी का आय में अंश 1975-2010

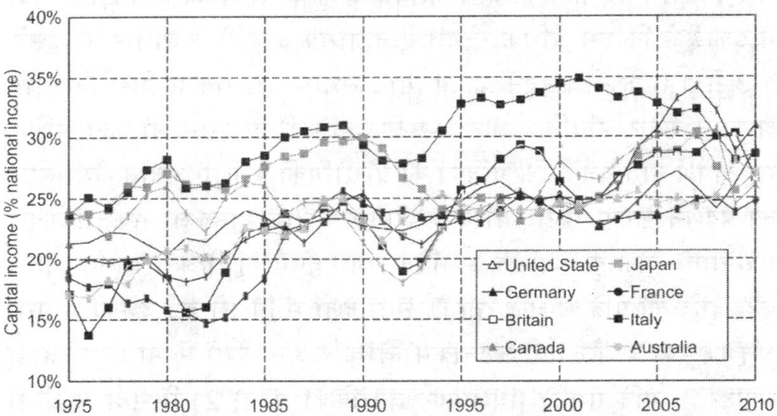

धनी देशों में 1970 में पूंजी से आय में 15-25 प्रतिशत राष्ट्रीय आय खप जाती थी और 2000-2010 में यह अंश 25-30 प्रतिशत के बीच रहा। स्रोत और श्रृंखला हेतु देखें: piketty.pse.ens.fr/capital21C.

परंपरागत कृषि समाज: लोच का मान इकाई से कम

मैंने अभी दर्शाया है कि आधुनिक अर्थव्यवस्थाओं में श्रम के पूंजी द्वारा प्रतिस्थापन की बहुत संभावनाएं रहती हैं। किंतु परंपरागत कृषि अर्थव्यवस्थाओं में ऐसा नहीं हो पाता था—वहाँ तो पूंजी मुख्यत: भूमि के रूप में ही होती थी। उपलब्ध ऐतिहासिक साक्ष्य बहुत स्पष्ट रूप से परंपरागत कृषि व्यवस्थाओं में इस प्रतिस्थापन दर के इकाई से काफी कम होने के संकेत दे रहे हैं। विशेष रूप से यही जानकारी 18वीं-19वीं सदियों में अमेरिका में पूंजी/आय अनुपात और भूमि के किराये द्वारा मापित भूमि

का मूल्य यूरोप से बहुत कम था—वैसे यह भी सत्य है कि नए विश्व में भूमि की प्रचुरता थी।

एक और बात पूर्णत: तर्क संगत है : यदि पूंजी को श्रम का स्थान लेना है तो इसके अनेक स्वरूप होने चाहिए। पूंजी के किसी भी स्वरूप विशेष [कृषि भूमि] से एक बिंदु के बाद निश्चित रूप से कीमत प्रभाव परिमाण प्रभाव से अधिक महत्त्वपूर्ण हो जाएगा। यदि एक पूरे महाद्वीप को कुछ सौ व्यक्तियों के हवाले कर दिया जाए तो भूमि का किराया शीघ्र ही शून्य के पास पहुंच जाएगा। इस उक्ति "अत्यधिक पूंजी, पूंजी पर प्रतिप्राप्ति को नष्ट कर सकती है" का नए और पुराने विश्व में भूमि मूल्य और भूमि के किरायों के सापेक्ष स्तरों से बेहतर उदाहरण नहीं हो सकता।

क्या मानवीय पूंजी का विचार भ्रामक है?

अब एक अत्यंत महत्त्वपूर्ण प्रश्न पर ध्यान देने का समय आ गया है : क्या इतिहास काल में मानवीय पूंजी का बढ़ता हुआ महत्त्व एक भ्रम है? मैं इसी प्रश्न को कुछ अधिक स्पष्ट रूप दे रहा हूँ। बहुत लोगों का विचार है कि विकास और आर्थिक संवृद्धि की प्रक्रिया की एक विशेषता है मानवीय श्रम, योग्यता और ज्ञान का उत्पादन कार्य में निरंतर वृद्धिमान प्रयोग यद्यपि इस संकल्पना को कभी स्पष्ट शब्दों में व्यक्त नहीं किया जाता किंतु इसकी एक संभव व्याख्या यही है कि प्रौद्योगिकीय परिवर्तन इस प्रकार हुए हैं कि मानवीय कारक अब कहीं बड़ी भूमिका निभाने लगे है।[25] वस्तुत: इस प्रकार से आय में पूंजी के अंश के 1800-1810 के 35-40 प्रतिशत से घटकर 2000-10 में 25-30 प्रतिशत रह जाने की व्याख्या सही प्रतीत होने लगती है—और इसी समय श्रम का अंश 60-65 प्रतिशत से उठकर 70-75 प्रतिशत पर भी पहुंचता दिखाई दे जाएगा। श्रम का अंश इसलिए बढ़ा है क्योंकि अब श्रम उत्पादन प्रक्रिया में अधिक महत्त्वपूर्ण हो गया है। अत: मानवीय पूंजी की वृद्धिमान शक्ति ही आय के अधिकाधिक अंश के भूमि, भवन और वित्तीय पूंजी की ओर प्रवाह को रोक पाने में सफल हुई है।

यदि यह व्याख्या सही है तो इसके द्वारा इंगित परिवर्तन सचमुच बहुत बड़ा होना चाहिए। किंतु हमें थोड़ी सावधानी रखनी होगी। एक तो जैसे हमने पहले भी कहा है अभी हमारे पास आय में पूंजी के अंश के दीर्घकालिक विकासक्रम को लेकर सही निर्णय लेने के लिए पर्याप्त ऐतिहासिक परिप्रेक्ष्य नहीं है। इसकी काफी संभावना है कि अगले कुछ दशकों में पूंजी का अंश एक बार फिर से बढ़कर दो सदी पूर्व के स्तर पर पहुंच जाए। यह उस समय भी हो सकता है जबकि पूंजी की संरचना और उसके श्रम से सापेक्ष महत्त्व में कोई बदलाव नहीं आया हो [किंतु उनकी सौदेबाजी की शक्तियों में बदलाव समाज को इस दिशा में ले जा सकता है]। दूसरी संभावना [जो मुझे अधिक सामान्य लग रही है] है कि प्रौद्योगिकी में तो हल्के से परिवर्तन ही आएंगे, किंतु, पूंजी/आय अनुपात की वृद्धि ही पूंजी की दीर्घकालिक प्रतिस्थापन दर का मान इकाई से अधिक होने के कारण आय से इसके अंश को अप्रत्याशित शिखरों तक ले जाएगी। हमारे वर्तमान अध्ययन का अभी तक का यह सबसे महत्त्वपूर्ण निष्कर्ष है : आधुनिक प्रौद्योगिकी अभी भी पूंजी के बहुत बड़े परिमाण का प्रयोग करती है। फिर पूंजी के अनेक प्रयोग संभव हैं। अत: इसकी प्रतिप्राप्ति दर को शून्य स्तर पर पहंचाए बिना भी इसका बड़े स्तर पर संचयन संभव है। अत: दीर्घकाल में प्रौद्योगिकी के श्रम के पक्ष में कुछ करवट बदलने के बाद भी आय में पूंजी के अंश में गिरावट का कोई निश्चित कारण दिखाई नहीं पड़ता।

सावधानी के लिए एक दूसरा कारण भी है। पूंजी के अंश में 35-40 प्रतिशत से 25-30 प्रतिशत हो जाने का दीर्घकालिक परिवर्तन महत्त्वपूर्ण होते हुए भी किसी सभ्यता स्तरीय परिवर्तन का सूचक नहीं है। पिछली दो सदियों में मानवीय कौशल में बड़े सुधार आए हैं—किंतु औद्योगिक, वित्तीय और भवन सम्पदा पूंजी में भी भारी वृद्धि हुई है। कुछ व्यक्तियों को लग रहा है कि पूंजी का महत्त्व कम हो गया है और हम एक जादुई तरीके से पूंजी, उत्तराधिकार और पैतृकीवादी सभ्यता संस्कृति को त्याग कर मानवीय पूंजी और कौशल पर आधारित सभ्यता की अग्रसर हो रहे हैं। मोटे ताजे शेयरधारियों का स्थान संभवत: सुयोग्य प्रबंधक ले चुके हैं—और

यह कार्य प्रौद्योगिकी के कारण ही संभव हो पाया है। मैं तीसरे खंड में आय और सम्पत्ति के बंटवारे में वैयक्तिक विषमता की चर्चा करते हुए एक बार फिर इस विषय की ओर लौटूंगा, वर्तमान स्थिति में इसका सही उत्तर दे पाना संभव नहीं लग रहा। किंतु मैं पहले ही इस प्रकार के अनर्गल आशावाद के प्रति सजग रहने की आवश्यकता बता चुका हूँ: पूंजी केवल इसलिए विलुप्त नहीं हुई क्योंकि यह उपयोगी है—आज भी उतनी ही उपयोगी है जितनी बालजाक और जेन ऑस्टिन के युग में थी—और संभावना यही है कि भविष्य में भी इसकी उपादेयता बनी रहेगी।

पूंजी-श्रम विभाजन में मध्यम अवधि परिवर्तन

मैंने अभी अभी यह स्पष्ट किया है कि पूर्णत: स्थिर पूंजी-श्रम विभाजन की कॉब-डगलस संकल्पना पूंजी-श्रम विभाजिका के दीर्घकालिक विकास की संतोषप्रद व्याख्या नहीं करती। मध्यमकालिक और अल्पकालिक विकास क्रमों पर तो यह बात और अधिक लागू होती है। 'मध्यमकालिक' अवधि कई बार काफी बड़ी हो जाती है।

मैंने विषय प्रवेश में बहुत संक्षेप में सबसे महत्त्वपूर्ण मामले पर बात की थी—औद्योगिक क्रांति के प्रारम्भिक चरण [1800-1860] में, आय में पूंजी के अंश की वृद्धि। मेरे पास ब्रिटेन के विषय में सबसे संपूर्ण आंकड़े हैं। वहाँ के अनेक ऐतिहासिक अध्ययन मिल रहे हैं। इनमें से रॉबर्ट ऐलन का अध्ययन बहुत ही महत्त्वपूर्ण है—उन्हीं ने मजदूरी की दीर्घकालिक स्थिरता को "ऐंजल्स का ठहराव" नाम दिया था। उनका सुझाव है कि 18वीं-19वीं सदी संधि के 35-40 प्रतिशत से लगभग 10 प्रतिशत से अधिक होकर पूंजी का अंश 19वीं सदी के मध्य तक 45-50 प्रतिशत तक पहुंच गया था।—यह वही समय था जब कार्ल मार्क्स अपने ग्रंथ "पूंजी" की रचना कर रहे थे। स्रोत यह भी बता रहे हैं कि आय के अंश में इस वृद्धि की 1870-1900 की अवधि में आई गिरावट ने "प्रतिपूर्ति" कर दी थी। इसी कारण 1900-10 के बीच थोड़ी सी वृद्धि के बाद भी 20वीं सदी के आरंभ में यह अनुपात उसी स्तर पर पहुंच गया जो फ्रांसीसी क्रांति और नेपोलियन के युग में था [देखें रेखाचित्र 6.1]। अत: हम एक दीर्घकालिक प्रवृत्ति की बजाय

'मध्यमकालिक प्रक्रिया' की बात भी कर सकते हैं। फिर भी 19वीं सदी के पूर्वार्द्ध में 10 प्रतिशत राष्ट्रीय आय का पूंजी को अंतरण कोई मामूली बात नहीं थी—स्थूल रूप से देखें तो उस युग में आर्थिक संवृद्धि के फलों का अधिकांश भाग लाभ के रूप में पूंजी के स्वामियों के पास चला गया था—जबकि पहले से ही अति न्यून मजदूरी दर अपने उसी स्तर पर अटकी रही। ऐलन के अनुसार इसका मुख्य कारण श्रमिकों का गांवों से पलायन कर शहरों में पहुंचना और प्रौद्योगिक प्रगति द्वारा पूंजी की उत्पादिता में संवर्धन था [यही उत्पादन फलन में एक संरचनात्मक परिवर्तन के रूप में प्रतिबिंबित होता है]। संक्षेप में हम इसे पूंजी की विचलनशीलता कह सकते हैं।[26]

फ्रांस के उपलब्ध ऐतिहासिक आंकड़े भी इसी कालक्रम को दोहरा रहे हैं। कुल मिलाकर हमारे सभी स्रोत 1810-1850 की अवधि में मजदूरी दर की गंभीर स्थिरता की ओर इंगित कर रहे हैं—जबकि उसी समय औद्योगिक संवृद्धि तो बहुत सशक्त पाई गई है। ज्यां बोविये और फ्रांस्वा फ्यूरे द्वारा फ्रांस की अग्रणी औद्योगिक फर्मों के बही खातों से संकलित जानकारी भी इसी कालक्रम की पुष्टि करती है ; लाभ के अंश में 1860 तक वृद्धि होती रही, 1870-1900 तक इसमें कुछ गिरावट के बाद 1900-1910 में यह फिर अधिक हो गया।[27]

हमारे पास उपलब्ध 18वीं सदी और फ्रांसीसी क्रांति काल के आंकड़े भी सुझा रहे हैं कि भूमि के किराये के रूप में जा रहे अंश में क्रांति पूर्व के दशकों में वृद्धि हो रही थी [ये फ्रांसीसी कृषकों की दुर्दशा के विषय में आर्थर यंग की टिप्पणियों की पुष्टि कर रहे हैं][28] और 1789-1815 की अवधि में मजदूरी में बड़ी वृद्धि हुई थी [इसे संभवत: भूमि के पुन: वितरण और सैन्य उल्लेखनीय संघर्ष की आवश्यकताओं हेतु श्रम को जुटाने की प्रक्रिया का परिणाम भी कहा जा सकता है][29] जब पुन: प्रतिष्ठापन और जुलाई राजतंत्र के काल के समाज के निम्न वर्ग क्रांति एवं नेपोलियन काल को पीछे मुड़कर देखते तो उन्हें सचमुच एक बीते हुए अच्छे जमाने की याद आ जाती थी।

यही याद दिलाने के लिए कि पूंजी-श्रम विभाजन में ये अल्प एवं मध्यमकालिक परिवर्तन अनेक प्रकार के भिन्न कालों और परिस्थितियों में होते रहे हैं। मैंने फ्रांस में वार्षिक विकास-क्रम को रेखाचित्र 6.6-68 में अंकित किया है। इनमें मैंने फर्मों द्वारा की गई मूल्य वृद्धि में मजदूरी-लाभ विभाजन को राष्ट्रीय आय में किराये-भाड़े के अंश से पृथक रूप से निरूपित किया है।[30] एक बात पर विशेष ध्यान दें : द्वितीय महायुद्ध के बाद से मजदूरी-लाभ विभाजन के तीन स्पष्ट सोपान रहे हैं—1945-68 में लाभों में तीव्र वृद्धि हुई तो 1968-83 में लाभ के अंश में भारी गिरावट आई और फिर तेज वृद्धि के बाद 1990 के दशक के प्रारम्भिक वर्षों में स्थिरता दिखाई देने लगी। मैं अगले कुछ अध्यायों में आर्थिक विषमताओं के संदर्भ में इस अत्यंत राजनीतिक स्वरूप के घटनाक्रम पर विस्तार से चर्चा करूंगा। उन्नीस सौ पैंतालिस से किराये भाड़े के रूप में जा रहे राष्ट्रीय आय के वृद्धिमान अंश पर विशेष ध्यान देने की आवश्यकता है। इसका तात्पर्य यही होगा कि 1990-2010 तक भले ही लाभ का अंश स्थिर हो गया हो किंतु कुल मिलाकर पूंजी को जा रहे अंश में वृद्धि का क्रम चल ही रहा है।

रेखाचित्र 6.6: फ्रांस के निगमों में मूल्यवृद्धि में लाभ का अंश

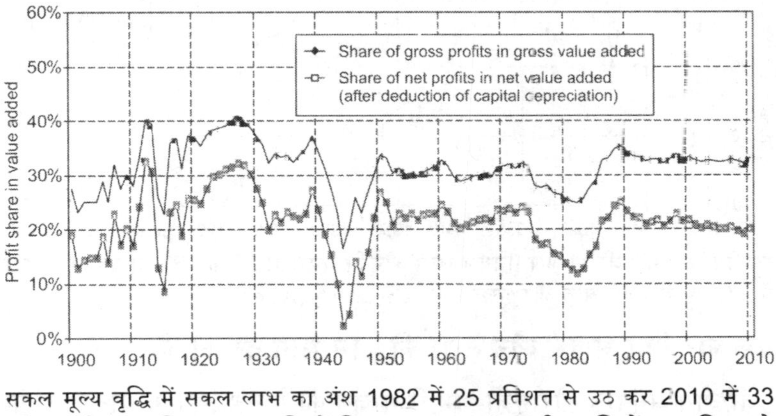

सकल मूल्य वृद्धि में सकल लाभ का अंश 1982 में 25 प्रतिशत से उठ कर 2010 में 33 प्रतिशत हो गया; निवल मूल्य वृद्धि में निवल लाभ का अंश इसी अवधि में 12 प्रतिशत से बढ़कर 20 प्रतिशत हो गया। स्रोत और श्रृंखला हेतु देखें: piketty.pse.ens.fr/capital21C.

रेखाचित्र 6.7 : फ्रांस में राष्ट्रीय आय में भवन किराये का अंश—1900-2010

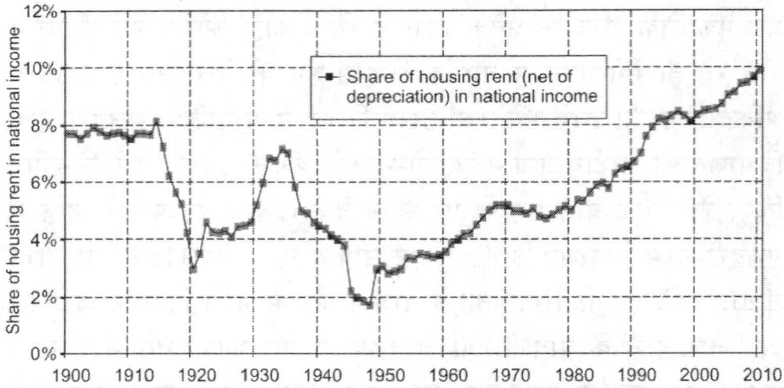

भवन किराया का अंश [गृह खंडों का किराया मूल्य मान] 1948 में राष्ट्रीय आय का 2% था, यह 2010 में 10% हो गया।
स्रोत और श्रृंखला हेतु देखें: piketty.pse.ens.fr/capital21C.

रेखाचित्र 6.8 : फ्रांस की राष्ट्रीय आय में पूंजी का अंश, 1900-2010

राष्ट्रीय आय में पूंजी का अंश [निवल लाभ और किराया] 1982 के 15% से बढ़कर 2010 में 27.7% हो गया। स्रोत और श्रृंखला हेतु देखें: piketty.pse.ens.fr/capital21C.

एक बार फिर मार्क्स और लाभ की ह्रास मान दर की ओर

पूंजी/आय अनुपात और पूंजी-श्रम विभाजन की ऐतिहासिक गत्यात्मकता के इस विश्लेषण के अंत पर पहुंचकर लगता है कि मुझे अपने निष्कर्षों और कार्ल मार्क्स की स्थापनाओं के बीच संबंध की ओर ध्यान दिलाना चाहिए।

मार्क्स ने जिस मुख्य तंत्र की बात की जिसके माध्यम से बुर्जुआ स्वयं अपनी कब्र खोदते हैं" वह मेरे विषय प्रवेश में "अपरिमित संचयन के सिद्धांत" के अनुकूल है। पूंजीपति निरंतर अधिकाधिक पूंजी का संकलन करते जाते हैं और परिणामस्वरूप लाभ के अंश में अपरिहार्य गिरावट प्रारम्भ हो जाती है—अर्थात इस प्रकार पूंजी पर प्रतिप्राप्ति में निरंतर ह्रास ही अंतत: पूंजीपति वर्ग के पतन का कारण बन जाता है। मार्क्स ने किसी गणितीय प्रतिमान का प्रयोग नहीं किया था और उनका गद्य भी सदैव सुस्पष्ट नहीं था। अत: यह कहना कठिन हो जाता है कि उनके मस्तिष्क में क्या चल रहा था। किंतु उनके विचारों की व्याख्या का एक तर्कसंगत मार्ग हमारे $\beta = s/g$ के नियम का एक विशिष्ट स्वरूप हो सकता है जहां संवृद्धि दर g शून्य या उसके अत्यंत ही निकट हो।

याद कीजिए कि g दीर्घकालिक संरचनात्मक संवृद्धि दर है—यह उत्पादिता और जनसंख्या वृद्धि का योग है। मार्क्स और 19वीं-20वीं सदी के सभी अर्थशास्त्रियों के मस्तिष्क में उत्पादिता में स्थायी और टिकाऊ वृद्धि से प्रेरित संरचनात्मक संवृद्धि की कोई स्पष्ट धारणा नहीं थी[31]—1950 के दशक में रॉबर्ट सोलो के कार्य ने ही इस स्थिति को नया स्वरूप दिया था। उस समय तक सभी एक निहित संकल्पना को लेकर चल रहे थे—उत्पादन की वृद्धि, विशेष कर विनिर्माण उत्पादन की वृद्धि की व्याख्या मुख्यत: औद्योगिक पूंजी के संचय द्वारा होती थी। दूसरे शब्दों में, उत्पादन में वृद्धि केवल इस कारण से हो रही थी कि प्रत्येक श्रमिक को काम करने के लिए पहले से अधिक मशीन-औजार आदि मिल रहे थे—इसका उत्पादिता वृद्धि (स्थिर पूंजी और श्रम के साथ) से कोई नाता नहीं था। किंतु आज हम जानते है कि उत्पादिता वृद्धि के बिना दीर्घकालिक संरचनात्मक संवृद्धि संभव नहीं हो सकती। किंतु ऐतिहासिक परिप्रेक्ष्य और आंकड़ों के अभाव में मार्क्स के समय में यह समझ पाना सहज नहीं था।

किंतु जब संरचनात्मक संवृद्धि नहीं हो, उत्पादिता और जनसंख्या संवृद्धि दर, g शून्य हो तो हम मार्क्स द्वारा वर्णित तार्किक अंतर्विरोध के बहुत निकट पहुंच जाते हैं। यदि, s, अर्थात बचत की दर सकारात्मक रहे—या पूंजीपति अधिकाधिक पूंजी का संचय करते जाते हैं, चाहे अपनी शक्ति

बढ़ाने, अपनी अधिलाभता को बनाए रखने या केवल इसलिए कि उनका जीवन यापन स्तर इतना उच्च है कि उन्हें यह समझ ही नहीं आता कि पैसा कैसे खर्च करें। फिर तो पूंजी/आय अनुपात में निरंतर वृद्धि होती जाएगी। यही नहीं, यदि g का मान शून्यप्राय हो तो β स्वमेव ही अंनत मान की ओर अग्रसर होगा। यदि β का आकार बहुत ही बड़ा हो जाए तो पूंजी पर प्रतिप्राप्ति दर 'r' सूक्ष्म से सूक्ष्म हो अंततः शून्य हो जाएगी। अर्थात आय में पूंजी का अंश $\alpha = r \times \beta$ ही अंततः सारी राष्ट्रीय आय को हड़प जाएगा।[32]

अतः मार्क्स द्वारा प्रदर्शित गत्यात्मक विरोधाभास एक वास्तविक कठिनाई से संबंधित है और उससे बच पाने का एक मात्र तार्किक मार्ग संरचनात्मक संवृद्धि है—वहीं पूंजी की निरंतर संचयन की प्रक्रिया का कुछ संतुलन कर सकती है। केवल उत्पादिता और जनसंख्या में स्थायी संवृद्धि ही पूंजी की नई इकाइयों की प्रतिपूर्ति कर सकती है, जैसा कि $\beta = s/g$ का नियम सुझा रहा है। अन्यथा पूंजीपति सचमुच अपनी कब्रें खोद रहे होंगे : या तो वे निरंतर गिर रही लाभ की दर का सामना करते हुए एक दूसरे का विनाश कर डालेंगे [सर्वोत्तम उपनिवेशक निवेशों पर युद्ध करके जैसा कि1905 और 1911 में मोरक्को संकट में जापान और जर्मनी ने कुछ ऐसा ही किया था] या फिर वे श्रमिकों को आय का न्यून से न्यून अंश स्वीकार करने को विवश करेंगे और वह अंततः सर्वहारा क्रांति के माध्यम से पूंजीपतियों से सब कुछ छीन लिए जाने का आधार बन जाएगा। प्रत्येक दशा में पूंजीवाद का विघटन उसके अंतर्विरोधों का ही परिणाम रहेगा।

मार्क्स के मन में भी ऐसा ही कोई प्रतिमान रहा होगा। [अर्थात ऐसा प्रतिमान जो पूंजी के असीमित संचय पर आधारित हो]। इस बात की पुष्टि उन द्वारा अत्यंत अधिक पूंजी सघन उत्पादन कर रही औद्योगिक फर्मों के बही खातों के अनेक बार उपयोग से होती है। कैपिटल के प्रथम खंड में उन्होंने एक वस्त्र उद्यम के खातों का उदाहरण देते हुए कहा है कि ये खाते उस उद्यम के स्वामी ने ही उन्हें प्रेषित किए थे। उन खातों में वर्ष भर के उत्पादन के मूल्य की तुलना में सकल अचल और चल पूंजी का अनुपात बहुत बड़ा, 10 भी अधिक दिखाई पड़ता है। इतना उच्च पूंजी/आय

अनुपात सचमुच बड़ा डरावना लगता है। यदि पूंजी पर प्रतिप्राप्ति दर 5 प्रतिशत रही हो तो आधे से अधिक उत्पादन मूल्य फर्म के लाभ के रूप में ही चला जाता। अत: मार्क्स और उस परिदृश्य को देख रहे अन्य विद्वानों को यह चिंता होनी स्वाभाविक थी कि यह क्रम समाज को किधर ले जाएगा [वे यह भी जानते थे कि 19वीं सदी के आरंभ से ही मजदूरी दरों में एक ठहराव आया हुआ था] और इस प्रकार का अति उच्च–पूंजी सघन औद्योगिक विकास किस प्रकार के दीर्घकालिक सामाजिक-आर्थिक संतुलन को जन्म देगा!

मार्क्स ने 1820-60 की ब्रिटिश संसद की कार्यवाही की रिपोर्टों का भी बड़े मनोयोग से अध्ययन किया था। इन्हें प्रयोग कर मार्क्स ने श्रमिकों की निम्न मजदूरी, काम पर दुर्घटनाओं, शोचनीय स्वास्थ्य परिस्थितियों और औद्योगिक पूंजी के स्वामियों द्वारा प्रताड़नापूर्ण व्यवहार के चलते भीषण दुर्दशा का चित्रांकन किया है। उन्होने विभिन्न स्रोतों से लाभ पर लगाए गए करों के आंकड़ों का भी उपयोग किया जिनसे पता चलता था कि 1840 के दशक में ब्रिटेन में औद्योगिक लाभ में बड़ी तीव्र दर से वृद्धि हो रही थी। मार्क्स ने, सांकेतिक रूप में ही सही, उत्तराधिकार पत्रों के आंकड़ों का प्रयोग कर यह भी दिखाने का प्रयास किया कि नेपोलियन युद्धों के पश्चात की अवधि में विशालतम ब्रिटिश धन सम्पदाओं का संवर्धन नाटकीय तौर पर हुआ था।[33]

समस्या यही है कि इन महत्त्वपूर्ण अंतदृष्टियों के बावजूद मार्क्स ने प्राय: उपलब्ध आंकड़ों के प्रति किस्से कहानी वाले और अव्यवस्थित दृष्टिकोण को ही अपनाया। उन्होंने यह जानने का कोई प्रयास नहीं किया कि जिस अति उच्च पूंजी सघनता को उन्होंने किसी ब्रिटिश फैक्ट्री में पाया, क्या वह सारी ब्रिटिश अर्थव्यवस्था की वास्तविकता की ओर इंगित कर रही थी—या अर्थव्यवस्था के किसी क्षेत्रक विशेष की स्थिति को दर्शा रही थी। ऐसा करना असंभव नहीं था—यदि वे बस कुछ दर्जन फर्मों के बही खातों का अवलोकन और कर लेते तो यह कार्य पूरा हो जाता। उनकी पुस्तक मुख्यत: पूंजी के संचयन के प्रश्न से ही जुड़ी थी। इसलिए यह बात और भी हैरान करती है कि मार्क्स ने ब्रिटेन के पूंजी भंडार के आकलन के

उन प्रयासों का जिक्र तक नहीं किया जो 18वीं सदी के आरंभ से हो चुके थे। पैट्रिक कोल्कोन से 1800-1810 में यह क्रम प्रारम्भ हुआ और गिफेन ने 1870 के दशक में इसी कार्य को जारी रखा।[34] लगता है मार्क्स ने अपने आस पास हो रहे राष्ट्रीय लेखांकन विषयक कार्य पर ध्यान देने की आवश्यकता नहीं समझी। यह बड़े दुर्भाग्य की बात है—यदि उन्होंने ध्यान दिया होता तो वे निश्चित ही निजी पूंजी संचयन विषयक अपनी अंतदृष्टि की पुष्टि प्रमाण जुटा पाते और सबसे बड़ी बात तो यह है कि वे अपने व्याख्या-प्रतिमान को भी स्पष्ट कर पाते।

"दो केम्ब्रिजों" से आगे

यह स्वीकार करना भी आवश्यक है कि 19वीं-20वीं सदी में मिल रहे राष्ट्रीय लेखा और अन्य आंकड़े पूंजी/आय अनुपात की गत्यात्मकता की सटीक समझ के लिए नितांत अपर्याप्त थे। एक तो यही बात थी कि राष्ट्रीय आय या घरेलू उत्पाद के अनुमानों की अपेक्षा राष्ट्रीय पूंजी के कहीं अधिक अनुमान उपलब्ध थे। किंतु 1915-45 के संक्षोभों के बाद बीसवीं सदी के मध्य तक यह परिद्रश्य उलट गया था। निस्संदेह यह भी एक कारण रहा कि क्यों पूंजी के संचय का प्रश्न विवाद का विषय बना रहता है और उसे लेकर विभ्रम क्यों फैलता रहा है। इसका एक उदाहरण तो 1950 और 1960 के दशकों का प्रसिद्ध "केम्ब्रिज विवाद" है। इसे "दो केम्ब्रिज विवाद" भी कहते हैं क्योंकि यहाँ केम्ब्रिज, इंगलेंड और केम्ब्रिज, मेसाच्युसेट्स आमने सामने थे।

आइए इस विवाद के मुख्य प्रश्नों को याद कर लें : जब रॉय हैरड और एव्से डोमर ने स्पष्ट रूप से 1930 के दशकांत में इस सूत्र $\beta = s/g$ से हमें परिचित कराया तो इसके एक परिवर्तित रूप $g = s/\beta$ का प्रयोग करना एक सामान्य बात थी। हैरड ने 1939 में तक दिया कि β का निर्धारण तो उपलब्ध प्रौद्योगिकी द्वारा पहले ही हो जाता है [जैसा स्थिर गुणांकीय उत्पादन फलन में होता है और जहां कारकों में परस्पर प्रतिस्थापन की कोई संभावना नहीं होती]। फिर तो संवृद्धि दर का निर्धारण केवल बचत दर द्वारा ही होता था। यदि बचत दर 10 प्रतिशत हो और प्रौद्योगिक विकास 5 प्रतिशत के पूंजी/आय अनुपात को आरोपित कर दे तो

अर्थव्यवस्था की उत्पादन क्षमता 2 प्रतिशत वार्षिक होगी। किंतु इस संवृद्धि दर को जनसंख्या वृद्धि और उत्पादिता वृद्धि [जिसकी उस समय तक परिभाषा भी नहीं की गई थी] के समान भी होना था। अत: संवृद्धि एक अस्थिर प्रक्रिया बन जाती थी जो किसी 'तलवार की धार' पर चलने जैसा कार्य थी। सदैव ही पूंजी या तो बहुत कम रह जाएगी या बहुत अधिक होगी—अर्थात या तो अतिरिक्त क्षमता और बुलबुले की स्थिति होगी या फिर बेरोजगारी की, अक्सर क्षेत्रक और वर्ष के अनुसार, दोनों ही स्थितियां एक साथ ही चल सकती थी।

हैरड की अंतर्दृष्टि पूरी तरह से गलत नहीं थी और वे एक महान समष्टि स्तरीय अस्थिरता के काल—महामंदी—के दौरान अपना विचार कलमबंद कर रहे थे। वास्तव में उन्होंने जो प्रक्रिया वर्णित की है उससे ये समझाने में सहायता प्राप्त होती है कि संवृद्धि की प्रक्रिया सदैव इतनी अधिक परिवर्तनशील क्यों रहती है : राष्ट्रीय स्तर पर बचतों को निवेश के समतुल्य स्तर पर ले जाना—जबकि बचत और निवेश संबंधी निर्णय बहुत ही अलग और बहुत से व्यक्तियों द्वारा अपने अपने कारणों के आधार पर लिए जाते हैं। यह तो एक अत्यंत ही जटिल और अराजकतापूर्ण घटना-क्रम होगा—क्योंकि अल्पकाल में ही पूंजी की गहनता और उत्पादन की व्यवस्था में परिवर्तन करना तो विशेष रूप से कष्टसाध्य होता है।[35] फिर भी पूंजी/आय अनुपात दीर्घकाल में सापेक्षत: लचीला रहता है जैसा कि आंकड़ों में परिलक्षित बहुत बड़े ऐतिहासिक उतार चढ़ावों से स्पष्ट भी हुआ है। इसमें दीर्घकाल तक पूंजी की श्रम के स्थान पर प्रतिस्थापन दर के इकाई से अधिक होने का भी योगदान रहा है।

डोमर ने 1948 में $g = s/\beta$ नियम की हैरड की अपेक्षा अधिक आशावादी और लचीला स्वरूप विकसित किया। डोमर ने इस सत्य पर बल दिया कि बचत दर और पूंजी/आय अनुपात किसी सीमा तक परस्पर समंजन या समन्वय भी कर सकते हैं। इससे भी कहीं अधिक महत्त्वपूर्ण 1956 में सोलो द्वारा कारक प्रतिस्थापन्नतापूर्ण उत्पाद फलन की रचना रही; उसने सूत्र के विलोम $\beta = s/g$ को लिखना संभव बना दिया। इस विकास का अभिप्राय या कि दीर्घकाल में पूंजी/आय अनुपात अर्थव्यवस्था

की बचत दर और संरचनात्मक संवृद्धि दर के अनुरूप ढल जाती है—[वे दरें इस अनुपात के अनुरूप नहीं ढलतीं]। किंतु 1950 और 1960 के दशकों में केम्ब्रिज, मेसाच्युसेट्स में कार्यरत अर्थशास्त्रियों [सोलो और सैम्युलसन सहित—जो प्रतिस्थापन्नतापूर्ण कारकों वाले उत्पाद फलन के पक्ष में थे] और केम्ब्रिज, इंग्लैंड के अर्थशास्त्रियों [जोन रॉबिन्सन, निकोलस कॉल्डर और ल्यूगी पेसीनिटी आदि] के बीच विवाद चलता रहा—यह इंग्लैंड में बसे अर्थशास्त्री—[प्राय: किसी भ्रमवश] मान रहे थे कि सोलो के प्रतिमान ने यह दावा किया है कि संवृद्धि सदैव संतुलनपूर्ण रहती है और इस प्रकार का प्रतिमान केन्ज द्वारा प्रतिपादित अल्पकालिक उतार चढ़ावों के महत्त्व को नकारने का प्रयास कर रहा था। यह तो 1970 के दशक में हुआ जबकि सोलो का नवशास्त्रीय संवृद्धि प्रतिमान निश्चित रूप से मान्यता और प्रतिष्ठा पा सका।

आज उस विवाद के तर्क-वितर्कों के प्रश्नावलोकन के लाभ सहित देखें तो उस बहसबाजी का एक उत्तर औपनिवेशिक आयाम भी था: अमेरिकी अर्थशास्त्री, जो ऐतिहासिक दृष्टि से अंग्रेजों की चेलागीरी करते आ रहे थे, अपने आप को उस दासता से मुक्त करते दिखाई पड़ें। ध्यान रहे कि एडम स्मिथ के समय से ही अर्थशास्त्र के चिंतन व्यवसाय पर अंग्रेजों का वर्चस्व रहा है और वे केन्ज की उस धारणा की रक्षा कर रहे थे जिसके प्रति उनके विचार से अमेरिकियों ने विश्वासघात किया था। किंतु इस उत्साह ने आर्थिक चिंतन को आलोकित कम किया—बल्कि किसी न किसी रूप में कुहासे के आवरण को और गहन कर दिया। अंग्रेजों के उन संदेहों का कोई आधार नहीं था। सोलो और सैम्युलसन स्वयं पूर्णत: सहमत थे कि संवृद्धि की प्रक्रिया अस्थिरतापूर्ण होती है और उसे अल्पकाल में केन्ज की सुझाई समष्टि आर्थिक स्थिरताकारी नीतियों के सहारे की आवश्यकता होती है और वे $\beta = s/g$ को एक दीर्घकालिक नियम मान रहे थे। फिर भी यूरोप में पैदा हुए कुछ अमेरिकी अर्थशास्त्री [जैसे कि फ्रैंको मोडिगलियानी] कई बार उस "संतुलित संवृद्धि पथ" का अतिरंजनापूर्ण महिमा मंडन करते थे जिसे वे अपनी महान खोज मानते थे।[36] सत्य तो यह है कि $\beta = s/g$ का नियम एक ऐसे संवृद्धि पथ का निरूपण करता है जिस पर दीर्घकाल में पूंजी का

भंडार, आय और उत्पादन प्रवाह जैसे सभी समष्टि अर्थशास्त्रीय परिमाण परस्पर कदम से कदम मिला कर चलते हैं। फिर भी अस्थिरता के प्रश्न को अनदेखा कर दें तो भी ऐसी संतुलित संवृद्धि न तो धन का सामंजस्यपूर्ण बंटवारा सुनिश्चित कर पाती है और न ही इससे पूंजी के स्वामित्व की विषमता का निवारण हो पाता है। यही नहीं, अभी हाल तक फैली रही भ्रांति के विपरीत $\beta = s/g$ का नियम पूंजी/आय अनुपात में समय-समय पर और विभिन्न देशों में बहुत बड़े परिवर्तनों की संभावना को नकारता नहीं है। वस्तुस्थिति एकदम उलट है। मेरे विचार में तो केम्ब्रिज पूंजी विवाद की उग्रता और निष्फलता का आंशिक कारण यही था कि दोनों ही पक्षों के पास उस विचार विमर्श के सभी आयामों को स्पष्ट करने में समर्थ ऐतिहासिक आंकड़ों का अभाव था। यह भी बहुत ही विलक्षण बात रही कि दोनों ही पक्षों ने प्रथम विश्वयुद्ध से पूर्व के राष्ट्रीय पूंजी के अनुमानों का प्रयोग ही नहीं किया—संभवत: वे उन अनुमानों को 1950 और 1960 के दशकों की वास्तविकताओं के अनुरूप नहीं मान रहे थे। दो महायुद्धों ने अवधारणा तथा सांख्यिकीय विश्लेषण के स्तरों में इतनी बड़ी असंगति का संचार कर दिया था कि [यूरोपीय दृष्टिकोण से तो विशेष रूप से] उस मुद्दे का दीर्घकालिक परिप्रेक्ष्य में अध्ययन कर पाना असंभव प्रतीत हो रहा था।

एक निम्न संवृद्धि तंत्र में पूंजी की पुनर्प्रतिष्ठा

सत्य यही है कि 20वीं सदी के अंत से पूर्व हमारे पास न तो सांख्यिकीय आंकड़े ही थे और न ही पूंजी/आय अनुपात और पूंजी-श्रम विभाजिका की दीर्घकालिक गत्यात्मकता के सटीक विश्लेषण के लिए आवश्यक ऐतिहासिक अंतराल उपलब्ध था। विशेष रूप से, मैंने जो आंकड़े संकलित किए हैं और जितना लम्बा इतिहास काल हम सौभाग्यवश आज प्रयोग कर पा रहे है [अभी भी यह कुछ अपर्याप्त है फिर भी हमारे पूर्ववर्ती लेखकों की तुलना में तो अधिक ही है] के आधार पर निम्न निष्कर्ष उभर कर सामने आ रहे हैं।

सबसे पहली बात तो यही है कि यदि ऐतिहासिक रूप से निम्न संवृद्धि युग की वापसी होती है, जहां साथ ही शून्य या नकारात्मक जनसंख्या वृद्धि

चल रही हो तो पूंजी का महत्त्व भी पुनर्प्रतिष्ठा पा जाता है। निम्न संवृद्धि समाजों की पूंजी के विशाल भंडार की पुनर्रचना की इसी प्रवृत्ति को β = s/g का नियम अभिव्यक्त करता है और इसे इस प्रकार संक्षेप में कहा जा सकता है : ठहराव/स्थिरता ग्रस्त समाजों में अतीत में संचित धन सम्पदा स्वाभाविक रूप से बहुत महत्त्व धारण कर लेती है।

आज यूरोप का पूंजी/आय अनुपात 5-6 वर्ष की राष्ट्रीय आय को पार कर चुका है, यह 18वीं-19वीं सदियों से प्रथम विश्वयुद्ध तक के स्तर से बहुत भिन्न नहीं है।

वैश्विक स्तर पर पूरी संभावना है कि पूंजी/आय अनुपात 21वीं सदी में इस स्तर को भी पार कर जाएगा। यदि बचत आज के 10 प्रतिशत स्तर पर बनी रहे और दीर्घकालिक संवृद्धि दर अतिदीर्घकाल में 1.5 प्रतिशत के आसपास स्थिर हो जाए तो पूंजी का विश्व भंडार तार्किक दृष्टि से 6 से 7 वर्ष की आय के बराबर हो जाएगा। यदि संवृद्धि दर केवल 1 प्रतिशत रह गई तो पूंजी/आय अनुपात 10 वर्ष की आय तक भी पहुंच सकता है।

पूंजी के राष्ट्रीय और विश्व आय में अंश, जिसका निर्धारण $\alpha = r \times \beta$ के नियम द्वारा होता है, के संबंध में अनुभव बता रहा है कि पूंजी/आय अनुपात में पूर्वाकलित वृद्धि से पूंजी की प्रतिप्राप्ति दर में बड़ी गिरावट आना आवश्यक नहीं है—इस तथ्य की हम पूंजी की दीर्घकालिक प्रतिस्थापन दर की इकाई से अधिक रहने द्वारा व्याख्या कर सकते हैं। अत: सर्वाधिक संभावित परिणाम यही होगा : प्रतिप्राप्ति दर की गिरावट पूंजी/आय अनुपात की वृद्धि से कम रहेगी और इसी कारण आय में पूंजी का अंश वृद्धिमान हो जाएगा। पूंजी/आय अनुपात का 7-8 वर्ष के समान स्तर पूंजी पर प्रतिप्राप्ति की 4-5 प्रतिशत दर के साथ मिलकर वैश्विक आय में पूंजी के अंश को 30-40 प्रतिशत तक ले जा सकता है। यह स्तर 18वीं-19वीं सदियों के स्तर के समान ही है और यह इससे ऊंचा भी उठ सकता है।

पहले हमने यह भी देखा है कि दीर्घकाल में संभव है कि प्रौद्योगिकीय परिवर्तन पूंजी की अपेक्षा मानवीय श्रम के पक्षधर रहें—उससे पूंजी की

प्रतिप्राप्ति और उसके अंश में कमी आ सकती है। किंतु इस दीर्घकालिक प्रभाव का आकार सीमित ही लगता है। हो सकता है विपरीत दिशा में कार्य कर रहे अन्य प्रभाव इससे प्रबल रहें। इन प्रभावों में वित्तीय मध्यस्थता की निरंतर जटिल होती व्यवस्थाएं और पूंजी की प्राप्ति के लिए अंतर्राष्ट्रीय प्रतिस्पर्धा प्रमुख हैं।

प्रौद्योगिकी की सनक

पुस्तक के इस दूसरे खंड का प्रमुख निष्कर्ष है कि ऐसी कोई प्राकृतिक शक्ति नहीं होती जो इतिहास काल में पूंजी और पूंजी के स्वामित्व से होने वाली आय के महत्त्व को निश्चित रूप से कम कर सके। द्वितीय विश्व युद्ध के बाद एक बार लगा था कि पूंजी के परंपरागत स्वरूप [भूमि, भवन और वित्तीय पूंजी] पर मानवीय पूंजी की विजय एक स्वाभाविक और अप्रतिवर्त्य प्रक्रिया है। यह धारणा संभवत: प्रौद्योगिकी और विशुद्ध आर्थिक प्रक्रियाओं का परिणाम थी। वस्तुत: उस समय भी कुछ लोग कह रहे थे कि इसमें राजनीतिक शक्तियों की भूमिका अधिक प्रबल थी। मेरे निष्कर्ष भी इसी मत की पुष्टि कर रहे हैं। आर्थिक और प्रौद्योगिक तर्कशीलता की ओर प्रगति का स्वाभाविक परिणाम लोकतांत्रिक और प्रतिभातंत्रीय तर्कशीलता की ओर अग्रसर होना नहीं होता। इसका प्राथमिक कारण बहुत सामान्य है : बाजार की ही भांति प्रौद्योगिकी की भी न कोई सीमा होती है और न ही नैतिकता। प्रौद्योगिकी के विकास ने निश्चय ही मानवीय कौशल और दक्षता की आवश्यकता का संवर्धन किया है। किंतु इसने भवनों, कार्यालयों, हर प्रकार के औजारों, पेटेंट आदि की जरूरत को भी बढ़ा दिया है। कुल मिलाकर इन सभी गैर मानव पूंजी स्वरूपों [भवन सम्पदा, व्यावसायिक और औद्योगिक पूंजी, वित्तीय पूंजी] का मूल्य उतनी ही तेजी से वृद्धिशील हुआ है जितनी तीव्र वृद्धि श्रम की कुल आय में दिखाई दी है। यदि हम सचमुच एक अधिक न्यायपूर्ण और तर्कसंगत सामाजिक व्यवस्था की रचना करना चाहते हैं तो प्रौद्योगिकी की सनक एवं चंचल प्रकृति को आधार बनाना पर्याप्त नहीं होगा।

संक्षेप में : आधुनिक संवृद्धि, जो उत्पादिता में वृद्धि और ज्ञान के प्रसार पर आधारित है, ने मार्क्स द्वारा उद्धघोषित अंतर्दृष्टियों से बचना और पूंजी संचयन की प्रक्रिया में संतुलन लाना संभव बना दिया है। किंतु इसने पूंजी की अंतरंग संरचनाओं को परिवर्तित नहीं किया है—कम से कम यह श्रम की तुलना में समष्टि स्तर पर पूंजी की महत्ता को कम तो नहीं कर पायी है। अब मुझे यह देखना है कि क्या आय और धन सम्पदा के वितरण में विषमता के लिए भी यही बात सत्य है। उन्नीसवीं सदी से अब तक श्रम और पूंजी के संदर्भ में विषमता की अंतर्रचना वास्तव में कितनी परिवर्तित हुई है?

■ ■ ■

खण्ड-3

विषमता की संरचना

अध्याय-7

विषमता एवं संकुलन : प्रारम्भिक संदर्भ बिंदु

खंड-2 में मैंने राष्ट्रीय स्तर पर पूंजी/आय अनुपात और राष्ट्रीय आय के पूंजी और श्रम के बीच विभाजन के परिवर्तनों का विश्लेषण किया था, किंतु वहां वैयक्तिक स्तर पर आय या धन सम्पदा के विभाजन की विषमताओं पर कोई बात नहीं की गई थी। मैंने 1914-45 के संक्षोभों का विशेष रूप से अध्ययन करते हुए पूंजी/आय अनुपात और पूंजी-श्रम विभाजन में 20वीं सदी में आए परिवर्तनों को समझने का प्रयास किया है। इस सत्य से कि यूरोप और सारा विश्व बस उन संक्षोभों से उबर आया है, यह धारणा बनने लगी है कि 21वीं सदी के प्रारम्भिक वर्षों में फलता फूलता दिख रहा सम्पत्ति धारण-उत्तराधिकार आधारित पूंजीवाद संभवत: एक नया विकास है। किंतु वास्तव में यह तो अतीत की पुनरावृत्ति अर्थात 19वीं सदी के निम्न संवृद्धि काल के घटनाक्रम द्वारा निर्मित वातावरण को दोहराव मात्र है।

अब मैं वैयक्तिक स्तर पर विषमता और वितरण का विश्लेषण आरंभ कर रहा हूं। अगले कुछ अध्यायों में मैं स्पष्ट करूंगा कि दो विश्वयुद्धों और उनके कारण प्रारम्भ हुई सार्वजनिक नीतियों ने 20वीं सदी में विषमताएं कम करने में केंद्रीय भूमिका निभाई है। कुजनेट्स की आशावादी भविष्यवाणियों के विपरीत इस प्रक्रिया में स्वाभाविक या अनायास घटित होने वाला कोई तत्त्व नहीं था। मैं यह भी दिखाने जा रहा हूं कि 1970 और 1980 के दशकों में विषमताएं फिर अधिक होने लगी हैं—हां, विभिन्न देशों में इनकी वृद्धि में काफी अंतर भी दिखाई दे रहे हैं किंतु इससे यही संकेत मिलते हैं कि उन देशों के संस्थागत एवं राजनीतिक भेदों की इस क्रम में बड़ी भूमिका होनी चाहिए। साथ ही मैं ऐतिहासिक और सैद्धांतिक

दृष्टिकोणों से अति दीर्घकालिक पटल पर उत्तराधिकार में मिली सम्पत्ति और श्रम से आय के सापेक्ष महत्त्व में परिवर्तन की प्रक्रियाओं का भी विश्लेषण करूंगा। कितने ही लोगों को विश्वास है कि आधुनिक संवृद्धि स्वाभाविक रूप से उत्तराधिकार पर श्रम और जन्म पर प्रतिभा को वरीयता देती है। इस व्यापक विश्वास का स्रोत क्या है? हम इसके सत्य होने के विषय में कितने आश्वस्त हो सकते हैं? अंततः अध्याय-12 में मैं आगामी दशकों में धन सम्पदा के वैश्विक वितरण में संभावित परिवर्तनों के विषय में चर्चा करूंगा। क्या 21वीं सदी 19वीं सदी से अधिक विषमतापूर्ण होगी—क्या यह पहले ही अधिक विषमतापूर्ण नहीं हो गई है? आज के विश्व में विषमता की रचना औद्योगिक क्रांति काल या फिर परंपरागत ग्रामीण समाजों की विषमता से किस प्रकार भिन्न है। खंड-2 पहले इस विषय में कुछ रोचक दिशा संकेत दर्शा चुका है, किंतु इस अत्यंत महत्त्वपूर्ण प्रश्न का सही उत्तर देने के लिए तो वैयक्तिक स्तर पर विषमता की रचना का विश्लेषण अनिवार्य है।

आगे बढ़ने से पूर्व, इस अध्याय में मुझे कुछ विचारों और परिमाणों से आपको परिचित कराना होगा। मैं इस बात की ओर ध्यान दिलाने से प्रारम्भ कर रहा हूं: प्रत्येक समाज में आय की विषमताओं को तीन पदों में विभक्त किया जा सकता है : श्रम से आय में विषमताएं, पूंजी के स्वामित्व और उससे सृजित आय में विषमताएं; और इन दोनों के बीच अंतर्क्रियाएं। बालजाक के उपन्यास पेअरे गोरियो में रेस्टीनेक को वॉट्रिन की सीख इन मुद्दों से हमें बहुत अच्छी तरह से परिचित करा सकती है।

वॉट्रिन की सीख

बालजाक का 1815 में प्रकाशित उपन्यास संभवतः और अधिक स्पष्ट भाषी नहीं हो सकता था। पेअरे गोरियो, जो पहले पास्टा बनाता था, क्रांति और नेपोलियन युग में अनाज के व्यवसाय से बहुत धन कमा चुका था। उस विधुर ने अपना सब कुछ त्याग कर अपनी पुत्रियों डेल्फिन और एनस्टैसी को उस समय के पेरिस के प्रतिष्ठित संभ्रांत समाज में विवाह के माध्यम से स्थापित किया। उसने अपने लिए बस इतना ही बचाकर रखा

था कि एक घटिया से बोर्डिंग हाउस में रह भर सके। वहीं उसकी भेंट यूजेन डी रेस्टीनेक नामक कंगाल युवा भद्रकुलीन से हुई जो दूर दराज के ग्रामीण क्षेत्र में कानून की पढ़ाई करने पेरिस आया था। महत्त्वकांक्षा से भरा किंतु अपनी गरीबी को लेकर शर्मिंदा यूजेन एक दूर के रिश्तेदार के सहारे ऐसे दीवान खानों में घुसपेठ बना रहा था जहां सामंत और पुनर्प्रतिष्ठा युग के बड़े धन्ना सेठों के बीच गहरी छनती थी। वह शीघ्र ही डेल्फिन के प्रेम में फंस जाता है—पति बैरन डी न्यूसीजेन, जो पेशे से बैंकर था, उसे त्याग चुका था—वह अपनी पत्नी के लाए हुए दहेज को अनेक प्रकार के सट्टेबाजी के धंधों में उड़ा चुका था। शीघ्र ही यूजेन रेस्टीनेक का मोहभंग हो जाता है क्योंकि उसे धन से भ्रष्ट हुए उच्च संभ्रांत कहे जाने वाले समाज के ओछेपन का दर्शन होते है। उसे यह जानकर बड़ा धक्का लगा कि गोरियो को उसकी बेटियों ने किस प्रकार भुला दिया था जो अपनी सामाजिक सफलता से सातवें आसमान में उड़ रही थीं और उसका माल हाथ लगने के बाद शायद ही कभी उससे मिली भी हों। वह बूढ़ा अत्यंत विपन्नता और अकेलेपन में ही अपने प्राण त्याग देता है। केवल रेस्टीनेक उसकी शवयात्रा में जाता है। किंतु पेअरे लेशाइज कब्रिस्तान से बाहर आते ही सेन नदी के तट पर पेरिस की संपन्नता के दृश्य से अभिभूत हो वह राजधानी की विजय के अभियान पर निकल पड़ता है। वह नगर को संबोधित कर कहता है : "अब बस तुम हो और मैं हूं"। उसका भावनात्मक और सामाजिक शिक्षण पूरा हो गया था। इस क्षण से अब वह भी निर्मम बन जाएगा।

उपन्यास का सबसे कालिखभरा बिंदु उसके मध्य भाग में आता है जहां रेस्टीनेक के सामाजिक और नैतिक द्वन्द्व अपने भीषणतम एवं स्पष्टतम रूप में आ खड़े होते हैं जब एक बदनाम व्यक्ति वॉट्रिन उसे भविष्य के विषय में एक गुरुमंत्र देने का प्रयास करता है।[1] जहां रेस्टीनेक और गोरियो रहते थे, उसी बोर्डिंग हाउस में रहने वाला वॉट्रिन बहुत लुभावनी बातें करने वाला व्यक्ति था जो ले कॉम्टे डे मोन्टे-क्रिस्टो के पात्र एडमंड दांते या ला मिजरेबल के जीन वेलजीन की भांति अपने आपराधिक अतीत को छिपा भी रहा था। किंतु वे दो पात्र फिर भी भरोसेमंद थे। वॉट्रिन तो अत्यंत

घटिया और ओछा व्यक्ति था। उसने एक बड़ी सम्पत्ति के उत्तराधिकार का झांसा दिखाकर रेस्टीनेक को एक हत्या करने के लिए उकसाने का प्रयास किया। उससे पहले वॉट्रिन ने रेस्टीनेक को उस समय के फ्रांसीसी समाज में एक युवक के सामने संभावित भविष्य के विभिन्न परिदृश्यों का विस्तार से लुभावना चित्रण किया।

सारी चर्चा का सार, जो वॉट्रिन ने रेस्टीनेक को समझाया, यही था कि अध्ययन, प्रतिभा और मेहनत से सामाजिक सफलता मिलने का विचार बहुत भ्रामक था। अपने उस युवा मित्र को वह समझा रहा था कि यदि उसने कानून या चिकित्साशास्त्र का अध्ययन किया जहां व्यक्ति की योग्यता विरासत में प्राप्त धन से अधिक महत्त्वपूर्ण होती है तो उसका भविष्य कई रूप धारण कर सकता है। वॉट्रिन ने इस बात को रेस्टीनेक को अत्यंत स्पष्टता से समझाया कि इन दोनों पेशों में वह वार्षिक आय कमा पाने में सफल हो सकता है। निर्णय बहुत स्पष्ट था: यदि वह अपनी कक्षा में प्रथम आए और शीघ्र ही एक प्रतिष्ठित वकील बन जाए—जिसके लिए उसे कई प्रकार के समझौते भी करने पड़ेंगे—तो भी उसे एक साधारण सी आमदनी से गुजारा करना पड़ेगा और सचमुच अमीर लोगों के समाज में सम्मिलित होने का सपना छोड़ देना पड़ेगा। उसने कहा :

तीस वर्ष की आयु पर पहुंच कर तुम एक न्यायाधीश बन सकते हो और तुम्हारी वार्षिक आय 1200 फ्रैंक होगी—अगर तब तक तुमने अपना न्यायाधीश को चोगा उतार नहीं फेंका होगा। चालीस की उम्र पर पहुंच कर किसी मिल मालिक, जो 6000 लिवरे कमाता हो, की बेटी से तुम्हारी शादी हो जाएगी। बहुत बहुत धन्यवाद। लेकिन यदि सौभाग्यवश तुम्हें कोई अच्छा संरक्षक मिल गया तो तुम 30 की आयु पर एक शाही दंडाधिकारी बन सकते हो जिसे 1000 एक्यू [5000 फ्रैंक] मिल रहे होंगे—और संभवत: मेयर की बेटी से तुम्हारी शादी भी हो जाए। यदि कुछ गंदे राजनीतिक खेल में हिस्सेदार बनने को तैयार हुए तो 40 की उम्र तक तुम महादंडाधिकारी बन सकते हो....। किंतु यह बताना भी मेरा विशेषाधिकार है कि पूरे फ्रांस में केवल 20 महादंडाधिकारी होते हैं जबकि

तुम जैसे बीसियों हजार व्यक्ति उस पद की लालसा से प्रयास कर रहे होंगे। उनमें कुछ तो ऐसे 'महापुरुष' भी होंगे जो एक पायदान ऊंचे चढ़ने के लिए अपने परिवारों को भी बेच डालने को तैयार हों। यदि यह धंधा तुम्हें वीभत्स लग रहा हो तो किसी अन्य पर विचार करिए। क्या बैरन डी रेस्टीनेक एक वकील बनना चाहेगा? बहुत अच्छा। फिर तो तुम्हें दस वर्षों तक बड़ी कठिनाई से कंजूसी भरा जीवन बिताते हुए एक हजार फ्रैंक प्रतिमाह खर्च करते हुए, एक पुस्तकालय और कार्यालय का जुगाड़ करना होगा, समाज में जगह-जगह चक्के खाने होंगे, अदालतों के क्लर्कों के कदम चूमने होंगे कि तुम्हें भी कोई मुकदमा मिल जाए और अदालत के फर्श को तो बस अपनी जीभ से चाटते रहना होगा। यदि यह पेशा तुम्हें किसी बड़ी मंजिल तक ले जाने वाला हो तो मैं तुम्हें इसके विरुद्ध कोई सलाह नहीं देता। किंतु क्या तुम पैरिस में ऐसे पांच वकीलों के नाम गिना सकते हो जो 50 की उम्र तक पहुंचते-पहुंचते 50000 फ्रैंक वार्षिक कमाने लगे हों?

इसके विपरीत वॉट्रिन ने सामाजिक सफलता की एक बहुत कुशल युक्ति भी रेस्टीनेक को सुझाई। उसी बोर्डिंग हाउस में एक शर्मीली सी मैडम विक्टरीन भी रहती थी—जिसका झुकाव युजेन की ओर था। उसकी सलाह थी कि विक्टरीन से शादी कर लो तो तुरंत एक मिलियन फ्रैंक की सम्पदा के मालिक बन जाओगे और 20 वर्ष की आयु में ही 50000 फ्रैंक की वार्षिक आय [पूंजी का 5 प्रतिशत] पाने लगोगे। यह शाही दंडाधिकारी का कार्य करने पर बरसों बाद संभव आय से 10 गुना अधिक है [और पेरिस के सबसे समृद्ध वकील तो वर्षों के प्रयास और तिकड़मबाजी के बाद कहीं जाकर 50 की उम्र में इतना कमा पाते हैं]।

निष्कर्ष बड़ा सीधा था: युवा विक्टरीन से शादी रचने में जरा भी वक्त मत गवाओ—यह भूल जाओ कि वह कुछ विशेष सुंदर या आकर्षक नहीं है। युजेन बड़ी उत्सकुता से सारी सीख को सुनता रहा किंतु पटाक्षेप वाक्य से सन्न रह गया; अवैध संतान विक्टरीन को पिता से उत्तराधिकारी होने की मान्यता और वह सम्पत्ति मिलने के मार्ग में बस एक मामूली सी बाधा थी—उसके भाई की पहले हत्या करनी पड़ेगी और वह पूर्व अपराधी

[वाट्रिन] सम्पत्ति में हिस्सा मिलने पर इस काम को करने को तैयार था। यह रेस्टीनेक को कुछ ज्यादा ही लगा। यद्यपि वह अध्ययन की तुलना में उत्तराधिकार के अधिक बेहतर होने के वॉट्रिन के तर्कों से सहमत था, किंतु हत्या में भागीदार होना उसे स्वीकार्य नहीं था।

मूल प्रश्न : परिश्रम या उत्तराधिकार

वॉट्रिन के उस भाषण का सबसे भयावह पक्ष तो यह था कि उसने पुनर्प्रतिष्ठा काल के समाज के एक विहंगम चित्रण में इतने सटीक आंकड़ों का प्रयोग किया था। मैं भी अब यही दिखाने जा रहा हूं कि 19वीं सदी के फ्रांस में आय और धन सम्पदा की क्रमिकताएं कुछ ऐसी थीं कि अति धनी वर्ग के जीवन स्तर तक पहुंच पाने की बात केवल मेहनत की कमाई खाने वाला व्यक्ति सोच भी नहीं सकता था [ध्यान रहे कि वॉट्रिन ने सामान्य मजदूर की आय नहीं बल्कि उस समय के फ्रांस के अच्छी कमाई वाले पेशों की बात की है—डॉक्टर, वकील, न्यायाधीश आदि]। ऐसी दशा में प्रश्न उठता था कि कोई काम करे ही क्यों? नैतिकता पूर्ण व्यवहार क्यों करे? सामाजिक विषमता अपने आप में इतनी अनैतिक और अन्यायपूर्ण थी कि सभी प्रकार की नैतिकता का त्याग कर येन केन प्रकारेण पूंजी हथियाने का कार्य क्यों नहीं किया जाए?

वॉट्रिन द्वारा दिए गए आय के विस्तृत आंकड़ों का इतना महत्त्व नहीं है [वैसे वे बहुत ही वस्तुपरक थे] : मुख्य बात तो यह है कि 19वीं ही नहीं 20वीं सदी के आरंभ के फ्रांस में भी मेहनत और अध्ययन द्वारा उस जीवन स्तर की सुख सुविधाएं नहीं मिलती थीं जो उत्तराधिकार में प्राप्त दौलत और उससे संभावित आय से मिल रही थीं। इसे सभी समझ सकते थे—बालजाक को इसे सिद्ध करने के लिए न आंकड़ों की जरूरत थी और न ही आय की क्रमिकताओं के दशमांकों और शतकांकों की। यही नहीं, 18वीं-19वीं सदियों के ब्रिटेन की स्थिति भी ऐसी ही थी। जेन ऑस्टिन के नायकों के लिए काम करके कमाने का तो प्रश्न ही नहीं उठता था—बस एक ही बात महत्त्वपूर्ण थी कि कितनी सम्पत्ति थी—उत्तराधिकार में मिली या

दहेज में। वस्तुत: प्रथम विश्वयुद्ध से पूर्व यही स्थिति लगभग सारे विश्व में थी किंतु उस महायुद्ध में उस भाड़ाजीवी *(Society Rentiers)* सम्पदाधारी जीवन शैली ने जैसे आत्म हत्या कर ली। इस नियम के कुछ अपवाद थे—विशेषकर संयुक्त राज्य अमेरिका के उत्तरी एवं पश्चिमी राज्यों के छोटे छोटे नए बसे समुदाय जहां 18वीं-19वीं शताब्दियों में उत्तराधिकारी सम्पदा पर कोई प्रभाव नहीं था। किंतु वहां भी यह स्थिति अधिक समय तक नहीं रह पाई। किंतु दक्षिणी प्रांतों में दास और भूमि, सम्पदा या पूंजी का बहुत बड़ा हिस्सा थे—और वहां उत्तराधिकारी सम्पदा का महत्त्व पुरातन यूरोप से कुछ कम नहीं था। उपन्यास गौन विद द विंड की स्कार्लेट ओ हारा से विवाह के इच्छुकों के पास अपने अध्ययन या योग्यता का बखान करने के लिए रेस्टीनेक से ज्यादा कुछ नहीं था : हां उनके बाप [या ससुर के पास] बागान के आकार की बात अधिक महत्त्वपूर्ण थी। वॉट्रिन तो नैतिकता, प्रतिभा और सामाजिक न्याय के प्रति अपनी नफरत को स्पष्ट करते हुए कह ही गया था कि वह तो अपना जीवन संयुक्त राज्य के दक्षिणी क्षेत्र में दासों का स्वामी बन उन नीग्रो लोगों की कमाई पर ऐश करते हुए बिताने के ख्वाब देख रहा था।[3] स्पष्टत: जो अमेरिका पुरान फ्रांसीसी अपराधी को लुभा रहा था वह टोक्विले के लिए आकर्षण का केंद्र नहीं था।

यह भी सही है कि श्रम की आय का भी सदैव संपूर्ण समतापूर्ण विभाजन नहीं होता और सामाजिक न्याय के प्रश्न को श्रम की आय बनाम उत्तराधिकारी पूंजी से आय का रूप दे देना उचित नहीं होगा। फिर भी आधुनिक लोकशाही का एक आधार यह मान्यता भी है कि प्रतिभा और प्रयास से उत्पन्न विषमताएं अन्य की तुलना में अधिक न्यायपूर्ण हैं—कम से कम हम उस दिशा में अग्रसर होने की आशा तो करते ही हैं। वस्तुत: 20वीं सदी के यूरोप में कुछ समय के लिए तो वॉट्रिन की सीख प्रभावहीन होकर रह गई थी। द्वितीय विश्वयुद्ध प्रश्चात के दशकों में उतराधिकारी सम्पदा का अधिकांश महत्त्व समाप्त हो गया था और इतिहास में पहली बार अध्ययन और मेहनत [या काम करना] सामाजिक शिखर तक पहुंचने

के निश्चित मार्ग बन गए थे। आज, यद्यपि अनेक प्रकार की विषमताएं फिर से सिर उठा रही हैं और सामाजिक एंव लोकतांत्रिक प्रगति में अनेक प्रकार के विश्वासों को ठेस भी लग रही है—फिर भी अधिकांश लोगों की धारणा है कि वॉट्रिन के रेस्टीनेक को दिए गए भाषण के जमाने से दुनिया में एक क्रांतिकारी बदलाव आ चुका है। आज भला एक युवा कानून अध्येता को अध्ययन का मार्ग छोड़ कर पुराने अपराधी की सामाजिक प्रगति की युक्ति समझाने का कोई साहस कर पाएगा? हां यह ठीक है कि आज भी किसी व्यक्ति को कोई संभावी बड़ी विरासती दौलत पर आंख गड़ाए रखने की सलाह दे दे—किंतु ऐसा बहुत कम होगा।[4] किंतु अधिकांश मामलों में यह न केवल अधिक नैतिकतापूर्ण है बल्कि लाभदायक भी है कि पढ़ाई, काम और व्यावसायिक सफलता पर भरोसा किया जाए।

वॉट्रिन का भाषण दो प्रश्नों की ओर हमारा ध्यान आकर्षित करता है, और मैं अगले कुछ अध्यायों में उन्हीं के समाधान की खोज करूंगा—भले ही मुझे सुलभ आंकड़े किंचित त्रुटिपूर्ण ही क्यों न हों। पहला प्रश्न है : क्या आज हमें विश्वास है कि वॉट्रिन के समय से श्रम बनाम उत्तराधिकारी सम्पदा से आय का सापेक्ष महत्त्व सचमुच बदल गया है? यदि हां तो किस सीमा तक? दूसरी संभवत: अधिक महत्त्वपूर्ण बात यह है : यदि हम मानते हैं कि ऐसा कोई परिवर्तन किसी सीमा तक आ गया है तो इसका सही कारण क्या रहा—और कहीं इसे फिर से पलट तो नहीं दिया जाएगा?

श्रम और पूंजी से संबंधित विषमताएं

इन प्रश्नों के उत्तर दे पाने से पूर्व मुझे कुछ बुनियादी विचार और विभिन्न देशों में समय समय पर आय और धन सम्पदा की विषमताओं की मूल रूप-रेखाओं से आपको परिचित कराना होगा। मैंने खंड-1 में दिखाया कि किसी की आय को उसकी श्रम से आय और पूंजी से आय के योग के रूप में अभिव्यक्त किया जा सकता है। मजदूरी श्रम से आय का एक प्रकार है और अपने विश्लेषण को सरल रूप से बताने की दृष्टि से मैं कई बार श्रम से आय

में विषमता को मजदूरी की विषमता का नाम भी दूंगा। एक बात निश्चित है : श्रम से आय में गैर-मूजदूरी आय भी सम्मिलित होती है—बहुत समय तक इस अंश ने एक बड़ी भूमिका निभाई है और आज भी इसका महत्त्व शून्य नहीं हुआ है। पूंजी से आय के भी कई रूप हो सकते हैं : इसमें पूंजी स्वामित्व से प्राप्त वे सभी आय सम्मिलित हैं जो श्रम में स्वतंत्र होती हैं— इनका विधिक वर्गीकरण कुछ भी हो सकता है [जैसे कि किराया भाड़ा, लाभांश, ब्याज, रॉयल्टी, लाभ, पूंजीगत लाभ इत्यादि]।

परिभाषा के अनुसार सभी समाजों में आय की विषमता इन दो घटकों को जोड़ने का परिणाम होती है—अर्थात श्रम से आय की विषमता के साथ पूंजी से आय की विषमता का योग ही आय की विषमता कहलाता है। इन दो घटकों में जितनी अधिक विषमता होगी, उतनी ही अधिक सकल विषमता हो जाएगी। सार रूप में हम दो प्रकार की समाजों की कल्पना कर सकते हैं : एक, जहां श्रम से जुड़ी विषमता अधिक है और पूंजी से जुड़ी विषमता का मान कम है; तो दूसरी ओर ऐसा समाज भी हो सकता है जहां दोनों घटक बहुत विषमतापूर्ण हो या फिर समतापूर्ण।

तीसरा निर्णायक कारक विषमता के इन दो आयामों के बीच संबंध होता है : श्रम से उच्च आय पाने वाले व्यक्ति कहां तक पूंजी से भी उच्च आय पा रहे हैं? तकनीकी दृष्टि से यह संबंध एक सांख्यिकीय सहसंबंध ही है और अन्य सभी बातें समान रहने पर इस सहसंबंध का मान जितना अधिक होगा, विषमताएं उतनी अधिक हो जाएंगी। व्यवहार में जिस समाज में पूंजी से आय इतनी अधिक हो कि पूंजी स्वामी को कुछ काम करना ही नहीं पड़े वहां तो इस सहसंबंध का मान बहुत कम रह जाएगा। उदाहरण के लिए जेन ऑस्टिन के नायक प्राय: हर प्रकार के पेश से दूर ही रहते थे। आज क्या परिदृश्य है? और, भविष्य में कैसा होगा?

एक और बात पर ध्यान दें: यदि बड़े सम्पत्तिधारी अपेक्षाकृत कम सम्पत्ति वालों की अपेक्षा अपनी पूंजी पर अधिक प्रतिप्राप्ति पाने में सफल

हो जाएं तो पूंजी से आय की विषमता पूंजी के स्वामित्व [या धन] की विषमता से अधिक गहन हो सकती है। यह प्रक्रिया समाज में विषमता को बहुगुणित करने का सशक्त कारण बन सकती है और अभी अभी प्रारम्भ हुई सदी में तो यह बात विशेष महत्त्वशाली होगी। सरलतम दशा में यदि धन के प्रत्येक स्तर पर समान औसत दर से प्रतिप्राप्ति होती रहे तो धन और धन से आय की विषमताएं समान रहेंगी।

आय के विषमतापूर्ण वितरण का विश्लेषण करते समय इन विभिन्न आयामों और विषमता के घटकों में ध्यानपूर्वक भेद करना आवश्यक है, पहले तो गुणवाची और नैतिक कारणों से [श्रम से आय की विषमता का औचित्य उत्तराधिकारी आय और पूंजी पर प्रतिप्राप्ति के अंतरों द्वारा सृजित विषमताओं के औचित्य से बहुत ही अलग होता है]; दूसरे, इन अवलोकित अंतरों की व्याख्या करने में समर्थ आर्थिक, सामाजिक और राजनीतिक प्रक्रियाएं बहुत ही अलग अलग प्रकार की होती हैं। श्रम आय में विषमता के संदर्भ में विभिन्न प्रकार के कौशलों की मांग और आपूर्ति, शिक्षा व्यवस्था की अवस्था, और श्रम बाजार का नियमन एवं मजदूरी निर्धारण करने वाली संस्थाओं को इस प्रक्रिया में सम्मिलित माना जा सकता है। पूंजी से आय की विषमता के संदर्भ में बचत और निवेश व्यवहार, उपहार और उत्तराधिकार के नियम, और भवन सम्पदा एवं वित्त बाजारों का संचलन महत्त्वपूर्ण रहते हैं। अर्थशास्त्रियों की रचनाओं और सार्वजनिक चर्चाओं में सामान्यत: जिन सांख्यिकीय मापकों द्वारा आय की विषमताएं बताई जाती हैं, वे प्राय: अत्यंत ही 'संशिलष्ट' या कृत्रिम होते हैं। उदाहरणत: 'गिनि गुणांक'। इनमें बहुत सी चीजों को एक साथ मिला दिया जाता है—जैसे कि श्रम और पूंजी से संबद्ध विषमताएं। फिर तो विषमता के विभिन्न आयामों और उनकी अंतर्निहित प्रक्रियाओं में भेद कर पाना संभव नहीं रहता। किंतु मैं यथासंभव सटीक रूप से इनके बीच भेद बनाए रखने का प्रयास करूंगा।

पूंजी: श्रम की अपेक्षा सदैव अधिक विषमतापूर्ण वितरण

आय की विषमता के व्यावहारिक स्तर पर आकलन करते समय सबसे पहली जो बात बार-बार उभर कर आती है वह है : पूंजी से जुड़ी विषमता सदैव श्रम से संबंधित विषमता से कहीं अधिक बड़ी होती है। पूंजी के स्वामित्व [और उससे आय] का वितरण श्रम की आय के वितरण की तुलना में कहीं बहुत अधिक संकुलित होता है।

यहां दो बातों का तुरंत स्पष्टीकरण अनिवार्य है। यह प्रवृत्ति सभी देशों और अवधियों में [जहां भी आंकड़े मिल पाए हैं] समान रूप से पाई गई है, इसका कोई अपवाद नहीं है, और इस घटनाक्रम को इंगित करने वाले आयाम बहुत ही चौंकाने वाले हैं। इसके परिमाण की एक प्रथम झलक पर गौर करें : श्रम से अधिकतम आय कमाने वाले 10 प्रतिशत वर्ग का सकल श्रम आय में अंश 25-30 प्रतिशत रहता है जबकि पूंजी की आय पाने वाले उच्चतम प्रतिशत का 50 प्रतिशत से अधिक पूंजी [कुछ एक देशों में तो 90 प्रतिशत भी] पर अधिकार होता है। संभवत: मजदूरी कमाने वाला निम्नतम 50 प्रतिशत वर्ग भी श्रम से आय का एक महत्त्वपूर्ण अंश [एक चौथाई से एक तिहाई तक] पा लेता है किंतु सम्पदा वितरण के निम्न 50 प्रतिशत का उस सम्पदा में अंश प्राय: नगण्य [10 प्रतिशत से कम—आमतौर पर 5 प्रतिशत भी नहीं—अर्थात उच्चतम 10 प्रतिशत वालों के दसवें हिस्से के बराबर भी नहीं] रहता है। अत: श्रम पर आधारित विषमताएं सौम्य, उदार और संभवत: न्यायपूर्ण [यदि विषमता को भी उचित ठहराया जा सके] प्रतीत होती हैं। इसके विपरीत पूंजी पर आधारित विषमताएं तो सदैव बहुत तीव्र होती है।

दूसरे, यह प्रवृत्ति प्रारब्ध निर्मित नहीं है, इसका अस्तित्व तो हमें पूंजी के संचयन और धन सम्पदा के वितरण की गत्यात्मकता को निर्धारित करने वाली सामाजिक और आर्थिक प्रक्रियाओं की प्रकृति के विषय में महत्त्वपूर्ण जानकारी देता है।

ऐसी प्रक्रियाओं का विचार कर पाना कठिन नहीं है जो धन के वितरण को श्रम की आय से अधिक समतापूर्ण बना सकें। उदाहरण के लिए, मान लें कि श्रम की आयों में कौशल और विभिन्न पदस्तर आदि के अनुसार स्थायी अंतरों के साथ-साथ अल्पकालिक संक्षोभ प्रभावों के कारण भी अंतर आ सकते हैं—किसी व्यक्ति के सेवाकाल में कार्य के घंटों; मजदूरी दरों आदि में विभिन्न क्षेत्रकों में समय-समय पर काफी उतार-चढ़ाव संभव होते हैं। फिर तो अल्प काल में श्रम की आय बहुत ही विषमतापूर्ण हो सकती है। वैसे यदि दीर्घकालिक स्तर—10 वर्ष या फिर व्यक्ति के जीवनकाल भर के लिए मापन करें तो इस विषमता में काफी कमी आ सकती है किंतु इस प्रकार का मापन नहीं हो पाता—कारण यह है कि पर्याप्त दीर्घकालिक आंकड़ों का अभाव बना रहता है। वॉट्रिन के भाषण में इंगित अवसरों और पदस्तरों की विषमाओं का सही आकलन कर पाने के लिए एक दीर्घकालिक परिवेश की आवश्यकता है किंतु यहां भी दुर्भाग्यवश सटीक मापन प्राय: कठिन ही रहता है।

विशाल लघुकालीन मजदूरी उतारचढ़ावों से भरे विश्व में धन संचय का मुख्य कारण निवारक [आय पर किसी नकारात्मक संक्षोभ के कारण सुरक्षित कोष का निर्माण] हो सकता है। उस दशा में धन की विषमता मजदूरी की विषमता से कम हो। उदाहरण के लिए आय की विषमता उसी परिमाण की हो सकती है जितनी की श्रम से आय (दूसरी गणना किसी व्यक्ति के व्यवसाय करने के दौरान मापी गई हो) से स्थायी विषमता। और इसीलिए यह तात्कालिक श्रम से आय विषमता (यह एक निश्चित समय पर आंकी गई हो) से उल्लेखनीय तौर पर नीची हो सकती है। उस दशा में धन की विषमता मजदूरी दर की स्थायी विषमता [व्यक्ति के समस्त कार्यकाल पर आकलित] के बराबर रहेगी। यह सब तार्किक दृष्टि से संभव होते हुए भी वास्तविक विश्व के लिए अधिक प्रासांगिक नहीं है—क्योंकि धन की विषमताएं प्राय: सभी स्थानों पर सदैव ही श्रम से आय की विषमताओं से बहुत अधिक पाई गई हैं। यद्यपि संक्षोभ में निवारण से प्रेरित कुछ बचतें

अवश्य होती हैं किंतु यह धन के संचय और वितरण की प्राथमिक व्याख्या नहीं है।

हम ऐसी प्रक्रियाओं की भी कल्पना कर सकते हैं जो धन की विषमताओं के परिमाण को श्रम की आय से विषमताओं के समान कर दें। यहां मूलत: केवल जीवनकाल की दृष्टि से धन संचय की मान्यता की आवश्यकता होगी, जैसे मोडग्लियानी ने किया था। फिर तो सभी व्यक्ति अपनी मजदूरी के अनुपात में धन संचय करेंगे ताकि वे सेवानिवृत्ति के बाद के जीवनकाल में भी अपने सक्रिय सेवाकाल जैसे ही जीवन निर्वाह कर सकें। ऐसे में धन की यह विषमता श्रम से आय की विषमता का दूसरा रूप होगा और इसका महत्त्व भी सीमित रहेगा—क्योंकि इस सामाजिक विषमता का वास्तविक स्रोत श्रम की आय की विषमता से ही जुड़ा होगा।

एक बार फिर हम कहेंगे कि ऐसी प्रक्रिया सैद्धांतिक दृष्टि से संभव है और इसका वास्तविक विश्व में कुछ महत्त्व भी है—विशेषकर वृद्धताशील समाजों में। किंतु परिमाण स्तर पर इसे भी धन संचय की प्राथमिक प्रेरणादायी प्रक्रिया नहीं माना जा सकता। जीवन चक्र बचत द्वारा भी पूंजी के स्वामित्व में अवलोकित अति संकुलन की व्याख्या करना उतना संभव नहीं होगा जितना कि निवारक संचय द्वारा हो पाया था। यह ठीक है—अपेक्षाकृत अधिक आयु के व्यक्ति युवाओं से कुछ अधिक धनी होते हैं। किंतु धन के संकुलन की यह प्रवृत्ति वास्तव में प्रत्येक आयु प्रकोष्ठ में उतनी ही गहन है जितनी कि समस्त जनसंख्या के स्तर पर आकलित होती है। दूसरे शब्दों में, और प्रचलित धारणा के विपरीत,अंतर्पीढ़ी द्वंद्व अभी वर्ग संघर्ष का स्थान नहीं ले पाया है। धन सम्पदा की अति अधिक संकुलन की व्याख्या मुख्यत: उत्तराधिकार में मिली सम्पत्ति और उसके संचयी प्रभावों द्वारा ही होती है। उदाहरण के लिए यदि रहने को घर विरासत में मिल जाए और किराए पर खर्च नहीं करना हो तो बचत करना बहुत आसान हो जाता है। इस गत्यात्मक प्रक्रिया में इस बात की भी बड़ी भूमिका होती है कि प्राय: पूंजी से प्रतिप्राप्ति तीव्र महत्व प्राप्त कर लेती है। तीसरे खंड के शेष भाग में इसी बात की विस्तार से जांच करूंगा कि इन प्रक्रियाओं के

सापेक्ष महत्त्व में समय के साथ-साथ विभिन्न क्षेत्रों में किस प्रकार के परिवर्तन आए हैं। इस समय तो मैं केवल यही संकेत दे सकता हूं कि परम और सापेक्ष स्तर पर धन की विषमता का श्रम से आय की विषमता से अधिक होना, अन्य की अपेक्षा, किन्हीं विशेष प्रक्रिया की ओर इशारा कर रहा है।

विषमताएं और संकुलन: कुछ परिमाणों की क्रमिकताएं

विभिन्न देशों में अवलोकनीय ऐतिहासिक परिवर्तनों के विश्लेषण से पूर्व श्रम और पूंजी की विषमताओं के परिमाण की निरूपक विशेषताओं के परिमाण को समझ लेना उपयोगी रहेगा। मेरा उद्देश्य पाठक को दशमक, शतमक आदि संख्याओं और संकल्पनाओं से परिचित कराना है। ये कुछ लोगों को बहुत ही तकनीकी और अरुचिकर लग सकते हैं किंतु यदि इन्हें ठीक से प्रयोग किया जाए तो विभिन्न समाजों में विषमताओं की अंतर्रचना को समझने में ये बहुत उपयोगी हो सकती हैं।

इसी ध्येय से मैंने तालिकाओं 7.1-7.3 में विभिन्न देशों में समय-समय पर अवलोकित विषमताएं अंकित की हैं। ये आंकड़े अनुमानित हैं और इन्हें जान बूझकर पूर्णांक बनाया गया है—किंतु ये हमें कम से कम, इतना तो बता ही देते हैं कि आज 'निम्न', 'मध्यम' और 'उच्च' विषमता का क्या अर्थ है और अतीत में इनसे क्या समझा जाता था। ये विचार श्रम आय और पूंजी की स्वामित्व की विषमताओं और सकल आय में श्रम और पूंजी के बीच विभाजन की विषमताओं पर लागू रहते हैं।

उदाहरण के लिए, यदि श्रम की आय की विषमताओं की बात करें तो 1970 और 1980 के दशकों में सबसे अधिक समतापूर्ण माने गए स्कैंडिनेवियाई देशों में वितरण [वैसे उन वर्षों के बाद उत्तरी यूरोप के इन देशों के भी विषमताएं बढ़ी हैं—फिर भी उन्हें सबसे कम विषमताग्रस्त माना जाता है] की कुछ विशेषताएं इस प्रकार रही हैं: यदि सारी वयस्क जनसंख्या पर विचार करें तो पता चलता है कि श्रम से अधिकतम कमाने

वाले 10 प्रतिशत जन समुदाय को श्रम की सकल आय का 20 प्रतिशत से कुछ अधिक अंश मिल रहा था। (यह आमदनी वस्तुत: मजदूरी की आमदनी ही थी) साथ ही, न्यूनतम मजदूरी पाने वाले 50 प्रतिशत समुदाय को भी सकल श्रम अंश में 35 प्रतिशत हिस्सा मिल रहा था। इस प्रकार मध्यवर्ती 40 प्रतिशत समुदाय को कुल श्रम आय का 45 प्रतिशत अंश मिलता था [देखें तालिका 7.1][5] ये पूर्ण समता तो नहीं है, उस दशा में तो प्रत्येक समुदाय को जनसंख्या में अपने अंश के समान ही अंश आय में मिलना चाहिए, [उच्चतम मजदूरी वाले 10 प्रतिशत जन समुदाय को सकल आय का 10 प्रतिशत अंश ही मिलना चाहिए और निम्नतम आय वाले 50 प्रतिशत जन समुदाय को सकल आय में भी 50 प्रतिशत भाग मिलना चाहिए]। किंतु यहां दिखाई पड़ रही विषमताएं बहुत तीव्र नहीं हैं। यही नहीं, इन स्कैंडिनेवियाई देशों सहित सारे ही विश्व में पूंजी स्वामित्व की विषमताएं इन स्तरों की तुलना में बहुत तीव्र नहीं हैं।

तालिका-7.1

श्रम से आय की विषमता—विभिन्न समय और स्थान

सकल श्रम आय में विभिन्न समूहो के अंश	निम्न विषमता (स्कैंडिनेविया 1970-1980)	मध्यम विषमता (यूरोप 2010)	उच्च विषमता (स. राज्य 2010)	अति उच्च विषमता (सं. राज्य 2030)
शीर्षस्थ 10% (उच्च वर्ग)	20%	25%	35%	45%
शीर्षस्थ 1% (प्रबल वर्ग)	5%	7%	12%	17%
अगले 9% सहित (समृद्ध वर्ग)	15%	18%	23%	28%
मध्यम 40% (मध्यम वर्ग)	45%	45%	40%	35%
निम्न 50% (निम्न वर्ग)	35%	30%	25%	20%
संबद्ध ग्रिनि गुणांक (कृत्रिम विषमता सूचक)	0.19	0.26	0.36	0.46

नोट: स्कैंडिनेविया [1970-90] की तरह निम्न श्रम आय विषमता वाले देशों में 10% अधिकतम कमाने वालों को कुल श्रम आय का लगभग 20 प्रतिशत अंश मिलता है। न्यूनतम 50 प्रतिशत वर्ग को लगभग 35% तो मध्यम 40 प्रतिशत को 45% अंश मिलता है। यहां ग्रिनि गुणांक का मान 0-19 आंका गया है।

स्रोत और श्रृंखला हेतु देखें: piketty.pse.ens.fr/capital21C.

तालिका-7.2

पूंजी स्वामित्व की विषमता—विभिन्न समय और स्थान

कुल पूंजी में विभिन्न वर्गों के पूंजी अंश के पूंजी अंश	निम्न विषमता (अनावलोकित; आदर्श समाज)	मध्यम विषमता (=स्कैंडिनेविया 1970-1980 के दशक)	मध्यम उच्च विषमता (=यूरोप 2010)	उच्च विषमता (=सं. राज्य 2010)	अति उच्च विषमता (=यूरोप 1910)
शीर्षस्थ 10% उच्च वर्ग,	30%	50%	60%	70%	90%
ऊपर के वर्ग में शामिल शीर्षस्थ1% (प्रबल वर्ग)	10%	20%	25%	35%	50%
ऊपर के वर्ग में शामिल अगले 9% (समृद्ध वर्ग)	20% 20%	30% 30%	35% 35%	35% 35%	40% 40%
मध्यम 40% (मध्यम वर्ग)	45%	40%	35%	25%	5%
निम्न 50% (निम्न वर्ग)	25%	10%	5%	5%	5%
संबद्ध ग्रिनि (गुणांक कृत्रिम विषमता सूचक)	0.33	0.58	0.67	0.73	0.85

नोट: धन सम्पदा की मध्यम विषमता [स्कैंडिनेविया, 1970-90] जैसे समाज में शीर्षस्थ 10% धनिकों को 50 प्रतिशत राष्ट्रीय सम्पदा और निम्नतम 50% का केवल 10% प्रतिशत धन पर अधिकार रहता है। मध्यम 40% वर्ग का 40 प्रतिशत धन पर अधिकार पाया गया है। संबद्ध गिनि गुणांक का मान 0.58 आंका गया है।

स्रोत और श्रृंखला हेतु देखें: piketty.pse.ens.fr/capital21C.

तालिका-7.3

सकल आय की विषमता (श्रम एवं पूंजी)—विभिन्न समय और स्थान

सकल आय (श्रम+पूंजी) विभिन्न समूहों में अंश	निम्न विषमता (स्कैंडिनेविया 1970-1980 के दशक)	मध्यम विषमता (यूरोप 2010)	उच्च विषमता (सं. राज्य अमेरिका 2010)	अति उच्च विषमता (सं. राज्य अमेरिका 2030)
शीर्षस्थ 10% (उच्च वर्ग)	25%	35%	50%	60%
ऊपर के वर्ग में शामिल शीर्षस्थ 1% (प्रबल वर्ग)	7%	10%	20%	25%
ऊपर के वर्ग में शामिल अगले 9% सहित (समृद्ध वर्ग)	18%	25%	30%	35%
मध्यम 40% (मध्यम वर्ग)	45%	40%	30%	25%
निम्न 50% (निम्न वर्ग)	30%	25%	20.%	15%
संबद्ध गिनि गुणांक (कृत्रिम विषमता सूचक)	0.26	0.36	0.49	0.58

नोट: स्कैंडिनेविया [1970-90] की तरह निम्न श्रम आय विषम्ता वाले देशों में 10% उच्चतम आय वालों को सकल आय का 20%, और निम्नतम 50% को 30% अंश प्राप्त होता है। यहां गिनि गुणांक का मान 0.26 रहा है।

स्रोत और श्रृंखला हेतु देखें: piketty.pse.ens.fr/capital21C.

इन आंकड़ों का सही अर्थ क्या है? यह जानने के लिए हमें वितरणों का श्रमिकों को आय के प्रतिशत के रूप में मिले वास्तविक पारिश्रमिक के भवन सम्पदा तथा वित्तीय पूंजी के धारकों की सम्पदा से संबंध को समझना होगा।

अधिक सटीक रूप से सर्वाधिक वेतन पाने वाले 10 प्रतिशत का सकल वेतन आय में 20 प्रतिशत अंश होने का अर्थ है कि उनका औसत वेतन सभी वेतन भोगियों के औसत वेतन से दुगुना है। इसी प्रकार निम्नतम 50 प्रतिशत वेतन भोगियों को कुल वेतन आय का 35 प्रतिशत अंश मिलना यही दर्शा रहा है कि इस वर्ग का औसत वेतन सभी वेतन भोगियों के औसत का 70 प्रतिशत ही है। इन दो वर्गों के बीच के 40 प्रतिशत व्यक्तियों को 45% प्रतिशत वेतन आय की प्राप्ति का अर्थ होगा कि उनकी आय समस्त समाज की औसत आय से कुछ ही अधिक [औसत का 45/40 गुना] है।

उदाहरण के लिए, यदि देश में औसत वेतन 2000 यूरो मासिक हो तो उपर्युक्त वितरण का अर्थ होगा कि उच्चतम 10 प्रतिशत व्यक्ति औसतन 4000 यूरो प्रति माह कमा रहे हैं और निम्नतम 50 प्रतिशत की आय 1400 यूरो मासिक ही है। मध्यम वर्ग के 40 प्रतिशत को 2250 यूरो मासिक की प्राप्ति होगी।[6] इस मध्यवर्ती समूह को उस विशाल मध्यम वर्ग की संज्ञा दी जाती है जिसका जीवन स्तर समाज की औसत मजदूरी द्वारा निर्धारित होता है।

निम्न, मध्यम और उच्च वर्ग

मैं स्पष्ट कर दूं कि तालिका 7.1-7.3 में मैंने जिन नामांकनों का प्रयोग किया है—अर्थात न्यूनतम 50 प्रतिशत के लिए निम्न वर्ग, बीच वाले 40 प्रतिशत के लिए मध्यम वर्ग और उच्चतम 10 प्रतिशत के लिए उच्चवर्ग—उनको मनमाना कह कर सहज ही चुनौती दी जा सकती है। मैंने इन शब्दों का प्रयोग केवल उदाहरण देने के लिए किया है—ताकि मैं अपने विचारों के लिए किसी आरंभिक बिंदु को चिन्हित कर सकूं। किंतु इन नामांकनों की विश्लेषण में कोई भूमिका नहीं है। इन्हें वर्ग क, वर्ग ख और वर्ग ग की संज्ञा भी दी जा सकती थी। किंतु यह बात भी सच है कि राजनीतिक विवाद और विमर्श में नामांकनों से जुड़े मुद्दे प्रायः मासूमियत भरे नहीं होते। जनसंख्या के वर्गीकरण के पीछे कोई न कोई स्पष्ट या निहित मान्यता अवश्य होती है जो किसी न किसी वर्ग द्वारा किसी आय या धन के स्तर पर दावे को न्याय एवं विधि संगत ठहराने का प्रयास करती है।

उदाहरण के लिए, कुछ व्यक्ति 'मध्यमवर्ग' का प्रयोग इतने विस्तृत रूप में करते हैं कि उच्चतम दशमक के सदस्य भी उसी में आ जाते हैं—जबकि वास्तव में वे उच्च वर्ग के ही निकट हैं—[उच्चतम एक शतमांक के]। अपनी इस परिभाषा के पक्ष में विद्वान कहते हैं कि यद्यपि ये लोग औसत से कहीं अधिक संसाधनों का उपयोग-प्रयोग कर रहे हैं फिर भी इनमें औसत से कुछ न कुछ निकटता अवश्य बनी रहती है। आग्रह यही रहता है कि ये लोग भी कोई विशेषाधिकार संपन्न नहीं हैं और करारोपण जैसे मामलों में सरकार को इन पर भी कृपापूर्ण दृष्टि रखनी चाहिए।

कुछ अन्य अध्येता मध्यम वर्ग के अस्तित्व को स्वीकार ही नहीं करते और उनकी दृष्टि से समाज के दो ही वर्ग होते हैं: "जन सामान्य"—समाज का विशाल बहुमत और दूसरा "विशिष्ट जन" या "उच्च वर्ग" जिसमें समाज के इने गिने लोग सम्मिलित होते हैं। इस प्रकार का विवरण किसी समाज विशेष पर लागू रह सकता है या फिर किसी ऐतिहासिक-राजनीतिक संदर्भों में सटीक प्रतीत हो सकता है। उदाहरण के लिए 1789 के फ्रांस में 'अभिजात्य वर्ग' जनसंख्या के 1-2 प्रतिशत, धर्मगुरु या पुरोहित 1 प्रतिशत से कम और शेष सारा समाज "तृतीयक सम्पदा" वर्ग कहलाता था [पुरानी व्यवस्था में इस तृतीयक सम्पदा का अर्थ था शेष सभी—किसानों से लेकर व्यापारियों तक]।

मेरा उद्देश्य शब्दकोशों या विभिन्न शब्दों के भाषाई प्रयोगों पर पुलिसगिरी करना नहीं है। सामाजिक वर्गों के नामकरण में सभी व्यक्ति एक साथ सही भी होते हैं और गलत भी। प्रत्येक के पास कतिपय शब्दों के प्रयोग का कोई न कोई अच्छा कारण होता है किंतु उन द्वारा अन्य अध्येताओं के प्रयुक्त नामांकनों की भर्त्सना गलत है। मध्यम 40 प्रतिशत वाली मेरी 'मध्यम वर्ग' की परिभाषा पर आपत्तियां उठाई जा सकती हैं—क्योंकि इस वर्ग में आने वाला प्रत्येक वर्ग समाज की माध्यिका से तो ऊपर ही है।[7] आप समाज को तीन समान भागों में विभाजित कर बीच वाले भाग को "मध्यम वर्ग" कह सकते हैं। किंतु मेरी मध्यम वर्ग की परिभाषा इस शब्द के सामान्य अनुप्रयोग के कहीं निकट अवश्य प्रतीत होती है : यह उन व्यक्तियों के लिए प्रयुक्त शब्द है जो समाज के अधिकांश लोगों से बेहतर जीवन व्यतीत कर रहे हैं किंतु अभी भी सही विशिष्ट वर्ग से बहुत पीछे रह गया है। फिर भी ऐसे सभी नामांकनों को चुनौती दी जा सकती है और मुझे इस संवेदनशील प्रश्न पर कोई ऐसा दृष्टिकोण अपनाने की आवश्यकता नहीं है जो केवल भाष्यात्मक नहीं, बल्कि राजनीतिक भी हो।"

सच्चाई तो यह है कि विषमता को सीमित वर्गों में बांधने के प्रत्येक प्रयास पर किसी न किसी षडयंत्री मानसिकता का आरोपण हो सकता है—इसमें छिपी सामाजिक वास्तविकता तो एक सतत वितरण ही है। प्रत्येक आय स्तर पर हाड़ मांस के बने कुछ व्यक्ति होते हैं और ऐसे व्यक्तियों की

संख्या संबंद्ध समाज के वितरण के आकार के अनुसार धीमे-धीमे बदलती रहती है। कहीं भी 'जनसामान्य' और 'विशिष्ट जन' की असतत् या नाटकीय विभाजिका प्रकट नहीं हो पाती। इसी कारण से मेरा विश्लेषण विशुद्ध रूप से सांख्यिकीय संकल्पनाओं जैसे कि दशमंकों पर आधारित है [उच्चतम 10 प्रतिशत, बीच के 40 प्रतिशत और शेष 50 प्रतिशत आदि]। इन्हें सभी समाजों में इसी रूप में परिभाषित किया जा सकता है। इस प्रकार मैं विभिन्न देश-कालिक परिस्थितियों में भी प्रत्येक समाज की अंतरस्थ जटिलताओं या सामाजिक विषमता की मौलिक सतत् संरचना को नकारे बिना सटीक और वस्तुपरक तुलनाएं करने में सफल हो सकता हूं।

वर्ग संघर्ष या शतमक संघर्ष?

मेरा मूल लक्ष्य ऐसे समाजों के बीच विषमता की संरचना की तुलना करना है जो देश काल की दृष्टि से बहुत ही भिन्न हैं, जो प्रथम दृष्टि में भी बहुत अलग अलग प्रतीत होते हैं और जो विशेषत: अपने घटक समुदायों के लिए बहुत ही अलग अलग शब्दों तथा संकल्पनाओं का प्रयोग करते हैं। दशमांक और शतमांक शब्द बहुत रूखे से प्रतीत होते हैं। इनमें निश्चित ही काव्यात्मकता या लय का अभाव रहता है। हम अपने पूर्व परिचित समूह के साथ आसानी से जुड़ पाते हैं—जैसे कि किसान, दरबारी, सर्वहारा, बुर्जुआ, सामान्य कार्यालय कर्मचारी, शीर्षस्थ प्रबंधक, परिसेवक/परिचारक या व्यापारी आदि। किंतु दशकांकों और शतमंकों की विशेषता यही है कि ये हमें अन्यथा अतुलनीय विषमताओं की तुलना करने में सफलता प्रदान कर सकते हैं—ये सिद्धांत रूप से सर्वमान्य शब्दावली प्रदान कर सकते हैं।

आवश्यक होने पर हम इन तीन वर्गों का और अधिक सूक्ष्म विभाजन भी कर लेंगे—किंतु वहां भी शतमंको या सहस्त्रमंकों का प्रयोग मूलत: इसी सत्य को प्रतिबिंबित करेगा कि सामाजिक विषमता अंतरस्थ रूप से एक सतत् अभिलक्षणा है। प्रत्येक समाज में भले ही वह सर्वाधिक समतापूर्ण हो, उच्चस्थ दशमंक अपने आप में एक पृथक विश्व जैसा रहता है। इसमें कुछ ऐसे व्यक्ति होंगे जिनकी आय सामाजिक औसत मात्र दो या तीन गुना होगी तो ऐसे भी होंगे जो उस औसत से 10, या 20 और न जाने कितना गुना

कमा रहे होंगे। अत: उस उच्चस्थ दशमांक को भी दो खंडों में विभाजित करना उपयोगी हो सकता है—एक शीर्षस्थ शतमंक *(Centile)* [जिसे अन्य नामकरणों के अभाव में] तथा दूसरा शेष शतमंकों का समूह [इन्हें हम धनी वर्ग या "अच्छे खाते कमाते वर्ग" का नाम दे सकते हैं]।

उदाहरण के लिए, श्रम की आय की निम्न विषमता [स्कैंडिनेविया] के उस चित्रण पर विचार करें जो तालिका 7.1 में दिखाया गया है, जिसमें 20 प्रतिशत आय उच्चतम 10 प्रतिशत वेतन भोगी वर्ग को मिल रही थी। वहां भी सर्वोच्च पाने वाले प्रतिशत वर्ग की आय औसत की 5 गुनी थी। दूसरे शब्दों में, सर्वोच्च वेतन भोगी प्रतिशत समुदाय की औसत आय राष्ट्रीय वेतन आय से 5 गुनी अथवा 10000 यूरो प्रतिमास थी। दूसरे शब्दों में, श्रेष्ठतम वेतन पाने वाले वर्ग को औसतन 4000 यूरो प्रतिमास मिल रहे थे जबकि समाज में औसत वेतन 2000 यूरो मासिक था। यदि इसी वर्ग के आंकड़ों का और सूक्ष्म विभाजन कर सर्वोच्च वेतन पाने वालों के एक शतमंक के भी उच्चतम दसवें भाग—अर्थात सहत्रंमक पर विचार करें तो बहुत से लोग और कई गुना [कई कई दस हजार यूरो] पाते दिखाई देंगे—कुछ एक तो लाखों यूरो प्रतिमास भी पा रहे होंगे]। यह बात 1970-1980 के दशकों के स्कैंडिनेविया में भी सही थी। यह ठीक है, ऐसे बहुत लोग नहीं थे और इसी कारण सकल मजदूरी आय में उनका भार मान बहुत ही कम रह जाता।

अत: किसी समाज में विषमता के आकलन के लिए यह जान लेना पर्याप्त नहीं रहता कि कुछ व्यक्ति बहुत अधिक कमा रहे हैं। यह कह देना भी बहुत अधिक जानकारी नहीं दे पाता कि न्यूनतम: अधिकतम वेतन 1:10 है या 1 : 100 है। हमारे लिए यह जानना भी जरूरी है कि कितने व्यक्ति कितनी आय कमा रहे हैं। यहां आय या धन में से उच्चतम दशमंक का भाग बहुत महत्त्वपूर्ण हो जाता है—यह न केवल अत्यंत उच्च आय या अत्यंत उच्च धन स्तर को दर्शाता है बल्कि साथ ही यह भी बताता है कि इतने उच्च प्रतिफलों को भोगने वालों की संख्या कितनी बड़ी है।

ऐतिहासिक अन्वेषणों के संदर्भ में शीर्षस्थ शतमंक पर विचार विशेष रूप से ज्ञानवर्धक हो सकता है। भले ही इसकी परिभाषा इसे समस्त जनसंख्या का एक बहुत छोटा अंश बना देती है फिर भी ये कुछ सौ व्यक्तियों के तथाकथित अति विशिष्ट समुदाय जिस पर प्राय: सभी का ध्यान केंद्रित रहता है [जैसे कि फ्रांस के 200 परिवार, या महायुद्धों के अंतर्वर्ती समय में प्रयुक्त फ्रांसीसी बैंक के 200 सबसे बड़े अंशधारी या 'फॉर्बिस' पत्रिका में प्रकाशित 400 सर्वाधिक धनी अमेरिकी]। फ्रांस जैसे 65 मिलियन [2013] जनसंख्या के देश में, जहां 50 मिलियन वयस्क हैं, इस शीर्षस्थ शतमंक में भी 500,000 व्यक्ति होंगे। यदि 260 मिलियन वयस्कों वाले 320 मिलियन जनसंख्या के संयुक्त राज्य अमेरिका की बात करें तो यह एक प्रतिशत वर्ग में भी 2.6 मिलियन व्यक्ति सम्मिलित होंगे। ये संख्या की दृष्टि से ऐसे बड़े समुदाय हैं जो समाज में छिपे नहीं रह सकते—विशेषकर जबकि ये भी उन्हीं शहरों में, बल्कि उन्हीं उपनगरों में निवास करते हों। प्रत्येक देश के शीर्षस्थ शतमंक का न केवल आय के वितरण बल्कि पूरे सामाजिक पटल पर ही एक विशेष स्थान होता है।

अत: प्रत्येक समाज में, भले ही वह 1789 का फ्रांस—जहां 1-2 प्रतिशत अभिजात्य वर्ग के लोग थे या 2011 का संयुक्त राज्य अमेरिका जहां "वॉल स्ट्रीट पर अधिकार करो" आंदोलन जनसंख्या के धनीतम 1 प्रतिशत के विरुद्ध था, एक बात अवश्य सांझी दिखती है: शीर्षस्थ शतमंक समूह इतना विशाल होता है कि इसका सामाजिक, राजनीतिक और आर्थिक पटलों पर बहुत बड़ा प्रभाव रहता है।

यही बात दशमंकों और शतमंकों के अध्ययन की महत्ता को स्पष्ट कर देती है। अन्यथा 1987 के फ्रांस की 2011 के संयुक्त राज्य अमेरिका से तुलना कैसे हो पाएगी? राष्ट्रीय आय और पूंजी में दशमंकों और शतमंकों को मिल रहे हिस्से ही इस बात को अधिक सटीक रूप प्रदान कर सकते हैं। यह ठीक है कि इस प्रक्रिया को अपनाने से न तो हमारी प्रत्येक कठिनाई का अंत हो जाएगा और न ही प्रत्येक प्रश्न का उत्तर मिल जाएगा। फिर भी यह हम को कुछ कह पाने योग्य अवश्य बना देगी—वह भी कुछ भी न कह पाने से कहीं बेहतर स्थिति होगी। अत: हम ये निश्चित करने का प्रयास कर

सकते हैं कि शीर्षस्थ '1 प्रतिशत' वर्ग लुई XVI के समय में अधिक शक्तिशाली था या जॉर्ज बुश और बराक ओबामा के समय में।

एक बार "वॉल स्ट्रीट पर कब्जा करो" आंदोलन की ओर मुड़कर देखें। यहां एक सांझी भाषा और 'शीर्षस्थ शतमंक' की सांझी संकल्पना का प्रयोग हो रहा था—जो शुरू में कुछ अमूर्त सा लग सकता है किंतु यह विषमता की अतिशय संवृद्धि को उजागर कर सकती है और इसी कारण सामाजिक व्याख्याओं और समीक्षाओं का आधार बन सकती है। सामाजिक जन आंदोलन भी व्यापक समर्थन जुटाने के लिए इस प्रकार के वाक्यांश प्रयोग कर सकते हैं : "हम ही 99 प्रतिशत हैं"। यह बात आज विचित्र लग सकती है, किंतु जरा 1789 में एॅबे सैइन द्वारा प्रकाशित प्रसिद्ध पर्चें के शीर्षक को याद तो करें—वह था "तृतीय वर्ग क्या है?"

मैं एक और बात स्पष्ट रखना चाहता हूं : आय की क्रमिकता [और शतमंक एव दशमंक] और धन सम्पदा के शतमंक दशमंक एक ही बात नहीं है। श्रम आय के शीर्षस्थ दशकांक और निमनस्थ 50 प्रतिशत व्यक्ति समुदाय उन्हीं व्यक्तियों के नहीं होते जो 10 प्रतिशत विशाल सम्पदाधारी और 50 प्रतिशत निम्नतम सम्पदाधारी भी होते हैं। इसी प्रकार सर्वाधिक अर्जक एक प्रतिशत सर्वाधिक स्वामित्व वाले 1 प्रतिशत नहीं होते। श्रम आय, पूंजी स्वामित्व और कुल आय के शतमंक और दशमंक अलग अलग परिभाषित होते हैं—हां तीसरे [कुल आय] में पूर्ववर्ती दो समूहों का कुछ सम्मिश्रण अवश्य रहता है। अत: चर्चा करते समय यह स्पष्ट रहना चाहिए कि हम किस वर्गीकरण की बात कर रहे हैं। परंपरागत समुदायों में पहले दो वर्गों के बीच प्राय: नकारात्मक सहसंबंध पाया जाता था [बहुत धनी कुछ काम धंधा नहीं करते थे और इसी कारण वे श्रम आय के निम्नतम पायदान पर रह जाते थे]। किंतु आज के युग में ये सहसंबंध कुछ घनात्मक होने लगा है, फिर भी इस का मान संपूर्ण [अर्थात एक इकाई] से कम ही रहता है। कितने ही व्यक्ति श्रम से आय या वेतन आय की दृष्टि से शीर्षस्थ वर्ग में हो सकते हैं—किंतु धन सम्पदा धारण के वर्गीकरण में वे बहुत नीचे फिसल जाते हैं। ऐसे ही बहुत से अति धनी व्यक्तियों की वेतन आय बहुत

कम हो सकती है। सामाजिक विषमता भी एक राजनीतिक टकराव या द्वंद्व की भांति बहु आयामी होती है।

अंत में एक और बात पर ध्यान रखें, तालिका 7.1-7.3 में दर्शाए गए और वर्तमान एवं आगामी कुछ अध्यायों में विश्लेषित से आय सर्वाधिक समान तौर पर वितरित है, आय और धन के आवंटन "प्राथमिक" हैं अर्थात उन्हें 'कर भुगतान पूर्व' स्वरूप में दर्शाया गया है। बड़ी भिन्नताएं दिखाई देती है। इस बात पर निर्भर करते हुए कि कर व्यवस्था (और सार्वजनिक सेवाएं तथा वित्तपोषित भुगतान हस्तांतरण) प्रगतिशील है या प्रतिगामी (अर्थात यह विभिन्न समूहोंपर उनका आय या धन क्रमिकता के अनुसार कम या अधिक बोझ डालता है), कर पश्चात वितरण कर पूर्व वितरण की अपेक्षा कम या अधिक समतापूर्ण होगा। मैं इस आयाम और पुन: वितरण से जुड़े अनेक अन्य प्रश्नों पर खंड-4 में चर्चा करूंगा। इस समय तो मैं केवल कर-पूर्व धन और आय वितरणों पर बातचीत करना चाहता हूं।[9]

श्रम संबंधी विषमताएं : मृदु विषमता?

आइए अब विषमता के आकार की क्रमबद्धता के प्रश्न ही ओर लौट चलें! श्रम से आय की विषमताएं कहां तक मृदु या उचित हैं, या कि क्या आज वे चिंता का विषय नहीं रही हैं? यह सच है कि श्रम की आय में विषमता पूंजी की आय की विषमताओं से बहुत कम रहती है। किंतु इसी आधार पर उन्हें नजर अंदाज करना उचित नहीं होगा—क्योंकि पहला, श्रम से होने वाली आय सकल राष्ट्रीय आय के दो तिहाई से तीन चौथाई तक होती है। दूसरा विभिन्न देशों में श्रम से आय के विभाजन में बहुत अत: इससे हमें यह संदेश मिलता है कि सार्वजनिक नीतियों और राष्ट्रीय भिन्नताओं से इन विषमताओं पर और बहुत बड़े जन समुदाय की जीवन दशाओं पर बहुत बड़े प्रभाव पड़ सकते हैं।

स्कैंडिनिवियन देशों में 1970-90 में, जहां श्रम की आय में सबसे अधिक क्षमता थी, वहां भी शीर्षस्थ 10 प्रतिशत वेतन भोगी कुल श्रम आय का 20 प्रतिशत भाग पा रहे थे और निम्न 50 प्रतिशत का आय में अंश 35 प्रतिशत ही था। जिन देशों में श्रम आय का स्तर औसत माना जाता है—

जैसे कि फ्रांस और जर्मनी सहित आज का अधिकांश यूरोप, वहां पहले [उच्च] वर्ग का कुल आय में अंश 25-30 प्रतिशत बन रहा है और दूसरे [निम्न] वर्ग का अंश 30 प्रतिशत रह जाता है। दूसरी और सबसे अधिक विषमताग्रस्त देशों—जैसे संयुक्त राज्य अमेरिका [2000-2010] में लगता है कि श्रम से आय का वितरण अन्य कहीं किसी भी जगह प्रचलित रही भीषणतम विषमताओं से अधिक ग्रस्त है। वहां तो शीर्षस्थ दशमंक 35 प्रतिशत आय हस्तगत कर रहा है और न्यूनतम 50 प्रतिशत के हिस्से कुल का केवल एक चौथाई आता है। दूसरे शब्दों में, इन दो वर्गों के बीच का संतुलन पूरी तरह से उलट गया है। अधिकांश समतापूर्ण देशों में कुल श्रम आय में न्यून 50 का भाग शीर्षस्थ 10 प्रतिशत के भाग से दुगुना होता है। इसके विपरीत अति विषमतापूर्ण देशों में निम्न वर्ग का अंश घटकर शीर्षस्थ वर्ग के अंश से एक तिहाई कम रह जाता है। यदि संयुक्त राज्य अमेरिका में श्रम से आय के संकुलन का यही क्रम चलता रहा तो 2030 आते आते निम्न 50 प्रतिशत का कुल मजदूरी आय में अंश घटकर शीर्षस्थ 10 प्रतिशत के अंश के आधे के समान ही रह जाएगा [देखें ता. 7.13]। इस प्रक्रिया का इसी रूप में चलते रहना निश्चत तो नहीं है किंतु इससे एक बात अवश्य स्पष्ट हो जाती है: आय के वितरण में हाल ही के दशकों में आए परिवर्तन किसी भी दशा में दर्द विहीन भी नहीं रहे हैं।

सटीक शब्दों में समतापूर्ण [स्कैंडिनेविया] में यदि औसत वेतन 2000 यूरो है तो शीर्षस्थ दशमंक का औसत वेतन 4000 यूरो, शीर्षस्थ शतमंक का 10000 यूरो, मध्यम वर्ग का 2250 यूरो मासिक तो निम्न वर्ग का औसत वेतन 1400 यूरो मासिक होगा। किंतु अधिक विषमतापूर्ण संयुक्त राज्य अमेरिका में ये क्रमिकताएं अधिक तीखा रूप धारण कर जाएंगी। वहां तो शीर्षस्थ दशमंक में 7000 यूरो, शीर्षस्थ शतमंक में 24000 यूरो, मध्यम 40 प्रतिशत के लिए 2000 यूरो और निम्न 50 प्रतिशत के वेतन मात्र 1000 यूरो मासिक आकलित हो पाएंगे।

अत: जनसंख्या के न्यूनतम अग्रता वाले अर्द्धांश की दृष्टि से ये अंतर किसी भी दशा में नगण्य नहीं कहलाएंगे। यदि किसी व्यक्ति की कमाई

1000 नहीं 1400 यूरो हो तो [करों को नजरअंदाज करते हुए] यह औसत आय 40 प्रतिशत अधिक होगी और इस अधिकता का उसके जीवन में अनेक चयन के अवसरों [जैसे कि आवास, छुट्टियां मनाने, विभिन्न प्रकल्पों पर खर्च करने, बच्चों आदि के बारे] पर बहुत बड़ा प्रभाव हो सकता है। यही नहीं एक और बात भी बहुत ध्यान देने योग्य है—इस निम्न आय 50 प्रतिशत श्रम शक्ति वर्ग में महिलाओं का विशेष बाहुल्य है। अत: विभिन्न देशों में बड़े वेतन भेद स्त्री-पुरुष वेतन भेद भी दिखा रहे हैं—ये भेद अन्य देशों की अपेक्षा उत्तरी यूरोप में कुछ कम हैं।

शीर्षस्थ वेतन समूह के लिए भी दोनों वितरणों में अंतराल महत्त्वपूर्ण है: यदि एक व्यक्ति जीवन भर प्रतिमाह 4000 नहीं 7000 यूरो कमा रहा हो [और बेहतर यदि 10000 के स्थान पर 24000 यूरो कमाए] तो वह अवश्य ही कुछ अलग प्रकार की चीजों पर खर्च करेगा, उसका खरीदी गई चीजों के बाजार पर ही नहीं अन्य व्यक्तियों पर भी अलग ही प्रभाव होगा—यह व्यक्ति अपने छोटे-छोटे काम करने वाले कम आय के श्रमिकों को काम पर भी रख सकता है। यदि अमेरिका में अवलोकित प्रवृत्ति चलती रही तो 2030 तक वहां शीर्षस्थ दशमंक 9000 यूरो प्रति माह [और शीर्षस्थ एक शतमंक तो 34000 यूरो] कमाने लगेंगे और मध्यम वर्ग के 40 प्रतिशत की कमाई 1750 यूरो तथा निम्न 50 प्रतिशत की तो मात्र 800 यूरो रह जाएगी। फिर तो शीर्षस्थ 10 प्रतिशत लोग अपनी आय के छोटे से अंश से निम्न 50 प्रतिशत जन समुदाय के सदस्यों को अपने घरेलू नौकरों के रूप में काम पर रखने लगेंगे।[10]

अत: अब तो आप भी पूरी तरह से समझ गए होंगे कि एक ही औसत मजदूरी स्तर कई प्रकार के श्रम से आय वितरणों के सुसंगत हो सकता है—जिसके परिणामस्वरूप विभिन्न सामाजिक समूहों के लिए अत्यंत असमान सामाजिक व आर्थिक वास्तविकताएं उत्पन्न हो सकती हैं। कई बार तो इन विषमताओं से संघर्ष हो सकता है। अत: उन आर्थिक, सामाजिक और राजनीतिक शक्तियों को समझना महत्त्वपूर्ण होता है जो विभिन्न देशों में श्रम से आय की विषमताओं के स्तरों को निर्धारित करती हैं।

पूंजी विषयक विषमताएं : चर्मस्तरीय विषमता

प्राय: श्रम से आय की विषमता को एक सौम्य विषमता मान लिया जाता है और कह देते हैं कि इसके कारण समाज में कोई टकराव पैदा नहीं होता। यह धारणा गलत है, और इस गलती का आधार मुख्य रूप से इसकी पूंजी के स्वामित्व की अत्यंत गंभीर विषमता से तुलना ही है [देखें ता 7.2]।

जिन देशों में धन का वितरण बहुत ही समतापूर्ण माना जाता है [फिर वही स्कैंडिनेवियाई देश—1970-90] वहां भी सबसे धनी 10 प्रतिशत का समाज की कम से कम 50 प्रतिशत सम्पदा पर अवश्य अधिकार रहा है। यदि सबसे बड़ी सम्पदाओं का सटीक मूल्यांकन करें तो यह अंश 50-60 प्रतिशत के बीच रहता है। आज 2010 में अधिकांश पश्चिमी यूरोप के देशों में [विशेषकर फ्रांस, जर्मनी, ब्रिटेन और इटली में] सबसे धनी 10 प्रतिशत का लगभग 60 प्रतिशत राष्ट्रीय धन सम्पदा पर अधिकार है।

किंतु सबसे अधिक विचित्र तथ्य तो यह है कि इन देशों में आधी जनसंख्या के पास सम्पदा के नाम पर कुछ भी नहीं है : निर्धनतम 50 प्रतिशत के पास 10 प्रतिशत से कम [सामान्यत: 5 प्रतिशत भी नहीं] धन सम्पदा पाई गई है। फ्रांस की नवीनतम जानकारी [वर्ष 2010-11] के अनुसार वहां धनिकतम 10 प्रतिशत के पास कुल राष्ट्रीय सम्पदा का 62 प्रतिशत और निर्धनतम 50 प्रतिशत के पास मात्र 4 प्रतिशत है। संयुक्त राज्य अमेरिका में भी इन्हीं वर्षों के लिए फैड्रल रिजर्व का सर्वेक्षण बता रहा है कि धनिकतम 10 प्रतिशत का देश की 72 प्रतिशत दौलत पर अधिकार है तो निर्धनतम 50 प्रतिशत को केवल 2 प्रतिशत सम्पदा से संतुष्ट रहना पड़ रहा है। एक बात का ध्यान रहे: यह सर्वेक्षण भी सम्पदा धारियों द्वारा स्वयं बताई गई राशियों पर आधारित है और इस दशा में अधिक बड़ी सम्पदाओं का मूल्य कम बताना एक सामान्य सी बात है।[11] एक और बात पर ध्यान देना भी महत्त्वपूर्ण है: यह विषमता सभी वय वर्ग समूहों में समान रूप से व्याप्त है।[12]

अंतत: सबसे अधिक समतापूर्ण कहे जाने वाले देशों (जैसे कि 1970-80 में स्कैंडिनिवियन देश) में भी धन की विषमताएं वेतन की विषमताओं

की तुलना में बहुत विशाल हैं। यह विशालता अधिक वेतनमानों वाले देशों में श्रम से आय की विषमता से अधिक है [संयुक्त राज्य, 2010 के दशक के प्रारम्भिक वर्ष, देखें तालिका 7.1 और 7.2]। मेरी समझ के अनुसार अभी तक ऐसा कोई समाज नहीं रहा है जहां पूंजी के स्वामित्व की विषमता को 'सौम्य' असमताकारी कहा जा सके—मेरी दृष्टि में एक सौम्य असमताकारी स्थिति में न्यूनतम 50 प्रतिशत जनसंख्या का भी एक चौथाई से एक तिहाई सम्पदा पर अधिकार होना चाहिए।[13] आशावादिता पर अभी कोई प्रतिबंध नहीं है। इसीलिए मैंने तालिका-7.2 में एक ऐसे काल्पनिक समाज का निरूपण किया है जहां सम्पदा वितरण की विषमता 'न्यून' स्तर पर होगी। यह कम से कम स्कैंडिनेविया [जहां मध्यम है] से कम होगी, या फिर मध्यम से उच्च वाले यूरोप और उच्च विषमता वाले संयुक्त राज्य अमेरिका से तो निश्चित रूप से कम होगी। किंतु अभी यह निश्चित नहीं किया जा सकता कि ऐसी निम्न विषमतापूर्ण समाज का निर्माण किस प्रकार किया जा सकेगा [मैं खंड-4 में इस केंद्रीय प्रश्न की और लौटकर आऊंगा]।[14]

मजदूरी या वेतन की विषमता की भांति धन सम्पदा के आंकड़ों को भी ठीक से समझ लेना बहुत जरूरी है। एक ऐसे देश की कल्पना करें जहां प्रति वयस्क औसत निवल सम्पदा का मान 200,000 यूरो है।[15] आज यूरोप के सबसे धनी देशों में लगभग यही सम्पदा धारण की औसत है।[16] हमने खण्ड-2 में भी देखा था कि इस निजी सम्पदा को दो समानप्राय भागों में बांटा जा सकता है: भवन सम्पदा और वित्तीय एवं व्यवसायी परिसम्पदाएं [इनमें बैंक जमाएं, बचत योजनाएं, शेयर और बौंड धारिता, जीवन बीमा और पेंशन कोष आदि शामिल हैं]। किंतु ये तो औसत आंकड़े हैं—इनमें विभिन्न देशों में काफी भेद हैं, तो व्यक्तियों के बीच तो ये भेद बहुत ही विराट रूप धारण कर लेते हैं।

यदि निर्धनतम 50 प्रतिशत का सकल धन सम्पदा के मात्र 5 प्रतिशत पर अधिकार है तो परिभाषा के अनुसार उस वर्ग के प्रत्येक व्यक्ति का समाज की औसत सम्पदाधारिता के 10 प्रतिशत अंश पर ही स्वामित्व होगा। पिछले अनुच्छेद के उदाहरण के अनुसार निर्धनतम 50 प्रतिशत जन

समुदाय की औसत सम्पदा धारिता मात्र 20000 यूरो रह जाएगी। ये शून्य तो नहीं है, किंतु शेष समाज की धन सम्पदा की तुलना में बहुत ही कम है।

सटीक शब्दों में, ऐसे समाज में जनसंख्या का निर्धनतम अर्द्धांश एक बहुत विशाल जन समुदाय होगा—इसमें लगभग एक चौथाई जनसंख्या उनकी होगी जिनके पास अधिक से अधिक दो-चार हजार यूरो की ही सम्पत्ति होगी—अन्यथा कुछ भी नहीं होगा। वस्तुत: एक गैर नगण्य जनसंख्या जो कुल का 20वें से 10वां हिस्सा हो सकती है—तो ऐसी भी होगी जिसकी निवल सम्पदा ऋणात्मक होगी—जिनके ऋण उनकी सम्पदा से अधिक होंगे। अन्य के पास 60-70 हजार यूरो की कुल सम्पत्तियां हो सकती हैं। यही वह अवस्था है जिसमें बहुत से शून्य सम्पदा धारियों को मिला कर आधी जनसंख्या की सम्पदा की औसत का आंकड़ा 20000 यूरो पर पहुंच जाता है। इनमें से कुछ के पास कर्ज में डूबी भवन सम्पदा होगी, तो कुछ के पास बहुत थोड़ी सी जमा पूंजी होगी। अधिकांश तो ऐसे ब्याज-जीवी होंगे जिनकी धन राशियां बैंक के चैक या जमा खातों में पड़ी होंगी। यदि हम दीर्घोपयोगी चीजों, जैसे कि कार, फर्नीचर और घरेलू उपकरणों को धन में सम्मिलित कर लें तो भी इन निर्धनतम 50 प्रतिशत की औसत सम्पदा का मान 30 से 40 हजार यूरो तक ही पहुंच पाएगा।[17]

इस आधी जनसंख्या के लिए धन और पूंजी का विचार बहुत ही अमूर्त है। लाखों लोगों के लिए धन चैक या निम्न ब्याज के जमा खातों में पड़ी चंद सप्ताह की मजदूरी से अधिक नहीं होता/या फिर एक कार, या कुछ फर्नीचर। वास्तविकता तो यह है: धन सम्पदा का इस सीमा तक संकुलन हो चुका है कि समाज के एक बहुत बड़े अंश को इसके अस्तित्व का आभास ही नहीं हो पाता। कितने ही व्यक्ति यह मान कर चलते हैं कि धन स्वामी वास्तविक प्राणी नहीं होते—कोई काल्पनिक या रहस्यपूर्ण इकाई होते हैं। इसीलिए पूंजी और इसके वितरण का विधिवत और व्यवस्थित रूप से अध्ययन करना अनिवार्य हो जाता है।

हमारे आकलन पैमाने के दूसरे छोर पर धनिकतम 10 प्रतिशत हैं जिनका सकल सम्पदा के 60 प्रतिशत पर अधिकार है। अत: इस वर्ग के

प्रत्येक सदस्य के पास समाज की औसत से 6 गुनी अधिक सम्पदा होगी। हमारे उदाहरणं वाले समाज में औसत सम्पदा 200,000 यूरो प्रति वयस्क थी तो फिर इस धनिक समुदाय के प्रत्येक सदस्य के पास 1.2 मिलियन यूरो के बराबर की औसत सम्पदाओं का अनुमान बनेगा।

धन के वितरण का उपर वाला दशमंक स्वयं भी बहुत विषमता भरा है—इसकी विषमता मजदूरी वाले उक्त दशमंक से भी अधिक की स्वामी है जब ऊपर वाला दशमंक कुल सम्पदा के लगभग 60 प्रतिशत पर दावा करता है [जैसा आज अधिकांश यूरोपीय देशों में है भी] तो शीर्षस्थ शतमंक का अंश अकेले ही 25 प्रतिशत पर पहुंच जाता है और शेष 9 प्रतिशत की जनसंख्या की शतमंक लगभग 35 प्रतिशत बचता है। इस प्रकार उस एक पहले शतमंक समूह के सदस्य सारे समाज की औसत से 25 गुनी धन सम्पदा के स्वामी होंगे जबकि शेष व शतमंक समुदाय की संपन्नता केवल चार गुनी होगी। हमारे उपर्युक्त उदाहरण के आंकड़ों को सटीक रूप से देखें तो शीर्षस्थ दशमंक की धन सम्पदा का मान 1.2 मिलियन यूरो है तो फिर शीर्षस्थ। शतमंक की औसत सम्पदा 5 मिलियन और शेष नौ शतमंकों की औसत 80000 यूरो से थोड़ी कम रह जाएगी।

यही नहीं, इस समूह के भीतर भी सम्पदा की रचना में बड़े भेद होते हैं। शीर्षस्थ दशमंक के प्राय: सभी सदस्य अपने घरों में रहते हैं किंतु जैसे जैसे सम्पदाधारिता के उच्चतर सोपानों की ओर चलते हैं, भवन सम्पदा का महत्त्व बहुत तेजी से गिरने लगता है। हमारे "9 प्रतिशत" वाले समूह की लगभग 1 मिलियन की सम्पदा का आधे से अधिक भाग भवन सम्पदा के रूप में होता है—कभी कभी तो यह अंश तीन चौथाई तक पहुंच जाता है। किंतु शीर्षस्थ शतमंक में वित्तीय और व्यावसायिक परिसम्पदाएं भवन सम्पदा पर भारी पड़ती हैं। अधिकांश बड़ी धन सम्पदा पूर्णत: शेयरों और हिस्सेदारियों के रूप में होती हैं। दो से पांच मिलियन यूरो की सम्पदाओं का एक तिहाई से कम भवन सम्पदा में लगा होता है तो 5 मिलियन से अधिक दर में यह अंश घटकर 20 प्रतिशत से कम हो जाता है। दस मिलियन यूरो पर यह अंश 10 प्रतिशत से कम रह जाता है और सम्पदा मुख्यत: शेयरों के संग्रह का रूप ले लेती है। आवासीय निवेश मध्यम वर्ग

और खाते-पीते वर्ग को बहुत प्रिय होता है किंतु वास्तव में धनी वर्ग का धन तो वित्तीय और व्यावसायिक परिसम्पदाएं होती हैं।

निर्धनतम 50 प्रतिशत [जिनके पास कुल सम्पदा का 5 प्रतिशत था ऊपर के उदाहरण में औसत रूप से 20000 यूरो प्रत्येक के पास है] और शीर्षस्थ 10 प्रतिशत [जो 1.2 मिलियन यूरो प्रत्येक की औसत के साथ 60 प्रतिशत राष्ट्रीय सम्पदा के स्वामी है]। के बीच में मध्यम वर्ग की 40 प्रतिशत जनता है। यह मध्यम सम्पदा वर्ग देश की कुल सम्पदा के 35 प्रतिशत अंश का स्वामी है—इनकी औसत निवल सम्पदा यूरे देश की औसत के बहुत निकट, 175,000 यूरो प्रति वयस्क के समान रहती है इस बड़े समुदाय में जहां वैयक्तिक सम्पदा स्तर एक से चार लाख यूरो है प्राय: प्राथमिक निवास के स्वामित्व और उसे पाने के लिए किस प्रकार भुगतान किया गया है—इन सभी बातों का बहुत महत्त्व रहता है। कई बार एक घर के साथ-साथ अच्छी खासी बचत की राशियां भी होती हैं। उदाहरण के लिए 2 लाख यूरो की निवल सम्पदा में एक 2.5 लाख यूरो का घर भी हो सकता है जिसके लिए अभी 1 लाख का भुगतान बाकी है—इस बकाया रकम को घटाकर उसमें जीवन बीमा पॉलिसी और बचत खातों की राशियां जोड़कर यह 2 लाख की सम्पदा बनती है। मकान पर बकाया का पूरा भुगतान हो जाने पर निवल सम्पदा का मान 3 लाख यूरो हो जाएगा—और यदि बचत खाते में राशियां कुछ अधिक हो गई हों तो फिर यह सम्पदा और अधिक हो जाएगी। सम्पदा धारण अनुक्रम में यही एक सांझा मार्ग सुझाई पड़ रहा है। इसी पर चल कर जो व्यक्ति निर्धनतम 50 प्रतिशत से बेहतर और धनिकतम से बहुत निकृष्ट वित्तीय स्थिति वाला मध्यम वर्ग समृद्धि की मंजिल की ओर आगे बढ़ता रहा है।

सम्पत्ति धारी मध्यम वर्ग : एक बड़ा सामाजिक नव प्रवर्तन

कोई गलती नहीं करें: 20वीं सदी में विकसित देशों में धन के वितरण में प्रमुख संरचनात्मक प्रत्यावर्तन एक वास्तविक सम्पदा धारी मध्यम वर्ग का उदय रहा है।

आइए एक सदी पूर्व, 1900-1910 के दशक पर फिर से विचार करें। उस समय यूरोप के सभी देशों में पूंजी का संकुलन आज से भी अधिक गंभीर था। तालिका 7.2 में दर्शाए गए परिमाण क्रमों को ध्यान में रखते हुए ही आगे बढ़िए । उस समय तो ब्रिटेन, फ्रांस और स्वीडन सहित उन सभी देशों में जहां की जानकारी सुलभ है—प्राय: सारी राष्ट्रीय आय पर धनिकतम 10 प्रतिशत का अधिकार था।—शीर्षस्थ दशमंक का सम्पदा अंश 90 प्रतिशत पहुंच गया था। ब्रिटेन जैसे कुछ विषमताग्रस्त देशों में तो शीर्षस्थ शतमंक का 60 प्रतिशत से अधिक राष्ट्रीय सम्पदा पर अधिकार था। दूसरी ओर 40 प्रतिशत जनसंख्या के मध्यम वर्ग के हिस्से में 5 प्रतिशत से कुछ ही अधिक सम्पदा [5-10 प्रतिशत तक] थी। ये निर्धनतम 50 प्रतिशत के अंश से थोड़ी ही अधिक थी [इस वर्ग की स्थिति में कोई परिवर्तन नहीं आया है—तब भी इनके पास 5 प्रतिशत सम्पत्ति थी और आज भी इतनी ही है]।

दूसरे शब्दों में समाज में मध्यम वर्ग का ही नहीं—जिन 40 प्रतिशत को मध्यम वर्ग कहा गया है, उसकी दशा भी निर्धनतम 50 प्रतिशत से बहुत भिन्न नहीं थी। जनसंख्या के विशाल बहुमत के पास लगभग कुछ नहीं था और प्राय: सारी राष्ट्रीय धन सम्पदा पर एक छोटी सी अल्पसंख्या का अधिकार था। किंतु इस अल्पसंख्या को सूक्ष्म संख्या तो नहीं कह पाएंगे। इस शीर्षस्थ दशमंक में शीर्ष शतमंक की तुलना में बहुत बड़ा संपन्न संभ्रांत वर्ग सम्मिलित था। अत: व्यक्तियों की संख्या काफी बड़ी दिखाई देती थी। किंतु सारे देश की दृष्टि से तो वह संख्या एक छोटी सी अल्पसंख्या ही रहती थी। अन्य सभी समाजों की भांति यहां भी वितरण वक्र में सततता थी किंतु इसका ढाल शीर्षस्थ दशमंक और शतमंक के निकट पहुंच कर बहुत तीखा रूप धारण कर लेता था—अत: निर्धनतम 90 प्रतिशत [जिनके पास शायद ही आज की इकाइयों में 10000 यूरो जितनी सम्पत्ति रही हो] से एक ऊंची छलांग हमें धनिकतम दशमंक के क्षेत्र में ले जाती थी—जिनके सदस्यों के पास तो कई नहीं बल्कि दसियों मिलियन की सम्पदा होती थी।[19]

ऐसी सामाजिक व्यवस्था में एक सम्पदाधारी मध्यमवर्ग के उदय की प्रकिया, चाहे जितनी ही भंगुर या कमजोर सही, एक ऐतिहासिक नव

प्रवर्तन थी और इसको कम करके आंकना एक बहुत बड़ी भूल होगा। यह ठीक है कि आज भी सम्पदा में भारी संकुलन की बात कही जा सकती है: आज भी शीर्षस्थ दशमंक का यूरोप की 60 तो संयुक्त राज्य अमेरिका की 70 प्रतिशत सम्पदा पर अधिकार है।[20] साथ ही गरीबतम 50 प्रतिशत की दशा आज भी पूर्ववत ही है, आज भी उनके पास मात्र 5 प्रतिशत का अंश है जैसा कि 1910 में था। अत: मूलत: मध्यम वर्ग कुछ टुकड़ों पर ही अधिकार जमा पाया है—यह यूरोप में एक तिहाई और अमेरीका में मुश्किल से एक चौथाई के समान है। इस मध्यम वर्ग में शीर्षस्थ दशमंक से चार गुना जनसंख्या है पर इस विशाल जनसंख्या का दशमंक की सम्पदा से आधे से एक तिहाई अंश पर ही अधिकार है। यह निष्कर्ष निकालने की ललक तो अवश्य होगी कि अभी भी कुछ नहीं बदला है—पूंजी के स्वामित्व की विषमता अभी भी चरम पर है [देखें तालिका 7.2]।

इनमें से कुछ भी गलत नहीं है और इन चीजों की जानकारी होना आवश्यक है: धन सम्पदा की विषमता में ऐतिहासिक दृष्टि से आई कमी बहुत कम संतोषजनक है जितना कि कुछ लोग मानते हैं। दूसरे यह भी निश्चित नहीं है कि हमें विषमता का जो सीमित सा निवारण आज दिखाई दे रहा है वह एक स्थायी प्रक्रिया है। फिर भी मध्यमवर्ग द्वारा एकत्र अंश महत्त्वपूर्ण है और इस ऐतिहासिक बदलाव को कम करके आंकना गलत होगा। एक 2 से 3 लाख यूरो की सम्पदा का स्वामी धनी भले ही नहीं हो किंतु वह विपन्नता की दशा से बहुत आगे निकल आया है। यही नहीं अधिकांश ऐसे व्यक्ति अब गरीब कहलाने को भी तैयार नहीं होते। दसों मिलियन व्यक्ति जो जनसंख्या के 40 प्रतिशत अंश है, एक बहुत बड़ा जन समुदाय होते हैं। यह धनी और गरीब के बीच का वर्ग व्यक्तिगत रूप से लाखों यूरो की धन सम्पदा का स्वामी है और सकल राष्ट्रीय सम्पदा के एक चौथाई से तिहाई तक पर इसी का अधिकार है। यह परिवर्तन बहुत बड़ा है। ऐतिहासिक दृष्टि से भी यह एक बड़ा प्रत्यावर्तन था। इसने सामाजिक रचना और समाज की राजनीतिक संरचना को गहराई से परिवर्तित कर वितरणात्मक टकराव के स्वरूप को एक नई परिभाषा प्रदान की है। अत: यह जानना आवश्यक है कि यह परिवर्तन आखिर हुआ क्यों?

सम्पदाधारी मध्यमवर्ग के उदय के साथ ही शीर्षस्थ दममंक के सम्पदा अंश में भारी गिरावट आई है—वह आधे से अधिक घट गया है। यूरोप में 20वीं सदी के प्रारम्भ में यह 50 प्रतिशत था किंतु 21वीं सदी अंत तक 20-25 प्रतिशत ही रह गया। हम यह भी देखेंगे कि इसने कम से कम आंशिक रूप से तो वॉट्रिन की सीख को अमान्य कर दिया। जिन सम्पदाओं के वार्षिक किराए भाड़े पर ही मजे का जीवन व्यतीत हो सके, उनकी संख्या में बहुत नाटकीय रूप से कमी आई है। अब एक महत्त्वाकांक्षी युवक रेस्टीनेक कानून की शिक्षा की अपेक्षा किसी मैडम विक्टरीन से विवाह कर अधिक आराम का जीवन नहीं बिता पाएगा। यह ऐतिहासिक दृष्टि से महत्त्वपूर्ण था—1900 के आस पास यूरोप में सम्पदा का अत्यंत संकुलन सारी उन्नीसवीं सदी की अभिलक्षणा थी। सभी उपलब्ध स्रोत स्वीकार करते हैं कि शीर्षस्थ दशमंक का 90 प्रतिशत पर अधिकार और कम से कम 50 प्रतिशत पर केवल एक शतमंक का अधिकार, ये परिमाण और आकार परंपरागत ग्रामीण समाज की विशेषता थी—फिर चाहे वह फ्रांस की पुरातन व्यवस्था रही हो या 18वीं सदी के इंग्लैंड की। संचित एवं उत्तराधिकार में प्राप्त पूंजी पर आधारित सामाजिक रचनाओं के लिए तो ये अतिसंकुलन अस्तित्व की एक आवश्यक शर्त है। तभी वह ऑस्टिन और बालजाक के उपन्यासों में वर्णित जीवन शैली का पोषण कर सकती थी। अत: इस पुस्तक की रचना का एक मुख्य लक्ष्य उन दशाओं को समझना है जिनमें संकुलित सम्पदा का उदय,स्थायित्व, विलोप और संभवत: पुन: उदय होता है।

सकल आय की विषमता: दो विश्व

आइए अब अंत में हम सकल आय में विषमताओं पर ध्यान देते हैं—अर्थात श्रम और पूंजी दोनों से आय के योग में विषमताएं [देखें ता. 7.3]। इस बात में कोई आश्चर्य नहीं है कि सकल आय की विषमता श्रम की आय और पूंजी की आय की विषमताओं के बीच में रहती है। एक और बात पर ध्यान दें: सकल आय की विषमता श्रम से आय की विषमता के अधिक निकट रहती है—क्योंकि श्रम से आय राष्ट्रीय आय के दो तिहाई से तीन चौथाई के आस पास होती है। अधिक सटीक रूप से, समतापूर्ण स्कैंडिनेविया में 1970-90

में शीर्षस्थ दशमंक को राष्ट्रीय आय का लगभग 25 प्रतिशत प्राप्त हो रहा था [उस समय जर्मनी और फ्रांस में यह अंश 30 प्रतिशत था जो अब 35 प्रतिशत हो गया है]। अधिक विषमतापूर्ण समाज में शीर्षस्थ दशमंक राष्ट्रीय आय के आधे अंश को अधिकृत कर लेता था। [कुल का 20 प्रतिशत अंश तो केवल शीर्षस्थ 1 प्रतिशत के अधिकार में रहता था]। यह बात पुरातन व्यवस्था और उत्साह युग के दौरान फ्रांस और ब्रिटेन में लागू रही तो आज के संयुक्त राज्य अमेरिका में भी मान्य है।

क्या और अधिक आय के संकुलन वाले समाज की कल्पना हो सकती है। संभवत: नहीं। यदि उदाहरण के लिए, प्रत्येक वर्ष के उत्पादन का 90 प्रतिशत अंश शीर्षस्थ दशमंक हड़पता जाए [और इसमें से आधा शीर्षस्थ शतमंक अकेला ही पचा जाए जैसा धन के विषय में हो रहा है] तो कोई न कोई क्रांति अवश्य हो जाएगी। उसकी संभावना को टालने के लिए तो अत्यंत ही प्रभावोत्पादक दमनतंत्र की आवश्यकता होगी। यदि पूंजी के स्वामित्व की बात करें तो उसका अत्यधिक संकुलन पहले से ही भारी राजनीतिक तनाव का कारण बना हुआ है—ऐसे तनाव का सार्वभौमिक मताधिकार के युग में सामना करना सहज नहीं होता। किंतु यह पूंजी संकुलन उस अवस्था में कुछ सहनीय हो सकता है जब पूंजी से आय राष्ट्रीय आय का एक छोटा सा अंश ही हो [एक चौथाई से एक तिहाई तक ही], कभी कभी कुछ अधिक भी जैसा कि पुरातन व्यवस्था में था [और उस समय का चरम धन संकुलन बहुत ही दमन पूर्ण था]। किंतु यदि यही विषमता का स्तर सकल आय पर भी लागू कर दिया जाए तो ये कल्पना कर पाना भी कठिन हो जाएगा कि निम्नतम सोपान का जन समुदाय उसे स्थायी रूप से स्वीकार करेगा।

यह बात तो हो गई—किंतु इस आग्रह के लिए कोई आधार नहीं है कि शीर्षस्थ दशमंक आधी से अधिक राष्ट्रीय आय पर कभी अधिकार नहीं कर सकता या इस सांकेतिक सीमा का उल्लंघन होने पर देश की अर्थव्यवस्था चरमरा जाएगी। वस्तुत: उपलब्ध ऐतिहासिक आंकड़े इतने सटीक नहीं हैं और यह कहना संभवत: गलत नहीं होगा कि इस सांकेतिक सीमा रेखा का उल्लंघन तो पहले ही हो चुका है। विशेष रूप से पुरातन व्यवस्था के

अंतर्गत, फ्रांसीसी क्रांति की पूर्वसंध्या तक शीर्षस्थ दशमंक वास्तव में 50 प्रतिशत बल्कि 60 प्रतिशत से भी अधिक राष्ट्रीय आय को हस्तगत करता आ रहा था। यही स्थिति अन्य परंपरागत ग्रामीण समुदायों में भी रही होगी। वस्तुत: ऐसी चरम विषमता का चलते रह पाना न केवल दमन तंत्र के प्रभावी होने पर निर्भर है बल्कि, संभवत: उसका मूल आधार तो उस विषमता को उचित ठहराने वाली व्यवस्था की प्रभावोत्पादकता में निहित है। यदि विषमताएं उचित लगने लगें—कि ये धनी लोगों द्वारा अधिक मेहनत करने या गरीबों की अपेक्षा अधिक कुशलतापूर्वक काम करने का परिणाम हैं, या कि धनियों को अधिक कमाने से रोकने पर समाज के निर्धनतम वर्ग पर दुष्प्रभाव होगा आदि, तो फिर विषमताएं अधिक उच्च ऐतिहासिक कीर्तिमान भी स्थापित कर सकती हैं। इसीलिए मैंने तालिका 7.3 में यह संभावना व्यक्त की है कि श्रम की आय की विषमता और कुछ कम सीमा तक पूंजी की आय की विषमता पिछले कुछ दशकों की भांति ही वृद्धिमान रहीं तो 2030 तक संयुक्त राज्य अमेरिका आय के संकुलन के अभूतपूर्व कीर्तिमान की रचना कर बैठेगा। शीर्षस्थ दशमंक का राष्ट्रीय आय में अंश 60 प्रतिशत हो जाएगा जबकि निम्न 50 प्रतिशत जनसंख्या के हिस्से केवल 15 प्रतिशत आएगा।

मैं इस बात पर आग्रह करना चाहता हूं : अधिक महत्त्वपूर्ण बात विषमता का परिमाण नहीं बल्कि उसे उचित ठहराया जाना है। इसीलिए विषमता की अंतर्रचना की जांच करना जरूरी है। इस दृष्टि से तालिकाओं 7.1-7.3 का प्रमुख संदेश यही है कि कोई समाज दो अलग-अलग रास्तों पर चलते हुए एक बहुत ही विषमतापूर्ण सकल आय के वितरण तक पहुंच सकता है [जहां शीर्षस्थ दशमंक का 50 प्रतिशत और शीर्षस्थ शतमंक का 20 प्रतिशत पर अधिकार हो जाता है]।

इन दो रास्तों में पहला तो "अत्यधिक सम्पदाधारिता आधारित समाज या भाड़ाजीवियों का समाज" है, जहां उत्तराधिकार में प्राप्त सम्पदा बहुत महत्त्वपूर्ण होती है और धन का संकुलन अत्यंत चरम हो जाता है [शीर्षस्थ दशमंक का 90 प्रतिशत और शीर्षस्थ शतमंक का अकेले ही 50 प्रतिशत पर अधिकार]। ऐसी अवस्था में सकल आय में पूंजी से आय की बहुत अधिक

प्रबलता रहती है—[वह भी उत्तराधिकार में मिली पूंजी की]। हमने पुरातन व्यवस्था के फ्रांस और उत्साह पूर्ण युग के यूरोप में ऐसा ही परिदृश्य देखा था। हमें यह समझना चाहिए कि स्वामित्व और विषमता की ऐसा अंतर्रचना का उदय कैसे हुआ, वह किस प्रकार बनी रह सकी और वह किस सीमा तक अतीत की ही घटना मात्र थी—अथवा क्या उसकी भविष्य के लिए कोई सार्थकता नहीं होगी।

ऐसी विषमता की प्राप्ति का दूसरा रास्ता अपेक्षाकृत नया है। इसे पिछले कुछ दशकों में संयुक्त राज्य अमेरिका ने बनाया है, यहां हम पाते हैं कि सकल आय की विषमता का अतिउच्च स्तर प्रतिभा आधारित उत्कृष्टता का परिणाम भी हो सकता है। कम से कम जहां शीर्षस्थ व्यक्ति स्वयं को सर्वोत्कृष्ट की संज्ञा दिलाने में सफल हो जाते हैं]। इसे एक "उत्कृष्ट सितारों" का समाज कह सकते हैं [संभवत: 'उत्कृष्ट प्रबंधकों' का समाज] दूसरे शब्दों में यह समाज अत्यंत विषमता पूर्ण होता है किंतु यहां आय अनुक्रम के शिखर पर श्रम से प्राप्त अतिउच्च आय होती है, उत्तराधिकार की सम्पत्ति नहीं। मैं इस बिंदु पर यह स्पष्ट कर देना चाहता हूं कि मैं ऐसा कोई निर्णय घोषित नहीं कर रहा हूं कि क्या ऐसा समाज सचमुच 'प्रतिभा उत्कृष्ट' कहे जाने का अधिकार है। कोई हैरानी नहीं कि ऐसे समाज में "विजेता" इसी प्रकार से सामाजिक क्रमबद्धता को परिभाषा करने का प्रयास करते हैं और कुछ "पराजितों" को इस बात से सहमत करने में भी सफल हो जाते हैं। किंतु हमारे वर्तमान ध्येय की दृष्टि से प्रतिभा उत्कृष्टता एक अवधारणा नहीं बल्कि विश्लेषण का एक संभावित निष्कर्ष अधिक है—और यह ध्यान रहे कि निष्कर्ष इसके पूरी तरह विपरीत भी हो सकता है। अब मैं इसी बात का विश्लेषण करने जा रहा हूं कि संयुक्त राज्य अमेरिका में श्रम आय की विषमताओं ने कहाँ तक प्रतिभातंत्र के तर्कशास्त्र का अनुसरण किया है [जहां तक इस प्रकार के गुणवाची प्रश्न का उत्तर दे पाना संभव है]।

इस बिंदु पर तो यही ध्यान रखना काफी होगा कि मैंने जिन दो अति विषमतापूर्ण तंत्रों का निरूपण किया है [एक तो किरायाखोरों का समाज और दूसरा उत्कृष्ट प्रबंधकों का समाज] वह कदाचित सादयी भरा और

अधिक ही खींच दिया गया है। दोनों प्रकार की विषमताएं एक साथ भी चल सकती हैं, कोई ऐसा कारण नहीं दिखता कि एक उत्कृष्ट प्रबंधक बड़ा किरायाखोर नहीं हो सकता। आज के संयुक्त राज्य अमेरिका में धन के संकुलन का यूरोप से बहुत अधिक होना इसी संभावना की ओर संकेत कर रहा है। साथ ही, उत्कृष्ट प्रबंधकों की संतान को भाड़ाजीवी होने से कौन रोक पाएगा? व्यवहार में प्रत्येक समाज में दोनों प्रकार के तर्क साथ-साथ चलते हैं। फिर भी विषमता के एक स्तर पर पहुंचने के एक से अधिक मार्ग होते हैं और आज के संयुक्त राज्य अमेरिका की एक बड़ी विशेषता श्रम की आय में भीषण विषमता है [यह विषमता किसी भी अन्य समय पर किसी ऐसे समाज से भी ज्यादा है जहां कौशल की विषमताएं बहुत ही विकराल थीं]। इनके साथ धन की विषमताएं परंपरागत ग्रामीण व्यवस्था या 1900-10 के यूरोप से काफी कम भी हैं। अत: उन दशाओं को समझना बहुत जरूरी हो जाता है जिनमें ये दो तर्क विकसित होते हैं—विशेषकर इसलिए कि आगे चलकर इसी सदी में ये परस्पर पूरक बन अपने प्रभावों को संयुक्त रूप में भी प्रस्तुत कर सकते हैं। यदि ऐसा होता है तो हमें इतनी भीषण विषमता भरा संसार मिलेगा जितना पहले कभी नहीं था।[21]

मिश्रित [संश्लिष्ट] सूचकों की समस्याएं

ऊपर उठाए गए प्रश्नों के उत्तरों की खोज में एक एक देश की ऐतिहासिक प्रक्रियाओं की समीक्षा से पूर्व कुछ कार्य विधिगत प्रश्नों पर चर्चा आवश्यक है। हमारी तालिका 7.2 में विभिन्न वितरणों के गिनि गुणांकों को भी सम्मिलित किया गया है। इस गिनि गुणांकों का नामकरण इटली के एक सांख्यिकीशास्त्री ककोड़ो गिनि [1884-1965] के सम्मान में किया गया है। विषमताओं का यह मिश्रित सूचक बहुप्रयुक्त सूचकों में से एक है और यह अधिकारिक रिपोर्टों तथा सार्वजनिक विमर्श में भी प्राय: दिखाई पड़ता है। इसकी रचना इसके मान को 0 से 1 तक सीमित कर देती है। पूर्ण समता में इसका मान 0 होता है और परम विषमता की स्थिति में 1 [अर्थात जब सारी सम्पदा पर किसी सूक्ष्म से समूह का अधिकार हो]।

वास्तविक समाजों, में, व्यावहारिक रूप से, श्रम से आय के गिनि गुणांक का मान 0.2 से 0.4 पाया जाता है। पूंजी स्वामित्व के संदर्भ में यह मान 0.6 से 0.9 और समग्र आय की विषमता के संदर्भ में 0.3 से 0.5 तक पाया गया है। स्कैंडिनेविया [1970-90] में श्रम से आय का गिनि गुणांक 0.19 था—जो परमसमता से बहुत दूर नहीं था। इसके विपरीत उत्साह युग के यूरोप का सम्पदा वितरण गिनि गुणांक का मान 0.85 दर्शा रहा है, जो परम विषमता से बहुत दूर नहीं था।[22]

ये गुणांक, ऐसे ही और भी हैं [जैसे कि थाएल का सूचक] कभी कभी उपयोगी भी रहते हैं। किंतु इनके कारण कई समस्याएं भी पैदा हो सकती हैं। इनका दावा है कि ये शीर्ष से निम्नतम, निम्न से मध्यम और मध्यम से शीर्ष तथा शीर्ष से शीर्षतम—सभी वर्गों के बीच की विषमता को एक अंक में अभिव्यक्त कर सकते हैं। ये विचार बहुत सीधा और प्रथमदृष्टा बड़ा आकर्षक भी लगता है। किंतु अंतत: भ्रामक सिद्ध होता है। वस्तुत: एक बहुआयामी वास्तविकता को एक आयामी सूचक में, बिना किसी अति सरलीकरण असमतापूर्ण चीजों को समान माने, समाहित करने का विचार विचित्र सा लगता है। आय और सम्पदा के वितरण के विभिन्न सोपानों से जुड़ी सामाजिक वास्तविकताएं और उनके आर्थिक राजनीतिक महत्त्व में बहुत बड़े अंतर होते हैं। अत: इनका विश्लेषण तो पृथक-पृथक होना चाहिए। यही नहीं, गिनी एवं अन्य गुणांक श्रम संबंधी विषमता और पूंजी या धन विषयक विषमता को एक ही प्रकार से चित्रण कर भ्रम फैलाने का काम भी कर देते हैं—क्योंकि वास्तव में तो इनकी आधारभूत आर्थिक प्रक्रियाएं और इनके गुणवाची औचित्य बहुत ही अलग अलग होते हैं। अत: मुझे तो यही कहीं बेहतर लगता है की इन विषमताओं का वितरण तालिकाओं में विभिन्न दशमंकों और शतमंकों के कुल आय और कुल सम्पदा में अंश दर्शाते हुए विश्लेषण करना चाहिए, [न कि किसी सूचक के माध्यम से]।

ये वितरण तालिकाएं एक अन्य दृष्टि से भी महत्त्वपूर्ण हैं: ये सभी को समाज की वर्तमान क्रमिकता का निर्माण करने वाले घटक समूहों के आय और सम्पदा स्तरों पर ध्यान देने को विवश करती हैं। इन स्तरों को नकदी

की इकाइयों में [या औसत आय अथवा औसत सम्पदा धारिता के प्रतिशत में] व्यक्त किया जाता है—किसी अमूर्त सांख्यिकीय संकल्पना के अनुसार नहीं [जिसको समझना कठिन रहे]। वितरण तालिकाएं हमें सामाजिक विषमताओं को अधिक सटीक और अंतर्निहित रूपों में समझने तथा अध्ययन के लिए उपलब्ध आंकड़ों और उनकी सीमाओं को भी समझ पाने में सहायक रहती हैं। इनके विपरीत गिनि गुणांक जैसी सांख्यिकीय संकल्पनाएं विषमता का बड़ा नीरस निरूपण करती हैं और इनके सहारे किसी को विद्यमान सामाजिक अनुक्रम में अपने स्थान का बोध भी नहीं हो पाता [यह बोध उस समय बहुत आवश्यक होता है जब कोई व्यक्ति उच्च शतमकी समुदाय का हिस्सा हो—अर्थशास्त्री प्राय: इसे भूल जाते है]। सूचक ये भी भुला देते हैं कि संभवत: आंकड़ों में कुछ त्रुटियां या हम विसंगति हो या अन्य देशों/अवधियों के आंकड़े तुलनीय नहीं हो [उदाहरणत: कई बार वितरण के शीर्ष भाग का संक्षेपण का दिया जाता है, या कतिपय देशों में पूंजी से आय को नजरअंदाज कर देते हैं और कुछ में नहीं]। किंतु वितरण तालिकाएं हमें अधिक संगतिपूर्ण और पारदर्शी व्यवहार अपनाने को विवश करती हैं।

आधिकारिक प्रकाशनों की "अलंकार हीनता" का आवरण

इसी प्रकार की सावधानियां OECD तथा अन्य राष्ट्रीय सांख्यिकी संगठनों द्वारा बहुधा प्रयुक्त अंतर्दशमंक अनुपातों द्वारा व्यक्त विषमता को लेकर भी बरतनी चाहिए। सबसे अधिक प्रयुक्त अंतर्दशमंक अनुपात P_{90}/P_{10} है—ये आय वितरण के नब्बेवें और दसवें शतमंकों का अनुपात होता है।[23] यदि किसी को शीर्षस्थ 10 प्रतिशत आय अर्जकों के वर्ग में शामिल होने के लिए 5000 यूरो से अधिक और न्यूनतम 10 प्रतिशत वर्ग की सदस्यता के लिए 1000 यूरो से कम कमाना अनिवार्य हो तो P_{90}/P_{10} का अनुपात '5' रहेगा।

ऐसे सूचक उपयोगी हो सकते हैं। किंतु संबद्ध वितरण के संपूर्ण आकार की अधिक जानकारी होना सदैव अधिक मूल्यवान रहता है। ध्यान रखें कि इन सूचकों की रचना विधि नब्बेवें शतमंक से ऊपर वितरण के समस्त

विकास क्रम को अनदेखा कर जाती है। सटीक शब्दों में P_{90}/P_{10} के आकार कुछ भी हों, शीर्षस्थ दशमंक में 1970-90 के स्कैंडेनेवियाई देशों की भांति कुल का 20 प्रतिशत हो सकता है तो आज के अमरीका का 50 प्रतिशत भी या उत्साह युग के यूरोप की सम्पदा का 90 प्रतिशत। अंतर्राष्ट्रीय संस्थाओं या राष्ट्रीय सांख्यिकी संगठनों के प्रकाशन हमें इस पक्ष पर कोई जानकारी नहीं दे पाते। कारण एक ही है—वे सभी जानबूझ कर वितरण के शीर्षस्थ भाग को अनदेखा करने वाले सूचकों का प्रयोग करते हैं ताकि किसी को नब्बेवें शतमंक से ऊपर की आय या सम्पदा की कोई जानकारी नहीं मिल पाए।

इस व्यवहार का सामान्य औचित्य आंकड़ों की अपूर्णता को बताया जाता है। यह ठीक तो है किंतु इस अपूर्णता का निवारण अन्य पर्याप्त आंकड़ा स्रोतों के प्रयोग से हो सकता है—हम वर्ल्ड टॉप इन्कमस डाटाबेस [WTID] में यही दिखा रहे हैं। यह कार्य अब धीमे धीमे कार्य करने के तौर-तरीकों को बदल रहा है। वस्तुत: शीर्षस्थ आय या पूंजी को अनदेखा करने का निर्णय तटस्थतापूर्ण भी नहीं है। राष्ट्रीय और अंतर्राष्ट्रीय संस्थाओं के आधिकारिक प्रकाशनों से सार्वजनिक विमर्श को अधिक ज्ञानपूर्ण बनाने की अपेक्षा की जाती है किंतु वे प्राय: विषमता के वीभत्स रूप के स्थान पर समता के अतिरंजनापूर्ण चित्र का चित्रण करते हैं। ऐसा लगता है कि जैसे 1789 के फ्रांस में किसी आधिकारिक प्रकाशन ने जानबूझकर नब्बेवें शतमंक से ऊपर के समुदाय की पूरी अनदेखी इस आधार पर कर दी हो कि "इनके बारे में कुछ कह पाना बहुत जटिलतापूर्ण हो जाएगा"—जबकि यह वर्ग उस समय के समस्त अभिजात्य या सामंत वर्ग से आकार में 5 से 10 गुना विशाल अवश्य था। ऐसी अलंकारपूर्ण विधि का प्रयोग एक अन्य कारण से भी खेदजनक है: यह सामाजिक तनाव का शमन करने के स्थान पर अनेक काल्पनिक अतिरंजनाओं को जन्म देने और अधिकारिक आंकड़ों तथा सांख्यिकीविदों के प्रति वितृष्णा का भाव भी पैदा करती है।

विपरीत रूप में कई बार अंतर्दशमंक अनुपात कतिपय कृत्रिम कारणों से बहुत अधिक हो जाते हैं। पूंजी के स्वामित्व की बात लें, निम्नतम 50 प्रतिशत जन समुदाय के पास तो बहुत कम सम्पदा होती है। केवल इस

आधार पर कि सम्पदा में दीर्घोपयोगी पदार्थों का मान जोड़ा गया है। या ऋणों का समंजन हुआ है या नहीं, हम सम्पदा वितरण के प्रथम दशमंक के बहुत ही अलग अलग मान आकलित कर बैठेंगे। एक ही सामाजिक वास्तविकता का चित्रण कर रहे वितरण में यह मान 100 यूरो से लेकर 1000–बल्कि 10000 यूरो तक पहुंच सकता है। इन आंकड़ों का अपने आप में भले ही अधिक महत्त्व नहीं हो किंतु इन पर आधारित अनुपातों में तो बहुत भारी विकृति का समावेश हो सकता है। देश और काल का भी यहां प्रभाव रहता है]। यहां भले ही धन वितरण के निम्नतम अर्द्धांश को कुल सपदाका का केवल 5 प्रतिशत ही मिल रहा हो। यही बात कुछ कुछ श्रम से आय के वितरण पर भी लागू हो सकती है—यहां ये निर्णय महत्त्वपूर्ण है कि बदली कर्मी की आय या अल्पकालिक रोजगार आय को किस प्रकार आंका जाता है [औसत साप्ताहिक, मासिक, वार्षिक या दशकीय आय आकलन बहुत ही अलग अलग परिणाम दिखा सकते हैं]। फिर तो सकल श्रम आय में निम्न अर्द्धांश का भाग स्थिरप्राय रहते हुए भी P_{10} का मान और उसी के कारण अंतर्दशमंक अनुपात के आकलनों में भारी फेरबदल हो जाता है।[24]

यह भी एक कारण है कि हमें तालिका 7.1–7.3 में प्रदर्शित वितरणों का अध्ययन करना चाहिए—यह विभिन्न सामाजिक वर्गों की आय और धन पर दावेदारी दर्शाती है—विशेषकर न्यूनतम अर्द्धांश और शीर्षस्थ दशमंक की जानकारी—न कि P_{90} और P_{10} की सीमा रेखाएं—कहीं अधिक सटीक सिद्ध होती हैं। ये अंश अंतर्दशमंक अनुपातों की अपेक्षा वास्तविकताओं का कहीं अधिक स्थिरतापूर्ण चित्रण करते हैं।

सामाजिक तालिकाओं और राजनीतिक अंकगणित की ओर वापसी

मेरे इस अध्याय में विश्लेषित वितरण तालिकाओं को धन के वितरण के अध्ययन के लिए कृत्रिम सूचकों और अंतर्दशमंक अनुपातों से अधिक विश्वस्त मानने के यही कारण हैं।

साथ ही मेरा विश्वास है कि मेरा दृष्टिकोण राष्ट्रीय आय लेखांकन से अधिक संगतिपूर्ण है। अब तो अधिकांश देशों के राष्ट्रीय लेखांकन हमें प्रतिवर्ष राष्ट्रीय आय और सम्पदा का मापन करने में सक्षम बना रहे हैं।

जनांकीय अध्ययनों से जनसंख्या की सटीक जानकारी मिल जाती है। अतः औसत आय और औसत सम्पदा की परिभाषा में कोई कठिनाई नहीं रहती। अगला स्वाभाविक कदम इन सकल आय और सम्पदा के आंकड़ों को दशमंकों और शतमंकों में विभाजन होगा। अनेक प्रतिवेदनों ने आग्रह किया है कि राष्ट्रीय लेखे को सुधार कर उसे इस प्रकार 'मानवीकृत' किया जाना चाहिए। किंतु इस दिशा में अभी कोई विशेष प्रगति नहीं हो पायी है।[25] इस दिशा में एक उपयोगी पहल यही होगी कि निम्नतम 50 प्रतिशत, मध्यम 40 प्रतिशत और शीर्षस्थ 10 प्रतिशत के आय और सम्पदा अंश तो अवश्य आकलित कर लिए जाएं। इस प्रकार कोई अध्येता यह जानने में सफल हो जाएगा कि घरेलू उत्पाद और राष्ट्रीय आय की कितनी संवृद्धि इन वर्गों को वास्तव में मिली आय में प्रतिबिंबित हो रही है। उदाहरण के लिए, शीर्षस्य दशमंक को प्राप्त अंश जानकर हम तुरंत यह समझ सकते हैं कि वितरण का शीर्ष भाग संवृद्धि के कितने अधि-अनुपाती अंश को हस्तगत करने में सफल रहा है। इस प्रश्न का इतना स्पष्ट उत्तर न तो गिनि गुणांक दे पाता है और न ही अंतर्दशमंक अनुपात।

एक और बात मैं जोड़ना चाहता हूं : मैं जिन वितरण तालिकाओं के प्रयोग का अनुमोदन कर रहा हूं, वे 18वीं सदी से 19वीं सदी के प्रारम्भिक वर्षों में प्रयुक्त 'सामाजिक तालिकाओं' से कुछ ज्यादा अलग नहीं है। पहले पहल 17वीं सदी के अंत में ब्रिटेन और फ्रांस में विकसित इन तालिकाओं का बहुत प्रयोग, परिमार्जन और उन पर टिप्पणियां हुआ है। उदाहरण के लिए, ज्ञानोदय काल के फ्रांस में डिडरो के विश्वकोश में प्रकाशित "राजनीतिक अंकगणित" नामक प्रसिद्ध लेख को ही लें। ग्रेगरी किंग द्वारा रचित [1688] से आरंभ कर एक्सपाइली और इस्नार्ड द्वारा फ्रांसीसी क्रांति की पूर्वसंध्या पर अधिक विस्तृत संकलन की बात हो या प्यूशे, कॉलकौन और ब्लोजे द्वारा नेपोलियन युग में रचित—सभी सामाजिक तालिकाओं का उद्देश्य सामाजिक संरचना का एक सर्वांगीण निरूपण था। इनमें सामंतों, बुर्जुआ, भद्रलोक, शिल्पकार, किसान आदि की संख्या और उनकी अनुमानित आय का विवरण दर्ज रहता था [सम्पदा भी]। कभी-कभी उनके रचनाकारों ने राष्ट्रीय आय और सम्पदा के अनुमान भी तैयार किए थे। किंतु उन तालिकाओं से मेरी तालिकाएं एक दृष्टि से अलग हैं: उस काल की

सामाजिक तालिकाओं ने उस समय के प्रचलित सामाजिक वर्गों का ही प्रयोग किया था—उन्होंने आय और सम्पत्ति के दशमंकों और शतमंकों का आकलन करने के प्रयास नहीं किए थे।[26]

किंतु फिर भी उन सामाजिक तालिकाओं ने समाज के विभिन्न वर्गों, विशेषकर संभ्रांत वर्ग के घटकों, के राष्ट्रीय सम्पदा अंशों पर जोर देते हुए विषमताओं को हाड़-मांस का आयाम प्रदान किया था। इस दृष्टि से मेरी विधि का उनसे बहुत सादृश्य भी हो जाता है। साथ ही इस सामाजिक तालिका विधि की "आत्मा" निष्क्रिय, गैर सामयिक सांख्यिकीय विषमता मापकों [गिनि, पैरेटो द्वारा प्रयुक्त], जिनका 20वीं सदी में अधिकांशत: प्रयोग होता रहा है और जो धन की विषमता के गांभीर्य या वीभत्सता को छिपा जाते हैं, से बहुत दूर रहती है। आपकी विषमता मापन की विधि कभी तटस्थ नहीं होती।

■ ■ ■

अध्याय-8

दो विश्व

मैं आगे के आकलन के लिए आवश्यक संकल्पनाओं की सटीक परिभाषा कर चुका हूं और विभिन्न देशों/समाजों में व्यावहारिक रूप में श्रम और पूंजी की विषमता द्वारा पाए गए स्तरों और परिमाणों से भी आपको परिचित करा चुका हूं। अब विश्व भर में विषमता के ऐतिहासिक विकासक्रम पर दृष्टि केंद्रित करने का समय आ गया है। प्रश्न यह है कि 19वीं सदी से अब तक विषमता की अंतर्रचना कैसे और क्यों परिवर्तित हुई है? हमने देखा कि 1914–45 के संक्षोभों ने विषमता को घटा दिया था किंतु ये कभी किसी भी दृष्टि से समरूप और अनायास हुई घटना नहीं थी। इसी प्रकार 1970 के बाद से विषमता में वृद्धि हर स्थान पर एक जैसी नहीं रही है। इससे भी यही संकेत मिल रहा है कि देश के संस्थागत और राजनीतिक कारकों ने एक निर्णायक भूमिका अवश्य निभाई होगी।

एक सरल घटनाक्रम: फ्रांस में 20वीं सदी में विषमता में कमी

मैं फ्रांस के घटनाक्रम के विस्तार से छानबीन के साथ इस कार्य का प्रारम्भ कर रहा हूं। यहां उपलब्ध समृद्ध ऐतिहासिक सामग्री स्रोत हमें अच्छे प्रमाण उपलब्ध करा रहे हैं। यह घटनाक्रम बहुत सरल और सीधा–सादा भी रहा है—साथ ही यह अनेक यूरोपीय देशों के अनुभवों को भी भली-भांति प्रतिबिंबित करता है। यहां यूरोपीय शब्द का अर्थ यूरोप महाद्वीप की मुख्य-भूमि से है। ब्रिटेन का घटनाक्रम कदाचित मुख्यभूमि और संयुक्त राज्य अमेरिका के कहीं बीच का प्रतीत होता है। बहुत सीमा तक यह महाद्वीपीय अनुभव जापान के घटनाक्रम के भी बहुत निकट लगता है। फ्रांस के विश्लेषण के बाद मैं संयुक्त राज्य अमेरिका के अनुभवों की समीक्षा करूंगा और अंत में इस विश्लेषण को सभी विकसित और उभरती अर्थव्यवस्थाओं के संदर्भ पर विस्तृत करने का प्रयास करूंगा [जिनके लिए अब पर्याप्त ऐतिहासिक जानकारी सुलभ हो रही है]।

रेखाचित्र 8.1 में राष्ट्रीय आय में और कुल मजदूरी आय में शीर्षस्थ दशमंक के अंशों की एक सदी की जानकारी अंकित की गई है। इससे तीन बातें उभर कर आ रही हैं।

रेखाचित्र 8.1: फ्रांस में आय की विषमता, 1910-2010

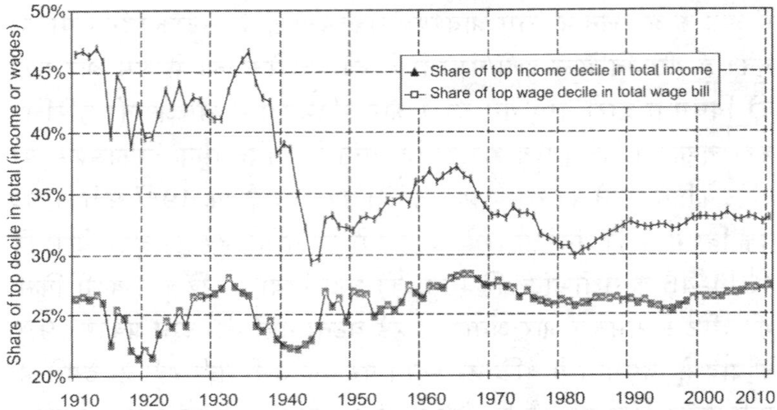

बीसवीं सदी में फ्रांस में सकल आय [श्रम एवं पूंजी] के स्तर पर आय की विषमता में गिरावट आई है किंतु मजदूरी की विषमता पूर्ववत ही है।

स्रोत और श्रृंखला हेतु देखें: piketty.pse.ens.fr/capital21C.

प्रथम : फ्रांस में उत्साह युग के बाद से आय की विषमता में काफी कमी आई है: शीर्षस्थ दशमंक का राषट्रीय आय अंश प्रथम विश्वयुद्ध की पूर्व संध्या के 45–50 प्रतिशत से कम होकर अब 30–35 प्रतिशत रह गया है।

राष्ट्रीय आय के 15 प्रतिशत अंकों की यह गिरावट बहुत बड़ी है। इसका अर्थ है कि सबसे धनी 10 प्रतिशत जनसंख्या को मिल रही आय में एक तिहाई की कमी आ गई है। साथ ही शेष 90 प्रतिशत जन समुदाय को मिल रही आय में एक तिहाई की वृद्धि हो गई है। यह भी ध्यान रहे कि यह उत्साह युग में निम्न 50 प्रतिशत को मिलने वाले आय अंश के तीन चौथाई के समान है और आज भी उस वर्ग के समस्त आय अंश का आधा भाग इसी अंश के समान है।[1] एक और बात का ध्यान रहे कि यहां हम केवल प्राथमिक आय (अर्थात करों व अंतरणों पूर्व) की बात कर रहे हैं [यह करों और अंतरणों से पूर्व आय है]। मैं खंड–4 में यह दिखाने का प्रयास करूंगा कि

करों और अंतरणों ने किस प्रकार विषमता को और अधिक कम किया है। एक और बात स्पष्ट कर दूं, विषमता कम हुई है—किंतु इसका अर्थ यह नहीं है कि हम आज एक समतापूर्ण समाज में रह रहे हैं। इससे मात्र यही आभास होता है कि उत्साह युग का समाज बहुत अधिक विषमता से ग्रस्त था—संभवत: वह इतिहासकाल की गहनतम विषमता थी। उस विषमता ने जो रूप धारण किया हुआ था और जिस प्रकार उसका निर्माण हुआ था—मुझे लगता है कि आज हम उन सब बातों को स्वीकार करने को सहज ही तैयार नहीं हो पाएंगे।

दूसरे : 20वीं सदी में विषमता में आई बड़ी कमी का एक मात्र कारण शीर्षस्थ दशमंक के आय अंश में आई गिरावट है। यदि पूंजी की आय को अलग रखते हुए केवल श्रम की आय पर विचार करें तो उसके वितरण में दीर्घकालिक स्थिरता दिखाई देती है। बीसवीं और 21वीं, दोनों ही सदियों के प्रथम दशकों में शीर्षस्थ दशमंक को कुल श्रम आय का 25 प्रतिशत अंश ही प्राप्त हो रहा था। आय वितरण के निम्नस्थ स्तर पर भी हमारे सूचना स्रोत स्थिरता का ही संकेत दे रहे हैं। उदाहरण के लिए, निम्न 50 वर्ग को सभी अवधियों में कुल मजदूरी का 25–30 प्रतिशत अंश ही मिलता रहा है [इस प्रकार इस समूह के सदस्यों का औसत वेतन सारे समाज के वेतन स्तर का 50–60 प्रतिशत ही रह जाता था]।[2] इसमें भी कोई दीर्घकालिक परिवर्तन के संकेत नहीं हैं। पिछली शती में मजदूरी का स्तर बहुत बदला है, श्रमशक्ति की कौशल रचना भी बहुत बदल गई है, किंतु मजदूरी की क्रमबद्धता पूर्ववत् रही है। यदि पूंजी से शीर्षस्थ वर्ग की आय में कमी नहीं होती तो 20वीं सदी में भी आय की विषमता में कोई कमी नहीं आती।

यह तथ्य उस समय और भी अधिक स्पष्ट हो जाता है जब हम सामाजिक सीढ़ी के सोपानों पर चढ़ने का प्रयास करते हैं। शीर्षस्थ शतमंक के विकासक्रम पर विशेष ध्यान दें [रेखाचित्र 8.2][3]। उत्साह युग के विषमता शीर्ष से तुलना करें तो फ्रांस में शीर्षस्थ शतमंक के अंश में भारी गिरावट दिखाई देती है—यह 1900–10 में राष्ट्रीय आय के 20 प्रतिशत से भी अधिक से घट कर 2000–10 में मात्र 8 या 9 प्रतिशत रह गया है। यह एक शती के दौरान आधे से अधिक की गिरावट है—वस्तुत: यदि

1980 में दिखाई पड़े वक्र के निम्नतम स्तर को देखें तो यह कभी दो तिहाई पर पहुंच जाती है क्योंकि उस समय तो इस शीर्षस्थ दशमंक का अंश मुश्किल से 7 प्रतिशत था।

रेखाचित्र 8.2: फ्रांस में भाड़ाजीवी वर्ग का पतन, 1910-2010

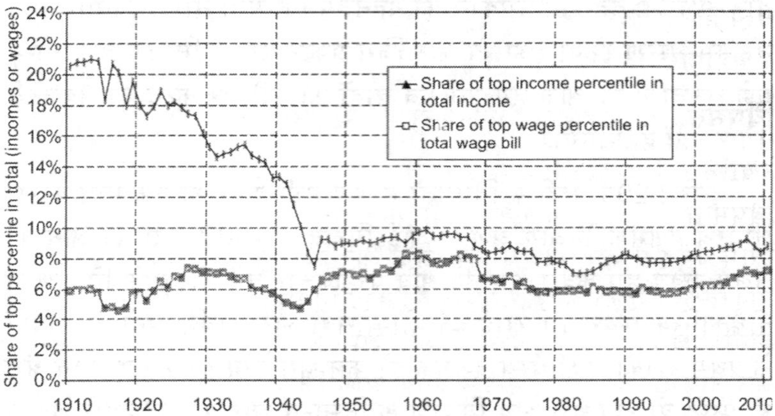

फ्रांस में शीर्षस्थ पूंजी आय की भारी गिरावट के कारण ही शीर्षस्थ शतमंक के आय अंश में कमी संभव हुई है। स्रोत और श्रृंखला हेतु देखें: piketty.pse.ens.fr/capital21C.

यही नहीं, यह गंभीर पतन केवल पूंजी से प्राप्त अतिउच्च आय में गिरावट का ही परिणाम था [यह, कदाचित अपशब्दों में—भाड़ाखोरों का पतन था]। यदि मजदूरी/वेतन पर दृष्टिपात करें तो शीर्षस्थ शतमंक का सकल मजदूरी में अंश 6 से 7 प्रतिशत स्तर पर ही बना रहा है। प्रथम महायुद्ध की पूर्वसंध्या पर शीर्षस्थ शतमंक की कुल आय द्वारा मापित विषमता, मजदूरी की विषमता से तीन गुनी अधिक थी। आज यह मात्र एक तिहाई अधिक है, प्राय: मजदूरी विषमता के समान ही है—इससे ऐसा भ्रम भी होने लगता है कि पूंजी से आय की विषमता का अंत हो गया है [देखें रेखाचित्र 8.2]।

संक्षेप में कहें तो फ्रांस में 20वीं सदी में विषमता में कमी की व्याख्या भाड़ाखोरों के पतन और पूंजी से अत्यधिक आय के पतन द्वारा हो सकती है। किसी सामान्य दीर्घकालिक विषमता शमनकारी प्रक्रिया [विशेषकर

श्रम विषमता] की कोई झलक नहीं मिलती—यह कुज्नेट्स की आशावादी भविष्यवाणी के एक दम विपरीत है।

इसी में सम्पदा वितरण की ऐतिहासिक गत्यात्मकता की एक मूलभूत सीख निहित है, जो कि 20वीं सदी ने हमें सिखाई है। यह सीख और भी सत्य हो जाती है जब थोड़े बहुत उतार चढ़ाव के साथ सभी विकसित देशों में यही बात दिखाई पड़ रही हो।

विषमता का इतिहास : एक अराजक राजनीतिक इतिहास !

रेखाचित्रों 8.1 और 8.2 से उभर कर आ रहा तीसरा महत्त्वपूर्ण तथ्य है : विषमता का इतिहास एक लम्बी शांतभाव से प्रवाहित सरिता नहीं है। इसमें बहुत से मोड़ और घुमाव रहे हैं और निश्चय ही यहां किसी अदम्य "प्राकृतिक" संतुलन की ओर प्रवाह की कोई नियमित प्रवृत्ति दृष्टिगोचर नहीं होती। फ्रांस और अन्य देशों में भी विषमता का इतिहास सदैव अराजक और राजनीतिक रहा है—इसे अनेक सामाजिक परिवर्तनों की छटपटाहट झेलनी पड़ी है और इसे केवल आर्थिक नहीं बल्कि असंख्य सामाजिक, राजनीतिक, सैन्य तथा सांस्कृतिक शक्तियों ने भी प्रभावित किया है। सामाजिक आर्थिक विषमताएं, अर्थात विभिन्न सामाजिक समूहों के बीच आय और सम्पत्ति की विषमताएं, अन्य क्षेत्रों में चल रहे घटनाक्रमों का कारण होती हैं और उनका प्रभाव भी! विश्लेषण के ये सभी आयाम बहुत विकट रूप से गुंथे हुए होते हैं। अत: सम्पदा के वितरण का इतिहास, किसी देश के इतिहास की अधिक व्यापक पटल पर व्याख्या का रूप धारण कर लेता है।

फ्रांस के विषय में यह बहुत ही चौंकाने वाली बात है; आय की विषमता का अधिकांश संकुचन कैसे एक निश्चित अवधि, 1914–45 के बीच ही हो गया था। समग्र आय में शीर्षस्थ शतमंक और दशमंक के अंश द्वितीय महायुद्ध के तुरंत बाद अपने निम्नतम स्तर पर जा गिरे थे और लगता है कि ये अभी तक अंतर्महायुद्ध काल के अत्यंत भीषण संक्षोभों से अभी तक उबर नहीं पाए हैं [देखें रेखाचित्र 8.1, 8.2]। बहुत सीमा तक युद्ध की अव्यवस्था और उसके आर्थिक राजनीतिक संक्षोभ ही 20वीं सदी में विषमता में कमी के कारण बने हैं। अधिक समतापूर्ण समाज की रचना

की ओर मंथर, सर्वानुमतिपूर्ण एवं टकरावरहित सामाजिक यात्रा का कोई प्रमाण नहीं मिलता। बीसवीं सदी में समन्वयपूर्ण लोकतांत्रिक या आर्थिक तर्कशीलता नहीं, बल्कि युद्ध ने अतीत के लेख मिटा कर समाज को साफ पट्ट पर एक नई शुरुआत करने का अवसर दिया है।

ये संक्षोभ आखिर क्या थे? मैंने इनके बारे में खंड–2 में भी बात की थी। ये थे दो विश्वयुद्धों में हुए विनाश, महामंदी के दौरान फर्मों/कम्पनियों के दीवाले और सबसे अधिक इस अवधि में रचित नई सरकारी नीतियां [किराया नियंत्रण, राष्ट्रीयकरण, और सरकारी ऋणों पर जीवित भाड़ाखोर वर्ग का स्फीति के माध्यम से सहज ही अंत है]। इन सबके कारण 1914–45 में पूंजी आय में भारी कमी आई, जिसका परिणाम सकल आय में पूंजी के अंश में गिरावट के रूप में सामने आया है। किंतु पूंजी का संकुलन आय से कहीं अधिक गहन होता है। इसीलिए पूंजी से आय की आय अनुक्रम के उच्चस्थ दशमंक में अधिकता रहती है [उच्चस्थ शतमंक में और अधिक]। अत: कोई आश्चर्य नहीं कि 1914–45 में विशेषरूप से निजी पूंजी को लगे आघातों ने शीर्ष दशमंक और शतमंक के आय अंश को इतना घटा दिया कि अंतत: आय की विषमता में भारी कमी दिखाई देने लगी।

फ्रांस में पहली बार आयकर 1914 में लगाया गया—[वह भी युद्ध की घोषणा से कुछ ही सप्ताह के अत्यंत तनावपूर्ण वातावरण में, 15 जुलाई 1914 को]। इस सुधार को वहां की सीनेट 1890 के दशक से ही अस्वीकार करती आ रही थी। इसी कारण, दुर्भाग्यवश, उस तिथि से पूर्व के हमारे पास आयकर की आंतरिक रचना के कोई आंकड़े नहीं हैं। बीसवीं सदी के प्रथम दशक में इस अपेक्षा में कि सामान्य आयकर लगने वाला है, और उसके लगने पर सरकार को जो राजस्व प्राप्त होगा, उसका अनुमान लगाने के लिए आय के वितरण के आकलन के कई प्रयास हुए थे। अत: हमें एक मोटा–मोटा अनुमान मिल जाता है कि उत्साहपूर्ण युग के फ्रांस में आय कहां तक संकुलित थी। किंतु ये अनुमान हमें प्रथम महायुद्ध के संक्षोभ का ऐतिहासिक परिप्रेक्ष्य प्रदान नहीं कर पाते। उसके लिए तो कई दशक पूर्व आयकर लग जाना चाहिए था।[4] सौभाग्यवश 1791 से चल रहे सम्पदा उत्तराधिकार कर के आंकड़े हमें 19वीं–20वीं सदियों में सम्पदा वितरण के

विकासक्रम का अध्ययन करने में सक्षम बना देते हैं और हम 1914–45 के संक्षोभों की केंद्रीय भूमिका की पुष्टि कर सकते हैं। ये आंकड़े दर्शा रहे हैं कि प्रथम विश्व युद्ध की पूर्वसंध्या पर पूंजी के स्वामित्व में अनायास कमी के कोई आसार नहीं बन रहे थे। उन्हीं आंकड़ों से हमें यह जानकारी भी मिल रही है कि शीर्ष शतमंक की आय में पूंजी से आय का योगदान ही प्रमुख था [अवधि 1900–1910]।

रेखाचित्र 8.3: फ्रांस में शीर्ष स्तर पर आयों की रचना, 1932

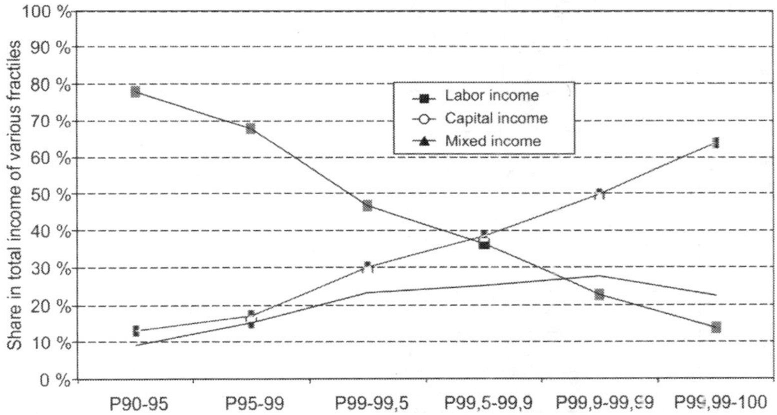

सकल आय के शीर्षस्थ दशमंक में जैसे-जैसे ऊपर की ओर बढ़ते हैं, उसमें श्रमआय का अंश कम होने लगता है। नोट: (i) P_{90-95} में 90वें से 95वें शतमंक तक के व्यक्ति हैं— P95-99 में अगले 4 प्रतिशत, P99-99.5 में अगले ½ प्रतिशत आदि। (ii) श्रमआय: मजदूरी, बोनस, पेंशन। पूंजी आय: लाभांश, ब्याज, किराया भाड़ा। मिश्रित आय: स्वरोजगार से आय।

स्रोत और श्रृंखला हेतु देखें: piketty.pse.ens.fr/capital21C.

"भाड़ाजीवियों के समाज" से "प्रबंधकों के समाज" की ओर

आर्थिक संकट के बावजूद 1932 में आय वितरण के शीर्षस्थ 0.5 प्रतिशत वर्ग की आय का मुख्य स्रोत पूंजी ही थी [देखें रेखाचित्र 8.3][5]। किंतु यदि हम आज शीर्षस्थ आय वर्ग की रचना को देखें तो हमें बहुत बड़ा परिवर्तन दिखाई पड़ता है। आज भी पहले की भांति हम जैसे-जैसे आय के उच्चतर सोपानों की ओर बढ़ते हैं, श्रम से आय [सापेक्ष रूप से] विलुप्त होने लगती है, और शीर्षस्थ शतमंक और सहस्रमंक में तो पूंजी से आय का ही वर्चस्व दिखाई पड़ता है। इस अंतर्रचना में परिवर्तन नहीं आया है। किंतु फिर भी

एक निर्णायक अंतर है : आज हमें आय क्रम के कई सोपानों पर छलांग लगाने के बाद ही श्रम की अपेक्षा पूंजी की आय की प्रबलता का अभिज्ञान होता है। आज पूंजी की आय श्रम की आय से समस्त आय वितरण के शीर्षस्थ 0.1 प्रतिशत के सोपान पर ही प्रबल हो रही है [देखें रेखाचित्र 8.4]। यह वर्ग 1932 में पांच गुना और उत्साह युग में 10 गुना अधिक विशाल था।

रेखाचित्र 8.4: फ्रांस में शीर्ष स्तर पर आयों की रचना, 2005 वर्ष

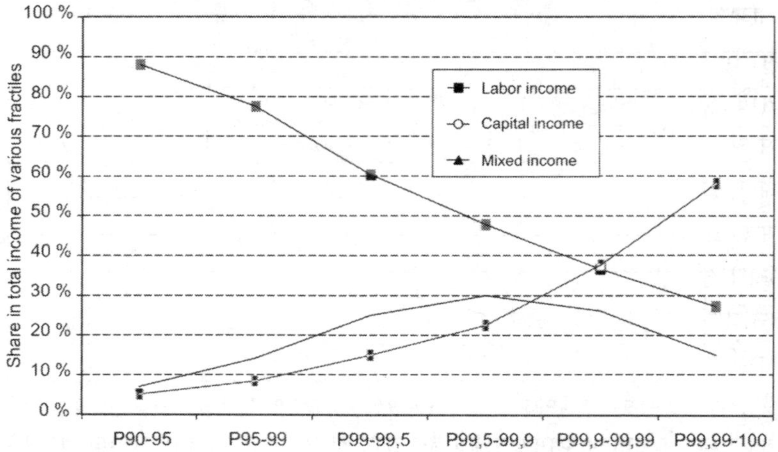

वर्ष 2005 के फ्रांस में शीर्षस्थ 0.1 प्रतिशत वर्ग में पूंजी से आय ही प्रबल रही। इसके विपरीत 1932 में यह प्रबलता 0.5 वर्ग में ही दिखाई दे जाती थी।

स्रोत और श्रृंखला हेतु देखें: piketty.pse.ens.fr/capital21C.

ध्यान रखें, यह एक महत्त्वपूर्ण परिवर्तन है। किसी भी समय में इस शीर्षस्थ शतमंक वर्ग का बहुत महत्त्वपूर्ण स्थान होता है। यही देश की आर्थिक और राजनीतिक पृष्ठभूमि की रचना करता है। किंतु यह बात शीर्षस्थ सहस्रमंक पर इतनी लागू नहीं होती।[6] यद्यपि यह मात्रा की बात होती है फिर भी इसका अपना महत्त्व होता है : ऐसी परिस्थितियां जन्म लेती हैं जहां परिमाणात्मक आयाम गुणात्मक रूप धारण कर लेते हैं। इसी से यह भी स्पष्ट हो जाता है कि आज उच्च शतमंक का कुल आय में अंश उसके श्रम आय अंश से थोड़ा सा ही अधिक क्यों रह गया है। आज तो पूंजी से आय का निर्णायक महत्त्व सहस्रमंक या फिर दस सहस्रमंक में पहुंच कर

ही स्थापित हो पाता है। अब शीर्षस्थ शतमंक में इसका महत्त्व अपेक्षाकृत सीमित रह गया है।

आज हम भाड़ाजीवी समाज से प्रबंधक समाज की ओर बहुत सीमा तक, बढ़ चुके हैं—हम उस समाज से हट कर जहां शीर्षस्थ शतमंक में भाड़ाजीवियों [जिनके पास इतनी सम्पत्ति होती थी कि बिना मेहनत किए वे उस सम्पदा की आय के सहारे ऐश कर सकते थे] का वर्चस्व होता था, एक ऐसी व्यवस्था की ओर पहुंच रहे हैं जहां शीर्षस्थ शतमंक सहित उच्च आय वर्ग में मुख्यत: बहुत अधिक वेतन पाने वाले कुशल पेशेवरकर्मियों—यानी श्रमजीवी वर्ग—की ही प्रबलता दिखाई दे रही है। दूसरे शब्दों में, यदि कम सकारात्मक भाषा का प्रयोग करें तो यह अतिगहन भाड़ाजीविता से अपेक्षाकृत मृदु भाड़ाजीविता की ओर प्रस्थान है—यहां श्रम से सफलता और धन के सहारे सफलता के बीच एक बेहतर संतुलन दिखाई पड़ता है। यह बात भी साफ-साफ समझ लेनी चाहिए कि अन्य देशों की ही तरह फ्रांस में भी इस बदलाव का कारण वेतन क्रमिकता के किसी प्रसार में निहित नहीं है। यही नहीं, श्रम के लिए भुगतान पाने वाले व्यक्तियों की समष्टि कभी उतनी समरसतापूर्ण नहीं रही जितनी कुछ लोग समझ लेते हैं। इस बदलाव का मुख्य कारण तो पूंजी से उच्च आय में भारी गिरावट है।

संक्षेप में, फ्रांस में भाड़ाजीवी [कम से कम 90 प्रतिशत] प्रबंधकों से पिछड़ गए हैं, प्रबंधक दौड़कर भाड़ाजीवियों से आगे नहीं निकले हैं। हमें इस दीर्घकालिक परिवर्तन के कारणों को समझना आवश्यक है। वैसे ये कारण सहज स्पष्ट नहीं होते, क्योंकि मैं खंड–2 में यह तो दर्शा ही चुका हूं कि पूंजी/आय अनुपात एक बार पुन: उत्साह युग के स्तरों को छूने लगा है। केवल 1914–45 की अवधि में भाड़ाजीवियों का ध्वंस ही स्वाभाविक रूप से स्पष्ट दिखाई दे रहा है। किंतु भाड़ाजीवी वर्ग की वापसी क्यों नहीं हुई? यह एक अधिक जटिल और किन्हीं अर्थों में अधिक महत्त्वपूर्ण एवं ध्यान देने योग्य बात है। संभवत: जिन संरचनात्मक कारणों ने द्वितीय विश्व युद्ध से लेकर अभी तक धन संकुलन को सीमित रखा है और भाड़ाजीवी वर्ग के पुनरुद्धार को रोके रखा है उनमें आय और उत्तराधिकार पर बहुत ही प्रगतिशील करों [जिनका 1920 से पूर्व अस्तित्व ही नहीं था] को गिनाया

जा सकता है। किंतु अन्य कारकों की भी, संभवत: इतनी ही बड़ी और महत्त्वपूर्ण भूमिका रही होगी।

शीर्षस्थ दशमंक के भिन्न विश्व

जरा एक पल ठहर कर आय क्रमिकता *(Income Distribution)* के शीर्षस्थ दशमंक के घटक विविधतापूर्ण सामाजिक समूहों पर भी थोड़ा ध्यान देते हैं। विभिन्न उपसमूहों की विभाजन रेखाएं समय के साथ-साथ बदल गई हैं : पहले शीर्षस्थ शतमंक में पूंजी से आय की प्रधानता थी, अब यह प्रधानता शीर्षस्थ सहस्रमंक तक ही सिमट गई है। इससे भी कहीं अधिक, इस शीर्षस्थ दशमंक में कई प्रकार की सृष्टियां समाहित हैं—उन्हीं के अवलोकन से हमें आंकड़ों में विद्यमान अल्प एवं दीर्घकालिक उठापटक को समझने में सहायता मिलेगी। नए कर नियमों द्वारा अनेक प्रकार की आय विवरणियां भरना अनिवार्य हो गया है। इनमें विसंगतियों और त्रुटियों के बाद भी ये ऐतिहासिक जानकारी का एक समृद्ध स्रोत सिद्ध हो रही हैं। इनकी सहायता से हम आय वितरण के शीर्ष भाग की विविधता और इसमें आ रहे परिवर्तनों का बहुत सटीक वर्णन और व्याख्या कर सकते हैं। यह बात बहुत ही अहम है कि प्राय: उन सभी देशों में, जहां हमें इस प्रकार के आंकड़े प्राप्त हैं, शीर्ष आय समूह की रचना में वैसे परस्पर विभाजक वक्र दिखाई पड़ते हैं जैसे हमने रेखाचित्र 8.3 और 8.4 में फ्रांस के लिए बनाए हैं। 1932 और 1905 के आंकड़ों के आधार पर श्रम से आय का अंश उत्तरोत्तर उच्च आय सोपानों में कम होता रहता है तो पूंजी से आय का अंश वृद्धिशील पाया जाता है।

शीर्षस्थ दशमंक के अपेक्षाकृत गरीब अर्द्धांश में तो हम सही अर्थों में प्रबंधकों के विश्व में होते हैं—यहां 80–90 प्रतिशत आय का स्रोत श्रम है।[7] अगले चार प्रतिशतांकों तक श्रम का अंश धीमे-धीमे कम होता है—किंतु यह 70–80 प्रतिशत ही बना रहता है—दो महायुद्धों के बीच की अवधि में यही अवस्था थी [देखें रेखाचित्र 8.3, 8.4]। शीर्षस्थ दशमंक के इस बड़े 9 प्रतिशत बिंदु समूह में हमें मुख्यत: श्रम की आय पर निर्भर व्यक्ति दिखाई देते हैं [यह समूह शीर्षस्थ शतमंक से नीचे वाला वर्ग है]। इसमें निजी क्षेत्रक

के प्रबंधक, इंजीनियर और सार्वजनिक क्षेत्र के वरिष्ठ अधिकारी तथा शिक्षक सम्मिलित हैं। यहां वेतन सम्पूर्ण समाज की औसत मजदूरी से 2 से 3 गुना होता है। यदि औसत मजदूरी 2000 यूरो मासिक है तो इस वर्ग के सदस्य 4000–6000 यूरो कमा रहे होंगे।

एक बात सहज स्पष्ट है, इस आय वर्ग के लिए कार्यों के लिए आवश्यक कौशल के स्तरों में बहुत बदलाव आए हैं : अंतर्महायुद्ध काल में तो उच्च विद्यालय और वरिष्ठ प्राथमिक शिक्षक भी इस "9 प्रतिशत" वर्ग के अंग थे। किंतु आज इस वर्ग में प्रवेश के लिए एक कॉलेज प्रोफेसर, वरिष्ठ शोधकर्ता या फिर वरिष्ठ प्रशासनिक अधिकारी होना आवश्यक हो गया है।[8] पहले किसी कर्मशाला का फोरमैन या कुशल तकनीकी कर्मी भी इस वर्ग के निकट तक पहुंच जाता था। आज तो मध्यम स्तरीय से शीर्ष प्रबंधक, उनका किसी शीर्षस्थ विश्वविद्यालय या वाणिज्य संस्थान से उपाधिधारी होना आवश्यक हो गया है। यही बात अब इससे निम्नतर वेतनमानों पर भी लागू हो रही है। किसी जमाने में न्यूनतम वेतन पाने वाले वर्ग में [जिन्हें औसत से आधी मजदूरी ही मिल पाती थी अर्थात 1000 यूरो, यदि देशव्यापी औसत 2000 यूरो हो] कृषि श्रमिक और घरेलू नौकर होते थे। आगे चलकर कम कुशलकर्मी [जिनमें अधिकांश वस्त्र और खाद्य प्रसंस्करण उद्योगों में काम करने वाली महिलाएं थीं] इस वर्ग के घटक हो गए। ये समूह आज भी विद्यमान हैं किंतु इनमें मुख्यत: सेवा क्षेत्रक में लगे परिचारक/ परिचारिकाएं [वेटर] या फिर दुकान में काम कर रहे सहायक होते हैं। यहां भी महिलाओं की बहुत बड़ी संख्या दिखाई देती है। अत: पिछली सदी के दौरान श्रम बाजार का चरित्र तो पूरी तरह बदल गया किंतु मजदूरी में विषमता की अंतर्रचना में शायद ही इस दीर्घ अवधि में कोई विशेष परिवर्तन आ पाया है—ऊपर वाले 9 प्रतिशत और नीचे के 50 प्रतिशत बहुत लंबे समय से श्रम से आय का उतना ही अंश पा रहे हैं [उनके अंश में कोई परिवर्तन नहीं दिखाई पड़ रहे हैं।

उक्त "9 प्रतिशत" में हमें डॉक्टर, वकील, विक्रेता, रेस्तरां मालिक और अनेक स्वरोजगारी–उद्यमी मिल जाते हैं। इनकी संख्या, जैसे–जैसे हम

उस "1 प्रतिशत" के निकट पहुंचते हैं, बढ़ती जाती है—जैसा कि मिश्रित आय वक्र दर्शा रहा है [गैर–वेतन कर्मियों की आय, इसमें व्यावसायिक पूंजी से आय और उनके अपने श्रम का प्रतिफल मिला रहता है। ये वक्र रेखाचित्र 8.3 और 8.4 में अलग से बनाए गए हैं]। यह मिश्रित आय अंश शीर्षस्थ शतमंक के निकट पहुंचकर 20–30 प्रतिशत हो जाता है—किंतु जैसे ही हम उस शतमंक के भीतर प्रवेश करते हैं—यह अंश घटता चला जाता है।—फिर तो किराया, ब्याज और लाभांश के रूप में विशुद्ध पूंजी आय ही प्रबल हो जाती है। किंतु उक्त "9 प्रतिशत" में स्थान पाने और शीर्षस्थ शतमंक में प्रवेश करने के लिए भी [जिसका अर्थ है औसत से 4–5 गुना अर्थात हमारे इस उदाहरण में 8000 से 10000 यूरो की मासिक आय] तो एक डॉक्टर, वकील या फिर सफल रेस्तरां मालिक बनना एक अच्छी युक्ति हो सकती है, यह एक बड़ी फर्म में उच्च स्तरीय प्रबंधक बनने जितनी सफल युक्ति रहती है।[9] किंतु उस "1 प्रतिशत" के अंतरिक्ष में पहुंच कर औसत से दसियों गुना अधिक आय [लाखों-करोड़ों यूरो वार्षिक] के लिए तो इस युक्ति का भी पर्याप्त रहना संभव नहीं होता। इस सर्वोच्च आय वर्ग में तो वही पहुंच पाते है जिनका बड़ी विशाल परिसम्पदाओं पर अधिकार हो।[10]

एक और बात विशेष है—केवल युद्ध के तुरंत बाद के वर्षों, 1919–20 और फिर 1945–46 में ही फ्रांस में इस क्रमिकता का अतिक्रमण हुआ—केवल इन्हीं वर्षों के लिए यह मिश्रित आय वर्ग विशुद्ध सम्पदा आय वर्ग से कुछ आगे निकला दिखाई दिया है। यह कथन शीर्ष शतमंकों के विषय में सत्य है इससे युद्धोपरांत पुनर्निर्माण से जुड़े नए धन सम्पदा संचयों का आभास भी मिल रहा है।[11]

सारांश में : शीर्षस्थ दशमंक में प्राय: दो अलग-अलग विश्व समाहित रहते हैं : "9 प्रतिशत" जिसमें श्रम से आय की प्रधानता रहती है और "1 प्रतिशत" जिसमें पूंजी से आय उत्तरोत्तर अधिक महत्वपूर्ण हो जाती है (कम या अधिक तीव्रता से और बड़े पैमाने पर, यह अवधि पर निर्भर करता है)। एक समूह से दूसरे की ओर संक्रमण क्रमश: होता रहता है और सीमारेखा

बहुत से छिद्रों से भरी है—किंतु दोनों के बीच के अंतर बहुत ही स्पष्ट और व्यवस्थित होते हैं।

उदाहरण के लिए, "9 प्रतिशत" वर्ग की आय में पूंजी से आय गायब नहीं रहती—किंतु यह मुख्य स्रोत भी नहीं होती—इसका स्वरूप एक प्रतिपूरक जैसा होता है। संभव है कि 4000 यूरो मासिक कमाने वाली किसी प्रबंधक ने 1000 यूरो पर कोई मकान किराये पर भी दे रखा हो या वह अपने घर में रहकर यह किराये की राशि बचा रही हो। इस प्रकार उसकी कुल आय 5000 यूरो हो जाती है जिसमें 80 प्रतिशत अंश श्रम से आय [वेतन] और 20 प्रतिशत अंश पूंजी से आय (किराया) का है। वस्तुत: उक्त "9 प्रतिशत" वर्ग की आय में यह 80:20 की विभक्ति वास्तविकता का सटीक प्रतिनिधित्व करती है—यह दो महायुद्धों के बीच की अवधि में भी विद्यमान थी—और आज भी मौजूद है। इस समूह की पूंजी से अय में एक अंश बचत जमाओं, जीवन बीमा निवेशों और अन्य वित्तीय निवेशों का भी हो सकता है, किंतु मुख्य अंश तो भवन सम्पदा से ही प्राप्त होता है।[12]

इसके ठीक विपरीत, "1 प्रतिशत" में श्रम से आय की भूमिका प्रतिपूरक हो जाती है और पूंजी ही आय के मुख्य स्रोत का रूप धारण कर लेती है। एक और विलक्षणता भी है : यदि पूंजी से आय को भूमि और भवनों से किराये तथा चल पूंजी पर ब्याज, लाभांश से बांटकर देखे तो उच्चतर दशमंक के ऊपरी सोपानों पर चल पूंजी से आय अंश में निरंतर वृद्धि स्पष्ट दिखाई दे जाती है। उदाहरण के लिए, फ्रांस में 1932 और 2005 में भी उक्त "9 प्रतिशत" की आय में 20 प्रतिशत अंश पूंजी से प्राप्त होता है—किंतु यह उच्चतम .01 प्रतिशत में पहुंचकर तो 60 प्रतिशत हो जाता है। दोनों ही मामलों में इस तीव्र वृद्धि की व्याख्या वित्तीय परिसम्पदाओं से आय [वह भी मुख्यत: लाभांश] द्वारा होता है। किराये का अंश तो कुल आय के 10 प्रतिशत के आसपास स्थिर रहता है—इस सारे परिदृश्य में एक तथ्य सहज स्पष्ट है : बड़ी धन सम्पदाएं मुख्यत: वित्तीय

परिसम्पदाओं [शेयरों और साझेदारी फर्मों में हिस्सेदारी] द्वारा ही निर्मित होती है।

आयकर विवरणियों की सीमाएं

इन सभी महत्त्वपूर्ण जानकारी भरी संरचनाओं के बावजूद मुझे इस अध्याय में प्रयुक्त राजकोषीय सूचना स्रोतों की सीमाओं और त्रुटियों के प्रति भी पाठकों को सजग अवश्य करना चाहिए। रेखाचित्र 8.3 और 8.4 केवल आयकर विवरणियों में अंकित पूंजी से आय पर आधारित हैं। अत: कम से कम दो प्रकार के कारणों से इस पूंजी से आय का अधोमूल्यांकन हमें स्वीकार कर लेना चाहिए। प्रथमत: इसका कारण कर वंचना है : वेतन की अपेक्षा निवेश से आय को छुपाना अधिक सरल होता है : किसी ऐसे विदेशी बैंक के खातों में रकम जमा रखना जो हमारे देश के कर अधिकारियों से सहयोग नहीं करता हो, इसका सबसे स्पष्ट उदाहरण है। दूसरे, अनेक प्रकार के छूट प्रावधान पूंजी से संभावित आय के अनेक वर्गों को आयकर से मुक्त कर देते हैं [भले ही फ्रांस सहित सारे विश्व में आयकर लागू करने का प्रारम्भिक लक्ष्य सभी प्रकार की आय पर कर लगाना रहा हो]। हम यह भी जानते हैं कि शीर्षस्थ दशमंक में तो पूंजी से आय की ही प्रधानता स्थापित हो रही है—अत: रेखाचित्र 8.1 और 8.2 में अंकित इस दशमंक और शीर्षस्थ शतमंक के आय अंशों में कुछ न कुछ अधोमूल्यांकन अवश्य होगा—क्योंकि फ्रांस एवं अन्य देशों के लिए इन अंशों का आकलन केवल आयकर विवरिणयों पर आधारित है। वैसे भी ये अंश अनुमानित अंश ही हैं। सभी आर्थिक और सामाजिक सूचकों की भांति ये भी कदाचित परिमाणों के क्रम की ओर इंगित करते हैं और इन्हें वास्तविक विषमता के स्तरों का एक निम्न अनुमान मानना चाहिए।

फ्रांस के संदर्भ में हम आयकर विवरणियों के स्वघोषित आंकड़ों की अन्य स्रोतों [जैसे कि राष्ट्रीय लेखा—जो धन के वितरण की अधिक प्रत्यक्ष जानकारी देते हैं] से तुलना करके पूंजी से आय के इस अधोमूल्यांकन की भरपाई के लिए आवश्यक समंजन का अनुमान लगा सकते हैं। हमारा निष्कर्ष है कि हमें पूंजी से आय के घोषित आंकड़ों को अधिक सटीक मान

प्रदान करने के लिए उनमें एक से अधिक प्रतिशत अंक जोड़ने पड़ेंगे। यदि कर वंचना के उच्चतर अनुमानों पर ध्यान दें तो ये 5 प्रतिशत भी हो सकते हैं, किंतु 2 से 3 प्रतिशत का अनुमान अधिक युक्तिसंगत माना जा सकता है। ये कोई मामूली राशियां नहीं हैं। दूसरे शब्दों में इस समंजन के बाद यह स्पष्ट होता है कि उत्साह युग में राष्ट्रीय आय में जो पूंजी का अंश 1900–10 के 45–50 प्रतिशत से गिरकर 2000–10 में 30–35 प्रतिशत रह जाने का अनुमान था—वह अशुद्ध था। वास्तव में यह अंश 50 से कुछ अधिक से गिर कर अब 35 प्रतिशत से कुछ अधिक बचा है।[13] फिर भी, यह परिशुद्धि आय की विषमता की प्रवृत्तियों के विकासक्रम को अधिक प्रभावित नहीं कर पाती। भले ही आज गैरकानूनी कर वंचना और कानूनी रूप से उपलब्ध कर भार निवारण के उपायों की वृद्धि हुई है [इसमें नवोदित 'कर–स्वर्ग' कहे जाने वाले क्षेत्रों के विषय में हम कुछ ठहर कर विस्तार से चर्चा करेंगे] फिर भी यह ध्यान रखें कि 20वीं सदी के प्रारम्भ और अंतर्महायुद्ध काल में भी पूंजी से आय का निम्नांकन करने की प्रवृत्ति विद्यमान थी। सभी संकेत यही दर्शा रहे हैं कि उस समय की सरकारों द्वारा अपने नागरिकों से लाभांश और ब्याज कूपनों की प्रतियों के लिए अनुरोध उसी तरह से प्रभावी नहीं थे जैसे की आजकल के द्विपक्षीय समझौते उपयुक्त कर कानूनों का अनुपालन सुनिश्चित कराने में प्रभावी नहीं हैं।

अत: मेरा प्रथम अनुमान यही है कि कर वंचना और कर निवारण के आकलन के साथ आय विवरणियों द्वारा आकलित पूंजी आय विषमता के स्तर प्राय: सभी उप–अवधियों में एक समान रूप से ही वर्धित होंगे। अत: मुझे अभी तक के आकलित रुझानों में किसी बड़े परिवर्तन की आवश्यकता नहीं होगी।

किंतु एक बात पर ध्यान दें–मैंने अभी तक इस परिशोधन को विभिन्न देशों के आंकड़ों पर किसी व्यवस्थित और तर्कसंगत रूप में लागू करने का प्रयास नहीं किया है। ये हमारे (वर्ल्ड टॉप इन्कम डाटा बेस) WTID की एक बड़ी त्रुटि है। इसका एक परिणाम यह है कि हमारी अनुमानित श्रृंखला 1970 के बाद से विषमता वृद्धि का न्यूनाकलन कर जाती है—पूंजी की

आय के संदर्भ मे तो यह विशेष रूप से हो रहा है। वस्तुत: अब आयकर विवरणियां पूंजी से आय का अध्ययन करने के अधिक भरोसेमंद स्रोत के रूप में अपना स्थान व सम्मान खोती जा रही हैं। अब तो अन्य संपूरक स्रोतों की जानकारी का प्रयोग करना अनिवार्य हो रहा है। ये खंड–2 में पूंजी/आय अनुपात और श्रम–पूंजी विभाजन की गत्यात्मकता के अध्ययन में प्रयुक्त समष्टि स्तरीय स्रोत हो सकते हैं या फिर व्यष्टि स्तरीय स्रोत जिनमें धन के वितरण का प्रत्यक्ष निर्धारण हो सकता है—[मैं आने वाले अध्यायों में इन स्रोतों का ही प्रयोग करूंगा]।

यही नहीं, विभिन्न देशों की पूंजी आय पर लगने वाले करों में भेदों से भी अंतर्राष्ट्रीय तुलनाओं में कुछ त्रुटियां आती हैं। मोटे तौर पर तो विभिन्न देशों में किराये, ब्याज और लाभांशों के विषय में समान जैसा ही दृष्टिकोण अपनाया जा रहा है।[14] किंतु पूंजीगत लाभ के संदर्भ में बड़े अंतर भी स्पष्ट हैं। उदाहरण के लिए, फ्रांसीसी कर आंकड़ों में पूंजीगत लाभ की पूर्ण या संगतिपूर्ण जानकारी नहीं दी जाती और मैंने उन्हें अपने विश्लेषण से पूरी तरह बाहर ही रखा है। किंतु संयुक्त राज्य अमेरिका के कर आंकड़ों में उन्हें सदैव पर्याप्त रूप से स्थान दिया गया है। इस भेद के बड़े गंभीर परिणाम हो सकते हैं। शेयर आदि की बिक्री से प्राप्त पूंजीगत लाभ पूंजी से प्राप्त वह आय है जिसका उच्चतर आय समूहों में बहुत गहन संकुलन भी होता है [कई बार तो इसका मान लाभांशों से भी अधिक हो जाता है]। उदाहरण के लिए, यदि रेखाचित्र 8.3, 8.4 में पूंजीगत लाभ भी जोड़ दिया जाए तो शीर्षस्थ दस सहस्रमंक की कुल आय में पूंजी का अंश 60 प्रतिशत से बढ़कर विभिन्न वर्षों में 70 या 80 प्रतिशत हो जाएगा।[15] अत: तुलनाओं में किसी प्रकार के रुझानों से बचने के लिए मैं संयुक्त राज्य अमेरिका के आंकड़ों को पूंजीगत लाभ के सहित और रहित दोनों प्रकार से अंकित कर रहा हूं।

आयकर विवरणियों की एक अन्य सीमा भी है—यह बात स्पष्ट नहीं हो पाती कि जिस पूंजी से आय की बात हो रही है वह कहां से आई है? हमें किसी करदाता के स्वामित्व की पूंजी द्वारा किसी समय बिंदु पर सृजित आय की जानकारी तो मिल जाती है, किंतु यह स्पष्ट नहीं होता कि वह

पूंजी उत्तराधिकार में मिली थी या करदाता ने अपने श्रम की आय में से बचत कर अपने जीवन काल में उसे संचित किया है, [अथवा किसी अन्य प्रकार की पूंजी की आय ही उस पूंजी या परिसम्पदा विशेष का उद्गम रही है]। पूंजी की आय में विषमता के एक जैसे स्तरों के पीछे बहुत ही अलग–अलग घटनाक्रम छिपे हो सकते हैं और यदि हम केवल कर विवरणियों पर ध्यान देंगे तो वे अंतर कभी समझ नहीं पाएंगे। सामान्यत: पूंजी से अति उच्च आय उन विशाल धन सम्पदाओं की ओर संकेत करती है जिसे किसी व्यक्ति द्वारा अपने श्रम की आय से बचत के माध्यम से संचित कर लेना संभव नहीं लगता—भले ही वह व्यक्ति कितनी ही बड़ी कंपनी का बहुत बड़ा प्रबंधक हो। इस बात पर विश्वास करने के पर्याप्त कारण प्रतीत होते हैं कि यहां कुछ न कुछ [बड़ा] योगदान उत्तराधिकार का अवश्य होगा। किंतु हम अगले अध्यायों में यह भी देखेंगे कि उत्तराधिकार और बचत के स्वरूपों में पिछले कुछ दशकों में बहुत बदलाव आए हैं और उनका आगे अध्ययन करना आवश्यक हो गया है। एक बार फिर मैं उन स्रोतों का प्रयोग करूंगा जिनका उत्तराधिकार के प्रश्न पर सीधा प्रभाव रहता है।

अंतर्महायुद्ध काल की अराजकता

पिछली शताब्दी में फ्रांस में आय की विषमता के परिवर्तनों पर विचार करें। शीर्षस्थ शतमंक के आय की क्रमिकता में अंश में 1914–45 के बीच निरंतर कमी आई है। यह 1914 में 20 प्रतिशत से धीरे–धीरे घटकर 1945 में केवल 7 प्रतिशत रह गया था। [देखें रेखाचित्र 8.2]। इस निरंतर ह्रास में पूंजी से आय और पूंजी द्वारा सहे गए एक के बाद एक संक्षोभों की श्रृंखला की झलक मिल रही है। इसके विपरीत आय क्रमिकता में शीर्षस्थ दशमंक के अंश में गिरावट इतनी लगातार नहीं रही। यह प्रथम महायुद्ध के दौरान गिरा, किंतु 1920 के दशक में इसमें कुछ सुधार आया और 1929–35 के बीच की उछाल तो बहुत ही तीखी और अप्रत्याशित रही। उसके बाद 1936–35 में उतनी ही तीखी गिरावट का समापन द्वितीय महायुद्ध काल में गहन पतन से हुआ।[16] अंतत: शीर्षस्थ दशमंक का जो अंश 1914 में 45 प्रतिशत था, 1944–45 में पहुंच कर 30 प्रतिशत से भी कम रह गया।

यदि हम 1914–45 की अवधि को एक मानकर चलें तो दोनों उपवर्गों के अंश में गिरावट संगतिपूर्ण लगती है: मेरा अनुमान है कि शीर्षस्थ दशमंक के अंश में 18 प्रतिशत अंकों की गिरावट आई तो शीर्षस्थ शतमंक के अंश में 14 प्रतिशत अंकों की गिरावट रही।[17] दूसरे शब्दों में यदि दशमंक की गिरावट को देखें तो उसका लगभग तीन चौथाई अंश तो उक्त शतमंक के अंश में गिरावट ही था। शेष "9 प्रतिशत" 1914–45 की अवधि की गिरावट के केवल एक चौथाई भाग की व्याख्या कर पाता है। शीर्षस्थ एक शतमंक के हाथों में पूंजी के अतिविशाल संकुलन पर ध्यान दें तो यह घटना आश्चर्यजनक नहीं रहती। एक और बात भी ध्यान देने योग्य है—इस वर्ग की परिसम्पदाएं प्राय: अधिक जोखिम वाली भी होती हैं।

किंतु इस अवधि के दौरान दोनों उपवर्गों के आय अंशों में जो अलग–अलग परिवर्तन क्रम दिखाई दिए हैं, वे अवश्य कुछ हैरान करने वाले हैं। आखिर 1929 की भारी गिरावट के बाद शीर्षस्थ दशमंक का अंश 1935 तक तेजी से वृद्धिशील क्यों रहा? [शीर्षस्थ शतमंक का अंश तो 1929–32 में बहुत तेजी से गिरा था]।

वास्तव में यदि प्रत्येक वर्ष के आंकड़ों पर एक-एक करके अधिक ध्यान से विचार करें तो इन सभी परिवर्तनों की सटीक व्याख्याएं मिल जाती हैं। अंतर्महायुद्ध काल, जिसमें सामाजिक तनाव बहुत ही उच्च स्तर पर थे, पर एक बार पुन: ध्यान देना बहुत ज्ञानवर्धक होगा! आखिर हुआ क्या था? इसे समझने के लिए यह बात स्वीकार करनी होगी कि वस्तुत: उक्त "9 प्रतिशत" और "1 प्रतिशत" वर्गों का निर्वाह बहुत ही पृथक प्रकार की आय की धाराओं पर हो रहा था। उस "1 प्रतिशत" की अधिकांश आय पूंजी से आ रही थी। इसमें जिन फर्मों के शेयरों और बौंडों में इस वर्ग के सदस्यों ने अपना धन लगाया था, उन्हीं से प्राप्त लाभांशों और ब्याज की प्रधानता थी। यही कारण है कि महामंदी काल में शीर्षस्थ शतमंक की आय में भारी गिरावट आ गई थी। उस समय अर्थव्यवस्था ध्वस्त हो रही थी, लाभ गिर रहे थे और एक के बाद एक फर्म दीवालिया हो रही थी।

दूसरी ओर, "9 प्रतिशत" वर्ग में तो बहुत से प्रबंधक भी थे जिन्हें अन्य सामाजिक वर्गों की तुलना में उस महामंदी से बहुत बड़ा लाभ प्राप्त हुआ था। उन्हें अपने अधीनस्थ कर्मचारियों की तरह भारी बेरोजगारी का सामना नहीं करना पड़ा। उन्हें उस प्रकार अतिउच्च आंशिक अथवा पूर्ण बेरोजगारी का सामना नहीं करना पड़ा जिससे औद्योगिक श्रमशक्ति जूझ रही थी। कम्पनी की आय में कमी का उन पर प्रभाव उन से उच्चस्थ आय वर्ग की अपेक्षा कम ही रहा! उस "9 प्रतिशत" वर्ग में मध्यमस्तरीय सरकारी अधिकारी और शिक्षक वर्ग बहुत खुशहाल रहे। वस्तुत: उनके वेतनमानों में 1927–31 में वृद्धि हुई [यह भी ध्यान रहे कि उच्च सरकारी कर्मियों को प्रथम महायुद्ध में आय की बड़ी कटौती झेलनी पड़ी थी और 1920 के दशक की मुद्रास्फीति ने भी उनकी क्रयशक्ति को बहुत क्षीण कर दिया था]। फिर इन मध्यम स्तरीय कर्मचारियों को रोजगार खो देने का भय भी नहीं था। इस प्रकार सार्वजनिक क्षेत्र का वेतन व्यय 1933 तक तो स्थिर रहा—इसमें 1934-35 में प्रधानमंत्री पियरे लेवल द्वारा वेतन कटौती के प्रयास स्वरूप ही कुछ कमी आई थी। किंतु 1929–33 में निजी क्षेत्र के वेतन तो 50 प्रतिशत तक कम हो गए थे। इस अवधि में फ्रांस की भीषण अपस्फीति का प्रभाव भी बहुत गहरा था—विदेशी व्यापार और उत्पादन ध्वस्त होने के कारण कीमतें 25 प्रतिशत कम रह गई थीं। अत: जो भाग्यशाली व्यक्ति, विशेषकर सरकारी क्षेत्रकर्मी जिनकी नौकरी बची रही, उन्हें तो महामंदी के युग में भी कीमतें गिरने के कारण अधिक क्रयशक्ति का आनंद प्राप्त हो रहा था। यही नहीं, इस "9 प्रतिशत" वर्ग की पूंजीगत आय भी मुख्यत: मौद्रिक दर पर नियत किराये भाड़े के रूप में ही थी—अत: सामान्य कीमत स्तर में गिरावट से उस आय घटक की क्रयशक्ति में भी बहुत वृद्धि हो रही थी जबकि शीर्षस्थ "1 प्रतिशत" वर्ग को मिलने वाले लाभांश लुप्त हो रहे थे।

इन सभी कारणों से 1929–35 में फ्रांस में उक्त "9 प्रतिशत" के राष्ट्रीय आय अंश में बड़ी महत्त्वपूर्ण वृद्धि हुई। यह वृद्धि उस "1 प्रतिशत" के अंश में आई गिरावट से बहुत ज्यादा थी। इसीलिए कुल मिलाकर शीर्षस्थ दशमंक के राष्ट्रीय आय में अंश में 5 प्रतिशत अंक से भी अधिक की

वृद्धि दर्ज हुई है [देखें रेखाचित्र 8.1, 8.2]। किंतु जब पापूलर फ्रंट सत्ता में आया तो सारी प्रक्रिया उलट दी गई। मेरिग्नन समझौतों के माध्यम से मजदूरी दरों में तीव्र वृद्धि हुई, 1936 में फ्रैंक का अवमूल्यन किया गया और परिणामस्वरूप पैदा हुई स्फीति ने "9 प्रतिशत" एवं समूचे शीर्षस्थ दशमंक के आय अंशों में 1936–38 की अवधि में गिरावट ला दी।[18]

हमारी उपर्युक्त चर्चा आय को शतमंकानुसार एवं स्रोतानुसार विभाजित करने की उपयोगिता स्पष्ट कर रही है। यदि अंतर्महायुद्ध काल के घटनाक्रम की गिनि गुणक जैसे किसी 'कृत्रिम' सूचक के ही सहारे जानने का प्रयास करते तो हमें कुछ भी समझ नहीं आता। न हम पूंजी से आय को और श्रम से आय से पृथक कर पाते, और न ही हमें इन दोनों में अल्प एवं दीर्घ- कालिक परिवर्तनों का सही ज्ञान हो पाता। फ्रांस का मामला कुछ अधिक जटिल है—कुल मिला कर मोटे तौर पर तो यही लगता है कि पूरी अवधि, 1914–45 में शीर्षस्थ दशमंक के राष्ट्रीय आय अंश में तीव्र गिरावट आई थी]। वह भी मुख्यत: शीर्षस्थ शतमंक के अंश में भारी गिरावट का परिणाम थी। किंतु इस प्रवृत्ति पर भी 1920 और 1930 के दशकों में कई परस्पर विपरीत प्रभाव भी आरोपित हो गए थे। अन्य देशों में भी इस अंतर्महायुद्ध काल में, उनकी अपनी-अपनी ऐतिहासिक पृष्ठभूमि पर आधारित, किंतु मुख्यत: इसी प्रकार की मुख्य प्रवृत्ति दिखाई पड़ी है। उदाहरण के लिए, संयुक्त राज्य अमेरिका में 1933 में रूजवेल्ट के राष्ट्रपति बनने के साथ अपस्फीति समाप्त हो गई—अर्थात फ्रांस में जो अपस्फीति निवारण 1936 में संभव हो पाया था, वह संयुक्त राज्य में 1933 में ही संपन्न हो गया था। प्रत्येक देश में विषमता का इतिहास राजनीतिक ही है—वह भी अराजकता पूर्ण।

कालावधियों का टकराव

आय और सम्पदा वितरणों की गत्यात्मकता का अध्ययन करते समय अनेक प्रकार के समय के पैमानों के बीच भेद पर ध्यान देना भी बहुत महत्त्वपूर्ण होगा। इस पुस्तक में मेरी मूल रुचि तो दीर्घकालिक विकास क्रम में ही है—उन मौलिक प्रवृत्तियों से जिन्हें तीस से चालीस वर्ष से कम की अवधियों में

समझ पाना सहज नहीं होता। यही कुछ हमने द्वितीय महायुद्ध के पश्चात् यूरोप में पूंजी/आय अनुपात की संरचना में आए बदलाव के संदर्भ में देखा है। यह प्रक्रिया चलते हुए अब 70 वर्ष हो चुके हैं, किंतु मात्र 10 या 20 वर्ष पूर्व इसे पहचान पाना संभव नहीं होता—अनेक अन्य उतार चढ़ावों के बीच यह मुख्य प्रवृत्ति छिप कर रह जाती [कहीं-कहीं उपयुक्त आंकड़ों का अभाव भी इसे स्पष्ट रूप से पहचानने में बाधक रहता]। किंतु दीर्घावधि पर ध्यान केंद्रित करने का यह भी अभिप्राय: नहीं होगा कि अल्पकालिक प्रवृत्तियों का अस्तित्व नहीं होता। यह भी सत्य है कि इनका [अल्पकालिक] अंतत: परस्पर संतुलन हो जाता है। लेकिन इनके प्रभाव काल में निर्वाह कर रहे व्यक्तियों के लिए ये जीवन की सर्वाधिक महत्त्वपूर्ण वास्तविकताएं होती हैं। आखिर और कुछ हो भी कैसे सकता है जब ये अल्पकालिक घटनाएं ही 10 से 15 बल्कि अधिक वर्षों तक चलती रहें—यह अवधि मानव जीवन के पैमानों पर काफी लम्बी प्रतीत होती है।

फ्रांस और अन्य देशों में विषमताओं का इतिहास इस प्रकार के अल्प एवं मध्यमकालीन घटनाचक्रों से भरा हुआ है—यह केवल अंतर्महायुद्ध काल की ही विशेषता नहीं थी। मैं फ्रांस के संदर्भ में कुछ बड़ी घटनाओं का संक्षिप्त विवरण दे रहा हूं। दोनों ही महायुद्धों के दौरान वेतन क्रमिकताओं का संकुचन हुआ था किंतु दोनों ही महायुद्धों के तुरंत बाद वेतन विषमताएं एक बार फिर अपने पूर्ववत् स्तर पर पहुंच गईं। [ऐसा 1920 के दशक, 1940, 1950 और 1960 के दशकों में भी देखा गया है]। ये परिवर्तन काफी विशाल थे। दोनों ही संघर्षों के दौरान शीर्षस्थ दशमंक के आय अंश में 5 प्रतिशत अंकों की गिरावट आई किंतु युद्ध के बाद पुन: पुराना स्तर दिखाई देने लगा [देखें रेखाचित्र 8.1]।[19] वेतन अंतराल एक बार तो, सार्वजनिक और निजी, दोनों ही क्षेत्रों में संकुचित हो गए थे। दोनों ही युद्ध कालों में एक सा परिदृश्य दिखाई दिया है : आर्थिक गतिविधियों में ह्रास, स्फीति में वृद्धि, वास्तविक मजदूरी और क्रयशक्ति में ह्रास। किंतु निम्नतम स्तर की मजदूरी दरों में कुछ वृद्धि होती है और उन्हें स्फीति के विरुद्ध कुछ बेहतर संरक्षण भी प्राप्त होता है। यदि सामान्य स्फीति दर अधिक हो तो इससे मजदूरी या वेतन का वितरण प्रसार काफी परिवर्तित हो सकता है।

निम्न और मध्यम वेतन आदि स्फीति से बेहतर सुरक्षा क्यों पा जाते हैं? निम्न स्तर के कर्मियों के निर्वाह स्तर का सामाजिक न्याय आदि के मानकों के साथ गहरा संबंध रहता है—अत: सबसे निम्न स्तर पर अवस्थित जन समुदाय की क्रय शक्ति के संरक्षण के भरसक प्रयास होते हैं और समृद्ध वर्ग को अपनी मांग युद्ध की समाप्ति तक स्थगित करने का परामर्श दिया जाता है। इस प्रक्रिया के सार्वजनिक क्षेत्र के वेतन निर्धारण में अपनाए जाने के स्पष्ट प्रमाण उपलब्ध हैं और निजी क्षेत्र में भी संभवत: यही क्रम न्यूनाधिक रूप में दोहराया जा रहा था। एक और तथ्य भी था—अपेक्षाकृत निम्न कौशल के युवाओं का बहुत बड़ा समुदाय सैन्य कार्यों के लिए जुटाया जा चुका था—या फिर युद्धबंदी का जीवन बिता रहा था। इसने भी सामान्य श्रम बाजार में निम्न एवं मध्यम कौशल श्रमिकों की सापेक्ष सौदा क्षमता में अवश्य सुधार दिया होगा।

दोनों ही बार युद्ध के पश्चात् मजदूरी दरों के इस संकुचन का निवारण हो गया और उससे यह मान लेने की लालसा होती है कि यह संकुचन हुआ ही नहीं था। किंतु उस समय जीवनयापन कर रहे श्रमिकों पर तो मजदूरी के वितरण के उन परिवर्तनों का बहुत गंभीर प्रभाव पड़ा था। युद्धोपरांत वर्षों में देश के राजनीतिक, सामाजिक और आर्थिक पटलों पर एक बार पुन: पुरानी वेतन क्रमिकता की स्थापना का मुद्दा महत्त्वपूर्ण स्वरूप धारण कर गया था।

फ्रांस में 1945–2010 की अवधि की विषमताओं के इतिहास में भी तीन स्पष्ट सोपान दिखाई पड़ रहे हैं: 1947 में 1967 के बीच आय विषमता में तीव्र वृद्धि हुई। [शीर्षस्थ दशमंक का आय अंश 30 प्रतिशत से कम से उठकर 36–37 प्रतिशत तक पहुंच गया। फिर 1968–83 में इस अंश में पुन: गिरावट के दर्शन हुए और यह पुन: 30 प्रतिशत पर जा टिका! अंतत: 1983 के बाद से इसमें वृद्धि का क्रम प्रारम्भ हुआ जो इस अंश को 2000–2010 की अवधि में 33 प्रतिशत तक ले गया है [देखें रेखाचित्र 8.1]। शीर्षस्थ शतमंक के स्तर पर वेतन विषमता में भी लगभग ऐसी ही प्रवृत्तियां चली हैं [देखें रेखाचित्र 8.2, 8.3]। एक बार फिर लगता है कि ये

वृद्धियां और गिरावटें परस्पर संतुलित हो रही हैं और इन्हें अनदेखा कर 1945–2010 की दीर्घकालिक सापेक्ष स्थिरता पर ध्यान केंद्रित रखने की लालसा होती है। वास्तव में यदि बीसवीं सदी के फ्रांस में केवल दीर्घकालिक प्रवृत्तियों को देखा जाए तो केवल दो बातें स्पष्ट दिखाई देंगी: 1914–45 की अवधि में वेतन विषमता में भारी संकुचन और उसके बाद से सापेक्ष स्थिरता। घटनाक्रम के अवलोकन के दोनों दृष्टिकोण वैध हैं और अपने-अपने स्थान पर महत्त्वपूर्ण भी हैं—मेरे विचार से इन पृथक–पृथक कालावधियों का ध्यान रखना भी आवश्यक है : दीर्घकाल अहम है किंतु अल्प और मध्यम काल भी कम अहम नहीं है। मैंने खंड–2 में पूंजी-आय अनुपात और पूंजी–श्रम विभाजन के संदर्भों में इसी पक्ष पर चर्चा की थी [देखें अध्याय–6]

एक और बात भी तुरंत स्पष्ट हो जाती है: पूंजी–श्रम विभाजन भी श्रम की आय की विषमता का ही अनुसरण कर रहा है—दूसरे शब्दों में, ये दोनों कम से कम अल्प और मध्यम अवधियों में तो परस्पर संपोषण करते दिखाई दे रहे हैं [दीर्घकाल में इनका ये प्रतिपूरक स्वरूप इतना स्पष्ट नहीं है]। उदाहरणत: दोनों महायुद्धों के दौरान राष्ट्रीय आय में पूंजी का अंश संकुचित हुआ [और पूंजी/आय अनुपात भी], साथ ही वेतन विषमता का संकुचन भी हुआ। आम तौर पर विषमता का विकासक्रम "सह चक्रीयतापुर्" होता है—इसकी दिशा वही होती है जिस ओर आर्थिक गतिविधियों का चक्र चल रहा होता है [उसके विपरीत नहीं]। आर्थिक उत्कर्ष काल में आय में लाभ का अंश अधिक होने लगता है और शीर्ष स्तर पर वेतन, प्रोत्साहन और बोनस का योग निम्न एवं मध्यम स्तर की मजदूरी दर की अपेक्षा अधिक तेजी से वृद्धिशील हो जाता है। दूसरी ओर आर्थिक शिथिलता या अपकर्षकाल [युद्ध तो उसी की पराकाष्ठा माना जाता है] में अनेक गैर आर्थिक, विशेषकर राजनीतिक, कारक यह सुनिश्चित कर देते हैं कि वेतन मजदूरी केवल आर्थिक चक्र पर निर्भर नहीं रहें।

फ्रांस में 1945–60 की अवधि में विषमता में बड़ी वृद्धि, राष्ट्रीय आय में पूंजी के अंश और तीव्र आर्थिक संवृद्धि से जुड़ी श्रम आय की विषमता के

कारण हुई थी। देश के राजनीतिक वातावरण की इसमें भूमिका रही : सारे देश का समग्र ध्यान पुननिर्माण पर लगा था, विषमता का निवारण कोई प्राथमिकता नहीं थी। वैसे भी सभी यह मान ही रहे थे कि युद्ध के दौरान विषमताएं बहुत कम हो गई थीं। प्रबंधकों, इंजीनियरों और अन्य कुशल कर्मियों के वेतनों में 1950 और 1960 के दशकों में निम्न एवं मध्यम स्तर पर कार्य कर रहे श्रमिकों की मजदूरी से कहीं तीव्र दर पर वृद्धि हुई। प्रारम्भ में किसी ने इस ओर ध्यान देने की जरूरत नहीं समझी। यद्यपि 1950 में एक राष्ट्रीय न्यूनतम मजदूरी नियत की गई, किंतु उसमें शायद ही कोई वृद्धि की गई और वह निरंतर औसत मजदूरी से अधिक से अधिक पिछड़ती गई।

किंतु 1968 में स्थिति अचानक बदल गई। मई 1968 की घटनाओं का मूल तो छात्रों की समस्याओं और सांस्कृतिक सामाजिक प्रश्नों में था और उनका मजदूरी के प्रश्न से कोई नाता नहीं था [वैसे अनेक व्यक्ति उन दशकों में अपनाए गए उत्पादितावादी संवृद्धि प्रतिमान के कारण वृद्धिमान विषमताओं को लेकर चिंतित थे और इसका भी उस संकट में कुछ योगदान अवश्य था]। उस आंदोलन का सबसे तात्कालिक राजनीतिक प्रभाव मजदूरी दर पर रहा : संकट को समाप्त करने के लिए चार्ल्स डीगॉल की सरकार ने ग्रेनले समझौतों पर हस्ताक्षर किए, जिन्होंने अन्य कदमों के साथ –साथ न्यूनतम मजदूरी में 20 प्रतिशत की वृद्धि कर दी। वर्ष 1970 में आधिकारिक रूप से [आंशिक ही सही] न्यूनतम मजदूरी को औसत मजदूरी दर के साथ निर्दिष्ट कर दिया गया और 1968–83 तक सभी सरकारें एक उबलते हुए सामाजिक और राजनीतिक वातावरण में न्यूनतम मजदूरी में अच्छी खासी वृद्धि करने को विवश रहीं। अत: इन 15 वर्षों में न्यूनतम मजदूरी की क्रयशक्ति में 130 प्रतिशत की वृद्धि हुई जबकि औसत मजदूरी की वृद्धि मात्र 50 प्रतिशत रही। इस प्रकार मजदूरी की विषमताएं बहुत संकुचित हो गईं। पिछली अवधि की अपेक्षा यह घटना बहुत ही अलग थी; 1950–68 के दौरान तो न्यूनतम मजदूरी की क्रयशक्ति में मात्र 25 प्रतिशत की ही वृद्धि हो पाई थी।[20] निम्न मजदूरी में तेजी से वृद्धि के

कारण 1968–83 की अवधि में कुल मजदूरी भुगतान में बड़ी तेजी से वृद्धि हुई। यही राष्ट्रीय आय में पूंजी के अंश में तीखी गिरावट और आय की विषमता में भारी संकुचन की व्याख्या है [मैंने पूंजी के अंश में गिरावट की ओर खंड–2 में भी संकेत किया था]।

लेकिन 1982–83 में यह क्रम फिर से बदल गया। मई 1981 में चुनी गई समाजवादी सरकार तो पिछले 15 वर्ष का क्रम जारी रखना चाहती थी किंतु न्यूनतम मजदूरी को औसत से दुगुनी से ज्यादा गति से निरंतर बढ़ाना उस समय विशेष रूप से कठिन हो गया था जबकि वह औसत मजदूरी स्वयं भी वृद्धिशील थी। अत: 1982–83 में सरकार ने "मितव्ययिता की ओर मुड़ें" की नीति अपनाई, मजदूरी दरें स्थिर कर दी गईं; वार्षिक न्यूनतम मजदूरी वृद्धि तो निश्चित रूप से बंद कर दी गई। इसके परिणाम भी शीघ्र ही स्पष्ट होने लगे : राष्ट्रीय आय में लाभ का अंश अस्सी के दशक के शेष भाग में ही आसमान छूने लगा जबकि मजदूरी-वेतन विषमताएं एक बार फिर वृद्धिमान हो गई। परिणाम रहा कि कुल आय की विषमता और तेजी से ऊपर की ओर उठने लगी [देखें रेखाचित्र 8.1, 8.2]। यह परिवर्तन 1968 जैसा ही तीखा था, किंतु विपरीत दिशा में।

फ्रांस में 1980 के दशक से विषमता में वृद्धि

फ्रांस में 1982–83 से प्रारम्भ हुई विषमता वृद्धि का चरित्र निर्धारण कैसे करें? इसे एक दीर्घावधि प्रक्रिया के दौरान सूक्ष्म सा विवर्तन मान लेने की लालसा हो सकती है—क्योंकि 1990 तक तो राष्ट्रीय आय में लाभ का अंश एक बार पुन: मई 1968 के स्तर तक पहुंच गया था।[21] किंतु, अनेक कारणों से ऐसा मान लेना एक गलती होगी। सबसे पहले तो जैसा मैंने खंड –2 में दर्शाया था, लाभ का अंश 1966–67 में इतिहास के सर्वोच्च स्तर पर था और वह भी द्वितीय महायुद्ध के बाद राष्ट्रीय पुन: निर्माण काल में पूंजी के अंश में वृद्धि का परिणाम था। यदि हम किराये और लाभ को जोड़कर देखें तो पाएंगे कि राष्ट्रीय आय में पूंजी का अंश तो 1990–2010 के दशकों में भी निरंतर वृद्धिशील रहा है। इस दीर्घकालिक प्रक्रिया को सटीक रूप से समझने के लिए इसे पूंजी/आय अनुपात के दीर्घकालिक

विकासक्रम के परिप्रेक्ष्य में स्थापित कर देखना होगा। यह पूंजी/आय अनुपात 2010 तक एक बार पुन: अपने उसी स्तर के निकट पहुंच गया था जो प्रथम महायुद्ध की पूर्वसंध्या के फ्रांस में दिखाई पड़ रहा था। पूंजी की समृद्धि की पुनर्प्रतिष्ठा के प्रभावों को केवल उच्चतम दशमंक के आय अंश के परिवर्तनों के माध्यम से समझ पाना असंभव है—इसका आंशिक कारण यह भी है कि पूंजी से आय का पूरा ब्यौरा नहीं दिया जाता और उसके कारण शिखरस्थ आय स्तरों में वृद्धि को कम आंकते है। एक अन्य कारण भी है : यहां वास्तविक मुद्दा तो उत्तराधिकार में मिली सम्पदा का है—अब उस दीर्घकालिक प्रक्रिया के सही रंग उभर कर आ रहे हैं और इनके महत्त्व को समझने के लिए इस उत्तराधिकारी सम्पदा की भूमिका और महत्त्व का प्रत्यक्ष रूप से अध्ययन करना आवश्यक होगा।

किंतु यही सब कुछ नहीं है। फ्रांस में 1990 के दशक में एक अन्य चौंका देने वाली प्रक्रिया उभरी है : बहुत उच्च वेतन, विशेषकर बहुत बड़ी और वित्तीय कम्पनियों के शीर्ष प्रबंधकों को दिए जाने वाले वेतन एवं भत्तों का योग हैरान करने वाले स्तरों को छूने लगा। यह फ्रांस में हैरानी का विषय था, संयुक्त राज्य अमेरिका में नहीं; किंतु इसके महत्त्व को कम आंकना उचित नहीं होगा। शीर्षस्थ शतमंक को 1980 और 1990 के दशकों में कुल वेतन भुगतान का 6 प्रतिशत से भी कम अंश मिल रहा था किंतु अगले ही दशक में यह 7.5 से 8 प्रतिशत तक पहुंच गया। यह एक दशक की अवधि में 30 प्रतिशत की वृद्धि थी—इसे नगण्य नहीं माना जा सकता। यदि वेतन और बोनस मानों के और उच्चतर स्तरों पर ध्यान दें—शीर्षस्थ 0.1 या 0.01 अंश को देखें तो विषमता वृद्धि और गंभीर हो जाती है—उनकी क्रयशक्ति में तो 10 वर्षों में 50 प्रतिशत से अधिक वृद्धि दिखाई देती है।[22] बहुत निम्न संवृद्धि और अधिकांश श्रमिकों की क्रयशक्ति के स्थिरप्राय रहने की अवस्था में शीर्षस्थ वर्ग की क्रयशक्ति में इतनी बड़ी वृद्धि निश्चय ही अपनी ओर ध्यान आकर्षित करती है। यही नहीं, यह घटनाक्रम पूर्णत: नवीन था और इसकी सटीक व्याख्या के लिए हमें इसे अंतर्राष्ट्रीय परिप्रेक्ष्य में देखना होगा।

रेखाचित्र 8.5: संयुक्त राज्य में आय की विषमता, 1910-2010

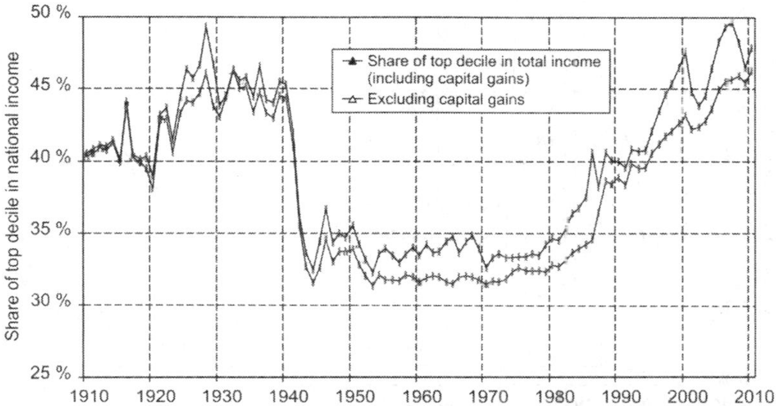

शीर्षस्थ दशमंक का आय अंश 1970 के दशक के 35 प्रतिशत से बढ़कर 2000-2010 के दशक में 50 प्रतिशत हो गया। स्रोत और श्रृंखला हेतु देखें: piketty.pse.ens.fr/capital21C.

एक अधिक जटिल प्रक्रिया: संयुक्त राज्य अमेरिका में विषमता प्रत्यावर्तन

अब तो मुझे अमेरिकी परिदृश्य पर ध्यान देना ही होगा—वही वह देश है जहां पिछले कुछ दशकों से 'सुपर मैनेजर' नामक एक विशेष उपवर्ग उदित हुआ है। मैंने अमेरिकी आंकड़ों को फ्रांसीसी आंकड़ों के साथ तुलनीय बनाने के सभी संभव प्रयास किए हैं। रेखाचित्रों 8.5 और 8.6 में अमेरिका की वही जानकारी दर्शाई गई है जो मैंने फ्रांस के विषय में रेखाचित्रों 8.1 और 8.2 में प्रस्तुत की गई थी। मेरा ध्येय तुलना करना है, दोनों युग्मों में पहला चित्र वेतन मजदूरी में शीर्षस्थ दशमंक और शतमंक के अंश दर्शा रहा है। दूसरे चित्र में समूची वेतन मजदूरी क्रमिकताएं अंकित की गई हैं। मैं यह भी बता दूं कि संयुक्त राज्य अमेरिका में सर्वोच्च न्यायालय से एक लंबे संघर्ष के बाद 1913 में केंद्रीय आयकर लागू किया गया था।[23] अमेरिकी कर विवरणियों के आंकड़े फ्रांसीसी आंकड़ों से काफी मिलते-जुलते हैं—हां इनका विस्तार उतना अधिक नहीं है। अमेरिकी विवरणियों से 1913 से ही सकल आय का आकलन तो हो जाता है किंतु 1927 से पूर्व श्रम से आय को पृथक रूप से नहीं दिखाया जाता था। अत: वहां की मजदूरी-वेतन वितरण श्रृंखला की 1927 पूर्व की कड़ियां इतनी अधिक विश्वस्त नहीं हैं।[24]

रेखाचित्र 8.6: शीर्षस्थ दशमंक के विभाजन, संयुक्त राज्य 1910-2010

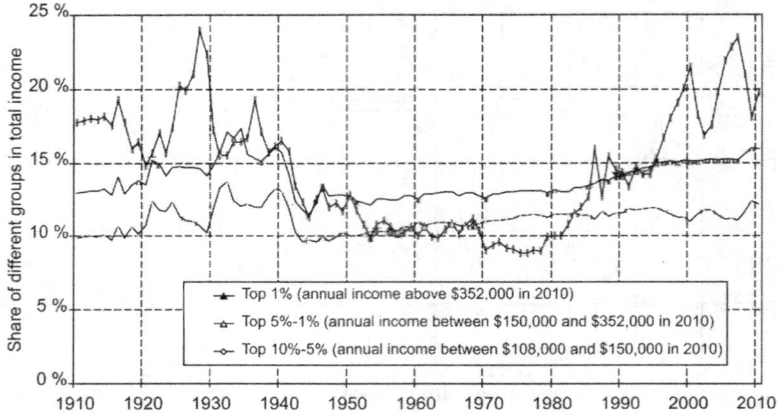

सत्तर के दशक से शीर्षस्थ दशमंक के आय अंश में अधिकांश वृद्धि वस्तुता शीर्षस्थ शतमंक के अंश में वृद्धि के कारण हुई है। स्रोत और श्रृंखला हेतु देखें: piketty.pse.ens.fr/capital21C.

यदि फ्रांसीसी और अमेरिकी प्रवृत्ति–पथों की तुलना करें तो अनेक समानताओं के साथ-साथ कुछ बड़े अंतर भी स्पष्ट हो जाते हैं। मैं शीर्षस्थ दशमंक के आय अंश के विकास क्रम की समीक्षा से इस चर्चा का आरंभ कर रहा हूं [देखें रेखाचित्र 8.6]। सबसे बड़ी बात तो यही है कि यद्यपि 20वीं सदी के प्रारम्भ में संयुक्त राज्य अमेरिका कहीं अधिक समतापूर्ण था किंतु पिछली एक शती में यह समूचे यूरोप, विशेषकर फ्रांस, की तुलना में बहुत अधिक विषमतापूर्ण हो गया है। अमेरिकी अनुभव की एक और विलक्षणता भी है—यहां अवधि के अंत पर आरंभ जैसी अवस्था के वापिस आने के कोई आसार नहीं हैं : 2010 में अमेरिकी विषमता पिछली शती के आरंभ के पुराने यूरोप जितनी ही प्रखर थी, किंतु उस विषमता की अंतर्रचना निश्चित रूप से अलग थी।

मैं व्यवस्थित रूप से इसकी व्याख्या आरंभ कर रहा हूं। सबसे पहली बात तो यही है कि 20वीं सदी के आंरभ में यूरोप में आय की विषमता अमेरिका से काफी अधिक थी। उपलब्ध आंकड़े दर्शाते हैं कि 1900–10 में अमेरिका में शीर्षस्थ दशमंक को राष्ट्रीय आय का 40 प्रतिशत से जरा–सा

अधिक अंश मिल रहा था जबकि फ्रांस में वही दशमंक 45–50 प्रतिशत आय पा रहा था [संभवत: ब्रिटेन में यह अंश और भी अधिक था]। इसमें दो अंतर दिखाई देते हैं।

एक तो यूरोप में पूंजी/आय अनुपात उच्चतर था और इसी कारण वहां आय में पूंजी का अंश अधिक हो जाता था। दूसरे, नए विश्व में पूंजी स्वामित्व के विभाजन में विषमताएं अपेक्षाकृत कम थीं। पर ध्यान रहे, इसका अर्थ यह कदापि नहीं था कि उस समय का अमेरिकी समाज किसी काल्पनिक आदर्श समतापूर्ण समाज की कसौटी पर खरा उतरता था। वह स्वयं बहुत ही विषमतापूर्ण था; संभवत: आज के यूरोप से भी अधिक विषमता वहां व्याप्त थी। आपको यह सब जानने के लिए हेनरी जेम्स को फिर से पढ़ना होगा—या फिर याद करना होगा कि 'टाइटेनिक' में 1912 में जलविहार पर निकला निकृष्ट मानसिकता का प्राणी 'हॉक्नी' जेम्स कैमरून की कल्पना की उपज नहीं था—वह एक वास्तविक व्यक्ति था और उसके दृष्टांत से यह भी स्पष्ट हो जाता है कि उस प्रकार के भाड़ाजीवी केवल लंदन या पेरिस में नहीं बल्कि उस समय के नए विश्व के बोस्टन, न्यूयार्क और फिलेडेल्फिया में पाए जा रहे थे। फिर भी संयुक्त राज्य अमेरिका में पूंजी के स्वामित्व [और उसी के कारण पूंजी से आय] का विभाजन फ्रांस या ब्रिटेन की अपेक्षा अधिक समतापूर्ण था। अधिक स्थूल रूप में, अमेरिकी भाड़ाजीवियों की संख्या कम थी और वे [औसत अमेरिकी जीवन स्तर की तुलना में] उतने धनाढ्य भी नहीं थे जितने कि यूरोप के भाड़ाजीवी होते थे। मुझे इसके कारण भी अवश्य बताने होंगे।

संयुक्त राज्य अमेरिका में 1920 के दशक में आय की विषमता में बड़ी तेजी से वृद्धि हुई और 1929 के ध्वंस के समय तो शीर्षस्थ दशमंक का आय में अंश 50 प्रतिशत अधिक हो गया था, यह यूरोप के इसी वर्ग के आय अंश से भी कुछ अधिक था। इसका एक कारण भी था: यूरोपीय पूंजी के लिए तो संक्षोभ झेलने का क्रम 1914 से ही चल रहा था। फिर भी अमेरिकी विषमता की प्रकृति यूरोपीय विषमता से भिन्न थी। संयुक्त राज्य अमेरिका

की शीर्ष आय में 1920 के दशक में शेयर बाजार के उफान से पूंजीगत लाभ का अंश पहले ही निर्णायक रूप धारण कर चुका था [देखें रेखाचित्र 8.5]।

महामंदी [जिसके दौरान संयुक्त राज्य अमेरिका को बड़ा गहरा धक्का लगा था] और द्वितीय महायुद्ध [जब पूरा देश युद्ध प्रयासों में लाम बंद कर दिया गया था] के समय आय की विषमता बहुत कम कर दी गई थी—यह कुछ अर्थों में उसी अवधि के यूरोप के घटनाक्रम जैसी ही बात थी। हमने खंड–2 में भी देखा था कि अमेरिकी पूंजी को अनेक आघात सहने पड़े थे—भले ही युद्ध में पूंजी–सम्पदा का भौतिक विनाश तो नहीं हुआ था, फिर भी महामंदी एक बड़ा आघात रही—फिर उसके बाद के दो दशकों में संघीय सरकार द्वारा लगाए गए नए करों के संक्षोभ भी कुछ कम प्रबल नहीं थे। यदि 1910–50 को एक अवधि मान कर चलें तो अमेरिका में विषमता का संकुचन फ्रांस [और यूरोप] की अपेक्षा काफी कम रहा। संक्षेप में संयुक्त राज्य अमेरिका की विषमता ने प्रथम महायुद्ध की पूर्वसंध्या पर एक निम्न शिखर से अपनी यात्रा प्रारम्भ की और द्वितीय महायुद्ध के अंत पर इसका निम्न बिंदु यूरोप के स्तर से ऊंचा हो गया। यूरोप में 1914–45 में भाड़ाजीवी समाज आत्मसंहार करता दिखाई पड़ा है, किंतु संयुक्त राज्य अमेरिका में ऐसा कुछ नहीं हुआ।

संयुक्त राज्य अमेरिका में 1980 के बाद विषमता का विस्फोट

संयुक्त राज्य अमेरिका में विषमता 1950–80 की अवधि में अपने न्यूनतम स्तर पर रही। वहां उस समय आय क्रमिकता के शीर्षस्थ दशमंक का राष्ट्रीय आय में अंश 30 से 35 प्रतिशत रही [यह लगभग वही स्तर है जिस पर आज फ्रांस है]। इसी को पॉल क्रूगर ने बड़ी भावुकता से "मेरा प्रिय अमेरिका" और "मेरे बचपन का अमेरिका" कह कर संबोधित किया है।[25] साठ के दशक में, टेलीविजन धारावाहिक "मैड मैन" और जनरल डी गॉल के जमाने में, संयुक्त राज्य अमेरिका उस काल के फ्रांस की अपेक्षा अधिक समतापूर्ण समाज था [जहां उच्चतर दशमंक का आय का अंश 35 प्रतिशत

से अधिक हो चुका था]। यह समता की बात कम से कम श्वेत नस्ल के अमेरिकी नागरिकों पर तो लागू होती थी।

किंतु 1980 के बाद तो जैसे संयुक्त राज्य अमेरिका में विषमता का विस्फोट हो गया है। उच्चतर दशमंक का आय में अंश 1970 के दशक के 30–35 प्रतिशत से ऊपर उठ कर 45–50 [2000–10] प्रतिशत हो गया है। यह राष्ट्रीय आय के 15 प्रतिशत अंकों की वृद्धि है [देखें रेखाचित्र 8.5]। इस वक्र का आकार बहुत तीखापन लिए है और मन में यह प्रश्न उठना अनिवार्य है कि इतनी तीव्र वृद्धि कब तक जारी रह सकती है? यदि यही क्रम चलता रहा तो 2030 तक ये शीर्षस्थ दशमंक 60 प्रतिशत राष्ट्रीय आय पर अधिकार कर लेगा।

इस परिवर्तन क्रम के बारे में अनेक बातों को स्पष्ट करने में कुछ समय लगाना उपयोगी सिद्ध होगा। प्रथम : रेखाचित्र 8.5 की श्रृंखलाएं भी WTID की अन्य श्रृंखलाओं की भांति कर विवरणियों में घोषित आय की ही गणना कर रही हैं—इनमें निहित किसी प्रकार के विधिक अथवा गैर विधिक आधार पर पूंजी से आय का अधोमूल्यांकन का हमने कोई समंजन नहीं किया है। हमें अमेरिकी राष्ट्रीय लेखे में अंकित कुल पूंजी आय और विवरणियों में घोषित आंकड़ों के बीच एक निरंतर वृद्धिशील खाई दिखाई दे रही है। साथ ही कर स्वर्गों का तीव्र विकास [और उनकी ओर प्रवाहित तथा राष्ट्रीय आय में निश्चित रूप से नहीं दर्शाई गई राशियां] कुल मिलाकर शीर्षस्थ दशमंक के आय अंश में हुई वृद्धि के बहुत न्यूनांकन के संकेत दे रहे हैं। विभिन्न उपलब्ध स्रोतों की जानकारी की तुलना से 2008 के वित्तीय संकट की पूर्वसंध्या पर और 2010 के दशक आरंभ में इस दशमंक के राष्ट्रीय आय के 50 प्रतिशत से अधिक को हस्तगत करने के प्रमाण मिल जाते हैं।[26]

एक और बात का ध्यान रहे : शेयर बाजार जोश और पूंजीगत लाभ भी शीर्षस्थ दशमंक के आय अंश में पिछले 30–40 वर्ष की संरचनात्मक

वृद्धि के केवल एक हिस्से की ही व्याख्या कर पाएंगे। यह ठीक है कि 2000 के प्रथम इंटरनेट बुलबुले और 2007 में भी संयुक्त राज्य अमेरिका में पूंजीगत लाभ अप्रत्याशित स्तरों तक पहुंच गया था और इसी मद ने उच्चतर दशमंक के आय अंश में 5 अतिरिक्त अंकों की वृद्धि कर दी थी— और यह एक बड़ी विशाल राशि थी। इससे पहले 1928 में, 1929 के ध्वंस से एक दम पहले जो रिकार्ड बना था वह उस समय की राष्ट्रीय आय के 3 प्रतिशत जितना ही था। किंतु ऐसे स्तरों को बहुत अधिक समय तक बनाए रखना संभव नहीं रहता। यही बात रेखाचित्र 8.5 में बड़े वर्षानुगत उतार चढ़ाव दर्शा रहे हैं। शेयर मार्केट के निरंतर उतार चढ़ावों ने शीर्षस्थ दशमंक के अंश में भी परिवर्तन ला दिए थे [ये निश्चित रूप से समूची अमेरिकी अर्थव्यवस्था में भी बड़े उतार चढ़ाव पैदा कर देते हैं]। किंतु इसका विषमता में संरचनागत बदलाव में योगदान नहीं होता। यदि हम एक बार पूंजीगत लाभ को नजरअंदाज कर दें [यह बहुत ही गलत होगा क्योंकि इस प्रतिफल का संयुक्त राज्य अमेरिका की अर्थयवस्था में बहुत महत्त्व रहता है] तो भी हमें शीर्षस्थ दशमंक के अंश में एक बहुत बड़ी वृद्धि—1970 के दशक के 32 प्रतिशत से ऊपर उठकर 2010 में 46 प्रतिशत—अर्थात राष्ट्रीय आय के 14 अंकों की वृद्धि दिखाई पड़ती है [देखें रेखाचित्र 8.5]। किंतु पूंजीगत लाभ तो अतिरिक्त राष्ट्रीय आय के मात्र 1 से 2 प्रतिशत [1970 का दशक] और 2000–10 में 2 से 3 प्रतिशत के बीच ही रहे हैं [वह भी बहुत ही अच्छे या बुरे वर्षों में]। अर्थात संरचनागत वृद्धि में यह योगदान केवल एक प्रतिशत अंक तक रह जाता है—किंतु यह इस घटक [पूंजीगत लाभ] को छोड़कर जो शीर्षस्थ दशमंक के पूंजीगत लाभों में 14 प्रतिशत अंकों की वृद्धि के सामने तो कुछ भी नहीं लगता।[27]

संयुक्त राज्य अमेरिका में पूंजीगत लाभ के बिना विकासक्रम को देखने पर हमें विषमता में वृद्धि की संरचनात्मक प्रकृति का सही पता चलता है। सत्य तो यही है कि 1970–2010 की अवधि में पूंजीगत लाभ घटाने के

बाद भी शीर्षस्थ दशमंक के आय अंश में निरंतर वृद्धि होती रही है। यह 1980 के दशक में 35 प्रतिशत तो 1990 के दशक में 40 प्रतिशत और फिर अंतिम दशक में तो 45 प्रतिशत के आंकड़े को पार कर गया। [देखें रेखाचित्र 8.5][28]। एक अन्य विलक्षणता भी रही है—2010 का इसका स्तर [राष्ट्रीय आय का 46 प्रतिशत से अधिक अंश, पूंजीगत लाभ को घटाने के बाद भी जोकि शीर्षस्थ दशमंक को मिला] तो 2007 के वित्तीय संकट से एकदम पहले के उच्चतम से भी महत्त्वपूर्ण रूप से अधिक है। यही नहीं 2011–12 के प्रारम्भिक आंकड़ों से भी इस प्रवृत्ति के जारी रहने के ही संकेत मिल रहे हैं।

अत: निर्णायक बात तो यही है : तथ्यों से स्पष्ट हो रहा है कि संयुक्त राज्य अमेरिका में विषमता में संरचनात्मक रूप से हो रही वृद्धि की गति को समाप्त करने में कोई वित्तीय संकट समर्थ नहीं है। बस इतना ही है कि शेयर बाजार के किसी ध्वंस के तुरंत बाद इस विषमता वृद्धि की दर कुछ धीमी पड़ जाती है किंतु आर्थिक गतिविधियों के पुन: गति पकड़ते ही यह भी तीव्र दर से बढ़ने लगती है। लेहमन ब्रदर्ज के पतन के बाद 2008–09 में, प्रथम इंटरनेट बुलबुले के फूटने [2001–02] वाली घटना की ही भांति शेयर बाजार अधिक मुनाफा कमाने का बाजार नहीं लग रहा था। वस्तुत: उन वर्षों में पूंजीगत लाभ में तो गिरावट आई थी। किंतु इन अल्पकालिक परिवर्तनों से मूल दीर्घकालिक प्रवृत्ति में कोई परिवर्तन नहीं आया—उसका निर्धारण तो कुछ अन्य कारक ही कर रहे हैं। अब मुझे उन्हीं के तर्कशास्त्र की समीक्षा की ओर चलना चाहिए।

चर्चा आगे बढ़ाने से पूर्व इस शीर्षस्थ आय दशमंक को तीन उप-खंडों में विभाजित करना उपयोगी होगा। ये हैं: धनाढयतम 1 प्रतिशत इससे नीचे का 4 प्रतिशत भाग और अंतिम 5 प्रतिशत भाग [देखें रेखाचित्र 8.6]। विषमता की वृद्धि के अधिकांश के लिए धनाढयतम 1 प्रतिशत उत्तरदायी रहा है—इसका अंश 1970 के दशक के 9 प्रतिशत से बढ़कर 2000–10 में 20 प्रतिशत हो गया [इसमें पूंजीगत लाभ के कारण वर्षानुगत परिवर्तन

होते रहे हैं]। यह राष्ट्रीय आय के 11 प्रतिशत अंकों की वृद्धि है। एक बात और पक्की है—निम्नतम 5 प्रतिशत वर्ग [जिसकी वार्षिक आय वर्ष 2010 में 108,000 से 150,000 डॉलर प्रति परिवार के बीच रही] और मध्यवर्ती 4 प्रतिशत वर्ग [जिसकी आय 150,000 से 320,000 डॉलर थी] के आय अंशों में भी वृद्धि हुई है। पहले वर्ग का राष्ट्रीय आय में अंश 11 से 12 प्रतिशत (1 अंक) हो गया तो दूसरे का अंश 13 से 16 प्रतिशत (3 अंक) पर पहुंच गया।[29] इसका अर्थ है कि इन सामाजिक वर्गों की आय में 1980 के बाद से अमेरिकी अर्थव्यवस्था की औसत संवृद्धि दर की अपेक्षा कहीं तीव्रतर वृद्धि हुई है और अमेरिकी अर्थव्यवस्था की अपनी संवृद्धि दर भी नगण्य तो नहीं थी।

इन उच्चतर आय वर्गों में अमेरिकी शिक्षण संस्थाओं के अर्थशास्त्री भी हैं जिनका विश्वास है कि देश की अर्थव्यवस्था बहुत अच्छी तरह से काम कर रही है और यह प्रतिभा एवं योग्यता का सम्मान करते हुए उन्हें उचित पारिश्रमिक भी प्रदान करती है। यह एक सहज-सी मानवीय प्रतिक्रिया लगती है।[30] किंतु सत्य तो यही है कि उनसे ऊपर वाले समूहों का निष्पादन बेहतर रहा है—जिनकी आय में राष्ट्रीय आय के अतिरिक्त 15 अंक जुड़ गए हैं और उसमें से भी 11 प्रतिशत अंक का लाभ केवल "उच्चतम 1 प्रतिशत" को ही मिला है। अर्थात, कुल अतिरिक्त वृद्धि का तीन चौथाई उस 1 शतमंक [जिसकी आय 352,000 डॉलर वार्षिक से अधिक थी] के हिस्से में गया। यही नहीं, वहां भी उक्त अंश का आधा भाग केवल "उच्चतम 0.1 प्रतिशत" की झोली में चला गया—ये सहस्रमंक 1.5 मिलियन डॉलर वार्षिक से अधिक कमा रहा था।[31]

क्या विषमता वृद्धि से वित्तीय संकट उत्पन्न हुआ था?

मैंने अभी-अभी यह स्पष्ट किया है कि वित्तीय संकट का विषमता में संरचनात्मक वृद्धि पर कोई प्रभाव प्रतीत नहीं होता। तो क्या विपरीत कारण-प्रभाव संभव होगा? क्या यह संभव है कि संयुक्त राज्य अमेरिका में

विषमता में भारी वृद्धि ने 2008 के वित्तीय संकट का प्रारम्भ किया हो? हम इस तथ्य को जानते हैं कि संयुक्त राज्य अमेरिका की राष्ट्रीय आय में शीर्षस्थ दशमंक का अंश केवल दो बार उच्च शिखर पहुंचा है—1929 की महामंदी से पूर्व—1928 में तथा 2008 के संकट से पूर्व–2007 में। इस जानकारी के संदर्भ में उक्त प्रश्न से बच पाना संभव नहीं रहता?

मेरे विचार से इस विषय में कोई संशय नहीं है कि संयुक्त राज्य अमेरिका में विषमता की वृद्धि ने राष्ट्र की वित्तीय (स्थिति में) अस्थिरता लाने में अपना योगदान दिया था। कारण सीधा सा है : वृद्धिमान विषमता का एक प्रभाव निम्न एवं मध्यम आय वर्गों की क्रयशक्ति में ठहराव रहा और उसने सामान्य परिवारों को उधार लेने पर विवश कर दिया। उस समय धनिक वर्ग की बचत पर किसी भी तरह ऊंचे से ऊंचा ब्याज कमाने को लायायित बेईमानी भरे बैंक और वित्तीय संस्थान, जिन्हें सभी प्रकार के नियमनों–नियंत्रणों से मुक्ति मिल चुकी थी, अधिकाधिक उदार शर्तों पर ऋण देने को तैयार बैठे थे।[32]

इस संकल्पना के समर्थन में संयुक्त राज्य अमेरिका में 1980 से चल रही राष्ट्रीय आय के अंतरण की उस प्रक्रिया पर ध्यान देना आवश्यक है जिसने 90 प्रतिशत निर्धनतम वर्ग की आय में से कुल आय के 15 प्रतिशत के समान विशाल राशियों का, संपन्नतम 10 प्रतिशत वर्ग को हस्तांतरण कर दिया था। विशेष रूप से यदि संकट से पूर्व के 30 वर्षों की संवृद्धि पर ध्यान दें तो स्पष्ट होता है कि 1977–2007 की अवधि में हुई संवृद्धि के तीन चौथाई अंश को वही उच्च दशमंकीय धनी वर्ग हस्तगत कर गया था। इस अवधि में संयुक्त राज्य अमेरिका की आय में हुई सकल वृद्धि का 60 प्रतिशत पर शीर्षस्थ शतमंक ने ही कब्जा लिया था। अत: निम्नतम 90 प्रतिशत समाज के लिए तो संवृद्धि दर 0.5 प्रतिशत वार्षिक से भी कम रह गई थी।[33] ये आंकड़े प्रभावशाली हैं और इन्हें चुनौती नहीं दी जा सकती है —किंतु आप किसी भी तरह से आय की विषमता बुनियादी वैधता बात

करें, इन आंकड़ों की समीक्षा की आवश्यकता अवश्य बनी रहेगी।[34] यह कल्पना कर पाना भी कठिन है कि कोई समाज और अर्थव्यवस्था अनिश्चित काल तक विभिन्न सामाजिक वर्गों की बीच इतनी भीषण विषमताओं के साथ भी कार्य करते रह सकते हैं।

यह भी बहुत संभव है कि यदि इस विषमता वृद्धि के समय देश की अर्थ व्यवस्था की संवृद्धि दर तीव्र होती तो परिदृश्य बहुत अलग हो जाता। दुर्भाग्यवश ऐसा नहीं था : अर्थव्यवस्था तो पिछले दशकों की अपेक्षा धीमी गति से ही संवृद्धि कर पा रही थी। इसीलिए विषमता वृद्धि ने मध्यम एवं निम्न वर्गों की आय और क्रयशक्ति में एक ठहराव पैदा कर दिया।

एक अन्य बात पर ध्यान दें : देश की राष्ट्रीय आय के 15 प्रतिशत अंश का एक सामाजिक वर्ग से दूसरे को अंतरण 2000–10 की अवधि के प्रभावशाली अमेरिकी व्यापार घाटे से भी चार गुना के लगभग रहा [वह व्यापार घाटा राष्ट्रीय आय का 4 अंक था]। इस तुलना पर ध्यान देना आवश्यक है—क्योंकि कई बार यह दावा किया जाता है कि इस घाटे के समतुल्य चीन, जापान और जर्मन व्यापार आधिक्य थे और ये "वैश्विक असंतुलन" के बड़े घटक थे जिन्होंने अमेरिकी और विश्व वित्तीय व्यवस्थाओं को अस्थिर कर 2008 का वित्तीय संकट पैदा किया था। यह भी संभव हो सकता है किंतु ध्यान रहे कि अमेरिका के आंतरिक असंतुलन उसके बाह्य असंतुलन से चार गुना बड़े हैं। इससे यही सुझाव मिलता है कि कुछ समस्याओ के समाधान चीन या अन्य देशों में नहीं बल्कि संयुक्त राज्य अमेरिका में ही कहीं तलाश करने होंगे।

इस सारी चर्चा के बावजूद यह दावा करना अतिशयोक्तिपूर्ण ही रहेगा कि विषमता वृद्धि संयुक्त राज्य अमेरिका के 2008 के वित्तीय संकट का एकमात्र या फिर प्राथमिक कारण था या इसी ने वैश्विक वित्तव्यवस्था को चरमरा दिया था। मेरे विचार से तो संभवत: कहीं अधिक महत्त्व पूंजी/आय अनुपात में संरचनात्मक वृद्धि [विशेषकर यूरोप में] और अंतर्राष्ट्रीय स्तर पर परिसम्पदा धारिता में अतिशय वृद्धि का रहा है।[35]

असाधारण वेतनों का उदय

आइए फिर से संयुक्त राज्य में विषमता वृद्धि की ओर चलें। यह विषमता का उछाल मुख्यत: वेतन–मजदूरी की विषमता के फैलाव का परिणाम था। वेतन क्रम के शिखर पर अत्यंत ही उच्च प्रतिफल–विशेषकर बड़ी फर्मों के उच्चतम प्रबंधकों के वेतन इसके लिए उत्तरदायी थे [देखें रेखाचित्र 8.7 और 8.8]।

रेखाचित्र 8.7: संयुक्त राज्य में उच्च आय एवं उच्च मजदूरी, 1910-2010

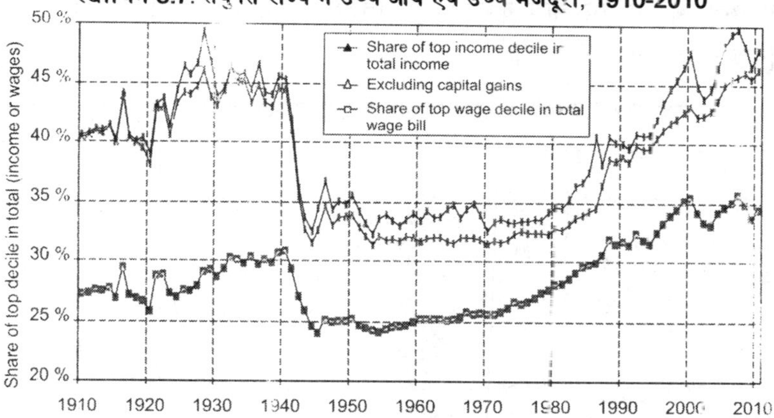

सत्तर के दशक से आय विषमता में वृद्धि मजदूरी विषमता के प्रसार के कारण हुई है

स्रोत और श्रृंखला हेतु देखें: piketty.pse.ens.fr/capital21C.

मोटे तौर पर अमेरिका में वेतन–मजदूरी विषमता में पिछली शती में अनेक प्रकार के बड़े बदलाव आए हैं। आय क्रमिकता 1920 के दशक में अधिक विस्तृत हुई, अगले दशक में स्थिरतापूर्ण रही तो द्वितीय महायुद्ध काल में इसका बहुत संकुचन हुआ था। इस "गंभीर संकुचन की" अवस्था का अध्ययन बहुत किया गया है। इसमें राष्ट्रीय युद्ध श्रम बोर्ड की बड़ी भूमिका रही—देश की सरकार द्वारा गठित इस प्राधिकरण की मंजूरी के बिना 1941–45 में तो विशेष रूप से किसी प्रकार की मजदूरी वृद्धि की अनुमति नहीं थी। किंतु इस बोर्ड ने निम्नतम आय कर्मियों की मजदूरी वृद्धि पर कभी आपत्ति नहीं की। विशेष बात यह रही कि प्रबंधक वर्ग के मौद्रिक वेतनमान स्थिर रहे और युद्ध की समाप्ति के बाद भी उनमें नाम मात्र की

वृद्धि का ही अनुमोदन किया गया था।[36] पचास के दशक में अमेरिका में मजदूरी विषमता एक न्यून स्तर पर स्थिरता पा गई थी—यह फ्रांस से भी निम्न थी—यहां शीर्षस्थ दशमंक का आय अंश 25 प्रतिशत और शीर्षस्थ शतमंक का अंश 5 से 6 प्रतिशत रहा। उसके बाद सत्तर के दशक के मध्य से उक्त दशमंक और शतमंक के श्रम आय पर दावे की वृद्धि दर औसत मजदूरी की वृद्धि की दर से अधिक हो गई। शीर्षस्थ दशमंक का अंश 25 से बढ़कर 35 प्रतिशत हो गया और यह दस प्रतिशत अंकों की वृद्धि उक्त दशमंक के राष्ट्रीय आय अंश की दो तिहाई वृद्धि के लिए जिम्मेदार रही [देखें रेखाचित्र 8.7, 8.8]।

रेखाचित्र 8.8: संयुक्त राज्य में शीर्षस्थ एक प्रतिशत वर्ग का रूपांतरण

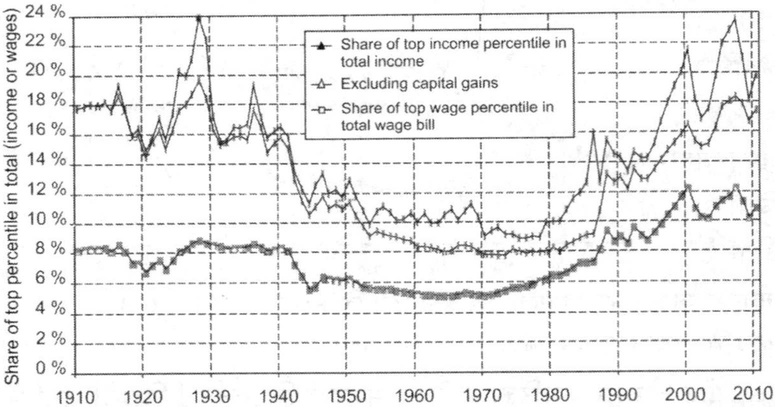

सत्तर के दशक से शीर्षस्थ एक प्रतिशत वर्ग की आय की वृद्धि मुख्यत: शीर्षस्थ एक प्रतिशत वर्ग के वेतन में वृद्धि का परिणाम है।

स्रोत और श्रृंखला हेतु देखें: piketty.pse.ens.fr/capital21C.

कई और बिंदुओं पर अतिरिक्त टिप्पणियों की आवश्यकता है।[37] यह एक महत्त्वपूर्ण आयाम है। इस अभूतपूर्व वेतन विषमता वृद्धि की व्यक्ति के कार्यकाल में उसकी उच्च वेतन वाले रोजगार की ओर प्रगति से किसी प्रकार की प्रतिपूर्ति नहीं हुई। आम तौर पर इस प्रगति का नाम लेकर विषमता वृद्धि को महत्त्वहीन कह दिया जाता है। इस अभूतपूर्व वेतन विषमता वृद्धि की व्यक्ति के कार्यकाल में उच्च वेतन की और प्रगति द्वारा

किसी प्रकार की प्रतिपूर्ति नहीं हुई। वस्तुत: यदि प्रत्येक व्यक्ति को अपने कार्यकाल में कुछ समय बहुत उच्च आय का आनंद उठाने के लिए मिल जाए [मान लें कि शीर्षस्थ शतमंक में एक वर्ष कमाने का अवसर मिल जाए] तो "बहुत उच्च आय स्तर" की वृद्धि भी यह आभास नहीं दे पाएगी कि श्रम से आय की विषमता वास्तव में बढ़ी है। पूर्व परिचित उच्च आय की ओर प्रगति का यह तर्क बहुत सशक्त होता है—इतना सशक्त कि इसकी जांच करना भी कठिन हो जाता है। किंतु अमेरिकी मामले में उपलब्ध सरकारी आंकड़े हमें इस प्रगति का हिसाब लगाकर मजदूरी विषमता के विकास क्रम का आकलन करने की अनुमति देते हैं: हम व्यक्ति स्तर पर दीर्घ काल तक के औसत वेतन–मजदूरी का आकलन कर सकते हैं [10, 20 और 30 वर्षों तक भी]। किंतु हम पाते हैं कि किसी भी संदर्भ अवधि का प्रयोग करें, मजदूरी की विषमता एक समान स्तर पर बनी रही है।[38] दूसरे शब्दों में, मैक्डोनाल्ड या फिर डैट्रॉयट की वाहन फर्मों के कर्मी अपने जीवन का एक वर्ष किसी बड़ी फर्म के शीर्ष प्रबंधक की भांति नहीं बिता पाते—ऐसा अवसर न शिकागो विश्वविद्यालय के प्रोफेसरों को मिल पाता है और न ही कैलिफोर्निया में मध्यम स्तर पर कार्य कर रहे प्रबंधकों को। यह बात हम महसूस कर सकते हैं लेकिन यथासंभव इन प्रवृत्तियों का व्यवस्थित मापन होना चाहिए।

शीर्षस्थ शतमंक में सहनिर्वाह

यहीं नहीं, श्रम से आय की विषमता में अभूतपूर्व वृद्धि द्वारा संयुक्त राज्य अमेरिका की आय विषमता के अधिकांश भाग की व्याख्या के बावजूद हम यह नहीं कह पाएंगे कि पूंजी से आय की विषमता वृद्धि में कोई भूमिका नहीं थी। इस धारणा का खंडन आवश्यक है कि अमेरिकी सामाजिक क्रमिकता के शिखर से पूंजीगत आय विलुप्त हो चुकी है।

वास्तव में 1980 से पूंजीगत आय की बड़ी और वृद्धिशील विषमता संयुक्त राज्य अमेरिका की सकल आय विषमता में एक तिहाई वृद्धि के लिए उत्तरदायी है। यह परिमाण नगण्य नहीं कहा जा सकता। वस्तुत: बात

आज के संयुक्त राज्य अमेरिका, फ्रांस और यूरोप की हो या पुराने जमाने की, हम जैसे–जैसे आय क्रमिकता के उच्चतर सोपानों पर चढ़ते जाते हैं, पूंजी से आय अधिक महत्त्वपूर्ण होती जाती है। देश–काल के अंतर, महत्वपूर्ण नहीं है : सामान्य सिद्धांत ही महत्त्वपूर्ण है। एडवर्ड वोल्फ और अजित जकरिया ने यही दर्शाया है कि शीर्षस्थ शतमंक में भी कई सामाजिक समूहों की परतें होती हैं—कुछ की पूंजी से आय बहुत अधिक होती है तो कुछ की श्रम से उच्च आय। यह श्रम आय वर्ग, पूंजी आय वर्ग को विस्थापित नहीं कर पाता।[39]

रेखाचित्र 8.9: संयुक्त राज्य में शीर्ष स्तर पर आय की रचना, 1929

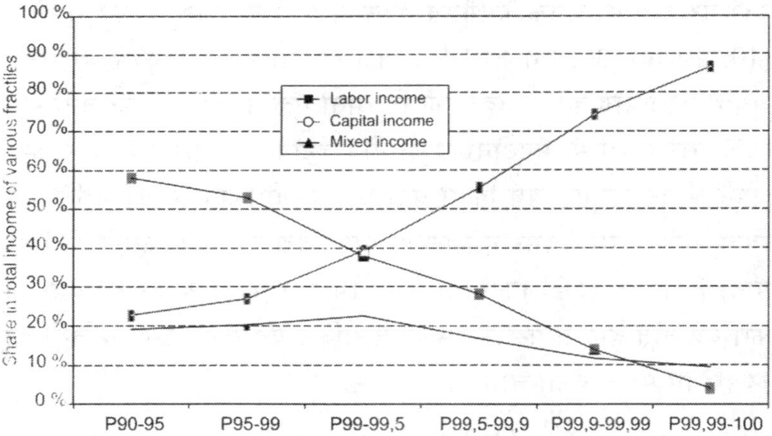

शीर्षस्थ दशमंक में ऊपर की ओर बढ़ने पर श्रम से आय का महत्व कम हो जाता था।

स्रोत और श्रृंखला हेतु देखें: piketty.pse.ens.fr/capital21C.

फ्रांस की ही भांति अमेरिका में (वास्तव में फ्रांस से अधिक मात्रा में) भेद यह है कि अब आय सोपानों पर ऊपर चढ़ने के बाद ही पूंजी से आय प्रबलता धारण कर पा रही है। पूंजी से आय [विशेष रूप से लाभांश और पूंजीगत लाभ] 1929 में शीर्षस्थ 1 प्रतिशत की आय का प्राथमिक स्रोत था [देखें रेखाचित्र 8.9]। किंतु इसी बात के दर्शन करने के लिए 2007 में शीर्षस्थ 0.01 प्रतिशत का सोपान चढ़ना पड़ता है [देखें रेखाचित्र 8.10]। मैं एक बार फिर स्पष्ट कर दूं कि इसका नाता पूंजीगत लाभ से है, इस

लाभ के योगदान के बिना तो वेतन ही इस 0.01 प्रतिशत स्तर की आय का मुख्य स्रोत बन जाएगा।[40]

रेखाचित्र 8.10: संयुक्त राज्य में शीर्ष स्तर पर आय की रचना, 2007

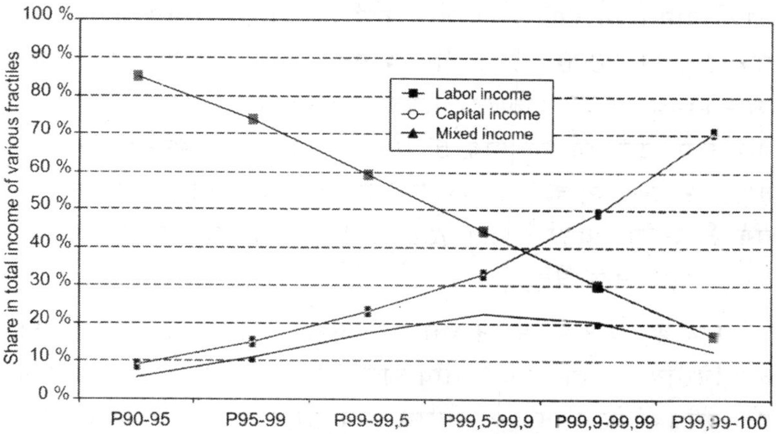

वर्ष 2007 में शीर्षस्थ 0.1 प्रतिशत स्तर पर पहुंचकर ही पूंजी से आय प्रबलता धारण करती है—जबकि 1929 में तो एक प्रतिशत स्तर पर भी इसकी प्रबलता स्पष्ट हो जाती थी। स्रोत और श्रृंखला हेतु देखें: piketty.pse.ens.fr/capital21C.

अंतिम और सर्वाधिक महत्त्वपूर्ण स्पष्टीकरण का मुद्दा है: अत्यधिक आयों में वृद्धि और बहुत ही उच्च वेतन "असाधारण प्रबंधक" वर्ग के उदय को प्रतिबिंबित कर रहे है—ये प्रबंधक बड़ी फर्मों के वे कार्यपालक अधिकारी हैं जो अपने श्रम के लिए अत्यधिक उच्च व ऐतिहासिक दृष्टि से अभूतपूर्व परिश्रमिक समुच्चय प्राप्त करने में सफल रहे हैं। यदि हम स्टॉक एक्सचेंज में अधिसूचित फर्मों के 5 शीर्षस्थ वेतन पाने वाले अधिकारियों पर दृष्टि डालें [प्राय: इन्हीं फर्मों के अधिकारियों के वेतन आदि की जानकारी सार्वजनिक होती है] तो हमें यह पता चल जाएगा कि अमेरिका में इतने अधिक शीर्ष निगमित अधिकारी नहीं है जिनकी वजह से इस उच्च वृद्धि की व्याख्या की जा सके अत: संघीय आयकर विवरणियों में घोषित आय जानकारी के आधार पर आय में अवलोकित परिवर्तनों की व्याख्या कठिन है।[41] किंतु वास्तविकता यह भी है कि कितनी ही बड़ी अमेरिकी फर्मों में 5 से कहीं अधिक संख्या ऐसे वेतनभोगी अधिकारियों की होती है

जो 2010 में 352,000 डॉलर से अधिक आय पाकर शीर्षस्थ शतमंक ही नहीं शीर्षस्थ सहस्रमंक [0.01 प्रतिशत] में भी पहुंच जाते हैं।

पिछले कुछ समय से कर विवरणियों और निगमों द्वारा प्रदत्त प्रतिफलों का मिलान करने वाले अनेक शोध कार्य हुए हैं। उनके आधार पर मैं कह सकता हूं कि 2000–10 में शीर्षस्थ सहस्रमंक के सदस्यों का एक बड़ा बहुमत—60 से 70 प्रतिशत—उच्च प्रबंधकों के वर्ग का ही था। इनकी तुलना में, इस वर्ग का मात्र 5 प्रतिशत एथलीट, अभिनेता और अन्य कलाकार थे।[42] इस दृष्टि से अमेरिका की नवीन विषमता का "सुपर स्टार" वर्ग की अपेक्षा "सुपर प्रबंधक *(Super Manager)*" वर्ग के उदय से कहीं अधिक गहरा नाता है।[43]

एक और बात पर ध्यान देना महत्त्वपूर्ण है: वित्तीय पेशे से जुड़े [बैंकों और वित्तीय संस्थानों तथा वित्तीय बाजार के व्यापारियों के पास कार्य कर रहे] प्रबंधकों के दर्शन इस शीर्षस्थ आय समूह में शेष अर्थव्यवस्था की अपेक्षा दुगुनी अधिक प्रायिकता से हो रहे है [ये शीर्षस्थ 0.01 प्रतिशत वर्ग में 20 प्रतिशत हैं जबकि समग्र अर्थव्यवस्था में देखे तो सकल घरेलू उत्पाद में वित्त क्षेत्र का अंश 10 प्रतिशत ही है]। फिर भी, इस शीर्ष आय वर्ग में 80 प्रतिशत सदस्य वित्त क्षेत्र के नहीं हैं और उच्च आय अर्जक अमेरिकी अनुपात की वृद्धि की प्राथमिक व्याख्या बड़ी कम्पनियों–वित्तीय और गैर वित्तीय के प्रबंधकों के वेतन–भत्तों की आकाशगामी यात्रा में ही निहित है।

अंत में, अमेरिकी कर नियमों और आर्थिक तर्क के अनुसार मैंने मजदूरी या वेतन में उन सभी प्रोत्साहनों, बोनस आदि जो शीर्ष प्रबंधकों को दिए गए हैं, के साथ-साथ स्टॉक ऑप्शन [शेयर धारण विकल्प] के मूल्य को भी जोड़ दिया है। इन सभी अतिरिक्त आय स्रोतों ने रेखाचित्र 8.9, 8.10 में दर्शाई गई श्रम आय विषमता में वृद्धि में एक महत्त्वपूर्ण भूमिका निभाई है।[44] इन प्रोत्साहनों, बोनस और शेयर धारिता विकल्पों की कीमतों की अति परिवर्तनशील के कारण ही 2000–10 में शीर्ष आय वर्ग में बहुत बड़े उतार–चढ़ाव आते रहे हैं।

■ ■ ■

अध्याय-9

श्रम आय की विषमता

अभी तक मैंने आपको फ्रांस और संयुक्त राज्य में आय और वेतन मजदूरी में 20वीं सदी के आरंभ से हुए विकासक्रम से परिचित कराया है। अब मैं उन परिवर्तनों की ओर ध्यान आकर्षित करुंगा जो इस विकासक्रम द्वारा स्पष्ट हो रहे हैं और यह भी जानने का प्रयास करुंगा कि ये कहां तक अन्य विकसित एवं विकासशील देशों के घटनाक्रमों का प्रतिनिधित्व कर सकते हैं।

मैं इस अध्याय में श्रम से आय की विषमता की गत्यात्मकता की समीक्षा से प्रारम्भ कर रहा हूं। संयुक्त राज्य में 1980 के बाद से वेतन विषमता में आए विस्फोटक उछाल और "असाधारण प्रबंधक" समूह के उदय के लिए क्या कारक उत्तरदायी थे?

इस अध्ययन में "सम्पदाधारी मध्यम वर्ग" का उदय एक निर्णायक प्रश्न है, यही 20 वीं सदी के प्रारम्भ में आय विषमता में गिरावट की व्याख्या करते हुए यह बता रहा है कि क्यों आज विकसित देशों के समाज भाड़ाजीवी से प्रबंधक समाज में परिवर्तित होते जा रहे हैं [या, कदाचित आशावादी स्वरूप में घोर भाड़ाजीवी से कुछ सौम्य भाड़ाजीवी रूप धारण कर रहे हैं]।

वेतन विषमता: शिक्षा और प्रौद्योगिकी के बीच दौड़?

कुछ समाजों में किन्हीं अवधियों में श्रम से आय, विशेषकर मजदूरी की आय की विषमता अन्य की अपेक्षा अधिक क्यों हो जाती है? इसके लिए सबसे स्वीकार्य व्याख्या शिक्षा और प्रौद्योगिकी के बीच चल रही दौड़ है। किंतु स्पष्ट बात तो यह है कि यह संकल्पना सभी बातों की व्याख्या नहीं

कर पाती (विशेष रूप से यह 1980 के बाद अमेरिका में "असाधारण प्रबंधक" और वेतन विषमता की व्याख्या कर पाने में विफल रहती है। फिर भी यह संकल्पना कुछ ऐतिहासिक घटनाक्रमों की व्याख्या के लिए रोचक और महत्त्वपूर्ण संकेत अवश्य प्रदान कर देती है। अत: इस पर चर्चा से ही आरंभ किया जाए तो बेहतर होगा।

यह सिद्धांत दो पूर्व धारणाओं पर आधारित है। प्रथम, श्रमिक की मजदूरी उसकी सीमांत उत्पादिता [अर्थात वह जिस फर्म या कार्यालय में काम करता है, उसके उत्पादन में उसके अपने योगदान] के समान है। दूसरे, श्रमिक की सीमांत उत्पादिता उसके अपने कौशल के स्तर और समाज में उस कौशल की मांग और आपूर्ति पर निर्भर रहती है। एक ऐसा समाज जहां इने गिने प्रशिक्षित इंजीनियर हों [अर्थात इंजीनियरों की आपूर्ति कम हो] और वहां विद्यमान प्रौद्योगिकी के संचालन के लिए बहुत से इंजीनियरों की आवश्यकता हो [अर्थात उनकी सेवाओं की मांग अधिक हो] तो वहां इस बात की बहुत संभावना होगी कि उच्च मांग और कम आपूर्ति के कारण अन्य कर्मियों की तुलना में इंजीनियर वर्ग के वेतन बहुत अधिक हो जाएंगे। इस प्रकार उच्च आय पाने वाले इंजीनियरों और अन्य कर्मियों के बीच खाई या वेतन विषमता बहुत अधिक हो जाएगी।

यह सिद्धांत कुछ दृष्टियों से सीमित और अति सरलीकृत है। व्यवहार में किसी श्रमिक की सीमांत उत्पादिता उसके माथे पर खुदी हुई कोई अविभाज्य मात्रा नहीं होती। विभिन्न सामाजिक वर्गों की सापेक्ष प्रबलता इस बात का निर्णय करती है कि किस श्रमिक को क्या भुगतान किया जाएगा। अपनी सादगी के बावजूद यह सिद्धांत उन दो सामाजिक और आर्थिक शक्तियों पर आग्रह तो कर ही रहा है जो अधिक परिष्कृत सिद्धांतों में भी वेतन की विषमता के निर्धारण में आधारभूत भूमिका निभाती हैं। ये हैं कौशल की मांग और आपूर्ति। व्यवहार में कौशल की आपूर्ति अन्य बातों के अतिरिक्त देश में शिक्षा व्यवस्था की दशा पर भी निर्भर रहती है—कितने शिक्षार्थियों की उस व्यवस्था तक पहुंच बन पाती है, प्रशिक्षण की

गुणवत्ता कैसी है, कहां तक कक्षा में पढ़ाई का व्यावहारिक ज्ञान द्वारा परिपोषण होता है, आदि आदि। कौशल की मांग, अन्य बातों के अतिरिक्त इस पर भी निर्भर होगी कि समाज द्वारा प्रयोग की जा रही वस्तुओं और सेवाओं के उत्पादन के लिए किस प्रकार के प्रौद्योगिकीय विकल्प सुलभ हैं। अन्य शक्तियां कुछ भी हों किंतु प्रशिक्षण व्यवस्था और प्रौद्योगिकी के विकास की अवस्था की एक निर्णायक भूमिका रहती है। ये कम से कम, विभिन्न सामाजिक समूहों की सापेक्ष शक्तियों को अवश्य प्रभावित करती हैं।

ये दो कारक स्वयं भी अनेक बातों पर निर्भर रहते हैं। शैक्षिक व्यवस्था की रूप रचना, सार्वजनिक नीति, विभिन्न शिक्षा प्रवाहों के चयन की कसौटियां, उनके वित्तीयन की विधि, छात्रों और उनके परिवारों के लिए प्रशक्षिण की लागतें और शिक्षण को उच्चतर स्तर पर जारी रख पाने की सुविधाओं की सुलभता द्वारा निर्मित होती है। प्रौद्योगिकीय प्रगति, नवप्रवर्तन की गति और उनके उत्पादन विधा में समाहित हो जाने की रफ्तार पर निर्भर है। यही बात शिक्षा और प्रौद्योगिकी के बीच दौड़ [या होड़] के विचार को जन्म देती है। यदि शिक्षण प्रौद्योगिकी की मांग से पिछड़ गया तो अर्द्धप्रशिक्षित व्यक्ति उन कार्यों की ओर धकेल दिए जाएंगे जहां अर्जन की संभावनाएं कम होती हैं। इस प्रकार श्रम से आय में विषमता में वृद्धि होगी। इससे बचने के लिए शिक्षा व्यवस्था को निरंतर नए प्रकार के शिक्षण–प्रशिक्षण की आपूर्ति सुधारने पर बल देना चाहिए। तभी अपेक्षित तीव्र दर पर कौशल सृजन संभव हो पाएगा। यदि समता में वृद्धि करनी है तो फिर कौशल की आपूर्ति और अधिक तेजी से बढ़ानी होगी और इसमें अभी तक बहुत कम शिक्षित रह गए कर्मियों को शामिल करना होगा।

एक बार फिर फ्रांस में वेतन विषमताओं पर विचार करें। मैं पहले भी बता चुका हूं कि वेतन क्रमिकता तो दीर्घकालिक स्थिरता दर्शा रही है। बीसवीं सदी में औसत मजदूरी दर में बहुत सुधार हुआ फिर भी न्यूनतम

और अधिकतम वेतन का अंतर वही रहा। शैक्षिक व्यवस्था में भारी पैमाने पर लोकतंत्रीकरण के बाद भी यह स्थिति कैसे संभव हो पाई? सबसे स्वाभाविक व्याख्या यही होगी कि सभी स्तरों के कौशल की प्रगति समान प्राय दर से चलती रही होगी। अत: वेतनमानों की विषमताएं ऊपरी सोपान चढ़ती रहीं। निम्नतम सोपान पर जहां पहले प्राथमिक शिक्षित व्यक्ति ही होते थे अब उच्चतर शैक्षणिक योग्यताएं दिखाई देने लगीं—पहले कनिष्ठ उच्च विद्यालय और बाद में वहां उच्च विद्यालय शिक्षा संपूर्ण कर लेने वालों की बहुतायत दिखने लगी। किंतु जिस सोपान का काम पहले केवल स्कूली शिक्षा प्राप्त कर्मियों से चल जाता था अब वहां कॉलेज [और विश्वविद्यालय] स्तर तक शिक्षित व्यक्ति आ गए। दूसरे शब्दों में शिक्षा व्यवस्था के लोकतंत्रीकरण ने शैक्षिक विषमता का निवारण नहीं किया और इसी कारण से वेतन की विषमता में कमी नहीं हो पायी। किंतु यदि शिक्षा का लोकतंत्रीकरण नहीं होता, एक शती पूर्व प्राथमिक स्कूल तक पढ़े हुए व्यक्तियों की संतान भी उस स्तर से आगे नहीं बढ़ पाती [यह वर्ग उस समय की जनसंख्या का तीन चौथाई था] तो श्रम, विशेषकर वेतन–मजदूरी की विषमता, निश्चित रूप से बहुत अधिक विस्तृत हो जाती।

अब संयुक्त राज्य अमेरिका की बात करते हैं। क्लॉडिया गोल्डिन और लॉरेन्स केट्ज नाम के दो अर्थशास्त्रियों ने 1890–2005 की अवधि के इन दो परिवर्तनों की व्यवस्थित रूप से तुलना की है : एक, कॉलेज शिक्षित और केवल स्कूल शिक्षित कर्मियों के वेतन के अंतर और दूसरे कॉलेज उपाधियों की वृद्धि दर। गोल्डिन और केट्ज का निष्कर्ष बहुत ही चौंकाने वाला है: दोनों वक्र परस्पर विपरीत दिशा की ओर जा रही हैं। विशेष रूप से वेतन अंतर सत्तर के दशक तक निरंतर घट रहा था किंतु 80 के दशक में उसमें अचानक वृद्धि का क्रम आरंभ हो गया—यह वही समय बिंदु जहां कॉलेज उपाधिधारियों की संख्या में वृद्धि थम गई—या पहले की अपेक्षा

बहुत ही कम रह गई थी।[1] गोल्डिन और केट्ज को इस बात पर कोई संदेह नहीं है कि अमेरिका में वेतन विषमता के विस्तार का कारण उच्च शिक्षा में समुचित निवेश कर पाने में विफलता ही है। अधिक सटीक शब्दों में, व्यक्तियों की बहुत विशाल संख्या आवश्यक प्रशिक्षण पाने में विफल रह गई—क्योंकि बहुत मामलों में उनके परिवार शिक्षा का खर्च उठा पाने की क्षमता से हीन थे। इस प्रवृत्ति को उलटने के लिए उनका सुझाव है कि संयुक्त राज्य को शिक्षा में बड़े स्तर पर निवेश करना चाहिए ताकि अधिकाधिक व्यक्ति कॉलेज स्तर की शिक्षा प्राप्त कर सकें।

फ्रांसीसी और संयुक्त राज्य के अनुभवों से एक ही दिशा में संकेत मिल रहे हैं। दीर्घकाल में श्रम की आय की विषमता घटाने और श्रम की औसत उत्पादिता में वृद्धि लाने एवं पूरी अर्थव्यवस्था में संवृद्धि की दर को बढ़ाने की सर्वश्रेष्ठ विधि शिक्षा में निवेश करना ही है। यदि एक शती में वेतन मजदूरी की क्रयशक्ति पांच गुना हो गई तो इसका कारण यही था कि श्रम के कौशल में वृद्धि ने प्रौद्योगिकीय प्रगति के साथ मिलकर प्रति श्रमिक उत्पादन को पांच गुना कर दिया था। दीर्घकालिक दृष्टि से शिक्षा और प्रौद्योगिकी ही वेतन मजदूरी के स्तरों की निर्णायक निर्धारक हैं।

इसी के अनुरूप यदि संयुक्त राज्य या फ्रांस उच्च कौशल प्रशिक्षण और उन्नत शैक्षिक अवसरों के सृजन पर बड़े स्तर पर निवेश करे और समाज के विस्तृत वर्गों को उनसे लाभान्वित होने का अवसर प्रदान करे तो निश्चय ही यह निम्न और मध्यम स्तर पर वेतन वृद्धि का सबसे प्रभावी मार्ग होगा। साथ ही इससे शीर्षस्थ दशमंक के श्रम से आय में तथा सकल आय में अंश भी कम होंगे। सभी संकेत दर्शा रहे हैं कि अपनी अधिक समतापूर्ण और समाहनकारी शिक्षा व्यवस्था के आधार पर ही स्कैंडिनेवियाई देश वेतन संरचना को अन्य सभी देशों की अपेक्षा अधिक समतापूर्ण बनाने में सफल रहे हैं।[2] यहां प्रश्न उठता है: शिक्षा के लिए भुगतान कैसे किया जाए? विशेषकर, उच्च शिक्षा का व्यय कैसे पूरा किया जाए? ये आज की शती में बहुत ही महत्त्वपूर्ण प्रश्न हो गए हैं। दुर्भाग्यवश फ्रांस और संयुक्त राज्य में

शिक्षा की लागत और उसकी सुलभता के आंकड़े बहुत ही सीमित हैं। दोनों देशों में स्कूली और व्यावसायिक शिक्षा को सामाजिक गतिशीलता में केंद्रीय भूमिका प्रदान की जाती है, किंतु प्राय: शैक्षिक और प्रतिभापोषण के प्रश्नों पर सैद्धांतिक चर्चा का वास्तविकता से कोई नाता नहीं रह पाता। सबसे विचित्र तो यही लगता है कि अधिकांश प्रतिष्ठित संस्थाएं आज भी विशेषाधिकार प्राप्त सामाजिक वर्गों की संतानों को ही प्रवेश प्रदान करना चाहती हैं। मैं अध्याय–13 में इस प्रश्न पर अधिक विस्तार से चर्चा करूंगा।

सैद्धांतिक प्रतिमान की सीमाएं: संस्थाओं की भूमिका

शिक्षा और प्रौद्योगिकी की भूमिका दीर्घकाल में बहुत निर्णायक रहती है। फिर भी श्रमिक की मजदूरी का सदैव संपूर्ण रूप से उसकी सीमांत उत्पादिता द्वारा, अर्थात् कौशल स्तर द्वारा निर्धारित होने के सैद्धांतिक प्रतिमान में कई प्रकार की त्रुटियां भी हैं। इस तथ्य को अलग रखें कि केवल प्रशिक्षण में निवेश करना पर्याप्त नहीं रहता : कई बार वर्तमान प्रौद्योगिकी कौशल की उपलब्ध आपूर्ति का भी प्रयोग नहीं कर पाती। यह भी अलग बात है कि अपने सरलतम रूप में यह सैद्धांतिक प्रतिमान प्रशिक्षण के प्रति एक अत्यंत ही सहायक उपयोगितावादी दृष्टिकोण से ग्रस्त प्रतीत होता है। स्वास्थ्य सेवा क्षेत्र का एक मात्र उद्देश्य अन्य क्षेत्रकों को स्वस्थ मजदूरों की आपूर्ति करना नहीं है। इसी प्रकार शिक्षा भी छात्रों को केवल किसी भी अन्य क्षेत्र में रोजगार के लिए तैयार नहीं करती। प्रत्येक मानव समाज में शिक्षा और स्वास्थ्य का अंतर्निहित मूल्यमान भी होता है: ज्ञान और संस्कृति की उपलब्धि के साथ साथ दीर्घ स्वस्थ जीवन यापन की क्षमता पाना मानव सभ्यता का एक मूलभूत उद्देश्य है। हम ऐसी सामाजिक रचना की कल्पना करने को स्वतंत्र हैं जहां अन्य सभी कार्य स्वचालित प्राय हैं कि और प्रत्येक व्यक्ति को अधिकतम संभव स्वतंत्रता प्राप्त है कि वह अच्छी शिक्षा, संस्कृति और स्वास्थ्य के हित लाभ स्वयं एवं शेष समाज के लिए अर्जित करते रह सके। फिर तो प्रत्येक व्यक्ति शिक्षार्थी से शिक्षक, लेखक

या पाठक, अभिनेता या दर्शक, डॉक्टर या रोगी हो जाएगा। जैसे हमने अध्याय–2 में देखा भी था—हम लगभग इसी पथ पर चलना आरंभ कर चुके हैं : आधुनिक संवृद्धि की एक मुख्य विशेषता यही है कि उत्पादन और रोजगार का एक महत्त्वपूर्ण अंश शिक्षा, संस्कृति और चिकित्साशास्त्र को समर्पित रहता है।

चलिए हम भविष्य के उस आदर्श समाज की प्रतीक्षा करते हुए आज विद्यमान विषमता को कुछ बेहतर समझने का प्रयास करते हैं। इस सीमित संदर्भ में भी सीमांत उत्पादिता के सिद्धांत की सबसे बड़ी त्रुटि यही है कि विभिन्न देशों में समय समय पर मजदूरी दरों में दिखाई देने वाले अंतरों की व्याख्या नहीं कर पाता। मजदूरी विषमता की गत्यात्मकता को सही रूप से समझने के लिए हमें विभिन्न देशों में उनके श्रम बाजारों की गति-विधियों का नियमन संचालन करने वाली संस्थागत व्यवस्थाओं और नियमों जैसे अन्य कारकों पर भी विचार करना होगा। अन्य बाजारों की तुलना में श्रम बाजार में यह विषमता और प्रखर होती है कि इसे हम किसी गणितीय विविक्ति द्वारा निरूपित नहीं कर सकते जिसकी कार्यविधि पूरी तरह से प्राकृतिक अविभाज्य प्रक्रियाओं और अकाट्य प्रौद्योगिकीय शक्तियों द्वारा निर्धारित होती हो। यह बाजार तो विशेष नियमों और परस्पर समझौतों पर आधारित एक सामाजिक संरचना होता है।

पिछले अध्याय में हमने देखा था कि वेतनक्रमों के संकुचन और विस्तार के अनेक दौर आए हैं। हम केवल विभिन्न कौशलों की आपूर्ति और मांग के परिवर्तनों के आधार पर उनकी व्याख्या नहीं कर पाते। उदाहरण के लिए फ्रांस और संयुक्त राज्य अमेरिका में दोनों महायुद्धों के समय विषमता का संकुचन उन युद्धावधियों के लिए विशेष रूप से राष्ट्रीय युद्ध श्रम बोर्ड की संस्थागत व्यवस्था द्वारा निजी और सार्वजनिक क्षेत्रों में सामूहिक सौदेबाजी की प्रक्रिया के माध्यम से किए गए समझौतों का परिणाम अधिक था। यही नहीं फ्रांस में मजदूरी विषमता पर 1950 के दशक से “न्यूनतम वेतन” नियमों का प्रभाव भी महत्त्वपूर्ण रहा है। उस

व्यवस्था के अधीन तीन उपअवधियां बहुत ही स्पष्ट रही हैं: 1950–68 जिसमें न्यूनतम मजदूरी प्राय: अपरिवर्तित रही और मजदूरी क्रमिकता [विषमता] विस्तृत हुई; 1968–83 जब न्यूनतम मजदूरी में बार–बार वृद्धि की गई और उसके परिणाम स्वरूप विषमताएं तेजी से कम हुईं; और अंतिम दौर 1983–2012 का रहा जहां न्यूनतम वेतन वृद्धि दर सापेक्ष रूप से मंद हो गई है। अत: अब विषमता फिर से वृद्धिशील है।[4] वर्ष 2013 के प्रारम्भ में फ्रांस में न्यूनतम मजदूरी दर 9.43 यूरो प्रति घंटा थी।

संयुक्त राज्य अमेरिका में तो फ्रांस से लगभग 20 वर्ष पूर्व, 1933 में ही न्यूनतम मजदूरी दर संघीय सरकार ने नियत कर दी थी।[5] वहां भी फ्रांस की ही तरह इस न्यूनतम मजदूरी में परिवर्तनों ने वेतन विषमता के विकासक्रम में महत्वपूर्ण भूमिका निभाई है। यह जानकारी बहुत ही चौंकाने वाली है कि क्रयक्षमता की दृष्टि से 1969 की 1.60 प्रति घंटा की न्यूनतम मजदूरी [जो 2013 के 10.10 डॉलर के समान थी] की क्रयशक्ति सर्वाधिक थी। यह बात लगभग आधी शती पूर्व की है। उस समय बेरोजगारी दर 4 प्रतिशत से कम थी। आगे चल कर 1980–90 में राष्ट्रपति रोनाल्ड रीगन और जॉर्ज एच.डब्ल्यू. बुश के कार्यकालों में संघीय न्यूनतम मजदूरी का स्तर 3.35 पर ही अटका रहा—और इस दौरान स्फीति के कारण इसकी क्रयशक्ति का निरंतर क्षरण होता रहा। नब्बे के दशक में बिल क्लिंटन के समय में ये 5.25 हुआ और जॉर्ज डब्ल्यू बुश ने इसे उसी स्तर पर रहने दिया। अंतत: 2008 के बाद से बराक ओबामा ने इसमें कई बार वृद्धि की है। वर्ष 2013 के प्रारम्भ में इसका स्तर 7.25 प्रति घंटा था, अर्थात केवल 6 यूरो—जो फ्रांस के स्तर से एक तिहाई कम रहा। यह स्थिति अस्सी के दशक से पूर्व के वर्षों से एक दम उलट रही।[6] [देखें रेखाचित्र 9.1] राष्ट्रपति ओबामा ने अपनी फरवरी 2013 के “स्टेट ऑफ द यूनियन” अभिभाषण में 2013–16 की अवधि में इस न्यूनतम मजदूरी दर को $9 प्रति घंटा तक पहुंचाने का निश्चय व्यक्त किया है।[7]

रेखाचित्र 9.1: फ्रांस और संयुक्त राज्य में न्यूनतम मजदूरी (वेतन), 1950–2013

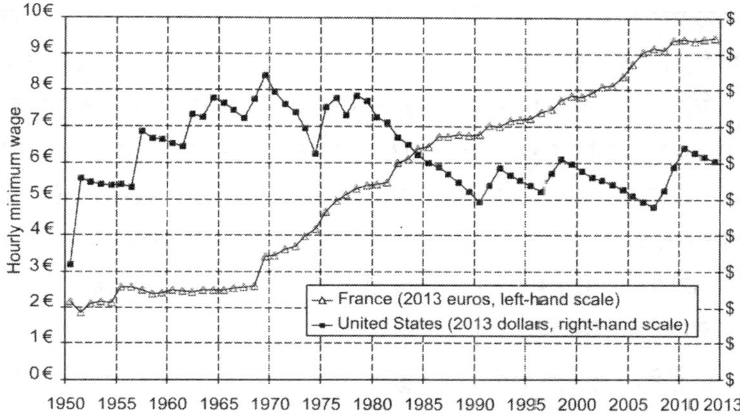

वर्ष 2013 की क्रय शक्ति में अभिव्यक्त न्यूनतम प्रति घंटा मज्दूरी संयुक्त राज्य में 1950 से 2013 के बीच $3.80 से बढ़कर $7.30 हो गई। फ्रांस में यह वृद्धि E 2.10 से E 9.40 की रही। स्रोत और श्रृंखला हेतु देखें: piketty.pse.ens.fr/capital21C.

अमेरिकी मजदूरी वितरण श्रृंखला के निम्न अंश में विषमता के विकासक्रम का इस न्यूनतम मजदूरी दर से बहुत गहरा नाता रहा है: 1980 के दशक में निम्नतम दशमंक और औसत मजदूरी के बीच अंतर बहुत विस्तृत हो गया था—उसमें 1990 के दशक में कमी आई और ये 2000–2010 में फिर अधिक हो गया। किंतु इस सारी ही अवधि में शीर्ष स्तर पर विषमता—अर्थात् कुल वेतन आय में शीर्षस्थ दशमंक का अंश निरंतर वृद्धिशील रहा है। स्पष्टत: न्यूनतम मजदूरी दर का प्रभाव निम्न स्तर की विषमता पर शीर्ष स्तरीय विषमता की तुलना में बहुत अधिक होता है—वहां अन्य अनेक कारक भी कार्यरत रहते हैं।

मजदूरी क्रम और न्यूनतम मजदूरी

जैसा कि फ्रांस और अमेरिका के अनुभवों से स्पष्ट हुआ है—इस बात में कोई संदेह नहीं है कि न्यूनतम मजदूरी दर नियत करने की मजदूरी विषमता की रचना और विकासक्रम में एक अनिवार्य भूमिका रहती है। इस संदर्भ में प्रत्येक देश का अपना ही इतिहास और इतिहासक्रम रहता है। इसमें हैरानी की कोई बात नहीं है: श्रम बाजार नियमन प्रत्येक समाज की

अपनी अनुभूतियों और सामाजिक न्यायविषयक उसके मानकों पर निर्भर हैं और प्रत्येक देश के सामाजिक, राजनीतिक और सांस्कृतिक इतिहास से उनका घनिष्ठ संबंध होता है। संयुक्त राज्य में 1950–70 की अवधि में इस नीति अस्त्र का प्रयोग कर न्यूनतम स्तर पर मजदूरी का स्तर ऊपर उठाने के प्रयास किए गए किंतु सत्तर के दशक में इसे पूरी तरह भुला दिया गया। फ्रांस का क्रम इसके एक दम विपरीत रहा—वहां 1950–69 तक न्यूनतम मजदूरी दर स्थिर रही और 1970 के दशक में इसका बहुत बार प्रयोग किया गया। हमारा रेखाचित्र 9.1 इस विपरीतता को बहुत अच्छी तरह स्पष्ट कर रहा है।

अन्य देशों के अनुभवों के उदाहरण भी अपने अपने रहेंगे। ब्रिटेन ने तो न्यूनतम मजदूरी दर निर्धारण 1999 में प्रारम्भ किया है—यह भी फ्रांसीसी और अमेरिकी दरों के बीच में। ये 2013 में £ 6.19 [अर्थात लगभग 8.05 यूरो][8] थी। जर्मनी और स्वीडन ने राष्ट्रीय स्तर की न्यूनतम मजदूरी के बिना ही काम चलाने के निर्णय लिए हैं। वहां श्रमिक संघ प्रत्येक उद्योग के स्वामियों से अपनी अपनी उद्योग शाखा के लिए पृथक न्यूनतम मजदूरी का सौदेबाजी द्वारा निर्धारण करते हैं। व्यावहारिक दृष्टि से 2013 में दोनों देशों में काफी औद्योगिक शाखाओं में न्यूनतम मजदूरी दर 10 यूरो रही जो राष्ट्रीय न्यूनतम मजदूरी निर्धारण करने वाले देशों से कुछ अधिक ही थी। किंतु अपेक्षाकृत अनियमित और असंगठित उद्योग शाखाओं/रोजगारों में ये न्यूनतम दरें काफी कम भी हो सकती हैं। अत: एक न्यूनतम आधार स्तर निर्धारण करने का विचार 2013–14 से जर्मनी में भी चल रहा है। यहां हमारा ध्येय विश्व के प्रत्येक देश में न्यूनतम मजदूरी निर्धारण के इतिहास और उसकी क्रम श्रृंखलाएं निरूपित करने का नहीं है और न ही उनके मजदूरी विषमता पर प्रभावों की समीक्षा का विचार है। मेरा लक्ष्य तो कहीं अधिक सामान्य-सा ही है : कि किन सामान्य नियमों का प्रयोग कर प्रत्येक देश–काल में मजदूरी नियमन करने वाली संस्थागत व्यवस्थाओं का अध्ययन–विश्लेषण किया जा सकता है?

न्यूनतम मजदूरी और नियत मजदूरी का वेतनमानों के लिए क्या औचित्य हो सकता है? सबसे पहली बात तो यही है कि प्रत्येक श्रमिक की सीमांत उत्पादिता का सटीक आकलन कर पाना संभव नहीं होता। सार्वजनिक ही नहीं निजी क्षेत्र में भी एक संगठन के दर्जनों नहीं, सैकड़ों और हजारों श्रमिक भी उत्पादन कार्य के विभिन्न सोपानों पर कार्य करते हैं। इस दशा में यह जान पाना सरल कार्य नहीं होगा कि किस व्यक्ति विशेष का सकल उत्पादन में क्या योगदान रहा है। हां यह ठीक है कि यह जिन कामों को दोहराया जा सकता हो अर्थात कर्मचारियों की कोई भी संख्या एकदम उसी प्रकार से उस काम को पूरा करती हो वहां तो सीमांत उत्पादिता का अनुमान लग ही सकता है। किसी निर्माण संयोजन श्रृंखलाकर्मी या मैक्डोनल्ड सेवाकर्मी के विषय में प्रबंधक यह आकलन कर सकते हैं कि किसी अतिरिक्त कर्मी से कितना अतिरिक्त आगम हुआ है। किंतु ये आकलन भी एक अनुमान ही होगा—हमें उत्पादिता स्तरों की श्रृंखला मिलेगी—एक संख्या मात्र नहीं। इस अनिश्चितता के कारण मजदूरी का निर्धारण कैसे हो पाएगा? इस विचार के अनेक कारण हैं कि ऐसी अवस्था में यदि प्रत्येक कर्मी के दैनिक या मासिक वेतन के निर्धारिण का एकमेव अधिकारी प्रबंधक को बना दिया जाए तो इस मजदूरी निर्धारण में न केवल बहुत मनमानी आ जाएगी बल्कि यह विधि स्वयं फर्म के लिए भी दक्षताविहीन सिद्ध होगी।

विशेष बात तो यही है कि यदि मजदूरी दर अपेक्षाकृत स्थिर रह सके और फर्म की बिक्री में उच्चावचन के साथ उसमें परिवर्तन नहीं हो तो यह स्थिति फर्म के लिए दक्षतापूर्ण होगी। फर्म के स्वामी और प्रबंधक सामान्य कर्मियों से अधिक कमाते हैं और उनसे अधिक धनी भी होते हैं, अत: उनकी अल्पकालिक संक्षोभ सहन करने की क्षमता भी अधिक होती है। ऐसी स्थिति में रोजगार अनुबंध में एक प्रकार का मजदूरी बीमा, जिससे कर्मी का मासिक वेतन नियत हो, [इसमें बोनस और प्रोत्साहनों की परिवर्जना नहीं होती] सभी के हित में होगा। दैनिक के स्थान पर मासिक वेतन भुगतान व्यवस्था का उदय, जो 20वीं सदी में प्राय: सभी विकसित देशों में

प्रचलित हो गई हैं, एक बड़ा ही क्रांतिकारी विकास है। यह नवप्रवर्तन कानूनों में भी अंकित हो गया है और सभी प्रकार की वेतन संबंधी सौदेबाजियों की एक विशेषता बन गया है। उन्नीसवीं सदी में प्रचलित रही दैनिक मजदूरी व्यवस्था अब विलुप्त हो चली है। यह एक कर्मचारी वर्ग के उदय और संगठनात्मक रचना में निर्णायक रहा है। अब कर्मचारियों को एक वैधानिक दर्जा प्राप्त हो गया है और अब उन्हें अपने काम का एक स्थिरतापूर्ण एवं पूर्वाकलन योग्य प्रतिफल मिलना सुनिश्चित हो गया है। आज के श्रमिकों को 18वीं–19वीं सदियों के दिहाड़ी और छुटपुट काम मजदूरों से बहुत ही पृथक सामाजिक स्वरूप प्राप्त हो गया है।[9]

पहले से ही वेतन निर्धारण का यह औचित्य भी हमें बहुत आगे नहीं ले जा पाएगा। न्यूनतम मजदूरी नियत वेतनमान के विषय में एक अन्य तर्क भी बहुत प्रतिष्ठित रहा है : यह "विशिष्ट निवेशों" का तर्क है। सटीक शब्दों में, फर्म अपने कर्मियों से जिन कार्यों के संपादन की अपेक्षा करती है उनके लिए उन कर्मचारियों को कुछ विशेष प्रकार के कौशल अर्जित करने हेतु निवेश करने पड़ते हैं—ये निवेश किन्हीं विशेष विधियों—प्रविधियों–संगठनात्मक युक्तियों आदि को सीखने से जुड़े हैं। कई बार कार्य फर्म विशेष से ही संबंधित रहते हैं—किसी अन्य फर्म की कार्यविधि में इनका कोई उपयोग नहीं होता। यदि वेतन का निर्धारण फर्म के अधिकारी मनमाने ढंग से करें और श्रमिकों को यह ज्ञान भी नहीं हो कि उन्हें क्या प्रतिफल मिलने वाला है तो फिर उनकी रुचि फर्म में उपुर्यक्त निवेश करने में नहीं रहेगी। अत: वेतन का पूर्व निर्धारण सभी के हित में रहेगा। यही विशिष्ट निवेश तर्क फर्म के अन्य निर्णयों पर भी लागू हो सकता है—इसके माध्यम से शेयरधारियों की शक्तियों पर अंकुश लगाया जा सकता है [उन्हें प्राय: 'निकटदृष्टि दोष' से ग्रस्त माना जाता है] और एक अधिक विस्तृत वर्ग [पण- धारियों] के साथ शक्तियों में भागीदारी [जैसा कि खंड–2 में चर्चित "रीनिश पूंजीवादी प्रतिमान" में बताया गया था] संभव हो सकती है। संभवत: नियत वेतनमानों के पक्ष में यह तर्क सबसे अधिक सशक्त है।

अधिक व्यापक रूप में देखें तो रोजगारदाताओं की सौदा क्षमता सामान्य मजदूर की अपेक्षा अधिक होती है और इसी कारण आर्थिक ग्रंथों में वर्णित "शुद्ध एवं पूर्ण" प्रतियोगिता के लिए आवश्यक शर्तें पूरी नहीं हो पातीं। अत: रोजगारदाताओं की शक्तियों को सीमित करने के लिए मजदूरी दरों के विषय में सख्त कानून लागू करना औचित्य पूर्ण हो जाता है। एक उदाहरण पर ध्यान दें। किसी स्थान [शहर, ग्राम में] पर रोजगार दाताओं का एक छोटा सा समूह अपना गुट बनाकर भावी कर्मियों के साथ सौदेबाजी करने पर उतारू हो जाए तो इस "क्रय एकाधिकार" की स्थिति में वे मजदूरी दर को बहुत कम करने में सफल हो सकते हैं। इस एकाधिकारी बाजार को सफल बनाने में अन्य रोजगार उपलब्ध नहीं होने और श्रमिकों की घर से बहुत दूर काम तलाशने की अनिच्छा का भी योगदान रहता है। किंतु कुल मिलाकर मजदूरी का स्तर श्रम की सीमांत उत्पादिता से भी नीचे धकेल दिया जाता है।

ऐसी दशा में न्यूनतम मजदूरी का निर्धारण न केवल न्यायपूर्ण होगा, बल्कि, आर्थिक दृष्टि से दक्षतापूर्ण भी होगा—मजदूरी में वृद्धि से अर्थ व्यवस्था प्रतिस्पर्धी संतुलन के निकट पहुंचेगी और रोजगार के स्तर में भी सुधार होगा। अपूर्ण प्रतियोगिता के विचार पर आधारित ये सैद्धांतिक प्रतिमान न्यूनतम मजदूरी नियमन का सबसे स्पष्ट औचित्य है : यहां ध्येय यही है कि कोई भी रोजगारदाता एक निश्चित सीमा से आगे अपनी तथा कथित स्पर्धा शक्ति का अनुचित लाभ नहीं उठा पाए।

फिर, सब कुछ उस न्यूनतम मजदूरी के स्तर पर निर्भर रहेगा। यह न्यूनतम सीमा ऐसे परम रूप में नहीं हो सकती जो देश के सामान्य कौशल स्तर और औसत उत्पादिता से निरपेक्ष हो। संयुक्त राज्य में 1980–2000 के बीच अनेक अध्ययन हुए है—उनमें डेविड कार्ड और अलान क्रूगर का अध्ययन तो बहुत महत्वपूर्ण है। इनका आग्रह है कि उस अवधि में अमेरिका में न्यूनतम मजदूरी दर इतनी कम रह गई थी कि उसे उठाने से रोजगार में किसी कमी की आशंका नहीं थी—वस्तुत: अनेक दशाओं में तो क्रय एकाधिकारी स्थिति के अनुरूप न्यूनतम मजदूरी में वृद्धि से रोजगार में

वृद्धि होना ही अधिक संभावी लग रहा था।[10] इन अध्ययनों के आधार पर आशा की जा सकती है कि ओबामा प्रशासन द्वारा न्यूनतम प्रति घंटा मजदूरी में प्रस्तावित 25 प्रतिशत [$7.25 से $9] वृद्धि से उपलब्ध रोजगारों की संख्या पर शायद ही कुछ दुष्प्रभाव हो। हां यह भी स्वाभाविक ही है कि न्यूनतम मजदूरी में वृद्धि का क्रम निरंतर नहीं चलाया जा सकता—ऐसी स्थिति भी आ जाती है जिससे आगे न्यूनतम मजदूरी की वृद्धि से रोजगार के अवसरों में कमी अपरिहार्य हो जाती है। आश्चर्य ही होगा यदि न्यूनतम दर को दुगुना–तिगुना करने पर भी रोजगार अप्रभावित रहे। फ्रांस जैसे देश में जहां पहले ही न्यूनतम मजदूरी दर महंगी है [औसत मजदूरी दर और सीमांत उत्पादिता की तुलना में], न्यूनतम स्तर में बड़ी वृद्धि को उचित ठहरा पाना अधिक कठिन होगा। निम्न स्तर पर काम कर रहे श्रमिकों की क्रयशक्ति सुधारने के अधिक प्रभावी उपाय तो उन्हें बेहतर कार्य का प्रशिक्षण देना और कर सुधार होगा। वस्तुत: ये दोनों कदम परस्पर परिपूरक भी हैं। फिर भी, न्यूनतम मजदूरी दर को बिल्कुल स्थिर करके छोड़ देना उपयुक्त नहीं होगा। मजदूरी दर वृद्धि बहुत समय तक उत्पादिता वृद्धि दर से अधिक नहीं रह सकती तो उसे इस उत्पादिता वृद्धि से नीचे रखना भी अर्थव्यवस्था के स्वास्थ्य के लिए ठीक नहीं होगा। श्रम बाजार की नीतियों और संस्थागत व्यवस्थाओं के अपने अपने प्रभाव होते हैं और प्रत्येक का उपयुक्त रूप से प्रयोग होना चाहिए।

संक्षेप में कहें तो मजदूरी बढ़ाने और मजदूरी विषमताएं कम करने की सबसे अच्छी दीर्घकालिक नीति तो शिक्षा और कौशलवर्धन में निवेश करना है। दीर्घ अवधि में भी मजदूरी और वेतनमानों को पांच या दस गुना करना संभव नहीं होगा। उस स्तर की प्रगति के लिए तो शिक्षा और प्रौद्योगिकी का योगदान ही निर्णायक होगा। किंतु शिक्षा और प्रौद्योगिकी की सापेक्ष प्रगति की अवधियों में श्रम बाजार के नियम मजदूरी–वेतन निर्धारण में अहम हो जाते हैं। व्यावहारिक दृष्टि से ये अवधियां काफी लम्बी हो सकती हैं—क्योंकि एक तो व्यक्ति स्तर पर उत्पादिता का सटीक

आकलन नहीं हो पाता और फिर "विशिष्ट निवेशों" और अपूर्ण प्रतियोगिता के कारण पैदा हुई समस्याएं भी बाधक होती हैं।

संयुक्त राज्य में विषमता विस्फोट की व्याख्या कैसे करेंगे?

सीमांत उत्पादिता और शिक्षा एवं प्रौद्योगिकी की होड के नियमों की सबसे बड़ी विफलता तो 1980 से संयुक्त राज्य में चल रहे श्रम से अति उच्च आय के विस्फोट की व्याख्या कर पाने में असमर्थता रही है। सैद्धांतिक रूप से इसे कौशल आधारित प्रौद्योगिकीय परिवर्तन के परिणाम की भांति निरूपित करना संभव होना चाहिए। कुछ अमेरिकी अर्थशास्त्री इस विचार के शब्द जाल में फंस भी जाते हैं और मान लेते हैं उच्चस्थ स्तर के कर्मियों की विलक्षण प्रतिभा और नवीन प्रौद्योगिकी के संयोजन ने इनकी उत्पादिता को औसत उत्पादिता से बहुत अधिक उच्च स्तर पर पहुंचा दिया है और इसी कारण इनकी आय में औसत वेतन दर से बहुत तेजी से वृद्धि हो रही है। इस व्याख्या में कुछ "स्वयंसिद्धता" का आभास प्रतीत होता है— क्योंकि इससे वेतन रचना की किसी भी विकृति को किसी न किसी विलक्षण प्रौद्योगिकीय परिवर्तन का परिणाम ठहराया जा सकता है। इसमें कुछ और त्रुटियां भी हैं और मेरा विचार है कि वे सब इस तर्क को अस्वीकार्य बना देती हैं।

सबसे पहली बात तो पिछले अध्याय में हमने देखा है कि अमेरिका में वेतन विषमता वृद्धि का मुख्य कारण शीर्षस्थ शतमंक, बल्कि सहस्रमंक के वेतन में भारी वृद्धि है। शीर्षस्थ दशमंक की आय वृद्धि दर भी औसत से अधिक तो है किंतु शीर्षस्थ शतमंक जितनी तीव्र वृद्धि शेष "9 प्रतिशत" की आय में नहीं हो पायी है। अधिक सटीक शब्दों में, एक से दो लाख डॉलर वार्षिक कमाने वालों की आय औसत से जरा ही अधिक तेजी से बढ़ी है जबकि 5 लाख या उससे अधिक कमाने वालों की आय में तो जैसे विस्फोट-सा हो गया है। यही नहीं, 10 लाख वार्षिक कमाने वालों की आय की वृद्धि तो और भी अधिक तीव्रतर रही है।[11] शीर्षस्थ स्तर पर ये तीखी असततता ही सीमांत उत्पादिता सिद्धांत के मार्ग की सबसे बड़ी बाधा है। हम चाहे शैक्षिक/प्रशिक्षण के वर्षों, शिक्षण संस्थान की प्रवेश विधि के स्वरूप या

फिर शिक्षा के उपरांत कार्य अनुभव, किसी भी कसौटी के अनुसार देख लें, शीर्षस्थ शतमंक और उससे नीचे के "9 प्रतिशत" के कौशल विकास में कोई विसंगति नहीं दिखाई पड़ती। एक वस्तुपरक कौशल और उत्पादिता मापक सिद्धांत से तो हमारी यही अपेक्षा होती है कि वह किसी उप समूह के घटकों और निकटस्थ उपसमूहों के बीच के अंतरों को उतना अधिक विराट आकार नहीं धारण करने देगा जितना कि हम व्यवहार में देख रहे हैं।

मैं केट्ज और गोल्डिन द्वारा उच्च शिक्षा और प्रशिक्षण में निवेश के निर्णायक महत्त्व को झुठलाने का कोई प्रयास नहीं कर रहा हूं। विश्वविद्यालयों में व्यापक स्तर पर पहुंच को बढ़ावा देना तो संयुक्त राज्य और सभी देशों के लिए दीर्घकालिक दृष्टि से अपरिहार्य और निर्णायक है। ये नीतियां अत्यधिक वांछनीय हैं—फिर भी 1980 से अमेरिका में शीर्षस्थ आयों के विस्फोट की व्याख्या में इनका योगदान सीमित ही है।

संक्षेप में, पिछले कुछ दशकों में दो पृथक घटनाक्रम चलते रहे। प्रथम, जैसा कैट्ज और गोल्डिन में दर्शाया है, कॉलेज स्नातकों और केवल स्कूल शिक्षितों के बीच वेतन के अंतरों में वृद्धि हुई है। साथ ही शीर्षस्थ 1 प्रतिशत [विशेषकर 0.1 प्रतिशत] के प्रतिफल तो आकाशगामी हो गए हैं। यह एक बहुत ही विशिष्ट घटनाक्रम है जो कॉलेज सनातकों, विशेषकर विश्वविद्यालयों में वर्षों तक शिक्षण प्रशिक्षण पाए व्यक्तियों के बीच दिखाई दे रहा है। परिमाणिक स्तर पर दूसरा घटनाक्रम प्रथम से भी अधिक महत्वपूर्ण है। हमने पिछले अध्याय में भी देखा है कि केवल शीर्षस्थ शतमंक की आय के अति उत्कृष्ट प्रदर्शन द्वारा ही अमेरिका की [1970 से] राष्ट्रीय आय में शीर्षस्थ दशमंक के अंश में हुई अधिकांश वृद्धि [तीन चौथाई] की व्याख्या हो जाती है।[12] अत: इसके सटीक कारणों का अन्वेषण करना आवश्यक है—प्रथम दृष्टि में केवल शिक्षा इस कार्य में नितांत असमर्थ प्रतीत होती है।

सुपर प्रबंधक का उदय: एक अंग्रेजी नस्ल का घटनाक्रम

सीमांत उत्पादिता सिद्धांत के समक्ष दूसरी समस्या यह है : अति उच्च वेतनमानों में विस्फोटक वृद्धि केवल कुछ-एक विकसित देशों में हुई है—

सभी में नहीं। इससे यही संकेत मिलता है कि शिक्षा और प्रौद्योगिकी जैसे किसी पूर्व कल्पनीय सार्वभौम कारक नहीं, संभवत: उन देशों में विद्यमान संस्थागत कारकों की भूमिका ही केंद्रीय रही है।

रेखाचित्र 9.2: आय की विषमता : आंग्ल भाषी देशों में, 1910–2010

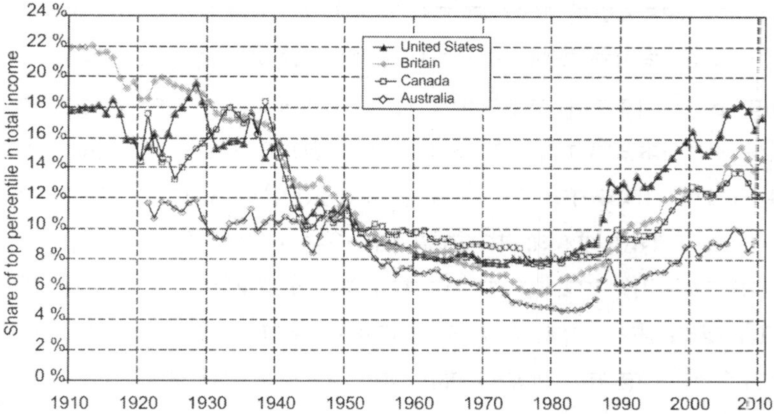

वर्ष 1970 के बाद से इन सभी देशों में सकल आय में शीर्षस्थ शतमंक के अंश में वृद्धि हुई है—हां विभिन्न देशों में वृद्धि के परिमाण अवश्य भिन्न हैं।

स्रोत और श्रृंखला हेतु देखें: piketty.pse.ens.fr/capital21C.

मैं अंग्रेजीभाषी देशों से चर्चा प्रारम्भ कर रहा हूं। "सुपर–प्रबंधक" वर्ग का उदय मुख्यत: अंग्रेजी सभ्यता के देशों की घटना है। संयुक्त राज्य, ब्रिटेन, कनाड़ा और आस्ट्रेलिया में 1980 के बाद से शीर्षस्थ शतमंक के आय अंश में तीव्र वृद्धि हुई है [देखें रेखाचित्र 9.2] दुर्भाग्यवश हमारे पास सभी देशों के लिए फ्रांस और अमेरिका की भांति मजदूरी से आय को अन्य स्रोतों से आय से पृथक रूप में दिखाने वाले आंकड़ों की पर्याप्त श्रृंखलाएं नहीं हैं। फिर भी हमारे पास कुछ ऐसी जानकारी है जो सकल आय की संरचना [स्रोतानुसार रचना] से संबंधित है। इस जानकारी से हम शीर्षस्थ शतमंक की आय में हुए विस्फोट की दो तिहाई स्तर तक व्याख्या कर सकते हैं—शेष वृद्धि का आधार पूंजी से प्राप्त ठोस आय है। सभी अंग्रेजीभाषी देशों में वित्तीय एवं गैर वित्तीय क्षेत्रों में सुपर प्रबंधक वर्ग का उदय ही पिछले कुछ दशकों में आय की विषमता में भारी वृद्धि का कारण रहा है।

इस पारिवारिक सादृश्य में हमें इन देशों के बीच इस घटनाक्रम में रहे अंतरों को अनदेखा नहीं करना चाहिए। हमारा रेखाचित्र 9.2 इस बात को बहुत स्पष्ट कर देता है। सत्तर के दशक में शीर्षस्थ शतमंक का आय अंश इन सभी देशों में समानप्राय था। ये चार अंग्रेजीभाषी देशों में 6 से 8 प्रतिशत [और संयुक्त राज्य का स्तर कोई विशेष नहीं लगता] था। वस्तुत: कनाडा में यह कुछ उच्च–लगभग 9 प्रतिशत था और ऑस्ट्रेलिया में सबसे कम, 5 प्रतिशत रहा। यह स्थिति 1970 के दशक और उसके बाद के दो तीन वर्षों तक बनी रही। किंतु 30 वर्ष बाद 2010 में तो पूरा परिदृश्य ही बदल गया है। अब संयुक्त राज्य में यह अंश 20 प्रतिशत, ब्रिटेन, केनाडा में 14–15 प्रतिशत और ऑस्ट्रेलिया में मात्र 9–10 प्रतिशत हो गया है [देखें रेखाचित्र 9.2][13] मोटे तौर पर अमेरिका में शीर्षस्थ शतमंक के आय अंश में वृद्धि ब्रिटेन और कनाडा से दुगुनी तथा ऑस्ट्रेलिया–न्यूजीलैंड से तीन गुना हुई।[14] यदि यह सुपर प्रबंधक का उदय विशुद्ध रूप से कोई प्रौद्योगिकी आधारित घटनाक्रम होता तो इन समानप्राय देशों में इतने विशाल अंतर नहीं हो पाते।

आइए अब शेष धनी विश्व की ओर चलें—अर्थात महाद्वीपीय यूरोप और जापान पर विचार करें! मुख्य बात यही है कि इन देशों में 1980 के बाद से राष्ट्रीय आय में शीर्षस्थ शतमंक के अंश में अंग्रेजीभाषी देशों की तुलना में बहुत कम वृद्धि हुई है। रेखाचित्र 9.3 की 9.2 से तुलना इस अंतर को बहुत ही स्पष्ट कर देती है। यह तो सही है कि शीर्षस्थ शतमंक के अंश में सभी देशों में वृद्धि हुई है। जापान और फ्रांस का घटनाक्रम समान ही रहा है। इन दो देशों में इस शतमंक का अंश 1980 के दशक के 7 प्रतिशत से बढ़कर अब 9 प्रतिशत हो गया है। स्वीडन में यह अंश 4 प्रतिशत से उठकर अब 7 प्रतिशत तक पहुंच रहा है [वैसे इस देश में 1980 का यह स्तर WTID में सम्मिलित देशों में न्यूनतम था][15] जर्मनी में शीर्षस्थ शतमंक का अंश इसी अवधि में 9 प्रतिशत से 11 प्रतिशत हुआ है [देखें रेखाचित्र 9.3]।

रेखाचित्र 9.3: महाद्वीपीय यूरोप और जापान में आय की विषमता, 1910–2010

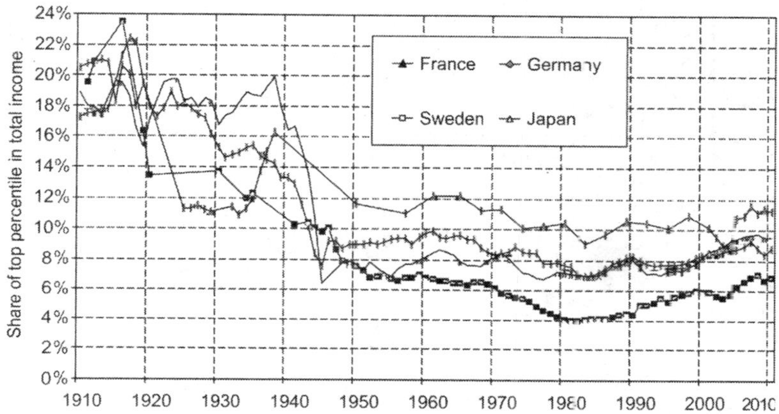

आंग्लभाषी देशों की तुलना में महाद्वीपीय यूरोप और जापान में 1970 के दशक में शीर्षस्थ शतमंक के आय अंश में बहुत मामूली वृद्धि हुई है।

स्रोत और श्रृंखला हेतु देखें: piketty.pse.ens.fr/capital21C.

अन्य यूरोपीय देशों में भी इसी प्रकार का विकासक्रम स्पष्ट हो रहा है: अर्थात राष्ट्रीय आय में शीर्षस्थ शतमंक के अंश में पिछले 30 वर्षों में 2 से 3 प्रतिशत अंकों की वृद्धि हुई है। यह बात उत्तरी और दक्षिणी यूरोप के देशों पर समान रूप से लागू होती है। डेनमार्क और अन्य नॉर्डिक देशों में शीर्ष आय वर्ग का सकल आय में अंश अपेक्षाकृत कम रहता है किंतु प्रवृत्ति समानप्राय रही है। डेनिश राष्ट्रीय आय का 5 प्रतिशत अंश 1980 में उक्त वर्ग को मिल रहा था—अब (2000–2070 में) यह अंश 7 प्रतिशत तक पहुंच गया है। इटली और स्पेन में इसका क्रम एवं परिणाम फ्रांस जैसा ही रहा है—वहां भी इस वर्ग का अंश 7 से चल कर 9 प्रतिशत हो गया है। [देखें रेखाचित्र 9.4] कुल मिलाकर सभी देशों में केवल 2 प्रतिशत अंक की वृद्धि स्पष्ट हो रही है। इस संदर्भ में हम कह सकते हैं कि महाद्वीपीय यूरोप सचमुच एक 'संघ' बन गया है। किंतु ब्रिटेन उससे अलग लगता है—वहां का घटनाक्रम संयुक्त राज्य अमेरिका के अधिक निकट रहा है।[16]

रेखाचित्र 9.4: उत्तरी एवं दक्षिणी यूरोप में आय की विषमता, 1910–2010

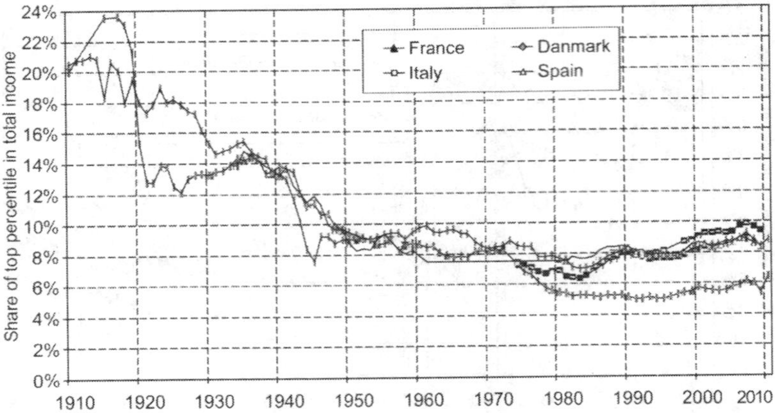

इन देशों में भी आंग्लभाषी देशों की तुलना में शीर्षस्थ शतमंक के आय अंश में 1970 के दशक से बहुत नगण्य सी वृद्धि हुई है।

स्रोत और श्रृंखला हेतु देखें: piketty.pse.ens.fr/capital21C.

एक बात का ध्यान रहे : शीर्षस्थ आय अंश में केवल 2 प्रतिशत अंक की वृद्धि का अर्थ यह कदापि नहीं है कि इन देशों में आय में समता का प्रसार हुआ है—नहीं, यहां भी विषमता में भारी वृद्धि हुई है। शीर्षस्थ 1 प्रतिशत वर्ग की आय औसत आय की तुलना में बहुत तेजी से वृद्धिशील हुई है—जिन देशों में इसका स्तर न्यून था—वहां तो इसके आय अंश में वृद्धि 30 प्रतिशत का आंकड़ा भी पार कर गई है। यह बात नित्य ही सुपर प्रबंधकों के वेतनों में हो रही आश्चर्यजनक वृद्धि की चर्चाएं सुनने वाले समकालिक विश्लेषकों को विचित्र लग रही होगी। किंतु 1990–2010 की अवधि में [जब औसत आय स्थिरप्राय थी या पहले की अपेक्षा उसमें बहुत धीमी वृद्धि हो रही थी] तो बहुत ही अद्‌भुत लगी होगी।

रेखाचित्र 9.5: आंग्लभाषी देशों में शीर्षस्थ दशमंक के आय अंश, 1910–2010

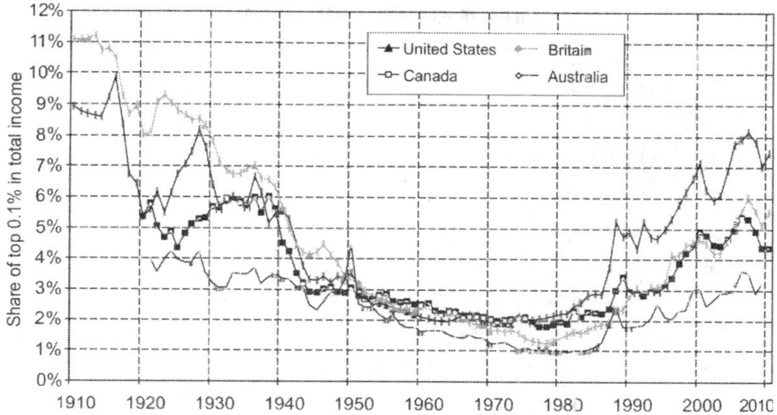

सकल आय में शीर्ष 0.1 प्रतिशत उच्चतम आय वर्ग का अंश सभी आंग्लभाषी देशों में 1970 के दशक से तीव्र वृद्धि दिखा रहा है—किंतु विभिन्न देशों में वृद्धि का अनुमान अलग–अलग है। स्रोत और श्रृंखला हेतु देखें: piketty.pse.ens.fr/capital21C.

यही नहीं जैसे जैसे आय अनुक्रम के सोपान चढ़ते हैं, वृद्धियां भी और चमत्कारी प्रतीत होती हैं। भले ही इस प्रकार वेतन वृद्धि पाने वाले व्यक्तियों की संख्या बहुत कम हो किंतु वे व्यक्ति हर तरफ बहुत ही अधिक दिखाई पड़ जाते हैं और इनकी इसी अतिदृश्यता से प्रश्न उठता है कि इतनी अधिक 'क्षतिपूर्ति' को क्या बात उचित सिद्ध कर सकती है। अंग्रेजीभाषी विश्व में सर्वोच्च 0.1 प्रतिशत आय पाने वाले व्यक्तियों के राष्ट्रीय आय अंश [रेखाचित्र 9.5] और महाद्वीपीय यूरोप एवं जापान [रेखाचित्र 9.6] में इसी वर्ग के आय अंश की तुलना करें। अंतर बहुत ही बड़ा है : संयुक्त राज्य में इस शीर्षस्थ सहस्रमंक का राष्ट्रीय आय में अंश पिछले कुछ दशकों में 2 प्रतिशत से बढ़कर 10 प्रतिशत हो चला है—यह अभूतपूर्व वृद्धि है।[17] किंतु शीर्षस्तर की आय में तो प्राय: सारे ही विश्व में वृद्धि हुई है। फ्रांस और जापान में शीर्षस्थ सहस्रमंक का आय अंश 1980 में 1.5 प्रतिशत था और अब 2010 के बाद 2.5 प्रतिशत हो गया है [अर्थात यह लगभग दुगुना हो गया है] स्वीडन में यह अंश 1 प्रतिशत से कम था और अब 2 प्रतिशत से अधिक हो गया है।

रेखाचित्र 9.6: महाद्वीपीय यूरोप और जापान में शीर्षस्थ दशमंक के आय अंश, 1910–2010

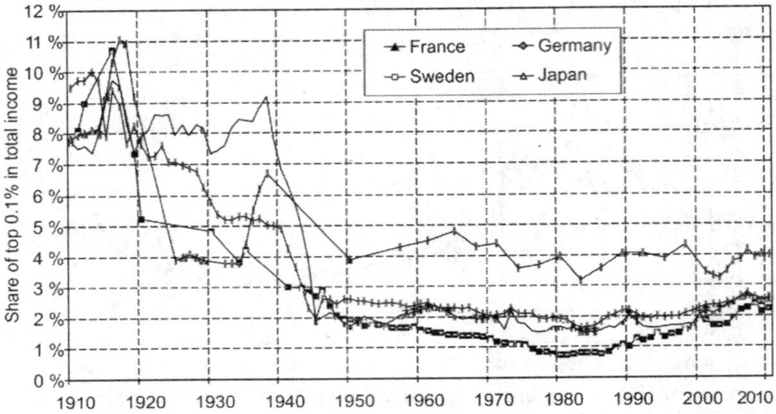

आंग्लभाषी समूह की तुलना में इन देशों में 1970 के बाद से शीर्षस्थ दशमंक के आय अंश में नगण्य सी वृद्धि हुई है। स्रोत और श्रृंखला हेतु देखें: piketty.pse.ens.fr/capital21C.

इन्हीं आंकड़ों की व्याख्या करें तो पता चलेगा कि राष्ट्रीय आय का 2 प्रतिशत अंश जनसंख्या के केवल 0.1 प्रतिशत अंश को प्राप्त होने का अर्थ उक्त वर्ग के प्रत्येक सदस्य को राष्ट्रीय औसत से 20 गुना आमदनी मिलना है। यदि राष्ट्रव्यापी औसत आय प्रति वयस्क 30000 यूरो हो तो इस वर्ग के प्रत्येक वयस्क को 600000 यूरो वार्षिक की प्राप्ति होगी। अत: इस वर्ग का राष्ट्रीय आय में अंश 10 प्रतिशत हो जाने का अर्थ इसके सदस्यों की औसत आय 3 मिलियन यूरो वार्षिक होगी।[18] एक और बात याद करें। फ्रांस जैसे 50 मिलियन वयस्क जनसंख्या [2010 का दशक] वाले देश में इस 0.1 प्रतिशत वर्ग में '50000 सदस्य होंगे। यह एक बहुत संक्षिप्त सी संख्या लगती है। हां, 1 प्रतिशत वर्ग इससे 10 गुना बड़ा होना। किंतु इस संक्षिप्त-से वर्ग का सामाजिक–राजनीतिक पटल पर एक बड़ा महत्त्वपूर्ण स्थान रहता है।[19] कुल मिलाकर सभी धनी देशों में शीर्षस्थ सहस्रमंक वर्ग की क्रयशक्ति में 1990–2010 की अवधि में बहुत ही उत्कृष्ट स्तर पर वृद्धि हुई है जबकि औसत देशवासियों की क्रयशक्ति स्थिरप्राय ही रही है। यह बात महाद्वीपीय यूरोप और जापान सभी जगह लागू रही है।

हां, समष्टि स्तर पर अतिउच्च आय में विस्फोट का प्रभाव जापान और यूरोप महाद्वीप में संयुक्त राज्य की तुलना में सीमित ही रहा है—यह वृद्धि तो चकाचौंध करने वाली रही किंतु इसे पाने वाले व्यक्तियों की संख्या बहुत छोटी थी। इस अति लघु सामाजिक वर्ग को यूरोप और जापान के राष्ट्रीय आय का 2 से 3 प्रतिशत अंश ही अंतरित हुआ है—किंतु संयुक्त राज्य में 10 से 15 राष्ट्रीय आय बिन्दुओं [अर्थात 5 से 7 गुना अधिक विशाल] का अंतरण हो गया है।[20]

इन क्षेत्रीय अंतरों की सीधी अभिव्यक्ति करें तो : वर्ष 2000–10 में संयुक्त राज्य में विषमताएं 1910–20 वाले स्तर पर पहुंच गई हैं [हां, यह सत्य है कि अब आय की संरचना अलग है—अब श्रम से आय की विषमता का महत्त्व पूंजी से आय की विषमता से अधिक हो गया है]। ब्रिटेन और कनाडा भी इसी दिशा में अग्रसर हैं। जापान और यूरोप महाद्वीप में आज विषमता का स्तर विगत शती के प्रारम्भ से भी काफी कम है—वस्तुत: दीर्घकालिक दृष्टि से देखें तो इसमें 1945 के बाद से विशेष बदलाव नहीं आया है। रेखाचित्र 9.2 और 9.3 की तुलना से ही यह बात स्पष्ट हो जाती है।

किंतु इसका यह अर्थ नहीं है कि जापान और यूरोप के इस अवधि के विकासक्रमों को अनदेखा कर देना चाहिए। इसके विपरीत किसी न किसी रूप में इनका प्रक्षेपण पथ संयुक्त राज्य से मिलता जुलता है—बस उससे एक से दो दशक पीछे चल रहा है। अत: उसके अमेरिका जैसे गंभीर समष्टि स्तरीय स्वरूप धारण कर लेने तक की प्रतीक्षा करना उपयुक्त नहीं होगा।

हां, फिर भी यह सत्य है कि जापान और यूरोप महाद्वीप का घटनाक्रम अमेरिकी [तथा कुछ कम सीमा तक अन्य अंग्रेजीभाषी देशों] के घटनाक्रम जितना समष्टि स्तरीय चिंताकारी तो नहीं हुआ है। इसी से हमें उन शक्तियों की जानकारी मिल सकती हैं जो इनमें कार्य कर रही हैं। ये क्षेत्रीय अंतर एक अन्य दृष्टि से भी महत्त्वपूर्ण है: सभी देशों में प्रौद्योगिक विकास तो एक जैसा ही रहा है। जापान, जर्मनी फ्रांस, स्वीडन, डेनमार्क में भी

सूचना प्रौद्योगिकी का विकास-प्रसार संयुक्त राज्य, ब्रिटेन और कनाडा जितना ही है। साथ ही सभी विकसित देशों में संवृद्धि दर या उत्पादिता में वृद्धि की दर भी समानप्राय रही है, कहीं एक प्रतिशत का दशम अंश अधिक, कहीं कम।[21] इन तथ्यों पर गौर करें तो फिर इन देशों में विषमता के स्वरूप, स्तर और रचना में इतने बड़े अंतरों की व्याख्या के लिए कुछ अन्य कारणों की खोज करनी होगी—इस कार्य में शिक्षा और प्रौद्योगिकी के बीच की होड़ नितांत अपर्याप्त सिद्ध हो रही है।

यूरोप 1900–1910 में नए विश्व से अधिक विषमतापूर्ण था

एक बात पर गौर करें, अनेक लोगों की धारणा के विपरीत अमेरिका सदा से ही यूरोप से अधिक विषमताभरा देश नहीं रहा है—वास्तविकता इसके पूरी तरह विपरीत रही है। बीसवीं सदी के आरंभ में यूरोप में आय की विषमता कहीं अधिक थी। इसकी पुष्टि सभी सूचकों और ऐतिहासिक स्रोतों द्वारा हुई है। विशेष बात तो यह है कि सभी यूरोपीय देशों में राष्ट्रीय आय में शीर्षस्थ शतमंक का अंश 1900–10 में 20 प्रतिशत से अधिक ही था [देखें रेखाचित्र 9.2 – 9.4]। यह बात केवल ब्रिटेन नहीं बल्कि फ्रांस, जर्मनी और स्वीडन एवं डेनमार्क में भी लागू थी [इसी से सिद्ध हो जाता है कि नॉर्डिक देश सदैव से समताशीलता का आदर्श नहीं रहे हैं], और उन सभी यूरोपीय देशों में भी, जिनके हमें इस अवधि के आंकड़े मिल रहे हैं।[22]

उत्कर्ष युगीन यूरोप में सभी यूरोपीय देशों में आय संकुलन के समान स्तरों की कुछ तो व्याख्या होनी चाहिए। उस काल में शीर्षस्थ आय तो पूर्ण रूप से पूंजी से प्राप्त आय ही होती थी।[23] अत: आय के संकुलन की व्याख्या की खोज सम्पत्ति के संकुलन में ही करनी होगी। तो फिर प्रश्न है: 1900–10 में यूरोप में सम्पत्ति का इतना अधिक संकुलन क्यों हो गया था?

एक और बात बहुत रोचक है : यूरोप की तुलना में न केवल संयुक्त राज्य और कनाडा में विषमता कम थी [शीर्षस्थ शतमंक का अंश 16 से 18 प्रतिशत] बल्कि ऑस्ट्रेलिया और न्यूजीलैंड में विशेष रूप से कम थी [मात्र

11–12 प्रतिशत]। अतः ऐसा लगता है कि नया विश्व, उसमें भी ऐसे देश जहां अभी कुछ समय से ही यूरोपमूलक जाकर बसे थे, उत्कर्ष कालीन पुराने यूरोप की अपेक्षा कम विषमताभरा था।

एक और बात, यूरोप से कहीं भिन्न सामाजिक सांस्कृतिक परिवेश के जापान में भी 20वीं सदी के आरंभ में विषमता का स्तर [यूरोप से] कम नहीं था—वहां भी शीर्षस्थ शतमंक का लगभग 20 प्रतिशत आय पर अधिकार था। उपलब्ध आंकड़े मुझे सभी विभाजित स्तरों पर तुलना की अनुमति नहीं दे रहे, किंतु सभी तथ्य यही संकेत दे रहे हैं कि आय और उसकी विषमता की संरचना की दृष्टि से उस समय का जापान भी यूरोप के पुराने विश्व का ही सदस्य था। यही नहीं, 20वीं सदी में जापान के विकासक्रम में भी यूरोप जैसे ही प्रवृत्तियों की झलक मिल रही है [देखें रेखाचित्र 9.3]।

मैं उत्कर्ष युगीन यूरोप में पूंजी के अत्यधिक संकुलन और विगत शती में वहां आए संकुलन परिहारी परिवर्तनों की व्याख्या कुछ ठहर कर करूंगा। मैं विशेष रूप से यही स्पष्ट करूंगा कि यूरोप और जापान के सम्पदा की गंभीर विषमता का कारण इन क्षेत्रों में धीमी जनांकीय वृद्धि है—इसी से स्वचालित रूप से पूंजी का संकलन और संकुलन भी अधिक गंभीर हो गया है।

इस समय तों में केवल परिवर्तन के उन परिमाणों की ओर ध्यान दिलाना चाहता हूं जिन्होंने विभिन्न देशों और महाद्वीपों की सापेक्ष क्रमिकता को परिवर्तित कर दिया है। इसकी सबसे स्पष्ट विधि राष्ट्रीय आय में शीर्षस्थ दशमंक के अंश के विकासक्रम का अध्ययन है। रेखाचित्र 9.7 में संयुक्त राज्य और चार यूरोपीय देशों [ब्रिटेन, फ्रांस, जर्मनी, स्वीडन] में 20वीं सदी के आरंभ से यही क्रम दर्शाया गया है। दीर्घकालिक प्रवृतियों पर ध्यान केंद्रित रखने के लिए मैंने दशकीय औसत ही अंकित की है।[24]

रेखाचित्र 9.7: यूरोप और संयुक्त राज्य में शीर्षस्थ दशमंक के आय अंश, 1900–2010

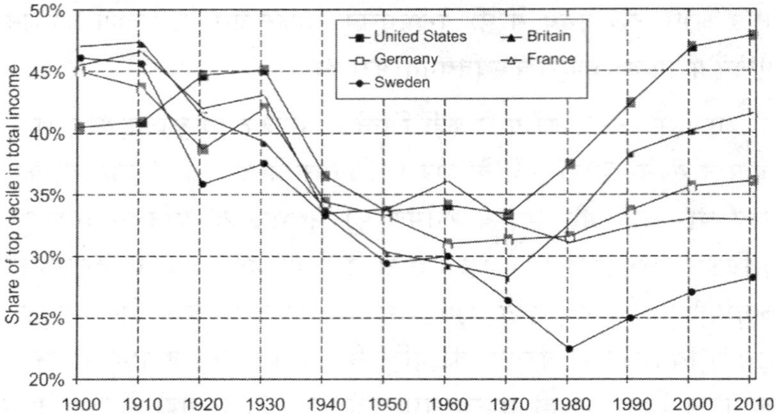

यूरोप और संयुक्त राज्य, दोनों में ही 1950 से 1970 के दशकों में शीर्षस्थ शतमंक के सकल आय में अंश 30–35 प्रतिशत थे।

स्रोत और श्रृंखला हेतु देखें: piketty.pse.ens.fr/capital21C.

प्रथम महायुद्ध की पूर्वसंध्या पर तो सभी यूरोपीय देशों में शीर्षस्थ दशमंक का राष्ट्रीय आय में 45–50 अंश था—जबकि संयुक्त राज्य अमेरिका में यही अंश 40 प्रतिशत था। द्वितीय महायुद्ध के अंत तक संयुक्त राज्य की विषमता यूरोप से कुछ अधिक हो गई थी : किंतु कारण यही था कि युद्ध और महामंदी के संक्षोभों के कारण सभी देशों में शीर्षस्थ दशमंक के अंश में भारी कमी आई थी। किंतु अमेरिका की अपेक्षा यह कमी यूरोप और जापान में अधिक तीखी रही। इसका कारण एक ही था: पूंजी के संक्षोभों की मार इन्हें अधिक झेलनी पड़ी थी। शीर्षस्थ दशमंक का आय अंश 1950–70 की अवधि में यूरोप और अमेरिका में समान एवं स्थिरप्राय रहा [30–35 प्रतिशत]। किंतु 70 के दशक में अपसृति प्रारम्भ हुई और 2000–10 में यह स्थिति विकसित हो गई: संयुक्त राज्य की राष्ट्रीय आय में शीर्षस्थ दशमंक का अंश 45–50 प्रतिशत हो गया—यही स्तर 1900–10 के यूरोप में भी दिखाई पड़ रहे थे। यूरोप में हमें बड़े अंतर भी दिखाई दे रहे हैं : एक ओर 40 प्रतिशत अंश वाला सर्वाधिक विषमताग्रस्त ब्रिटेन है तो दूसरी ओर सर्वाधिक समतापूर्ण स्वीडन [30 प्रतिशत से कम]। इनके बीच में 35 प्रतिशत अंश वाले फ्रांस और जर्मनी रहे।

यदि इन चार देशों के आधार पर हम यूरोप की औसत का [कदाचित विकृतिपूर्ण] अनुमान करें तो ये अंतर्राष्ट्रीय अंतर स्पष्ट होते हैं: –1900–10 में संयुक्त राज्य यूरोप की अपेक्षा कम विषमताग्रस्त था, 1950–60 में यह हल्का-सा अधिक विषमतापूर्ण रहा और 2000–10 में तो बहुत ही अधिक विषमता वाला देश बन गया है। [देखें रेखाचित्र 9.8][25]

रेखाचित्र 9.8: आय की विषमता: यूरोप बनाम संयुक्त राज्य, 1900–2010

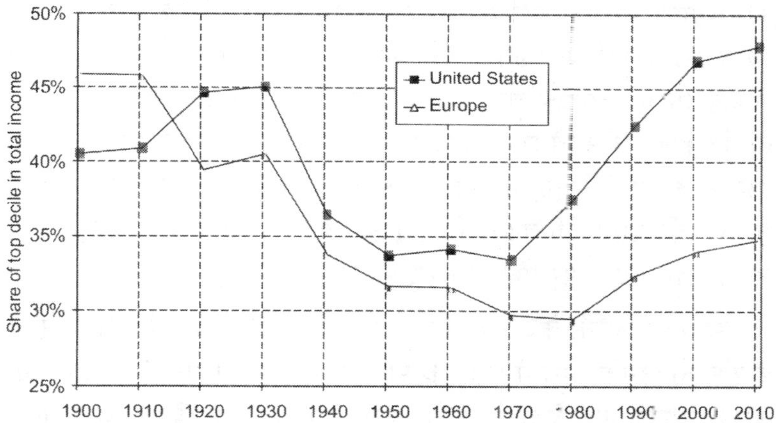

शीर्षस्थ दशमंक का आय अंश 1900–10 में यूरोप में उच्चतर था किंतु 2000–10 में संयुक्त राज्य में इसका स्तर बहुत उच्च हो गया है।

स्रोत और श्रृंखला हेतु देखें: piketty.pse.ens.fr/capital21C.

इस दीर्घकालिक चित्र के बीच में अनेक राष्ट्रीय इतिहासक्रम, अल्प एवं मध्यमकालिक उतार चढ़ाव भी छुपे हैं जिनके संवंध सूत्र प्रत्येक देश के अपने सामाजिक–राजनीतिक विकास से जुड़े रहे हैं। हमने इसी बात पर अध्याय–8 में फ्रांस और अमेरिका के संदर्भ में अधिक विस्तृत विश्लेषण किया था। किंतु स्थान का अभाव मुझे प्रत्येक देश के विषय में विशद् विवेचन करने से रोक रहा है।[26]

चलते चलते एक बार फिर याद दिला दूं कि भले ही विभिन्न घटनाओं का क्रम किसी देश में कुछ भी रहा हो किंतु एक बात तो निश्चित है : दो महायुद्धों के बीच का सारा ही समय बहुत उथल पुथल पूर्ण और अराजकता भरा था। जर्मनी में 1920 के दशक की अति तीव्र स्फीति सैन्य पराजय के

तुरंत बाद आई थी। विश्व व्यापी मंदी ने देश को फिर एक संकट में धकेल दिया और उसके तुरंत बाद नाजी पार्टी सत्ता पर काबिज हो गई। एक अन्य रोचक तथ्य है: 1933–38 की अवधि में जर्मनी के शीर्षस्थ शतमंक के आय अंश में बहुत तेजी से वृद्धि हुई थी—उसका अन्य देशों के साथ कोई तारतम्य नहीं था। इसमें सैन्य सामग्री की मांग में उछाल के कारण औद्योगिक लाभ दर में वृद्धि और नाजी व्यवस्था में पुरानी आय क्रमिकताओं की पुन: स्थापना की झलक मिल रही है। एक और बात पर ध्यान रखें, जर्मनी में 1950 से ही शीर्षस्थ शतमंक एवं सहस्रमंक के अंश शेष यूरोप में कुछ ऊंचे चल रहे हैं। [ये फ्रांस और जापान से भी उच्च रहे हैं]। किंतु जर्मनी में विषमता का स्तर, कुल मिलाकर, अधिक भिन्न नहीं है। इसे अनेक प्रकार से समझाने के प्रयास हो सकते हैं और यह तय कर पाना सहज नहीं होगा कि कौन सी व्याख्या अधिक सटीक है। मैं कुछ आगे चलकर इस विषय पर फिर लौटकर आऊंगा।

साथ ही जर्मनी के कर अभिलेखों में अनेक त्रुटियां भी हैं। इसका मुख्य कारण तो उसके बीसवीं सदी के इतिहास की उथल पुथल है और इसी कारण उसकी अन्य देशों से तुलना करना या कुछ-एक विशेष घटनाओं के विषय में निश्चयपूर्वक कुछ कह पाना आसान नहीं है। प्रशा, सैक्सोनी और बहुत से अन्य राज्यों ने बहुत पहले ही [1880–90 के बीच] आयकर आरोपण कर दिया था—किंतु फिर भी प्रथम महायुद्ध के अंत से पूर्व राष्ट्रीय स्तर के अभिलेख उपलब्ध ही नहीं हैं। यही नहीं, 1920 के दशक में सांख्यिकीय जानकारी में बहुत बार व्यवधान भी आए हैं और 1938–50 की जानकारी तो उपलब्ध ही नहीं है। अत: द्वितीय महायुद्ध और उसके तुरंत बाद की अवधि में आय के वितरण के परिवर्तनों को समझ पाना असंभव है।

यह जर्मनी को, संघर्ष में सर्वाधिक लिप्त रहे फ्रांस और जापान की तुलना में, एक विलक्षण रूप प्रदान कर देता है। इन दोनों देशों के कर प्रशासक तो युद्धकाल में भी पूर्ववत अपना कार्य करते रहे। यदि जर्मनी ने भी यही किया होता तो संभावना है कि वहां भी शीर्षस्थ शतमंक का आय अंश 1945 में अपने निम्नतम स्तर पर पहुंचा हुआ दिखाई देता [उस वर्ष में

जर्मनी की प्राय: सभी पूंजी विनष्ट हो चुकी थी—फिर उस पूंजी से आय का क्या हाल रहा होगा?]। किंतु उस अंश में 1946–47 से फिर तीव्र दर पर वृद्धि का क्रम आरंभ हो गया था। किंतु जब 1950 में जर्मनी के कर अभिलेख फिर मिलने प्रारम्भ हुए तो उनमें वही 1938 वाली क्रमिकता की झलक मिल रही थी। पूर्ण जानकारी के अभाव में इससे अधिक कह पाना कठिन है। जर्मनी की औद्योगिक सीमाओं में 20वीं सदी में बार बार परिवर्तन आए हैं—1990–91 का पुन: एकीकरण तो सबसे नवीनतम घटना है। इसके अतिरिक्त यहां कर जानकारी वार्षिक आधार पर प्रकाशित नहीं होती [जैसा अन्य देशों में होता है] बल्कि त्रैवार्षिक प्रकाशन होता है। इन सभी तथ्यों के कारण भी जर्मनी के अनुभवों का विश्लेषण कर पाना अधिक जटिल हो गया है।

उदीप्यमान अर्थ व्यवस्थाओं में विषमता : संयुक्त राज्य से कम है?

आइए अब गरीब और उदीप्यमान अर्थव्यवस्थाओं की अवस्था पर विचार करें। इनके संबंध में हम जिन ऐतिहासिक जानकारियों के आधार पर अभी तक धन वितरण की दीर्घकालिक गत्यात्मकताओं का विश्लेषण कर रहे थे, उन्हें प्राप्त करना धनी देशों की तुलना में और भी कठिन है। फिर भी अनेक गरीब और उदीप्यमान अर्थ व्यवस्थाओं के संबंध में कुछ कर अभिलेखों की काफी लम्बी श्रृंखलाएं मिल रही हैं। उनके आधार पर हम धनी देशों की प्रवृत्तियों के साथ [कुछ कम सटीक ही सही] तुलना कर पाएंगे। ब्रिटेन ने अपने देश में प्रगतिशील आयकर लागू करने के कुछ ही बाद अपने अनेक उपनिवेशों में भी उसी व्यवस्था का आरोपण कर दिया था। अत: 1909 में ब्रिटेन में लगाये गये आयकर जैसी व्यवस्था 1913 में दक्षिण अफ्रीका और 1922 में संयुक्त भारत में भी लागू कर दी गई थी। इसी प्रकार नीदरलैंड ने अपने उपनिवेश इंडोनेशिया में 1920 में आयकर लगा दिया था। अनेक दक्षिण अमेरिकी देशों में भी अंत:महायुद्ध काल में आयकर व्यवस्था प्रारम्भ हो गई थी। अर्जेंटीना ने 1932 में इसे अपना लिया था। हमारे पास चार देशों, द. अफ्रीका, भारत, इंडोनेशिया और अर्जेंटीना के आंकड़ें क्रमश: 1913, 1922, 1920 और 1932 से उपलब्ध हैं। इनमें कहीं कहीं व्यवधान भी हैं—पर न्यूनाधिक रूप से हमारे पास इनकी सतत श्रृंखलाएं

बन गई हैं। ये आंकड़े धनी देशों जैसे ही हैं और इन पर उन्हीं विधियों के प्रयोग से हम राष्ट्रीय आय के अनुमानों की उन श्रृंखलाओं का निर्माण कर सकते हैं जो पिछली शती के आरंभिक वर्षों तक चली जाती हैं।

मेरे यही अनुमान रेखाचित्र 9.9 में अंकित हैं। यहां कई बातों पर बल दिया जाना आवश्यक है। सबसे बड़ी बात तो यही है कि इन देशों में भी शीर्षस्थ शतमंक का आय में अंश धनी देशों जितना ही रहा है। विशेष रूप से, सर्वाधिक विषमतापूर्ण युग, 1910–50 की अवधि में शीर्षस्थ शतमंक इन चारों देशों में राष्ट्रीय आय के लगभग 20 प्रतिशत अंश को हस्तगत कर रहा था। भारत में इसका अंश 15–18 प्रतिशत तो द.अफ्रीका, इंडोनेशिया और अर्जेंटीना में 22–25 प्रतिशत रहा। सर्वाधिक समताशील युग [1950–80] में इस वर्ग के अंश में तीखी गिरावट दिखाई दी है। ये 6–12 प्रतिशत ही रह गया। भारत में केवल 5–6 प्रतिशत, इंडोनेशिया और अर्जेंटीना में 8–9 प्रतिशत और द. अफ्रीका में 11–12 प्रतिशत का अनुमान बना है। उसके बाद से शीर्षस्थ शतमंक का अंश पुन: उफान पर है और अब 15 प्रतिशत पर पहुंच चुका है। भारत में इस वर्ग का अंश 12–13 प्रतिशत है तो शेष तीनों देशों में 16–18 प्रतिशत।

रेखाचित्र 9.9: उदीप्यमान देशों में आय की विषमता: 1910–2010

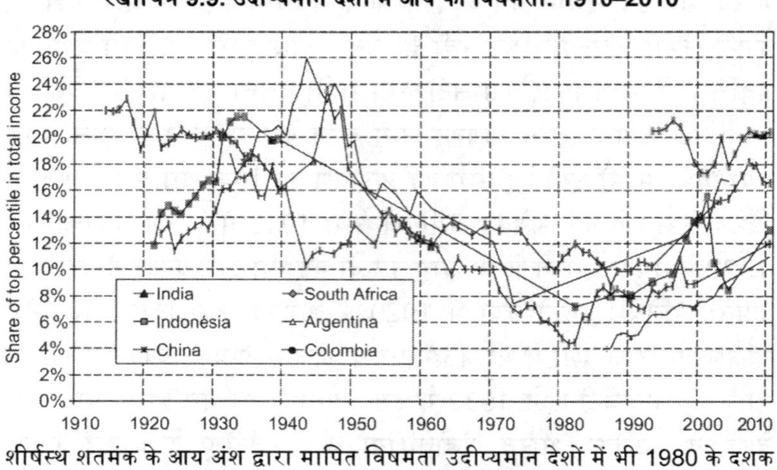

शीर्षस्थ शतमंक के आय अंश द्वारा मापित विषमता उदीप्यमान देशों में भी 1980 के दशक में बढ़ने लगी है—किंतु अभी भी इसका स्तर संयुक्त राज्य से कम ही है।

स्रोत और श्रृंखला हेतु देखें: piketty.pse.ens.fr/capital21C.

रेखाचित्र 9.9 में हमने चीन और कोलंबिया को भी स्थान दिया है। इनके कर अभिलेख हमें केवल 1980 में आए परिवर्तनों का अध्ययन करने की अनुमति प्रदान करते हैं।[27] चीन के शीर्षस्थ शतमंक का आय में अंश 1980 के दशक मध्य में स्कैंडिनेवियाई देशों की ही भांति 5 प्रतिशत से कम था [एक साम्यवादी देश में ऐसी ही अपेक्षा भी होती है], किंतु उसके बाद के दशकों में उस अंश में बड़ी तेज वृद्धि आई है। नियंत्रित मजदूरी व्यवस्था वाले और निजी पूंजी की अनुमति नहीं देने वाले साम्यवादी देश में यह एक स्वाभाविक स्थिति होनी भी चाहिए। किंतु अर्थव्यवस्था के उदारीकरण के बाद से [1980 के दशक मध्य के उपरांत] चीन में भी विषमता में वृद्धि आई है और मेरा अनुमान है कि में 2000–10 में 10–11 प्रतिशत हो गई—जो भारत और इंडोनेशिया के [ब्रिटेन और कनाडा के समतुल्य] स्तर, 12–14 प्रतिशत से कम ही है। दक्षिण अफ्रीका के 16–18 प्रतिशत [जो संयुक्त राज्य के समानप्राय है] से तो यह बहुत कम है।

हमारे WTID आंकड़ा संग्रह में कोलंबिया सबसे गहन विषमताग्रस्त देश प्रतीत होता है। यहां शीर्षस्थ शतमंक का अंश सारी ही 1990–2010 की अवधि में राष्ट्रीय आय का 20 प्रतिशत रहा है। इसमें कोई विशेष रुझान या प्रवृत्ति नहीं दिखाई देती [देखें रेखाचित्र 9.9]। यह विषमता स्तर, यदि पूंजीगत लाभ निकाल दें, तो संयुक्त राज्य से भी अधिक हो जाता है। हां, पूंजीगत लाभ जोड़कर अवश्य संयुक्त राज्य को पिछले दशक में कोलंबिया से थोड़ा आगे आंका गया है।

किंतु गरीब देशों में आय वितरण की गत्यात्मकता के मापन के लिए उपलब्ध आंकड़ों की धनी देशों से तुलना से पूर्व उनमें विद्यमान महत्त्वपूर्ण त्रुटियों का ध्यान रखना आवश्यक है। जो मान और क्रमिकताएं मैं यहां स्थापित कर पाया हूं उन्हें मेरा सबसे अच्छा प्रयास मानना चाहिए, किंतु मैं यह भी जानता हूं कि इस विषय में हमारा ज्ञान अभी सीमित ही है। हमारे पास कुछ भी उदीप्यमान अर्थव्यवस्थाओं के कर आंकड़े पूरी 20वीं सदी के लिए विद्यमान हैं—उनमें भी त्रुटियां और असततता है, विशेषकर 1950–70 में, [इंडोनेशिया में स्वतंत्रता काल में] अन्य अनेक देशों [विशेषकर पुराने ब्रिटिश और फ्रांसीसी उपनिवेशों] के ऐतिहासिक आंकड़ों

का संकलन कर WTID को अधिक व्यापक बनाने का कार्य अभी चल रहा है। हिन्दचीन, अफ्रीका के क्षेत्रों के इस अन्वेषण कार्य में एक बड़ी कठिनाई भी आ रही है: उपनिवेशी काल के आंकड़ों का समकालिक कर अभिलेखों से तालमेल बिठा पाना बहुत कठिन लग रहा है।[28]

जहां कर अभिलेख मिल रहे हैं वहां भी एक समस्या तो बनी रहती है : वहां आयकर जनसंख्या के बहुत संक्षिप्त से अंश पर लगता था। अत: कर विवरणियों से शीर्षस्थ शतमंक की जानकारी तो मिल जाती है, किंतु शीर्षस्थ दशमंक की नहीं। इस कारण से भी इन आंकड़ों की उपादेयता कम रह जाती है। हां जहां कहीं, कुछ छोटी अवधियों के लिए ही सही, आंकड़े अनुमति दे रहे हैं, वहां हमने अनुमान लगाने के भरसक प्रयास किए हैं। दक्षिण अफ्रीका में इस दशमंक का अंश 50–55 प्रतिशत रहा है—यह किसी भी तरह से धनी देशों की अवलोकित उच्चतम विषमता से कम नहीं था। चाहे हम यूरोप 1900–10 की बात करें या संयुक्त राज्य अमेरिका की।

मैंने 1990 के बाद से कर आंकड़ों में एक अवनति पर भी ध्यान दिया है। इसका आंशिक कारण कंप्यूटरीकरण भी है—यहां कर अधिकारियों ने उस विस्तृत जानकारी का प्रकाशन बंद कर दिया है जिसे पहले वे अपने गणनाकार्य के लिए प्रयोग करते थे। दूसरे शब्दों में सूचना प्रौद्योगिकी के युगारंभ के कारण अब सूचनाओं की गहनता और विविधता का ह्रास हो रहा है। यही बात अनेक विकसित देशों में भी हो रही है।[29] सबसे बड़ी बात तो यह है कि अनेक सरकारों और अंतर्राष्ट्रीय संगठनों की प्रगतिशील कर प्रणाली के प्रति असंतोष की भावना भी आंकड़ों के इस ह्रास के लिए उत्तरदायी है।[30] एक ऐसा ही उदाहरण भारत का है—यहां 2000 के प्रथम दशक के आरंभ से विस्तृत आयकर आंकड़ों का प्रकाशन बंद कर दिया गया है जबकि 1922 से वह सारी जानकारी निरंतर प्रकाशित हो रही थी। परिणामस्वरूप भारत में शीर्ष स्तर पर आय में परिवर्तनों का अब 21वीं सदी में अध्ययन कर पाना कठिन हो गया है—जबकि 20वीं सदी में कोई कठिनाई नहीं थी।[31]

धन और संवृद्धि के प्रतिलाभों के वितरण का प्रश्न गरीब और उदीप्यमान देशों में भी धनी देशों जितना ही महत्त्वपूर्ण है। इसी कारण ये जानकारी और लोकतांत्रिक पारदर्शिता के अभाव और भी अधिक खेदजनक हो गए हैं। एक और बात पर ध्यान दें : उदीप्यमान देशों में पिछले कुछ दशकों से संवृद्धि की दर बहुत उच्च बताई गई है [विशेषकर चीन और भारत में]। ये आधिकारिक आंकड़े केवल उत्पादन के आंकड़ों पर आधारित हैं। किंतु यदि पारिवारिक सर्वेक्षण आंकड़ों के आधार पर आय की संवृद्धि मापने के प्रयास किए जाएं तो आधिकारिक रूप से घोषित समष्टि आर्थिक संवृद्धि की दरों की पुष्टि कठिन हो जाती है। भारत और चीन में आय में वृद्धि हो रही है किंतु उतनी तीव्र दरों पर नहीं जिनका दावा आधिकारिक संवृद्धि आंकड़े कर रहे हैं। इस विरोधाभास को संवृद्धि का 'अंधकूप' भी कहा जाता है। इसका अस्तित्व स्वाभाविक रूप से समस्याप्रद है। इसका एक कारण उत्पादन वृद्धि का अधिमूल्यन हो सकता है [इसके लिए पर्याप्त नौकरशाही प्रोत्साहन विद्यमान हैं], या संभवत: पारिवारिक आय की वृद्धि का न्यूनांकन हो रहा हो [परिवार स्तरीय सर्वेक्षणों की भी अपनी त्रुटियां होती हैं], या संभवत: दोनों कारणों का ही इसमें योगदान है। एक विशेष आशंका भी है—संभवत: संवृद्धि का एक बहुत बड़ा अंश ऐसे व्यक्तियों की जेब में चला गया है जिनकी आय की जानकारी कर संबंधी आकड़ों में प्रतिबिंबित नहीं हो पाती। यह भी विलुप्त आय की एक व्याख्या हो सकती है।

भारत के संबंध में हम कर आंकड़ों का प्रयोग कर अनुमान लगा सकते हैं कि शीर्षस्थ शतमंक के राष्ट्रीय आय अंश की वृद्धि 1990–2000 के बीच विलुप्त आय के 'अंधकूप' के एक चौथाई से एक तिहाई अंश की व्याख्या कर सकता है।[32] कर आंकड़ों की 2000 के बाद से अवनति के कारण आगे की अवधि में संवृद्धि का सामाजिक वर्गानुसार विश्लेषण असंभव हो गया है। चीन के आधिकारिक कर अभिलेख तो भारत की तुलना में बहुत ही गए गुजरे हैं। शोध–अनुसंधान के वर्तमान स्वरूप में रेखाचित्र 9.9 की जानकारी ही सबसे सटीक है।[33] फिर भी यह बहुत जरूरी है कि ये दोनों

देश और इनके साथ ही अन्य देश भी अधिक संपूर्ण कर विवरण प्रकाशित करना आरंभ करें। जब भी बेहतर स्तर पर जानकारी प्रकाश में आएगी, हमारा विश्वास है कि भारत और चीन में विषमता वृद्धि के स्तर कहीं अधिक उच्चतर आकलित हो जाएंगे।

प्रत्येक दशा में, महत्त्वपूर्ण बात यही है कि गरीब विकासशील देशों में कर अधिकारियों की चाहे जो सीमाएं हों, फिर भी करों के आंकड़े शीर्षस्थ आय स्तर के पारिवारिक सर्वेक्षणों की तुलना में अधिक सटीक जानकारी प्रदान करते हैं। उदाहरण के रूप में कर विवरणियों के अनुसार कोलंबिया में शीर्षस्थ शतमंक का 2000–10 में राष्ट्रीय आय में अंश 20 प्रतिशत से अधिक रहा है। [अर्जेंटीना में यह स्तर 20 प्रतिशत को छू रहा था]। वास्तविक विषमता कहीं अधिक गहन हो सकती है, किंतु उन्हीं देशों के पारिवारिक सर्वेक्षण तो उच्चतम आय को औसत से मात्र 4–5 गुना दिखा रहे हैं [उनके अनुसार तो उन देशों में कोई भी सचमुच धनी नहीं हैं]। अत: यदि उन सर्वेक्षणों पर भरोसा करें तो शीर्षस्थ शतमंक का अंश 5 प्रतिशत से अधिक नहीं बनेगा। अत: स्पष्ट है कि सर्वेक्षण आंकड़ों को विश्वस्त नहीं माना जा सकता। अत: यह भी स्पष्ट हो जाता है कि विश्व बैंक और राष्ट्रीय सरकारों द्वारा आय की विषमता के पारिवारिक सर्वेक्षणों पर आधारित अनुमान इन देशों में धन की विषमता का कितना भ्रामक चित्रण कर रहे हैं। जब तक इन सर्वेक्षणों की जानकारी का कर विवरिणयों से छान कर निकाली गई जानकारी के साथ समन्वयपूर्वक विश्लेषण नहीं होता समष्टि स्तरीय संवृद्धि का विभिन्न सामाजिक वर्गों अथवा आय क्रमिकता के शतमंकों एवं दशमंकों के बीच सही विभाजन नहीं हो पाएगा। यह बात केवल गरीब नहीं बल्कि धनी देशों पर भी समान रूप से लागू होती है।

सीमांत उत्पादिता द्वारा रचित भ्रमजाल

अब मैं संयुक्त राज्य में [और कुछ सीमा तक ब्रिटेन तथा कनाडा में भी] 1970 के बाद से चल रहे वेतन विषमता विस्फोट की ओर लौट रहा हूं। हम देख ही चुके हैं कि शीर्षस्थ शतमंक [और सहस्रमंक भी] में सीमित वेतन विस्फोट की जिस प्रक्रिया ने अनेक देशों को अछूता छोड़ कर मुख्यत:

अंग्रेजीभाषी देशों को अपना प्रभाव क्षेत्र बनाया है, उसकी व्याख्या सीमांत उत्पादिता नियम और प्रौद्योगिकी तथा शिक्षा के बीच स्पर्धा द्वारा बहुत विश्वासपूर्वक नहीं हो जाती। प्रौद्योगिकीय परिवर्तन तो सभी देशों में शीर्षस्तर पर कौशल के वितरण को समान रूप से प्रभावित करते और विकास के समान स्तर के सभी देशों में इनके प्रसार में कुछ सत्वरता भी दिखाते। किंतु एक विचित्र तथ्य उभर कर आया है : 2000–10 में अमेरिका में आय की विषमता ने वह स्तर पा लिया है जो कभी आज के गरीब और उदीप्यमान देशों में प्रचलित रहे स्तर से भी ऊंचा है। यह भारत और दक्षिण अफ्रीका के 1920–30, 1960–70 और 2000–10 के स्तरों से अधिक होने के कारण उत्पादिता की तथ्यात्मक विषमता पर आधारित व्याख्या को भी झुठला रहा है। क्या यह सत्य हो सकता है कि आज संयुक्त राज्य में वैयक्तिक कौशल और उत्पादिता कभी के अर्द्ध निरक्षर भारत के श्रमिकों से भी अधिक विषमतापूर्ण हो गई है—या रंगभेद ग्रस्त द. अफ्रीका से भी इस दृष्टि में अमेरिका पिछड़ गया है? यदि ऐसा हो रहा है। तो यह संयुक्त राज्य की शिक्षा व्यवस्था के लिए कुषसमाचार है—वैसे उसमें सुधार और उसकी सुलभता को और विस्तृत करने की आवश्यकता है—किंतु इतना बड़ा आरोप उस पर लगाना तो एक ज्यादती हो जाएगी।

मेरे विचार में शीर्षस्थ अमेरिकी आय के विस्फोट की सबसे स्वीकार्य व्याख्या यह हो सकती है : हमने देखा है कि शीर्षस्थ अर्जनकर्ता बड़ी फर्मों के शीर्ष अधिकारी/प्रबंधक ही हैं। उनके वेतन को किसी वैयक्तिक उत्पादिता के तथ्यात्मक स्तर से जोड़ने का प्रयास मूर्खतापूर्ण ही होगा। यदि कोई व्यक्ति किसी संयोजनशाला के कर्मी जैसा दोहराने वाला कार्य कर रहा हो तो हम एक अतिरिक्त व्यक्ति द्वारा उत्पादन में योगदान द्वारा श्रम की सीमांत उत्पादिता का आकलन कर सकते हैं [वैसे हमारे इस आकलन में भी त्रुटियां कम नहीं रहेंगी]। किंतु यदि किसी व्यक्ति का पद या कार्य विलक्षण हो—तो फिर आकलन में त्रुटि का स्तर बहुत अधिक हो जाएगा। वस्तुत: जब हम अपूर्ण जानकारी की संकल्पना को मानक आर्थिक प्रतिमानों में समाहित कर रहे हैं—[और यहां तो ये समाहन बहुत ही

यथेष्ठ होगा] तो व्यक्तिगत स्तर पर सीमांत उत्पादिता की परिभाषा भी कठिन हो जाती है। सही अर्थों में तो फिर यह सीमांत उत्पादिता का विचार ऐसी सैद्धांतिक रचना का रूप धारण कर जाएगा जिसे किसी के उच्चतर स्थान को उचित ठहराने के लिए ही गढ़ा गया हो।

आइए इसी चर्चा को कुछ ठोस आयाम प्रदान करें। एक विशाल बहु–राष्ट्रीय निगम की कल्पना करें जिसमें 100,000 व्यक्ति काम करते हैं और जिसकी सकल वार्षिक आगम 10 बिलियन यूरो है—अर्थात 100,000 यूरो प्रति श्रमिक है। मान लें कि सकल आगम का आधा भाग तो फर्म द्वारा अपने उत्पादन के लिए वस्तुओं और सेवाओं की खरीदारी पर खर्च हो जाता है [यह बात समूची अर्थव्यवस्था पर भी सामान्यत: लागू रहती है] तो फिर फर्म की वह मूल्य वृद्धि जो प्रत्यक्षत: कार्यरत श्रम और पूंजी में विभाजन के लिए उपलब्ध है 5 बिलियन यूरो या 50000 यूरो प्रति श्रमिक बनती है। अब फर्म के मुख्य वित्त अधिकारी के वेतन के निर्धारण का प्रश्न उठता है। यहां हम उसके कनिष्ठ सहयोगियों, विपणन निर्देशक आदि कर्मियों की बात भी ले सकते हैं]। सिद्धांत रूप से तो उस अधिकारी की सीमांत उत्पादिता का आकलन होना चाहिए—अर्थात फर्म की 5 बिलियन यूरो की मूल्य वृद्धि में उक्त अधिकारी के योगदान का अनुमान लगाना चाहिए। इस प्रश्न का सटीक, वस्तुपरक समाधान असंभव रहता है। सिद्धांत रूप से आप प्रयोग करने की बात कर सकते हैं—कई मुख्य वित्त अधिकारियों को कई कई वर्ष तक काम पर रखकर देखा जा सकता है कि किस चयन का फर्म की 10 बिलियन यूरोप की सकल आगम पर क्या प्रभाव रहता है। स्वाभाविक रूप से ऐसा कोई भी आकलन अनुमान मात्र ही रहेगा—वस्तुत: इस आकलन में गलती का मान उस वेतन से भी अधिक रहेगा—जो किसी मुख्य वित्त अधिकारी को देने की कल्पना हो रही हो—भले ही समस्त आर्थिक परिवेश से संपूर्ण स्थिरता की असंभाव्य मान्यता भी सत्य हो जाए।[34] किंतु जब उस परिवेश की निरंतर परिवर्तनशीलता पर ध्यान जाता है तो इस प्रयोग का विचार भी विचित्र लगने लगता है। वास्तव में तो फर्म की अपनी

प्रकृति और उसमें कार्य कर रहे प्रत्येक व्यक्ति के कार्यों की परिभाषा भी निरंतर परिवर्तनशील रहती है।

इस जानकारी एवं स्पष्ट निरूपण की कठिनाइयों को देख फिर यही प्रश्न उठता है : आखिर इन वेतनों का निर्धारण कैसे होता है। इनका निर्धारण क्रमिकता में श्रेष्ठतर पदों पर आसीन अधिकारी करते हैं—श्रेष्ठतर स्तर के वेतन निर्धारण का दायित्व स्वयं उन पदाधिकारियों का रहता है और सर्वोच्च स्तर का वेतन समतुल्य वेतन पाने वाले सदस्यों की निगम वेतनमान समिति करती है। कुछ बड़ी कम्पनियों में कुछ वरिष्ठ अधिकारियों के वेतन प्रस्तावों पर वार्षिक बैठक में शेयरधारकों की सहमति भी ली जाती है, किंतु ऐसे पद सीमित होते हैं—सभी वरिष्ठ अधिकारी इस वर्ग में सम्मिलित नहीं रहते। इस स्तर पर प्रत्येक प्रबंधक के फर्म के उत्पादन में योगदान का सटीक आकलन संभव नहीं होता, अत: उनके वेतनमानों का निर्धारण मनमानीपूर्ण और कदाचित उनके बीच सौदा शक्ति के संतुलन और क्रमिकतापूर्ण संबंध पर निर्भर हो जाता है। यह मानना उचित ही लगता है कि जो व्यक्ति स्वयं अपना वेतन निर्धारण करने के अधिकारी मान लिए जाते हैं वे अपने प्रति उदारता में कोई कोताही नहीं करते। [या फिर अपनी सीमांत उत्पादिता का अति आशावादी आकलन करने लगते हैं]। ऐसा व्यवहार मानवसहज ही है। कारण यही है कि सटीक तथ्यात्मक जानकारी बहुत ही अपूर्ण होती है। वरिष्ठ अधिकारियों पर "पांचों उंगलियां घी में" रखने का आरोप अतिश्योक्ति पूर्ण हो सकता है किंतु वास्तविकता ऐडम स्मिथ के बाजार में "अदृश्य हाथ" की अपेक्षा हमारी इस कहावत के अधिक निकट लगती है। व्यवहार में विशुद्ध एवं पूर्ण प्रतियोगिता की भांति वह अदृश्य हाथ भी कहीं नहीं मिलता और बाजार की रचना में सदैव निगमों के भीतर की क्रमिकताएं और प्रतिफल समितियों जैसी संस्थागत व्यवस्थाएं ही सारे निर्णय करती हैं।

इसका यह अर्थ भी नहीं है कि वरिष्ठ कार्याधिकारी और प्रतिफल समितियां उच्चतम मनचाहा वेतन तय कर लेते हैं। "निगम प्रशासन" भी

प्रत्येक देश की अपनी संस्थागत रचना और नियमों के अंतर्गत ही काम करता है। इस संबंध में नियम प्राय: अस्पष्ट रहते हैं फिर भी कुछ "जांच एवं संतुलन" व्यवस्था अवश्य विद्यमान रहती है। प्रत्येक समाज के अपने सामाजिक मानदंड भी होते हैं। इनका वरिष्ठ अधिकारियों के चिंतन पर प्रभाव रहता है—या हम कह सकते हैं कि वे वित्तीय निगमों, पेंशन कोषों आदि जैसे बड़े संस्थागत निवेशकों के चिंतन के प्रभाव से मुक्त नहीं रह पाते। ये सामाजिक मानदंड विभिन्न व्यक्तियों के फर्म के उत्पादन और राष्ट्र की आर्थिक संवृद्धि में योगदानों के प्रति धारणाओं को प्रतिबिंबित करते हैं। किंतु इन मुद्दों को लेकर बहुत अनिश्चिताएं होती हैं और इसी कारण विभिन्न देश–कालों में इनसे जुड़ी अनुभूतियां उन देशों के अपने अपने इतिहास चक्र पर निर्भर रहती हैं। मुख्य बात यही है कि कोई फर्म समाज के प्रचलित मानदंडों का उल्लंघन नहीं कर पाती।

इस प्रकार के सिद्धांत के अभाव में मेरा मत है कि कार्याधिकारियों के वेतन मानों में जो विशाल अंतर एक ओर संयुक्त राज्य [कुछ सीमा तक अन्य अंग्रेजीभाषी देशों में भी] और दूसरी ओर यूरोपीय महाद्वीप तथा जापान में दिखाई दे रहे हैं, उनकी व्याख्या कर पाना सरल नहीं है। सीधे शब्दों में 1970 के बाद से अमेरिकी और ब्रिटिश निगमों में वेतन विषमताएं इतनी तेजी से केवल इसी कारण फैल पाई हैं कि वे निगम इनके प्रति अधिक सहिष्णु हो गए हैं। यूरोप और जापान के भी सामाजिक मानदंडों में इसी प्रकार के विकास हुए हैं किंतु वहां ये परिवर्तन क्रम 1980 और 1990 के दशकों में प्रारम्भ हुआ है और इसी कारण विषमताएं अमेरिकी स्तरों तक नहीं पहुंच पाई हैं। आज भी किसी प्रबंधक अधिकारी को कई मिलियन यूरो का वार्षिक वेतन देने की बात स्वीडन, जर्मनी, फ्रांस, इटली, जापान आदि में बहुत चौंकाने वाली हो सकती है [ब्रिटेन और संयुक्त राज्य में नहीं]। हमेशा ऐसा नहीं रहा है—कदापि नहीं। याद करें कि 1950 और 1960 के दशकों में संयुक्त राज्य अमेरिका फ्रांस की तुलना में कहीं अधिक समतापूर्ण था—[वेतनमानों के विषय में तो विशेष रूप से]। किंतु 1980 के बाद से परिदृश्य बदले हैं और विश्व भर में वेतन विषमता

के विकासक्रम में वरिष्ठ प्रबंधकों के प्रतिफलों का बहुत बड़ा योगदान रहा है।

सुपर प्रबंधकों की उड़ान: एक प्रबल अपसारी शक्ति

प्रबंधक प्रतिफल के प्रति सामाजिक मानदंडों और स्वीकार्यता पर आधारित यह दृष्टिकोण ऊपरी तौर पर तो सही लगता है, किंतु यह वास्तव में कठिनाइयों को किसी अन्य स्तर पर पहुंचाकर छोड़ देता है।

अब समस्या होगी कि ये मानदंड कहां से पैदा होते हैं, उनका उदय किस प्रकार होता है? आदि। इन सभी प्रश्नों का अर्थशास्त्र जितना ही सरोकार समाजशास्त्र, मनोविज्ञान, सांस्कृतिक एवं राजनीतिक इतिहास और विश्वास तथा अनुभूतियों के अध्ययन से भी है। विषमता की समस्या सभी सामाजिक शास्त्रों की सांझी समस्या है—किसी एक प्रशाखा विशेष की नहीं। मैंने पहले भी कहा है कि 1970–90 की अवधि में ब्रिटेन और संयुक्त राज्य में 'अनुदार चिंतन' धारा की क्रांति छा गई थी। उसी ने अधिक विषमता के प्रति सहिष्णुता को जन्म दिया है। उच्च प्रबंधक वेतन-मानों के पीछे एक धारणा यह भी रही है कि अन्य देश इस संदर्भ में हमसे आगे निकल रहे हैं [जबकि यूरोप और जापान में उच्च संवृद्धि तो 1914–45 के संक्षोभों के प्रति मशीनी प्रतिक्रिया ही थी]। हां, यह सत्य है कि अन्य कारकों की भी महत्त्वपूर्ण भूमिका रही है।

मैं पहले ही स्पष्ट कर देता हूं कि सभी वेतन विषमताएं उचित प्रतिफल के सामाजिक मानदंडों पर आधारित नहीं होतीं। हमने ये भी देखा है कि सीमांत उत्पादिता और प्रौद्योगिकी और शिक्षा की स्पर्धा किसी सीमा तक और कुछ सटीकता सहित मजदूरी के दीर्घकालिक विकासक्रम की व्याख्या कर देती हैं। प्रौद्योगिकी और कौशल, सीमाओं का निर्धारण करते हैं।

किंतु उच्चतर प्रबंधन जैसे कार्यों में दोहराव की संभावनाएं कम होने के कारण उक्त नियमों का पालन करते हुए उनकी उत्पादिता का अनुमान लगाने में गलतियों की संभावना और उनका आकार बहुत अधिक हो जाता है। इसी कारण कौशल–प्रौद्योगिकी संयोजन की व्याख्या क्षमता भी कम रह

जाती है। और सामाजिक मानदंडों की क्षमता अधिक हो जाती है]। इससे कुल कर्मचारियों का एक बहुत छोटा वर्ग, [प्राय: एक प्रतिशत से कम] प्रभावित होता है—वह प्रभाव भी देश-काल के अनुसार न्यूनाधिक हो सकता है।

एक प्रमुख बात प्रारम्भ में स्पष्ट नहीं हो पा रही थी। धनी देशों में 1980 के बाद के घटनाक्रम से यह स्पष्ट हो गया है कि शीर्षस्थ शतमंक का वेतन आय में अंश देशकाल के अनुसार बहुत अलग प्रवृत्तियां दिखा सकता है। सुपर प्रबंधकों के वेतनमानों का विस्फोट फर्म के फैलते हुए आकार उसके आंतरिक कार्यों की विविधता के संदर्भ में भी देखा जाना चाहिए। किंतु यहां प्रश्न किसी बड़े निगम के आंतरिक प्रबंधन की गहन जटिलताओं का नहीं है। शीर्ष प्रबंधकों के वेतन के विस्फोट की एक व्याख्या "प्रतिभातंत्रीय अतिवादिता" भी हो सकती है। यह और कुछ नहीं बस समाज की कुछ व्यक्तियों को विजेता घोषित करने की और उन्हें बहुत कुछ इनाम दे देने की मजबूरी जैसी बात ही है, विशेषकर यदि वे जन्म या पृष्ठभूमि नहीं बल्कि अपनी अंतर्निहित प्रतिभा के कारण ही शिखर तक पहुंचे हों। मैं इस प्रश्न पर भी कुछ और चर्चा करूंगा]।

बात कुछ भी हो, शीर्ष प्रबंधकों को दिए गए उदारतापूर्ण पुरस्कार भी धन के वितरण में एक बड़ी अपसृति का आधार बन सकते हैं। यदि उन्हें स्वयं ही अपने परिश्रमिक निर्धारित करने हों तो परिणाम केवल एक होगा —अधिकाधिक विषमता। पहले से ही यह कह पाना कठिन है कि ये प्रक्रिया कहां जाकर रुकेगी। एक बार फिर 10 मिलियन यूरो आगम वाले बड़े निगम के मुख्य वित्त अधिकारी के वेतन की बात लें। इस बात की बहुत कम संभावना होगी कि निगम प्रतिपूर्ति समिति अचानक ये मान लेगी कि उक्त अधिकारी की सीमांत उत्पादिता 1 बिलियन या 100 मिलियन यूरो हो गई है—यदि ऐसा किया गया तो शेष प्रबंधकों के वेतन के लिए धन जुटाना कठिन हो जाएगा। इसके विपरीत किसी का मत यह भी हो सकता है कि 1, 10 या 50 मिलियन यूरो वार्षिक का वेतन भी उचित होगा—ध्यान दें कि उस व्यक्ति की सीमांत उत्पादिता के कितने अलग-अलग आकलनों की ओर यहां संकेत किया जा रहा है। इन परिस्थितियों में अमेरिका में शीर्षस्थ

शतमंक का सकल मजदूरी वेतन में अंश 15–20 या 25–30 प्रतिशत अथवा और भी अधिक हो सकता है।

निगम प्रशासन की विफलता और उत्पादितानुसार शीर्ष अधिकारी वर्ग के वेतन निर्धारण के तर्काधार की अनुपस्थिति का सबसे अकाट्य प्रमाण उस समय मिलता है जब हम फर्म स्तर के आंकड़ों पर ध्यान देते हैं —फिर तो विभिन्न फर्मों के निष्पादन के अंतरों की व्याख्या कर पाना कठिन हो जाता है [हम यह कार्य केवल सार्वजनिक लिमिटेड निगमों के लिए ही कर पाते हैं]। यदि हम विक्रय वृद्धि आदि विभिन्न निष्पादन सूचकों पर ध्यान दें तो अवलोकित अंतरों को अन्य प्रकार के अंतरों के योग द्वारा प्रदर्शित कर सकते हैं : फर्म से बाह्य कारणों से अंतर [अर्थव्यवस्था की सामान्य स्थिति, कच्चे माल के दामों के उतार चढ़ाव, विनिमय दर परिवर्तन, उसी उद्योग में अन्य फर्मों का औसत निष्पादन आदि] जमा गैर–बाह्य अंतर। फर्म के प्रबंधकों के निर्णय केवल गैर–बाह्य अंतरों को प्रभावित कर सकते हैं। यदि प्रबंधकों के वेतन सीमांत उत्पादिता आधारित हों तो उन पर बाह्य कारणों का नहीं, केवल गैर–बाह्य कारणों का ही प्रभाव होना चाहिए। किंतु वास्तविक घटनाक्रम इसके विपरीत ही रहता है। बाह्य कारणों से बिक्री और लाभ में वृद्धि होने पर प्रबंधकों के वेतन सबसे अधिक तेजी से बढ़ते हैं। यह बात संयुक्त राज्य अमेरिका में तो बहुत ही स्पष्ट रूप से सामने आई है। इसे ही बर्ट्रेंड और मुल्लेनहेटन ने "सौभाग्य वेतन" का नाम दिया है।

मैं इस प्रश्न पर खंड–4 में अध्याय–14 में फिर से चर्चा करूंगा यह "सौभाग्य वेतन" की प्रवृत्ति देश–काल के अनुसार बदलती रहती है। इस पर कर नियमों–विशेषकर शीर्षस्थ सीमांत कर दरों का गहरा प्रभाव रहता है। उच्च कर दर को एक "सुरक्षा बाधा" कहा जाता है तो निम्न दर को शरारत के लिए प्रोत्साहन माना जाता है। हां, समाज की विषमता के प्रति धारणा का करों की दरों पर भी प्रभाव रहता है किंतु एक सीमा के बाद वे स्वयं ही अपनी गति का निर्धारण करने लगती हैं। उदाहरण : भले ही ब्रिटेन और संयुक्त राज्य ने ही कभी सब कुछ जब्त करने वाली अति उच्च आय कर दरों का सूत्रपात किया था किंतु 1980 के बाद से अंग्रेजी भाषी देशों में

शीर्ष सीमांत आयकर दर में भारी गिरावट ने उच्च प्रबंधकों के वेतन निर्धारण का स्वरूप ही बदल दिया है। अब उन्हें वेतन में बड़ी वृद्धि की मांग करने का प्रोत्साहन जो मिल गया है। मैं इसी वृद्धिकारी प्रक्रिया से संभावित एक अन्य अपसृति प्रभाव का भी विश्लेषण करूंगा—उसका स्वरूप राजनीतिक अधिक है। शीर्ष आयकर दर में गिरावट से अति उच्च आय विस्फोट होता है और उससे लाभान्वित वर्ग का राजनीतिक प्रभाव विस्तृत हो जाता है—उनका निजी हित उन दरों को निम्न रखने—कदाचित और घटाने से बंधा है। वे अपनी आय में अतिशय वृद्धि का प्रयोग राजनीतिक दलों, दबाव समूहों और "विचारक समूहों" का वित्तीयन करने के लिए भी प्रयोग कर सकते हैं।

■ ■ ■

अध्याय-10

पूंजी के स्वामित्व में विषमता

अब मैं धन सम्पदा की विषमता और उसके ऐतिहासिक विकास क्रम की ओर चल रहा हूँ। यह प्रश्न एक अन्य कारण से भी महत्वपूर्ण है : बीसवीं सदी के पूर्वार्द्ध में आय की विषमता में भारी कमी का एकमात्र कारण था उसी अवधि में पूंजी के स्वामित्व की विषमताओं का निवारण [उसी के फलस्वरूप पूंजी से आय में भारी कमी आई थी]। हमने पहले भी नोट किया है : 1900–100 और 1950–60 की अवधियों में फ्रांस या संयुक्त राज्य अमेरिका में श्रम से आय में विषमताओं में कोई कमी नहीं आई थी [यह तथ्य कुजनेट्स के सिद्धांत की उस आशावादी पूर्वापेक्षा के विपरीत रहा, उनका विचार था कि श्रमिक धीरे-धीरे उच्चतर उत्पादिता और आय वाले रोजगार की ओर उन्मुख होंगे और इस कारण से मजदूरी या वेतन में विषमताएं कम होंगी]। सकल आय में विषमताओं में दिखाई दी तीखी गिरावट का एक मात्र कारण पूंजी से प्राप्त आय में गिरावट ही रहा। हमारे पास उपलब्ध सारी जानकारियां यही संकेत कर रही हैं कि अन्य विकसित देशों में भी ऐसा ही घटनाक्रम चला है।[1] अतः इस बात को समझ लेना बहुत आवश्यक है कि धन सम्पदा की विषमता में वह ऐतिहासिक संकुचन किस प्रकार आया था।

यह प्रश्न एक बार फिर महत्वपूर्ण हो रहा है, एक बार फिर से पूंजी स्वामित्व में संकुलन वृद्धि होने लगी है, पूंजी/आय अनुपात में वृद्धि और सामान्य संवृद्धि दर में कमी होती जा रही है। सम्पदाधारिता के अंतरों में वृद्धि के दीर्घकालिक प्रभावों को लेकर अनेक आशंकाएं जन्म ले रही हैं। किन्हीं दृष्टियों से सुपर प्रबंधकों एवं अन्य के बीच आय की फैलती हुई खाई कहीं अधिक चिन्ता का विषय है। [भले ही सुपर–प्रबंधकों की अति विशाल

'श्रम आय' अभी भौगोलिक दृष्टि से विश्व के बहुत संक्षिप्त भू भाग तक ही सीमित है]।

अतिसंकुलित धन सम्पदा : यूरोप बनाम अमेरिका

हमने अध्याय–7 में देखा था कि धन सम्पदा वितरण [और इसी के कारण पूंजी से आय] में श्रम की आय की अपेक्षा कहीं अधिक उच्च स्तर का संकुलन पाया जाता है। सभी समाजों में और सभी देश–कालों में समाज के गरीबतम अर्द्धांश की सम्पदा का मान सकल सामाजिक सम्पदा के मात्र 5 प्रतिशत के आसपास ही रहा है। इसके विपरीत शीर्षस्थ दशमांक का अंश सकल सम्पदा का 60 प्रतिशत अवश्य [कभी–कभी 90 प्रतिशत भी] आंका जाता है। शेष जनसंख्या [अर्थात् 40 प्रतिशत] का सकल सम्पदा के 5 से 35 प्रतिशत अंश पर अधिकार रहता है।[2] मैंने एक 'सम्पदाधारी मध्यमवर्ग' की भी चर्चा की है, जो समाज के निम्नतम अर्द्धांश की तुलना में अधिक 'धनी' प्रतीत होता है। इस 'मध्यम' वर्ग का भी सकल राष्ट्रीय सम्पदा के एक चौथाई से एक तिहाई अंश पर अधिकार रहता है। सम्पदाधारिता की संरचना में इस मध्यम वर्ग का उदय निश्चय ही दीर्घकालिक दृष्टि से बहुत महत्वपूर्ण घटनाक्रम रहा है।

यह बड़ा परिवर्तन कैसे आ गया? इस प्रश्न का उत्तर खोजने से पूर्व हमें समूचे घटनाक्रम का कालक्रम देखना होगा। धन सम्पदा की विषमता में कमी की प्रक्रिया कब और कैसे प्रारम्भ हुई थी? मैं स्पष्टत: स्वीकार करता हूँ कि इस जानकारी का सही स्रोत तो सम्पदा अंतरण अभिलेख है और दुर्भाग्यवश यह स्रोत प्रत्येक देश एवं काल के लिए सुलभ नहीं हैं। इसी कारण मैं उतने देशों में धन सम्पदा विषमता का विकासक्रम समझ पाने में सफल नहीं रहा हूँ जितनों में मैंने आय विषमता की व्याख्या का प्रयास कर लिया है। केवल चार देशों, फ्रांस, ब्रिटेन, संयुक्त राज्य और स्वीडन के ही विस्तृत ऐतिहासिक दस्तावेज प्राप्य हैं। किंतु इन चार देशों के इतिहास से मिल रहे 'सबक' बहुत स्पष्ट हैं और उनके आधार पर यूरोप तथा अमेरिका के विकास पथों की समानताओं एवं असमानताओं की विवेचना संभव है।[3] यही नहीं, धन सम्पदा के आंकड़ों की एक अन्य विलक्षणता भी है—हम

इन्हें आय की अपेक्षा बहुत पहले की अवधियों तक आकलित कर सकते हैं। मैं इन चारों देशों के अनुभवों का विस्तार से वर्णन–विवेचन करने जा रहा हूँ।

फ्रांस : निजी सम्पदा की एक पर्यवेक्षणशाला

फ्रांस का उदाहरण विलक्षण है—यहाँ हमें 18वीं सदी के उत्तरार्द्ध से अभी तक की अवधि की तुलनीय ऐतिहासिक जानकारियां सुलभ हैं। इनके आधार पर हम धन सम्पदा के वितरण में आए सभी परिवर्तनों की समीक्षा कर सकते हैं। सामंत वर्ग के राजकोषीय विशेषाधिकारों की समाप्ति के तुरंत बाद 1791 में ही धन सम्पदा के पंजीकरण व्यवस्था की रचना के साथ सम्पदाओं और उपहारों पर कर लागू हो गए थे। उस समय के वे नव प्रवर्तन आश्चर्यजनक थे—इसकी सबसे बड़ी विशेषता थी सभी नागरिकों पर इस व्यवस्था का लागू होना। नया सम्पदा कर तीन प्रकार से सर्वव्यापी था। यह सभी प्रकार की सम्पत्तियों पर देय था : कृषि भूमि, अन्य शहरी एवं ग्रामीण सम्पत्तियां, नकदी, निजी एवं सार्वजनिक बौंड, कपंनियों एवं भागीदारी कर्मों के शेयर जैसी वित्तीय सम्पत्तियां, फर्नीचर एवं अन्य मूल्यवान वस्तुएं–सभी पर यह कर लगाया गया था। दूसरे, यह सभी वर्गों के सम्पत्ति स्वामियों पर लागू था, चाहे वह सम्पदाधारी सामान्य जन था या सामंत। तीसरे, यह कर सभी सम्पदाओं पर देय था—उनका निम्न आकार–परिणाम किसी प्रकार की छूट का आधार नहीं बन पाता था। इस आधारभूत कर सुधार का ध्येय सरकार को कोष में अधिक राशियों का संग्रह मात्र नहीं था, यह सम्पदाओं के सभी हस्तांतरणों का लेखा जोखा भी तैयार करने पर आग्रह कर रहा था—चाहे वह अंतरण किसी धारक की मृत्यु पर उत्तराधिकार के कारण हुआ हो या जीवनकाल में उस द्वारा किसी को उपहार देने के कारण हो। घोषित ध्येय तो सभी के सम्पदा अधिकारों की पूर्ण सुरक्षा का ही था। यही नहीं 1791 से अब तक सम्पदा एवं उपहार करों को सरकारी भाषा में अभिलेखन शुल्क और 'अंतरण शुल्क' के रूप में दर्शाया जाता है, भले ही अंतरण उत्तराधिकार, उपहार आदि के रूप में कीमत चुकाए बिना हो रहा हो या फिर नकद या किसी अन्य मूल्यवान वस्तु/अधिकार पत्र से विनियम के माध्यम से। इस कानून का लक्ष्य प्रत्येक

छोट–बड़े सम्पदा स्वामी को अपनी सम्पत्ति के स्वामित्वाधिकार को सरकार के पास पंजीकृत कराने और सरकारी संरक्षण में अपने सम्पदा अधिकार को पूर्ण रूप से भोगने में समर्थ बनाना था। इसमें कोई कठिनाई आने पर सरकारी अधिकारियों के समक्ष अपना सम्पदा अधिकार सिद्ध करने का अधिकार भी सन्निहित था। इस प्रकार 1790 के दशक से ही सम्पदा अभिलेखों की एक काफी व्यापक व्यवस्था की रचना प्रारम्भ हो गई थी—इसके अंतर्गत सभी सम्पदाओं का एक ऐसा अभिलेखा (जमाबंदी खाता) तैयार हो गया जो अभी तक काम आ रहा है।

मैं पुस्तक के इस अंतिम खंड में विभिन्न देशों में लगे सम्पदा करों के इतिहास पर कुछ और चर्चा कर रहा हूँ। यहाँ मेरा मूल ध्येय इन करों की जानकारी का धन सम्पदाधारिता की विषमताओं विषयक सूचना के ऐतिहासिक स्रोत के रूप में प्रयोग करना मात्र है। अधिकांश देशों में उन्नीसवीं सदी के अंत या बीसवीं के प्रारम्भ में ही फ्रांस के तुलनीय सम्पदा और उपहार कर लागू हो पाए हैं। ब्रिटेन में 1894 के विधिक सुधारों ने भू–भवन सम्पदा, वित्तीय सम्पदा और वैयक्तिक सम्पदा और अंतरण शुल्कों को समन्वित किया था किंतु सभी प्रकार की सम्पदाओं के उत्तराधिकार–अंतरण के आंकड़े तो 1919–20 से ही मिल पा रहे हैं। संयुक्त राज्य में भू–भवन सम्पदाओं और उपहारों पर संघीय कर का प्रावधान 1916 से पहले नहीं हुआ था और वह भी जनसंख्या के अत्यंत सूक्ष्म अंश पर लागू था [कुछ प्रांतों में अधिक बड़े जन समुदाय पर लगने वाले कर विद्यमान थे, किंतु उनमें तुलनीयता का नितांत अभाव ही था]। अत: इन दो देशों में प्रथम महायुद्ध से पूर्व धन सम्पदा की विषमताओं के विकासक्रम का अध्ययन कर पाना संभव नहीं है। यह तो सच है कि निजी स्तर पर अनेक उत्तराधिकार अभिलेख और धन सम्पदा सारणियां मिल जाती हैं, किंतु ये सम्पत्तियों और जनसंख्या के किसी न किसी वर्ग विशेष से ही संबंधित हैं। अत: इनके आधार पर किसी सामान्य निष्कर्ष पर पहुंच पाना सहज नहीं होगा।

यह दुर्भाग्यपूर्ण ही है—क्योंकि प्रथम महायुद्ध ने सम्पदा एवं इसके वितरण को गहरा आघात पहुंचाया था। फ्रांस का विस्तृत अध्ययन करने का ध्येय यही है कि हम इस निर्णायक बिंदु को एक अधिक विस्तृत

ऐतिहासिक परिप्रेक्ष्य में प्रतिष्ठित कर सकें। वर्ष 1791 से 1901 तक तो सम्पदा एवं उपहार कर समानुपाती ही रहे, इनमें अंतर केवल रक्त संबंध की कोटि के आधार पर आते थे किंतु सम्पदा का आकार इनके निर्धारण का आधार नहीं था। दरें भी बहुत कम ही थीं—प्राय: 1 से 2 प्रतिशत ही। हां, 1901 के बाद से एक लम्बी संसदीय बहस के बाद इस कर को कुछ प्रगतिशील स्वरूप मिला था। सरकार 1820 के दशक से ही विरासतों और दान आदि के वार्षिक प्रवाहों के विवरण प्रकाशित कर रही थी। उसने 1901 से सम्पदाओं के आकार के आधार पर अनेक प्रकार के आंकड़ों का संकलन प्रारम्भ कर दिया और 1950 तक तो यह सांख्यिकी व्यवस्था बहुत परिष्कृत हो चली थी [आयु, सम्पदा का आकार और प्रकार आदि के तिर्यक एवं प्रतिच्छायी वर्गीकरण भी होने लगे थे]। वर्ष 1970 के बाद से वर्ष विशेष में सम्पदा एवं उपहार करों की विवरणियों का एक प्रतिदर्श डिजिटल फाइल के रूप में मिलने लगा—और फिर ये जानकारी 2000–2010 तक संवर्धित कर दी गई। पिछली दो सदियों मे कराधिकारियों द्वारा प्रत्यक्ष रूप से तैयार की गई जानकारी के साथ-साथ मैं प्रत्यक्षत: पोस्टेल–विनय और रोजेन्थाल के साथ मिलकर दसियों हजार वैयक्तिक स्तर पर घोषित विवरणियों [जिन्हें राष्ट्रीय एवं विभागीय अभिलेखागारों ने बहुत प्रयत्न के साथ सुरक्षित रखा हुआ है] के आधार पर 1800-10 से 2000-2010 के दशकों के अधिक बड़े प्रतिदर्शों के निर्माण करने जा रहा हूँ। कुल मिलाकर फ्रांस के उत्तराधिकार अभिलेखों में पिछली दो सदियों में धन संकलन एवं वितरण के बहुत समृद्ध परिदृश्य समाहित हैं[4] [उन्हीं का स्पष्ट चित्रण करना यहाँ मेरा ध्येय है]।

सम्पदाधारी समाज के प्रत्यावर्तन

सम्पदावितरण में 1810–2010 के बीच आए परिवर्तनों संबंधी मुख्य निष्कर्ष मैंने रेखाचित्र 10.1 में प्रस्तुत किए हैं।[5] पहला निष्कर्ष है कि 1914–1945 के संक्षोभों से पूर्व पूंजी स्वामित्व की विषमताओं में कमी आने का कोई संकेत नहीं मिलता। वस्तुत: समूची 19वीं सदी में धन संकुलन में कुछ वृद्धि ही होती रही [प्रारम्भिक स्तर भी बहुत उच्च था]। यही नहीं 1880–1913 में तो विषमताकारी कुंतल के कुछ लक्षण ही

दिखाई पड़े हैं। उन्नीसवीं सदी के प्रारम्भ में शीर्षस्थ दशमंक का समस्त धन सम्पदा के 80 से 85 प्रतिशत अंश पर अधिकार था; किंतु बीसवीं सदी के प्रारम्भ होते होते यह अंश 90 प्रतिशत तक पहुंच गया। अकेले शीर्षस्थ शतमंक का 1800–10 की अवधि में राष्ट्रीय धन के 45–50 प्रतिशत पर अधिकार था, यह अंश 1850–60 में 50 प्रतिशत को पार कर 1900–1910 में 60 प्रतिशत तक पहुंच गया।[6]

रेखाचित्र 10.1: फ्रांस में धन संम्पदा की विषमता, 1810–2010

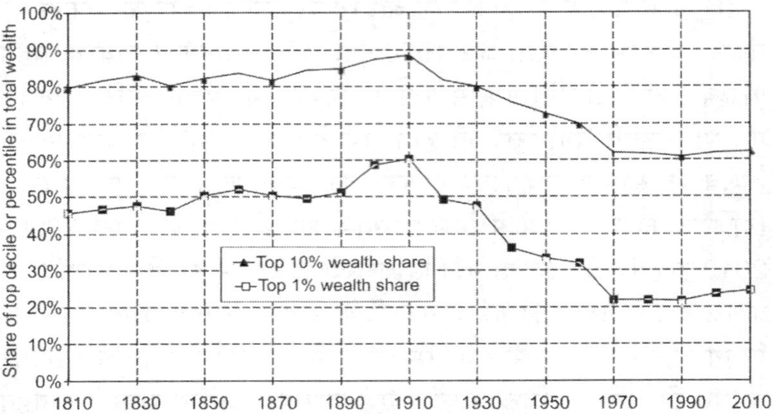

शीर्षस्थ दशमंक का 1810–1910 की अवधि में 80–90 प्रतिशत धन सम्पदा पर अधिकार था और अब यह अंश 60–65 प्रतिशत है।

स्रोत और श्रृंखला हेतु देखें: piketty.pse.ens.fr/capital21C.

आज ऐतिहासिक दृष्टि से काफी समय बीत जाने पर इन आंकड़ों की ओर पुन: दृष्टि जाने पर उत्कर्ष युगीन फ्रांस में धन के संकुलन के उत्कृष्ट स्तर की ओर सहज ही हमारा ध्यान आकृष्ट हो जाता है। [भले ही तृतीय जनतंत्र और उस काल के आर्थिक-राजनीतिक संभ्रांत वर्गों की सैद्धांतिक उद्घोषणाएँ कितनी ही उदारमना रही हों]। पैरिस में 1900–10 में देश की जनसंख्या का मात्र 1/20 अंश बसा था, किंतु, वह राष्ट्रीय सम्पदा के एक चौथाई अंश का स्वामी था। सम्पदा संकुलन और भी गहन था और प्रथम महायुद्ध के पूर्ववर्ती दशकों में यह अंतहीन वृद्धि की प्रवृत्ति ही दर्शा रहा था। देश की राजधानी में 19वीं सदी में दो तिहाई व्यक्ति अगली पीढ़ी के लिए कोई धन सम्पदा छोड़े बिना ही इस दुनिया से विदा हो जाते थे

[जबकि शेष देश में इतनी विपन्नता केवल आधी जनसंख्या को भुगतनी पड़ रही थी] वहीं पर विशालतम सम्पदाएं भी संकुलित थीं। सदी के आरम्भ में शीर्षस्थ शतमंक का सकल राष्ट्रीय सम्पदा के 55 प्रतिशत पर अधिकार था, उस वर्ग का अंश 1880–90 में 60 प्रतिशत तक पहुंच गया और उसने प्रथम महायुद्ध की पूर्वसंध्या पर 70 प्रतिशत का आंकड़ा छू लिया था [देखें रेखाचित्र 10.2]। इस वक्र को देख यह प्रश्न उठता है कि यदि महायुद्ध नहीं होता तो यह संकुलन किस ऊंचाई को छू जाता?

रेखाचित्र 10.2: धन सम्पदा की विषमता : पैरिस बनाम फ्रांस, 1810–2010

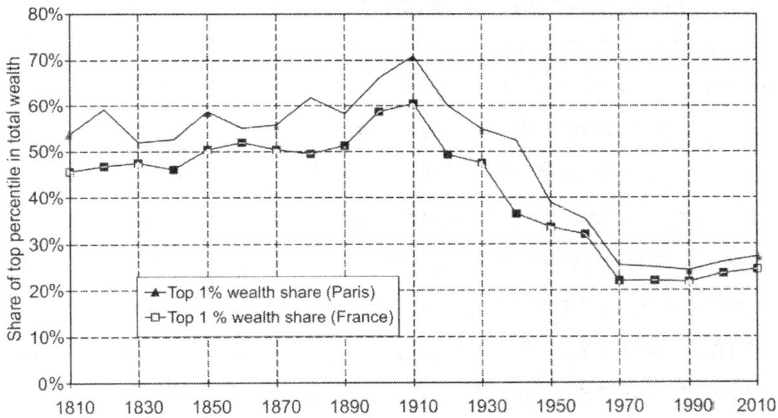

प्रथम महायुद्ध की पूर्व संध्या पर पैरिस की सकल सम्पदा के 70 प्रतिशत पर शीर्षस्थ शतमंक वर्ग का अधिकार था। स्रोत और श्रृंखला हेतु देखें: piketty.pse.ens.fr/capital21C.

उत्तराधिकार अभिलेख भी यही दर्शा रहे हैं कि समूची 19वीं सदी में प्रत्येक आयु संवर्ग में धन सम्पदा का वितरण इतना ही विषम था। ध्यान रहे कि रेखाचित्र 10.1 और 10.2 ही नहीं, बल्कि शेष रेखाचित्रों में भी समाज की जीवित वयस्क जनसंख्या की सम्पदाधारिता की विषमता को प्रतिबिंबित किया गया है। हम मृत्यु के समय सम्पदा से प्रारम्भ कर प्रत्येक अवलोकित आंकड़े को, संदर्भ तिथि पर उस आयु संवर्ग में जीवित वयस्कों संख्या के अनुसार भार मान प्रदान कर देते हैं। किंतु उससे आकलन के स्वरूप में बड़ा परिवर्तन नहीं आता। जीवितों का धन संकुलन का स्तर मृत्यु तिथि पर विषमता से कुछ बिंदु ही अधिक रहता है—यही नहीं, दोनों की प्रवृत्तियां भी समानप्राय रही हैं।[7]

फ्रांसीसी क्रांति के पूर्व वहाँ धन का संकुलन किस स्तर पर था? दुर्भाग्यवश उस अवधि की संपूर्णता युक्त जानकारी का नितांत अभाव है। हम जिन उत्तराधिकार अभिलेखों के आधार पर व्याख्या कर रहे है, उनका प्रावधान तो क्रांतिकारी परिषद के आदेश पर ही हुआ था। उससे पहले तो फ्रांस में भी उक्त जानकारी ब्रिटेन की ही भांति बिखरी हुई और अव्यवस्थित थी। फिर भी कुछ संकेत मिल रहे हैं कि 1780 से 1810 की अवधि में विषमता में कुछ कभी अवश्य आयी होगी। इसके अनुमान के कुछ आधार हैं : कृषि भूमि का पुन: वितरण हुआ था और क्रांति काल में पुराने सार्वजनिक ऋणपत्रों को निरस्त कर दिया गया था। यही नहीं, सामंती सम्पदाओं पर भी कुछ आघात किए गए। बहुत संभव है कि 1789 में क्रांति से ठीक एकदम पहले शीर्षस्थ दशमंक का राष्ट्रीय सम्पदा के 90 प्रतिशत से कुछ अधिक भाग पर अधिकार रहा होगा और शीर्षस्थ शतमंक का अंश ही 60 प्रतिशत कम नहीं रहा होगा। इसके विपरीत, सामंतों की भूमि के अधिग्रहण के बाद उन्हें एक बिलियन फ्रैंक का मुआवजा मिलने के बाद वे लोग एक बार फिर राजनीतिक पटल पर आगे आने लगे थे और उन्होंने अपनी सम्पदाओं का पुनर्निमाण प्रारम्भ कर दिया [वह सीमित मताधिकार आधारित राजतंत्र—1815–48—जो था]। वस्तुत: हमारे उत्तराधिकार अभिलेख दर्शा रहे हैं कि पैरिस की धन क्रमिकता के शीर्षस्थ शतमंक में धीरे–धीरे सामंतों के नाम जुड़ते जा रहे थे। ये 1800–10 में मात्र 15 प्रतिशत थे किंतु 1840–50 की अवधि में इनकी गणना 30 प्रतिशत तक पहुंच गई थी। किंतु अगले ही दशक में एक अनिवारणीय पतन की प्रक्रिया प्रारम्भ हो गई और अंतत: 1890–1900 में पहुंच कर इस वर्ग की संख्या शीर्षस्थ शतमंक में मात्र 10 प्रतिशत रह गई।[8]

फिर भी हमें फ्रांसीसी क्रांति द्वारा प्रारम्भ किए गए घटनाक्रमों को अनावश्यक महत्त्व नहीं देना चाहिए। यदि 1780–1810 में विषमता में कुछ कभी, उसके बाद 1910 तक वृद्धि (विशेषकर 1870 के बाद) के घटनाक्रम को नजरअंदाज कर दें तो 18वीं एवं 19वीं सदियों में पूंजी स्वामित्व की विषमता एक अति उच्च स्तर पर स्थिर रहने के ही संकेत

मिलते हैं। इस अवधि में शीर्षस्थ दशमंक का सकल राष्ट्रीय धन के 80–90 प्रतिशत और शीर्षस्थ शतमंक का 60 प्रतिशत पर अधिकार रहा है।

मैंने खंड–2 में दर्शाया था कि 18वीं सदी से लेकर 20वीं के प्रारम्भ तक पूंजी की संरचना पूरी तरह से बदल गई थी [भू–पूंजी का स्थान लगभग पूरी तरह से औद्योगिक, वित्तीय एवं भवन सम्पदा ने ले लिया था] किंतु राष्ट्रीय आय के वर्षों में मापित सकल पूंजी का मान स्थिरप्राय ही रहा। विशेष रूप से बात करें तो फ्रांसीसी क्रांति का पूंजी/आय अनुपात पर शायद ही कोई विशेष प्रभाव रहा था। उस क्रांति का धन सम्पदा के वितरण पर भी कोई प्रभाव नहीं दिखाई दिया। संभवत: पेअरे गोरियो, रेस्टीनेक और मैडम विक्टोरिन के युग 1810–20 में धन सम्पदा का वितरण पुरातन तंत्र की अपेक्षा कुछ कम विषम रहा हो किंतु क्रांति से पूर्व एवं पश्चात् यह अंतर बहुत ही कम रहा था। फ्रांस एक सम्पदाधारी समाज था जिसमें पूंजी का अतिशय संकुलन था जहां उत्तराधिकार और विवाह का महत्त्व बहुत अधिक था—क्योंकि इन्हीं से वह सुख सुविधापूर्ण जीवन शैली प्राप्य थी जो अध्ययन एवं किसी कार्य के माध्यम से संभव नहीं हो पाती। उत्कर्षयुग युग का धन संकुलन तो वॉट्रिन द्वारा रेस्टीनेक को दिए गए भाषण की अपेक्षा भी अधिक गहन था। किंतु निम्न स्तर पर फ्रांस में पुरातन तंत्र से तृतीय जनतंत्र तक विषमता की मूल संरचना में कोई परिवर्तन नहीं आया—हां देश में बड़े व्यापक स्तर पर आर्थिक एवं राजनीतिक परिवर्तनों के दौर अवश्य चले थे।

उत्तराधिकार अंतरण अभिलेखों से ज्ञात होता है कि 20वीं सदी में शीर्षस्थ दशमंक के राष्ट्रीय सम्पदा अंश में गिरावट का लाभ मध्यमवर्ती 40 प्रतिशत जन समुदाय को हुआ था [निम्नतम अर्द्धांश के धन अंश में कुछ सुधार नहीं दिखाई पड़ा—वह 5 प्रतिशत से कम ही रहा]। समूची 19वीं– और 20वीं सदियों में जनसंख्या के निम्नतम अर्द्धांश के पास निवल सम्पदा का स्तर नगण्य ही रहा। विशेष बात तो यह थी मृत्यु के समय इस वर्ग के सदस्य अपनी संतान के लिए कोई वित्तीय या भवन सम्पदा नहीं छोड़ पाते थे—जो कुछ रुपया पैसा उनके पास होता भी था—वह उनके अंतिम संस्कार और कर्ज चुकाने में खत्म हो जाता था [कितनी ही बार मृतक पर

कर्ज का भार अधिक होने की दशा में उत्तराधिकारी स्वयं को उत्तराधिकार मुक्त भी घोषित कर देते थे]। पूरी 19वीं सदी और प्रथम महायुद्ध से एकदम पूर्व तक पैरिस के दो तिहाई निवासियों की यही स्थिति थी। इस अनुपात में कमी के कोई संकेत नहीं दिखाई दे रहे थे। पेअरे गोरियो भी इसी विशाल जन समुदाय के सदस्य थे—बेटी द्वारा त्याग दिये जाने के बाद वह अत्यंत दुर्दशा में मृत्यु को प्राप्त हुए—उनकी मकान मालकिन मैडम वॉकर ने रेस्टीनेक से उन बुजुर्ग द्वारा छोड़े गए बकाया ऋण भार की ही वसूली नहीं की बल्कि रेस्टीनेक को ही अंतिम संस्कार का व्यय भी वहन करना पड़ गया। मृतक की निजी वस्तुओं का मूल्य उतना भी नहीं था। फ्रांस में लगभग आधी जनता इसी हाल में मर जाती थी—उनके पास अपने उत्तराधिकारियों को सौंपने के लिए कर्ज के भार के अतिरिक्त कुछ नहीं होता था। यह अनुपात 20वीं सदी में भी टस से मस नहीं हुआ।[9]

उत्कर्ष युग में पूंजी की विषमता

अन्य यूरोपीय देशों के उपलब्ध आंकड़े इतने संपूर्ण तो नहीं हैं, किंतु उनसे यह निश्चित संकेत मिलते हैं कि 18वीं–19वीं सदियों में और प्रथम महायुद्ध की पूर्वसंध्या तक धन का अतिशय संकुलन केवल फ्रांसीसी समाज की विद्रूपता नहीं थी—वह सारे यूरोप में व्याप्त थी।

ब्रिटेन में हमारे पास 1910–20 से लेकर विस्तृत उत्तराधिकार दस्तावेज विद्यमान हैं। इनका कई शोधकर्ताओं ने विशद अध्ययन किया है [इनमें एटकिंसन और हैरीसन प्रमुख हैं]। यदि इन आंकड़ों के साथ 1920 के बाद की जानकारी जोड़ लें और फिर उक्त श्रृंखला को पीटर लिंडर के [कदाचित कम समरूप] 1810–1870 के आंकड़ों के साथ मिला कर देखें तो स्पष्ट होता है कि यहाँ भी विषमता का विकासक्रम फ्रांस जैसा ही था। हां, ब्रिटेन में विषमता का स्तर सदा ही फ्रांस से कुछ उच्च रहा है। वर्ष 1810–70 तक शीर्षस्थ दशमंक का धन सम्पदा अंश 85 प्रतिशत रहा, यह 1890–1910 में तो 90 प्रतिशत को पार कर गया। यही नहीं, शीर्षस्थ शतमंक का अंश 1810–70 में 55–60 प्रतिशत से बढ़ कर 1910–20 में 70 प्रतिशत हो गया [देखें रेखा चित्र 10.3]। उन्नीसवीं सदी के ब्रिटिश आंकड़े अपूर्ण हैं फिर भी परिमाणक्रम बहुत स्पष्ट हैं। ब्रिटेन में 19वीं सदी

में धन सम्पदा अत्यंत ही संकुलित थी और उसमें 1914 से पूर्व किसी प्रकार के निवारण का संकेत नहीं मिलता। फ्रांस के परिप्रेक्ष्य में यही बात अहम है कि पूंजी स्वामित्व की विषमता ब्रिटेन में फ्रांस की उत्कर्ष युगीन विषमता से भी कुछ अधिक थी जबकि तृतीय जनतंत्र के अभिजात्य वर्गीय विद्वान फ्रांस को चैनलपार की राजशाही की तुलना में एक समताशील समाज बताते नहीं थकते थे। वास्तव में शासक तंत्र की राजनीतिक रचना का दोनों देशों के आंतरिक धन सम्पदा के वितरण पर कोई प्रभाव नहीं दिखाई देता।

रेखाचित्र 10.3: ब्रिटेन में धन सम्पदा की विषमता, 1810–2010

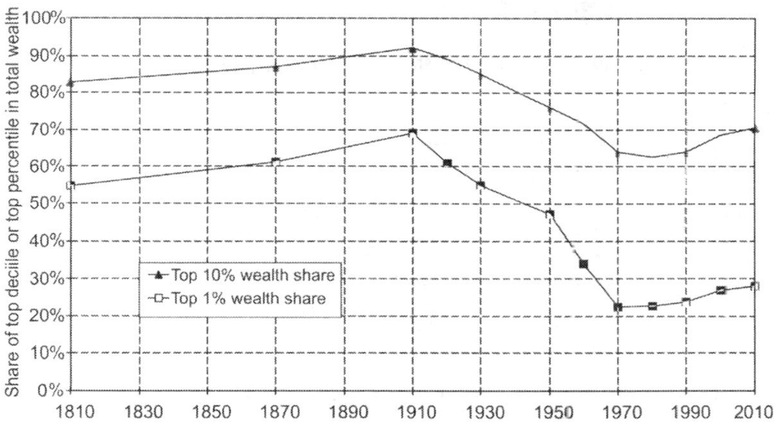

ब्रिटेन में 1810–1910 अवधि में शीर्षस्थ शतमंक का सकल सम्पदा में अंश 80–90 प्रतिशत था, अब यह 70 प्रतिशत है।

स्रोत और श्रृंखला हेतु देखें: piketty.pse.ens.fr/capital21C.

स्वीडन में 1910 के बाद से बहुत समृद्ध जानकारी सुलभ है और ओह्लसन, रॉइन तथा वाल्डे-स्टोर्म ने उन आंकड़ों का प्रयोग किया है। इस देश के विषय में 1810–1870 के भी कुछ अनुमान सुलभ हैं [विशेषकर ली सॉल्टोव का अनुमान]। उक्त आंकड़ों से भी फ्रांस और ब्रिटेन जैसा ही प्रक्षेपण पथ दिखाई पड़ा है। [देखें रेखाचित्र 10.4]। वस्तुत: स्वीडन के धन संबंधी आंकड़े उसी सत्य की ओर संकेत कर रहे हैं जो हमें आय विवरणियों से पहले ही ज्ञात है: स्वीडन भी ऐसा समतापूर्ण समाज नहीं था जैसा कई बार उसे मान लिया जाता है। हां यह सत्य है कि अन्य ऐतिहासिक श्रृंखलाओं से स्पष्ट विषमता की तुलना में यहाँ विषमता स्तर सबसे निम्न

था—शीर्षस्थ दशमंक का सकल सम्पदा के मात्र 50 प्रतिशत और शीर्षस्थ शतमंक का केवल 15 प्रतिशत पर अधिकार था। यह भी विषमता का काफी उच्च स्तर है और 1980–90 से स्वीडन में भी विषमता में इतनी महत्वपूर्ण वृद्धि हुई है कि इसका स्तर अब [2010 में] फ्रांस से कुछ ही कम रह गया है। इससे भी अधिक आग्रह की बात यह है कि 1900–10 में स्वीडन में भी धन संकुलन फ्रांस से कम नहीं था। उत्कर्ष युग में सभी यूरोपीय देशों में धन संकुलन अत्यधिक हो चला था। यह समझना आवश्यक है कि इस संकुलन का कारण क्या था और 20वीं सदी में इतने बड़े बदलाव क्यों आ गए थे।

रेखाचित्र 10.4: स्वीडन में धन सम्पदा विषमता, 1810–2010

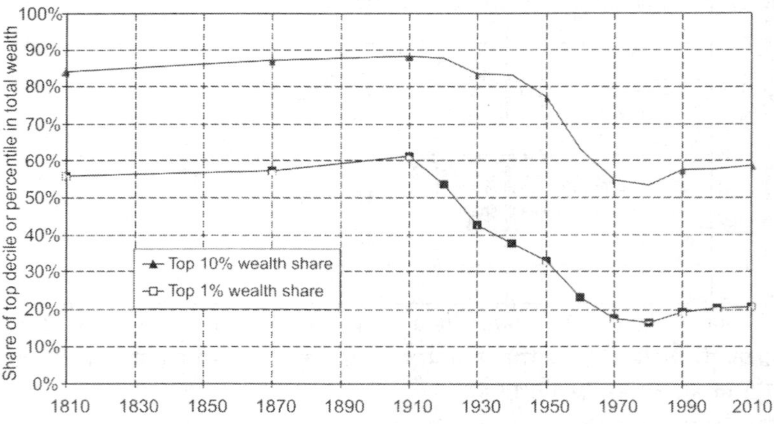

वर्ष 1810–1910 के बीच शीर्षस्थ दशमंक का सकल सम्पदा में अंश 80–90 प्रतिशत था जो घट कर अब 55–60 प्रतिशत रह गया है।

स्रोत और श्रृंखला हेतु देखें: piketty.pse.ens.fr/capital21C.

एक और बात भी ध्यान रहे : अधिकांश समाज 19वीं सदी से पूर्व, विशेषकर आधुनिक कृषि प्रधान अर्थव्यवस्थाओं तथा मध्य युगीन एवं प्राचीन समाज भी इसी प्रकार की भीषण विषमताओं से ग्रस्त रहे हैं—80 से 90 प्रतिशत पूंजी पर शीर्षस्थ दशमंक तथा 50 से 60 प्रतिशत पर शीर्षस्थ शतमंक का अधिकार एक 'सामान्य' बात रही है। यद्यपि उपलब्ध जानकारी और आंकड़ें इतनी दृढ़ता से इस निष्कर्ष की पुष्टि नहीं कर पा रहे, फिर भी शीर्षस्थ दशमंक एवं शतमंक की कृषि भूमि स्वामित्व में

परिमाण क्रमिकता तो फ्रांस, ब्रिटेन और स्वीडन में 19वीं सदी और उत्कर्ष युग से बहुत मिलती जुलती ही है।[10]

सम्पदाधारी मध्यम वर्ग का उदय

इस अध्याय के शेष भाग में हम तीन प्रश्नों से संबंधित चर्चा करेंगे।

सबसे पहला प्रश्न है: प्रथम महायुद्ध से पूर्व धन सम्पदा की विषमताएं इतनी भीषण क्यों [और वृद्धिमान भी क्यों] थीं? दूसरे, यद्यपि आज 21वीं सदी के आरंभ में भी धन समृद्धि का वैसा ही क्रम चल रहा है जैसा गत शती के आरंभ में दिखाई दे रहा था (पूंजी/आय अनुपात द्वारा सूचित), फिर भी आज धन संकुलन का स्तर गत ऐतिहासिक स्तर से काफी कम क्यों है? और अंतत: क्या यह वर्तमान अवस्था अपरिवर्तनीय है? [इसमें कोई परिवर्तन नहीं आना सुनिश्चित है?]।

आपको फ्रांस के आंकड़ों पर आधारित दूसरे निष्कर्ष का स्मरण होगा : धन सम्पदा का अपना सकुलन और सम्पदा से आय का संकुलन 1914–45 की अवधि के आघातों से उबर नहीं पाया है। शीर्षस्थ दशमंक का सकल सम्पदा में अंश 1910–20 के 90 प्रतिशत से गिरकर 1950–70 में 60–70 प्रतिशत रह गया था। शीर्षस्थ शतमंक के अंश की गिरावट तो और भी अधिक तीखी रही : यह (इसी अवधि में) 60–70 प्रतिशत से घट कर मात्र 20–30 प्रतिशत रह गया था। प्रथम विश्वयुद्ध से पूर्व की प्रवृत्तियों की तुलना में यह बदलाव बहुत ही अभिभूत करने वाला रहा है। यह ठीक है कि 1980–90 के दशक से एक बार फिर धन सम्पदा की विषमता में वृद्धि दिखाई देने लगी है और वित्तीय वैश्वीकरण ने राष्ट्रीय संदर्भों में धन सम्पदा के आकलन और इसके वितरण के निर्धारण का कार्य और भी अधिक कष्टसाध्य बना दिया है। परिणामत: 21वीं सदी में धन की विषमता का आकलन अंतर्राष्ट्रीय स्तर पर ही करना एक विवशता हो जाएगी। इन अनिश्चितताओं के बाद भी इस बात में कोई संदेह नहीं है कि आज विषमता का स्तर एक सदी पूर्व के स्तर से महत्त्वपूर्ण रूप से न्यून है। अब शीर्षस्थ दशमंक का धन सम्पदा में अंश 60–65 प्रतिशत है [यह अपने आप में तो अधिक लगता है, किंतु उत्कर्ष युगीन यूरोपीय स्तर से काफी कम है] इसका एक महत्त्वपूर्ण आयाम भी है: आज एक सम्पदाधारी मध्यम वर्ग

उदित हो चुका है जिसका राष्ट्रीय संपदा के एक तिहाई अंश [यह महत्त्वहीन आंकड़ा नहीं है] पर अधिकार है।

अन्य यूरोपीय देशों के आंकड़े भी इस प्रक्रिया के सामान्य घटनाक्रम होने के प्रमाण दे रहे हैं। ब्रिटेन में शीर्षस्थ दशमंक का अंश प्रथम विश्वयुद्ध के पूर्व के 90 प्रतिशत अंश से घटकर 1970 के दशक में 60–65 प्रतिशत रह गया था। बीसवीं सदी के संक्षोभों से शीर्षस्थ शतमंक का धन अंश तो ध्वस्त ही हो होकर रह गया—वह 1910–20 के 70 प्रतिशत से घटकर 1970–80 में मात्र 20 प्रतिशत बचा था। [हां, अब यह बढ़ कर 25–30 प्रतिशत हो गया है—देखें रेखाचित्र 10.3]। स्वीडन में पूंजी स्वामित्व में संकुलन ब्रिटेन से कम ही रहा है। किंतु वहाँ भी मुख्य प्रवृत्तियां इसी प्रकार की रही हैं [देखें रेखाचित्र 10.4]। यह स्पष्ट हो रहा है कि धनिकतम 10 प्रतिशत ने जो कुछ खोया है वह नवोदित सम्पदाधारी मध्यम वर्ग—धन क्रमिकता के मध्यवर्ती 40 प्रतिशत जन समुदाय—को प्राप्त हो गया है। किंतु यह अंश न्यूनतम 50 प्रतिशत जन समुदाय की ओर प्रवाहित नहीं हो पाया।—उसका अंश प्राय: 5 प्रतिशत या कम रहा है—स्वीडन में भी यह कभी भी 10 प्रतिशत नहीं हो पाया। ब्रिटेन में तो लगता है जो कुछ शीर्षस्थ 1% ने खोया वह मुख्यत: उससे निम्न 9 शतमंकों की ओर ही प्रवाहित हुआ। इस प्रकार की राष्ट्र स्तरीय अभिनतियों के बाद भी विभिन्न यूरोपीय देशों की मुख्य प्रवृत्तियां समानप्राय रही हैं। बस सबसे बड़ा संरचनात्मक परिवर्तन मध्यम वर्ग का उदय है—इसमें आधी के करीब जनसंख्या है—और इसने भी अब कुछ पूंजी एकत्र कर ली है—यहाँ तक कि अब इनके पास देश की सकल धन सम्पदा का एक चौथाई से एक तिहाई अंश जमा हो गया है।

अमेरिका में धन की विषमता

अब मैं संयुक्त राज्य अमेरिका की ओर चल रहा हूँ। यहाँ भी 1910–20 के बाद से उत्तराधिकार अंतरण के दस्तावेज उपलब्ध हैं। इन पर कई शोधकर्ताओं ने चिन्तन-मनन किया है [विशेषकर लैंपमैन, कॉपजक, सईज आदि प्रमुख अध्येता रहे हैं]। इन आंकड़ों के प्रयोग में कई बातों को लेकर सतर्कता आवश्यक है। इसका कारण संघीय सम्पदा कर से प्रभावित होने

वाली जनसंख्या का अत्यल्प अनुपात है। किंतु संघीय सम्पदा कर की जानकारी के साथ-साथ संघीय रिजर्व बैंक द्वारा 1960 के बाद से समय समय पर कराए गए धन सम्पदा सर्वेक्षण के आंकड़ों का प्रयोग [यह कार्य आर्थर कैनिकल और एडवर्ड वोल्फ ने किया भी है], और 1810–70 की अवधि की अपेक्षाकृत कम सटीक सम्पदा गणना और धन जनगणना आदि के आंकड़े [जिन्हें एलिस हैंसन जोन्स और ली सोल्टोव ने प्रयोग किया है] मिलकर एक दीर्घकालिक श्रृंखला की रचना में सहायक हो जाते हैं।[11]

यूरोपीय एवं अमेरिकी विस्तार पथों में कई महत्वपूर्ण अंतर स्पष्ट हैं। सबसे पहली बात यह है कि 1800 में संयुक्त राज्य में धन की विषमता 1970–80 में स्वीडन के विषमता स्तर से अधिक भिन्न नहीं थी। संयुक्त राज्य एक 'नया' देश था और उसकी अधिकांश जनसंख्या आप्रवासियों की थी—जो बिना किसी धन–राशि के वहाँ पहुंचे थे। इसमें कोई आश्चर्य नहीं होना चाहिए—तब तक धन के संचयन–संकुलन की प्रक्रिया को प्रारम्भ हुए बहुत समय नहीं हुआ था। किंतु आंकड़ों में बहुत त्रुटियां हैं—उत्तरी राज्यों में स्वीडन (1970–80) से कम तो दक्षिणी राज्यों में तत्कालीन यूरोपीय स्तरों के समान प्राय: विषमता विद्यमान थी।[12]

रेखाचित्र 10.5: संयुक्त राज्य में धन सम्पदा विषमता, 1810–2010

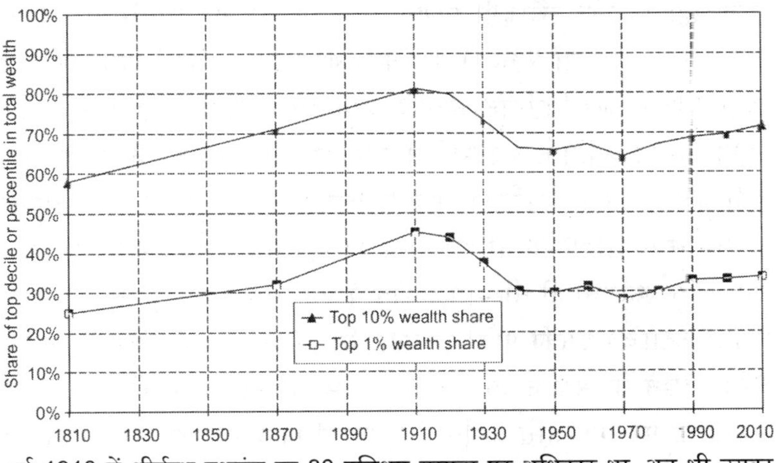

वर्ष 1910 में शीर्षस्थ दशमंक का 80 प्रतिशत सम्पदा पर अधिकार था, अब भी उसका अंश 75 प्रतिशत है। स्रोत और श्रृंखला हेतु देखें: piketty.pse.ens.fr/capital21C.

संयुक्त राज्य में 19वीं सदी में धन सम्पदा का संकुलन निरंतर वृद्धिशील रहने की बात एक निर्विवाद सत्य है। वर्ष 1910 में पूंजी विषमता काफी उच्च हो गई थी, हां यूरोप की अपेक्षा इसका स्तर निम्न ही था : यहाँ शीर्षस्थ दशमंक का सकल सम्पदा के 80 प्रतिशत और शीर्षस्थ शतमंक का 45 प्रतिशत पर अधिकार था [देखें रेखाचित्र 10.5]। उस समय के अमेरिकी अर्थ शास्त्रियों को यह चिंता भी सता रही थी कि नए विश्व में भी पुराने यूरोप जैसी विषमता का प्रभाव छा रहा था। संयुक्त राज्य में धन के वितरण पर विलफोर्ड किंग की 1915 में प्रकाशित पुस्तक इस प्रश्न के व्यापक स्तर पर अध्ययन का प्रथम प्रयास थी। इससे हमें बहुत अच्छी जानकारी मिलती है।[13] आज के संदर्भ में यह कुछ आश्चर्यजनक लगता है। हम काफी समय से यह मान कर चल रहे हैं कि संयुक्त राज्य में यूरोप की अपेक्षा कही अधिक विषमताएं हैं और अनेक अमेरिकी इस बात पर गर्व भी करते हैं [उनका तर्क है कि विषमता तो उद्यमी गतिशीलता की एक पूर्व शर्त है—वे प्राय: यूरोप की भर्त्सना करते हुए उसे सोवियत समतावाद का एक अभयारण्य भी कह डालते हैं]। किंतु एक सदी पहले सामान्य धारणा और वास्तविकता एकदम विपरीत थी : नया विश्व यूरोप की भांति विषमता ग्रस्त नहीं था और उसे इसी विशेषता पर गर्व भी था। उन्नीसवीं सदी के अंत के वर्षों को वहाँ 'सुनहरी युग' कहा गया है। उस समय कुछ अमेरिकी उद्योगपतियों और वितीयन कर्ताओं [जॉन.डी. रॉक्फेलर, एंड्रु कार्नेगी और जे.पी. मॉर्गन आदि] ने अप्रत्याशित स्तर पर धन संग्रह कर लिया था और इसी कारण अनेक अमेरिकी अध्येता चिंतत हो रहे थे कि राष्ट्र अपनी अनुपम समतावादी भावना को खोता जा रहा था। वास्तव में यह 'भावना एक कपोल कल्पना ही थी—हां, यूरोप में धन सम्पदा के संकुलन के स्तर से तुलना कदाचित इसकी पुष्टि कर देती थी। हम खंड–4 में देखेंगे कि यूरोप जैसा दिखने के भय ने ही 1910–20 में संयुक्त राज्य को बहुत बड़ी सम्पदाओं पर एक अति प्रगतिशील उत्तराधिकार सम्पदा कर लगाने को प्रेरित कर दिया था] उस विचार को भी अमेरिकी जीवन मूल्यों का विरोधी माना गया था। एक प्रगतिशील आयकर तो कदापित स्वीकार्य नहीं होता।

बहुत विनम्र शब्दों का प्रयोग करें तो 20वीं सदी के दौरान विषमता, पुनर्वितरण और राष्ट्रीय विलक्षणता या पहचान के विषय में जन धारणाओं में बहुत बड़े बदलाव आए हैं।

संयुक्त राज्य में 1910–50 की अवधि में धन की विषमताएं कम हुई, साथ ही आय की विषमताओं में भी गिरावट आई, किंतु यह गिरावट यूरोप की अपेक्षा कम ही थी। हां, यहाँ विषमता का प्रारम्भिक स्तर कम था और युद्ध के संक्षोभ और आघात भी कम गंभीर थे। वर्ष 2010 में [संयुक्त राज्य में] सकल सम्पदा में शीर्षस्थ दशमंक का अंश 70 प्रतिशत से कुछ अधिक और शीर्षस्थ शतमंक का 35 प्रतिशत के निकट आंका गया था।[14]

अंत में, बीसवीं सदी में संयुक्त राज्य में धन सम्पदा का विकुलन काफी सीमित रहा : शीर्षस्थ दशमंक का अंश 80 से घट कर 70 प्रतिशत पर पहुंचा जबकि यूरोप में यह 90 प्रतिशत से घटकर 60 प्रतिशत रह गया था।[15]

रेखाचित्र 10.6: धन सम्पदा विषमता : यूरोप बनाम संयुक्त राज्य, 1810–2010

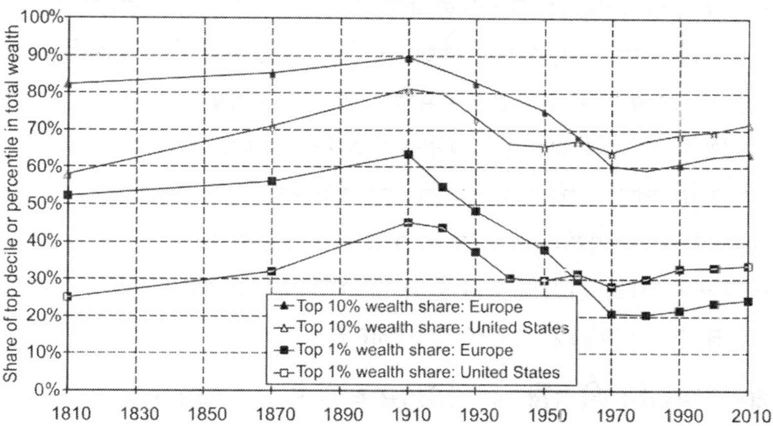

बीसवीं सदी के मध्य तक यूरोप में धन की विषमता संयुक्त राज्य से अधिक थी।

स्रोत और श्रृंखला हेतु देखें: piketty.pse.ens.fr/capital21C.

यूरोपीय और अमेरिकी अनुभवों के अंतर बहुत स्पष्ट हैं। यूरोप में बीसवीं सदी में समाज का पूर्ण प्रत्यावर्तन हो गया। प्रथम महायुद्ध से

तत्काल पूर्व धन विषमता, जो पुरातन व्यवस्था जितनी ही प्रचंड थी, अप्रत्याशित निम्न स्तर पर जा गिरी। यहाँ तक कि लगभग आधी जनसंख्या कुछ न कुछ धन पर अधिकार पाने में सफल हो गई—पहली बार इस वर्ग के हाथ राष्ट्रीय पूंजी का अंश आया था—वह भी महत्वपूर्ण अंश। यह 1945–75 की अवधि में फैल रहे उत्साह के वातावरण की आंशिक व्याख्या ही है। जन सामान्य को लग रहा था कि पूंजीवाद के निकृष्ट आयामों पर विजय प्राप्त हो गई है और अब वर्ग विभाजित समाज इतिहास की बात रह गई है। यही कारण है कि जब 1980 के बाद यह प्रगतिरथ थमा तो यूरोपवासी उसे सहज रूप से स्वीकार नहीं कर पाए। वे आज भी यही सोच रहे हैं कि जाने कब पूंजीवाद का जिन्न पुन: उसकी बोतल में बंद हो पाएगा।

संयुक्त राज्य में धारणाएं और अनुभूतियां बहुत ही भिन्न हैं। एक दृष्टि से तो श्वेत सम्पदाधारी मध्यम वर्ग 19वीं सदी में भी विद्यमान था—हां, सुनहरी काल में इसे कुछ ठेस लगी थी, किंतु 20वीं सदी के मध्य में इसमें फिर सुधार आया तो 1980 के बाद फिर से आघातों का सामना करना पड़ा है। संयुक्त राज्य की कर व्यवस्था इसी उच्चावचन को प्रतिबिंबित कर रही है। संयुक्त राज्य में 20वीं सदी सामाजिक न्याय की ओर एक लम्बी छलांग लेकर नहीं आई थी। वस्तुत: आज विषमता का स्तर 19वीं सदी के आरंभ के स्तर से भी उच्चतर है। अत: विलुप्त संयुक्त राज्यीय स्वर्ग का संबंध राष्ट्र के प्रारम्भिक काल के साथ दिखाई देता है। आज भी लोगों में बोस्टन टी पार्टी की यादें भरी हैं, न कि पूंजीवाद की ज्यादतियों पर अंकुश लगाने वाले राजकीय हस्तक्षेप के उत्कर्ष की।

धन दिक्वर्तन की प्रक्रिया: इतिहास काल में 'r' बनाम 'g'

आइए अब कुछ अवलोकित तथ्यों की व्याख्या करें। ये तथ्य हैं : यूरोप में 19वीं सदी ही नहीं, प्रथम विश्वयुद्ध तक धन सम्पदा का भीषण संकुलन; फिर 1914–45 के संक्षोभों द्वारा धन सम्पदा विषमता का महत्वपूर्ण स्तर

पर निवारण और यह तथ्य कि अभी तक तो यह संकुलन यूरोप में अतीत में छुई गई बुलंदियों तक नहीं पहुंच पाया है।

यहाँ अनेक प्रक्रियाएं एक साथ कार्य कर रही होंगी और मेरी जानकारी में ऐसी कोई विधि नहीं है जो प्रत्येक प्रक्रिया के योगदान का आकलन कर पाए। किंतु उपलब्ध आंकड़ों और अपने विश्लेषण द्वारा हम उन प्रक्रियाओं को एक अनुक्रम अवश्य प्रदान कर सकते हैं। हमारी जानकारी के आधार पर मेरा विश्वास है कि मैं इन मुख्य निष्कर्षों तक पहुंच सकता हूँ।

परंपरागत कृषिक समाजों—और प्रथम महायुद्ध पूर्व प्राय: सभी पुराने देशों में धन सम्पदा के अतिशय संकुलन का मुख्य कारण यह था कि वे सभी निम्न संवृद्धि दर वाले देश थे जहां पूंजी की प्रतिप्राप्ति दर सामान्य संवृद्धि दर से स्थायी रूप से बहुत अधिक चल रही थी [किंतु, नवीन विश्व के अग्रणी देशों की अवस्था ऐसी नहीं थी—वे स्थितियां सारे विश्व की प्रतिनिधि नहीं हो सकतीं और अपने आप में विशिष्ट थीं]।

जिस मूल दिक्वर्तनकारी शक्ति की मैंने विषय प्रवेश के अध्याय में संक्षेप में चर्चा की थी, वह इस प्रकार कार्य करती है : ऐसे विश्व की कल्पना कीजिए जो 18वीं–19वीं सदियों से पूर्व काल की भांति मात्र 0.5 से 1.0 प्रतिशत दर से संवृद्धि कर रहा हो। ऐसी दशा में तो पूंजी की प्रतिप्राप्ति दर, जो सामान्यत: 4 से 5 प्रतिशत रहती है, संवृद्धि दर से कई गुना अधिक हो जाती है। स्थूल रूप से इसका अर्थ होगा कि पहले से एकत्र सम्पदा का बड़ी तीव्र दर पर पूंजीकरण होगा। यह दर अर्थव्यवस्था की संवृद्धि दर से अधिक होगी, भले ही उस पूंजी के स्वामी की अपने श्रम से आय शून्य रहे।

इस उदाहरण पर ध्यान दें : यदि $g = 1$ और $r = 5\%$ तो पूंजी से आय के केवल पांचवें अंश की बचत यह सुनिश्चित कर सकती है कि पिछली पीढ़ी से विरासत में मिली पूंजी में उसी दर से वृद्धि हो रही हो जो अर्थव्यवस्था की सामान्य संवृद्धि दर है [पूंजी से आय का 80 प्रतिशत—अर्थात पांच में से चार भाग–उपयोग के लिए प्रयुक्त हो रहा होगा]। यदि

किसी की सम्पदा अधिक विशाल हो तो अच्छी तरह से जीवनयापन के लिए उसे अपनी पूंजी से प्राप्त आय के 80 प्रतिशत अंश का उपयोग करने की जरूरत नहीं रहती—अर्थात वह अधिक बचत करने में सफल रहता है। दूसरे शब्दों में, उसकी पूंजी की वृद्धि दर राष्ट्रीय आय की वृद्धि दर से अधिक हो जाती है। यहाँ भी पूंजीधारी की श्रम से आय शून्य रहने पर भी धन की विषमताओं में वृद्धि होगी। इन अकाट्य गणितीय कारणों से भी यहाँ "उत्तराधिकार आधारित" समाज के फलने फूलने के लिए आदर्श परिस्थितियां निर्मित हो जाती हैं। यहाँ "उत्तराधिकार आधारित समाज" से मेरा तात्पर्य ऐसी सामाजिक रचना से है जिसमें धन सम्पदा का बहुत अधिक संकुलन हो और एक पीढ़ी से अगली तक विशाल सम्पदाओं का अंतरण हो रहा हो।

घटनाक्रम कुछ ऐसा रहा है कि अनेक देशों–समाजों में ऐसी ही परिस्थितियां व्याप्त थीं—19वीं सदी के यूरोपीय समाजों में तो ये विशेष रूप से दिखाई पड़ रही थीं। रेखाचित्र 10.7 दर्शा रहा है कि फ्रांस में 1820–1913 की अवधि में पूंजी से प्रतिप्राप्ति दर, संवृद्धि दर से बहुत अधिक थी। उस अवधि में पूंजी से प्रतिप्राप्ति का औसत स्तर 5 प्रतिशत आंका गया है और संवृद्धि दर के मात्र 1 प्रतिशत रहने का अनुमान रहा है। पूंजी से आय का राष्ट्रीय आय में 40 प्रतिशत अंश था और इसके एक चौथाई भाग की बचत ही 10 प्रतिशत की बचत दर को सुनिश्चित कर देती थी [देखें रेखाचित्र 10.8]। इस प्रकार धन सम्पदा की वृद्धि दर आय की संवृद्धि की अपेक्षा अधिक हो जाती थी। इससे धन संकुलन में वृद्धि का क्रम चल रहा था। मैं अगले अध्याय में दर्शाऊंगा कि इस अवधि में अधिकांश धन सम्पदा [स्व–संकलित] उत्तराधिकार में प्राप्त हुई थी। उस महान आर्थिक गत्यात्मकता और प्रभावशाली वित्तीय परिष्कृति के युग में भी उत्तराधिकारी पूंजी का वर्चस्व मूलभूत विषमिका $r > g$ का गत्यात्मक प्रभाव ही था। फ्रांस में उत्तराधिकार पंजीकरण के समृद्ध आंकड़े हमें इस निष्कर्ष को बहुत स्पष्ट रूप से निरूपित करने का आधार प्रदान करते हैं।

रेखाचित्र 10.7: पूंजी पर प्रतिप्राप्ति और संवृद्धि दर : फ्रांस, 1820–1913

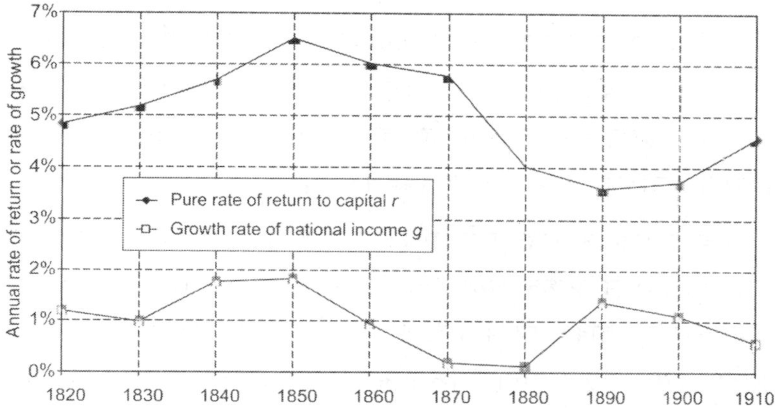

फ्रांस में 1820–1913 की अवधि में पूंजी पर प्रतिप्राप्ति की दर संवृद्धि दर से बहुत अधिक थी। स्रोत और श्रृंखला हेतु देखें: piketty.pse.ens.fr/capital21C.

रेखाचित्र 10.8: पूंजी का अंश और बचत दर: फ्रांस, 1820–1913

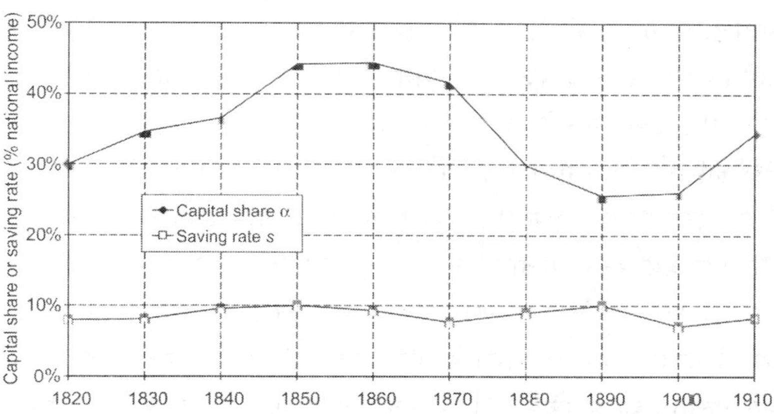

फ्रांस में 1820–1913 में राष्ट्रीय आय में पूंजी का अंश बचत की दर से अधिक रहा।

स्रोत और श्रृंखला हेतु देखें: piketty.pse.ens.fr/capital21C.

पूंजी से प्रतिप्राप्ति दर संवृद्धि दर से अधिक क्यों होती है?

आइए मैं अपनी दलील के तर्क को आगे बढ़ाऊं। क्या पूंजी की प्रतिप्राप्ति के संवृद्धि दर से व्यवस्थित रूप से अधिक होने के कोई गूढ़ कारण हैं? एक बात स्पष्ट कर दूं—मैं इस बात को एक ऐतिहासिक तथ्य मानता हूँ, किसी प्रकार की तार्किक आवश्यकता या विवशता नहीं।

यह तो एक निर्विवाद ऐतिहासिक तथ्य है कि बहुत लम्बी अवधि तक r का मान g से अधिक बना रहा है। अनेक व्यक्ति जब इस सत्य का साक्षात्कार कर चकित रह जाते है और पूछ बैठते हैं कि यह सत्य क्यों होना चाहिए। इस r > g के ऐतिहासिक सत्य को स्वीकार करने के लिए स्वयं को तैयार करने का सबसे सहज तरीका यह लगता है :

जैसा कि मैंने खंड–1 मैं दर्शाया है, अधिकांश मानव इतिहास में आर्थिक संवृद्धि दर शून्यप्राय ही रही है। जनांकीय एवं आर्थिक संवृद्धियों को मिला कर ऐसा प्रतीत होता है कि आदिकाल से 17वीं सदी तक वार्षिक संवृद्धि दर कभी भी 0.1-0.2 प्रतिशत से अधिक नहीं रही। ऐतिहासिक अनिश्चितताओं के बावजूद इस बात में कोई संदेह नहीं है कि पूंजी पर प्रतिप्राप्ति उक्त संवृद्धि दर से तो अधिक ही थी—इस प्रतिप्राप्ति का दीर्घकालिक औसत मान 4–5 प्रतिशत वार्षिक रहा है। विशेष बात तो यह है कि परंपरागत कृषिक अर्थव्यवस्थाओं में यह भूमि से प्रतिप्राप्ति की दर थी। यदि हम अनेक भूस्वामियों द्वारा दिए गए तर्क को स्वीकार भी कर लें कि बड़ी सम्पदाओं का प्रबंधन इतना सरल नहीं होता, और इसमें उनकी अपनी अत्यंत कुशल श्रमशक्ति के परिश्रम का प्रतिफल भी सम्मिलित है तो इस अनुमान को घटाकर 2–3 प्रतिशत तक ले जाया जा सकता है [हालांकि मेरी दृष्टि से यह बात अनुचित होगी]। किंतु पूंजी की यह 2–3 प्रतिशत वार्षिक प्रतिप्राप्ति भी 0.1–0.2 प्रतिशत की सामान्य संवृद्धि दर से तो बहुत अधिक रहती है। अत: हम पूरे इतिहास काल में इस तथ्य को स्वीकार करने को विवश रहते हैं कि पूंजी की प्रतिप्राप्ति की दर उत्पादन [और इसी

कारण आय] की वृद्धि की दर से 10 से 20 गुना अधिक रही है। वस्तुत: यही तथ्य समाज का एक आधार भी रहा है—इसी ने एक साधन संपन्न वर्ग को अपने निर्वाह मात्र की चिंता से ऊपर उठकर 'कुछ और' कार्य करने में समर्थ बनाया था।

इसी बात को यथा संभव स्पष्टतापूर्वक दर्शाने के लिए ही मैंने रेखाचित्र 10.9 में आदिकाल से 21वीं सदी तक विश्व स्तरीय पूंजी की प्रतिप्राप्ति और संवृद्धि दरों के विकासक्रमों को अंकित किया है।

ये आकलन कदाचित अनिश्चित अनुमान ही हैं, किंतु इनसे झलकने वाले परिमाणों की क्रमिकता और उनका विकासक्रम तो मान्य लगता है। वैश्विक संवृद्धि दर के लिए मैंने उन ऐतिहासिक अनुमानों और प्रक्षेपणों का प्रयोग किया है जिनकी चर्चा खंड–1 में की गई थी। विश्व स्तर पर पूंजी की प्रतिप्राप्ति के लिए 1700–2010 की अवधि के ब्रिटेन और फ्रांस के खंड–2 में चर्चित अनुमानों का प्रयोग किया गया है। प्रारम्भिक अवधियों के लिए मैंने 4.5 प्रतिशत वार्षिक निवल प्रतिप्राप्ति दर का प्रयोग किया है—इसे न्यूनतम अनुमान मानना चाहिए। [उपलब्ध ऐतिहासिक साक्ष्य तो इसके 5 –6 प्रतिशत होने के संकेत दे रहे हैं]।[16]

21वीं सदी के लिए मेरी मान्यता है कि 1990–2010 में अवलोकित मान [अर्थात 4 प्रतिशत] ही मान्य रहेगा किंतु यह बात इतनी निश्चित नहीं है—कुछ शक्तियां इसे कम करने के दबाव बनाए होंगी तो कुछ इसे और अधिक करने की दिशा में सक्रिय होंगी। एक अन्य बात ध्यान रहे : रेखाचित्र 10.8 में दर्शाई गई पूंजी की प्रतिप्राप्ति कर पूर्व प्रतिप्राप्ति है [इसमें युद्ध के कारण पूंजी की हानि एवं पूंजीगत लाभ–हानियों का समंजन भी नहीं किया गया है—बीसवीं सदी में ये हानियां विशेष रूप से बहुत विशाल रही हैं]।

रेखाचित्र 10.9: विश्व स्तर पर प्रतिप्राप्ति दर बनाम संवृद्धि दर, आदिम काल से 2100 तक

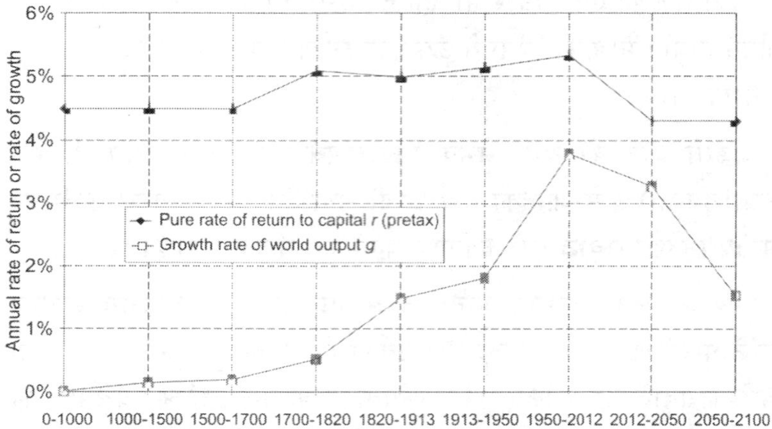

कर पूर्व पूंजी पर प्रतिप्राप्ति दर विश्व की संवृद्धि दर से सदैव अधिक रही है– इसका अंतर 20वीं सदी में कम हुआ था—यह अंतर 21वीं सदी में एक बार फिर विस्तीर्ण हो सकता है।

स्रोत और श्रृंखला हेतु देखें: piketty.pse.ens.fr/capital21C.

रेखाचित्र 10.9 दर्शा रहा है कि पूंजी पर निवल प्रतिप्राप्ति सारे इतिहास काल में वैश्विक संवृद्धि दर से काफी उच्च रही है। किंतु बीसवीं सदी में इनके बीच का अंतर काफी कम हुआ है—विशेषकर उस शती के उत्तरार्द्ध में। यह वह समय था जब विश्व अर्थव्यवस्था में 3.5–4 प्रतिशत दर पर संवृद्धि चल रही थी। अब यही संभावना प्रबल है कि 21वीं सदी में संवृद्धि दर [विशेष कर जनांकीय संवृद्धि] में कमी आने के कारण यह अंतर पुन: विस्तीर्ण हो जाएगा। खंड–1 में हमने एक मध्यवर्ती परिदृश्य का चित्रण किया था। वहाँ हमारा अनुमान था कि 2050–2100 की अवधि में विश्व स्तर पर संवृद्धि दर 1.5 प्रतिशत ही रह पाएगी—यही स्तर 19वीं सदी में भी दिखाई दिए थे। उस दशा में r और g का अंतराल लगभग उसी स्तर पर पहुंच जाएगा जो औद्योगिक क्रांति काल में विद्यमान था।

इस संदर्भ में यह बात सहज ही समझ आ जाती है कि पूंजी पर कर और अनेक प्रकार के संक्षोभों की भूमिका निर्णायक रूप धारण कर सकती है। प्रथम महायुद्ध से पूर्व पूंजी पर करों की दर बहुत ही निम्न रही है

[अधिकांश देशों में वैयक्तिक आय और निगम लाभों पर कर नहीं लगाते थे. साथ ही उत्तराधिकार सम्पदा पर कर की दर भी बहुत कम [दहाई के आंकडे से कम] ही रहती थी। अत: यह कहा जा सकता है कि उस समय कर पूर्व एवं कर पश्चात पूंजी प्रतिप्राप्ति दर में कोई विशेष अंतर नहीं था। प्रथम महायुद्ध के बाद शीर्ष आय, लाभ और सम्पदाओं पर करों की दरें बड़ी तीव्रता से बढ़ीं और उच्च स्तरों तक पहुंच गईं। किंतु 1980 के बाद से वैचारिक वातावरण में बदलाव आया है। अब वित्तीय वैश्वीकरण और पूंजी को आकर्षित करने की [विभिन्न देशों में] प्रतिस्पर्धा के प्रभावस्वरूप ये कर दरें कम हो रही हैं—कुछ देशों में तो इनके पूरी तरह से लुप्त हो जाने के भी संकेत मिल रहे हैं।

रेखाचित्र 10.10: विश्व स्तर पर कर पश्चात प्रतिप्राप्ति दर बनाम संवृद्धि दर : आदिम काल से 2100

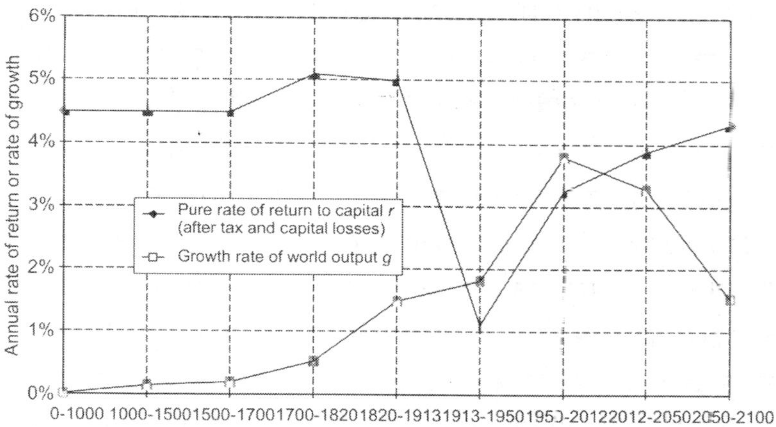

20वीं सदी में कर पश्चात् पूंजी प्रति प्राप्ति दर संवृद्धि दर से कम हो गयी थी किंतु 21सदी में यह एक बार फिर उससे अधिक हो सकती है।

रेखाचित्र 10.10 में 1913–50 की अवधि में पूंजी के विनाश के समंजन के बाद कर पश्चात् पूंजी पर औसत प्रतिप्राप्ति के अनुमान प्रदर्शित हैं। तर्क के लिए मैंने यह भी मान लिया है कि पूंजी को आकर्षित करने की राजकोषीय [छूट देने की] स्पर्धा से 21वीं सदी में पूंजी पर लगने वाले कर समाप्तप्राय हो जाएंगे। मैं यह मान कर चल रहा हूँ कि पूंजी पर औसत कर

1913–2012 के 30 प्रतिशत से कम होकर 2012–50 में 10 प्रतिशत और 2050–2100 में शून्य प्रतिशत रह जाएगा। यह सत्य है कि वास्तविकता में बहुत कुछ भिन्न होता है—विभिन्न देशों में अलग-अलग प्रकार की सम्पत्तियों पर करों की दरें भी भिन्न होती हैं। कभी वे प्रगतिशील भी होती हैं [अर्थात आय या सम्पत्ति के आकार में वृद्धि स्तर के अनुसार दरों में भी वृद्धि हो जाती है]। साथ ही हमारी मान्यता, [कि पूंजी के लिए स्पर्धा करों का निर्मूलन कर देगी] का पूर्णरूप से सत्य होना कोई भाग्य का लेख नहीं है।

इन मान्यताओं के साथ हम पाते हैं कि कर (एवं हानि) से पूंजी पर निवल प्रतिप्राप्ति 1913–50 की अवधि में घटकर 1–1.5 प्रतिशत रह गई थी—यह मान संवृद्धि दर के मान से कम था। अत्यंत उच्च संवृद्धि दर के कारण यह विलक्षण घटनाक्रम 1950–2012 की अवधि में भी चलता रहा है। अंततः हम पाते हैं कि 20वीं सदी में राजकोषीय एवं गैर राजकोषीय संक्षोभों के कारण, इतिहास काल में पहली बार पूंजी पर निवल प्रतिप्राप्ति दर संवृद्धि दर से कम हो गई थी। अनेक परिस्थितियों के सम्मिश्रण [युद्धकालिक विनाश, प्रगतिशील कराधान की वे नीतियां जिन्हें अपनाना 1913–45 के संक्षोभों ने संभव बना दिया था और द्वितीय महायुद्ध के बाद 3 दशकों तक अति उच्च संवृद्धि] ने ऐतिहासिक दृष्टि से अप्रत्याशित घटनाक्रम को जन्म दिया, जो एक सदी तक चलता रहा है। किंतु सभी संकेत इस घटनाक्रम के अंत की पूर्व सूचना दे रहे हैं। यदि राजकोषीय स्पर्धा को अपने तार्किक चरम तक चलने दिया गया—जिसकी बहुत संभावना है—तो r तथा g के बीच का अंतर 21वीं सदी में ही किसी न किसी बिंदु पर 19वीं सदी के स्तर पर पहुंच जाएगा [देखिए रेखाचित्र 10.10]। यदि पूंजी पर कर की औसत दर 30 प्रतिशत रहती है—यह बहुत सुनिश्चित नहीं है—तो पूंजी पर निवल प्रतिप्राप्ति दर संवृद्धि की दर से बहुत ऊपर निकल जाएगी [यह हमारे केंद्रीय या औसत परिदृश्य के अनुरूप होगा]।

रेखाचित्र 10.11: विश्व स्तर पर प्रतिप्राप्ति दर बनाम संवृद्धि दर, आदिमकाल से 2100

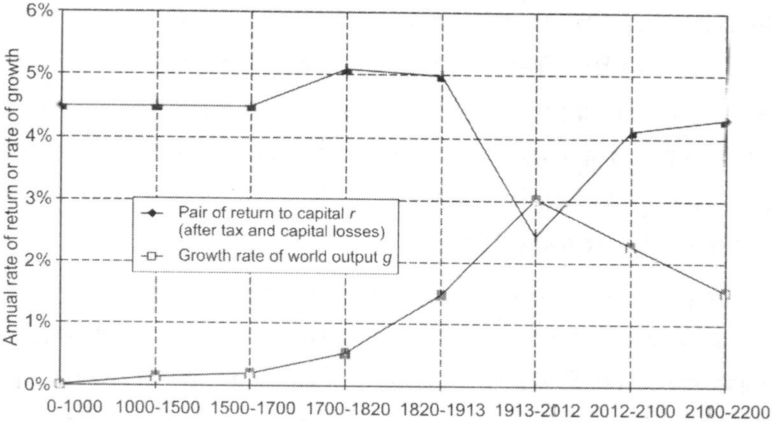

कर एवं पूंजीगत हानि के समंजन के उपरांत पूंजी प्रतिप्राप्ति दर 20वीं सदी में संवृद्धि दर से नीचे चली गई थी। वह 21वीं सदी में फिर संवृद्धि दर से ऊपर उठ सकती है।

इस संभावित विकासक्रम को अधिक स्पष्ट रूप प्रदान करने के लिए मैंने रेखाचित्र 10.11 में दो उपअवधियों, 1913–1950 और 1950–2012 को मिला कर 1913–2012 की एक सदी के लिए सांझी औसत दशाई है। इस अप्रत्याशित युग में पूंजी पर निवल प्रतिप्राप्ति दर का मान संवृद्धि दर से कम रहा है। इसी प्रकार मैंने 2012–2050 तथा 2050–2100 की अवधियों को मिलाकर 2012–2100 के लिए एक संयुक्त औसत का आकलन किया है और यह मान्यता रखी है कि 21वीं सदी के उत्तरार्द्ध की प्रवृत्तियां 22वीं सदी में भी चलती रहेंगी [हां, यह मान्यता अक्षरश: सत्य होना अनिवार्य नहीं है]। प्रत्येक दशा में रेखाचित्र 10.11 में 20वीं सदी की r और g से संबंधित एक अद्‌भुत और संभवत: विलक्षण विशिष्टता बहुत स्पष्ट हो रही है। एक बात और : अनेक अध्येता वैश्विक संवृद्धि दर के दीर्घकाल तक 1.5 प्रतिशत बने रहने को लेकर भी अधिक आश्वस्त नहीं हैं। ध्यान रहे कि 1700–2012 की दीर्घावधि में विश्व प्रति आय की औसत वृद्धि दर मात्र 0.8 प्रतिशत वार्षिक रही है। इन तीन सदियों में जनसंख्या वृद्धि दर का स्तर भी यही रहा है, किंतु आगामी दशकों में इसमें तीखी गिरावट होने के अनुमान व्यक्त किए जा रहे हैं। हां, हमारे रेखाचित्र 10.11 की सबसे गंभीर त्रुटि इसकी रचना की एक

आधारिक मान्यता में छुपी है: "अगली दो सदियों में पूंजीवाद और वित्तीय वैश्वीकरण का दिग्वर्तन करने में समर्थ कोई बड़ी राजनीतिक प्रतिक्रिया सृजित नहीं होगी।" पिछली सदी के उठापटक भरे इतिहास को देखते हुए तो यह मान्यता बहुत संदेहास्पद और असंभावित सी प्रतीत होती है—कारण यह है कि इस मान्यता के सत्य होने के बहुत ही विशाल और गंभीर विषमताकारी प्रभाव होंगे, जिन्हें इतनी अधिक देर तक झेल पाना मानव समाज के लिए संभव नहीं होगा।

संक्षेप में कहें तो समस्त मानव इतिहास में $r > g$ की विषमिका सत्य रही है—यह प्रवृत्ति प्रथम महायुद्ध तक विद्यमान रही है और 21वीं सदी में इसकी पुनरावृत्ति की संभावनाएं प्रबल हैं। किंतु इसकी सत्यता उन संक्षोभों और आघातों पर आधारित है जो पूंजी को झेलने पड़े हैं। साथ ही, पूंजी एवं श्रम के संबंधों के नियमन के लिए रचित सार्वजनिक नीतियों और संस्थागत व्यवस्थाओं का भी इन पर गहरा प्रभाव रहता है।

काल वरीयता का प्रश्न

एक बार फिर से याद कर लें कि $r > g$ एक ऐसी ऐतिहासिक धारणा है जो किन्हीं राजनीतिक एवं सामयिक संदर्भों में सत्य सिद्ध होती है और कितनी ही बार इसका सत्य सिद्ध होना आवश्यक नहीं होता। यदि तर्क शास्त्र की दृष्टि से विचार करें तो राजकीय हस्तक्षेप के बिना भी संवृद्धि दर का मान पूंजी पर प्रतिप्राप्ति दर से अधिक हो सकता है। यह सब कुछ एक ओर तो प्रौद्योगिकी के स्वरूप [अर्थात् पूंजी का किस निमित्त प्रयोग होता है?] तो दूसरी ओर बचत एवं सम्पत्ति विषयक विचारों [व्यक्ति पूंजी को धारण करना क्यों चुनते हैं?] पर निर्भर करता है। ऐसे समाज की कल्पना करना पूर्णत: संभव है जहां पूंजी का एकमेव उपयोग विशुद्ध मूल्य के भंडार के रूप में होता है। यहाँ उसकी प्रतिप्राप्ति दर शून्य रहती है। फिर भी व्यक्ति पूंजी के बहुत बड़े संचय को उत्सुक रहते हैं—इसके अनेक कारण संभव हैं: भविष्य में किसी भीषण विनाशलीला की आंशका होती है, या फिर व्यक्ति बहुत ही धैर्यशील होते हैं और अपनी भावी पीढ़ी के लिए बहुत उदार विरासत छोड़ने को लालायित होते हैं। साथ ही यदि ऐसे समाज में

उत्पादिता वृद्धि दर तीव्र हो—समाज में निरंतर नव प्रवर्तन चल रहा हो या वह अन्य उन्नत देशों के समकक्ष होने का गंभीर प्रयास कर रहा हो, तब भी संवृद्धि दर का पूंजी पर प्रतिप्राप्ति दर से काफी अधिक होना संभव हो सकता है।

किंतु व्यावहारिक स्तर पर अभी तक ऐसा कोई समाज दिखाई नहीं दिया है जहां पूंजी पर प्रतिप्राप्ति दर स्वाभाविक रूप से घट कर 2–3 प्रतिशत से कम बनी रही हो। सामान्यत: सभी प्रकार के निवेशों पर मिलाकर औसत कर पूर्व दर 4–5 प्रतिशत तो रही ही है। विशेष बात यह है कि जैसे आज भवन सम्पदा है उसी प्रकार परंपरागत कृषिक समाज में भू-सम्पदा को सबसे कम जोखिम वाला निवेश माना जाता था। उस पर भी प्रतिप्राप्ति की दर प्राय: 4–5 प्रतिशत रही है—संभवत: बहुत क्षीण–सी दीर्घकालिक प्रवृत्ति उसे 3–4 प्रतिशत की ओर ले जा रही हो।

पूंजी पर प्रतिप्राप्ति दर की इस सापेक्ष स्थिरता [4–5 प्रतिशत के बीच] और इसके कभी भी 2–3 प्रतिशत से कम नहीं होने की व्याख्या 'काल वरीयता' के आर्थिक सिद्धांत के माध्यम से की जाती है। यह वर्तमान को भविष्य पर वरीयता देने का सिद्धांत है। सामान्यत: आर्थिक कर्त्ताओं का निरूपण उनकी काल वरीयता दरों [प्राय θ द्वारा इंगित] द्वारा किया जाता है—यह उनकी व्यग्रता या उतावलेपन को सूचित करती हैं और साथ ही बताती हैं कि वे कर्ता भविष्य को किस प्रकार अपनी गणनाओं में सम्मिलित करते हैं। यदि $\theta = 5$ तो इसका अर्थ होगा कि हमारा कर्ता कल के 105 यूरो के उपयोग की संभावना की अपेक्षा आज 100 यूरो के उपभोग को बेहतर मानता है। यह सिद्धांत भी अनेक अन्य आर्थिक सिद्धांतों की भांति कदाचित स्वयंसिद्धिता का आभास लिए हुए है [अर्थशास्त्रियों के शब्द-जाल का प्रयोग करें तो कह सकते हैं कि कर्ता इस प्रकार इसलिए व्यवहार करते हैं कि उनकी उपयोगिता फलन की रचना ही ऐसी है] इसकी पूर्वाकलन क्षमता बहुत उग्र होती है—और उसकी संतुष्टि कर पाना सहज नहीं होता। हमारे वर्तमान संदर्भ में यदि हम शून्य संवृद्धि समाज की मान्यता को लेकर चलें तो यह समझ पाना कठिन नहीं होगा कि पूंजी पर प्रतिप्राप्ति दर काल

वरीयता दर θ के समान होगी।[17] इस सिद्धांत के अनुसार पूंजी पर प्रतिप्राप्ति दर की 4–5 प्रतिशत स्तर पर ऐतिहासिक स्थिरता का आधार अंततः मनोवैज्ञानिक है : यह दर औसत व्यक्ति की व्यग्रता और भविष्य के प्रति उसकी धारणा को व्यक्त करती है—इसी कारण इसमें अधिक परिवर्तन की गुंजाइश नहीं रहती।

स्वयंसिद्धि के स्वरूप के साथ–साथ यह सिद्धांत कुछ और कठिनाइयां भी पैदा करता है। एक तो सीमांत उत्पादिता सिद्धांत की भांति इस सिद्धांत की आधारभूत अंतर्दृष्टि भी पूरी तरह से गलत नहीं हो सकती। अन्य बातें समतुल्य रहने पर भी एक अधिक संतुष्ट या सब्र वाला समाज अथवा ऐसा समाज जो किन्हीं संक्षोभों की आंशका से ग्रस्त हो, अपेक्षाकृत अधिक पूंजी एकत्र करने का प्रयास करता है। इस प्रकार, यदि कोई समाज बहुत अधिक पूंजी संचय कर लेता है तो सभी प्रकार की सम्पदाओं पर औसत प्रतिप्राप्ति दर [मध्यमवर्ग की सम्पदा पर कर भुगतान के पश्चात्] एक प्रतिशत वार्षिक से कम रह जाएगी। उस दशा में सपंदाधारी वर्ग का बहुत बड़ा समुदाय अपने भवन एवं वित्तीय सम्पदा भंडारों को बेचने को उत्सुक हो जाएगा। यह क्रम उस समय तक चलता रहेगा जब तक प्रतिप्राप्ति दर में पुनः वृद्धि नहीं हो जाती।

इस सिद्धांत की समस्या इसकी अत्यधिक सादगी और व्यवस्थित रचना है : एक अपरिहार्य मनोवैज्ञानिक प्राचल में सभी प्रकार के बचत व्यवहारों और भविष्य के प्रति धारणाओं को समाहित करना असंभव हो जाता है। इस सिद्धांत का चरम स्वरूप अंनत परिसीमा [क्षितिज] प्रतिमान है। इस प्रतिमान में हमारे कर्ता अपनी सभी भावी पीढियों को उसी प्रकार बचत रणनीतियां निर्धारित करने में समर्थ मान लेते हैं जिस प्रकार वह स्वयं अपने काल वरीयता क्रमानुसार स्वयं के लिए निर्णय करते हैं। इस प्रतिमान में तो पूंजी पर निवल प्रतिप्राप्ति दर के एक प्रतिशत के दशमांश के फेरबदल की भी गुंजाइश नहीं बचती। किसी भी प्रकार [चाहे करों में परिवर्तन द्वारा ही] निवल प्रतिप्राप्ति में जरा सा भी बदलाव बचत या फिर अपबचत के रूप में इतनी उग्र प्रतिक्रिया को जन्म देता है कि निवल

प्रतिप्राप्ति दर पुनः अपने पूर्व विलक्षण संतुलन स्तर पर लौट जाती है। ऐसा पूर्वानुमान बहुत कम विश्वासजनक रहता है। इतिहास बताता है कि बचत की लोच सकारात्मक है किंतु अपरिमित नहीं—जब प्रतिप्राप्ति दर उचित एवं सामान्य सीमाओं में परिवर्तित हो रही हो, उस समय तो कदापि नहीं।[18]

इस प्रतिमान की सटीकतम व्याख्या में एक और समस्या आती है। इसका निहितार्थ है कि अर्थव्यवस्था में संतुलन बनाए रखने के लिए संवृद्धि दर g में वृद्धि के साथ-साथ पूंजी पर प्रतिप्राप्ति दर 'r' में बहुत तीव्र गति से वृद्धि होनी चाहिए—दूसरे शब्दों में, एक संवृद्धिहीन अर्थव्यवस्था की तुलना में तीव्रगति से संवृद्धिशील अर्थव्यवस्था में r और g के बीच का अंतर बहुत विशाल होना चाहिए। एकबार पुनः हम पाते हैं कि यह पूर्वाकलन अधिक विश्वस्त नहीं है और न ही इसकी ऐतिहासिक अनुभव से संगति बनती है। एक संवृद्धिशील अर्थव्यवस्था में पूंजी पर प्रतिप्राप्ति दर में तीव्र वृद्धि तो हो सकती है किंतु इसके कारण (r–g) के मान में अधिक वृद्धि की संभावना नहीं होती—ऐतिहासिक अनुभव तो यही रहा है—और अंतहीन (क्षितिजीय) काल गणना का यह एक परिणाम भी है। यहाँ ध्यान रहे कि उक्त अंतर्दृष्टि अंशतः ठीक है और तार्किक दृष्टि से रोचक भी लगती है। मानक पूंजी के लिए पूर्ण प्रतियोगिता पर आधारित आर्थिक प्रतिमान में [जहां प्रत्येक कर्ता इच्छाअनुसार उधार पा सकता है और प्रत्येक व्यक्ति अपनी पूंजी से अर्थव्यवस्था में संभव अधिकतम सीमांत उत्पादिता पाता है] r के व्यवस्थित रूप से g से अधिक होने का कारण यह है : यदि r का मान g से कम हो तो आर्थिक कर्ताओं को लगेगा कि उनकी एवं उनकी भावी पीढ़ियों की आय उस दर से अधिक तेजी से वृद्धिशील होगी जिस पर वह उधार ले रहे हैं। अतः वे स्वयं को बहुत अधिक 'धनी' मान बैठेंगे और तुरंत अपना उपभोग बढ़ाने के लिए अधिकाधिक ऋण लेने लगेंगे। यह क्रम उस समय तक चलता रहेगा जब तक r का मान g से अधिक नहीं हो जाता।इस प्रक्रिया का इसी चरम स्वरूप में चलना पूरी तरह से अपरिहार्य नहीं है, किंतु यह अवश्य स्पष्ट हो जाता है कि अधिकांश आर्थिक प्रतिमानों

में $r > g$ अवश्य होता है और अधिक दक्षतापूर्ण पूंजी बाजारों में तो यह सत्य होना और अधिक संभव होता है।[19]

सिंहावलोकन : बचत संबंधी व्यवहार और भविष्य के प्रति दृष्टिकोण को किसी एक प्राचल में बांध पाना संभव नहीं होता। इन चयनों की व्याख्या के लिए कहीं अधिक जटिल प्रतिभागों की आवश्यकता होगी जो केवल काल वरीयता नहीं अपितु पूर्वोपाय प्रेरित बचतों, जीवन चक्र प्रभावों, धन सम्पदा को प्रदत्त महत्त्व एवं अन्य अनेक कारकों पर आधारित होंगे। ये चयन अनेक प्रकार के सामाजिक एवं संस्थागत वातावरण से भी प्रभावित होते हैं तो साथ ही पारिवारिक युक्तियों एवं दबावों तथा विभिन्न समुदायों की अपनी स्वरचित मर्यादाओं के प्रभाव भी स्पष्ट दिखाई दे जाते हैं। उदाहरण के लिए पेंशन व्यवस्था की विद्यमानता के वैयक्तिक बचत संबंधी व्यवहार पर निश्चित प्रभाव होते हैं तो दूसरी ओर कितनी ही सामंतशाही सामाजिक व्यवस्थाएं उत्तराधिकारियों को पारिवारिक सम्पदा बेचने का अधिकार नहीं देती। वैयक्तिक मनोशास्त्रीय एवं सांस्कृतिक प्रभावों की भी अपनी भूमिका रहती है।

मेरा विचार तो यही है कि $r > g$ की विषमिका की एक ऐसी ऐतिहासिक वास्तविकता के रूप में व्याख्या होनी चाहिए जो अनेक प्रकार की प्रक्रियाओं पर निर्भर है—इसे एक तर्कशास्त्रीय अनिवार्यता की भांति निरूपित नहीं करना चाहिए। यह अनेक शक्तियों के सहचलन का प्रभाव है और वे शक्तियां परस्पर असंबद्ध होती हैं। यह भी ध्यान देने योग्य बात है कि संवृद्धि दर g का मान संरचनात्मक दृष्टि से निम्न ही रहता है [जब देश जनांकीय संक्रमणावस्था को पार कर प्रौद्योगिकीय क्षितिज के निकट पहुंच जाता है तो नवप्रणवन की दर भी बहुत धीमी पड़ जाती है : उस दशा में g का मान एक प्रतिशत वार्षिक से अधिक नहीं रह पाता]। दूसरी ओर पूंजी पर प्रतिप्राप्ति की दर, r, अनेक प्रौद्योगिकीय, मनोशास्त्रीय, सामाजिक एवं सांस्कृतिक कारकों पर निर्भर रहती है—ये सब मिलकर 4 से 5 प्रतिशत प्रतिप्राप्ति सुनिश्चित कर देते हैं [यह मान निश्चित रूप से एक प्रतिशत की संवृद्धि दर से तो बहुत अधिक है]।

क्या वितरण का कोई 'संतुलन' स्तर होता है?

अब मैं धन के वितरण की गत्यात्मकता पर $r > g$ के प्रभावों की चर्चा की ओर बढ़ रहा हूँ! पूंजी पर प्रतिप्राप्ति दर का संवृद्धि दर से निरंतर महत्वपूर्ण रूप से अधिक रहना धन के वितरण में विषमता लाने वाली एक बहुत बड़ी शक्ति है। उदाहरणत: यदि $g = 1$ और $r = 5$ तो धनी व्यक्ति को अपनी पूंजी आय के मात्र पंचमांश का पुनर्निवेश करना यह सुनिश्चित करने को पर्याप्त रहेगा कि उसकी पूंजी से आय की दर संवृद्धि दर से अधिक बनी रहे। इन परिस्थितियों में अंतहीन विषमताकारी कुंतल का परिहार कर धन की विषमता को एक निश्चित स्तर पर स्थिर करने के लिए इन शक्तियों की आवश्यकता होगी : प्रथमत:, यदि धनिकों की सम्पत्तियां औसत आय की अपेक्षा तीव्र गति से बढ़ती रहीं तो पूंजी/आय अनुपात में अंतहीन वृद्धि का क्रम प्रारम्भ हो जाएगा—यही अंतत: पूंजी पर प्रतिप्राप्ति दर को घटाने में सहायक होगा। किंतु यह प्रक्रिया दशकों का समय ले सकती है, यही नहीं, यदि अनावृत अर्थ व्यवस्था में धनिकों को विदेशी परिसम्पदाएं प्राप्त करने का अवसर सुलभ हो [जैसा कि फ्रांस और ब्रिटेन के धनिकों को उन्नीसवीं सदी—बल्कि प्रथम महायुद्ध के प्रारम्भ तक सुलभ था] तो और अधिक समय भी लग सकता है। सिद्धांतत: इस प्रक्रिया का समापन तभी होगा जब विदेशी सम्पदाधारक अंतत: समस्त पृथ्वी के स्वामी बन जाएँ, किंतु इसमें तो बहुत अधिक समय लग सकता है। यही प्रक्रिया उत्कर्ष युग में ब्रिटेन और फ्रांस में शीर्षस्थ शतमंक के धनसंपदा में अंश की ऊर्ध्वमुखी छलांग के लिए उत्तरदायी थी।

यही नहीं, वैयक्तिक सम्पदाओं की इस प्रक्षेपण पथ पर यात्रा को अनेक प्रकार के संक्षोभ बाधित कर सकते हैं। ये जनांकीय हो सकते हैं: कोई उत्तराधिकारी नहीं हो या बहुत अधिक हों जिनके कारण पारिवारिक सम्पदा बिखर सकती है। अकाल मृत्यु या बहुत दीर्घायु के प्रभाव भी संक्षोभ तुल्य ही रहते हैं। आर्थिक संक्षोभ—जैसे कि अनुपयुक्त निवेश, किसान विद्रोह, वित्तीय संकट अथवा फिर अच्छा मौसम नहीं रहना भी सम्पदा को हानि पहुंचा सकता है। ये सभी प्रकार के संक्षोभ सदा परिवारों की सम्पदाओं को प्रभावित करते रहते हैं। अत: अत्यंत स्थिरतापूर्ण समाजों

में भी धन के वितरण में परिवर्तन होते रहते हैं। जनांकीय चयनों [धनिकों द्वारा कम संतानोत्पादन भी धन संकुलन को गहन कर सकता है] तथा उत्तराधिकार के कानूनों का भी प्रभाव रहता है।

अनेक परंपरागत सामंतशाही समाजों में ज्येष्ठ उत्तराधिकार की व्यवस्था प्रचलित थी जहां ज्येष्ठ पुत्र ही सारी अथवा अधिकांश पारिवारिक सम्पदा का अधिकारी होता था। यह व्यवस्था सम्पदा को विखंडन से बचाते हुए उसके संवर्धन–पोषण में सहायक रहती थी। ज्येष्ठ पुत्र का विशेषाधिकार परिवार की मुख्य थाती पर होता था—उस पर कुछ बाधिताएँ भी लागू रहती थीं। उसे उस सम्पदा के मूल्य मान को घटाने का अधिकार नहीं था और वह केवल पूंजी से होने वाली आय के सहारे ही अपना निर्वाह कर सकता था। वह पूंजी फिर परिवार के अगले ज्येष्ठ पौत्र के अधिकार में चली जाती थी। ब्रिटिश कानून में इसे ज्येष्ठाधिकार *(Primogeniture)* कहा जाता था—फ्रांस में इसका समतुल्य प्राचीन व्यवस्था में "उत्तराधिकारी प्रतिस्थापन" कहलाता था। "सेंस एंड सेंसिबिलिटी" नामक रचना के पात्रों ऐलिनर और मैरिएन्न के दुर्भाग्य का कारण यही व्यवस्था थी। नोर्लेंड सम्पदा सीधे ही उनके पिता से उनके सौतेले भाई जॉन डेशवुड के अधिकार में चली गई। उसने अपनी पत्नी फैन्नी के परामर्शानुसार उक्त दो पात्रों के लिए अपनी वसीयत में कुछ भी नहीं छोड़ा था। उन दो बहनों का भाग्य उस एक वार्तालाप द्वारा निर्धारित हो गया! 'पर्सुएशन' नामक रचना में सर वाल्टर की सम्पदा का उत्तराधिकारी उसका भतीजा बन जाता है—उसकी तीनों पुत्रियां मुँह देखते रह जाती हैं। इस उपन्यास की रचयिता जेन ऑस्टिन [और उनकी बहन] स्वयं इस उत्तराधिकार नियम की मारी थीं एवं आविवाहित रह गईं वह लेखिका बहुत अच्छी तरह से जानती थी कि वह क्या लिख रही थी।

फ्रांसीसी क्रांति से सृजित उत्तराधिकार कानून और नागरिक संहिता के दो आधार स्तम्भ थे : उत्तराधिकारी प्रतिस्थापन और ज्येष्ठ उत्तराधिकार व्यवस्था का समापन और सभी भाई–बहनों में सम्पत्ति का समान विभाजन [सम-विभाजन]! इस नियम का 1804 से निरंतर कड़ाई से पालन

हो रहा है: फ्रांस में तीन या अधिक संतान के अभिभावक अपनी सम्पदा का केवल एक चौथाई अंश अपनी इच्छानुसार किसी को दे सकते है।[20]

इस नियम की बाध्यता से केवल उसी दशा में छूट मिल सकती है जब उन बच्चों ने अपनी सौतेली मां की हत्या जैसा जघन्य अपराध कर डाला हो। यह कानून केवल समानता के सिद्धांत पर आधारित नहीं था [छोटे बच्चे भी सबसे बड़े बच्चे जितने ही मूल्यवान हैं और उन्हें अभिभावकों के मनमाने व्यवहार से उन्हें बचाने का उद्देश्य था] बल्कि यह स्वातंत्र्य और आर्थिक दक्षता के विचार पर भी निर्भर था। विशेष रूप से ज्येष्ठ पुत्राधिकार का जो विचार एडम स्मिथ को नापसंद था और वॉल्टेयर, रूसो तथा मौंटेस्क जिससे घृणा करते थे, के उन्मूलन का आधार बहुत सामान्य चिंतन था : इससे वस्तुओं [सम्पदाओं] के स्वतंत्र परिचलन को बढ़ावा मिलेगा और वर्तमान अथवा जीवित पीढियों की आवश्यकता-वरीयता के अनुसार सम्पदा का अभीष्ट पुनर्वितरण हो पाएगा—मृत पूर्वजों की धारणा चाहे जो भी रही हो। बड़ी रोचक बात है कि क्रांति के पश्चात् लम्बे समय तक चले विचार विमर्श के बाद अमेरिकी भी इसी निष्कर्ष पर पहुंचे और दक्षिणी प्रांतों में भी ज्येष्ठ पुत्राधिकार की मनाही हो गई। थॉमस जैफर्सन की यह बात तो बहुत प्रसिद्ध है : "भूमि उनकी है जो जीवित हैं।" साथ ही सभी संतानों में सम्पदा का समान विभाजन एक सामान्य व्यवहार बन गया—यदि किसी अभिभावक ने कोई वसीयत नहीं छोड़ी हो [ब्रिटेन और अमेरिका में अभी भी व्यक्ति को अपनी सम्पदा की स्वेच्छानुसार वसीयत का अधिकार है—किंतु अधिकांश सम्पदाओं का संतानों के बीच समान रूप से ही विभाजन प्रचलित हो गया]। यह फ्रांस और अमेरिका के बीच एक बड़ा अंतर है—हम जानते हैं कि फ्रांस में तो सम विभाजन की व्यवस्था कानून में ही निहित है। ब्रिटेन का मामला कुछ अलग रहा है—वहाँ 1925 तक पैतृक सम्पत्ति के भू-सम्पदा और कृषिक पूंजी पर तो ज्येष्ठ पुत्राधिकार की व्यवस्था चलती रही थी।[21] जर्मनी में 1919 में "वैमर गणतंत्र" में आकर ही ज्येष्ठ पुत्राधिकार के जर्मन स्वरूप का उन्मूलन हो पाया था।[22]

फ्रांसीसी क्रांति के दौरान इस समतावादी, निरंकुशता विरोधी उदार विधेयक का [जो अभिभावकों के अधिकार को चुनौती दे रहा था और नई पीढ़ी के परिवार के मुखिया के अधिकारों को मान्यता प्रदान कर रहा था, भले ही इससे कदाचित उसकी पत्नी के किन्हीं अधिकारों का अतिक्रमण भी हो जाता था] उस युग में बहुत क्रांतिकारी रहा होगा, पुरुष वर्ग ने भरपूर स्वागत किया था।[23] इस क्रांतिकारी विधेयक के पक्षधर मान रहे थे कि उन्होंने भविष्य में समतापूर्ण समाज की रचना करने की कुंजी प्राप्त कर ली है। साथ ही नागरिक संहिता ने सभी को बाजार और सम्पदा संबंधी समान अधिकार प्रदान कर दिए थे, व्यवसाय संगुटों की समाप्ति कर दी गई थी। अत: सभी को इसका अंतिम संभावित परिणाम स्पष्ट दिखाई दे रहा था : ऐसी व्यवस्था निश्चित रूप से विगत काल से चली आ रही विषमताओं का निवारण कर देगी। वर्ष 1794 में दार्शनिक कांडोर्से ने अपनी रचना "मानवीय प्रगति का इतिहास" में इस विचार को बहुत सशक्त अभिव्यक्ति प्रदान की थी : "यदि नागरिक कानून इन विषमताओं को बनाए रखने, इस प्रकार धन संग्रह को बढ़ावा देने का काम करें, तथा यदि वाणिज्य और उद्योग की स्वतंत्रता अर्जित धन को निषेधात्मक कानूनों या राजकोषीय विशेषाधिकारों द्वारा निरस्त नहीं करें तो यह सिद्ध करना बहुत सरल है कि धन सम्पदा स्वाभाविक रूप से समता की ओर अग्रसर रहती है; धन धारिता में भारी अंतर अधिक समय तक बने नहीं रह सकते, इन्हें समाप्त होना ही पड़ता है।"[24]

नागरिक संहिता और फ्रांसीसी क्रांति का भ्रमजाल

तो फिर हम इस बात की व्याख्या कैसे कर पाएंगे कि फ्रांस में समूची 19वीं सदी में विषमता निरंतर वृद्धिमान रही और उक्त नागरिक संहिता के लागू होने के बाद भी उत्कर्ष युग में उस स्तर तक जा पहुंची जो राजशाही–सामंतशाही ब्रिटेन से कम नहीं था? स्पष्ट है अधिकारों एवं अवसरों की समानता धन का समान विभाजन सुनिश्चित कर पाने पाने के लिए पर्याप्त नहीं हैं।

वस्तुत: जब पूंजी पर प्रतिप्राप्ति दर का मान निरंतर संवृद्धि दर से काफी अधिक रहने लगता है तो सम्पदा संचय एवं प्रेषण की प्रक्रिया ऐसा

स्वचालित स्वरूप धारण कर लेती है कि अनेक संतानों में समतापूर्ण विभाजन के बाद भी समाज में धन सम्पदा का वितरण बहुत विषमतापूर्ण एवं संकुलित बना रहता है। मैंने कुछ ही क्षण पूर्व बताया था कि ऐसे आर्थिक एवं जनांकीय संक्षोभ भी चलते रहते हैं जिनसे विभिन्न परिवारों की सम्पदाओं के प्रक्षेपण पथ अलग-अलग रूप से प्रभावित हो सकते हैं। एक सरल सा गणितीय प्रतिमान यह समझाने के लिए पर्याप्त रहता है कि इस प्रकार के संक्षोभों की कोई भी संरचना धन के वितरण को अंततः एक दीर्घकालिक संतुलन की ओर ले जाती है। विषमता का वह स्तर संतुलन r–g अंतराल [पूंजी पर प्रतिप्राप्ति दर घटा संवृद्धि दर] का एक वृद्धिमान फलन होता है। अंतरस्थ रूप से यह अंतराल यही सुझाता है कि यदि पूंजी से आय में से कुछ उपभोग न कर उसका पुनः निवेश करते रहें तो पूंजी से प्रतिप्राप्ति दर औसत आय संवृद्धि दर से किस प्रकार अलग (उच्चतर) होने लगती है। अंतराल r–g जितना अधिक विस्तृत होगा यह अपसृतिकारी शक्ति भी उतनी ही प्रबल होगी। यदि जनांकीय एवं आर्थिक संक्षोभ परस्पर गुणनात्मक स्वरूप धारण कर लें [प्रारंभिक पूंजी जितनी विशाल हो उतने ही विशाल अच्छे या बुरे निवेश निर्णय के प्रभाव हों] तो दीर्घकालिक संतुलन वितरण *(Equilibrium Distribution)* एक पैरेटो वितरण [यह घातीय गणितीय फलन है और सामान्यतः अवलोकित वितरणों के बहुत निकट पाया गया है] का रूप ले लेता है। हम बहुत सरलता से यह भी आकलित कर सकते हैं कि पैरेटो वितरण का गुणांक [जो विषमता की कोटि का मापक है] वस्तुतः [r–g] अंतराल का एक तीव्र दर से वृद्धि शील फलन होता है।

सटीक शब्दों में इसका यही अर्थ है कि यदि पूंजी पर प्रतिप्राप्ति दर और संवृद्धि दर 19वीं सदी के फ्रांस जितनी हों, क्रमशः 5 प्रतिशत एवं 1 प्रतिशत वार्षिक, तो हमारा प्रतिमान यही पूर्वाकलन करेगा कि धन संचयन की संचयी गत्यात्मकता एक अत्यंत भीषण धन संकुलन को जन्म देगी—समाज की सकल धन सम्पत्ति के 90 प्रतिशत पर शीर्षस्थ दशमंक का और 50 प्रतिशत पर तो केवल शीर्षस्थ शतमंक का अधिकार हो जाएगा।[26]

दूसरे शब्दों में, हमारी मूलभूत विषमिका r > g 19वीं सदी में पूंजी स्वामित्व की अवलोकित अति गंभीर विषमता की व्याख्या कर देती है—यह एक प्रकार से फ्रांसीसी क्रांति की विफलता को भी प्रमाणित करती है। यद्यपि क्रांतिकारी महासभा ने एक सर्वव्यापी कर व्यवस्था की स्थापना करते हुए हमें धन सम्पदा के वितरण का एक अद्वितीय मापक प्रदान कर दिया था किंतु कर की दर बहुत निम्न थी [प्रत्यक्ष उत्तराधिकारी को मिली सम्पदा पर मात्र 1–2 प्रतिशत —चाहे उस सम्पदा का आकार 19वीं सदी में कुछ भी था] कि उसका पूंजी पर प्रतिप्राप्ति दर और संवृद्धि दर के अंतराल पर कोई मापनीय प्रभाव नहीं होता था। यही कारण रहा था कि 19वीं सदी के और उत्कर्ष युग के जनतांत्रिक फ्रांस में भी धन की विषमता राजशाही ब्रिटेन जितनी ही गहन थी। शासन व्यवस्था का स्वरूप r > g की विषमता के समक्ष महत्वहीन हो जाता था।

सम्पदा के भाई–बहनों के बीच सम विभाजन का कुछ प्रभाव तो रहा, किंतु यह r > g का निवारण नहीं कर पाया। ज्येष्ठाधिकार [मुख्यत: भू–सम्पदा पर, और 19वीं सदी के ब्रिटेन की राष्ट्रीय पूंजी में भूमि का अंश निरंतर कम हो रहा था] ने आर्थिक एवं जनांकीय संक्षोभों के प्रभावों को और अधिक गहन कर दिया [भाई–बहनों के बीच वयक्रमानुसार इस व्यवस्था के कारण विषमताएं और अधिक हो जाती थीं]। इसके कारण पैरेटो गुणांक का मान और भी अधिक हो गया एवं धन सम्पदा के वितरण में संकुलन अधिक तीक्ष्ण रूप धारण कर गया। इससे यह भी स्पष्ट हो जाएगा कि 1900–10 की अवधि में ब्रिटेन में शीर्षस्थ दशमंक का सकल सम्पदा में अंश फ्रांस की अपेक्षा अधिक क्यों था। यह ब्रिटेन में 90 प्रतिशत से जरा अधिक और फ्रांस में जरा कम था। यही इस बात को भी स्पष्ट करता है कि चैनल के पश्चिम में शीर्षस्थ शतमंक का अंश 70 तो पूर्व में 60 प्रतिशत क्यों रहा होगा। इसका एक मात्र कारण कुछ इनी गिनी विशाल सम्पदाओं को अविभाजित [अक्षुण्ण] बनाए रखना था। किंतु इस प्रभाव का आंशिक निराकरण फ्रांस की निम्न जनसंख्या वृद्धि दर से हो रहा था [स्थिरप्राय जनसंख्या के समय धन सम्पदा की संचयी विषमता अंतर्भूत रूप से अधिक गहन हो जाती है। यह भी r > g के कारण ही होता है। अंतत: इन सभी कारकों के सकल स्तर पर धन सम्पदा के वितरण पर सम्मिलित

प्रभाव सामान्य से ही रहे और इन दोनों देशों के परिदृश्यों में बहुत अंतर नहीं दिखाई पड़े।[27]

पैरिस में, जहां 1804 में नेपोलियन की नागरिक संहिता लागू हो गई थी और जहां विषमता के लिए अंग्रेज सामंतशाही को जिम्मेदार नहीं ठहराया जा सकता, 1913 में शीर्षस्थ शतमंक 70 प्रतिशत सम्पदा का स्वामी था—यह अनुपात ब्रिटेन से भी अधिक था। यह वास्तविकता इतनी प्रबल थी कि 1910 के पैरिस पर आधारित “द अरिस्टोक्रेट्स” नामक कार्टून में भी इसे स्थान मिल गया था। वृद्ध स्वामिनी की सम्पदा के आकार की चर्चा तो नहीं की गई थी, किंतु जिस प्रकार उसकी तीन बिल्लियों सहित उसे ठिकाने लगाने के प्रयास उसका एडगर नामक बटलर करते दिखाया गया है और उसके निवास से जो संपन्नता छलकती हुई अंकित की गई है, उससे उस सम्पदा के विशाल होने के संकेत अवश्य मिलते हैं।

यदि $r > g$ के तर्कशास्त्र पर विचार करें तो हम पाते हैं कि 1700 से पूर्व संवृद्धि दर मात्र 0.2 प्रतिशत थी—वह 18वीं सदी में 0.5 और फिर 19वीं सदी में 1.00 प्रतिशत हो गई। किंतु इस वृद्धि का भी विषमता पर कोई प्रभाव नहीं दिखाई दिया—कारण यही था कि यह संवृद्धि भी 5 प्रतिशत वार्षिक की पूंजी पर प्रतिप्राप्ति दर की तुलना में बहुत कम थी। वस्तुत: औद्योगिक क्रांति ने इस दर, r, को कुछ बढ़ावा ही दिया था।[28] सैद्धांतिक प्रतिमान के अनुसार तो प्रतिप्राप्ति दर 5 प्रतिशत रहने पर पूंजी के संतुलन संकुलन में कोई बड़ी गिरावट तब तक नहीं आएगी जब तक कि संवृद्धि दर, g, 1.5–2 प्रतिशत अधिक नहीं हो जाती, अथवा पूंजी पर करों द्वारा निवल प्रतिप्राप्ति दर को 3–3.5 प्रतिशत तक घटा नहीं दिया जाता। यदि दोनों ही कार्य हो जाएं तो विषमता निवारण सहज और तीव्रतर हो जाता है।

अंत में एक और बात पर ध्यान दें: यदि $(r–g)$ का मान एक निश्चित स्तर को पार कर जाए तो कोई संतुलन वितरण संभव नहीं रहता। धन सम्पदा की विषमता में अंतहीन वृद्धि का क्रम प्रारम्भ हो जाता है, वितरण के शीर्ष एवं औसत स्तरों में अंतर निरंतर वृद्धिमान हो जाता है। यह निर्णायक स्तर पर समाज के बचत व्यवहार पर निर्भर रहता है, यह

अपसृति और गंभीर हो जाती है यदि धनिकों को अपनी आय खर्च करने का कोई रास्ता ही नहीं सूझ रहा हो। फिर तो वे निरंतर अधिकाधिक बचत करते जाते हैं और अपना पूंजी भंडार विस्तृत करते रहते हैं। हमारा पूर्व चर्चित कार्टून "द अरिस्टोक्रेट्स" इसी विडंबना की ओर ध्यान आकर्षित करता है: एडेलेड डे बोनफेमिले को बहुत अच्छी आमदनी मिल रही थी, जिसे रानी साहिबा, मेरी, टोलौज और बेरलिओज के प्यानो और चित्रकला के प्रशिक्षण पर खर्च किया जा रहा था—यह बात और है, उन की इन कामों में कोई रुचि नहीं थी।[29] ऐसा व्यवहार फ्रांस में धन के संकुलन की बढ़ती हुई गंभीरता को प्रदर्शित कर रहा था—पैरिस में तो उत्कर्ष युग की सबसे बड़ी विशेषता यही थी कि विशालकाय सम्पदाओं पर वृद्ध जनों का स्वामित्व था, वे अपनी आय का अधिकांश भाग बचाकर अपनी पूंजी संचय दर को राष्ट्रीय आय की वृद्धि दर से कहीं उच्च स्तरों पर ले जा रहे थे। हमने पहले भी इस बात की चर्चा की है कि ऐसे विषमतापूर्ण कुंतल का अनंत काल तक चल पाना संभव नहीं है, अंतत: बचत को लगाने योग्य निवेश के अवसर भी नहीं बचेंगे और वैश्विक पूंजी प्रतिप्राप्ति दर में भी कमी आकर एक नया संतुलन वितरण उदित होगा। किंतु इसमें बहुत समय लग सकता है—हमने देखा है कि 1913 में पैरिस की 70 प्रतिशत सम्पदा पर तो शीर्षस्थ शतमंक का अधिकार हो चुका था। अत: यह प्रश्न उठाना स्वाभाविक होगा कि यदि प्रथम महायुद्ध के संक्षोभ नहीं होते तो उक्त संतुलन स्तर किन ऊंचाइयों को छू जाता।

पैरेटो और स्थिर विषमता का भ्रम

आइए एक बार रुक कर विषमता के सांख्यिकीय मापन से जुड़े कुछ कार्यविधिक एवं ऐतिहासिक प्रश्नों पर भी विचार कर लें। अध्याय-7 में मैंने इटलीवासी सांख्यिकीविद् कोरेडों गिनि और उनके प्रसिद्ध गुणांक की चर्चा की थी। यद्यपि इस गुणांक से विषमता को एक संख्या द्वारा सूचित किए जाने की अपेक्षा थी किंतु यह एक अति सरलीकृत, अति आशावादी और वास्तविक घटनाक्रम का एक समझ से परे रहने वाला चित्र अंकित कर जाता है। गिनि के ही देशवासी विल्फ्रेडो पैरेटो का मामला और भी रोचक है। इनके अधिकांश महत्त्वपूर्ण शोध कार्य [पैरेटो का नियम सहित] 1890–

1910 की अवधि में प्रकाशित हुए थे। अतः महायुद्ध काल में इटली के फासी आन्दोलन ने पैरेटो का अधिग्रहण कर उनकी अभिजात्यवादी संकल्पनाओं का खूब प्रचार प्रसार किया। वैसे तो वे निस्संदेह पैरेटो की प्रतिष्ठा को भुनाने का प्रयास कर रहे थे, किंतु स्वयं पैरेटो भी 1923 में अपनी मृत्यु से कुछ पूर्व मुसोलिनि के सत्तारूढ़ होने की प्रशंसा कर ही गए थे। निश्चय ही फासीवादी पैरेटो के स्थिरतापूर्ण विषमता और उसे परिवर्तित करने की निष्फलता के विचार से ही प्रभावित रहे होंगे!

आज बहुत समय बीत जाने पर पैरेटो की रचनाओं को पढ़ते हैं तो स्पष्ट होता है कि उनके पास अपने विषमता की स्थिरता विषयक विचार का पृष्ठपोषण करने के लिए कोई साक्ष्य ही नहीं थे। वह 1900 के आस पास उक्त सिद्धांत कलमबंद कर रहे थे। उन्होंने प्रशा, सेक्सोनी और अनेक स्विस एवं इटालवी नगरों के 1880–90 के आंकड़ों और कर तालिकाओं को अपना विश्लेषण आधार बनाया था। प्रयुक्त जानकारी बहुत बिखरी बिखरी सी थी और उसका काल वितान एक दशक से अधिक नहीं था। यही नहीं, इसमें विषमता में वृद्धि की हल्की–सी झलक स्पष्ट दिख रही थी, किंतु, पैरेटो ने जान बूझकर उसे छिपाने का प्रयास किया था।[30] प्रत्येक दशा में यह तो स्पष्ट हो ही जाता है कि उन द्वारा प्रयुक्त जानकारी किसी भी तरह से विश्व भर में विषमता के दीर्घकालिक व्यवहार का कोई संकेत दे पाने में समर्थ नहीं थी।

स्पष्टतः पैरेटो के निष्कर्ष उनके राजनीतिक पूर्वाग्रहों की झांकी मात्र हैं —वह समाजवादियों से, विशेषकर उनके पुनः वितरण संबंधी 'भ्रमों' को लेकर, बहुत आशंकित थे। इस दृष्टि से वह अपने समकालीन फ्रांसीसी अर्थशास्त्री पिडरे–लेरॉय–ब्यूलियो, जिनके वह प्रशंसक भी थे, जैसे सहयोगियों से शायद ही भिन्न थे। पैरेटो का मामला एक दृष्टि से बहुत महत्त्वपूर्ण है : सामाजिक शास्त्रों में किस प्रकार गणित का असावधानी पूर्ण प्रयोग सत्वर स्थायित्व का भ्रम पैदा कर देता है। पैरेटो यह जानना चाहते थे कि आय क्रमिकता के उच्चतर सोपानों की ओर बढ़ते हुए करदाताओं की संख्या किस प्रकार कम हो रही है। इसी अन्वेषणा में उन्होंने एक सूत्र गढ लिया जिसे पैरेटो का नियम कहा जाता है। यह वस्तुतः घातीय फलनों के

समूह का ही एक उदाहरण है।[31] आज भी धन सम्पदा और आय के वितरणों के अध्ययन में इसी समूह के फलनों का बहुधा प्रयोग होता है। किंतु ध्यान रहे कि यह घातीयता उक्त वितरणों के ऊपरी सिरे पर ही लागू होता है—और इस प्रकार का अनुमान बहुत ही सीमित स्थानिक स्तर तक वैध रहता है। हां, इसका प्रयोग हमारे पूर्व उल्लिखित गुणनशील संक्षोभों की व्याख्या में भी हो सकता है।

एक और बात पर ध्यान दें : हम किसी एक फलन या वक्र नहीं बल्कि फलनों के एक समूह की बात कर रहे हैं: प्रत्येक वक्र विशेष का निरूपण प्रयुक्त गुणांकों और प्राचलों पर निर्भर रहता है। WTID और मेरे द्वारा इस पुस्तक में प्रस्तुत धन सम्पदा के आंकड़े यह स्पष्ट दर्शा रहे हैं कि इन पैरेटो गुणांकों में समयानुसार बड़े उतार चढ़ाव आते रहे हैं। धन के वितरण को पैरेटो वितरण कहने का कोई मतलब नहीं होता। यह ऐसा वितरण हो सकता है जहां ऊपरी सिरे को 20 प्रतिशत से कुछ अधिक अंश मिल रहा हो [स्कैंडिनेविया में—1970–80] या ऐसा भी जहां शीर्षस्थ दशमंक 90 प्रतिशत से अधिक सम्पदा पर अधिकार जमाए बैठा हो [ब्रिटेन और फ्रांस 1900–1910]। दोनों ही दशाओं में हम पैरेटो वितरण का प्रयोग कर रहे होंगे किंतु उनके गुणांक बहुत ही भिन्न हैं। निश्चय ही उनकी सामाजिक–आर्थिक एवं राजनीतिक वास्तविकताएं भी बहुत ही अलग-अलग होंगी।[32]

आज भी कुछ लोग पैरेटो की भांति माने बैठे हैं कि धन सम्पदा का वितरण एक चट्टान की भांति अचल है—जैसे कि यह प्रकृति का कोई निर्देशात्मक नियम हो। वास्तव में इसका सच्चाई से कोई नाता नहीं है। ऐतिहासिक परिप्रेक्ष्य में विषमता का अध्ययन करते समय तो हमारा ध्यान किसी स्थिरता नहीं बल्कि उसमें समय समय पर आए परिवर्तनों की समीक्षा की ओर होना चाहिए। मैंने बहुत बड़े ऐतिहासिक परिवर्तनों की व्याख्या की एक विधि सुझाई है। ये परिवर्तन पैरेटो गुणांकों द्वारा निर्दिष्ट हो सकते है—या फिर इन्हें शीर्षस्थ दशमंक एवं शतमंक के अंश द्वारा निरूपित किया जा सकता है। यह विधि r और g के बीच अंतर अर्थात् पूंजी पर प्रतिप्राप्ति की अर्थव्यवस्था की संवृद्धि दर से अधिकता की व्याख्या की विधि है।

धन सम्पदा की विषमता अपने पूर्व स्तरों तक क्यों नहीं पहुंच पाई है?

अब मैं मुख्य प्रश्न पर आ रहा हूँ: धन सम्पदा की विषमताएं उत्कर्ष युग के उच्च स्तर पर क्यों नहीं लौट पाई है? और क्या हम निश्चित मान सकते हैं कि वर्तमान स्थिति स्थायी है—इसमें कोई बदलाव नहीं आएगा?

मैं प्रारम्भ में ही स्पष्ट करना चाहता हूँ कि मेरे पास इस प्रश्न का कोई सुनिश्चित एवं सतोषजनक उत्तर नहीं हैं। अतीत में अनेक कारकों की भूमिका महत्त्वपूर्ण रही है—भविष्य में भी उनका महत्व बना रहेगा और वर्तमान समय बिंदु पर इस विषय में किसी गणितीय निश्चितता पर पहुंच पाना असंभवप्राय है।

हमारे लिए 1914–45 के संक्षोभों के परिणामस्वरूप विषमता में आई भारी कमी की व्याख्या करना सबसे सरल काम रहा है। युद्धों और उनके कारण अपनाई गई नीतियों के परिणामस्वरूप पूंजी को अत्यंत हिंसक आघात झेलने पड़े और उनके फलस्वरूप पूंजी/आय अनुपात ध्वस्त हो गया। आप यह अपेक्षा कर सकते थे कि सभी सम्पदाओं पर समानुपाती प्रभाव होना चाहिए था [उनका आकार–क्रम कुछ भी रहा हो] और धन सम्पदा वितरण अपरिवर्तित रहना चाहिए। किंतु इस विश्वास में कुछ महत्त्वपूर्ण आयामों की अनदेखी छुपी है। धन के उद्गम एवं स्वरूप अलग–अलग हो सकते हैं और स्वरूपानुसार उसके कार्य भी पृथक-पृथक रहते हैं। शीर्षस्थ स्तर पर विद्यमान सम्पदाओं का संचय तो बहुत पहले [संभवत: पीढ़ियों पहले] हो चुका था। एक विशाल सम्पदा को संकलित करने में सामान्य सी सम्पदा की तुलना में बहुत अधिक समय लग जाता है।

यही नहीं, अति विशाल सम्पदाएं एक विशिष्ट जीवन शैली का वित्त प्रबंधन कर देती है। विस्तृत उत्तराधिकार अंतरण दस्तावेज दर्शा रहे हैं कि अंतर्युद्ध काल एवं बाद के दशकों में कितने ही भाड़ाजीवी धनिकों ने अपने उपभोग में अपनी सम्पदा और आय को लगे आघातों के अनुरूप परिवर्तन नहीं किए और वे अंतत: अपनी पूर्वसंचित पूंजी का ही उपभोग करते चले गए। अत: वे अगली पीढ़ी को स्वयं विरासत में पाई सम्पदा जितनी धन सम्पत्तियां नहीं सौंप पाए। इस प्रकार पिछली पीढ़ी का सामाजिक संतुलन

स्थिर नहीं रह पाया। इस विषय में पैरिस नगर के आंकड़े बहुत मुखर प्रतीत होते हैं। उत्कर्ष युग में पैरिस के धनिकतम एक प्रतिशत वर्ग की सम्पदा उस समय की औसत आय से 80–100 गुना अधिक थी—इसके सहारे वह अच्छा खुशहाल जीवन बिताने एवं कुछ पुनर्निवेश कर अपनी उत्तराधिकार योग्य सम्पदा को संवर्धित करने में सफल हो रहे थे।[33] यह व्यवस्था 1872 –1912 की अवधि में पूर्णत: संतुलित दिखाई देती है। धनिकतम व्यक्ति अपनी अगली पीढ़ी को औसत आय से 80–100 गुना अधिक सम्पदा वाली जीवन शैली की विरासत सौंप [संभवत: उससे अधिक भी] रहे थे और सम्पदा के संतुलन में कुछ और गहनता आ रही थी। अंतर्युद्ध काल में यह संतुलन बिखर गया—धनिकतम व्यक्ति भी अगली पीढ़ी को विरासत में उतना ही सौंप पाए जितना औसत से 30–40 गुना पूंजीगत आय सृजित करने में सफल रहता। वस्तुत: 1930 के दशक के अंत तक तो यह अनुपात मात्र 20 गुना रह गया था। भाड़ाजीवी समाज की दृष्टि से तो यह अंत के प्रारम्भ जैसी स्थिति थी। संभवत: सभी यूरोपीय देशों में 1914–45 के संक्षोभों के बाद धन सम्पदा के अपसंकुलन का सबसे महत्वपूर्ण कारण रहा था।

साथ ही विशालतम सम्पदाओं की रचना ऐसी थी कि उनके स्वामी सामान्यत: दो महायुद्धों के परिणामों से बच नहीं पाए। उत्तराधिकार पंजीयन दस्तावेज दर्शाते हैं कि प्रथम महायुद्ध की पूर्वसंध्या पर विशालतम सम्पदाओं में एक चौथाई अंश अवश्य ही विदेशी परिसम्पत्तियों का रहता था। उसमें भी आधे के लगभग तो विदेशी सरकारों [मुख्यत: रूस—जो मुकरने के कगार पर था] के ऋण पत्र ही थे। हमारे पास ब्रिटेन के विषय में सटीक तुलनात्मक आंकड़े तो नहीं हैं, किंतु इस बात के संकेत अवश्य हैं कि विशालतम ब्रिटिश धन सम्पदाओं की रचना में भी विदेशी परिसम्पदाओं का महत्त्व इससे कम नहीं था। दो महायुद्धों के बाद ब्रिटेन और फ्रांस दोनों में ही उक्त विदेशी सम्पदाएं विलुप्त होकर रह गईं।

वैसे इस कारक के महत्त्व पर अति आग्रह नहीं करना चाहिए। प्राय: बहुत धनी व्यक्ति अपनी सम्पदा रचना को बहुत शीघ्र ही परिवर्तित कर पाने की लाभप्रद स्थिति में होते हैं। यह भी बहुत रोचक जानकारी है कि अति धनिकों के अतिरिक्त भी बहुत से अन्य नागरिकों ने विदेशी सम्पदा

पत्र जमा कर रखे थे। यदि 19वीं सदी के अंतिम वर्षों एवं उत्कर्ष युग के पैरिस के धनिकों के सम्पदा पत्रक संचय पर ध्यान दें तो वह बहुत ही 'आधुनिक' [विविधिकृत] प्रतीत होते हैं। प्रथम महायुद्ध से एकदम पहले औसतन एक तिहाई सम्पत्ति भवन सम्पदा में लगी थी—उसका दो तिहाई पैरिस में और शेष ग्रामीण क्षेत्र में था [कुछ थोड़ी बहुत कृषि भूमि सहित]। सकल सम्पत्ति का दो तिहाई वित्तीय परिसम्पदाओं में लगा था। इनमें फ्रांसीसी एवं विदेशी कंपनियों की अंश पूंजी और बाँड शामिल थे। सम्पदा धारिता के प्रत्येक स्तर पर ये पत्रक संचय बहुत संतुलित स्वरूप के थे। [देखें तालिका 10.1][34]

भाड़ाजीवी समाज अब स्थिर भूसम्पदा आधारित उत्कर्ष युगीन वर्ग नहीं था—इस वर्ग का धन एवं निवेश के प्रति दृष्टिकोण बहुत आधुनिक हो चला था। किंतु r > g का रूढ़ विषमताकारी तर्कशास्त्र सारी व्यवस्था को निरंतर विषम बनाए हुए था। ऐसे समाज में अधिक स्वतंत्र और स्पर्धापूर्ण बाजार या अधिक सुरक्षित सम्पदा अधिकारों के लिए भी विषमता निवारण में सफल हो पाने की अधिक संभावनाएं नहीं होतीं। हम जानते हैं कि आलोच्चय अवधि में बाजार भी स्वतंत्र थे और सम्पदा अधिकार भी सुरक्षित भी थे] वस्तुत: इस संतुलन को ठेस पहुंचाने का कार्य केवल प्रथम महायुद्ध से प्रारम्भ उन संक्षोभों ने किया था जिन्होंने धन सम्पदा एवं आय पर आघात किया था।

अंतत: 1914–45 की अवधि के अंत में अनेक यूरोपीय देशों, विशेषकर फ्रांस, में धन सम्पदा का व्यापक स्तर पर पुन: वितरण हो गया। इस क्रम में उन विशाल सम्पदाओं पर अधिक गहन प्रभाव पड़ा जो मुख्यत: बड़ी औद्योगिक फर्मों के शेयर पत्रों पर निर्भर थीं। इस संदर्भ में नाजी अधिकार से मुक्ति के बाद राष्ट्रीयकरण [यहाँ रेनो मोटर कंपनी का उदाहरण बहुत ज्वलंत रहा है] तथा 1945 में ही लगाए गए राष्ट्रीय एकजुटता कर का बहुत महत्त्व रहा है। यह प्रगतिशील कर पूंजी और नाजी अधिकार के दौरान एकत्र सम्पत्ति पर लगाया गया था—किंतु इसकी दरें बहुत उच्च थीं और प्रभावित व्यक्तियों पर इसका अतिरिक्त बोझ पड़ा था।[35]

तालिका 10.1: पेरिस के सम्पदापत्र की रचना, 1872–1912

वर्ष	भू-भवन सम्पदा भवन, घर और भूमि	पेरिस में भू-भवन सम्पदा सहित	पेरिस से बाहर भू-भवन सम्पदा सहित	वित्तीय परिसम्पदाएं	शेयर पूंजी सहित	निजी बोंड सहित	सार्वजनिक बोंड सहित	अन्य वित्तीय सम्पदाओं (नकद, जमाएं आदि सहित)	फर्नीचर आभूषण आदि
सकल धन सम्पदा की रचना (%)									
1872	42%	29%	13%	56%	15%	19%	13%	9%	2%
1912	36%	25%	11%	62%	20%	19%	14%	9%	3%
शीर्षस्थ शतमंक (सम्पदाधारी वर्ग) का पत्रक रचना (%)									
1872	43%	30%	13%	55%	16%	16%	13%	10%	2%
1912	32%	22%	10%	65%	24%	19%	14%	8%	2%
अगला 9 प्रतिशत (%)									
1872	42%	27%	15%	56%	14%	22%	13%	7%	2%
1912	41%	30%	12%	55%	14%	18%	15%	9%	3%
अगला 40 प्रतिशत वर्ग (%)									2%
1872	27%	1%	26%	62%	13%	25%	16%	9%	11%
1912	31%	7%	24%	58%	12%	14%	14%	18%	10%

नोट: वर्ष 1912 में भू-सम्पदाएं पेरिस की सकल धन सम्पदा का 36% थीं, वित्तीय परिसम्पदाएं 62% और फर्नीचर, आभूषण आदि 3% से कम।

स्रोत और श्रृंखला हेतु देखें: piketty.pse.ens.fr/capital21C.

कुछ आंशिक व्याख्याएं : समय, कर और संवृद्धि

उपर्युक्त विश्लेषण के उपरांत विश्व भर में 1910–50 की अवधि में धन सम्पदा के संकुलन में कमी के कारणों को लेकर कोई संशय नहीं बचता। दूसरे शब्दों में, रेखाचित्रों 10.1–10.5 के ढलवां अंशों की व्याख्या कठिन नहीं रहती। सबसे अधिक आश्चर्य की बात तो यह है कि उक्त अवधि के संक्षोभों से धन संकुलन अभी तक उबर क्यों नहीं पाया।

यह ध्यान रखना अनिवार्य है कि पूंजी का संकलन एक दीर्घकालिक प्रक्रिया है—इसमें कई पीढ़ियां गुजर जाती हैं। उत्कर्ष युगीन यूरोप में धन संकुलन अनेक पूर्ववर्ती दशकों नहीं बल्कि कई सदियों के घटनाक्रम की परिणति था। दशक 2000–10 में जाकर राष्ट्रीय आय के वर्षों में अभिव्यक्त सकल निजी सम्पत्ति [भवन एवं वित्तीय सम्पदाओं सहित] पुन: उस मान के निकट पहुंच पाई है जो प्रथम महायुद्ध से एकदम पहले दिखाई पड़ा था। धनी देशों में पूंजी/आय अनुपात की यह पुनर्प्रतिष्ठा एक ऐसी प्रक्रिया है जो संभवत: अभी भी चल रही है।

यह सोचना अधिक वस्तुपरक नहीं होगा कि 1914–45 के भीषण संक्षोभों के प्रभावों को दस–बीस वर्षों में निवारण हो जाना चाहिए था। और 1950–60 तक धन सम्पदा संकुलन को अपने 1900–10 वाले स्तर पर लौट जाना चाहिए था। एक अन्य बात का ध्यान रहे : धन की विषमता 1970–80 के दशक से एक बार फिर उभरने लगी है। अत: संभव है कि पुन: उच्च स्तर को प्राप्त करने की प्रक्रिया अभी चल रही है—यह पूंजी/आय अनुपात की पुनर्प्रतिष्ठा से कहीं धीमी प्रक्रिया है और शीघ्र ही धन सम्पदा की विषमता भी अपने पुराने उच्च स्तर तक पहुंच जाएगी।

दूसरे शब्दों में, धन के वितरण में यदि अब 1910 वाली विषमता नहीं है तो इसका कारण यही है कि अभी 1945 को बीते बहुत अधिक समय नहीं हुआ है। यह एक आंशिक व्याख्या ही है और अपने आप में पर्याप्त नहीं है। यदि हम शीर्षस्थ दशमंकों या शतमंकों के धन अंशों की तुलना करें [यह यूरोप में 1910 में 60–70 प्रतिशत थे तो 2010 में मात्र 20–30 प्रतिशत] तो स्पष्ट लगता है कि 1914–45 के संक्षोभों ने एक संरचनात्मक परिवर्तन

ला दिया है और वही धन सम्पदा को पूर्ववत संकुलित होने से रोक रहा है। यह बात सहज रूप से केवल परिमाणात्मक नहीं है—वस्तुत: उससे बहुत दूर है। अगले अध्याय में हम देखेंगे कि वॉट्रिन के भाषण में उत्तराधिकार और श्रम आय के सहारे संभव जीवन स्तरों की जो तुलना की गई थी तो शीर्ष शतमंक के 60–70 और 20–30 प्रतिशत अंश का अंतर समझ पाना इतना कठिन नहीं रहेगा। पहले उल्लेख में आय क्रमिकता का शीर्षस्थ शतमंक मुख्यत: पूंजी की प्रतिप्राप्ति वाले वर्ग का है: वह 19वीं सदी के उपन्यासकारों का सुपरिचित भाड़ाजीवी समाज था। दूसरा उल्लेख शीर्षस्थ अर्जित आय *(Earned Income)* वर्ग का है—वह शीर्ष पूंजी आय को संतुलित कर रहा है [आज हम एक प्रबंधक समाज बन चुके हैं—यह अधिक संतुलित समाज है]। साथ ही सम्पदाधारी मध्यम वर्ग का उदय भी एक बड़ा सामाजिक बदलाव है—इस वर्ग के पास कुल सम्पदा का 5–10 प्रतिशत मात्र नहीं बल्कि एक चौथाई से एक तिहाई तक अंश है।

आखिर 1914–45 में ऐसे कौन से बड़े संरचनात्मक परिवर्तन आ गए थे जो आज निजी सम्पत्ति के अतीत की भांति फलने-फूलने के बाद भी धन सम्पदा की विषमताओं को अपनी पुरानी ऊंचाइयां नहीं छूने दे रहे? एक महत्त्वपूर्ण एवं सरल व्याख्या तो यह भी है कि 20वीं सदी में अधिकांश सरकारों ने पूंजी एवं आय पर महत्त्वपूर्ण दरों पर कर लगाने आरंभ कर दिए हैं। ध्यान रहे कि 1900–10 में दिखाई पड़ा अति उच्च संकुलन बिना किसी बड़े युद्ध और आपदा वाली एक लम्बी समयवधि का परिणाम था। [कम से कम 20वीं सदी जैसे महायुद्ध तो नहीं हुए थे]। साथ ही उस समय में कर भी नगण्य ही थे। प्रथम महायुद्ध तक तो पूंजी आय और निगम आय पर कोई कर नहीं लगता था। यदि कहीं कभी ऐसे कर लगाए भी गए तो उनकी दरें नाम मात्र की ही थीं। अत: विशाल सम्पदाएं एकत्र करने एवं उन्हें उत्तराधिकारियों के लिए छोड़कर जाने के लिए बहुत ही आदर्श परिस्थितियां विद्यमान थीं। यही नहीं, उस उत्तराधिकार स्वरूप प्राप्त सम्पदा के सहारे अच्छी जीवन शैली व्यतीत करना भी संभव था। किंतु 20वीं सदी में लाभांश, ब्याज, लाभ और किराए–भाड़े पर लगाए गए करों ने इस परिदृश्य को बहुत बदल डाला।]

आइए इस बात को एक सरल उदाहरण के सहारे समझने का प्रयास करें। मान लें कि पहले [अर्थात् 1900–10 में] पूंजी से आय पर शून्य के लगभग [या 5 प्रतिशत से कम दर पर] कर लगाया जाता था और 1950–80 की अवधि में यह दर धनी देशों में 30 प्रतिशत तक पहुंच गई [हां, आजकल सरकारों में राजकोषीय प्रोत्साहन देने की होड़ के कारण इसमें कमी के संकेत मिलने लगे हैं। इस होड़ का आरंभ छोटी-छोटी अर्थव्यवस्थाओं द्वारा किया गया है]। तीस प्रतिशत के औसत कर के कारण पूंजी पर 5 प्रतिशत की प्रतिप्राप्ति घट कर 3.5 प्रतिशत रह जाती है। इसके अपने दीर्घकालिक एवं महत्त्वपूर्ण प्रभाव होंगे, क्योंकि पूंजी संकलन, संकुलन गुणन एवं चक्रवर्धी पद्धतियों का अनुसरण करते हैं। हमारे पूर्व चर्चित सैद्धांतिक प्रतिमान स्पष्ट करते हैं कि 30 प्रतिशत का प्रभावी कर, सभी प्रकार की पूंजी पर लगाए जाने से धन का महत्त्वपूर्ण रूप से अव–संकुलन कर सकता है। यह हमारे ऐतिहासिक आंकड़ों द्वारा प्रदर्शित शीर्षस्थ शतमंक के अंश में आई गिरावट के समान ही बनता है।

यहाँ इस बात पर भी ध्यान रहे कि पूंजी से आय पर करों का प्रभाव धन के संचयन को कम नहीं करता—यह कर तो दीर्घकाल में धन संचय की संरचना को परिवर्तित करते हैं। सैद्धांतिक प्रतिमान और ऐतिहासिक आंकड़े दर्शा रहे हैं कि पूंजी पर आय कर का शून्य से बढ़ कर 30 प्रतिशत हो जाने से कर पश्चात् आय की दर 5 से घट कर 3.5 प्रतिशत रह जाती है। किंतु इस कमी के बाद भी कुल पूंजी भंडार में कमी नहीं होगी—उच्च शतमंक के अंश में आई गिरावट की भरपाई मध्यमवर्ग के उदय से हो जाती है। बीसवीं सदी में वास्तव में यही हुआ है—आज की चर्चाओं में प्राय: इस तथ्य की अनदेखी कर दी जाती है।

बीसवीं सदी में ही प्रगतिशील करों [आकार के अनुसार दर में वृद्धि की कर प्रणाली] और बड़ी सम्पदाओं पर उत्तराधिकार करों का भी विकास हुआ है। उन्नीसवीं सदी में तो माता–पिता से संतान को मिली सम्पदा पर 1–2 प्रतिशत से अधिक कर नहीं लगता था। उस कर का पूंजी संचयन पर कोई विशेष प्रभाव नहीं होता था। यह कर कम और सम्पदाधिकार पंजीकरण शुल्क अधिक था। फ्रांस में 1901 में यह कर प्रगतिशील हो गया

किंतु प्रत्यक्ष अनुवंशिकी उत्तराधिकार पर इसकी दर 5 प्रतिशत से अधिक नहीं थी। [वस्तुत: यह वर्ष भर प्राय: कुछ दर्जन भर उत्तराधिकारी सम्पदाओं पर ही लग पाता था]। एक पीढ़ी में एक बार देय यह दर धन संकुलन को अधिक प्रभावित नहीं कर सकती थी। [भले ही उस समय के धनिकों के विचार कुछ भी रहे हों]। किंतु अधिकांश धनी देशों में 1914–45 के सैन्य, आर्थिक एवं राजनीतिक संक्षोभों के परिणामस्वरूप लगाई गई 20–30 प्रतिशत की दरों के प्रभाव बहुत महत्त्वपूर्ण रहे। ऐसे करों का एक निहित अर्थ था कि प्रत्येक पीढ़ी को उत्तराधिकार देय पारिवारिक सम्पदा में सामान्य संवृद्धि दर के अनुरूप वृद्धि सुनिश्चित करने के लिए अपना व्यय घटाने और अधिक बचत करने [या फिर अधिक लाभप्रद निवेश करने] को विवश होना पड़ गया। अत: सामाजिक सम्पदा अनुक्रम में अपना स्थान बनाए रखना कठिन से कठिन होता गया। यदि विपरीत दिशा से देखें तो अनुक्रम के निम्न स्तर पर विद्यमान लोगों के लिए उत्तराधिकार पंजीकरण के समय किसी व्यवसाय या उसके अंश खरीदना सुगम हो गया। सामान्य सी गणनाएं स्पष्ट कर देती हैं कि इस प्रकार का प्रगतिशील पूंजी अंतरण कर दीर्घकालिक दृष्टि से शीर्षस्थ शतमंक का सम्पदा अंश बहुत कम कर सकता है।[37] विभिन्न देशों की उत्तराधिकार करों की रचनाओं में अंतर उन देशों में धन सम्पदा की विषमताओं की काफी व्याख्या कर देते हैं। उदाहरण के लिए फ्रांस की अपेक्षा जर्मनी में द्वितीय महायुद्ध के बाद से शीर्षस्थ आयों का संकुलन अधिक क्यों है—और क्या इससे धन के अधिक संकुलन के संकेत भी मिलते हैं? संभवत: इसका कारण यही है कि जर्मनी में उच्चतम उत्तराधिकार दर 15–20 प्रतिशत है जबकि फ्रांस में यह 30–40 प्रतिशत रही है।

सैद्धांतिक विवेचन और गणितीय आकलन से यही जानकारी मिलती है कि विषमताओं का संकुलन के अधिकांश परिदृश्यों की व्याख्या करने के लिए करों की दरों की रचना पर्याप्त है। वस्तुत: यहाँ तो किसी प्रकार के संरचनात्मक परिवर्तन की मान्यता की आवश्यकता नहीं पड़ती। किंतु मुझे यह दोहराना अनिवार्य लगता है : भले ही आज धन सम्पदा का संकुलन 1900–10 की अपेक्षा बहुत कम हो, किंतु वर्तमान स्तर भी बहुत ही उच्च

है। इस परिणाम के लिए न तो कोई आदर्श एवं संपूर्ण कर प्रणाली आवश्यक रही है और न ही अति आग्रह पूर्ण संरचनात्मक परिवर्तन।

21वीं सदी: क्या यह 19वीं सदी से भी अधिक विषमतापूर्ण होगी?

अनेक प्रक्रियाओं का साथ-साथ चलना और विविध अनिश्चितताओं का कर गणनाओं में समाहित होना अपरिहार्य है। इसलिए यह निष्कर्ष अनुचित होगा कि किसी अन्य कारक का प्रभाव महत्त्वपूर्ण नहीं रहा होगा। अभी तक के मेरे विश्लेषण से यही संकेत मिल रहा है कि कर व्यवस्था के अतिरिक्त भी कम से कम दो कारक अवश्य महत्त्वपूर्ण भूमिका निभाते रहे हैं। संभवत: वे भविष्य में भी महत्त्वपूर्ण रहेंगे। पहला है आय में पूंजी के अंश और पूंजी के प्रतिप्राप्ति दर में दीर्घकाल में हल्की सी गिरावट। इसका कारण है [भले ही अभी उसमें कुछ शिथिलता है किंतु फिर भी] संवृद्धि दर अधिकांश मानव इतिहास और 18वीं सदी तक के अपने स्तर से तो अधिक ही रही है। यहाँ मैं संवृद्धि के निवल आर्थिक घटक की बात कर रहा हूँ—अर्थात केवल उत्पादिता वृद्धि दर की —यह ज्ञान एवं प्रौद्योगिकीय नव प्रणवन को दर्शाती है। अधिक सटीक शब्दों में, जैसा रेखा चित्र 10.11 दर्शा रहा है, भविष्य में $r > g$ अंतर 18वीं सदी और उसके पूर्ववर्ती अंतर से कम रह सकता है। इसके दो कारण संभव हैं : एक तो पूंजी पर प्रतिप्राप्ति दर कुछ कम [4–4.5 प्रतिशत, न कि 4.5–5 प्रतिशत] रह सकती है; और दूसरे संवृद्धि दर उच्चतर [0.1 से 0.2 नहीं, 1 से 1.5 प्रतिशत] हो सकती है [भले ही सरकारों की स्पर्धा पूंजी पर देय सभी करों को समाप्त कर दे]। यदि सैद्धांतिक प्रतिमानों की गणनाओं पर विश्वास करें तो पूंजी पर करों के पूर्ण समापन के बाद भी धन सम्पदा का संकुलन 1900–10 के स्तरों तक नहीं लौट पाएगा।

किंतु यह प्रसन्नता का आधार नहीं हो सकता—धन सम्पदा की विषमता फिर भी वृद्धिशील रहेगी [संभवत: मध्यम वर्ग का अंश आधा रह जाए!]। मतदाता इसे सहज ही स्वीकार नहीं कर पाएंगे। साथ ही उक्त गणनाएं पूर्णत: निरापद नहीं हैं—ऐसे अनेक कारक विद्यमान हैं जो विपरीतगामी प्रभावों का सृजन कर सकते हैं [अर्थात् वे धन संकुलन को

1900–10 से भी उच्चतर स्तरों की ओर ले जा सकते है]। एक बात तो बहुत अहम है : यदि जनांकीय वृद्धि नकारात्मक हो जाए तो धनी देशों में संवृद्धि दरें 19वीं सदी से भी कम रह जाएंगी। इससे उत्तराधिकारी धन सम्पदा का महत्त्व अप्रत्याशित हो जाएगा। साथ ही पूंजी बाजार अधिकाधिक परिष्कृत होकर संपूर्णता की ओर अग्रसर हो सकता है— अर्थात पूंजी पर प्रतिप्राप्ति उसके स्वामी के व्यक्तिगत लक्षणों से पूर्णत: पृथक्कृत हो जाएगी—इससे भी $r > g$ के तर्क का संपोषण ही होगा। साथ ही, मैं आगे यह दिखाने जा रहा हूँ कि वित्तीय वैश्वीकरण से पूंजी के प्रारम्भिक आकार और उसकी प्रतिप्राप्ति के बीच सहसंबंध और प्रबल हो रहा है। यह प्रतिप्राप्तियों में विषमताएं बढ़ा कर वैश्विक धन सम्पदा के वितरण के लिए और अधिक चिंताजनक अपसृतिकारी शक्तियों को जन्म दे सकता है।

संक्षेप में : आज यूरोप में उत्कर्ष युग की अपेक्षा धन सम्पदा का निम्न संकुलन स्तर मुख्यत: आकस्मिक घटनाओं [1914–45 के संक्षोभों] तथा पूंजी और इसकी आय पर करारोपण की विशेष व्यवस्थाओं के उदय का परिणाम है। यदि इन संस्थागत व्यवस्थाओं का विनाश हो गया तो एक बार फिर विगत काल की भांति विषमताओं का उच्च या उससे भी उच्चतर स्तर उभरने की आशंका हो सकती है। लेकिन निश्चित कुछ नहीं है: विषमता किसी भी दिशा में अग्रसर हो सकती है। अत: अब मुझे पहले उत्तराधिकार की और फिर धन की वैश्विक गत्यात्मकता की समीक्षा करनी चाहिए। किंतु एक निष्कर्ष तो पहले ही स्पष्ट है : यह एक भ्रम है कि आधुनिक आर्थिक संवृद्धि की अंत: रचना या बाजार प्रणाली के नियमों में ऐसी कोई विशेष बात छुपी है जो धन सम्पदा की विषमताओं का निवारण कर सामांजस्य पूर्ण स्थायित्व की प्राप्ति सुनिश्चित कर देगी।

■ ■ ■

अध्याय-11

प्रतिभा और विरासत : दीर्घकालीन परिदृश्य

हमने पहले भी देखा है कि पूंजी का महत्त्व आज भी उतना ही है जितना 18वीं सदी में था। केवल इसका स्वरूप परिवर्तित हुआ है : कभी पूंजी का अर्थ भूमि था, किंतु, आज यह औद्योगिक, वित्तीय और भवन सम्पदा है। हम यह भी जानते हैं कि आज भी धन का संकुलन उच्च स्तर पर है—हां, इतना अवश्य है कि यह एक सदी पूर्व के स्तर से कुछ नीचे है। जनसंख्या के गरीबतम अर्द्धांश के पास आज भी कुछ नहीं हैं—हां एक सम्पदाधारी मध्यम वर्ग का उदय हो गया है जिसका सकल सम्पदा के एक चौथाई से तिहाई अंश पर अधिकार है। अब धनिकतम 10 प्रतिशत का अधिकार करने योग्य सम्पदा समुच्चय के दो तिहाई अंश पर कब्जा रह गया है—90 प्रतिशत पर नहीं। हमने यह भी जान लिया है कि पूंजी पर प्रतिप्राप्ति और अर्थव्यवस्था की संवृद्धि में सापेक्ष परिवर्तन और इसी कारण से उनके बीच का अंतर r – g अनेक अवलोकित परिवर्तनों की व्याख्या कर सकता है—इनमें संचयन का वह तर्कशास्त्र भी है जो अधिकांश मानव इतिहास में धन के अति उच्च संकुलन के लिए उत्तरदायी दिखाई दिया है।

इसी संचयी तर्कशास्त्र को और भली प्रकार समझने के लिए हमें पूंजी निर्माण में विरासत/उत्तराधिकार और निजी आय से बचतों की सापेक्ष भूमिकाओं के दीर्घकालिक विकासक्रम पर अधिक सूक्ष्मता से विचार करना होगा। यह बहुत महत्त्वपूर्ण बात है—क्योंकि पूंजी संकुलन का एक स्तर विशेष बहुत ही भिन्न विधियों से संभव हो सकता है। संभव है कि पूंजी का वैश्विक स्तर तो वही हो, किंतु उसकी आंतरिक रचना में बहुत गहन नाटकीय बदलाव आ गए हों—जैसे कि पहले पूंजी मुख्यत: विरासत में प्राप्त दौलत थी और अब यह व्यक्ति के जीवन काल में अर्जित आय से बचत का योगफल है। इस परिवर्तन की एक संभावित व्याख्या जीवाशा की वृद्धि है जो व्यक्तियों को अपने दीर्घ सेवानिवृत जीवन काल के लिए बचत

संचित करने को प्रेरित करती है। यह पूंजी के संरचनात्मक परिवर्तन का कारण हो सकती है। किंतु पूंजी की प्रकृति में इस प्रकार का परिवर्तन इतना नाटकीय नहीं रहा जितना प्राय: मान लिया जाता है। वस्तुत: अनेक देशों में तो ऐसा कुछ भी नहीं हुआ। इसी बात की संभावनाएं प्रतीत हो रही हैं कि 21वीं सदी में भी विरासत एक बार पुन: पूंजी संकुलन में वही महत्त्वपूर्ण भूमिका निभाएगी जो अतीत में निभाती रही है।

अधिक सटीक रूप से मैं इस निष्कर्ष पर पहुंचने जा रहा हूँ : जब भी पूंजी पर प्रतिप्राप्ति दर अर्थव्यवस्था की संवृद्धि दर से अधिक हो जाती है तो अतीत में संचित धन सम्पदा को उत्तराधिकार में पाना वर्तमान जीवन में अर्जित आय से बचत की अपेक्षा प्रबल हो जाता है। तर्क का मार्ग इसके विपरीत भी जा सकता है किंतु इस दिशा की ओर प्रवृत्त करने वाली शक्तियां अत्यंत ही प्रबल हैं। विषमिका $r > g$ का एक निहितार्थ यह भी है कि अतीत भविष्य को निगल जाता है। अतीत में संचित सम्पदा, श्रम के बिना भी उस सम्पदा की अपेक्षा अधिक तीव्र दर से संवृद्धिमान रहती है जो अर्जित आय से संचित कर पाना संभव है। यह लगभग अनिवार्य रूप से अतीत में सृजित विषमताओं को अत्यंत अधिक महत्त्व प्रदान कर देता है और इसी से उत्तराधिकार का महत्त्व बढ़ जाता है।

यदि 21वीं सदी निम्न [जनांकीय एवं आर्थिक] संवृद्धि और उच्च पूंजी प्रतिप्राप्ति [पूंजीगत संसाधनों के लिए वृद्धिमान अंतर्राष्ट्रीय स्पर्धा के संदर्भ में] की सदी सिद्ध हुई तो कम से कम उन देशों में जहां ऐसी परिस्थितियां हों—एक बार फिर उत्तराधिकार का महत्त्व 19वीं सदी जैसा हो जाएगा। फ्रांस एवं कई अन्य यूरोपीय देशों में इस दिशा में कुछ संकेत मिल भी रहे हैं, जहां पिछले कुछ दशकों में संवृद्धि दरों में बहुत शिथिलता आई है। इस समय तो संयुक्त राज्य में यह प्रवृत्ति इतनी प्रबल नहीं है क्योंकि वहाँ जनांकीय संवृद्धि यूरोप की अपेक्षा अधिक रही है। किंतु जैसा संयुक्त राष्ट्र द्वारा माध्यिका *(Median)* स्तर पर जनांकीय वृद्धि की पूर्वापेक्षा [जिसे अन्य आर्थिक पूर्वाकलन सत्यापित कर रहे हैं] सत्य रही तो संवृद्धि दर अंतत: शिथिल पड़ जाएगी और प्राय: सारे विश्व में विरासत का महत्व अधिक हो जाएगा।

किंतु इसका यह अभिप्राय नहीं है कि 21वीं सदी में भी विषमता की संरचना 19वीं सदी जैसी ही होगी। इसका एक आंशिक कारण धन के संकुलन का स्तर उतने चरमोत्कर्ष पर नहीं होना भी है [संभवत: मध्यम एवं निम्न स्तर के भाड़ाजीवी अत्यंत बड़े भाड़ाजीवियों से, अल्पकाल में तो अवश्य कम रहेंगे]। दूसरे अर्जित आय की क्रमिकताओं का विस्तार हो रहा है [सुपर प्रबंधक का उदय इस दिशा में संकेत दे रहा है]। और अंतत: अब धन और आय के बीच सहसंबंध अतीत की अपेक्षा अधिक प्रबल हो चला है। अब 21वीं सदी में एक साथ ही सुपर प्रबंधक और मध्यम स्तर का भाड़ाजीवी होना संभव हो गया है : नवीन प्रतिभातंत्र इस बात को बढ़ावा दे रहा है—संभवत: इसका मध्यम एवं निम्न वेतन वर्ग पर दुष्प्रभाव भी हो रहा है—विशेषकर उन पर जिनके पास बहुत ही कम सम्पत्ति है।

उत्तराधिकार के दीर्घकालिक प्रवाह

मैं प्रारंभ से ही वार्ता का आरंभ कर रहा हूँ। सभी समाजों में धन संचयन के दो मार्ग होते हैं : कार्य या मेहनत से या फिर उत्तराधिकार से।[1] किंतु धन सम्पदा क्रमिकता के शीर्षस्थ दशमंक में इन दोनों संचयन विधियों के क्या योगदान रहे हैं? यही हमारा मुख्य प्रश्न है।

अध्याय–7 में चर्चित रेस्टीनेक को वॉट्रिन के उपदेश का 'सार' बहुत स्पष्ट है : अध्ययन और परिश्रम संभवत: एक सुविधापूर्ण शानदार जीवन जीने के लिए पर्याप्त नहीं होंगे और इसकी सही युक्ति तो मैडम विक्टोरिन से विवाह कर उसकी विरासती दौलत का उपभोग होगी। अपनी इस पुस्तक की रचना में मेरा एक प्राथमिक लक्ष्य यह अन्वेषण करना भी है कि 19वीं सदी का फ्रांसीसी समाज कहां तक वॉट्रिन के संवाद जैसा था और यह जानना भी कि इस प्रकार की सामाजिक व्यवस्था क्यों और कैसे विकसित हो गई थी।

विरासत के दीर्घकालिक वार्षिक प्रवाह [अर्थात विभिन्न व्यक्तियों/पीढ़ियों के बीच उपहार–उत्तराधिकार अंतरणों का मान] के राष्ट्रीय आय के अनुपातिक रूप के अध्ययन से विश्लेषण का आरंभ करना उपयोगी रहेगा। यह पूर्वसंचित धन सम्पदा के तात्कालिक आय के सापेक्ष

प्रवाह का मापन होगा। [ध्यान रहे कि अर्जित आय प्राय: राष्ट्रीय आय का दो तिहाई अंश होती है जबकि पूंजीगत आय [अनार्जित आय *(Un-earned Wealth)*] उत्तराधिकारियों को प्राप्य सम्पदा के स्वामियों को उस पूंजी के प्रतिफल के रूप में प्राप्त होती है]

मैं फ्रांस के परिदृश्य की समीक्षा से यह कार्य प्रारंभ कर रहा हूँ—वहाँ के दीर्घकालिक आंकड़ों से हम परिचित हैं और वैसा ही स्वरूप किसी न किसी सीमा तक कई अन्य यूरोपीय देशों में भी रहा है। अंत में मैं यह भी जानने का प्रयास करूँगा कि क्या ऐसे परिदृश्य के स्वरूप को विश्व स्तर पर भी मान्य माना जा सकता है।

रेखाचित्र 11.1 में 1820–2010 की अवधि में फ्रांस में वार्षिक विरासत प्रवाह के विकासक्रम को दर्शाया गया है। यहाँ दो बातें बहुत स्पष्ट दिखाई दे रही हैं। विरासत का यह प्रवाह 19वीं सदी में राष्ट्रीय आय का 20 से 25 प्रतिशत अंश रहा—शती के अंत पर इसमें कुछ वृद्धि के संकेत मिले हैं। यह प्रवाह बहुत ही विशाल था—मैं आगे चलकर यह समझाने का प्रयास करूँगा कि इसका अर्थ है : समस्त पूंजी भंडार वस्तुत: उत्तराधिकार में प्राप्त सम्पदा ही था। यदि उस सदी के उपन्यास साहित्य में विरासती सम्पदा छाई रही तो इसका अर्थ यह नहीं था कि बालजाक जैसे साहित्यकार इस विषय में किसी पूर्वाग्रह से ग्रस्त थे। इसका मुख्य कारण यही था कि 19वीं सदी में उत्तराधिकार में मिली या मिलने वाली सम्पत्ति का सामाजिक संरचना में केंद्रभूत स्थान माना जाता था—यह प्रबलतम आर्थिक प्रवाह और सामाजिक शक्ति थी। समय के साथ इसके महत्त्व में कमी नहीं आई है। इसके विपरीत 1900–1910 में उत्तराधिकार प्रवाह *(Inheritance Flow)* कुछ न कुछ उच्च ही रहा [25 प्रतिशत, वॉट्रिन, रेस्टीनेक और वॉकर निवासगृह के युग [1820] के 20 प्रतिशत की तुलना में]।

आगे चलकर 1910–50 की अवधि में उत्तराधिकार प्रवाह में भीषण गिरावट दिखाई दी किंतु उसके बाद से इसमें फिर सुधार आरंभ हो गया और 80 के दशक में तो इस प्रवाह सुधार की गति में काफी त्वरण भी दिखाई दिया है। बीसवीं सदी में इस प्रवाह में बहुत तीखे उच्चावचन देखे

गए हैं। प्रथम महायुद्ध तक तो वार्षिक उत्तराधिकार प्रवाह स्थिरप्राय था किंतु 1910 से 1950 के बीच यह गिर कर मात्र 4 से 5 प्रतिशत रह गया। हां, 1950 से 2010 की अवधि में इसका स्तर उसे 4 गुना तक अधिक हो चला है—अब यह राष्ट्रीय आय के 15 प्रतिशत तक पहुंच चुका है।

रेखाचित्र 11.1: वार्षिक उत्तराधिकार प्रवाह—राष्ट्रीय आय के अंश के रूप में, फ्रांस, 1820–2010

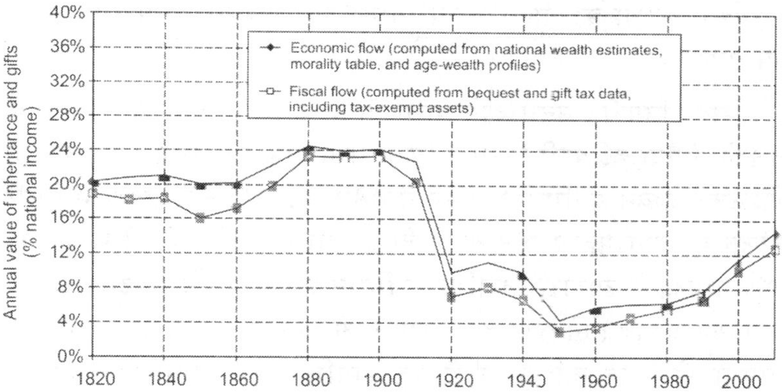

उन्नीसवीं सदी और 1914 तक वार्षिक उत्तराधिकार प्रवाह राष्ट्रीय आय के 20–25 प्रतिशत के बराबर रहा, 1950 के दशक में यह गिरकर मात्र 5 प्रतिशत रह गया और 2010 में यह पुन: 15 प्रतिशत के लगभग हो चुका है।

स्रोत और श्रृंखला हेतु देखें: piketty.pse.ens.fr/capital21C.

रेखाचित्र 11.1 में दृश्य विकासक्रम उत्तराधिकार के प्रति धारणा और उसकी वास्तविकता में आए गहन परिवर्तनों की ओर संकेत करते हैं—ये बहुत सीमा तक समाज में व्याप्त विषमता की अंत: रचना के परिवर्तनों को भी दर्शा रहे हैं। हम शीघ्र ही देखने वाले हैं कि 1914–45 के संक्षोभों के फलस्वरूप उत्तराधिकार प्रवाह की कमी वस्तुत: निजी सम्पदा के स्तर में आई कमी से दोगुनी रही। अत: उत्तराधिकार का ध्वंस केवल धन सम्पदा के विध्वंस का परिणाम नहीं था [भले ही दोनों घटनाएं परस्पर संबंधित प्रतीत होती हों]। आम जनता के मन में "उत्तराधिकार के दिन लद जाने" की धारणा "पूंजीवाद के अंत" से भी अधिक प्रबल हो गई थी। जब 1950–60 के दशक में उत्तराधिकार उपहार कुल मिलाकर राष्ट्रीय आय के एक बहुत छोटे से अनुपात का रूप धारण कर गए तो यह सोच उचित ही लगने

लगी थी कि उत्तराधिकार में सम्पदा पाने का युग बीत गया और वह पूंजी अब पहले जितनी महत्त्वपूर्ण नहीं है; अब तो धन का संचय भी व्यक्ति को अपने जीवनकाल में अपनी कमाई में से बचत के माध्यम से ही करना होगा। कई पीढ़ियां इसी धारणा के साथ पली-बढ़ी हैं [यह धारणा वास्तविकता में कहीं अधिक प्रबल थी]। चालीस एवं पचास के दशकों में जन्मी पीढ़ी, जिसे पश्चिम में "बेबी बूम" पीढ़ी कहा जाता है, की दृष्टि में उपर्युक्त धारणा का ही 'सामान्य' सामाजिक व्यवहार होना स्वाभाविक भी लगता है।

इसके विपरीत उनसे आगे वाली पीढ़ी, अर्थात 1970 और 1980 के दशकों में पैदा हुई पीढ़ी किसी न किसी सीमा तक यह अनुभव कर चुकी है कि उनके जीवन में [मित्रों एवं सगे संबंधियों सहित] उत्तराधिकार में मिली दौलत का क्या महत्त्व होने वाला है। इस पीढ़ी के लिए किसी संतान को अभिभावकों से उपहार/उत्तराधिकार मिलने और न मिलने का इस बात पर निर्णायक प्रभाव होने लगा है कि कौन किस आयु में सम्पत्ति का स्वामी बन पाएगा और कौन नहीं [साथ ही वह सम्पत्ति कितनी होगी तथा पूर्ववर्ती पीढ़ी से कितनी अधिक होगी]। उनके जीवन, विकास पथ और वैयक्तिक एवं परिवार स्तरीय चयनों पर उत्तराधिकार में मिली दौलत का प्रभाव "बेबी बूमर" पीढ़ी की अपेक्षा कहीं अधिक प्रबल है। विरासत का यह पुनर्प्रतिष्ठापन अभी अधूरा है, इसका विकासक्रम अभी चल रहा है [वस्तुत: 2000–2010 में इनका स्तर 1900–10 के उच्चतम तथा निकृष्टतम 1950 के दशक के कहीं बीच में रहा है।] अभी तक इसका सामान्य जन धारणाओं पर पिछले विपरीत परिवर्तन जितना गहन प्रभाव नहीं पड़ा है—आम आदमी आज भी 1950 और 1960 के दशकों वाली धारणाओं से प्रभावित लगता है। किंतु अगले कुछ दशकों में स्थितियों में बहुत परिवर्तन आ सकते हैं।

राजकोषीय प्रवाह (Fiscal Flow) और आर्थिक प्रवाह

रेखाचित्र 11.1 के कई बिन्दुओं का कुछ स्पष्टीकरण आवश्यक है। सबसे पहली बात तो मृत्यु के तुरंत पूर्व और उससे पहले भी व्यक्तियों के बीच उपहार के रूप में अंतरण को विरासत के प्रवाह में सम्मिलित करना अत्यंत

आवश्यक है—क्योंकि फ्रांस एवं अन्य देशों में इस अंतरण की भूमिका बहुत महत्त्वपूर्ण रही है। उपहारों और विरासत के सापेक्ष आकार में पिछले दशकों में बहुत बदलाव आया है। अत: उपहारों की अनदेखी से विश्लेषण में एक गंभीर त्रुटिकारी अभिनति आ जाएगी और स्थान-समय पर आधारित तुलनाएं विकृत हो जाएंगी। सौभाग्यवश फ्रांस में उपहारों का लेखा भी बहुत ध्यानपूर्वक रखा जाता है [हां, इसमें कुछ अधोमूल्यांकन अवश्य रहता है]। किंतु विश्व के प्रत्येक देश में ऐसा लेखा भी नहीं मिल पाता।

दूसरी एवं अधिक महत्त्वपूर्ण बात यह है कि फ्रांस में उपलब्ध समृद्ध ऐतिहासिक स्रोत सामग्री हमें इन उत्तराधिकार प्रवाहों का दो प्रकार से मापन करने में सहायक है—इन दोनों विधियों के लिए उपलब्ध आंकड़े और विधियां परस्पर स्वतंत्र भी हैं। मैंने इन दो विधियों के माध्यम से उत्तराधिकार प्रवाहों के विकासक्रमों को "राजकोषीय प्रवाह" और "आर्थिक प्रवाह" नाम दिए हैं। ये दोनों प्रवाह परस्पर बहुत संगति या सादृश्यपूर्ण हैं। यह बात ऐतिहासिक स्रोत सामग्री की सटीकता की पुष्टि करती है। यही संगति हमें उन विभिन्न शक्तियों की पहचान कर उनका पृथक पृथक विश्लेषण करने में सहायक है जिनके आधार पर ये अंकित विकासक्रम संभव हुए हैं।

मोटे तौर पर किसी देश में उत्तराधिकार प्रवाहों के अनुमान की दो विधियां हैं। एक, प्रत्यक्ष अवलोकित प्रवाहों का मापन, यहाँ उत्तराधिकार एवं उपहार कर भुगतान के आंकड़ों का सहारा ले सकते हैं। इसी को मैंने 'राजाकोषीय प्रवाह' कहा है। दूसरी विधि निजी पूंजी भंडार के मूल्यांकन पर ध्यान देकर पिछले वर्ष में हुए सैद्धांतिक प्रवाहों के आकलन की है। इसी को मैंने 'आर्थिक प्रवाह' कहा है। दोनों विधियों की अपनी–अपनी श्रेष्ठताएं एवं त्रुटियां हैं। पहली विधि अधिक प्रत्यक्ष एवं स्पष्ट है किंतु अधिकांश देशों में कर संबंधी जानकारी इतनी पर्याप्त नहीं होती। उसी के कारण अनुमान भी अधिक भरोसेमंद नहीं रह पाते। हमने पहले भी ध्यान दिया था कि फ्रांस में उपहारों एवं विरासतों का लेखा रखने की व्यवस्था फ्रांसीसी क्रांति के समय से ही प्रारंभ हो गई थी। यह लेखे बहुत सटीक है और सैद्धांतिक स्तर पर इसमें सभी हस्तांतरण समाहित हैं—वह भी जिन

पर शून्यप्राय कर भुगतान हुआ हो—हां, कुछ अपवाद अवश्य हैं। अत: राजकोषीय प्रवाह विधि का प्रयोग किया जा सकता है किंतु ऐसी बहुत छोटी छोटी विरासतों [जिन्हें घोषित करना अनिवार्य नहीं होता] का अनुमान लगाने के लिए आंकड़ों में संशोधन करना होगा। एक बात और, 1970 से जीवन बीमा अनुबंधों का महत्त्व इतना अधिक हो गया है कि यह अब फ्रांस की निजी सम्पदा का 1/6 भाग हो गया है। इन्हीं की तरह कुछ अन्य परिसम्पदाएं भी उत्तराधिकार कर की परिधि में नहीं होतीं। इन सबके मूल्य का आकलन सटीक एवं संपूर्ण आकलन की दृष्टि से आवश्यक होगा।

दूसरी विधि विभिन्न देशों की कर प्रणालियों की विद्रूपताओं से मुक्त रहते हुए धन सम्पदा के अंतरण का अधिक संपूर्ण चित्रण कर सकती है [यह आर्थिक प्रवाह विधि कर संबंधी आंकड़ों पर निर्भर नहीं रहती]। आदर्श तो यही होगा कि प्रत्येक देश में दोनों विधियों से स्वतंत्र रूप से अनुमान तैयार किये जाएं। इससे हम रेखाचित्र 11.1 जैसे चित्रों में दोनों वक्रों के बीच के अंतर की व्याख्या भी कर पाएंगे। यहाँ आर्थिक प्रवाह का राजकोषीय प्रवाह से अधिक होना कर वंचना या उत्तराधिकार लेखा व्यवस्था की त्रुटियों [प्राय: दोनों ही] का अनुमान प्रदान कर सकता है। इस अंतर के कुछ अन्य कारण भी संभव हैं; उपलब्ध आंकड़ा–समुच्चयों एवं प्रयुक्त विधियों की त्रुटियां आदि। कुछ अल्प अवधियों में तो यह अंतर 'नगण्य' की सीमा का उल्लंघन कर जाता है। किंतु मेरी रुचि तो दीर्घकालिक विकासक्रम में है और उसमें चाहे जिस विधि का प्रयोग करें, बहुत संगति दिखाई दे रही है।

तीन शक्तियां: उत्तराधिकार के अंत का भ्रम

आर्थिक प्रवाह विधि का मुख्य लाभ यही है कि यह हमें उन तीन शक्तियों पर समग्र दृष्टि से विचार करने को बाध्य करती है जो विश्व में सभी स्थानों पर उत्तराधिकार प्रवाहों और उनके इतिहासक्रम का निर्धारण करती हैं।

सामान्य रूप से उपहार–उत्तराधिकार के वार्षिक प्रवाह को हम राष्ट्रीय आय के अनुपात के रूप में b_y द्वारा व्यक्त कर रहे हैं और यह तीन कारकों या शक्तियों के गुणनफल के समान होता है:

$$b_y = \mu \times m \times \beta$$

यहाँ β तो हमारा पूर्व परिचित पूंजी/आय अनुपात है [इसे सार्वजनिक के स्थान पर उस निजी सम्पत्ति का आय से अनुपात कहना अधिक सटीक होगा जिसका उत्तराधिकार में अंतरण हो सकता है], m द्वारा हम मरणशीलता या मृत्यु दर को व्यक्त कर रहे हैं और μ द्वारा मृत्यु के समय औसत सम्पत्ति तथा जीवित व्यक्तियों की औसत सम्पत्ति का अनुपात है।

यह विभक्ति वस्तुत: विशुद्ध रूप में एक लेखाकारीय सर्वसमिका है—यह सभी देश–कालों में सदैव सत्य रहती है। इसी सूत्र का प्रयोग कर मैंने रेखाचित्र 11.1 में प्रदर्शित आर्थिक प्रवाहों का आकलन किया है। यद्यपि तीन शक्तियों के गुणनफल द्वारा आर्थिक प्रवाहों का निरूपण एक स्वयंसिद्धिका ही है, फिर भी मेरा विचार है कि यह हमें एक ऐसे आयाम को स्पष्ट करने में सहायक है जिसके कारण बहुत भ्रम फैलता रहा है [जबकि इसका आधार स्वरूप तर्क अधिक जटिल नहीं है]।

आइए, इन तीन शक्तियों पर पृथक पृथक विचार करें। सबसे पहले तो पूंजी/आय अनुपात β ही है। यह शक्ति एक स्वयंसिद्ध "सत्य" है : यदि किसी समाज में उत्तराधिकार स्वरूप प्राप्य सम्पदा का प्रवाह अधिक होना है तो वहाँ उत्तराधिकार में प्राप्त होने योग्य निजी सम्पदा का आकार भी अधिक विशाल होना चाहिए।

दूसरी शक्ति 'मरणशीलता' m भी एक पारदर्शिता पूर्ण प्रक्रिया को दर्शा रही है। अन्य बातें पूर्ववत रहने पर m का मान अधिक होने का अर्थ है अधिक तीव्र उत्तराधिकार प्रवाह। यदि किसी समाज में सभी व्यक्ति अनंतजीवी हों तो वहाँ मृत्यु दर शून्य होगी। फिर तो किसी को कुछ भी उत्तराधिकार स्वरूप नहीं मिल पाएगा—अर्थात b_y शून्य हो जाएगा—पूंजी/आय अनुपात β का मान चाहे जितना भी विराटकाय क्यों न हो।

तीसरी शक्ति μ अर्थात मृत्यु के समय औसत सम्पत्ति एवं जीवित व्यक्तियों की औसत सम्पत्ति का अनुपात भी बहुत स्पष्ट है।[4]

मान लें कि मृत्यु के समय औसत सम्पत्ति उतनी ही है जितनी जीवित व्यक्तियों की औसत सम्पत्ति होती है। फिर तो $\mu = 1$ और उत्तराधिकार

प्रवाह b_y केवल b एवं μ का गुणनफल रह जाएगा यदि β अर्थात् पूंजी/आय अनुपात 600 प्रतिशत[5] हो [यानी निजी सम्पदा आय से 6 गुना ही] और वयस्क जनसंख्या की मृत्यु दर 2 प्रतिशत हो तो उत्तराधिकार स्वरूप प्राप्य वार्षिक प्रवाह राष्ट्रीय आय का 12 प्रतिशत हो जाएगा।

यदि मृत्यु के समय औसत सम्पदा जीवित व्यक्तियों की औसत सम्पदा से 2 गुना हो, अर्थात μ = 2, तो उत्तराधिकार प्रवाह का मान राष्ट्रीय आय के 24 प्रतिशत के समान हो जाएगा। यह उस स्तर के समानप्राय है जो 19वीं सदी में और 20वीं सदी के प्रारंभिक वर्षों में दिखाई पड़ रहा था।

स्पष्टत: μ सम्पदा की आयु रचना पर निर्भर रहता है—आयु के साथ सम्पदा में अधिक वृद्धि होने का तात्पर्य होगा कि उत्तराधिकार प्रवाह भी अधिक प्रबल हो जाएगा।

इसके विपरीत जिस समाज में सेवाकाल में संचय का प्राथमिक लक्ष्य सेवानिवृत जीवन का वित्तीय प्रबंधन है वहाँ तो वरिष्ठजन अपनी जीवन भर की संचित राशियों को शेष जीवन में खर्च कर जाते हैं। यह विचार इतालवी–अमेरिकी अर्थशास्त्री फ्रैंको मोडिगल्यानी द्वारा प्रतिपादित "धन का जीवन चक्र सिद्धांत *(Life Cycle Theory)*" के अनुरूप लगता है। फिर तो μ का मान शून्यप्राय ही रह जाएगा—क्योंकि किसी का लक्ष्य मृत्यु के समय कुछ पूंजी छोड़कर जाना नहीं होता। चरम मामले में तो μ = 0 और फिर β और m का मान चाहे कुछ भी हो उत्तराधिकार समाप्त हो जाएगा। तार्किक दृष्टि से ऐसे विश्व की कल्पना संभव है जिसमें बहुत विशाल निजी सम्पदा हो [स्वाभाविक रूप से वहाँ β का मान भी बहुत उच्च होगा] किंतु वह पूंजी मुख्यत: पेंशन कोशों या वैसे ही अन्य विकल्पों में निवेशित होगी। धारक के जीवन के साथ–साथ उस सम्पदा का भी अंत हो जाता है —या दूसरे शब्दों में धारक अपने जीवनकाल में ही वार्षिक भुगतानों में उस संचित सम्पदा का उपयोग कर लेता है। यहाँ भी अंतत: उत्तराधिकारी पूंजी का अंतरण शून्य हो जाता है। यद्यपि मोडिगलयानी का यह सिद्धांत सामाजिक विषमता का बहुत ही शांत एवं एक आयामी चित्रण करता है : कि धन सम्पदा की विषमता केवल कार्य से अर्जित आय की विषमता का काल श्रृंखलानुगत अनुवाद मात्र है। भले ही प्रबंधक अपने

सेवा काल में सामान्य श्रमिक से अधिक धन राशियां जोड़ लेने में सफल रहते हों, किंतु, जीवन के अंत तक दोनों ही अपनी उन बचतों का पूरा उपभोग भी कर जाएंगे। द्वितीय महायुद्धोपरांत दशकों में यह सिद्धांत बहुत लोकप्रिय रहा, उस समय कर्म आधारित अमेरिकी समाजशास्त्र की टेलकट पारसन के शोध में परिलक्षित धारा प्रबंधकों के मध्यमवर्गीय समाज का निरूपण कर रही थी जिसमें उत्तराधिकार स्वरूप प्राप्त सम्पदा की कोई विशेष भूमिका नहीं थी।[6] आज भी "बेबी बूमर" पीढ़ी में यह सिद्धांत काफी लोकप्रिय है।

उत्तराधिकार एवं उसके विकासक्रम के विषय में ऐतिहासिक दृष्टि से विचार करते हुए उत्तराधिकार प्रवाह का तीन घटकों के गुणनफल द्वारा निरूपण [$by = \mu \times m \times \beta$] बहुत महत्त्वपूर्ण है—प्रत्येक घटक में अनेक महत्त्वपूर्ण मान्यताओं और प्रथम दृष्ट्या स्वीकार्य तर्कों के समुच्चय समाहित हैं। उन्हीं से प्रेरित हो अनेक व्यक्ति द्वितीय विश्व युद्धोपरांत दशकों में यह बात बहुत आग्रहपूर्वक कहने लगे थे कि अब उत्तराधिकारी सम्पदा का युग बीत गया है—[या धीरे-धीरे इसका महत्त्व घटता जाएगा] और यह होना तर्क एवं इतिहास की स्वाभाविक परिणति भी है। किंतु फ्रांस का उदाहरण तो साफ साफ दर्शा रहा है कि इस प्रकार से उत्तराधिकारी सम्पदा का धीरे धीरे समाप्त हो जाना अपरिहार्य नहीं है। फ्रांस के आंकड़ों द्वारा प्रदर्शित U-आकार का वक्र वस्तुत: μ,m और β द्वारा दर्शाए गए तीन घटक कारकों के अपने अपने U-आकार वक्रों का सम्मिलित परिणाम है। यही नहीं, ये तीनों शक्तियों समन्वित रूप से एक साथ कार्य कर रही थीं, [कदाचित आकस्मिक कारणों से भी]। इसी से सम्मिलित परिवर्तन के बड़े ऊर्ध्व अंतरालों की व्याख्या हो पा रही है—विशेष कर 1950–1960 अवधि में उत्तराधिकार प्रवाह के अत्यल्प स्तर की व्याख्या तो अन्यथा हो ही नहीं पाती और उसी से बहुत से लोगों को यह विश्वास होने लगा था कि विरासत में मिली अमीरी के दिन अब लद चले हैं।

मैंने भाग-2 में दर्शाया था कि वास्तव में पूंजी/आय अनुपात β का स्वरूप एक U-आकार वक्र द्वारा स्पष्ट हो रहा है। इस प्रथम शक्ति के साथ संबंधित 'आशावादी' दृष्टिकोण बहुत स्पष्ट और प्रथम दृष्ट्या स्वीकार्य भी

लगता है : उत्तराधिकारी सम्पदा केवल इस कारण महत्त्व खोती जा रही है कि धन का अपना महत्त्व ही ह्रासमान है [कम से कम उस गैर मानवीय पूंजी पर तो यह बात लागू होती है जिस पर वर्तमान विनियमानुसार किसी का अधिकार हो सके, जो बाजार में विनिमयशील हो और जिसे किसी को उत्तराधिकार के रूप में सौंपा जा सकता हो]

इस विश्वास के सत्य नहीं होने का कोई तार्किक आधार नहीं दिखता और यह विचार मानवीय पूंजी के समस्त सिद्धांतों [गैरी बेकर के विचार सहित] में घर कर चुका है, भले ही यह स्पष्ट से निरूपित नहीं हुआ है।[7] किंतु सारा घटनाक्रम इसी प्रकार उद्भासित नहीं हुआ है, उस सीमा तक तो नहीं जितना लोग मान बैठे हैं। भूसम्पदा पूंजी वित्तीय और औद्योगिक पूंजी और भवन सम्पदा का रूप धारण कर गई, किंतु कुल मिलाकर उसका महत्त्व कम नहीं हुआ है। इस बात का प्रमाण इस तथ्य से मिल रहा है कि पूंजी/आय अनुपात एक बार फिर उत्कर्ष युग एवं उससे पूर्ववर्ती स्तर को छू रहा है।

आंशिक रूप से, तकनीकी कारणों से ही सही, आज भी पूंजी, उत्पादन में एक केंद्रीय भूमिका निभा रही है—इसी कारण सामाजिक जीवन में भी इसका महत्त्व है। उत्पादन प्रारंभ करने से पूर्व यंत्रादि और कार्यालय स्थान (भवन) के लिए और अनेक भौतिक एवं अभौतिक निवेशों एवं निवासगृहों के लिए धन की आवश्यकता होती है। यह ठीक है कि मानवीय कौशल में निरंतर वृद्धि होती रही है किंतु उसी के अनुपात में गैर मानवीय पूंजी के महत्त्व में भी वृद्धि हुई है। अतः प्रथम दृष्ट्या रूप से तो उत्तराधिकारी सम्पदा के इन्हीं बातों के आधार पर विलोपमान होने के कोई कारण प्रतीत नहीं होते।

मरणशीलता: दीर्घ काल में

उत्तराधिकार के स्वाभाविक विलोपन की व्याख्या करने में समर्थ दूसरी शक्ति जीवाशा में वृद्धि हो सकती है—इससे मृत्युदर m में कमी आती है और उत्तराधिकार प्राप्त होने की प्रतीक्षा में वृद्धि हो जाती है [इस प्रतीक्षा अवधि के विस्तार के साथ साथ उत्तराधिकार में प्राप्य सम्पदा का क्षय भी होता है]। इस बात में कोई संदेह नहीं है कि मरणशीलता में दीर्घकालिक

स्तर पर कमी आंकी गई है। जब जीवाशा 80 वर्ष हो तो प्रत्येक वर्ष मर जाने वाले जनानुपात में उस समय की अपेक्षा काफी गिरावट आ जाती है जब जीवाशा 60 वर्ष ही थी। अन्य बातें पूर्ववत् रहने पर β और μ के किसी निश्चित मान के साथ निम्न मरणशीलता का संयोग ऐसे समाज का परिदृश्य चित्रित करेगा जहां उत्तराधिकार का वार्षिक प्रवाह राष्ट्रीय आय का एक अपेक्षाकृत न्यून अनुपात रहता है। फ्रांस में मरणशीलता दर में निरंतर इस प्रकार ह्रास हुआ है कि उसके दुबारा उच्च स्तर पर पहुंचने की आशंका नहीं है। यही इतिहास अन्य देशों का भी है। उन्नीसवीं सदी के फ्रांस में यह मरणशीलता दर वयस्क जनसंख्या का 2.2 प्रतिशत थी, किंतु समूची 20वीं सदी में यह निरंतर ह्रासमान रही है और 2000–2010 की अवधि में 1.1–1.2 प्रतिशत रह गई है।[8] यह एक सदी में इस दर के लगभग आधे रह जाने की बात है। देखें रेखाचित्र 11.2

रेखाचित्र 11.2: फ्रांस में मरणशीलता, 1820–2100

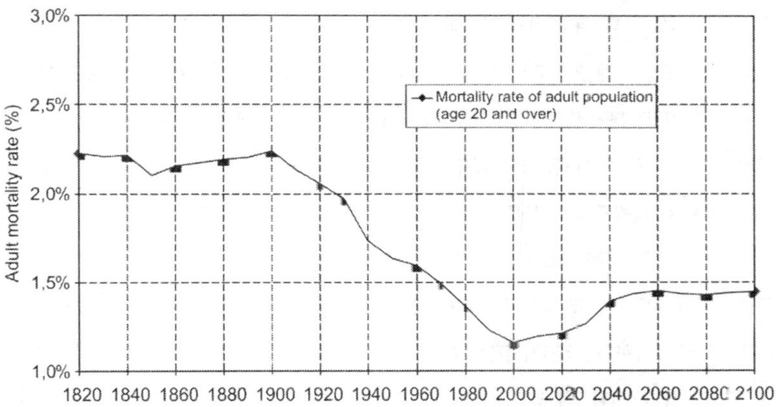

फ्रांस में मरणशीलता में 20वीं सदी में काफी गिरावट आई है [जीवाशा में वृद्धि हुई है] किंतु बेबी–बूम प्रभाव के कारण 21वीं सदी में इसमें कुछ वृद्धि की आशंका है।

स्रोत और श्रृंखला हेतु देखें: piketty.pse.ens.fr/capital21C.

लेकिन यह सोचना एक गंभीर भूल होगी कि मृत्यु दर का परिवर्तन अर्थव्यवस्था में एक महत्त्वपूर्ण कारक के रूप में उत्तराधिकारी सम्पदा का विलोप सुनिश्चित कर देगा। एक बात तो यही है कि 2000–2010 के दशक में फ्रांस में मरणशीलता में फिर कुछ वृद्धि होने के संकेत मिले हैं और

आधिकारिक जनांकीय पूर्वानुमानों के अनुसार यह वृद्धि का क्रम 2040–50 के दशक तक चलता रहने की संभावना है। उसके बाद वयस्क मरणशीलता दर 1.4–1.5 प्रतिशत के बीच स्थिर हो जाएगी। इसका कारण "बेबी बूमर" समूह है—यह पूर्ववर्ती प्रसमूह *(Cohort)* से तो बड़ा था, किंतु परवर्ती प्रसमूहों के समानप्राय ही है। यह बेबी बूमर समूह इसी अवधि में अपना जीवनकाल समाप्त करेगा।[9] दूसरे शब्दों में जिस "बेबी बूम" ने जन्म प्रसमूह के आकारों में एक संरचनात्मक परिवर्तन ला दिया था उसी ने अस्थायी रूप से मरणशीलता को कम कर दिया क्योंकि जनसंख्या कम वय और अधिक बड़ी होती जा रही थी। सौभाग्यवश फ्रांस की जनांकिकी बहुत सरल रही है—इसी कारण जनांकीय परिवर्तनों के प्रमुख प्रभावों की व्याख्या स्पष्टत: समझ आ सकती है। उन्नीसवीं सदी में जनसंख्या का आकार स्थिरप्राय था और जीवाशा लगभग 60 वर्ष थी। अत: औसत व्यक्ति लगभग 40 वर्ष का वयस्क जीवन भोगता था और मरणशीलता स्तर 1/40—वस्तुत: 2.2 प्रतिशत—के निकट था। अब 21वीं सदी में जनसंख्या एक बार पुन: स्थिरप्राय हो जाएगी किंतु जीवाशा लगभग 85 वर्ष होगी—अर्थात औसत नागरिक लगभग 65 वर्ष का वयस्क जीवन भोग रहा होगा। अर्थात एक स्थिर जनसंख्या में मरणशीलता 1/65 होगी—अर्थात 1.4–1.5 प्रतिशत [यदि कुछ थोड़ी बहुत जनसंख्या वृद्धि का प्रावधान भी स्वीकार कर लिया जाए]। कुल मिलाकर दीर्घकालिक स्तर पर फ्रांस जैसे विकसित देश में अर्द्ध स्थिर जनसंख्या में यदि कुछ वृद्धि होती है तो वह जीवाशा वृद्धि का परिणाम ही होती है। अत: वहाँ वयस्क मरणशीलता दर में कमी एक तिहाई के निकट ही रह जाती है।

वर्ष 2000–10 से 2040–50 के बीच बेबी बूमर पीढ़ी की वृद्धता के कारण मरणशीलता में अपेक्षित वृद्धि एक विशुद्ध गणितीय प्रभाव है, किंतु यह महत्त्वपूर्ण अवश्य है। एक तो यह 20वीं सदी के उत्तरार्द्ध के निम्न उत्तराधिकार प्रवाह की आंशिक व्याख्या कर देता है, साथ ही आगामी दशकों में उसमें होने वाली तीखी वृद्धि की व्याख्या भी इसी प्रभाव से हो

जाएगी। अन्य देशों में तो यह प्रभाव और भी प्रखर होगा। जिन देशों में जनसंख्या तेजी से घटने लगी है [या प्रसमूह के आकार में ह्रास के कारण घटने वाली है]—विशेषकर जर्मनी, इटली और स्पेन, और साथ ही जापान में भी, वहाँ तो यह प्रभाव 21वीं सदी में वयस्क मरणशीलता में और अधिक वृद्धि का कारण बनेगा। फिर तो उत्तराधिकार प्रवाह स्वत: ही बहुत प्रबल हो जाएंगे। व्यक्ति अधिक वर्षों तक जीवित रह पाते हैं—किंतु अंतत: उन्हें मृत्यु आती ही है। प्रसमूह आकार में निरंतर एवं बड़ी वृद्धि ही मरणशीलता दर और उत्तराधिकार प्रवाह में कमी को एक स्थायी रूप प्रदान कर सकती है। किंतु वृद्धताशील [फ्रांस की भांति] एवं स्थिर प्रसमूह—या अनेक धनी देशों की भांति प्रसमूह आकार का संकुचन तो उत्तराधिकार प्रवाहों को उच्च स्तरों तक पहुंचा सकते हैं। अत्यंत चरम स्तर पर तो यदि किसी देश में प्रसमूह का आकार आधा रह जाए [क्योंकि प्रत्येक युगल केवल एक संतान को जन्म देने का निर्णय कर लेता है] तो वहाँ मरणशीलता दर एवं उत्तराधिकार प्रवाह अप्रत्याशित उच्च स्तरों तक पहुंच सकते हैं। इसके विपरीत यदि किसी देश में प्रत्येक पीढ़ी में प्रसमूह का आकार दुगुना होने लगे [जैसा अनेक देशों में 20वीं सदी में हुआ था और अफ्रीका में अभी भी हो रहा है] तो मरणशीलता दर बहुत ही निम्न स्तर तक गिर जाती है—जिसके परिणामस्वरूप [अन्य बातें पूर्ववत रहने पर] उत्तराधिकार में मिलने वाली सम्पत्ति का कोई महत्त्व नहीं रह जाता।

जनसंख्या के साथ साथ धन सम्पदा की वृद्धता : $\mu \times m$ प्रभाव

प्रसमूहों के आकार महत्त्वपूर्ण होते हैं, किंतु वे परिवर्तनशील भी रहते हैं [यदि जनसंख्या अनन्तता या अतिसूक्ष्मता की ओर अग्रसर नहीं हो]। अत: एक बार उन्हें नजरअंदाज कर अपने विश्लेषण को आगे बढ़ाने का प्रयास करते हैं। मैं एक अति दीर्घकालिक परिप्रेक्ष्य की बात करूंगा जहां प्रसमूहों के आकार स्थिर माने जा सकते हैं। यहाँ दीर्घायुता का उत्तराधिकार स्वरूप प्राप्य सम्पदा पर क्या प्रभाव होगा? यह तो निश्चित है कि जीवाशा में वृद्धि मरणशीलता की दर में संरचनात्मक परिवर्तन को ही प्रतिबिंबित

करती है। फ्रांस में 21वीं सदी में औसत जीवाशा 80–85 वर्ष रहने की अपेक्षा है—तो स्वाभाविक रूप से वयस्क मरणशीलता दर 1.5 प्रतिशत वार्षिक से कम स्तर पर ही स्थिर हो जाएगी। किंतु 19वीं सदी में यह दर 2.2 प्रतिशत और जीवाशा का स्तर 60 वर्षों से कुछ ही अधिक था। मृत्यु के समय औसत आयु में यह वृद्धि उत्तराधिकारी वर्ग की आयु में इसी प्रकार की वृद्धि की ओर इंगित कर रही है। उन्नीसवीं सदी में औसत उत्तराधिकार प्राप्ति आयु केवल 39 वर्ष थी, किंतु 21वीं सदी में यह 50 वर्ष के आसपास होगी। हमारा रेखाचित्र 11.3 दर्शा रहा है कि मृत्यु के समय औसत आयु और उत्तराधिकारी की औसत आयु का अंतर सदा तीस वर्ष के आसपास रहा है। इसका सीधा सा कारण है कि बाल जन्म की औसत आयु [इसे पीढ़ीगत अंतराल भी कहते हैं] बहुत दीर्घकाल से लगभग 30 वर्ष पर स्थिरप्राय रही है [वैसे 21वीं सदी के प्रारंभ में इसमें कुछ वृद्धि के संकेत मिल रहे हैं।

रेखाचित्र 11.3: उत्तराधिकारियों/वारिसों की औसत आयु : फ्रांस, 1820–2100

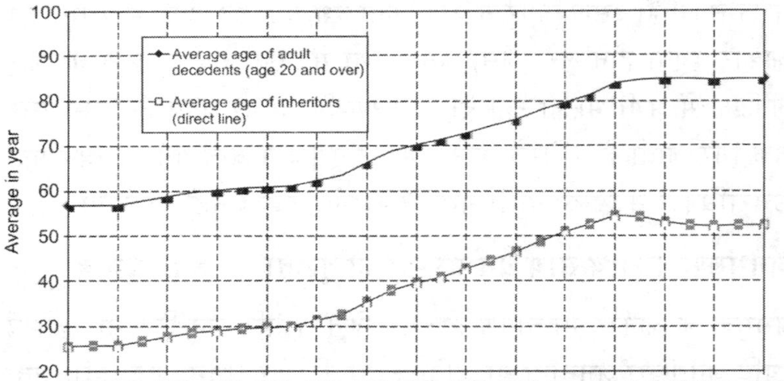

बीसवीं सदी में वयस्क उत्तराधिकारियों की औसत आयु 60 वर्ष से कम से बढ़कर 80 वर्ष तक पहुंच गई है। यही नहीं, उत्तराधिकार प्राप्ति के समय औसत आयु अब 30 वर्ष नहीं, बल्कि 50 वर्ष हो चली है। स्रोत और श्रृंखला हेतु देखें: piketty.pse.ens.fr/capital21C.

किंतु क्या व्यक्तियों की मृत्यु देर से होने और अगली पीढ़ी को देर से उत्तराधिकार में सम्पत्ति मिलने मात्र से उस सम्पत्ति का महत्त्व कम होने

लगता है? यह आवश्यक नहीं—आंशिक रूप से तो इन वृद्धता की प्रतिपूर्ति जीवित पीढ़ियों के बीच उपहार अंतरण द्वारा हो रही है—और साथ ही देर से मिली उत्तराधिकार सम्पदा का आकार भी अधिक विशाल हो रहा है—आखिर समाज में वृद्धता के साथ साथ सम्पदा में भी प्रगल्भता का संचार जो हो रहा है। दूसरे शब्दों में, मरणशीलता दर में गिरावट की अति दीर्घकालिक प्रवृत्ति की भरपाई अधिक आयु पाए व्यक्तियों की सम्पदा के सापेक्ष आकार में समतुल्य संरचनात्मक वृद्धि द्वारा हो जाती है। अत: $\mu \times m$ का मान स्थिर रहता है—या फिर उसमें कमी [कुछ लोगों की धारणा के विपरीत] बहुत धीमी रहती है। फ्रांस में यही हुआ है : मृत्यु के समय औसत सम्पदा के जीवित व्यक्तियों की सम्पदा से अनुपात μ में 1950–1960 के बाद तीव्र दर से वृद्धि हुई है।

सम्पदा के इसी वृद्धिकरण [प्रगल्भन] से पिछले कुछ दशकों में उत्तराधिकारी सम्पदा के महत्व में वृद्धि की व्याख्या हो जाती है।

अधिक सटीक रूप से $\mu \times m$ का गुणनफल, जो पारिभाषिक रूप से उत्तराधिकार अंतरण की वार्षिक दर का मापन करता है, [या दूसरे शब्दों में, सकल निजी सम्पदा के प्रतिशत अंश के रूप में उत्तराधिकार प्रवाह को व्यक्त करता है] में मृत्यु दर में निरंतर कमी के बाद भी पिछले कई दशकों में वृद्धि स्पष्ट दिखाई देने लगी है [देखें रेखाचित्र 11.4] उत्तराधिकार द्वारा अंतरण की वार्षिक दर, जिसे 19वीं सदी के अर्थशास्त्री “सम्पदा अंतरण दर” कहते थे, मेरे सूचना स्रोतों के अनुसार 1820 से 1910 के दशकों में 3.3–3.5 प्रतिशत या लगभग 1/30 पर स्थिरप्राय रहा है। उस समय यह भी कहा जाता था कि सम्पदा 30 वर्षों में अगली पीढ़ी को चली जाती है—अर्थात् एक पीढ़ी में एक बार उसका अंतरण हो जाता है। यह धारणा स्थैतिकतापूर्ण तो थी किंतु उस समय की वास्तविकताएं उसे उचित ठहराने को पर्याप्त थी।[10] यह अंतरण दर 1910–50 के बीच तेजी से कम हुई और 1950 में मात्र 2 प्रतिशत रह गई—किंतु फिर 2000–2010 तक धीरे-धीरे 2.5 प्रतिशत पर पहुंच गई है।

रेखाचित्र 11.4: उत्तराधिकार प्रवाह बनाम मरणशीलता दर : फ्रांस, 1820–2000

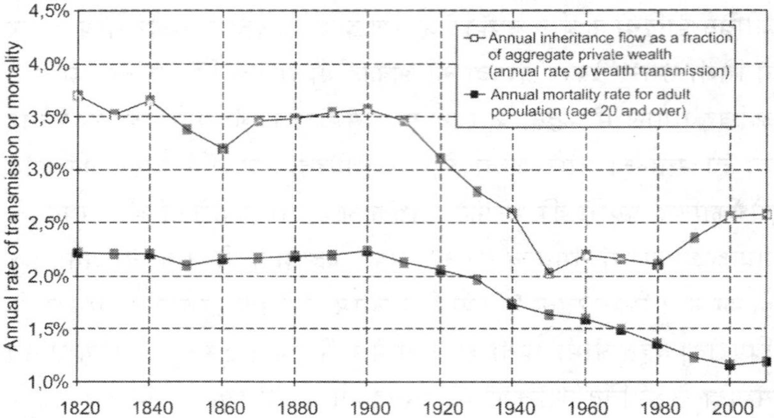

दशक 2000–10 में मरणशीलता दर 1.2 प्रतिशत रही और उपहार सहित उत्तराधिकार प्रवाह सकल धन सम्पदा का 2.5 प्रतिशत था। स्रोत और श्रृंखला हेतु देखें: piketty.pse.ens.fr/capital21C.

संक्षेप में हम कह सकते हैं कि वृद्धताशील समाजों में उत्तराधिकार देर से प्राप्त होता है, किंतु सम्पदा का प्रगल्भन होता है और यही उस देरी की भरपाई कर देता है। एक प्रकार से जिस समाज में मृत्यु देर से होती है वह समाज 'अमर' समाज से बहुत भिन्न होता है [केवल अमर समाज में ही उत्तराधिकार का लोप हो पाता है] । जीवाशा में वृद्धि जीवन की अनेक महत्वपूर्ण घटनाओं को बदल देती है—व्यक्ति अधिक समय तक अध्ययन करते हैं, कमाना देर से आरंभ करते हैं, उत्तराधिकार भी देर से पाते हैं, सेवानिवृत भी देर से होते हैं और उनकी मृत्यु भी देर से होती है। किंतु अर्जित आय की तुलना में उत्तराधिकारी सम्पदा का महत्त्व निश्चित रूप से कम नहीं होता—कम से कम उतना शीघ्र नहीं जितना कुछ लोग मान लेते हैं। हां, यह सत्य है कि देर से उत्तराधिकार, पहले की तुलना में, व्यक्ति को कोई न कोई रोजगार चुनने को विवश अवश्य करता है। किंतु इस विवशता की प्रतिपूर्ति भी प्राप्त उपहारों एवं कहीं अधिक विशाल विरासत से हो जाती है। कुल मिलाकर अंतर स्तर का रहता है—सभ्यता संस्कृति में किसी नाटकीय परिवर्तन जैसा कुछ नहीं हो पाता।

मृतकों की सम्पदा बनाम जीवितों की सम्पदा

मृत्यु के समय औसत सम्पदा और जीवित व्यक्तियों की औसत सम्पदा के अनुपात μ के विकासक्रम की ध्यानपूर्वक समीक्षा बहुत रोचक हो सकती है

रेखाचित्र 11.5: मृत्यु के समय औसत सम्पदा का जीवितों की औसत सम्पदा से अनुपात : फ्रांस, 1820–2010

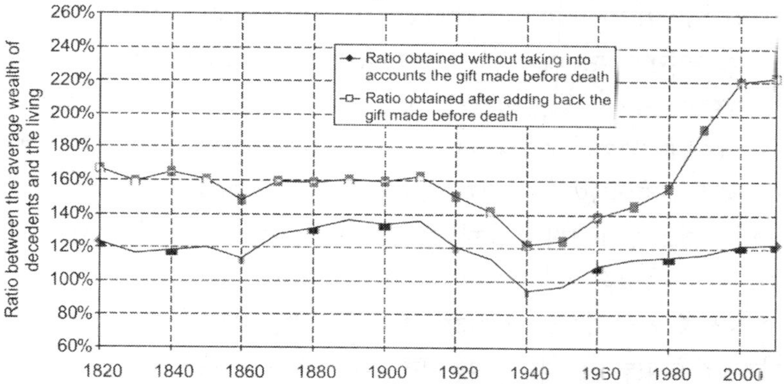

दशक 2000–10 में मृत्यु के समय औसत सम्पदा का मान जीवितों की औसत सम्पदा से 20 प्रतिशत अधिक आंका गया है—किंतु इसमें जीवनकाल में दिए गए उपहार सम्मिलित न्हीं थे। यदि उपहारों की राशि भी जोड़ दी जाए तो यह अनुपात दुगुना हो जाता है।

स्रोत और श्रृंखला हेतु देखें: piketty.pse.ens.fr/capital21C.

[इसे हमने रेखाचित्र 11.5 में दिखाया है]। सबसे पहले तो इसी बात पर ध्यान दें कि लगभग दो सदियों से, 1820 से अब तक, फ्रांस में औसत रूप से मृतक, जीवितों की अपेक्षा अधिक धनी रहे हैं। यहाँ μ का मान सदैव 100 से अधिक रहा है—हां, द्वितीय महायुद्ध के आसपास [1940–50] की अवधि अवश्य अपवाद स्वरूप रही है जब जीवनकाल में दिए गए उपहारों का हिसाब लगाए बिना आकलित यह अनुपात 100 से जरा कम हो गया था। ध्यान करें कि मोडिगलियानी की जीवन–चक्र अवधारणा के अनुसार वृद्धताशील समाजों में धन संग्रह की मूल प्रेरणा सेवानिवृत्ति काल में निर्वाह की व्यवस्था रही है और उक्त अवधारणा के अनुसार व्यक्ति मृत्यु काल आते आते अपनी सारी सम्पदा का उपभोग कर पाएंगे। अत: मृत्यु के समय उनकी सम्पदा शून्यप्राय ही होगी। यही अर्थशास्त्र के सभी शिक्षार्थियों को पढ़ाया गया "मोडिगलियानी त्रिकोण" है जिसमें प्रारंभ में

आयु के साथ साथ पूंजी में वृद्धि होती है—क्योंकि सभी व्यक्ति अपनी सेवानिवृत्ति के समय तक धन संचित करते हैं और आगे चल कर उसी एकत्र राशि में से उपभोग, उस धन राशि को घटाता चला जाता है। अत: अनुपात μ का मान शून्य हो जाना चाहिए—यह निश्चित रूप से 100 से तो बहुत कम होगा ही। किंतु पूंजी का यह सिद्धांत और विकसित समाजों के संदर्भ में इसका विकास प्रथमदृष्ट्या स्वीकार्य प्रतीत होते हुए भी अवलोकित तथ्यों या ऐतिहासिक घटनाक्रम की व्याख्या नहीं कर पाता—यह तो धन संचय के प्रमुख कारण की व्याख्या भी नहीं प्रदान कर पाता—वस्तुत: पारिवारिक सम्पदा का पोषण ही अधिक महत्त्वपूर्ण संप्रेरणा रहा है। व्यवहार में तो वार्षिकी में परिवर्तित सम्पदा, जिसे उत्तराधिकार में नहीं दे सकते, फ्रांस में तो सकल निजी सम्पदा के 5 प्रतिशत से अधिक नहीं हो पाई है—यही नहीं, जिन अंग्रेजी भाषी देशों में पेंशनकोष अधिक विकसित हो चुके हैं, वहाँ भी इस सम्पदा का सकल निजी सम्पदा में अंश 15–20 प्रतिशत के बीच ही रहा है। यह धन अंश महत्त्वहीन नहीं है, फिर भी यह उत्तराधिकार को धन संचय की प्राथमिक प्रेरणा मानने के विचार को निरस्त नहीं कर पाता [वस्तुत: बचत की जीवन चक्र अवधारणा अंतरणीय सम्पदा की प्रतिपूरक हो सकती है—प्रतिस्थापक नहीं है][11] हां यह कह पाना बहुत कठिन है कि यदि 20वीं सदी में "कमाते जाओ देते जाओ" पद्धति की सार्वजनिक पेंशन व्यवस्था का निर्माण नहीं हुआ होता जिसने सेवानिवृत्त वर्ग के विशाल समूह को एक अच्छा सेवा उपरांत जीवन व्यतीत करने का अवसर प्रदान कर दिया था [जो वित्तीय निक्षेपों में निवेश की अपेक्षा कहीं अधिक भरोसेमंद और समतापूर्ण भी था और जिसमें महायुद्धों के बाद गिरावट भी देखी गई थी] तो समाज में धन संचयन आज के स्तर से भी कहीं उच्च हो जाता[12]। वैसे, आज का पूंजी/आय अनुपात 'उत्कर्ष युग' के समानप्राय ही है [जब अपेक्षाकृत सीमित जीवनवृत के कारण सेवानिवृत्ति काल के लिए इतना अधिक बचा कर रखने की 'विवशता' नहीं होती थी] और वार्षिकी कृत धन संचय आज भी सकल धन का एक सदी पूर्व से जरा ही अधिक अनुपात आकलित हो रहा है?

जीवित व्यक्तियों के बीच पिछली दो सदियों से चल रहे उपहार अंतरण के महत्त्व पर ध्यान देना भी आवश्यक है—इसमें पिछले कुछ दशकों में बहुत उछाल दिखाई पड़ रहा है। वर्ष 1820–1870 की अर्द्धशती में इन उपहारों का मान वार्षिक उत्तराधिकार अंतरण के 30–40 प्रतिशत रहता था [उस समय ये उपहार मुख्यत: विवाह के समय दहेज के रूप में ही मिल रहे थे और उन पर विवाह के समय किए गए अनुबंधों की शर्तें लागू रहती थीं]। अगले सौ वर्षों [1870 से 1970] के बीच उपहारों का अनुपात कुछ कम हो गया—यह घट कर वार्षिक उत्तराधिकार अंतरण का 20–30 प्रतिशत रह गया, किंतु 1980 के दशक में इसमें तीक्ष्ण वृद्धि हुई और यह 40 प्रतिशत पर स्थिर हो गया तो नब्बे के दशक में 60 और 2000–2010 में तो इसके 80 प्रतिशत से अधिक हो जाने का अनुमान है। अत: आज उपहार अंतरण का महत्त्व उत्तराधिकार अंतरण जितना ही हो चला है। उपहार समग्र अंतरण प्रवाह का लगभग अर्द्धांश बन गए हैं—अत: उन पर ध्यान देना भी अनिवार्य हो गया है। अधिक स्पष्ट शब्दों में, यदि मृत्युपूर्व किए गए उपहार अंतरणों का लेखा नहीं किया जाए तो 2000–2010 में मृत्यु के समय औसत सम्पदा का आकार जीवित व्यक्तियों की औसत सम्पदा से मात्र 20 प्रतिशत ही अधिक रहता—किंतु इस आकलन में यह तथ्य छिप जाता है कि वे मृतक पहले ही अपनी आधी के लगभग सम्पदा का अंतरण [अगली पीढ़ी को] कर चुके हैं। यदि इन उपहारों को भी जोड़ कर सही आकलन करें तो μ का मान 220 प्रतिशत से अधिक हो जाता है—अर्थात मृतकों की धनसम्पदा का सही मान जीवितों की सम्पदा के दुगुने से अधिक है। आज हम एक बार फिर 19वीं सदी से कहीं अधिक उपहार दान के स्वर्णयुग में जी रहे हैं।

एक और बात पर ध्यान देना रोचक लगता है : 19वीं सदी की ही भांति आज भी अधिकांश उपहार बच्चों को ही दिए जा रहे हैं, वह भी भवन सम्पदा के रूप में और प्राय: दाता की मृत्यु से 10 वर्ष पूर्व! यह औसत समय अंतर काफी समय से स्थिर बना हुआ है। इस उपहार प्रकरण के महत्त्व में वृद्धि का एक आयाम 1970 के बाद से उपहार प्राप्तकर्ताओं की

औसत आयु में आई गिरावट है : 2000–2010 में उत्तराधिकारी की औसत आयु 45–50 वर्ष हो गई है जबकि उपहार पाने वालों की औसत आयु 35 से 40 वर्ष है। दूसरे शब्दों में, आज की अवस्था और 19वीं सदी एवं 20वीं सदी के आरंभिक वर्षों के परिदृश्यों में अंतर उतना अधिक नहीं है जितना रेखाचित्र 11.3 में दिखाई पड़ रहा है।[12] 1970 के बाद से निरंतर वृद्धिशील उपहार अंतरण की प्रक्रिया की सबसे सहज गम्य व्याख्या यही है कि जीवाशा में वृद्धि के साथ साथ अभिभावकों को यह भी समझ आने लगा है कि संतान को सम्पदा 35–40 की उम्र में मिल जाना संभवत: 45–50 की आयु में मिलने से कहीं बेहतर है। इस संदर्भ में राजकोषीय संप्रेरणाएं तो 1990–2000 की अवधि में ही गढ़ी गई हैं। आप किसी भी व्याख्या की भूमिका को अधिक महत्त्व प्रदान करें किंतु जर्मनी सहित सभी यूरोपीय देशों में आया उपहार अंतरण उछाल निश्चित रूप से हमारे वर्तमान समाज में उत्तराधिकार में प्राप्त सम्पदा के महत्त्व की पुनर्प्रतिष्ठा कर रहा है।

पचास और अस्सी के दशक : उत्कर्ष युग में आयु और सम्पदा

धन संचय की प्रक्रिया और μ के आकलन में प्रयुक्त आंकड़ों को बेहतर समझ पाने के लिए आय के फलन के रूप में धन सम्पदा की आयु संरचना को समझना आवश्यक होगा। तालिका 11.1 में ही हमने 1820 से 2010 की अवधि में अनेक वर्षों के लिए धन–आयु की जानकारी प्रस्तुत की है।[14] सबसे प्रभावशाली विशेषता तो समूची 19वीं सदी में सम्पदा की आयु में वृद्धि रही है—उसी अवधि में साथ साथ पूंजी का संकुलन भी चला है। वर्ष 1820 में तो बुजुर्ग उन लोगों से जरा ही अधिक धनी थे जो जीवन के पांचवे दशक को पार कर चुके थे [इसी को मैंने विश्लेषण का प्रारंभ बिंदु माना है], किंतु साठ वर्ष पार कर चुके समुदाय की सम्पदा 34 प्रतिशत और 80 वर्ष पार कर चुकी पीढ़ी की सम्पदा औसतन उक्त संदर्भ वय वर्ग से 53 प्रतिशत अधिक थी। बाद के वर्षों में ये अंतर निरंतर विस्तीर्ण होते गए हैं। हम पाते हैं कि 1900–1910 आते आते 60 से 80 वर्ष वय वर्गों की औसत सम्पदा संदर्भ वर्ग से 60 से 80 प्रतिशत अधिक हो गई और अस्सी वर्ष से अधिक आयु वर्ग तो अढ़ाई गुना अधिक धनी हो गया था।

तालिका 11.1

फ्रांस में आयु-धन परिदृश्य (Age-Wealth Profile)**—1820-2010:**
प्रत्येक वर्ग की औसत धन सम्पदा

वर्ष	20-29 वर्ष	30-39 वर्ष	40-49 वर्ष	50-59 वर्ष	60-69 वर्ष	70-79 वर्ष	80 वर्ष और अधिक
1820	29%	37%	47%	100%	134%	148%	153%
1850	28%	37%	52%	100%	128%	144%	142%
1880	30%	39%	61%	100%	148%	166%	220%
1902	26%	57%	65%	100%	172%	176%	238%
1912	23%	54%	72%	100%	158%	178%	257%
1931	22%	59%	77%	100%	123%	137%	143%
1947	23%	52%	77%	100%	99%	76%	62%
1960	28%	52%	74%	100%	110%	101%	87%
1984	19%	55%	83%	100%	118%	113%	105%
2000	19%	46%	66%	100%	122%	121%	118%
2010	25%	42%	74%	100%	111%	106%	134%

नोट:वर्ष 1820 में 60-69 वर्ष वर्ग की औसत धन सम्पदा 50-59 वर्ष वर्ग से 34% अधिक थी और 80 वर्ष एवं अधिक वाले वर्ग की सम्पदा उसी संदर्भ वर्ग से 53% अधिक थी।

स्रोत और श्रृंखला हेतु देखें: piketty.pse.ens.fr/capital21C.

ध्यान रहे कि ये आंकड़े पूरे फ्रांस के हैं। यदि हम केवल पैरिस पर विचार करें, जहां देश की अधिकांश विशाल सम्पदाएं केंद्रित थीं, तो हमें स्थिति की गंभीरता और भी बढ़ी चढ़ी दिखाई देती है। प्रथम महायुद्ध की पूर्वसंध्या पर पैरिसवासियों की धनाढयता में आयु के साथ साथ भारी वृद्धि हो रही थी—70 एवं 80 वर्षीय वर्गों की सम्पदा 50 वर्षीय वर्ग से तीन से चार गुना अधिक थी।[15] हां, यह सत्य है कि अधिकांश व्यक्ति बहुत कुछ विरासत में छोड़कर नहीं जाते थे और पेंशन व्यवस्थाओं का नितांत अभाव इस "स्वर्णिम वय वर्गीय गरीबी" की समस्या को अधिक गहन बना रहा था। किंतु जिस अल्पवर्ग के पास संपन्नता के दर्शन हो रहे थे वहाँ आयु के साथ साथ सम्पदा की प्रगल्भता भी बहुत प्रभावशाली थी। यह तो स्पष्ट ही है कि 80 वर्ष से अधिक आयु के वर्ग की अत्यधिक धनाढ्यता की व्याख्या श्रम से या फिर उद्यम से प्राप्त आय की अधिकता नहीं कर पाएगी। यह सोच पाना भी कठिन है कि उस आयु वर्ग के लोग प्रतिदिन सुबह किसी नए व्यवसाय का सूत्रपात कर रहे होंगे।

बुजुर्गों की यह संपन्नता बहुत प्रभावित करती है, इसका एक कारण तो यही है कि इससे उत्कर्ष युग में μ के उच्च मान की व्याख्या हो जाती है [अर्थात मृतकों की औसत सम्पदा और जीवितों की औसत सम्पदा के अनुपात की] और इसी कारण अधिक उच्च उत्तराधिकार प्रवाह की व्याख्या भी हमें मिल जाती है। इससे भी कहीं महत्त्वपूर्ण बात तो यह है कि यह वृद्धजन संपन्नता प्रगल्भन हमें इस अतर्निहित आर्थिक प्रक्रिया के विषय में भी बहुत कुछ बता जाता है। इस विषय में हमें सुलभ वैयक्तिक स्तर के आंकड़े तो बहुत ही स्पष्ट हैं : 19वीं सदी के अंत एवं 20वीं के प्रारंभ में वृद्ध जन संपन्नता में आया उछाल स्पष्टत: $r > g$ विषमिका और इसमें निहित संचयी गुणन के तर्क का सीधा परिणाम था। सटीक शब्दों में, वृद्धजनों को मिल रही पूंजी आय उनके जीवन निर्वाह के लिए आवश्यक आय से बहुत अधिक थी। एक उदाहरण : मान लीजिए कि उन्हें अपनी पूंजी से 5 प्रतिशत की प्राप्ति हो रही थी और वे अपनी पूंजी आय का 2/5 भाग निर्वाह पर खर्च कर लेते थे—शेष का पुनर्निवेश उनकी सम्पदा में 3 प्रतिशत वार्षिक वृद्धि सुनिश्चित कर देता था। फिर तो 85 वर्ष की आयु तक पहुंचते पहुंचते वे 60 वर्ष की तुलना में दुगुने धनी हो जाएंगे। यह प्रक्रिया सहज समझ आ सकती है और यह बहुत प्रबल भी है। इससे अवलोकित तथ्यों की भली प्रकार व्याख्या भी हो जाती है—बस एक ही बात कुछ खटकती है : वृद्ध जन प्राय: अपनी आय के 3/5 से अधिक का भी निवेश कर सकते थे—इससे तो दिक्वर्तन की प्रक्रिया और भी सशक्त हो सकती थी तथा उस समयावधि में सामान्य आय की संवृद्धि दर भी शून्य नहीं थी—वस्तुत: संवृद्धि दर 1 प्रतिशत थी–जिससे उस दिक्वर्तन में कुछ शिथिलता आने की संभावना बन जाती थी।

फ्रांस, विशेषकर पैरिस में 1820–1914 के बीच धन संचयन और संकुलन की गत्यात्मकता का अध्ययन आज के विश्व को भी भविष्य के लिए अनेक सबक सिखा सकता है। आंकड़े अत्यंत ही विस्तृत और विश्वस्त हैं, साथ ही यह अवधि भी व्यापार एवं वित्त के प्रथम वैश्वीकरण से जुड़ी रही है। जैसा हम देख चुके हैं, आधुनिक विविधिकृत पूंजी बाजार विद्यमान थे और व्यक्तियों के निवेशपत्रों में देशी–विदेशी, निजी एवं सार्वजनिक,

स्थिर एवं परिवर्तनशील दरों पर प्रतिफल देने वाले निक्षेपों की जटिल संरचनाएं भरी होती थीं। हां, यह ठीक है कि आर्थिक संवृद्धि दर मात्र 1–1.5 प्रतिशत वार्षिक ही थी, किंतु, मैंने पहले भी दर्शाया है कि अंतर्पीढ़ी संदर्भ में तथा अति दीर्घकालिक ऐतिहासिक परिप्रेक्ष्य में यह दर बहुत विशालकाय परिवर्तनों का सृजन करने में समर्थ होती है। यह संवृद्धि दर किसी भी तरह से एक स्थैतिक कृषिक अर्थव्यवस्था की सूचक नहीं है। यह प्रौद्योगिकीय एवं औद्योगिक नव प्रणवन का युग था : वाहन, विद्युत, सिनेमा आदि अनेक नए उद्योग इन वर्षों में महत्त्वपूर्ण रूप धारण करते जा रहे थे—इनमें से कइयों का उदगम आंशिक रूप से फ्रांस से ही हुआ था। यह भी ठीक है कि 1870 से 1914 में 50–60 की आयु पार करने वाले कितने ही व्यक्तियों की संपन्नता उत्तराधिकार का परिणाम नहीं थी। वस्तुत: कितने ही धनिकों ने इस काल में औद्योगिक एवं वित्तीय क्षेत्रों में अपनी उद्यमी गतिविधियों के सहारे विशाल धनराशियां अर्जित की थीं।

फिर भी अधिकांश धन संकुलन की व्याख्या करने वाली प्रबल प्रक्रिया तो हमारी विषमिका $r > g$ का ही परिणाम थी। चाहे 50–60 वर्ष के आयु वाले व्यक्ति की सम्पदा उत्तराधिकार में मिली थी या स्व–अर्जित हो एक न्यूनतम स्तर के बाद पूंजी अपने संवर्धन में समर्थ हो जाती है और उसका संचयन घातांकीय स्वरूप धारण कर लेता है। विषमिका $r > g$ के तर्क का निहित अर्थ है कि उद्यमी सदैव ही अंतत-भाड़ाजीवी बन जाते हैं। भले ही परिवर्तन जीवन में काफी समय बाद आए, किंतु दीर्घायुता में वृद्धि के संदर्भ में यह प्रक्रिया बहुत महत्त्वपूर्ण हो जाती है। यदि किसी व्यक्ति को 30–40 की उम्र में बड़े अच्छे [उत्पादक या कमाऊ] विचार आ रहे थे तो आवश्यक नहीं की 70 या 80 की आयु पर भी उसका मस्तिष्क उतना ही सक्रिय रहे—किंतु उसकी सम्पदा उस आयु में भी निरंतर वृद्धिशील रहेगी। या उसे अगली पीढ़ी [अपेक्षाकृत युवा] को सौंप दिया जाएगा जिसके हाथों में उसके संवर्धन को लेकर कोई प्रश्न नहीं उठाया जाता। उन्नीसवीं सदी के फ्रांसीसी आर्थिक संभ्रांतजन बड़े सृजनात्मक एवं गत्यात्मक उद्यमी रहे हैं किंतु यह भी सत्य है कि अंतत: उनके महती प्रयास, अनजाने में ही सही,

r > g के तर्कशास्त्र के अनुसार पुरानी भाड़ाजीवी सामाजिक व्यवस्था के ही संवर्धक–पोषक बन गए।

युद्ध के कारण धन सम्पदा का कायाकल्प

किंतु 1914-45 में पूंजी और उसके स्वामियों पर बार बार लगे संक्षोभों ने इस स्वयं संधार्य प्रक्रिया को ध्वस्त कर दिया। दोनों महायुद्धों का एक परिणाम धन सम्पदा के कायाकल्प के रूप में सामने आया। यह रेखाचित्र 11.5 में बहुत स्पष्ट दिखाई दे रहा है : यह इतिहास में पहली बार हुआ और अभी तक इसका दूसरा उदाहरण नहीं मिल पा रहा है—1940-50 की अवधि में मृत्यु के समय औसत सम्पदा का मान जीवितों की औसत सम्पदा से कम हो गया था। यह तथ्य तालिका 11.1 में आयु प्रसमूहों के अनुसार प्रस्तुत विवरणों से और भी स्पष्ट हो रहा है। प्रथम महायुद्ध की पूर्वसंध्या पर 1912 में 80 वर्ष वय वर्ग के व्यक्ति 50 वर्ष वर्ग से 2½ गुना धनी थे किंतु 1931 में उनकी धनाढ्यता मात्र 50 प्रतिशत रह गई। और 1947 में तो वह 50 वर्ष का वय वर्ग 80 वर्ष वय वर्ग से 40 प्रतिशत अधिक धनी हो गया था। वस्तुत: उसी वर्ष बुजुर्ग पीढ़ी का 40 वर्ष वय वर्ग से भी पीछे रह जाना अपमान बोध का कारण बन रहा था। यह वही समय था जब पुराने निश्चित तथ्यों पर प्रश्न उठ रहे थे। द्वितीय महायुद्ध के बाद धन–आयु रेखाचित्र ने अचानक घंटाकार धारण कर लिया—जहां उच्चतम सम्पदा स्तर 50–59 वर्ष के वय वर्ग में दिखाई पड़ रहा था। यह आकार मोडिगलियानी त्रिकोण" सदृश्य ही था—अंतर इतना ही था कि अति उच्च वय वर्ग में पहुंच कर भी सम्पदा शून्यप्राय नहीं हो पा रही थी। यह परिदृश्य 19वीं सदी की धन–आयु वक्र की निरंतर वृद्धि से बहुत ही भिन्न था।

धन सम्पदा के इस शानदार पुनर्नवीकरण की एक सरल सी व्याख्या है। हमने खंड दो में देखा था कि 1914–45 की अवधि में सम्पदा के सभी स्वरूपों को अनेक संक्षोभ झेलने पड़े थे। सम्पत्ति के विध्वंस, मुद्रा स्फीति, दिवालियापन, सरकार द्वारा जब्ती आदि के कारण पूंजी/आय अनुपात में

तीखी गिरावट आई थी। आइए एक बार यही मान कर चलें कि इन संक्षोभों का सभी प्रकार की सम्पत्तियों पर एक समान दुष्प्रभाव रहा होगा और आयु संरचना पूर्ववत रह गई होगी। किंतु, वास्तव में युवा पीढ़ी के पास खोने के लिए बहुत कुछ नहीं था और वह बहुत शीघ्र ही इन संक्षोभों से उबर भी गई। जो साठ वर्षीय व्यक्ति 1940 में बम वर्षा के कारण अपना सब कुछ गंवा बैठा था, या जिसे दिवाला घोषित करना पड़ा था या जिसकी सम्पत्ति को सरकार ने जब्त कर लिया था—उसके इन संकटों से उबर पाने की संभावनाएं बहुत क्षीण थीं। वह 1950 या 1960 के दशक में अपने उत्तराधिकारियों को कुछ भी सौंपे बिना 70 या 80 की आयु के निकट पहुंचकर इस दुनिया से विदा हो गया होगा। इसके विपरीत 1940 में किसी 30 वर्षीय व्यक्ति की कल्पना कीजिए : उसने भी अपना सब कुछ गंवा दिया था किंतु वह 'सब कुछ' वस्तुतः "कुछ भी नहीं" रहा होगा। किंतु उसके पास युद्ध के बाद धन संचय के पर्याप्त अवसर रहे होंगे और वह 50 के दशक में अभी 40 वर्षों से कुछ ही अधिक आयु का होगा और उसके उक्त 70 वर्षीय बुजुर्ग की अपेक्षा कहीं अधिक धनी हो जाने की संभावना भी अधिक होगी। युद्ध ने सभी सम्पदा गणनाओं को शून्य या उसके निकट पहुँचा दिया था—उससे आगे तो फिर पुनर्नवीकरण ही होना था। वास्तव में 20वीं सदी के दो महायुद्धों ने पूर्वसंचित सम्पदा के आंकड़ों को विलुप्तप्राय कर एक ऐसा भ्रम पैदा कर दिया था जैसे कि पूंजीवाद का ही विलोप हो गया हो।

द्वितीय महायुद्ध के बाद के दशकों में अति निम्न उत्तराधिकार प्रवाहों की यही केंद्रस्थ व्याख्या है; जिन्हें 1950 और 1960 के दशकों में उत्तराधिकार मिलना था उनके अभिभावकों को पिछले दशकों के संक्षोभों से उबरने का पर्याप्त समय नहीं मिल पाया था और वे अधिक सम्पत्तियां छोड़े बिना ही इस दुनिया से चल बसे। मृत्यु के समय उनके नाम कोई विशेष सम्पत्ति थी ही नहीं।

यही तर्क हमें एक अन्य बात की व्याख्या करने का भी अवसर प्रदान करता है कि उत्तराधिकार का ध्वंस सम्पदा के विध्वंस से अधिक तीक्ष्ण

क्यों रहा था [वस्तुत: यह तीक्ष्णता दोगुनी थी] मैंने खंड दो में दर्शाया था कि 1910–20 से 1950–60 की अवधि में निजी सम्पदा दो तिहाई से अधिक घट गई थी : पूंजी का भंडार 7 वर्षों की राष्ट्रीय आय से घट कर मात्र अढ़ाई वर्षों की आय के समान रह गया था [देखें रेखाचित्र 3.6]। इसी अवधि में उत्तराधिकार के वार्षिक प्रवाह में 5/6 अंश की गिरावट आ गयी—वह प्रथम महायुद्ध की पूर्वसंध्या के 20 प्रतिशत से घटकर 50 के दशक में मात्र 4–5 प्रतिशत रह गया था [देखें रेखाचित्र 4.1]

सर्वाधिक महत्त्वपूर्ण तथ्य तो यह है कि उक्त स्थिति अधिक समय तक नहीं रही। कुछ लोगों की कल्पना के विपरीत "पुनर्निर्माण पूंजीवाद" एक संक्रांतिकालिक घटनाक्रम था—कोई संरचनात्मक प्रत्यावर्तन नहीं। दशक 1950–60 में जब पुन: पूंजी संचय प्रारंभ हुआ तो पूंजी/आय अनुपात β में फिर वृद्धि होने लगी, एक बार फिर संपन्नता का प्रगल्भन [आयु वृद्धि] की प्रक्रिया प्रारंभ हो गई और मृत्यु के समय औसत सम्पदा और जीवितों की सम्पदा का अनुपात μ में भी वृद्धि होने लगी। सम्पदा में वृद्धि के साथ सम्पदा प्रगल्भन की प्रक्रिया भी चली और उसी से उत्तराधिकारी सम्पदा के और सशक्त रूप में पुन: उभरने का मार्ग प्रशस्त हुआ। फिर तो 1960 आते आते 1947 का परिदृश्य विस्मृत हो चला। एक बार फिर 60 और 70 वर्षीय वर्ग की सम्पदा 50 वर्ष वालों से कुछ अधिक होने लगी [देखिए तालिका 11.1]। 80 वर्ष वालों की बारी 80 के दशक में ही आई। दशक 1990–2000 में धन–आयु रेखाचित्र में 80 वर्षीय लोगों की औसत सम्पदा 50 वर्षीय वर्ग से 30 प्रतिशत अधिक थी। यदि विभिन्न आयु प्रवर्गों में जीवनकाल में मृत्यु पूर्व उपहारों को भी जोड़ दिया जाए [तालिका–11.1 के आंकड़ों में ऐसा नहीं किया गया है] तो 2000–10 का रेखांकन और भी तीक्ष्ण स्वरूप धारण कर लेगा—लगभग 1900–10 वाले स्तर को छू जाएगा—अर्थात 70–80 वर्ष के वय वर्ग वालों की सम्पदाधारिता 50 वर्ष वय वर्ग वालों से दुगुनी हो जाएगी—हां, एक बात अवश्य अपवाद लग सकती है : अब 19वीं सदी की अपेक्षा कहीं अधिक व्यक्ति अधिक दीर्घ आयु पा रहे हैं और उसके कारण भी μ का मान अधिक हो रहा है [देखें रेखाचित्र 11.5]।

21वीं सदी में उत्तराधिकार प्रवाह किस प्रकार विकसित होंगे?

पिछले दशकों में उत्तराधिकार प्रवाहों में हुई तीव्र वृद्धि को लेकर प्रश्न उठने लगे हैं कि क्या यही क्रम चलता रहेगा? रेखाचित्र 11.6 में 21वीं सदी के दो संभावित परिदृश्य चित्रित किए गए हैं। केंद्रस्थ चित्रण 2010–2100 की अवधि में 1.7 प्रतिशत की संवृद्धि दर की मान्यता पर आधारित है। इसमें पूंजी पर 3 प्रतिशत की प्रतिप्राप्ति की मान्यता भी निहित है[16] वैकल्पिक परिदृश्य में संवृद्धि दर के घट कर 1 प्रतिशत रहने और पूंजी की प्रतिप्राप्ति दर सुधर कर 5 प्रतिशत हो जाने की मान्यता निहित है। यह संभव हो सकता है यदि निगम आय कर सहित पूंजी एवं पूंजी आय पर लगने वाले सभी कर समाप्त कर दिए जाएं और समस्त आय में पूंजी का अंश अधिक हो जाए।

रेखाचित्र 11.6: अवलोकित एवं अनुमानित उत्तराधिकार प्रवाह : फ्रांस, 1820–2100

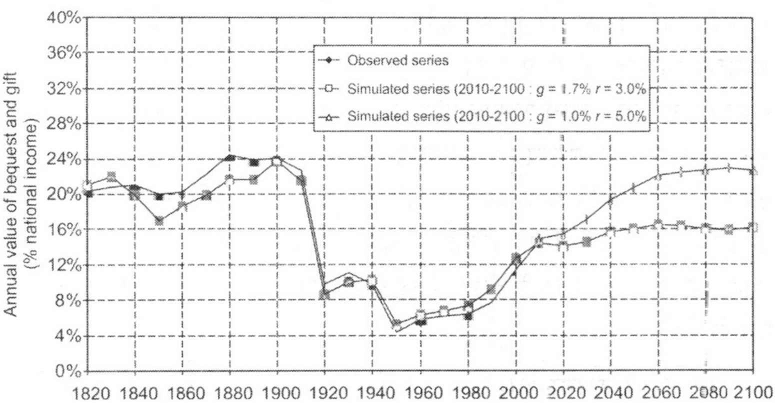

सैद्धांतिक प्रतिमानों पर आधारित अनुमान दिखाते हैं कि 21वीं सदी में उत्तराधिकार प्रवाहों का स्तर संवृद्धि दर एवं पूंजी पर निवल प्रतिप्राप्ति दर पर निर्भर करेगा।

स्रोत और श्रृंखला हेतु देखें: piketty.pse.ens.fr/capital21C.

केंद्रस्थ परिदृश्य 1820–2010 की अवधि के घटनाक्रम की सफल व्याख्या करने वाले प्रतिमान पर आधारित अनुमान चित्रण कर रहा है। इससे प्रतीत होता है कि वार्षिक उत्तराधिकार प्रवाह 2030–40 तक वृद्धिमान रहेगा और फिर राष्ट्रीय आय के 16–17 प्रतिशत पर स्थिर हो जाएगा। वैकल्पिक परिदृश्य में तो उत्तराधिकार प्रवाह के 2060–70 तक

वृद्धिशील रहने और फिर राष्ट्रीय आय के 24–25 प्रतिशत अंश पर स्थिर हो जाने का अनुमान है—यही स्थिति 1870–1910 की अवधि में भी दिखाई दी थी। पहले परिदृश्य में उत्तराधिकारी सम्पदा के आंशिक पुनर्प्रतिष्ठापन की संभावना है और दूसरे में तो उसे पूर्ण रूप से अपने पूर्व उच्च स्तर पर पहुंच जाना है। [उपहार एवं उत्तराधिकार के योगफल के रूप में]। दोनों ही परिदृश्य 21वीं सदी में उत्तराधिकार एवं उपहार अंतरणों के उच्च स्तरों की बात कर रहे हैं—यह 20वीं सदी के मध्य में दिखे बहुत ही निम्न उत्तराधिकार अंतरणों की अपेक्षा कई गुना विशाल होंगे।

इस प्रकार की भविष्यवाणियां अत्यंत अनिश्चितापूर्ण होती हैं और इसका सारा महत्त्व 'उदाहरण' बनाने तक सीमित रहता है। उत्तराधिकार प्रवाहों का 21वीं सदी का विकासक्रम अनेक आर्थिक, जनांकीय एवं राजनीतिक कारकों पर निर्भर करेगा और इतिहास बताता है कि इन सभी अत्यंत अपूर्वाकलनीय कारकों के प्रभाव बहुत बदलते रहते हैं। हम बड़ी सरलता से कुछ अलग मान्यताओं को स्वीकार कर अनेक परिदृश्य अंकित कर सकते हैं : जनसंख्या या अर्थव्यवस्था की संवृद्धि दर में तीव्र आकस्मिक उछाल [वैसे इसकी संभावना कम ही है] या निजी पूंजी एवं उत्तराधिकार के विषय में सार्वजनिक नीति में बड़े परिवर्तन [यह अधिक वस्तुपरक लगता है] की मान्यताओं द्वारा बहुत ही अलग परिदृश्यों की रचना की जा सकती है।[17]

यह ध्यान रखना भी जरूरी है कि धन–आयु परिदृश्य *(Age-Wealth Profile)* मूलत: बचत संबंधी व्यवहार पर निर्भर करता है—अर्थात इस बात पर कि विभिन्न व्यक्ति बचत किन कारणों से करते हैं। हम पहले ही चर्चा कर चुके हैं कि ऐसे अनेक कारण हैं और उनके सापेक्ष महत्त्व विभिन्न व्यक्तियों के लिए अलग अलग होते हैं। कोई सेवानिवृत्ति या फिर काम छूट जाने की आशंका के कारण बचत कर सकता है। या फिर कोई पारिवारिक सम्पदा एकत्र करने या उसे अक्षुण्ण रखने के ध्येय से भी बचत कर सकता है। या फिर किसी को धन या उससे जुड़े प्रभाव से ही इतना लगाव हो जाता है कि वह धन जमा करने में जुट जाता है। ऐसे विश्व की कल्पना तो

कर सकते हैं जहां सभी व्यक्ति अपनी सारी सम्पदा को वार्षिक किश्तों में प्राप्य आय में बदल देते हैं और मृत्यु के समय कुछ भी छोड़ कर नहीं जाते। यदि 21वीं सदी में ऐसा व्यवहार प्रमुखता पा गया तो फिर संवृद्धि दर या पूंजी पर प्रतिप्राप्ति दर कुछ भी हो जाए, उत्तराधिकार प्रवाह तो शून्यप्राय ही रह जाएगा।

फिर इस समय सुलभ जानकारियों के आधार पर रेखाचित्र 11.6 के दोनों परिदृश्यों की संभावनाएं काफी अधिक लगती हैं। मैंने विशेष रूप से मान्यता की है कि 2010–2100 की अवधि में भी बचत व्यवहार पिछले समय जैसा ही रहेगा—वह व्यवहार कुछ ऐसा था : व्यक्तियों के व्यवहार में अंतरों के बाद भी हम यह देख चुके हैं कि बचत की दर आय और प्रारंभिक संचय पर निर्भर रहती है—किंतु उन सम्पदाधारियों की आयु का कोई विशेष प्रभाव नहीं होता—प्राथमिक अनुमान तो यही है कि औसतन व्यक्ति एक दर पर बचत करते हैं—उनकी आयु कुछ भी हो।[18] विशेष बात तो यह है कि 'जीवन चक्र' सिद्धांत द्वारा सुझाए गए स्तर पर वृद्ध जनों द्वारा भारी स्तर पर अप–बचत होती नहीं दिखाई पड़ी है—जीवाशा में चाहे जितनी वृद्धि हो गई हो। निस्संदेह इसका कारण परिवार के सदस्यों को सम्पदा के अंतरण का उद्देश्य रहा है [वृद्धताशील समाज में भी कोई खाली हाथ इस दुनिया को नहीं छोड़ना चाहता], साथ ही साथ संचयन का अपना तर्कशास्त्र धन से मिलने वाले मान सम्मान और शक्ति ही नहीं सुरक्षा की भावना का भी अपना योगदान रहता है।[19] धन का अत्यधिक संकुलन[प्रत्येक वय–प्रसमूह में शीर्षस्थ दशमंक का 50–60 प्रतिशत सम्पदा पर अधिकार] इन तथ्यों की व्याख्या से जुड़ी वह कड़ी है जिसे मोडिगलियानी के सिद्धांत ने पूरी तरह अनदेखा कर दिया था। दशक 1950–60 से एक बार पुन: आनुवंशिक प्रकार की धन सम्पदा की विषमता, वृद्धजनों द्वारा सम्पदा बेच कर निर्वाह नहीं किया जाना, यह स्पष्ट कर देता है कि अधिकांश सम्पदाओं के स्वामी उन्हें बेचे बिना भी अपने जीवन शैली के लिए आवश्यक राशियां जुटा लेने में समर्थ रहते हैं। इसी कारण से उच्च स्तर पर उत्तराधिकार प्रवाह बने हुए हैं, एक नया संतुलन बन गया है जिसमें गतिशीलता सकारात्मक होते हुए भी सीमित ही है।

सही बात तो यह है कि जैसे जैसे पूंजी प्रतिप्राप्ति में वृद्धि और आर्थिक संवृद्धि दर में कमी आती है किसी भी बचत व्यवहार संरचना के साथ संचयन की प्रक्रिया अधिक तीव्र और विषमतापूर्ण होने लगती है। महायुद्ध पश्चात तीन दशकों में आर्थिक संवृद्धि दर तीव्र रही और उसी से μ में धीमी वृद्धि की व्याख्या हो जाती है—यही 1950–1970 के उत्तराधिकार प्रवाहों की भी व्याख्या हो सकती है। इसके विपरीत धीमी संवृद्धि दर से धन सपंदा के त्वरित प्रगल्भन और उत्तराधिकारी सम्पदा के उस पुरागमन की व्याख्या हो सकती है जो 1980 के दशक से दिखाई देने लगी है। सीधे से बात कहें तो जब संवृद्धि दर उच्च हो, मजदूरी दर में 5 प्रतिशत वार्षिक वृद्धि हो रही हो, तो नई पीढ़ी के लिए तेजी से संचय कर पुरानी पीढ़ी के निकट पहुंचना सरल हो जाता है। यदि मजदूरी वृद्धि 1 से 2 प्रतिशत वार्षिक ही रह जाए तो बुजुर्ग ही अधिकांश परिसम्पदाओं पर अधिकार कर लेंगे और धन की वृद्धि दर पूंजी की प्रतिप्राप्ति द्वारा निर्धारित होने लगेगी।[20] यह सरल किंतु महत्त्वपूर्ण प्रक्रिया μ अनुपात और वार्षिक उत्तराधिकार प्रवाह के विकासक्रम की बहुत अच्छी तरह व्याख्या कर देती है। यही कारण है कि अवलोकित एवं अनुमानित श्रृंखलाएं 1820–2010 की अवधि में इतनी निकटता प्रदर्शित कर रही है।[21]

अपनी अनिश्चितताओं के बावजूद ये अनुमान भविष्य के लिए एक उपयोगी मार्गदर्शन तो प्रदान कर ही रहे हैं। सैद्धांतिक स्तर पर यह दिखाया जा सकता है कि बचत के अनेक स्तरों पर जब पूंजी की प्रतिप्राप्ति की तुलना में संवृद्धि दर कम रहती है, μ की वृद्धि m में आई कमी की पूर्ण रूप से भरपाई कर देती है। अत: $\mu \times m$ का मान जीवाशा से स्वतंत्र रूप धारण कर लगभग पूरी तरह से एक पीढ़ी के अंतराल द्वारा निर्धारित होने लगता है। यहाँ सबसे महत्त्वपूर्ण निष्कर्ष यह होगा कि संवृद्धि की एक प्रतिशत की दर शून्य से बहुत भिन्न नहीं रहेगी : दोनों ही दशाओं में यह अपेक्षा सत्य सिद्ध नहीं होगी कि वृद्धजन अपने जीवन के अंत तक अपनी सारी जमा धनराशियों को खर्च कर जाएंगे और उत्तराधिकार में किसी को धन प्राप्त होने की संभावना नहीं रहेगी। एक वृद्धताशील समाज में उत्तराधिकारी पीढ़ी को विरासत, जीवन में कुछ देर से भले ही मिलती हो,

पर वह और अधिक विशाल होती है। अत: उत्तराधिकारी सम्पदा का महत्त्व अपरिवर्तित ही रहता है।[22]

वार्षिक उत्तराधिकार प्रवाह से उत्तराधिकारी सम्पदा भंडार की ओर

हम वार्षिक उत्तराधिकार प्रवाह से उत्तराधिकारी सम्पदा के योग का अनुमान किस प्रकार लगा पाएंगे? उत्तराधिकार प्रवाहों, मृतकों एवं उनके उत्तराधिकारियों तथा उपहार देने व पाने वालों की आयु के विस्तुत आंकड़ों का संकलन हमें 1820–2010 की अवधि में प्रत्येक वर्ष में जीवित व्यक्तियों की कुल सम्पदा में विरासत में मिली सम्पदा का अंशभाग आकलित करने में समर्थ बना रही है। यह विधि मूलत: पिछले 30 वर्षों में प्राप्त विरासतों और उपहारों का योग है—कहीं अति शीघ्र उत्तराधिकार [अभिभावक की असमय मृत्यु] इसे अधिक, तो किसी दाता की अति दीर्घायु इसे कहीं कहीं कम भी बना सकती है। मुख्य परिणाम रेखाचित्र 11.7 में दर्शाए गए हैं, वहीं मैं 2010–2100 की अवधि के लिए ऊपर चर्चित दो परिदृश्यों द्वारा अनुमानित मान भी अंकित कर रहा हूँ।

रेखाचित्र 11.7: सकल सम्पदा में उत्तराधिकार में मिली सम्पदा का अंश : फ्रांस, 1850–2100

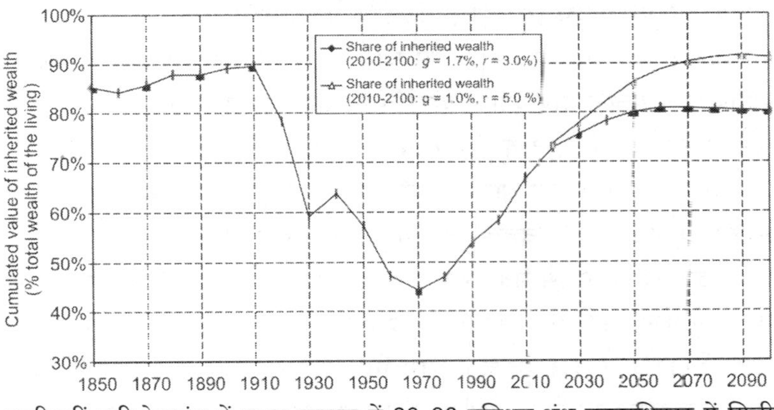

उन्नीसवीं सदी के फ्रांस में सकल सम्पदा में 80–90 प्रतिशत अंश उत्तराधिकार में मिली संपत्ति का होता था। यह अंश 20वीं सदी में घट कर 40–50 प्रतिशत रह गया किंतु 21वीं सदी में यह पुन: 80–90 प्रतिशत के स्तर पर पहुंच सकता है।

स्रोत और श्रृंखला हेतु देखें: piketty.pse.ens.fr/capital21C.

यहाँ इन परिमाण क्रमों का ध्यान रखना आवश्यक है: उन्नीसवीं सदी और 20वीं सदी के प्रारंभ में जब वार्षिक उत्तराधिकार प्रवाह राष्ट्रीय आय के 20–25 प्रतिशत के समान था, उस समय तो उत्तराधिकारी सम्पदा प्राय: समस्त निजी सम्पदा के समान होती थी—लगभग 80–90 प्रतिशत इसमें वृद्धि ही हो रही थी। एक और बात पर ध्यान दें: प्राय: सभी समाजों में धन सम्पदा के सभी स्तरों पर, धनी व्यक्तियों में से महत्त्वपूर्ण संख्या, लगभग 10 से 20 प्रतिशत तक—ऐसी होती है जिसे उत्तराधिकार में कुछ नहीं मिला होता और जिसने अपने जीवनकाल में ही धन एकत्र किया होता है। किंतु विशाल बहुमत की सम्पदा तो उत्तराधिकार में प्राप्त दौलत ही होती है। इसमें कोई आश्चर्य नहीं होना चाहिए : यदि हम 30 वर्षों तक 20 प्रतिशत राष्ट्रीय आय प्रवाह का योग करते जाएं तो उपहारों एवं विरासतों का एक बड़ा भंडार जमा हो जाएगा—यह 6 वर्षों की राष्ट्रीय आय के समान होगा—लगभग इतना ही मान समस्त निजी सम्पदा का रहा है।[23]

बीसवीं सदी में उत्तराधिकार प्रवाहों के सूख जाने पर यह संतुलन बहुत नाटकीय ढंग से बदल गया था। इसका निम्नतम बिंदु सत्तर के दशक में आया। अनेक दशकों तक बहुत न्यून उत्तराधिकार प्रवाहों एवं अल्प संचयन के परिणामस्वरूप उत्तराधिकार में प्राप्त सम्पदा का सकल निजी सम्पदा में अंश भाग केवल 40 प्रतिशत रह गया था। नए देशों को छोड़, इतिहास में पहली बार व्यक्ति द्वारा अपने जीवनकाल में संचित सम्पदा की समस्त सम्पदा में बहुतायत—60 प्रतिशत अंश भागिता–दिखाई दी। यहाँ दो बातों पर ध्यान देना आवश्यक है : एक तो युद्धोपरांत समय में पूंजी का स्वरूप प्रभावी रूप से बहुत बदल गया था और दूसरे, हम अभी एक बहुत ही विद्रूप कालावधि से उबर रहे थे। फिर भी, हम अब उस विद्रूपता से पूरी तरह निकल चुके हैं, 1970 के दशक के बाद से सकल सम्पदा में उत्तराधिकारी सम्पदा का अंश भाग निरंतर सुधर रहा है। अस्सी के दशक में ही यह एक बार फिर आधे से अधिक हो चला था—और अनुमान है कि फ्रांस में 2010 में यह निजी सम्पदा का दो तिहाई अंश बन चुका था—बचत से संचित सम्पदा का अंश एक तिहाई रह गया है। आज उत्तराधिकार प्रवाहों के उच्च स्तर को देखते हुए लग रहा है कि यदि यही क्रम चलता

रहा तो 2020 में ही यह अंश 70 प्रतिशत और 2030 तक 80 प्रतिशत के आंकड़े पार कर जाएगा। यदि 1 प्रतिशत संवृद्धि दर और पूंजी पर 5 प्रतिशत की प्रतिप्राप्ति का परिदृश्य सही रहा तो उत्तराधिकारी सम्पदा का अंश भाग 2050 के दशक में 90 प्रतिशत तक पहुंच जाएगा—यही स्तर उत्कर्ष युग में भी दिखाई पड़ा था।

अत: हम पाते हैं कि वार्षिक उत्तराधिकार प्रवाह के राष्ट्रीय आय के अनुपात का U–आकार का वक्र 20वीं सदी में उतने ही प्रभावशाली उत्तराधिकारी सम्पदा के सकल राष्ट्रीय सम्पदा से अनुपात के U–आकार वक्र के साथ कदम से कदम मिलाकर चला है। इन दो वक्रों के बीच संबंध को समझने के लिए उत्तराधिकार प्रवाहों की बचत की दर से तुलना करना उपयोगी रहेगा—हमने खंड दो में बचत दर को राष्ट्रीय आय के लगभग 10 प्रतिशत होने का आकलन किया था। जब 19वीं सदी की भांति वार्षिक उत्तराधिकार प्रवाह राष्ट्रीय आय का 20–25 प्रतिशत हो तो उपहारों और विरासत के रूप में मिलने वाली धनराशियां नवीन बचतों से दुगुनी से अधिक हो जाएंगी। यदि हम यह जोड़ दें कि नवीन बचतों का एक अंश तो वर्ष के दौरान प्राप्त उत्तराधिकार के कारण संभव हो रहा होगा [वस्तुत: 19वीं सदी में यह बचतों का एक प्रमुख स्रोत था] तो यह स्पष्ट हो जाएगा कि उत्तराधिकार में प्राप्त सम्पदा क्यों अर्जित आय से बचत द्वारा सृजित सम्पदा पर भारी पड़ती है। इसके विपरीत यदि उत्तराधिकार प्रवाह घट कर राष्ट्रीय आय का मात्र 5 प्रतिशत रह जाए तो वह सकल बचत दर [अर्थात 10 प्रतिशत] के मात्र आधे के समान रहेगा [यही स्थिति 1950 के दशक में भी थी]। फिर तो अर्जित आय में से संचित पूंजी की प्रबलता स्वयं ही सिद्ध हो जाएगी। अब मुख्य मुद्दा यही है कि 1980 के दशक में वार्षिक उत्तराधिकार प्रवाह एक बार फिर अर्जित बचतों से आगे निकल गया और 2000–2010 में तो उससे बहुत ऊपर पहुंच गया है। आज उपहार एवं उत्तराधिकार प्रवाह का योग राष्ट्रीय आय के लगभग 15 प्रतिशत के समान हो गया है।

इस विश्लेषण का कितनी विशाल धन राशियों से संबंध है? फ्रांस जैसे देशों में पारिवारिक निवर्त्य आय का मौद्रिक मान राष्ट्रीय आय के 70–75

प्रतिशत समान बनता है [इस आकलन में वस्तु रूपी अंतरणों—अर्थात उन स्वास्थ्य, शिक्षा, सुरक्षा, सार्वजनिक सेवाओं आदि के मान का समंजन कर लिया गया है जो निवर्त्य आय का अंश नहीं होतीं]। यदि हम उत्तराधिकार प्रवाह को राष्ट्रीय आय नहीं बल्कि निवर्त्य आय के अनुपात के रूप में आकलित करें तो हम पाते हैं कि फ्रांसीसी परिवारों को अपनी आय का 20 प्रतिशत के लगभग अंश तो 2010 के दशक में उपहार–उत्तराधिकार के रूप में मिल रहा था।। दूसरे शब्दों में वह प्रवाह उतना ही महत्त्वपूर्ण बन चुका था जितना 1820–1910 में आकलित हुआ था [देखिए रेखाचित्र 11.8]। हमने अध्याय–5 में आग्रह किया था कि निर्वर्त्य आय की अपेक्षा राष्ट्रीय आय का सांझे हर के रूप में प्रयोग करना समस्तरीय और समयानुसार तुलना के लिए अधिक उपयोगी रहेगा। फिर भी आज की सामाजिक वास्तविकताओं के संदर्भ में निर्वर्त्य आय का प्रयोग कहीं अधिक सार्थक होगा—अब भी परिवार को बचत हेतु उपलब्ध समग्र मौद्रिक संसाधनों के पांचवे अंश के समान तो उत्तराधिकार में मिली सम्पदा हो चुकी है और शीघ्र ही यह एक चौथाई या उससे अधिक होने वाली है।

रेखाचित्र 11.8: पारिवारिक निर्वत्य आय के अनुपात के रूप में वार्षिक उत्तराधिकार प्रवाह : फ्रांस, 1820–2010

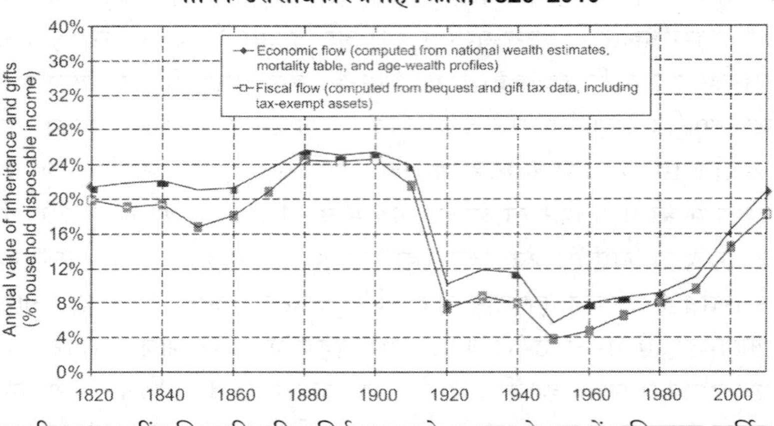

राष्ट्रीय आय नहीं बल्कि परिवारिक निर्वत्य आय के अनुपात के रूप में अभिव्यक्त वार्षिक उत्तराधिकार प्रवाह वर्ष 2010 में 20 प्रतिशत आंका गया है—यह स्तर 19वीं सदी के समानप्राय ही है। स्रोत और श्रृंखला हेतु देखें: piketty.pse.ens.fr/capital21C.

एक बार फिर वॉट्रिन के संवाद की ओर

विभिन्न व्यक्तियों के जीवन में उत्तराधिकार का वास्तविक महत्त्व हो सकता है और विशेष रूप से वॉट्रिन द्वारा उठाए गए अस्तित्व संबंधी प्रश्न का सही उत्तर देने के लिए फ्रांस में उत्तरोत्तर पीढ़ियों के दृष्टिकोण से विचार करना उपयोगी होगा। हम 19वीं सदी के प्रारंभिक वर्षों से विश्लेषण आरंभ कर उन संसाधनों की तुलना करेंगे जो उन्हें अपने जीवन काल में प्राप्य रहे होंगे। [ध्यान रहे कि वॉट्रिन का कहना था : उत्तराधिकार के आधार पर जिस जीवन शैली से निर्वाह संभव है उनकी तुलना में केवल अपनी कमाई से संभावित जीवन का भला क्या स्वरूप रहेगा?]। हम केवल इसी प्रकार इस तथ्य को सटीक रूप से अपने आकलन में समाहित कर पाएंगे कि उत्तराधिकार प्रतिवर्ष मिलने वाली आय नहीं है—यह तो जीवन में प्राय: एक बार ही मिल पाता है।[24]

रेखाचित्र 11.9: 1790–2030 की अवधियों में जन्मे प्रसमूहों के समस्त संसाधनों [उत्तराधिकार एवं कार्य से अर्जित] में उत्तराधिकार का अंश

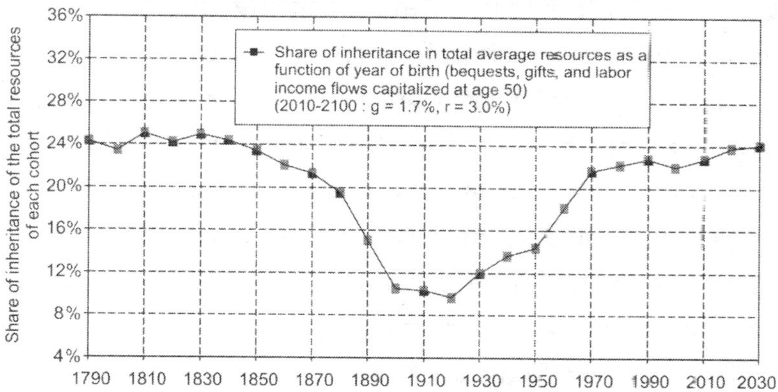

उन्नीसवीं सदी के प्रसमूहों के लिए समस्त संसाधनों में उत्तराधिकार का अंश लगभग 25 प्रतिशत था—यह 1910–1920 के प्रसमूहों [जिन्हें 1950–60 में उत्तराधिकार मिला होना चाहिए] के लिए घट कर 10 प्रतिशत रह गया।

स्रोत और श्रृंखला हेतु देखें: piketty.pse.ens.fr/capital21C.

पहले 1790–2030 में फ्रांस में जन्मी पीढियों को उपलब्ध समस्त संसाधनों में उत्तराधिकारी सम्पत्ति के अंश के विकासक्रम पर ध्यान दें [देखिए रेखाचित्र 11.9]। मैं अपनी चर्चा इस प्रकार प्रारंभ कर रहा हूँ! मैंने

वार्षिक उत्तराधिकार प्रवाहों तथा मृतकों की [मृत्यु के समय] और उत्तराधिकारियों की आयु, उपहार देने एवं पाने वालों की आयु के विस्तृत आंकड़ों से प्रारंभ कर समग्र संसाधनों में विरासत के अंश का जन्म के वर्ष के फलन के रूप में निरूपण किया है। उपलब्ध संसाधनों में उत्तराधिकार उपहार और श्रम से उपार्जित आय से कर दायित्व घटाने के बाद प्राप्त राशियों को सम्मिलित किया गया है।[25] इन राशियों को व्यक्ति के जीवन काल के लिए प्रत्येक वर्ष में प्राप्त औसत पूंजी प्रतिप्राप्ति दर के अनुसार पूंजीकृत किया गया है। यह विश्लेषण प्रारंभ करने की सर्वाधिक उचित विधि है—फिर भी इसमें उत्तराधिकारी पूंजी का कुछ न्यून मूल्यांकन संभव रहता है। कारण यही है कि बड़ी सम्पदाओं के स्वामियों को अपनी पूंजी पर जिस दर से प्रतिप्राप्ति संभव हो जाती है वह श्रम से अर्जित आय से हुई बचत पर ब्याज के रूप में नहीं मिल पाती।[26]

मेरे विश्लेषण के परिणाम इस प्रकार हैं : यदि हम 1790 के दशक में फ्रांस में जन्मे सभी व्यक्तियों की बात करें तो उन्हें अपने जीवनकाल में उपलब्ध रहे संसाधनों में विरासती सम्पदा का अंश 24 प्रतिशत था—76 प्रतिशत तो उनकी श्रम से अर्जित आय रही। जिनका जन्म 1810 के दशक में हुआ उनके विरासत और अर्जित आय के अंश 25 और 75 प्रतिशत रहे। प्रथम विश्वयुद्ध तक 19वीं सदी के सभी वय प्रसमूहों की न्यूनाधिक यही स्थिति रही। ध्यान दें कि हमने 19वीं सदी में उत्तराधिकार प्रवाह का आकलन राष्ट्रीय आय के 20-25 प्रतिशत के लगभग किया था। किंतु प्रसमूहवार यह अंश 25 प्रतिशत होने का एक ही कारण है : पूंजी से आय राष्ट्रीय आय का एक तिहाई अंश है और यह आंशिक रूप से उत्तराधिकार के खाते में जमा हो जाती है—इसका कुछ हिस्सा ही अर्जित आय में जुड़ पाता है।[27]

हां, 1870 के दशक एवं उसके बाद जन्मे प्रसमूहों के सकल संसाधनों में उत्तराधिकार के अंश में धीमी दर से कमी आना आरंभ हो गया था। इसका कारण भी स्पष्ट है : इन व्यक्तियों को अधिकाधिक विरासतें प्रथम महायुद्ध के बाद ही प्राप्त होनी थीं, किंतु उनके अभिभावकों की पूंजी से

युद्ध के संक्षोभ के कारण उन्हें अधिक धनराशियां विरासत में नहीं मिल पायीं। निम्नतम स्तर तो 1910–20 की अवधि में जन्में प्रसमूह का रहा: इन्हें इनके उत्तराधिकार द्वितीय महायुद्ध की समाप्ति से लेकर 1960 तक की अवधि में प्राप्त होने थे—अर्थात उस समय जब उत्तराधिकार प्रवाह स्वयं ही अत्यंत क्षीण हो चले थे। उस समय तो समस्त संसाधनों में उत्तराधिकार का अंश मात्र 8–11 प्रतिशत रह गया था। किंतु 1930–50 के बीच जन्मी पीढियों से एक बार फिर उछाल दिखाई दिया है। इन्हें इनकी विरासतें 1970–1990 की अवधि में प्राप्त हुईं—ये कुल संसाधनों की 12–14 प्रतिशत रहीं। हां, 1970–80 में जन्मी पीढियों को लेकर तो परिदृश्य बहुत बदल गया हैं। यहाँ आकर एक बार फिर समस्त संसाधनों में विरासत उपहार का अंश 22–24 प्रतिशत हो गया है। इन्हें 2000-2010 में उत्तराधिकार उपहार मिलने लगे हैं, इन आंकड़ों से स्पष्ट है कि हम "उत्तराधिकार का अंत" युग से बाहर निकल आए हैं। हमने यह भी देखा है कि 20वीं सदी में जन्में विभिन्न प्रसमूहों के लिए उत्तराधिकार में प्राप्त सम्पदा का महत्त्व कितना विविधतापूर्ण रहा है। अंतर्महायुद्ध काल की पीढियों ने तो सम्पदा विध्वंस के कारण विरासत की हानि भोगी थी, 'बेबी बूमर' पीढ़ी को भी प्राय: अपनी अर्जित आय में से संकलित बचत पर ही संतोष करना पड़ा। इसके विपरीत सदी की अंतिम तिहाई में जन्मे प्रसमूहों के लिए तो उत्तराधिकार में प्राप्त सम्पदा का महत्त्व उतना ही प्रबल हो चला है जितना 19वीं सदी के प्रसमूहों के लिए था।

रेस्टीनेक की दुविधा

अभी तक मैं केवल औसत मानों की बात कर रहा था। उत्तराधिकारी दौलत की एक सबसे बड़ी विशेषता उसके वितरण की गंभीरतम विषमता होती है। उत्तराधिकार और अर्जित आय की विषमताओं को एक साथ लाकर हम अंतत: यह समीक्षा कर पाएंगे कि विभिन्न कालावधियों में वॉट्रिन की सीख किस सीमा तक सटीक थी। रेखाचित्र 10.10 में 18वीं सदी के अंत में 19वीं सदी में जन्मे प्रसमूहों को दर्शाया गया है—इसी में यूजेन डी रेस्टीनेक का प्रसमूह भी है—बालजाक ने बताया है कि इस व्यक्ति का जन्म

1798 में हुआ था। उसे वस्तुत: पुराने सजा काट चुके अपराधी द्वारा चित्रित दुविधा का वास्तव में सामना करना पड़ रहा था : जिन्होंने किसी तरह विरासत हथिया ली थी वे व्यक्ति शिक्षा और मेहनत के दम पर जीने वालों से कहीं बेहतर जीवन व्यतीत कर रहे थे!

संसाधनों के विभिन्न स्तरों की सटीक एवं सहज बोधगम्य व्याख्या के लिए मैंने संसाधनों को निम्नतम अर्जित आय के गुणकों के रूप में व्यक्त किया है—यह प्रत्येक अवधि में न्यूनतम कमाने वाले 50 प्रतिशत श्रमिकों की औसत आय है। इसे हम समाज के "निम्न वर्ग" का जीवन स्तर भी कह सकते हैं—इस वर्ग को उस अवधि में समाज की लगभग आधी राष्ट्रीय आय मिल रही थी। पर समाज में विषमता के आकलन का एक प्रारंभ बिंदु हो सकता है।[28]

मुख्य परिणाम इस प्रकार हैं : उन्नीसवीं सदी के धनिकतम एक प्रतिशत उत्तराधिकारियों [जिन्होंने अपनी पीढ़ी में विशालतम एक प्रतिशत सम्पदाएं उत्तराधिकार में पायी थीं] को उपलब्ध संसाधन निम्नवर्ग के संसाधनों से 25–30 गुना थे। दूसरे शब्दों में, जो व्यक्ति अपने या अपनी पत्नी के अभिभावकों से इतनी बड़ी सम्पदा पा लेता था वह अपने जीवन भर 25–30 घरेलू नौकरों को वेतन दे सकता था। उसी समय शीर्षस्थ अर्जित आय [जो वॉट्रिन के संवाद में चर्चित न्यायाधीश, दंडाधिकारी, वकील आदि को मिल पा रही थी] तो निम्न वर्ग के संसाधनों से दस गुना ही थी। यह नगण्य आय स्तर तो नहीं था, किंतु इससे संभव जीवन स्तर काफी नीचा ही रहता था और ये रोजगार सहज सुलभ भी नहीं थे। केवल विधि विद्यालय में श्रेष्ठ निष्पादन पर्याप्त नहीं था—वर्षों तक तरह तरह की योजनाएं बनानी पड़ती थीं—फिर भी सफलता निश्चित नहीं होती थी। यदि ऐसी स्थितियों में शीर्षस्थ शतमंक वर्ग की किसी सम्पदा का उत्तराधिकारी बनने का अवसर आ जाए तो उसे गंवा देना बेहतर नहीं माना जा सकता। कम से कम उस पर विचार करना तो अवश्य बनता था!

रेखाचित्र 11.10: रेस्टीनेक की 1790–2030 में जन्मे प्रसमूहों के विषय में दुविधा

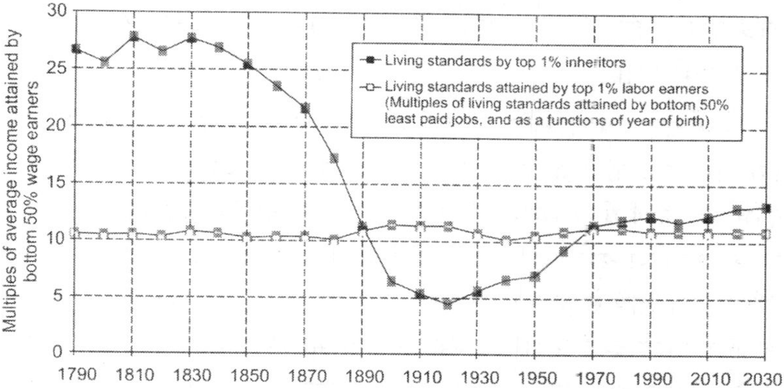

उन्नीसवीं सदी में शीर्षस्थ शतमंक वर्ग उत्तराधिकारियों को सुलभ जीवन-यापन स्तर शीर्षस्थ शतमंकीय श्रमिक वर्ग की अपेक्षा बहुत अधिक ऊंचा था।

स्रोत और श्रृंखला हेतु देखें: piketty.pse.ens.fr/capital21C.

आइए, अब 1910–20 की पीढ़ी के लिए कुछ गणनाएं करके देखें। हमें स्पष्ट हो जाता है कि इनके समक्ष चयन के कुछ अलग ही अवसर प्रस्तुत थे। शीर्षस्थ 1 प्रतिशत शतमंकीय उत्तराधिकारी सम्पदाएं निम्न वर्ग के संसाधनों से मात्र 5 गुनी ही थीं। श्रेष्ठतम 1 प्रतिशत शतमंकीय रोजगार अभी भी 10–12 गुना आय प्रदान कर रहे थे। इसका कारण यही था कि अंतर्महायुद्ध काल में भी शीर्षस्थ शतमंक मजदूरी कुल श्रम आय के 6 से 7 प्रतिशत स्तर पर दीर्घकालिक स्थिरता दर्शा रही थी।[29] इतिहास में पहली बार शीर्षस्थ शतमंकीय रोजगार से संभव जीवन स्तर शीर्षस्थ शतमंकीय उत्तराधिकार सम्पदा से संभावित स्तर से बेहतर था। दूसरे शब्दों में, अध्ययन, व्यवसाय और प्रतिभा उत्तराधिकार की अपेक्षा अधिक अर्जन कर पाने में सफल हो रहे थे।

"बेबी बूमर" प्रसमूहों के समक्ष चयन भी इतना ही स्पष्ट था: 1940–50 में जन्मे किसी भी रेस्टीनेक के पास शीर्षस्थ शतमंक वर्ग के किसी रोजगार या व्यवसाय को पाने के प्रयास करने के सभी कारण विद्यमान थे [वे उस जमाने के किसी भी वॉट्रिन के प्रलाप को अनसुना कर सकते थे, क्योंकि शीर्ष स्तरीय उत्तराधिकार से तो निम्नवर्ग से मात्र 6–7 गुना आय

ही मिल पाती]। इन पीढियों के लिए मेहनत से सफलता केवल नैतिक आधार पर नहीं बल्कि संभावित आय या लाभ की कसौटी पर भी बेहतर सिद्ध होती थी]।

में सटीक रूप से कहें तो ये परिणाम इस बात को भी स्पष्ट करते हैं कि इस समूची अवधि में और 1910–1960 के बीच जन्मे प्रसमूहों में आय क्रमिकता के शीर्षस्थ शतमंक में वही व्यक्ति थे जिनकी आय का प्रमुख स्रोत उनका कार्य या श्रम था। यह एक बड़ा बदलाव था, केवल इस लिए नहीं कि ऐतिहासिक दृष्टि से ऐसा पहली बार हुआ था [फ्रांस, और बहुत संभव है कि अन्य यूरोपीय देशों में भी] बल्कि इसलिए भी कि किसी भी समाज में यह शीर्षस्थ शतमंक समूह बहुत महत्त्वपूर्ण स्थान रखता है।[30] जैसा कि हमने अध्याय–7 में देखा था—यह वह अपेक्षाकृत विस्तृत अभिजात्य वर्ग है जो समाज की आर्थिक, राजनीतिक और दृश्य संरचना का निर्माण करता है।[31] सभी परंपरागत समाजों में [ध्यान रहे कि 1789 में सामंतशाही वर्ग देश की जनसंख्या का 1–2 प्रतिशत ही था] और वस्तुत: उत्कर्ष युग तक [फ्रांसीसी क्रांति द्वारा सृजित आशाओं के बावजूद] इस समूह पर सदा उत्तराधिकार में मिली सम्पदा का वर्चस्व रहा है। अत: 20वीं सदी के प्रथमार्द्ध में जन्मे प्रसमूहों में इस वर्चस्व का नितांत अभाव अपने आप में एक अभूतपूर्व घटना है—इसने पुरातन सामाजिक व्यवस्था के अंत और सामाजिक प्रगति की अपरिवर्तनीयता में विश्वास जाग्रत किया था। यह तो सत्य है कि द्वितीय महायुद्ध के बाद के तीन दशकों में विषमताओं का उन्मूलन नहीं हो गया था—किंतु अब उसे पारिश्रमिकों में अंतर के उदारतापूर्ण दृष्टि कोण से देखा जाने लगा था। यह भी सही है कि सामान्य श्रमिक, दफ्तरों में काम करने वालों और प्रबंधकों के बीच बड़े अंतर थे और ये अंतर 1950 के दशक के फ्रांस में तो और अधिक विस्तृत हो रहे थे। किंतु इस विषय में समाज में एक मूलभूत सहमति बन चुकी थी—सभी श्रम के महासंघ में भागीदार थे और प्रतिभा तंत्र के आदर्श का सम्मान करते थे। जन सामान्य को विश्वास हो चला था कि उत्तराधिकारी सम्पदा में निहित मनमानी विषमताओं का युग अब समाप्त हो गया है।

किंतु 1970 के दशक और उसके बाद जन्मे प्रसमूहों की बात तो बहुत भिन्न है। जीवन के चयन तो विशेष रूप से बहुत जटिल हो गए हैं: शीर्षस्थ शतमंक की उत्तराधिकारी सम्पत्ति उस वर्ग के रोजगार से कम नहीं—कुछ अधिक ही है [उत्तराधिकार निम्न वर्ग के जीवन स्तर से 12–13 गुना और रोजगार आय भी 10–11 गुना है। एक और बात ध्यान रहे : आज विषमता की रचना 19वीं सदी से बहुत अलग रूप धारण कर चुकी है—क्योंकि आज उत्तराधिकारी सम्पदा का संकुलन पहले की अपेक्षा बहुत निम्न स्तर पर है।[32] आज के प्रसमूहों का सामना विषमताओं और सामाजिक संरचनाओं के एक विलक्षण समूह से हो रहा है—यह वॉट्रिन द्वारा इस श्रम पर सदैव भारी पड़ने वाले विरासत आधारित समाज और द्वितीय महायुद्ध के बाद श्रम की उत्तराधिकार पर प्रबलता से अभिभूत व्यवस्थाओं के कहीं मध्यवर्ती वास्तविकता है। हमारी जानकारी के अनुसार आज फ्रांस के शीर्षस्थ आय अनुक्रम वाले शतमंक को जितनी आय उत्तराधिकार में मिली पूंजी से हो रही है—उतनी ही प्राय: यह वर्ग अपनी मेहनत से भी कमा रहा है।

भाड़ाजीवियों और प्रबंधकों का आधारभूत गणित

एक बार फिर याद कर लेते हैं कि शीर्ष स्तर उत्तराधिकार में मिली पूंजी की आय की श्रम से आय पर प्रबलता वाले जिस समाज का बालजाक और ऑस्टिन की रचनाओं में निरूपण हुआ है, उसके अस्तित्व के लिए दो शर्तों का पूरा होना आवश्यक है। प्रथम, पूंजी का भंडार और उसमें भी उत्तराधिकार में मिली पूंजी का अंश विशाल होना चाहिए। सामान्यत: पूंजी/आय अनुपात 6 या 7 होना चाहिए और अधिकांश पूंजी विरासत में मिली होनी चाहिए। ऐसे समाज में उत्तराधिकारी सम्पदा प्रत्येक प्रसमूह को उपलब्ध औसत संसाधनों का एक चौथाई [यदि पूंजी पर प्रतिप्राप्ति दरों में प्रचुर विषमता हो तो एक तिहाई भी] अंश हो जाता है। 18वीं 19वीं सदियों का यह परिदृश्य 1914 तक बना रहा। आज एक बार फिर से उत्तराधिकार में मिली सम्पदा के विशाल भंडार की शर्त पूरी होने के निकट है।

दूसरी शर्त है कि विरासती पूंजी अत्यंत ही संकुलित होनी चाहिए। यदि इस पूंजी का वितरण भी श्रम की आय के वितरण जैसा हो—अर्थात दोनों में शीर्षस्थ दशमंक, शतमंक आदि के स्तर समानप्राय हो तो फिर वॉट्रिन द्वारा निरूपित विश्व का कोई अस्तित्व नहीं होगा : श्रम से आय सदैव ही पूंजी से आय पर भारी पड़ेगी [कम से कम तीन गुना भारी]।[33] अर्जित आय का शीर्षस्थ 1 प्रतिशत, इस प्रकार विरासती पूंजी से आय के शीर्षस्थ 1 प्रतिशत से व्यवस्थित एवं यांत्रिक विधि से अधिक हो जाएगा।[34]

संकुलन प्रभाव के परिमाण प्रभाव से प्रबल होने के लिए समस्त उत्तराधिकारी सम्पदा का अधिकांश अंश शीर्षस्थ शतमंक वर्ग के हाथ लगना चाहिए। वस्तुत: 18वीं–19वीं सदियों में यही कुछ हो रहा था—यह शतमंक 60–70 प्रतिशत राष्ट्रीय सम्पदा का स्वामी था। [ब्रिटेन और उत्कर्ष युगीन पैरिस में यह आंकड़ा 70 प्रतिशत था]। यह अर्जित आय में शीर्षस्थ शतमंक के अंश भाग से 10 गुना अधिक है [अर्जित आय में इस वर्ग का अंश बहुत समय से 6–7 प्रतिशत पर स्थिर है]। सम्पदा–वेतन का यह 10:1 का संकुलन अनुपात, परिमाण अनुपात 3:1 का निराकरण करने में सफल रहता है और स्पष्ट कर देता है कि उत्तराधिकार में मिली भारी पूंजी वाला शीर्षस्थ शतमंक वर्ग का व्यक्ति किसी रोजगार से आय कमाने वाले से, 19वीं सदी की सम्पदाधारी व्यवस्था के समाज में ; कम से कम तीन गुना बेहतर जीवन यापन में क्यों सफल रहता था [देखें रेखाचित्र 11.10]।

भाड़ाजीवी एवं प्रबंधक वर्ग की यही गणनाएं हमें बताती हैं कि आज फ्रांस में उत्तराधिकारी सम्पदा और अर्जित आय के शीर्षस्थ शतमंक 'संतुलन' किस प्रकार पा गए हैं। सम्पदा का संकुलन अर्जित आय के संकुलन से लगभग तीन गुना अधिक है [शीर्षस्थ शतमंक का सकल सम्पदा के 20 प्रतिशत पर अधिकार है और अर्जित आय में इस शतमंक का अंश 6–7 प्रतिशत रहता है]। इस प्रकार संकुलन प्रभाव द्वारा परिमाण प्रभाव का समंजन [संतुलन] हो जाता है। हम यह भी समझ सकते हैं कि शानदार त्रैदशकी में प्रबंधक वर्ग उत्तराधिकारियों पर क्यों भारी पड़ रहा था [3 : 1 का संकुलन प्रभाव, 10 : 1 के परिमाण प्रभाव को संतुलित करने के लिए काफी कम रह जाता था]। इन विशेष परिस्थितियों से अलग [ये भीषण

संक्षोभों और विशेष सरकारी नीतियों का ही परिणाम थीं] हट कर विचार करें तो प्रतीत होता है कि विषमताओं की "स्वभाविक" संरचना प्रबंधकों पर भाड़ाजीवियों की प्रबलता की पक्षधर है। जब संवृद्धि दर निम्न और पूंजी पर प्रतिप्राप्ति दर [उस संवृद्धि दर से] काफी अधिक हो तो सभी सहज संभावित गत्यात्मक प्रतिमानों में यह अवश्यंभावी हो जाता है कि धन सम्पदा का इतना अधिक संकुलन हो जाएगा कि उससे प्राप्त [शीर्षस्थ स्तर की] आय, श्रम की आय पर बहुत भारी पड़ने लगेगी।[35]

क्लासिकी सम्पदाधारी समाज : बालजाक और ऑस्टिन का संसार

भले ही 19वीं सदी के उपन्यासकारों ने उस समय के समाज के उन वर्ग–समूहों की चर्चा नहीं की जिनकी बात हम कर रहे हैं किंतु उन्होंने भी उन्हीं गहरी पैठी हुई विशेषताओं को ही उजागर किया था : एक ऐसी सामाजिक संरचना जिसमें आराम का जीवन व्यतीत करने के लिए एक बड़ी सम्पदा का स्वामी होना आवश्यक होता था। यह भी बहुत चौंकाने वाली बात है कि इंगलिश चैनल के दोनों ओर के दो समाजों—इंगलैंड और फ्रांस में लिख रहे उपन्यासकार ऑस्टिन और बालजाक देशों की मुद्राओं, रचना शैलियों और कथानकों में अंतरों के बाद भी समान विषमता संरचनाओं, परिमाण क्रमों और धन के आकार आदि की विस्तृत चर्चा करते दिखाई पड़ते हैं। हमने अध्याय–2 में ध्यान दिया था कि उक्त उपन्यासों में चित्रित स्फीति मुक्त समाज में मौद्रिक सूचक तो बहुत स्थिर रहते हैं। अत: वे स्पष्ट रूप से बता रहे थे कि 'मामूली' से ऊपर उठकर गरिमापूर्ण जीवनयापन के लिए कितनी आय की आवश्यकता रहती थी। दोनों ही लेखकों ने इसके लिए औसत से 30 गुना आय स्तर को एक भौतिक एवं मनोवैज्ञानिक न्यूनतम स्तर मान लिया था। इससे निम्न स्तर पर ऑस्टिन या बालजाक के नायक एक गरिमामय जीवन शैली अपनाने में कठिनाई अनुभव करते थे। यदि कोई व्यक्ति धनिकतम 1 प्रतिशत वर्ग में होता तो वह उक्त न्यूनतम स्तर से आगे भी निकल सकता था—0.5 प्रतिशत या 0.1 प्रतिशत वर्ग के व्यक्ति के लिए तो यह और भी आसान हो जाता। यह अल्पसंख्यक वर्ग बहुत भली प्रकार परिभाषित किंतु संख्यात्मक दृष्टि से काफी बड़ा समुदाय था जिसका आकार समाज की रचना को निर्धारित करने और उपन्यास में चित्रित

समाज को धारण करने के लिए पर्याप्त था।[36] किंतु किसी व्यवसाय, चाहे जितना भी कमाई करने वाला हो, से संतुष्ट रहने वाला व्यक्ति उस समाज के जीवन स्तर के कहीं आसपास भी नहीं फटकने पाता था। वस्तुत: शीर्षस्थ 0.1 शतमंकीय अर्जित आय वाले भी उस स्तर को नहीं छू पाते थे।[37]

इन अधिकांश उपन्यासों में पहले कुछ पृष्ठों में ही वित्तीय, सामाजिक और मनोवैज्ञानिक पृष्ठभूमि का निरूपण कर दिया जाता था और बार-बार उसके उद्धरण दिए जाते थे कि पाठक कहीं यह न भूल जाए कि उपन्यास के पात्र किस प्रकार से सामान्य समाज से विलक्षण थे : वे मौद्रिक सूचक जो उनके जीवन की रचना करते थे, उनकी प्रतिद्वंद्विताएं, उनकी रणनीतियां, और उनकी अपेक्षाएं–महत्त्वाकांक्षाएं। 'पेयरे गोरियो' में वृद्ध पात्र की अधोगति का इस तथ्य द्वारा संप्रेषण हो जाता है कि वह वॉकर अतिथिशाला के सबसे खस्ताहाल कमरे में रहने को विवश था और अपने वार्षिक खर्च को उस समय की न्यूनतम आय 500 फ्रैंक तक सीमित रखने के लिए सबसे सस्ती चीजें ही खाता था—लेखक बालजाक की दृष्टि में गहनतम विपन्नता इससे अलग क्या होती।[38] वह वृद्ध सबकुछ अपनी बेटियों के लिए कुर्बान कर चुका था—उसने उन्हें 5–5 लाख फ्रैंक का दहेज दिया था—जिससे उन्हें 25000 फ्रैंक की वार्षिक आय हो सकती थी—अर्थात बालजैक द्वारा चर्चित समाज की औसत आय से 50 गुना। यही उनके लिए संपन्नता की आधारभूत इकाई थी, सही धनवान होने की कसौटी थी और गरिमापूर्ण जीवनयापन का आधार भी। इस प्रकार प्रारंभ में ही समाज के दो चरम छोरों का निरूपण हो जाता था। किंतु बालजाक यह नहीं भूले थे कि इन दो छोरों के बीच अनेक प्रकार के अन्य जीवनयापन स्तर भी थे—कुछ कम मामूली और कुछ उनसे अधिक मामूली। एंगौलेम के निकट स्थित छोटी सी रेस्टीनेक सम्पदा तो वर्ष भर में मात्र 3000 फ्रैंक की आय जुटा पाती थी—अर्थात औसत से मात्र 6 गुना। यह बालजाक की दृष्टि में दूर दराज के क्षेत्रों की खाली जेब वाले संभ्रांत परिवारों की सामान्य स्थिति थी। युजेन का परिवार राजधानी में रह कर विधिशास्त्र के अध्याय के लिए उसे मात्र 1200 फ्रैंक प्रतिवर्ष दे पाता था। वॉट्रिन के संवाद में कड़ी मेहनत एवं अनिश्चितताएं भोगने के बाद शाही दंडाधिकारी के रूप में

1000 फ्रैंक के जिस वेतन की युजेन अपेक्षा कर सकता था, वह तो मामूली दर्जे का जीता जागता लक्षण था—इस बात का अकाटय प्रमाण कि अध्ययन से व्यक्ति कहीं नहीं पहुंच पाता। बालजाक ऐसे समाज का चित्रण कर रहे थे जहां न्यूनतम ध्येय औसत से कम से कम 20 से 30 या 50 गुना [जो डेल्फिन और एनेस्तेसी को अपने दजेह से मिल रहा था] और भी अच्छा होता जो 100 गुना[अर्थात जो मैडम विक्टोरिन की लाखों की सम्पदा से मिल रहा था] पाने का होना चाहिए था।

'सीजर बिरोटो' का साहसी गंधी दस लाख फ्रैंक की दौलत जमा करना चाहता था—आधा अपनी पत्नी और स्वयं के लिए और आधा अपनी बेटी के दहेज के लिए ताकि उसका दामाद वकील रोंगा से उसका व्यवसाय खरीद सके। उसकी पत्नी तो यह बेहतर मानती थी कि भूमि खरीद कर वे 2000 फ्रैंक वार्षिक की आय पर निर्वाह करते और 8000 फ्रैंक की वार्षिक आय के दहेज के साथ बेटी का विवाह कर देते थें। किंतु सीज़र ऐसी बात को सुनना भी नहीं चाहता था। वह अपने सहयोगी पिलेरो जैसी दशा नहीं भोगना चाहता था जिसने मात्र 5000 फ्रैंक भाड़े के भरोसे काम से निवृत्ति का निर्णय कर लिया था। अच्छी तरह जीने के लिए उसे तो औसत आय से 20–30 गुना अधिक की जरूरत थी। पांच से दस गुना ज्यादा से तो गुजारा भर हो पाता।

चैनल की दूसरी ओर भी यही संख्याएं और गणनाएं दिखाई दे रही थीं। 'सेंस एंड सेंसिबिलिटी' के कथानक का वित्तीय एवं मनोवैज्ञानिक आधार पहले दस पृष्ठों में ही जॉन डेशवुड और उनकी पत्नी फैनी के बीच वितृष्णापूर्ण संवाद द्वारा निर्मित हो जाता है। जॉन को उत्तराधिकार में नौर्लेंड सम्पदा मिल गई है—जिससे 4000 पौंड की वार्षिक आय प्राप्त होती है—यह उस काल की औसत आय से 100 गुना से अधिक थी [1800–1810 में औसत वार्षिक आय मात्र 30 पौंड होती थी]।[39] नौर्लेंड को बड़ी भूसम्पदा के स्वामित्व का एक सटीक मानक समझा जा सकता है जो जेन ऑस्टिन के उपन्यासों में संपन्नता की पराकाष्ठा का प्रतीक है। कर्नल ब्रेंडल और उनकी 2000 पौंड कमाने वाली सम्पदा [यह आय भी औसत से 60 गुना अवश्य थी] डेलाफोर्ड किसी महान भू स्वामी की आकांक्षाओं का लक्ष्य

हो सकती थी। दूसरे उपन्यासों से लगता है कि 1000 पौंड वार्षिक की आय भी ऑस्टिन के कथा–नायकों के लिए पर्याप्त होती थी। किंतु, इसके विपरीत औसत से मात्र 20 गुना अधिक 600 पौंड की आय तो जॉन विलोबी को सहज जीवन की निचली सीढ़ी पर ही छोड़ देती है और सभी को आश्चर्य होता है कि इतना सजीला युवक इतनी कम आय के सहारे अपना जीवन स्तर किस प्रकार बनाए रख पाता होगा। यही कारण था कि उसने शीघ्र ही मेरिएन को रोते बिलखते छोड़ दिया और 50000 पौंड का दहेज [जिससे औसत आय से 80 गुना वार्षिक किराया भाड़ा अर्थात 2500 पौंड आय के रूप में मिल सकता था] पाने के लिए मिस ग्रे का दामन थाम लिया। उस काल की विनिमय दर के अनुसार यह दहेज मैडम विक्टोरिन की एक मिलियन फ्रैंक की सम्पदा के समान ही था। बालजाक की रचना की ही भांति यह दहेज—जो कि डेल्फिन या ऐनोस्टासी के दहेज से आधा था, वह भी पूरी तरह से ठीक ठाक था। उदाहरण के लिए लार्ड नार्टन की इकलौती पुत्री मिस नॉर्टन की पूंजी 30000 पौंड थी [जिससे 1500 की वार्षिक भाड़े की आय हो सकती थी—जो औसत आय से 50 गुना थी] जिस ने उसे एक आदर्श भावी सम्पदा स्वामिनी बना दिया था और श्रीमती फेरर्स की भांति प्रत्येक संभावित 'सास' उसके अपने पुत्र से विवाह के सपने देखने लगी थी।[40]

प्रारंभिक पृष्ठों से ही जॉन डेशवुड की संपन्नता की तुलना उसकी सौतेली बहनों ऐलिनर, मैरिएन और मार्गरेट की गरीबी से होने लगती है जो अपनी मां के साथ 500 पौंड वार्षिक [प्रत्येक के हिस्से में मात्र 125 पौंड] पर निर्वाह करने को विवश थीं। इस आय के स्तर को किसी भी कन्या के लिए उपयुक्त पति पाने का बहुत ही अपर्याप्त आधार माना जाता था। डेवनशायर ग्राम्यांचल की सामाजिक गपशप की महारथी श्रीमती जेनिंग्स कितने ही नृत्य उत्सवों, तथाकथित मैत्रीपूर्ण आतिथ्यों और संगीत सभाओं में जहां बहनें अपना समय बितातीं और अनेक संभावित 'वरों' से मिल पातीं, [किंतु कोई उनसे विवाह को तैयार नहीं होता था] में भी उन बहनों पर छींटाकशी करने से बाज नहीं आती थी। उन्हें सुना देती थी कि तुम्हारी दौलत इतनी कम है कि यह लड़का भी परे हट जाएगा। बालजाक के

उपन्यासों की भांति ऑस्टिन के उपन्यासों में भी औसत आय से 5–10 गुना पाने वाले तो बहुत ही सादगी भरा जीवन बिताने की सोच सकते थे। तीस पौंड या उससे कम आमदनी वाले व्यक्तियों की तो चर्चा करना भी उन उपन्यासकारों का गवारा नहीं था। ये तो नौकर चाकरों के स्तर के लोग थे—इनकी बात करने का क्या मतलब था। जब एडवर्ड फेरर्स 200 पौंड वार्षिक आय वाले डेलीफोर्ड समुदाय का पादरी (पैस्टर) बनना स्वीकार कर लेता है तो मान लिया जाता है कि वह तो साधु बन रहा है। वैसे उसकी आय में वह थोड़ी सी राशि भी जुड़ जाती थी जो उसे बेमेल विवाह के दंड स्वरूप अपने परिवार से मिली छोटी सी सम्पत्ति से मिल पाती थी—ऐलिनर की भी पूर्व उल्लिखित थोड़ी सी आय थी। किंतु सभी एकमत थे कि इस सारी आय के सहारे ये युगल बहुत अच्छा जीवन व्यतीत नहीं कर पाएंगे। वे संभवत: इतने प्रेमाधीन भी नहीं थे कि मान लेते कि 350 पौंड की वार्षिक आय उन्हें जीवन की सभी सुविधाएं सुलभ करा देगी।[41] इस सुखद एवं सद्‌गुणपूर्ण परिणाम से हमें इस सत्य की अनदेखी नहीं कर देनी चाहिए : फैनी की उदंडता भरी सलाह को मान कर अपने पिता की मृत्यु शय्या पर उसे दिए वचन का उल्लंघन करते हुए जॉन डैशवुड ने अपनी सौतेली बहनों ऐलिनर, और मैरिएन आदि को शर्मिंदगी भरा सामान्य जीवन व्यतीत करने को विवश कर दिया। उनका दुर्भाग्य तो पुस्तक के प्रारंभ में ही [डैशवुड और फैनी के बीच] वार्तालाप में निर्धारित हो गया था।

उन्नीसवीं सदी के अंत में कुछ ऐसी ही विषमतापूर्ण वित्तीय व्यवस्थाएं संयुक्त राज्य में भी उभरने लगी थीं। हेनरी जेम्ज के 1881 के उपन्यास 'वांशिंगटन स्क्वेयर' [जिसपर 'द हेअरेस' (1949) नाम से विलियम वाइलर ने बहुत खूबसूरत फिल्म बनाई थी] का कथानक भी दहेज की रकम द्वारा सृजित असमंजस के गिर्द घूमता रहता है। किंतु ये अंकगणित बहुत ही निर्मम होता है—अच्छा यही है कि इसमें कोई चूक न हो जाए—जैसा कि कैथरिन स्लोपर को उस समय अनुभव हुआ जब उसका मंगेतर यह जानकर कि उसके दहेज से 10,000/– की ही वार्षिक आय प्राप्त होगी जबकि वह तो 30,000/– की आस लगाए बैठा था वह औसत से 60 गुना आय चाहता

था मात्र 20 गुना नहीं—उस कर छोड़ चला गया। "तुम बहुत बदसूरत हो" उसके अत्याचारी, अत्यंत धनी और विधुर बाप से उसे सुनने को मिला—जो सहज ही "वार एंड पीस" के राजकुमार बॉलकोन्स्की और राजकुमारी मैरी के प्रसंग की याद दिला देता है। "मैग्निफिसैंट एंबरसंस" में ऑर्सन वेल्स एक बहुत ही घमंडी उत्तराधिकारी की अधोगति द्वारा यह दिखा रहे हैं कि ऐसी दुर्गति पुरुषों को भी भोगनी पड़ सकती है। यहाँ एक समय औसत से 120 गुना अर्थात $60000/– की आय का भोग करने वाला जॉर्ज 1900–10 के दशक में ऑटोमोबाइल वाहन क्रांति के फलस्वरूप एक ऐसी नौकरी करने को विवश हो जाता है जिससे उसे मात्र $350/– वार्षिक ही प्राप्त होते हैं।

क्या धन सम्पदा की अत्यधिक विषमता ही एक गरीब समाज में सभ्यता के विकास की शर्त है?

बड़ी रोचक बात है कि 19वीं सदी के उपन्यासकार अपने समय की आय एवं सम्पदा अनुक्रमों का वर्णन करने मात्र पर संतुष्ट नहीं हो गए थे। उन्होंने प्राय: बहुत सटीक एवं अंतरंग रूप से यह भी बताया है कि लोगों का रहन-सहन कैसा था और आय के विभिन्न स्तरों का दैनंदनिक जीवन की वास्तविकताओं पर क्या प्रभाव पड़ता था। कभी-कभी तो वे इस तरंग में धन की अति गहन विषमता का बहुत ही विद्रूप सा औचित्य भी सिद्ध करने लगते थे—उनकी लिखी पंक्तियों से यही आभास होता है कि यदि सभी व्यक्ति अपने दैनिक जीवन निर्वाह की समस्याओं से दो–चार होते रहते तो जिस छोटे से समुदाय ने उस दैनिक चक्र से परे हट कर जिन सरोकारों को निबाहा उस समुदाय का उदय ही नहीं हो पाता—दूसरे शब्दों में, अत्यंत गहन विषमता सभ्यता [के विकास] की एक शर्त जैसी प्रतीत होती है।

जेन ऑस्टिन ने तो विशेष रूप से 19वीं सदी के आरंभिक वर्षों की दैनंदिनी कुछ इस प्रकार वर्णित की है; वह हमें बताती हैं कि भोजन की क्या लागत है, फर्नीचर और वस्त्रों की क्या है और आवागमन परिवहन पर क्या व्यय हो जाता है। आधुनिक प्रौद्योगिकी के अभाव में सभी कुछ बहुत

खर्चीला था, उसमें केवल समय ही नहीं लगता था बल्कि उसे करने वाले व्यक्तियों [नौकरों] की भी आवश्यकता रहती थी। खाद्य सामग्री का संरक्षण तो संभव नहीं था—अत: उसे एकत्र करने एवं तैयार करने वाले नौकर जरूरी थे। कपड़े भी सस्ते नहीं थे—न्यूनतम फैंसी परिधान पर भी कई महीनों से लेकर पूरे वर्ष भर की आय खर्च हो जाती थी। आवागमन भी महंगा था। उसके लिए घोड़ों, बग्घियों और उनका ध्यान रखने वाले नौकरों की जरूरत पड़ती थी—साथ ही पशुओं के चारे आदि पर भी खर्च होता था। पाठक को यह समझाने का प्रयास किया जा रहा है कि औसत से मात्र 3–5 गुना आय के सहारे तो सचमुच जीवनयापन बहुत ही कठिन हो जाता—उपन्यास का वह पात्र भी बस दैनिक जीवन की कठिनाइयों से जूझता रह जाता। यदि आपको पुस्तकें, वाद्य यंत्र, आभूषण या फिर उत्सवों के लिए परिधान भी चाहिए तो औसत आय से 20–30 गुना आमदनी पाने के अतिरिक्त कोई चारा नहीं था।

मैंने खंड–1 में ध्यान दिलाया था कि दीर्घकाल में क्रय शक्ति की तुलना सरल नहीं होती—उपभोग के स्वरूप और कीमतों के परिवर्तन इतने बहुआयामी होते हैं कि कोई भी सूचक अकेले सभी वास्तविकताओं को समाहित नहीं कर पाता। फिर भी, आधिकारिक सूचकों के अनुसार 1800 में ब्रिटेन और फ्रांस में क्रयशक्ति 2010 के स्तर का मात्र 10 प्रतिशत थी। दूसरे शब्दों में औसत से 20–30 गुना आय वाला व्यक्ति आज के 2–3 गुना आय वाले से अधिक बेहतर हालत में नहीं रहा होगा। औसत से 5–10 गुना आय वाले भी 1800 में तो आज के न्यूनतम एवं औसत आय वर्ग के बीच कहीं रहे होंगे।

बालजाक के उपन्यास रहे हों या ऑस्टिन के, उनके पात्रों को दर्जनों नौकर चाकर प्रयोग करने में कोई संकोच या शर्म की अनुभूति नहीं होती थी। अधिकांश मामलों में लेखकों को तो उनके नाम बताना भी जरूरी लगा। हां, कभी कभी दोनों ही लेखकों ने अपने पात्रों की आवश्यकताओं की विपुलता का उपहास भी किया है : [जैसे कि] मेरिएन स्वयं की विलोबी से एक गरिमापूर्ण विवाह बंधन में बंधे होने की कल्पना करते हुए कुछ शर्माते हुए यह कहने लगती है कि उसके आकलन के अनुसार 2000 पौंड से कम

की आय पर तो वह जीवन शैली संभव नहीं हो पाएगी [यह राशि उस समय की औसत आय से 60 गुना थी]। "मैं जानती हूँ कि मेरी मांगें कुछ अतिशयोक्तिपूर्ण नहीं हैं। नौकरों की एक निश्चित व्यवस्था, एक या दो बग्घियां और कुछ शिकारी आदि—इन सबके लिए इतनी रकम तो जरूर चाहिए"।[42] किंतु ऐलिनर अपनी बहन को यह बताए बिना नहीं रह पाती कि उसकी अपेक्षाएं बहुत ही अधिक 'रईसाना' थीं। कुछ ऐसा ही वॉट्रिन ने भी कहा था: न्यूनतम सम्मानपूर्ण जीवन बिताने के लिए कम से कम 25000 फ्रैंक [उस समय की औसत आय से 50 गुना] की आय तो अवश्य होनी चाहिए। उसने विशेष आग्रह करते हुए पूरे विस्तार से वस्त्रों, नौकर चाकरों और आने जाने के साधनों की लागतों का वर्णन किया है। कोई भी उसे नहीं कह पाता कि वह अधिक बढ़ा-चढ़ा कर कह रहा था—किंतु वॉट्रिन इतने विश्वास से सब बातें करता है कि उसके श्रोताओं के मन में कोई संदेह नहीं उठ पाता।[43] आर्थर यंग के अपनी यात्राओं के वृतांत में भी बिना संकोच या हिचकिचाहट के इसी प्रकार का बखान मिल जाता है कि सुविधापूर्ण जीवनयापन पर कितना खर्च करना पड़ता है।[44]

अपने पात्रों की फिजूलखर्ची का कदाचित अनुमोदन करते हुए ये 19वीं सदी के उपन्यासकार ऐसे विश्व के परिदृश्य का चित्रांकन कर रहे थे जिसमें भारी विषमताएं आवश्यक प्रतीत होती थीं। यदि इतने पर्याप्त रूप से धनी अल्पसंख्या समूह नहीं होता तो सभी केवल जीवित रहने की उधेड़बुन में उलझे रह जाते। हां, कम से कम, विषमता के प्रति इस दृष्टिकोण ने स्वयं को प्रतिभावादी घोषित करने का दावा तो नहीं किया। एक प्रकार से यह मान लिया गया कि वह धनिक वर्ग पूरे समाज की ओर से जीवन जीने का दायित्व निभा रहा था—फिर भी इस वर्ग को शेष समाज से अधिक प्रतिभासंपन्न या सद्‌गुणवान घोषित करने का कोई प्रयास नहीं किया गया। उस विश्व में यही सहज स्पष्ट था कि गरिमापूर्ण जीवनयापन बिना धन सम्पदा के संभव ही नहीं था। कोई प्रमाण पत्र या योग्यता व्यक्ति को कुछ उत्पादन औसत आय से 5 से 10 गुना कमाने में सक्षम बना देते थे—इससे अधिक कुछ नहीं। आधुनिक प्रतिभातंत्रीय समाज, विशेषकर संयुक्त राज्य, तो पिछड़ गए लोगों के प्रति बहुत निर्मम हो जाता है—क्योंकि यह

न्याय, सद्गुण और प्रतिभा के आधार पर 'प्रबलता' को उचित ठहराने लगे हैं—निम्नतम स्तर पर अपर्याप्त उत्पादिता की तो बात ही नहीं की जाती।

धनी समाजों में प्रतिभावादी अतिवाद

एक और बात बहुत ध्यान देने योग्य है: प्राय: वेतन की बहुत ही भीषण विषमता को उचित ठहराने के लिए उग्रतम प्रतिभातंत्रीय आग्रह व्यक्त किए जाते हैं और कहा जाता है कि ये विषमताएं तो उत्तराधिकार की विषमताओं की अपेक्षा अधिक न्याय [औचित्य] पूर्ण हैं। नेपोलियन के समय से प्रथम महायुद्ध तक फ्रांस में उच्च स्तरीय प्रशासकीय अधिकारियों का उच्च वेतन भोगी छोटा सा वर्ग रहा है [ये औसत आय से 50 से 100 गुना तक वेतन पाते थे] इसमें निम्नतम स्तर पर सरकार के मंत्री होते थे। कॉर्सिकन सामंत परिवार के उत्तराधिकारी स्वयं नेपोलियन तक उक्त वर्ग के अति उच्च वेतन का अनुमोदन करते दिखाई पड़ जाते हैं। उनका आग्रह था कि सबसे योग्य और प्रतिभासंपन्न व्यक्तियों को भी अपने वेतन के आधार पर धनिकतम उत्तराधिकारी वर्ग जितने ही सम्मान और शान से जीवनयापन का अवसर मिलना चाहिए। [यह बात ऊपर वालों की वॉट्रिन के चिंतन के प्रति प्रतिक्रिया जैसी लगती है]। एडोल्फ थायर्स ने तो 1831 में प्रतिनिधि सभा में यहाँ तक कह दिया था: प्रशासकीय अधिकारियों को अपने क्षेत्र में बसे गणमान्य नागरिकों के समान स्थान मिलना ही चाहिए।[46] पॉल लेरॉय ब्यूलियो ने 1881 में व्याख्या करते हुए कहा था कि सरकार केवल निम्नतम स्तर के वेतन बढ़ाने की प्रक्रिया को कुछ ज्यादा ही आगे ले गई है। उसने अपने समय के उन उच्च प्रशासनिक अधिकारियों का जमकर समर्थन किया था "जिन्हें मात्र 15000 से 20000 फ्रैंक वार्षिक मिल पा रहा था": ये वे आंकड़े थे जो भले ही "आम नागरिक को बड़े लगते हों किंतु इनके आधार पर शान शौकत भरा जीवन बिताना या किसी प्रकार की बचतें संचित करना तो असंभव ही था।"[47]

प्रतिभातंत्र के इस पक्षपोषण का सबसे चिंताजनक पक्ष यह है कि इसी प्रकार के तर्क आज धनिकतम देशों में भी दिए जा रहे हैं जहां जेन ऑस्टिन

के आवश्यक सम्मान या गरिमा जैसी बातों का कोई अर्थ ही नहीं होगा। सुपर प्रबंधकों की अंतरिक्षगामी आय के पक्ष में संयुक्त राज्य में पिछले कुछ वर्षों में ऐसे ही तर्क सुनाई दिए हैं [इनके वेतन भी औसत आय के 50 से 100 गुना या और भी अधिक हैं]। इतने उच्च वेतन के समर्थक यही कह रहे हैं कि नहीं तो केवल बड़े उत्तराधिकारी ही सही अर्थों में धनी होंगे और यह तो अन्याय होगा। अंततः सुपर प्रबंधकों को दिये जाने वाले मिलियन या दसों मिलियन डॉलर वार्षिक सामाजिक न्याय के तकाजे ही पूरे करेंगे।[48] ऐसे तर्क तो भविष्य में और भी भीषण एवं उग्र विषमताओं का आधार तैयार कर सकते हैं। कहीं आने वाला विश्व पिछले दो विश्वों के हेय तत्वों का समावेश नहीं बन जाए : प्रतिभा और उत्पादिता के नाम पर उत्तराधिकार की विशाल विषमता और वेतन की भारी विषमताओं के सम्मिश्रण की आंशका हो सकती है [उत्पादिता और प्रतिभा के आधार पर इतने भीषण अंतरों का कोई तार्किक आधार तो अभी तक कोई भी सिद्ध नहीं कर पाया है। यह प्रतिभातंत्रीय अतिवाद सुपर प्रबंधकों और भाड़ाजीवियों के बीच एक ऐसी होड़ प्रारंभ करा सकता है जो शेष सभी वर्गों के लिए घातक सिद्ध होगी।

इस बात पर भी मैं आग्रह करना चाहता हूँ कि आधुनिक समाजों में यही प्रतिभावादी तर्क उच्चस्थ स्तर ही नहीं बल्कि निम्न एवं मध्यम वर्ग के बीच की विषमता को उचित ठहराने के लिए भी दिए जा रहे हैं। अस्सी के दशकांत पर मिशेल लेमांट ने संयुक्त राज्य और फ्रांस के केवल न्यूयार्क और पैरिस जैसे बड़े नगरों ही नहीं बल्कि इंडियानापोलिस और क्लेर्मोंट–फेरंड जैसे छोटे कस्बों में भी उच्च मध्यम वर्ग के सैकड़ों प्रतिनिधियों से विस्तृत साक्षात्कार किए थे। उसने जानना चाहा था कि वे व्यक्ति अपनी आजीविका यात्रा, सामाजिक पहचान और समाज में अपने स्थान के विषय में क्या सोचते हैं—तथा वह क्या है जो अन्य सामाजिक समूहों एवं वर्गों से उन्हें पृथक कर रहा है। उसके अध्ययन का एक प्रमुख निष्कर्ष था कि दोनों ही देशों में "शिक्षित अभिजात्य" वर्ग अपनी व्यक्तिगत प्रतिभा एवं नैतिक गुणों को महत्त्वपूर्ण बता रहे थे और उन गुणों की व्याख्या हेतु वे निग्रह,

संयम, अथक प्रयास जैसे शब्दों का प्रयोग कर रहे थे [किसी किसी ने सहिष्णुता और उदारता को भी अपना सद्गुण बता दिया था]।[49] किंतु ऑस्टिन एवं बालजाक के उपन्यासों के नायक नायिकाओं को तो कभी अपने गुणों की उन नौकर चाकरों, जिनके कभी नाम तक नहीं बताए जाते थे, के गुणों से तुलना करने की आवश्यकता ही नहीं महसूस हुई थी।

छोटे भाड़ाजीवियों का समाज

अब आज की दुनिया में लौट आने का समय आ गया है, विशेषकर 2010 के फ्रांस में लौटने का। मेरा अनुमान है कि 1970 के दशक और उसके बाद जन्मे प्रसमूहों के लिए जीवन भर के उपलब्ध संसाधनों [उत्तराधिकार और श्रम से अर्जित] में अकेले उत्तराधिकार का अंश एक चौथाई रहेगा। यदि इसमें निहित सकल राशियों की बात करें तो अब उत्तराधिकार एक बार पुन: 19वीं सदी के प्रसमूहों जितना महत्त्व प्राप्त कर चुका है [देखिए रेखाचित्र 11.9] मैं यह भी बता देना चाहता हूँ कि ये पूर्वाकलन केंद्रीय परिदृश्य पर आधारित हैं। यदि वैकल्पिक परिदृश्य [निम्न संवृद्धि, उच्च पूंजी प्रतिप्राप्ति] सत्य के अधिक निकट सिद्ध हुआ तो समस्त संसाधनों में उत्तराधिकार का अंश एक तिहाई तक भी पहुंच सकता है—21वीं सदी के जन्मे प्रसमूहों के लिए तो यह 40 प्रतिशत तक भी पहुंच सकता है।[50]

किंतु, उत्तराधिकार का परिमाण पुराने स्तर पर पहुंचने का अर्थ यह नहीं होगा कि यह आज फिर से अपनी पुरानी सामाजिक भूमिका भी निभाने लगा है। पहले भी आपने ध्यान दिया होगा कि धन सम्पदा का महत्त्वपूर्ण अवसंकुलन [एक सदी में शीर्षस्थ शतमंक का अंश दो तिहाई तक घटकर 1910–20 के 60 प्रतिशत से आज मात्र 20 प्रतिशत ही रह गया है] और एक सम्पदाधारी मध्यमवर्ग के उदय का परिणाम है कि आज 19वीं सदी की तुलना में बहुत कम विशाल सम्पदाएं बची हैं। सटीक शब्दों में पेयरे गोरियो या सीजर विरोटो अपनी बेटियों के लिए 500000 फ्रैंक के दहेज की व्यवस्था करना चाहते थे जिससे 25000 फ्रैंक की वार्षिक आय [जो औसत आय से 50 गुना होती] प्राप्त होती, आज के जमाने में 30

मिलियन यूरो की सम्पदा की समानता करेगा। जो ब्याज, लाभांश और किराये के रूप में 1.5 मिलियन यूरो [या औसत वार्षिक आय से 50 गुना] कमा कर दे सके—क्योंकि अब तो औसत वार्षिक आय का स्तर 30,000 यूरो वार्षिक है।[51] इस स्तर की सम्पदाएं—इनसे बड़ी भी–आज भी उत्तराधिकार में मिल रही हैं किंतु इनकी संख्या 19वीं सदी से बहुत कम रह गई है—हां, यह जरूर सही है कि आज फिर धन सम्पदा एवं उत्तराधिकार के परिमाण अपने उच्च पूर्व स्तर को पा चुके हैं।

यही नहीं, आज शायद ही कोई उपन्यासकार अपने कथानक में बालजाक, ऑस्टिन, जेम्ज की भांति 30 मिलियन यूरो मूल्यांकन की सम्पदाओं का गुणगान करना चाहे। वस्तुत: जबसे स्फीति ने पंरपरागत संख्याओं के अर्थों को धूमिल किया है, साहित्य से धन सम्पदा के आंकड़ों का लोप–सा हो गया है। उससे भी कहीं अधिक तो उन भाड़ाजीवी उत्तराधिकारियों का लोप हुआ है और सामाजिक विषमताओं का समस्त चित्रांकन ही बदल गया है। आधुनिक साहित्य में सामाजिक समूहों की विषमता ने आज लगभग पूरी तरह से कार्य, वेतन और योग्यताओं—प्रतिभाओं की विषमता के चित्रण का रूप धारण कर लिया है। धन सम्पदा अनुक्रम आधारित समाज का स्थान अब श्रम एवं मानवीय पूंजी की अनुक्रमिकता पर निर्भर संरचना के समाज ने ले लिया है। अभी कुछ समय से लोकप्रिय अमेरिकी टेलीविजन धारावाहिकों का उदाहरण बहुत ही उत्कृष्ट लगता है—उनके मुख्य पात्र तरह-तरह की शैक्षिक उपाधियों और उच्च स्तरीय प्रतिभाओं से अलंकृत दिखाई देते हैं। बात चाहे शारीरिक व्याधियों के उपचार [हाउस] की हो या अपराधों के रहस्य की गुत्थियां [बोन्स] सुलझाने की या फिर संयुक्त राज्य के राष्ट्राध्यक्ष का दायित्व [वैस्ट विंग] निभाने की—सभी पात्र अनेक उपाधियों एवं प्रतिभाओं के धनी चित्रित किए गए हैं। लेखकों को लगता है कि पात्रों के पास अनेक डाक्ट्रेट की उपाधियां या फिर नोबेल पुरस्कार का अलंकरण होना ही चाहिए। ऐसे धारावाहिकों को 'उचित' विषमता का चारण गान मान लेना अनुचित नहीं होगा—ये विषमताएं योग्यता, शिक्षा और विशिष्ट व्यक्तियों की

सामाजिक उपादेयता पर आधारित हो सकती हैं। किंतु, अभी एक अधिक चिंताकारी विषमता का प्रदर्शन करने वाली धारा भी उभरने लगी है। इसमें समस्त विषमता का आधार विशाल धन सम्पदा ही है। 'डेमेजिज' नामक धारावाहिक ने ऐसे बड़े ह्रदयहीन व्यापारियों का चरित्र चित्रण किया है जो अपने कर्मचारियों के कई मिलियन डॉलर डकार चुके हैं और उनसे भी अधिक स्वार्थी उनके 'जीवन साथी' हैं जो उनके धन और तरणताल पर अधिकार त्यागे बिना उनसे तलाक पा लेने के जुगाड़ में हैं। उक्त कार्यक्रम की तीसरी श्रृंखला मैडोफ प्रकरण से प्रेरित रही है, इसमें एक विकृत मानसिकता के वित्त निवेशक की संतान ऐंटीगुआ में उस द्वारा छुपा कर रखे सारे धन को इसलिए हस्तगत कर लेने की फिराक में दिखते हैं ताकि वे अपने 'जीवन स्तर' को उच्च बनाए रख सकें[52] हमें 'डर्टी सैक्सी मनी' में ऐसे उत्तराधिकारी युवक युवतियों के दर्शन होते हैं जो प्रतिभा शून्य हैं किंतु बड़ी बेशर्मी से खानदानी दौलत के दम पर एय्याशी कर रहे हैं। किंतु ये चित्रण अपवाद हैं और सामान्य नियम की पुष्टि कर रहे हैं, क्योंकि पूर्व संकलित सम्पदा के दम पर ऐश करने वाले पात्रों का चित्रण प्राय: नकारात्मक ही रहा है जबकि बालजाक और ऑस्टिन के नायक–नायिकाओं का ऐसा व्यवहार पूर्णत: स्वाभाविक और पात्रों के बीच किसी भी प्रकार के भावात्मक संबंध के विकास के लिए आवश्यक माना गया था।

सामाजिक विषमता के चित्रांकन में यह बड़ा परिवर्तन आंशिक रूप से उचित होते हुए भी मुख्यत: अनेक मिंथ्याकलनों पर आधारित है। पहली बात तो यह है कि आज शिक्षा अठारहवीं सदी से कहीं अधिक महत्त्वपूर्ण हो गई है। आज का विश्व ऐसा हो गया है कि प्रत्येक के पास कोई न कोई शैक्षिक उपाधि और योग्यता होनी ही चाहिए—ऐसा नहीं करना एक अच्छा विचार नहीं माना जाता—कुछ न कुछ योग्यता प्राप्त करना सभी के हित में है—उनके भी जिन्हें बहुत बड़ी सम्पदा उत्तराधिकार में मिलने वाली हो—विशेषकर उस समय जब वह सम्पदा, उसे पाने वाले की दृष्टि से, बहुत देर बाद मिलनी हो। किंतु इसका अर्थ यह कदापि नहीं होगा कि आज सभी समाज अधिक प्रतिभावादी हो गए हैं।

विशेषकर, यह बात तो कहीं स्पष्ट नहीं हो पा रही कि श्रम को मिलने वाले राष्ट्रीय आय के अंश में कोई वास्तविक वृद्धि हुई है [हमने देखा है कि यह वृद्धि उल्लेखनीय तो बिल्कुल नहीं है], और यह भी सिद्ध नहीं हो पाता कि आज सभी को सभी प्रकार की योग्यताएं प्राप्त करने के प्रशिक्षण के अवसर समान रूप से सुलभ हो गए हैं। वस्तुतः प्रशिक्षण प्राप्ति की विषमताओं का स्तर और ऊपर उठ गया है और इस बात का भी कोई प्रमाण नहीं मिल रहा कि शिक्षा नई पीढ़ी में गतिशीलता का उन्नयन कर रही है।[53] फिर भी एक बात तो है : मानवीय पूंजी को उत्तराधिकारियों को सौंपना वित्तीय पूंजी या फिर भवन सम्पदा की सुपुर्दगी की अपेक्षा कहीं अधिक कठिन एवं जटिल रहा है—इसी से अति व्यापक एवं आंशिक रूप से उचित धारणा विकसित हुई है कि उत्तराधिकारी सम्पदा के वर्चस्व की समाप्ति ने समाज को अधिक न्यायपूर्ण बना दिया है।

मुझे लगता है कि मुख्य मिथ्या धारणा यह है—एक, उत्तराधिकार का अंत नहीं हुआ है—विरासती पूंजी के वितरण में बदलाव आया है—यह बात तो बिल्कुल भिन्न है। आज फ्रांस में विशाल सम्पदाओं की बहुत कम संख्या बची है। अब 30 तो क्या 10 या 5 मिलियन यूरो की सम्पदाएं भी 19वीं सदी जितनी सामान्य नहीं रह गई हैं। किंतु हमें स्पष्ट रूप से दिखाई दे रहा है कि उत्तराधिकार में मिली सम्पदाओं का सकल परिमाण तो अपने पुराने स्तर को छू रहा है—इसका अर्थ यही है कि अब 200,000, 500,000 या फिर 1 अथवा 2 मिलियन यूरो आकार की और अधिक सम्पदाएं विद्यमान हैं। ये विरासतें पाने वाले को शिक्षा–व्यवसाय के विचारों का पूर्ण परित्याग कर केवल ब्याज के सहारे जीवन यापन को प्रेरित नहीं कर पातीं—किंतु अधिकांश जन समुदाय द्वारा अपने समस्त जीवन में जो राशियां कमाई जा रही हैं उनकी तुलना में ये विरासतें भी बहुत बड़ी प्रतीत होती हैं। दूसरे शब्दों में, हम इने गिने अत्यंत धनी लोगों के समाज से निकल कर एक ऐसी व्यवस्था में प्रवेश कर चुके हैं जहां बहुत से छोटे छोटे धनिक भाड़ाजीवी विद्यमान हैं—यह छुटभैया धनिकों का समाज है।

रेखाचित्र-11.11: किस प्रसमूह के किस अंश को जीवनभर की श्रम आय के बराबर उत्तराधिकार मिल जाता है?

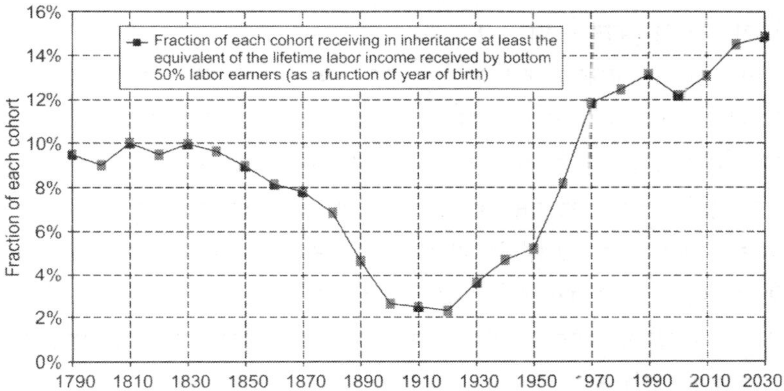

1970–80 के प्रसमूह में 12–14 प्रतिशत व्यक्तियों को समाज के न्यूनतम वेतन भोगी 50 प्रतिशत वर्ग की जीवनभर की श्रम आय के बराबर राशियां उत्तराधिकार में मिल जाती हैं।

स्रोत और श्रृंखला हेतु देखें: piketty.pse.ens.fr/capital21C.

इस परिवर्तन को व्यक्त करने वाला जो श्रेष्ठतम सूचक है उसे मैंने रेखाचित्र 11.11 में दर्शाया है। यह प्रत्येक प्रसमूह में उन व्यक्तियों का अनुपात दर्शा रहा है जिन्हें न्यूनतम कमाने वाले 50 प्रतिशत जन समुदाय की जीवन भर की कमाई से अधिक धनराशियां उपहार–उत्तराधिकार के रूप में मिल जाती हैं। ये राशियां समय-समय पर बदलती रही हैं। इस समय जनसंख्या के न्यूनतम आय अर्द्धांश की औसत वार्षिक मजदूरी आय लगभग 15000 यूरो है या 50 वर्ष के कार्यकाल (सेवानिवृत्ति सहित) में कुल कमाई 750,000 यूरो हो सकती है। यह वह धनराशि है जो न्यूनतम मजदूरी पर अटके जीवन में प्राप्त हो सकती है। हमारा रेखा चित्र दर्शा रहा है कि 19वीं सदी में एक प्रसमूह का लगभग 10 प्रतिशत इससे अधिक उत्तराधिकार में पा रहा था। किंतु 1910–20 की अवधि में जन्में प्रसमूह के लिए यह अनुपात मात्र 2 प्रतिशत रह गया और 1930–50 के प्रसमूहों के लिए 4–5 प्रतिशत हो गया। मेरा अनुमान है कि 1970–80 के प्रसमूह के लिए यह अनुपात 12 प्रतिशत हो चुका है और 2010–2020 के प्रसमूह के लिए इसके 15 प्रतिशत से अधिक हो जाने की पूरी संभावना है। दूसरे शब्दों में, प्रत्येक समूह का छठा भाग उतनी धनराशियां उत्तराधिकार में ही

पा जाएगा जितनी जनसंख्या का निम्नतम आय अर्द्धांश जीवन भर में वेतन–मजदूरी के रूप में अर्जित कर पाता है [और यही वह जनसंख्या भी है जिसे उत्तराधिकार में प्राय: कुछ भी नहीं मिला होता]।[54] इस उत्तराधिकार पाने वाले छठे भाग के लिए शैक्षिक उपाधियां अर्जित करने और कार्य द्वारा निम्नतम अर्द्धांश से अधिक कमाने पर कोई प्रतिबंध नहीं होता। किंतु यह एक ऐसी विषमता है जो ऐतिहासिक दृष्टि से अभूतपूर्व उच्च स्तर को छू रही है। इसका कलात्मक अथवा राजनीतिक दृष्टि से उचित प्रतिनिधि स्वरूप चित्रण कर पाना भी अधिक कठिन है—क्योंकि यह ऐसी विषमता है जो एक छोटे से संभ्रांत वर्ग को शेष समाज के समक्ष खड़ा नहीं करती—यह तो सामान्यत: एक समाज के दो विशाल समुदायों के बीच की खाई को रेखांकित करती है।

भाड़ाखोर : लोकतंत्र का शत्रु

दूसरे, इस बात की कोई गारंटी नहीं है कि 21वीं सदी में उत्तराधिकार में मिली पूंजी का वितरण अंतत: 19वीं सदी जितना ही विषमतापूर्ण नहीं हो जाएगा। जैसा हमने पिछले अध्याय में ध्यान दिया था, ऐसी कोई अपरिहार्य शक्ति नहीं है जो उत्कर्ष युग जैसे गहन सम्पदा संकुलन के मार्ग में बाधक हो सके—विशेषकर उस समय जब संवृद्धि दर में गिरावट और पूंजी पर प्रतिप्राप्ति दर में वृद्धि का क्रम [जो विभिन्न देशों में पूंजी को आकृष्ट करने के लिए कर छूट की स्पर्धा के कारण अधिक बल पकड़ सकता है] चल रहा हो। यदि ऐसा हुआ तो मेरा विश्वास है कि एक बड़ी राजनीतिक उथल–पुथल अवश्य होगी। हमारे लोकतांत्रिक समाजों का आश्रय एक प्रतिभावादी विश्व दृष्टि [कम से कम आशावादिता तो अवश्य] पर आधारित हैं—अर्थात ऐसे जीवन दर्शन पर आधारित है जहां विषमताएं योग्यता एवं प्रतिभा का परिणाम होती हैं, किसी वंश में पैदा होने और भाड़ाजीविता का नहीं। यही विश्वास आधुनिक समाज में एक अत्यंत निर्णायक भूमिका निभाता है। इसका सीधा सरल कारण है : एक लोकतंत्र में सभी नागरिकों के समान अधिकारों का विचार जीवन यापन की दशाओं में बड़े अंतरों का स्पष्ट विरोधी प्रतीत होता है। इस विरोधाभास के निवारण के लिए यह सुनिश्चित करना अनिवार्य होगा कि

समाज में विषमताएं किन्हीं तर्कशील एवं सर्वमान्य सर्वग्राह्य सिद्धांतों के कारण हों, किसी आकस्मिक घटना के कारण नहीं। अत: विषमताएं कम से कम विचार विमर्श के पटल पर [यथासंभव वास्तविकता के धरातल पर भी] न्यायपूर्ण एवं सर्वोपयोगी होनी चाहिए ["सामाजिक अंतर केवल सांझी उपयोगिता पर आधारित हो सकते हैं"—यह 1789 के मानव एवं नागरिक अधिकारों के घोषणापत्र का प्रथम अनुच्छेद था]। वर्ष 1893 में एमिल डर्खिम ने भविष्यवाणी की थी कि आधुनिक लोकतंत्र अधिक समय तक उत्तराधिकारी सम्पत्ति के अस्तित्व को सहन नहीं कर पाएगा और अंतत: यह सुनिश्चित कर देगा कि जीवन के साथ ही सम्पदा के स्वामित्व का भी अंत हो जाए।[55]

एक और महत्त्वपूर्ण बात है : बीसवीं सदी में 'भाड़ा' एवं 'भाड़ाजीवी शब्दों को बहुत ही अपमान सूचकस्वरूप प्राप्त हो गया है। किंतु मैंने इस पुस्तक में इनका मूल भाव की अभिव्यक्ति के लिए प्रयोग किया है। ये मूलत: किसी पूंजी द्वारा वार्षिक रूप से सृजित आय और उसके स्वामी के लिए प्रयुक्त हुए शब्द हैं। आज भाड़ा का अर्थ किसी पूंजी से हुई प्राप्ति से है—चाहे वह किराये, ब्याज, लाभांश, लाभ या रायल्टी, किसी भी रूप में हो—इस प्राप्ति की कोई अन्य विधिक परिभाषा भी हो सकती है, बस एक ही शर्त है : यह आय उक्त परिसम्पदा के स्वामित्व का प्रतिफल होनी चाहिए। इसमें किसी प्रकार के श्रम का प्रयोग नहीं होना चाहिए। अठारहवीं उन्नीसवीं सदियों में ''भाड़ा'' और "भाड़ाजीवी" शब्दों का ठीक इस स्वरूप में प्रयोग होता था—बालजैक और ऑस्टिन के उपन्यास इसी का उदाहरण हैं। उस समय कम से कम अभिजात्य वर्गों में तो धन और उससे आय पर उच्चवर्ग का वर्चस्व सहज स्वीकार्य होता था। यह भी चौंकाने वाली बात है कि जैसे–जैसे लोकतांत्रिक एवं प्रतिभातांत्रिक जीवन मूल्यों को समाज ने आत्मसात किया, वैसे–वैसे ही इन शब्दों के मूल भाव का लोप होता चला गया। बीसवीं सदी में तो ''भाड़ा'' एक अपमानजनक 'गाली' जैसा अपशब्द होकर रह गया। यह भाषाशास्त्रिक परिवर्तन विश्व में प्राय: प्रत्येक स्थान पर दिखाई देता है।

एक और बात भी मजेदार है : आज 'भाड़ा' शब्द का प्रयोग एक बहुत अलग रूप में होने लगा है—यह बाजार में किसी अपूर्णता का द्योतक बन गया है [जैसे कि एकाधिकारी भाड़ा], या यह किसी अनुचित आय का दूसरा नाम बन गया है। कभी कभी तो लगता है कि 'भाड़ा' शब्द किसी "आर्थिक व्याधि" का पर्याय हो गया है। भाड़ा आधुनिक विवेकशीलता का शत्रु है—इसे इसकी सभी प्रशाखाओं एवं त्रुटियों सहित नष्ट करते हुए विशुद्ध एवं पूर्ण प्रतियोगिता की प्राप्ति का प्रयास होना चाहिए। इस भाव का एक उत्कृष्ट उदाहरण यूरोपीय केंद्रीय बैंक के नव मनोनीत अध्यक्ष के प्रमुख यूरोपीय समाचार पत्रों को दिए गए साक्षात्कार में मिल जाता है। जब पत्रकारों ने उनसे यूरोप की आर्थिक समस्याओं के समाधान की रणनीति पर प्रश्न किए तो उनका सीधा सा उत्तर था : हमें भाड़ों के विरुद्ध संघर्ष करना होगा।[56] कोई और व्याख्या करना आवश्यक नहीं समझा गया। लगता है उक्त केंद्रीय बैंक अधिकारी के मन में कुछ इस प्रकार की बात रही होगी : सेवा क्षेत्र में स्पर्धा का अभाव है : टैक्सी चालक, नाई आदि वर्ग के लोग कुछ ज्यादा ही पैसा कमाने में लगे हुए हैं।[57]

'भाड़ा' शब्द के ऐसे प्रयोग से यह समस्या पैदा होती है : यह तथ्य कि पूंजी से आय सृजित होती है [जिसे शब्द के मूल अर्थ में हमने इस पुस्तक में ''पूंजी द्वारा सृजित वार्षिक भाड़े" का नाम ही दिया है] का प्रतियोगिता की अपूर्णता या एकाधिकार की समस्या से कुछ भी लेना देना नहीं है। यदि उत्पादन प्रक्रिया में पूंजी का कोई उपयोगी योगदान होता है तो उसका प्रतिफल भी मिलना चाहिए। जब संवृद्धि दर धीमी होती है तो पूंजी के इस प्रतिफल की दर [संवृद्धि दर से] अधिक हो जाती है—यह स्वचालित रूप से पूर्व संचित सम्पदा की विषमताओं को अनुचित रूप से विशाल महत्त्व से परिपूर्ण बना देती है। अतिरिक्त प्रतियोगिता की दवा की खुराक भी इस तर्क विप्रयास का निवारण नहीं कर पाती। भाड़ा बाजार की अपूर्णता *(Market Imperfection)* नहीं है : वह तो पूंजी के बाजार में विशुद्ध एवं पूर्ण प्रतियोगिता का परिणाम है—उस पूंजी बाजार का जहां प्रत्येक पूंजी स्वामी, चाहे वह अयोग्यतम उत्तराधिकारी ही क्यों न हो, अपने पत्रककोष को राष्ट्रीय या अंतर्राष्ट्रीय अर्थ व्यवस्था में अति विविधीकृत स्वरूप प्रदान

कर कमा सकता है। यह ठीक है कि यह विचार आश्चर्यकारी होगा कि पूंजी भाड़ा अर्जित करती है–या किसी पूंजी के स्वामी, बिना कुछ किए धरे ही कमाई करते रहते हैं। इस धारणा में कुछ तो ऐसा तत्व है जो किसी भी सभ्यता में सामान्य सूझ बूझ को स्वीकार्य नहीं हो पाता, और जिसके प्रति अनेक प्रकार की प्रतिक्रियाएं होती रही हैं—प्राय: उनमें किंचित विद्वेष ही परिलक्षित होता है: अति विदोहन पर प्रतिबंध से लेकर सोवियत साम्यवाद तक। किंतु जिस बाजार व्यवस्था में पूंजी पर निजी स्वामित्व होगा वहाँ 'भाड़े' का अस्तित्व एक वास्तविकता होगी। भूसम्पदा का औद्योगिक एवं वित्तीय पूंजी और भवन सम्पदा में रूपांतरण इस गहन वास्तविकता को परिवर्तित नहीं कर पाया। कुछ व्यक्तियों का विचार है कि आर्थिक विकास का तर्कशास्त्र श्रम और पूंजी के बीच भेद को धूमिल कर देगा। किंतु, हो इसके एकदम विपरीत रहा है : पूंजी बाजार एवं वित्तीय मध्यस्थी के निरंतर परिष्कार स्वामित्व और प्रबंधन को पृथक करते जा रहे हैं। इस प्रकार विशुद्ध पूंजी आय और श्रम आय के बीच भेद और अधिक तीखा रूप धारण कर रहा है। कई बार आर्थिक एवं प्रौद्योगिकीय त्रिवेक शास्त्र का उदय ज्ञानोदय से व्युत्पन्न है और जाने क्यों लोग मान बैठे हैं कि इससे लोकतांत्रिक विवेक का जन्म होगा। किंतु वास्तविक लोकतंत्र और सामाजिक न्याय को अपनी विशेष संस्थागत व्यवस्था की आवश्यकता होती है—न कि बाजार की—या संसद और उस जैसी अन्य लोकतांत्रिक संस्थाओं की।

एक बार फिर याद करें : मैंने जिस प्रत्यांतरकारी मूलभूत शक्ति पर इस पुस्तक में आग्रह किया है उसे $r > g$ की विषमिका में समाहित किया जा सकता है और इसका बाजार की अपूर्णताओं से कोई नाता नहीं है—बाजार के अधिक स्वतंत्र और स्पर्धाशील होने पर इसका लोप नहीं हो पाएगा। यह विचार कि निर्बाध स्पर्धा उत्तराधिकार का निवारण कर हमें एक अधिक प्रतिभावादी विश्व की ओर ले जाएगी, एक बहुत ही खतरनाक भ्रम है। मताधिकार के लिए सम्पदाधारिता की व्यवस्था का निर्मूलन एवं व्यापक वयस्क मताधिकार ने राजनीति पर धनिक वर्ग के विधिक एकाधिकार को समाप्त कर दिया है[58] [उन्नीसवीं सदी तक तो ब्रिटेन और

फ्रांस में उन्हीं व्यक्तियों को मतदान में भाग लेने का अधिकार होता था जिनके पास किसी न्यूनतम सीमा से अधिक सम्पत्ति होती थी—यह प्राय: जनसंख्या का 1–2 प्रतिशत ही होता था—यानी लगभग उतना ही अंश जितने को फ्रांस में धन सम्पदा कर चुकाना होता था। किंतु यह सम्पदा शर्त विमुक्त व्यापक वयस्क मताधिकार भी भाड़ाखोर समाज का सृजन करने में समर्थ आर्थिक शक्तियों का उन्मूलन नहीं कर पाया।

उत्तराधिकारी सम्पदा की वापसी : यूरोपीय घटनाक्रम या वैश्विक?

क्या उत्तराधिकारी सम्पदा की वापसी संबंधी निष्कर्षों को अन्य देशों पर भी विस्तारित किया जा सकता है। आंकड़ों की सीमाएं हमें दुर्भाग्यवश इस प्रश्न का सटीक उत्तर देने से रोक रही हैं। किसी अन्य देश में फ्रांस की भांति समृद्ध भूसम्पदा अंतरण अभिलेख विद्यमान नहीं हैं। फिर भी कुछ बातें तो सही रूप से स्पष्ट लगती हैं। अन्य यूरोपीय देशों–विशेषकर जर्मनी और ब्रिटेन से एकत्र आंकड़े अपूर्ण होते हुए भी पर्याप्त संकेत दे रहे हैं कि 20वीं सदी में उत्तराधिकार प्रवाहों के U–आकार वक्र के दर्शन केवल फ्रांस की विलक्षण घटना मात्र नहीं थे—अन्य देशों में भी लगभग ऐसा ही परिदृश्य दिखाई पड़ा था [देखें रेखाचित्र 11.12]

रेखाचित्र-11.12: यूरोप में उत्तराधिकार प्रवाह 1900–2010

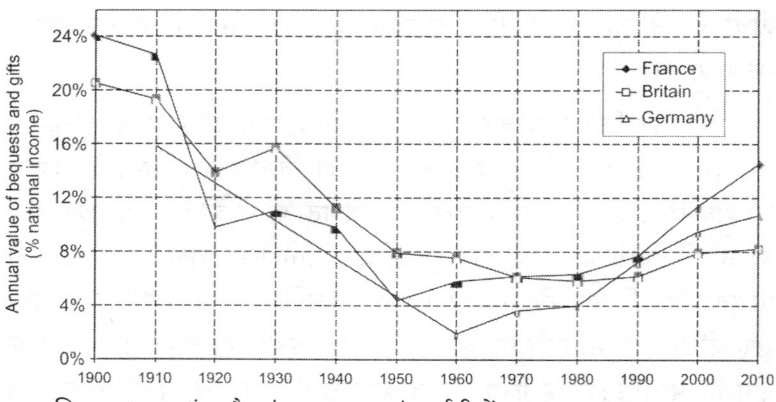

उत्तराधिकार प्रवाह फ्रांस और संयुक्त राज्य एवं जर्मनी में U–आकार वक्र का अनुसरण कर रहे थे। इस अवधि के अंत में ब्रिटेन में उपहारों का न्यून मूल्यांकन होना बहुत संभव लगता है। स्रोत और श्रृंखला हेतु देखें: piketty.pse.ens.fr/capital21C.

जर्मनी में विशेषरूप से, उपलब्ध अनुमान [दुर्भाग्यवश कुछ सीमित वर्षों की जानकारी पर आधारित] संकेत दे रहे हैं कि 1914–45 के संक्षोभों के फलस्वरूप उत्तराधिकार प्रवाह फ्रांस से भी अधिक गहराई से ध्वस्त हो गए थे।–ये 1910 में राष्ट्रीय आय के 16 प्रतिशत के समान थे, किंतु 1960 में घट कर मात्र 2 प्रतिशत रह गए थे। उसके बाद से इनमें निरंतर तीव्र दर पर वृद्धि का क्रम चल रहा है–1980–90 में हुए त्वरण के बाद 2000–10 में राष्ट्रीय आय के 10–11 प्रतिशत का स्तर पार कर चुके हैं। यह फ्रांस से कम है [वहाँ तो 2010 में उत्तराधिकार प्रवाह का स्तर राष्ट्रीय आय के 15 प्रतिशत के समान था], किंतु जर्मनी ने 1950–60 में फ्रांस से काफी निचले स्तर से प्रारंभ किया था और यहाँ उत्तराधिकार प्रवाहों का उच्छलन वस्तुत: अधिक तीखा रहा है। यही नहीं, इन प्रवाहों में फ्रांस और जर्मनी के बीच जो अंतर दिखाई दे रहे हैं, वे खंड–2 में चर्चित पूंजी/आय अनुपात β, में अंतर का प्रभाव हैं। यदि जर्मनी में भी सकल निजी सम्पदा फ्रांस के स्तर पर पहुंच गई तो वहाँ भी उत्तराधिकार प्रवाह फ्रांस की समता करने लगेंगे [अन्य बातें पूर्ववत रहने पर]। यह बात भी उल्लेखनीय है कि जर्मनी में उत्तराधिकार प्रवाहों में सशक्त उच्छलन मुख्यत: [फ्रांस की ही भांति] उपहारों में तीखे उछाल के कारण आया है। जर्मन अधिकारियों ने 1970–80 में रिकार्ड किया था कि सकल उत्तराधिकार प्रवाहों में उपहारों का अंश 10 से 20 प्रतिशत हो चला था। उसके बाद धीरे–धीरे संवृद्ध होकर यह 2000–10 में लगभग 60 प्रतिशत हो गया है। और अंत में, 1910 में जर्मनी के अपेक्षाकृत निम्न उत्तराधिकार का एक बड़ा कारण राइन के उत्तरी क्षेत्रों में अधिक तीव्र जनांकीय वृद्धि भी था [अर्थात वहाँ 'm' का ‍प्रभाव उपस्थित था] इसी से संकेत मिलता है कि अब जर्मनी में जनसंख्या वृद्धि थम गई है और परिणामस्वरूप आगामी दशकों में यहाँ उत्तराधिकार प्रवाह फ्रांस से भी अधिक हो जाने की बहुत संभावना है।[59] जनांकीय अवनति और ह्रासमान जन्म दर से प्रभावित इटली और स्पेन जैसे अन्य यूरोपीय देशों में भी यही तर्क लागू होना चाहिए किंतु दुर्भाग्यवश हमारे पास इनके विषय में उत्तराधिकार प्रवाहों के कोई विश्वस्त ऐतिहासिक साक्ष्य उपलब्ध नहीं हैं।

जहां तक ब्रिटेन का प्रश्न है, वहाँ भी 20वीं सदी के प्रारंभ में उत्तराधिकार प्रवाह फ्रांस जैसे ही—अर्थात् राष्ट्रीय आय के 20–25 प्रतिशत—थे।[60] यहाँ दो महायुद्धों के कारण फ्रांस और जर्मनी जितनी तीखी गिरावट नहीं हुई—क्योंकि निजी पूंजी के भंडार पर उतने गहन आघात नहीं हुए थे [β प्रभाव] और धन संचयन पर भी उतना दुष्प्रभाव नहीं पड़ा था [μ प्रभाव]। अत: ब्रिटेन में वार्षिक उत्तराधिकार प्रवाह राष्ट्रीय आय के अनुपात के रूप में 1950–60 में 8 प्रतिशत और 1970–80 में 6 प्रतिशत रह गए थे। यहाँ 1980 के बाद से इनमें उच्छलन भी फ्रांस या जर्मनी की अपेक्षा धीमा रहा है और उपलब्ध आंकड़ों के अनुसार 2000–10 में ब्रिटेन में उत्तराधिकार राष्ट्रीय आय के मात्र 8 प्रतिशत से तनिक ही अधिक थे।

सिद्धांत रूप से इसकी कई व्याख्याएं संभव हैं। सबसे पहली बात तो यह है कि अब ब्रिटेन में निजी सम्पदा का अपेक्षाकृत कहीं बड़ा अंश पेंशन कोषों में लगा है—यह उत्तराधिकार के रूप में अगली पीढ़ी को अंतरित नहीं होता। किंतु यह कारक इतना महत्त्वपूर्ण नहीं होना चाहिए, क्योंकि पेंशन कोषों में लगा निजी पूंजी अंश सकल का 15–20 प्रतिशत ही है। साथ ही यह इतना स्पष्ट नहीं है कि जीवन चक्रीय सम्पदा अंतरणीय सम्पदा का स्थान ग्रहण करती जा रही है: तार्किक दृष्टि से तो दोनों प्रकार की सम्पदाओं का योग होना चाहिए ताकि अपने सेवानिवृति काल की वित्त व्यवस्था के प्रति सजग वह देश जो पेंशन कोष का सहारा ले रहा है, वह अपेक्षाकृत अधिक सकल निजी सम्पदा का संकलन कर पाएगा और संभवत: इसके एक अंश का अन्य देशों में निवेश भी करेगा।[61]

ब्रिटेन में निम्न उत्तराधिकार प्रवाहों का एक कारण वहाँ बचत और पारिवारिक उपहारों एवं विरासत के प्रति मनोवैज्ञानिक दृष्टिकोण का भिन्न स्वरूप भी हो सकता है। किंतु उक्त निष्कर्ष पर पहुंचने से पूर्व एक बात पर ध्यान देना आवश्यक होगा : वर्ष 2000–10 में ब्रिटेन में उपहारों का निम्न स्तर भी उत्तराधिकार प्रवाहों की सापेक्ष न्यूनता की व्याख्या कर सकता है। यहाँ 1970–80 से ही कुल उत्तराधिकार प्रवाहों में उपहारों का अंश 10 प्रतिशत पर स्थिर रहा है, जबकि फ्रांस और जर्मनी में तो यह 60–80 प्रतिशत तक जा पहुंचा है। उपहारों का लेखा रखने की कठिनाइयां और

विभिन्न देशों के अपने अपने व्यवहारों के अंतरों का समंजन सहज नहीं होगा। किंतु यह बड़ा अंतर एक संदेह पैदा करता है : कहीं यह ब्रिटेन में उपहारों के निम्न मूल्यांकन का परिणाम तो नहीं है? किंतु हमारे पास उपलब्ध आंकड़े निश्चित रूप से यह कह पाना असंभव बना रहे हैं कि ब्रिटेन में उत्तराधिकार प्रवाहों का स्वल्प उच्छलन व्यवहार में अंतर को परिलक्षित कर रहा है [अर्थात फ्रांस और जर्मनी के नागरिकों की अपेक्षा अधिक ब्रिटिश नागरिक बच्चों के लिए छोड़ कर जाने की अपेक्षा अपनी अधिकांश सम्पदा का अपने जीवन काल में ही उपभोग करने लगे हैं] या यह किसी सांख्यिकीय अभिनति का परिणाम है [यदि फ्रांस एवं जर्मनी में आकलित उपहार–विरासत अनुपात का प्रयोग ब्रिटेन के आंकड़ों पर करें तो यहाँ भी 2000–10 में सकल उत्तराधिकार प्रवाह फ्रांस की ही भांति राष्ट्रीय आय के 15 प्रतिशत तक पहुंच जाएंगे]।

संयुक्त राज्य के उपलब्ध उत्तराधिकार जानकारी स्रोत तो और भी अधिक कठिन समस्याओं से भरे हैं। संघीय सम्पदा कर को 1916 में लागू तो कर दिया गया था किंतु यह समस्त सम्पदाओं की 2 प्रतिशत से भी कम संख्या पर ही देय रहा है और यहाँ उपहारों की घोषणा की व्यवस्था भी काफी सीमित रही है। अत: कुल मिलाकर हमें कराधान संबंधी आंकड़ों से बहुत सटीक जानकारी नहीं मिल पाती। दुर्भाग्यवश हम इस त्रुटि का अन्य स्रोतों की जानकारी द्वारा निराकरण भी नहीं कर पाते। राष्ट्रीय सांख्यिकी ब्यूरो द्वारा किए गए सर्वेक्षणों में भी उपहार–उत्तराधिकार बहुत ही निम्नांकित किए जाते हैं। परिणामस्वरूप हमारी जानकारी में बहुत बड़े छिद्र रह जाते हैं। उन सर्वेक्षणों पर आधारित अधिकांश अध्ययन इस पक्ष की उपेक्षा कर जाते हैं। उदाहरण के लिए, हमने फ्रांस में भी देखा है कि वहाँ के सर्वेक्षण कराधान आंकड़ों में स्पष्ट परिलक्षित उत्तराधिकार प्रवाह में से मात्र आधे के विषय में ही जानकारी जुटा पाते हैं [यह वास्तविक प्रवाहों की एक न्यूनतम सीमा है—इसमें जीवन बीमा अनुबंधों द्वारा सृजित प्रवाहों को गिना ही नहीं जाता]। स्पष्टत: सर्वेक्षित व्यक्ति यह भूल जाते हैं कि उन्हें क्या क्या मिला है—और वे अपनी संपन्नता का स्वयं के लिए बहुत ही अच्छा चित्रण कर जाते हैं [यह, आज के युग में उत्तराधिकार

के प्रति किंचित हेय भावना के कारण 'उचित' भी जान पड़ता है]।[62] संयुक्त राज्य सहित अनेक देशों में सर्वेक्षण आंकड़ों की कराधान आंकड़ों से तुलना कर पाना संभव नहीं है। किंतु यह मान लेने का भी कोई कारण नहीं है कि इन देशों के सर्वेक्षणों में फ्रांस जितना न्यूनांकन नहीं हो रहा होगा—क्योंकि उत्तराधिकार में मिली पूंजी को लेकर संयुक्त राज्य में भी जनभावनाएं फ्रांस जितनी ही नकारात्मक हैं।

कुल मिलाकर बात यह है कि संयुक्त राज्य के सूचना स्रोतों की अविश्वस्तता वहाँ उत्तराधिकारी प्रवाहों के सटीक आकलन को बहुत कठिन बना देती है। इससे 1980 के दशक में दो परस्पर विरोधी आर्थिक सिद्धांतों: मोडिगलियानी का जीवन–चक्र सिद्धांत और उससे जुड़ा विचार कि संयुक्त राज्य की सकल पूंजी में उत्तराधिकारी सम्पदा का अंश मात्र 20–30 प्रतिशत ही है तथा कॉटलिकॉफ समर्स सिद्धांत कि सकल राष्ट्रीय पूंजी में 70–80 प्रतिशत अंश उत्तराधिकार में मिली पूंजी का होता है, के बीच चले विवाद की भी आंशिक व्याख्या हो जाती है। जब 1990 के दशक में यह विवाद चल रहा था, मैं एक युवा छात्र था किंतु इस विवाद ने मुझे स्तब्ध कर दिया था। मेरे मन में एक प्रश्न उठा : गम्भीरतापूर्वक अध्ययन मनन करने वाले अर्थशास्त्रियों के बीच तथ्यों को लेकर इतनी नाटकीय असहमति कैसे हो सकती है? एक तो यह बात है कि विवाद के दोनों पक्ष 1960 के दशक के अंत से लेकर 1970 के दशक के प्रारंभ तक के बहुत ही निम्न कोटि के आंकड़ों पर निर्भर कर रहे थे। यदि हम उनके अनुमानों का आज सुलभ जानकारी के प्रकाश में पुनर्वीक्षण करें तो लगता है कि सत्य वस्तुत: उनके अनुमानों के कहीं बीच में था—वह भी कॉटलिकॉफ–समर्स के निकट [न कि मोडिगलियानी के]। अर्थात 1970–80 में संयुक्त राज्य की सकल निजी पूंजी में उत्तराधिकार में मिली पूंजी का अंश 50–60 प्रतिशत के बीच था।[63] अधिक व्यापक पटल पर, यदि रेखाचित्र 11.7 में फ्रांस के 20वीं सदी में उत्तराधिकारी सम्पदा प्रवाह की भांति संयुक्त राज्य के लिए भी चित्रांकन करें तो वहाँ हमें वक्र का U–आकार इतना सहज स्पष्ट नहीं लगता—वहाँ 20वीं और 21वीं दोनों ही सदियों के आरंभ में उत्तराधिकारी पूंजी का अंश फ्रांस की अपेक्षा कुछ कम ही रहा है—और यह 1950–70 की अवधि से

कुछ ही ज्यादा दिखाई देता है। इसका मुख्य कारण संयुक्त राज्य की उच्च जनांकीय वृद्धि दर है। इसके परिणामस्वरूप यहाँ पूंजी/आय अनुपात निम्न रह जाता है [β प्रभाव] और सम्पदा की प्रगल्भता [आयु] को सूचित करने वाले μ, m के प्रभाव भी महत्त्वपूर्ण हो जाते हैं। अंतरों को अधिक बढ़ा चढ़ा कर प्रस्तुत करना ठीक नहीं होगा : संयुक्त राज्य में भी उत्तराधिकार का बड़ा महत्त्व रहता है। सर्वोपरि बात तो यही है कि संयुक्त राज्य और यूरोप के बीच के यह अंतर किसी सनातन सांस्कृतिक अंतर का परिणाम नहीं है—इनकी व्याख्या तो जनांकीय संरचना और जनसंख्या वृद्धि द्वारा ही हो जाती है। यदि, जैसा कि दीर्घकालिक प्रेक्षण दावा कर रहे हैं, संयुक्त राज्य में जनसंख्या वृद्धि में कमी आ जाएगी, तो यहाँ भी यूरोप की ही भांति उत्तराधिकारी सम्पदा अंश में तीखा उछाल दिखाई देने लगेगा।

गरीब और उदीप्यमान देशों में दुर्भाग्यवश हमें उत्तराधिकारी सम्पदा एवं उसके विकासक्रम के भरोसेमंद ऐतिहासिक स्रोत नहीं मिल पा रहे। काफी संभावना लगती है कि वहाँ भी जनसंख्या एवं आर्थिक संवृद्धि दरों में गिरावट [जैसा कि वर्तमान सदी में अपेक्षित है] आएगी वैसे ही उत्तराधिकार में प्राप्त सम्पदा इतिहासकाल के निम्न संवृद्धि देशों जैसा ही महत्त्व प्राप्त कर लेगी। जिन देशों में जनसंख्या वृद्धि दर नकारात्मक हो गई, वहाँ तो उत्तराधिकारी सम्पदा का महत्त्व अप्रत्याशित स्तर प्राप्त कर जाएगा। किंतु ध्यान रहे, इसमें समय लगेगा। चीन जैसे देशों की संवृद्धि दरों को देखें तो स्पष्ट होता है कि वर्तमान में तो उत्तराधिकार प्रवाह सीमित ही होंगे। चीन की कार्यशील जनसंख्या आज 5–10 प्रतिशत वार्षिक आय वृद्धि का लाभ उठा रही है। उनकी संचित पूंजी उनकी अपनी अर्जित आय में से बचत ही है—क्योंकि उनके दादा–परदादा की आय तो अत्यंत ही सूक्ष्म रही होगी। उत्तराधिकारी पूंजी का वैश्विक स्तर पर उच्छलन 21वीं सदी की एक बड़ी विशेषता होगी, किंतु कुछ दशकों तक यह मुख्यत: यूरोप को ही प्रभावित करेगा। संयुक्त राज्य में इसका प्रभाव अपेक्षत: सीमित रहेगा।

■ ■ ■

अध्याय-12

21वीं सदी में धन सम्पदा की वैश्विक विषमता

अभी तक मैंने धन सम्पदा की विषमता के विषय में संकीर्ण राष्ट्रवादी दृष्टिकोण ही अपनाया हुआ था। यह ठीक है कि कई बार ब्रिटेन और फ्रांस के नागरिकों की विदेशी परिसपंदाओं की चर्चा हुई है किंतु उससे कहीं अधिक विचार मंथन की आवश्यकता है—क्योंकि वैश्विक स्तर पर धन सम्पदा की विषमता की गत्यात्मकता से हमारे भविष्य का गहरा नाता है। अत: अब मैं इसी विषय की ओर आ रहा हूँ—साथ ही आज इस दिशा में कार्य कर रही प्रमुख शक्तियों पर भी चर्चा करूंगा। क्या यह आशंका सही है कि वित्तीय वैश्वीकरण की शक्तियां पूर्व काल से कहीं अधिक गहन पूंजी संकुलन का मार्ग प्रशस्त कर देंगी? क्या यह पहले ही घटित नहीं हो चुका है?

इस प्रश्न की समीक्षा के प्रारम्भ में ही वैयक्तिक सम्पदा पर ध्यान देना उपयोगी रहेगा : क्या विभिन्न पत्रिकाओं द्वारा "विश्व के धनिकतम" बताए जा रहे व्यक्तियों का सकल पूंजी में अंश 21वीं सदी में और अधिक हो जाएगा? इसके बाद मैं देशों के बीच विषमता की बात करूँगा: क्या आज के धनी देश अंतत: पैट्रोल निर्यातक देशों, चीन या फिर उनके अपने ही अरबपतियों की निजी सम्पत्ति बन कर रह जाएंगे? किंतु इन दोनों पक्षों की चर्चा से पूर्व मैं एक अभी तक अचर्चित विषय की व्याख्या करना चाहता हूँ। यह है: "पूंजी पर असमान प्रतिफल"।

पूंजी पर प्रतिफलों में असमानता

कई आर्थिक प्रतिमानों में यह मान्यता निहित रहती है कि पूंजी का प्रतिफल सभी पूंजीधारकों के लिए समान रहता है—उनकी पूंजीधारिता का आकार महत्त्वपूर्ण नहीं होता। किंतु यह सदैव निश्चित नहीं रहता : इस

बात की पूरी संभावना रहती है कि अधिक धनी व्यक्ति अपनी पूंजी पर अन्य व्यक्तियों की तुलना में अधिक कमा पाते हैं। इसके कई कारण हो सकते हैं। एक तो 10 मिलियन यूरो के स्वामी 10,000 यूरो वालों की अपेक्षा—या फिर 1 बिलियन के स्वामी 100 मिलियन वालों की अपेक्षा सम्पदा-प्रबंध में कुशल विशेषज्ञों की सेवाएं पाने में अधिक सक्षम होते हैं। यदि ये मध्यस्थ बेहतर निवेश विकल्पों की पहचान कर लेते हैं तो निवेश पत्रक संचय प्रबंधन की "पैमाने की मितव्ययताएं *(Austerity)*" स्वत: ही औसत से अधिक प्रतिफल का मार्ग बना देंगी। दूसरे, यदि किसी निवेशक के पास अधिक संसाधन हों तो उसकी जोखिम उठाने और अच्छा प्रतिफल मिलने तक प्रतीक्षा करने की क्षमता भी अधिक होगी। इन दोनों कारणों—सभी संकेत दिखा रहे हैं कि इनमें पहला अधिक अहम है—से यह बहुत संभव लगता है कि यदि पूंजी पर औसत प्रतिफल 4 प्रतिशत हो तो अधिक धनी 6–7 प्रतिशत भी कमा लेंगे जबकि कम धनी वर्ग को 2–3 प्रतिशत पर ही संतोष करना पड़ जाएगा। मैं अभी कुछ क्षणों में दर्शाने वाला हूँ कि सारे विश्व में विशालतम सम्पदाएं [उत्तराधिकार में मिली सम्पदाओं सहित] पिछले कुछ दशकों में अत्यंत ही तीव्र दर से वृद्धिशील रही हैं [6–7 प्रतिशत, प्रति वर्ष]। यह दर धन सम्पदा की औसत वृद्धि दर से काफी अधिक है।

ये समझना बहुत सरल है कि इस प्रकार की प्रक्रिया से पूंजी के वितरण में बहुत बड़ी अपसृति हो सकती है। यदि वैश्विक सम्पदा क्रमिकता के शीर्ष दशमंक या शतमंक स्तर पर किन्हीं भी संरचनात्मक कारणों से वृद्धि की दर निम्न सोपानों से तीव्र हो जाए तो सम्पदा विषमता की वृद्धि की कोई सीमा नहीं रह पाएगी। नवीन वैश्वीकृत अर्थव्यवस्था में यह विषमता प्रक्रिया अभूतपूर्व आकार धारण कर सकती है। चक्रवर्धी ब्याज का अध्याय–1 में वर्णित नियम बहुत तीव्र अपसृति का आधार बन सकता है। किसी प्रतिकार के अभाव में बहुत बड़ी सम्पदाएं कुछ ही दशकों में दैत्याकार स्वरूप धारण कर सकती हैं। अत: पूंजी पर प्रतिफल की विषमता एक ऐसी

अपसृतिकारी शक्ति है जो r > g के प्रभावों को बहुगुणित कर देती है। यही नहीं, पूरी अर्थव्यवस्था के लिए उच्च हुए बिना भी केवल बड़ी सम्पदाओं के लिए [r – g] का आकार अधिक बड़ा हो सकता है।

संपुष्ट तर्क के अनुसार तो यहाँ भी संवृद्धि ही स्वाभाविक संतुलनकारी शक्ति बन सकती है [स्वाभाविक का अर्थ सरकारी हस्तक्षेप नहीं है]। यदि वैश्विक संवृद्धि दर अधिक होती है तो बड़ी सम्पदाओं की वृद्धि दर सामान्य रह जाएगी—यह औसत आय और सम्पदा वृद्धि दरों से बहुत ज्यादा नहीं होगी। सटीक रूप से, यदि वैश्विक संवृद्धि दर 3.5 प्रतिशत वार्षिक हो [जैसा 1990–2012 में रहा है और 2030 तक जिस प्रक्रिया के चलने की आशा भी है] तो शीर्षस्थ सम्पदाएं उतनी उत्कृष्ट वृद्धि दर दर्ज नहीं कर पाएंगी जितनी वैश्विक संवृद्धि दर के गिरकर मात्र 1–2 प्रतिशत रहने पर संभव है। यही नहीं, आज की वैश्विक संवृद्धि में एक बड़ा जनांकीय घटक भी शामिल है और उदीप्यमान विश्व के धनी व्यक्ति विश्व के धनिकतम वर्ग में सम्मिलित हुए जा रहे हैं। इससे यही धारणा बनती है कि आज धनिकों के वर्ग में तेजी से बदलाव आ रहे हैं। इससे उन्नत देशों के अनेक धनियों के मन में यह बात घर कर रही है कि वे पिछड़ते जा रहे हैं। ऐसी चिंता कई बार अन्य सभी बातों पर भारी पड़ जाती है। किंतु दीर्घकाल में, यदि गरीब देश अमीरों के स्तर तक पहुंच भी जाएं और वैश्विक संवृद्धि में कुछ शिथिलता आ जाए तो निश्चय ही पूंजी पर प्रतिफल की विषमता एक बड़ी चिंता का विषय हो जाएगी। दीर्घकालिक दृष्टि से देश के भीतर धन की विषमता विभिन्न देशों के बीच की विषमता से कहीं अधिक चिंताकारी होगी।

मैं पूंजी पर असमान प्रतिफलों की व्याख्या करने में विश्व स्तरीय सम्पदाधारण की क्रमिकताओं का सहारा ले रहा हूँ। उसके बाद बड़े अमेरिकी विश्व विद्यालयों की सुरक्षित निधियों पर प्रतिफल पर विचार करूंगा। ये कदाचित दृष्टांतवादी विधि प्रतीत होगी किंतु इससे हमें विभिन्न सम्पदाओं के आकार के प्रतिफल दर पर प्रभावों का स्वरूप

समझने में अवश्य सहायता मिलेगी। मेरा अगला कदम सार्वभौम सम्पदा कोषों पर प्रतिफलों की समीक्षा होगा [इस समय इस वर्ग में तेल निर्यातक और चीन प्रमुख हैं]। यही एक बार फिर से विभिन्न देशों के बीच धन सम्पदा की विषमता के प्रश्न पर सारी चर्चा को केंद्रित करेगा।

वैश्विक सम्पदा क्रमिकताओं का विकासक्रम

संयुक्त राज्य में "फॉर्बिस" तथा अन्य देशों में भी ऐसी ही पत्रिकाओं में प्रकाशित धनिक व्यक्तियों की क्रमबद्ध सूचियों के लिए अर्थशास्त्रियों के मन में किसी सम्मान का नहीं होना तो जैसे एक नियम बन गया है। वास्तव में इस प्रकार बनाई गई क्रमिकताओं में कई महत्त्वपूर्ण पूर्वधारणाएं और कार्य विधिगत त्रुटियां भी होती है [इनके विषय में यही कथन 'उदार' हो सकता है।] किंतु फिर भी ये क्रमिकताएं बनी रहती हैं और किसी न किसी तरह आज के प्रमुख मुद्दे के विषय में अधिक जानकारी की एक उचित और आवश्यक सामाजिक मांग की पूर्ति भी कर रही हैं। यह मुद्दा है वैश्विक सम्पदा वितरण और उसके विकासक्रम का। अर्थशास्त्रियों को इसे स्वीकार करना चाहिए। यह जानना भी आवश्यक है कि हम अभी तक धन सम्पदा की वैश्विक गत्यात्मकता के विषय में विश्वसनीय जानकारी के गंभीर अभाव से ग्रस्त हैं। राष्ट्रीय सरकारें और सांख्यिकी संगठन तो पूंजी वैश्वीकरण के साथ कदम मिलाकर चल भी नहीं पाते। उन द्वारा प्रयुक्त विश्लेषण के उपकरण जैसे कि पारिवारिक सर्वेक्षण [जो केवल एक देश तक सीमित होते हैं] तो 21वीं सदी में चल रहे घटनाक्रम का विश्लेषण करने के लिए नितांत अपर्याप्त हैं। उक्त पत्रिकाओं की धन सम्पदा क्रमिकताओं को सरकारी आंकड़ों, कर अभिलेखों, और बैंकों के आंकड़ों के साथ मिलान के बाद परिष्कृत किया जाना चाहिए। भले ही पत्रिकाओं के पूरक स्रोत विश्व स्तर पर ठीक से समन्वित नहीं है—किंतु फिर भी उन्हें पूरी तरह नजरअंदाज करना उचित नहीं होगा। अत: मैं यह अवश्य जांच करना चाहूँगा कि इन धन सम्पदा संबंधी तालिकाओं से क्या उपयोगी जानकारी प्राप्त हो सकती है।

रेखाचित्र-12.1: 'फॉर्बिस' के अनुसार विश्व के अरबपति : 1987–2013

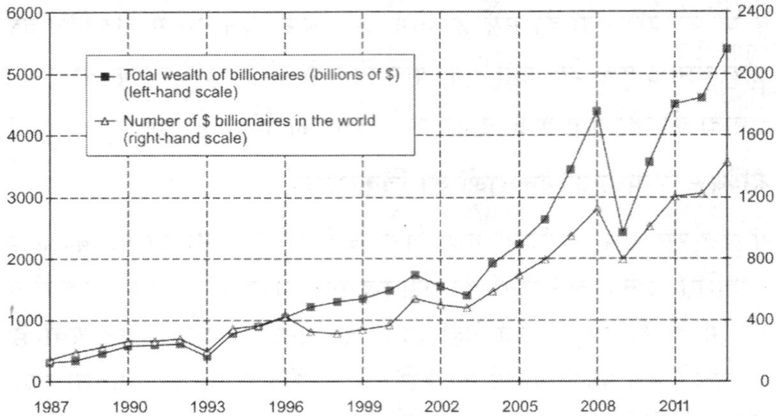

'फॉर्बिस' पत्रिका के अनुसार 1987–2013 की अवधि में अरबपतियों की संख्या 140 से बढ़कर 1400 हो गई और उनकी समस्त सम्पदा $500 अरब से बढ़ कर $5400 अरब पर जा पहुंची। स्रोत और श्रृंखला हेतु देखें: piketty.pse.ens.fr/capital21C.

बड़ी सम्पदाओं की विश्व स्तर की सबसे व्यवस्थित और पुरानी क्रमिकता बिलियन डॉलर धारियों [अरबपतियों] की सूची फॉर्बिस पत्रिका 1987 से प्रकाशित करती आ रही है। इस पत्रिका के पत्रकार सभी प्रकार के स्रोतों से जानकारी एकत्र कर दुनिया के उन सभी व्यक्तियों की सूची बनाते हैं जिनकी निवल सम्पदा एक अरब डॉलर से अधिक हो। इस सूची के शीर्ष पर 1987–95 तक एक जापानी अरबपति का नाम रहा, फिर 1995–2009 में एक अमेरिकी तो 2010 के बाद से एक मैक्सिकोवासी का नाम चल रहा है। इस पत्रिका के अनुसार 1987 में दुनिया में केवल 140 अरबपति थे। अब [2013 में] इनकी संख्या 1400 हो चुकी है—यह दस गुना वृद्धि है [देखें रेखाचित्र 12.1]। किंतु 1987 से चल रही स्फीति और संवृद्धि के कारण प्रतिवर्ष विश्व भर के पत्र–पत्रिकाओं में दोहराए जा रहे इन आंकड़ों की व्याख्या इतनी सरल नहीं है। यदि हम वैश्विक जनसंख्या और निजी सम्पदा के परिप्रेक्ष्यों में इन आंकड़ों का अवलोकन करें तो संभवत: परिणाम अधिक सार्थक रहेंगे। वर्ष 1987 में हमारा ग्रह प्रति 100 मिलियन वयस्क जनसंख्या में से केवल 5 अरबपतियों का दावा कर रहा था—यह संख्या 2013 में 30 हो गई है। ये अरबपति 1987 में वैश्विक

निजी सम्पदा के मात्र 0.4 प्रतिशत के स्वामी थे, किंतु 2013 में इनका 1.5 प्रतिशत पर अधिकार हो चला है। यह आंकड़ा पिछले कीर्तिमान, 2008 [विश्व वित्तीय संकट की पूर्वसंध्या] और लेहमन ब्रदर्स के दिवालिएपन] से भी उच्चतर है [देखें रेखाचित्र 12.2][1] किंतु ये जानकारी की प्रस्तुति की एक किंचित भ्रामक विधि है—इसमें आश्चर्य ही क्या है कि पहले की अपेक्षा 6 गुना बड़े समुदाय का चार गुना अधिक विश्व सम्पदा पर स्वामित्व है।

रेखाचित्र-12.2: विश्व जनसंख्या और सम्पदा के अनुपात में अरबपति, 1987–2013

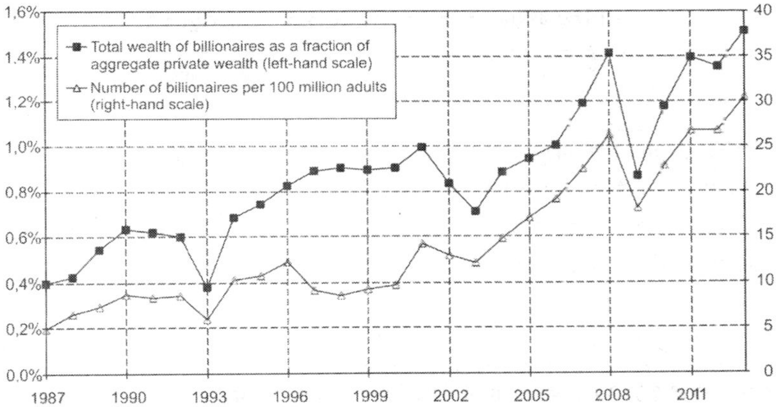

प्रति दस करोड़ वयस्कों की संख्या पर अरबपतियों की संख्या 1987–2013 की अवधि में 5 से बढ़कर 30 हो गई और सकल निजी सम्पदा में उनका अंश 0.4 प्रतिशत से बढ़कर 1.5 प्रतिशत हो गया। स्रोत और श्रृंखला हेतु देखें: piketty.pse.ens.fr/capital21C.

सम्पदाधारण की क्रमिकताओं का सिर–पैर समझने के लिए विश्व जनसंख्या के किसी नियत अनुपात के स्वामित्व की सम्पदा के विकासक्रम पर विचार करना होगा—यह जनसंख्यानुपात विश्व की वयस्क जनसंख्या का 2 करोड़वां अंश हो सकता है—अर्थात 3 बिलियन वयस्कों में से केवल 150 समृद्धतम व्यक्ति। यह आंकड़ा अस्सी के दशक के अंतिम वर्षों के लिए था। अब 2013 की जनसंख्या में इनकी संख्या 225 हो जाएगी। फिर हमें पता चल रहा है कि इस समूह की औसत सम्पदा 1987 के $ 1.5 बिलियन से बढ़कर 2013 में $ 15 बिलियन हो गई है। यह वृद्धि दर उक्त अवधि की स्फीति दर से 6.4 प्रतिशत अधिक है।[2] अब यदि विश्व के धनिकतम समुदाय का दस करोड़वां अंश अर्थात 1980 दशकांत की 3 अरब

जनसंख्या में से 30 और 2013 में मात्र 45 व्यक्तियों पर विचार करें तो उनकी औसत सम्पदा का मान $3 अरब प्रत्येक से बढ़कर $35 अरब हो गया है। यह तो स्फीति दर से और अधिक उच्च वृद्धि दर अर्थात 6.8 प्रतिशत रही है। अब तुलना के वितान को विस्तृत पटल पर देखें तो उसी अवधि में औसत प्रतिव्यक्ति विश्व सम्पदा में 2.1 प्रतिशत वार्षिक और औसत विश्व आय में 1.4 प्रतिशत वार्षिक वृद्धि हो पायी है। [देखें तालिका 12.1]।[3]

तालिका 12.1

शीर्षस्थ वैश्विक धन सम्पदा की संवृद्धि दर 1987-2013

	औसत वार्षिक संवृद्धि दर (स्फीति दर के समंजन के बाद) (%)
शीर्षस्थ 1/(100 मिलियन) उच्चतम सम्पदाधारी	6.8%
शीर्षस्थ 1/(20 मिलियन) उच्चतम सम्पदाधारी	6.4%
औसत विश्व सम्पदा, प्रति वयस्क	2.1%
औसत विश्व आय, प्रति वयस्क	1.4%
विश्व वयस्क जनसंख्या	1.9%
विश्व सकल घरेलू उत्पाद	3.3%

नोट: 1987-2013 की अवधि में शीर्षस्थ विश्व सम्पदा अंशमंक 6%-7% वार्षिक दर से संवृद्धिशील रहे हैं—जबकि विश्व सम्पदा की संवृद्धि दर 2.1% और विश्व आय की दर तो केवल 1.4 प्रतिशत रही है। ये सभी दरें इस अवधि की स्फीति दर 2-3% वार्षिक को घटाने के बाद आंकलित की गई हैं।

(a) 1980 के दशक में प्रति 3 बिलियन में से 30 वयस्क और 2010 में 4.5 बिलियन में से 45 वयस्क।

(b) 1980 के दशक में 3 बिलियन में से 150 वयस्क और 2010 में 4.5 बिलियन में से 225 वयस्क।

स्रोत और श्रृंखला हेतु देखें: piketty.pse.ens.fr/capital21C.

सारांश यही है कि 1980 के दशक से विश्व सम्पदा वृद्धि दर आय की वृद्धि दर से कुछ अधिक रही है [वस्तुतः डेढ़ गुनी]। यह वही पूंजी/आय अनुपात की वृद्धि है जिस पर खंड–2 में हमने चर्चा की थी। दूसरे विशालतम सम्पदाओं की वृद्धि दर औसत सम्पदाओं की वृद्धि दर से बहुत अधिक [वस्तुतः कई गुना अधिक] रही है। यदि फॉर्बिस की क्रमिकताओं को विश्वसनीय मान लें तो उनसे यही नये सत्य उजागर होते हैं।

किंतु एक बात ध्यान रहे : हमारे निष्कर्ष इस बात पर भी निर्भर रहेंगे कि हमने किन वर्षों के आंकड़ों का आकलन किया है। यदि हम 1990–2010 की अवधि पर ही चर्चा करें तो विशालतम सम्पदाओं की वास्तविक संवृद्धि दर 6–7 प्रतिशत से घट कर केवल 4 प्रतिशत वार्षिक रह जाती है।[4] इसका कारण है कि 1990 में विश्व भर में शेयर और भवन सम्पदा कीमतें उच्चतम स्तर पर थीं और 2010 में इनका स्तर काफी कम था [देखें रेखाचित्र 12.2]। फिर भी, हम किसी भी वर्ष का चयन करें मुख्य बात तो यह है कि विशालतम सम्पदाओं की वृद्धि दर संरचनात्मक रूप से औसत सम्पदाओं की अपेक्षा अधिक ही रहती है—यह कम से कम दो गुनी अवश्य होती है। यदि हम विशाल सम्पदाओं के विभिन्न दस लक्षमंकों के अंशों पर ध्यान दें तो वे भी 30 से कम वर्षों में 3 गुना से अधिक हो गए हैं। [देखे रेखाचित्र 12.3]। यह ठीक है कि विश्व सम्पदा के अनुपात में अभिव्यक्त करने पर ये परिणाम अपेक्षाकृत छोटे दिखाई देते हैं किंतु अपसृति तो निश्चय ही चमत्कृत करने वाली है। यदि ये विकासक्रम बहुत काल तक चलता रहा तो 21वीं सदी के अंत तक इन अति सूक्ष्म समूहों का सकल सम्पदा में अंश विराट रूप धारण कर सकता है।[5]

रेखाचित्र-12.3: विश्व सम्पदा में शीर्षस्थ अंश धारियों का भाग, 1987–2013

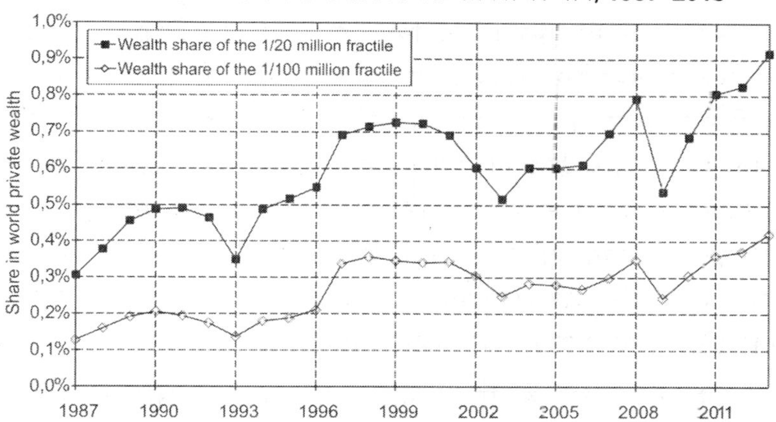

1987 और 2013, के बीच शीर्ष 1/20 मिलियन अंशमंक का अंश विश्व पूंजी के 0.3 प्रतिशत से बढ़कर 0.9 प्रतिशत हो गया है, और शीर्ष 1/100 मिलियन अंशमंक का अंश 0.1 प्रतिशत से बढ़कर 0.4 प्रतिशत हो गया है।

स्रोत और श्रृंखला हेतु देखें: piketty.pse.ens.fr/capital21C.

क्या इस निष्कर्ष का विस्तार वैश्विक सम्पदा वितरण के अधिक बड़े भागों तक किया जा सकता है? उस दशा में अपसृति और भी तेजी से होने लगेगी। फॉर्बिस और ऐसी अन्य पत्रिकाओं की सबसे बड़ी समस्या यही है कि वे इतनी सूक्ष्म संख्या का विवेचन करते हैं जिसका समष्टि आर्थिक स्तर पर कोई विशेष महत्त्व नहीं होता। अपसृति की दरें कितनी ही उच्च हो और किन्हीं वैयक्तिक सम्पदाओं का आकार कितना भी विशाल किंतु वे बात तो केवल कुछ सौ, या हद से हद कुछ हजार, व्यक्तियों की ही कर सकती है—जो इस समय सकल विश्व सम्पदा के बस 1 प्रतिशत जितने अंश के स्वामी हैं।[6] दुर्भाग्यवश यह विश्लेषण विश्व पूंजी के 99 प्रतिशत अंश को तो अचर्चित ही छोड़ देता है।[7]

विश्व अरबपति क्रमिकताओं से विश्व सम्पदा रिपोर्ट तक

विश्व सम्पदा क्रमिकता के आगे विश्लेषण के लिए मुझे अध्याय–10 की भांति उसके शीर्षस्थ दशमंक, शतमंक और सहस्रमंक के अंश का आकलन करना होगा। इस कार्य के लिए राजकोषीय और सांख्यिकीय स्रोतों का प्रयोग आवश्यक होगा। मैंने अध्याय–10 में बताया था कि सम्पदा विषमता में सभी धनी देशों में 1980–90 की अवधि से वृद्धि चल रही है। अत: कोई आश्चर्य नहीं होगा यदि वैश्विक विषमता में भी वृद्धि दिखाई पड़े। किंतु उपलब्ध जानकारी स्रोतों में अनेक प्रकार के अनुमानों के कारण त्रुटियां भरी पड़ी हैं। हो सकता है कि हम धनी देशों के वृद्धिक्रम का अधोनुमान लगा रहे हों। साथ ही अनेक उदीप्यमान देशों के आंकड़े तो प्रगतिशील कर व्यवस्था के अभाव के कारण इतने अपर्याप्त हैं कि उन्हें प्रयोग करने में हिचकिचाहट होती है। इस समय तो वैश्विक सम्पदा क्रमिकता के शीर्षस्थ दशमंक, शतमंक और सहस्रमंक के अंशों के विकासक्रम के किसी सटीक अनुमान तक पहुंच पाना बहुत कठिन प्रतीत हो रहा है।

पिछले कुछ वर्षों से उक्त प्रश्नों से जुड़ी सामाजिक मांग की पूर्ति के लिए कुछ अंतर्राष्ट्रीय वित्तीय संस्थानों ने पत्रिकाओं द्वारा प्रकाशित क्रमिकताओं को विस्तार प्रदान कर उन्हें अरबपतियों के वर्ग से नीचे की ओर भी ले जाने का प्रयास किया है। वे अब वैश्विक सम्पदा रिपोर्ट निकाल

रहे हैं। वर्ष 2010 से, विशेष रूप से "क्रेडिट स्यूइस", नाम प्रसिद्ध स्विस बैंक ने विश्व की सारी जनसंख्या की वार्षिक सम्पदा वितरण सारिणी प्रकाशित करने का महत्वाकांक्षी प्रयास प्रारम्भ किया है।[8] अन्य बैंकों, दलाली गृहों, और बीमा कम्पनियों ने भी [मेरिल लिंच, अलिआंज आदि] विश्व के दशलक्ष-पतियों के अध्ययन में विशेषज्ञता अर्जित करने का प्रयास किए हैं—वे विश्व के "उच्च निवल सम्पदा वर्ग" की जानकारी प्रकाशित करने लगे हैं। प्रत्येक संस्थान अपनी सूची निकालना चाहता है—वह भी चमकदार कागज पर। यह बात अपने आप में विलक्षण है कि वही संस्थान जो बड़ी सम्पदाओं के प्रबंधन से कमाई करते हैं, वही वैश्विक सम्पदा वितरण के आंकड़े प्रकाशित कर सरकारी एजेंसियों का दायित्व भी निभाने का प्रयास कर रहे हैं। एक बात पर ध्यान देना बहुत जरूरी है : प्राय: ये रिपोर्ट बहुत साहसपूर्ण संकल्पनाओं और ऐसी अन्दाजेबाजी पर निर्भर रहती हैं जिन्हें स्वीकार करना सरल नहीं होता। किंतु इन संकल्पनाओं–मान्यताओं के बिना धन सम्पदा का कोई "वैश्विक दृष्टिकोण" निर्मित नहीं हो पाता। वैसे भी, वे पिछले कुछ वर्षों से अधिक की जानकारी नहीं दे पा रहीं और दीर्घकालिक विकास क्रमों का अध्ययन करने की दृष्टि से बेकार सिद्ध होती हैं—इनसे तो वैश्विक विषमता की प्रवृत्तियों की झलक नहीं मिल पाती क्योंकि इनमें प्रयुक्त आंकड़े बहुत ही बिखरे बिखरे से होते हैं।[9]

"फॉर्बिस" और अन्य पत्रिकाओं की ये क्रमिकताएं अन्य किसी बेहतर विकल्प के सुलभ नहीं होने की बात का खुला विज्ञापन है और यह राष्ट्रीय –अंतर्राष्ट्रीय संस्थानों और अधिकांश अर्थशास्त्रियों की गंभीर विफलता का बखान भी है—क्योंकि इन्हें इस कार्य को करने का दायित्व मिला हुआ है। लोकतांत्रिक पारदर्शिता का तकाजा है : यदि वैश्विक सम्पदा वितरण की कोई भरोसेमंद जानकारी उपलब्ध नहीं रहेगी तो कोई कुछ भी छाप देगा और तरह तरह काल्पनिक उड़ानों को जन्म देगा। रिपोर्ट चाहे इतनी अपूर्ण हैं—फिर भी जब तक इनसे बेहतर जानकारी नहीं मिलती, ये सार्वजनिक विमर्श पर एक सीमा रेखा का काम तो कर ही सकती है।[10]

यदि हम इन पत्रिकाओं द्वारा अपनाई गई विधियों का प्रयोग कर विभिन्न अनुमानों की तुलना करें तो एक ही निष्कर्ष स्पष्ट होता है :

2010 में वैश्विक सम्पदा विषमता का परिमाण 1900–10 की अवधि में यूरोप में पाए गए स्तर जितना ही है। शीर्षस्थ सहस्रमंक का आज विश्व सम्पदा के 20 प्रतिशत पर अधिकार है तो शीर्षस्थ शतमंक का 50 प्रतिशत पर है और शीर्षस्थ दशमंक तो 80 से 90 प्रतिशत सम्पदा का स्वामी है। वैश्विक सम्पदा वितरण के निम्न 50 प्रतिशत के पास उस समस्त सम्पदा का 5 प्रतिशत से भी कम अंश है।

अधिक स्थूल रूप से आज 4.5 बिलियन की वयस्क जनसंख्या में 4.5 मिलियन व्यक्ति धनिकतम 0.1 प्रतिशत वर्ग की रचना कर रहे हैं और इनकी औसत सम्पदा का मान 10 मिलियन यूरो प्रत्येक बनता है। ये आंकड़ा विश्व की औसत सम्पदाधारिता—60000 यूरो का लगभग 200 गुना है और सारी विश्व सम्पदा का 20 प्रतिशत इस वर्ग के अधिकार में है। धनिकतम 1 प्रतिशत वर्ग अर्थात 45 मिलियन व्यक्तियों के पास औसतन 3 मिलियन यूरो की सम्पदा है। इस समूह में, मौटे तौर पर वे व्यक्ति हैं जिनकी सम्पदा कम से कम एक मिलियन यूरो अवश्य है। यह भी विश्व औसत का लगभग 50 गुना है और इस वर्ग का सकल विश्व सम्पदा के 50 प्रतिशत पर अधिकार है।

एक बात ध्यान रहे : ये सारे ही आकलन, औसत एवं सकल सम्पदा सहित, बहुत ही अनिश्चित हैं। इस पुस्तक में उद्धृत सभी आंकड़ों से कहीं अधिक इन्हें केवल आकार की दिशा में संकेत मात्र मानने की आवश्यकता है।[11]

एक अन्य बात भी महत्त्वपूर्ण है : सम्पदा का यह संकुलन विभिन्न देशों में आंतरिक संकुलन से अधिक गंभीर है और इसका कारण मुख्यत: अंतर्राष्ट्रीय विषमताओं में निहित है। विश्व स्तर पर प्रति वयस्क औसत सम्पदाधारिता मात्र 60000 यूरो है और इस कारण विकसित देशों में सम्पत्तिजीवी वर्ग समेत बहुत से व्यक्ति वैश्विक सम्पदा क्रमिकता के अनुसार बड़े धनी दिखाई पड़ते हैं। इसी कारण यह भी निश्चित नहीं मान लेना चाहिए कि विश्व पटल पर विषमताएं अधिक विस्तृत हो रही है—आखिर गरीब देश अमीरों से अपनी खाई पाटने की ओर अग्रसर जो हैं। इस

समय तो ये निकट पहुंचने वाली शक्तियां अपसृतिकारी शक्तियों से प्रबल प्रतीत हो रही है। किंतु उपलब्ध आंकड़े हमें अधिक स्पष्ट उत्तर देने की अनुमति नहीं दे रहे।[12]

फिर भी हमें सुलभ जानकारी के संकेत हैं कि विश्व सम्पदा क्रमिकता शीर्ष स्तर पर तो अपसृति की शक्तियां बहुत प्रबल हैं। यह बात केवल डॉलर अरबपतियों नहीं बल्कि यूरो करोड़पतियों पर भी लागू है—यह करोड़ पतियों वाला समूह एक अच्छा बड़ा समुदाय है—जिसमें 4.5 मिलियन ऐसे व्यक्ति हैं जिनके पास कम से कम 10 मिलियन यूरो की धन सम्पत्ति है। ये विश्व सम्पदा के 20 प्रतिशत अंश के स्वामी हैं—ये फॉर्बिस के अरबपतियों के स्वामित्व वाले मात्र 1.5 प्रतिशत से तो बहुत विशाल धन राशि होगी।[13] अत: इस समूह पर कार्यरत अपसृतिकारी प्रभाव के आकार का अनुमान लगाना आवश्यक है—यह प्रभाव मुख्यत: इस आकार के पूंजी संचय पर असमान प्रतिफल का परिणाम भी है। इसी से तय हो पाएगा कि क्या शिखर की अपसृति अंतर्राष्ट्रीय स्तर पर विषमता की खाई पाटने की प्रक्रिया से अधिक सशक्त है। क्या अपसृति केवल अरबपतियों को प्रभावित कर रही है या उनसे एकदम नीचे वाला करोड़पति वर्ग भी इसके प्रमा मण्डल में समाता जा रहा है।

एक उदाहरण लें : मान लें कि शीर्षस्थ सहस्त्रमंक अपनी सम्पदा पर 6 प्रतिशत कमा रहा है जबकि विश्व भर में सम्पदा की संवृद्धि दर मात्र 2 प्रतिशत है। फिर तो तीस वर्षों में इस शीर्षस्थ सहस्त्रमंक का अंश तीन गुना से अधिक हो जाएगा—उनका विश्व सम्पदा के 60 प्रतिशत पर अधिकार हो जाएगा। किंतु वर्तमान राजनीतिक संस्थाओं के अंतर्गत तो यह हो पाना असंभव लगता है—इसके लिए तो किसी बहुत दमनकारी शासन व्यवस्था या समझाकर सहमति करने में सक्षम तंत्र—[वस्तुत: दोनों ही] की आवश्यकता होगी। यदि इस वर्ग की सम्पदा 4 प्रति वार्षिक दर से वृद्धिशील रहे तो भी 30 वर्षों में यह सम्पदा अंश 40 प्रतिशत तक पहुंच जाएगा। फिर वही बात होगी—शीर्ष पर अपसृति की शक्तियां विश्व स्तर पर खाई पाटने वाली शक्तियों पर विजय पा लेंगी। शीर्षस्थ दशमंक और शतमंक वर्गों के अंशों में भारी वृद्धि होगी—और मध्यम एवं उच्च मध्यम

वर्गों से अति धनी वर्ग की ओर बड़े स्तर पर पुन: वितरण भी होगा। मध्यम वर्ग में इस प्रकार विपन्नता का संचार भीषण राजनीतिक प्रतिक्रिया को जन्म दे सकता है। वैसे वर्तमान समय बिंदु पर ऐसी किसी घटना की निकट आंशका इतनी सुनिश्चित नहीं लगती। किंतु सभी को यह समझ लेना चाहिए कि r > g की विषमता को पूंजी पर प्रतिप्राप्ति दर की विषमता बहुगुणित कर देती है। यह स्वयं प्रारम्भिक पूंजी संचय के आकार पर निर्भर रहती है। इन सबसे विश्व स्तर पर एक ऐसी संकुलन वितरण की गत्यात्मकता का उदय हो सकता है जो विस्फोटक प्रक्षेपण पथ पर अग्रसर अनियंत्रित विषमता कुंतल का रूप धारण कर ले। इस प्रकार की प्रक्रिया में प्रभावी गतिरोधक का कार्य तो केवल पूंजी पर प्रगतिशील कर प्रणाली ही कर सकती है।

सम्पदा क्रमिकता में उत्तराधिकारियों और उद्यमियों के स्थान

फॉर्बिस की क्रमिकताओं की सबसे विलक्षण बातों में से एक हैं : कोई सम्पदा उत्तराधिकार में मिली हो या किसी उद्यमी द्वारा अपनी बचत के संचय से बनाई गई हो; यदि उसका आकार एक न्यूनतम सीढ़ी को पार कर जाए तो वह अति उच्च दर पर संवृद्धिमान हो जाती है—फिर इस बात का कोई महत्त्व नहीं रहता कि उसका स्वामी स्वयं काम करता है या नहीं। यह बात ठीक है कि बहुत कम अवलोकनों पर आधारित ये आंकड़े टुकड़ों में और कदाचित् लापरवाही के साथ एकत्र किए गए हैं। इन पर आधारित निष्कर्ष अधिक सटीक नहीं होंगे—फिर भी अपने आप में सत्य रोचक लगता है।

वैश्विक सम्पदा क्रमिकता के शीर्ष स्तर का उदाहरण इस बात को बहुत स्पष्ट कर देगा। माइक्रो सॉफ्ट विश्व भर की कंप्यूटर चलन प्रणाली की विख्यात निर्मात्री कम्पनी के संस्थापक बिल गेट्स की 1990–2010 की अवधि में सम्पदा पर विचार करें। गेट्स को उद्यम अर्जित सम्पदा का साकार रूप जाना जाता है। यह उस अवधि में 10 वर्षों तक फॉर्बिस की सूची में शीर्षस्थ स्तर पर रहे हैं। उनकी सम्पदा का आकार 4 अरब डॉलर से बढ़ कर 50 अरब डॉलर हो गया।[14] उसी अवधि में सौंदर्य प्रसाधन की

अग्रणी कम्पनी ला ऑरियल की उत्तराधिकारिणी लिलिएन बेटेनकोर्ट की सम्पदा भी 2 अरब से 25 अरब डॉलर हो गई।[15] [उक्त कम्पनी की स्थापना उनके पिता युजेन श्यूलर ने की थी और उन्हीं ने 1907 में बाल रंगने वाले रसायनों के कई योग तैयार किए थे—उनकी सफलता की कहानी एक सदी पूर्व सीजर विरोटो की इत्र–सुगंध व्यापार की सफलता की याद ताजा कर देती है]। ये दोनों सम्पदाएं 1990–2010 की अवधि में 13 प्रतिशत वार्षिक की दर से वृद्धिमान रहीं। मुद्रा स्फीति के समंजन के बाद भी यह दर 10–11 प्रतिशत रहती है।

दूसरे शब्दों में लिलिएन बेटनकोर्ट, जिसने जीवन में एक दिन भी कोई काम नहीं किया, उसकी सम्पदा भी उसी दर से वृद्धिमान रही है जिस दर पर उद्यम का सिरमौर माने जा रहे गेट्स की सम्पदा में बढ़ोतरी दिखाई दी है। एक और बात विलक्षण है—अब गेट्स भी स्वयं काम करना बंद कर चुके हैं—पर उनकी सम्पदा की संवृद्धि दर इससे बाधित नहीं हो पायी है। एक बार किसी सम्पदा का आकार एक रूप धारण कर लेता है तो वह अपनी ही गति से संवृद्धिशील हो जाती है—और दशकों तक केवल अपने आकार के कारण उच्च दर पर वृद्धि करती रहती है। यही नहीं, एक बार आकार की उस सीढ़ी को पार करने के बाद सम्पदा प्रबंधन की पैमाने की मितव्ययिताओं और जोखिम उठाने के अवसरों का सुखद संयोग इस तथ्य से भी हो जाता है कि उस सम्पदा से आय प्राय: समूची ही पुनर्निवेशित होने लगती है। इतनी बड़ी सम्पदा का स्वामी अपनी आय के एक प्रतिशत के दो–एक दशम अंशों को प्रयोग कर बहुत ही ऐशो आराम की जिंदगी बिता सकता है—अर्थात अपनी लगभग सारी आय का पुनर्निर्वेश कर सकता है।[16] यह एक मूलभूत आर्थिक प्रक्रिया है जिसके दीर्घकालिक संचय और सम्पदा वितरण पर बहुत नाटकीय प्रभाव होते हैं। धन स्वयं, और धन का सृजक बन जाता है। बालजाक ने भी इस सत्य को भली भांति समझ लिया था और उसने अपने पास्टा निर्माता पात्र का वर्णन कुछ इस प्रकार किया था :" नागरिक गोरियो ने इतनी पूंजी जमा कर ली है कि वह आगे चलकर उस सारी श्रेष्ठता की अनुभूति के साथ व्यापार करेगा जो अपार धन के स्वामी पर स्वत: ही आरोपित हो जाती है।[17]

एक और बात, स्टीव जॉब्स बिल गेट्स से भी कहीं अधिक प्रशंसित औरा प्रतिभावान उद्यमी माने जाते हैं और वे अपनी सम्पदा के सुयोग्य पात्र भी हैं। किंतु उनकी कम्पनी 'ऐपल' के शेयरों के दाम जब अभी तक के सर्वोच्च स्तर पर थे उस समय 2011 में स्टीव जॉब्स की अपनी सम्पदा का मान 8 अरब डॉलर था—अर्थात वे माइक्रोसॉफ्ट के संस्थापक की सम्पदा का छठे हिस्से जितने ही समृद्ध थे। अनेक विश्लेषक उन्हें गेट्स से कहीं अधिक नवप्रणव कुशल मानते रहे हैं। यही नहीं उनकी सम्पत्ति तो लिलिएन बेटनकोर्ट से भी एक तिहाई ही थी। फॉर्बिस की क्रमिकता में दर्जनों ऐसे व्यक्ति हैं जिन्हें उत्तराधिकार में ही जॉब्स से अधिक सम्पदा मिल गई है। स्पष्ट है कि प्रतिभा ही सम्पदा का अकेला आधार नहीं है। इसका एक मात्र कारण यह है : उत्तराधिकार की सम्पदा पर प्रतिप्राप्ति दर उसके प्रारम्भिक आकार के कारण ही उच्च बनी रहती है।

किंतु अन्वेषण के इस क्रम को अधिक आगे नहीं बढ़ाया जा सकता। फॉर्बिस के आंकड़े व्यवस्थित एवं स्थूल विश्लेषण के लिए बहुत ही अपर्याप्त रहते हैं [मैं शीघ्र ही इनसे विश्वविद्यालयों के निधि कोषों की तुलना करूंगा]। विशेष बात यह है कि इन सभी पत्रिकाओं की आकलन विधियों में उत्तराधिकारी सम्पदाओं का बहुत न्यूनांकन हो जाता है। पत्रकारों की पहुंच उन कर अभिलेखों और सरकारी दस्तावेजों तक नहीं होती जिनके आधार पर वे अधिक जानकारी दे पाते। वे प्रत्येक संभव स्रोत से जानकारी पाने के प्रयास अवश्य करते हैं। फोन और ई–मेल से वे ऐसी जानकारी भी पा लेते हैं जो सहज सुलभ नहीं होती—किंतु उसकी विश्वसनीयता को लेकर संदेह बना रहता है। ऐसे व्यावहारिक दृष्टिकोण के अपनाने में कोई दोष नहीं होता—विशेषकर जब सरकारें ढंग से ऐसी जानकारी एकत्र करने में विफल हो रही हों। सरकार तो सभी से धन सम्पदा के वार्षिक विवरण भी एकत्र नहीं कर पाती—जबकि यह जानकारी सार्वजनिक उपयोग के लिए बड़ी आसानी से आधुनिक प्रौद्योगिकी प्रयोग द्वारा स्वचालित स्वरूप से एकत्र और विश्लेषित किया जा सकता है। पत्रिकाओं की अव्यवस्थित विधियों के परिणामों के विषय में सतर्क रहना चाहिए। पत्रकार प्राय: सार्वजनिक लिमिटेड कम्पनियों के बड़े अंश धारियों

की सूचियां बना कर अपना काम प्रारम्भ करते हैं। इस कार्य की प्रकृति ही ऐसी है कि इससे उत्तराधिकारी सम्पत्तियों के आकार का मापन नहीं हो पाता—वे अनेक प्रकार के विविधिकृत पत्रक समूहों में निवेशित होती हैं—जबकि नवोदित और उद्यमी संचित सम्पदाएं किसी एक फर्म में ही केंद्रित रहती हैं।

दसियों अरब डॉलर या यूरो की विशाल सम्पदाएं तो प्राय: किसी पारिवारिक फर्म में ही निवेशित होती हैं [जैसे कि बेटनकोर्ट परिवार और ला ऑरियल तथा वाल्टन परिवार और बॉल्मार्ट–अमेरिका]। ऐसी अवस्था में इनके आकार का मापन तो बिल गेट्स या स्टीव जॉब्स की सम्पदा की भांति ही सरल हो जाएगा। किंतु प्रत्येक स्तर पर ऐसा नहीं हो पाता—हम जैसे जैसे 10 अरब से 1 अरब की उतरते हैं [और फॉर्बिस के अनुसार इस वर्ग में प्राय: सारे विश्व में प्रत्येक वर्ष कई सौ नई सम्पदाएं उदित हो जाती हैं], या यदि एक से दस करोड़ डॉलर के बीच आकार पर विचार करें तो संभावना है कि अनेक सम्पदाएं विविधिकृत पत्रक समूहों में निवेशित होगी। फिर तो पत्रकार उन्हें नहीं बूझ पाएंगे—क्योंकि ये व्यक्ति उद्यमियों की भांति जाने पहचाने बनने को इतने आतुर नहीं होते। इस स्पष्ट सांख्यिकीय रुझान के कारण विश्व सम्पदा क्रमिकताएं उत्तराधिकारी सम्पदाओं का न्यूनांकन कर जाती हैं।

फ्रांस की 'चैलेंजिज' जैसी पत्रिकाएं सीधे शब्दों में घोषणा कर देती हैं कि उनका लक्ष्य केवल व्यावसायिक सम्पदाओं का वर्गीकरण है—वे केवल कतिपय कम्पनियों की शेयर पूंजी के धारकों की क्रमिकता निर्मित कर रही हैं। विविधिकृत निवेश पत्र समूहों में उनकी कोई रुचि नहीं होती। किंतु उनकी व्यवसाय संबंधी सम्पदा की परिभाषा सरल नहीं रहती। धारिता का न्यूनतम स्तर कैसे निर्धारित होगा? कोई पत्रक समूह कब विविधिकृत से बढ़ कर 'नियंत्रक स्वरूप धारण कर लेगा?' क्या यह कम्पनी के आकार पर निर्भर होगा? यदि हां, तो उस आकार का निर्धारण कैसे होगा? वस्तुत: उसकी सूची में शामिल करने की कसौटी बहुत ही व्यावहारिक है। सबसे पहली पात्रता तो यही है कि उक्त पत्रकार ने कभी उस सम्पदा विशेष के बारे में सुन रखा हो। उसके बाद ही कुछ अन्य कसौटियों पर ध्यान दिया

जा सकता है। फॉर्बिस के लिए उसका मान एक अरब डॉलर होना चाहिए तो 'चैलेंजिज' जैसी पत्रिकाओं का आग्रह है कि उस सम्पदा के स्वामी को देश के 500 सबसे धनी व्यक्तियों में शामिल होना चाहिए। ऐसी व्यावहारिकता समझ में तो आ सकती है किंतु इस प्रकार की अव्यवस्थित प्रतिदर्श विधि अंतर्राष्ट्रीय और विभिन्न वर्षों की तुलनाओं के संदर्भ में बहुत सी समस्याएं भी पैदा कर देती है। फिर इनकी क्रमिकताएं अपनी अवलोकन इकाई के विषय में भी बहुत स्पष्ट नहीं रहती—कहने को 'व्यक्ति' इनकी अवलोकन इकाई है—किंतु जब जी चाहे ये उस व्यक्ति के सारे परिवार की सम्पत्तियों के योग की बात करने लगती हैं। यह भी एक विकृतिकारी रुझान होगा—क्योंकि इसके कारण बड़ी सम्पदाओं का आकार और अधिक विस्तृत हो जाता है। स्पष्टत: पूंजी निर्माण या सम्पदा की विषमताओं के विकासक्रम में उत्तराधिकार की भूमिका जैसे संवेदनशील प्रश्नों के अध्ययन के लिए इस प्रकार संकलित जानकारियां बहुत ठोस आधार नहीं प्रदान कर पातीं।

मैं उनकी उपलब्धियों का अतिशयोक्ति पूर्ण बखान करने से भी परहेज नहीं करता। फॉर्बिस के लिए संभवत: इसमें कोई शर्म की बात नहीं है कि उसकी पंक्तियां उद्यमियों और उनकी उपयोगी सम्पदा का चारणगान प्रतीत होती हों। फॉर्बिस के स्वामी स्टीव फॉर्बिस स्वयं अरबपति हैं—दो बार रिपब्लिकन पार्टी के राष्ट्रपति पद के असफल उम्मीदवार रह चुके हैं —और स्वयं भी उत्तराधिकार में मिली दौलत-शोहरत के धनी हैं—उस पत्रिका का प्रारम्भ उनके पिता ने 1917 में किया था—और फॉर्बिस परिवार की सम्पदा के संवर्धन का मार्ग प्रशस्त किया था। कई बार यह पत्रिका अपने अरबपति वर्ग को तीन उपश्रेणियों में भी विभाजित कर देती हैं : विशुद्ध उद्यमी, विशुद्ध उत्तराधिकारी और वे उत्तराधिकारी जिन्होंने सम्पदा का संवर्धन किया है। फॉर्बिस के अपने आंकड़ों के अनुसार ये तीन वर्ग कुल का एक तिहाई हैं और विशुद्ध उत्तराधिकारी समूह का आकार सीमित हो रहा है तथा आंशिक उत्तराधिकारी वर्ग का आकार विकसित हो रहा है। समस्या यही है कि पत्रिका ने कभी इनकी सटीक परिभाषा देने का कष्ट नहीं उठाया है [ये तो कभी नहीं बताया कि आंशिक और विशुद्ध

उत्तराधिकार की विभाजन रेखा क्या है। साथ ही उत्तराधिकार में मिली सम्पदा की राशि पर भी ये चुप्पी साधे रहती हैं।[19] इन दशाओं में पत्रिका द्वारा बताई गई प्रवृतियों के विषय में किसी सटीक निष्कर्ष तक पहुंचना कठिन हो जाता है।

इन सभी कठिनाइयों को देखते हुए बड़ी सम्पदाओं के धारकों में उत्तराधिकारियों और उद्यमियों की संख्याओं के बारे में क्या कहा जा सकता है? यदि हम फॉर्बिस की क्रमिकताओं में विशुद्ध और आंशिक उत्तराधिकारी सम्पदाओं को सम्मिलित करें [और मान लें कि आंशिक वर्ग की आधी सम्पदा अवश्य उत्तराधिकार में मिली होगी] और बड़ी सम्पदाओं के आकलन में कार्य विधिगत न्यूनांकन की संभावना का निराकरण कर लें तो एक बात बहुत स्पष्ट है: विश्व की सभी विशाल सम्पदाओं में आधा अंश अवश्य उत्तराधिकार में प्राप्त हुआ है। सही अनुमान तो 60–70 प्रतिशत अवश्य रहेगा—यह फ्रांस में उत्कर्ष युग में अवलोकित अंश 80–90 प्रतिशत से कम ही है। इसकी व्याख्या आज उच्च वैश्विक संवृद्धि दर में खोजी जा सकती है—इसका अर्थ है कि उदीप्यमान विश्व की विशाल सम्पदाएं इन क्रमिकताओं में सम्मिलित होती जा रही हैं। किंतु यह एक संकल्पना मात्र है, निश्चित नहीं।

धन सम्पदा की नैतिक क्रमिकता

मुझे लगता है कि अब प्रतिमा और सम्पदा के बीच के अनावश्यक और निरुत्पादक विवाद से आगे बढ़ना अनिवार्य हो गया है। कोई इस बात को अस्वीकार नहीं कर सकता कि समाज के लिए उद्यमियों, आविष्कारों और नव प्रवर्तन का महत्त्व होता है। उत्कर्ष युग में मोटर वाहनों, चलचित्रों और विद्युत जैसे अनेक आविष्कार हुए—आज भी हो रहे हैं। किंतु समस्या यही है कि हम केवल उद्यम के तर्क के आधार पर प्रत्येक स्तर की गंभीरतम विषमता को उचित नहीं ठहरा पाएंगे। हमारी विषमिका $r > g$ का पूंजी के प्रारम्भिक आकार पर आधारित प्रतिप्राप्ति दर में अंतर से संयोग होने पर अत्यधिक और चिरस्थायी पूंजी संकुलन की संभावना प्रबल हो जाती है। उसके बाद तो प्रारम्भिक विषमता चाहे जितनी भी औचित्यपूर्ण हो ये धन

सम्पदाए निरंतर वृद्धिशील होकर सभी उचित सीमाओं का अतिक्रमण कर जाती हैं। उस स्थिति में उन्हें किसी भी प्रकार, सामाजिक दृष्टि से उपयोगी ठहरा पाना संभव नहीं रहता।

इस प्रकार उद्यमी शीघ्र ही भाड़ाजीवी बन जाते हैं—इसके लिए अगली पीढी का आगमन आवश्यक नहीं है—यह एक ही व्यक्ति के जीवनक्रम में घटित हो जाता है। आज तो जीवाशा का स्तर ऊपर उठ रहा है। चालीस की आयु पर किसी व्यक्ति को बहुत उपयोगी नवीन प्रवर्तनकारी विचार आ रहे थे—किंतु 90 वर्ष का होकर भी उसके उतने ही बौद्धिक रूप से सक्रिय होने की संभावना नहीं रहती। भले ही उसके बच्चों के मस्तिष्क उसकी तरह ही सृजन समर्थ नहीं हों, फिर भी उस परिवार के पास वह सम्पदा तो बनी रहती है—बहुधा 20 वर्षों में दसियों गुना अधिक भी हो जाती है [यहाँ मेरा संकेत बिल गेट्स और लिलिएन बेटेनकोर्ट की ओर है]।

यही विश्व स्तर पर विशाल सम्पदाओं पर वार्षिक प्रगतिशील कर लगाने के पक्ष में सबसे बड़ा तर्क है। विस्फोटक संभावनाओं से भरी इस प्रक्रिया पर लगाम लगाने, उद्यम की गतिशीलता को बनाए रखने और अंतर्राष्ट्रीय स्तर पर आर्थिक खुलापन बनाए रखने का यही कर एक मात्र लोकतांत्रिक नियंत्रण–उपाय है। खंड–4 में हम इस सुझाव को और आगे विकसित करते हुए इसकी सीमाओं पर भी चर्चा करेंगे।

राजकोषीय विधि, सम्पदा की नैतिक क्रमिकता के विषय में अर्थहीन विवाद से आगे निकलने का एक माध्यम भी बन सकती है। प्रत्येक सम्पदा आंशिक रूप से उचित होते हुए भी अत्यधिक हो जाने की आंशका से भरी होती है। किसी धन को सीधे सीधे चोरी का नाम देना भी उतना ही गलत होगा जितना उसे पूर्णत: पात्रता पर आधारित प्रतिफल बताना। पूंजी पर प्रगतिशील कर विभिन्न दशाओं में एक लचीले किंतु संगतिपूर्ण और पूर्वाकलन योग्य व्यवहार का एक मार्ग बन जाता है—साथ ही यह बहुत बड़ी सम्पदाओं पर एक लोकतांत्रिक अनुशासन भी लागू कर देता है—[क्या ये गुण इस कर को उचित ठहराने के लिए पर्याप्त नहीं होंगे?]।

प्राय: विशाल धन सम्पदा विषयक सभी चर्चाएं किसी एक व्यक्ति की उस सम्पदा को पाने के अधिकारी होने की पात्रता पर अनावश्यक और अवांछित श्लाघापूर्ण टिप्पणियों में सिमट कर रह जाती है। आजकल, आज के सबसे धनी लेबनानी मूल के मैक्सिको वासी भवन सम्पदा और दूरसंचार के धन्नाशाह कार्लोस स्लिम [जिसके बारे में पश्चिमी समाचार पत्रों का दावा है कि उसकी विशाल सम्पत्ति निहित रूप से भ्रष्टाचार आधारित भाड़ाखोरी और सरकारी पक्षपात के सहारे ही फली फूली है] और बिल गेट्स, पूर्ववर्ती सबसे धनी जिन्हें प्रतिभाशाली उद्यम का साक्षात आदर्श कहा जाता है] की बहुत तुलना होती है। कभी कभी तो ऐसी अनुभूति भी पैदा की जाती है कि जैसे बिल गेट्स ने ही कम्प्यूटर विज्ञान और माइक्रो प्रोसेसर की खोज की थी और यदि उन्हें उनकी सही सीमांत उत्पादिता मिली होती तो वे अबसे दस गुना अधिक अमीर हो जाते। उनके योग दान के आकलन में, यह भी दावा है कि उन अच्छे-भले लोगों के [जिन्हें गेट्स के नवप्रवर्तनों से लाभ पहुंचा है] क्षेम संवर्धन में गेट्स द्वारा सृजित उन वैयक्तिक 'सकारात्मक बाह्यताओं' को भी सम्मिलित किया जाना चाहिए जो गेट्स के सेवानिवृत होने के बाद भी निरंतर फल-फूल रही हैं। निस्संदेह बिल गेट्स का यह महिमामंडन आधुनिक लोकतांत्रिक समाजों की विषमता को समझने और स्वीकार करने की उत्सुकता का ही परिणाम है। स्पष्ट रूप से कहूँ तो मुझे नहीं पता कि कार्लोस और गेट्स किस प्रकार अमीर बने हैं। उनमें कोन कितना प्रतिभाशाली है, इस विषय में मैं किसी भी प्रकार का आकलन करके में सक्षम भी नहीं हूँ। किंतु फिर भी, मुझे लगता है कि गेट्स को कम्प्यूटर के कार्यतंत्र पर ऐकाधिकार के बहुत बड़े लाभ अवश्य मिले हैं। ऐसे एकाधिकार अन्य अनेक उद्यमी आज दूरसंचार, फेसबुक जैसे उच्च प्रौद्योगिकीय व्यवसायों पर बनाए हुए हैं—ये भी एकाधिकारी भाड़ाखोरी पर ही आधारित संपन्नता के उदाहरण हैं। मेरा विश्वास है कि गेट्स का योगदान उन हजारों इंजीनियरों और वैज्ञानिकों के इलेक्ट्रोनिक्स और कम्प्यूटर विज्ञान के क्षेत्रों में आधारित शोध पर आधारित रहा है। उन शोधकर्ताओं ने कोई पेटेंट दर्ज नहीं कराए थे। उनके बिना न गेट्स कोई नवप्रवर्तन कर पाते और न ही उच्च स्तर पर एकाधिकारी लाभ कमा पाते।

अत: इन तथ्यों पर ध्यान दिए बिना गेट्स और स्लिम के बीच इतना बड़ा भेद कर डालना उचित नहीं होगा।[20]

फॉर्बिस क्रमिकताओं में 1987–94 तक बिल गेट्स के पूर्व दो जापानी अरबपतियों के नाम आए थे—इनके नाम योशिआका त्सुत्सुमी और ताइकीचिरो मोरी थे—पश्चिमी देश तो अब इन नामों को पूरी तरह से भुला चुके हैं। उन देशों में यह धारणा रही है कि इन दोनों ने भवन सम्पदा और उस अवधि के जापान में शेयर बाजार के बुलबुले के प्रभावस्वरूप धन कमाया होगा या फिर किसी और ऐसी हेरा फेरी का सहारा लिया होगा जो एशिया वाले ही कर सकते हैं। किंतु 1950–90 की अवधि में जापान का संवृद्धि क्रम तो ऐतिहासिक दृष्टि से अद्वितीय था—संयुक्त राज्य ने 1990–2010 में भी उतना विकास नहीं देखा है और इस बात पर विश्वास करने के अनेक कारण विद्यमान हैं कि इन दो उद्यमियों ने उस उत्कृष्ट संवृद्धि में कुछ भूमिका तो अवश्य निभाई थी।

धन सम्पदा धारणा की नैतिक क्रमिकता के निर्माण में उलझने [प्राय: यह पश्चिमी जातीय अभिमान का प्रयास होकर रह जाती है] से कहीं अच्छा तो उन सामान्य नियमों को समझना होगा जो धन की गत्यात्मकता का निर्धारण करते हैं—हमें व्यक्तियों को एक ओर छोड़ कराधान जैसी ऐसी व्यवस्थाओं पर ध्यान देना चाहिए जो सभी पर लागू हों—जिनमें प्रजाति और राष्ट्रीयता के आधार पर भेदभाव नहीं हो। जब 2006 में विश्व की दूसरी बड़ी, और फ्रांसीसी, इस्पात कम्पनी आर्सेलर का इस्पात व्यवसाय के अग्रणी लक्ष्मी मित्तल ने अधिग्रहण किया तो फ्रांसीसी मीडिया को भारतीय अरबपति की यह हरकत बहुत नागवार लगी थी। यह वितृष्णा 2012 में फिर से ताजा हो गई जब मित्तल पर फ्लोरेंज स्थित फैक्टरी में आवश्यक निवेश नहीं करने का आरोप लगाया गया। भारत में प्राय: सभी मानते हैं कि मित्तल के विरुद्ध इस भावना का एक कारण उनकी चमड़ी का रंग भी था। क्या कोई विश्वास से कह सकता है कि ऐसा नहीं हुआ था? यह ठीक है कि मित्तल के काम करने के तौर तरीके बहुत निर्मम होते हैं—साथ ही उनका रहन सहन भी बहुत दिखावापूर्ण होने के कारण

लोगों को अखर जाता है। फ्रांस के समाचार पत्रों को यही बात सबसे अधिक बुरी लग रही थी कि मित्तल के लंदन स्थित निवास स्थान की लागत फ्लोरेंज स्थित फैक्टरी में कुल निवेश से तीन गुना थी।[21] किंतु यही वितृष्णा उस समय बहुत सौम्य रूप धारण कर लेती है जब बात न्यूली–सुर–सेन [पैरिस के एक धनी उपनगर] में किसी फ्रैंच अरबपति ऑर्नोड लेगार्डेरे के निवास की विलासिता की हो। इस युवा उत्तराधिकारी की किसी प्रतिभा, किसी सद्गुण या सामाजिक उपयोगिता के बारे में कभी कहीं कोई चर्चा नहीं सुनी गई—किंतु फ्रांस सरकार के यूरोपियन ऍयरोनॉटिक्स, डिफेंस एंड स्पेस कम्पनी [EADS], जो अपने क्षेत्र में अग्रणी है, में उसकी हिस्सेदारी खरीदने के नाम पर उसे एक अरब यूरो का उपहार देने पर किसी ने कोई प्रश्न नहीं उठाया।

अंतिम उदाहरण—जो और भी उत्कृष्ट है, फरवरी 2012: फ्रांस की एवेन्यू फौच स्थित इक्वेटोरियल गिनी के तानाशाह के पुत्र टेओडोरिन ओबिआंग के निवास से 200 घन मीटर सम्पत्ति जब्त करने का आदेश एक अदालत ने दिया था। इस सम्पत्ति में महंगी कारें, पुराने प्रसिद्ध चित्रकारों की कृतियां आदि सम्मिलित थीं। यह एक सिद्ध सत्य है कि गिनी की वन सम्पदा का दोहन करने वाली कम्पनी, [जिससे उसे अधिकांश आय मिलती थी] के अपने शेयर उसने गलत तरीके से हथियाए थे और एक बात तो प्रत्येक दशा में सत्य है कि वह वन सम्पदा देश की जनता से चुराई गई थी। इस प्रकरण से एक बात तो सत्य हो जाती है। निजी सम्पदा को उतना पवित्र नहीं माना जा रहा जितना दावा किया जाता है और निश्चय ही ओबिआंग की तरह से छद्मनामी कम्पनियों का एक जंगल उगा कर बहुत कुछ हेराफेरी करना संभव है। फिर इस बात में भी कोई संदेह नहीं है कि लंदन और पैरिस में जहां तहां ऐसे रूसी कुलीनवंशी और कतारी अरबपतियों से भेंट हो सकती है जिन्होंने सारी दौलत, जनता की प्राकृतिक सम्पदा की अमानत को हड़प कर कमाई होगी। संभव है इसका रूप तेल, गैस और एल्यूमिनियम का हो—सीधे से वन सम्पदा की चोरी का नहीं। संभव है कि चोरी के सीधे मामले में न्यायिक हस्तक्षेप 'अपरिहार्य' माना गया हो क्योंकि यहाँ एक बहुत गरीब देश में चोरी की गई थीं।[22] [किसी

कम गरीब में नहीं] किंतु मुझे विश्वास है कि पाठक एक बात स्वीकार करेंगे —ये सभी प्रकरण एक दूसरे से अधिक भिन्न नहीं हैं [कुछ स्तर का अंतर संभव है] किंतु यहाँ तो उस सम्पदा को तुरंत चोरी और हेराफेरी से जमा मान लिया जाता है जिसके स्वामी की चमड़ी काली हो। वैसे ही अदालतें गलत और अन्याय पूर्वक इकट्ठी की गई दौलत के सभी मामले कब सुलझा पाती हैं। पूंजी पर लगने वाला कर ऐसे प्रश्नों का कहीं अधिक व्यवस्थित समाधान हो सकता है।

कुल मिलाकर पूंजी से प्रतिप्राप्ति में अक्सर, कई तत्त्वों का जटिलतापूर्ण मिश्रण दिखाई देता है। ये हैं सही उद्यमी का श्रम, [जो आर्थिक विकास के लिए नितांत अपरिहार्य शक्ति है], विशुद्ध भाग्य [व्यक्ति का सही समय पर सही कीमत पर खरीदारी करने के लिए सही स्थान पर मौजूद होना] और सीधी सीधी चोरी। सम्पदा संकलन की प्रक्रिया में उत्तराधिकार की अपेक्षा कहीं अधिक व्यापक पटल पर मनमानापन भरा रहता है। पूंजी से आय में बहुत उतार–चढ़ाव हो सकते हैं—पूंजी सहज ही कई वर्षों की कमाई से अधिक पूंजीगत लाभ [हानि भी] का सृजन कर सकती है। सम्पदा क्रमिकता के शिखर पर ये प्रभाव और भी अधिक प्रबल हो जाते हैं। सदा से ही ऐसा होता आ रहा है। अलेक्सेई टॉलस्टाय ने अपने 1926 के उपन्यास "इबिस्कस" में पूंजीवाद की भयावहता का चित्रण किया था। सैंट पीटर्सबर्ग के एक लेखाकार साइमन नोवजोरोव ने पुरानी कलाकृतियों के एक विक्रेता की हत्या कर उसकी सम्पत्ति लूट ली [उस विक्रेता का अपराध यही था कि उसने इस लेखाकार को नौकरी पर रख लिया था]। वह विक्रेता क्रांति के समय रूस छोड़कर भाग रहे सामंतों से औने पौने दामों उनका सामान खरीद कर अमीर बन गया था। छः मास में ही नोवजोरोव अपनी प्रारम्भिक पूंजी को दस गुना करने में सफल हो जाता है—उसने अपने एक नए मित्र रितेचव के साथ मास्को में एक जुए का अड्डा चला लिया था। नोवजोरोव एक ऐसा कमीना और ओछा परजीवी प्राणी था जिसके मतानुसार धन और प्रतिभा का कोई संबंध नहीं होता। सम्पदा का संकलन चोरी से प्रारम्भ होता है और पूंजी पर मनमानी प्रतिप्राप्ति प्रारम्भिक अपराध को चिरस्थायी बनाए रख सकती है।

विश्वविद्यालय निधि कोषों पर विशुद्ध प्रतिप्राप्ति

सम्पदाधारियों के वैयक्तिक चरित्र जैसे प्रश्नों से विचलित हुए बिना पूंजी की प्रतिप्राप्ति दर में विषमताओं की समीक्षा का एक मार्ग पिछले कुछ दशकों में अमेरिकी विश्वविद्यालयों के निधि कोषों द्वारा अर्जित प्रतिफल पर विचार हो सकता है। वस्तुत: ये उन गिने चुने उदाहरणों से हैं जहां अपेक्षाकृत दीर्घकाल में सभी निवेशों और प्रतिप्राप्तियों के पूर्ण आंकड़े उपलब्ध हैं। यहाँ हम प्रतिप्राप्ति को पूंजी के प्रारम्भिक आकार के फलन के रूप में बड़ी सरलता से विश्लेषित कर सकते हैं।

इस समय संयुक्त राज्य में 800 से अधिक सार्वजनिक और निजी विश्वविद्यालय हैं जो अपने निधि कोषों का प्रबंधन स्वयं कर रहे हैं। ये निधिकोष 10 मिलियन डॉलर [नॉर्थ आयोवा कम्यूनिटी कॉलेज–2012 में इसका क्रमिकता में स्थान 785 था—निधि 11.5 मिलियन] से लेकर दसों अरब डॉलर तक के हैं। शीर्षस्थ क्रमिकता पर तो हैं हार्वर्ड [निधिकोष = 30 अरब डॉलर], येल [20 अरब], और प्रिंस्टन और स्टेनफर्ड [15 अरब से अधिक] इनके बाद एम आई टी और कोलम्बिया की बारी आती है [10 अरब से अधिक] और फिर शिकागो तथा पेन्सिलवेनिया [7 अरब डॉलर]। कुल मिलाकर सभी 800 अमेरिकी विश्वविद्यालयों के पास 400 अरब डॉलर की परिसम्पदाएं हैं—वर्ष 2010 में इनका औसत आकार 500 मिलियन के निकट था—इस वितरण की माध्यिका ही 100 मिलियन से कुछ अधिक बनती है। यह बात तो सही है कि यह सभी अमेरिकी परिवारों की सम्पदा के 1 प्रतिशत से भी कम धन राशि है फिर भी इससे उन विश्वविद्यालयों को एक अच्छी धन राशि की वार्षिक आय प्राप्त हो जाती है—कम से कम कुछ को तो अवश्य होती है।[23] सबसे बड़ी बात तो यह है कि सभी विश्व विद्यालय अपने निधिकोषों के विषय में नियमित रूप से विश्वस्त और विस्तृत रिपोर्ट प्रकाशित करते हैं। इनके अध्ययन से हम यह जान सकते हैं कि किस विश्वविद्यालय को क्या आय प्राप्त होती है। किंतु अधिकांश निजी सम्पदाओं के विषय में ऐसी बात नहीं होती। यह जानकारी 1970 के दशकांत से कॉलेज और विश्वविद्यालय व्यावसायिक

अधिकारियों के राष्ट्रीय संघ द्वारा एकत्र और नियमित रूप से प्रकाशित की जा रही है।

इन आंकड़ों से मैंने जो मुख्य निष्कर्ष निकाले हैं उन्हीं को तालिका 12.2 में प्रस्तुत किया गया है।[24] सबसे पहला निष्कर्ष तो यह है कि विगत दशकों में अमेरिकी विश्वविद्यालय निधियों पर प्रतिप्राप्ति दर बहुत उच्च रही है। ये 1980–2010 की अवधि में औसत 8.2 प्रतिशत रही है [और 1990–2010 में भी 7.2 प्रतिशत रही है]।[25] हां, यह सत्य है कि प्रत्येक दशक में कुछ न कुछ उच्चावचन होते रहे हैं। कुछ वर्षों में प्रतिप्राप्ति दर बहुत कम, कभी–कभी ऋणात्मक भी [2008–09] रही है, तो ऐसे अच्छे वर्ष भी आए हैं जब ये औसत निधि की वृद्धि 10 प्रतिशत से अधिक भी रही है। किंतु महत्त्वपूर्ण बात है कि चाहे हम 10 वर्ष की औसत देखें या 20 अथवा 30 वर्ष की—हमें वैसी ही उच्च प्रतिप्राप्ति दर दिखाई देती है जैसी फॉर्बिस के अरबपतियों की सम्पदा के संदर्भ में देखने में आई थी।

तालिका 12.2

संयुक्त राज्य के विश्वविद्यालयों के निधिकोषों की पूंजी पर प्रतिव्यक्ति, 1980-2010

	औसत वार्षिक वास्तविक प्रतिप्राप्ति दर (स्फीति दर एवं प्रशासकीय लागतों, वित्तीय शुल्कों को घटाकर) (%)
सभी विश्वविद्यालय (850)	8.2 %
हार्वर्ड, येल और प्रिंसटन	10.2 %
$ 1 बिलियन से अधिक की निधियां (60)	8.8 %
$ 500 मिलियन से $ 1 बिलियन की निधियां (66)	7.8 %
$ 100 मिलियन से $ 500 मिलियन की निधियां (226)	7.1 %
$ 100 मिलियन से कम की निधियां (498)	6.2 %

नोट: वर्ष 1980-2010 के बीच संयुक्त राज्य विश्वविद्यालयों ने अपनी निधियों पर 8.2% की औसत वास्तविक दर से कमाई की।— बड़ी निधियो पर कमाई की दर भी उच्चतर रही। सभी दरें स्फीति दर [2.4% वार्षिक] और प्रशासकीय लागतों तथा वित्तीय शतकों से निवल है। स्रोत और श्रृंखला हेतु देखें: piketty.pse.ens.fr/capital21C.

एक बात और स्पष्ट कर दूं : तालिका 12.2 में दिखाई गई प्रतिप्राप्ति दरें निवल वास्तविक दरें हैं—इनका आकलन पूंजीगत लाभ और स्फीति के

समंजन के बाद किया गया है। गैर लाभ हेतु संचालित संस्थाओं पर कर तो लगाए ही नहीं जा रहे। हां, प्रबंधन शुल्क अवश्य घटा दिए हैं। इन शुल्कों में संस्था की निवेश युक्ति के निर्धारण–क्रियान्वयन में लगे सभी आंतरिक एवं बाह्य कर्मचारियों के वेतन सम्मिलित हैं। अत: ये दरें इस पुस्तक की पूर्व परिभाषित विशुद्ध प्रतिप्राप्ति दरें हैं जो प्रबंधन श्रम के प्रतिफल से मुक्त रहते हुए केवल पूंजी के स्वामित्व के कारण प्राप्त होती हैं।

तालिका 12.2 से दूसरा बड़ा निष्कर्ष है कि निधि के आकार के साथ साथ प्रतिप्राप्ति दर में बहुत तेजी से वृद्धि हो रही है। कुल 850 में से 500 विश्वविद्यालयों के निधि कोष *(Endowment)* औसतन 100 मिलियन से कम ही थे। उन पर औसत प्रतिप्राप्ति 1980–2010 में 6.2 प्रतिशत और 1990–2010 में 5.1 प्रतिशत रही। ये दरें काफी उच्च हैं और सकल निजी सम्पदा की प्रतिप्राप्ति दर से काफी अधिक हैं।[26] जितना बड़ा निधि कोष उतनी ही उच्च प्रतिप्राप्ति दर। जिन 60 विश्वविद्यालयों के कोष एक अरब से अधिक थे उनकी औसत प्रतिप्राप्ति दर 1980–2010 में 8.8 प्रतिशत और 1990–2020 में 7–8 प्रतिशत रही। शीर्षस्थ 3 [हार्वर्ड, येल और प्रिंस्टन] की प्रतिप्राप्ति दर तो 1980–2010 में 10.2 प्रतिशत और 1990–2010 में 10.00 प्रतिशत रही। यह दर कम संपन्न विश्वविद्यालयों की दर से तो लगभग दो गुना थी।[27]

आइए, अब विभिन्न विश्वविद्यालयों की निवेश युक्तियों पर विचार करें। यहाँ हमें बहुत ही विविधिकृत निवेश समुच्चय दिखाई पड़ते हैं। अमेरिकी और विदेशी कम्पनियों के शेयर, निजी क्षेत्र के बौंडों को विशेष वरीयता मिली है। संयुक्त राज्य सरकार के बौंडों में मात्र 10 प्रतिशत धन लगा है। ये बौंड अधिक अच्छी दर पर भुगतान नहीं करते और इसी कारण से सबसे बड़े निधिकोषों ने तो इनमें निवेश ही नहीं किया है। हम निधियों के आकार क्रम में जितना ऊपर जाते हैं उतनी ही "वैकल्पिक निवेश युक्तियां" स्पष्ट होने लगती हैं—इन्होंने बहुत उच्च दर देने वाले निवेश किए हैं जैसे कि, निजी इक्विटी कोष, विदेशी शेयर, जिन्हें किसी स्टॉक एक्सचेंज ने अनुसूचित नहीं किया है [यहाँ बहुत कुशलता की आवश्यकता होती है], जोखिम सुरक्षा कोष, व्युत्पन्न निवेश पत्रक, भवन सम्पदा, कच्चे

माल [ऊर्जा, प्राकृतिक संसाधन एवं अन्य संबद्ध उत्पाद—इनमें निवेश भी बहुत होशियारी के साथ किया जाता है] सामान्य निवेश युक्ति—अर्थात सभी को सुलभ शेयर और बौंड से अलग विकल्पों में लगाई गई राशियों पर विचार करें तो ज्ञात होता है : 50 मिलियन यूरो से कम वाले कोषों ने इनमें 10 प्रतिशत से कम, 50 से 100 मिलियन यूरो वालों ने 25 प्रतिशत 100 से 500 मिलियन वालों ने 35 प्रतिशत, 500–1000 मिलियन वालों ने 45 प्रतिशत और अंततः 1 बिलियन [अरब] से बड़े कोषों ने तो 60 प्रतिशत निवेश इन्हीं विकल्पों में किया है। सार्वजनिक रूप से उपलब्ध और बहुत विस्तारपूर्ण आंकड़े यही दिखा रहे हैं कि इन विकल्पों में निवेश के सहारे ही बड़े निधि कोष 10 प्रतिशत वार्षिक की वास्तविक प्रतिप्राप्ति अर्जित कर रहे है—छोटे कोषों को तो बस 5 प्रतिशत से संतोष करना पड़ रहा है।

एक और रोचक तथ्य सामने आया है : प्रतिप्राप्तियों में वर्षानुगत उच्चावचन बड़े और छोटे कोषों के लिए समानप्राय हैं। दूसरे शब्दों में, हार्वर्ड और येल के निवेश पर प्रतिप्राप्ति में उनके अपने औसत के गिर्द उतार चढ़ाव छोटे कोषों से अधिक नहीं हैं। अनेक वर्षों की औसत करें तो बड़े कोषों की प्रतिप्राप्ति छोटे कोषों की अपेक्षा बहुत व्यवस्थित और महत्त्वपूर्ण रूप से अधिक पाई गई है। इनके बीच का अंतर स्थिरप्राय ही रहा है। इसका अभिप्राय है कि बड़े कोषों की उच्च प्रतिप्राप्ति दर ऊंचे जोखिम उठाने के कारण नहीं है—बल्कि यह कहीं अधिक सतर्क और परिष्कृत निवेश युक्ति अपनाने का परिणाम है।[29] उसी से निरंतर बेहतर परिणाम संभव हुए हैं।

इन तथ्यों की क्या व्याख्या संभव है? निवेश समुच्चय प्रबंधन में बड़े पैमाने की मितव्ययिताएं। इस समय हार्वर्ड अपने निधि कोष प्रबंधन पर $100 मिलियन वार्षिक खर्च कर रहा है। यह भारी राशि शीर्ष कोष प्रबंधकों को ही मिलती है जो विश्व भर से श्रेष्ठतम निवेश के अवसर खोज निकालने में सक्षम होते हैं। किंतु $30 बिलियन के कोष के प्रबंधन पर $100 मिलियन का व्यय मात्र 0.3 प्रतिशत वार्षिक बनता है। यदि इस व्यय के कारण 5 प्रतिशत के स्थान पर 10 प्रतिशत वार्षिक की शुद्ध प्राप्ति

हो जाए तो यह सचमुच एक अच्छा सौदा है। किंतु जिस संस्थान का सारा कोष ही $1 बिलियन हो, वह तो $100 मिलियन के प्रबंधन व्यय का भार सहन नहीं कर पाएगा। वास्तविकता यही है कि कोई भी विश्वविद्यालय इस मद पर 1 प्रतिशत से अधिक व्यय नहीं कर रहा। अधिकांश का व्यय तो 0.5 प्रतिशत से कम ही रहता है। अत: 1 बिलियन वाले विश्वविद्यालय का कोष प्रबंधक बजट मात्र $5 मिलियन रह जाएगा। उसमें से वह $100 मिलियन में प्राप्त हो सकने वाले वैकल्पिक निवेश विशेषज्ञों की सेवाएं प्राप्त करने का विचार भी नहीं कर सकता। नार्थ आइयोवा कम्यूनिटी कॉलेज की निधि मात्र $11.5 मिलियन है। इसमें से 1 प्रतिशत का अर्थ होगा $115000 वार्षिक। यह राशि तो किसी निवेश प्रबंधक के अर्धवार्षिक—वस्तुत: त्रैमासिक वेतन के लिए भी पर्याप्त नहीं होती। औसत अमेरिकी नागरिक की सम्पदा में प्राय: $100,000 ही निवेश योग्य रहता है—अत: उसे स्वयं ही अपना वित्तीय प्रबंधक बनना पड़ता है या अपने किसी साले या बहनोई की सलाह पर निर्भर रहना पड़ता है। यह ठीक है कि वित्तीय सलाहकार और निवेश प्रबंधकों से भी गलतियां हो सकती हैं, किंतु विशालतम निधिकोषों की अतिउच्च अर्जन क्षमता उन विशेषज्ञों की अधिक लाभप्रद निवेश के अवसर खोज निकालने की योग्यता पर ही निर्भर रहती है।

ये परिणाम बहुत चौंकाने वाले हैं : इनसे स्पष्ट हो जाता है कि किस प्रकार बड़े प्रारम्भिक निधि कोष अधिक कमा पाते हैं और पूंजी से प्रतिप्राप्ति में भारी विषमताएं पैदा हो जाती हैं। यही उच्च प्रतिप्राप्तियां अधिकांश प्रतिष्ठित अमेरिकी विश्वविद्यालयों की समृद्धि के लिए उत्तरदायी हैं। इस समृद्धि का श्रेय उनके पूर्व छात्रों द्वारा दिए गए उपहार नहीं हैं—वे उपहार तो निधि कोषों की वार्षिक प्रतिप्राप्ति के दशम से पंचम अंश तक ही रहते हैं।[30]

किंतु, इन निष्कर्षों का उपयोग सावधानीपूर्वक करना होगा। इन्हें आधार बनाकर अगले कुछ दशकों में वैश्विक सम्पदा विषमता के पूर्वाकलन का प्रयास तो कुछ अधिक ही हो जाएगा। एक कारण तो यह है कि 1980–2010 में पूंजी पर उच्च प्रतिप्राप्ति दर जो किसी सीमा तक दीर्घकाल तक

दबी रही इस दर के पुन: उत्कर्ष का परिणाम भी थी। शेयर और भवन सम्पदा की कीमतों में वृद्धि पर आधारित यह प्रक्रिया निरंतर चलने की संभावना कम रहती है—फिर तो उपर्युक्त प्रतिप्राप्ति दर की दीर्घकालिक प्रवृत्ति कुछ शिथिल अवश्य पड़ जाएगी।[31] दूसरे, बहुत संभव है कि पैमाने की मितव्ययिता के प्रभाव बहुत विशाल पूंजी तक ही सीमित रह जाएं और अपेक्षाकृत छोटी सम्पदाओं को उनसे कोई लाभ संभव नहीं हो (फॉर्बिस की सूची में दर्शाए गए अरबपतियों से कहीं अधिक पूंजी तो 10–50 मिलियन यूरो वाले कम धनी वर्ग के सदस्यों के पास है। और अंत में कोष प्रबंधन शुल्क से कहीं अधिक महत्त्व इन संस्थानों द्वारा सही प्रबंधकों के चुनाव का है। किंतु परिवार एक संस्थान नहीं होता। ऐसा समय अवश्य आता है जब कोई लाड़ला पीढ़ियों की संचित दौलत को उड़ा देता है। किंतु हार्वर्ड कॉर्पोरेशन में ऐसा नहीं हो पाएगा, यदि कोई करना चाहेगा तो अनेक अन्य व्यक्ति उस काम में बाधक हो जाएंगे। पारिवारिक सम्पदा को इस प्रकार के अप्रत्याशित संक्षोभों से सामना होता ही रहता है। अत: वैयक्तिक स्तर पर धन की विषमता में अनंत काल तक वृद्धि की इस प्रक्रिया के चलने की कोई संभावना नहीं लगती। वस्तुत: सम्पदा वितरण के किसी संतुलन की ओर अभिनत होने की ही अधिक आशा है।

किंतु इन तर्कों से अधिक आश्वासन नहीं मिल पाता। व्यक्ति नित नूतन एवं परिष्कृत विधिक संरचनाएं बना रहे हैं। वैसे भी परिवार में किसी बिगड़े रईसजादे के जन्म के भरोसे अरबपतियों की बढ़ती संख्या पर कोई अंकुल लगाने की आशा में बैठे रहना बहुत समझदारी का काम नहीं होगा। हमने पहले भी देखा है $r > g$ के अंतराल का बहुत सौम्य–सा आकार भी सम्पदा वितरण में भीषण विषमता का कारण बन जाता है। पूंजी से प्रतिप्राप्ति दर के बड़ी सम्पदाओं के 10 प्रतिशत स्तर पर पहुंचे बिना भी एक छोटा–सा अंतर ही बड़ा विषमता संक्षोभ पैदा कर देता है।

एक और बात भी है : धनी वर्ग कर भार से बचने के लिए नित नई कानूनी रचनाएं गढ़ते रहते हैं—ट्रस्ट कोष, प्रतिष्ठान आदि इसी के उदाहरण हैं। ये कर बचाने के साथ साथ भावी पीढ़ियों की उस सम्पदा के उपभोग की स्वतंत्रता को सीमित भी कर देती हैं। दूसरे शब्दों में त्रुटिपूर्ण

व्यक्ति और अनश्वर प्रतिष्ठानों के बीच की विभाजन रेखा उतनी स्पष्ट नहीं होती जितनी उसे मान लिया जाता है। दो सदियों पूर्व अनुक्रमाधिकारों के उन्मूलन के साथ ही भावी पीढ़ियों के अधिकारों पर बंधन बहुत शिथिल हो गए थे [देखें अध्याय–10]। किंतु जब बहुत बड़ी धन राशियों का प्रश्न होता है तो नियमों की सीमाएं इतनी अपरिक्राम्य नहीं रहतीं। प्राय: एक निजी पारिवारिक प्रतिष्ठान और विशुद्ध धर्मार्थ ट्रस्ट में भेद करना बहुत कठिन रहता है। वास्तव में परिवार निजी और धर्मार्थ— दोनों प्रकार के न्यासों [ट्रस्ट] का अपनी धन सम्पदा सुरक्षित रखने के लिए प्रयोग करते दिखाई पड़ते हैं। ये धर्मार्थ न्यासों में लगी सम्पदा पर भी अपना नियंत्रण अधिकार बनाए रखने के विषय में बहुत सावधान रहते हैं।[32] प्राय: यह जान पाना सरल नहीं रहता की बच्चों और अन्य रिश्तेदारों के उक्त जटिल विधिक संरचनाओं में क्या अधिकार होते हैं—इनका विवरण तो उन कानूनी दस्तावेजों में होता है जिन्हें सार्वजनिक नहीं किया जाता। कई बार एक धर्मार्थ प्रतिष्ठान के साथ साथ ही पारिवारिक उत्तराधिकार न्यास भी चलता रहता है।[33] यह भी बहुत रोचक बात है कि जब कभी कड़ी जांच पड़ताल होती है तो कर अधिकारियों के समक्ष घोषित उपहारों की राशियां बहुत कम रह जाती हैं [जब दानदाताओं से सही रसीदें दिखाने को कहा जाए या न्यासों को अधिक विस्तृत वित्तीय त्रिवरण द्वारा यह सिद्ध करने को विवश किया जाए कि वे वास्तव में अपने घोषित उद्देश्यों की पूर्ति के लिए ही कार्य कर रहे हैं और उनके कोष का निजी प्रयोग सीमित ही रहता है]। राशियों में इस प्रकार आने वाली कमी से यह बात सत्य सिद्ध होती है कि इन विधिक रचनाओं के सार्वजनिक और निजी उपयोग के बीच एक बहुत झीना आवरण रहता है।[34] अंतत: यह कह पाना कठिन हो जाता है कि इन न्यासों संस्थानों का कितना अनुपात वास्तव में सर्वजनहिताय कार्यों में प्रयुक्त हो रहा है।[35]

पूंजी से प्रतिप्राप्ति दर पर स्फीति के क्या प्रभाव रहते हैं?

विश्वविद्यालयों के निधि कोषों की प्रतिप्राप्ति दरों से पूंजी पर विशुद्ध प्रतिप्राप्ति और स्फीति के विषमतापूर्ण प्रभावों के विषय में कुछ कह पाने की संभावना स्पष्ट हो रही है। हमने अध्याय–1 में दिखाया है कि 1980 के

दशक से ही धनी देशों में स्फीति की दर 2 प्रतिशत वार्षिक पर स्थिर है। यह नया स्तर 20वीं सदी के उच्च स्तरों से बहुत कम और 19वीं सदी [तथा प्रथम महायुद्ध तक] के शून्यप्राय स्तर से बहुत उच्च भी है। उदीप्यमान देशों की स्फीति दर (5 प्रतिशत से भी प्राय: अधिक) विकसित देशों से अधिक है। तो अब हमारा प्रश्न है कि शून्य के स्थान पर 2 या फिर 5 प्रतिशत की इस स्फीति दर का पूंजी से प्रतिप्राप्ति पर क्या प्रभाव पड़ता है?

कुछ व्यक्तियों को यह भ्रांति होती है कि स्फीति से पूंजी की प्रतिप्राप्ति दर घट जाती है। कारण स्पष्ट है : औसत परिसम्पदा कीमतों की वृद्धि दर [भवन सम्पदा और वित्तीय प्रतिभूतियों की औसत] उपभोक्ता कीमत वृद्धि दर के समान ही होती है। एक उदाहरण : एक देश का पूंजी संचय 6 वर्ष की राष्ट्रीय आय के समान है [$\beta = 6$] और वहाँ आय में पूंजी की आय का अंश 30 प्रतिशत है [$\alpha = 0.30 = 30\%$] अत: पूंजी पर औसत प्रतिप्राप्ति दर की 5 प्रतिशत [$r = 5\%$] रहेगी। कल्पना करें कि स्फीति की वार्षिक दर 0 से 2 प्रतिशत हो जाती है। तो क्या सचमुच पूंजी पर प्रतिप्राप्ति की दर घटकर 5 से 3 प्रतिशत रह जाएगी? स्पष्ट है, नहीं। एक प्रथम अनुमान : यदि वर्ष भर में उपभोक्ता कीमतें 2 प्रतिशत अधिक हो गई हैं तो परिसम्पदा कीमतें भी 2 प्रतिशत अधिक होने की संभावना होगी। कोई पूंजीगत लाभ या हानि नहीं होगी और पूंजी पर प्रतिप्राप्ति दर 5 प्रतिशत ही बनी रहेगी। किंतु यह भी संभव है कि इस स्फीति के कारण विभिन्न व्यक्तियों के बीच इस औसत प्रतिप्राप्ति के विभाजन पर कुछ प्रभाव पड़े। समस्या यही है कि स्फीति द्वारा प्रेरित पुनर्वितरण सदैव बहुत ही जटिलतापूर्ण, बहुआयामी, अपूर्वाकलनीय और अनियंत्रणीय होते हैं।

कई बार व्यक्ति यह विश्वास कर लेते हैं कि स्फीति भाड़ाजीवी वर्ग की शत्रु होती है और इस कारण वे इसके प्रशंसक बन जाते हैं। यह आंशिक सत्य ही है—इसके कारण व्यक्ति अपनी पूंजी पर ध्यान देने को विवश अवश्य हो जाते हैं। यदि स्फीति चल रही हो तो नोटों के ढेर पर आंखें मूंदे बैठे व्यक्ति को शीघ्र ही उस ढेर के पिघल कर बह जाने की अनुभूति हो जाएगी—भले ही पूंजी पर कोई कर नहीं लगा हो। इस दृष्टि से स्फीति

निष्क्रिय धनिकों या अनिवेशित पूंजी पर एक कर जैसा कार्य अवश्य कर जाती है। किंतु मैं कई बार बता चुका हूँ कि अपनी सम्पदा को भवन या फिर शेयरों जैसी वास्तविक परिसपंदाओं में लगा देना ही स्फीति रूपी कर से बचने के लिए पर्याप्त रहता है।[36] विश्वविद्यालय निधियों से संबंधित हमारे निष्कर्ष इस बात का स्पष्टतम प्रमाण प्रस्तुत कर रहे हैं। इस बारे में कोई संदेह नहीं बचता कि स्फीति दर का 0 से 2 प्रतिशत हो जाना विशाल सम्पदाओं और उच्च वास्तविक प्रतिप्राप्ति में बाधक नहीं होता।

हम ऐसी अवस्था की कल्पना भी कर सकते हैं जहां स्फीति से अधिक धनी व्यक्तियों की स्थिति, कम धनिकों की अपेक्षा बेहतर हो सकती है [क्योंकि इससे वित्तीय प्रबंधकों और मध्यस्थों का महत्त्व और अधिक हो जाता है]। दस से 50 मिलियन यूरो वाला व्यक्ति हार्वर्ड जैसे धन प्रबंधक भले ही नियुक्त नहीं कर पाए किंतु ऐसे सलाहकारों और शेयर दलालों की सेवाएं अवश्यक प्राप्त कर सकता है जो स्फीति के प्रभावों का निवारण सुझा सकें। किंतु इन सलाहकारों से संपर्क सीमित रहता है—ये अपना अधिकांश धन शून्य या बहुत निम्न स्फीति दर से थोड़ी ही अधिक ब्याज दर वाले बैंक खातों में ही डाले रखते हैं। यही नहीं, कुछ सम्पदाओं के अपने ही परिमाण प्रभाव होते हैं—ये भी छोटे निवेशकों को अनुपलब्ध रह जाते हैं। यह समझ लेना बहुत महत्त्वपूर्ण है कि सबसे अधिक अर्जनक्षम निवेश तक पहुंच में बड़ी विषमता बनी रहती है [यह उन "वैकल्पिक निवेशों" की विषमता से बहुत अधिक विस्तृत और व्यापक पटल पर दिखाई देती है]। उदाहरणत: कुछ वित्तीय उत्पादों में बहुत बड़े प्रारम्भिक निवेशों की आवश्यकता होती है [लाखों यूरो की], इसी कारण छोटे निवेशक कम लाभप्रद अवसरों तक सीमित रह जाने को विवश रहते हैं [मध्यस्थ भी बड़े निवेशकों से अधिक सेवा शुल्क उगाह कर खुश रहते हैं]।

भवन सम्पदा के विषय में तो यह बात विशेष रूप में मान्य रहती है। ये जनसंख्या के बहुत बड़े भाग के लिए यह सबसे महत्त्वपूर्ण पूंजीगत सम्पदा भी होती है। अधिकांश लोगों के लिए निवेश करने का अर्थ है एक घर की खरीदारी। ये स्फीति के दुष्प्रभाव से बचे रहते हैं [इसकी कीमत भी उपभोग्य पदार्थों जितनी ही तेजी से अवश्य वृद्धिशील रहती है], और

निवेशक किराया चुकाने से भी बच जाता है। यही बचत अपने आप में उस निवेश पर उसे 4 प्रतिशत वार्षिक की प्रतिप्राप्ति बन जाती है। किंतु 10 से 50 हजार यूरो वाले व्यक्ति का घर खरीदने का निर्णय पर्याप्त नहीं होगा: इन दामों में मिलने वाले घर ही नहीं हैं। यही नहीं, किसी बड़े शहर में एक से दो लाख यूरो वाले व्यक्ति के लिए भारी ब्याज पर दीर्घकालिक कर्ज लेने के बाद भी अच्छा घर खरीद पाना तभी संभव होता है जब वह शीर्षस्थ 2 से 3 प्रतिशमंक वर्ग का सदस्य हो। अत: छोटे से धन संचय से जीवन यात्रा प्रारम्भ करने वाले व्यक्ति किराएदार ही बने रहते हैं और उन गृह स्वामियों को उनकी पूंजी पर अच्छी प्रतिप्राप्ति सुलभ कराते रह सकते हैं। शायद जीवन भर यही क्रम चले, उनकी बचत किसी बैंक के खाते में बड़ी मुश्किल से स्फीति की मार से सुरक्षित रह पाती है।

दूसरी ओर, यदि कोई व्यक्ति उत्तराधिकार या उपहार के सहारे अधिक प्रारम्भिक धन के साथ जीवन की शुरूआत करे या अच्छा वेतन पा रहा हो [या दोनों ही] तो वह बहुत शीघ्र घर या फ्लैट खरीद लेगा और किराया बचाने के रूप में उस निवेश पर 3 से 4 प्रतिशत की विशुद्ध प्रतिप्राप्ति से उसकी बचत की क्षमता में और वृद्धि हो जाती है। भवन सम्पदा की सुलभता को लेकर प्रारम्भिक धन संचय आधारित यह विषमता कभी से चली आ रही है।[37] संभवत: इस बाधा को पार करने का एक तरीका हो सकता है: छोटा फ्लैट खरीदा जा सकता है [और उसे किराए पर चढ़ा दें] या किसी प्रकार की परिसम्पदा में धन लगा दिया जाए। किंतु आधुनिक स्फीति ने समस्या को कुछ गंभीर कर दिया है। पिछली सदी में शून्य स्फीति के समय छोटे निवेशक भी अपने निवेश पर 3 से 4 प्रतिशत विशुद्ध कमाई कर लेते थे—वे कम से कम सरकारी बौंड तो खरीद ही सकते थे। आज अधिकांश छोटे निवेशक इस प्रकार की प्रतिप्राप्ति की आशा नहीं कर सकते।

सारांश यह है कि स्फीति पूंजी पर औसत प्रतिप्राप्ति को कम नहीं करती, यह मुख्यत: उसे पुनर्वितरित कर देती है। यद्यपि स्फीति के प्रभाव बहुत दुरूह और बहुआयामी होते हैं किंतु अधिकांश साक्ष्य यही सुझा रहे हैं कि स्फीति प्रेरित पुनर्वितरण प्रभाव धनिकतम वर्ग के लिए बहुत लाभप्रद

होते हैं और इनका सबसे गंभीर आघात निम्न धन वर्ग पर पड़ता है। यह वांछनीय प्रभाव से एकदम विपरीत है। हां यह ठीक है कि स्फीति के कारण विशुद्ध प्रतिप्राप्ति में कुछ कमी आ सकती है—प्रत्येक व्यक्ति को सम्पदा प्रबंधन पर अधिक समय जो लगाना पड़ता है। इस ऐतिहासिक परिवर्तन की तुलना पूंजी के मूल्यह्रास में अति दीर्घकालिक वृद्धि से की जा सकती है—जिसमें बार बार निवेश निर्णय लेना और पुरानी परिसम्पदाओं के स्थान पर नई परिसम्पदाओं की स्थापना करना सम्मिलित है।[38] दोनों ही परिस्थितियों में आज कुछ उच्च प्रतिप्राप्ति पाने हेतु अधिक मेहनत या प्रयास करना पड़ता है, पूंजी अब अधिक गत्यात्मक जो हो गई है। किंतु भाड़ाखोरी से लड़ने की ये विधियां बहुत अप्रत्यक्ष और प्रभावहीन हैं। साक्ष्य यही सुझा रहे हैं कि इन कारणों से पूंजी पर विशुद्ध प्राप्ति में कमी तो पूंजी की प्रतिप्राप्ति की विषमता में वृद्धि के समक्ष बहुत तुच्छ होती है—इसका विशालतम सम्पदाओं पर तो विशेष रूप से कोई प्रभाव नहीं होता।

स्फीति भाड़े का अंत नहीं करती, इसके विपरीत, यह पूंजी के वितरण को और अधिक विषमतापूर्ण बना देती है।

कोई गलत धारणा न हो इसीलिए स्पष्ट करना चाहता हूँ: मैं स्वर्णमान *(Gold Standard)* और शून्य स्फीति की ओर वापसी का आग्रह नहीं कर रहा हूँ। कतिपय परिस्थितियों में स्फीति में कुछ सद्गुण भी हो सकते हैं। किंतु ये उन गुणों से बहुत क्षुद्र होंगे जिनकी कल्पना कर ली जाती है। मैं मुद्रा के सृजन में केंद्रीय बैंक की भूमिका के संदर्भ में इस विषय पर और चर्चा करूंगा। विशाल विदेशी ऋणों और वित्तीय संकट के समय यह आयाम बहुत महत्त्वपूर्ण हो जाता है। उन्नीसवीं सदी के शून्य स्फीति और सरकारी बौंडों की अनुपस्थिति में भी अपेक्षाकृत कम संपन्न व्यक्तियों के लिए कमाई वाले बचत के अवसर विद्यमान होते हैं। किंतु यह समझ लेना आवश्यक है कि आज तो स्फीति एक बहुत धारहीन शस्त्र बन कर रह गया है। इसका प्रभाव विपरीत ही हो जाता है [यदि भाड़ाजीवी समाज की ओर वापसी और धन सम्पदा की विषमता का निवारण करने के ध्येय से इसका प्रयोग किया जाता है]। लोकतांत्रिक पारदर्शिता और वास्तविक दक्षता की कसौटी पर तो पूंजी पर एक प्रगतिशील कर ही अधिक उपयुक्त नीति सिद्ध होगा।

संप्रभुता संपन्न धन कोषों पर प्रतिप्राप्ति : पूंजी और राजनीति

आइए अब उन संप्रभुता संपन्न धन कोषों पर बात करें जिनका कुछ दशकों से, विशेष रूप से तेल निर्यातक देशों में, बहुत विकास हुआ है। दुर्भाग्यवश इनके विषय में विश्वविद्यालय निधियों की भांति जानकारी की सार्वजनिक रूप से कोई सुलभता नहीं है। इनकी निवेश युक्तियों और इन द्वारा अर्जित प्रतिप्राप्तियों की जानकारी भी सार्वजनिक नहीं होती—यही नहीं यहाँ दुर्भाग्य की यह पराकाष्ठा है कि इनकी धन राशियां तो विश्वविद्यालय निधि कोषों से कई [संभवतः सहस्त्रों] गुना अधिक है। नार्वे का संप्रभुता संपन्न कोष सबसे अधिक विस्तृत वित्तीय रिपोर्ट प्रकाशित करता है और 2013 में इसका आकार 700 अरब यूरो था—यह धनराशि सभी अमेरिकी विश्वविद्यालयों की निधियों से दो गुना थी। प्रारम्भ में तो इसकी निवेश युक्ति विश्वविद्यालयों की तुलना में अधिक 'मानक' स्वरूप की ही थी—इसका एक कारण इस कोष का सार्वजनिक समीक्षा के अधीन होना भी था —संभवतः नार्वे की जनता पूर्वोपायी कोषों और गैर अनुसूचित कम्पनियों में भारी निवेश को हार्वर्ड कार्पोरेशन की भांति स्वीकार भी नहीं कर पाती। स्वाभाविक था कि प्रतिप्राप्ति दर भी कुछ कम ही थी।[39] इस कोष के निवेशकों को अभी कुछ समय पूर्व ही वैकल्पिक निवेश के अवसरों में धन लगाने की अनुशंसा प्राप्त हुई है। अब वे अंतर्राष्ट्रीय भू–भवन सम्पदाओं में विशेष रूप से निवेश कर सकते हैं—आशा है कि अब इनकी प्रतिप्राप्ति दरों में भी सुधार होगा। एक और बात—इस कोष की प्रबंधन लागत इसके आकार की मात्र 0.1 प्रतिशत है—हार्वर्ड की लागत की मात्र एक तिहाई। किंतु नार्वे के इस कोष का आकार हार्वर्ड के कोष से 20 गुना है। इस लिए यह सूक्ष्म–सी प्रतिशत राशि भी संपूर्ण निवेश विश्लेषण एवं परामर्श का शुल्क चुकाने के लिए पर्याप्त रहती है। हमें यह भी जानकारी मिली है कि 1970–2010 तक नॉर्वे ने तेल निर्यात आय का 60 प्रतिशत इस कोष में जमा किया है—शेष सरकारी व्यय में काम लिया गया है। नार्वे के अधिकारी हमें यह नहीं बता रहे कि उक्त कोष के दीर्घकालिक उद्देश्य क्या हैं या कब देश इससे होने वाली आय का कुछ अंश [अथवा समस्त] का उपभोग प्रारम्भ करेगा। संभवतः उन्हें स्वयं भी यह जानकारी नहीं हो :

सब कुछ इस पर निर्भर रहेगा कि आगामी दशकों में नार्वे के तेल भंडारों में किस प्रकार के परिवर्तन आते हैं, तेल की प्रति बैरल कीमत क्या रहती है और कोष की प्रतिप्राप्ति दर क्या होती है।

यदि अन्य संप्रभुता संपन्न कोषों की बात करें तो [मध्यपूर्व में तो विशेष] नॉर्वे की तुलना में बहुत ही अपारदर्शिता स्पष्ट होती है। उनकी वित्तीय रिपोर्ट बहुत ही अनमने ढंग से बनाई जाती है। उनकी निवेश युक्ति को जान पाना असंभव रहता है और प्रतिप्राप्ति दरों के विषय में कभी कभार कोई संकेत मिल जाए तो बड़ी बात होती है। उनके आंकड़ों में वर्षानुगत निरंतरता और संगति का भी अभाव ही रहता है। नवीनतम रिपोर्ट आबू धाबी निवेश प्राधिकरण की है। इनका कोष नॉर्वे जितना ही विशाल है। इन्होंने 1990–2010 के बीच 7 प्रतिशत से कुछ अधिक विशुद्ध प्रतिप्राप्ति और 1980–2010 की अवधि में 8 प्रतिशत विशुद्ध प्रतिप्राप्ति दर अर्जित करने का दावा किया है। विश्वविद्यालयों द्वारा जिस स्तर की प्रतिप्राप्ति के विवरण दिए गए हैं उनके प्रकाश में आबू धाबी के ये दावे पूर्णत: स्वीकार्य प्रतीत होते हैं, किंतु वार्षिक विवरणियों के अभाव के कारण उनके विषय में अधिक कुछ कह पाना भी कठिन है।

एक और बात ध्यान देने योग्य है : विभिन्न कोषों की अपनी अपनी निवेश युक्तियां होती हैं: जो जन संप्रेषण की अलग अलग विधाओं और विश्व राजनीति के प्रति उनके अपने दृष्टिकोणों के साथ संबंधित रहती है। आबू धाबी ने तो अपने कोष की उच्च प्रतिप्राप्ति दर की खुलकर घोषणा कर दी किंतु आबू धाबी और नॉर्वे के बाद तीसरे क्रम पर आने वाले सऊदी अरब, और उसके बाद कुवैत, कतर और रूस [सभी के कोष तेल निर्यात निर्मित हैं] अधिक कुछ बताने के इच्छुक नहीं लगते। फारस की खाड़ी के बहुत छोटी छोटी जनसंख्याओं वाले देश स्पष्ट रूप से विश्व के वित्तीय समाज को ही अपनी रिपोर्टों के मुख्य पाठक मान रहे हैं। सऊदी अरब की रिपोर्ट अधिक सौम्य हैं—इनमें तेल के सुरक्षित भंडार, राष्ट्रीय आय लेखा और सरकार के बजट की जानकारी भी होती है। इनका स्पष्ट ध्येय देश की 20 मिलियन जन संख्या तक पहुंचना है। यह जनसंख्या ईरान [80, मि.,] मिस्र [85 मि.] और इराक [35 मि.] से छोटी भले ही है किंतु खाड़ीक्षेत्र के

छोटे छोटे देशों से तो बहुत विशाल है।[40] यही अंतर नहीं है—इसका कारण इनका मुख्यत: संयुक्त राज्य अमेरिका के सरकारी बौंड़ों में निवेश था। सऊदी रिपोर्ट भी उनके निवेश समुच्चय में आए परिवर्तनों की जानकारी नहीं दे रहीं—फिर भी अमीरात राज्यों की अपेक्षा इनमें अधिक विवरण मिल जाता है, और यह बात सही प्रतीत होती है।

यहाँ एक प्रश्न उठता है: अन्यत्र कहीं अधिक प्रतिप्राप्ति संभव होने पर भी सऊदी अरब अमेरिकी बौंडों में निवेश क्योंकर रहा है? इस प्रश्न का उठना स्वाभाविक है : अमेरिकी विश्वविद्यालय निधियां तो दशकों पहले अपनी सरकार को ऋण देने के स्थान पर विश्व भर में सर्वोतम निवेश अवसरों की तलाश में लगी हैं और पूर्वोपाय कोषों, गैर अनुसूचित फर्मों तथा वस्तु आधारित व्युत्पन्न निक्षेपों में निवेश कर रही हैं। हां, यह तो सत्य है कि गंभीर अस्थिरताग्रस्त विश्व में अमेरिकी राजकोषीय निक्षेप एक सुरक्षा का आश्वासन प्रतीत होते हैं। यह भी संभव है कि सऊदी जनता को अभी वैकल्पिक निवेशों का स्वाद मालूम नहीं हो। किंतु निवेश चयन के राजनीतिक एवं सैन्य आयामों पर भी ध्यान देना आवश्यक होगा। भले ही सऊदी अरब ने कभी स्पष्ट घोषणा नहीं की है किंतु सैन्य सुरक्षा प्रदान करने वाले देश [संयुक्त राज्य अमेरिका] को निम्न ब्याज पर उधार देना तर्कविहीन नहीं हो सकता। मेरी जानकारी में तो किसी ने ऐसे निवेश पर प्रतिप्राप्ति का सटीक आकलन करने का प्रयास अभी नहीं किया है। किंतु संकेत यही हैं कि यह काफी अधिक होगी। यदि पश्चिमी देशों के सहयोग से 1991 में संयुक्त राज्य ने कुवैत से इराकी सेनाओं को निष्कासित नहीं किया होता तो उसका अगला निशाना सऊदी अरब के तेल के कुओं पर होता। फिर तो ईरान जैसे अन्य पड़ोसी भी सारे क्षेत्र के तेल भण्डारों के पुनर्विभाजन के द्वन्द्व में भागीदार बन जाते। वैश्विक पूंजी वितरण की गत्यात्मकता एक ही साथ आर्थिक, राजनीतिक एवं सैन्य आयामों से सुसज्जित प्रतीत होती है। औपनिवेशिक काल में भी यही स्थिति थी—ब्रिटेन और फ्रांस जैसी शक्तियां अपने आर्थिक हितों की सुरक्षा [वास्तव में संवर्धन] के नाम पर तुरंत तोपें तान लेते थे। आज 21वीं सदी के तनावपूर्ण वातावरण में नई वैश्विक राजनीतिक रचना के भावी स्वरूप की

भविष्यवाणी कर पाना तो सरल नहीं है किंतु निवेशों [आर्थिक हितों] की सुरक्षा हेतु संघर्षों में वृद्धि की संभावना पिछली सदी से कम भी नहीं रहने वाली।

क्या संप्रभुता संपन्न सम्पदा कोष विश्व के स्वामी बन जाएंगे?

आगामी दशकों में ये संप्रभुता संपन्न कोष कितने धनी हो सकते हैं? उपलब्ध किंतु बहुत ही त्रुटिपूर्ण अनुमानों के अनुसार इन कोषों की सम्पदा 2013 में $5.3 ट्रिलियन से अधिक हो चली थी, उसमें भी $3.2 ट्रिलियन तेल निर्यातक देशों के कोषों में जमा था [उल्लिखित देशों के साथ यहाँ दुबई, लीबिया, कजाकस्तान, अल्जीरिया, ईरान, अजरबेजान, ब्रूनाइ, ओमान और कुछ अन्य देशों को भी जोड़ रहे हैं]। शेष $2.1 ट्रिलियन राशि गैर तेल निर्यातकों की है [इनमें प्रमुख हैं चीन, हांगकांग, सिंगापुर और कुछ अन्य छोटे कोष][41] एक बात पर ध्यान दें : ये राशि फॉर्बिस के अरबपतियों के समूह की समस्त धन राशि $5.4 ट्रिलियन, वर्ष 2013, के बहुत निकट है। अत: कहीं न कहीं चैन की सांस ली जा सकती है कि अभी भी शेष दुनिया के लिए 97 प्रतिशत धन तो बचा हुआ है। जैसे मैंने अरबपतियों के लिए कुछ पूर्वाकलन प्रेक्षित किए थे, वैसी गणनाएं इन संप्रभुता संपन्न कोषों के विषय में भी संभव हैं। हमारा निष्कर्ष यही होगा कि ये भी 21वीं सदी के उत्तरार्ध तक तो वैश्विक सम्पदा के एक निर्णायक रूप से महत्वपूर्ण अंश—10 से 20 प्रतिशत पर, अपना अधिकार नहीं जमा पाएंगे। अभी वह दिन बहुत दूर है जब हमें मासिक किराया कतर के अमीर को या नॉर्वे के करदाताओं को चुकाना पड़ जाएगा। किंतु इस मुद्दे की अनदेखी करना एक गलती होगी। सबसे पहले तो यदि हमारे बच्चों या अगली पीढ़ी की संतति को भी इस प्रकार किराया भरने की आशंका भी चिंता की विषय होनी चाहिए। हमें उस दिन तक इंतजार नहीं करना चाहिए कि समस्या एक दम सिर पर आ पड़े। दूसरे, विश्व की पूंजी का एक बड़ा भाग गैर तरल रूप में [भवन सम्पदा और ऐसी व्यावसायिक पूंजी जिसे वित्तीय बाजारों में बेचा नहीं जा सकता] होता है। अत: वास्तव में तो इन कोषों एवं अरबपतियों का सही अर्थों में तरल पूंजी में अंश बहुत विशाल हो जाता है।[43] ध्यान रहे इस तरल पूंजी का प्रयोग किसी दिवालिया कम्पनी के अधिग्रहण, फुटबॉल

टीम की खरीदारी, या फिर धन की कमी से जूझ रही सरकार की विफलता के कारण किसी खस्ताहाल नगर में निवेश हो सकता है। वास्तव में तेल निर्यातक देशों से आ रहे निवेश्य धन का प्रश्न धनी देशों [विशेषकर फ्रांस] में बहुत गंभीर स्वरूप धारण कर रहा है। संभवत: यही धनी देश पूंजी के पुन: अवतरण को स्वीकार कर पाने की मानसिक स्थिति में नहीं है।

अंतिम, किंतु किसी भी प्रकार कम नहीं, संप्रभुता संपन्न कोषों और अरबपतियों के बीच एक विशेष अंतर है। कोष [विशेषकर तेल निर्यातकों के कोष] केवल प्रतिप्राप्ति के संचय से वर्धित नहीं होते—इनमें तो प्रतिवर्ष तेल निर्यात का मूल्य भी जुड़ता रहता है। यद्यपि भविष्य में इस विक्रय मूल्य के मान का आकलन आज करना सरल नहीं है, इसमें अनेक कारणों से अनिश्चितता आ सकती है—भूमि के नीचे कितना तेल बचा है? तेल की कितनी मांग होगी? प्रति बैरल कीमत क्या होगी? फिर भी एक बात सहज स्वीकार्य है : इस प्रकार निर्यात मूल्य का परिमाण प्रतिप्राप्ति की राशियों से कहीं अधिक रहेगा। पिछले दशक के मध्य से प्राकृतिक संसाधन के विक्रय मूल्य और उनकी उत्पादन लागत के अंतर द्वारा परिभाषित वार्षिक भाड़ा वैश्विक सकल घरेलू उत्पाद का लगभग 5 प्रतिशत रहा है। यह नब्बे के दशक में 2 प्रतिशत तो सत्तर के दशक आरंभ में एक प्रतिशत से भी कम था।[14] कुछ पूर्वाकलन प्रेक्षण प्रतिमानों के अनुसार तेल कीमत आज $100 प्रति बैरल है और ये 2020–30 में $200 बैरल तक पहुंच सकती है। यदि ये संप्रभुता कोष इस अतिरिक्त आय का एक बड़ा अंश बचाकर अपने निवेश में जोड़ते रहे तो ऐसा परिदृश्य निर्मित हो सकता है कि 2030–40 में ये कोष विश्व सम्पदा के 10–20 प्रतिशत अंश के स्वामी बन जाएं। अर्थशास्त्र का कोई नियम इसका निषेध नहीं कर सकता। सब कुछ मांग और आपूर्ति पर निर्भर रहेगा, भले ही नए तेल स्रोतों की खोज हो पाए या नहीं, नवीन ऊर्जा स्रोतों का अन्वेषण हो या नहीं और विश्व समुदाय कितनी भी जल्दी बिना तेल ऊर्जा के जीवन यापन सीख जाए—यह तो निश्चित है कि तेल निर्यातकों के संप्रभुता संपन्न कोषों और वैश्विक सम्पदा में उनके अंश में निरंतर वृद्धि अवश्यंभावी है। यह अंश 2030–40 तक

आज के स्तर से दो से तीन गुना हो सकता है। यह वृद्धि बहुत महत्त्वपूर्ण होगी।

किंतु यदि ऐसा होने लगा तो पश्चिमी देश किसी भी हालत में यह स्वीकार नहीं कर पाएंगे कि उनके अच्छे खासे हिस्से पर तेल निर्यातकों के संप्रभुता संपन्न कोषों का अधिकार हो जाए। शीघ्र ही इसकी राजनीतिक प्रतिक्रिया प्रारम्भ हो जाएगी : विदेशी संप्रभुता कोषों द्वारा भवन सम्पदा और औद्योगिक एवं वित्तीय सम्पदाओं को संपूर्ण रूप से हस्तगत करना तो दूर, एक सीमा तक उनके शेयर खरीदने पर भी प्रतिबंध लग सकते हैं। ऐसी प्रतिक्रिया न तो राजनीतिक दृष्टि से अति चातुर्यपूर्ण होगी और न ही आर्थिक दृष्टि से प्रभावपूर्ण—किंतु राष्ट्रीय सरकारों [छोटे देशों की सरकारों के भी] के अधिकार क्षेत्र में तो अवश्य है। एक और बात पर ध्यान दें—अब स्वयं तेल निर्यातक देशों ने विदेशों में निवेश कम करना शुरू कर दिया है। वे अपने ही भू क्षेत्र में संग्रहालय, होटल, विश्वविद्यालय और स्की के ढलानों का एक ऐसे विशाल स्तर पर निर्माण करने लगे हैं जिसमें किसी आर्थिक और वित्तीय तर्क के दर्शन नहीं होते। संभवत: इस व्यवहार में ये अनुभूति झलक रही है कि उनके अपने देश में लगी पूंजी को किसी के लिए भी जब्त कर लेना विदेशों में लगी पूंजी की अपेक्षा बहुत कठिन होगा। लेकिन यह निश्चित नहीं है कि ऐसी प्रक्रिया शांतिपूर्ण ही रहेगी: उन मनोवैज्ञानिक एवं राजनीतिक सीमाओं को कोई नहीं जानता जिन्हें एक देश में वर्तमान सम्पदा को अधिग्रहित करने वाली विदेशी संस्थाओं को पार नहीं करना चाहिए।

क्या चीन विश्व का स्वामी बन जाएगा?

गैर तेल निर्यातक देशों के संप्रभुता संपन्न कोष एक अन्य प्रकार की समस्या को जन्म दे रहे हैं। जिसके पास कोई प्राकृतिक संसाधन न हो ऐसा देश किसी अन्य देश पर स्वामित्व क्यों पाना चाहेगा? एक संभावना तो नव उपनिवेशवादी महत्त्वाकांक्षा हो सकती है, विशुद्ध शक्ति प्रदर्शन की भावना, जैसा कि यूरोपीय उपनिवेशवाद के युग में हुआ था। किंतु यहाँ भी एक समस्या है : उस युग में यूरोपीय देशों को प्रौद्योगिकीय श्रेष्ठता

उपलब्ध थी। उसी ने उन्हें प्रबलता प्रदान की थी। यह ठीक है कि आज चीन और अन्य गैर तेल निर्यातक उदीप्यमान देश बहुत तीव्र गति से संवृद्धि कर रहे हैं किंतु साक्ष्य दर्शा रहे हैं कि जैसे ही ये आज के विकसित देशों के उत्पादिता और जीवन स्तर के निकट पहुंचेंगे, इनकी संवृद्धि दर भी शिथिल पड़ जाएगी। ज्ञान और प्रौद्योगिकी का प्रसार मूल रूप से एक समताकारी प्रक्रिया है। जैसे ही कम विकसित देश अधिक उन्नत देशों के समकक्ष पहुंचते हैं उनकी संवृद्धि दरों के अंतर भी समाप्तप्राय हो जाते हैं।

रेखाचित्र-12.4: विश्व पूंजी/आय अनुपात 1870–2100

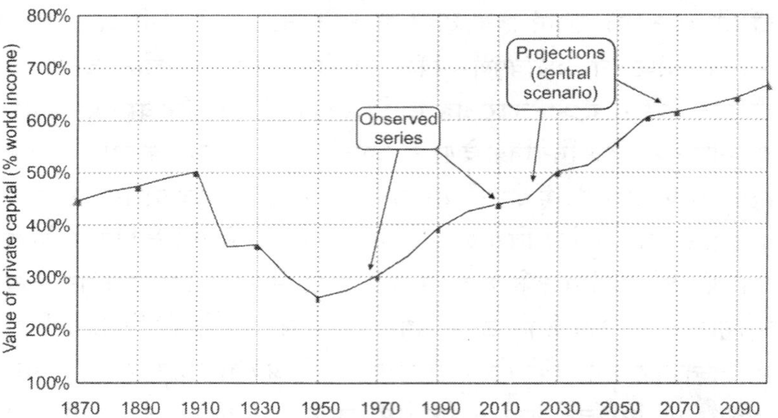

केंद्रस्थ परिदृश्य आधारित अनुमानों के अनुसार 21वीं सदी के अंत तक विश्व पूंजी/आय अनुपात 700 प्रतिशत तक पहुंच सकता है।

स्रोत और श्रृंखला हेतु देखें: piketty.pse.ens.fr/capital21C.

वैश्विक पूंजी/आय अनुपात के केंद्रस्थ प्रतिरूप का चित्रण करते हुए अध्याय–10 में मैंने कहा था कि जैसे जैसे इस अंतर्राष्ट्रीय अभिनति प्रक्रिया की परिणति होगी बचत की दर राष्ट्रीय आय के 10 प्रतिशत के आस पास स्थिर हो जाएगी। उस अवस्था में सभी देशों में पूंजी के संचय के अनुपात भी समान हो जाएंगे। हां यह भी सत्य है कि विश्व पूंजी का एक बहुत बड़ा अंश एशिया महाद्वीप में [विशेषकर चीन में] जमा होगा—यह इस महाद्वीप में उत्पन्न होने वाले विश्व उत्पादन अनुपात के अनुरूप ही होगा। किंतु हमारे केंद्रीय परिदृश्य के अनुसार सभी महाद्वीपों में पूंजी/आय अनुपात एक समान हो जाएगा। अत: किसी क्षेत्र में बचत और निवेश के बीच कोई बड़ा

अंतर नहीं रहेगा। अफ्रीका एक मात्र अपवाद होगा। रेखाचित्र 12.4 और 12.5 में दर्शाए गए केंद्रीय परिदृश्य के अनुसार अफ्रीका में पूरी 21वीं सदी में पूंजी/आय अनुपात, अन्य महाद्वीपों से निम्न रहेगा [इसका कारण यह है कि अफ्रीका की अन्य देशों के निकट पहुंचने की दर अपेक्षाकृत धीमी है और इसका जनांकीय संक्रमण भी कुछ विलंब दर्शा रहा है।[45] यदि पूंजी निर्बाध रूप से सीमाएं पार करती रहे तो अफ्रीका में अन्य महाद्वीपों [विशेषकर चीन एव अन्य ऐशियाई देशों] से पूंजी का प्रवाह आना चाहिए। हमारे पूर्व चर्चित कारणों से इसके परिणाम गंभीर तनाव का रूप धारण कर सकते हैं —इसके कुछ संकेत मिलने प्रारम्भ भी हो चुके हैं।]

रेखाचित्र 12.5: विश्व पूंजी का वितरण, 1870–2100

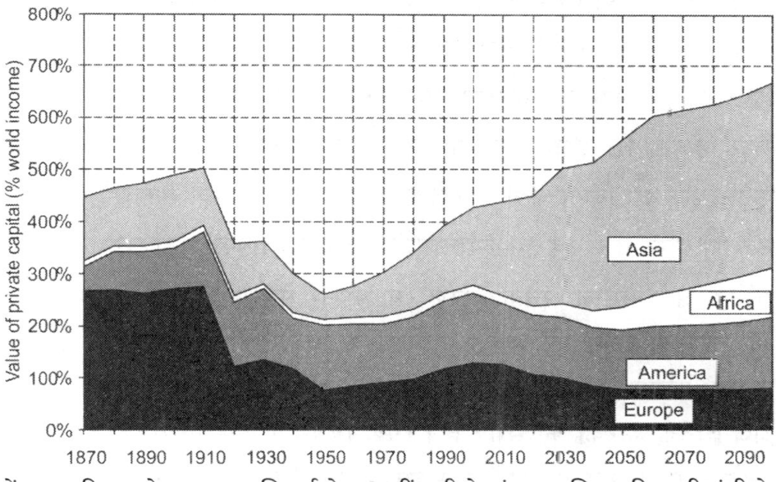

केंद्रस्थ परिदृश्य के अनुसार एशियाई देश 21वीं सदी के अंत तक विश्व की आधी पूंजी के स्वामी हो जाएंगे। स्रोत और श्रृंखला हेतु देखें: piketty.pse.ens.fr/capital21C.

इस केंद्रीय परिदृश्य से बहुत अधिक असंतुलन पूर्ण परिदृश्यों की कल्पना संभव है। किंतु जिस प्रकार की अपसृतिकारी शक्तियां संप्रभुता संपन्न धन कोषों को लेकर दिखाई दे रही हैं वे बहुत ही विशाल हैं। इनकी संवृद्धि उन अनायास प्राप्तियों पर निर्भर है जो तथाकथित लाभान्वित जनसंख्या की आवश्यकताओं से बहुत अधिक हैं। इससे एक अंतहीन संचयन का प्रारम्भ हो जाता है। फिर तो $r > g$ वैश्विक सम्पदा वितरण में एक

स्थायी अपसृति में परिवर्तित हो जाता है। सारांश यह है कि तेल सृजित भाड़ा इन देशों को एक दिन सारी पृथ्वी को खरीद कर उस सम्पत्ति से मिलने वाली प्रतिप्राप्ति पर ही आराम भरा जीवन व्यतीत करने में समर्थ बना सकता है।[46]

चीन, भारत और अन्य उदीप्यमान देशों की स्थिति इनसे अलग है। इन देशों की जनसंख्याएं विशाल हैं और उस जन समुदाय की उपभोग और निवेश की जरूरतें अभी पूरी नहीं हो पायी हैं। ऐसी कल्पना संभव है कि चीन की बचत दर निरंतर यूरोप या उत्तरी अमेरिका से अधिक बनी रहे। किसी निम्न जनसंख्या वृद्धि में देश में अधिक आकर्षक जब सेवा निवृत हों तभी भुगतान" की व्यवस्था के स्थान पर उदाहरण के लिए चीन एक निवेश आधारित सेवा निवृत्ति चुन सकता है[47]। यदि चीन 2100 तक अपनी राष्ट्रीय आय का 20 प्रतिशत अंश बचाता रहे और यूरोप तथा संयुक्त राज्य केवल 10 प्रतिशत बचत करें तो विराटकाय चीनी पेंशन कोष का पुराने और नए विश्व के बहुत बड़े भागों पर स्वामित्व हो सकता है।[48] बात तर्क की दृष्टि से संभव है—व्यावहारिक रूप में स्वीकार्य नहीं लगती। चीनी श्रमिक और समाज अनेक कारणों से अपनी सेवानिवृत्ति के समय यूरोप और संयुक्त राज्य की भांति सार्वजनिक भागीदारी की व्यवस्था का ही चुनाव करना बेहतर मानेंगे। दूसरा आंशिक कारण पूर्व चर्चित उन राजनीतिक कारकों का समूह है जिसके विषय में तेल निर्यातक देशों और उनके संप्रभुता संपन्न कोषों के संदर्भ में बातचीत हुई थी। ये कारण चीनी पेंशन कोष पर भी उतने ही बल के साथ लागू रहेंगे।

अंतर्राष्ट्रीय अपसृति, अल्पतांत्रिक अपसृति

कुछ भी हो चीन या फिर तेल निर्यातकों के कोषों द्वारा धीरे धीरे धनी देशों का स्वामित्व प्राप्त करने की आशंका कुछ कम विश्वास योग्य और खतरनाक लगती है। इससे कहीं गंभीर आशंका तो अल्पतांत्रिक अपसृति की है जहां उन धनी देशों पर उन्हीं के अरबपति–खरबपति वर्ग के मुट्ठी भर

व्यक्तियों का अधिकार हो जाएगा। यही नहीं, ऐसे अति समृद्ध वर्ग द्वारा चीन और तेल निर्यातक देशों सहित समूचे विश्व पर आधिपत्य की आशंका व्यक्त की जा सकती है। हमने पहले भी ध्यान दिलाया है कि यह प्रक्रिया प्रारम्भ हो चुकी है। जैसे जैसे वैश्विक संवृद्धि में शिथिलता होगी और पूंजी के लिए स्पर्धा अधिक होगी, आगामी दशकों में r का आकार g से बहुत अधिक बना रहेगा। यदि हम यहीं पर इस बात को भी ध्यान में रखें कि बड़े आकार की सम्पदा से प्रतिप्राप्ति दर अपेक्षाकृत अधिक होती है [और इस प्रवृत्ति को वैश्विक वित्तीय बाजारों की वृद्धिमान जटिलता से और आगे बढ़ावा ही मिलने वाला है] तो वैश्विक सम्पदा वितरण के शीर्षस्थ शतमंकों और सहस्त्रमंको वाले वर्गों के शेष समाज से बहुत आगे निकल जाने के लिए सभी परिस्थितियों का निर्माण हो जाता है। यह निश्चित रूप से नहीं बताया जा सकता कि ये अल्पतांत्रिक अपसृति कितनी तीव्र दर से चलेगी किंतु इसकी आशंका अंतर्राष्ट्रीय अपसृति की अपेक्षा कहीं अधिक है।[49]

मैं एक और विशेष आग्रह करना चाहूँगा : वृद्धिशील चीनी स्वामित्व का भय भी एक काल्पनिक उड़ान मात्र है। धनी देश अपने अनुमान से भी कहीं अधिक धनी हैं। यूरोपीय परिवारों की ऋण निवल सम्पदाओं का योग आज 70 ट्रिलियन यूरो से अधिक है। इसके विपरीत सभी चीनी कोषों और चीन के रिजर्व बैंक के कोष का योग मात्र 3 ट्रिलियन यूरो के समान है—अर्थात यूरोपीय पारिवारिक सम्पदा के एक बीसवें अंश से भी कम।[50] धनी देशों पर गरीब देशों के स्वामित्व की अभी कोई संभावना नहीं है—उन्हें ऐसा करने के लिए बहुत अधिक धनी बनाना होगा और उसमें दशक लगेंगे।

तो फिर इस भय का स्रोत क्या है? इस आंशिक रूप से तर्कविहीन स्वामित्व से वंचित हो जाने की भावना का आधार क्या है? एक कारण तो यह है कि पूरी दुनिया के लोग अपनी समस्याओं को किसी अन्य की जिम्मेवारी मानने का प्रयास करते रहते हैं। फ्रांस में ही बहुत से व्यक्ति यह मान कर चल रहे हैं कि विदेशों से आ रहे खरीदारों ने पैरिस में भवन सम्पदा की कीमतों को आसमान पर चढ़ा दिया है। किंतु यदि हम ध्यान से

देखें कि कौन किस प्रकार के फ्लैट आदि खरीद रहा है तो विदेशियों की खरीदारी, कीमतों की वृद्धि के मात्र 3 प्रतिशत के लिए उत्तरदायी लगती है। दूसरे शब्दों में पैरिस की भवन सम्पदाओं के दामों में हुई 97 प्रतिशत वृद्धि के लिए फ्रांस के ही पैरिस में बसे नागरिकों की समृद्धि उत्तरदायी है क्योंकि वे अब बड़ी धन राशियां सम्पदा पर खर्च कर पाने की आर्थिक स्थिति में हैं।[51]

इस प्रकार की स्वामित्व छिन जाने की भावना का मुख्य कारण धनी देशों में धन का कुछ वर्गों के पास अति संकुलन है। आम नागरिक के लिए तो पूंजी शब्द एक कल्पना बन कर रह गया है। यही नहीं, अति विशाल सम्पदाएं पहले ही राजनीतिक संबंध विच्छेद की ओर अग्रसर दिखाई दे रही हैं। धनी, विशेषकर यूरोप के देशों में बसे, लोगों को यह विचार बड़ा विचित्र सा लगता है कि औसत यूरोपीय परिवार की सम्पदा एक औसत चीनी परिवार से 20 गुना भी हो सकती है। इसका कारण यही है कि ये सम्पदा निजी है—इसे सरकार ग्रीस की सहायता जैसे कामों के लिए जबरदस्ती इस्तेमाल नहीं कर सकती [जैसा कि कुछ पहले चीन ने सुझाव दिया था] फिर भी यूरोपीय सम्पदा वास्तविक है, यूरोपीय संघ की सरकारें चाहें तो इसका कुछ विदोहन कर सकती हैं। किंतु सच्चाई यही है कि किसी एक सरकार द्वारा अकेले पूंजी और उससे होने वाली आय पर कर लगा देना अब बहुत कठिन है। धनी देशों में फैली स्वामित्व छिनने की आंशका का मुख्य कारण यही लोकतांत्रिक संप्रभुता का क्षरण है। यह यूरोप में विशेष रूप से अधिक प्रखर है—इसका भूक्षेत्र जिन छोटी छोटी इकाइयों में बंटा है, वे अब पूंजी की दृष्टि से बहुत ही छोटी पड़ रही हैं। उन छोटी छोटी राजनीतिक इकाइयों के बीच की स्पर्धा समस्या को अधिक गंभीर बना देती है। हमने अध्याय–5 में सकल विदेशी पूंजीधारिता की बात की थी कि प्रत्येक देश अपने पड़ोसी देशों में अधिक से अधिक पूंजी का स्वामी बनता जा रहा है। यह भी इसी प्रक्रिया का एक घटक है और इस असहाय हो जाने की भावना को बल प्रदान करता है।

खंड–4 में मैं बताने जा रहा हूँ कि पूंजी पर एक विश्वव्यापी [कम से कम यूरोपव्यापी तो अवश्य] कर लगा देने से कैसे इन अंतर्विरोधों का निवारण हो सकता है। मैं इस बारे में भी विचार करूंगा कि सरकारें अन्य क्या कदम उठा सकती हैं। एक बात फिर स्पष्ट कर दूं—यह अल्पतंत्रिक अपसृति अंतर्राष्ट्रीय अपसृति से कहीं अधिक संभावित है और इससे निपट पाना भी अधिक कठिन है—इस कार्य में परस्पर स्पर्धा में लगे देशों की सरकारों के बीच उच्च स्तर के समन्वय की आवश्यकता होगी। धन द्वारा अपने मूल राष्ट्र से संबंध विच्छेद राष्ट्रीयता की संकल्पना पर ही आघात है —धनिकतम व्यक्ति काफी सीमा तक अपना धन कहीं भी ले जाने और अपनी राष्ट्रीयता [नागरिकता] बदल लेने, और मूल देश से सभी नाते तोड़ लेने में सक्षम है [उन्हें ऐसा करने में कोई संकोच भी नहीं होता]। इस कठिनाई पर केवल व्यापक क्षेत्रीय स्तर के समन्वित प्रयास ही पार पा सकते हैं।

क्या धनी वास्तव में निर्धन हैं?

एक और तथ्य पर मैं बल देना चाहता हूँ। वैश्विक वित्तीय परिसम्पदा का एक बड़ा भाग तो पहले ही "कर–स्वर्गों" में छिपा हुआ है। यह भी सम्पदा के वैश्विक वितरण की सटीक व्याख्या में बाधक हो जाता है। केवल आधिकारिक आंकड़ों [राष्ट्रीय आंकड़े तथा अंतर्राष्ट्रीय मुद्रा कोष जैसी संस्थाओं के आंकड़े] से तो यही स्पष्ट होता है कि शेष विश्व के सापेक्ष धनी देशों की निवल सम्पदाधारिता नकारात्मक हो चुकी है। हमने खंड–2 में देखा था कि जापान और जर्मनी के पास शेष विश्व की तुलना में बड़ा अतिरेक है [अर्थात उनके नागरिक, सरकार और फर्मों की विदेशों मे सम्पदा का मूल्य विदेशियों के स्वामित्व की इन दो देशो में सम्पदाओं से कहीं अधिक है]। इसमें इन दो देशों के पिछले कई दशकों से चले आ रहे व्यापार शेष के आधिक्य की झलक स्पष्ट रूप से दिख रही है। किंतु संयुक्त राज्य की निवल धारिता नकारात्मक है और जर्मनी को छोड़ शेष यूरोपीय देशों

की धारित शून्यप्राय है।[52] यदि सभी धनी देशों की निवल विदेशी सम्पदाओं का योग करें तो यह नकारात्मक स्तर पर आकलित होता है। इसका मान 2010 के सकल वैश्विक घरेलू उत्पाद के 4 प्रतिशत जितना है —जबकि अस्सी के दशक मध्य में यह शून्य के निकट था [देखें रेखाचित्र 12.5][53] किंतु यह भी महत्त्वपूर्ण है कि ये धारिता स्तर बहुत ही मामूली रूप से नकारात्मक है [विश्व सम्पदा का मात्र 1 प्रतिशत] कुछ भी कहें, मैं पहले ही चर्चा कर चुका हूँ कि हम आज जिस विश्व में रह रहे हैं वहाँ अंतर्राष्ट्रीय धारिताएं अपेक्षाकृत संतुलित हैं—उपनिवेश काल में तो धनी देशों की शेष विश्व पर सम्पदाधारिता बहुत ही विशाल और सकारात्मक थी।[54]

रेखाचित्र 12.6: धनी देशों की निवल विदेशी परिसम्पदा धारिता

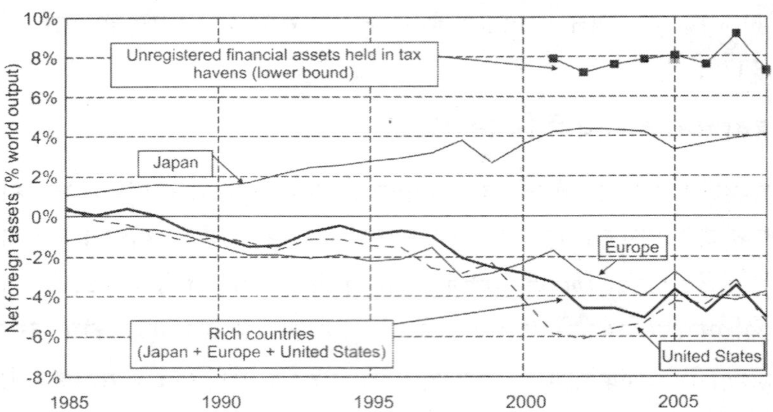

"कर स्वर्गों" में स्थित अपंजीकृत परिसम्पदाओं का मान धनी देशों के आधिकारिक विदेशी ऋणों से कहीं अधिक है। स्रोत और श्रृंखला हेतु देखें: piketty.pse.ens.fr/capital21C.

हाँ, विश्व स्तर पर इनकी जरा–सी नकारात्मक स्थिति का संतुलन शेष विश्व की सकारात्मक स्थिति द्वारा हो जाता है। दूसरे शब्दों में गरीब देशों का अमीर देशों में जिन सम्पदाओं पर अधिकार है, उनका मूल्य अमीर देशों की गरीब देशों में अवस्थित सम्पदा से अधिक है और उनके पक्ष में आधिक्य विश्व सकल घरेलू उत्पाद के 4 प्रतिशत [विश्व सम्पदा के एक प्रतिशत] के

बराबर है। किंतु यह पूरी कहानी नहीं है। यदि विश्व के विभिन्न देशों के वित्तीय आंकड़ों को जोड़ लें तो गरीब देशों की निवल स्थिति भी नकारात्मक हो जाती है। दूसरे शब्दों में सारा विश्व ही बड़े स्तर पर नकारात्मक स्थिति दर्शा रहा है। यह बड़ी विचित्र स्थिति है—तो क्या विश्व पर मंगलग्रह के कल्पित व्यक्तियों का स्वामित्व हो गया है? यह एक 'सांख्यिकीय विद्रूपता' है और विभिन्न अंतर्राष्ट्रीय संगठनों के अनुसार यह पिछले कुछ वर्षों से अधिक गंभीर होती जा रही है। विश्व स्तर पर भुगतान शेष नियमित रूप से नकारात्मक है, सभी देशों से बाहर जा रही नकद राशियों का योग उनमें आ रही राशियों के योग से अधिक है। सैद्धांतिक दृष्टि से तो यह असंभव होना चाहिए। इस प्रक्रिया की हमें कोई व्याख्या नहीं मिल रही। यह भी ध्यान रहे कि ये वित्तीय और भुगतान शेष के आंकड़े संपूर्ण विश्व के लिए हैं। वास्तव में तो कर 'स्वर्गों' के बैंकों को भी अपने खातों की जानकारी अंतर्राष्ट्रीय संस्थानों को देनी पड़ती है। संभवत: इन विद्रूपताओं का आरोप सांख्यिकीय रुझानों और मापन की त्रुटियों के मत्थे मढ़ने से काम चल जाए।

गेब्रियल जुक्मैन ने पहले से उपलब्ध जानकारी के साथ नई उपलब्ध स्विस बैंक जानकारी का प्रयोग कर यह दिखाने में सफलता पाई है कि इस विद्रूपता का मुख्य कारण 'कर स्वर्गों' में छिपाई हुई वित्तीय सम्पदाओं की घोषणा नहीं करना ही है। उन्होंने बहुत सावधानी के साथ और झिझकते हुए जो अनुमान किया है वह विश्व सकल घरेलू उत्पाद का 10 प्रतिशत है।[55] कतिपय गैर सरकारी संगठनों ने तो 2 से 3 गुना बड़े अनुमान भी सुझाए हैं। उपलब्ध स्रोतों की वर्तमान अवस्था में मुझे जुक्मैन का अनुमान अधिक सटीक प्रतीत हो रहा है। किंतु ऐसे अनुमानों की मूल प्रकृति उन्हें अनिश्चित बनाए रखती है और संभव है कि जुक्मैन का अनुमान एक न्यूनतम सीमा ही सिद्ध हो।[56] अंतत: यह बात उठती है कि यह न्यूनतम सीमा भी बहुत विशाल है—विशेष बात तो यह है कि ये धनी देशों की संयुक्त नकारात्मक सम्पदाधारिता के दोगुने से अधिक है।[57] सभी साक्ष्य

संकेत दे रहे हैं कि 'कर स्वर्गों' में दिखाई गई अधिकांश [कम से कम 75 प्रतिशत] वित्तीय सम्पदा धनी देशों के निवासियों की है। फिर तो स्वाभाविक निष्कर्ष है कि धनी देशों की शेष विश्व के सापेक्ष सम्पदाधारिता वास्तव में सकारात्मक हैं—उनका शेष विश्व की सम्पदाओं पर अच्छा खासा अधिकार है—गरीब देशों ने उनकी सम्पत्तियों पर कब्जा नहीं किया हुआ। किंतु इस निष्कर्ष में चौंकाने वाली कोई बात नहीं हैं, हां धनी देशों के निवासियों ने 'कर स्वर्गों' में अपनी धनराशियों को छिपा कर इस पर एक आवरण अवश्य डाल दिया है। इसका निहित अर्थ भी है : धनी देशों में निजी सम्पदा में राष्ट्रीय आय की अपेक्षा अधिक तीव्र वृद्धि आधिकारिक लेखे में दर्शाई गई जानकारी से कहीं अधिक है। यही बात सकल सम्पदा में विशालतम सम्पदाओं के अंश में वृद्धि की प्रक्रिया पर भी लागू हो रही है।[58] इन सबसे वास्तव में यही सिद्ध होता है कि 21वीं सदी के वैश्वीकृत पूंजीवाद में परिसम्पदाओं की पड़ताल करना कितना कठिन है। इससे हमारा सम्पदा का भौगोलिक चित्रण बहुत धूमिल हो जाता है।

■ ■ ■

खण्ड-4

21वीं संदी में पूंजी पर विनियमन

अध्याय-13

21वीं सदी के लिए सामाजिक अवस्था

इस पुस्तक के तीन खंडों में मैंने अठारहवीं सदी से धन सम्पदा के वितरण के विकासक्रम और विषमता की अंतर्रचना का विश्लेषण किया है। अब अपने उक्त विश्लेषण को आधार बनाकर मैं भविष्य के लिए सीख प्राप्त करने का प्रयास करूंगा। एक बड़ी सीख तो बहुत स्पष्ट है : 20वीं सदी के महायुद्धों ने ही विषमता की अतीतकालीन अंतर्रचना का निवारण कर एक नया स्वरूप विकसित करने का अवसर पैदा किया था। आज 21वीं सदी के दूसरे दशक में जिस विषमता के अंत की गाथा गाई जा रही थी, उसी के पहले से भी अधिक विकट रूप में पुन: प्रकट होने के हम सभी साक्षी बन रहे हैं। नव वैश्वीकृत अर्थव्यवस्था अपने साथ नवीन आशाएं [गरीबी के निवारण] ही नहीं, बल्कि वैयक्तिक एवं संपूर्ण राष्ट्र के स्तर पर अत्यधिक विषमताओं के सूत्रपात और उत्कर्ष की प्रबल आशंकाएं भी लेकर आई है। क्या हम ऐसी 21वीं सदी की कल्पना कर सकते हैं जिसमें पूंजीवाद अधिक शान्ति उत्कृष्ट स्वरूप धारण कर पाएगा या हमें सचमुच किसी विश्व स्तरीय संकट और संघर्ष की प्रतीक्षा करनी होगी? क्या अभी तक जो ऐतिहासिक पक्ष मैंने उजागर किए हैं उनके आधार पर आज के वैश्विक सम्पदाधारी पूंजीवाद का दक्षतापूर्ण एवं न्यायपूर्ण नियमन संभव हो पाएगा?

मैंने पहले ही आग्रह किया है कि अंतहीन विषमता कुंतल के निवारण और संचयन की गत्यात्मकता पर पुन: नियंत्रण स्थापित करने के लिए पूंजी पर एक विश्व स्तरीय प्रगतिशील 'कर' की आवश्यकता होगी। ऐसे कर की एक और शुभ विशेषता होगी : इससे धन सम्पदा की लोकतांत्रिक समीक्षा भी संभव हो जाएगी—यह बैंक व्यवस्थाओं और पूंजी के अंतर्राष्ट्रीय प्रवाहों के प्रभावी नियमन की एक अनिवार्य शर्त भी है। पूंजी कर आर्थिक खुलेपन और स्पर्धा की शक्तियों को अक्षुण्ण रखते हुए निजी हितों पर सामान्य हितों का संवर्धन करेगा। विभिन्न प्रकार की राष्ट्रीयतावादी

नीतियां इस करारोपण का विकल्प भले ही हों किंतु उनमें ये उपर्युक्त विशेषताएं होने को लेकर संदेह बना रहेगा। किंतु एक सही अर्थों में वैश्विक पूंजी कर का विचार एक काल्पनिक आदर्श होता है। उससे पूर्व एक क्षेत्रीय या महाद्वीपीय कर [विशेष कर यूरोप में] का प्रयोग किया जाना चाहिए। इसको सबसे पहले उन देशों में लागू किया जा सकता है जो इस पर सहमत हों। इस अनुशंसा को स्थूल रूप प्रदान करने से पूर्व मैं पूंजी कर के प्रश्न को एक अधिक व्यापक परिप्रेक्ष्य में समझाना चाहता हूँ [वस्तुतः वह आदर्श सामाजिक और राजकोषीय व्यवस्था का एक घटक ही होगा]। 21वीं सदी में उत्पादन और धन सम्पदा के वितरण में सरकार की भूमिका क्या है? साथ ही आज के युग के सर्वाधिक अनुकूल किस प्रकार की सामाजिक रचना व्यवस्था होगी?

वर्ष 2008 का संकट और सरकार की वापसी

जो वैश्विक संकट 2007–08 में प्रारम्भ हुआ था उसे 1929 के बाद से पूंजीवाद का सबसे गंभीर संकट माना जाता है। किसी सीमा तक यह तुलना उपयुक्त लगती है, किंतु इसमें कुछ महत्त्वपूर्ण अंतर भी हैं। सबसे बड़ा अंतर तो यह है कि इस नए संकट ने 1930 के दशक की महामंदी जैसी परिस्थितियों का निर्माण नहीं किया है। वर्ष 1929 से 1935 के बीच विकसित देशों के उत्पादन में एक चौथाई की गिरावट आई और इसी के सतुल्य बेरोजगारी में वृद्धि हुई। सही अर्थों में विश्व इस मंदी से द्वितीय महायुद्ध प्रारम्भ होने तक उबर नहीं पाया था। सौभाग्यवश नया संकट उतना विनाशकारी नहीं रहा। इसीलिए इसे महामंदी जैसा डरावना नाम नहीं दिया गया। फिर भी यह सत्य है कि अब 2013 तक विश्व के विकसित देश अपने ही 2007 के स्तर पर उत्पादन नहीं कर पा रहे हैं, सरकारों की वित्तीय स्थिति दयनीय है और निकट भविष्य में संवृद्धि की संभावनाएं [विशेषकर यूरोप में] धूमिल ही लग रही हैं। यह बात अपने आप में विचित्र है क्योंकि यूरोप ही वह महाद्वीप है जहां पूंजी/आय अनुपात अधिकतम है और साथ ही अंतहीन संप्रभु ऋण संकट भी चल रहे हैं। फिर भी मंदी के गंभीरतम समय (2009) में धनिकतम देशों के उत्पादन में 5 प्रतिशत से अधिक गिरावट नहीं आई। किंतु यही द्वितीय महायुद्ध के बाद

की सबसे गंभीर वैश्विक मंदी बन गई—फिर भी यह 1930 के दशक के उत्पादन के ध्वंस और दिवालिएपन के दौर से बहुत ही अलग घटनाक्रम है। यही नहीं, उदीप्यमान देशों में उत्पादन शीघ्र ही उन्नयनशील हो गया और आज वही वैश्विक संवृद्धि का संचालक बन गया है।

महामंदी जैसी गंभीर स्थिति से विश्व को 2008 में बचा लेने का श्रेय धनी देशों के केंद्रीय बैंकों और उनकी सरकारों को दिया जाना चाहिए। उन्होंने अपनी अर्थ व्यवस्थाओं में आवश्यक तरलता का संचार कर वित्तीय व्यवस्था को ध्वंस से बचा लिया। इसी कारण 1930 के दशक वाली दिवालिएपन की लहरें नहीं उठीं जो विश्व को पतन के गर्त के मुहाने पर ले गई थीं। यह व्यावहारिक मौद्रिक एवं राजकोषीय नीति उस परिसमापनवाद से बहुत ही भिन्न है जो 1929 के बाद प्राय: सभी विकसित देशों में छाया हुआ था। संयुक्त राज्य के राष्ट्रपति हर्बर्ट हूवर का कहना था कि लंगड़ा रहे व्यवसाय का तो परिसमापन ही होना चाहिए। वहाँ 1933 में फ्रैंकलिन रूजवेल्ट के निर्वाचन से पूर्व यही परिसमापन होता रहा था। वर्ष 2008 के बाद से चली व्यावहारिक प्रतिक्रियाओं ने विश्व को यह भी समझा दिया कि केंद्रीय बैंक केवल बैठे हुए हाथ मलने और स्फीति से जूझने के प्रयास करने के लिए नहीं बने हैं। भीषण वित्तीय संत्रास के समय उनकी अंतिम ऋणदाता की भूमिका अपरिहार्य हो जाती है —वही एक मात्र सार्वजनिक संस्थान होते हैं जो समाज और अर्थतंत्र को संपूर्ण विध्वंस एवं संकट से उबार सकते हैं। किंतु फिर भी केंद्रीय बैंक दुनिया की सभी समस्याओं का समाधान कर पाने के निमित्त नहीं रचे गए हैं। यह ठीक है कि 2008 की व्यावहारिक नीतियों द्वारा उन्होंने गंभीरतम परिदृश्य से तो विश्व अर्थतंत्र को बचा लिया, किंतु वे भी उस संकट को जन्म देने वाली संरचनागत समस्याओं का स्थायी समाधान प्रदान करने में सफल नहीं हो पाए [वे समस्याएं तो वित्तीय पारदर्शिता का नितांत अभाव और विषमता में तीव्र वृद्धि हैं]। वैश्वीकृत सम्पदाधारी पूंजीवाद के समक्ष 2008 का यह संकट 21वीं सदी का पहला संकट था। इसका अंतिम संकट हो कर रह जाना संभव नहीं लगता।

अनेक अध्येताओं ने सरकार की अर्थ प्रबंधक की भूमिका की ओर वास्तविक वापसी नहीं होने की भर्त्सना की है। उनका कहना है कि महामंदी चाहे जितनी निंदनीय रही फिर भी उसे यह श्रेय तो मिलना ही चाहिए कि उसने सरकारी व्यय और कराधान संबंधी नीतियों में एक निर्णायक परिवर्तन ला दिया था। वास्तव में रूजवेल्ट ने सत्ता संभालने के कुछ ही वर्षों में अति उच्च आय वर्ग पर केंद्रीय आय कर की सीमांत दर को 80 प्रतिशत पर पहुंचा दिया था जबकि हूवर के शासन में वह 25 प्रतिशत ही थी। इसके विपरीत इस पुस्तक की रचना के समय वाशिंगटन में यही अटकलें चल रही हैं कि क्या ओबामा अपने द्वितीय शासन काल में इस शीर्ष दर को बुश के 35 प्रतिशत या क्लिंटन के 40 प्रतिशत से ऊपर ले जाएंगे।

अध्याय–14 में मैं अंतमर्हायुद्ध काल के इस अमेरिकी "नव प्रवर्तन" की समीक्षा करूंगा कि अति उच्च या जब्तकारी कर *(Confiscatory Tax)* व्यवस्था अशोभनीय और आर्थिक दृष्टि से बेकार होती है। मेरे विचार से उस देश में जहां यह विचार उठा था वहीं उस व्यवस्था को पुनर्जीवित करने की सबसे अधिक आवश्यकता है।

यह भी निश्चित है कि एक अच्छी आर्थिक एवं सामाजिक नीति में अति उच्च आय पर उच्च सीमांत कर से आगे भी बहुत कुछ होना चाहिए। ऐसे कर की स्वाभाविक रचना ऐसी होती है कि इससे मिलता कुछ नहीं। मुझे लगता है कि 20वीं सदी की चुनौतियों का सामना करने के लिए गढ़ी गई प्रगतिशील आय कर की प्रणाली अब पर्याप्त नहीं है—पूंजी पर प्रगतिशील कर अधिक प्रभावी सिद्ध होगा [कोई कारण नहीं कि ये दोनों कर समन्वित रूप से नहीं लग सकते—वस्तुत: इनका समन्वित प्रयोग तो भविष्य की अनेक संभावित आशंकाओं और समस्याओं का निवारण कर सकता है]। अभी तो एक संभावित गलतफहमी को दूर करना ही महत्त्वपूर्ण है।

आज के युग में सरकार के अधिक हस्तक्षेप की संभावना 1930 की तुलना में बहुत ही अलग प्रकार के प्रश्नों को जन्म देती है। वास्तव में आज के अर्थ तंत्रों में सरकार का प्रभाव न केवल उस समय की तुलना में, बल्कि,

किसी भी अन्य समय की अपेक्षा बहुत अधिक है। इसी कारण आज का आर्थिक संकट बाजार तंत्र की कड़ी भर्त्सना और सरकार की भूमिका के लिए कड़ी चुनौती का रूप धारण कर गया है। यह ठीक है कि 1970 के दशक से सरकार की भूमिका की आवश्यकता को निरंतर चुनौती दी जा रही है—यह क्रम कभी थमने वाला भी नहीं है। द्वितीय महायुद्ध के बाद से सरकार की जो आर्थिक भूमिका केंद्रस्थ बिंदु पर प्रतिष्ठित हो गई है उस पर प्रश्न उठाना और उस पर वाद–विवाद का चलना स्वाभाविक है। किसी को यह बात अनुचित लग सकती है किंतु यह अपरिहार्य और नितांत स्वाभाविक है। कुछ व्यक्ति सरकार की नई भूमिका से भौंचक्के रह जाते हैं और विभिन्न सरकारी भूमिकाओं को समस्त स्वरूप में नहीं समझ पाने के कारण उनका आक्रोश बहुत उग्र हो जाता है। कुछ अन्य सरकार की विस्तृत भूमिका की वकालत करते दिखाई पड़ते हैं—जैसे कि सरकार अभी तक कुछ कर ही नहीं रही हो। एक अन्य वर्ग ऐसे देश में जहां इसका कार्य न्यूनतम हो [संयुक्त राज्य अमेरिका] वहाँ सरकार नामक संस्था का तुरन्त निर्मूलन करने की आवश्यकता पर भी आग्रह कर जाता है। वहाँ "चाय पार्टी" के साथ जुड़े समूह संघीय रिजर्व व्यवस्था को तुरंत भंग कर "स्वर्णमान" व्यवस्था की पुनर्स्थापना की मांग कर रहे हैं। यूरोप में तो "अकर्मण्य ग्रीक" और "उग्र जर्मन" समुदायों के बीच विवाद बहुत अधिक उग्र रूप धारण कर जाता है। किंतु यह बहसबाजी किसी भी समस्या का समाधान नहीं कर पाती। बाजार विरोधी और सरकार विरोधी, दोनों ही पक्ष, आंशिक रूप से ठीक हैं। वास्तव में बेलगाम हो रहे वित्तीय पूंजीवाद पर नियंत्रण के नए उपायों की आवश्यकता है—साथ ही आधुनिक शासन व्यवस्था का हृदय कही जाने वाली कराधान एवं अंतरण व्यवस्था भी आज सुधार और आधुनिकीकरण की प्रतीक्षा कर रही है। ये व्यवस्था इतनी जटिल हो चली है कि इसे समझ पाना कठिन हो गया है। इसी कारण इसकी सामाजिक एवं आर्थिक प्रभावोत्पादकता कुंठित हो रही है।

यह द्विपक्षीय कार्य दुर्लंघ्य प्रतीत हो सकता है। वस्तुत: यह वह बड़ी चुनौती है जिसका सामना आगामी वर्षों में हमारे लोकतांत्रिक समाज को करना ही होगा। किंतु वर्तमान प्रशासन तंत्रों के निष्पादन की कुशलता

सिद्ध किए बिना हमारे समाज के एक विशाल बहुमत को प्रशासन संस्थाओं [विशेषकर अंतर्राष्ट्रीय] की नए उपाय अपनाने की आवश्यकता पर सहमत कर पाना सरल नहीं होगा। इन सभी पक्षों के स्पष्टीकरण से पूर्व मैं 19वीं सदी के कराधान एवं लोक व्यय नीतियों के विकासक्रम पर एक विहंगम दृष्टिपात करना चाहूँगा।

बीसवीं सदी में सामाजिक सरकार का विकास

सरकार की अर्थव्यवस्था और समाज में भूमिका में परिवर्तन को मापने की सबसे सरल विधि तो करों और राष्ट्रीय आय के अनुपात में आए परिवर्तनों का अध्ययन है। रेखाचित्र 13.1 चार देशों में इस अनुपात के प्रक्षेपण पथ को दर्शा रहा है। संयुक्त राज्य अमेरिका, ब्रिटेन, फ्रांस और स्वीडन धनी देशों के घटनाक्रम का काफी सही प्रतिनिधित्व करते हैं।[1] इनके विकासक्रमों में अनेक अच्छी समानताएं हैं तो कुछ महत्त्वपूर्ण अंतर भी हैं।

रेखाचित्र 13.1: धनी देशों में कर राजस्व 1870–2100

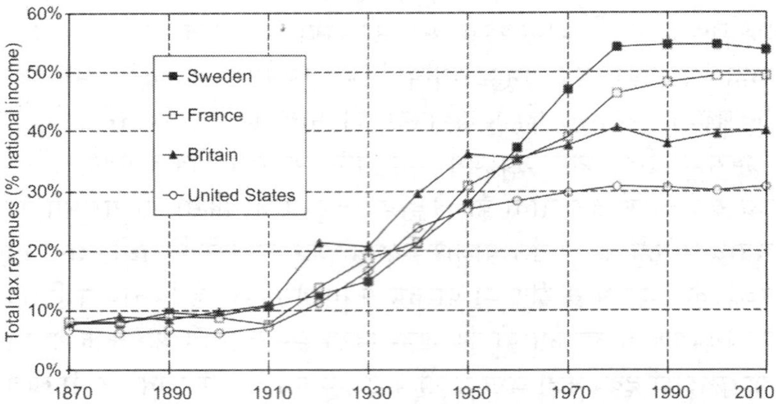

दशक 1900–10 तक धनी देशों में सकल कर राजस्व राष्ट्रीय आय के 10 प्रतिशत से कम था; दशक 2000–2010 में राजस्व का अंश 30 से 55 प्रतिशत पर पहुंच चुका है।

स्रोत और श्रृंखला हेतु देखें: piketty.pse.ens.fr/capital21C.

पहली समानता: चारों देशों में 19वीं सदी ही नहीं, प्रथम विश्वयुद्ध से पूर्व तक करों में राष्ट्रीय आय का 10 प्रतिशत से कम अंश काम आता था। इससे स्पष्ट है कि उस समय सरकार का आर्थिक सामाजिक जीवन से

अधिक वास्ता नहीं था। राष्ट्रीय आय के 7–8 प्रतिशत अंश के सहारे सरकार अपने परंपरागत 'शाही' कार्य [पुलिस, न्याय व्यवस्था, सेना, विदेशी मामले और सामान्य प्रशासन] तो संपादित कर लेती थी—इनसे अधिक कुछ नहीं। कानून व्यवस्था, सम्पदा अधिकार संरक्षण और सेना पर व्यय [यही सरकारी व्यय की आधी मद होती है] के बाद सरकार की तिजोरी में अधिक कुछ नहीं बच पाता था।[2] इस काल में सरकारें कुछ सड़कों, अन्य उपरिसंरचनाओं [पुल आदि] के साथ-साथ स्कूलों, विश्वविद्यालयों और अस्पतालों पर भी कुछ व्यय करती थीं—किंतु अधिकांश जनसामान्य की पहुंच तो बहुत ही मामूली स्तर की शैक्षिक एवं चिकित्सीय सेवाओं तक हो पाती थी।[3]

लेकिन 1920–80 में धनी देशों में सामाजिक व्यय के लिए प्रयुक्त राष्ट्रीय आय अंश में भारी वृद्धि हुई है। आधी सदी में ही राष्ट्रीय आय में करों का अंश कम से कम 3 से 4 गुना अवश्य हो गया [नॉर्डिक देशों में तो यह 5 गुना से अधिक हो गया है]। परंतु 1980–2010 में सभी देशों में यह अंश स्थिरता प्राप्त कर चुका है। प्रत्येक देश में अपना अपना स्थिर स्तर रहा है : संयुक्त राज्य में यह राष्ट्रीय आय के 30 प्रतिशत से कुछ ही अधिक है, ब्रिटेन में 40 और महाद्वीपीय यूरोप में 45 से 55 प्रतिशत है [जर्मनी में 45, फ्रांस में 50 और स्वीडन में लगभग 55 प्रतिशत][4] इन देशों में इस अंश के स्तरों में अंतर महत्त्वपूर्ण है।[5] फिर भी दीर्घकालिक विकासक्रम बहुत ही मिलते जुलते हैं, इन चारों देशों में पिछले तीन दशकों की स्थिरता विशेष रूप से महत्त्वपूर्ण है। रेखाचित्र 13.1 में राजनीतिक परिवर्तनों और राष्ट्रीय विशिष्टताओं को भी देखा जा सकता है [विशेषकर ब्रिटेन और फ्रांस के संदर्भ में]। किंतु इनका महत्त्व स्थायित्व के सांझे स्वरूप के समक्ष सीमित होकर रह जाता है।[7]

दूसरे शब्दों में, सभी धनी देशों ने 20वीं सदी में राष्ट्रीय आय के एक दशम अंश का करों द्वारा उपयोग करने वाले संतुलन से प्रारम्भ कर एक तिहाई से अर्द्धांश प्रयोग वाले संतुलन को पा लिया था।[8] इस मूलभूत प्रत्यावर्तन के कई महत्त्वपूर्ण पक्षों पर अधिक स्पष्टीकरण की आवश्यकता है।

सबसे पहली बात तो यह है कि वर्तमान संकट के संदर्भ में 'सरकार की वापसी' हुई है या नहीं—यह प्रश्न ही भ्रामक है : सरकार की भूमिका तो आज पहले के प्रत्येक युग से कहीं अधिक व्यापक है। सामाजिक–आर्थिक जीवन में सरकार की भूमिका को सही प्रकार से समझने के लिए अनेक अन्य सूचकों की भी आवश्यकता होगी। सरकार केवल अपना खर्च चलाने के लिए करों के माध्यम से हस्तक्षेप नहीं करती—वह तो नियम निर्धारण द्वारा हस्तक्षेप करती है। उदाहरण के लिए 1980 के बाद से वित्तीय बाजारों को पहले जितनी कड़ाई से नियमित नहीं किया जा रहा था। सरकार स्वयं पूंजी का निर्माण करती है और उसकी स्वामी भी होती है। पिछले तीन दशकों में सार्वजनिक उद्यमों/परिसम्पदाओं के निजीकरण से सरकार की भूमिका द्वितीय महायुद्ध उपरांत के तीन दशकों की तुलना में कुछ संकुचित हो गई है। फिर भी यदि करों के रूप में प्रयुक्त राष्ट्रीय आय के अंश पर ध्यान दें तो सरकार ने जितनी व्यापक भूमिका पिछले कुछ दशकों में निभाई है, उतनी पहले कभी नहीं निभाई।

भले ही कुछ भी दावे कर दिए जाएं किंतु इस भूमिका में कमी के कोई चिन्ह नहीं दिखा दे रहे। वस्तुत: वृद्धता की ओर अग्रसर जनसंख्या, चिकित्सा प्रौद्योगिकी की प्रगति, शैक्षणिक व्यय की निरंतर वृद्धिमान आवश्यकताओं के बाद भी राष्ट्रीय आय में करों के अंश में स्थायित्व की स्थापना अपने आप में एक बड़ी उपलब्धि है। विपक्ष में रहते हुए सरकारी बजट में कटौती का वादा करना बहुत सरल होता है किंतु सत्ता में आकर उसे कर पाना उतना ही कठिन है। फिर भी एक बात तो है: आज अधिकांश यूरोपीय देशों में करों के भुगतान में ही आधी के लगभग राष्ट्रीय आय काम आ जाती है। अब कोई भी इस अनुपात में उस स्तर की वृद्धि की बात नहीं सोच पाता जैसी 1930–80 की अवधि में हो चुकी है। महामंदी, महायुद्ध और उसके बाद पुनर्निर्माण के संदर्भ में यह सोचना उचित ही था कि पूंजीवाद की समस्याओं का समाधान सरकार की भूमिका और उसके सामाजिक व्ययक्षेत्र का यथासंभव विस्तार ही कर पाएगा। आज के चयन की समस्या कहीं अधिक जटिल है। सरकारी लम्बी छलांग तो पहले ही लग

चुकी है : दूसरी कोई छलांग नहीं लगेगी—कम से कम पहली के स्तर की तो हरगिज नहीं।

इन आंकड़ों के पीछे क्या कुछ छिपा है, यह जानने के लिए हमें इस बात को कुछ अधिक विस्तार से जानना होगा कि इस अधिक कर राशि का प्रयोग किस प्रकार हुआ है : इसे एक "सामाजिक सरकार की रचना में प्रयोग किया गया है।[9]" उन्नीसवीं सदी की सरकारें केवल शाही दायित्व निभाने तक सीमित रहती थी। आज भी उन कार्यों पर राष्ट्रीय आय का वही पुराना दशम अंश प्रयोग हो रहा है। वृद्धिमान कर-संग्रह ने सरकार को निरंतर प्रसारशील सामाजिक कार्यों का संपादन करने में सक्षम बनाया है—अब विभिन्न देशों में इन नए कार्यों पर एक चौथाई से एक तिहाई राष्ट्रीय आय का प्रयोग हो रहा है। इसे प्रारम्भिक स्तर पर दो समान भागों में बांटा जा सकता है : प्रथम अर्धभाग स्वास्थ्य और शिक्षा पर व्यय हो रहा है और दूसरे का प्रयोग आय प्रतिस्थापन और अंतरण भुगतानों में किया जाता है।[10]

सभी विकसित देशों में राष्ट्रीय आय का 10–15 प्रतिशत शिक्षा और स्वास्थ्य पर खर्च हो रहा है।[11] किंतु इन सभी देशों के व्यय की रचना में बड़े अंतर भी हैं। प्राय: सभी धनी देशों में प्राथमिक और माध्यमिक शिक्षा सभी के लिए नि:शुल्क है। किंतु उच्च शिक्षा संयुक्त राज्य में [किसी सीमा तक ब्रिटेन में भी] बहुत महंगी हो सकती है। ब्रिटेन सहित यूरोप के सभी देशों में सार्वजनिक स्वास्थ्य बीमा सर्वसुलभ है।[12] किंतु, संयुक्त राज्य में यह केवल निर्धन वर्गों को एवं अति वृद्धजनों को प्रदान किया जाता है [यह व्यवस्था चिकित्सा को बहुत महंगी होने से नहीं रोक पाती]।[13] सभी विकसित देशों में अधिकांश शिक्षा एवं स्वास्थ्य सेवा व्यय का वहन सार्वजनिक कोष के द्वारा किया जाता है : यूरोप में तीन चौथाई तो संयुक्त राज्य में आधा। लक्ष्य मूलभूत पदार्थ सभी को सुलभ कराना है : प्रत्येक बच्चे को शिक्षा का अवसर मिले, उसके अभिभावकों की आय कुछ भी हो, और प्रत्येक व्यक्ति को स्वास्थ्य सेवा प्राप्य हो—विशेषकर उस समय जब वे कठिन परिस्थितियों से गुजर रहे हों।

अधिकांश धनी देशों में आजकल प्रतिस्थापन आय और अंतरण भुगतानों में भी 10–15 [20 भी] प्रतिशत राष्ट्रीय आय का उपयोग हो जाता है। शिक्षा और स्वास्थ्य पर व्यय तो वस्तुरूपी अंतरण है किंतु प्रतिस्थापन आय और अंतरण भुगतान तो पारिवारिक निर्वर्त्य आय का अंश बन जाते हैं: सरकार करों और सामाजिक बीमा योगदान *(Social Insurance Contribution)* के रूप में बड़ी राशियां एकत्र करती है और उनका अन्य परिवारों को प्रतिस्थापन आय [पेंशन, बेरोजगारी भत्ता] तथा अंतरण भुगतान [परिवार भत्ते, आय गारंटी] आदि के रूप में भुगतान कर देती है ताकि सभी परिवारों की समस्त निर्वर्त्य आय अपरिवर्तित रहे।[14]

व्यावहारिक स्तर पर तो पेंशन ही नई प्रतिस्थापन और अंतरण भुगतानों के दो तिहाई अंश के समान रहती है। यहाँ भी विभिन्न देशों में महत्त्वपूर्ण अंतर स्पष्ट होते हैं। महाद्वीपीय यूरोप में अकेले पेंशन राष्ट्रीय आय के 10–13 प्रतिशत के समान है [शीर्ष पर इटली और फ्रांस हैं जो जर्मनी और स्वीडन से आगे हैं]। ब्रिटेन और संयुक्त राज्य में सार्वजनिक पेंशन व्यवस्था में मध्यम और उच्च वर्ग की ओर बढ़ने पर बहुत जल्दी अधिकतम सीमा लागू हो जाती है [अर्थात सेवानिवृत्ति से पूर्व वेतन से पेंशन का अनुपात बड़ी तेजी से गिरने लगता है]। अत: पेंशन पर राष्ट्रीय आय का मात्र 6–7 प्रतिशत ही व्यय होता है।[15] ये राशियां बहुत विशाल हैं —सभी धनी देशों में कम से कम दो तिहाई, कहीं कहीं तीन चौथाई भी सेवानिवृत्त समुदाय के लिए यह पेंशन ही आय का मुख्य साधन है। इन सार्वजनिक पेंशन व्यवस्थाओं में त्रुटियां हो सकती हैं, इनके समक्ष अब कई चुनौतियां भी हैं, किंतु इनकी अनुपस्थिति में समाज के वरिष्ठ जनों की उस गंभीर विपन्नता एवं असहायता का निवारण संभव नहीं हो पाता जो 1950 के दशक [बस आधी सदी पूर्व तक] इन सभी धनी देशों के सामाजिक जीवन में रची बसी थी। शिक्षा और स्वास्थ्य सेवा की सुलभता के साथ यह सार्वजनिक पेंशन व्यवस्था वह तीसरी सामाजिक क्रांति है जिसे 20वीं सदी की राजकोषीय क्रांति ने संभव बनाया है।

पेंशन व्यय की तुलना में बेरोजगारी भत्तों का भुगतान बहुत सीमित [राष्ट्रीय आय का 1–2 प्रतिशत मात्र] है। इससे स्पष्ट है कि आज जनता

बेरोजगारी की अवस्था में सेवानिवृत्ति काल की अपेक्षा बहुत कम समय बिता रही है। किंतु जरूरत के समय प्रतिस्थापन आय का मिलना बहुत उपयोगी रहता है। और अंत में, आय सहायतार्थ व्यय तो राष्ट्रीय आय के 1 प्रतिशत से भी कम है। सकल सरकारी व्यय में इसका मान नगण्य रह जाता है। किंतु इसी व्यय को लेकर सबसे उग्र प्रश्न उठाए जाते हैं। लाभान्वितों पर औरों की कमाई पर जीवन बिताने का आरोप लगाया जाता है—जबकि इस मद पर होने वाला खर्च तो अन्य सरकारी कार्यक्रमों से बहुत कम है। इन लोकक्षेम कार्यो पर लगे इसी प्रकारके आक्षेपों एवं इनकी दुरूह प्रक्रियाओं के कारण इस प्रकार की सहायता पाने के कितने ही अधिकारी इसकी मांग नहीं कर पाते।[16] क्षेम हित लाभों को लेकर यूरोप ही नहीं संयुक्त राज्य में भी तीखे प्रश्न उठाए जाते हैं [जहां बेरोजगार, अकेली अश्वेत नस्ल की मां को पैसा दिया जाना ही क्षेनकारी सरकार की आलोचना का मुख्य मुद्दा बन जाता है]।[17] सभी मामलों में जिन राशियों को लेकर शोर मचाया जाता है वे तो सरकार के सामाजिक व्यय का बहुत छोटा हिस्सा होती हैं।

अगर हम सरकार की शिक्षा और स्वास्थ्य [10–15 प्रतिशत] के साथ प्रतिस्थापन और अंतरण [राष्ट्रीय आय का 10–15 यहाँ तक कि 20 प्रतिशत भी] जोड़ लें तो हम पाते हैं कि आज सामाजिक व्यय मदों पर सरकारें राष्ट्रीय आय का 25–35 प्रतिशत तक खर्च कर रही हैं। बीसवीं सदी में धनी देशों की सरकारों के राजस्व संग्रह में इतनी ही वृद्धि हुई है। दूसरे शब्दों में, सरकार के राजकोषीय स्वरूप का विस्तार वस्तुत: उसके सामाजिक स्वरूप का प्रसार ही है।

आधुनिक पुनर्वितरण: अधिकारिताओं का तर्क

सार रूप में बात करें तो आधुनिक पुनर्वितरण सीधे सीधे धनी लोगों से धन छीन कर गरीबों में बांट देना नहीं है। इसका रूप सर्व सुलभ सार्वजनिक सेवाओं और प्रतिस्थापन आय व्यवस्था का वित्तीय प्रबंध हो गया है—ये सेवाएं मुख्य रूप से शिक्षा, स्वास्थ्य और पेंशन सेवाएं हैं। पेंशन के संदर्भ में समता के नियम का अर्थ प्रतिस्थापन आय और जीवन भर की कमाई के

बीच एक अर्द्ध आनुपातिक संबंध भी बन जाता है।[18] शिक्षा और स्वास्थ्य के संदर्भ में व्यक्ति की अपनी या अभिभावकों की आय कुछ भी हो, ये दोनों सेवाएं सिद्धांत रूप में सभी को समान रूप से सुलभ होती हैं। आज के युग में पुनर्वितरण की रचना अधिकारिताओं के तर्क और कतिपय आधारभूत सेवाओं/वस्तुओं के प्रति समान रूप से पहुंच के सिद्धांत पर आधारित है।

कतिपय सैद्धांतिक पटल पर इस अधिकारिता विधि के लिए विभिन्न राष्ट्रीय एवं दार्शनिक परंपराओं का समर्थन भी दिख जाता है। संयुक्त राज्य की स्वतंत्रता घोषणा [1776] का आग्रह था कि प्रत्येक व्यक्ति को खुशी के अनुष्ठान का अधिकार था।[19] आज हमारा शिक्षा और स्वास्थ्य को मौलिक अधिकार मानने का विचार उसी आग्रह से संबंधित माना जा सकता है। वैसे इस मौलिक अधिकार तक पहुंचने में उक्त समाज को बहुत समय लगा है। फ्रांस के मानव एवं नागरिक अधिकारों के घोषणा पत्र [1789] के प्रथम अनुच्छेद में भी कहा गया है "मानव स्वतंत्र जन्म लेते हैं, स्वतंत्र रहते हैं और उनके अधिकार समान होते हैं।" किंतु इसके तुरंत बाद यह कथन भी आ गया, "सामाजिक भेद केवल सांझी उपयोगिता के आधार पर किए जा सकते हैं।" ये अतिरिक्त वाक्य बहुत महत्त्वपूर्ण हैं : ये समाज में व्याप्त वास्तविक विषमताओं की ओर इंगित करते हैं—भले ही पहले वाक्य में समानता को सर्वोपरि कहा गया हो। वास्तव में प्रत्येक अधिकारिता आधारित विधि में तनाव का मुख्य मुद्दा यही रहता है : समान अधिकार कहां तक व्यापक होंगे? क्या वे केवल स्वतंत्र रूप से अनुबंध करने के अधिकार हैं—बाजार में समानता'—यह विचार भी फ्रांसीसी क्रांति के समय बहुत ही क्रांतिकारी रहा होगा। दूसरे, यदि 20वीं सदी की सामाजिक सरकार द्वारा सुझाए गए समान शिक्षा, स्वास्थ्य सुविधा और पेंशन से आगे बढ़ें तो क्या संस्कृति, आवास और भ्रमण–पर्यटन के अधिकार भी नहीं मिलने चाहिए?

मानव के अधिकार घोषणापत्र (1789) के प्रथम अनुच्छेद के दूसरे वाक्य में ही इस प्रश्न का कुछ उत्तर भी दिया है, वह प्रमाण देने के दायित्व को दूसरे पक्ष पर डाल देता है: सामान्य व्यवहार तो समता है, यदि कहीं विषमता हो तो वह केवल सांझी उपयोगिता के आधार पर ही स्वीकार्य हो

पाएगी। उस घोषणा पत्र के रचयिता वास्तव में पुरातन व्यवस्था की सामाजिक क्रमिकताओं और विशेषाधिकारों में उन्मूलन की ही चिंता कर रहे थे। उस व्यवस्था की उन विशेषताओं को उस समय एक मनमानी भरी निरर्थक विषमता माना जा रहा था जिनसे किसी सांझे हित का संवर्धन नहीं होता था। घोषणा पत्र के वाक्यांश की अधिक व्यापक व्याख्या संभव है : यदि विषमता सभी के हित [विशेषकर समाज के सर्वाधिक अभावग्रस्त वर्गों के हित] में हो तो उसे स्वीकार किया जा सकता है।[20] अत: मौलिक अधिकार एवं भौतिक हितलाभ यथासंभव तभी तक सबको सुलभ कराए जाने चाहिए जब तक कि ऐसा करना न्यूनतम अधिकार एवं अवसर संपन्न समुदायों के हित में हो।[21] अमेरिकी दार्शनिक जॉन राउल्स द्वारा सुझाया गया 'अंतर का नियम' [न्याय का सिद्धांत पुस्तक में] भी इसी भावना का परिचायक है।[22] भारतीय अर्थशास्त्री अमर्त्य सेन द्वारा प्रतिपादित क्षमता–योग्यता विधि का तर्कशास्त्र भी इससे अधिक भिन्न नहीं है।[23]

विशुद्ध सैद्धांतिक स्तर पर सामाजिक न्याय के मूल सिद्धांतों पर एक निश्चित [किंचित कृत्रिम] सहमति बन रही है। मतभेद उसी समय उभरते हैं जब उक्त अधिकारों एवं विषमताओं को स्थूल रूप प्रदान कर उन्हें किसी विशिष्ट ऐतिहासिक सामाजिक परिवेश में स्थापित करने का प्रयास होता है। व्यवहार में टकरावों के मुख्य सरोकार हैं : सर्वाधिक अभावग्रस्तों की दशा सुधारने के वास्तविक उपायों, सभी को दिए जा सकने वाले अधिकारों के वितान [आर्थिक और बजटीय संरोधों तथा अनेक तत्संबंधी अनिश्चितताओं का ध्यान रखते हुए], और क्या कारक हमारे नियंत्रण में हैं तथा क्या उससे बाहर हैं [कहां तक भाग्य साथ देता है और कहां से प्रयास और प्रतिभा प्रारम्भ होते हैं]। इन प्रश्नों के उत्तर न विशुद्ध नियम दे पाएंगे और न ही उनका निरूपण करने वाले गणितीय सूत्र। इनके उत्तर पाने का एकमात्र मार्ग लोकतांत्रिक विचार विमर्श और राजनीतिक टकराव ही है। अत: लोकतांत्रिक संवाद एवं निर्णय प्रक्रिया का निर्धारण करने वाले नियमों एवं संस्थागत पक्षों तथा विभिन्न सामाजिक समूहों की सापेक्ष शक्तियां और अन्य पक्षों को सहमत कर पाने की क्षमताओं की भूमिका बहुत ही महत्त्वपूर्ण हो जाती है। अमेरिकी और फ्रांसीसी क्रांतियों ने

अधिकारों की समानता को एक अकाट्य नियम के रूप में स्वीकार किया था—उस समय तो वह बात उठाना एक बहुत ही प्रगतिशील कदम था। किंतु व्यावहारिक स्तर पर उन क्रांतियों के आधार पर विकसित 19वीं सदी की राजनीतिक व्यवस्थाएं केवल सम्पदा के अधिकार के संरक्षण पर केंद्रित होकर रह गईं।

सामाजिक सहकार की समाप्ति नहीं आधुनिकीकरण की आवश्यकता

आधुनिक पुनर्वितरण व्यवस्था की रचना बीसवीं सदी में धनी देशों की सामाजिक सरकारों ने शिक्षा, स्वास्थ्य और सेवानिवृत्ति संबंधी मौलिक अधिकारों के आधार पर की है। आज भले ही इन कराधान एवं सामाजिक व्यय प्रणालियों में अनेक त्रुटियां दिखाई देने लगी हों, किंतु ऐतिहासिक दृष्टि से ये एक बहुत बड़ा कदम रही हैं। पक्षपातवादी टकरावों को अलग रखें तो यूरोप में विशेष रूप से इन सामाजिक व्यवस्थाओं पर आम सहमति बन चुकी है [इसे यूरोप वाले तो अपना 'यूरोपीय प्रतिमान' भी कहते हैं, और इसी कारण इसके प्रति उनकी विशेष आसक्ति भी है]। आज कोई भी बड़ा आंदोलन या राजनीतिक शक्ति गंभीरतापूर्वक ऐसी अवस्था की बात नहीं कह सकती जो सरकार द्वारा संग्रहित करों को राष्ट्रीय आय के 10–15 प्रतिशत तक तथा उस द्वारा संचालित सामाजिक व्यवस्था का विघटन कर सरकारी कामों को "शाही कार्यों" तक सीमित कर दे।[24]

दूसरी ओर, इस सामाजिक सरकार तंत्र को 1950–80 वाली दरों पर ही आगे विस्तृत करने को भी कोई समर्थन नहीं मिल रहा [यदि समर्थन मिले तो 2050–60 तक 70–80 प्रतिशत आय सरकार द्वारा करों के रूप में हस्तगत होने लगेगी]। सैद्धांतिक दृष्टि से किसी देश में दो तिहाई या तीन चौथाई राष्ट्रीय आय करों में वसूल करने पर कोई बाधा नहीं हो सकती—बस आवश्यक है कि कर संग्रह में पारदर्शिता हो और संकलित राशियों का सर्वसम्मत उच्च वरीयता मदों अर्थात शिक्षा, स्वास्थ्य सेवाओं, संस्कृति, स्वच्छ ऊर्जा और धारणीय विकास आदि के निमित ही व्यय हो। कराधान अपने आप में न बुरा होता है और न ही अच्छा। सब कुछ इसी बात पर निर्भर है कि आप कर कैसे एकत्र करते हैं और उनका क्या प्रयोग करते हैं।

किंतु फिर भी दो ऐसे प्रमुख कारक हैं जिनके आधार पर सामाजिक सरकार के आकार स्वरूप का इतना अधिक विस्तार करना निकट भविष्य में अव्यावहारिक और अवांछनीय ठहराया जा सकता है।

पहला कारण तो यह है कि महाद्वीपीय यूरोप में, विशेष रूप से दूसरे महायुद्ध उपरांत तीव्र दर से चली आर्थिक संवृद्धि ने, अगले तीन दशकों में सरकार की भूमिका के विस्तार और प्रसार में बहुत योगदान किया था।[25] यदि आय में 5 प्रतिशत की वार्षिक वृद्धि चल रही हो तो जनता को उस वृद्धि के अधिकाधिक अंश को सामाजिक व्यय के निमित्त सरकार को सौंपने के लिए सहमत करना अधिक कठिन नहीं रहता [इस कारण सरकार की आर्थिक भूमिका का विस्तार आर्थिक संवृद्धि से अधिक तीव्र हो जाता है]। यदि आप 1930–50 की अवधि में शिक्षा, स्वास्थ्य, पेंशन आदि पर खर्च की गई बहुत कम राशियों के परिप्रेक्ष्य में विचार करें तो इनके प्रसार की आवश्यकता बहुत अनुभव हो रही थी। किंतु 1980 के दशक के बाद की परिस्थितियां बहुत भिन्न हो गई हैं: यदि संवृद्धि दर मात्र 1 प्रतिशत रह गई हो तो कोई भी कर भार में निरंतर भारी वृद्धि का समर्थन नहीं कर पाएगा—क्योंकि उसे स्वीकार करने का अर्थ संवृद्धि दर में और शिथिलता होगा—यह नकारात्मक भी हो सकती है। एक स्थिर सकल आय संरचना में भी अधिक प्रगतिशील कराधान प्रणाली के सहारे पुनर्वितरण की कल्पना कर सकते हैं—किंतु इस व्यवस्था से औसत कर दर में स्थायी वृद्धि नहीं हो पाएगी। यह सत्य कि विभिन्न विकसित देशों में सरकारें तो बदल रही हैं किंतु कर राजस्व स्थिर हो चले है, कोई दुर्घटना नहीं है [इस स्थिरता में प्रत्येक देश के अपने आंतरिक कारकों का प्रभाव भी विद्यमान है] [देखें रेखाचित्र 13.1]। फिर यह भी निश्चित नहीं है कि सामाजिक आवश्यकता निरंतर कर वृद्धि को उचित ठहरा सकती है। शिक्षा और स्वास्थ्य व्यवस्था को और सुदृढ़ एवं व्यापक बनाने के लिए भविष्य में कुछ थोड़ी बहुत कर वृद्धि की आवश्यकता संभव है। किंतु धनी देशों के जन सामान्य की हर प्रकार की चीजें–वस्तुएं और सेवाएं खरीद पाने की अभिलाषाओं को अनैतिक और अवैध भी नहीं माना जा सकता [इनमें शामिल हो सकती हैं: पर्यटन, वस्त्र–परिधान, आवास, नवीन सांस्कृतिक सेवाओं का आनंद,

नवीनतम कंप्यूटर टेबलेट की खरीदारी आदि]। किंतु 1–1.5 प्रतिशत की निम्न उत्पादिता वृद्धि के वैश्विक परिदृश्य [वैसे यह संवृद्धि भी दीर्घकालिक दृष्टि से इतनी कम नहीं है] में तो समाज को अपनी विभिन्न आवश्यकताओं के बीच चयन करना ही पड़ेगा। यह सोचने का कोई औचित्य नहीं है कि प्राय: सभी आवश्यकताओं की पूर्ति कहीं न कहीं और कर लगा कर ही की जानी चाहिए।

इस बारे में भी कोई संदेह नहीं रहना चाहिए कि संवृद्धि के फलों का विभिन्न सामाजिक समूहों में विभाजन चाहे जैसे भी हो रहा हो, यदि सार्वजनिक क्षेत्र का आकार किसी स्तर से अधिक विशाल हो जाता है तो उसे संगठन–संचालन की गंभीर समस्याओं का सामना अवश्य करना पड़ेगा। एक बात और, दीर्घकालिक भविष्य में क्या होगा? इस बारे तो अभी से कह पाना कठिन है। यह कल्पना करना भी संभव है कि शीघ्र ही विकेंद्रीकृत एवं भागीदारीपूर्ण संगठन व्यवस्था विकसित हो जाएगी और ऐसी नई प्रशासन प्रणाली का उदय हो जाएगा जिसके माध्यम से आज की अपेक्षा बहुत बड़े सार्वजनिक क्षेत्र का दक्षतापूर्वक संचालन प्रबंधन संभव हो। वैसे सार्वजनिक क्षेत्र की संकल्पना अपने आप में कुछ विद्रूपतापूर्ण हो सकती है—यह आवश्यक नहीं कि जिन सेवाओं का वित्तीयन राजकोष से हो रहा हो, उनका उत्पादन करने में लगे व्यक्ति प्रत्यक्षत: सरकार या अन्य सरकारी निकायों के कर्मचारी भी हों। शैक्षिक एवं स्वास्थ्य सेवाएं तो अनेक प्रकार की संस्थाएं सुलभ करा रही हैं—ये प्राय: सरकारी निकाय और निजी उद्यम की मध्यवर्ती प्रबंध व्यवस्थाएं ही हैं। कुल मिलाकर विकसित देशों में शिक्षा और स्वास्थ्य सेवाएं, सकल रोजगार और सकल घरेलू उत्पाद में 20 प्रतिशत का योगदान दे रही हैं—यह उद्योगों के अन्य सभी क्षेत्रों के सम्मिलित योगदान से भी अधिक है। उत्पादन की व्यवस्था करने का यह प्रतिमान स्थायी एवं सर्वव्यापी भी है। उदाहरण के लिए किसी ने भी निजी अमेरिकी विश्वविद्यालयों को सार्वजनिक स्वामित्व के निगम बनाने की बात नहीं उठाई है। बहुत संभव है कि इस प्रकार की मध्यवर्ती संगठनात्मक रचना भविष्य में अधिक प्रचलित हो जाएं। ऐसे कुछ संभावित क्षेत्र संस्कृति एवं मीडिया क्षेत्रक हो सकते हैं जहां वर्तमान लाभ कमा रहे

निगमों को कड़ी स्पर्धा मिलने लगी है और हितों के टकराव की संभावना को लेकर भी प्रश्न उठ रहे हैं। मैंने पहले भी जर्मनी में पूंजीवाद के संगठन का उदाहरण दिया था—उससे ही स्पष्ट हो जाता है कि निजी पूंजी का स्वरूप अलग अलग देशों में अलग हो सकता है। यह भिन्नता परंपरागत उद्योग की एक प्रशाखा वाहन निर्माण में भी संभव है। आज के विकसित विश्व में पूंजीवाद और औद्योगिक संगठन का कोई एक नहीं, बल्कि अनेक प्रतिमान प्रचलित हैं। आज हम सभी एक मिश्रित अर्थव्यवस्था में जी रहे हैं —यह द्वितीय विश्वयुद्ध के बाद कल्पित मिश्रित अर्थ व्यवस्था से निश्चित ही अलग है किंतु है वास्तव में मिश्रित ही। यह बात भविष्य में भी सत्य रहेगी—संभवत: अतीत की अपेक्षा कहीं अधिक। फिर भी संगठन स्वामित्व के नए स्वरूपों का अन्वेषण अभी शेष है।

इन बातों से आगे बढ़ते हैं। राष्ट्रीय आय के 2 तिहाई से 3 चौथाई तक के सार्वजनिक वित्तीयन के कुशलतापूर्व प्रबंधन संगठन की चिंता से पूर्व हमें उसे वर्तमान सार्वजनिक क्षेत्र की प्रशासनिक दक्षता को सुधारने पर ध्यान देना चाहिए जो प्रतिस्थापन और अंतरण सहित अभी भी लगभग आधी राष्ट्रीय आय का प्रयोग कर रहा है। यह अपने आप में कोई छोटा काम नहीं होगा। जर्मनी, इटली, फ्रांस, ब्रिटेन और स्वीडन में अगले कुछ दशकों में सामाजिक सरकार विषयक विमर्श संगठन, आधुनिकीकरण और सुदृढ़ीकरण जैसे प्रश्नों पर केंद्रित रहेगा : यदि राष्ट्रीय आय में करों का अनुपात स्थिर रहे [या आवश्यकतानुसार इसमें कुछ वृद्धि भी हो जाए] तो हम अस्पतालों और दिवसीय देखभाल केंद्रों की गतिविधियों को और बेहतर कैसे बनाएंगे, डॉक्टरों की फीस और दवाओं की लागतों को कैसे समंजित करेंगे, विश्वविद्यालयों और प्राथमिक स्कूलों में कैसे सुधार लाएंगे, जीवन की आशा और युवाओं के बीच बेरोजगारी दरों में परिवर्तन के संदर्भ में पेंशन और बेरोजगारी प्रतिलाभ व्यवस्थाओं को किस प्रकार परिवर्तित करेंगे आदि। जब आधी राष्ट्रीय आय इन मदों पर सार्वजनिक व्यय का रूप धारण कर रही है तो इन प्रश्नों पर चर्चा न केवल वैध वरन अपरिहार्य भी है। यदि हम निरंतर अपनी सामाजिक सेवाओं को जन साधारण की आवश्यकताओं के अनुरूप परिवर्तित करने की बात नहीं उठाएंगे तो उच्च

स्तर पर कराधान पर आधारित सामाजिक सरकार विषयक आम सहमति बहुत अधिक समय तक नहीं चल पाएगी।

एक बात तो सहज स्पष्ट है। सामाजिक सरकार के सभी आयामों में सुधार की संभावनाओं का विश्लेषण इस पुस्तक के वितान से बाहर ही रहेगा। अत: मैं अपने इस कार्य की भावना से प्रत्यक्षत: संबंधित और भविष्य की दृष्टि से महत्त्वपूर्ण कुछ विषयों पर ही यहाँ ध्यान दे पाऊंगा : प्रथम तो है शिक्षा की सर्वसुलभता [विशेषकर उच्च शिक्षा की] और दूसरे, निम्न संवृद्धि काल में सेवानिवृत्ति पर भुगतान व्यवस्था।

क्या शिक्षा संस्थाएं सामाजिक गतिशीलता की संपोषक हैं?

सभी महाद्वीपों के सभी देशों में शिक्षा पर सार्वजनिक व्यय का एक प्रमुख उद्देश्य सामाजिक गतिशीलता है। घोषित ध्येय है सामाजिक उद्गम या मूल का विचार किए बिना सभी को शिक्षा की सुलभता। वर्तमान संस्थाएं किस सीमा तक इस उद्देश्य की पूर्ति कर पा रही हैं?

मैंने खंड–3 में बताया है कि 20वीं सदी में औसत शिक्षा स्तर में बहुत सुधार के बाद भी अर्जित आय की विषमताएं कम नहीं हो पाई हैं। प्रतीत होता है कि प्रत्येक रोजगार के लिए शैक्षिक स्तर उच्चतर हो गए हैं; जहां केवल प्राथमिक शिक्षा से काम चल जाता था वही माध्यमिक की जरूरत होने लगी है, जिन कार्यों में माध्यमिक शिक्षा पर्याप्त थी वहाँ अब कॉलेज शिक्षित ही रोजगार पा रहे हैं। जैसे जैसे प्रौद्योगिकी और कार्यस्थलों की जरूरतों में बदलाव आए हैं, सभी स्तरों पर पारिश्रमिक भी साथ बढ़ते गए हैं—उनके बीच विद्यमान विषमता अप्रभावित रही है। तो फिर सामाजिक गतिशीलता का क्या हुआ? क्या व्यापक शिक्षा प्रसार से प्रत्येक योग्यता स्तर पर विजेताओं और पराजितों के उदय और अस्त पर कोई विशेष प्रभाव रहा है? उपलब्ध आंकड़ों से तो इन प्रश्नों के उत्तर नहीं में मिलते है। योग्यता क्रमिकता की प्रत्युत्पति के मापक अंतर्पीढ़ी शिक्षा और अर्जित आय के सहसंबंध से तो दीर्घकालिक गतिशीलता का कोई विशेष संकेत नहीं मिल रहा। वस्तुत: अभी तो कुछ वर्षों से गतिशीलता में ह्रास के चिन्ह ही दिखाई देने लगे हैं।[26] किंतु एक बात का ध्यान रहे : किसी एक समय में

विषमता के मापन से अंतर्पीढ़ी स्तर की गतिशीलता का मापन बहुत कठिन रहता है। यही नहीं, इस गतिशीलता के ऐतिहासिक विकासक्रम को मापने के लिए उपलब्ध स्रोत और आंकड़े भी अत्यंत त्रुटिपूर्ण हैं।[27] इस अन्वेषण के सबसे सटीक परिणाम बता रहे हैं कि नॉर्डिक देशों में प्रतिभाओं की अंतर्पीढ़ी प्रत्युत्पत्ति निम्नतम हैं जबकि संयुक्त राज्य अमेरिका में उच्चतम [सहसंबंध का भान स्वीडन से 66 प्रतिशत अधिक है] हैं। फ्रांस, जर्मनी और ब्रिटेन इन दोनों के बीच में अवस्थित हैं—अर्थात उत्तरी यूरोप से कम गतिशीलता, किंतु संयुक्त राज्य से अधिक।

यह निष्कर्ष अमेरिकी समाजशास्त्रियों की अमेरिकी विशिष्टता *(American Exceptionalism)* [अपवादस्वरूपी] की धारणा के विपरीत है। उनका विश्वास रहा है कि संयुक्त राज्य में वर्ग-गठित यूरोप की अपेक्षा सामाजिक गतिशीलता बहुत अधिक है। यह ठीक है कि 19वीं सदी के प्रारम्भिक वर्षों में आकर बसे समुदाय में यह गतिशीलता उच्च रही थी। मैंने पहले भी बताया है कि उस समय अमेरिका में उत्तराधिकारी सम्पत्ति का महत्त्व यूरोप से बहुत कम था—यह स्थिति प्रथम महायुद्ध तक बनी रही। किंतु अधिकांश 20वीं सदी में और आज भी संयुक्त राज्य में सामाजिक गतिशीलता यूरोप की अपेक्षा कम ही आकलित हो रही है।

इसकी एक संभव व्याख्या है : अधिकांश प्रख्यात अमेरिकी विश्वविद्यालयों में प्रवेश के लिए बहुत ऊंची फीस चुकानी पड़ती है। यही नहीं, इस फीस में 1990–2010 की अवधि में भारी वृद्धियां भी हुई हैं—यह क्रम शीर्षस्थ स्तर पर आय की वृद्धि के साथ साथ चला है। इससे यह आशंका भी हो रही है कि संयुक्त राज्य अमेरिका में सामाजिक गतिशीलता में हमें जो शिथिलता अभी दिखाई दे रही है, भविष्य में वह और भी गंभीर रूप धारण कर जाएगी।[29] उच्च शिक्षा तक पहुंच में गैरबराबरी अब संयुक्त राज्य में भी एक वाद–विवाद का प्रश्न बनती जा रही है। शोध से स्पष्ट हो रहा है कि कॉलेज स्नातकों में आय क्रमिकता के निम्नतम दो चतुर्थांशमंक वाले अभिभावकों की संतानों का अनुपात 1970–2010 की अवधि में 10–20 प्रतिशत के बीच अटका रहा है। इसके विपरीत शीर्षस्थ चतुर्थांशमंक वाले अभिभावकों की संतानों का अनुपात 40 से बढ़कर कर

80 प्रतिशत हो गया है।[30] दूसरे शब्दों में, विश्वविद्यालय तक पहुंच पाने की संभावना की संपूर्णप्राय: सूचक, अभिभावकों की आय बन गई है।

यह पहुंच की विषमता आर्थिक अनुक्रम के शीर्ष पर भी विद्यमान है। सर्वाधिक प्रतिष्ठित निजी विश्वविद्यालयों की न केवल फीस मध्यम एवं उच्च मध्यम वर्ग के परिवारों को भारी पड़ जाती है बल्कि उनकी प्रवेश प्रक्रिया में प्रार्थियों के अभिभावकों की उन विश्वविद्यालयों को दान दे सकने की आर्थिक क्षमता पर अधिकाधिक निर्भर होती जा रही है। एक अध्ययन ने स्पष्ट प्रश्न किया है कि पुराने स्नातकों द्वारा अपने 'गुरुकुल' को दान देने की याद उसी समय क्यों आती है जब उनकी अपनी संतान विश्वविद्यालय प्रवेश की तैयारी में होती है।[31] विभिन्न स्रोतों के आंकड़ों की तुलना से स्पष्ट हो रहा है कि हार्वर्ड विश्वविद्यालय के छात्रों के अभिभावकों की औसत आय 450,000 [वार्षिक] है—यह तो अमेरिका में शीर्षस्थ 2 शतमंक का स्तर है।[32] ऐसी जानकारी का उभर कर आना स्पष्ट रूप से केवल प्रतिभा के आधार पर चयन के दावों के विपरीत लगता है। इस संदर्भ में अधिकारिक स्तर पर प्रतिभावादी विमर्श और वास्तविकता के बीच का टकराव बहुत ही चरम सीमा पर पहुंचा दिखाई देता है। छात्रों को चुनने की प्रक्रिया में पारदर्शिता का नितांत अभाव भी बरबस ध्यान खींच लेता है।[33]

किंतु यह मानना गलत होगा कि उच्च शिक्षा तक पहुंच में विषमता की समस्या केवल संयुक्त राज्य अमेरिका तक सीमित है। यह उन अनेक समस्याओं में से एक है जिनका सामना 21वीं सदी की सामाजिक सरकारों को करना ही होगा। अभी तक कोई देश इसका संतोषप्रद समाधान नहीं खोज पाया है। हां, यदि ब्रिटेन को छोड़ दें तो यूरोप में विश्वविद्यालयों की फीस काफी कम है।[34] अन्य देशों में [स्वीडन एवं उत्तरी यूरोप सहित] जर्मनी, फ्रांस, इटली, और स्पेन में शिक्षण शुल्क प्राय: 500 यूरो से कम है। कुछ अपवाद भी हैं जैसे फ्रांस में व्यवसाय [प्रबंधन] संस्थान और साइस पो। यद्यपि अब स्थिति तेजी से बदल रही है, किंतु अभी तक तो संयुक्त राज्य अमेरिका और यूरोप महाद्वीप में यह एक महत्त्वपूर्ण अंतर बना हुआ है। यूरोप में अधिकांश व्यक्तियों का मत है कि उच्चशिक्षा तक पहुंच नि:शुल्क

या नि:शुल्कप्राय होनी चाहिए—जैसा प्राथमिक एवं माध्यमिक शिक्षा के विषय में है।[35] कनाडा के क्यूबेक प्रांत में फीस को $2000 से धीरे धीरे बढ़ाकर $4000 तक ले जाने के निर्णय को संयुक्त राज्य अमेरिका की विषमताग्रस्त व्यवस्था की ओर अग्रसर होने का प्रयास मानकर वहाँ 2012 के शीतकाल में छात्र हड़ताल की नौबल आ गई थी जिसका परिणाम सरकार के पतन और फिर उक्त निर्णय की निरस्ति में हुआ था।

किंतु यह मान लेना भी बहुत अटपटा होगा कि नि:शुल्क उच्च शिक्षा से सभी समस्याओं का समाधान हो जाएगा। पिअरे बोर्डिओ और जीन-क्लॉड पासरोन ने 1964 में "ला हेरिटीअर्स" में लिखा था कि सामाजिक एवं सांस्कृतिक चयन की अन्य सौम्यता पूर्ण विधियां भी विद्यमान हैं जिनका प्रभाव अंतत: वित्तीय कारकों पर आधारित चयन जैसा ही होता है। व्यावहारिक दृष्टि से, फ्रांस की 'ग्रेन्डेस इकोलेस' व्यवस्था का परिणाम अधिक लाभित सामाजिक पृष्ठभूमि के छात्रों पर अधिक सार्वजनिक कोष का व्यय होता है। जबकि अपेक्षाकृत सामान्य पृष्ठभूमि के विश्वविद्यालय छात्रों पर कम धनराशि का व्यय किया जाता है। हम फिर उसी परिणाम पर पहुंच रहे हैं : आधिकारिक रूप से घोषित "जनतांत्रिक प्रतिभावाद" के विमर्श और वास्तविक व्यवहार [जहां सामाजिक व्यय भी सामाजिक विषमताओं का ही संपोषक बना रहता है] के बीच अंतर अपने चर्मोत्कर्ष पर है।[36] उपलब्ध आंकड़ों के अनुसार साइंसेज पो के शिक्षार्थियों के अभिभावकों की औसत आय लगभग 90000 यूरो है—यह फ्रांस की अनुक्रमिकता के शीर्षस्थ दशमंक की आय का स्तर है। हार्वर्ड की अपेक्षा छात्रों का प्रवेश पांच गुना विस्तृत समाज से हो रहा है किंतु फिर भी यह सीमित सामाजिक आधार ही है।[37] हमारे पास अन्य ग्रेंडेस इकोलेस के छात्र समुदायों का इस प्रकार आकलन करने के लिए पर्याप्त आंकड़े नहीं हैं— किंतु उस आकलन के परिणाम भी अधिक भिन्न नहीं होंगे।

एक बात पर सतर्क रहें: उच्च शिक्षा के अवसरों में वास्तविक समता प्राप्त करने का कोई सरल उपाय नहीं होता। 21वीं सदी में सामाजिक सरकार के लिए यह एक बड़ा मुद्दा रहने वाला है, अभी किसी आदर्श व्यवस्था का अन्वेषण नहीं हो पाया है। शिक्षण शुल्क, सुलभता में एक

अस्वीकार्य विषमता को जन्म देता है, किंतु वही स्वायत्तता समृद्धि और ऊर्जस्विता का संवर्धन कर अमेरिकी विश्वविद्यालयों को समूचे विश्व की ईर्ष्या का पात्र भी बना रहा है।[38] निचोड़ के रूप में विकेंद्रीकरण और समान सुलभता के सद्गुणों को समन्वित करने का एक मार्ग विश्वविद्यालयों को सार्वजनिक कोष से उदारतापूर्वक प्रोत्साहन राशियां प्रदान करना हो सकता है। यह किन्हीं अर्थों में वैसा ही कार्य होगा जो सार्वजनिक स्वास्थ्य बीमा योजनाएं कर रही हैं : स्वास्थ्य सेवा उत्पादकों [डॉक्टर और अस्पताल] को कुछ स्वायत्तता सुलभ रहती है किंतु चिकित्सा व्यय का वहन एक सार्वजनिक दायित्व रहता है। इस प्रकार रोगियों की स्वास्थ्य सेवा तक पहुंच में विषमता नहीं आने पाती। यही विश्वविद्यालयों एवं शिक्षार्थियों के संबंध में भी किया जा सकता है। नॉर्डिक देशों में ऐसी ही युक्ति उच्च शिक्षा के विषय में अपनाई गई है। इसके लिए बड़े स्तर पर सार्वजनिक व्यय की आवश्यकता होगी और इस समय चल रही सामाजिक सरकार के सुदृढ़ीकरण की प्रक्रिया में उस स्तर का वित्त सहज सुलभ नहीं होगा।[39] यह नीति वर्तमान प्रयास से कहीं बेहतर होगी जिसके अंतर्गत शिक्षण शुल्क की राशियां अभिभावकों की आय के अनुसार निर्धारित होती है[40] या फिर ऐसे ऋण दिए जाते हैं जिन्हें आगे चलकर ऋणी के आय कर दायित्व पर अधिभार लगाकर उगाहा जाता है।[41]

यदि इन समस्याओं का भविष्य में समाधान पाने की दिशा में प्रगति करनी है तो अधिक पारदर्शिता की ओर कदम बढ़ाना आवश्यक होगा। संयुक्त राज्य, फ्रांस और अन्य देशों में भी प्रतिभा तंत्र का सारा बखान शायद ही तथ्यों के सटीक विश्लेषण पर आधारित रहा है। प्राय: उस विमर्श का ध्येय वर्तमान व्यवस्था की गंभीरतम असफलताओं पर पर्दा डालना और विद्यमान विषमताओं को उचित ठहराना ही होता है। जब 1872 में एमिली बॉट्मी ने 'साइंसेज पो' की स्थापना की तो बहुत स्पष्ट शब्दों में घोषित किया था : बहुमत के समक्ष विवश हूँ, अपने आपको उच्च वर्ग कहने वाले लोग सबसे प्रतिभावान के अधिकारों का हवाला देकर ही अपना राजनीतिक वर्चस्व बनाए रख सकते हैं। जैसे जैसे परंपरागत उच्च वर्ग के विशेषाधिकार ध्वस्त होने लगेंगे, एक नई प्राचीर का निर्माण कर लिया

जाएगा—जिसमें अत्यंत उपयोगी प्रतिभाएं, सहज सम्मान आकर्षित करने वाली श्रेष्ठता और और उन योग्यताओं का प्रयोग होगा जिनसे कोई समझदार समाज स्वयं को वंचित नहीं रखना चाहेगा।[42] यदि इस अभूतपूर्व घोषणा को गंभीरता से देखा जाए तो यही अर्थ स्पष्ट होता है कि उच्च वर्गों ने अपनी अकर्मण्यता को छोड़कर इसलिए प्रतिभा तंत्र को गढ़ लिया था ताकि व्यापक मताधिकार कहीं उन्हें उन सभी विशिष्टताओं से वंचित न कर दे जिनके वे अभ्यस्त थे। इस कथन को एक राजनीतिक संदर्भ में भी प्रतिष्ठित किया जा सकता है; उस समय पैरिस कम्यून को ध्वस्त कर व्यापक मताधिकार व्यवस्था को पुनर्प्रतिष्ठित किया गया था। फिर भी बॉट्मी का कथन हमें इस अनिवार्य सत्य की याद तो दिला ही देता है : विषमता की परिभाषा करना और विजेताओं के स्तर–स्थान को उचित ठहराना अत्यंत ही महत्त्वपूर्ण बात होती है और इस महान उद्देश्य की पूर्ति के लिए तथ्यों को किसी भी प्रकार तोड़ मरोड़ कर प्रस्तुत किए जाने को देखने के लिए हमें तैयार रहना चाहिए!

पेंशन, सेवानिवृत्ति का भविष्य : "कमाते जाओ देते जाओ" और निम्न संवृद्धि

सामान्यत: सार्वजनिक पेंशन व्यवस्थाएं सक्रिय कर्मियों के वेतन से कटौती कर सेवानिवृत्त वर्ग को भुगतान पर आधारित हैं। पूंजीकृत पेंशन योजनाओं के विपरीत इस 'कमाते जाओ देते जाओ' व्यवस्था में कोई निवेश नहीं हो पाता। कटौती के रूप में एकत्र राशियों का तुरंत सेवानिवृत्तों को भुगतान हो जाता है। यह व्यवस्था कमियों की अंतर्पीढ़ी एकजुटता के नियम पर आधारित है। आज के सक्रिय कर्मी इस अपेक्षा में सेवानिवृत्तों को भुगतान करते हैं कि भविष्य में उनकी संतानें इसी प्रकार हमारे लिए योगदान देंगी। परिभाषानुसार प्रतिप्राप्ति दर अर्थव्यवस्था की संवृद्धि दर के तुल्य हो जाती है। भविष्य के सेवानिवृत्तों को भुगतान हेतु सुलभ योगदान औसत मजदूरी–वेतन के साथ साथ वृद्धिशील रहेगा। सिद्धांत रूप से इसका एक निहित अर्थ यह भी है कि सक्रिय कर्मियों का हित औसत वेतन में तीव्र से तीव्र वृद्धि सुनिश्चित करने के साथ जुड़ा होगा। अत: उन्हें अपने बच्चों के लिए स्कूलों और विश्वविद्यालयों में निवेश करना चाहिए और एक उच्च

जन्म दर को बढ़ावा देना चाहिए। दूसरे शब्दों में, विभिन्न पीढ़ियों के बीच एक ऐसा संबंध होता है जो सिद्धांत रूप से एक सद्गुणी एवं समरसतापूर्ण समाज की रचना करता है।[43]

जिस समय 20वीं सदी के मध्य में ये "कमाते जाओ देते जाओ" व्यवस्थाएं प्रारम्भ की गईं उस समय ऐसे सदघटना क्रम के लिए परिस्थितियां भी अनुकूल थीं। जनांकीय संवृद्धि दर उच्च थी तो उत्पादिता वृद्धि दर उससे भी उच्चतर थी। महाद्वीपीय यूरोप में संवृद्धि दर 5 प्रतिशत के निकट थी—अत: यही इस पेंशन व्यवस्था की प्रतिप्राप्ति दर भी थी। सटीक शब्दों में, जिन कर्मियों ने सरकारी पेंशन कोषों में द्वितीय महायुद्ध के बाद से 1980 तक अपने योगदान दिए थे, उन्हें उनके योगदान के समय के समस्त वेतन कोष से कहीं विशाल कोष में से भुगतान होता रहा है। किंतु अब स्थिति में कुछ बदलाव आ रहा है। संवृद्धि दर कम हो रही है। [सभी धनी देशों में यह अब 1.5 प्रतिशत के आसपास है—और संभवत: सभी देशों में इसी स्तर पर आ जाएगी] इससे सांझे योगदान कोष पर प्रतिप्राप्ति में कमी आ रही है। सभी संकेत सूचित कर रहे हैं कि 21वीं सदी में पूंजी पर प्रतिप्राप्ति दर अर्थव्यवस्था की संवृद्धि दर से बहुत अधिक होगी [4.5 प्रतिशत जबकि संवृद्धि दर मात्र 1.5 प्रतिशत रहेगी]।[44]

दूसरे, इन दो पेंशन योजनाओं की तुलना करते समय यह भी ध्यान रहना चाहिए कि पूंजी पर प्रतिप्राप्ति में बहुत अस्थिरता रहती है। सारे सेवानिवृत्ति योगदान को विश्व वित्तीय बाजार के सुपुर्द करना बहुत जोखिम भरा हो सकता है। सभी निवेशों पर समान रूप से $r > g$ की औसत लागू नहीं हो पाती। यदि कोई अच्छा साधनसंपन्न व्यक्ति 10–20 वर्षों तक निवेशित रहने के बाद लाभ कमाना चाहे तो पूंजी पर बहुत भारी प्रतिप्राप्ति हो सकती है। किंतु जब प्रश्न एक पूरी पीढ़ी की दैनिक आवश्यकताओं के लिए भुगतान का हो तो सारा ही परिदृश्य बदल जाता है। फिर तो वित्तीय बाजार के पांसों की चालों के भरोसे सब कुछ छोड़ देना किसी भी दृष्टि से उपयुक्त नहीं होगा। "कमाते जाओ चुकाते जाओ" व्यवस्था की बड़ी विशेषता इसके भरोसेमंद एवं पूर्वाकलनीय स्वरूप में निहित है। वेतन वृद्धि की दर पूंजी की प्रतिप्राप्ति से कम रह सकती है किंतु

इसमें अस्थिरता भी 5–10 गुना कम होती है।[45] यही बात 21वीं सदी में भी सत्य रहेगी और सभी स्थानों पर आदर्श सामाजिक सरकार की सेवानिवृत्ति नीति में "कमाते जाओ चुकाते जाओ" एक आवश्यक घटक बना रहेगा।

इन बातों के बाद भी यह सत्य है कि r > g के तर्क को पूरी तरह अनदेखा नहीं किया जा सकता और विकसित देशों की वर्तमान पेंशन व्यवस्था में कुछ बदलाव करने पड़ सकते हैं। एक चुनौती जनसंख्या की वृद्धिशील वृद्धता की है। आज जब व्यक्ति 80–90 वर्ष तक जीवित रहने लगे हैं तो 60–70 वर्ष की अपेक्षित आयु की गणनाओं के आधार पर रचित व्यवस्था में कठिनाइयां आना स्वाभाविक है। यद्यपि निम्न संवृद्धि काल में इसे अच्छा माना जाता है किंतु सेवानिवृत्ति आयु को बढ़ाना कर्मियों और सेवानिवृत्तों को अधिक संसाधन सुलभ कराने का एक मार्ग मात्र नहीं है। अनेक व्यक्ति काम करते रहने को ही जीवन की सार्थकता मानते हैं। उन्हें 60 की आयु पर रिटायर हो जाना बहुत रुचिकर नहीं लगता। किंतु व्यक्तियों के दृष्टिकोण अन्य अनेक बातों पर भी निर्भर करते हैं। बौद्धिक कार्यों में संलग्न व्यक्ति तो 70 वर्ष की आयु तक काम में व्यस्त रहने की इच्छा व्यकत कर सकते हैं और भविष्य में जनसंख्या में ऐसे समुदाय का सकल रोजगार में अंश और अधिक होने की संभावना है। किंतु ऐसे व्यक्ति भी होते हैं जिन्होंने अपेक्षाकृत कम आयु में काम करना प्रारम्भ किया होता है और जिनका काम अधिक थकाने वाला भी होता है [भले ही यह काम अधिक कमाई वाला नहीं रहा हो] किंतु उनकी शीघ्र सेवानिवृत्ति पाने की इच्छा न्यायसंगत अवश्य है। वैसे इस वर्ग की दीर्घायुता अधिक कुशल कर्मियों की अपेक्षा कम रहती है। दुर्भाग्यवश अनेक विकसित देशों में पिछले कुछ समय से चल रहे पेंशन सुधार इन दो प्रकार के कर्मियों के बीच अंतरों पर सटीक विचार करने में विफल रहे हैं। कई मामलों में तो ये सुधारकर्ता निम्न आय अल्प दीर्घायुता वर्ग से ही अधिक योगदान की मांग करते दिखाई पड़ रहे हैं। यही कारण है कि इन सुधारों को कड़े विरोध का सामना करना पड़ रहा है।

पेंशन सुधारों की एक प्रमुख कठिनाई वर्तमान व्यवस्थाओं की अति दुरूहता है। सरकारी कर्मचारियों, निजी क्षेत्र और गैर वेतनभोगी वर्गों के लिए पृथक पृथक नियम हैं। आज की नई पीढ़ी अपने जीवन में अनेक प्रकार के कार्य कर रही है। उनके बारे में यह निश्चित करना सहज नहीं रहता कि उन पर कौन सा नियम लागू होगा। ऐसी जटिलताओं का होना आश्चर्य की बात नहीं है : आज की पेंशन योजनाओं की रचना अनेक चरणों में हुई है और 19वीं सदी से ही इन्हें एक-एक करके नए सामाजिक वर्गों और व्यवसायों पर लागू किया जाता रहा है। किंतु इसी कारण से सुधार प्रयासों पर सबको सहमत करना कठिन हो रहा है—अनेक व्यक्तियों को लगता है कि संभवत: नई व्यवस्था उनके साथ ठीक व्यवहार नहीं कर पाएगी। वर्तमान नियमों और योजनाओं का विचित्र सम्मिश्रण भी प्राय: भ्रमकारी ही रहता है। लोग सार्वजनिक पेंशन के निमित्त लगे संसाधनों की विशालता को समझ नहीं पाते और उन्हें यह अनुभूति नहीं हो पाती कि इस कार्य में लग रहे संसाधनों को निरंतर बढ़ाते जाना संभव नहीं हो पाएगा। फ्रांस की व्यवस्था इतनी जटिल है कि किसी युवा कर्मी को कभी समझ नहीं आ पाता कि उसकी अधिकारिताएं क्या हैं।कुछ को लगता है कि उनके वेतन से भारी कटौती के बाद भी उन्हें कुछ भी नहीं मिलेगा [वे अपनी आय की 25 प्रतिशत तक राशियां इस पेंशन कोष में चुका रहे हैं]। 21वीं सदी की सामाजिक सरकार को सबसे बड़ा सुधार तो यही करना होगा कि व्यक्ति के कार्य–सेवा पथ कितने ही जटिल हों किंतु सभी के लिए समान रूप से लाभ प्रदान करने वाली किसी एकीकृत पेंशन योजना की व्यवस्था रची जाए जिसमें सभी हित लाभियों के अलग अलग खाते लिखे जाते हों।[46] ऐसी दशा में प्रत्येक व्यक्ति को यह अनुमान रहेगा कि वह "कमाते जाओ चुकाते जाओ" की सरकारी योजना से क्या अपेक्षा कर सकता है और वह अपनी निजी बचतों के विषय में अधिक सूझ बूझ से निर्णय ले सकेगा। निम्न संवृद्धि के परिदृश्य में उन बचतों की एक बड़ी प्रतिपूरक भूमिका होगी। प्राय: यह सुनाई देता है : "एक सार्वजनिक पेंशन सम्पदाहीनों का सम्पदाधिकार होती है।" यह सत्य है, किंतु इसका यह अर्थ नहीं है कि

अपेक्षाकृत कम समृद्ध व्यक्तियों को अपनी बचत जोड़ने को प्रोत्साहित नहीं किया जाए।[47]

गरीब एवं उदीप्यमान देशों में सामाजिक सरकार

क्या बीसवीं सदी में धनी देशों में विकसित हुई सामाजिक सरकार की व्यवस्था का स्वरूप सार्वभौम होगा? क्या गरीब एवं उदीप्यमान देशों में भी ऐसा ही विकास क्रम चलेगा? यह अटल सत्य है धनी देशों में भी महत्त्वपूर्ण अंतर विद्यमान हैं, पश्चिम यूरोप में सरकार का राजस्व राष्ट्रीय आय के 45–50 प्रतिशत अंश पर स्थिर हो गया है जबकि संयुक्त राज्य और जापान में यह 30–35 प्रतिशत पर ही अटका हुआ है। स्पष्ट है कि समतुल्य विकास स्तरों पर अलग अलग चयन संभव हैं।

यदि 1970–80 में विश्व के सबसे गरीब देशों की दशा देखें तो वहाँ सरकारें 10–15 प्रतिशत राष्ट्रीय आय करों के रूप में एकत्र कर रही थीं— यह बात सहारातर अफ्रीका और भारत सहित दक्षिण एशिया में भी सत्य थी। विकास के मध्यम स्तर पर स्थित लैटिन अमेरिकी देशों, उत्तरी अफ्रीका और चीन में सरकारें राष्ट्रीय आय का 15–20 प्रतिशत प्रयोग कर रहीं थीं —वह स्तर भी आज के उन्नत देशों के उनके मध्यम विकास स्तर के कर संग्रह से कम था। सबसे चौंकाने वाली बात तो यही है कि धनी और कम संपन्न देशों के बीच यह अंतर पिछले कुछ वर्षों में और विस्तृत हुआ है। अमीर देशों के कर स्तर 1970 के दशक के 30–35 प्रतिशत से अब 35–40 प्रतिशत पर स्थिर हो गए हैं। किंतु, गरीब और मध्यम स्तर के देशों में तो इस अंश में और गिरावट आई है। दक्षिण एशिया और सहारातर अफ्रीका में यह अंश 1970 में 15 प्रतिशत से कुछ ही कम था, किंतु नब्बे के दशक में यह घटकर 10 प्रतिशत के निकट पहुंच गया।

यह बात चिंता का विषय है। आज के विकसित देशों में तो राजकोषीय उन्नयन पर आधारित सामाजिक सरकार का निर्माण आधुनिकीकरण और आर्थिक विकास की प्रक्रिया के अंग के रूप में हुआ था। ऐतिहासिक अनुभव बताते हैं कि 10–15 प्रतिशत राष्ट्रीय आय अंश के सहारे तो सरकार केवल परंपरागत 'शाही' दायित्वों का ही निर्वाह कर सकती है। एक उपयुक्त

पुलिसबल और न्याय व्यवस्था के लिए भुगतान करने के बाद शिक्षा और स्वास्थ्य पर खर्च करने के लिए कुछ बच ही नहीं पाता। एक और संभावना है : पुलिस, न्यायाधीश, शिक्षक, चिकित्सक और नर्सों को बस थोड़ा बहुत भुगतान कर दिया जाए। किंतु उस दशा में इन सेवाओं का ठीक से संचालन नहीं होगा। इससे एक दुष्चक्र प्रारम्भ हो जाएगा—अकुशलतापूर्वक संचालित सरकारी सेवाएं। किंतु इससे जनता का सरकार पर विश्वास और कमजोर होगा। फिर तो सरकार अधिक कर संग्रह कर पाने में सफल भी नहीं हो पाएगी। एक राजकोष पोषित सामाजिक सरकार का विकास तो घनिष्ठ रूप से शासन व्यवस्था निर्माण का ही अंग होता है। अत: आर्थिक विकास का इतिहास राजनीतिक एवं सांस्कृतिक विकास का भी इतिहास होता है और प्रत्येक देश को अपना विशिष्ट मार्ग चुन कर अपने आंतरिक विभाजनों पर पार पाना होता है।

लेकिन यहाँ दोष किसी सीमा तक विकसित देशों और अंतर्राष्ट्रीय संगठनों का भी है। प्रारम्भिक अवस्था भी बहुत आशावादी नहीं थी। निर्दय निवेशीकरण प्रक्रिया [1950–70] में अनेक युद्धों और अजराजकता के वातावरण के दर्शन हुए थे : वे पुराने विदेशी शासकों को उखाड़ने के युद्ध थे, किंतु इस प्रक्रिया में नवोदित स्वतंत्र देशों की भौगोलिक सीमाओं का निर्धारण अधिक तर्कसंगत नहीं हो पाया, शीत युद्ध के तनाव, समाजवाद के विफल प्रयोग और कहीं कहीं तो इन तीनों का सम्मिश्रण भी रहा। यही नहीं, 1980 के बाद तो विकसित देशों से एक उग्र उदारवादी लहर का उदय हुआ जिसने गरीब देशों को अपने सीमित सार्वजनिक क्षेत्र को और संकुचित करने तथा आर्थिक विकास के लिए उपयुक्त कर व्यवस्था की रचना की वरीयता को भी कम करने पर विवश कर दिया। नवीनतम शोध ने दर्शाया है कि 1980–90 में गरीबतम देशों में सरकार की प्राप्तियों में आई कमी का मुख्य कारण सीमा शुल्क में कमी थी। सत्तर के दशक में इसी मद से राष्ट्रीय आय के 5 प्रतिशत के समान धन राशियां एकत्र हो रही थीं। व्यापार उदारीकरण अपने आप में बुरी बात नहीं है—किंतु यदि इसे बाहर से थोपा न गया हो और इसके साथ साथ एक सशक्त कर प्रशासन [वैकल्पिक स्रोतों से उस राजस्व हानि की भरपाई करने में समर्थ] का

विकास भी होना चाहिए। आज के विकसित देशों ने तो अपने सीमा शुल्क दो सदियों में अपनी अपनी सुविधा के अनुसार उचित समझी दर से घटाए थे और उस समय उन्हें राजस्व के वैकल्पिक स्रोत भी स्पष्ट दिखाई दे रहे थे। वे भाग्यशाली थे कि उन्हें क्या करना है कहने वाला कोई नहीं था।[49] आज के गरीब और विकासशील देशों में तरह तरह की प्रवृत्तियां दिखाई दे रही हैं। चीन जैसे देशों ने अपनी कर प्रणाली का काफी आधुनिकीकरण कर लिया है, वहाँ एक विशाल जनसंख्या पर लगने वाले आय कर से विशाल राशि राजस्व के रूप में एकत्र हो रही है। संभवत: वह यूरोप, अमरीका और एशिया के विकसित देशों की भांति एक सामाजिक सरकार की रचना की ओर अग्रसर है [हां, इसकी चीनी विशेषताएं होंगी और इसके राजनीतिक एवं लोकतांत्रिक आधार विषयक अनिश्चितताएं भी बनी रहेंगी]। भारत जैसे देशों को निम्न कर स्तर आधारित संतुलन से आगे बढ़ने में काफी कठिनाइयां झेलनी पड़ी हैं।[50] कुछ भी हो, विकासशील विश्व में किस प्रकार की राजकोषीय सामाजिक सरकार का उदय होगा—इसका हमारी पृथ्वी के भविष्य के लिए बहुत महत्त्व होगा।

■ ■ ■

अध्याय-14

प्रगतिशील कर : एक पुनर्चिन्तन

पिछले अध्याय में मैंने सामाजिक आवश्यकताओं [शिक्षा, स्वास्थ्य, सेवानिवृत्ति] की प्रकृति और तत्संबंधी सामाजिक व्यय पर ध्यान केंद्रित रखते हुए सामाजिक सरकार की रचना और विकासक्रम की समीक्षा की थी। मैंने कुल कर संग्रह को आय का एक निश्चित अनुपात मान कर ही वहां उस पर चर्चा की थी। वर्तमान एवं अगले अध्यायों में करों और अन्य सरकारी राजस्व प्राप्तियों की संरचना पर अधिक निकट से ध्यान देने वाला हूँ [क्योंकि उनके बिना तो बीसवीं 21 सदी की सामाजिक सरकार का उदय ही नहीं होता] और फिर भविष्य के लिए उनसे सीख ग्रहण करने का प्रयास करूंगा। पिछली सदी में कराधान के क्षेत्र में एक नई सोच का विकास हुआ और उसी से प्रगतिशील आयकर व्यवस्था की रचना और विकास संभव हुआ। इस कर ने उस सदी में आय की विषमताओं के निवारण में एक अहम योगदान दिया था, किंतु अब अंतर्राष्ट्रीय स्तर पर कर स्पर्धा के कारण इस व्यवस्था को तीखी चुनौती मिल रही है। इस व्यवस्था की रचना एक ऐसे आपातकाल में की गई थी जहां अधिक सोच विचार का समय नहीं था। अत: इसकी आधारिक रचना भी सुविचारित नहीं होने के कारण यह व्यवस्था अब डांवाडोल प्रतीत होने लगी है। यही दशा उत्तराधिकार पर लगे प्रगतिशील करों की भी है। बीसवीं सदी की इस दूसरी बड़ी राजकोषीय रचना को भी पिछले कुछ दशकों में चुनौती का सामना करना पड़ा है। मैं इन दोनों करों की विस्तृत समीक्षा से पूर्व इन्हें प्रगतिशील कराधान के व्यापक परिप्रेक्ष्य में स्थापित कर आधुनिक पुनर्वितरण प्रक्रिया में इसकी भूमिका का निरूपण करना चाहता हूँ।

प्रगतिशील कराधान का प्रश्न

कराधान एक तकनीकी मामला मात्र नहीं है। यह मुख्यत: एक राजनीतिक एवं दार्शनिक विषय है—संभवत: सबसे अधिक महत्त्वपूर्ण राजनीतिक मुद्दा

भी है। करों की अनुपस्थिति में समाज की कोई सांझी नियति नहीं होगी और कोई भी सामाजिक स्तर का काम संभव नहीं होगा। यही एक सत्वर सत्य रहा है। प्रत्येक प्रमुख राजनीतिक उठापटक के पीछे कोई न कोई राजकोषीय क्रांति रही है। फ्रांस की पुरातन व्यवस्था क्रांतिकारी महासभाओं द्वारा सामंतों एवं मठाधीशों के राजकोषीय विशेषाधिकारों के निर्मूलन के प्रस्ताव पारित करने की आंधी में हवा हो गई। साथ ही, एक आधुनिक कर व्यवस्था का निर्माण हो गया जो पूरे समाज पर लागू होती थी। अमेरिकी क्रांति का जन्म भी ब्रिटिश उपनिवेशों की प्रजा द्वारा अपनी नियति का स्वयं निर्धारण करने और अपने द्वारा देय करों की दर स्वयं निश्चित करने के निर्णय से हुआ था। उनका मूल मंत्र था : "प्रतिनिधित्व नहीं, तो कर नहीं"]। आज दो सदी बाद संदर्भ भले ही बदल रहे हैं किंतु मूल प्रश्न वही हैं। सार्वभौम नागरिक यह निर्णय कैसे लेंगे कि उनके संसाधनों का कितना अंश शिक्षा, स्वास्थ्य, सेवानिवृत्ति लाभ, विषमता निवारण, रोजगार सृजन, धारणीय विकास आदि के सामाजिक लक्ष्यों की पूर्ति हेतु प्रयोग किया जाएगा? अत: करों के वास्तविक स्वरूप का निर्धारण किसी भी समाज में चल रहे राजनीतिक द्वन्द्व का ही सार–स्वरूप होता है। समाज के सदस्यों में अनेक प्रकार के अंतर होते हैं। अत: इस बात पर सहमति बनाने का लक्ष्य कोई मामूली बात नहीं है कि कौन किस सिद्धांत के आधार पर क्या भुगतान करेगा। व्यक्तियों की आय और उनके पूंजी स्वामित्व में अंतर तो विशेष रूप से महत्त्वपूर्ण रहते हैं। प्रत्येक समाज में ऐसे व्यक्ति होते हैं जिन्हें विरासत में बहुत कुछ नहीं मिला होता, फिर भी उनकी कमाई बहुत होती है—इसके विपरीत स्थिति वाले व्यक्ति भी होते हैं। सौभाग्य वश धन सम्पदा के इन दो स्रोतों में कभी संपूर्ण सकारात्मक सहसंबंध नहीं रह पाता। एक आदर्श कर प्रणाली विषयक विचार भी बहुत विविधतापूर्ण होते हैं।

हम प्राय: आय, पूंजी और उपभोग पर लगने वाले करों को पृथक–पृथक वर्गों में रखते हैं। प्राय: सभी इतिहास कालों में इन तीन प्रकार के करों का किसी न किसी अनुपात में मिश्रण मिल ही जाता है। इन कर–वर्गों की विभाजन रेखाएं बहुत स्पष्ट नहीं होतीं। इनमें विभ्रम की संभावना बनी

रहती है। उदाहरण के लिए आयकर, सिद्धांत रूप से, तो आय पर लगता है। किंतु उस आय में पूंजी से आय भी सम्मिलित है। तो क्या यह पूंजी पर कर भी नहीं हो जाता? पूंजी पर लगने वाले कर पूंजी द्वारा सृजित आय प्रवाह [निगम कर] और पूंजी भंडार के मूल्य [भवन सम्पदा कर उत्तराधिकार कर, या सीधे ही धन कर] के रूप में होते हैं। आधुनिक युग में उपभोग पर लगे करों में मूल्यवृद्धि कर, आयातित वस्तुओं [शराबों, पैट्रोल, तंबाकू] पर कर और सेवाओं पर कर आदि की गिनती हो सकती है। ऐसे कर सदैव विद्यमान रहे हैं और इन्हीं को सबसे घृणित भी माना जाता रहा है—साथ ही इनका समाज के निम्नतम वर्ग पर भार दु:सह होता था [जैसे कि पुरातन व्यवस्था द्वारा लगाया गया नमक पर कर]। इन्हें प्राय: अप्रत्यक्ष कर कहते हैं।ये व्यक्ति की आय या सम्पदा से जुड़े हुए नहीं होते। इनका भुगतान खरीदी गई वस्तु के मूल्य में ही सम्मिलित होता है—अत: कर दाता को यह भी स्पष्ट नहीं होता कि वह कितना कर चुका रहा है। आदर्श रूप से तो एक ऐसे उपभोग कर की कल्पना हो सकती है जिसका निर्धारण कर दाता के सकल उपभोग व्यय के अनुसार होगा। किंतु अभी तक विश्व में कहीं भी ऐसा कर नहीं लगाया गया है।[1]

बीसवीं सदी में करों की एक चौथी श्रेणी का विकास भी हुआ है। ये सरकार द्वारा प्रायोजित सामाजिक बीमा योजनाओं में अंश दान हैं। ये आय पर लगे विशेष प्रकार के कर हैं, प्राय: इन्हें केवल श्रम से प्राप्त आय [मजदूरी एवं गैर मजदूरी श्रम आय] पर लगाया जाता है। इनकी राशियों का प्रयोग प्रतिस्थापन आय, पेंशन और बेरोजगारी भत्ते आदि के भुगतान के लिए होता है। इस प्रकार से कर संग्रह व्यवस्था कर दाता को स्पष्ट बता देती है कि उसके योगदान को किस प्रकार प्रयोग किया जाएगा। फ्रांस जैसे देशों में ऐसे सामाजिक योगदानों द्वारा स्वास्थ्य बीमा और परिवार भत्ता जैसे सामाजिक व्यय के लिए भी धन जुटाया जाता है। वहां सरकार के सकल राजस्व का लगभग आधा अंश ऐसे ही सामाजिक अंश दानों द्वारा एकत्र होता है। वैसे ऐसी जटिलता भरी व्याख्या करने वाली व्यवस्थाएं कर संग्रह के उद्देश्यों के स्पष्टीकरण के स्थान पर उन्हें और अधिक उलझा देती हैं। इनके विपरीत डेनमार्क जैसे देशों की सरकारें एक बड़े भारी आयकर

द्वारा ही समस्त सामाजिक व्यय का वित्तीयन करती हैं। उसी राजस्व का प्रयोग पेंशन, बेरोजगारी, स्वास्थ्य बीमा एवं अन्य अनेक प्रयोजनों हेतु किया जाता है। वस्तुत: कराधान के विभिन्न विधिक वर्गों के बीच इस प्रकार के भेद करना कदाचित मनमाना ही सिद्ध होता है।[2]

इन परिभाषागत विचार भेदों से आगे भी करों के वर्गीकरण से जुड़ा एक महत्त्वपूर्ण मुद्दा है : कोई कर किस कोटि तक आनुपातिक है या प्रगतिशील है। यदि सभी के लिए कर की दर एक समान हो तो उसे आनुपातिक कर कहते हैं [समान दर कर]। यदि अधिक कमाने, अधिक के स्वामी या अधिक उपभोग करने वालों पर अधिक ऊंची दर से कर लगाया जाए तो उस कर को प्रगतिशील कहा जाता है। यदि कर की दर धनिकों के लिए कम हो तो उसे प्रतिगामी कहा जाता है। इस प्रतिगामिता के कई कारण संभव हैं : राजकोषीय अभीष्ठीकरण, के नाम पर धनिकवर्गों को कानूनी तौर पर करों में कुछ छूट या उन वर्गों द्वारा कर वंचना विधियों को अपनाना या कानूनी रूप से ही प्रतिगामी कर *(Regressive Tax)* लगाया जाना। एक ऐसा प्रसिद्ध उदाहरण प्रधानमंत्री मार्गरेट थैचर द्वारा लगाया गया व्यक्ति कर है जिसके कारण 1990 में उन्हें अपनी गद्दी से हाथ धोना पड़ गया था।[3]

आधुनिक राजकोषीय व्यवस्थाएं कुछ ऐसी हैं कि सकल कर भुगतान प्राय: व्यक्तियों की आय के अनुपात में रहता है [विशेष कर जहां यह 'सकल' एक बड़ी राशि हो]। इसमें हैरानी की कोई बात नहीं है। यदि सभी से एक अच्छा खासा योगदान देने के लिए नहीं कहा जाए तो लगभग आधी राष्ट्रीय आय को करों के रूप में एकत्र कर पाना असंभव हो जाएगा। यही नहीं, सर्वग्राही अधिकारों के जिस तर्कशास्त्र के कारण आधुनिक राजकोषीय एवं सामाजिक सरकार का जन्म हुआ है वह आनुपातिक या जरा–सी प्रगतिशील कर प्रणाली के साथ ही संगत प्रतीत होता है।

किंतु यह मान लेना गलत होना कि आज पुनर्वितरण में प्रगतिशील कर की भूमिका सीमित हो गई है। पहली बात तो यह है कि भले ही अधिकांश जनसंख्या आय के एक समान अनुपात में कर चुका रही हो किंतु करों की

दर का उच्चतर आय और सम्पदा के लिए महत्त्वपूर्ण रूप में अधिक नजर आने का विषमता की अंतर्रचना पर सशक्त प्रभाव रहता है। उपलब्ध साक्ष्य विशेष रूप से आग्रह कर रहे हैं कि इन करों के प्रगतिशील स्वरूप के कारण ही 1914–45 के संक्षोभों के बाद सम्पदा संकुलन 'उत्कर्ष युग' के भीषण स्तर तक पहुंच पाने में असफल रहा है। इसके विपरीत द्वितीय महायुद्ध के बाद प्रगतिशील आयकर के क्षेत्र में अग्रणी रहे ब्रिटेन और संयुक्त राज्य में 1980 के बाद से आयकरों की प्रगतिशीलता में और बड़ी गिरावट को ही अतिउच्च अर्जित आय वृद्धि का कारण माना जा रहा है। यही नहीं, मुक्त रूप से प्रवाहशील पूंजी के वैश्विक परिवेश में एक कर स्पर्धा उत्पन्न हो रही है: कई देशों में पूंजी से आय को प्रगतिशील आय कर से मुक्त किया जा रहा है। यह बात उन छोटे छोटे यूरोपीय देशों में विशेष रूप से देखी जा रही है जहां की सरकारें अभी तक एक समन्वित कर नीति की रचना करने के अयोग्य सिद्ध हुई हैं। यह परिणाम गर्त की ओर एक अंतहीन दौड़ को दर्शा रहा है—इसमें निगम कर में कटौती, ब्याज, लाभांश और अन्य वित्तीय प्राप्तियों को उन करों के भार से मुक्ति शामिल हैं, जो श्रम से आय पर देय होते हैं।

इसका एक परिणाम है कि अधिकांश देशों में शीर्षस्थ आय स्तर पर कर व्यवस्था प्रतिगामी हो चली है [या शीघ्र ही होने वाली है]। फ्रांस के सभी करों का 2010 का अध्ययन बताता है कि वहां कुल मिलाकर 47 प्रतिशत आय करों में उगाही जा रही है किंतु उगाही का विवरण इस प्रकार है : आय वितरण के निम्नतम 50 प्रतिशत का समुदाय 40–45 प्रतिशत आय करों में चुकाता है, अगले 40 प्रतिशत जन समुदाय से 45–50 प्रतिशत तक आय की करों के रूप में उगाही हो जाती है। किंतु शीर्षस्थ 5 प्रतिशत और 1 प्रतिशत वर्गों से कर वसूली दर कम हो रही है। वस्तुत: शीर्षस्थ 0.1 प्रतिशत वर्ग तो केवल 35 प्रतिशत आय करों में चुका रहा है। गरीब वर्गों पर करों का उच्च भार उपभोग पर करों और सामाजिक योगदानों के वृद्धि शील महत्त्व का परिचायक है [इन्हीं दो मदों में फ्रांस के कुल कर राजस्व का तीन चौथाई भाग एकत्र होता है]। मध्यम वर्ग में जो थोड़ी प्रगतिशीलता प्रतीत हो रही है वह आयकर के महत्त्व में वृद्धि की

झलक है। इनके विपरीत शीर्ष शतमंकों में विद्यमान प्रतिगामिता उस स्तर पर पूंजी से प्राप्त आय के महत्त्व का प्रतीक है—क्योंकि पूंजी से आय प्रगतिशील करों से मुक्त है। यह प्रभाव इतना सशक्त है कि सर्वाधिक प्रगतिशील माने जाने वाले पूंजी स्टॉक पर लगे करों के प्रभावों से भी भारी पड़ता है।[4] सभी संकेत यही सुझा रहे हैं कि यूरोप के अन्य देशों और संयुक्त राज्य में कर इसी प्रकार के घंटाकार वक्र का अनुसरण कर रहे हैं। वह वक्र संभवत: हमारे इस अपूर्ण अनुमान से भी कहीं अधिक गंभीर होगा।[5]

यदि सामाजिक क्रमिकता के शीर्ष पर कराधान इसी प्रकार अधिक प्रतिगामी होता रहा तो सम्पदा विषमता की गत्यात्मकता पर बहुत महत्त्वपूर्ण प्रभाव होगा—उससे पूंजी का संकुलन बहुत अधिक हो जाएगा। सबसे धनी वर्ग की इस प्रकार राजकोषीय व्यवस्था से च्युति व्यापक राजकोषीय सहमति के लिए बहुत घातक होगी। राजकोषीय एवं सामाजिक सरकार को लेकर व्यापक सहमति निम्न संवृद्धि काल में पहले ही क्षीण हो रही है। इस घटनाक्रम की मध्यमवर्ग की ओर से बड़ी तीखी प्रतिक्रिया होगी—उनका प्रश्न होगा कि हम ही सबसे समृद्ध वर्ग से अधिक योगदान क्यों दें? व्यक्तिवाद और स्वार्थपूर्ण व्यवहार ही फलने फूलने लगेगा—जब सारी व्यवस्था अन्यायपूर्ण है तो हम ही क्यों दूसरों के लाभ के लिए कर भरते रहें? यदि आधुनिक सामाजिक सरकार व्यवस्था को बने रहना है तो कर व्यवस्था में प्रगतिशीलता का कुछ न कुछ न्यूनतम स्तर अवश्य समाहित रहना चाहिए। कम से कम उसे शीर्ष स्तर पर प्रत्यक्ष रूप से प्रतिगामी तो नहीं होना चाहिए।

यही नहीं, केवल शीर्ष आयकर दरों के अनुसार कर व्यवस्था की प्रगतिशीलता का आकलन स्पष्टत: विरासती सम्पदा [जिसका महत्त्व निरंतर अधिक हो रहा है] को उपयुक्त भार मान प्रदान नहीं कर पाता।[6] व्यावहारिक स्तर पर सम्पदाओं पर कर आय की अपेक्षा बहुत कम होते हैं।[7] इस से वह समस्या अधिक गहन हो जाती है जिसे मैंने "रेस्टीनेक द्वन्द्व" का नाम दिया है। यदि हम व्यक्तियों का वर्गीकरण जीवन भर में प्राप्त समस्त संसाधनों [अर्जित आय और उत्तराधिकार में प्राप्त सम्पदा का पूंजीकृत मान] के शतमंकों के अनुसार करें [तो केवल श्रम से आय की क्रमिकता की

तुलना में इस प्रकार बना] घंटाकार वक्र अपने शीर्ष पर बहुत ही तीखा रूप धारण कर लेगा।[8]

अंत में एक और बात पर आग्रह आवश्यक है : वैश्वीकरण का भार अमीर देशों के निम्नतम प्रतिभावाले श्रमिक वर्गों पर ही सबसे अधिक पड़ता है। यह तथ्य सारे परिदृश्य पर जटिलता की एक और परत चढ़ा देता है क्योंकि यह और अधिक प्रगतिशील कर प्रणाली के पक्ष में एक नया तर्क प्रस्तुत कर रहा है। यह सत्य है कि यदि सभी कर मिलाकर राष्ट्रीय आय के 52 प्रतिशत के लगभग रखने हैं तो समाज के सभी सदस्यों को बड़ी राशियां चुकानी होंगी। किंतु शीर्षस्थ वर्ग को एक बार अलग रखते हुए भी हम मामूली सी प्रगतिशील कर प्रणाली की अपेक्षा कहीं अधिक प्रगतिशील व्यवस्था की कल्पना कर सकते हैं।[9] इससे सभी समस्याओं का समाधान नहीं हो पाएगा, किंतु निम्न प्रतिभा वर्ग की अवस्था को सुधारने के लिए यह पर्याप्त हो सकता है।[10] यदि कर प्रणाली को अधिक प्रगतिशील नहीं बनाया गया तो निर्बंध व्यापार से जिस वर्ग को न्यूनतम लाभ मिल रहा हो वह अवश्य इसके विरुद्ध हो जाएगा। वैश्वीकरण के लाभ सारे समाज तक पहुंचाने के लिए कर व्यवस्था में प्रगतिशीलता अपरिहार्य है और इस प्रगतिशीलता के अभाव का निरंतर उजागर होना अंततः वैश्वीकृत अर्थ व्यवस्था के समर्थन तंत्र को ही तहस नहस कर सकता है।

इन सभी कारणों से प्रगतिशील कर सामाजिक सरकार व्यवस्था का एक निर्णायक घटक बन जाता है। इसके विकास में इस कर की बड़ी भूमिका रही है, साथ ही इस कर ने 20वीं सदी में विषमता की अंतर्रचना को बदलने में योगदान दिया है। यही नहीं, भविष्य में भी सामाजिक सरकार को अर्थक्षम बनाए रखने में इसकी भूमिका निर्णायक रहने वाली है। किंतु आज प्रगतिशील कर प्रणाली के विचार को द्विपक्षीय प्रहार झेलने पड़ रहे हैं—बौद्धिक [क्योंकि इसके विभिन्न क्रियाकलापों की कभी पूर्ण समीक्षा हुई ही नहीं है] और राजनीतिक [क्योंकि कर स्पर्धा के चलते अनेक प्रकार की आय पूरी तरह से कर मुक्त की जा रही है]।

बीसवीं सदी में प्रगतिशील कर: अराजकता की आकस्मिक उत्पत्ति

एक क्षणिक सिंहावलोकन करें : हम यहाँ तक कैसे पहुंच गए हैं? सबसे पहले तो यह समझ लेना बहुत महत्त्वपूर्ण है कि प्रगतिशील कर दो महायुद्धों और लोकतंत्र की सांझी संतान है। इसे एक ऐसे अराजकतापूर्ण वातावरण में स्वीकार कर लिया गया था जहां बस किसी तरह कुछ नया करना अहम माना जा रहा था। यह भी एक कारण रहा कि इसके विभिन्न उद्देश्यों पर पर्याप्त रूप से विचार नहीं किया गया और इसी कारण आज इसे चुनौती दी जा रही है।

यह बात भी सही है कि अनेक देश प्रथम महायुद्ध से पूर्व ही प्रगतिशील आयकर को अपना चुके थे। फ्रांस में "आय पर सामान्य कर" कर का कानून 15 जुलाई, 1914 को पारित किया गया था। यह निश्चित रूप से भावी संघर्ष के लिए वित्त जुटाने की आवश्यकता से प्रेरित था [यह विधेयक अनेक वर्षों से सीनेट में अटका पड़ा था]। यदि युद्ध की घोषणा की संभावना क्षितिज पर नहीं मंडरा रही होती तो यह कानून कभी पारित नहीं हो पाता।[1] इस अपवाद को छोड़, प्राय: सभी देशों में प्रगतिशील आयकर के प्रस्ताव वहां की संसदों द्वारा अपनी सामान्य कार्यवाही या प्रक्रिया के अनुसार ही पारित किए गए थे। ब्रिटेन में ऐसा कर 1909 तो संयुक्त राज्य में 1913 में अपनाया गया। उत्तर यूरोप के अनेक देश, अनेक जर्मन राज्य और जापान प्रगतिशील आय कर बहुत पहले लागू कर चुके थे : डेनमार्क 1870, जापान 1887 प्रशा 1891 और स्वीडन 1903 में। यद्यपि 1910 तक सभी विकसित देशों ने प्रगतिशील कर लागू नहीं किया था, किंतु प्रगतिशीलता के विचार पर एक अंतर्राष्ट्रीय सहमति बनती जा रही थी कि कर सभी प्रकार की आय [मजदूरी और गैर मजदूरी श्रम आय और सभी प्रकार की पूंजी आय—अर्थात किराया, ब्याज, लाभांश, लाभ, और कुछ मामलों में पूंजीगत लाभ भी] के योगफल पर लगना चाहिए।[12] अनेक व्यक्तियों को ऐसी व्यवस्था अधिक न्यायपूर्ण और कर भार के अधिक दक्षतापूर्ण विभाजन का माध्यम भी प्रतीत हो रही थी। सकल आय व्यक्ति की योगदान दे पाने की क्षमता का माप थी और प्रगतिशील कर निजी सम्पदा एवं स्पर्धा की शक्तियों के प्रति सम्मानपूर्ण व्यवहार करते हुए

औद्योगिक पूंजीवाद द्वारा सृजित विषमताओं को सीमित करने का माध्यम बन रहा था। यद्यपि अनेक व्यक्ति प्रगतिशीलता के विचार के प्रति विद्वेषी बने रहे [विशेषकर फ्रांस में] किंतु उस काल में प्रकाशित अनेक रिपोर्ट और पुस्तकों ने इस विचार को लोकप्रियता प्रदान कर अनेक राजनीतिज्ञों और उदार अर्थशास्त्रियों का समर्थन जुटा लिया था।[13]

रेखाचित्र 14.1: शीर्षस्थ आय कर दरें, 1900–2013

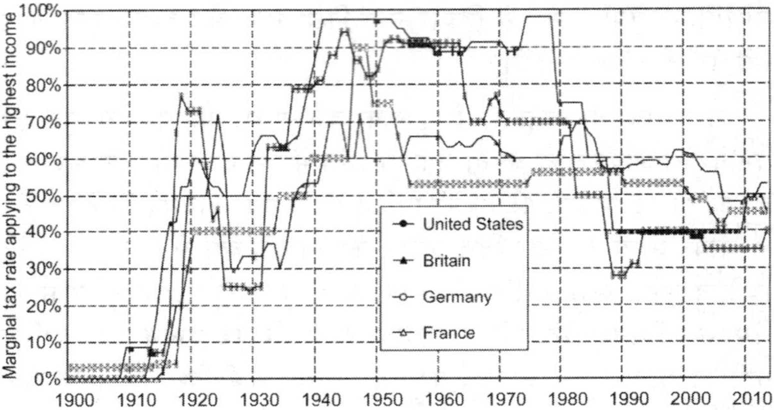

उच्चतम आय पर लागू शीर्षस्थ सीमांत आयकर दरें 1980 में संयुक्त राज्य में 70 प्रतिशत थी, यह 2013 में घटकर 28 प्रतिशत है।

स्रोत और श्रृंखला हेतु देखें: piketty.pse.ens.fr/capital21C.

तो क्या प्रगतिशील आय कर लोकतंत्र और व्यापक मताधिकार की स्वाभाविक उत्पत्ति है? दास्तव में बात कुछ अधिक जटिल है। प्रथम महायुद्ध से पूर्व तो अत्यंत ही उच्च आय स्तरों पर भी आयकर की दर बहुत निम्न रही है। यह बात प्रत्येक स्थान पर इसी रूप में थी—कोई अपवाद नहीं था। हमारे रेखाचित्र 14.1 में 1900–2013 की अवधि में संयुक्त राज्य अमेरिका, ब्रिटेन, जर्मनी और फ्रांस में उच्चतम आय वर्ग पर आयकर की शीर्ष दर का विकासक्रम दर्शाया गया है। इसमें महायुद्ध सृजित राजनीतिक संक्षोभ का आकार बहुत स्पष्ट दिखाई दे रहा है। शीर्ष दर 1914 तक तो महत्त्वहीन स्तर पर रही किंतु युद्ध के उपरांत आकाशगामी हो गई। अन्य धनी देशों के वक्र भी इन्हीं का अनुसरण करते दिखाई पड़ेंगे।[14]

फ्रांस में 1914 के आयकर अधिनियम में शीर्ष दर मात्र 2 प्रतिशत थी और वह भी कर दाताओं के एक छोटे से समूह पर लागू होती थी। युद्ध के बाद के बहुत ही अलग राजनीतिक एवं वित्तीय संदर्भों में शीर्ष दर को आधुनिक स्तरों तक ले जाना संभव हो पाया था : 1920 में 50 प्रतिशत, 1924 में 60 प्रतिशत और 1925 में तो 72 प्रतिशत थी। सबसे विलक्षण बात तो यह है कि आयकर की 'वापसी' का यह कानून तथाकथित 'नीलांबर' सदन द्वारा पारित किया गया था [यह फ्रांस के गणतंत्र के इतिहास का सर्वाधिक अनुदार सांसदों का प्रकोष्ठ था] और इसके "राष्ट्रीय गुट" के बहुमत में वही प्रतिनिधि थे जिन्होंने युद्ध से पूर्व 2 प्रतिशत की शीर्ष दर वाले आयकर का भी घोर विरोध किया था। प्रगतिशील कर के प्रति दक्षिणपंथी मत में यह व्युत्क्रम वास्तव में युद्ध द्वारा उत्पन्न आपदाग्रस्त वित्तीय दशाओं के कारण ही संभव हुआ था। संघर्ष काल में सरकार ने बहुत बड़े ऋण उठाए थे। यद्यपि सभी राजनेता यह दंभ भरने की औपचारिकता तो निभा रहे थे कि उन कर्जों का भुगतान जर्मनी से वसूला जाएगा, किंतु सभी को यह अनुभूति थी कि नवीन राजकोषीय संसाधनों की खोज करनी ही होगी। युद्धोपरांत आपूर्तियों की कमी और धड़ल्ले से नए नोटों की छपाई ने स्फीति को अभी तक अनजान रहे शिखरों तक पहुंचा दिया—श्रमिकों की क्रय शक्ति 1914 के स्तर से भी कम रह गई। इसी कारण मई और जून, 1919 में हड़तालों के कई दौर चले जिन्होंने देश को पंगुता के कगार पर पहुंचा दिया था। ऐसी परिस्थितियों में राजनीतिक झुकावों का कोई अर्थ नहीं बचा था, नए राजस्व के संसाधन अनिवार्य हो गए थे और किसी के मन में भी यह बात नहीं आ रही थी कि उच्चतम आय वर्ग को इस भार से मुक्त रखना चाहिए। सभी के मन में 1917 की बोल्शेविक क्रांति की याद भी ताजा थी। इस अराजक एवं विस्फोटक परिस्थिति में ही आधुनिक प्रगतिशील आय कर का जन्म हुआ था।[15]

जर्मनी का उदाहरण भी बहुत रोचक है—वहां तो युद्ध से 20 वर्ष पूर्व ही प्रगतिशील आयकर लग चुका था। किंतु शांतिपूर्ण वर्षों में उसकी दर स्थिर रही। प्रशा प्रांत में 1891 से 1914 तक, शीर्ष दर 3 प्रतिशत रही,

1915–18 में इसका स्तर 4 प्रतिशत रहा किंतु एक बहुत ही बदले हुए राजनीतिक वातावरण में 1919–20 में यह दर 40 प्रतिशत तक पहुंच गई थी। संयुक्त राज्य अमेरिका में बौद्धिक एवं राजनीतिक स्तर पर किसी भी अन्य देश की अपेक्षा उच्च प्रगतिशील दर का आयकर स्वीकार करने की तत्परता विद्यमान थी, उसे ही अंतर्महायुद्ध काल में इस आंदोलन का नेतृत्व भी करना था किंतु वहां भी—1918–19 में ही अचानक शीर्ष दर को पहले 67 और फिर बढ़ा कर 77 प्रतिशत कर दिया गया। ब्रिटेन में 1909 में शीर्ष दर 8 प्रतिशत थी—जो उस समय के हिसाब से बहुत ऊंची थी किंतु युद्ध के बाद अचानक उसे बढ़ाकर 40 प्रतिशत किया गया।

यह कहना असंभव है कि यदि 1914–18 का संक्षोभ नहीं आया होता तो क्या परिदृश्य रहा होता। एक आंदोलन प्रारम्भ अवश्य हो चुका था। फिर भी यदि युद्ध का संक्षोभ नहीं आता तो अधिक प्रगतिशील कर व्यवस्था की ओर अग्रसर होने की रफ्तार बहुत धीमी रहती और शीर्ष दरें उन ऊंचाइयों को नहीं छू पातीं जिन्हें हमने पिछली कुछ पंक्तियों में कलमबंद किया है। फ्रांस में 1914 से पूर्व कर की दर 10 प्रतिशत से कम ही रही [अक्सर 5 प्रतिशत से भी कम] शीर्ष दरों सहित ये दरें 18वीं और 19वीं सदी की दरों से अधिक भिन्न नहीं थीं। यद्यपि आय पर प्रगतिशील कर 19वीं–20वीं सदियों के संधिकाल की देन है किंतु उससे पहले भी आय कर का कुछ स्वरूप अवश्य प्रचलित था—जिसमें अलग अलग प्रकार की आय पर कर लगाने के पृथक–पृथक नियम थे और दरें स्थिरप्राय ही रहती थीं [एक सीमा तक कर मुक्ति, उससे आगे एक निश्चित दर पर कर लगाने की व्यवस्था थी]। अधिकांश मामलों में ये दरें 5–10 प्रतिशत [अधिकतम] थी।: उदाहरण के लिए, वर्गानुसार या सूची अनुसार [आय के प्रकार अर्थात भू–किराया, ब्याज, लाभ, मजदूरी आदि] आय पर अलग दर से कर लगाया जाता था। ब्रिटेन ने ऐसा वर्गानुसार कर 1842 में ही अपना लिया था और यही 1909 में सकल आय पर लगाए गए "सुपर टैक्स" नामक प्रगतिशील कर से पूर्व ब्रिटेन का आयकर माना जाता था।[16]

फ्रांस की पुरातन व्यवस्था में भी आय पर कई प्रकार के प्रत्यक्ष कर लगाए जाते थे : टैले, डिक्सीम और विंग्टीम आदि—जिनकी दरें 5 से 10

प्रतिशत रहती थीं। ये कुछ प्रकार की आय पर ही लगते थे और उनमें भी अनेक प्रकार की छूट सुलभ रहती थी। वॉबेन ने 1707 में 'शाही डिक्सीम' नामक सभी प्रकार की आय पर लगने वाला 10 प्रतिशत का कर प्रस्तावित किया था—यह सामंतों को मिलने वाले राजस्व और दिव्य [चर्च से जुड़े] भू–स्वामियों को मिलने वाले राजस्व पर भी लगाया जाना था। किंतु इसे कभी भी पूरी तरह लागू नहीं किया गया। फिर भी 18वीं सदी में कर व्यवस्था में सुधार के अनेक प्रयास किए गए।[17] क्रांतिकारी विधायक अपदस्थ राजशाही के कट्टर विरोधी तो थे ही, वे उदीप्यमान औद्योगिक बुर्जुआ को बहुत अधिक कर भार से बचाना भी चाहते थे। अत: उन्होंने एक सूचकाधारिता कर व्यवस्था की रचना की। उसमें करों का निर्धारण कर दाता की वास्तविक आय पर नहीं, बल्कि उसकी कर 'चुका पाने की क्षमता के कतिपय सूचकों के आधार पर होता था। उन्हें वास्तविक आय की घोषणा भी नहीं करनी पड़ती थी। उदाहरण के लिए, "दरवाजा एवं खिड़की कर" कर दाता के प्राथमिक निवास में लगे दरवाजों और खिड़कियों की संख्या के आधार पर आकलित किया जाता था। यह संख्या कर दाता की संपन्नता की सूचक मानी जाती थी। करदाताओं को भी यह व्यवस्था पसंद थी क्योंकि इसके अंतर्गत कर अधिकारी उनके बही खातों की जांच तो दूर, उनके घरों में प्रवेश किए बिना ही कर निर्धारण का कार्य संपन्न कर लेते थे। नई व्यवस्था के अंतर्गत सबसे महत्त्वपूर्ण कर 1792 में लगा सम्पत्तिकर था। वह कर दाता की समस्त भवन सम्पदा के भाड़ा मूल्य पर लगाया जाता था।[18] आयकर औसत वार्षिक भाड़ा मूल्य पर आधारित था। इस कर का प्रत्येक दस वर्ष बाद पुनर्निर्धारण होता या—उस समय कर अधिकारी फ्रांस में विद्यमान सभी सम्पदाओं का पुन: लेखा जोखा तैयार करते थे। कर दाताओं को अपनी वास्तविक आय नहीं बतानी पड़ती थी। किंतु स्फीति दर इतनी कम थी कि इस प्रक्रिया का कर भार पर कोई विशेष प्रभाव नहीं पड़ता था। इस प्रकार व्यावहारिक रूप में यह कर भी किरायों पर एक स्थिर दर के कर में परिवर्तित हो गया था—यह ब्रिटेन के वर्गानुसार कर से भिन्न नहीं था। देश के विभिन्न प्रशासकीय विभागों [भू क्षेत्रों] में प्रभावी

कर दर में समय समय पर बदलाव होते रहते थे किंतु यह कभी भी 10 प्रतिशत से अधिक नहीं रहा।

व्यवस्था को ठीक करने के लिए तृतीय गणतंत्र ने 1872 में वित्तीय सम्पदाओं से आय पर एक कर लगाने का निर्णय लिया। यह ब्याज, लाभांश और अन्य वित्तीय प्रतिप्राप्तियों पर लगने वाला एक स्थिर कर था। उस समय के फ्रांस में इन मदों से आय में बहुत वृद्धि हो रही थी और वह प्राय: कर–मुक्त ही थी, जबकि ब्रिटेन में इस प्रकार की आगमों पर कर लग रहा था। किंतु फिर भी इसकी दर काफी कम थी [1872–1890 में मात्र 3 प्रतिशत और 1890–1914 में 4 प्रतिशत]। ये दरें 1920 के बाद वाली दरों से तो बहुत ही कम थीं। किंतु प्रथम महायुद्ध से पहले सभी अमीर देशों में ऐसी ही स्थिति थी। आय पर कर को बहुत औचित्यपूर्ण नहीं माना जाता था। अत: आग्रह रहता था। कि आय का स्तर चाहे जितना ऊंचा रहा हो— कर दस प्रतिशत से अधिक नहीं हो।

तृतीय गणतंत्र में प्रगतिशील कर

यह भी रोचक है कि यही बात उस प्रगतिशील उत्तराधिकार कर पर भी लागू रही जिसे आयकर के बाद बीसवीं सदी का दूसरा सबसे बड़ा राजकोषीय नव प्रवर्तन माना जाता है। उत्तराधिकार कर की दरें भी 1914 तक बहुत न्यून रहीं [देखें रेखाचित्र 14.2]। एक बार फिर तृतीय गणतंत्र के फ्रांस का उदाहरण बहुत ही सटीक रहता है। यह ऐसा समाज था जिसमें व्यापक पुरुष मताधिकार की पुनर्स्थापना 1871 में हो चुकी थी और जिसमें समतावादी उत्साह की तरंगमालाओं के पूर्ण उत्कर्ष पर होने की अपेक्षा की जा रही थी। किंतु, यह भी लगभग आधी सदी तक प्रगतिशील कराधान के सिद्धांत को पूर्णरूपेण स्वीकार करने से इनकार ही करता रहा। प्रथम महायुद्ध तक दृष्टिकोण वास्तव में नहीं बदल पाए थे किंतु युद्ध ने उन्हें विवश कर दिया। यह तो ठीक है कि फ्रांसीसी क्रांति ने उत्तराधिकार कर लागू कर दिया था किंतु वह 1791–1901 तक एक स्थिर अनुपात पर ही बना रहा, और 25 फरवरी 1901 को ही उसे प्रगतिशील स्वरूप मिल पाया। किंतु वास्तव में कुछ विशेष परिवर्तन नहीं आ सका : शीर्ष दर

1902–10 तक 5 प्रतिशत और 1911–14 तक 6.5 प्रतिशत रही—ये दरें देश में कुछ दर्जन भर सम्पदाओं पर ही लागू रही थीं। अनेक का मत था कि "पुत्र पिता का उत्तराधिकारी हो" यह सुनिश्चित करना एक पवित्र कर्तव्य था—इस प्रकार पारिवारिक सम्पत्ति अक्षुण्ण रहे और इस अक्षुण्णता पर कोई कर नहीं लगना चाहिए।[19] किंतु वास्तविकता यह थी कि अति न्यून दर पर लग रहे सम्पदा कर से उस सम्पदा के लगभग मूल स्वरूप में ही अगली पीढ़ी के हाथों में पहुंचने में कोई बाधा नहीं आ रही थी। वर्ष 1901 के सुधार के बाद भी उत्तराधिकारियों के शीर्षस्थ शतमंक के लिए प्रभावी उत्तराधिकार कर की दर मात्र 3 प्रतिशत बन रही थी [हां, 19वीं सदी की समान अनुपाती दर केवल एक प्रतिशत थी]। सिहांवलोकन यही दर्शाता है कि इस सुधार ने धन सम्पदा के अति संकुलन और संग्रह की उस समय चल रही प्रक्रिया पर कोई प्रभाव नहीं छोड़ा—भले ही उस समय लेखकों को कितनी ही आशंकाएं—आपत्तियां रही हों।

रेखाचित्र 14.2: शीर्षस्थ उत्तराधिकार कर दरें, 1900–2013

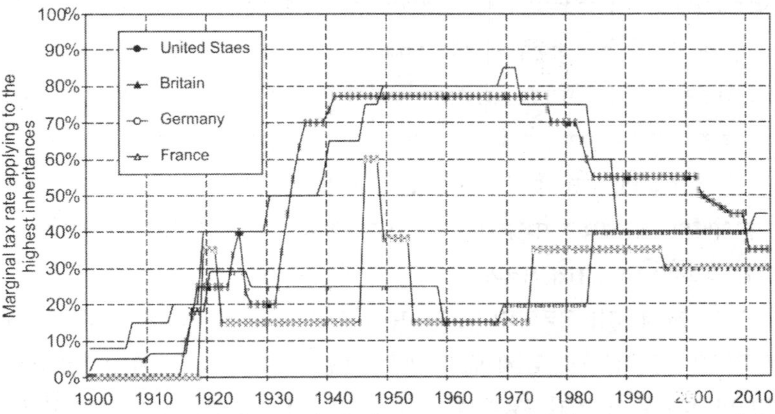

उत्तराधिकार कर की शीर्ष सीमांत दर, जो विशालतम उत्तराधिकारी सम्पदा पर लागू होती है, संयुक्त राज्य में 1980 के 70 प्रतिशत से घटकर 2013 में 35 प्रतिशत रह गई है।

स्रोत और श्रृंखला हेतु देखें: piketty.pse.ens.fr/capital21C.

एक और बात बहुत विचित्र लगती है कि प्रगतिशील कराधान के विरोधी जो 'उत्कर्ष युग' के फ्रांस के आर्थिक एवं वित्तीय संभ्रांत वर्ग के अग्रणी भी थे, वे कितने विद्रूपतापूर्ण तर्क देते थे : "फ्रांस तो एक स्वाभाविक

या प्राकृतिक रूप से ही समतापूर्ण समाज है—यहाँ प्रगतिशील करों की कोई आवश्कता नहीं है।" पॉल लेरॉय-ब्यूलिओ, उस समय के सबसे अधिक प्रभावशाली अर्थशास्त्री का उदाहरण विशेष उल्लेखनीय है। उन्होंने 1881 में पुस्तक "सम्पदा के वितरण और विषमता में कमी की ओर अग्रसरता पर निबंध" को प्रकाशित किया था—प्रथम महायुद्ध की पूर्वसंध्या तक उसके कई संस्करण छप चुके थे।[20] वास्तव में लेरॉय–ब्यूलिओ के पास अवस्था की विषमता में कमी के संकेत देने वाले कोई तथ्य नहीं थे। किंतु तथ्यों से क्या होता है—वे फिर भी भ्रामक एवं अस्वीकार्य तर्कों का जाल बुनते रहे जो पूर्णत: असंबद्ध आंकड़ों पर आधारित थे और दावा करते रहे कि विषमता में कमी की ओर यात्रा चल रही है।[21] कभी-कभी उन्हें समझ आ जाता था कि उनके तर्क में त्रुटियां हैं तो वे बहाने बनाने लगते थे कि यदि अभी विषमता में कमी नहीं आई है तो कोई बात नहीं—बस वह कमी आने ही वाली है और व्यापारिक एवं वित्तीय वैश्वीकरण की उस चमत्कारिक प्रक्रिया में कोई हस्तक्षेप नहीं होना चाहिए जिसने फ्रांसीसी बचतकर्ताओं को पनामा और स्वेज नहरों में निवेश करने योग्य बनाया है और वे शीघ्र ही जारशाही रूस में भी निवेश करने लगेंगे। स्पष्टत: लेरॉय–ब्यूलियो अपने समय के वैश्वीकरण से इस प्रकार अभिभूत थे कि उन्हें यही चिंता सताने लगी थी कि कहीं कोई क्रांति इस महान घटनाक्रम को अनायास ही बाधित न कर दे।[22] ऐसी अभिभूति में अंतस्थ रूप से वितृष्णाकारी कुछ भी नहीं है, यदि यह गंभीर विश्लेषण में बाधक न हो। फ्रांस में 1890–1910 की अवधि में कोई बोल्शेविक क्रांति अवश्यंभावी नहीं थी [उसकी संभावना उतनी ही थी जितनी आज है]। वहां तो मुख्य मुद्दा एक प्रगतिशील कर प्रणाली की स्थापना का था। लेरॉय ब्यूलियो और उनके केंद्रीय दक्षिण पंथी [राजशाही दक्षिण पंथ के बरक्स] सहयोगियों के पास प्रगतिशीलता के विरुद्ध एक ही अकाट्य [उनके विचार में] तर्क था : प्रत्येक सम्यक दृष्टि से विचार करने वाले व्यक्ति को प्रगतिशीलता का विरोध करना चाहिए क्योंकि फ्रांसीसी क्रांति पहले ही भूमि के पुनर्वितरण द्वारा देश को समतापूर्ण समाज बना चुकी है, और सबसे बढ़कर, देश की नागरिक संहिता ने सभी को कानून के समक्ष समानता प्रदान कर उन्हें समान रूप से सम्पदा धारण और अनुबंध

करने के अधिकार प्रदान कर दिए हैं। उन्होंने यह भी जोड़ दिया था कि वर्ग विभेदग्रस्त ब्रिटेन [इंगलिश चैनल के पार] के समाज में ऐसी प्रगतिशील कर व्यवस्था की आवश्यकता पड़ सकती है।[23]

कुल मिलाकर बात यही ठहरती है कि यदि लेरॉय–ब्यूलियो ने 1901 के सुधार के बाद कर अधिकारियों द्वारा प्रकाशित उत्तराधिकार अंतरण पत्रों का अध्ययन किया होता तो उन्हें तुरंत पता चल जाता कि गणतंत्रीय फ्रांस में 'उत्कर्ष युग' में धन सम्पदा का संकुलन राजशाही ब्रिटेन से कम नहीं था। संसद की बहस में 1907 और 1909 में आयकर के पक्ष में बोल रहे सांसद प्रायः उन आंकड़ों का प्रयोग कर रहे थे।[24] इस उदाहरण से एक बात तो स्पष्ट हो जाती है : निम्न दरों पर लगा कर जानकारी का एक स्रोत बन सकता है और वह लोकतांत्रिक पारदर्शिता की शक्ति का रूप भी धारण कर सकता है।

अन्य देशों में भी प्रथम महायुद्ध के बाद उत्तराधिकार कर में परिवर्तन आए। जर्मनी में 19वीं–20वीं सदी संधि में बहुत बड़ी सम्पदाओं पर एक छोटे से कर को लेकर संसद में बड़ी बड़ी चर्चाएं चलीं। समाजवादी लोकतांत्रिक दल के नेता अगस्त बेबल और एडुअर्ड बर्न्स्टीन यह तर्क दे रहे थे कि इस कर को लगाने के बाद श्रमिक वर्ग पर अप्रत्यक्ष करों का भार कम करना संभव हो जाएगा, जिससे श्रमिकों के रहन सहन में सुधार आएगा। लेकिन संसद एक नया कर लगाने पर सहमत नहीं हो पाई। हां, 1906 और 1909 के सुधारों ने एक छोटा सा उत्तराधिकार कर लगाया तो सही किंतु उत्तराधिकार में पत्नी और बच्चों को मिलने वाली सम्पदाएं चाहे जितनी बड़ी रही हों—उन्हें पूरी तरह से कर मुक्त रखा गया [और वास्तव में, अधिकांश रूप में, उत्तराधिकारी यही होते थे]। जर्मनी में पारिवारिक उत्तराधिकार कर अचानक ही 1919 में लागू किया गया या यूं कहिए कि इसकी दर एक झटके में शून्य से बढ़ाकर 35 प्रतिशत कर दी गई।[25] यहाँ भी युद्ध और उससे प्रेरित राजनीतिक परिवर्तनों की भूमिका ही परमरूप में निर्णायक रही दिख रही है—यह जान पाना असंभव है कि किस विधि से 1906-1909 में उठे प्रतिरोधों का निराकरण संभव हो सकता था।[26]

रेखाचित्र 14.2 में ब्रिटेन में सदी संधि काल में हल्की सी कर वृद्धि दिखाई पड़ रही है—उत्तराधिकार कर में अधिक, आयकर में कुछ कम। सबसे विशाल सम्पदाओं पर लगा कर 1896 से 8 प्रतिशत पर अटका था —वह 1908 में 15 प्रतिशत कर दिया गया। यह काफी महत्त्वपूर्ण वृद्धि थी। संयुक्त राज्य में सम्पदाओं एवं उपहारों पर संघीय कर 1916 से पूर्व तो नहीं लगा, किंतु [लगने के बाद] वह शीघ्र ही फ्रांस और जर्मनी की दरों को पार कर गया।

अति उच्च आय पर समपहारी [जब्तीकारी] कर : एक अमेरिकी नव प्रवर्तन

बीसवीं सदी में प्रगतिशील कराधान का इतिहास पढ़ें तो पता चलता है कि ब्रिटेन और संयुक्त राज्य कितना आगे निकल गए थे। संयुक्त राज्य ने तो "अत्यधिक" आय और सम्पदाओं पर समपहारी करों का प्रावधान रच लिया था। रेखाचित्र 14.1 और 14.2 इस तथ्य को बहुत ही स्पष्ट रूप में दर्शा रहे हैं। यह जानकारी उस विचार तंत्र से बिल्कुल विपरीत है जिसके आधार पर 1980 के बाद से इन दो देशों की चर्चा होती रही है। इस कारण, इस पर कुछ और विचार मंथन आवश्यक लगता है।

दो महायुद्धों के बीच में वर्षों के अनेक विकसित देशों ने बहुत उच्च शीर्ष दरों पर कर उगाहने के प्रयोग प्रारम्भ किए—किंतु यह कार्य बहुत अव्यवस्थित रूप से किया गया था। किंतु संयुक्त राज्य 70 प्रतिशत से अधिक दर पर कर लगाने वाला पहला देश रहा—1919–22 में आयकर और 1937–39 में उत्तराधिकार सम्पदा पर ये कर लगाए गए थे। जब कोई सरकार आय या उत्तराधिकार पर 70 या 80 प्रतिशत कर लगाए तो उसका मंतव्य अतिरिक्त राजस्व जुटाना तो नहीं ही होता [वे जानती हैं कि उच्चतर वर्गों से अधिक कुछ मिल नहीं पाता]। उद्देश्य तो उन आमदनियों, जिन्हें विधायक मंडल सामाजिक रूप से अस्वीकार्य और आर्थिक दृष्टि से अनुत्पादक मानने लगा हो, को समाप्त करना है। यदि उन्हें पूरी तरह समाप्त करना संभव न हो पाए तो उनकी धारण लागत को इतना बढ़ा देना कि कोई उन्हें बनाए रखना ही नहीं चाहे। किंतु पूर्ण प्रतिबंध नहीं होता, न ही सब कुछ जब्त करने की कोशिश होती है। इस प्रकार

प्रगतिशील कर विषमता निवारण का एक उदारमना उपाय बन जाता है। मुक्त स्पर्धा और निजी सम्पत्ति व्यवस्थाएं बनी रहती हैं, जबकि न्जिी संप्रेरणाओं को क्रांतिकारी रूप से बदल दिया जाता है—किंतु यह सदैव विधायिका में लोकतांत्रिक संवाद के माध्यम से निर्मित नियमों के अधीन होता है। यह कोई दुर्घटना नहीं थी और ब्रिटेन और संयुक्त राज्य जैसे देश जो समस्त इतिहास काल में वैयक्तिक स्वांतत्र्य का मान करते रहे हैं, उन्होंने अन्य से अधिक प्रगतिशील कर प्रणालियां अपना ली थीं। किंतु ध्यान रहे कि जर्मनी और फ्रांस जैसे यूरोपीय देशों की सरकारों ने द्वितीय महायुद्ध के बाद व्यावसायिक फर्मों का स्वामित्व हस्तगत कर प्रत्यक्षत: फर्मों के संचालक अधिकारियों के वेतन नियत करने जैसे अन्य उपायों की भी अन्वेषणा की थी। ये उपाय भी लोकतांत्रिक विचार विमर्श से ही उपजे थे और किसी न किसी रूप में प्रगतिशील करों के स्थानापन्न का कार्य कर रहे थे।[27]

कुछ अन्य विशिष्ट कारण भी भागीदार रहे। 'स्वर्णिम युग' में संयुक्त राज्य में अनेक विशेषज्ञों का मत बन रहा था कि देश विषमतावादी बनता जा रहा था और अपने मूल आदर्श से दूर हटता जा रहा था। संयुक्त राज्य में आय के वितरण पर 1915 में विल्फोर्ड किंग की पुस्तक में इसी कष्ट का चित्रण था कि किस प्रकार उनका देश भी यूरोप की अति विषमताग्रस्त अर्थ व्यवस्थाओं जैसा बनता जा रहा था।[28] वर्ष 1919 में अमेरिकी आर्थिक महासंघ के अध्यक्ष इर्विंग फिशर तो और आगे निकल गए थे। उन्होंनें अध्यक्षीय भाषण में अपने सहयोगियों को सावधान किया था कि सम्पदा के संकुलन में निरंतर वृद्धि ही देश की सबसे गंभीर आर्थिक समस्या थी। फिशर को किंग के अनुमान बहुत चौंकाने वाले लगे थे। उन्हें यह अनुमान कि "जनसंख्या के मात्र 2 प्रतिशत सदस्य 50 प्रतिशत से अधिक सम्पत्ति के स्वामी थे और दो तिहाई जनसमुदाय के पास सम्पत्ति के नाम पर कुछ भी नहीं था" अत्यंत ही "गैर लोकतांत्रिक सम्पदा वितरण" लगा था जो अमेरिकी समाज के आधार के लिए भी एक बड़ा खतरा था। फिशर ने पूंजी पर प्रतिप्राप्ति या उत्पादन में लाभ के अंश पर अंकुश लगाने के विचार को स्वयं ही अस्वीकार करते हुए आग्रह किया था कि विशालतम सम्पदाओं पर

एक भारी कर लगाना ही श्रेष्ठतम समाधान होगा [उन्होंने सम्पदा के दो तिहाई के समान कर सुझाया था—और आग्रह किया था कि तीन पीढ़ी से पुरानी सम्पदा पर उत्तराधिकार कर की दर शत प्रतिशत होनी चाहिए]।[28]

यह बात भी ध्यान देने की है कि फिशर विषमता को लेकर लेरॉय ब्यूलिओ से भी अधिक चिंतित क्यों थे जबकि लेरॉय ब्यूलिओ तो कहीं अधिक विषमताग्रस्त समाज में रहते थे। पुराने यूरोप जैसा ही दिखने का भय निश्चित रूप से अधिक प्रगतिशील कर व्यवस्था में अमेरिकी रुचि का कारण था।

यही नहीं, 1930 के दशक की महामंदी ने भी संयुक्तराज्य पर बहुत सशक्त आघात किया था और बहुत से व्यक्ति आर्थिक एवं वित्तीय विशिष्ट वर्ग पर यह आरोप लगा रहे थे कि उन्होंने अपनी समृद्धि को बढ़ाने के लिए देश को बर्बाद कर दिया है [ध्यान रहे कि 1920 के दशक में अमेरिकी राष्ट्रीय आय में शीर्षस्थ आय वर्ग का अंश शिखर पर था—और उसके उत्कर्ष का कारण शेयरों पर मिला बहुत विशालकाम पूंजीगत लाभ था]। जब 1933 में रूजवेल्ट राष्ट्रपति बने तो आर्थिक संकट तीन वर्षों से चल रहा था और देश की एक चौथाई श्रम शक्ति बेरोजगारी झेल रही थी। उन्होंने तुरंत आयकर की शीर्ष दर में तीव्र वृद्धि का निर्देश दिया। यह दर 1920 के दशकअंत में घटकर 25 प्रतिशत रह गई थी, और ऐसा ही हूवर के अनर्थपूर्ण शासन काल में भी हुआ था। यह शीर्ष दर 1933 में 65 प्रतिशत और 1937 में 79 प्रतिशत कर दी गई। यह 1919 के कीर्तिमान से भी उच्च दर थी। वर्ष 1942 में 'विजय कर' ने शीर्ष दर को 88 प्रतिशत किया तो 1944 में विभिन्न अधिभारों के कारण यह दर 94 प्रतिशत तक पहुंच गई। फिर 1960 के दशक मध्य तक शीर्ष दर 90 प्रतिशत पर स्थिर हो गई और 1980 के दशक में गिर कर 70 प्रतिशत पर पहुंची। कुल मिलाकर 1932–80 की लगभग आधी सदी की अवधि में संयुक्त राज्य अमेरिका में आय कर की शीर्षस्थ दर का औसत 81 प्रतिशत रहा।[30]

मैं यहाँ इस बात पर बल दे रहा हूँ कि महाद्वीपीय यूरोप के किसी देश में इतनी उच्च दर पर कर नहीं लगाए गए [अत्यंत संकट काल में कुछ वर्षों

के अपवाद को छोड़कर—आधी सदी तक तो कभी नहीं]। विशेष रूप से 1940 के दशक अंत से 1980 के दशक तक फ्रांस और जर्मनी में आयकर की दरें उच्च तो रहीं किंतु शीर्ष दर 50 से 70 प्रतिशत ही रही—[80–90 प्रतिशत तक नहीं पहुंची]। एकमात्र अपवाद जर्मनी 1947–49 रहा, जब यह दर 90 प्रतिशत थी। किंतु उस समय तो कर की दर का निर्धारण युद्ध के बाद अभिधारी शक्तियों [मुख्यत: संयुक्त राज्य] द्वारा किया जा रहा था। जैसे ही 1950 में जर्मनी को राजकोषीय संप्रभुता की पुनर्प्राप्ति हुई, देश शीघ्र ही अपनी परंपरागत दरों की ओर लौट गया। शीर्ष दर कुछ ही वर्षों में वापस 50 प्रतिशत के निकट पहुंच गई। देखें रेखाचित्र 14.2]। यही घटनाक्रम जापान में भी चला था।[31]

उत्तराधिकार सम्पदा कर से तो आंग्लाभाषी देशों की प्रगतिशील करों के प्रति आसक्ति और भी स्पष्ट हो जाती है। संयुक्त राज्य में शीर्ष सम्पदा कर 1930 से 1980 के दशक तक 70 से 80 प्रतिशत बना रहा जबकि फ्रांस और जर्मनी में यह दर 30–40 प्रतिशत ही रही [जर्मनी, 1946–49, एक अपवाद था—[देखें रेखाचित्र 14.2][32]

अमेरिकी सम्पदा कर की शीर्ष दरों की समानता या उनसे भी ऊपर निकल जाने वाला एकमात्र देश ब्रिटेन रहा है। ब्रिटेन में 1940 के दशक में शीर्ष आय एवं सम्पदा करों की दर 98 प्रतिशत थी। यह ऐतिहासिक कीर्तिमान दर 1970 के दशक में एक बार पुन: दिखाई दी थी।[33] एक और बात पर ध्यान दें : दोनों ही देश अर्जित आय [श्रम की मजदूरी एवं गैर मजदूरी आय] तथा अनार्जित आय [अर्थात पूंजी से आय–यानि किराया, ब्याज, लाभांश आदि] में भेद कर रहे थे। रेखाचित्र 14.1 में संयुक्त राज्य अमेरिका और ब्रिटेन की अनार्जित आय पर लागू शीर्ष दरें ही दिखाई गई हैं। कई बार अर्जित आय पर शीर्ष दर कुछ कम रही है [विशेषकर 1970 के दशक में]।[34] यह भेद बहुत रोचक है—यहाँ अति उच्च आयों के प्रति एक संदेह का राजकोषीय रुपांतर दिखाई दे रहा है कि सभी उच्च आय संदेहास्पद होती हैं—विशेषकर अनार्जित आय। उस समय के दृष्टिकोण की आज से तुलना बड़ी शिक्षाप्रद है। आज तो यूरोप के अनेक देशों में पूंजी से आय को श्रम की आय से बेहतर व्यवहार दिया जा रहा है। यह भी ध्यान

रहे कि शीर्ष दर लागू करने का न्यूनतम स्तर भी समयानुसार बदलता रहा है। बस एक बात स्थिर रही है : यह स्तर बहुत ही उच्च रहा है। यदि 2000–10 की औसत आय के अनुसार गणना करें तो यह स्तर 500,000 से एक मिलियन यूरो के बीच रहा है। आज के आय वितरण के अनुसार भी यह दर जनसंख्या के 1 प्रतिशत से कम [सामान्यत: 0.1 से 0.5 प्रतिशत ही] पर ही लागू होता है।

अनार्जित आय पर अधिक उच्च दर पर कर लगाना एक अत्यंत प्रगतिशील उत्तराधिकार सम्पदा कर वाले दृष्टिकोण से भी संगतिपूर्ण है। दीर्घकालिक परिप्रेक्ष्य में ब्रिटेन का उदाहरण अधिक रोचक बनता है। ब्रिटेन 19वीं [और 20वीं के प्रारम्भ] सदी में सर्वाधिक धन संकुलन वाला देश था। विनाश और जब्ती जैसे गंभीर संक्षोभों को महाद्वीपीय यूरोप की विशाल धन सम्पदाओं को सहन करना पड़ा था किंतु ब्रिटेन में वह स्थिति नहीं आई। फिर भी ब्रिटेन ने अपने ही संक्षोभ की रचना कर ली—वह युद्ध जितना हिंसक तो नहीं था किंतु था बहुत महत्त्वपूर्ण। यहाँ 1940–80 की अवधि में शीर्ष दर 70 से 80 प्रतिशत बनी रही। किसी अन्य देश ने उत्तराधिकार पर कराधान के चिंतन पर इतना समय नहीं लगाया होगा।[35] नवंबर 1938 में अपनी उत्तराधिकार विषयक प्रसिद्ध पुस्तक के नवीन संस्करण के प्राक्कथन में जोसाया बैज्वुड ने अपने सहदेशवासी बर्ट्रेंड रसेल से सहमति प्रकट करते हुए लिखा था कि धनिकतंत्रीय लोकशाही और उसके उत्तराधिकारी श्रीमंत फासीवाद के उदय को रोक पाने में विफल रहे हैं। वे बहुत निश्चित थे कि जो राजनीतिक लोकतंत्र अपनी आर्थिक व्यवस्था को लोकतांत्रिक नहीं बनाते वे अंतस्थ रूप से अस्थिर रहते हैं।" उनकी दृष्टि में एक बहुत उच्च उत्तराधिकार कर आर्थिक लोकतांत्रीकरण, जो आवश्यक था, को सुनिश्चित करने का एक मुख्य उपाय था।[36]

फर्मों के कार्याधिकारियों के वेतन में विस्फोटक वृद्धि : कराधान की भूमिका

संयुक्त राज्य और ब्रिटेन ने 1930–80 में समता के प्रति महान भावावेग का अनुभव किया किंतु फिर वे उतने ही उत्साह से विपरीत दिशा में

अग्रसर हो गए। पिछले तीन दशकों में उनकी शीर्ष आयकर दरें, जो पहले फ्रांस और जर्मनी से बहुत ऊंची थीं, अब उनसे नीचे गिर गई हैं। यह जर्मनी और फ्रांस की दरें तो 1930–2010 में [अंत में चलकर कुछ कमी अवश्य आई है] 50–60 प्रतिशत ही बनी रहीं किंतु ब्रिटेन और संयुक्त राज्य की दरें 1930–80 के 80 से 90 प्रतिशत से घटकर 1980–2010 में 30–40 प्रतिशत हो गई हैं [निम्नतम बिंदु 28 प्रतिशत रहा जो रीगन के 1986 के कर सुधारों के बाद दिखाई दिया था][37] आंग्लभाषी देश 1930 से ही धनिकों के साथ ये उच्चावचन का खेल खेलते आ रहे हैं। इसके विपरीत, शीर्ष आय के प्रति महाद्वीपीय यूरोप [फ्रांस और जर्मनी के उदाहरण हमने प्रतिनिधिस्वरूप लिए है] और जापान में दृष्टिकोण स्थिरतापूर्ण रहे हैं। इस अंतर की एक व्याख्या की ओर मैंने खंड–1 में भी संकेत किया था : 1970 के दशक में संयुक्त राज्य और ब्रिटेन को यह आशंका हो गई थी कि अन्य देश उनसे आगे निकलने वाले हैं। "अन्य देश हमारे निकट आ रहे हैं" इसी अनुभूति ने ब्रिटेन में "थैचरवाद" और संयुक्त राज्य में 'रीगनवाद' को जन्म दिया था। यह अलग बात है कि 1950–80 के बीच यूरोप और जापान का पुन: उत्कर्ष तो 1914–45 के बीच संक्षोभों द्वारा विनाश की एक मशीनी प्रतिक्रिया जैसी ही घटना थी। किंतु ब्रिटेन और संयुक्त राज्य वासी इसे सहज रूप से स्वीकार नहीं कर पाए : व्यक्तियों और देशों, सभी के लिए सम्पदा अनुक्रम केवल रुपये पैसे की बात नहीं होती। यह तो सम्मान और नैतिक जीवन मूल्यों का प्रश्न बन जाता है। संयुक्त राज्य और ब्रिटेन में दृष्टिकोणों के इन बड़े परिवर्तनों के परिणाम क्या रहे?

यदि सभी विकसित देशों के घटनाक्रम पर ध्यान दें तो स्पष्ट होता है: 1980 से अब तक शीर्ष सीमांत आयकर की दर में जितनी कमी आई है शीर्षस्थ शतमंक के आय अंश में उतनी ही वृद्धि हुई है। सीधी सी बात है : यह दोनों घटनाएं परस्पर पूर्णत: गुंथी हुई हैं। जिन देशों में शीर्ष स्तर पर आयकर की दर में सबसे अधिक कटौती की गई है उन्हीं में राष्ट्रीय आय में शीर्षस्थ कमाई वाले वर्ग की आय का अंश सर्वाधिक बढ़ा है [बड़ी फर्मों के कार्याधिकारियों के वेतनों पर तो यह बात विशेष रूप से लागू रही है]। इसके विपरीत जिन देशों ने शीर्ष कर दरों में भारी कटौतियां नहीं की, वहां

राष्ट्रीय आय में शीर्षस्थ वर्ग के अंश में वृद्धि भी सीमित रही है।[38] पुरातन सीमांत उत्पादिता और श्रम की आपूर्ति के आर्थिक प्रतिमानों के 'श्रद्धालु' आज भी इस घटना क्रम की व्याख्या कुछ इस प्रकार करेंगे: करों की दरों में रियायत ने शीर्ष अधिकारियों को अपने श्रम की आपूर्ति और उत्पादिता में वृद्धि करने को उत्प्रेरित किया और उत्पादिता वृद्धि के कारण ही उसके अनुरूप उनके वेतन आदि में वृद्धि हुई है और उनका स्तर अन्य देशों से अधिक हो गया। किंतु, यह व्याख्या अधिक स्वीकार्य नहीं हो पाएगी। मैंने अध्याय–9 में दिखाया था कि किस प्रकार शीर्ष अधिकारियों के वेतन आदि की व्याख्या करते समय सीमांत उत्पादिता सिद्धांत अनेक गंभीर संकल्पनागत एवं आर्थिक कठिनाइयों में उलझ कर रह जाता है [इसमें कुछ अति–सादगी तो भरी ही है]।

एक अधिक भरोसेमंद व्याख्या कुछ इस प्रकार होगी : शीर्ष आय कर में गिरावट [विशेषकर ब्रिटेन और संयुक्त राज्य में, जहां यह गिरावट बड़ी नाटकीय रही है] ने फर्मों के कार्याधिकारियों के वेतनमान नियत करने का सारा तरीका ही बदल दिया। किसी भी कार्याधिकारी के लिए फर्म के अन्य पणधारियों [उससे एक दम नीचे वाले, अन्य अधीनस्थों, शेयरधारियों और अधिकारी वेतन समितियों के सदस्यों] को यह समझा पाना अत्यंत कठिन रहता है कि मेरे अपने वेतन में एक बड़ी वृद्धि, 10 लाख डॉलर की वृद्धि, पूर्णत: न्यायसंगत है। ब्रिटेन और अमेरिका की फर्मों के शीर्ष कार्याधिकारियों के लिए 1950 और 1960 के दशकों में इस प्रकार की मांग करना या अन्य पणधारियों का इनकी कल्पना करना निरर्थक था क्योंकि उस वृद्धि का 80–90 प्रतिशत तो आयकर में सरकार के पास ही चला जाता। किंतु 1980 के बाद सारा परिदृश्य ही बदल गया।

प्रमाण यही बता रहे हैं कि शीर्ष कार्याधिकारियों ने अन्य पणधारियों को [अपने लिए] भारी वेतन वृद्धि पर सहमत कराने में कोई कसर नहीं उठा रखी। शीर्ष स्तर पर एक व्यक्ति के योगदान का आकलन बहुत कठिन होता है। अत: शीर्षाधिकारियों को अपने प्रबंध मंडल और शेअरधारियों को यह समझाने में अधिक कठिनाई नहीं हुई कि उन्हें दिया जाने वाला पैसा

सही है—क्योंकि प्राय: शीर्षाधिकारी प्रतिपूर्ति समितियों के सदस्यों का चयन भी बहुत ही निंदनीय ढंग से अपने ही लोगों में से हो रहा था।

यह "सौदेबाजी की शक्ति" पर आधारित व्याख्या एक अन्य तथ्य के साथ भी संगतिपूर्ण है : 1980 से शीर्ष सीमांत कर दरों में गिरावट और विकसित देशों में उत्पादिता में वृद्धि के बीच सांख्यिकीय दृष्टि से महत्त्वपूर्ण सहसंबंध नहीं मिल रहा। सही बात तो यह है कि 1980 से इन देशों में प्रति व्यक्ति आय में वृद्धि की दर समानप्राय है। भले ही ब्रिटेन और संयुक्त राज्य वासी कुछ भी माने बैठे हो, उनके अपने राष्ट्रीय आय लेखा आंकड़ों के अनुसार सत्य यही है कि उनकी संवृद्धि पर [1980 के बाद से जर्मनी, फ्रांस, जापान, डेनमार्क या स्वीडन से अधिक नहीं रही है।[39] दूसरे शब्दों में, शीर्ष स्तर पर आय कर में कटौती ने [आपूर्ति पक्ष सिद्धांत के विपरीत] उत्पादिता में इतनी वृद्धि कदापि नहीं की है जिसकी समष्टि स्तर के आंकड़ों में कोई झलक मिल सके।

इस सारे विभ्रम का केवल एक कारण है : प्राय: इने गिने वर्षों के आंकड़ों की तुलना कर ली जाती है। किंतु यह विधि तो किसी भी निष्कर्ष को सही ठहरा सकती है।[41] कहीं कहीं लोग जनसंख्या वृद्धि के लिए समंजन करना भूल जाते हैं [जबकि यूरोप और अमेरिका में सकल घरेलू उत्पाद में संरचनागत अंतरों का मुख्य कारण यही है]। कई बार तो प्रति व्यक्ति उत्पाद के स्तर [जो संयुक्त राज्य में 1970–80 और 2000–10 की अवधियों में 20 प्रतिशत उच्च स्तर पर बना रहा था] को ही संवृद्धि दर मान लेने की भूल कर दी गई है [जबकि दोनों महाद्वीपों में पिछले तीन दशकों में संवृद्धि दरें एक समान रही हैं]।[42] किंतु विभ्रम का मुख्य स्रोत हमारा पूर्व चर्चित निकट पहुंचने का क्रम है। निश्चय ही संयुक्त राज्य और ब्रिटेन में सापेक्ष ह्रास का युग 1970 के दशक में समाप्त हो गया था— अर्थात इन दो देशों की संवृद्धि दरों में जर्मनी, फ्रांस, जापान और स्कैंडिनेविया से कम रहने की प्रवृत्ति समाप्त हो गई थी। इस संसृति का कारण भी बहुत ही निर्विवाद है: यूरोप और जापान अब ब्रिटेन और संयुक्त

राज्य के स्तरों तक पहुंच गए थे। स्पष्टत: इसका उक्त दो देशों की अनुदार क्रांति से प्रत्यक्षत: तो कोई नाता नहीं था।[43]

निस्संदेह ये प्रश्न भावनाओं से ओतप्रोत है और राष्ट्रीय अस्मिता एवं सम्मान के साथ इनका जुड़ाव इनके शांतिपूर्वक विवेचन की अनुमति नहीं देता। क्या मार्गरेट थैचर ने ब्रिटेन को बचा लिया था? क्या रोनाल्ड रीगन नहीं होते तो बिल गेट्स के नव प्रवर्तन संभव हो पाते? क्या रेनिश पूंजीवाद फ्रांसीसी सामाजिक प्रतिमान को निगल जाएगा? जब इस प्रकार की अस्तित्व विषयक चिंताएं समक्ष हों तो प्राय: सदविवेक और तर्क चुप रह जाते हैं। यदि संवृद्धि दरों के अंतर एक प्रतिशत के दशम अंश से भी कम हों तो उनकी तुलनाओं के आधार पर पूर्णत: सटीक और अकाट्य निष्कर्ष तक पहुंचना असंभव हो जाता है। बिल गेट्स और रौनाल्ड रीगन के अपने अपने श्रद्धालुओं की मंडली हो सकती है [किंतु ये प्रश्न तो स्वाभाविक हैं: क्या गेट्स ने कंप्यूटर का आविष्कार किया था या केवल "माउस" का? क्या रीगन ने अकेले ही सोवियत संघ का विध्वंस कर दिया था या उस कार्य में पोप का भी योगदान था। किंतु एक तथ्य और भी है : अमेरिकी अर्थतंत्र में 1950–70 की अवधि में नव प्रवर्तन की प्रवृति 1990–2010 की अपेक्षा कहीं उच्च स्तर पर थी। किंतु प्रथम अवधि में उत्पादिता वृद्धि दर द्वितीय अवधि से दो गुनी रही। दोनों ही अवधियों में संयुक्त राज्य विश्व प्रौद्योगिकी के पटल पर सर्वोपरि था। अत: दो अवधियों में दिखाई पड़े वे अंतर निश्चित रूप से नव प्रवर्तन की रफ्तार से जुड़े होने चाहिए।[44] अभी एक नया तर्क भी दिया जाने लगा है : संभवत: अमेरिकी अर्थ व्यवस्था में पिछले समय में नव प्रवर्तनशीलता तो अधिक हुई है, किंतु, यह उत्पादिता के आंकड़ों में परिलक्षित नहीं हो रही क्योंकि यह उन देशों तक छलक कर पहुंच गई है जो अमेरिकी नव प्रवर्तनों के सहारे समृद्ध हो रहे हैं। किंतु यह तो अपने आप में आश्चर्यजनक होगा कि दुनिया को समृद्ध बनाने वाली उत्पादकता वृद्धि का कोई भी अंश अमेरिकावासियों ने अपने प्रयोग के लिए नहीं बचा रखा। संयुक्त राज्य पर ऐसी वैश्विक दानवीरता का लांछन तो प्राय: कम ही लगा है। [यूरोप वाले उसके कार्बन उत्सर्जन की शिकायत

करते रहते हैं तो गरीब देश उसकी कंजूसी का गुणगान करते दिखाई देते हैं]। सिद्धांत तो यही कहता है कि पेटेंट के माध्यम से नव प्रवर्तन उत्पादिता वृद्धि से लाभान्वित होते हैं। स्पष्टत: यह विवाद अभी शीघ्र ही थमने वाला नहीं है।[45]

इन प्रश्नों की समीक्षा में कुछ प्रगति करने के ध्येय से इमैनुअल सईज, और स्टेफानी स्टेंत्शेवा के सहयोग से मैंने अंतर्राष्ट्रीय तुलनाओं से आगे निकल कर सारे विकसित विश्व में अनुसूचित कम्पनियों के कार्याधिकारी वेतन के आंकड़ों का विश्लेषण किया है। हमारा अध्ययन सुझाता है कि आकाशगामी कार्याधिकारी वेतन की व्याख्या सौदेबाजी शक्ति प्रतिमान [जहां निम्न कर दरें उन्हें अधिक वेतन पाने को प्रोत्साहित करती हैं] द्वारा भली प्रकार हो जाती है। इसका प्रबंधकीय उत्पादिता में हुई किसी काल्पनिक वृद्धि से कोई नाता नहीं दिखाई देता।[46] हमने यह भी पाया है कि कार्याधिकारी वेतन की 'प्रतिभा' की अपेक्षा 'भाग्य' के साथ लोचशीलता अधिक है [जब किसी उद्योग की सभी फर्में समान रूप से निष्पादन कर रही हों तो किसी फर्म की उत्पादन वृद्धि को केवल उसके शीर्ष अधिकारियों का योगदान मान लेना तर्क संगत तो नहीं होगा]। ध्यान रहे प्रतिभा का महत्त्व वहीं होगा जहां फर्म की कमाई में आए परिवर्तन की हम उस उद्यम क्षेत्र विशेष के कारकों के आधार पर व्याख्या नहीं कर पाते। मैं एक बार फिर अध्याय–9 की अपनी बात फिर दोहरा रहा हूँ कि हमारी इस जानकारी से प्रबंधकों की वेतन के अच्छे निष्पादन का पुरस्कार कहने वाला विचार बड़े संकट में फंस जाता है। हमने यह भी देखा है कि भाग्य के साथ लोचशीलता–अर्थात कार्याधिकारियों द्वारा आर्थिक निष्पादन के आधार उचित ठहराने योग्य नहीं होने पर भी अपने लिए बड़ी वेतन वृद्धियों को अनुमोदित कराने में सफलता, उन्हीं देशों में अधिक रही है जहां शीर्ष सीमांत कर की दर निम्न थी। अंत में, हमने पाया है कि सीमांत कर दरों के परिवर्तन यह स्पष्ट कर देते हैं कि किन्हीं देशों में ही कार्याधिकारी समूह के वेतन में बहुत तीखा उछाल क्यों आया है। विशेष बात तो यह है कि कम्पनी का आकार और वित्तीय क्षेत्र का महत्त्व भी उन तथ्यों की

व्याख्या नहीं कर पाते जो हमें स्पष्ट दिखाई दे रहे हैं।[47] इसी प्रकार यह विचार कि स्पर्धा का अभाव प्रबंधकों के आकाशचारी वेतन का आधार है और अधिक स्पर्धी बाजारों में बेहतर निगम प्रशासन और नियंत्रण इस प्रक्रिया को शीघ्र ही रोक देंगे, भी बहुत अविश्वसनीय लगता है।[48] हमारे निष्कर्ष तो यही बता रहे हैं कि केवल ब्रिटेन और संयुक्त राज्य में 1980 से पूर्व की हतोत्साहित करनेवाली कर नीतियां ही इस पर लगाम लगा सकती हैं।[49] ऐसे जटिल और सर्व आयामी प्रश्न [जिसमें राजनीतिक, सामाजिक, सांस्कृतिक और आर्थिक आयाम सम्मिलित हैं] के विषय में पूर्णत: निश्चित होना प्राय: संभव नहीं होता। यही समाजशास्त्रों की विलक्षणता है। यह भी संभव है कि विभिन्न देशों में जो उच्च स्तर के वेतन दिखाई पड़ रहे हैं, उन पर समाज में प्रचलित मानकों, का भी प्रत्यक्ष प्रभाव रहता हो—वह तो करों की दर से स्वतंत्र होगा। फिर भी उपलब्ध साक्ष्य यही बताते हैं कि हमारा प्रतिमान उन तथ्यों की सही व्याख्या कर रहा है जो हमें स्पष्ट दिखाई दे रहे हैं।

शीर्ष सीमांत दर के प्रश्न पर पुनर्विचार

इन निष्कर्षों के राजकोषीय प्रगतिशीलता की वांछनीय कोटि के लिए महत्त्वपूर्ण निहित अर्थ हैं। वस्तुत: इनसे संकेत मिलते हैं कि वेतनमानों की आकाशगामिता की गति पर लगाम लगाने के लिए समपहारी कर लगाना न केवल व्यावहारिक है, बल्कि यही एक मात्र विकल्प भी है। हमारे अनुमान के अनुसार विकसित देशों में शीर्ष कर दर का अभीष्ट स्तर 80 प्रतिशत है।[50] हमारे इस अनुमान में दिखाई पड़ रही निश्चयात्मकता से भ्रमित नहीं हों: कोई गणितीय सूत्र या अर्थमितिक अनुमान हमें यह नहीं बता सकता कि किस आय स्तर पर क्या दर उचित होगी। सामूहिक विचार विमर्श और लोकतांत्रिक प्रयोग ही इस दिशा में सही मार्ग दर्शन कर सकते हैं। हम एक बात को ही निश्चित मानते हैं : हमारे ये अनुमान आय के अत्यंत उच्च स्तर के लिए मान्य हैं जो आय अनुक्रम के शीर्षस्थ एक या आधा प्रतिशत वर्ग को ही मिल रही हो। साक्ष्य संकेत दे रहे हैं कि 5 या 10 लाख डॉलर से अधिक की वार्षिक आय पर 80 प्रतिशत कर लगने से

संयुक्त राज्य की आय में कोई कमी नहीं आएगी—हां, इस प्रकार के आर्थिक दृष्टि से अनुपयोगी एवं कदाचि हानिकारक व्यवहार पर अंकुश लगेगा और संवृद्धि के लाभों का समाज में अधिक सम्यक विभाजन संभव हो पाएगा। यह भी स्पष्ट है कि इस प्रकार की नीति पर संयुक्त राज्य जैसे विशाल देश में ही आचरण संभव है—यूरोप के छोटे छोटे देशों में नहीं, जो अपने पास पड़ोस से राजकोषीय व्यवहार को समन्वित नहीं कर पा रहे हैं। अंतर्राष्ट्रीय समन्वय पर मैं अगले अध्याय में अधिक विस्तार से चर्चा करूंगा। यहाँ तो इतना कहना पर्याप्त लगता है कि संयुक्त राज्य का आकार उसे इस प्रकार की राजकोषीय नीति को प्रभावी रूप से लागू करने में सक्षम बना रहा है। यह आशंका कि संयुक्त राज्य के सभी कार्याधिकारी/प्रबंधक तुरंत मैक्सिको या केनाडा को पलायन कर जाएंगे और यहाँ कोई सुयोग्य और संप्रेरित व्यक्ति नहीं बचेगा निराधार है। ऐतिहासिक अनुभव और हमारे पास सुलभ सभी फर्म स्तर के आंकड़े यही बता रहे हैं कि इसे कथन में सामान्य सूझ बूझ का अभाव है। यदि 5 या 10 लाख डॉलर से अधिक आय पर 80 प्रतिशत कर लगा। तो उस कराधान का उद्देश्य शीघ्र ही पूरा हो जाएगा तथा सरकार को कोई राजस्व नहीं मिलेगा —पूरी अर्थव्यवस्था में इस प्रकार के वेतनों में तुरंत कमी आएगी और अमेरिकी अर्थव्यवस्था की उत्पादिता अप्रभावित रहेगी। अत: शीर्ष से निम्नतर स्तरों पर वेतन वृद्धि होगी और परिणामस्वरूप सरकार को अपने अपर्याप्त सामाजिक कार्यक्रमों के लिए धन जुटा कर उसे स्वास्थ्य और शिक्षा पर खर्च करने का अवसर भी मिल जाएगा [संभवत: संघीय घाटे में भी कमी आएगी]। हां, निम्न वेतन आय स्तरों पर भी करों में कुछ वृद्धि अवश्य करनी होगी—अर्थात 2 लाख डॉलर से अधिक आय पर 50 या 60 प्रतिशत कर लगाना आवश्यक हो सकता है।[51] इस प्रकार की एक सामाजिक एवं राजकोषीय नीति संयुक्त राज्य की सरकार की पहुंच से बाहर नहीं है।

फिर भी हमें ऐसी नीति शीघ्र ही अपनाए जाने की कोई संभावना नहीं लग रही। यह भी नहीं लगता कि ओबामा के दूसरे कार्यकाल में शीर्ष आय

कर दर 40 प्रतिशत तक भी पहुंच पाएगी। क्या संयुक्त राज्य की राजनीतिक प्रक्रियाओं पर वहां के एक प्रतिशत वर्ग का कब्जा हो गया है? वाशिंगटन के राजनीतिक पर्यवेक्षक के बीच यह विचार बहुत लोकप्रिय होता जा रहा है।[52] अपने आशावादी स्वभाव और व्यावसायिक पूर्वाग्रहों के कारण मैं विचारों और बौद्धिक विचार विमर्श को अधिक महत्त्व देने को विवश रहता हूँ। विभिन्न संकल्पनाओं एवं साक्ष्यों के समूहों की ध्यान पूर्वक समीक्षा और बेहतर जानकारियों की सुलभता राजनीतिक विचार मंथन को प्रभावित कर संभवत: [राजनीतिक] प्रक्रिया को जनसाधारण के लिए अधिक हितकारी पथ पर अग्रसर कर सकती है। मैंने खंड–3 में भी स्पष्ट किया था कि प्राय: अमेरिकी अर्थशास्त्री शीर्षस्थ आय का न्यूनांकन कर जाते हैं, क्योंकि, वे अपर्याप्त आंकड़ों का प्रयोग करते हैं [उन द्वारा प्रयुक्त आंकड़ों में सर्वेक्षण जानकारी प्रमुख रहती है जिसमें अति उच्च आयों को प्राय: स्थान नहीं मिलता]। परिणामस्वरूप उनका ध्यान श्रमिकों के कौशल स्तरों और मजदूरी में अंतरों में उलझ कर रह जाता है। यह प्रश्न भी अति दीर्घकालिक परिप्रेक्ष्य में महत्त्वपूर्ण रहता है किंतु समष्टि आर्थिक स्तर पर प्रबल घटनाक्रम कि "शीर्षस्थ एक प्रतिशत वर्ग इतना आगे क्यों निकल गया है" के विषय में इसकी अधिक सार्थकता नहीं रहती।[53] अत: बेहतर आंकड़ों—विशेष रूप से करों के आंकड़ों—का प्रयोग अंतत: सही प्रश्नों पर ध्यान केंद्रित कर पाएगा।

बीसवीं सदी में प्रगतिशील कराधान का इतिहास समझा रहा है कि एक अल्पाधिकार तंत्र की ओर बढ़ जाने की जोखिम बहुत वास्तविक है और इससे संयुक्त राज्य जिस दिशा में अग्रसर है उसके प्रति अधिक आशावादी होने के पर्याप्त कारण नहीं मिल रहे। प्रगतिशील कर युद्ध का परिणाम थे—व्यापक मताधिकार का स्वाभाविक परिणाम नहीं। वैसे तो ऐसे प्रमाण की कोई आवश्यकता नहीं होती किंतु फ्रांस के 'उत्कर्ष युग' का उदाहरण यह स्पष्ट कर देता है कि जब अर्थशास्त्री और वित्तीय संभ्रांत वर्ग अपने हितों के संरक्षण पर उतारू होते हैं तो उनके लिए कोई आडंबर और मिथ्याचार पर्याप्त नहीं होता—आज संयुक्त राज्य की आय क्रमिकता में

अनेक अर्थशास्त्री ऐसे ही स्पृहनीय स्तर पर आसीन हैं।[54] कुछ अर्थशास्त्रियों में तो अपने निजी स्वार्थों के संरक्षण को ही व्यापक जन हित संवर्धन का नाम देने की प्रवृत्तियां भी विद्यमान हैं।[55] यद्यपि इस विषय में अभी आंकड़े प्रचुरता से उपलब्ध नहीं हैं, किंतु संकेत यही हैं कि अमेरिका के दोनों प्रमुख दलों के राजनेता यूरोपीय राजनेताओं से बहुत अधिक धनी हैं—वे सामान्य अमेरिकी नागरिकों की तुलना में किसी बहुत ही अलग वर्ग के सदस्य लगते हैं। संभवत: इसी कारण वे अपने वर्ग हित की साधना को ही सार्वजनिक हित मान लेते हैं। यदि कोई क्रांतिकारी संक्षोभ नहीं आया तो वर्तमान संतुलन काफी समय तक बना रह सकता है। अब तो समतावादी आदर्श कहीं खो गया है और नवीन विश्व 21वीं सदी की वैश्वीकृत अर्थव्यवस्था में पुरातन यूरोप की प्रतिकृति बनने के कगार पर खड़ा दिखाई दे रहा है।

■ ■ ■

अध्याय-15

पूंजी पर एक विश्वव्यापी कर

21वीं सदी के सम्पदाधारी वैश्वीकृत पूंजीवाद के नियमन के लिए 20वीं सदी के राजकोषीय और सामाजिक प्रतिमान पर पुन: विचार कर इसे आज के विश्व के अनुसार ढालने का प्रयास पर्याप्त नहीं रहेगा। ये ठीक है कि गत शती के सामाजिक–लोकतांत्रिक और राजकोषीय–उदार मना कार्यक्रमों को उपयुक्त स्तर तक सुधारना–संवारना तो आवश्यक है। मैंने पिछले दो अध्यायों में स्पष्ट किया था कि वह दो आधारभूत संस्थागत व्यवस्थाओं पर आश्रित प्रतिमान है। वे संस्थाएं हैं सामाजिक सरकार और प्रगतिशील आय कर। किंतु यदि लोकतंत्र को वर्तमान शती के वैश्वीकृत वित्तीय पूंजीवाद पर पुन: नियंत्रण स्थापित करना है तो इसे नई चुनौतियों का सामना करने में सक्षम नए उपस्करों की खोज करनी होगी। इस कार्य के लिए आदर्श उपस्कर होगा उच्च स्तरीय अंतर्राष्ट्रीय पारदर्शितापूर्ण प्रगतिशील वैश्विक पूंजी कर! ऐसा कर अंतहीन विषमताकारी कुंतल का निवारण करते हुए पूंजी के वैश्विक संकुलन की चिंता जनक गत्यात्मकता का नियंत्रण कर पाएगा। जितने भी नए उपस्कर–उपाय और नियमों की रचना की जाए उनकी तुलना इस सुझाए गए आदर्श से करना आवश्यक रहेगा। मैं ऐसे कराधान के व्यवहारिक आयामों के विश्लेषण से चर्चा का प्रारम्भ कर पूंजीवाद के नियम विषयक अधिक सामान्य विचारों की ओर चलूँगा और इसके अंतर्गत सब कुछ हड़पने वाली प्रवृत्तियों तथा चीनी पूंजी नियंत्रणों की भी व्याख्या करूँगा।

पूंजी पर एक वैश्विक कर: एक उपयोगी “आदर्शलोक”

पूंजी पर एक विश्व स्तरीय कर लगाने का विचार आदर्शलोकीय कल्पना जैसा है। यह मान पाना कठिन है कि इस दुनिया के देश कभी ऐसी व्यवस्था को लागू करने पर सहमत हो पाएंगे। ऐसे लक्ष्य की प्राप्ति के लिए तो उन्हें पूरे विश्व भर में सभी प्रकार की धन सम्पदाओं पर लगने वाले एक कर की

तालिकाएं बनानी होंगी और फिर यह भी निर्णय करना होगा कि उस से एकत्र राजस्व का विभाजन किस प्रकार हो। किंतु यह विचार आदर्शलोकीय होने के बावजूद कई कारणों से उपयोगी हो सकता है। भले ही निकट भविष्य में इससे मिलती जुलती किसी व्यवस्था की रचना नहीं हो पाए किंतु ये एक ऐसी संरचना का संदर्भ बिंदु तो बन ही जाता है जिसके आधार पर अन्य वैकल्पिक व्यवस्थाओं का मूल्यांकन–मापन हो सकता है। मैं स्वीकार करता हूँ कि पूंजी पर एक वैश्विक कर के लिए एक अत्यंत ही उच्च और अव्यवहारिक स्तर के अंतर्राष्ट्रीय सहयोग की आवश्यकता होगी। किंतु जो देश इस विचार से सहमत हों वे धीरे–धीरे इस दिशा में छोटे–छोटे कदम उठाना तो प्रारम्भ कर ही सकते हैं–क्षेत्रीय स्तर पर सहमति [उदाहरण के लिए यूरोप में] से इसका शुभारंभ हो सकता है। यदि ऐसा नहीं किया गया तो तो पूंजीवाद के नियंत्रण के प्रयास के विरुद्ध 'राष्ट्रीयता' का लबादा ओढ़े हुए एक प्रतिक्रिया का जन्म बहुत संभावित लग रहा है। पूंजी पर नियंत्रणों के साथ–साथ अनेक प्रकार की संरक्षणवादी नीतियों का पुन: उदय संभव है। किंतु ऐसी नीतियां कभी प्रभावी नहीं रह पातीं और वे हताशा एवं अंतर्राष्ट्रीय तनावों को ही जन्म देती हैं। संरक्षणवाद एवं पूंजी नियंत्रण वास्तव में नियमन के आदर्श स्वरूप [जो केवल पूंजी पर विश्वव्यापी कर है] के बहुत ही निकृष्ट प्रतिस्थापक हैं। इनके विपरीत हमारा सुझाया गया आदर्श कर आर्थिक खुलेपन को बनाए रखते हुए विश्व अर्थ व्यवस्था का प्रभावी नियमन करने एवं हितलाभों का विभिन्न देशों के बीच और उनके नागरिकों के बीच न्यायपूर्ण वितरण–विभाजन करने में समर्थ है। अनेक व्यक्ति पूंजी पर अंतर्राष्ट्रीय कर को एक खतरनाक भ्रम कह कर नकार सकते है—जैसा एक शती पूर्व आयकर के विषय में भी हुआ था। किंतु यदि ध्यान से देखा जाए तो यह समाधान इसके संभावित विकल्पों की तुलना में कम खतरनाक सिद्ध होगा।

पूंजी पर वैश्विक कर के सुझाव को सीधे ही नकार देना बहुत खेदजनक होगा, क्योंकि इस आदर्श समाधान की ओर अग्रसर होने के लिए कदम बढ़ाना पूरी तरह से संभव है—पहले क्षेत्रीय स्तर पर सहमति बनानी होगी और फिर उन क्षेत्रों के बीच निकट सहयोग की व्यवस्था रचनी होगी। ऐसी

कार्यविधि के प्रतिमान के रूप में हम यूरोपीय संघ और संयुक्त राज्य अमेरिका के बीच बैंक जानकारी के स्वप्रेरित आदान प्रदान पर चल रही चर्चा पर ध्यान दे सकते हैं। वैसे भी उत्तरी अमेरिका और यूरोप के अनेक देशों में कई प्रकार के कर पूंजी पर लग रहे हैं और ये स्वाभाविक प्रारम्भिक बिंदु का काम कर सकते हैं। चीन और अनेक उदीप्यमान अर्थव्यवस्थाओं में प्रचलित पूंजीगत नियंत्रण भी हमें बहुत उपयोगी सीख सिखा सकते हैं। फिर भी इन वर्तमान उपायों और पूंजी पर एक [व्यापक] आदर्श कर के बीच अनेक महत्त्वपूर्ण अंतर तो विद्यमान हैं ही।

एक तो बैंक जानकारी सांझी करने विषयक वर्तमान चर्चाएं संपूर्णतायुक्त नहीं हैं। इनमें सभी प्रकार की सम्पदाएं समाहित नहीं हैं और जो दंड या जुर्माने सुझाए गए हैं वे वांछित परिणाम सुनिश्चित करने के लिए कदापि पर्याप्त नहीं हैं [जबकि सं. राज्य के नए बैंक नियमन यूरोप की अपेक्षा कहीं अधिक महत्त्वकांक्षी हैं]। ये चर्चाएं केवल प्रारम्भ हैं और इनसे तब तक किसी ठोस परिणाम की अपेक्षा नहीं हो सकती जब तक कि बैंकों पर और वित्तीय अपारदर्शिता के सहारे चल रहे देशों पर कई प्रतिबंध लगाने को विश्व समुदाय तैयार नहीं होता।

वित्तीय पारदर्शिता और जानकारी सांझी करने के प्रश्न का पूंजी पर एक आदर्शकर के साथ निकट संबंध है। जब यही स्पष्ट नहीं हो कि सांझी की गई जानकारी का उपयोग क्या होगा तो इस निमित्त किए गए प्रयास निरअर्थक हो जाते हैं। मेरे विचार से तो उस जानकारी का उपयोग वैयक्तिक सम्पत्ति [अर्थात प्रत्येक व्यक्ति द्वारा नियंत्रित परिसम्पदाओं के निवल मूल्य] पर एक प्रगतिशील वार्षिक कर के निर्धारण–आकलन के लिए होना चाहिए। हमारी पृथ्वी के धनिकतम वासियों पर ये कर फॉर्बिस आदि पत्रिकाओं द्वारा प्रकाशित वैयक्तिक निवल मूल्य मान पर आधारित हो सकता है। ऐसे कर संग्रह के प्रयास हमें यह भी बता देंगे कि पत्रिकाओं द्वारा प्रकाशित जानकारी कहां तक सही हैं। हम शेष पृथ्वी वासियों के कर दायित्व का आकलन हमारी कर योग्य सम्पत्ति के अनुसार होगा। इस सम्पत्ति में सभी वित्तीय सम्पदाओं [बैंक जमा, शेयर, बॉंड, अनुसूचित एवं गैर अनुसूचित फर्मों में भागीदारी] और गैरवित्तीय [मुख्यत: भवन एवं भू

सम्पदा का योग होगा—किंतु इस योग में से ऋण घटा कर ही निवल कर योग्य कर सम्पदा का आकलन होगा। यह तो बात रही कर निर्धारण के आधार की। अगला प्रश्न कर की दर का होगा। आप 10 लाख यूरो से कम पर शून्य प्रतिशत, 10–50 लाख के बीच 1 प्रतिशत और 50 लाख से अधिक पर 2 प्रतिशत दर से पूंजी कर लगाने का विचार कर सकते हैं। आप अधिक विशाल सम्पदाओं पर अधिक उच्चतर दर की बात भी सोच सकते हैं—100 करोड़ यूरो से अधिक की सम्पदा पर 5 या फिर 10 प्रतिशत भी सुझाया जा सकता है। सामान्य से औसत सम्पदा पर एक न्यूनतम कर [2 लाख यूरो से कम पर 0.1 प्रतिशत और 2 से दस लाख तक पर 0.5 प्रतिशत] के अपने लाभ हो सकते हैं।

इन प्रश्नों पर मैं कुछ ठहर कर बात करूँगा। यहाँ इस बात पर ध्यान देना महत्त्वपूर्ण है कि मैं जिस पूंजी कर की बात कर रहा हूँ वह वैश्विक धन सम्पदा पर एक प्रगतिशील वार्षिक कर होगा। अधिक बड़ी सम्पदाओं पर अधिक भारी दर से कर लगेगा और इस कर के आकलन के लिए सभी प्रकार की सम्पदाएं जोड़ दी जाएगी—अर्थात् भू–भवन सम्पदा, वित्तीय सम्पदा और व्यवसायिक पूंजी, सभी कुछ [कोई अपवाद नहीं होगी]। मेरे इस पूंजी कर और विभिन्न देशों में प्रचलित पूंजी करों में एक स्पष्ट अंतर है—फिर भी मैं चाहूँगा कि वर्तमान व्यवस्थाओं के कुछ महत्त्वपूर्ण आयामों का परित्याग नहीं होना चाहिए। पहली बात तो यही है: प्राय: सभी देशों में भू–भवन सम्पदा पर कुछ न कुछ कर लगते ही हैं। आंग्ल भाषी देश इसे "सम्पत्तिकर" लगाते है तो फ्रांस में 'मोनसिएरे' का नाम दिया जाता है। इन करों की एक त्रुटि है: ये केवल वास्तविक सम्पदा पर लगते है [वित्तीय परिसपंदाओं की अनदेखी की जाती है तो भवन सम्पदा का बाजार मूल्य ही कराधान का आधार रहता है—व्यक्ति द्वारा लिए गए ऋण पर भी ध्यान नहीं दिया जाता। परिणामत: बुरी तरह से ऋण ग्रस्त व्यक्ति का कर निर्धारण इस प्रकार होता है जैसे उसने उक्त भवन सम्पदा के निर्माण के लिए कोई ऋण नहीं लिया हो]। यही नहीं, इस भवन सम्पदा पर कर की दर स्थिर प्राय: रहती है। किंतु ऐसे कर विद्यमान हैं और इनसे अधिकांश विकसित—विशेषकर आंग्ल भाषी—देशों में राजस्व की एक बड़ी राशि का

संग्रह हो जाता है जो राष्ट्रीय आय के 1–2 प्रतिशत के लगभग होती है। संयुक्त राज्य जैसे देशों में सम्पत्ति कर के आकलन की विधि परिष्कृत हो चुकी है जिसमें सम्पत्ति के बाजार मूल्यों के परिवर्तन का समंजन स्वमेव हो जाता है। वस्तुत: ऐसी आकलन विधि का प्रयोग अन्य प्रकार की परिसम्पदाओं के संदर्भ में भी होना चाहिए। कुछ यूरोपीय देशों [फ्रांस, स्विट्जरलैंड, स्पेन और अभी कुछ समय पहले तक जर्मनी और स्वीडन भी] में सकल धन सम्पत्ति पर प्रगतिशील कर लगते रहे हैं। ऊपरी तौर पर ये कर हमारे सुझाए गए आदर्श पूंजीकर के निकट लगते हैं। किंतु व्यवहार में इनमें बहुत से छूट के प्रावधान भरे रहते हैं। कई प्रकार की सम्पदाओं को पूरी तरह कर मुक्त रखा गया है तो कई सम्पदाओं के कर निर्धारण में कोई मनमाना 'मूल्य' प्रयोग कर लिया जाता है जिसका प्रचलित बाजार मूल्य से कोई संबंध नहीं होता। यही कारण है कि अनेक देशों ने इन करों की समाप्ति की ओर कदम बढ़ाए हैं। इन सभी अनुभवों से सीख ग्रहण कर आगामी शती के लिए उपयुक्त पूंजी कर का अन्वेषण करने की आवश्यकता है।

लोकतान्त्रिक एवं वित्तीय पारदर्शिता

मेरे प्रस्तावित पूंजी कर की क्या दरें आदर्श होंगी? हम इस कर से कितना राजस्व संग्रह कर पाएंगे? इन प्रश्नों के उत्तर से पूर्व मैं यह स्पष्ट कर दूँ कि यह कर किसी भी प्रकार से इस समय विद्यमान सभी करों का स्थान नहीं लेने वाला। वस्तुत: यह तो उन कर प्रवाहों में ही अपना कुछ योगदान प्रदान करेगा जिन पर आधुनिक सामाजिक सरकार निर्भर रहती है—बस राष्ट्रीय आय के 3 से 4 प्रतिशत अंक मात्र–और इस पर किसी को उत्तेजित होने की आवश्यकता नहीं लगती।[1] पूंजी कर का प्राथमिक ध्येय सामाजिक सरकार का वित्तपोषण नहीं बल्कि पूंजीवाद का नियमन करना है। पहला लक्ष्य धन की विषमताओं में भयावह वृद्धि को रोकना है और दूसरा वित्त एवं बैंक व्यवस्थाओं पर प्रभावी नियमन द्वारा संभावित संकटों का निराकरण करना है। इन दोनों लक्ष्यों की प्राप्ति के लिए पूंजी कर को लोकतांत्रिक एवं वित्तीय पारदर्शिता को बढ़ावा देना होगा: यह स्पष्ट होना आवश्यक है कि विश्व में किसका किन परिसम्पदाओं पर स्वामित्व है।

पादर्शिता का लक्ष्य इतना महत्त्वपूर्ण क्यों है? जरा पूंजी पर एक अत्यंत न्यून दर [0.1 प्रतिशत] वार्षिक की कल्पना करें जो सभी सम्पदाओं पर देय हो। ऐसे कर से राजस्व उपलब्धि इसकी रचना द्वारा ही नियत हो जाता है: यदि वैश्विक पूंजी भंडार 5 वर्ष की वैश्विक आय के समान हो तो यह कर विश्व आय के 0.5 प्रतिशत के समान राजस्व का सृजन करेगा—हां विभिन्न देशों में उनके अपने–अपने पूंजी/आय अनुपात के आधार पर कुछ अंतर आ सकते है—किंतु हम यह मान कर चल रहे हैं कि कर वहाँ वसूल होगा जहां किसी सम्पदा का स्वामी रहता है, वहाँ नहीं जहां कोई सम्पदा स्थित होती हैं। इस मान्यता को बहुत हल्के से नहीं लिया जा सकता। यही नहीं, ऐसा सीमित–सा कर भी एक बहुत महत्त्वपूर्ण भूमिका निभाएगा।

सबसे पहले तो यह कर सम्पदा के वितरण के बारे में जानकारी का सृजन करेगा। राष्ट्रीय सरकारें अंतर्राष्ट्रीय संस्थाएं और विश्व भर के सांख्यिकी संगठन कम से कम धन सम्पदा के विकास क्रम के विषय में भरोसेमंद आंकड़े तैयार कर पाएंगे। उसके बाद नागरिकों को फॉर्बिस और वैश्विक धन प्रबंधकों द्वारा प्रकाशित किसी चमकीली रिपोर्ट और अन्य गैर अधिकारिक स्रोत पर भरोसा करने की आवश्यकता नहीं रहेगी [मैंने खंड–3 मैं इन गैर अधिकारिक आंकड़ों की त्रुटियों का अन्वेषण किया था—ध्यान है न?]। इसके स्थान पर उन्हें सटीक विधियों द्वारा एकत्र एवं नियमानुसार प्रदान की गई जानकारी पर आधारित आंकड़े सुलभ होंगे। लोकतंत्र के लिए इसके बहुत ही लाभ रहेंगे: वैश्विक सम्पदा वितरण की जानकारी के अस्पष्ट होने के कारण सामाजिक सरकार के भविष्य ऊर्जा के नवीन स्रोतों की और संक्रमण की लागतों, विकासशील देशों में सामाजिक सरकार के विकास आदि अनेक ऐसी चुनौतियां है जिनके बारे में तर्क संगत विचार विमर्श करना कठिन रहता है। कुछ लोगों की धारणा है कि विश्व के अरबपतियों के पास इतना धन है कि उन पर निम्न सी दर पर लगाया गया कर ही विश्व की सभी समस्याओं का समाधान हो जाएगा। अन्य वर्ग यह मानता है कि दुनिया में इतने कम अरबपति हैं कि उन पर भारी कर लगाने पर भी अधिक कुछ मिलने वाला नहीं है। हमने खंड 3 में देखा था कि संभवत: वास्तविकता इन दो के कहीं बीच में ही होगी। समष्टि आर्थिक

दृष्टि से बात करें तो हमें धन क्रमिकता *(Wealth Distribution)* में कुछ नीचे उतरना पड़ेगा—एक से दस करोड़ यूरो वाले व्यक्ति मिल कर ही इतने बड़े कर—आधार की रचना कर पाएंगे कि कुछ अंतर पड़ सके—केवल अरबपति नहीं मैंने कुछ बहुत ही भयावह प्रवृत्तियां भी देखी हैं। वैश्विक पूंजी पर कर या ऐसी ही कोई नीति नहीं अपनाई गई तो विश्व सम्पदा अनुक्रम में शीर्षस्थ शतमंक का अंश निरंतर वृद्धिमान रहेगा और इस बात पर सभी को चिंता होनी ही चाहिए। बात यही है कि भरोसेमंद आंकड़ों के अभाव में सटीक लोकतान्त्रिक विचार विमर्श संभव नहीं हो पाता।

वित्तीय नियमन से जुड़े हित लाभ बहुत विशाल है। अंतर्राष्ट्रीय मुद्रा कोष से लेकर वैश्विक वित्तीय व्यवस्था की निगरानी और नियमन से जुड़े सभी संगठनों को वित्तीय सम्पदाओं को विश्वस्तरीय वितरण, विशेष रूप से "कर स्वर्गों" में छिपी धनराशियों के बारे में बहुत मोटा मोटा सा ही अनुमान है। मैं पहले ही दिखा चुका हूँ कि हमारी पृथ्वी के वित्तीय लेखों में संतुलन नहीं है। [धरती निरंतर मंगल की ऋणी प्रतीत होती है]। इतने गहन सांख्यिकीय अन्धकार के आवरण में छिपे वित्तीय संकट का आर या पार पाना सहज नहीं लगता। साइप्रेस के बैंक संकट, 2013 का ही उदाहरण लें। यूरोपीय अधिकारियों और अ.मु. कोष, किसी को जरा भी भनक नहीं थी कि साइप्रेस के बैंकों में जमा वित्तीय सम्पदाओं के वास्तविक स्वामी कोन थे या किस ने क्या कुछ वहाँ जमा कराया था। अत: उनके सुझाए गए समाधान बहुत ही अटपटे और प्रभावहीन सिद्ध हुए। हम अगले अध्याय में देखेंगे कि किस प्रकार वितीय पारदर्शिता न केवल पूंजी पर स्थायी वार्षिक कर के लिए आधार की रचना कर सकती है बल्कि यह साइप्रेस जैसे बैंक संकटों के कहीं अधिक कुशलता पूर्वक निदान–प्रबंधन में [पूंजी पर बहुत ध्यान से क्रमिक कर दायित्व लागूकर] सहायक भी हो सकती है।

पूंजी पर 0.1 प्रतिशत का कर सही अर्थों में कर नहीं होगा—यह तो एक प्रकार का सूचना दर्ज [रिपोर्ट दाखिल] करने पर लगा शुल्क होगा। प्रत्येक व्यक्ति को अपनी पूंजी सम्पदाओं को कानूनी स्वामी के रूप में मान्यता पाने के लिए उनकी सूचना विश्व के वित्तीय अधिकारियों के पास दर्ज करानी होगी—यह कार्य ऐसा करने के सभी लाभों और हानियों के

बावजूद करना होगा।" जैसा हमने पहले भी देखा है, फ्रांसीसी क्रांति ने ऐसा ही कुछ किया था—उसने सूचना दर्ज कराना अनिवार्य कर दिया था और सम्पदा सर्वेक्षण भी कराए थे। यह पूंजीकर एक प्रकार से समूचे विश्व का वित्तीय सम्पदा सर्वेक्षण ही होगा और इस समय तक ऐसी कोई व्यवस्था विद्यमान नहीं है।[2] ध्यान रहे कि कोई भी कर केवल कर मात्र नहीं होता। यह मानकों एवं वर्गों की परिभाषा और आर्थिक गतिविधियों पर कतिपय विधिक संरचनाएं लागू करने का कार्य भी करता है। भू स्वामित्व को लेकर तो सदा से ही ऐसा रहा है।[3] आधुनिक युग में, प्रथम महायुद्ध के आसपास लगाए गए नए करों को लिए आय, मजदूरी और लाभ की सटीक परिभाषा आवश्यक थी। इस राजाकोषीय नवप्रवर्तन ने उन लेखा मानकों के विकास को प्रोत्साहन दिया जिनके विषय में पहले कभी सोचा भी नहीं गया था। अत: पूंजी कर का एक मुख्य ध्येय विभिन्न प्रकार की परिसम्पदाओं की परिभाषाओं का परिमार्जन कर उनके तथा देयताओं एवं निवल मान के मूल्यांकन के मानकों का निर्धारण भी होगा। अभी तक प्रचलित निजी लेखा पद्यतियों में बताई गई प्रविधियां अपूर्ण है और प्राय: अस्पष्ट भी रहती हैं। इन त्रुटियों का 2000 के बाद से विश्व में हुए अनेक वित्तीय घोटालों में योगदान रहा है।[4]

और अंत में, किंतु कम महत्त्वपूर्ण नहीं, एक पूंजीकर सरकारों को बैंक जानकारी सांझी करने के अंतर्राष्ट्रीय अनुबंधों को स्पष्ट कर और अधिक व्यापक बनाने को विवश करेगा। नियम बहुत सीधा-सा है: राष्ट्रीय कर अधिकारियों के पास प्रत्येक नागरिक की निवल सम्पदा का आकलन करने के लिए सभी आवश्यक जानकारी पहुंचनी चाहिए। पूंजीकर की कार्यविधि अनेक देशों में प्रचलित आयकर प्रक्रियाओं जैसी ही होगी—रोजगार दाता सभी कर्मचारियों की आय की सूचना कर अधिकारियों को प्रदान करते हैं [उदाहरण: सं. राज्य में W–2 और 1099 प्रपत्रों के माध्यम से]। पूंजी सम्पदाओं के विषय में भी ऐसी व्यवस्था होनी चाहिए [वस्तुत: आय और पूंजी की सूचनाएं एक ही प्रपत्र में भरी जा सकती है]। सभी कर दाताओं को उन सम्पदाओं की जानकारी से भरा प्रपत्र मिल जाया करेगा जिनकी सूचना कर अधिकारियों को दी गई है। सं. राज्य में कई प्रांतों में

सम्पत्तिकर' के विषय में यह विधि अपनाई जा रही है—प्रत्येक कर दाता को उनकी सम्पत्तियों के उस बाजार मूल्य की जानकारी प्रेषित कर दी जाती है जो सरकार ने समतुल्य सम्पत्ति, क्रय विक्रय के आधार पर निर्धारित की है। कर दाता उपयुक्त साक्ष्यों के साथ इस मूल्यांकन को चुनौती दे सकते हैं। किंतु व्यवहार में संशोधन बहुत कम हो पाते हैं: भवन सम्पदा के क्रय विक्रय के आंकड़े सहज सुलभ और अकाट्य होते हैं, प्राय: सभी को स्थानीय बाजार में सम्पदा मूल्यों का ज्ञान होता है और कर अधिकारियों के पास संपूर्ण आंकड़ा–आधार मौजूद होता है।[5] ध्यान दें कि इस सूचना प्रणाली के दो विशेष लाभ हैं: एक तो कर दाता का जीवन सरल हो जाता है और दूसरे उसे अपनी सम्पत्ति का न्यून मूल्यांकन करने की ललक से मुक्ति मिल जाती है।[6]

इस जानकारी दर्ज कराने की व्यवस्था का सभी वित्तीय सम्पदाओं और ऋणों पर लागू करना आवश्यक हो गया है—और यह कर पाना संभव भी है। देश की सीमाओं में स्थित वित्तीय संस्थानों और सहगामी संस्थाओं के लिए तो सम्पदा—देनदारी जानकारी कर अधिकारियों तक पहुंचाने की व्यवस्था विकसित देशों में पहले ही हो चुकी है—इस जानकारी में बैंकों के खाते और बैंकों द्वारा प्रबंधित अन्य सभी परिसम्पत्तियां सम्मिलित हैं। उदाहरण: फ्रांस में सरकार जानती है कि किन्हीं महाशय के पास एक फ्लैट है जिसका मूल्य 400000 यूरो है और उसके पास 200000 के शेयर भी हैं। साथ उसके जिम्मे 100000 यूरो का कर्ज चुकाने का दायित्व भी है। सरकार उसे ये सूचनाएं भर कर एक प्रपत्र भेज कर कह सकती है कि हमारी जानकारी के अनुसार आपकी सम्पदाओं का निवल मान 500000 यूरो है। यदि आप इन जानकारियों में कुछ संवर्धन या संशोधन करना चाहते हैं तो उचित प्रमाण सहित करें। इस प्रकार की सभी नागरिकों पर लागू स्वाचालित व्यवस्था 21वीं सदी के लिए अधिक उपयुक्त होगी, न कि सभी को ये कह भर देना कि ईमानदारी से अपनी सम्पदा की घोषणा करो।[7]

एक सरल उपाय: बैंक जानकारी का स्वचालित संप्रेषण

पूंजी पर एक विश्वव्यापी कर की दिशा में पहला कदम तो बैंक जानकारी के स्वचालित संप्रेषण की इस व्यवस्था को अंतर्राष्ट्रीय स्तर लागू करना होगा ताकि प्रत्येक कर दाता को पूर्व आकलित कर विवरणी भेजते समय उसमें विदेशी बैंकों में जमा परिसम्पदाओं का विवरण भी समाहित हो सके। ये जान लेना अहम है कि इस काम में किसी बड़ी तकनीकी बाधा की कोई आंशका नहीं होगी। सं.राज्य जैसे 30 करोड़ की आबादी वाले और फ्रांस एवं जर्मनी जैसे 6 और 8 करोड़ वाले देशों में भी बैंक जानकारी के कर अधिकारियों को स्वचालित प्रेषण की व्यवस्थाएं पहले ही चल रही हैं। अत: इस बात की कोई आशंका नहीं होनी चाहिए कि केमैन द्वीप और स्विट्जरलैण्ड के बैंकों की जानकारी जोड़ने से कार्य भार बहुत विस्तृत हो जाएगा। हां, यह सत्य है कि ये 'कर स्वर्ग' अपने बैंकों की गोपनीयता बनाए रखने के नए नए बहाने गढ़ते रहते हैं। एक तो यही है कि सरकारें इस जानकारी का दुरूपयोग करेंगी! ये बहुत जानदार तर्क नहीं है: आखिर अपने ही देश के बैंकों में अपनी धन राशियां रखने वालों को ऐसे दुरूपयोग की आशंका क्यों नहीं होती? सही बात तो यह है कि इस गोपनीयता के सहारे कर स्वर्गों के बैंक अपने ग्राहकों को कर देने के दायित्व से बचाने का कार्य करते हैं [और उस कर चोरी से फायदा उठाते हैं]। स्पष्टत: इसका बाजार व्यवस्था के किन्हीं सिद्धांतों से कोई लेना देना नहीं है। किसी को अपने करों की दरें स्वयं नियत करने का अधिकार नहीं होता। किसी भी व्यक्ति के लिए मुक्त व्यापार और आर्थिक समेकन से धनी बन अपने पड़ौसियों की लागत पर मुनाफाखोरी का अवसर नहीं मिलना चाहिए। ये लाभ नहीं सीधे–सीधे चोरी है।

इस प्रकार के व्यवहार के उन्मूलन का विश्व का अभी तक सबसे व्यापक विधायी प्रयास संयुक्त राज्य का विदेशी खाता कर अनुपालना अधिनियम है, 2010 है। यह 2015 तक विभिन्न चरणों में पूरी तरह लागू हो जाएगा। यह सभी विदेशी बैंकों को उनके पास अमेरिकी कर दाताओं के खाते और निवेशों तथा अन्य संभावित प्राप्तियों की जानकारी सं. राज्य के राजकोष विभाग के सौंपने अनिवार्य बनाता है। यह अधिनियम 2003 को

यूरोपीय महासंघ के विदेशों में बचत विषयक निर्देश की तुलना में कहीं अधिक महत्त्वकांक्षी है। यूरोपीय निर्देश केवल ब्याज कमाने वाले बैंक जमाओं पर लागू है [दुर्भाग्य ही है कि शेयर धारिता इसके अंतर्गत नहीं आती जबकि दूसरे देशों में विशाल निवेश अंशपूंजी के रूप में ही होते हैं, नबीन अमेरिकी कानून इस निवेश पर भी लागू होगा]। साथ ही अमेरी की कानून विश्व के सभी बैंकों पर लागू है जबकि यूरोप का निर्देश केवल यूरोपीय बैंक पर लागू रहा है। वैसे इतना बौदा सा निर्देश भी अनेक बार बहस और 2008 के संशोधनों के बावजूद लागू कर पाने में यूरोप असफल ही रहा है। ऑस्ट्रिया और लक्स्मबर्ग यूरोप संघ के अन्य सदस्यों से अपने बैंकों को इस निर्देश से छूट दिलाने में सफल रहे हैं। उन्हें स्वचालित रिपोर्ट नहीं देनी होती, वे केवल विशेष अनुरोध पर किसी व्यक्ति विशेष के बारे में जानकारी सांझी करेंगे। स्विट्जरलैंड एवं यूरोप संघ से बाहरी देशों पर भी यही व्यवस्था लागू है।[8] इसका अर्थ यही है कि कोई सरकार तभी इन देशों के बैंकों से किसी व्यक्ति विशेष के बैंक खातों के लेन–देन की जानकारी पा सकेगी जब उसके पास पहले से ही उस खाताधारी द्वारा किए गए घोटालों के "प्रमाण" विद्यमान हों। स्पष्टत: इस प्रावधान के कारण घोटाले के रहस्योदघाटन और उन पर नियंत्रण करने के प्रयास गंभीर रूप से पंगु होकर रह जाते हैं। जब 2013 में लक्स्मबर्ग और स्विट्जरलैंड संयुक्त राज्य के विदेशी खाता कर अनुपालन अधिनियम की व्यवस्थाओं का अनुपालन करने पर सहमत हो गए तभी यूरोप ने भी इस कानून की यथा संभव व्यवस्थाओं को नए यूरोप संघीय निर्देश में समाहित करने पर विचार विमर्श पुन: प्रारम्भ किया है। अभी ये जाना पाना असंभव है कि यह चिन्तन–मंथन कब संपूर्ण होगा और क्या इसकी परिणति किसी विधिक रूप से बाध्यकारी संधि में हो पाएगी।

एक अन्य बात पर ध्यान दें: इस मामले में राजनीतिक नेताओं की बड़ी –बड़ी बातों और उनकी वास्तविक करनी के बीच बहुत बड़ी खाई रहती है। यह बात हमारी लोकतान्त्रिक व्यवस्थाओं के भावी संतुलन के लिए अत्यंत ही चिंताजनक है। यह जानकर तो विशेष धक्का लगता है कि जो देश [यूरोपीय देश] अपने सामाजिक कार्यक्रमों के वित्तपोषण के लिए भारी

परिमाण में कर राजस्व पर निर्भर हैं उन्होंने तकनीकी स्तर की चुनौतियां बहुत सरल होने के बावजूद इस दिशा में कुछ अधिक किया नहीं है। यही वैश्वीकरण के कारण छोटे देशों के सामने आने वाली समस्याओं का एक अच्छा उदाहरण भी है। सदियों के प्रयाससे निर्मित राष्ट्र राज्यों की सरकारें आज स्वयं को वैश्वीकृत सम्पदाधारी पूंजीवाद पर नियम लागू करने में बहुत छोटा या विवश पा रही है। यूरोप के देश में एक मुद्रा (करेन्सी) के प्रश्न पर तो किसी तरह से एक साथ आ गए, इस विषय में अगले अध्याय में अधिक चर्चा करेंगे किंतु, कराधान के क्षेत्र में ये कुछ नहीं कर पाए हैं। यूरोपीय संघ के विशालतम देश, जिन पर इस विफलता का मुख्य दायित्व भी आता है, उन्हीं की कथनी और करनी में सबसे अधिक अंतर भी है। मजे की बात तो यह है कि यही देश यूरोपीय संघ के ही अन्य सदस्यों तथा संस्थाओं पर [अपनी] विफलता के लिए उत्तरदायी होने का आरोप भी लगा रहे हैं। अत: यह सोचने का कोई आधार नहीं लगता कि निकट भविष्य में कुछ बदलाव आ जाएगा।

यही नहीं, यद्यपि विदेशी खाता कर अनुपालन कानून इस संदर्भ के यूरोपीय प्रयासों से तो कहीं अधिक महत्वाकांक्षी है किंतु यह भी अपने आप में पर्याप्त नहीं रहेगा। एक तो इसकी भाषा ही पर्याप्त रूप से सटीक और सर्वग्राही नहीं है, अत: विश्वास होता है कि कई प्रकार के न्यास, कोष, एवं प्रतिष्ठान तो वैधानिक रूप से ही अपनी सम्पदाओं का विवरण देने का दायित्व से मुक्त रहेंगे। दूसरे, अधिनियम की दंड व्यवस्था—अनुपालन नहीं करने वाले बैंक की अमेरिका की गतिविधियों से उपर्जित आय पर 30 प्रतिशत का अधिभार—भी अपर्याप्त रहेगा। यह व्यवस्था कुछ बड़े, स्विस एवं लक्सबर्ग के बैंकों, जो सं. राज्य में कार्य करने को बहुत लातायति हों, को अनुपालन के लिए सहमत करने में सफल रह सकती है—किंतु ऐसे अनेक छोटे बैंक उदित हो सकते हैं जो विदेशों में निवेश पत्र प्रबंधन का ही काम करेंगे और अमेरिकी धरती पर जिनका कभी कोई पदचिन्ह नहीं पड़ेगा। ऐसे संस्थान चाहे स्विट्जरजलैंड में हो, लक्स्मवर्ग में, लंदन में या फिर अन्य किसी आकर्षक विदेशी स्थान पर, वे तो सं. राज्य और यूरोप के

करदाताओं की परिसम्पदाओं के प्रबंधन कार्य को किसी भी स्तर या देश के अधिकारियों को सूचना दिए बिना करते रह सकते हैं।

सही सटीक परिणाम पाने का सबसे संभावित उपाय तो यही होगा कि न केवल बैंकों पर प्रतिबंधात्मक दंड व्यवस्था लागू की जाए बल्कि उन देशों पर भी ऐसी ही कार्यवाही की जाए तो अपने बैंकों को इस प्रकार की जानकारी सांझी करने को विवश नहीं करते। हम कल्पना कर सकते हैं कि ऐसे देशों से होने वाले आयातों पर 30 प्रतिशत [या अधिक भी] आयात शुल्क लगा दिया जाए। एक बात स्पष्ट कर दें: हमारा ध्येय 'कर स्वर्गों' पर व्यापक प्रतिबंध लागू करना या स्विट्जरलैंड अथवा लक्समबर्ग के साथ अंतहीन व्यापार युद्ध प्रारम्भ करना नहीं है। संरक्षणवाद धन का सृजन नहीं करता और अंतत: सभी के हित मुक्त व्यापार एवं आर्थिक खुलेपन से ही बंधे हैं। किंतु यह तभी हो पाएगा जब कुछ देश अपने पड़ोसियों के कराधार का अपहरण न कर पाएं। संपूर्ण बैंक जानकारी का स्वचालित आदान प्रदान तो 1980 के बाद से विचार विमर्श उपरान्त हुए पूंजी प्रवाह उदारीकरण और मुक्त व्यापार समझौता का अनिवार्य अंग होना चाहिए था। किंतु ऐसा नहीं किया गया—पर यही वर्तमान स्थिति को बनाए रखने का आधार नहीं हो सकता। जो देश वित्तीय अपारदर्शिता के सहारे समृद्धि भोग रहे हैं उन्हें तो अवश्य इस प्रकार के सुधार रास नहीं आएंगे—क्योंकि प्राय: एक विधि संगत वित्तीय सेवा के साथ-साथ अवैध बैंकिंग गतिविधियों का भी विकास हो जाता है। वित्तीय सेवा उद्योग तो वास्तविक विश्व अर्थव्यवस्था की उचित आवश्यकताओं को पूरा करने का कार्य करता है और चाहे जैसे नियम लागू किए जाएं यह उद्योग अपना कार्य करता ही रहेगा। हां, यदि वित्तीय पारदर्शिता ही सामान्य व्यवहार का मानक बन गई तो "कर स्वर्गों" को बहुत क्षति उठानी होगी।[9] बिना दंड की आंशका के तो ये देश सुधारों पर सहमत होने वाले नहीं हैं—क्योंकि अभी तक तो यूरोपीय संघ की विशालतम अर्थव्यवस्थाएं भी इस दिशा में कृतसंकल्प होने का प्रमाण नहीं दे पा रही है। एक विचारणीय बात है: अभी तक यूरोपीय महासंघ की रचना का आधार प्रत्येक देश को बिना किसी [या बड़ी] लागत के एक बड़ा बाजार सुलभ कराने का विचार रहा है

जिसमें पूंजी का प्रवाह भी निर्बन्ध होगा। सुधार आवश्यक है, अपरिहार्य ही है किंतु यह मानना मूर्खतापूर्ण होगा कि इस प्रकार के सुधार को बिना किसी द्वन्द्व के स्वीकार कर लिया जाएगा। कारण यही है कि सुधार का सत्व आदर्शों के स्तर की लच्छेदार बातें नहीं बल्कि सुनिश्चित दंड–प्रतिबंध पर आकर केंद्रित हो जाता है—यूरोप में तो ये बहुत जरूरी हैं। हां,विदेशी खातों की जानकारी सांझी करने पर विवश करने वाले अधिनियम उपयोगी होंगे।

अंत में एक बात और: न विदेशी खाता जानकारी अधिनियम और न ही यूरोपीय निर्देशों की रचना विश्व स्तर पर पूंजी पर किसी प्रगतिशील कर व्यवस्था के निर्माण के ध्येय से की गई है। इनके ध्येय तो मुख्यत: कर अधिकारियों को कर दाताओं से संबंधित जानकारी अपने आंतरिक प्रयोग के लिए सुलभ कराना था ताकि उनकी आयकर विवरणियों से बाहर रह गई आय की पहचान हो सके। इस जानकारी का प्रयोग उत्तराधिकार एवं सम्पदा करों [यदि देश में इनका विधान हो] की वंचना का पता लगाने हेतु भी हो सकता है—किंतु मुख्य सरोकार आय कर ही रहा है। स्पष्टत: ये सभी प्रश्न परस्पर संबंधित हैं और अंतर्राष्ट्रीय स्तर पर वित्तीय पारदर्शिता आज की राजकोष आधारित शासन व्यवस्था के लिए प्रत्येक पटल पर एक निर्णायक कारक हो सकती है।

पूंजी पर कर का ध्येय क्या होगा?

कल्पना करें कि कर अधिकारियों को प्रत्येक नागरिक की निवल परिसम्पदा अवस्था की संपूर्ण जानकारी है। क्या उन्हें सूचना दर्ज करने की दृष्टि से आवश्यक अति न्यून दर [मामले 0.1 प्रतिशत] पर कर लगाकर संतुष्ट हो जाना चाहिए, या कहीं अधिक बड़ी दर पर कर न्र्धारण करना चाहिए? यदि हां तो क्यों? हम अपने मुख्य प्रश्न की पुन: रचना इस प्रकार कर सकते हैं: प्राय: सभी देशों में प्रगतिशील आयकर है और अनेक देशों ने प्रगतिशील उत्तराधिकार या सम्पदा दर भी लागू किया हुआ है। फिर पूंजी पर प्रगतिशील कर की क्या आवश्यकता है? वास्तव में ये तीन प्रगतिशील कर अपनी अपनी विशिष्ट, किंतु, परस्पर संपूरक भूमिकाएं निभाते हैं।

प्रत्येक एक आदर्श कर प्रणाली का आवश्यक स्तंभ है।[10] पूंजीकर के औचित्य मुख्यत: दो हैं: एक सहभागी औचित्य और दूसरा संप्रेरक औचित्य।

सहभागिता का तर्क बहुत सीधा है: अतिधनी व्यक्तियों के संदर्भ में 'आय' की संकल्पना बहुत स्पष्ट रूप से परिभाषित नहीं होती और केवल पूंजी पर एक प्रत्यक्ष कर धनिकों की सहभागिता [योगदान] कर पाने की क्षमता का ठीक रूप से आकलन कर सकता है। एक उदाहरण के लिए एक अरब यूरो सम्पदा के स्वामी की बात लें। हमने फॉर्बिस पत्रिका द्वारा दी गई क्रमिकताओं के विश्लेषण में देखा ही है कि इस स्तर की सम्पदाओं की संख्या ने पिछले तीन दशकों में बड़ी तेजी से वृद्धि की है। इनकी वास्तविक संवृद्धि दर 6–7 प्रतिशत वार्षिक या उससे भी अधिक रही है [यदि लिलिएंस बेटनकॉर्ट या बिल गेट्स जैसे अति धनिकों की ओर दृष्टि डालें]।[11] इसका अर्थ है कि इन व्यक्तियों को आर्थिक आय [अर्थात लाभांश, पूंजीगत लाभ, और अन्य सभी उपयोग के लिए राशियां सुलभ कर सकने वाले तथा पूंजी वर्धक नवीन स्त्रोतों से प्राप्तियां] के रूप में उनकी पूंजी के 6 –7 प्रतिशत के समान प्रतिप्राप्ति हो रही थी। हम यह भी मान रहे हैं कि उनकी पूंजी का उपयोग नहीं होता, उनका सामान्य उपयोग इस आय की तुलना में नगण्य सिद्ध होता है]।[12] आइए इस उदाहरण को कुछ सरल रूप प्रदान करें। मानलें कि उस व्यक्ति को अपनी सकल सम्पदा पर 5 प्रतिशत आर्थिक आय प्राप्त होती है। यदि उसकी सम्पदा 10 अरब यूरो है तो ये आय 50 करोड़ यूरो वार्षिक होगी।इस बात की कोई संभावना नहीं है कि वह व्यक्ति अपनी आयकर विवरणी में इस आय की घोषणा करेगा। फ्रांस और संयुक्त राज्य सहित जिन अधिकांश विकसित देशों का हमने अध्ययन किया है वहाँ आयकर विवरणियों में दर्शायी गई अधिकतम आय दो–चार करोड़ यूरो/डॉलर से अधिक नहीं पायी। लॉरीयल की उत्तराधिकारिणी लिलिएंस बेटनकोर्ट की बात ही लें—ये फ्रांस की सबसे धनी नागरिक हैं। समाचार पत्रों में प्रकाशित एवं स्वयं उन द्वारा सत्यापित जानकारी के अनुसार बेटनकोर्ट की वार्षिक आय कभी 50 लाख यूरो से अधिक नहीं रही। ये तो उनकी सम्पदा का दस हजारवां अंश बनता है जो इस समय 30 अरब यूरो है। व्यक्तिगत स्तर की अनिश्चितताओं को नजर अंदाज भी कर

दें [उनका विशेष महत्त्व भी नहीं है] तो भी हम पाते हैं कि कर अधिकारियों के समक्ष घोषित आय व्यक्ति की वास्तविक आर्थिक आय का शतांश भी नहीं होती।[13]

यहाँ सबसे बड़ी बात तो यह है कि कर वंचना या स्विस बैंक के किसी 'योगदान' का हमें कोई संकेत नहीं मिल पाया है। बहुत शानदार तरीके से जीवन बिताने वाले परिष्कृत रूचियों वालें व्यक्ति के लिए भी 50 करोड़ यूरो की वार्षिक राशि को अपने उपभोग पर खर्च पाना संभव नहीं होगा। सामान्य रूप से एक–आध करोड़ की राशि को लाभांश या किसी अन्य रूप से निकालना पर्याप्त रहता है—शेष सारी आप किसी न किसी पारिवारिक न्यास या इतने बड़ी सम्पदा के प्रबंधन के लिए बनाई गई तदर्थ विधिक इकाई के [विश्वविद्यालय कोषों की भांति] पास संचित होती रहती है।

ये एक पूरी तरह से विधि संगत कार्य है। इसमें किसी को कोई समस्या नहीं होनी चाहिए।[14] फिर भी यह कर व्यवस्था के लिए तो एक बड़ी चुनौती है ही। यदि कुछ व्यक्तियों को उनकी आर्थिक आय के मात्र शतांश या दशमांश पर ही कर चुकाना है तो कर की दर के 50 प्रतिशत क्या 98 प्रतिशत होने से भी कुछ होना जाना नहीं है। समस्या यही है कि विकसित देशों की कर प्रणालियां इसी प्रकार कार्य करती हैं। आर्थिक आय के प्रतिशत अंश के रूप में अति उच्च धन क्रमिकताओं पर प्रभावी कर–दर बहुत ही निम्न रहती है। यही समस्या है। इसी के कारण धन की विषमताओं में विस्फोटक उफान आ रहे हैं—क्योंकि अधिक विशाल सम्पदाओं की प्रतिप्राप्ति दरें भी उच्चतर होती हैं। कराधान प्रणाली को इन विस्फोटक परिवर्तनों का शमन या मर्दन करना चाहिए—संवर्धन–पोषण नहीं।

इस समस्या से निपटने की कई विधियां संभव हैं। एक तो यही है कि व्यक्ति की समस्त आय पर कर लगाया जाए, भले ही वह किसी न्यास, धारण कम्पनी या फिर साझेदारी के पास संचित हो रही हो। एक अधिक सरल विधि कर दायित्व का निर्धारण आय के स्थान पर धन सम्पत्ति के आधार पर करना होगा। फिर सम्पदा पर एक नियत दर [मानलें कि 5 प्रतिशत वार्षिक] से प्रतिप्राप्ति को पूंजी से आय मान उसे व्यक्ति की अन्य

आय में जोड़ने के बाद उस पर प्रगतिशील आयकर लगाया जा सकता है। नीदरलैंड जैसे कुछ देशों में यह विधि अपनाने के प्रयास हुए हैं किंतु इस कर आधार में सम्मिलित होने वाली सम्पदाओं और उन पर प्रतिप्राप्ति की दर को लेकर कुछ समस्याएं भी आई हैं।[15] एक अन्य समाधान व्यक्ति की समस्त सम्पदा पर प्रत्यक्षत: एक प्रगतिशील कर लगाना है। इस विधि का एक विशेष लाभ यह है होगा: सम्पदा के आकार के अनुसार कर की दर में अंतर हो सकता हैं—हम यह तो जानते ही हैं कि बड़ी सम्पदाओं पर प्रतिप्राप्तियां भी उच्चतर दर से होती है।

सम्पदा क्रमिकता शीर्ष के पर अति उच्च दर पर आय अर्जन इस सहभागिता तर्क को पूंजी पर प्रगतिशील कर का सबसे महत्त्वपूर्ण औचित्य बना देता है। इस तर्क के अनुसार एक अतिधनी व्यक्ति की योगदान दे सकने की क्षमता का अधिक सटीक मापक उसकी पूंजी का मूल्य मान है—आय नहीं [क्योंकि आय का सही मापन संभव नहीं हो पाता]। अत: जिन व्यक्तियों की आय उनकी सम्पदा के सापेक्ष बहुत ही कम आकलित होती है, उनके लिए तो आयकर के साथ–साथ एक पूंजीकर की रचना करना आवश्यक हो गया है।[16]

फिर भी पूंजीकर के पक्ष में दूसरे प्रतिष्ठित तर्क को अनदेखा नहीं करना चाहिए। यह संप्रेरणाओं के तर्क पर आश्रित है। इस कर का मूल विचार यही है कि इससे व्यक्ति को अपनी पूंजी के भंडार पर अधिकतम प्रतिप्राप्ति पाने के लिए प्रोत्साहन मिलेगा। सटीक रूप से कहें तो जो व्यक्ति अपनी पूंजी पर 10 प्रतिशत वार्षिक कमा पा रहा हो उसके लिए सारी पूंजी का 1 प्रतिशत कर के रूप में चुकाना बहुत अधिक नहीं होगा। दूसरी और यदि किसी ने सारी सम्पदा 2–3 प्रतिशत की कमाई वाले निवेश में लगा दी हो तो उसके लिए यह कर भार बहुत भारी हो जाएगा। अत: इस तर्क के पक्ष धर कहते हैं कि इस कर का उद्देश्य उन लोगों को, जो अपना धन दक्षताहीन कार्यों में लगाते हैं, अपनी सम्पदाएं बेच कर अपना कर दायित्व निभाने को विवश करना है ताकि वे परिसम्पदाएं ऐसे परिश्रमी निवेशकों के पास पहुंच जाएं जो अधिक कमाना जानते हैं।

इस तर्क में कुछ वैद्यता है, किंतु इस अतिआग्रह नहीं होना चाहिए।[17] व्यवहारिक दृष्टि से पूंजी से प्रतिप्राप्ति केवल पूंजी पति के कौशल और प्रयास पर निर्भर नहीं होती। एक तो औसत प्रतिप्राप्ति का सम्पदा के प्रारभिंक आकार के साथ बड़ा व्यवस्थित संबंध प्रतीत होता है। दूसरे वैयक्तिक स्तर पर प्रतिप्राप्तियों में बहुत ही अनिश्चितता—कदाचित अराजकता–रहती है और उन पर सभी प्रकार के आर्थिक कारकों के प्रभाव पड़ते हैं। इससे आय के स्थान पर घाटे में चल रही कम्पनियों पर समस्त पूंजी पर लगाया गया कर बहुत मुश्किलें पैदाकर सकता है। उनका कर भार हानि के समय भी उतना ही रहेगा जितना की लाभ के समय पर था। ये तो उन्हें दीवाले कगार पर ले जा सकता है।[18] अत: आदर्श कर प्रणाली तो संप्रेरणा तर्क [पूंजी भंडार पर कर] और बीमा तर्क [जो पूंजी से आगम प्रवाह पर कर का पक्ष लेता है] के बीच समन्वय पर आधारित होनी चाहिए।[19] पूंजी पर आय में अस्थिरता यह भी समझाती है कि उत्तराधिकारियों पर [उत्तराधिकार के समय] एक मुश्त कर लगाना दक्षतापूर्ण नहीं होगा— बल्कि उन पर जीवन पर्यन्त उनकी आय और उनके पूंजी भंडार पर कर लगाना अधिक उपयुक्त होगा।[20] दूसरे शब्दों में तीन प्रकार के कर, उत्तराधिकार, आय और पूंजी पर कर उपयोगी और प्रतिपूरक भूमिकाएं निभाते हैं [यदि ये मान सकें कि सभी कर दाताओं, भले ही वह कितने ही अमीर हों, की आय को जान पाना संभव होता है]।[21]

एक यूरोपीय धन कर के लिए एक रूपरेखा

इन सभी कारकों को ध्यान रखते हुए एक आदर्श पूंजी की दर तालिका क्या होनी चाहिए, और उससे कितना राजस्व प्राप्त हो पाएगा?

ध्यान रहे, मैं यहाँ पूंजी पर स्थायी अर्थात नियमित वार्षिक कर की बात कर रहा हूँ और उसकी की दर बहुत सामान्य–सी ही रहनी चाहिए। एक पीढ़ी में एक बार लगने वाले उत्तराधिकार कर की दर ऊंची रखी जा सकती है, एक तिहाई, आधी या दो तिहाई भी, जैसे कि 1930–80 में ब्रिटेन और सं. राज्य में विशालतम सम्पदाओं के संदर्भ में किया गया था।[22] यही बात विशेष समय पर पूंजी पर लगाए गए एक बारकी कर पर भी

लागू होगी—जैसे कि फ्रांस में 1945 किया गया था। सामान्यत: प्रत्येक पूंजी पर 25 प्रतिशत कर लगाया गया था किंतु 1940–45 में विदेशी कब्जे के दौरान हुई पूंजी वृद्धि पर तो 100 प्रतिशत कर लगाने का निर्णय फ्रांसीसी सरकार ने लिया था। स्पष्ट है, ऐसे कर बहुत समय तक नहीं चल सकते। यदि सरकार प्रतिवर्ष राष्ट्रीय सम्पदा का एक चौथाई हस्तगत करने लगे तो कुछ वर्षों बाद उसे हस्तगत करने योग्य कुछ विशेष बचेगा ही नहीं। इसीलिए पूंजी पर देय वार्षिक कर की दर तो बहुत कम [कुछ एक प्रतिशत अंकों तक ही सीमित] रहनी चाहिए। कुछ व्यक्ति इस सुझाव पर हैरान हो सकते हैं किंतु वस्तुत: ये दर भी एक भारी कर के समतुल्य होगी। इसका आकलन प्रतिवर्ष पूंजी के सकल भंडार पर किया जाएगा। उदाहरण के लिए सम्पत्तिकर भवन सम्पदा के मूल्य का 0.5–1 प्रतिशत तक रहता है—यह उस सम्पदा से प्राप्य किराये का 10–25 प्रतिशत बनता है। यदि वार्षिक किराया सम्पदा के मूल्य के 4 प्रतिशत के आसपास हो]।[23]

दूसरी बात और भी महत्त्वपूर्ण है। मैं उस पर आग्रह भी कर रहा हूँ: आज यूरोप में निजी सम्पदा के स्तर बहुत उच्च है। अत: एक मामूली सी दर पर लगाया गया वार्षिक पूंजी कर भी सरकार को काफी राजस्व दिला सकता है। जरा ये उदाहरण देखें: 10 लाख यूरो से कम पर शून्य प्रतिशत, 10 से 50 लाख पर 1 प्रतिशत और 50 लाख से अधिक की सम्पदाओं पर 2 प्रतिशत कर लगाने का विचार करें। यदि यूरोपीय संघ के सभी सदस्य देशों में इसे समान रूप से लगाए जाए तो इससे वहाँ की जनसंख्या का 2.5 प्रतिशत वर्ग प्रभावित होगा और समग्र आय के 2 प्रतिशत के समान राशि राजस्व के रूप में एकत्र हो जाएगी।[24] ये उच्च राजस्व प्राप्ति हैरानी का विषय नहीं होनी चाहिए—आज यूरोप में निजी सम्पदा 5 वर्षों की सकल घरेलू आय से अधिक जो है, और यह सम्पदा आय क्रमिकता के उच्चस्थ शतमंकों के पास ही संकुलित है।[25] यद्यपि पूंजी पर कर सामाजिक सरकार के वित्तीयन के लिए पर्याप्त नहीं होगा फिर भी, इससे संग्रहित राजस्व महत्त्वपूर्ण तो अवश्य होगा।

सिद्धांत रूप से यूरोपीय महासंघ के सभी सदस्य अपने स्तर पर ये कर लगवाकर इतना ही राजस्व संग्रह कर सकते हैं। किंतु जब तक यूरोपीय संघ और विशेषकर स्विट्जरलैंड जैसे गैर सदस्य सहित अन्य सभी क्षेत्रों से बैंक जानकारी सांझी करने की व्यवस्था नहीं होगी, कर वंचना की संभावनाएं बहुत प्रबल रहेंगी। इसी से पता चलता है कि फ्रांस जैसे देश [जिन्होंने मेरी सुझाई उक्त कर व्यवस्था अपनाने का प्रयास किया है] भी व्यवसायिक सम्पदाओं पर अनेक प्रकार की छूटों की व्यवस्था कर बैठे हैं—यहाँ तक कि अनुसूचित एवं अन्य गैर अनुसूचित कम्पनियों में लगी अधिकांश राशियां कर जाल से बाहर रह जाती हैं। ऐसा करने से तो पूंजी पर प्रगतिशील कर का सार सत्त्व ही निष्कासित हो जाएगा। यही कारण है कि फ्रांस का ये कर इतना राजस्व सृजित नहीं कर पाता जितना अनुमान मैंने यहाँ दिया है।[26] अपने स्तर पर पूंजी कर लगाने के प्रयास में यूरोपीय देशों के सामने आ रही कठिनाइयों का उदाहरण इटली से मिल रहा है। इटली सरकार ने, 2012 में यूरोप के सबसे बड़े सार्वजनिक ऋण और अत्यंत ही उच्च स्तर पर निजी सम्पदा संकलन [स्पेन के साथ] जिसका सामना हो रहा था,[27] धन सम्पदा पर एक कर लगाने का निर्णय किया। किंतु इस भय से कि कहीं धन स्विस, आस्ट्रियन और फ्रांसीसी बैंकों की ओर पलायन नहीं कर जाए, भवन सम्पदा पर 0.8 प्रतिशत तथा बैंक जमाओं और अन्य वित्तीय सम्पदाओं [शेयरों को छोड़कर जिन्हें पूरी तरह से मुक्त रखा गया था] पर मात्र 0.1 प्रतिशत की दर से कर लगाया गया था। इसमें कोई प्रगतिशीलता भी नहीं थी। ऐसे किसी आर्थिक सिद्धांत की कल्पना कर पाना भी कठिन है जो किन्हीं सम्पदाओं पर अन्य की अपेक्षा केवल 1/8 दर से कर लगाना सुझा सके। इस व्यवस्था से पूंजी पर एक प्रतिगामी कर लग गया,क्योंकि बड़ी सम्पदाओं में तो मुख्यत: वित्तीय सम्पदाएं, विशेषकर शेयर, ही सम्मिलित थे। इसी कारण इस कर रचना को सामाजिक स्वीकृति नहीं मिल पायी और यह 2013 के चुनाव का एक प्रमुख मुद्दा बन गया। यूरोपीय और अंतर्राष्ट्रीय संस्थानों ने इस कर के प्रस्ताव का बड़ा अभिनंदन किया था किल्तु इटली की जनता ने उसे चुनाव में बुरी तरह से धूल चटा दी। इस समस्या का मूल ये है: जब तक यूरोपीय देश आपस में बैंक जानकारी बांटने

की स्वचालित व्यवस्था नहीं बनाएंगे किसी भी देश के कर अधिकारियों को सभी कर दाताओं की सकल सम्पदा धारिता [वह चाहे जिस देश में हो] की सही जानकारी नहीं मिल पाएगी। उसके अभाव में कोई भी देश पूंजी पर प्रगतिशील कर नहीं लगा पाएगा। यह तथ्य इस कारण और भी अधिक दुर्भाग्यपूर्ण बन जाता है कि यही यूरोप की वर्तमान आर्थिक समस्या का सबसे उपयुक्त समाधान है।

मान लीजिए कि किसी दिन बैंक जानकारी स्वचालित रूप से सांझी होने लगे और कर अधिकारियों को निश्चित रूप से पता लग जाए कि कोन व्यक्ति किस सम्पदा का स्वामी है। तो फिर, आदर्श कर दर तालिका क्या होगी? इस प्रश्न का कोई गणितीय सूत्र नहीं हो सकता। इस का उत्तर तो फिर भी लोकतांत्रिक विचार विमर्श द्वारा ही उभर कर आएगा। हां, 2 लाख यूरो से कम सम्पदा पर मात्र 0.1 प्रतिशत और 2–10 लाख तक पर 0.5 प्रतिशत दर से कर लागू करना फिर भी बुद्धि संगत रहेगा। यह सम्पत्ति कर का स्थान ले लेगा। अधिकांश देशों में सम्पत्ति कर ही सम्पदा धारी मध्यम वर्ग पर लगने वाला धन कर है। नई व्यवस्था अधिक न्यायपूर्ण और दक्ष होगी क्योंकि यह सभी सम्पदाओं को अपनी परिधि में समेट लेती है [केवल भवन सम्पदा को नहीं] और पारदर्शी आंकड़ों तथा उधार ली गई राशियों [सम्पदा निर्माण हेतु] से निवल बाजार मान की गणना पर आधारित रहती है।[28] बहुत सीमा तक ऐसे कर को कोई भी देश अकेले भी लागू कर सकता है।

ध्यान दें: कोई कारण नहीं कि 50 लाख यूरो से अधिक मूल्य की सम्पदाओं पर केवल 2 प्रतिशत दर लागू की जाए। यूरोप और अन्य देशों में भी बड़ी–बड़ी सम्पदाओं पर वास्तविक प्रतिप्राप्ति दरें 6–7 प्रतिशत तो अवश्य हैं। अत: दस करोड़ या एक अरब से अधिक मान की सम्पदाओं पर 2 प्रतिशत से उच्च दर पर कर लगाने में कोई कठिनाई नहीं होनी चाहिए। सबसे सरल और न्यायपूर्ण मार्ग यही होगा कि प्रत्येक सम्पदा वर्ग के लिए उपयुक्त प्रतिप्राप्ति दरों का कई वर्षों के लिए आकलन करने के बाद उनकी औसत के आधार पर दर का निर्धारण किया जाए। इससे प्रत्येक सम्पदा

संकुलन स्तर पर पूंजी से प्रतिप्राप्तियों में परिवर्तनों का आकलन हमें प्रगतिशीलता के स्तर का निर्धारण करने में सहायक होगा। धन सम्पदा वितरण की अपसृति [अधिकाधिक सम्पदा पर शीर्ष शतमंक या सहस्त्रमंक वर्ग का अधिकार] से बचने के लिए जिसे न्यूनतम रूप से वांछनीय उद्देश्य माना जा सकता है, अधिक बड़ी सम्पदाओं पर 5 प्रतिशत के लगभग दर लागू करना आवश्यक हो सकता है। यदि अधिक महत्त्वकांक्षी लक्ष्य [विषमताओं को वर्तमान से कम करना] लेकर चलें तो अरब पतियों पर 10 प्रतिशत का अधिक कर भी लगाया जा सकता है। ऐतिहासिक अनुभव बता रहे हैं कि इस प्रकार की विषमताएं आर्थिक संवृद्धि के लिए कभी आवश्यक नहीं रहीं]। यह पुस्तक इस विषय में किसी विवाद का समाधान करने का स्थान नहीं है। हां एक बात अवश्य समझ आ रही है: जैसा प्राय: राजनीतिक संवाद में दिखाई दे जाता है, सार्वजनिक ऋण पर प्रतिप्राप्ति पर ध्यान केंद्रण इतना समझदारी पूर्ण नहीं होता।[29] विशालतम धन सम्पदाएं निश्चित रूप से सरकारी बौंडों में नहीं लगी मिलती।

क्या यूरोप व्यापी सम्पदा कर व्यावहारिक होगा? इसके नहीं होने का कोई तकनीकी कारण नहीं लगता। यह 21वीं सदी की आर्थिक चुनौतियों से निपटने का सबसे प्रभावी उपाय बन सकता है। यूरोप, जहां निजी सम्पदा तो 'उत्कर्ष युग' से भी अधिक फलफूल रही है, में तो इसकी प्रभावोत्पादकता बहुत ही उत्कृष्ट होगी। किंतु पुराने महाद्वीप के देशों को परस्पर सहयोग करना है तो उन्हें यूरोपीय राजनीतिक संस्थाओं–व्यवस्थाओं को बदलना होगा। इस समय एकमात्र सशक्त यूरोपीय संस्थान यूरोपीय संघ बैंक है। वह महत्त्वपूर्ण तो है किंतु अत्यंत ही अपर्याप्त है। इस विषय पर मैं सार्वजनिक ऋण संकट के संदर्भ में, अगले अध्याय में फिर लौट कर आऊंगा। उससे पूर्व एक विस्तृत ऐतिहासिक परिप्रेक्ष्य में प्रस्तावित पूंजी कर पर दृष्टिपात करना उपयोगी रहेगा।

पूंजी पर कराधान: ऐतिहासिक परिप्रेक्ष्य

पूंजी के स्वामियों का बिना मेहनत किए राष्ट्रीय आय के एक अच्छे भाग पर कब्जा कर लेना और पूंजी पर प्रतिप्राप्ति दर का 4–5 प्रतिशत वार्षिक

रहना एक ऐसा सत्य है जिस पर सभी सभ्यताओं में बहुत आवेशपूर्ण एवं तीखी प्रतिक्रियाओं के साथ–साथ अनेक प्रकार की राजनीतिक अनुक्रियाएं देखने को मिली हैं। राजनीतिक अनुक्रिया का सबसे सामान्य रूप सूदखोरी पर प्रतिबंध रहा है। ये प्रतिबंध प्राय: इस्लाम और ईसाई सहित सभी धर्मों की परंपराओं का भी भाग रहे हैं। ग्रीक दार्शनिक ब्याज को लेकर दुविधा में थे—क्योंकि जैसे समय निरंतर चलता रहता है, ब्याज का प्रवाह भी अनंत रहेगा। अरस्तु ने धन की इस अंतविहीनता पर ध्यान दिलाते हुए कहा था कि ग्रीस भाषा में ब्याज के लिए प्रयुक्त शब्द (तोको) का अर्थ ही 'संतान' है। उनके मतानुसार रूपये को और रूपये पैदा नहीं करने चाहिए।[30] जब विश्व में जनसंख्या और उत्पादन दोनों की संवृद्धि पीढ़ी दर पीढ़ी शून्य–प्राय: हो तो फिर धन का सीमाविहीन हो जाना बहुत भयावह लगता था।

दुर्भाग्यवश, ब्याज पर प्रतिबंध लगाने के प्रयास प्राय: तर्क विहीन ही रहे हैं। ब्याज पर रकम लेकर निवेश प्रतिबंधित होने का प्रभाव कुछ एक प्रकार के निवेश, व्यवसायिक और वित्तीय कार्यों तक सीमित रहा जिन्हें राजनीतिक या धार्मिक अधिकारियों में कम उचित या अन्य की अपेक्षा 'हेय' मान लिया था। उन्होंने पूंजी पर प्रतिप्राप्ति के विचार की वैद्यता पर प्रश्न नहीं उठाए। यूरोप के कृषक समाज में ईसाई धर्माधिकारियों ने भूमि के किराये पर कभी प्रश्न नहीं उठाया—वे स्वयं तथा जिन समुदायों के सहारे वे अपनी सत्ता बनाए रखते थे, सभी उस भू–किराये पर ही निर्भर जो थे। उस युग के समाज में सूदखोरी पर प्रतिबंध को मुख्यत: सामाजिक नियंत्रण का एक स्वरूप माना जा सकता है। कुछ प्रकार की पूंजी पर नियंत्रण अधिक कठिन था अत: उन्हें अधिक खतरनाक मान लिया गया। किंतु सामान्य रूप से यह नियम स्वीकार्य ही रहा कि पूंजी का स्वामी बिना मेहनत किए अपनी पूंजी से कमाई प्राप्त करने का अधिकारी था। विचार केवल अंतहीन संचयन को रोकना था। अपेक्षा की जा रही थी कि पूंजी से आय का सदुपयोग होगा—उसे अच्छे कामों में लगाया जाएगा, ऐसे व्यापारिक और वित्तीय कार्यों में नहीं जो वास्तविक धर्मनिष्ठा से दूर ले जाएं। भूमि रूपी पूंजी इस दृष्टि से निरापद लगती थी—ये तो बस वर्षानुगत रूप से काम में ही लाई जा सकती थी।[31] अत: धर्माधिकारियों

लगता था कि उनकी सामाजिक धार्मिक व्यवस्था अविभाज्य रहेगी। लोकतंत्र का घोर विरोधी बनने से पूर्व भूमि पर किराये को सामाजिक समरसता का स्रोत माना जाता था—कम से कम जिन लोगों को यह प्राप्त हो रहा था उनका तो यही विचार था।

पूंजी की समस्याओं से निपटने के मार्क्स और 19वीं सदी के अनेक अन्य समाजवादी विचारकों द्वारा सुझाए गए तथा 20वीं सदी में सोवियत संघ एवं कई अन्य देशों में अपनाए गए उपाय कहीं अधिक क्रांतिकारी थे। ये और कुछ न सही, तार्किक दृष्टि से अधिक संगतिपूर्ण तो अवश्य थे। उत्पादन के साधनों—भूमि, भवन, औद्योगिक, वित्तीय एवं व्यवसायिक पूंजी [बस कुछ छोटे और वैयक्तिक एवं सहकारिताओं के भूखंडों को छोड़कर] के निजी स्वामित्व का उन्मूलन कर एक ही साथ पूंजी से सभी प्रकार की निजी प्रतिप्राप्तियां बंद कर दी गई। सूदखोरी उन्मूलन अब सर्वव्यापक रूप धारण कर गया: मार्क्स द्वारा वर्णित शोषण दर या उत्पादन का पूंजी पति द्वारा हस्तगत अनुपात शून्य हो गया। इसी के साथ निजी प्रतिप्राप्ति भी बिल्कुल समाप्त हो गई। पूंजी से शून्य प्रतिप्राप्ति का अर्थ था कि मानव [या श्रमिक] ने संचित धन के जुए के साथ साथ अपनी बंधनकारी श्रृंखलाओं को भी उतार फेंका। अतीत पर वर्तमान का वर्चस्व स्थापित हो गया। अब $r > g$ की विषमता एक दु:स्वप्न की छाया बन कर रह गई, क्योंकि, साम्यवाद का आग्रह तो संवृद्धि और प्रौद्योगिकीय प्रगति पर था। किंतु उन निरंकुशतावादी प्रयोगों में फंसे जन समुदाय की दृष्टि से निजी सम्पदा और बाजार व्यवस्था का एकमात्र ध्येय उन लोगों पर, जिनके पास बेचने को श्रम के अतिरिक्त कुछ नहीं होता, पूंजी की सत्ता की स्थापना नहीं था। ये व्यवस्थाएं अरबों लोगों की गतिविधियों में समन्वय लाने का कार्य भी करती थीं,—और इनके बिना काम करना इतना सरल नहीं था। सोवियत केन्द्रीय नियोजन प्रणाली द्वारा सृजित मानवीय आपदाएं इसका सहज प्रमाण रही हैं।

पूंजी और इसकी प्रतिप्राप्ति की सत्वर रूप से चली आ रही समस्या का कहीं अधिक दक्ष एवं कम हिंसक समाधान पूंजी पर कर होगा।

वैयक्तिक सम्पदा पर एक प्रगतिशील कर पूंजीवाद पर सामान्य हितों का नियंत्रण पुन: स्थापित कर देगा, जबकि निजी सम्पदा और स्पर्धा की व्यवस्थाएं भी बनी रहेंगी। प्रत्येक प्रकार की पूंजी पर एक ही प्रकार से कर लगाया जाएगा। प्रारम्भिक रूप में किसी प्रकार का भेदभाव नहीं किया जाएगा—इस बात को स्वीकार किया जाएगा कि सरकार की अपेक्षा व्यक्ति स्तर पर निवेशक को यह अधिक अच्छी तरह से ज्ञात होता है कि निवेश कहां करे। आवश्यक हो तो बहुत विशाल सम्पदाओं पर करों की दर बहुत उच्च भी रखी जा सकती है किंतु पर यह निर्णय अंतत: लोकतान्त्रिक विधि से विचार विमर्श के माध्यम से विधि द्वारा स्थापित शासन व्यवस्था द्वारा ही लिया जाएगा। पूंजीकर ही $r > g$ तथा पूंजी पर प्रतिप्राप्ति में प्रारम्भिक आकार के आधार पर विषमताओं की समस्या के प्रति उपयुक्त अनुक्रिया होगा।[33]

इस स्वरूप में पूंजी कर एक नया विचार है। इसकी रचना विशेष रूप से 21वीं सदी के वैश्वीकृत सम्पदाधारी पूंजीवाद के लिए की गई है। सब जानते हैं कि भूमि रूपी पूंजी पर तो सदैव से कर लगता रहा है। सम्पत्ति कर का मुख्य ध्येय तो सम्पदा अधिकारों का पंजीकरण कर उन्हें सुनिश्चित स्वरूप प्रदान करना है—इसका लक्ष्य धन का पुन: वितरण करना नहीं है। अंग्रेजी, अमेरिकी और फ्रांसीसी क्रांतियों ने इस तर्क शास्त्र का अनुसरण किया है। उन द्वारा रचित कर प्रणालियों में कभी भी धन की विषमताओं के निवारण का कोई विचार निहित नहीं रहा। फ्रांसीसी क्रांति के समय प्रगतिशील कर प्रणाली पर जम कर बहस हुई, किंतु, अंतत: प्रगतिशीलता के विचार को अस्वीकार कर दिया गया। यही नहीं उस समय के सबसे क्रांतिकारी कर प्रस्ताव भी आज बहुत ही मृदु लगेंगे—क्योंकि उन की दरें बहुत ही न्यून थीं।[34]

प्रगतिशील कर व्यवस्था की क्रांति को 20वीं सदी और अंत: महायुद्ध काल की प्रतीक्षा करनी पड़ी। ये एक अराजकतापूर्ण परिस्थिति में उदित हुई और मुख्यत: आय तथा उत्तराधिकार पर प्रगतिशील करों के रूप में इसके दर्शन हुए। वैसे यह सत्य है कि कुछ देश [विशेषकर जर्मनी और

स्वीडन] 19वीं सदी के अंत–बीसवीं के प्रारम्भ में ही पूंजी पर वार्षिक प्रगतिशील कर लगाने का प्रयोग आरंभ कर चुके थे। किंतु, संयुक्त राज्य, ब्रिटेन और फ्रांस [1980 के दशक तक] ने इस दिशा में कोई गतिशीलता नहीं दर्शायी।[35] यही नहीं, जिन देशों ने ये कर लगाए थे, उन्होंने भी इसकी दर ही कम रखी थी। इसका मुख्य कारण तो यही था कि ये करारोपण आज से बहुत ही भिन्न संदर्भों में किया गया था। इन में एक मौलिक तकनीकी त्रुटि भी थी: इनका आधार प्रतिवर्ष संशोधित होने वाला सम्पदाओं का बाजार मूल्य नहीं रखा गया था—बल्कि कर अधिकारियों द्वारा कई–कई वर्षों बाद संशोधित किया जाने वाला मूल्यांकन था। अंतत: इन मूल्यांकनों का बाजार मूल्य से कोई नाता नहीं रहा और ये कर शीघ्र ही प्रभावहीन होकर रह गए। इस त्रुटि के कारण 1914–45 की अवधि के संक्षोभों से उत्पन्न हुई मुद्रा स्फीति ने फ्रांस और अन्य अनेक देशों में लगाए गए सम्पत्ति कर को भी निष्प्रभावी कर दिया था।[36] इस प्रकार की संरचनात्मक त्रुटि पूंजी पर प्रगतिशील कर के लिए भी घातक सिद्ध होगी। प्रत्येक कर वर्ग के लिए न्यूनतम कराधार एक मनमाने में मूल्यांकन पर निर्भर हो जाएगा—अर्थात आस पास में उसी वर्ग की पिछली बिकी सम्पदा किस कीमत पर बेची गई थी। इस प्रकार मनमाने मूल्यांकनों को 1960 के बाद बार–बार चुनौतियां दी जाने लगीं, यह भवन सम्पदाओं और शेयर कीमतों में तीव्र वृद्धि का समय था। प्राय: बात न्यायालय तक पहुंचने लगी, क्योंकि समान रूप से कराधान का सिद्धांत भी आड़े आरहा था। अंतत: जर्मनी और स्वीडन ने पूंजी पर वार्षिक कर 1990–2010 की अवधि में समाप्त ही कर दिए।इस समापन का संबंध इन करों की 19वीं सदी में फंसी संरचना से अधिक था—किसी कर प्रतियोगिता के प्रति अनुक्रिया से नहीं।[37]

फ्रांस में वर्तमान सम्पदा कर का स्वरूप कहीं अधिक आधुनिक है। यह विभिन्न सम्पदाओं के वार्षिक आधार पर पुन: मूल्यांकनाधीन अनुमानों पर निर्भर रहता है। कारण यही है कि इस कर का प्रारम्भ 1980 के दशक में हुआ है, उस समय सम्पदा कीमतों की स्फीति की अनदेख संभव नहीं थी। शेष विश्व से कहीं पृथक आर्थिक नीतियां अपनाने के अपने लाभ भी रहते हैं—आप समय से कहीं आगे तो रहते ही है।[38] यद्यपि सम्पदाओं के बाजार

मूल्यों पर आधारित फ्रांसीसी कर आदर्श कर के काफी निकट लगता है किंतु कई दृष्टियों से यह हमारे सुझाए गए आदर्श से भिन्न भी है। इसमें स्वघोषित सम्पदाधारिता पर आधारित अनेक छूटों के प्रावधान भरे हैं। इटली ने 2012 में एक बड़ा ही विचित्र सम्पदा कर लगाया है, उससे एक देश द्वारा अकेले किए जाने वाले प्रयास की सीमाएं सहन स्पष्ट हो जाती हैं। स्पेन का उदाहरण भी बहुत रौचक है।—यह जर्मनी और स्वीडन के अब निरस्त कर की भांति भवन सम्पदाओं और अन्य परिसम्पत्तियों के मनमानी भरे मूल्यांकन पर आधारित है। इसका संग्रह 2008–10 तक बंद रहा, किंतु, 2011–12 में इसे पुन: लागू कर दिया गया [इस वर्ष बजट में गंभीर संकट उपस्थित था किंतु फिर भी इस कर की रचना में कोई परिवर्तन नहीं किया गया][39] प्राय: सभी देशों में इस प्रकार के तनाव मौजूद हैं। सरकार की वृद्धिमान आवश्यकताओं को देखते हुए तो पूंजी पर कर आवश्यक प्रतीत होता है, [क्योंकि बड़ी निजी सम्पदाओं का विस्तार हो रहा है, आय में वृद्धि नहीं हो रही और कोई भी दल सत्तारूढ़ हो, कोई भी सरकार राजस्व के ऐसे स्रोत को व्यर्थ नहीं जाने देना चाहेगी] किंतु ऐसा कर किसी एक देश में अकेले लागू करना आसान नहीं होगा।

सार रूप में, पूंजी कर एक नमी संकल्पना है, इसे 21वीं सदी के वैश्वीकृत सम्पदाधारी पूंजीवाद के तकाजों के अनुसार अपनाने की आवश्यकता है। कर की रचना करने वालों को ये ध्यान रखना होगा कि इसकी दरों को तालिका उपयुक्त हो, कर योग्य सम्पदाओं का मूल्यांकन किस प्रकार हो, और सम्पदाधारकों की जानकारी बैंकों से स्वचालित रूप से अंतर्राष्ट्रीय स्तर पर कैसे प्राप्त हो ताकि कर अधिकारियों को केवल करदाताओं की सम्पदाधारण विषयक घोषणाओं पर निर्भर नहीं रहना पड़े।

नियमन के वैकल्पिक स्वरूप: संरक्षणवाद और पूंजी नियमन

क्या पूंजीकर का कोई विकल्प नहीं है? नहीं, ऐसी बात नहीं है। 21वीं सदी के सम्पदाधारी पूंजीवाद पर अंकुश लगाने की अन्य विधियां भी हैं और इनमें से कुछ का विश्व के अनेक भागों में प्रयोग करने का प्रयास चल रहे हैं। किंतु ये नियमन विकल्प प्रस्तावित पूंजीकर के कम संतोष जनक हैं—

कभी कभी तो वे समस्याएं सुलझाने के स्थान पर और नई समस्याएं पैदा भी कर देते हैं। हमने पहले भी नोट किया है सरकार के लिए सबसे सरल विधि तो आर्थिक एवं वित्तीय संप्रभुता को पुन: प्रतिष्ठित करते हुए संरक्षणवाद और पूंजी पर नियंत्रण की नीति अपनाना है। कोई देश अपेक्षाकृत कम विकसित उद्योग क्षेत्र को उस समय तक विदेशी स्पर्धा से बचाने में संरक्षण सफल हो सकता है जब तक देशी फर्में विदेशियों का सामना करने में सक्षम नहीं हो जाती।[40] यह उन देशों के विरुद्ध भी एक सशक्त अस्त्र होता है जो नियमों [वित्तीय पारदर्शिता, स्वास्थ्य मानक, मानव अधिकार आदि] का सम्मान नहीं करते। अत: किसी भी देश के लिए इसके उपयोग की संभावना को अस्वीकार नहीं करना चाहिए। किंतु अधिक देर तक बड़े स्तर पर संरक्षणवाद का प्रयोग समृद्धि एवं धन सम्पदा की रचना में सहायक नहीं रह जाता। ऐतिहासिक अनुभव यही दर्शाते हैं कि जो भी देश इस मार्ग पर चलकर अपने निवासियों को जीवन स्तर में प्रबल सुधार का भरौसा दिलाता है वह गंभीर निराशा ही पाता है। संरक्षण न तो $r > g$ का निराकरण कर पाता है और न ही धन को कम से कम हाथों से सिमटने में बाधक हो पाता है।

पूंजी नियंत्रणों की बात कुछ और है। विकसित देशों की सरकारों ने अस्सी के दशक से निरंतर पूंजी प्रवाहों के ऐसे संपूर्ण उदारीकरण की बात उठाई है जिसमें कोई नियंत्रण और जानकारी सांझी करने का कोई प्रावधान नहीं है। आर्थिक सहयोग एवं विकास संगठन, विश्व बैंक, अंतर्राष्ट्रीय मुद्रा कोष जैसी अंतर्राष्ट्रीय संस्थाओं ने भी आर्थिक विज्ञान की नवीनतम उपज के नाम पर इसी विचार को प्रोत्साहित किया है।[41] किंतु इस आंदोलन को मूलरूप से लोकतांत्रिक विधि से निर्वाचित सरकारों ने ही स्फूर्ति प्रदान की है। यह सोवियत संघ के पतन के समय बिंदु पर पूंजीवाद और स्व–नियमित बाजार प्रणाली में अगाध श्रद्धा की अभिव्यक्ति ही है। किंतु 2008 के वित्तीय संकट के बाद से इस विधि के बौद्धिक आधार को लेकर संदेह उठने लगे हैं और लगता है कि भविष्य में स्वयं धनी देश पूंजी के निर्वाह प्रवाह पर अनेक प्रकार के नियंत्रण लागू करते दिखाई देंगे। उदीप्यमान देश सही मार्ग दिखा ही चुके हैं। ऐशियाई वित्तीय संकट 1998

के बाद तो इंडोनेशिया, ब्राजील और रूस सहित अनेक देश मान चुके हैं कि उस समय अंतर्राष्ट्रीय संस्थाओं द्वारा आदेशित “संक्षोभ चिकित्सा” और नीतियां सुविचारित नहीं थीं और वह समय आ गया है कि उन्हें अपना रास्ता स्वयं चुनना होगा। उस संकट ने कई देशों को विदेशी विनिमय के अतिशय भंडार जमा करने को भी प्रोत्साहित किया था। भले ही यह वैश्विक अस्थिरता के लिए अभीष्ट अनुक्रिया नहीं हो किंतु यह किसी भी देश को अकेले अपने दम आर्थिक संक्षोभों से निपटने में [अपनी सार्वभौमिकता को ठेस पहुंचाए बिना] समर्थ अवश्य बना सकता है।

चीनी पूंजी नियमन का रहस्य

एक बात को जान लेना महत्त्वपूर्ण है कि कुछ देश सदैव पूंजी पर नियंत्रण बनाए रखते हैं और वित्तीय प्रवाहों तथा चालू खातों के संपूर्ण वि–नियमन की ओर चल रही भगदड़ से अप्रभावित रहते हैं। इसका प्रमुख उदाहरण चीन है—जिसकी मुद्रा कभी भी परिवर्तनीय नहीं रही [यद्यपि जब चीन को लगे कि अब उसने पर्याप्त संसाधन एकत्र कर लिए है वह परिवर्तनीयता को अपना कर अपने विरुद्ध कार्य कर रहे किसी भी सट्टेबाज को गर्त में दफना सकता है]। चीन में कोई भी बाहरी व्यक्ति या फर्म सरकार की पूर्वानुभूति के बिना किसी बड़ी चीनी फर्म में निवेश नहीं कर सकता। यह अनुमति तभी मिल पाती है जब विदेशी एक अल्पमत निवेशक बने रहने को तैयार हो। चीन से किसी भी परिसम्पदा को देश से बाहर भेजने पर भी प्रतिबंध है। अत: यहाँ पूंजी के आगमन और यहाँ से निगमन, दोनों पर ही कड़े नियंत्रण है। बाहर जाने वाली पूंजी का प्रश्न बहुत संवेदनशील हो गया है और चीनी पूंजी नियंत्रण प्रतिमान का सारा सत्व सारांश इसी में निहित है। इससे एक सरल सा प्रश्न उठता है: क्या चीन के वे करोड़ एवं अरबपति जिनके नाम दुनिया के संचार माध्यमों में बार बार उछाले जा रहे हैं सचमुच उन घोषित सम्पदाओं के स्वामी हैं? क्या वे चाहें तो अपना धन चीन से बाहर ले जा सकते हैं? इन प्रश्नों के उत्तर किसी रहस्य के गर्भ में छुपे हैं—हां एक बात तो स्पष्ट हैं: चीन की सम्पदाधिकारों की संकल्पना यूरोपीय और अमेरिकी अवधारणाओं से भिन्न है। यह

अधिकारों एवं कर्त्तव्यों के एक विकासमान सम्मिश्रण पर निर्भर है। एक उदाहरण पर ध्यान दें: टेलीकॉम चाइना में 20 प्रतिशत का हिस्सेदार चीनी अरबपति अपने शयेरों का स्वामी रहते हुए यदि परिवार सहित स्विट्जरलैंड में बसना और वहीं अपने शेयर से लाखों यूरो का लाभांश प्राप्त करना चाहे तो उसे किसी रूसी अल्पाधिकारी *(Oligopolistic)* धनी की अपेक्षा अधिक कठिनाइयां झेलनी होंगी जिनकी विशाल राशियां संदिग्ध स्थानों की ओर प्रवाहित होती रहती है। अभी तक चीन से तो ऐसा होता कभी दिखाई नहीं दिया। रूस में किसी अल्पाधिकारी को बस एक ही ध्यान रखना होता है: राष्ट्रपति से नहीं उलझे—यदि उलझा तो फिर उसका स्थान केवल एक ही होगा: बंदी गृह। यदि वह इस टकराव से बचा रहे तो रूसी प्राकृतिक साधनों के विदोहन से प्राप्त आय पर बड़े आराम से जीवन बिता सकता है। चीन में नियंत्रण अधिक कड़े हैं। यही एक कारण है कि पश्चिमी प्रैस में चीनी और अमेरिकी राजनेताओं की धन सम्पदाओं की तुलना [अमेरिकी नेता चीनियों की तुलना में बड़े गरीब दिखाई देते हैं] के प्रयास समीक्षा की कसौटी पर धराशायी हो जाएंगे।[42]

मेरा मंतव्य चीन की पूंजी नियमन व्यवस्था का बचाव करना नहीं है —वह बहुत ही अपारदर्शी और संभवत: अस्थिर भी है। फिर भी पूंजी नियंत्रण धन की विषमताओं के उतार–चढ़ावों को सीमित करने और उसके नियमन की विधि तो अवश्य है। यही नहीं, चीन की आयकर प्रणाली भी रूस से अधिक प्रगतिशील है [उस ने नब्बे के दशक में ही रूसी गुट के अन्य देशों की भांति एक नियत दर से आयकर लगाना आरंभ किया था]। लेकिन अभी भी उसकी प्रगतिशीलता पर्याप्त नहीं है। इससे मिला राजस्व शिक्षा स्वास्थ्य और संरचनागत सुविधाओं के विकास पर उस स्तर पर निवेश किया जा रहा है जो भारत जैसे उदीप्यमान देशों से अधिक विशाल है। चीन पहले ही उनसे आगे निकल चुका है।[43] यदि चीन चाहे, अर्थात उसका अभिजात्य वर्ग स्वीकार कर ले, कि उसे लोकतांत्रिक पारदर्शिता एवं विधि द्वारा निर्दिष्ट शासन व्यवस्था के नियमों का अनुपालन करते हुए एक आधुनिक कर प्रणाली को अपनाना है [वैसे इस बात की कोई गारंटी नहीं है] तो एक बात स्पष्ट है कि चीन का अपना आकार इतना बड़ा हो चुका है

कि वह मुझ द्वारा अभी तक चर्चित आय एवं पूंजी पर प्रगतिशील कर अकेले ही लगा सकता है। किन्हीं अर्थों में चीन इन चुनौतियों से निपटने में यूरोप की अपेक्षा अधिक सक्षम है। यूरोप को राजनीतिक विखंडन और अभी काफी समय तक चलने वाली कर स्पर्धा का भी सामना करना पड़ रहा है।[44]

फिर भी यदि यूरोपीय देश पूंजी पर परस्पर सहयोग द्वारा प्रभावी नियमन लागू नहीं करेंगे तो विभिन्न देश अपने अपने स्तर पर अपने नियंत्रण और राष्ट्रीय वरीयताएं लागू करने में जुट जाएंगे [वस्तुत: यह क्रम प्रारम्भ भी हो गया लगता है, तर्कहीन रूप से राष्ट्रीय चैम्पियनों और घरेलू शेयरधारियों को बढ़ावा देने के प्रयास हो रहे है—यह मानकर कि उन्हें नियमित करना विदेशियों की अपेक्षा अधिक आसान होगा]। इस दृष्टि से चीन को एक अदम्य लाभ प्राप्त है। पूंजीकर पूंजी नियमन का ही एक सौम्य स्वरूप है और यूरोप के तुलनात्मक हितों के अधिक अनुरूप भी है।

पैट्रोलियम के भाड़े का पुन: वितरण

जव विश्व स्तर पर पूंजीवाद और उस द्वारा सृजित विषमताओं के नियमन की बात हो तो प्राकृतिक संसाधनों के वितरण, विशेष रूप से पेट्रोलियम किराये का विभाजन एक विशेष समस्या का रूप धारण कर लेता है। धन की अंतर्राष्ट्रीय विषमताएं और देशों की तकदीरें उनकी सीमाओं की लकीरों के साथ बंधी हैं, और ये लकीरें बहुत मनमाने ढंग से खींची गई हैं। यदि संपूर्ण विश्व एक लोकतांत्रिक समाज होता तो पैट्रोलियम द्वारा सृजित लाभों का विभाजन भी एक आदर्श पूंजीकर द्वारा समतापूर्ण हो जाता। कई बार राष्ट्रीय स्तर पर कानून द्वारा ऐसे संसाधनों को सांझी सम्पदा घोषित कर दिया जाता है। ऐसे कानून अलग अलग देशों में अपने अपने रूप में ले सकते हैं। हम तो यही आशा कर सकते हैं कि संभवत: लोकतांत्रिक विचार विमर्श सही दिशा में विश्व समाज को उन्मुख करेगा। यदि कल सुबह किसी को अपने घर के पिछवाड़े में इतना बड़ा खजाना मिल जाए जो समूची राष्ट्रीय सम्पदा से भी बड़ा हो तो निश्चित रूप से कोई नई कानूनी

व्यवस्था उस खजाने का उचित विभाजन करने के लिए बना ली जाएगी। [ऐसी आशा हमें तो है]।

किंतु विश्व एक लोकतान्त्रिक समुदाय नहीं है और इसीलिए इसके प्राकृतिक संसाधनों का पुन: विभाजन भी इतना शांतिपूर्ण नहीं रह पाता। सोवियत संघ के विघटन के तुरन्त बाद 1990–91 में एक और बहुत बड़ी घटना भी हुई थी। ईराक, जो स्वयं एक 35 मिलियन जनसंख्या वाला देश था, ने एक बहुत कम जनसंख्या [मात्र 1 मिलियन] वाले देश कुवैत पर अधिकार करने का निर्णय कर लिया। कारण? कुवैत के पास ईराक जितना ही विशाल पैट्रोलियम भंडार होने का अनुमान जो था। यह भले ही एक भौगोलिक घटना मात्र रही हो किंतु कहीं न कहीं उपनिवेशवादोपरांत चली कलम की नोक का भी इसमें योगदान रहा था। पश्चिमी देशों की तेल कम्पनियों और सरकारों को कम जनसंख्या वाले देश से व्यापार करना बहुत आसान लगता था [भले ही दीर्घकालिक दृष्टि से यह दृष्टिकोण इतना खरा नहीं रहे]। खैर, पश्चिमी देशों के सहयोगियों ने तुरन्त 900,000 का सैन्य बल भेज कर कुवैत को उन तेलकूपों का स्वामित्व पुन: प्रदान करने का बीड़ा उठा लिया [यहाँ इस बात का प्रमाण भी स्पष्ट है कि यदि ईच्छा हो तो सरकारें तुरंत बहुत बड़े परिमाण में कुछ कर डालने के लिए संसाधन जुटा पाने में सक्षम होती हैं]। यही 1991 में हुआ था। इस प्रथम खाड़ी युद्ध के बाद द्वितीय युद्ध भी 2003 में ईराक में ही प्रारम्भ हुआ। इस बार पश्चिमी गठबंधन बहुत विशाल नहीं था। उस घटना के परिणामों से विश्व अभी तक जूझ रहा है।

पैट्रोलियम पूंजी पर आदर्श विश्व समाज [या कम से कम मध्यपूर्व के क्षेत्र में ही सही] में सामाजिक न्याय और उपयोगिता के आधार पर लगाने योग्य किसी कर की अभीष्ट दरों का आकलन करना यहाँ पर मेरा दायित्व नहीं है। मैं तो केवल यही स्पष्ट करना चाहता हूँ कि इस क्षेत्र में संसाधनों एवं धन के अत्यंत ही विषमतापूर्ण विभाजन से पहले ही बहुत अन्याय पूर्ण हालात पैदा हो चुके हैं और उस अन्याय को सैन्य शक्तियों का सहारा नहीं होता तो वह बहुत पहले समाप्त हो चुका होता। वर्ष 2012 में 85

मिलियन जनसंख्या वाले देश मिश्र के शिक्षा विभाग का प्राथमिक, माध्यमिक उच्च माध्यमिक और विश्वविद्यालय शिक्षा के लिए सारा बजट 5 मिलियन डॉलर से भी कम था।[45] इससे कुछ सौ किलोमीटर पूर्व में सऊदी अरब और उसके 20 मिलियन नागरिक तेल की बिक्री से 300 बिलियन डॉलर वार्षिक का उपयोग कर रहे हैं। यही नहीं, बहुत ही छोटा सा देश कतार और उसके मात्र 3 लाख नागरिक भी 100 बिलियन डॉलर वार्षिक के अधिकारी हो जाते हैं। किंतु अंतर्राष्ट्रीय समाज इसी बहस में उलझा है कि मिश्र को कुछ एक बिलियन डॉलर का ऋण अभी दिया जाए या उसके वचन के अनुसार तंबाकू और गैस भरे पेय पदार्थों पर कर वृद्धि के व्यवहारिक हो जाने तक प्रतीक्षा करें। मुझे तो लगता है कि अंतर्राष्ट्रीय नियम तो हथियारों के दम पर धन के पुन: वितरण से बचना होना चाहिए [विशेष कर जब आक्रांता का ध्येय स्कूल–अस्पताल बनाना नहीं बल्कि आक्रांत देश की दौलत लूट कर और अधिक हथियार खरीदना हो, जैसा कि 1991 के हमलावर ईराक का इरादा था]। किंतु ऐसे नियम के साथ प्रतिबंधों, करों और विदेशी सहायता आदि के माध्यम से तेल की आय के अधिक न्याय संगत पुन: वितरण की व्यवस्था के निर्माण का दायित्व भी जुड़ा होगा, तभी तेल संसाधनों से वंचित देशों को भी विकास के समुचित अवसर मिल पाएंगे।

आप्रवासन द्वारा पुन: वितरण

विश्व धन सम्पदा के पुन: वितरण और पूंजी नियमन की और भी शान्तिपूर्ण विधि तो आप्रवासन का रूप धारण कर सकती है। पूंजी के दूसरे स्थान पर अंतरण में बाधाएं अधिक गंभीर हो तो श्रमिकों को उच्चतर मजदूरी वाले क्षेत्रों में जाकर काम करने की अनुमति देना सरल हो सकता है। यह संयुक्त राज्य अमेरिका का विश्व सम्पदा के पुन: वितरण में महानतम योगदान रहा है। क्रांतिकाल में मात्र 30 लाख की जनसंख्या वाला देश बार बार चली आप्रवासन की लहरों के दम पर 30 करोड़ आबादी का विशाल राष्ट्र बन गया है। यही कारण है कि अभी संयुक्त राज्य पुराने यूरोप के सांचे में ढलने से बहुत दूर है, जैसी हमने अध्याय-14

में कुछ आंशका जताई थी। आप्रवासन ही वह प्रस्तर है जो संयुक्त राज्य को बांधे हुए है, यही वह स्थायित्वकारी शक्ति है जो संचित पूंजी को यूरोप जैसा महत्त्व धारण करने से रोक रही है। यही वह शक्ति भी है जो संयुक्त राज्य में श्रम आय की वृद्धिशील विशाल विषमताओं को भी राजनीतिक एवं सामाजिक स्तरों पर सहनीय बना रही है। अमेरिकी समाज के निम्न 50 प्रतिशत जन समुदाय की दृष्टि से श्रम आय में उक्त विषमता का विशेष महत्त्व नहीं है—वे स्वयं तो और भी अधिक निर्धनता में पैदा हुए थे और सं. राज्य में आकर उन्हें लगता है कि वे भी संपन्नता की सीढ़ियों पर चढ़ने लगे हैं। एक और बात पर ध्यान दें: कुछ समय से गरीब देशों में जन्मे लोगों के अमीर देशों में आकर बसने से पुन: वितरण का क्रम अमेरिका की ही भांति यूरोपीय देशों में भी एक महत्त्वपूर्ण कारक बनने लगा है। इस दृष्टि से नवीन एवं प्राचीन विश्व का भेद अतीत की अपेक्षा कम गंभीर होने जा रहा है।[46]

किंतु एक बात पर बल देना अनिवाय है: आप्रवासन द्वारा पुन: वितरण चाहे जितना वांछनीय हो, यह विषमता की समस्या का आंशिक समाधान ही कर पाता है। भले ही इस प्रक्रिया द्वारा सभी देशों में श्रम की प्रतिव्यक्ति उत्पादिता और आय समान हो जाए, आज के पिछड़े देश अमीर देशों के निकट पहुंच जाएं, फिर भी विषमता की समस्या—विशेषकर वैश्विक धन संकुलन की गत्यात्मकता की समस्या तो बनी ही रहती है। आप्रवासन द्वारा पुन: वितरण समस्या के समाधान को केवल स्थगित करता है, नए प्रकार के नियमन की आवश्यकता का निवारण नहीं करता जिसमें प्रगतिशील आय एवं पूंजी कर पर आधारित सामाजिक सरकार का उदय होगा। हम केवल आशा ही कर सकते हैं कि धनी देशों के अभाव ग्रस्त वर्ग आप्रवासियों को सहज भाव से स्वीकार कर लेंगे—किंतु यह तभी संभव होगा जब विश्व स्तर पर आर्थिक हितलाभों में सभी के हिस्सेदारी की संस्थागत व्यवस्थाएं निर्मित हो जाएं। यदि आप मुक्त व्यापार–मुक्त पूंजी प्रवाह की व्यवस्था बनाते समय करों की प्रगतिशीलता और सामाजिक सरकार व्यवस्था का विनाश कर देंगे तो यूरोप और संयुक्त राज्य में संरक्षणवादी राष्ट्रवाद और अस्मिता की राजनीति और अधिक प्रबल हो जाएगी।

और अंत में ध्यान दें कि अधिक न्यायपूर्ण एवं पारदर्शी अंतर्राष्ट्रीय कर व्यवस्था के मूल लाभार्थियों में कम विकसित देश भी सम्मिलित रहेंगे। अफ्रीका से पूंजी का प्रवाह वहाँ विदेशी सहायता के आगमन से सदैव बहुत अधिक रहा है। ये अच्छा ही है कि कई धनी देशों में अफ्रीका की दौलत समेटकर वहाँ से भाग आए तानाशाहों के विरुद्ध कानूनी कार्यवाही प्रारम्भ हो गई है। किंतु इससे भी कहीं उपयोगी अंतर्राष्ट्रीय स्तर पर राजकोषीय सहयोग और जानकारी सांझी करने की व्यवस्था का निर्माण होगा। वही इस प्रकार की लूट खसोट को व्यवस्थित रूप से समाप्त कर पाएगी। यह बात इस लिए भी महत्त्वपूर्ण हैं कि विदेशी कंपनियां और उनके सभी देशों के शेयरधारी भी इस लूट में बेईमान अफ्रीकी नेताओं से कम हिस्सेदार नहीं रहे हैं। एक बार फिर वित्तीय पारदर्शिता और पूंजी पर प्रगतिशील वैश्विक कर ही सही उत्तर प्रतीत होता हैं।

■ ■ ■

अध्याय-16

सार्वजनिक ऋण का प्रश्न

सरकार के पास अपने व्यय के लिए धन जुटाने की दो मुख्य विधियां होती हैं : कर और ऋण। सामान्यत: न्याय और दक्षता की दृष्टि से कराधान को ऋण से कहीं अधिक बेहतर माना जाता है। ऋणों की मुख्य समस्या यह है कि इनका वापस भुगतान करना पड़ता है। इस दृष्टि से ऋण द्वारा वित्तीयन उन लोगों का हित साधन बन जाता है जिनके पास सरकार को उधार देने योग्य संसाधन विद्यमान हों। अत: सामान्य हित का तकाजा होगा कि उन धनी लोगों पर कर लगाया जाए—न कि उनसे उधार लेकर उसे ब्याज समेत वापस चुकाया जाए। फिर भी अनेक ऐसे अच्छे–बुरे कारक हैं जिनसे प्रेरित होकर सरकारें उधार लेकर सार्वजनिक ऋण संचय करती रहती हैं [यदि पिछली सरकार उन्हें विरासत में कर्ज का बोझ नहीं छोड़ गई हो]। इस समय विश्व के सभी धनी देश एक अनिवारणीय ऋण संकट से ग्रस्त हैं। यह सच है कि इतिहास ने हमें इससे भी अधिक विराट ऋण भार के उदाहरण प्रस्तुत किए हैं। हमने खंड–2 में देखा था—ब्रिटेन का सार्वजनिक ऋण दो बार दो वर्षों की राष्ट्रीय आय से भी अधिक हो गया था, एक तो नेपोलियन से युद्धों के तुरंत बाद और दूसरी बार द्वितीय महायुद्ध के बाद। किंतु आज धनी देशों में वर्ष भर की आय के 90–100 प्रतिशत का ऋण स्तर 1945 के बाद का सबसे विशाल स्तर है। यद्यपि उदीप्यमान देश आय और पूंजी के आधार पर धनी देशों से बहुत गरीब हैं किंतु उनका सार्वजनिक ऋण भी बहुत कम [सकल घरेलू उत्पाद का मात्र 30 प्रतिशत] है। इससे स्पष्ट होता है कि सार्वजनिक ऋण का प्रश्न सार्वजनिक एवं निजी कर्ताओं के बीच धन के विभाजन का प्रश्न है—समस्त धन के आकार का नहीं। धनी देश धनी तो हैं पर उनकी सरकारें गरीब हैं। यूरोप की समस्या तो चरम स्तर पर पहुंच चुकी है : यहां विश्व का सर्वोच्च निजी धन सम्पदा स्तर है और इसी को सार्वजनिक ऋण संकट

का निदान कर पाने में सबसे अधिक कठिनाई आ रही है। यह विरोधाभास बहुत विचित्र लगता है।

मैं अपना विश्लेषण उच्च सार्वजनिक ऋण से निपटने की विभिन्न विधियों की समीक्षा से प्रारम्भ करूंगा। इसी से स्पष्ट होगा कि केंद्रीय बैंक किस प्रकार पूंजी का नियमन और पुनर्वितरण करते हैं और किस प्रकार कराधान एवं ऋण के प्रश्नों की अनदेखी करते हुए केवल सांझी करेंसी पर केंद्रित रहे यूरोपीय एकीकरण ने समस्याओं को और गंभीर बना दिया है। अंत में मैं सार्वजनिक ऋण के अभीष्ट स्तर का अन्वेषण करते हुए इक्कीसवीं सदी के निम्न संवृद्धि दरों और प्राकृतिक पूंजी सम्पदा के क्षय–क्षरण की संभावनाओं के संदर्भ में निजी पूंजी से उक्त ऋण के संबंधों को समझने का प्रयास करूंगा।

सार्वजनिक ऋण निवारण : पूंजी पर कर, स्फीति और सादगी

आज यूरोप में दिखाई दे रहे विशाल आकार के सार्वजनिक ऋणों में बड़ी कटौती किस प्रकार हो पाएगी? इसकी तीन संभव विधियां हैं जिन्हें विभिन्न अनुपातों में मिलाकर भी प्रयोग किया जा सकता है। ये हैं : पूंजी पर कर, स्फीति और सादगी या व्यय में कटौती। पूंजी पर भारी कर एक न्यायपूर्ण और सुदक्ष नीति विकल्प है। या फिर स्फीति भी एक महत्त्वपूर्ण भूमिका निभा सकती है [ऐतिहासिक दृष्टि से इसी ने अधिकांश विशालकाय सार्वजनिक ऋणों से समाज को मुक्ति दिलाई है]। न्याय और दक्षता, दोनों ही दृष्टियों से निकृष्टतम विकल्प दीर्घकाल तक सार्वजनिक व्यय में कटौती या सरकार की सादगी होगी—किंतु आज यूरोप इसी नीति का अनुसरण कर रहा है।

आइए, एक बार फिर आधुनिक यूरोप की राष्ट्रीय धन सम्पदा की संरचना पर ध्यान दें। जैसा मैंने खंड–2 में दर्शाया था, आज यूरोप के अधिकांश देशों की राष्ट्रीय सम्पदा उनकी 6 वर्षों की राष्ट्रीय आय के समान है, और इसके अधिकांश के स्वामी निजी व्यक्ति या इकाइयां ही हैं [या परिवार हैं]। सार्वजनिक परिसम्पदाओं का मान सार्वजनिक ऋण के समानप्राय है और इसी कारण इसका निवल मान शून्य है।[1] ऋणों से निवल

निजी सम्पदा के दो समानप्राय भाग हैं : भवन सम्पदाएं और वित्तीय सम्पदाएं। शेष विश्व के प्रति निवल सम्पदाधारिता भी संतुलित है—अर्थात यूरोप की फर्मों और संप्रभुतापूर्ण ऋणों के खातों पर जितना विदेशी इकाइयों का अधिकार है उतनी ही विदेशी परिसम्पत्तियों पर यूरोपवासियों का स्वामित्व है। इस वास्तविकता पर वित्तीय मध्यस्थता की जटिल प्रणालियों से एक आवरण–सा पड़ जाता है : अब व्यक्ति किसी बैंक का वित्तीय संस्थान में अपनी बचत को जमा या निवेश करते हैं और वे संस्थाएं अन्यत्र निवेश कर देती हैं। एक देश की संस्थाओं द्वारा दूसरे देशों की इकाइयों में निवेश से सारे परिदृश्य में और अधिक अपारदर्शिता का संचार हो जाता है। फिर भी सत्य यह है कि यूरोपीय परिवारों [यदि उनके पास कुछ सम्पदा है तो] को यह ध्यान रखना चाहिए कि इस सम्पदा का अत्यंत संकुलन हो चुका है, इसके 60 प्रतिशत अंश पर धनिकतम 10 प्रतिशत व्यक्तियों का अधिकार है—अर्थात उनका, यूरोप में जो कुछ स्वामित्व योग्य है, सार्वजनिक ऋण सहित, उस सब पर आधिपत्य है।[2]

ऐसी अवस्था में सार्वजनिक ऋण को शून्य स्तर पर पहुंचाना कैसे संभव होगा? एक विधि सभी सार्वजनिक परिसंपदाओं का निजीकरण हो सकती है। विभिन्न यूरोपीय देशों के राष्ट्रीय आय लेखे बता रहे हैं कि सभी सहकारी भवनों, स्कूलों, विश्वविद्यालयों, अस्पतालों, पुलिस थानों, आधारभूत संरचनाओं आदि के विक्रय से उतनी धनराशियां प्राप्त हो सकती हैं जो समस्त सार्वजनिक ऋण को चुकता करने के लिए पर्याप्त रहेंगी।[3] फिर तो धनी यूरोपवासी वित्तीय निवेश के माध्यम से स्कूलों, अस्पतालों, थानों के परोक्ष स्वामी होने के स्थान पर प्रत्यक्ष रूप से उन पर अधिकार कर लेंगे। फिर सभी को इन संस्थाओं द्वारा प्रदत्त सेवाओं की आपूर्ति बनाए रखने में समर्थ बनने के लिए इनके निजी स्वामियों को किराया–भाड़ा देना होगा। भले ही ऐसा सुझाव कई बार बहुत गंभीर समझे जाने वाले व्यक्तियों द्वारा दिया जाता हो—किंतु इसे तत्काल अस्वीकृत कर देना चाहिए। यदि यूरोप की सामाजिक सरकारों को अपने ध्येयों को पर्याप्त एवं स्थायी रूप से पूरा करते रहना है [विशेष कर शिक्षा, सुवास्थ्य और सुरक्षा के क्षेत्रों में], तो उन्हें सार्वजनिक सम्पदाओं पर अपना

नियंत्रण बनाए रखना होगा। किंतु, यह भी सत्य है कि सरकार को अपने ऋणों पर भारी ब्याज चुकाना उन सम्पदाओं का किराया भरने से अधिक अलग नहीं है। यह ब्याज भी राजकोष पर उतना ही भारी पड़ता है।

सार्वजनिक ऋणों में भारी कमी करने का कहीं अधिक संतोषजनक मार्ग निजी पूंजी पर उच्च दर से कर लगाना है। उदाहरणार्थ, यदि निजी सम्पत्ति पर 15 प्रतिशत दर से कर लगाया जाए तो यह लगभग एक वर्ष की राष्ट्रीय आय के बराबर राशि का संग्रह कर सरकार को तुरंत सारे बकाया सार्वजनिक ऋण का भुगतान करने योग्य बना सकता है। सरकार सार्वजनिक सम्पदाओं की स्वामी बनी रहेगी, किंतु उसकी ऋण देयताएं समाप्त हो जाएंगी और फिर उसे ब्याज भी नहीं चुकाना पड़ेगा।[4] यह समाधान सारे सार्वजनिक ऋणों की निरस्ति जैसा ही है—बस इसमें दो अंतर हैं।[5]

पहली बात तो यह है कि ऋण निरस्ति के अंतिम आपात का पूर्वाकलन सहज नहीं होता—यह जान पाना कठिन है कि उसकी लागत अंतत: किसे उठानी पड़ेगी। अति ऋणग्रस्तता की स्थितियों में ऋण की संपूर्ण या आंशिक निरस्ति के प्रयास हुए हैं [ग्रीस, 2011–12]। सरकारी बौंड धारियों को एक प्रकार की "हजामत" [केशकर्तन] स्वीकार करने को कहा जाता है। सरकारी बौंडों का मूल्यमान, सभी धारकों [बैंकों संस्थाओं, व्यक्तियों] के लिए 10–20 प्रतिशत, या अधिक भी घटा दिया जाता है। किंतु यदि ऐसी नीति केवल ग्रीस, जहां यूरोप की घरेलू आय का 2% ही पैदा होता है, ही नहीं सारे यूरोप में लागू कर दी जाए तो एक बहुत बड़ी समस्या पैदा हो सकती है: बैंकों को लेकर संकट यूरोप भर में—और बाहर भी, अनेक फर्मों के दिवालिएपन की आशंका को जन्म दे सकता है। किस बैंक के पास कितने बौंड किस प्रकार के हैं, उनके तुलनपत्रों की रचना कैसी है, उनके जमाकर्ता कौन हैं, इनके पास किन परिवारों ने किस प्रकार के निवेश किए हैं, आदि के आधार पर हमें [पूर्वाकलित से] बहुत ही अलग अंतिम निरस्ति आपात दिखाई पड़ सकते है। इस बात की संभावना प्रबल रहती है कि बहुत बड़ी सम्पदाओं के स्वामी अपने निवेश पत्राधार में परिवर्तनों द्वारा उस केशकर्तन से पूरी तरह बचे रहेंगे। कई बार कुछ लोग

यह मानते हैं कि इस केशकर्तन का अभिप्राय अधिक जोखिम उठाने वाले निवेशकों को दंडित करना है। किंतु यह सत्य नहीं है : वित्तीय सम्पदाओं का तो निरंतर क्रय विक्रय चलता रहता है और इस बात की कोई गारंटी नहीं है कि जिसके बाल काटे जाने थे अंतत : उसी की मुंडाई हुई है। हमारे सुझाए सम्पदा कर की विशेषता यह है कि वह समाज में सम्पदाधारिता को अधिक सभ्यतापूर्ण ढंग से व्यवस्थित कर सकता है। सभी से योगदान संग्रह होगा, और अधिक महत्त्वपूर्ण बात यह है कि बैंक दिवालिया होने से बच जाएंगे, क्योंकि वित्तीय संस्थाओं को नहीं, अंतिम सम्पदाधारियों को ही यह कर चुकाना होगा। किंतु ऐसा कर लगाने से पूर्व कराधान अधिकारियों के पास सभी नागरिकों के बैंक खातों, शेयर–बौंड धारिताओं एवं अन्य वित्तीय सम्पदाओं की जानकारी स्वचालित रूप से पहुंचने की व्यवस्था होनी चाहिए। इस प्रकार की वित्तीय जानकारी की व्यवस्था के अभाव में प्रत्येक नीति विकल्प जोखिमभरा सिद्ध होगा।

किंतु ऐसे राजकोषीय समाधान की सबसे बड़ी विशेषता यह है कि सभी व्यक्तियों का योगदान उनकी सम्पदा के आकार का एक अनुपात ही होगा। पूरे यूरोप में 10 या 15 प्रतिशत का एक बार लगने वाला कर लागू करना उचित नहीं होगा। अधिक उपयोगी तो ऐसा प्रगतिशील सम्पदा कर होगा जो छोटी सम्पदाओं को कर मुक्त रखे और बड़ी सम्पदाओं पर जिसकी दर अधिक हो। एक तरह से यूरोप के बैंकिंग नियम ऐसा करते भी हैं : बैंक के दिवालिया होने पर किसी भी खाताधारी को केवल 100,000 यूरो की राशि ही वापस मिलने की गारंटी होती है। प्रगतिशील पूंजी कर इस तर्क का संवर्धन है—इसमें कर देयताओं के अधिक स्पष्ट और सूक्ष्म रूप से निर्धारित अनुक्रम मिल जाते हैं। आप कुछ ऐसे कर वर्गों की कल्पना कर सकते हैं : 1 लाख यूरो तक पूर्ण गारंटी, 1 से 5 लाख तक आंशिक गारंटी—आदि। प्रगतिशील कर केवल बैंक जमाओं नहीं वरन अनुसूचित एवं गैर अनुसूचित शेयरों पर भी लगेगा। यदि सबसे धनी व्यक्तियों को कर–जाल में लाना है तो यह कार्य आवश्यक होगा—क्योंकि उनका अधिकांश धन प्राय: चैक द्वारा आहरणीय खातों में कभी जमा नहीं मिलता।

चाहे जितना प्रयास करें, सारे सार्वजनिक ऋण का एक साथ समापन करने का विचार कुछ अधिक भारी लगता है। एक अधिक व्यवहार्य मार्ग भी हो सकता है : मान लें कि हम यूरोप के सार्वजनिक ऋण में 20 प्रतिशत अंकों की कटौती करना चाहते हैं—अर्थात हम इस ऋण को सकल घरेलू उत्पाद के 90 प्रतिशत से घटाकर 70 प्रतिशत पर लाना चाहते हैं। यह आंकड़ा वर्तमान यूरोपीय संधियों में अंकित 60 प्रतिशत से अधिक दूर नहीं रहेगा।[6] हमने पिछले अध्याय में देखा था कि एक प्रगतिशील पूंजी कर [जिससे दस लाख यूरो तक की सम्पदा पर 0 प्रतिशत, 10 से 50 लाख यूरो पर[1] प्रतिशत और उससे अधिक पर 2 प्रतिशत दर लागू हो] यूरोप के सकल घरेलू उत्पाद के लगभग 2 प्रतिशत के समान राजस्व जुटा सकता है। अत: इससे दस गुना [अर्थात सकल घरेलू उत्पाद का 20 प्रतिशत] जुटाने के लिए इससे दस गुनी दर का विशेष कर पर्याप्त रहेगा। दूसरे शब्दों में, दस लाख यूरो तक 0 प्रतिशत, 10–50 लाख पर 10 प्रतिशत और उससे ऊपर 20 प्रतिशत का पूंजीकर एक बार लगाने से ही यह उद्देश्य पूरा हो जाएगा।[7] एक बात पर मैं ध्यानाकर्षित करना चाहूँगा। फ्रांस ने 1945 में अपने विशाल सार्वजनिक ऋण में बड़ी कटौती के लिए जो एकबारगी प्रगतिशील पूंजी कर लगाया था उसमें भी दरें 0 से 25 प्रतिशत तक थीं।[8]

हम दस वर्ष तक 0, 1, और 2 प्रतिशत की दर से कर लगा कर भी इसी उद्देश्य को पूरा कर सकते हैं। हां, इस कर से प्राप्त राजस्व का ऋण समापन के लिए ही प्रयोग करना आवश्यक होगा। उदाहरण के लिए, 2011 में जर्मन सरकार द्वारा नियुक्त अर्थविद् परिषद ने एक "ऋण निवारण/पुन: भुगतान कोष" की स्थापना का सुझाव दिया था। उस प्रस्ताव का लक्ष्य सकल घरेलू उत्पाद के 60 प्रतिशत अंश से अधिक वाले सभी ऋणों को इस प्रकार के उस कोष के सहारे अंतत: 'शून्य' स्तर तक ले जाना था [यह बात जर्मनी, फ्रांस, इटली और स्पेन के संदर्भ में विशेष रूप से ग्राह्य बताई गई थी]। किंतु इस विचार में कुछ अपूर्णता है। इसमें लोकतांत्रिक प्रशासन का अभाव दिखता है—उसके कारण यूरोप के ऋण का कोषार्पण संभव नहीं हो पाएगा। किंतु, यह योजना भी एक ठोस सुझाव

है। इसको सहज ही पूंजी पर 10 वर्ष तक लगने वाले या केवल एक बार लगने वाले विशेष कर के साथ-साथ लागू किया जा सकता है।[9]

क्या मुद्रास्फीति से धन का पुनर्वितरण हो पाता है?

आइए, एक बार अभी तक के तर्कों को दोहरा लें : मेरा कहना रहा है कि पूंजी पर एक बार के लिए लगाया गया कर सार्वजनिक ऋण की समाप्ति का सबसे अच्छा उपाय है। यह सबसे पारदर्शी, न्यायपूर्ण और सुदक्ष विधि है। स्फीति भी एक संभव उपाय है। प्रारम्भ से ही सटीक शब्दों में सरकारी बौंड एक मौद्रिक निक्षेप है जिसका मूल्य नकद में अंकित होता है और यह अंकित मूल्य स्फीति से प्रभावित नहीं होता, जबकि वास्तविक सम्पदाओं (भवन आदि) के दाम तो आर्थिक दशाओं के अनुरूप बदलते रहते हैं। भवन सम्पदा, शेयर आदि के दामों की वृद्धि दर सामान्य स्फीति दर से कम नहीं रहती। किंतु एक मामूली सी कीमत वृद्धि दर ही सार्वजनिक ऋण के वास्तविक मूल्यमान को काफी घटा सकती है। यदि स्फीति दर 2 प्रतिशत से बढ़कर 5 प्रतिशत हो जाए तो सकल घरेलू उत्पाद के अनुपात की दृष्टि से सार्वजनिक ऋण का वास्तविक मूल्य 15 प्रतिशत कम हो जाएगा। [यदि अन्य बातें स्थिर रहें]। यह कमी बहुत भारी है।

ऐसा समाधान बहुत लुभावना लगता है। ऐतिहासिक दृष्टि से भी अधिकांश विराटकाय सार्वजनिक ऋणों का निवारण इसी प्रकार हुआ है। विशेषकर 20वीं सदी के यूरोप में]। उदाहरणार्थ 1913–50 में फ्रांस और जर्मनी की स्फीति दरें क्रमश: 13 और 15 प्रतिशत रहीं। वस्तुत: स्फीति ने ही 1950 के दशक में इन देशों में सार्वजनिक ऋण भार को निम्न रखते हुए पुनर्निमाण का कार्य संभव बनाया था। अभी तक जर्मनी ऐसा विशेष देश रहा है जहां स्फीतिकारी नीतियों का बहुत खुलकर प्रयोग किया गया है। यही नहीं, सारे इतिहास काल में इसने स्फीति के साथ-साथ ऋण चुकाने से पूरी तरह मुकर जाने का काम भी किया है।[10] यूरोपीय बैंक तो इसका कट्टर विरोधी है किंतु संयुक्त राज्य, जापान, और इंग्लैंड के केंद्रीय बैंक निश्चित रूप से स्फीति दर लक्ष्यों का उन्नयन और अनेक गैरपरंपरागत मौद्रिक नीतियों का अनुसरण कर रहे हैं। यदि ये स्फीति दर को 2 से

बढ़ाकर 5 प्रतिशत तक ले गए [यह कार्य इतना सरल नहीं है] तो निश्चय ही ऋण संकट से यूरोपीय देशों की अपेक्षा बहुत शीघ्र उबर जाएंगे। अभी तो उन यूरापीय देशों की आर्थिक संभावनाएं धूमिल लग रही हैं और यूरोप में बजटीय एवं राजकोषीय नीतियों के समन्वय को लेकर भी कोई स्पष्ट चित्र नहीं उभर पा रहा है।

वास्तव में यह समझ लेना बहुत ही महत्त्वपूर्ण होगा कि पूंजी पर विशेष कर और स्फीति के अभाव में [जिस स्तर के ऋण भार के नीचे यूरोपीय देशों की सरकारें दबी हुई हैं] सार्वजनिक ऋणों से मुक्त होने में कई दशक लग जाएंगे। किंतु यूरोप में तो इस समय बजट नियंत्रणों के अप–प्रसार प्रभाव कुछ समय तक अवश्य चलेंगे। बजट घाटा भी सकल घरेलू उत्पाद के 1 प्रतिशत से कम रखा जा रहा है [ऋण पर ब्याज के समंजन के बाद यह महत्त्वपूर्ण प्राथमिक अतिरेक का सूचक बन जाता है] इन दशाओं में हमारी उपर्युक्त परिभाषाओं के अनुसार ऋण–सकल घरेलू उत्पाद अनुपात में, 20 प्रतिशत की कटौती में, 20 वर्ष अवश्य लग जाएंगे।[11] यदि किन्हीं वर्षों में संवृद्धि दर 2 प्रतिशत से कम रह गई या ऋण एक प्रतिशत से अधिक हो गया तो इस कार्य में 30 से 40 वर्ष भी लग सकते हैं। पूंजी के संकलन में दशकों लग जाते हैं, किंतु उसके निमित उठाया गया उधार चुकाने में बहुत लंबा समय लगता है।

ऐतिहासिक दृष्टि से सादगी या मितव्ययिता का सबसे सटीक उदाहरण 19वीं सदी के ब्रिटेन का है। हमने अध्याय–3 में देखा था कि नेपोलियन से युद्धों के लिए उठाए गए ऋणों की भरपाई के लिए 1815–1914 की सदी भर सकल घरेलू उत्पाद के 2–3 प्रतिशत के प्राथमिक अतिरेक की आवश्यकता थी। इस अवधि में ब्रिटेन के कर दाता सार्वजनिक ऋण पर ब्याज के भुगतान में शिक्षा की अपेक्षा अधिक व्यय कर रहे थे। ऐसा करना निश्चय ही सरकारी बौंडों के धारकों के हित में था किंतु इससे जन साधारण का कोई हित साधन नहीं होता था। संभव है कि शिक्षा की इसी अनदेखी का परिणाम आगे के दशकों में देश के पतन के रूप में सामने आया हो। हां एक बात निश्चित है : उस समय ऋण, सकल घरेलू उत्पाद के 200 प्रतिशत [आज की तरह केवल 100 प्रतिशत या कम नहीं] के बराबर

था। साथ ही 19वीं सदी में तो स्फीति दर भी शून्यप्राय थी [आज के नीति निर्माता 2 प्रतिशत का लक्ष्य स्वीकार कर चलते हैं] अत: कुछ आशा बंधती है कि यूरोप में मितव्ययिता का दौर 10–20 वर्षों तक चलेगा—पूरी सदी भर नहीं। किंतु यह भी काफी लम्बी अवधि है। उन विधियों पर विचार करना उचित ही होगा जिन्हें अपना कर यूरोप 21वीं सदी की आर्थिक चुनौतियों का सामना करने को तैयार हो सके। अभी तो वह अपने विश्वविद्यालयों पर सकल घरेलू उत्पाद का 1 प्रतिशत भी खर्च नहीं कर रहा जबकि सरकारी कर्जों पर ब्याज के रूप में कई प्रतिशत की राष्ट्रीय आय खर्च कर रहा है।[12]

इन सबके बाद भी मैं आग्रह करना चाहता हूँ कि स्फीति एक प्रगतिशील पूंजीकर का बहुत ही अपूर्ण विकल्प है और इसके कुछ अवांछित परिणाम भी हो सकते हैं। पहली समस्या तो यही है कि इसे नियंत्रण में रखना कठिन है—यह एक बार प्रारम्भ हो गई तो फिर इसके 5 प्रतिशत वार्षिक पर थमने की कोई गांरटी नहीं होगी। स्फीति कुंतल के प्रारम्भ होने पर प्रत्येक व्यक्ति अपनी आय और चुकाने वाली कीमतों को केवल अपने अनुरूप बनाने के प्रयासों में जुट जाता है। ऐसे कुंतल को रोकना कठिन हो जाता है। फ्रांस में 1945–48 के चार वर्षों में स्फीति दर 50 प्रतिशत वार्षिक रही। इससे सार्वजनिक ऋण पर 1945 के एकबारगी लगे पूंजीकर से भी कहीं सशक्त आघात लगा। वह ऋण भार नगण्य होकर रह गया। किंतु लाखों छोटे बचतकर्ता कंगाल हो गए और इसी की झलक 1950 के दशक में वृद्धजनों की गरीबी और दुर्दशा में दिखाई पड़ी थी।[13] जर्मनी का अनुभव तो बहुत चौंकाने वाला रहा—वहाँ 1923 के आरंभ से अंत तक कीमतें दस करोड़ गुना हो गई थीं। इस घटनाक्रम का जर्मन अर्थतंत्र और समाज पर इतना गहरा एवं स्थायी प्रभाव पड़ा है कि स्फीति के प्रति उनकी धारणाओं पर आज भी उसकी छाप दिखाई देती है। स्फीति के साथ दूसरी समस्या है : जब स्फीति स्थायी हो जाती है तो इसका ऋण समापन प्रभाव भी निरस्त हो जाता है—सरकार को उधार देने को तैयार व्यक्ति अधिक उच्च ब्याज दर की मांग करने लगते हैं। हां, फिर भी स्फीति के पक्ष में एक तर्क तो बचा रहता है : पूंजीकर अन्य करों की भांति जन साधारण

से उस धनराशि का एक अंश खींच लेता है जिसे वह अपनी इच्छानुसार उपयोग या निवेश पर व्यय कर सकते थे और स्फीति, सिद्धांत रूप से, उन्हीं को दंडित करती है जो यही नहीं जानते कि धनराशि का क्या उपयोग करें—जिनका धन बैंक के खातों में पड़ा रहता है या गद्दे के नीचे छिपा रहता है। जिन्होंने सब कुछ खर्च या निवेश [व्यावसायिक पूंजी या भवन सम्पदा में] कर दिया हो, वे स्फीति कर से साफ बच निकलते हैं। उनसे भी बेहतर वे रहते हैं जिन्होंने उधार लिया हो क्योंकि स्फीति से नकद रूप में अंकित ऋणों का भार कम हो जाता है—वे शीघ्र ही नया निवेश करने की स्थिति में पहुंच जाते हैं। अपने इस आदर्श स्वरूप में तो स्फीति अप्रयुक्त पूंजी पर कर है—यह पूंजी को गतिशील होने की प्रेरणा देती है। इस विचार में भी कुछ सत्य है, इसे ऐसे ही नकारना उचित नहीं होगा।[14] किंतु मैं यह भी दर्शा चुका हूँ कि पूंजी से प्रतिप्राप्ति की विषमता प्रारम्भिक सम्पदा के आकार पर निर्भर है और स्फीति उन सम्पदाओं की अर्जन क्षमता को प्रभावित नहीं कर पाती जो अपने आकार की विशालता के कारण ही अधिक कमाई पा रही हों [स्वामी द्वारा बिना विशेष प्रयास के ही]।[15]

अंततः बात यह रहती है कि स्फीति एक अपेक्षाकृत अनगढ़ और अ-सटीक उपाय है। कई बार यह धन का सही दिशा में पुनर्वितरण कर जाती है तो कभी नहीं कर पाती। वास्तव में यदि कुछ अधिक स्फीति या कुछ और मितव्ययिता के बीच चुनाव करना हो तो स्फीति निस्संदेह बेहतर है। किंतु फ्रांस में तो कई बार यह दलील सुनाई देती है कि स्फीति ही धन के पुनर्वितरण का एक आदर्श उपाय है [एक ऐसी विधि जिसमें जर्मनी के भाड़ाखोरो से धन लेने और राइन नदी के उस पार के बुढ़ाते लोगों को आम यूरोपवासी के साथ एकजुटता दिखाने की नीति सम्मिलित है]। यह बड़ा ही बेतुका और अति विद्रूप विचार है। वास्तव में यूरोपव्यापी स्फीति की बड़ी लहर के धन के पुनर्वितरण पर बहुत गंभीर अप्रत्याशित दुष्प्रभाव होंगे—जो फ्रांस, जर्मनी और अन्यत्र बसे सामान्य साधन संपन्न लोगों के लिए विशेष घातक सिद्ध होंगे। इसके विपरीत राइन के दोनों ओर अन्य स्थानों पर बसे लोग जिन्होंने भवन सम्पदा और शेयर बाजार में विशाल धन

राशियां लगा रखीं हैं वे स्फीति के दुष्परिणाम से बच निकलेंगे।[16] अत: प्रश्न धन की विषमताओं का स्थायी निवारण करने का हो या अति उच्च स्तर पर पहुंचे सार्वजनिक ऋण के समापन का, अंतत: पूंजी पर एक प्रगतिशील कर, स्फीति की तुलना में एक बेहतर उपाय सिद्ध होता है।

केंद्रीय बैंक क्या करते हैं?

स्फीति और विशेषकर पूंजी के नियमन एवं पुनर्वितरण में केंद्रीय बैंकों की भूमिका को बेहतर समझने के लिए आइए वर्तमान संकट के पीछे हट कर व्यापक ऐतिहासिक परिप्रेक्ष्य में इन मुद्दों पर कुछ चर्चा करें। प्रथम महायुद्ध से पूर्व, जब विश्व में "स्वर्णमान" का अनुसरण हो रहा था, केंद्रीय बैंकों की भूमिका बहुत सीमित रहती थी। उनकी मुद्रा के सृजन की क्षमता तो विशेष रूप से सीमित थी—क्योंकि वे अपने पास जमा सोने और चांदी के स्टॉक के आधार पर ही मुद्रा का निर्गमन कर सकते थे। स्वर्णमान व्यवस्था की सबसे बड़ी समस्या यह थी कि कीमतों का सामान्य स्तर नए स्वर्ण और चांदी के भंडारों की खोज पर निर्भर होता था। यदि विश्व उत्पादन में वृद्धि चल रही हो और स्वर्ण भंडार स्थिर रहें तो कीमतों में गिरावट अवश्यंभावी हो जाती है [अब पुराने मुद्रा भंडार का ही अधिक उत्पादित इकाइयों के लेन देन में प्रयोग करना एक विवशता हो जाती है]।[17] यदि 16वीं–17वीं सदियों की भांति स्पेनिश अमेरिका या 19वीं सदी में कैलिफोर्निया में सोने –चांदी के भंडार मिलने जैसी घटना होती है तो कीमतें आकाश छूने लगती हैं, उनसे अनेक समस्याएं पैदा होती और कुछ व्यक्तियों को छप्पर फाड़ कर लाभ होता है।[18] इन समस्याओं और अनुभवों के आधार पर दावा किया जा सकता है कि विश्व कभी स्वर्णमान पर दोबारा लौटकर नहीं आएगा [केन्ज ने तो इसे 'बर्बरतापूर्ण अवशेष' का नाम दिया था]।

लेकिन जब देश की मुद्रा कीमती धातुओं में परिवर्तनीय नहीं रहती तो केंद्रीय बैंकों की मुद्रा सृजन क्षमता के अपरिमित होने की आशंका हो जाती है और इस पर कड़े नियम लागू होने चाहिए। यही केंद्रीय बैंकों की स्वायत्तता पर बहस और अनेक गलतफहमियों के स्रोत का सार–सत्त्व है। महामंदी के प्रारम्भ में औद्योगिक देशों के केंद्रीय बैंकों ने बहुत ही अनुदार

नीति अपनाई थी : उसी समय स्वर्णमान का त्याग हुआ था और वे बैंकों को बचाने के लिए अधिक तरलता का संचार करने की मन:स्थिति में नहीं थे। इस कारण दिवालिएपन की जो लहर चली उससे संकट की गंभीरता गहराती चली गई और सारे विश्व की अर्थ व्यवस्थाएं संकटग्रस्त हो गईं। इस दुखद ऐतिहासिक अनुभव से जुड़े संघात को समझना बहुत महत्त्वपूर्ण है। उसके बाद से तो सभी मानते है कि केंद्रीय बैंकों का प्राथमिक दायित्व वित्त व्यवस्था में स्थिरता बनाए रखना है और इस कारण केंद्रीय बैंकों को "अंतिम उधार दाता" की भूमिका स्वीकार करनी पड़ती है। गहन आशंका के समय उन्हें पर्याप्त तरलता का संचार कर वित्त व्यवस्था को ध्वस्त होने से बचाना होता है। ध्यान रहे कि 1930 के दशक से सभी अध्येता इस विचार पर सहमत रहे हैं—भले ही दूसरे महायुद्ध के बाद की "नवीन व्यवस्था" या सामाजिक सरकार के निर्माण संबंधी संयुक्त राज्य अमेरिका और यूरोपीय प्रयासों के प्रति उनके दृष्टिकोण कितने ही अलग अलग रहे हों। वस्तुत: यह सहमति उसी अवधि की सामाजिक एवं राजकोषीय नीतियों के प्रति विश्वास के प्रतिलोम अनुपात में प्रतीत हो रही है।

यह बात 1963 में प्रकाशित मिल्टन फ्रीडमैन और ऐना श्वॉर्ज की विशद कृति "मॉनिटरी हिस्ट्री ऑफ द युनाइटिड स्टेट्स" में बहुत स्पष्ट दिखाई देती है। इस आधारभूत रचना में विश्व के अग्रणी मौद्रिक अर्थशास्त्रविद् ने 1857–1960 की अवधि के अत्यंत विस्तृत अभिलेखों के आधार पर संयुक्त राज्य की मौद्रिक नीतियों के परिवर्तन का बारीकी से विवरण दिया है।[19] कोई आश्चर्य नहीं कि पुस्तक महामंदी पर केंद्रित प्रतीत होती है। इसमें फ्रीडमैन को कोई संदेह नहीं था : संघीय रिजर्व की अत्यंत ही संकुचित नीति के कारण शेयर बाजार की समस्या एक साख संकट में परिवर्तित हो पूरी अर्थ व्यवस्था को एक मंदी के भंवर में खींच ले गई और अभूतपूर्व आर्थिक संकट पैदा हो गया। समस्या मूलत: मौद्रिक स्वरूप की थी और उसका समाधान भी मौद्रिक होना चाहिए था। उक्त विश्लेषण से फ्रीडमैन ने एक स्पष्ट राजनीतिक निष्कर्ष निकाला था : एक पूंजीवादी अर्थ व्यवस्था में नियमित और अबाधित संवृद्धि क्रम सुनिश्चित करने के लिए ऐसी मौद्रिक नीति की रचना आवश्यक और पर्याप्त रहेगी जो मुद्रा

की आपूर्ति में निरंतर वृद्धि करने में समर्थ हो। मुद्रावादी सिद्धांत के अनुसार 'नवीन नीति' के नाम पर बड़े स्तर पर सरकारी रोजगारों और सामाजिक अंतरण कार्यक्रमों का सृजन एक महंगा एवं बेकार का आडंबर मात्र था। पूंजीवाद को बचाने के लिए सामाजिक सरकार या हर ओर तार फैलाए हुई सरकार की आवश्यकता नहीं थी : केवल एक बात की आवश्यकता थी कि केंद्रीय बैंक अपना कार्य ठीक से कर रहा हो। यद्यपि 1960–80 की अवधि में डेमोक्रेटिक पार्टी के अनेक सदस्य 'नवीन नीति' को संपूर्ण करने के स्वप्न देख रहे थे, किंतु आम अमेरिकी नागरिक यूरोप से पिछड़ जाने की आशंका से ग्रस्त हो रहे थे। [यूरोप में उस समय तीव्र संवृद्धि का दौर चल रहा था]। ऐसे राजनीतिक वातावरण में फ्रीडमैन का सीधा सा किंतु सशक्त राजनीतिक संदेश एक बम विस्फोट जैसा सिद्ध हुआ। फ्रीडमैन और शिकागो धारा के अन्य अर्थशास्त्रियों के शोध कार्य ने निरंतर प्रसारमान सरकार के तंत्र के प्रति संदेह को प्रबल बनाया और वह बौद्धिक वातावरण निर्मित किया जिसमें 1979–80 की अनुदार क्रांति संभव हो पायी।

इन घटनाओं को एक अन्य दृष्टि से भी देखा जा सकता है : कोई कारण नहीं कि एक सु–चालित केंद्रीय बैंक व्यवस्था एक सुचारु रूप से चालित सामाजिक सरकार और प्रगतिशील कर प्रणाली की सहगामिनी नहीं हो सकती। ये संस्थागत व्यवस्थाएं प्रतिद्वंद्वी नहीं हैं—इनमें पर्याप्त प्रतिपूरकता संभव है। मौद्रिक विचार तंत्र की धारणा केवल यही बता रही है कि 1930 में अमेरिकी संघीय रिजर्व प्रणाली अन्य यूरोपीय देशों के केंद्रीय बैंकों की भांति ही अनुदार मौद्रिक नीतियां अपना रही थी—किंतु इसमें अन्य संस्थाओं के गुण दोषों की विवेचना कहां है? किंतु मेरी इस प्रश्न में यहाँ कोई रुचि नहीं है। सभी अर्थशास्त्री, चाहे वह मुद्रावादी हों, केंजवादी या नवक्लासिकी—अन्य सभी अवलोकनकर्ताओं के साथ मिलकर एक बात पर पूरी तरह से सहमत हैं : केंद्रीय बैंकों को अंतिम उधारदाता के रूप में कार्य करना चाहिए और वित्तीय ध्वंस तथा मंदी कुंतल से बचे रहने का भरसक प्रयास करना चाहिए।

इसी आम सहमति के कारण ही 2007–08 के वित्तीय संकट के समय जापान, यूरोप और संयुक्त राज्य में केंद्रीय बैंकों की प्रतिक्रियाएं एक जैसी

रहीं, उन्होंने अंतिम उधारदाता और वित्तीय व्यवस्था में स्थायित्व स्थापक की भूमिका निभाई थी। यदि सितंबर 2008 में लेहमन ब्रदर्स के दिवाले की घटना को अपवाद मान लें तो इस संकट के दौरान अधिकांशत: किसी बड़े बैंक के बंद हो जाने की नौबत नहीं आई। किंतु, ऐसी अवस्था में अपनाई जाने योग्य गैरपरंपरागत मौद्रिक नीतियों को लेकर कोई आम सहमति अभी नहीं बन पाई है।

प्रश्न उठता है कि आखिर केंद्रीय बैंक करें क्या? यह बात ध्यान रखना आवश्यक है कि केंद्रीय बैंक धन का सृजन नहीं करते—वे केवल उसे पुनर्वितरित करते हैं। अधिक स्पष्ट शब्दों में, यदि अमेरिकी संघीय रिजर्व या यूरोपीय बैंक एक अरब डॉलर या यूरो छापने का निर्णय लेते हैं तो उसके परिणामस्वरूप इन क्षेत्रों की धन सम्पदा में इसी रकम जितनी वृद्धि नहीं हो जाती। वस्तुत: राष्ट्रीय पूंजी में एक डॉलर या यूरो की भी वृद्धि नहीं होती क्योंकि केंद्रीय बैंक तो ऋण का ही लेन देन करते हैं। वे वित्तीय सम्पदाओं और उनके समतुल्य देयताओं का ही सृजन कर पाते हैं। उदाहरण के लिए, संघीय रिजर्व लेहमन ब्रदर्स या जनरल मोटर्स या अमेरिकी सरकार को एक अरब डॉलर का ऋण दे सकता है—तो इन की ऋण देयताओं में उसी राशि की वृद्धि हो जाएगी। संघीय रिजर्व, लेहमन ब्रदर्स, जनरल मोटर्स या अमेरिकी सरकार किसी की भी निवल सम्पदा में कोई अंतर नहीं आएगा।—न ही संयुक्त राज्य अमेरिका या भू–मंडल किसी भी निवल धनधारिता पर कोई प्रभाव होगा। वस्तुत: हैरानी तो तब होती जब कोई केंद्रीय बैंक केवल अपनी कलम चलाकर देश या विश्व की पूंजी में कुछ वृद्धि करने में सफल हो जाता।

उससे आगे क्या होगा? यह सब तो मौद्रिक नीति के वास्तविक अर्थतंत्र [वस्तुओं और सेवाओं के उत्पादन वितरण आदि] पर प्रभावों पर ही निर्भर करता है। यदि केंद्रीय बैंक द्वारा प्रारम्भ ऋण प्रदान की प्रक्रिया से कोई उत्पादक इकाई ध्वस्त हो जाने से बच जाए तो स्थितियों में स्थिरता आने और ऋण के भुगतान के बाद यह सोचना ठीक ही होगा कि उक्त ऋण प्रक्रिया से देश की धन सम्पदा में वृद्धि हुई [या कम से कम कमी आने से तो बचाव हो ही गया जो उक्त उत्पादक इकाई के ध्वस्त होने की स्थिति में

अवश्य हो जाती]। किंतु यदि केंद्रीय बैंक के ऋण से उक्त इकाई का ध्वंस केवल स्थगित हो जाता और किसी अर्थ क्षम स्पर्धी का उदय बाधित हो जाता तो निश्चय ही उस ऋण के कारण राष्ट्रीय सम्पदा में हानि होती। दोनों ही परिणाम संभव रहते हैं, प्रत्येक मौद्रिक नीति दोनों संभावनाओं को, किसी न किसी सीमा तक, जन्म देती हैं। जहां तक विश्व के बैंक 2008 –09 में मंदी से हानि को रोक पाए, उन्होंने सकल घरेलू उत्पाद और निवेश को प्रोत्साहन देकर विश्व के धनी देशों की पूंजी का संवर्धन किया था। वैसे स्पष्ट है कि इस प्रकार का गत्यात्मक मूल्यांकन अनिश्चिततापूर्ण रहता है —उसे सदैव ही चुनौती देना संभव है। किंतु एक बात निश्चित है—जब रिजर्व बैंक वित्तीय या गैर वित्तीय निगमों या सरकार को उधार देता है तो निजी एवं सार्वजनिक राष्ट्रीय पूंजी के योग पर कोई तात्कालिक प्रभाव नहीं होता।[20]

तो फिर 2007–08 के संकट के बाद से कौन सी "गैरपारंपरिक" मौद्रिक नीतियां आजमाई गई हैं? सामान्य परिस्थितियों में तो केंद्रीय बैंक मुद्रा की आपूर्ति की वृद्धि दर को सामान्य आर्थिक गतिविधि की प्रतिशत वार्षिक की वृद्धि के निकट ही रखते हैं—ताकि कीमत वृद्धि दर 1 से 2 अधिक न हो। वे बैंकों को अति अल्पकालिक, बस कुछ एक दिनों तक की उधार देकर मुद्रा का सृजन करते हैं। ऐसे ऋण सारी वित्त व्यवस्था में तरलता बनाए रखते हैं। परिवार और फर्में प्राय: रोज ही भारी राशियां जमा और आहरित करते रहते हैं। ये जमा और आहरण किसी भी बैंक विशेष के लिए पूरी तरह संतुलित नहीं होते। यहाँ मैं 2008 के बाद के नव नीति प्रवर्तन की बात करूंगा : अब संयुक्त राज्य तथा यूरोप में केंद्रीय बैंक कुछ दिनों के स्थान पर 3 से 6 महीने तक की अवधि के लिए उधार देने लगे हैं। इन उधारों की राशियों में 2008 की अंतिम और 2009 की प्रथम तिमाही में बहुत भारी उछाल आया था। उन्होंने गैरवित्तीय निगमों को भी इन्हीं अवधियों के लिए ऋण देने प्रारम्भ कर दिए। संयुक्त राज्य में तो विशेष रूप से केंद्रीय बैंक ने 9–12 महीने के ऋण देने के साथ साथ लम्बी अवधि के निगम बौंडों की खरीदारी भी आरंभ कर दी। इन नव प्रवर्तनों के प्रसार को 2011–12 में और विस्तृत किया गया। अमेरिकी संघीय रिजर्व,

बैंक ऑफ जापान और बैंक ऑफ इंग्लैंड तो पहले से ही संप्रभु ऋण पत्र (सरकारी बौंड) खरीदते आ रहे थे, किंतु दक्षिण यूरोप में ऋण संकट के गहन होने पर यूरोपीय समुदाय के बैंक ने भी यह कार्य प्रारम्भ कर दिया।

इन नीतियों को लेकर कई स्पष्टीकरण आवश्यक हैं। केंद्रीय बैंक के पास किसी बैंक या गैरवित्तीय संस्था को उधार देकर इस योग्य बनाने की शक्ति तो है कि वे अपने कर्मचारियों के वेतन और आवश्यक सामग्रियों के आपूर्तिकर्ताओं के भुगतान कर सकें, किंतु वे कम्पनियों को अधिक निवेश और परिवारों को अधिक उपभोग के लिए विवश तो नहीं कर सकते। केंद्रीय बैंक न तो अर्थ व्यवस्था को पुन: संवृद्धि पथ पर चलने को बाध्य कर सकते है और न ही स्फीति दर निर्धारित करने की शक्ति उनके पास है। केंद्रीय बैंकों द्वारा सृजित तरलता ने मंदी आदि से तो बचाव कर दिया किंतु धनी देशों का आर्थिक वातावरण अभी भी धूमिल बना हुआ है। यूरोप में तो यूरो के संकट ने पूरी व्यवस्था में विश्वास पर ही आघात किए हैं। धनी देशों [संयुक्त राज्य, जापान, जर्मनी, फ्रांस और ब्रिटेन] की सरकारें 2012–13 में अत्यंत निम्न ब्याज दर [1 प्रतिशत से कुछ ही अधिक] पर उधार लेने में सफल रहीं। यह केंद्रीय बैंकों की स्थायित्वकारी नीतियों का महत्त्व तो दर्शा रहा है किंतु इसी से एक अन्य बात भी स्पष्ट हो रही है : निजी निवेशकों को यह समझ नहीं आ रहा कि मौद्रिक अधिकारी जो शून्यप्राय दर पर उधार दे रहे हैं उन राशियों का क्या किया जाए। अत: वे उसी राशि को सबसे 'सबल' समझी जा रही अत्यंत निम्नदर पर पुन: उधार दे रहे हैं। ब्याज की दरों का कुछ देशों में अत्यंत निम्न और अन्य में बहुत उच्च होना एक असामान्य आर्थिक परिस्थिति का संकेत करता है।[21]

केंद्रीय बैंक धन का पुनर्विभाजन बहुत तेजी से, और सिद्धांतत: जितना चाहें उतने व्यापक पटल पर कर सकते हैं। इसीलिए उन्हें शक्तिशाली माना जाता है। यदि आवश्यक हो तो केंद्रीय बैंक अरबों की राशियों का क्षण भर में सृजन कर उसे किसी कम्पनी या सरकार के खातों में जमा कर सकता है। वित्तीय आशंकाओं, जैसे आपातकाल में, युद्ध या फिर प्राकृतिक आपदा में यह आरोपित मुद्रा सृजन क्षमता एक अत्यंत ही मूल्यवान गुण बन जाता है। कोई कराधान अधिकारी तो इतनी शीघ्रता से कर लगाने का निर्णय नहीं ले

सकता : उसे पहले कर आधार की स्थापना करनी होगी, कर की दरें नियत करनी होंगी, कानून पारित करना होगा, कर संग्रह करना होगा और उस संग्रह प्रक्रिया की सभी संभव चुनौतियों का सामना करना होगा, आदि। यदि कराधान ही किसी वित्तीय संकट के समाधान का एकमात्र उपाय होता तो अब तक विश्व भर के सभी बैंक दिवालिया हो चुके होते। मौद्रिक अधिकारियों की प्रमुख शक्ति उनकी तीव्र गति से निर्णय लागू करने की क्षमता है।

केंद्रीय बैंकों की एक दुर्बलता भी स्पष्ट है : वे यह निर्णय नहीं कर पाते कि किसे, कितना ऋण, कितने समय के लिए दिया जाना है। इस ऋण से व्युत्पन्न वित्तीय पत्रक संचय का प्रबंधन भी इसी दुर्बलता का एक आयाम है। एक और बात है : केंद्रीय बैंक के तुलनपत्र का आकार एक सीमा से अधिक विस्तृत नहीं होना चाहिए। अनेक नए प्रकार के ऋण और वित्तीय बाजार में हस्तक्षेप के उपाय 2008 के बाद से अपनाए गए हैं। उनके कारण केंद्रीय बैंकों के तुलनपत्रों का आकार पहले ही दुगुना हो चुका है। अमेरिकी संघीय रिजर्व की परिसम्पदाओं और देनदारियों का मान अब सकल घरेलू उत्पाद के 10 प्रतिशत से दुगुना होकर 20 प्रतिशत हो चुका है; यही बात इंग्लैंड में भी हुई है, और यूरोपीय सांझा बैंक का तुलनपत्र तो 15 प्रतिशत से विस्तृत हो 30 प्रतिशत हो चुका है। ये नव विकास बहुत चौंकाने वाले हैं, फिर भी ये आंकड़े सकल निजी सम्पदा के निवल मान के समक्ष बहुत तुच्छ प्रतीत होते हैं—क्योंकि उसका मान अधिकांश धनी देशों में सकल घरेलू उत्पादक के 500 से 600 प्रतिशत जितना विशाल पाया जाता है।[22]

हां, और अधिक विशाल केंद्रीय बैंक तुलनपत्रों की कल्पना तो की जा सकती है। ये बैंक देश की सभी फर्मों एवं भवन सम्पदाओं को खरीद सकते हैं, नवीकरणीय ऊर्जा की ओर संचरण का वित्तीयन कर सकते हैं, विश्वविद्यालयों में निवेश कर सकते हैं और वस्तुत: समग्र अर्थ व्यवस्था का नियंत्रण संभाल सकते हैं। किंतु समस्या यह है कि केंद्रीय बैंकों की रचना इन कार्यों के लिए उपयुक्त नहीं है—उन्हें ये सब करने का लोकतांत्रिक अधिकार नहीं मिला है। वे तुरंत बड़े स्तर पर धन का पुनर्वितरण करने में समर्थ हैं किंतु उनके लक्ष्यों एवं लक्षितों के चयन बहुत ही गलत हो सकते हैं

[जैसे स्फीति के विषमता पर प्रभाव बहुत ही विपरीतार्थक हो जाते हैं]। अत: केंद्रीय बैंकों के तुलनपत्रों को सीमित रखना आवश्यक है। इसलिए वे वित्तीय व्यवस्था में स्थायित्व बनाए रखने के दायित्व का कड़ाई से पालन करने की कानूनी बाध्यता के अंतर्गत ही कार्य करते हैं। यदि सरकार किसी उद्योग विशेष की सहायता करने का निर्णय करती है तो केंद्रीय बैंक नहीं, सरकार अपने खाते से उसे सहायता प्रदान करती है। ऐसा ही संयुक्त राज्य में 2009–10 में किया गया था। संघीय सरकार ने जनरल मोटर्स को ऋण देने, उसके शेयर खरीदने और कम्पनी के लिए शर्तों तथा निष्पादन लक्ष्य निर्धारित करने का कार्य किया था—संघीय रिजर्व ने नहीं। यही बात यूरोप में भी है : औद्योगिक एवं शिक्षा नीतियों का निर्धारण सरकारों का अधिकार क्षेत्र है—केंद्रीय बैंकों का कार्याधिकार नहीं। समस्या तकनीकी असंभाव्यता की नहीं, लोकतांत्रिक शासन व्यवस्था की है। कर विधेयन और व्यय प्रस्ताव पारित करने में समय लगना कोई दुर्घटना नहीं है : जब राष्ट्रीय धन सम्पदा के एक बड़े अंश का अंतरण करना हो तो उस निर्णय प्रक्रिया में सावधानी बरतने में ही समझदारी होती है।

केंद्रीय बैंकों की भूमिका को सीमित रखने से जुड़े विवादों में दो मुद्दे विशेष रूप से ध्यान देने योग्य हैं। एक का संबंध बैंक नियमन और पूंजीकर व्यवस्था में प्रतिपूरकता [जैसा कि साइप्रस के संकट से स्पष्ट हुआ है] से है। दूसरा मुद्दा यूरोप की वर्तमान संरचना व्यवस्थाओं की निरंतर उजागर हो रही अपर्याप्तता से है। यूरोपीय संघ एक अभूतपूर्व प्रयोग कर रहा है : यह एक बहुत व्यापक भूक्षेत्र और विविधतापूर्ण समाजों के समुदाय के लिए एक सांझी करेंसी और मुद्रा प्रणाली विकसित करने का प्रयास कर रहा है जिसमें सरकारों का कोई हस्तक्षेप नहीं होगा।

साइप्रस संकट : पूंजीकर और बैंक नियमन का सह–अस्तित्व

केंद्रीय बैंक का प्राथमिक एवं अपरिहार्य दायित्व वित्त व्यवस्था की स्थिरता है। केंद्रीय बैंकों के पास विभिन्न बैंकों की वित्तीय स्थिति का आकलन करने के यथेष्ट उपाय होते हैं और वे, आवश्यक होने पर, उन्हें पुनर्वित्त सुविधा प्रदान कर लेन देन व्यवस्था को सुचारु बनाए रख सकते हैं। कई बार, इस

संबंध में उन्हें प्राप्त विशेष विधिक अधिकारों का, प्रयोग भी कर सकते हैं —ये अधिकार, बैंकिंग लाइसेंस जारी करना, कुछ निश्चित वित्तीय अनुपातों का पालन करना [ताकि बैंक पर्याप्त सुरक्षित ऋणों की तुलना में नकद और अन्य परिसपत्तियां अपने पास रखें—अन्यथा ऋण आदि को जोखिम भरी परिसम्पत्तियां ही माना जाता है]। प्राय: सभी देशों में {यदि वे एक ही नहीं हों, तो भी} बैंकिंग विनियामक अधिकारी केंद्रीय बैंक के साथ तालमेल में ही काम करते हैं। यूरोपीय बैंक व्यवस्था के निर्माण के संबंध में चल रही चर्चाओं में यूरोपीय सांझा बैंक [ECB] को यही केंद्रीय भूमिका सौंपने की बात चल रही है। अति गंभीर वित्तीय संकट काल में तो केंद्रीय बैंक अंतर्राष्ट्रीय मुद्रा कोष जैसे वैश्विक संगठनों के साथ मिलकर काम करते हैं। यूरोप की वित्तीय समस्याओं के निदान–समाधान में 2009–10 से यूरोपीय आयोग, यूरोपियन संघ बैंक और अंतर्राष्ट्रीय मुद्रा कोष की त्रिमूर्ति कार्य कर रही है। इस संकट में सार्वजनिक ऋण और बैंक संकट का सम्मिश्रण है—दक्षिणी यूरोप में यह कुछ अधिक गहन है। पहले से ही भारी ऋण का बोझ ढो रहे अनेक देशों [विशेषकर ग्रीस और इटली] में 2008–09 के संकट के समय सार्वजनिक ऋण में तीखा उछाल आ गया—साथ ही बैंकों के तुलनपत्रों की हालत खस्ता हो गई। जिन देशों में भवन सम्पदा का गुब्बारा फट गया था, वहाँ तो यह समस्या और अधिक गंभीर रूप धारण कर गई [विशेष कर स्पेन में]। अंतत: दोनों संकट अपरिहार्य रूप से संगुच्छित हो गए। बैंकों के पास ऐसे सरकारी बौंड पड़े हैं जिनका सटीक मूल्य अज्ञात है। [ग्रीस के बौंडों की जमकर हजामत हुई है] भले ही अधिकारीगण इस प्रकार की नीति कहीं अन्य नहीं अपनाने के वादे तो कर रहे हैं, किंतु, ऐसी हालत में भावी कदमों का पूर्वानुमान करना कठिन रहता है]। जब तक आर्थिक परिदृश्य धूमिल रहेगा, सरकारी वित्त व्यवस्था भी और बिगड़ती रहेगी। यह समस्या संभवत: वित्तीय एवं साख प्रणाली में सुधार आने पर ही सुलझ पाएगी।

किंतु यहाँ एक समस्या आती है : न तो इस त्रिमूर्ति को और न ही इसके सदस्य देशों की सरकारों को अंतर्राष्ट्रीय बैंक आंकड़े [या जिसे मैंने "वित्तीय पंजिका" का नाम दिया है] स्वचालित रूप से प्राप्य हैं और इसके

अभाव में वे पुनर्वितरण के भार का दक्षतापूर्ण एवं पारदर्शी विभाजन नहीं कर पाएंगे। अपने लोक वित्त को एक संयत आधार प्रदान करने के लिए पूंजी पर प्रगतिशील कर लगाने में इटली और स्पेन को इस 'पंजिका' के अभाव में आई कठिनाइयों की चर्चा हम पहले ही कर चुके हैं। ग्रीस का मामला तो और भी गंभीर रहा। सभी का आग्रह है कि ग्रीस को अपने धनी नागरिकों से अधिक कर उगाहने चाहिए। निस्संदेह यह एक उत्कृष्ट विचार है। किंतु पर्याप्त अंतर्राष्ट्रीय सहयोग के बिना ग्रीस एक न्यायपूर्ण एवं दक्ष कर प्रणाली लागू नहीं कर पाएगा—इसके धनी नागरिक अपनी धन राशियां ऐसे (यूरोपीय) देशों में अंतरित कर देंगे जहां उस प्रकार के कर नहीं लगते। किंतु यूरोपीय और अंतर्राष्ट्रीय अधिकारियों ने आवश्यक कानून एवं नियमन लागू करने के कोई कदम नहीं उठाए हैं।[23] कर राजस्व के अभाव ने ग्रीस सरकार को सार्वजनिक सम्पदाएं अपने या अन्य यूरोपीय नागरिकों को औने पौने दामों पर बेचने को विवश होना पड़ा है। ये व्यक्ति तो निश्चित रूप से ग्रीस सरकार को कर चुकाने के बजाय स्वयं लाभ कमाना बेहतर मानेंगे।

मार्च 2013 का साइप्रस का संकट तो और भी रोचक है। यह मात्र 10 लाख जनसंख्या का एक द्वीप है जो 2004 में यूरोप महासंघ और 2008 में यूरो करेंसी क्षेत्र में सम्मिलित हुआ था। इसका बैंकिंग क्षेत्र अति विस्तीर्ण है —क्योंकि विदेशियों, मुख्यत: रूसियों, ने उनमें भारी भरकम राशियां जमा करा रखी हैं। में राशियां निम्न कर दरों और स्थानीय अधिकारियों की 'अति उदारता' से आकृष्ट हुई हैं। त्रिमूर्ति के अधिकारियों का कहना है कि रूसी जमाएं तो बड़े बड़े व्यक्तिगत खातों में हैं। अत: अनेक व्यक्ति मानते हैं कि ये खाताधारी रूस के "जाने माने" अल्पाधिकारी होंगे और इन खातों में करोड़ो–अरबों यूरो जमा होंगे [ये वही व्यक्ति हैं जिनकी अमीरी के किस्से फॉर्बिस जैसी पत्रिकाओं में छपते रहते हैं]। समस्या यह है कि यूरोपीय अधिकारियों और अंतर्राष्ट्रीय मुद्रा कोष ने इन खाताधारियों की धनाढ्यता के अति अपरिष्कृत अनुमान तक प्रकाशित नहीं किए हैं। संभवत: स्वयं उनके पास भी अधिक जानकारी नहीं है। कारण यह है कि उन्होंने स्वयं को इस दिशा में अग्रसर होने के लिए आवश्यक उपस्करों से सन्नद्ध नहीं किया

है—जबकि ऐसा करना नितांत आवश्यक हो चला है। ऐसी समस्याओं के लिए यह अपारदर्शिता विवेकपूर्ण समाधान नहीं बन सकती। समस्या यह है कि साइप्रस के बैंकों के पास अब वे धनराशियां नहीं बची हैं जो उनके तुलनपत्रों में "देयता" पक्ष पर दिखाई देती हैं। स्पष्ट है, उन्होंने ग्रीस सरकार के जिन बौंडों में निवेश किया था उनकी तो हजामत हो चुकी है या उस भवन सम्पदा में लगाया था जो अब मूल्यहीन हो गई है। भविष्य की किसी गारंटी के बिना यूरोपीय अधिकारी पूरे महाद्वीप के नागरिकों से एकत्र कर राजस्व उन साइप्रसीय बैंकों को बचाए रखने के लिए खर्च करने को तैयार नहीं हैं—उनकी आशंका है कि यह तो वस्तुत: उन रूसी अल्पाधिकारी करोड़पतियों के हितों का ही पोषण होगा।

महीनों के विचार विमर्श के बाद 'त्रिमूर्ति' के सदस्यों ने एक विध्वंसक विचार सुझाया कि सभी बैंक जमाओं पर कर लगाया जाए, एक लाख यूरो तक की जमा पर 6.75 प्रतिशत और उससे अधिक राशियों पर 9.9 प्रतिशत। ऊपरी तौर पर यह पूंजी पर प्रगतिशील कर लगता है किंतु दो महत्त्वपूर्ण बातें और भी हैं। एक तो इसमें निहित प्रगतिशीलता भ्रामक है, साइप्रस के छोटे बचतकर्ता के 10000 यूरो पर लगी दर और रूसी करोड़पति की देय दर में कोई बड़ा अंतर नहीं है। दूसरे, इस मुद्दे से जुड़े यूरोपीय और अंतर्राष्ट्रीय संस्थानों ने कर का आधार तो बताया ही नहीं। केवल बैंक जमा पर कर प्रस्ताव था [कोई भी व्यक्ति दलाली खातों में या शेयरों,बचत पत्रों या भवन सम्पदा वित्तीय पत्रकों में धन का पुनर्निवेश कर इस कर भार से तुरंत बच सकता था। यदि यह कर लगाया जाता तो इसका प्रभाव अत्यंत प्रतिगामी रहता क्योंकि बड़ी सम्पदाओं की रचना और उनके धारकों के पास पुनर्निवेश के बहुत विकल्प होते हैं, जबकि छोटे बचत कर्ता अपनी 5–10 हजार की रकम बैंक में रखने को विवश होते हैं। त्रिमूर्ति और सत्रह यूरोपीय वित्त मंत्रियों द्वारा मार्च 2013 नें एकमत से इस कर प्रस्ताव के अनुमोदन का साइप्रसवासियों ने भीषण विरोध प्रारम्भ कर दिया। अंतत: एक और रास्ता निकाला गया—एक लाख यूरो से कम के जमा पूरी तरह करमुक्त घोषित हो गए [यही प्रस्तावित यूरोपियन बैंकिंग यूनियन की जमा गारंटी बीमा भी है]। अभी भी इस नए कर प्रस्ताव में

अधिक स्पष्टता नहीं आ पायी है। एक बैंक वार विधि अपनाई जा रही है और कर निर्धारण के आधार को स्पष्टत: परिभाषित नहीं किया गया है।

यह घटना बहुत रोचक है। इससे केंद्रीय बैंकों एवं वित्तीय अधिकारियों की सीमाएं स्पष्ट उजागर हो जाती हैं। उनकी शक्ति इसी में निहित है कि वे तुरंत कार्यवाही कर सकते हैं, किंतु अपनी कार्यवाही से प्रारम्भ पुनर्वितरण क्रम को सही लक्ष्य प्रदान करने की समुचित क्षमता का अभाव उनकी सबसे बड़ी कमजोरी है। निष्कर्ष यही है कि पूंजी और प्रगतिशील कर एक स्थायी व्यवस्था का अंग हो सकता है और यदि चाहें तो इसका एकबारगी प्रयोग [उच्च दरों पर] बड़े बैंक संकटों का समाधान करने में सफल हो सकता है। साइप्रस के मामले को ही लें : यह विचित्र लगता है कि बचतकर्ताओं से ही संकट को निपटाने में सहायता मांगी गई—जबकि सरकार द्वारा चुनी गई विकास युक्ति तो पूरे देश का उत्तरदायित्व होती है। कहीं अधिक खेद का विषय तो यह है कि सरकार ने समंजन के भार के न्यायपूर्ण, पारदर्शी एवं प्रगतिशील विभाजन के लिए स्वयं को आवश्यक उपस्करों से सन्नद्ध करना भी उचित नहीं समझा। इसमें एक शुभ संकेत भी है : संभवत: अंतर्राष्ट्रीय अधिकारियों को अपने वर्तमान नीतिगत सुझाव सूत्रों की सीमाएं समझ आ जाएं। जब उन अधिकारियों से पूछा जाता है कि साइप्रस के कर प्रस्ताव में इतनी कम प्रगतिशीलता क्यों थी और उसका कराधार इतना सीमित क्यो था तो उनका उत्तर होता है : अधिक प्रगतिशील एवं व्यापक कर लगाने के लिए जरूरी बैंक आंकड़े उपलब्ध नहीं थे।[24] किंतु एक अशुभ संकेत भी है : ये अधिकारी अभी भी इस आंकड़ों के अभाव की समस्या को निपटाने के लिए तैयार नहीं हैं—भले ही इसके तकनीकी समाधान सुलभ हैं। संभव है कि पूंजी पर प्रगतिशील कर के मार्ग में विशुद्ध रूप से वैचारिक बाधाएं अवश्य हैं और उन पर काबू पाने में कुछ समय लगेगा।

यूरो : इक्कीसवीं सदी की एक राज्यविहीन करेंसी?

वर्ष 2009 में दक्षिणी यूरोप के बैंकों को जिन संकटों ने बार–बार प्रभावित किया है उनसे यूरोपीय संघ की समस्त संरचना को लेकर एक बड़ा प्रश्न

खड़ा हो रहा है। मानवीय इतिहास में पहली बार यूरोप ने इतने बड़े स्तर पर एक राज्यविहीन करेंसी की रचना कैसे कर ली? वर्ष 2013 में यूरोप का सकल घरेलू उत्पाद विश्व के उत्पाद में एक चौथाई अंश के समान था। अत: यह प्रश्न केवल यूरो–क्षेत्र नहीं बल्कि सारे विश्व के लिए महत्त्वपूर्ण प्रतीत होता है।

इस प्रश्न का सामान्य उत्तर इस प्रकार है : जर्मनी के एकीकरण के बाद 1992 में मास्ट्रिक संधि में सिद्धांत रूप से सहमति के बाद एक जनवरी 2000 को यूरो क्षेत्र के बैंकों की ए. टी. एम. मशीनों द्वारा यूरो के नोटों की निकासी के साथ इस यूरोपव्यापी करेंसी का जन्म हुआ—यह एक दीर्घकालिक प्रक्रिया का एक चरण मात्र था। समझा जाता है कि मौद्रिक संघ के फलस्वरुप स्वाभाविक रूप से राजनीतिक, राजकोषीय और बजटीय संघ का भी उदय होगा—सदस्यों के बीच सहयोग और अधिक निकट रूप धारण करेगा। धैर्य आवश्यक है, यह संघीकरण एक एक कदम आगे बढ़ाने से ही संभव हो पाएगा। निस्संदेह यह किसी सीमा तक सत्य भी है। किंतु मेरा विचार है कि वांछित ध्येय की ओर पहुंचने के सटीक मार्ग का निर्धारण करने की इच्छा का अभाव, बार-बार उस मार्ग के विषय में चर्चा का स्थगन, उस मार्ग के पड़ावों और अंतिम मंजिल के विषय में स्पष्टता का अभाव इस सारी प्रक्रिया को विफल कर सकता है। यदि यूरोप ने 1992 में सांझी मुद्रा की रचना का विचार किया तो यह केवल कतिपय व्यावहारिक कारकों का परिणाम नहीं था। यूरोप ने 1980–90 के वर्षों में उस समय इस संस्थागत व्यवस्था को अंगीकार किया था जब सामान्य धारणा यही थी कि केंद्रीय बैंक का एकमात्र कार्य मुद्रास्फीति पर नियंत्रण था। सत्तर के दशक की 'रुद्ध स्फीति' ने सरकारों और जनसामान्य को समझा दिया था कि केंद्रीय बैंकों को राजनीतिक नियंत्रण से मुक्त रखना चाहिए और उनका एकमात्र उद्देश्य निम्न मुद्रा स्फीति का लक्ष्य रहना चाहिए। इसीलिए यूरोप ने एक राज्यविहीन मुद्रा और सरकारविहीन केंद्रीय बैंक की रचना की है। किंतु 2008 के संकट ने केंद्रीय बैंक के प्रति इस स्थैतिक दृष्टिकोण को ध्वस्त कर दिया और यह स्पष्ट होने लगा कि गंभीर आर्थिक संकट के समय केंद्रीय बैंकों को एक महत्त्वपूर्ण भूमिका निभानी होती है और तत्कालीन

विद्यमान यूरोपीय संस्थागत व्यवस्थाएं उस समय प्रस्तुत कार्य के संपादन के लिए नितांत अपर्याप्त थीं।

सावधान रहें। मुद्रा सृजन की अपरिमित क्षमता के कारण ही केंद्रीय बैंकों पर कठिन संरोध और स्पष्ट पगबाधाएं लागू करना पूर्णत: वैध होगा। कोई भी व्यक्ति राष्ट्राध्यक्ष को किसी विश्वविद्यालय के अध्यक्ष या प्रोफेसर को विस्थापित करने का अधिकार भी नहीं देना चाहता—उनके शिक्षण में हस्तक्षेप भी स्वीकार्य नहीं होता। इसी तरह सरकार और मौद्रिक अधिकारियों के बीच संबंधों पर भी कड़ी पगबाधाएं/रुकावटें लागू होनी चाहिए। साथ ही केंद्रीय बैंक की स्वतंत्रता की सीमाएं भी स्पष्ट रूप से परिभाषित होनी चाहिए। वर्तमान संकट काल में, जहां तक मेरी जानकारी है, अभी तक किसी ने भी यह सुझाव नहीं दिया है कि जैसे प्रथम महायुद्ध काल तक अनेक देशों में [कुछ में तो 1945 तक भी] केंद्रीय बैंक निजी क्षेत्र में होते थे, वही व्यवस्था पुन: प्रारम्भ कर दी जाए।[25] सटीक बात तो यही है कि आज केंद्रीय बैंक सार्वजनिक संस्थान हैं और उनके नेतृत्व की नियुक्ति सरकारों [कहीं कहीं संसद भी] द्वारा की जाती है। कई बार इन नेताओं को इनके घोषित कार्यकाल तक हटाया नहीं जा सकता। [प्राय: 5 या 6 वर्ष] किंतु इनकी नीतियां अपर्याप्त मानी जाने पर उस कार्यावधि के अंत पर उनके स्थान पर किसी अन्य को नियुक्त किया जा सकता है। यह बात राजनीतिक नियंत्रण के पक्ष को स्पष्ट कर देती है। व्यवहार में तो अमेरिकी संघीय रिजर्व, बैंक ऑफ जापान और बैंक ऑफ इंग्लैण्ड के नेताओं को अपने अपने देश की लोकतांत्रिक पद्धति से निर्वाचित विधिसंगत सरकार के साथ कंधे से कंधा मिलाकर काम करना होता है। इन सभी देशों में समय समय पर केंद्रीय बैंकों ने ब्याज दरों को स्थिर रखने और सार्वजनिक ऋण को एक निम्न एवं अनुमाननीय स्तर पर रखने में एक बड़ी भूमिका निभाई है।

यूरोपीय बैंक का सामना विलक्षण समस्याओं से है। सबसे पहली बात तो यह है कि इसके नियमादि अन्य केंद्रीय बैंकों से अधिक प्रतिबंधकारी हैं : स्फीति दर को निम्न रखने का उद्देश्य संवृद्धि की प्रक्रिया और पूर्ण रोजगार बनाए रखने के उद्देश्य से ऊपर रखा गया है। यह उस वैचारिक पृष्ठभूमि का द्योतक है जिसमें यूरोपीय बैंक का गठन हुआ था। फिर इस बैंक को

नवनिर्गमित सार्वजनिक ऋण पत्र क्रय करने की अनुमति नहीं है। पहले निजी बैंक यूरो क्षेत्र के सदस्य देशों की सरकारों के ऋण [संभवतः यूरोपीय बैंक द्वारा उन निजी बैंकों से ली जाने वाली ब्याज दर से अधिक पर] खरीदने होते हैं। बाद में यूरोपीय बैंक बाजार से उन बौंडों की खरीदारी करता है [बहुत हिचकिचाहट के बाद ही उसने दक्षिणी यूरोप के सार्वजनिक ऋणों को इस प्रकार खरीदा है][26]। एक बात सहज स्पष्ट है : यूरोपीय बैंक का 17 पृथक राष्ट्रीय ऋणों एवं 17 पृथक राष्ट्रीय सरकारों से सरोकार पड़ता है। ऐसी अवस्था में स्थायित्वकारी भूमिका का निर्वाहन सरल नहीं होता। यदि अमेरिका के संघीय रिजर्व को प्रतिदिन सुबह व्योमिंग, कैलिफोर्निया या न्यूयार्क के ऋण पर ध्यान केंद्रित कर अपनी दरों और परिमाणों का निर्धारण करना पड़े [वह भी प्रत्येक बाजार के तनावों और देश के प्रत्येक क्षेत्र में दबावों में तालमेल बिठाते हुए] तो उसके लिए भी एक सम्यक मौद्रिक नीति का अनुसरण बहुत कठिन हो जाएगा।

यूरो के प्रारम्भ [2002] से 2007–08 के संकट के प्रारम्भ तक यूरोप में ब्याज दरें समानप्राय थीं। कोई यूरो से परे नहीं हटना चाहता था, अतः प्रतीत हो रहा था कि सब कुछ सुचारु रूप से चल रहा है। किंतु वैश्विक वित्तीय संकट के आरंभ होते ही ब्याज दरों में अंतर आने लगे। सरकारी बजटों पर प्रभाव बहुत गंभीर रहे। जब सरकार का ऋण वर्ष भर के सकल घरेलू उत्पाद के समतुल्य हो तो ब्याज दरों में एक आध बिंदु के अंतर का प्रभाव भी बहुत गंभीर रूप धारण कर सकता है। ऐसी अनिश्चितता के वातावरण में समंजन के भार के विभाजन और सामाजिक सरकार के अपरिहार्य हो चले सुधारों पर शांत भाव से लोकतांत्रिक संवाद संभव नहीं रहता। दक्षिण यूरोप के देशों के समक्ष विकल्प असंभव सरीखे थे। यूरो व्यवस्था अपनाने से पूर्व वे अपनी मुद्रा का अवमूल्य कर सकते थे, जो स्पर्धात्मकता को सुधार कर आर्थिक गतिविधियों को बल प्रदान कर सकता था। किंतु राष्ट्रीय ब्याज दरों को लेकर सट्टेबाजी पहले से चल रही मुद्रा विनिमय दरों की सट्टेबाजी की अपेक्षा अधिक अस्थिरताकारी रही— क्योंकि इस अवधि में राष्ट्रीय सीमाओं से परे धन राशियों का निवेश [उधार] इतना विशाल रूप धारण कर चुका था कि कुछ बड़े कारोबारियों

की आशंकाएं ग्रीस, पुर्तगाल, और आयरलैंड ही नहीं बल्कि कई अधिक बड़े देशों [स्पेन और इटली] से भी पूंजी का बड़े स्तर पर पलायन प्रारम्भ करा सकती थीं। सैद्धांतिक दृष्टि से तो मौद्रिक संप्रभुता की समाप्ति की क्षतिपूर्ति आवश्यकता होने पर निम्न एवं पूर्वाकलनीय दरों पर उधार पाने की गारंटी होनी चाहिए थी [किंतु ऐसा हुआ नहीं]।

यूरोप के 'एकीकरण' का प्रश्न

इन सब अंतर्विरोध पर पार पाने का एक ही मार्ग है : यूरो-क्षेत्र के सभी [कम से कम सभी सहमत एवं उत्सुक] देशों को अपने सार्वजनिक ऋणों को संकलित या एकीकृत कर लेना चाहिए। एक 'ऋण समापन कोष' की स्थापना का जर्मनी का सुझाव, जिस पर मैंने पहले भी बात की थी, एक अच्छा प्रारम्भ हो सकता है—हां, इसमें राजनीतिक सत्त्व का अभाव अवश्य है।[27] सटीक शब्दों में, बीस वर्ष पहले यह निर्णय करना असंभव रहेगा कि ऋण समापन की वास्तविक रफ्तार क्या रहेगी—अर्थात संकलित ऋण को किस पूर्वनिर्धारित लक्ष्य तक कितनी जल्दी घटाया जा सकेगा। परिणाम, कई कारकों द्वारा प्रभावित होगा, सबसे पहला कारक तो अर्थ व्यवस्था की स्थिति या आर्थिक परिस्थितियां हैं। कितना संकलित ऋण कम किया जाए या चलते रहने दिया जाए? इसका निर्णय करने के लिए तो एक "यूरो क्षेत्रीय बजट संसद" को अधिकृत करना पड़ेगा—जो यूरोप के सभी देशों के बजट का निर्माण करने में सक्षम हो। ऐसी संसद के गठन की सर्वश्रेष्ठ विधि सदस्य देशों की संसदों के सदस्यों में से प्रतिनिधियों का चुनाव होगा। इस प्रकार यूरोपीय संसद की सार्वभौमिकता सदस्य देशों की निर्वाचित संसदों के वैधानिक अधिकारों पर आधारित रहेगी।[28] अन्य किसी भी संसद की भांति यह सदन भी व्यापक चर्चा के बाद बहुमत से निर्णय लेगा। इसमें राजनीतिक एवं राष्ट्रीय सह संबंधों के आधार पर गठबंधन भी बनेंगे। यह ठीक है कि ऐसी संसद के सभी निर्णय आदर्श तो नहीं रह पाएंगे—किंतु यह तो सभी को पता होगा कि क्या फैसला, क्यों किया गया है। यह बात अपने आप में महत्त्वपूर्ण है। मेरे विचार में ऐसे नए सदन का गठन वर्तमान यूरोपीय संसद [जिसमें 27 देशों के प्रतिनिधि हैं—और उनमें से कई तो इस समय यूरोपीय एकीकरण की

प्रक्रिया को आगे बढ़ाने के लिए इच्छुक भी नहीं हैं] से बेहतर होगा। वर्तमान यूरोपीय संसद पर भरोसा राष्ट्रीय संसदों की सार्वभौमिकता को चुनौती जैसा कार्य होगा—क्योंकि यहाँ राष्ट्रीय बजटों में घाटे जैसे प्रश्न पर बात हो रही है। यही कारण है कि यूरोपीय संसद को अधिक शक्तियां सौंप पाना संभव नहीं हो पाया है—इस दशा में अभी अधिक परिवर्तन होना सहज नहीं लगता। अब सत्य को स्वीकार कर एक ऐसी नई संसद का निर्माण करना जरूरी हो रहा है, जो यूरो क्षेत्र के देशों में अंतस्थ एकीकरण की भावना का सटीक प्रतिनिधित्व करे [यह भावना सभी परिणामों को जानते हुए भी मौद्रिक पटल की सार्वभौमिकता का त्याग करने की तत्परता में पहले ही स्पष्ट परिलक्षित हो चुकी है]।

कई प्रकार की संस्थागत संरचनाएं बनाई जा सकती हैं। नई इटली सरकार ने 2013 के बसंत में, जर्मन अधिकारियों द्वारा कुछ वर्ष किए गए यूरोपीय संघ के अध्यक्ष के व्यापक मताधिकार द्वारा चुनाव के प्रस्ताव का समर्थन करने का भरोसा दिलाया है। इस प्रस्ताव को विवेकशील स्वरूप तभी मिल पाएगा जब इस विधि से निर्वाचित अध्यक्ष की शक्तियों का भी विस्तार किया जाएगा। यदि एक बजट निर्मात्री संसद को यूरोक्षेत्र के समस्त सार्वजनिक ऋण के स्तर के बारे में निर्णय करना है तो उसके समक्ष इस विषय में प्रस्ताव लाने वाला यूरोपीय वित्तमंत्री भी होना चाहिए। सत्य तो यह है कि यूरोक्षेत्र बजट युक्तियों का सार्वजनिक, लोकतांत्रिक एवं संप्रभुतापूर्ण विधि से निर्धारण और जिस प्रकार के वित्तीय एवं बैंकिंग संकटों में यह क्षेत्र घिरा है, उनसे मुक्ति पाने के उपायों पर विचार विमर्श हेतु एक उपयुक्त संसदीय सदन के बिना अधिक कुछ हो नहीं पाएगा। वर्तमान राष्ट्राध्यक्षों और वित्त मंत्रियों की परिषदें बजट निर्मात्री संसद का कार्य नहीं कर पाएंगी। इनकी बैठकें गोपनीय होती हैं, ये खुलकर किसी विषय पर सार्वजनिक संवाद नहीं करतीं और इनका समापन नियमित रूप से आधी रात की गर्वोक्ति पूर्ण घोषणा के साथ हो जाता है कि यूरोप को बचा लिया गया है—[हालांकि उन बैठकों के भागीदारों को स्वयं भी यह पता नहीं होता कि उन्होंने क्या निर्णय किए हैं]। इस संदर्भ में साइप्रस में लगाए जाने वाले कर का उदाहरण बहुत ही ज्वलंत है : यद्यपि इस पर पूर्ण

सर्वानुमति थी, फिर भी कोई भी यह मानने को तैयार नहीं था कि उसने यह सुझाव दिया था।[29] इस प्रकार की कार्यवाही 1815 की वियना कांग्रेस के लिए भले ही उपयुक्त रही हो, किंतु 21वीं सदी के यूरोप में इसका कोई स्थान नहीं हो सकता। उपर्युक्त जर्मन और इटालवी प्रस्ताव सुझा रहे हैं कि इस दिशा में प्रगति संभव है। फिर भी बड़ा विचित्र लगता है कि दो राष्ट्रपतियों के शासन काल बीत गए हैं फिर भी फ्रांस इस विचार विमर्श से गायब ही प्रतीत होता है।[30] हां, वैसे यह अन्य यूरोपवासियों को एकजुटता और सार्वजनिक ऋणों के संकलन जैसे प्रश्नों पर [सैद्धांतिक स्तर पर तो अवश्य] भाषण देने को सदैव तत्पर रहता है।[31]

जब तक मेरी सुझाई गई दिशा में कदम नहीं उठाए जाएंगे, यूरोक्षेत्र के संकट का स्थायी समाधान नहीं हो पाएगा। केवल ऋणों और बजट घाटों के संकलन ही नहीं, और अनेक राजकोष-बजट उपस्कर हैं जिनका कोई भी देश अकेले रहकर प्रयोग नहीं कर सकता—उनके विषय में तो मिलजुल कर ही निर्णय करना होगा। यहाँ पहला विचार तो पूंजी पर प्रगतिशील कर लगाने का है।

एक अन्य सहज बोधगम्य उदाहरण निगम लाभ कर का है। यूरोप में 1990 के दशक से ही इस कर को लेकर कड़ी स्पर्धा चल रही है। कई छोटे देशों, इनमें आयरलैंड अग्रणी रहा है [किंतु अनेक पूर्वी यूरोप के देश भी उसका अनुसरण कर रहे हैं], ने तो निम्न निगमकर को अपनी विकास युक्ति का आधार ही मान लिया है। यदि आंकड़े सांझे करने वाली आदर्श कर प्रणाली लागू हो जाए तो निगम कर की भूमिका बहुत सीमित रह जाएगी। यह केवल व्यक्ति स्तर पर अंशधारियों और बौंड धारियों की देय आय या पूंजीकर का पूर्व देय कर अंश बन जाएगा।[32] व्यावहारिक समस्या यह है कि यह पूर्व देय कर ही प्राय: एकमात्र चुकाया गया कर बन जाता है [निगमों द्वारा घोषित लाभ के अन्य घटक तो अंशधारियों की व्यक्तिगत कर योग्य आय का अंश नहीं बन पाते। इसी कारण से निगम कर के माध्यम से स्रोत पर ही कर के महत्त्वपूर्ण अंश की वसूली कर लेना महत्त्वपूर्ण लगता है।

सही तरीका यह होगा कि प्रत्येक निगम को पूरे यूरोप स्तर पर अपने लाभ की एक घोषणा करनी पड़े। फिर उस लाभ पर इस प्रकार कर लागू किया जाए जिसमें प्रत्येक शाखा-प्रशाखा की आय पर पृथक-पृथक कर आकलन की वर्तमान प्रणाली की भांति हेरा-फेरी की संभावनाएं नहीं हों। वर्तमान व्यवस्था की सबसे बड़ी समस्या यह है कि बहुराष्ट्रीय निगम अधिकांश लाभ की अधिकारी अपनी किसी ऐसी सहयोगी कम्पनी को बना देते है जो "कर स्वर्ग" —या अतिन्यून कर दर वाले देशों में स्थित हों। वे इस प्रकार कर देयता से बच निकलते हैं। यह व्यवहार गैर कानूनी नहीं है और इसीलिए अनेक निगम प्रबंधकों का मन इसे अनैतिक भी नहीं मान पाता।[33] कहीं न कहीं अधिक विवेकपूर्ण तो यही होगा कि लाभ को किसी देश या भू क्षेत्र से बांध कर नहीं देखा जाए—हां कर से एकत्र राशि को विभिन्न देशों में निगम द्वारा वितरित मजदूरी या वहाँ हुई बिक्री के अनुपात में विभाजित किया जा सकता है।

व्यक्तिगत पूंजी के कराधान में भी उपुर्यक्त से सबंधित एक समस्या पैदा हो जाती है। अधिकांश कर व्यवस्थाएं कर दाता के निवास के नियम पर आधारित हैं : सभी देश उन व्यक्तियों की आय और सम्पत्ति पर कर लगाते हैं जो वर्षमें 6 महीने से अधिक उनकी सीमाओं के भीतर निवास करते हैं। यूरोप में इस नियम का क्रियान्वयन कठिन होता जा रहा है। फ्रांस-बेल्जियम सीमा प्रांतों में बसे व्यक्तियों जैसे मामलों में तो यह कठिनाई और गंभीर हो जाती है। यही नहीं, सम्पत्ति का कराधान उसकी अपनी अवस्थिति पर भी निर्भर है—केवल स्वामी का निवास स्थल उसका एकमात्र निर्धारक नहीं होता। उदाहरण के लिए, पैरिस में स्थित गृहखंड का स्वामी भले ही किसी अन्य देश का निवासी हो या आधी दुनिया दूर रहता हो, उसे पैरिस के नगर प्रशासन को सम्पत्ति कर चुकाना ही होगा। सम्पदा कर पर भी यह नियम लागू होगा, किंतु उसके भू-भवन सम्पदा घटक पर ही। किंतु वित्तीय सम्पदाओं पर व्यावसायिक गतिविधियों या कम्पनी की अवस्थिति के आधार पर इस कर का निर्धारण करने में क्या कठिनाई या बाधा हो सकती है? यही बात सरकारी बौंडों को लेकर होगी किंतु "पूंजी सम्पदा के निवास स्थान" के विचार को प्रभावी बनाने के लिए

तो हमें बैंक जानकारी कराधिकारियों को सौंपनी होगी ताकि वे सम्पदाओं के स्वामित्व की जटिलतापूर्ण रचना को बूझ सकें। ऐसा कर बहुराष्ट्रीय स्वरूप के प्रश्न पर भी पुनर्विचार करने को बाध्य करेगा।[34] इन सभी प्रश्नों के उपयुक्त एवं पर्याप्त उत्तर तो यूरोपीय [या वैश्विक] स्तर पर ही मिल पाएंगे। अत: सही तरीका एक यूरोक्षेत्र संसद का गठन होगा—वही इस प्रकार के प्रश्नों का निदान कर पाएगी।

क्या ये प्रस्ताव अतिआशावादी हैं? नहीं, एक राज्यविहीन करेंसी के निर्माण से अधिक तो नहीं हैं। जब देश अपनी मौद्रिक संप्रभुता का त्याग करते हैं तो राष्ट्र-राज्य के कार्याधिकार से बाहर चले गए प्रश्नों—सार्वजनिक ऋण पर ब्याज, पूंजी पर प्रगतिशील कर, या बहुराष्ट्रीय निगमों पर कर आदि पर उनकी राजकोषीय संप्रभुता की पुनर्प्रतिष्ठा आवश्यक हो जाती है। अब यूरोपीय देशों की वरीयता ऐसी महाद्वीपीय राजनीतिक सत्ता की रचना होनी चाहिए जो सम्पदाधारी पूंजीवाद और निजी हितों पर नियंत्रण की पुन: स्थापना कर 21वीं सदी में यूरोप के सामाजिक प्रतिमान को और विकसित संवर्धित कर सके। विभिन्न देशों के राष्ट्रीय सामाजिक प्रतिमानों में छोटे-छोटे अंतर इतने महत्त्वपूर्ण नहीं हैं क्योंकि यहाँ सांझे यूरोपीय प्रतिमान के अक्षुण्ण बने रहने को ही चुनौतियों का सामना करना पड़ रहा है।[35]

एक और आयाम का ध्यान रखना आवश्यक है : ऐसी राजनीतिक यूरोपीय एकता के बिना कर–स्पर्धा और विध्वंसकारी रूप धारण कर लेगी। निगम करों को लेकर नीचे की ओर दौड़ चल रही है—कुछ ही समय पूर्व प्रतिपादित "निगम समता प्रावधान" का विचार यही दर्शा रहा है।[36] यह ध्यान रखना भी जरूरी है कि कर स्पर्धा उपभोग करों पर निर्भरता का कारण बन जाती है—जैसी कर प्रणाली 19वीं सदी में थी और जिसमें प्रगतिशीलता की कोई संभावना नहीं होती थी। ऐसी व्यवस्था उनके पक्ष में रहती है जो बचत करने, देश बदलने या दोनों ही कार्य करने में समर्थ होते हैं।[37] फिर भी यह ध्यान रहे कि राजकोषीय सहयोग की बात [जितनी दिखाई देती है उससे] कहीं तेजी से आगे बढ़ रही है। यहाँ वित्तीय लेनदेन कर का प्रस्ताव महत्त्वपूर्ण है—यह सर्वप्रथम यूरोपीय कर का रूप धारण

कर सकता है। यद्यपि यह कर राजस्व संग्रह और पुनर्वितरण प्रभावों की दृष्टि से पूंजी या निगम लाभ पर कर जितना महत्त्वपूर्ण नहीं है किंतु इस दिशा में प्रगति यही दर्शा रही है कि कुछ भी प्रारब्ध लिखित नहीं होता।[38] राजनीतिक एवं राजकोषीय इतिहास स्वयं अपने पथ का निर्माण करते हैं।

21 सदी में सरकार और पूंजी संकलन

यूरोप की वर्तमान समस्याओं से एक कदम दूर हटकर मैं एक प्रश्न उठा रहा हूँ: किसी आदर्श समाज में सार्वजनिक ऋण का क्या स्तर वांछनीय होगा? मैं तुरंत एक बात कहना चाहता हूँ : इसका उत्तर निश्चित नहीं हो सकता, प्रत्येक समाज अपने स्वरचित लक्ष्यों एवं देश के समक्ष चुनौतियों को ध्यान में रखते हुए इस ऋण स्तर का निर्धारण लोकतांत्रिक विचार–विमर्श द्वारा करेगा। एक अन्य बात निश्चित है : जब तक इससे संबंधित एक बृहतर प्रश्न नहीं उठाया जाएगा, इसका कोई सटीक उत्तर संभव नहीं होगा। वह वृहत्तर प्रश्न है : सार्वजनिक पूंजी एवं सकल राष्ट्रीय पूंजी के कौन से स्तर/आकार वांछनीय एवं आदर्श होंगे?

मैंने इस पुस्तक में पूंजी/आय अनुपात β के विकासक्रम पर समय और स्थान के परिप्रेक्ष्यों में बहुत विस्तार से चर्चा की है। मैंने यह भी देखा है कि β किस प्रकार देश की दीर्घकालिक बचत एवं संवृद्धि दरों द्वारा निर्धारित होता है—अर्थात $\beta = s/g$ के नियम द्वारा। किंतु अभी तक मैंने यह प्रश्न नहीं उठाया है कि β का क्या स्तर वांछनीय होगा। एक आदर्श समाज में पूंजी का आकार 5 वर्ष की राष्ट्रीय आय के समान हो, 10 वर्ष के या 20 वर्ष के? इस प्रश्न पर किस प्रकार विचार होना चाहिए? कोई भी सटीक उत्तर देना असंभव है। किंतु कतिपय पूर्व धारणाओं के आधार पर पूंजी संकलन के पूर्वानुमान स्तर का निर्धारण किया जा सकता है। पूंजी संकलन अपने अधिकतम स्तर पर उस स्थिति में पहुंच चुका होगा जब पूंजी पर प्रतिप्राप्ति, r, जो उसकी सीमांत उत्पादिता के बराबर है, घट कर संवृद्धि दर g के बराबर हो जाए। ऐडमंड फैल्प्स ने 1961 में $r = g$ को पूंजी संकलन का 'स्वर्णिम सूत्र या नियम' का नाम दिया था। यदि इस स्वर्णिम सूत्र का अक्षरश: अनुसरण किया जाए तो पूंजी/आय अनुपात ऐतिहासिक

दृष्टि से अवलोकित स्तरों से कहीं उच्च हो जाएगा। आपको ध्यान होगा, मैंने स्पष्ट किया था कि पूंजी की प्रतिप्राप्ति दर सदैव संवृद्धि दर से बहुत उच्च रही है। वस्तुत: 19वीं सदी से पहले तो g की अपेक्षा r अधिक उच्च या [उस समय पूंजी पर प्रतिप्राप्ति दर 4–5 प्रतिशत थी तो संवृद्धि दर एक प्रतिशत से भी कम थी]। संभावना है कि 21वीं सदी में भी यही स्थिति बनने वाली है—प्रतिप्राप्ति दर पुन: 4–5 प्रतिशत होने वाली है और संवृद्धि दर1–1.5 प्रतिशत के आसपास रहेगी।[39] यह अनुमान लगाना बहुत कठिन है कि कितना पूंजी संकलन प्रतिप्राप्ति दर को 1–1.5 प्रतिशत तक लाने के लिए आवश्यक होगा। यह निश्चित ही आज सर्वाधिक पूंजी सघन देशों के स्तर, 6 से 7 वर्षों की राष्ट्रीय आय, से तो बहुत अधिक होगा। संभवत: 10 –15 वर्षों की राष्ट्रीय आय–या अधिक भी। यह कल्पना करना तो और भी कठिन होगा कि प्रतिप्राप्ति दर को 18वीं सदी की संवृद्धि दर [0.2 प्रतिशत से कम] तक ले जाने के लिए कितना पूंजी संकलन अनिवार्य होगा। संभवत: 20–30 वर्ष की राष्ट्रीय के तुल्य पूंजी संकलन से प्रत्येक व्यक्ति के पास इतने भवन, मशीनें, औजार आदि एकत्र हो जाएंगे कि पूंजी की अतिरिक्त इकाइयां वार्षिक उत्पादन में मात्र 0.2 प्रतिशत से कम की वृद्धि कर पाएंगी।

सत्य तो यह है कि इस प्रकार इस प्रश्न को उठाना निरा सिद्धांतवाद लगता है। 'स्वर्णिम सूत्र' का उत्तर व्यवहार में उपयोगी नहीं रहता। नहीं लगता कि कोई भी मानव समाज इतनी अधिक पूंजी का संकलन करेगा। किंतु फिर भी इस स्वर्णिम नियम *(Golden Rule)* का आधार भूत तर्क रोचक अवश्य है। आइए बहुत संक्षेप में इसे समझ लें।[40] यदि स्वर्णिम नियम का अनुपालन हो तो $r = g$ होगा और पूंजी का राष्ट्रीय आय में अंश बचत की दर के समान होगा—अर्थात $\alpha = s$। दूसरी दृष्टि से, जब तक $r > g$, पूंजी का दीर्घ कालिक अंश, बचत दर से अधिक होगा—अर्थात दूसरे शब्दों में, हमें इतनी पूंजी एकत्र करनी होगी कि पूंजी पर प्रतिप्राप्ति शून्यप्राय रह जाए। अर्थात हमारी पूंजी इतनी अधिक हो। चुकी होगी कि उसके भंडार को वर्तमान स्तर पर बनाए रखने के लिए [राष्ट्रीय आय के अनुपात में] प्रत्येक वर्ष सारी प्रतिप्राप्ति का पुनर्निवेश अनिवार्य होगा। यही $\alpha = s$ का

अभिप्राय है। पूंजी से सारी प्राप्ति को बचाकर पुन: पूंजी निर्माण में लगाना पड़ेगा। इसके विपरीत यदि r > g हो तो दीर्घकाल में पूंजी से कुछ न कुछ जरूर मिलता रहेगा—अर्थात सारी प्रतिप्राप्ति पूंजी के आय से अनुपात को अक्षुण्ण रखने में खर्च नहीं होगी।

स्पष्ट है कि इस स्वर्णिम नियम का संबंध तो पूंजी संतृप्ति की रणनीति से प्रतीत होता है। इतनी पूंजी एकत्र कर दो कि भाड़ाजीवी वर्ग अपनी सारी 'कमाई' उस पूंजी को बनाए रखने पर खर्च करने को विवश हो जाए [ताकि उनकी पूंजी में उसी दर से वृद्धि होती रहे जिस दर पर अर्थ व्यवस्था संवृद्धिशील है] भले ही उनके पास उपभोग के लिए कुछ न बचे [वरना शेष समाज की तुलना में उनका सामाजिक स्तर किस प्रकार बना रह पाएगा?]। इसके विपरीत यदि r = g हो तो प्रतिप्राप्ति के एक अंश (=g) के पुनर्निवेश से ही काम चल जाता है और (r–g) अंश उपयोग के लिए उपलब्ध रहता है। वास्तव में r > g की विषमिका ही भाड़ाजीवी समाज व्यवस्था का (आर्थिक) आधार है। प्रतिप्राप्ति दर को घटा कर संवृद्धि दर के तुल्य बनाने वाले पूंजी संकलन से तो भाड़ाजीवी वर्ग के वर्चस्व का ही अंत हो जाएगा।

किंतु क्या उस उद्देश्य की प्राप्ति का यही श्रेष्ठतम मार्ग है? आखिर पूंजी के स्वामी या समाज इतनी अधिक पूंजी का संचय क्यों करेंगे? ध्यान रहे कि स्वर्णिम सूत्र का तर्काधार तो केवल उच्चतम सीमा का निर्धारण करता है, यह किसी भी तरह से उस स्तर तक पहुंचने को उचित सिद्ध नहीं करता।[42] व्यावहारिक पटल पर तो भाड़ाजीवी वर्ग से निपटने की कहीं सीधे और अधिक प्रभावी विधियां भी उपलब्ध हैं : उन पर कर लागू करना। दर्जनों वर्षों की राष्ट्रीय आय के बराबर पूंजी एकत्र करने में तो कई पीढ़ियों को भूखों मरने की नौबत आ सकती है।[43] पूर्णत: सैद्धांतिक स्तर पर भी सभी कुछ संवृद्धि के स्रोत या उदगम पर निर्भर करता है। यदि एकमात्र स्रोत जनांकीय हो तो स्वर्णिम सूत्र द्वारा इंगित स्तर तक पूंजी का संकलन समझ में आ सकता है। उदाहरण के लिए, यदि वार्षिक जनसंख्या वृद्धि दर सदैव 1 प्रतिशत रहने की मान्यता कर सकें तो निजी उपयोग को अधिकतम करने के लिए इतना पूंजी संकलन आवश्यक होगा कि उस पर प्रतिप्राप्ति दर घट कर 1 प्रतिशत रह जाए [किंतु इसके लिए जन साधारण

का बहुत ही धैर्यवान और भावी पीढ़ियों के प्रति औदार्य से ओतप्रोत होना आवश्यक होगा]। इस तर्क की कुछ त्रुटियां भी हैं। एक तो यह मानना विचित्र है कि जनसंख्या सदैव 1 प्रतिशत दर से वृद्धिशील रहेगी—क्योंकि यह तो भावी पीढ़ियों के प्रजनन विषयक चयन पर निर्भर करेगी और वर्तमान पीढ़ी उस विषय में कोई निर्णय नहीं कर सकती [यदि हम अत्यंत ही अल्प विकसित प्रजनन विरोधी प्रौद्योगिकी की मान्यता कर सकें तो बात दूसरी है]। साथ ही, यदि जनसंख्या वृद्धि दर शून्य हो जाए तो पूंजी संचय को अनंत स्तर तक ले जाना पड़ेगा—क्योंकि जब तक प्रतिप्राप्ति दर जरा भी सकारात्मक रहेगी, भावी पीढियों को यही हितकर प्रतीत होगा कि वे कुछ भी उपभोग नहीं करें और सब कुछ संचित करती रहें। मार्क्स ने निहित रूप से जनसंख्या और उत्पादिता वृद्धि के शून्य रहने की मान्यता रखी थी और परिणामत: उसका निष्कर्ष था पूंजी के अपरिमित संकलन की चाह। अंतत: यही पूंजीवाद के पतन और उत्पादन के साधनों पर समाज के अधिकार का मार्ग प्रशस्त करने वाली थी। वस्तुत: सोवियत संघ में सार्वजनिक हित संवर्धन का दंभ भरने वाली सरकार ने भी अपरिमित औद्योगिक पूंजी या मशीनों की निरंतर वृद्धिमान संख्या के संकलन की ओर कदम बढ़ाने प्रारम्भ कर दिए थे और किसी को यह ज्ञान नहीं रह पाया था कि नियोजक कहां इस संकलन को थामना उचित मानेंगे।[44]

जब तक उत्पादिता वृद्धि जरा भी सकारात्मक रहती है $\beta = s/g$ का नियम पूंजी संकलन की व्याख्या कर सकता है। किंतु उस दशा में भी सामाजिक अभीष्ट स्तर का निरूपण उतना ही कठिन हो जाता है। यदि हमें पहले से ज्ञात हो कि उत्पादिता में 1 प्रतिशत वार्षिक वृद्धि होती रहेगी तो इसका अर्थ होगा कि भावी पीढ़ियां अधिक उत्पादक और समृद्ध होंगी। तो फिर क्या वर्तमान पीढ़ी द्वारा पूंजी के विशाल भंडार का संचय करने के लिए आज अपने उपभोग का बलिदान देना उचित और आवश्यक है? भावी पीढियों के हित लाभ स्तरों के विषय में पृथक-पृथक मान्यताओं/धारणाओं के आधार पर आप अपने वांछित निष्कर्षों तक पहुंच सकते हैं। इन निष्कर्षों का प्रसरण बहुत विशाल है : भावी पीढ़ियों के लिए कुछ भी नहीं [मात्र प्रदूषण के सिवाय] छोड़ने से लेकर, उपर्युक्त स्वर्णिम सूत्र का अनुसरण

करते हुए सभी कुछ उन्हीं के लिए छोड़ने तक, के बीच का कोई भी विभाजन [वर्तमान और भावी उपभोग के बीच] निर्धारित किया जा सकता है। स्पष्ट है स्वर्णिम नियम की व्यावहारिक उपादेयता सीमित ही है।[45]

सच यह है कि सामान्य सूझ बूझ ही हमें यह समझा देती है कि भावी पीढियों के लिए क्या छोड़ना उचित होगा—इस जटिल निर्णय के लिए कोई गणितीय सूत्र पर्याप्त नहीं होगा। तो फिर मैंने इस स्वर्णिम सूत्र के विषय में सैद्धांतिक चर्चा में समय लगाना क्यों आवश्यक मान लिया था? मेरा उत्तर इतना ही है : इन चर्चाओं की यूरोप के घटनाक्रम के सार्वजनिक विचार विमर्श पर छाप दिखाई देने लगी है—यह छाप एक तो सार्वजनिक घाटे और दूसरे पर्यावरण परिवर्तन के मुद्दे पर तो बहुत ही स्पष्ट है।

कानून और राजनीति

सार्वजनिक घाटे संबंधी यूरोपीय चर्चाओं में स्वर्णिम सूत्र संबंधित एक अन्य विचार भी उभर कर आया है।[46] जब मास्ट्रिष्ट की संधि ने 1992 में यूरो की रचना की तो यह तय किया गया था कि सदस्य देशों की सरकारें अपने बजट घाटे को सकल घरेलू उत्पाद के 3 प्रतिशत तथा सकल सार्वजनिक ऋण को सकल घरेलू उत्पाद के 60 प्रतिशत तक सीमित रखेंगी।[47] इन सीमाओं के सटीक आर्थिक तर्क की अभी तक पूर्ण विवेचना नहीं की गई है।[48] वस्तुत: यदि सार्वजनिक सम्पदाओं को सकल राष्ट्रीय पूंजी में सम्मिलित नहीं करें तो सार्वजनिक ऋण की कोई विवेकशील व्याख्या संभव ही नहीं रहती। मैंने इन सख्त बजटीय संरोधों के वास्तविक कारणों की चर्चा की है। [यह भी बताया है कि संयुक्त राज्य, ब्रिटेन और जापान ने तो कभी स्वयं पर ऐसे नियम लागू नहीं किए हैं]। यह निर्णय वस्तुत: एक राज्यविहीन करेंसी व्यवस्था की स्थापना का परिणाम रहा है—क्योंकि इसके साथ साथ सदस्यों के सार्वजनिक ऋणों और बजट घाटों का संकलन नहीं किया गया था। लगता है, यदि यूरोक्षेत्र अपने लिए एक बजटीय संसद का गठन कर ले जो ऋणों और घाटों के विषय में निर्णय करने में सक्षम हो तो फिर इस प्रकार के संरोधों की आवश्यकता नहीं रहेगी। फिर तो निर्णय संप्रभुता संपन्न और लोकतांत्रिक होगा। देशों के संविधानों में ऋण और

घाटे पर प्रावधान कर पूर्व निर्धारित बंधन लागू करने का कोई औचित्य नहीं दिखता। अभी बजटीय संघ के निर्माण की प्रक्रिया प्रारम्भ ही हुई है, हम स्वीकार कर सकते हैं कि ऋण के किसी स्तर विशेष का अतिक्रमण करने हेतु उस संसद में किसी प्रचंड बहुमत की विशेष व्यवस्था हो सकती है। किंतु ऋण और घाटे की सीमाओं को अप्रक्राम्य घोषित कर सदा सदा के लिए पत्थर की लकीर का स्वरूप प्रदान कर भावी राजनीतिक बहुमत को पंगु करना उचित नहीं होगा।

यहाँ कोई भ्रम नहीं रहना चाहिए : मैं सार्वजनिक ऋण का विशेष प्रशंसक नहीं हूँ। यह ऋण तो गरीबों से अमीरों को और सामान्य से साधन वाले वर्ग से सरकार को उधार देने में समर्थ व्यक्तियों को आय एवं धन के पुनर्वितरण का एक परोक्ष मार्ग बन जाता है। [आवश्यकता तो संपन्न वर्गों से अधिक कर वसूलने की है और ऋणी सरकार उन्हें ब्याज चुका रही होती है]। बीसवीं सदी के मध्य में बड़े स्तर पर सार्वजनिक ऋणों की निरस्ति और स्फीति के माध्यम से उनके निष्प्रभावी होने के कारण सरकारी ऋणों और उनके पुनर्वितरणकारी प्रभावों के बीच संबंधों के विषय में कई खतरनाक भ्रम पैदा हो गए हैं। इन भ्रमों का तत्काल निराकरण आवश्यक हो गया है।

अनेक कारणों से बजटीय संरोधों को संवैधानिक प्रावधानों के पाषाण पर उत्कीर्ण करना अधिक न्यायपूर्ण प्रतीत नहीं होता। ऐतिहासिक अनुभव बताते हैं कि प्राय: संकट ऐसे विशाल स्तर पर कदम उठाने को विवश कर देते हैं जिनकी पहले कल्पना भी नहीं हो पाई थी। इस विषय पर किसी संविधान पीठ या विशेषज्ञ दल के निर्णय की अपेक्षा तो लोकतंत्र की भावना का अतिक्रमण होगा। वस्तुत: ऐसे निर्णय कर अधिकार न्यायालयों को सौंप देना निरापद नहीं होता। इतिहास स्पष्ट दर्शा रहा है कि संविधान पीठें प्राय: राजकोषीय और बजट संबंधी नियमों की बहुत ही संकीर्ण व्याख्या करती हैं।[49] यूरोप में ऐसी न्यायायिक संकीर्णता बहुत घातक है, क्योंकि वहाँ तो व्यक्तियों, वस्तुओं और पूंजी के निर्मुक्त प्रचलन को एक मौलिक अधिकार मान लेने की प्रवृत्ति विद्यमान है जो इन्हें, सदस्य देशों के

जन साधारण के हितों के संवर्धन हेतु कराधान से भी अधिक, वरीयता प्रदान करती है।

अंत में, उन अन्यान्य कारणों पर ध्यान दिए बिना, जो राष्ट्रीय धन सम्पदा को प्रभावित करते हैं, ऋणों और घाटे के उपयुक्त स्तर का निर्णय कर पाना असंभव है। यदि समस्त सुलभ आंकड़ों पर ध्यान दें तो यह विलक्षण तथ्य स्पष्ट होता है कि यूरोप में धन का स्तर आज जितना उच्च कभी नहीं रहा। यह ठीक है कि निवल सार्वजनिक धन शून्यप्राय है—क्योंकि लगभग उतना ही सार्वजनिक ऋण भी है जितनी सम्पदा है। किंतु निजी सम्पदा का उससे योग राष्ट्रीय आय को सदी भर के उच्चतम मान पर पहुंचा देता है। अत: यह विचार कि हम अपने बच्चों को ऋण का एक शर्मनाक बोझा विरासत में देने वाले हैं और हमें अपनी इस हरकत पर शर्मिंदा हो चीथड़े पहन, भस्म रमा कर, उनसे क्षमा प्रार्थना करनी चाहिए बहुत विचित्र लगता है। यूरोप के देश इतने संपन्न कभी नहीं रहे किंतु सबसे शर्मनाक तथ्य यह है कि यह विशाल सम्पदा संपन्नता बहुत ही विषम रूप से विभाजित है। निजी सम्पदा का आधार सार्वजनिक विपन्नता होती है। इसका एक दुर्भाग्यपूर्ण परिणाम यह है कि आज हम उच्च शिक्षा में निवेश से अधिक राशियों का व्यय ऋण पर ब्याज चुकाने में कर रहे हैं। यह क्रम बहुत लम्बी अवधि से चल रहा है : 1970 से ही संवृद्धि बहुत धीमी दर से हो रही है। इस कारण हम उस इतिहास काल में पहुंच गए हैं जहां ऋण का बोझ हमारे लोकवित्त पर बहुत भारी पड़ रहा है।[50] यही मुख्य कारण है कि ऋण को यथाशीघ्र कम करना आवश्यक हो गया है। जहां तक हो सके इसके लिए निजी पूंजी पर एकबारगी प्रगतिशील कर लगाना चाहिए—अन्यथा स्फीति का सहारा लेना अपरिहार्य हो जाएगा। प्रत्येक दशा में इसका निर्णय एक संप्रभुता संपन्न संसद को ही लोकतांत्रिक विचार विमर्श के बाद करना होगा।[51]

जलवायु परिवर्तन और सार्वजनिक पूंजी

'स्वर्णिम सूत्र' संबंधी प्रश्नों का जिस दूसरे मुद्दे पर गहन प्रभाव पड़ रहा है, वह जलवायु परिवर्तन और मानव जाति की प्राकृतिक पूंजी में आगामी

सदी में ह्रास की आंशका है। यदि वैश्विक दृष्टि से देखें तो यह निश्चय ही विश्व की सबसे महत्त्वपूर्ण दीर्घकालिक चिंता है। स्टेर्न रिपोर्ट (2006) की गणना के अनुसार इस सदी के अंत तक पर्यावरण की क्षति का मान कुछ परिदृश्यों में तो वैश्विक सकल उत्पाद के कई दर्जन अंकों के बराबर (प्रतिवर्ष) हो जाएगा। अर्थशास्त्रियों में इस रिपोर्ट पर विवाद मूलत: एक ही बात पर केंद्रित रहा है : पर्याहानि का किस दर पर 'काटा' किया जाए? निकोलस स्टेर्न, एक अंग्रेज हैं, उनका तर्क था कि 'काटे' की दर संवृद्धि दर [1–1.5 प्रतिशत] के बराबर रहनी चाहिए। इस प्रकार वर्तमान पीढ़ी भावी क्षति को अपनी गणनाओं में बहुत भारी स्थान दे देती है। किंतु अमेरिकी विलियम नॉर्धोस का तर्क है कि हमें पूंजी की औसत प्रतिप्राप्ति दर [4–4.5 प्रतिशत वार्षिक] को 'काटे' के लिए प्रयोग करना चाहिए। इस चयन से भावी क्षति बहुत कम चिंताजनक रह जाएगी। दूसरे शब्दों में, भावी क्षति की लागत के विचार पर सहमति [अनिश्चितताएं तो रहेंगी] होने पर भी व्यक्ति अलग अलग निष्कर्षों और अनुमानों पर पहुंच सकते हैं। स्टेर्न के मतानुसार वैश्विक क्षेम हानि की आशंका इतनी प्रबल है कि आज वैश्विक सकल घरेलू उत्पाद का कम से कम 5 प्रतिशत वार्षिक भावी जलवायु परिवर्तनों के प्रभावों के निराकरण पर खर्च करना आवश्यक हो गया है। नॉर्धोस के विचार में यह व्यय अनुचित होगा—क्योंकि भावी पीढियां हम से अधिक उत्पादक एवं समृद्ध होनेवाली हैं। भले ही उन्हें उपभोग में कमी करनी पड़े, वे कोई न कोई तरीका निकाल ही लेंगी। वह तरीका वैश्विक क्षेम की दृष्टि से स्टेर्न के सुझाव की अपेक्षा कम खर्चीला सिद्ध होगा। तो अंतत: ये सभी विशेषज्ञ गणनाएं विचारों के अंतर के रूप में सिमट कर रह जाती हैं।

मुझे स्टेर्न का मत अधिक उचित लगता है—नॉर्धोस का नहीं—वे महाशय तो संयुक्त राज्य की कार्बन उत्सर्जन की युक्ति के सान्निध्य में अधिक प्रतीत होते हैं—किंतु हमें अधिक सहमत नहीं कर पाते।[52] वैसे भी 'काटे' की दर को लेकर यह वैचारिक चर्चा मुख्य प्रश्न से मुंह चुराती हुई प्रतीत होती है। यूरोप ही नहीं, चीन और संयुक्त राज्य में भी सार्वजनिक संवाद एक व्यावहारिक मोड़ ले चुका है। अब संवाद नवीन गैरप्रदूषक

प्रौद्योगिकी, जो प्रचुरता से उपलब्ध नवीकरणीय ऊर्जा का प्रयोग करे [और हाइड्रो कार्बन ऊर्जा स्रोतों पर निर्भरता का निवारण करे] के विकास में निवेश पर आकर केंद्रित हो रहा है। "पर्यावरणीय बड़े प्रयास" की बात यूरोप में खूब चल रही है और अनेक व्यक्ति इसी को वर्तमान धूमिल आर्थिक वातावरण से उबरने का मार्ग मानने लगे हैं। यह युक्ति एक अन्य दृष्टि से भी लुभावती लगती है : आज अनेक देशों की सरकारें बड़ी सस्ती दर पर उधार पाने में सफल हो रही हैं। यदि निजी उद्यमी इस दिशा में निवेश करने को उत्सुक नहीं हैं तो फिर क्यों न सरकारी निवेश द्वारा प्राकृतिक पूंजी की आशंकित क्षति के निवारण का प्रयास किया जाए।[53]

इस विषय पर आगामी दशकों में बहुत चर्चाएं होने वाली हैं। सार्वजनिक ऋण निजी सम्पदा के सामने बहुत ही महत्त्वहीन है और उसका समापन बहुत कठिन नहीं है। इस कारण यह हमारी मुख्य चिंता का विषय भी नहीं है। कहीं अधिक आवश्यक शैक्षिक पूंजी का संवर्धन करना और प्राकृतिक पूंजी का क्षरण रोकना है। ये अधिक गंभीर एवं कठिन चुनौतियां हैं—जलवायु परिवर्तन को हम अपनी कलम चला कर [या पूंजीकर लगाकर] नहीं रोक पाएंगे। निर्णायक व्यावहारिक प्रश्न तो ये हैं: मान लें कि स्टेर्न ही सही सिद्ध होते हैं और पर्यासंकट के परिहार के लिए वैश्विक उत्पाद का 5 प्रतिशत इस निमित्त व्यय करना आवश्यक हो जाता है। क्या हमें वास्तव में यह ज्ञान है कि वह निवेश किस कार्य में और किस प्रकार करना चाहिए? यदि हम इस स्तर पर सार्वजनिक व्यय की बात कर रहे हैं तो क्या हमें ये अनुभूति भी है कि इसका आकार क्या होगा? अभी तक इस स्तर पर किसी भी धनी देश ने सार्वजनिक व्यय कार्य करके नहीं दिखाया है।[54] यदि हम निजी निवेश की बात करें तो फिर सार्वजनिक व्यय के वित्तीयन और उससे व्युत्पन्न प्रौद्योगिकी तथा स्वत्वाधिकारों के स्वामित्व के विषय में भी स्पष्ट होना होगा। क्या हमें नवीकरणीय ऊर्जा स्रोतों के त्वरित विकास हेतु उन्नत प्रौद्योगिकी पर भरोसा करना चाहिए या तत्काल अपने हाइड्रोकार्बन उपभोग पर कड़े प्रतिबंध लागू करने चाहिए? संभवत: ऐसी युक्ति को अपनाना अधिक उचित होगा जिसमें सभी उपलब्ध उपस्करों-उपायों का समन्वय हो।[55] सामान्य सूझबूझ का तकाजा

तो यही होगा। किंतु सच्चाई यही है कि आज हम यह नहीं जानते कि इन चुनौतियों का सामना किस प्रकार होगा, या आगामी वर्षों में हमारी प्राकृतिक पूंजी के क्षरण–पतन को रोकने में सरकार क्या भूमिका निभाएगी।

आर्थिक पारदर्शिता और पूंजी पर लोकतांत्रिक नियंत्रण

मेरे विचार में यह आग्रह करना महत्त्वपूर्ण है कि आगामी वर्षों में सम्पदा के नए स्वरूपों का विकास और पूंजी पर लोकतांत्रिक नियंत्रण के विषय बहुत अहम होने वाले हैं। निजी एवं सार्वजनिक पूंजी के बीच विभाजन रेखा इतनी स्पष्ट नहीं जितनी बर्लिन की दीवार के गिरने के समय से कुछ लोग मान बैठे हैं। हमने पहले भी इस बात पर ध्यान दिया है कि शिक्षा, स्वास्थ्य, संस्कृति, मीडिया आदि अनेक क्षेत्रों में पूर्णत: संगठनात्मक स्वरुपाधारित निजी [संयुक्त पूंजी कम्पनी, शेयरधारियों का स्वामित्व] तथा सार्वजनिक [जहां सभी निवेश निर्णय संप्रभु सरकार लेती है] का सामान्य निजी–सार्वजनिक बोध से विशेष लेना देना नहीं रहता। अनेक प्रकार की मध्यवर्ती संगठनात्मक संरचनाएं विभिन्न व्यक्तियों की प्रतिभाओं और उनके पास सुलभ जानकारी को जुटा पाने में सक्षम हैं। सामाजिक स्तर की निर्णय प्रक्रिया में बाजार और मतपेटिका को दो ध्रुव माना जा सकता है। किंतु अभी भागीदारी एवं प्रशासन व्यवस्था के अनेक नवीन प्रतिमानों की अन्वेषणा बाकी है।[56]

पूंजी के लोकतांत्रिक नियंत्रण के विभिन्न स्वरूपों में एक बात प्रमुख है : यह स्वरूप सभी संबद्ध पक्षों को आर्थिक जानकारियों की सहज सुलभता पर निर्भर करेंगे। आर्थिक एवं वित्तीय पारदर्शिता केवल कराधान ही नहीं अन्य अनेक कार्यों के लिए भी महत्त्वपूर्ण सिद्ध होती है। ये लोकतांत्रिक प्रशासन एवं भागीदारी के लिए भी आवश्यक हैं। इस संदर्भ में किसी व्यक्ति की आय और सम्पदा की पारदर्शिता इतनी महत्त्वपूर्ण नहीं है—उसमें हमारी कोई अंतर्निहित रुचि नहीं है [किंतु राजनीतिक अधिकारियों के विषय में तो इस पारदर्शिता की ही आवश्यकता होगी—क्योंकि उन पर भरोसा बने रहने का कोई अन्य मार्ग नहीं है]।[57] सामुदायिक कार्य के लिए

तो निजी निगमों एवं सार्वजनिक उपक्रमों के लेखों के विस्तृत ब्यौरे के प्रकाशन की आवश्यकता होगी। अभी तक निगमों द्वारा प्रकाशित लेखा सामग्री जन साधारण को उनकी गतिविधियों के बारे में अधिक कुछ जानकारी प्रदान नहीं करती—अत: वे किसी प्रकार का हस्तक्षेप करने की सोच भी नहीं पाते। इस पुस्तक के प्रारम्भ में ही मैंने एक उदाहरण दिया था: तोनमिन इन्कॉर्पोरेट, जो उस मेरीकाना प्लेटिनम खान की स्वामी है जहां अगस्त 2012 में 34 हड़ताली श्रमिकों को गोली मार दी गई थी। इस फर्म के खाते हमें यह नहीं बता पाते कि खान से उत्पादित धन सम्पदा का लाभ और मजदूरी के बीच विभाजन किस प्रकार होता है। यह बात विश्व भर के प्रकाशित निगम लेखों पर समान रूप से लागू होती है। सारे आंकड़े ऐसे सांख्यिकीय वर्गों में विभाजित रहते हैं जो वास्तविक जानकारी को छुपाने के भरसक प्रयास [प्राय: सफल] करते दिखाई देते हैं:। जबकि अधिक विस्तृत जानकारी केवल निवेशकों के लिए सुरक्षित रहती है।[58] अत: कहा जा सकता है कि कर्मियों और उनके प्रतिनिधियों के पास फर्म की आर्थिक वास्तविकताओं को समझने और उसके निवेश निर्णय में भागीदार बन पाने के लिए पर्याप्त जानकारी सुलभ नहीं होती। जब तक वास्तविक लेखा एवं वित्तीय पारदर्शिता और जानकारी सांझी नहीं होती, किसी प्रकार का आर्थिक लोकतंत्र स्थापित नहीं हो पाएगा। दूसरी दृष्टि से, जब तक प्रबंध मंडल में प्रतिनिधित्व सहित फर्म की कार्यपद्धति में प्रत्यक्ष भागीदारी का अधिकार उसके कर्मियों को नहीं मिल जाता, वह पारदर्शिता भी अधिक उपयोगी नहीं होगी। यदि किसी दिन लोकतंत्र को पूंजी पर अपना अंकुश लागू करना है तो उसे यह समझना होगा कि लोकतंत्र और पूंजी जिन संस्थाओं में निहित हैं उनकी संरचनाओं का बार–बार पुन: अन्वेषण करना होगा।[59]

■ ■ ■

निष्कर्ष

मैंने 18वीं सदी से अब तक धन और आय के वितरण विभाजन की गत्यात्मकता के विषय में हमारे ऐतिहासिक ज्ञान की वर्तमान अवस्था को ही यहां प्रस्तुत किया है और आगामी सदी के लिए उस ज्ञान के आधार पर संभावित 'सबक' स्पष्ट करने का प्रयास किया है।

इस पुस्तक के लिए प्रयुक्त जानकारी के स्रोत पूर्ववर्ती अध्येताओं की तुलना में कहीं अधिक विस्तृत रहे हैं, फिर भी मैं उनकी त्रुटियों और अपूर्णताओं को स्वीकार करता हूं। मेरे सभी निष्कर्षों की सुवाभाविक प्रकृति अति सूक्ष्म है। उन पर प्रश्न उठा कर (उन पर) चर्चा एवं विचार विमर्श हो, ऐसा मेरा आग्रह है। सामाजिक विज्ञान शोध–अन्वेषण का ध्येय ऐसी गणितीय निश्चितताओं का निरूपण नहीं होता जो उस लोकतांत्रिक संवाद का स्थान ग्रहण कर ले जिसमें सभी प्रकार के विचारों और मतों की भागीदारी होती है।

पूंजीवाद का केंद्रीय अंतर्विरोध : r > g

इस अध्ययन का मुख्य निष्कर्ष है : निजी सम्पदा पर आधारित बाजार व्यवस्था को स्वत: कार्य करने दिया जाए तो उसमें ज्ञान एवं प्रतिभाओं के प्रसारण से जुड़ी प्रबल संसृतिकारी शक्तियां विद्यमान होती हैं; किंतु साथ ही कुछ ऐसी अपसृतिकारी शक्तियां भी सृजित हो जाती हैं जो लोकतांत्रिक समाजतंत्र और उनके आधारभूत सामाजिक न्याय के जीवन मूल्यों के लिए घातक सिद्ध हो सकती हैं।

प्रमुख अस्थिरताकारी शक्ति का संबंध इस तथ्य से है कि पूंजी पर निजी प्रतिप्राप्ति दर, r, बहुत लम्बी अवधि तक आय और उत्पादन की वृद्धि दर 'g' से अधिक बनी रह सकती है।

विषमिका r > g का निहितार्थ है कि अतीत की संकलित धन सम्पदा की वृद्धि दर उत्पादन और मजदूरी की वृद्धि दरों से अधिक रहती है। यह विषमिका एक मूलभूत अंतर्विरोध को अभिव्यक्त करती है। उद्यमी

अपरिहार्य रूप से भाड़ाजीवी हो जाते हैं—वे केवल अपने श्रम के स्वामियों की अपेक्षा अधिकाधिक प्रबल होते चले जाते हैं। एक बार विनिर्माण के बाद पूंजी स्वयं को उत्पादन से अधिक तीव्र दर पर पुनः सृजित करने लगती है। अतीत भविष्य को निगलने लगता है।

यदि हम यह भी जान लें कि पूंजी पर प्रतिप्राप्ति का आकार पूंजी के अपने प्रारम्भिक आकार के अनुपात में वृद्धिमान होता है और विश्व स्तर पर धन सम्पदा के वितरण में अपसृति चल रही है तो सम्पदा वितरण की दीर्घकालिक गत्यात्मकता के संभावित परिणाम बहुत भीषण रूप धारण कर लेंगे।

समस्या बहुत विशाल है और उसका कोई सरल समाधान नहीं है। निस्संदेह शिक्षा, ज्ञान और गैर–प्रदूषक प्रौद्योगिकी में निवेश से संवृद्धि को प्रोत्साहित किया जा सकता है। किंतु ये उपाय भी संवृद्धि दर को 4 या 5 प्रतिशत वार्षिक तक ही ले जा पाएंगे। इतिहास दर्शाता है कि केवल वही अर्थ व्यवस्थाएं उच्च संवृद्धि दर प्राप्त कर सकती हैं जो अधिक उन्नत देशों के समकक्ष पहुंचने का प्रयास कर रही हों। द्वितीय महायुद्ध के बाद के तीन दशकों में यूरोप में और आज चीन तथा अन्य उदीप्यमान अर्थ व्यवस्थाओं में यही स्थिति देखी जा सकती है। किंतु जो देश प्रौद्योगिकीय विकास की चरम सीमा के पास हैं वहां तथा अंततः समस्त विश्व के लिए यह बात स्वीकार करनी ही होगी कि दीर्घकाल में संवृद्धि दर 1–1.5 प्रतिशत वार्षिक ही रह पाएगी [चाहे जैसी आर्थिक नीतियां बनती रहें]।

पूंजी पर औसत प्रतिप्राप्ति 4–5 प्रतिशत रहने पर 21वीं सदी में भी, प्रथम महायुद्ध की पूर्वसंध्या तक विश्व भर में सामान्य रही $r > g$ की विषमिका पुनः स्थापित हो जाएगी। बीसवीं सदी में अतीत का समापन और पूंजी पर प्रतिप्राप्ति को भारी कमी लाने में दो विश्वयुद्धों का बहुत बड़ा योगदान रहा था। उससे यह भ्रम पैदा हो गया था कि संभवतः पूंजीवाद के आंतरिक अंतर्विरोध [$r > g$] का निवारण हो गया है।

यह सत्य है कि पूंजी पर आय पर भारी कर लगा कर पूंजी की निजी प्रतिप्राप्ति दर को संवृद्धि दर से कम किया जा सकता है। किंतु यदि यह

कार्य बिना विचारे और बहुत दृढ़ता से किया जाता है तो संचयन की प्रेरणा शक्ति कुंठित हो जाएगी और संवृद्धि दर में ही कमी आने लगेगी। फिर तो उद्यमियों के भाड़ाजीवी बन पाने की कोई आंशका नहीं रहेगी—क्योंकि उद्यमी ही नहीं बचेंगे।

समस्याओं का सही समाधान पूंजी पर वार्षिक प्रगतिशील कर हो सकता है। यह स्पर्धा और प्राथमिक संचयन की संप्रेरणाओं को अक्षुण्ण रखता है और अंतहीन विषमताकारी कुन्तल से बच पाना संभव बना सकता है। उदाहरण के लिए मैंने पहले ही एक पूंजीकर तालिका की चर्चा की है जिसमें 10 लाख यूरो तक की सम्पदा पर 0.1 से 0.5 प्रतिशत, 10 लाख से 50 लाख तक पर 1 प्रतिशत, 50 लाख से एक करोड़ तक पर 2 प्रतिशत और उससे बड़ी सम्पदाओं पर 5 से 10 प्रतिशत वार्षिक की दरें सुझाई गई हैं। यह कर धन की उस वैश्विक विषमता पर लगाम लगा सकता है जो इस समय उस दर पर वृद्धिशील है जिसे धारणीय नहीं माना जा सकता—यह बात तो स्वनियमित बाजार के उग्र पक्षधरों के बीच भी चिंता का विषय होनी चाहिए। यही नहीं, इतिहास का अनुभव यह भी दर्शा रहा है कि धन की इस भीषण विषमता का उद्यम की भावना से कोई संबंध नहीं होता और यह संवृद्धि को भी प्रोत्साहित नहीं कर पाती। उसकी कोई "सांझी उपादेयता" भी नहीं होती [यहां हम इस पुस्तक के प्रारम्भ में प्रयुक्त 1789 की फ्रांसीसी क्रांति के घोषणा पत्र "मानव एवं नागरिक के अधिकारों के घोषणापत्र" से इस वाक्यांश का प्रयोग कर रहे हैं]।

समस्या यह है कि इस प्रकार के प्रगतिशील पूंजी कर की सफलता के लिए अंतर्राष्ट्रीय सहयोग और क्षेत्रीय राजनीतिक एकीकरण के एक उच्च स्तर की आवश्यकता रहती है। यह राष्ट्र-राज्यों के उस तंत्र के वश से बाहर का कार्य है जिनके परिवेश में अभी तक की सामाजिक सहमतियां विकसित होती रही हैं। कुछ व्यक्तियों को आशंका है कि यूरोपीय संघ से और आगे निकल कर सहयोग और राजनीतिक एकीकरण का प्रयास कहीं अभी तक की उपलब्धियों को ही निरस्त न कर दे [विशेषकर उस सामाजिक सरकार प्रतिमान को जो 20वीं सदी के संक्षोभों के प्रतिक्रिया स्वरूप विकसित हुई है] वह भी अधिक शुद्ध एवं पूर्ण प्रतियोगिता पर आधारित अधिक बड़े

बाजार के अतिरिक्त बिना किसी वैकल्पिक सामाजिक संरचना का निर्माण किए। किंतु यह शुद्ध एवं पूर्ण प्रतियोगिता भी $r > g$ की विषमिका का निवारण नहीं कर पाएगी—क्योंकि इसका जन्म बाजार की किसी अपूर्णता से नहीं हुआ है। यद्यपि जोखिम बहुत बड़ी है किंतु मुझे तो यही लगता है कि यदि हम पूंजी पर लोकतांत्रिक नियंत्रण की स्थापना करना चाहते हैं तो हमे लोकतंत्र को, पूरे यूरोप व्यापी लोकतंत्र को, अधिक मजबूत बनाने पर ही दांव लगाना होगा। अन्य कोई विकल्प नहीं है। अधिक विशाल राजनीतिक समुदायों, संयुक्त राज्य या फिर चीन आदि के पास अनेक विकल्प होना संभव है, किंतु यूरोप के छोटे छोटे देशों के पास नहीं। ये तो विश्व अर्थतंत्र के समक्ष शीघ्र ही बहुत बौने लगने वाले हैं। यदि ये देश अपने राष्ट्राभिमान में ही लिप्त रहे तो इन्हें यूरोपीय संघ भी गहन विपदाएं झेलनी पड़ेंगी। आज भी कितनी ही राजकोषीय एवं सामाजिक नीतियों की पुनर्रचना करने, नवीन प्रशासन व्यवस्थाएं विकसित करने और निजी एवं सार्वजनिक की मध्यवर्ती स्वामित्व प्रणालियां गढ़ने के लिए राष्ट्र-राज्य ही एक उपयुक्त स्तर है। यही 21वीं सदी की एक बड़ी चुनौती भी है। किंतु 21वीं सदी के वैश्वीकृत सम्पदाधारी पूंजीवाद के प्रभावी नियमन–नियंत्रण का कार्य तो केवल क्षेत्रीय राजनीतिक एकीकरण द्वारा ही संभव हो पाएगा।

राजनीतिक–ऐतिहासिक अर्थशास्त्र की आवश्यकता

मैं अर्थशास्त्र और समाजविज्ञान के विषय में कुछ शब्दों के साथ अपने विश्लेषण का समापन करना चाहता हूं। मैं तो अर्थशास्त्र को समाज विज्ञान की एक प्रशाखा मानता हूं—अन्य प्रशाखाएं हैं इतिहास, समाजशास्त्र, नृशास्त्र और राजनीतिक विज्ञान। आशा है कि इस पुस्तक के पाठक मेरा अभिप्राय समझ चुके होंगे।

मुझे आर्थिक विज्ञान वाक्यांश नहीं रुचता—उसमें बहुत दर्प की गंध आती है—इससे ऐसा भाव प्रकट होता है कि अर्थशास्त्र ने अन्य समाज शास्त्रों से अधिक उच्च सम्मान–स्तर प्राप्त कर लिया है। मुझे अभी भी “राज्यार्थ शास्त्र” शब्द अधिक अच्छा लगता है। वह बेशक पुराना लगता है

किंतु मेरा विश्वास है कि यही वह बात है जो अर्थशास्त्र को अन्य सामाजिक शास्त्रों से विलक्षण स्वरूप प्रदान करती है—इसमें राजनीतिक, गुणवाची और नैतिक उद्देश्य का भाव झलकता है।

प्रारम्भ से ही राज्यार्थशास्त्र का अध्ययन वैज्ञानिकता के साथ या कम से कम तर्कशीलतानुसार, व्यवस्थित, विधिवत होना चाहिए। यह अध्ययन देश के आर्थिक और सामाजिक संगठन में राज्य या सरकार की आदर्श भूमिका का निरूपण ही करेगा। प्रश्न उठेगा : कौन सी सार्वजनिक नीतियां और संस्थाएं हमें एक आदर्श समाज के निकट ले जाएंगी? अच्छे और बुरे अध्ययन, जिस पर प्रत्येक नागरिक विशेषज्ञ होने का दावा करता है, करने की आकांक्षा पर अवश्य ही कुछ पाठकों के अधरों पर मुस्कान खेल जाएगी। यह अवश्य ही ऐसी आकांक्षा है जो प्राय: अपूर्ण रह जाती है। किंतु यह आवश्यक भी है, अपरिहार्य लक्ष्य भी है। प्राय: समाजशास्त्रियों के लिए स्वयं को सार्वजनिक विमर्श और राजनीतिक टकराव से दूर हटा कर एक टिप्पणीकार की भूमिका में ढाल लेना बहुत सरल रहता है। वह अन्यों के तर्कों को ध्वस्त करते, उनके आंकड़ों को अपूर्ण ठहराते रहते हैं। सभी नागरिकों और बुद्धिजीवियों की भांति समाजशास्त्रियों को भी सार्वजनिक विमर्श में सम्मिलित रहना चाहिए। उन्हें केवल न्याय, लोकतंत्र और विश्व शांति जैसे बड़े किंतु अमूर्त सिद्धांतों की चर्चा कर शान्त नहीं हो जाना चाहिए। चाहे सामाजिक सरकार, कर व्यवस्था या सार्वजनिक ऋण की बात हो या विशिष्ट संस्थाओं और नीतियों की, उन्हें चयन करना ही चाहिए और उसके पक्ष में खड़े होने का साहस भी दिखाना चाहिए। प्रत्येक व्यक्ति अपने अपने तरीके से राजनीतिक होता है। विश्व राजनीतिक अभिजात्य वर्ग और टिप्पणीकारों की उस सेना के बीच विभाजित नहीं है जो चार–पांच वर्षों में एक बार अपना मतपत्र पेटिका में डालना ही अपना दायित्व मान लेते हैं। मेरा विश्वास है कि यह मान बैठना भ्रम है कि विद्वान अध्येता और सामान्य नागरिक पृथक नैतिक विश्वों में निवास करते हैं—अध्येताओं का सरोकार विधियों से, तो जन–सामान्य का केवल लक्ष्यों से होता है। यह विचार समझ में भले ही आ जाए, किंतु मुझे तो अंतत: बहुत ही खतरनाक प्रतीत होता है।

बहुत समय से अर्थशास्त्री स्वयं को अपनी तथाकथित वैज्ञानिक विधियों के माध्यम से परिभाषित करते आ रहे हैं। वस्तुत: वे विधियां गणितीय प्रतिमानों के अतिशय प्रयोग पर आधारित हैं और वे प्रतिमान सत्व के अभाव को ढंकने और स्थान घेरने के बहाने से अधिक कुछ नहीं होते। किंतु आर्थिक तथ्यों की व्याख्या, या किन सामाजिक राजनीतिक समस्याओं को सुलझाने का प्रयास हो रहा है, यह जाने बिना ही विशुद्ध सैद्धांतिक अनुमानन में बहुत अधिक शक्ति का अपव्यय हो चुका है। आज के अर्थशास्त्री नियंत्रित परिवेश के प्रयोगों पर आधारित परिमाणात्मक विधियों को लेकर उत्साह से परिपूर्ण दिखाई देते हैं। यदि इन विधियों का प्रयोग मर्यादित रहे तो ये उपयोगी हो सकती हैं। इन्हें कुछ अर्थशास्त्रियों को सटीक प्रश्नों की ओर मोड़ने और उन्हें धरातल की सटीक जानकारी समझाने का श्रेय भी दिया जा सकता है। किंतु ये नई प्रविधियां भी कई बार वैज्ञानिकता के भ्रम का शिकार हो जाती हैं। किसी विशुद्ध कारण–प्रभाव संबंद्ध के निरूपण और सत्यापन पर बहुत अधिक समय और ऊर्जा का व्यय करते समय यह भूल जाने की संभावना बनी रहती है कि आखिर उस संबंध का कुछ महत्त्व भी है या नहीं। नवीन विश्लेषण विधियां प्राय: इतिहास की अनदेखी करती हैं—उन पर आग्रह करने वाले अध्येता प्राय: यह भूल जाते हैं कि ऐतिहासिक अनुभव ही हमारे समस्त ज्ञान का प्रमुख स्रोत हैं। हम 20वीं सदी के इतिहास की पुनरावृत्ति नहीं कर सकते—यह नहीं मान सकते कि प्रथम महायुद्ध हुआ ही नहीं था, आय कर लगा ही नहीं था या "कमाते जाओ, चुकाते जाओ" की पेंशन व्यवस्था की रचना कभी नहीं हुई थी। यह सत्य है कि ऐतिहासिक कारण-प्रभाव को भी निर्विवाद रूप से स्थापित करना सहज नहीं होता। क्या हम निश्चित रूप से कह सकते हैं कि कौन सा प्रभाव किस नीति का था] या कि उसका कोई और कारण रहा होगा? भले ही इतिहास, विशेषकर पिछली सदी से प्राप्त "सीखों" में अपूर्णता हो, किंतु वे सबक अनुमान से परे, और अप्रति–स्थापनीय महत्त्व के हैं और कोई नियंत्रित प्रयोग प्रतिमान कभी उनकी समानता नहीं कर पाएगा। [समाज के लिए] उपयोगी होने के लिए अर्थशास्त्रियों को अपनी विश्लेषण विधियों का चयन अधिक व्यावहारिक

रूप से करना होगा, उन्हें जो भी उपस्कर सुलभ हैं, उन्हीं का प्रयोग करना होगा और अन्य समाजशास्त्रीय विषयों के साथ अपना तारतम्य बनाए रखना होगा।

यदि दूसरी दृष्टि से देखें तो अन्य विषयों के अध्येता समाजशास्त्रियों को आर्थिक तथ्यों का अध्ययन मनन केवल अर्थशास्त्रियों के भरोसे नहीं छोड़ना चाहिए, जहां कोई संख्या या आंकड़ा दिखाई दिया, घबरा कर भाग नहीं जाना चाहिए या यह कह कर संतुष्ट नहीं हो जाना चाहिए कि प्रत्येक आंकड़ा एक सामाजिक व्युत्पत्ति ही तो है। यह कथन सत्य तो है पर पर्याप्त नहीं है। अंतत: अर्थशास्त्रियों एवं अन्य सामाजिक अध्येताओं की प्रतिक्रियाएं एक जैसी ही सिद्ध होती हैं : वे अध्ययन के धरातल का परित्याग कर पलायन कर जाते हैं।

न्यूनतम संपन्न वर्ग के हितों का प्रश्न

"जब तक वर्तमान समाज के विभिन्न वर्गों की आय का अध्ययन वैज्ञानिक विश्लेषण की परिधि से बाहर रहेगा, किसी उपयोगी आर्थिक-सामाजिक इतिहास की रचना कर पाने की कोई आशा नहीं हो सकती।" इस शानदार वाक्य के साथ जीन बोविअर, फ्रैंकोइज फ्यूरेट और मार्सेल गिलेट की 1965 में प्रकाशित रचना ले मूवमेंट् ड्यू प्रॉफिट एन फ्रांस ओ सीक्ले" का प्रारम्भ हुआ था। यह पुस्तक आज भी पढ़ने योग्य है—क्योंकि यह उस क्रमिक इतिहास लेखन का एक अच्छा उदाहरण है जो 1930 में फ्रांस में प्रचलित रहा है। इस लेखन विधा की अपनी विशेषताएं और त्रुटियां रहीं—किंतु यह पुस्तक हमें फैकोइज फ्यूरेट के बौद्धिक प्रक्षेपण पथ की भी याद दिलाती है—उनका अपनी शोध यात्रा में अनेक अच्छे और बुरे तत्त्वों का सम्मिश्रण या और उन्हीं के कारण यह शोध कार्यक्रम अंतत: निष्प्राण होकर रह गया।

जब फ्यूरेट ने एक होनहार युवा इतिहासकार के रूप में जीवन प्रारम्भ किया तो उसने समकालीन अध्ययन के केंद्रभूत विषय का चयन किया था—"समाज के विभिन्न समकालिक वर्गों की आय" का अध्ययन। यह पुस्तक बहुत सटीक रूप से लिखी गई थी, किसी प्रकार का पूर्वाग्रह थोपने

का प्रयास नहीं करती थी, और इनसे भी बड़ी बात यह थी कि आंकड़े एकत्र कर उन्हीं के आधार पर तथ्यों की स्थापना करती थी। किंतु इस पटल पर यह पुस्तक फ्यूरेट का प्रथम एवं अंतिम योगदान रहा। जैक्वेस ओजोफ के साथ 1977 में प्रकाशित उत्कृष्ट पुस्तक 'लाइरे एट एक्राइए', जो "फ्रांस में कैल्विन से ज्यूल्ज फेरी तक साक्षरता" से संबंधित थी, में उन्होंने क्रमिक रूप से आंकड़े एकत्र करने में वही उत्साह प्रदर्शित किया है। किंतु, इस बार आंकड़े औद्योगिक लाभ के नहीं, साक्षरता दरों, शिक्षकों की संख्या और शैक्षणिक व्यय के थे। किंतु फ्यूरेट की मूल प्रसिद्धि तो फ्रांसीसी क्रांति के राजनीतिक एवं सांस्कृतिक इतिहास को लेकर है—अपने उस अध्ययन में वह उस काल के समाज के विभिन्न वर्गों की आमदनियों के बारे में कोई संकेत भी तलाश पाने में विफल रहे थे। शायद यही कारण रहा होगा कि 1970 के दशक में फ्रांसीसी क्रांति के मार्क्सवादी इतिहासकारों [जो उस समय बहुत ही रूढिवादी और प्रबल थे—विशेष कर सोर्बोन्न में] के साथ वाक्युद्ध में संलग्न इतिहासकार का मन आर्थिक एवं सामाजिक इतिहास के विचार के प्रति गंभीर वितृष्णा से भर गया। मुझे इस बात पर बहुत खेद होता है—मेरा विचार है कि विभिन्न विश्लेषण विधाओं में समन्वय संभव है। राजनीति और विचारों का अस्तित्व तो आर्थिक एवं सामाजिक विकासक्रमों से स्वतंत्र भी होता है। बर्लिन की दीवार के गिरने से पहले मार्क्सवादी बुद्धिजीवी केवल संसदीय और विधि द्वारा स्थापित शासन व्यवस्था की बुर्जुआ संस्थाओं की ही भर्त्सना नहीं करते थे। फिर भी यह तो स्पष्ट ही है कि कीमतों और मजदूरी के उतार–चढ़ाव, आय और सम्पदाओं के उच्चावचन, राजनीतिक अनुभूतियों और दृष्टिकोणों की रचना में सहायक होते हैं और इनकी छाप उन राजनीतिक संस्थाओं, नियमों और नीतियों पर पड़ती है जो अंततः सामाजिक और आर्थिक परिवर्तनों को स्वरूप प्रदान करती हैं। एक ऐसी विश्लेषण विधि, जो एक साथ आर्थिक और राजनीतिक हो, सामाजिक एवं सांस्कृतिक हो और मजदूरी एवं धन से संबद्ध हो, न केवल संभव है, बल्कि अपरिहार्य भी है। वर्ष 1917–89 तक के द्वि–ध्रुवीय टकरावों को आज हम पीछे छोड़ चुके हैं। साम्यवाद और पूंजीवाद के टकराव ने इतिहासकारों, अर्थशास्त्रियों और दार्शनिकों द्वारा

भी पूंजी और विषमता के प्रश्नों पर शोध को प्रोत्साहन देने के स्थान पर उसे कुंठित कर दिया था।[2] अब तो बहुत समय बीत गया है, उन पुराने विवादों तथा उनसे व्युत्पन्न ऐतिहासिक शोध से आगे निकलने की जरूरत है जिस पर आज भी उसी विवाद की छाप है।

मैंने विषय प्रवेश में ही आग्रह किया था कि क्रमिक इतिहास की अकाल मृत्यु के कुछ तकनीकी कारण भी हैं। उन दिनों आंकड़ों के विशाल परिमाण में संकलन–विश्लेषण की कठिनाइयां बहुत वास्तविक थीं [यह बात "ले मूवमेंट ड्यू प्रॉफिट" की रचना के समय भी सत्य थी]। इसी कारण अध्येता के पास ऐतिहासिक व्याख्या कर पाने की संभावना कम रह जाती थी और उसकी रचना नीरस या सत्वहीन होकर रह जाती थी। प्राय: अवलोकित आर्थिक परिवर्तनों और अध्ययनाधीन अवधि के राजनीतिक एवं सामाजिक इतिहास के अंतर्संबंधों का विश्लेषण बहुत कम दिखाई देता है। उनके स्थान पर हमें बहुत सुबद्ध रूप से, आजकल तो 'स्प्रेडशीट' और 'ऑनलाइन डाटाबेस' के रूप में, स्रोत और अपरिष्कृत आंकड़े प्रदान कर दिए जाते हैं।

मेरा विचार है कि क्रमिक इतिहास लेखन का निष्प्राण हो जाना इस कारण से भी हुआ है कि बीसवीं सदी तक पहुंचते-पहुंचते यह शोधकार्य उत्साहहीन हो गया था। अठारहवीं–उन्नीसवीं सदियों के अध्ययन से यह मान्यता संभव थी कि कीमत–मजदूरी या आय–धन सम्पदा के परिवर्तन एक स्वायत्त आर्थिक तर्कतंत्र पर निर्भर हैं जिसका राजनीति और संस्कृति के तर्कशास्त्र से कोई संबंध नहीं होता। किंतु 20वीं सदी का अध्ययन प्रारम्भ करते ही यह भ्रम टूट जाता है। आय और सम्पदा या पूंजी/आय अनुपात को दर्शाने वाले वक्रों पर एक दृष्टि से ही राजनीति की उपस्थिति का आभास हो जाता है। और समझ आ जाता है कि आर्थिक–राजनीतिक घटनाक्रम परस्पर अपरिहार्य रूप से गुंफित हैं तथा उनका अध्ययन भी एक साथ होना चाहिए। यही हमें सरकार, करों और ऋणों का ठोस आधार पर अध्ययन करने को तथा आर्थिक उपरिसंरचना एवं राजनीतिक परम संरचना जैसे सरलीकृत एवं अमूर्त विचारों से आगे निकलने को विवश करता है।

विशिष्टीकरण का सिद्धांत सटीक है और कुछ अध्येताओं के लिए ऐसा शोध करना पूर्णत: वैध है जो सांख्यिकीय जानकारी पर निर्भर नहीं होता। सामाजिक अध्ययन करने के हजारों तरीके हैं और मैं स्वीकार करता हूं कि सदैव आंकड़े एकत्र करना आवश्यक या अपरिहार्य नहीं होता। किंतु मुझे लगता है कि सभी समाजशास्त्रियों, पत्रकारों, टीकाकारों, सभी श्रम संघ कार्यकर्ताओं, सभी प्रकार के राजनीतिकारों और विशेष रूप से सभी नागरिकों को मुद्रा, इसके मापन, इसके गिर्द तथ्यों और इसके इतिहास में गंभीरतापूर्वक रुचि लेनी चाहिए। जिनके पास बहुत कुछ होता है, वे अपने हितों का रक्षण करने से कभी नहीं चूकते। संख्याओं से मुँह चुराने से कभी भी न्यूनतम संपन्न वर्ग का हित नहीं हो पाएगा।

■ ■ ■

टिप्पणियां

पाठ तथा अंत टिप्पणियों से गद्य को तकनीकी विषयों से बोझरहित करने के लिए ऐतिहासिक स्रोतों की विस्तृत जानकारियां, ग्रंथसूची संदर्भ, सांख्यिकीय प्रणालियों, और गणितीय प्रतिमानों को टेक्निकल परिशिष्ट में शामिल किया गया है जिसे इंटरनेट में http:// piketty.pse.ens.fr/ capital 21 में देखा जा सकता है।

विशेष तौर पर ऑनलाइन टेक्निकल परिशिष्ट में वे आंकड़े हैं जिनसे संबंधित स्रोतों व प्रणालियों के विस्तृत विवरण के साथ गद्य में रेखाचित्र बनाये गये थे। गद्य में ग्रंथ सूची संदर्भ व अंत टिप्पणियों को जितना संभव हो सके कम किया गया है और विस्तृत संदर्भों को इस परिशिष्ट में स्थान दिया गया है। इसमें पूरक तालिका व आंकड़े भी हैं जिनका टिप्पणियों में संदर्भ दिया गया है (जैसे अध्याय 1, पृष्ठ 21 में देखें Supplementary Figure S1.1")। ऑनलाइन टेक्निकल परिशिष्ट तथा इंटरनेट साइट को इस पुस्तक के पूरक के रूप में बनाया गया है जिसे कई स्तरों पर पढ़ा जा सकता है।

अनुरक्त पाठकों को ऑनलाइन में समस्त संबंधित आंकड़ों की फाइल (एक्सल या स्टेटा फॉरमेट में), प्रोग्राम, गणितीय फार्मूला और समीकरण, प्राथमिक स्रोतों के संदर्भ और अधिक तकनीकी कागज–पत्रों के लिंक भी मिलेंगे।

लेखन में मेरा लक्ष्य उन लोगों तक इस पुस्तक को पहुंचाना था जिनके पास कोई विशेष तकनीकी प्रशिक्षण न हो लेकिन टेक्निकल परिशिष्ट के साथ इस पुस्तक को क्षेत्र के विशेषज्ञों की मांग भी पूरी करनी चाहिए। इस प्रक्रिया के कारण मैं ताजा ऑनलाइन संस्करण और तालिकाओं, रेखा–चित्रों और तकनीकी सामग्रियों की ताजा जानकारियां भी ऑनलाइन दे सकता हूं। वेबसाइट के पाठकों की प्रतिक्रियाओं का स्वागत करता हूं। वे अपनी टिप्पणियां और आलोचनाएं piketty@ens.fr में भेज सकते हैं।

भूमिका

1. अंग्रेज अर्थशास्त्री थॉमस माल्थस (1766–1814) को एडम स्मिथ (1723–1790) और डेविड रिकार्डो (1772–1823) के साथ "शास्त्रीय" शाखा के सर्वाधिक प्रभावशाली सदस्यों में से एक माना जाता है।
2. उदारवादियों की एक और अधिक आशावादी शाखा भी है : एडम स्मिथ इसी शाखा के प्रतीत होते हैं, और वास्तव में उन्होंने इस संभावना पर कभी विचार नहीं किया कि दीर्घकाल में धन का वितरण अधिक असमान हो जायेगा। यही बात ज्यां–बाप्टिस्टे से (1762–1832) पर भी लागू होती है जो प्राकृतिक समरसता पर विश्वास करते थे।
3. दूसरी संभावना यह है कि दुर्लभ वस्तुओं की आपूर्ति बढ़ाई जाए, जैसे उदाहरण के लिए, नये तेल भंडार (या ऊर्जा के नये स्रोत, यदि संभव हो तो तेल से अधिक स्वच्छ) की खोज हो, या अधिक सघन शहरी पर्यावरण (उदाहरण के लिए, ऊंची रिहाइशी इमारतों के निर्माण द्वारा) जिससे अन्य समस्याएं उठती हैं। वैसे भी इन्हें उपलब्ध करने में अनेक दशक लग सकते हैं।
4. फ्रेडरिक एंजेल्स (1820–1895) जिन्हें अपने विषय पर प्रत्यक्ष अनुभव था, वे जर्मन दार्शनिक कार्ल मार्क्स (1818–1883) के मित्र व सहयोगी बने। 1842 में वे मैनचेस्टर में बस गये जहां उन्होंने अपने पिता द्वारा स्थापित कारखाने का प्रबंधन किया।
5. इतिहासकार राबर्ट एलन ने हाल ही में मजदूरी के इस दीर्घ काल को "एंजेल्स ठहराव" का नाम देने का सुझाव दिया। देखें Allen, "Engel's Pause : A Pessimist's Guide to the British Industrial Revolution," Oxford University Departmant of Economics Working Papers 315 (2007). और देखें "Engel's Pause : Technical Change, Capital Accumulation, and Inequalily in the British Industrial Revolution in Explorations in Economic. History 46 no. 4 (October 2009):418–35.

6. प्रारंभिक अंश में आगे लिखा है—"प्राचीन यूरोप की सभी शक्तियों : पोप और जार, मेटरनिख और ग्विजो, फ्रांसीसी उग्रवादी और जर्मन पुलिस जासूसों ने इस प्रेतबाधा को उतारने हेतु एक पवित्र संधि कर ली है।" निस्संदेह मार्क्स की साहित्यिक प्रतिभा उनके अत्यधिक प्रभाव के लिए आंशिक तौर पर जिम्मेदार है।
7. 1847 में मार्क्स ने अपनी पुस्तक The Misery of Philosophy प्रकाशित की जिसमें उन्होंने प्रूधों की पुस्तक Philosophy of Misery का मजाक उड़ाया। यह पुस्तक कुछ वर्ष पहले छपी थी।
8. अध्याय छ: में मैं मार्क्स के आंकड़ों के उपयोग विषय पर विचार करूंगा। संक्षेप में मार्क्स ने उन दिनों के उपलब्ध आंकड़ों (जो माल्थस ओर रिकार्डो को उपलब्ध आंकड़ों से बेहतर थे लेकिन वे अभी भी अल्पविकसित थे) का कभी-कभी ही उपयोग किया, और वह भी अपने सैद्धांतिक तर्क के साथ बिना कोई स्पष्ट संबंध केवल सांकेतिक रूप से।
9. देखें Simon Kuznets, "Economic Growth and Economic Inequalility", American Economic Review 45, no. 1 (1955): 1-28.
10. रॉबर्ट सोलो, "A Contribution to the Theory of Economic Growth", Quarterly Journal of Ecomics 70, no. 1 (February 1956): 65-94.
11. देखें Simon Kuznets, Shares of Upper Income Groups in Income and Savings (Cambridge, MA : National Bureau of Economic Research. 1953) उक्रेन में 1901 में जन्मे कुजनेट्स 1922 में अमेरिका में बस गये और कोलंबिया विश्वविद्यालय में अध्ययन के पश्चात हावर्ड में प्रोफेसर बने। अमेरिका के राष्ट्रीय लेखा का अध्ययन करने वाले वह प्रथम व्यक्ति थे और उन्होंने विषमता पर सर्वप्रथम ऐतिहासिक आंकड़े प्रकाशित किये।
12. प्राय: जनसंख्या का एक अंश ही आयकर विवरणियां भरता है। अत: सकल आय के मापन के लिए राष्ट्रीय आय लेखे की आवश्यकता होती है।
13. दूसरे शब्दों में मध्यम एवं मजदूर वर्ग, जिन्हें अमरीकी जनसंख्या के 90 प्रतिशत सर्वाधिक गरीब के रूप में परिभाषित किया जाता है, का

राष्ट्रीय आय में अंश में 1910 और 1920 के दशकों में 50–55 प्रतिशत से बढ़ कर 1940 के दशक के अंत में 65–70 प्रतिशत हो गया था।

14. देखें Kuznets, "Shares of Upper Income Group" 12–18। कई बार कुज्नेट्स वक्र को बिलोम-U वक्र भी कह देते हैं। कुज्नेट्स का आग्रह है, कि अधिकाधिक श्रमिक गरीब कृषि क्षेत्र से संपन्न औद्योगिक क्षेत्र की ओर उन्मुख होते हैं। प्रारंभ में इनमें से बहुत छोटा अंश औद्योगिक संपन्नता से लाभान्वित हो पाता है–इसी कारण विषमता में वृद्धि होती है। किन्तु, अन्तत: सभी को लाभ पहुंचने लगता है, और विषमता में कमी आने लगती है। यह स्पष्ट होना चाहिए कि इस प्रकार की प्रक्रिया को सरलता से सामान्यीकृत किया जा सकता है। उदाहरण के लिए श्रम का औद्योगिक क्षेत्र के विभिन्न घटकों के बीच भी अन्तरण हो सकता है–अर्थात कम मजदूरी वाले उद्योग से अधिक मजदूरी वाले उद्योग की ओर।
15. यह जानना रोचक होगा कि कुजनेट्स के पास उन्नीसवीं सदी में विषमता में वृद्धि को सिद्ध करने के लिए आंकड़ों का अभाव था। लेकिन यह उन्हें स्पष्ट लगता था (जैसा कि अन्य पर्यवेक्षकों को भी लगा) कि इसी प्रकार की वृद्धि हुई होगी।
16. जैसा कि कुजनेट्स ने स्वयं लिखा: "यह शायद 5 प्रतिशत अनुभाविक सूचना है और 95 प्रतिशत अटकलबाजी है, इसमें से कुछ संभवत: इच्छाकल्पित चिंतन से विकृति भी हुई है।" देखें Kuznets, Shares of Upper Income Groups, 24–26.
17. "मुक्त विश्व की परिधि के भीतर अल्पविकसित देशों के भविष्य की संभावनाएं" (28)
18. इन प्रतिनिधि-कर्ता प्रतिमानों जो 1960 के दशक से आर्थिक अध्ययन व अंवेषण में सर्वव्यापक हो गये हैं, में यह शुरू से ही मान लिया जाता है कि प्रत्येक कर्ता को समान मजदूरी मिलती है और प्रत्येक समान धन से सम्पन्न है और आय के समान स्रोत का उपभोग करता है, इस तरह से परिभाषिक तौर पर संवृद्धि सभी सामाजिक समूहों को लाभ पहुंचाती है। वास्तविकता का इस प्रकार का सरलीकरण कुछ विशिष्ट समस्याओं के अध्ययन के लिए न्यायोचित हो सकता है लेकिन इससे पूछे जाने वाले आर्थिक प्रश्नों पर स्पष्ट तौर पर सीमा लग जाती है।

19. राष्ट्रीय सांख्यिकी संगठनों ने 1970 से पूर्व बहुत ही कम पारिवारिक आय सर्वेक्षण किए थे, और इनमें उच्च आयों का गंभीर रूप से न्यूनांकन भी होता है। इससे बड़ी समस्या पैदा होती है–क्योंकि प्राय शीर्षस्थ दशमंक वर्ग का आधी राष्ट्रीय सम्पदा पर अधिकार रहता है। दूसरी ओर, कर दस्तावेज अपनी सभी त्रुटियों के बावजूद हमें उच्च आयों के विषय में अधिक जानकारी दे देते हैं–और इनकी श्रृंखलाएं भी लगभग एक सदी और पीछे तक मिल जाती हैं।

20. देखें, Thomas Piketty, Les hauts revenus en France au 20e siecle: Inegalites et redistributions 1901–1998 (Paris: Grasset, 2001) सारांश के लिए देखें "Income Inequality in France, 1901-1998, JPE, 111, No. 5(2003) 1004-42.

21. देखें Anthony Atkinson and Thomas Piketty. Top Incomes over the Twentieth Century: A Contrast between Continental–Eurpean and English–Speaking Countries (Oxford University Press, 2007) and *Top Incomes : A Global Perspective* (Oxford : Oxford University Press, 2010)

22. देखें Thomas Piketty and Emmanuel Saez, "Income Inequality in the United States 1913–1998" Quarterly Journal of Economics 118, no.1 (February 2003): 1–39.

23. ऑनलाइन तकनीकी परिशिष्ट में सम्पूर्ण ग्रंथसूची उपलब्ध है। समीक्षा के लिए देखें Anthony Atkinson, Thomas Piketty, and Emmannel Saez, "Top Incomes in the Long-Run of History", Journal & Economic Literature... 49, no.1 (March 2011): 3–71

24. इस पुस्तक में सामान्य समीक्षा की गई है और प्रत्येक देश का विस्तृत ब्योरा देना असंभव है। दिलचस्पी रखने वाले पाठक WTID वेबसाइट (http://topincomes .parisschoolofeconmics.eu) से और ऊपर उद्धृत अन्य तकनीकी पुस्तकों व लेखों से जानकारी ले सकते हैं। अनेक व्याख्यान तथा प्रलेख ऑनलाइन तकनीकी परिशिष्ट [http://piketty.psee.ns.fr/capital21c नें भी उपलब्ध हैं।]

25. WTID World Wealth and Income Database में बदला जा रहा है जिसमें पूरक आंकड़ों के तीन उप-वर्गों को एकीकृत किया गया है। इस पुस्तक में उपलब्ध सूचनाओं की समीक्षा करूंगा।

26. आप वार्षिक धन कर प्रतिप्राप्ति का उपयोग उन देशों में कर सकते हैं जहाँ ऐसा कर जीवित व्यक्तियों पर लगाया जाता है, लेकिन दीर्घकाल के दौरान सम्पत्ति कर आंकड़ों को प्राप्त करना आसान है।

27. निम्न पथप्रदर्शक पुस्तकें देखें: R.J. Lampman, the Share of Top Wealth Holder in National Wealth, 1922–1956 (Princeton: Princeton University Press, 1962) Anthony Atkinson and A.J. Harrison, Distribution of Personal Wealth in Britain 1923–1972 (Cambridge: Cambridge University Press, 1978)

28. देखें Thomas Piketty, Gilles Postel-Vinay, and Jean-Laurent Rosenthal, "Wealth Concentration in a Developing Economy: Paris and France, 1807–1994," American Economic Review 96, no.1 (March 2006): 236–56.

29. देखें Jesper Roine and Daniel Waldenstrom, "Wealth Concentration Over the Path of Development: Sweden, 1873–2006," Scandinavian Journal of Economics III, no. 1 (March 2009): 151–87.

30. देखें Thomas Piketty, "On the Long–Run Evolution of Inheritance: France 1820–2050," Ecole d'economie de Paris, PSE Working Papers (2010): 1071–1131, में सारांश प्रकाशित

31. देखें Thomas Piketty and Gabriel Zucman, "Capital Is Back: Wealth-Income Ratios in Rich Countries, 1700–2010" (Paris: Ecole d'economie de Paris, 2013).

32. देखें विशेष तौर पर Raymond Goldmith, Comparative National Balance Sheets: A Study of Twenty Countries, 1688–1978 (Chicago: University of Chicago Press,

1985). More Complete references may be found in the online technical appendix.

33. देखें A.H. Jones, American Colonial Wealth: Documents and Methods (New York: Arno Press, 1977), and Adeline Daumard, Les fortunes francaises au 19e siècle: Enquete sur la repartition et la composition des capitaux prives a Paris, Lyon, Lille, Bordeaux et Toulouse d'apres l'enregistrement des declarations de successions, (Paris: Mouton, 1973).

34. देखें विशेष तौर पर Francois Simiand, Le salaire, l'evolution sociale et la monnaie (Paris: Alcan, 1932); Ernest Labrousse, Esquisse du mouvements des prix et des revenus en France au l8e siecle (Paris: Librairie Dalloz, 1933); Jean Bouvier, Franccis Furet, and M. Gilet, Le mouement du profit en france au 19e siècle: Materiaux et etudes (Paris: Mouton, 1965).

35. कीमतों, आय और सम्पदाओं पर आधारित आर्थिक एवं सामाजिक इतिहास की अधोगती के कुछ अंतर्निहित बौद्धिक कारण भी हैं [उक्त इतिहास को कई बार "क्रमिक इतिहास" भी कहा जाता है]। मेरे विचार से यह पतन दुर्भाग्यपूर्ण रहा है, और इसे बदला जा सकता है। मैं आगे चल कर इस विषय पर अधिक चर्चा करूंगा।

36. इस अस्थिरताकारी प्रक्रिया (जो जितना अमीर बनता है, उतना ही धनिक हो जाता है) से कुजनेट्स बहुत चिंतित थे और इसी चिंता के कारण उनकी पुस्तक का शीर्षक बना Shares of Upper Income Groups in Income and Savings. लेकिन इसके सम्पूर्ण विश्लेषण के लिए उनमें ऐतिहासिक दूरदर्शिता का अभाव था। बल जेम्स मीड़ के शास्त्रीय ग्रंथ Efficiency, Equality, and the Ownership of Property (London: Allen and Unwin, 1964) और Atkinson and Harrison, Distribution of Personal Wealth in Britain में भी यह अपसृतिकारी शक्ति केंद्र में थी। एटकिनसन और हेरीसन की पुस्तक तो मीड़ के कार्य को आगे

बढ़ा रही थी। हमारी पुस्तक इन्हीं लेखकों के पदचिन्हों पर चल रही है।

1. आय और उत्पादन

1. "दक्षिणी अफ्रीका पुलिस ने हड़ताली खदान मजदूरों पर गोली चलाई", New York Times August 17, 2012
2. कम्पनी की आधिकारिक विज्ञप्ति देखें, "लॉनमिन मरीकाना में चिरस्थाई शांति चाहती है।" अगस्त 25, 2012, www.lonmin.com. इस प्रलेख के अनुसार हड़ताल के पूर्व खदान मजदूरी की मूल मजदूरी 5,405 रैण्ड प्रतिमाह थी और इसमें 750 प्रतिमाह की वृद्धि प्रदान की गई (1 दक्षिणी अफ्रीकाई रैण्ड लगभग 0.1 यूरो के बराबर है) यह आंकड़े हड़तालियों द्वारा सूचित आंकड़ों व समाचार पत्रों में प्रकाशित आंकड़ों के अनुकूल हैं।
3. "कारक अनुसार" विभाजन को कभी–कभी "कार्यात्मक या समष्टि आर्थिक" और "व्यक्तिक" विभाजन को व्यष्टि आर्थिक कहा जाता है। यथार्थ में विभाजन के दोनों रूप व्यष्टि, आर्थिक व्यवस्था (जिसका विश्लेषण फर्म अथवा वैयक्तिक एजेंट के स्तर पर होगा)" और समष्टि आर्थिक व्यवस्था (जिसको केवल राष्ट्रीय अथवा वैश्विक अर्थ व्यवस्था के स्तर पर ही समझा जा सकता है) पर निर्भर करते हैं।
4. हड़तालियों के अनुसार एक मिलियन यूरो प्रति वर्ष (100 खदान मजदूरों की मजदूरी के बराबर)। दुर्भाग्य से कम्पनी की वेबसाइट में इस संबंध में कोई जानकारी नहीं है।
5. लगभग 65–70 प्रतिशत मजदूरी और श्रम से अन्य आय के लिए और 30–35 प्रतिशत लाभ, किराये ओर पूंजी से अन्य आय के लिए'
6. लगभग 65–70 प्रतिशत मजदूरी और श्रम से अन्य आय के लिए और 30–35 प्रतिशत लाभ, किराये और पूंजी से अन्य आय के लिए'
7. राष्ट्रीय आय को "निवल राष्ट्रीय उत्पाद" भी कहा जाता है [यह सकल राष्ट्रीय उत्पाद वे विपरीत है जिसमें पूंजी पर मूल्य ह्रास शामिल होता है] मैं "राष्ट्रीय आय" शब्द का इस्तेमाल करूंगा जो अधिक सरल और सहज है। अब विदेश से निवल आय को भुगतान की गई आय और प्राप्त आय के अंतर के रूप में परिभाषित किया जाता है। इन विरोधी

प्रवाहों में मुख्य तौर पर पूंजी से प्राप्त आय होती है लेकिन इसमें श्रम से आय और एकतरफा हस्तांतरण (जैसे कि अपने गृह देश को अप्रवासी श्रमिकों द्वारा प्रेषित धन) भी शामिल हैं।अधिक जानकारी के लिए ऑन लाइन परिशिष्ट देखें।

8. अंग्रेजी में "राष्ट्रीय धन" या राष्ट्रीय पूंजी' के बारे में कहा जाता है। फ्रांसीसी लेखकों ने राष्ट्रीय सम्पत्ति [Fortune nationale] और अंग्रेजी लेखकों ने राष्ट्रीय सम्पदा" (अंग्रेजी में "रिहायशी सम्पत्ति" और अन्य "व्यक्तिगत सम्पत्ति" के बीच अन्तर भी इसमें शामिल है।

9. मैंने कुछ अन्तरों के साथ (जिनकी चर्चा ऑनलाइन परिशिष्ट में की गई है) परिसम्पतियों व दायित्वों का राष्ट्रीय लेखांकन के लिए मौजूदा अन्तर्राष्ट्रीय मापदण्डों के समान परिभाषाओं व वर्गों का अनिवार्य तौर पर उपयोग किया है।

10. ऑनलाइन परिशिष्ट में उपलब्ध तालिकाओं में प्रत्येक देश के लिए विस्तृत आंकड़ों की जानकारी ली जा सकती है।

11. व्यवहार में आमतौर पर माध्यिका आय (अर्थात 50 प्रतिशत जनसंख्या की आय से निम्न आय स्तर) औसत आय से 20–30 प्रतिशत कम होती है। इसका कारण यह है कि आय वितरण का ऊपरी छोर निम्न और माध्यमिक स्तर की अपेक्षा अधिक होता है जिससे औसत (न कि मध्यम आय में) में वृद्धि हो जाती है। यह ध्यान रहे कि "प्रति व्यक्ति आय" का अर्थ करों व हस्तांतरणों के पूर्व औसत आय से है। व्यवहार में अमीर देशों के नागरिकों ने सार्वजनिक सेवाओं, ऊपरी संरचना सामाजिक सुरक्षा,स्वास्थ्य एवं शिक्षा आदि पर खर्चे के लिए अपनी राष्ट्रीय आय के एक–तिहाई से एक–चौथाई अंश प्रयोग करने का चयन किया है। करों व सार्वजनिक खर्चों का मुद्दा भाग चार में उठाया गया है।

12. नकद धारण (वित्तीय परिसम्पत्तियों सहित) कुल सम्पदा का एक छोटा सा अंश था। यह प्रति व्यक्ति कुल सौ यूरो या कुछ हजार यूरो था। [यदि इसमें सोना, चांदी और अन्य मूल्यवान वस्तुएं जोड़ी गईं हों]। यह कुल सम्पदा का लगभग 1–2 प्रतिशत था। ऑनलाइन तकनीकी परिशिष्ट देखें। यही नहीं सार्वजनिक परिसम्पतियां आजकल सार्वजनिक ऋणों के लगभग बराबर हैं, इसीलिए ऐसा कहना व्यर्थ न होगा कि परिवार उन्हें वित्तीय परिसम्पत्तियों में शामिल कर सकते हैं।

13. $\alpha = r \times \beta$ को "α बराबर है r गुना β"

    फिर आगे

    "β = 600%" वैसा ही है जैसा कि "β = 6" और

    "α = 30%" "α = 0.30" के समान है और "r = 5%"

    "r = 0.05" के समान है।

14. मैं "लाभ की दर" की बजाय "पूंजी पर प्रतिप्राप्ति दर" को बेहतर मानता हूँ। इसका एक कारण यह है कि पूंजी से आय के कई कानूनी रूप हैं और लाभ उनमें से केवल एक रूप है और दूसरा "लाभ की दर" कथ्य को आमतौर पर अस्पष्ट तौर पर उपयोग किया गया है, कुछ बार इस प्रतिप्राप्ति की दर और अन्य बार (गलती से) आय या उत्पाद में लाभों में अंश (अर्थात वह जिसे मैं r की बजाय α कहता हूँ, यह r से बिल्कुल भिन्न है) के रूप में दर्शाया जाता है। कुछ बार "सीमान्त दर शब्द को लाभ α के अंश के रूप में भी दिखाया जाता है। "

15. ब्याज पूंजी से आय का एक अति विशेष रूप है। आय के रूप में यह लाभ, किराया और लाभांशों से कम प्रतिनिधि है [जो पूंजी की विशिष्ट संरचना को देखते हुए ब्याज से अधिक धन को बनाते हैं]। "ब्याज की दर" (जो व्यापक तौर पर भिन्न होती है और कर्जदार की पहचान पर निर्भर करती है)। इसीलिए पूंजी पर प्रतिप्राप्ति की औसत दर की द्योतक नहीं है और वह आमतौर पर काफी नीची होती है। यह विचार उपयोगी सिद्ध होगा जब हम सार्वजनिक ऋण का विश्लेषण करेंगे।

16. वार्षिक उत्पाद, जिसकी मैंने यहां चर्चा की है, का अर्थ हैं, फर्म की "मूल्य वृद्धि अर्थात् फर्म द्वारा वस्तुओं व सेवाओं को बेच कर कमाई ("सकल आय") और अन्य फर्मों को वस्तुओं व सेवाओं के लिए चुकाई राशियों (मध्यवर्ती उपभोग") के बीच अंतर। मूल्य वृद्धि फर्म के आंतरिक उत्पाद में योगदान का माप करता है। परिभाषा अनुसार, मूल्य वृद्धि उत्पादन में प्रयुक्त श्रम व पूंजी को भुगतान करने के लिए फर्म के पास उपलब्ध राशी का माप करती है। यहाँ मैं पूंजी ह्रास के बाद निवल मूल्य संकलन (अर्थात पूंजी व ऊपरी संरचना में टूट फूट की लागत को घटाने के बाद) का जिक्र कर रहा हूँ।

17. देखें Robert Griffen, The Growth of Capital (London: George Bell and Sons, 1889) अधिक संदर्भ ग्रंथ सूची के लिए ऑनलाइन परिशिष्ट देखें।

18. राष्ट्रीय धन तथा आय के विचारों में गुण यह है, कि इनसे देश की समृद्धि के बारे में सकल घरेलू उत्पाद के विचार से अधिक संतुलित राय मिलती है। सकल घरेलू उत्पाद तो कुछ मामलों में बहुत "उत्पादवादी" है। उदाहरण के लिए यदि एक प्राकृतिक विपदा धन के एक विशाल हिस्से का नाश कर देती है, पूंजी के ह्रास से राष्ट्रीय आय तो कम हो जायेगी लेकिन पुनर्निर्माण प्रयत्नों के फलस्वरूप सकल घरेलू उत्पाद बढ़ जायेगा।

19. द्वितीय विश्वयुद्ध से राष्ट्रीय खातों की आधिकारिक प्रणालियों के इतिहास के लिए जिसे संयुक्त राष्ट्र संघ द्वारा 1993 में अंगीकृत किया गया और जिस पर (तथाकथित राष्ट्रीय खातों की प्रगाली जिसमें पहली बार पूंजी खातों की सुसंगत परिभाषा प्रस्तावित की गई) देखें Andre Vanoli, *Une histoire de la comptabilite nationale* (Paris, La Decouverte, 2002). देखें the instructive comments of Richard Stone, "Nobel Memorial Lecture, 1984: The Accounts of Society. *Journal of Applied Econometrics* 1, no.1 (January 1986) 5–28. Stone was one of the pioneers of British and UN accounts in the postwar period. देखें Francois Fourquet, *Les comptes de la puissance–Histoire da la comptabilite netionale et du plan* (Paris: Recherches, 1980), an anthology of contributions by individuals involved in constructing French national accounts in the period 1945-1975.

20. अंगुस मेड्डीसन (1926–2010) एक ब्रिटिश अर्थशास्त्री थे जिन्होंने वैश्विक स्तर पर अति दीर्घकाल में राष्ट्रीय खातों की पुन: रचना पर विशेषज्ञता हासिल की थी। यह ध्यान रहे कि मेड्डीसन की ऐतिहासिक श्रृंखलाओं का संबंध केवल उत्पाद के प्रवाह (सकल घरेलू उत्पाद, जनसंख्या और प्रति व्यक्ति सकल घरेलू उत्पाद) से है और वे राष्ट्रीय आय, पूंजी–श्रम विभाजन, अथवा पूंजी के भंडारण के बारे में कुछ नहीं

कहतीं। उत्पाद व आय के वैश्विक वितरण के विकास पर Francois Bourguignon और Branko Milanovic के अग्रणी कार्य को ऑनलाइन टेक्नीकल परिशिष्ट में देखें।

21. यहाँ प्रस्तुत श्रृंखलाएं 1700 तक की हैं लेकिन मेड्डीसन के अनुमान प्राचीन काल तक के हैं। उनके निष्कर्ष यह बतलाते हैं कि 1500 से ही यूरोप शेष विश्व से आगे होने लगा था। इसके विपरीत सन् 1000 के आसपास एशिया और अफ्रीका (और विशेष तौर पर अरब देश) थोड़े लाभ में थे। देखें Supplemental Figures (ऑनलाइन में उपलब्ध) S1.1, S1.2, और S1.3

22. व्याख्या को सरल करने के लिए मैं यूरोपियन यूनियन में छोटे यूरोपीय देशों जैसे स्विट्जरलैंण्ड, नार्वे और सर्बिया को शामिल करता हूँ जो यूरोपीय यूनियन से घिरे हैं लेकिन उसके सदस्य नहीं है (सीमित अर्थ में यूरोपीय यूनियन की जनसंख्या 2012 में 510 न कि 540 मिलियन थी)। इसी तरह से बेलारुस और मॉलडेविया को रूसी–यूक्रेन गुट में शामिल किया गया है। तुर्की, कॉकेसस और केन्द्रीय एशिया को एशिया में रखा गया है। प्रत्येक देश की विस्तृत जानकारियाँ ऑनलाइन परिशिष्ट में उपलब्ध हैं।

23. देखें Supplemental Table S1.1 (ऑनलाइन परिशिष्ट में उपलब्ध)

24. ऑस्ट्रेलिया व न्यूजीलैण्ड (जिनकी जनसंख्या लगभग 30 मिलियन या विश्व जनसंख्या का 0.5 प्रतिशत है और प्रतिव्यक्ति आय लगभग 30,000 यूरो है) के बारे में भी यही कहा जा सकता है। सरलता के लिए मैं इन देशों को एशिया में शामिल करता हूँ। देखें Supplemental Table S1.1 (ऑनलाइन परिशिष्ट में उपलब्ध)

25. यदि $1.30 प्रति यूरो की मौजूद विनिमय दर से अमरीकी सकल घरेलू उत्पाद के रूपान्तरण किया जाता तो अमरीका 10 प्रतिशत अधिक दरिद्र होता और सकल घरेलू उत्पाद 40,000 से लगभग 35,000 यूरो रह जाता (वास्तव में यह यूरोप में अमरीकी पर्यटक की क्रय शक्ति का एक बेहतर मापीकरण होता) देखें Supplemental Table S1.1। अधिकारिक ICP अनुमान अंतर्राष्ट्रीय संगठनों, जिनमें विश्व बैंक, यूरोस्टेट, आदि अन्य शामिल हैं, के संघ द्वारा बनाये जाते हैं। इसमें प्रत्येक देश के बारे में अलग–अलग विचार होता है। यूरो क्षेत्र

में भी भिन्नताएं हैं और यूरोप/डॉलर समानता $1.20 की औसत पर है। ऑनलाइन परिशिष्ट एपेन्डिक्स देखें।

26. 1990 से यूरो के सामने अमरीकी डॉलर की क्रय शक्ति में निरंतर ह्रास इस तथ्य को प्रतिबिंबित करता है कि संयुक्त राष्ट्र अमरीका में मुद्रास्फीति (0.8 प्रतिशत, या 20 वर्षों के दौरान 20 प्रतिशत के करीब) थोड़ी ऊंची थी।) रेखाचित्र 1.4 में प्रदर्शित मौजूदा विनियम दर वार्षिक औसत हैं और इस तरह अत्यधिक लघुकालीन परिवर्तनशीलता को धुंधला कर देती है।

27. देखें Global Purchasing Power Parities and Real Expeditures–2005 International Comparison Programme (Washington DC: World Bank 2008), table 2, pp 38–47. यह ध्यान रहे इन आधिकारिक विवरणों में निःशुल्क या कम कीमत सार्वजनिक सेवाओं का माप उनकी उत्पादन की लागत (उदाहरणतः शिक्षा में अध्यापक की आय) के रूप में आंकी जाती है जो अन्ततः कर दाता वहन करते हैं। यह सांख्यिकीय संलेख का परिणाम है जिसे कर दाता को चुकाना पड़ता है। यह एक अपूर्ण सांख्यिकीय संविदा है लेकिन अन्यों से अधिक संतोषजनक। एक सांख्यिकीय संविदा जो इन राष्ट्रीय सांख्यिकीयों में से किसी एक का भी ध्यान करने से इंकार करती हो तो और भी बुरी होगी जिसमें अत्यधिक विकृत अन्तर्राष्ट्रीय तुलनाएं होंगी।

28. यह (तथाकथित बालासा–सेम्युलसन प्रतिमान में) आम आशा है जो इस बात की व्याख्या स्पष्टत तौर पर करती प्रतीत होती है कि अमीर देशों के विपरीत गरीब देशों का क्रय शक्ति समानता संतुलन 1 से अधिक क्यों है। अमीर देशों में बातें बहुत स्पष्ट नहीं हैं : विश्व का सबसे समृद्ध देश (अमरीका) की 1970 तक क्रय शक्ति समानता सुधार 1 से अधिक था लेकिन 1980 के दशक में यह 1 से कम रहा। मापीकरण त्रुटि के अलावा एक संभव व्याख्या यह हो सकती है कि अमरीका में हाल के वर्षों में मजदूरी–असमानता का बड़ी मात्रा में पाया जाना, जिसमें अकुशल, श्रम–बहुल, गैर व्यापारिक सेवा क्षेत्र (ठीक जैसे कि गरीब देशों में होता है) में निम्न कीमतों हो सकती हैं। ऑनलाइन टेक्नीकल परिशिष्ट देखें।

29. देखें Supplementary Table S1.2 (ऑनलाइन परिशिष्ट में उपलब्ध)

30. मैंने हाल की अवधि के लिए आधिकारिक अनुमानों का उपयोग किया है लेकिन यह पूर्ण तौर पर सम्भव है कि अगले ICP सर्वेक्षण में चीनी सकल घरेलू उत्पाद का पुनर्विश्लेषण होगा। मेड्डीसन/ICP विवाद के लिए देखें: ऑनलाइन टेक्नीकल परिशिष्ट।

31. देखें Supplemental Table S1.2 (ऑनलाइन परिशिष्ट में उपलब्ध) यूरोपीय यूनियन के अंश में 21 से 20 प्रतिशत और जापान में 5 से 8 प्रतिशत की वृद्धि होगी।

32. इसका यह अर्थ बिल्कुल भी नहीं है कि प्रत्येक महाद्वीप एक दूसरे से बंद करके सील कर दिए गए हैं: इन निवल प्रवाहों के पीछे महाद्वीपों के बीच विशाल निवेश छिपे हैं।

33. अफ्रीकी महाद्वीप के लिए यह 5 प्रतिशत का अंक 1970–2012 की अवधि के दौरान काफी स्थिर रहता प्रतीत होता है। यह जानकारी रोचक होगी कि पूंजी से आय का बहिरप्रवाह अन्तर्राष्ट्रीय सहायता (उसकी मात्रा पर विवाद अभी भी है) के अन्त:प्रवाह के तीन गुना अधिक था। इन सभी अनुमानों पर पर आगे जानकारी के लिए देखें: ऑनलाइन टेक्नीकल परिशिष्ट।

34. दूसरे शब्दों में 1913 में विश्व उत्पाद में एशियाई व अफ्रीकी अंश 30 प्रतिशत से कम था, और विश्व आय में उनका अंश 25 प्रतिशत के करीब था। देखें: ऑनलाइन टेक्नीकल परिशिष्ट।

35. 1950 के दशक से यह सर्वविदित है कि भौतिक पूंजी का संचयन दीर्घकालीन उत्पादकता वृद्धि के एक छोटे से हिस्से की व्याख्या करता है: आवश्यक वस्तु है मानव पूंजी और नवीन ज्ञान का संचयन। विशेष तौर पर देखें Robert M. Solow. "A Contribution to the Theory of Economic Growth", Quarterly Journal of Economics 70 no.1 (Feburary 1956): 65–94. हाल ही के चार्ल्स आई. जोंस व पॉल एम. रोमर और रॉबर्ट जे. गोर्डन के आलेख दीर्घकालीन संवृद्धि के कारकों पर उपलब्ध विशाल साहित्य को पढ़ने के लिए अच्छी शुरूआत हो सकते हैं। देखें, Charles I. Jones and Paul M. Romer. The New Kaldon Facts. Ideas,

Institutions, Populations and Human Capital," American Economic Journal Macroeconomics 2, no.1 (January 2010): 224–45, and Roberts J. Gordon, Is U.S. Economic Growth Over? Faltering Innovation Confronts the Six Headwinds." NBER Working Paper 18315 (August 2012)

36. हाल ही के एक अध्ययन अनुसार भारत और चीन के खुलने से वैश्विक व्यापार को स्थाई लाभ वैश्विक सकल घरेलू उत्पाद का केवल 0.4 प्रतिशत था, इसमें चीन के लिए सकल घरेलू उत्पाद का 3.5 प्रतिशत और भारत के लिए 1.6 प्रतिशत था। क्षेत्रों व देशों के बीच विशाल पुनर्वितरण (जिसमें सभी देशों में हानि उठाने वालों की भारी संख्या रही) को देखते हुए व्यापार के खुलेपन (जिसे पर ये सभी देश जुड़े प्रतीत होते हैं) को केवल इन लाभों के आधार पर न्यायोचित ठहराना कठिन प्रतीत होता है। देखें: ऑनलाइन टेक्नीकल परिशिष्ट।

2. संवृद्धि भ्रम और वास्तविकता

1. देखें, Supplemental Table S2.1, ऑनलाइन परिशिष्ट में उपलब्ध उपअवधियों के लिए विस्तृत जानकारी
2. प्रतीकात्मक उदाहरण 1347 का काल प्लेग था जिसने यूरोपीय जनसंख्या के एक तिहाई से अधिक का नाश किया और इस तरह से अनेक शताब्दियों की धीमी संवृद्धि को निष्फल किया।
3. यदि हम बढ़ती उम्र का विचार करें तो वैश्विक वयस्क जनसंख्या की वृद्धि दर और भी ऊंची थी: 1990–2012 में 1.9 प्रतिशत (इस दौरान जनसंख्या में वयस्कों का हिस्सा 57 प्रतिशत से 65 प्रतिशत हो गया। यूरोप और जापान में तो यह 2012 में 80 प्रतिशत के करीब हुआ और उत्तरी अमरीका में 75 प्रतिशत हुआ।) देखें: ऑनलाइन टेक्नीकल परिशिष्ट।
4. यदि प्रजनन दर 1.8 (जीवित रहे) बच्चे प्रति महिला या 0.9 प्रति वयस्क हो तो जनसंख्या प्रत्येक पीढ़ी के साथ स्वत: ही 10 प्रतिशत या लगभग–0.3 प्रतिशत प्रतिवर्ष कम होगी। इसके विपरीत2.2 बच्चे प्रति महिला या 1.1 प्रति व्यस्क की प्रजनन दर से 10 प्रतिशत प्रति

पीढ़ी (या + 0.3 प्रतिशत प्रतिवर्ष) संवृद्धि दर होती है। 1.5 बच्चे प्रति बच्चे के साथ संवृद्धि दर—1.0 प्रतिशत प्रति वर्ष और 2.5 बच्चे प्रति महिला से संवृद्धि दर + 0.7 प्रतिशत होती है।

5. यहाँ पर इतिहास, समाजशास्त्र और विज्ञान पर विशाल संख्या में लिखी गई पुस्तकों के साथ न्याय करना असंभव है जिन्होंने देश व क्षेत्र के आधार पर जनांकीय व्यवहार के विकास व विभिन्नताओं का विश्लेषण किया है। (इन विश्लेषणों में सामान्य तौर पर प्रजनन, विवाह, पारिवारिक संरचना इत्यादि पर प्रश्नों को समाहित किया गया था)। केवल एक ही उदाहरण लें। इमैनुअल टोड और हर्व ला ब्रास ने अपनी पुस्तकों में फ्रांस, यूरोप तथा पूरे विश्व में परिवार प्रणालियों का अध्ययन किया। देखें L'Invention de la France (Paris:Livre de Poche, 1981; reprint, Paris: Gallimard, 2012 और L'origine des uptimes familiaux (Paris Livere: Gallimard, 2011)। या एक बिल्कुल ही भिन्न परिप्रेक्ष्य लें तो देखें गोस्टा एस्पिंग एण्डरसन की पुस्तक जिसमें विभिन्न प्रकार के कल्याण राज्य व उन नीतियों के बढ़ते महत्व पर विचार किया गया है जिनका निर्माण कार्य स्थल और पारिवारिक जीवन को अनुकूल बनाना है: उदाहरण के लिए देखें The Three Worlds of Welfare Capitalism (Princeton: Princeton University Press, 1990).

6. देश अनुसार विस्तृत कडियों के लिए देखें: ऑनलाइन टेक्नीकल परिशिष्ट।

7. केन्द्रीय परिदृश्य के अनुसार 2070 से 2100 के बीच वैश्विक जनसंख्या वृद्धि दर 0.1 प्रतिशत होगी जबकि निम्न परिदृश्य के अनुसार यह–1.0 और अन्य परिदृश्य के अनुसार यह +1.2 प्रतिशत होगी। देखें: ऑनलाइन तकनीकी परिशिष्ट।

8. देखें Pierre Rosanvallon, The Society of Equals, trans Arthur Goldhammer (Cambridge, MA: Harvard University Press, 2013), 93

9. 2012 में उप–सहारा अफ्रीका में प्रति व्यक्ति औसत सकल घरेलू उत्पाद लगभग 2000 यूरो था, जिनका अर्थ है 150 यूरो प्रति व्यक्ति की औसत मासिक आय (देखें अध्याय 1, तालिका 1.1) लेकिन अत्यंत

गरीब देश (जैसे कांगो–किनशासा, निगर, चड और इथोपीया) तो उस स्तर के एक–तिहाई से आधे तक हैं जबकि समृद्धतम देश (जैसे दक्षिणी अफ्रीका) दो से तीन गुना बेहतर हैं (और उत्तरी अफ्रीका स्तर के करीब हैं)। देखें: ऑनलाइन टेक्नीकल परिशिष्ट।

10. मेड्डीसन के अनुमान (जो इस समय के बहुत कमजोर अनुमान हैं) यह बताते हैं कि 1700 में उत्तरी अमरीका और जापान पश्चिमी यूरोप की अपेक्षा वैश्विक औसत के करीब थे, इस तरह से 1700–2012 अवधि में औसत आय में सब मिलाकर संवृद्धि तीस गुनी, न कि बीस गुनी के करीब होगी।

11. दीर्घकाल के दौरान प्रतिव्यक्ति कार्य–घण्टों की औसत संख्या में लगभग आधे की कमी हुई (इसमें देशों में महत्त्वपूर्ण विभिन्नताएं हो सकती हैं) जिसमें उत्पादकता से वृद्धि प्रतिव्यक्ति उत्पाद संवृद्धि से लगभग दुगुनी हुई है।

12. देखें: Supplemental Table S2.2 ऑनलाइन में उपलब्ध

13. जिज्ञासु पाठकों को ऑनलाइन तकनीकी परिशिष्ट में शताब्दी की शुरूआत से अनेक देशों की औसत आय को ऐतिहासिक श्रृंखलाएं मिलेंगी जिन्हें आज की मुद्रा में व्यक्ति किया गया है। भोज्य पदार्थों, विनिर्मित वस्तुओं और सेवाओं की उन्नीसवीं बीसवीं शताब्दी के फ्रांस में कीमतों के विस्तृत उदाहरण (जो विभिन्न ऐतिहासिक स्रोतों, जिनमें आधिकारिक सूचकांक और जीन फोरसटाई द्वारा कीमतों का संकलन शामिल हैं) और इनके साथ–साथ क्रय शक्ति में वृद्धि के विश्लेषण के लिए देखें Thomas Piketty, Les Hauts revenus en france au 20e siècle (Paris : Granet, 2001), 80–92

14. बेशक, सब कुछ इस पर निर्भर करता था कि गाजरों की खरीद कहाँ से हुई। मैं यहाँ औसत कीमत की बात कर रहा हूँ।

15. वही Piketty, Les Hauts revenus en france 83–85

16. वही 86-87

17. सेवाओं के इन विभिन्न स्तरों की रचना के उन्नीसवीं सदी के उत्तरार्द्ध से बीसवीं सदी के उत्तरार्द्ध के ऐतिहासिक विश्लेषण के लिए, जिसकी शुरूआत फ्रांस व अमेरिका के उदाहरणों से की गई है, देखें Thomas Piketty, Les Creations d'emploi en France et aux

Etats–Unis Services de proximite contre petits boulots?" Les Notes de la Foundation Saint–Simon 93, 1997 और देखें "L' Emplrdans les services en france et aux Etats–Unis: Une analyse structurelle sur longue Periode", Economic et Statistique 318, no. 1 1998: 73–99/ यह ध्यान रहे कि सरकारी आंकड़ों में औषधि उद्योग को (उद्योग में) न कि स्वास्थ्य सेवाओं में गिना जाता है, ठीक उसी प्रकार से जैसे कि मोटर–कार व हवाई जहाज उद्योगों में, न कि यातायात सेवाओं में गिना जाता है आदि। यह शायद अधिक स्पष्ट होगा कि गतिविधियों का उनके अन्तत: उद्देश्य (स्वास्थ्य, यातायात, आवास आदि)। के आधार पर समूह बनाया जाये और कृषि/उद्योग/सेवाओं के अंतर का त्याग किया जाये।

18. उत्पादन की लागत के आकलन के लिए केवल पूंजी के मूल्य ह्रास (प्रयुक्त भवन व उपकरण) का हो ध्यान रखा जाता है। लेकिन सार्वजनिक पूंजी मूल्य ह्रास से शुद्ध प्रतिफल को पारंपरिक रूप से शून्य रखा जाता है।

19. अध्याय 6 में मैं अन्तर्राष्ट्रीय तुलनाओं में लागू के मान पर फिर से विचार करूंगा।

20. हरवे ले ब्रास और इम्मेनुअल टोड यही बात कहते हैं कि वे फ्रांस में, 1980–2010 की अवधि को "यशस्वी त्रैदशकी" अवधि के रूप में वर्णन करते हैं। 1950–1980 के "त्रैदशकी अर्थव्यवस्था" के विपरीत इस समय तीव्र शैक्षिक विस्तार हुआ। देखें Le mystere Francais (Paris : Editions du Seuil, 2013)

21. निश्चित ही 2007–2012 की अवधि में संवृद्धि शून्य के करीब थी। इसका कारण 2008–2009 की मंदी था। पश्चिमी यूरोप और उत्तरी अमरीका के विस्तृत आंकड़ों जो यूरोप और उत्तरी अमरीका के यहां सूचित आंकड़ों से कोई अधिक भिन्न नहीं हैं) और प्रत्येक देश के अलग–अलग आंकड़ों के लिए देखें Supplemental Table S2.2, ऑनलाइन उपलब्ध

22. देखें Robert J. Gordon, Is US. Economic Growth Over? Faltering Innovation Confronts the Six Headwinds, NBER Working Paper 18315 [August 2012]

23. मैं इस प्रश्न पर बाद में विचार करूंगा। देखें विशेष तौर पर भाग चार, अध्याय 11.

24. यह ध्यान रहे कि यदि हम प्रति व्यक्ति की बजाय प्रति वयस्क उत्पाद संवृद्धि को देखें तो वैश्विक प्रति व्यक्ति उत्पाद, 1990 से 2012 के बीच 2.1 प्रतिशत तक गिर जाता है। यह इस अवधि में इस तथ्य का तर्कसंगत परिणाम है कि जनांकीय वृद्धि 1.3 से 1.9 तक बढ़ी जिससे हम कुल जनसंख्या और वयस्क जनसंख्या का आकलन कर सकते हैं। इससे जनांकीय मुद्दे के महत्व का भी पता चलता है [जबकि वैश्विक उत्पाद संवृद्धि (3.4 प्रतिशत प्रति वर्ष) को विभाजित करने का प्रयत्न किया जाये]। देखें: ऑनलाइन टेक्नीकल परिशिष्ट।

25. सिर्फ उप–सहारा अफ्रीका और भारत पीछे रह रहे हैं। देखें ऑनलाइन टेक्नीकल परिशिष्ट।

26. देखें अध्याय 1, रेखाचित्र 1.1–2

27. 25 जर्मिनल का नियम, वर्ष IV (अप्रैल 14, 1796) ने फ्रेंक की चाँदी समानता की पुष्टि की, और 17 जर्मिनल का नियम, वर्ष XI (अप्रैल 7, 1803) ने दुगुनी समानता स्थापित की: फ्रेंक 4.5 ग्राम शुद्ध चांदी और 0.29 ग्राम सोने (सोना : चांदी दर 1/15.5 थी) के बराबर था। यह बैंक्यू डे फ्रांस के 1800 में निर्माण के बाद उद्घोषित 1803 का नियम था, जिसने "फ्रेंक जर्मिनल" की नामांकन को जन्म दिया। देखें: ऑनलाइन परिशिष्ट।

28. 1816 से 1914 तक लागू स्वर्णमान के अन्तर्गत एक पौण्ड स्टर्लिंग 7.3 ग्राम के शुद्ध सोना या फ्रेंक सोना-समानता के 25.2 गुना के बराबर था। फ्रेंक के सोना–चांदी के द्विघातुवाद ने अनेक जटिलताओं को जन्म दिया, जिसके बारे में मैं यहां कुछ नहीं कहूंगा।

29. 1971 तक पौण्ड स्टर्लिंग 20 शिलिंग में विभाजित थी, और एक शिलिंग 12 पेंस (इस तरह से 1 पौण्ड में 240 पेंस होते थे) में बंटी थी। एक गिन्नी 21 शिलिंग या 1.05 पौण्ड था। इसे प्राय: व्यावसायिक सेवाओं के लिए और फैशन वाली दुकानों में उपयोग किया जाता था। फ्रांस में 1795 के दशमलव सुधार तक लिवरेस टूर्नोइस 20 डेनियर और 240 सौउस में विभाजित थी। उसके बाद उन्नीसवीं शताब्दी में फ्रेंक 100 सेंटाइम्स, जिसे कभी–कभी सौउस

भी करते थे, मैं बंटा था। अठारहवीं शताब्दी में एक लुइस डी ओर नामक सिक्का, जिसका मूल्य 20 लिवरेस टूरनोइस या लगभग 1 पौण्ड स्टर्लिंग जारी हुआ था। एक इकू का मूल्य 1795 तक 3 लिवरेस टूरनोइस था, बाद में 1795 से 1878 तक वह 5 फ्रेंक के मूल्य वाला एक चांदी का सिक्का बना। उपन्यासकारों ने जिस तरह से एक इकाई से दूसरी इकाई का जिक्र किया, इससे लगता है कि समकालीन लोग इन विभाजनों के बारे में पूर्ण तौर पर जानते थे।

30. यहाँ बतलाये गये अनुमान का संबंध प्रति वयस्क राष्ट्रीय आय से है, मेरा विश्वास है कि यह प्रति व्यक्ति राष्ट्रीय आय से अधिक महत्त्वपूर्ण है। देखें: ऑनलाइन टेक्नीकल परिशिष्ट।

31. 1850 के दशक में फ्रांस में औसत वार्षिक आय 700 से 800 फ्रेंक और 1900–1910 में 1300–1400 फ्रेंक के बीच थी।

3. पूंजी का रूपांतरण

1. उपलब्ध आंकड़ों (विशेष तौर पर ब्रिटेनके लिए किंग्स पैट्टीस, और फ्रांसके लिए वॉबान्स तथा बोइसगुइलबर्ट्स) के अनुसार अठारहवीं शताब्दी में फार्म, भवन, व पशुधन "अन्य घरेलू पूंजी" (यह वर्गीकरण मैं कर रहा हूँ) का लगभग आधा हिस्सा था। यदि हम उद्योग व सेवाओं पर केन्द्रित करने के लिए इन वस्तुओं को घटा दें तो कृषि से नहीं जुड़ी अन्य घरेलू पूंजी आवासीय पूंजी उतनी विशाल हो जाएगी जितनी कि आवासीय पूंजी में वृद्धि थी, बल्कि वह उससे थोड़ी अधिक होगी।
2. मेडेलियने पाक्षिक में सीजर बिरोटो की आवासीय सम्पत्ति पर अन्वेषणा एक अच्छा उदाहरण है।
3. पेरे गोरिओ के पास्टा कारखानों या सीजर बिरोटो के सुंगध संचालन के बारे में विचार करें।
4. आगे विस्तार के लिए देखें: ऑनलाइन टेक्नीकल परिशिष्ट।
5. देखें: टेक्नीकल परिशिष्ट
6. ब्रिटेन व फ्रांस के लिए व्यापार व भुगतान संतुलन की विस्तृत वार्षिक तालिकाएं ऑनलाइन टेक्नीकल परिशिष्ट में उपलब्ध हैं।

7. दोनों देशों की विदेशी धारिता 1950 से निरंतर राष्ट्रीय आय के (–) 10 से (+) 10 प्रतिशत की सीमा में बनी रही है। यह बीसवीं सदी के प्रारंभ के स्तर के दसवें से बीसवें हिस्से के ही समान है। आज विदेशी धारिता के मापन की कठिनाइयां भी इस जानकारी के महत्व को कुंठित नहीं कर पातीं।

8. अधिक स्पष्ट तौर पर कहा जा सकता है कि 1700 में 30,000 यूरो की औसत आय के लिए औसत सम्पदा 2,10,000 (छ: की बजाय सात वर्ष की आय) के स्तर में होती जिसमें से 150,000 भूमि (लगभग पांच वर्ष की आय यदि इसमें फार्म, भवन और पशुधन को भी शामिल किया जाए), 30,000 आवास और 30,000 अन्य घरेलू परिसम्पत्तियों की होती।

9. पुन:, 1910 में 30,000 यूरो की औसत आय के लिए सम्पदा का मान 2,10,000 यूरो [सात वर्ष की आय] होता। इसमें अन्य घरेलू संपत्तियों का मान 90000 यूरो [तीन वर्ष की आय] होता। यहां दर्शाए गए ये सभी आंकड़े अति सरलीकृत है। अधिक विस्तार के लिए टेक्नीकल परिशिष्ट देखें।

10. अधिक स्पष्ट तौर पर कहा जा सकता है कि ब्रिटेन की सार्वजनिक परिसम्पत्ति राष्ट्रीय आय का 93 प्रतिशत और उसका सार्वजनिक ऋण 92 प्रतिशत है, यह राष्ट्रीय आय के + 1 प्रतिशत की निवल सार्वजनिक सम्पदा है। फ्रांस में सार्वजनिक परिसम्पत्तियां राष्ट्रीय आय का 145 प्रतिशत और ऋण 114 प्रतिशत हैं और यह + 31 प्रतिशत की निवल सार्वजनिक सम्पदा है। दोनों देशों की विस्तृत वार्षिक श्रृंखलाओं के लिए देखें: ऑनलाइन टेक्नीकल परिशिष्ट।

11. देखें Francois Crouzet La Grande Inflation: La monnaie en France de Louis XVI a Napoleon (Paris : Fayard, 1993)

12. 1815–1914 की अवधि में ब्रिटेन का प्राथमिक बजट अतिरिक्त सकल घरेलू उत्पाद के 2 और 3 प्रतिशत के बीच होता था और लगभग इसी के समान राशि के सरकारी ऋण पर ब्याज अदा किया जाता था। शिक्षा-बजट, इस समय सकल घरेलू उत्पाद के 2 प्रतिशत से कम था। प्राथमिक और माध्यमिक सार्वजनिक घाटों की विस्तृत वार्षिक श्रृंखलाओं के लिए देखें: ऑनलाइन टेक्नीकल परिशिष्ट।

13. हस्तांतरण की ये दो श्रृंखलाएं, उन्नीसवीं सदी में, फ्रांसीसी सार्वजनिक ऋण में वृद्धि की व्याख्या करती है। राशि व स्रोतों के लिए देखें: ऑनलाइन टेक्नीकल परिशिष्ट।

14. 1880 से 1914 तक फ्रांस ने ब्रिटेन की अपेक्षा अपने ऋण के लिए अधिक ब्याज अदा किया। दोनों देशों में सरकारी घाटों की विस्तृत वार्षिक श्रृंखलाओं और सार्वजनिक ऋण पर प्रतिप्राप्ति की दर के विकास के लिए देखें: ऑनलाइन टेक्नीकल परिशिष्ट।

15. लेकिन इस मुद्दे पर रिकार्डो की अपनी पुस्तक Principles of Political Economy and Taxation (London : George Bell and Sons, 1817) में चर्चा में स्पष्टता नहीं है। इस बिंदु पर ग्रेगरी क्लार्क के रोचक ऐतिहासिक विश्लेषण के लिए देखें, "Debt, Deficits and Crowding out: England 1716–1840", European Review of Economic History 5, no.3 (December 2001): 403–36.

16. देखें: Robert Barro, "Are Government Bords Net Wealth?" Journal of Political Economy 82, no.6 (1974): 1095–1117, और "Government Spending, Interest Rates, Prices and Budget Deficits in the United kingdom, 1701–1918," Journal of Monetary Economics 20, no.2 (1987): 221–48."

17. Paul Samuelson Economics 8th ed. (New York: Mc Graw Hill, 1970), 331

18. देखें: Claire Andrieu, L. Le Van, and Antoine Prost, Les Nationalisations de la Liberation: De l'utopie au compromis (Paris: FNSP, 1987) and Thomas Piketty, Les hauts revenus en France au 20e siecle (Paris: Grasset, 2001) 137–138.

19. यह आवश्यक है कि बीसवीं शताब्दी के दौरान विभिन्न बिंदुओं पर राष्ट्रीय आय के ब्रिटिश अनुमानों का पुन: अध्ययन किया जाए, क्योंकि सार्वजनिक परिसम्पत्तियों और दायित्वों के रूप व परिणाम में बहुत अधिक परिवर्तन हुए हैं। देखें विशेष तौर पर H. Campion,

Public and Private Property in Great Britain (Oxford : Oxford University Press 1939), और J. Revell, The Wealth of the Nation : The National Balance Sheet of the United Kingdom, 1957–1961 (Cambridge: Cambridge University Press, 1967). गिप्फन के समय में यह प्रश्न उठा ही नहीं क्योंकि तब निजी पूंजी के सामने सार्वजनिक पूंजी कुछ भी नहीं थी। हम इस प्रकार का विकास फ्रांस में भी देखते हैं, उदाहरण के लिए 1956 में प्रकाशित देखें: Franois Divisia, Jean Dupin, and Rene Roy की पुस्तक जिसका काफी शीर्षक उपयुक्त भी था। A la recherché du franc perdu (Paris : Societe d' edition de revus et de publications, 1954), जिसके तीसरे खंड का शीर्षक है, La fortune de la France, इसमें कठिनाई से उत्कर्ष युग के लिए क्लीमेंट कॉलसन के अनुमानों को ताजा करने की कोशिश की गई है।

4. पुराने यूरोप से नये विश्व की ओर

1. दीर्घकालीन विकास 42 केन्द्रित करने के लिए इस अध्याय के साथ संलग्न आंकड़े दशक अनुसार मूल्यों का संकेत करते हैं और इस तरह उन चरम बिंदुओं को अनदेखा किया गया है, जो कुछ वर्षों तक ही रहते हैं।
2. 1913–1950 के लिए 17 प्रतिशत की औसत मुद्रास्फीति में 1923 का वर्ष शामिल नहीं है, जिस साल के दौरान कीमतों में 100 मिलियन के गुणा वृद्धि हुई थी।
3. जबकि वास्तव में जनरल मोटर्स, टोयोटा, और रोनाल्ट निस्सान के समान 2011 में लगभग 8 मिलियन वाहन प्रत्येक के बिक्री किये गये। फ्रांसीसी सरकार, आज भी रेनो (जो कि वोक्सवेगन व पेजो के बाद तीसरी अग्रणी यूरोपीय विनिर्माण कर्ता है) की पूंजी का 15 प्रतिशत धारण किए है।
4. उपलब्ध साधनों की सीमितता को देखते हुए, यह सम्भव है कि इस अंतर की अंशत: व्याख्या विभिन्न सांख्यिकीय पूर्वाग्रहों द्वारा हो सकती है। देखें: ऑनलाइन टेक्नीकल परिशिष्ट।

5. देखें: उदाहरण के लिए, Michel Albert, Capitalisme Contre capitalisme (Paris : Le Seuil, 1991).
6. देखें: उदाहरण के लिए Guillaume Duval, Made in Germany (Paris : Le Seuil, 2013)
7. देखें: ऑनलाईन ट्रेक्नीकल परिशिष्ट
8. रिकार्डो के दिनों से भिन्नता यह थी, कि 1800 और 1810 के दशकों में अमीर ब्रिटिश लोग बिना राष्ट्रीय पूंजी को प्रभावित किये सार्वजनिक घाटे को सहन करने के लिए आवश्यक अतिरिक्त निजी बचत करने हेतु समृद्ध थे। इसके विपरीत 1914–1945 का यूरोपीय घाटा उस संदर्भ में हुआ जबकि निजी सम्पदा और बचत को बारम्बार धक्के लग रहे थे, और इससे सार्वजनिक ऋणों ने राष्ट्रीय पूंजी के ह्रास को तीव्र किया।
9. देखें: ऑनलाइन टेक्नीकल परिशिष्ट
10. देखें Alexis de Tocqueville, Demoracy in America अनु. Goldhammer (New York: Library of America, 2004), II. 2. 19, पृ. 646, और II. 3.6 पृ. 679.
11. रेखाचित्रों; 3.1–2, 4.6 और 4.9 में शेष विश्व से सापेक्ष सकारात्मक स्थितियों को रंगहीन रखा गया है। यह सकारात्मक विदेशी पूंजी दर्शाता है। ऋणात्मक धारिता को रंगीन बनाया गया है। ये निवल सकारात्मक विदेशी ऋण वाली अवधियां हैं। इन चित्रांकनों की आधार श्रृंखलाएं आप तकनीकी परिशिष्ट में देख सकते हैं।
12. देखें: Supplemental Figures S4.1-2, ऑनलाइन पर उपलब्ध हैं
13. उन्नीसवीं शताब्दी के दौरान अमेरिका में यूरोपीय निवेश पर प्रतिक्रियाओं के लिए देखें: उदाहरण के लिए, Mira Wilkins, The History of Foreign Investment in the United States to 1914 (Cambridge, MA: Harvard University Press 1989), Chap.16
14. उत्तर में केवल कुछ एक दस हजार दास ही पकड़े गए थे, देखें: ऑनलाइन टेक्नीकल परिशिष्ट।

15. यदि प्रत्येक व्यक्ति से केवल वैयक्तिगत स्तर पर व्यवहार किया जाता है, तो गुलामी (जिसे व्यक्तियों के बीच ऋण के चरम रूप में देखा जा सकता है) भी अन्य किसी निजी या सार्वजनिक ऋण (ऋण कुछ व्यक्तियों के लिए दायित्व होते है तो अन्य के लिए परिसम्पदा, इसीलिए वे वैश्विक स्तर पर निरस्त हो जाते हैं) की तरह राष्ट्रीय सम्पदा में वृद्धि नहीं करती।

16. 1848 में फ्रांसीसी कॉलोनियों में मुक्त किये गये गुलामों की संख्या 250,000 (या अमेरिका में गुलामों की संख्या के 10 प्रतिशत से कम) थी। लेकिन जैसा कि अमेरिका में हुआ, औपचारिक मुक्ति के बाद भी कानूनी असमानता के रूप जारी रहे। उदाहरण के लिए रियूनियन में 1848 के पश्चात भूतपूर्व गुलामों को दरिद्र के रूप में गिरफ्तार व कैद किया जा सकता था, यदि वे किसी बागान के मजदूर या नौकर होने का मजदूरी अनुबंध प्रस्तुत नहीं करते। पुरानी कानूनी व्यवस्था से यदि तुलना की जाए, जिसमें कि भगोड़े गुलामों को पकड़ा और उनके मालिकों को वापिस किया जाता था, तो अन्तर वास्तविक था, लेकिन यह नीति में एक परिवर्तन था, न कि पूर्व कानूनी व्यवस्था से पूर्ण अलगाव।

17. देखें: ऑनलाइन टेक्नीकल परिशिष्ट।

18. उदाहरण के लिए, यदि राष्ट्रीय आय में 70 प्रतिशत श्रम से आय और 30 प्रतिशत पूंजी से आय शामिल है और इन आयों का कोई 5 प्रतिशत पर पूंजीकरण करता है तो मानव पूंजी के भंडारण का कुल मूल्य चौदह वर्ष की राष्ट्रीय आय के बराबर होगा,और गैर मानव पूंजी के भण्डारण का कुल मूल्य छः वर्ष की राष्ट्रीय आय के बराबर होगा और सम्पूर्ण, इस संरचना के अनुसार बीस वर्ष के बराबर होगा। राष्ट्रीय आय के 60–40 प्रतिशत विभाजन में जो कि (कम से कम यूरोप में) उन्नीसवीं सदी में हमारे पर्यवेक्षण के करीब था, हम क्रमशः बारह तथा आठ वर्ष प्राप्त करते हैं। फिर से यह बीस वर्ष के समान ही रहता है।

5. दीर्घकाल में पूंजी/आय अनुपात

1. रेखाचित्र: 5.1 व 5.2 में दर्शित यूरोपीय पूंजी/आय दर का आकलन चार सबसे विशाल यूरोपीय अर्थव्यवस्थाओं के लिए उपलब्ध आंकड़ों के अनुपात निकाल प्रत्येक देश की राष्ट्रीय आय से भारित से किया है। ये चारों देश कुल मिलाकर पश्चिमी यूरोपीय सकल घरेलू उत्पाद के ¾ से अधिक और यूरोपीय सकल घरेलू उत्पाद के दो तिहाई का प्रतिनिधित्व करते हैं। अन्य देश (विशेषकर स्पेन) को शामिल किया जाए तो पिछले कुछ दशकों के दौरान पूंजी/आय अनुपात में और अधिक वृद्धि मिलेगी। देखें: ऑनलाइन टेक्नीकल परिशिष्ट।
2. फार्मूला $\beta = s/g$ को "β s को g से भाग करने के बराबर है," के रूप में पढ़ा जाना चाहिए। यह भी याद करें कि β = 600%' "β = 6", के समतुल्य है, ठीक वैसे ही जैसे S = 12% "S = 0.12" और "g' = 2%" "g = 0.02" के समतुल्य है। बचत दर नयी बचतों का वास्तव में प्रतिनिधत्व करती है—इस तरह से यह पूंजी के मूल्यह्रास के निवल बचत को राष्ट्रीय आय से विभाजित करता है। मैं इस बिन्दु पर बाद में आऊंगा।
3. कभी–कभी g का उपयोग प्रति व्यक्ति राष्ट्रीय आय की संवृद्धि दर और n का जनसंख्या वृद्धि दर सूचित करने के लिए किया जाता है, ऐसे मामले में फार्मूला $\beta = s/(g + n)$ लिखा जाएगा। टिप्पणी को सरल रखने के लिए g का उपयोग अर्थव्यवस्था की कुल संवृद्धि दर के लिए किया है, इसलिए मेरा फार्मला है $\beta = s/g$.
4. आय के बारह प्रतिशत का 6 से विभाजन हमें पूंजी का 2 प्रतिशत देता है। सामान्य तौर पर कहा जाए कि यदि बचत दर s है और पूंजी/आय अनुपात β है, तब पूंजी भंडार में s/β के समान दर से वृद्धि होती है।
5. पूंजी/आय अनुपात β की गत्यात्मकता और $\beta = s/g$ की आय और उसके रूपान्तरण की व्यक्त करती गणितीय समीकरण के लिए देखें: ऑनलाइन टेक्नीकल परिशिष्ट।
6. 1970 में जर्मनी में 2.2 वर्ष से अमेरिका में 3.4 वर्ष। सम्पूर्ण श्रृंखलाओं के लिए देखें: ऑनलाइन में उपलब्ध Supplemental Table S5.1.

7. 2010 में अमेरिका और जर्मनी में 4.1 वर्ष से जापान में 6.1 वर्ष और इटली में 6.8 वर्ष। प्रत्येक वर्ष के लिए सांकेतिक नूल्य वार्षिक औसतें हैं (उदाहरण के लिए, 2010 के लिए सांकेतिक मूल्य 1 जनवरी 2010 और 1 जनवरी 2011 सम्पदा अनुमानों की औसत है)। 2012–2013 के प्रथम उपलब्ध अनुमान अधिक भिन्न नहीं है। देखें: ऑनलाइन परिशिष्ट।

8. विशेष तौर पर इन विभिन्न देशों के सापेक्ष पदों में परिवर्तन करनेके लिए एक सूचक से अन्य (ऐसे अनेक हैं और कोई भी 'संपूर्ण' नहीं है) में परिवर्तन करना काफी होगा। देखें: ऑनलाइन टेक्नीकल परिशिष्ट।

9. देखें: ऑनलाइन उपलब्ध Supplemental Figure S5.1.

10. अधिक स्प्ष्टत: श्रृंखलाएं यह दर्शाती है, कि निजी पूंजी/राष्ट्रीय आय अनुपात 1970 में 299 प्रतिशत से 2010 में 601 प्रतिशत हो गया, जबकि निवेश का संचित प्रवाह 299 से 616 प्रतिशत की भविष्यवाणी करता है। इसलिए, 300 प्रतिशत में केवल 5 प्रतिशत की त्रुटि राष्ट्रीय आय का 15 प्रतिशत है; निवेशों का प्रवाह जापान में 1970 और 2010 के दौरान निजी पूंजी/राष्ट्रीय आय औसत में 95 प्रतिशत की वृद्धि की व्याख्या करता है। सभी देशों के लिए विस्तृत गणनाएँ ऑनलाइन टेक्नीकल एपेन्डिक्स में उपलब्ध हैं।

11. जब एक फर्म अपने ही अंश खरीदती है, तो वह अपने अंशधारकों को पूंजी लाभ प्रदान करती है। इस पूंजी लाभ पर आमतौर पर भारी करारोपण होगा। यह कम होगा यदि फर्म उसी धनराशि का लाभांश बांटने में उपयोग करती। यह जानना महत्त्वपूर्ण है कि ऐसा उस समय भी होता है सत्य है, जब एक फर्म अन्यफर्मों के स्टॉक की खरीद करे। इस तरह से व्यापार क्षेत्र वैयक्तिक क्षेत्र को वित्तीय उपकरणों की खरीद कर पूंजी लाभ प्राप्त करने का अवसर देता है।

12. सूत्र β = s/g को कोई इस प्रकार भी लिख सकता है जिनमें s बचत की निवल दर की बजाय कुल को दिखाए। ऐसे नामले में β = s/(g+δ बन जाता है, जिसमें δ अब पूंजी के मूल्यह्रास की दर को दर्शाता है, जो पूंजी स्टॉक के प्रतिशत के रूप में व्यक्त होती है।) उदाहरण के लिए कुल बचत दर S = 24% है, तो g = 2%की संवृद्धि दर के लिए पूंजी स्टॉक की मूल्यह्रास दर δ = 2% होने पर 8 = 2% है, तो तब हमें β = s/(g + 8) = 600% की पूंजी आय दर प्राप्त होगी।

13. g = 2% की संवृद्धि के साथ β = s/g = 50% की राष्ट्रीय आय के बराबर टिकाऊ वस्तुओं के स्टॉक को संचित करने हेतु, राष्ट्रीय आय के s = 1% के बराबर टिकाऊ वस्तुओं पर निवल व्यय करना होगा। टिकाऊ वस्तुओं को निरन्तर बदलना होता है और इससे सकल व्यय उल्लेखनीय तौर पर अधिक होगा। उदाहरणार्थ के लिए यदि औसत प्रतिस्थापन समय पांच वर्ष है तो प्रतिवर्ष राष्ट्रीय आय के 10 प्रतिशत का टिकाऊ वस्तुओं पर सकल व्यय, और 1% के निवल व्यय के लिए 11 प्रतिशत प्रतिवर्ष और राष्ट्रीय आय के 50% (अभी भी यह मानते हुए कि संवृद्धि g = 2% है) के संतुलित स्टॉक की आवश्यकता होगी। देखें: ऑनलाइन टेक्नीकल परिशिष्ट।

14. दीर्घकाल में विश्व के स्वर्ण स्टॉक के कुल मूल्य में गिरावट आई है (उन्नीसवीं शताब्दी में यह कुल निजी सम्पदा का 2 से 3 प्रतिशत था। लेकिन वर्तमान बीसवीं शताब्दी के अंत में 0.5 प्रतिशत से भी कम है। संकट के समय इसके मूल्य में वृद्धि होती है लेकिन सोना आश्रय की तरह काम करता है इसीलिए यह मौजूदा खातों में कुल निजी सम्पदा का 1.5 प्रतिशत बनता है और इसका 1/5वां अंश केंद्रीय बैंकों में जमा है। ये असरदार विभिन्नताएँ हैं, फिर भी वे पूंजी स्टॉक के कुल मूल्य की तुलना में नगण्य है। देखें: ऑनलाइन प्रतिवर्ष)

15. यद्यपि, इससे कोई बहुत अंतर नहीं पड़ता, फिर भी, निरन्तरता के लिए मैंने अध्याय 3 और 4 में ऐतिहासिक श्रृंखलाओं पर विचार करते हुए और 1970–2010 के अवधि के लिए यहां चर्चित श्रृंखलाओं में समान परम्पराओं का उपयोग किया है, टिकाऊ वस्तुओं को सम्पदा से अलग रखा गया है और मूल्यवान वस्तुओं को “अन्य घरेलू पूंजी” नामक श्रेणी में रखा गया है।

16. भाग चार में सरकार द्वारा करों, हस्तांतरणों व पुनर्वितरण के प्रश्न पर और विशेष तौर पर उनका विषमता पर और पूंजी के संचय एवं वितरण पर प्रभाव पर लौटूँगा।

17. देखें: ऑनलाइन टेक्नीकल परिशिष्ट

18. निवल सार्वजनिक निवेश थोड़ा रहता है (आमतौर पर राष्ट्रीय आय का 0.5–1 प्रतिशत जिसमें से 1.5–2 प्रतिशत सकल सार्वजनिक निवेश में और 0.5–1 प्रतिशत सार्वजनिक पूंजी के मूल्यह्रास में चला जाता है। इसलिए नकारात्मक सार्वजनिक बचत प्राय: सरकारी घाटे

के करीब होती है। (इसके कुछ अपवाद भी हैं, जापान में सार्वजनिक निवेश उच्च है और यही कारण है कि उल्लेखनीय सरकारी घाटों के बावजूद वहां सार्वजनिक बचत थोड़ी सी सकारात्मक है।

19. यह संभावित कम मूल्यांकन इस अवधि में छोटी संख्या में हुए सार्वजनिक परिसम्पदा सौदों से जुड़े हैं। देखें: ऑनलाइन टेक्नीकल एपेन्डिक्स।

20. 1870 और 2010 के बीच राष्ट्रीय आय की संवृद्धि की औसत दर यूरोप में लगभग 2–2.2 प्रतिशत (जिसमें से 0.4–0.5 प्रतिशत जनंसख्या वृद्धि से थी) थी। अमेरिका में यह 3.4 प्रतिशत थी (जिसमें से 1.5 प्रतिशत जनसंख्या वृद्धि से आया था)। देखें: ऑनलाइन टेक्नीकल एपेन्डिक्स।

21. एक असूचीबद्ध फर्म, जिसके अंशों का थोड़ी संख्या में सौदों की वजह से विक्रय मुश्किल होता है और उसके लिए खरीददार भी काफी समय के बाद ढूढ़ने पर मिलने पर मिलते हैं, का मूल्य स्टॉक एक्सचेंज में सूचीबद्ध उसी प्रकार की कम्पनी से 10 से 20 प्रतिशत कम होता है। ऐसी सूचीबद्ध कम्पनी के क्रेता और विक्रेता एक ही दिन में मिल जाते हैं।

22. राष्ट्रीय लेखाओं के लिए समरसतापूर्ण अन्तरराष्ट्रीय नियम जिसका में यहां उपयोग कर रहा हूं—यह तय करता है कि तुलन पत्र में परिसम्पदा व दायित्व के बाजार मूल्य उसी दिन के दर्ज होंगे जिस दिन का तुलनपत्र है (अर्थात मूल्य जो प्राप्त किया जा सकता है यदि, फर्म अपनी परिसम्पदाओं को खत्म करना चाहे या अनुमानित, यदि आवश्यकता पड़े ताकि हाल ही के सौदों का उपयोग उसी तरह ही वस्तुओं के लिए हो सके। निजी लेखा नियम, जिसका उपयोग फर्में अपने तुलनपत्रों के प्रकाशन के समय करती हैं, राष्ट्रीय लेखा के नियमों से अलग हैं, और वे विभिन्न देशों में अलग–अलग होते हैं, इससे वित्तीय व विवेकपूर्ण व करारोपण के लिए अनेक समस्याएं खड़ी होती हैं। भाग चार में लेखांकन मानकों में सांमजस्य के गंभीर मुद्दे पर विचार करेंगे।)

23. देखें: उदाहरणार्थ “Prifil financiar du CAC 40”, a report by the accounting firm Ricol Lastegrie June 26, 2012.

टोबिन्स में चरम विभिन्नता सभी देशों व सभी स्टॉक बाजारों में मिलती है।

24. देखें: ऑनलाइन टेक्नीकल एपेन्डिक्स
25. 2010 के दशक की शुरूआत में जर्मनी का व्यापार अधिशेष सकल घरेलू उत्पाद का 6 प्रतिशत था, और इसने जर्मनी को शेष विश्व पर तीव्रता से दावे ठोकने के लायक बन गया। इस तुलना में चीनी व्यापार अधिशेष सकल घरेलू उत्पाद का मात्र 2 प्रतिशत है (जर्मनी और जापान, दोनों के व्यापार अधिशेष 170–180 बिलियन यूरो प्रति वर्ष है, लेकिन चीन का सकल घरेलू उत्पाद जर्मनी से तीन गुना है: चीन का 10 ट्रिलीयन यूरो और जर्मनी से तीन गुना है: चीन का 10 ट्रिलीयन यूरो और जर्मनी का 3 ट्रिलियन)। यह ध्यान रहे कि जर्मनी के पांच वर्ष के व्यापार अधिशेष से पेरिस की सारी रिहाइशी परिसम्पदा खरीदी जा सकती है, और पांच और वर्षों के व्यापार अधिशेष AC 40 [प्रत्येक क्रय के लिए लगभग 800–900 बिलियन यूरो] खरीदने के लिए पर्याप्त है। जर्मनी का अत्यधिक व्यापार अधिशेष संचय की किसी स्पष्ट नीति का परिणाम नहीं बल्कि जर्मन प्रतिस्पर्द्धा में अनियमितताओं का परिणाम है। इसलिए यह संभव है कि आने वाले वर्षों में घरेलू मांग में वृद्धि होगी और व्यापार अधिशेष कम होगा। सभी तेल निर्यातक देशों में, जो स्पष्ट तौर पर विदेशी परिसपंदाओं का संचय करने में लगे हैं, व्यापार अधिशेष सकल घरेलू उत्पाद का 10 प्रतिशत है (उदाहणार्थ सऊदी अरब तथा रूस) या उसके गुणक में छोटे तेल निर्यातक देशों का व्यापार अधिशेष है। देखें: अध्याय 12 और ऑनलाइन टेक्नीकल एपेन्डिक्स।
26. देखें: Supplemental Figure S5.2 ऑनलाइन पर उपलब्ध हैं।
27. स्पेन के मामले में कई लोगों ने 2000 में भवन और स्टॉक बाजार सूचकांकों में अत्यधिक तीव्र उछाल देखा। लेकिन संदर्भ के स्पष्ट बिन्दु के बिना यह निर्णय करना कठिन है, कि मूल्यांकन कब अत्यधिक ऊँचाइयों तक पहुंचा।पूंजी/आय अनुपात का लाभ यह है, कि समय और स्थान की तुलना करने में यह संदर्भ स्पष्ट बिन्दु की व्यवस्था करता है।
28. देखें Spll Supplemental Figure S5.3–4 ऑनलाइन में उपलब्ध। यह जोर देना आवश्यक होगा कि केन्द्रीय बैंकों व सरकारी सांख्यिकीय

एजेन्सियों द्वारा स्थापित तुलना का संबंध केवल प्राथमिक वित्तीय परिसम्पदाओं (नोट, शेयर, बाण्ड और अन्य प्रतिभूतियों) से ही है और उनका संबंध व्युत्पत्तियों (जैसे इन प्राथमिक परिसम्पदाओं से जुड़े बीमा अनुबंध या शायद बेहतर जैसे दांव या बाजी यह निर्भर करता है कि कोई समस्या को किस नजरिए से देखता है)। इससे कुल काफी ऊँचे स्तर तक पहुंच जायेगी (राष्ट्रीय आय के बीस से तीस वर्ष [यह निर्भर करेगा कि किस परिभाषा को अपनाया जा रहा है]। फिर भी यह समझना महत्त्वपूर्ण है कि वित्तीय परिसम्पदाओं व दायित्वों की ये मात्रायें जो आज मूल [उन्नीसवीं शताब्दी और प्रथम विश्वयुद्ध तक वित्तीय परिसम्पदाओं व दायित्वों की राशि चार से पाँच वर्षों की राष्ट्रीय आय से अधिक नहीं होती थी] की अपेक्षा कहीं ऊँची है, का परिभाषानुसार निवल सम्पदा पर कोई प्रभाव नहीं पड़ता देखें: ऑनलाइन टेक्नीकल एपेन्डिक्स

29. उदाहरणार्थ, फ्रांस में शेष विश्व की वित्तीय परिसम्पदाओं का मूल्य 2010 में राष्ट्रीय आय का 310 प्रतिशत था, और फ्रांसीसी निवासियों की शेष विश्व में वित्तीय परिसम्पदाओं का मूल्य राष्ट्रीय आय का 300 प्रतिशत था। इस तरह से यह–10 प्रतिशत की नकारात्मक निवल स्थिति थी। अमेरिका में–20 की नकारात्मक निवल स्थिति शेष विश्व द्वारा अमेरिका में धारित राष्ट्रीय आय का 120 प्रतिशत और अमेरिका निवासियों द्वारा अन्य देशों में प्राप्त राष्ट्रीय आय के 100 प्रतिशत को परिलक्षित करती है। देखें: Supplemental Figure S5.5–11 ऑनलाइन में उपलब्ध देशानुसार विस्तृत श्रृंखलाएं।

30. इस विषय में यह ध्यान रहे कि जापानी व स्पेनिश बुलबुलों में एक प्रभावी अंतर यह है कि अब स्पेन के पास राष्ट्रीय आय के एक वर्ष योग्य के लगभग निवल/ऋणात्मक विदेशी परिसम्पदा स्थिति है (जोकि स्पेन की स्थिति को गंभीरता से जटिल बना देती है) जबकि जापान के पास लगभग समान आकार की एक निवल सकारात्मक स्थिति है। देखें: ऑनलाइन टेक्नीकल एपेन्डिक्स

31. विशेष तौर पर अमेरिका के चल रहे अत्यधिक व्यापार घाटे को देखते हुए उसकी निवल विदेशी परिसम्पदा स्थिति तो उससे अधिक नकारात्मक होनी चाहिए जितनी कि वह वास्तव में है। इस अंतर की व्याख्या अंशत: अमेरिकी नागरिकों के स्वामित्व से विदेशी

परिसम्पदाओं (प्राथमिक तौर पर स्टॉक) से अत्यधिक ऊँची प्रतिप्राप्ति और अमेरिकी दायित्वों (विशेष तौर पर अमेरिका सरकारी बाण्ड) पर अल्प प्रतिप्राप्ति से होती है। इस विषय पर पीयरे–ओलिवियर और इन्यास वचा हेलने की पुस्तक देंखे, जिसका उदाहरण "ऑनलाइन टेक्नीकल एपेन्डिक्स" में दिया गया है। इसके विपरीत जर्मनी की निवल स्थिति जो है, उससे ऊँची होनी चाहिए और इस विसंगति की व्याख्या जर्मनी के विदेशी निवेश पर प्रतिप्राप्ति की नीची दर है जो हाल की जर्मनी की दूरदर्शी को अंशत: स्पष्ट करती है। अमीर देशों की 1970 से 2010 के बीच विदेशी परिसम्पदाओं के संचय में वैश्विक विघटन जो व्यापार संतुलनों के प्रभावों व विदेशी परिसम्पदा पोर्टफोलियों पर प्रतिप्राप्ति के प्रभावों में अंतर करता है, के लिए देखें: ऑनलाइन टेक्नीकल एपेन्डिक्स (विशेष तौर पर Supplemental Table S5.13, ऑनलाइन पर उपलब्ध)

32. उदाहरणार्थ 1.2 यह संभव है, कि अमेरिकी व्यापार घाटे का एक महत्त्वपूर्ण अंश कर स्वर्गों (tax havens) में स्थित अमेरिकी फर्मों के काल्पनिक हस्तांतरणों को दर्शाता है। ये वे हस्तांतरण है जो बाद में लाभ के रूप में विदेशों में प्राप्त करके देश में लाये जाते हैं (इससे भुगतान में संतुलन भी पुन: स्थापित हो जाता है। यह स्पष्ट है कि इस प्रकार का लेखांकन खेल सर्वाधिक आधारभूत, आर्थिक परिदृश्यों के विश्लेषण में हस्तक्षेप कर सकता है।)

33. प्राचीन समाजों के साथ तुलना करना कठिन है, लेकिन उपलब्ध दुर्लभ अनुमानों से यह पता लगता है कि भूमि का मूल्य कभी बहुत अधिक ऊँचे स्तर तक भी पहुँचा था : R. Goldsmth की Pre-modern Financial System : A Historical Comparative Study (Cambridge Cambridge University Press, 1987), 58 के अनुसार प्राचीन रोम में राष्ट्रीय आय के छह वर्षों के समान। लघु आदिम समाजों में परिसम्पदा की अन्तर्पीढिय गतिशीलता के अनुमान यह बतलाते हैं कि संक्रमित परिसम्पदा का महत्व आर्थिक किया (शिकार, जानवर पालन, खेती आदि) की प्रकृति पर निर्भर करता था। देखें: Monique Borgerhoff Mulder et al, "Integenerational wealth Transmision & The Dynamics of Inequality in

Small-scale Societies," Science 326, no 5953, (October 2009): 682–88.

34. देखें: ऑनलाइन टेक्नीकल एपेन्डिक्स

35. देखें: अध्याय 12।

6. 21वीं सदी में पूंजी-श्रम विभाजन

रेखाचित्र: 6.1–4 में सार्वजनिक ऋण पर ब्याज को सम्मिलित नहीं किया गया है। यह विशुद्ध अन्तरण होने के कारण राष्ट्रीय आय का अंश नहीं माना जाता, साथ ही यह उस पूंजी का प्रतिफल होता है जिसकी राष्ट्रीय पूंजी में गणना नहीं होती [सार्वजनिक ऋण बांड धारियों की परिसम्पदा और सरकार की देनदानी होते हैं]। यदि इस ब्याज को भी जोड़ लेते तो आय में पूंजी का अंश कुछ और अधिक हो जाता [उच्च सार्वजनिक ऋण अवधि में इसके कारण 4–5 प्रतिशत अंकों की बढ़ोतरी संभव है]। पूर्ण श्रृंखला तकनीकी परिशिष्ट में उपलब्ध है।

1. हम गैर–मजदूरी कर्मियों की औसत श्रम आय वेतन श्रमिकों के समान मान सकते हैं—या फिर गैर वेतन कर्मियों द्वारा प्रयुक्त व्यवसायी पूंजी पर उतनी ही औसत प्रतिप्राप्ति की मान्यता कर सकते हैं जितनी शेष प्रकार की पूंजी से होती है। देखें: तकनीकी परिशिष्ट।

2. धनी देशों में घरेलू उत्पादन में वैयक्तिक स्वामित्व के उद्यमों का अंश 1950 के दशक के 30–40 प्रतिशत से गिर कर [संभवत: 19वीं सदी एवं 20वीं सदी पूर्वार्द्ध में यह अंश 50 प्रतिशत रहा होगा] 1980 के दशक में मात्र 10 प्रतिशत रह गया था [यह मुख्यत: कृषि के अंश में आई गिरावट को प्रति बिम्बित कर रहा था] और फिर उसी स्तर के आस पास स्थिर हो गया। राजकोषीय लाभों और हानियों की प्रतिक्रिया स्वरूप यह 12–15 प्रतिशत के बीच प्रतिवर्तित भी होता रहा है।

3. रेखाचित्र 6.1 और 6.2 में ब्रिटेन पर रॉबर्ट एल्लेन के और फ्रांस पर मेरे अपने ऐतिहासिक आंकड़ों के विश्लेषण दिखाए गए हैं।

4. रेखाचित्र: 6.1 और 6.2 Robert Allen के ब्रिटेन और मेरे अपने फ्रांस के अध्ययन पर आधारित हैं।

5. 'ऑन लाईन' उपलब्ध पूरक रेखाचित्र S6.1 और S6.2 भी देखें, इनमें मैंने ब्रिटेन और फ्रांस में राष्ट्रीय आय में पूंजी के अंश की उच्चतम एवं न्यूनतम सीमाओं का निरूपण भी किया है।

6. देखें: विशेषकर अध्याय–12

7. फ्रांस और ब्रिटेन में, 18वीं–19वीं शतियों में सामान्यत: सार्वजनिक ऋणों पर ब्याज की दर 4 से 5 प्रतिशत रही है। कभी–कभी यह 3 प्रतिशत तक भी चली गई थी [19वीं सदी के अंत में मंदी के प्रभाव स्वरूप] तो कभी राजनीतिक तनाव में वृद्धि के वातावरण में यह 5–6 प्रतिशत या उससे कुछ अधिक भी हो गई थी। ऐसा सरकार के बजट की विश्वस्तता पर संदेह के समय हुआ था—फ्रांसीसी क्रांति से एकदम पहले के वर्षों में। देखें: F. Velde and D. Weir, "The Financial Market and Government Debt Policy in France 1746-1793," *Journal of Economic History* 52, no. 1 (March 1992): 1-39. देखें K. Beguin, *Financer la guerre au 17e siècle: La dette publique et les rentiers de l' absolutism* (Seyssel: Champ Vallon, 2012). देखें: online appendix.

8. फ्रांस का लिवरेट A बचत खाता 2013 में मात्र 2 प्रतिशत दर से ब्याज दे रहा था—यहां वास्तविक प्रतिप्राप्ति शून्य के निकट रह जाती थी।

9. अधिकांश देशों में चैक द्वारा आहरणीय जमाओं पर ब्याज मिलता है, किन्तु फ्रांस में यह प्रतिबंधित है।

10. उदाहरण के लिए, यदि नाम के लिए 5 प्रतिशत ब्याज मिल रहा हो, किन्तु स्फीति की दर 10 प्रतिशत हो, तो वास्तविक ब्याज दर (–)5 प्रतिशत ही रह जाएगी। दूसरी और यदि घोषित ब्याज दर 15 प्रतिशत और स्फीति दर 5 प्रतिशत हो तो वास्तविक ब्याज प्राप्ति दर 10 प्रतिशत होगी।

11. भवन सम्पदाएं अकेले ही समस्त सम्पदाओं के आधे के समान हैं, और वित्तीय परिसपंदाओं में वास्तविक सम्पदाओं का अंश योग के आधे से अधिक रहता है—कभी कभी यह 3/4 तक भी पहुँच जाता है।

12. जैसे कि अध्याय–5 में बताया गया है, इस विधि में अवितरित लाभ के पूंजी करण से हुए वे पूंजीगत लाभ भी सम्मिलित हैं, जो शेयरों की कीमतों में परिलक्षित होते हैं। यह दीर्घकालिक दृष्टि से शेयर पूंजी से मिलने वाली प्रतिप्राप्ति का एक महत्वपूर्ण घटक होता है।

13. दूसरे शब्दों में जहां पूंजी से प्रतिप्राप्ति की प्रारंभिक दर 4 प्रतिशत हो, वहां स्फीति की दर का 0 से बढ़कर 2 प्रतिशत हो जाना निश्चित रूप से पूंजी की आय पर 50 प्रतिशत कर लगाने के समान नहीं होगा—इसका एक सीधा सा कारण तो यही है कि भवन सम्पदा और शेयरों के दाम भी 2 प्रतिशत वार्षिक दर से बढ़ने लगेंगे। अत: सकल पूंजी का एक बहुत छोटा सा भाग–परिवारों के पास नक्दी और कुछ मौद्रिक सम्पदाएं ही स्फीति रूपी कर चुका रही होगी। मैं इस प्रश्न पर अध्याय–12 में फिर लौटकर आऊंगा।

14. देखें: P. Hoffman, Gilles Postel-Vinay, and Jean-Laurent Rosenthal, *Priceless Markets: The Political Economy of Credit in Paris 1660-1870* (Chicago: University of Chicago Press, 2000).

15. लोचशीलता के शून्य होने के चरम उद्धरण में पूंजी पर प्रतिप्राप्ति और इसी के कारण आय में पूंजी का अंश जरा सी अधिक पूंजी होते ही शून्य रह जाएगा।

16. अनन्त, लोचशीलता के दूसरे चरम छोर पर पूंजी की प्रतिप्राप्ति अपरिवर्तित रहती है। अत: आय में पूंजी के अंश में पूंजी/आय अनुपात के समानुपाती वृद्धि होने लगती है।

17. यह दिखाया जा सकता है कि कॉब–डग्लस उत्पादन फलन एक गणितीय स्वरूप धारण कर लेती है: $Y = F(K, L) = K^{\alpha} L^{1-\alpha}$ । जहां प्रतिस्थापन लोच इकाई या उससे कम हो हमारे पास वैकल्पिक स्वरूप सूत्र उपलब्ध है। अनन्त लोच की दशा में उत्पादन फलन रेखीय रूप धारणकर जाएगा, अर्थात $Y = F(K, L) = rK + vL$ [फिर तो पूंजी की प्रतिप्राप्ति पूंजी और श्रम के प्रयुक्त परिमाणों पर निर्भर नहीं करेगी—यही बात श्रम के प्रतिफल v पर भी लागू होगी—ये दोनों प्रतिफल स्थिर हो जाते हैं] देखें: तकनीकी परिशिष्ट।

18. देखें: Charles Cobb and Paul Douglas, "A Theory of Production," *American Economic Review 18,* no. 1 (March 1928): 139-65.

19. बाउले के अनुसार सारी अवधि में राष्ट्रीय आय में पूंजी का अंश 37 प्रतिशत रहा—शेष 63 प्रतिशत श्रम का अंश था। देखे: Auther Bouley,— The Change in the Distribution of National Income, 1880-1913, [Oxford, Clarendon Press, 1920].। ये अनुमान इस अवधि के मेरे आकलन से मेल खाते हैं।

20. देखें: Jurgen Kuczynski, *Labour Conditions in Western Europe 1820 to 1935* (London: Lawrence and Wishart, 1937). That same year, Bowley extended his work from 1920: देखें Arthur Bowley, *Wages and Income in the United Kingdom since 1860* (Cambridge: Cambridge University Press, 193). देखें Jurgen Kuczynski, *Gechichte der Lage der Arbeiter unter dem Kapitalismus,* 38 vols. (Berlin, 1960-72). खंड 32, 33, 34 फ्रांस से संबंधित हैं। कुक्जिंस्की की श्रृंखला [जो त्रुटियों के बावजूद एक महत्त्वपूर्ण ऐतिहासिक स्रोत है] के आलोचनात्मक विश्लेषण के लिए देखें: T. Piketty, Copy original in Frrends.

21. देखें: Frederick Brown, "Labour and Wages," *Economic History Review 9, no. 2* (May 1939): 215-17.

22. देखें: J.M. Keynes, "Relative Movements of Wages and Output,". Economic Journal, 49, (1939): 48. यह बात विशेष आकर्षण का बिंदु हो सकती है कि उस समय पूंजी—श्रम के बीच एक स्थिर विभक्ति के पक्षधर भी उस विभक्ति के स्तर पर एकमत नहीं हो पा रहे थे। उदाहरण के लिए, केन्ज का आग्रह था कि शारीरिक श्रम [एक ऐसा वर्ग जिसकी दीर्घकालिक स्तर पर परिभाषा कर पाना बहुत कठिन हो जाता है] का अंश 1920–30 की अवधि में राष्ट्रीय आय के 40 प्रतिशत पर स्थिर था।

23. देखें: Tech App.

24. देखें: Tech App.

25. यह कॉब–डग्लस उत्पादन फलन में (1–α) में वृद्धि [अर्थात 'α' में कमी] या सामान्य उत्पादन फलन में इसी प्रकार के परिवर्तन का रूप धारण कर सकता है जिसमें प्रतिस्थापन की लोच एक से अधिक या कम हो।

26. देखें: Tech App.

27. देखें: Jean Bouvier, Francois Furter, and M. Gilet, *Le movement du profit en France au 19e siècle: Materiaux et etudes* (Paris: Mouton, 1965).

28. देखें: Francois Simiand, *Le salaire, l'evolution sociale et la monnaie* (Paris: Alcan, 1932); Ernest Labrousse, *Esquisse du movement des prix et des revenus en France au 18e siècle* (Paris: Librairie Dalloz, 1933). जेफरी विलियमसन और उनके सहयोगियों ने भूमि के भाड़े और श्रम की मजूदरी के दीर्घकालिक विकास पर 18वीं–19वीं शतियों के लिए ऐतिहासिक श्रृंखला का आंकलन किया है। इसमें भूमि–भाड़े की राष्ट्रीय आय में अंश का भी अनुमान लगाया गया है। देखें: Tech. App.

29. देखें: A, Chabert, *Essai sur les mouvements des prix et des revenus en France de 1798 a 1820,* 2 vols. (Paris: Librairie de Medicis, 1945-49). देखें Gilles Postel-Vinay, "A la recherché da la revolution economique dans les campagnes (1789-1815)," *Revue economique, 1989.*

30. एक फर्म की मूल्यवृद्धि इस फर्म द्वारा वस्तुओं और सेवाओं की बिक्री से हुई प्राप्तियों और इस द्वारा अन्य फर्मों को उनसे खरीदी गई सामग्रियों के मूल्य के रूप प्रदान की गई राशियों के बीच अन्तर है। नाम से ही स्पष्ट है कि उत्पादन की प्रक्रिया में फर्म मूल्य वृद्धि करती है। उसी वर्धित मूल्य में से श्रम को मजदूरी दी जाती है और शेष फर्म का लाभ कहलाता है। पूंजी–श्रम की विभक्ति के अध्ययन प्राय: मजदूरी–लाभ विभाजन तक सीमित रह जाते हैं—वे भाड़े की ओर ध्यान ही नहीं देते।

31. स्थायी एवं स्थिर जनसंख्या वृद्धि की संकल्पना स्पष्ट नहीं थी,—यह मान भी उतना ही अस्पष्ट एवं कदाचित भयावह विचार लगता है। यही कारण है कि आज हम विश्व जनसंख्या के आकार में स्थिरीकरण के विचार को सहज ही स्वीकार कर लेते हैं। देखे अध्याय–2

32. केवल रोबोट्स के सहारे चलने वाली अर्थ व्यवस्था में पूंजी पर प्रतिप्राप्ति शून्य नहीं हो पाएगी। यहां पूंजी और श्रम के बीच प्रतिस्थापन की लोच का मान अनन्त होगा—अन्तत: सारी उत्पादन व्यवस्था केवल पूंजी का प्रयोग करने लगेगी। देखें: Tech. App.

33. 'कैपीटल' के खंड-1 के परिशिष्ट 10 में प्रस्तुत कर संबंधी आंकड़े बहुत रोचक हैं। लाभ के अंश और मार्क्सद्वारा प्रस्तुत बही खातों के आधार पर विदोहन की दर का एक आकलन तकनीकी परिशिष्ट में किया गया है। मार्क्स ने 1865 की अपनी रचना wages Price and Profits में ऐसी एक अत्यंत ही पूंजीनिष्ठ फैक्टरी के खातों का प्रयोग किया है जहां कुल मूल्य वृद्धि का 50 प्रतिशत अंश लाभ के रूप में ही हस्तगत हो जाता है [यह मजदूरी वेतन के समान ही है]। किन्तु उन्होंने कहीं भी स्पष्ट नहीं किया कि वह किसी औद्योगिक अर्थव्यवस्था में इस प्रकार की विभिक्ति को मान कर चल रहे थे।

34. देखें: अध्याय–1

35. कुछ सैद्धांतिक प्रतिमानों ने इस अंतर्ज्ञान को स्पष्ट करने के प्रयास किए हैं—देखें: Tech. App.

36. मोडगिलयानी से आरंभ कर अमेरिकी अर्थशास्त्री तो बस इसी बात पर अटक कर रह गए कि पूंजी ने अपना रूप अंतरित कर लिया है—[वह तो अब जीवन चक्र में संचयन तक सीमित रह गई है] जबकि कॉल्डर से प्रारंभ कर ब्रिटिश अर्थशास्त्री इसी बात पर जमे हुए हैं कि पूंजी और धन का उद्गम केवल उत्तराधिकार से होता है—यह आग्रह भी भविष्य के चिंतन को लेकर अधिक आश्वस्त नहीं कर पाता। मैं इस निर्णायक प्रश्न पर खंड–3 में लौटकर आऊंगा।

7. विषमता और संकुलन : प्रारंभिक संदर्भ बिंदु

1. Honore de Balzac, *Le pere Goriot* (Paris: Livre de Poche, 1983), 123-35.

2. देखें: बालजैक, ले पेअरे गोरिये, 131। और आय सम्पदा आकलन में बालजैक ने फ्रैंक या लिवरे टूरनॉयज का प्रयोग किया है [ये आगे चलकर एक समान मान लिए गए थे] या फिर एक्यूज [पांच फ्रैंक मान का चांदी का सिक्का] और कभी कभी लॉइस और [फ्रैंक मान का सोने का सिक्का जो पुरातन व्यवस्था में ही 20 लिवरे के समान मान लिया गया था] उसका भी प्रयोग किया गया है। उस युग में स्फीति का नाम भी नहीं था—अत: ये मुद्रा की इकाइयां इतनी स्थिरमान इकाइयां थीं कि पाठक को एक से दूसरी की बात करने में कोई कठिनाई नहीं होती थी। देखें अध्याय–2 मैंने बालजैक द्वारा उल्लिखित राशियों का अध्याय–11 में अधिक विस्तार से वर्णन किया है।

3. देखें: बालजैक, ले पेअरे गोरिये, पृष्ठ 131.

4. समाचार पत्रों के अनुसार, फ्रांस के एक पूर्व राष्ट्रपति के पुत्र ने पैरिस में विधिशास्त्र का अध्ययन करते हुए डार्टी नामक उपकरण भंडारों की उत्तराधिकारी से विवाह कर लिया है—किन्तु उनकी भेंट वॉकर के अतिथिगृह में तो नहीं ही हुई थी।

5. मैं दशमंक की परिभाषा वयस्क जनसंख्या के लिए ही कर रहा हूँ क्योंकि प्राय: अवयस्क कुछ कमाई नहीं करते, यह परिभाषा भी यथा संभव वैयक्तिक स्तर की जानकारी पर आधारित है। तालिकाओं 7.1 से 7.3 में इसी परिभाषा पर आधारित आकलन प्रस्तुत किए गए हैं। फ्रांस और संयुक्त राज्य जैसे कुछ देशों के लिए ऐतिहासिक रूप से सुलभ आंकड़े पारिवारिक आय को दर्शाते हैं [पति–पत्नी,दोनों की आय का योग दिखाया जाता है]। इससे विभिन्न दशमंकों के अंश कुछ बदल जाते हैं किन्तु हमारा यहां पर जिन दीर्घकालिक विकासक्रमों से संबंध है वे तो अपरिवर्तित रहते हैं। वेतन–मजदूरी के आंकड़े सभी स्थानों पर वैयक्तिक स्तर पर ही उपलब्ध हैं। देखें: तकनीकी परिशिष्ट

6. तकनीकी परिशिष्ट, विशेष कर पूरक तालिका S7.1 देखें!

7. आधी जनसंख्या जिससे नीचे होती उस स्तर को माध्यिका कहते हैं। व्यवहार में माध्यिका का मान औसत से कम होता है, क्योंकि, वास्तविक विश्व के आय एवं धन के आबंटन वितरण वक्रों में उच्च पुच्छ अधिक विस्तृत होती है। इसके कारण औसत का मान अधिक हो जाता है—पर माध्यिका अपरिवर्तित रहती है। श्रम से आय के संदर्भ में तो माध्यिका का मान औसत के 80 प्रतिशत ही रहता है, उदाहरण के

रूप में यदि औसत वेतन–मजदूरी 2000 यूरो हो तो इनका माध्यिका स्तर मात्र 1600 यूरो रह जाएगा। धन सम्पदा के वितरण में तो माध्यिका का मान बहुत ही कम रह जाता है—प्राय: औसत का 50 प्रतिशत ही। यदि आधी के लगभग जनसंख्या सम्पदाहीन हो तो फिर माध्यिका का मान शून्य प्राय: भी हो सकता है।

8. "तृतीय राजसंस्था क्या है? सब कुछ। अभी तक राजनीतिक अनुक्रम में इसका क्या स्थान रहा है? कुछ भी नहीं। ये क्या चाहती है? कुछ बन जाना।"

9. जैसी कि परंपरा है, मैंने प्रतिस्थापन आयों [अर्थात पेन्शन, बेरोजगारी भत्ता आदि जो वेतन से कटौती के आधार पर ही दिए जाते हैं] को श्रम से से प्राप्त प्राथमिक आय में सम्मिलित किया है। यदि ऐसा नहीं करता तो श्रम की आय की विषमता कृत्रिम रूप से ता. 7.1 और 7.3 में दर्शाए गए स्तरों से कहीं अधिक हो जाती [क्योंकि सेवानिृत एवं बेरोजगार व्यक्तियों की संख्याएं काफी विशाल हो सकती हैं]। खण्ड–4 में मैं पेंशन और बेरोजगारी बीमा व्यवस्थाओं के माध्यम से पुन: वितरण पर विस्तार से चर्चा करूंगा—अभी तो इन्हें "स्थगित वेतन" भुगतान मान लेना पर्याप्त है।

10. इन गणनाओं को पूरक तालिका S.7.1 में रखा गया है [ऑन लाइन]

11. संयुक्त राज्य में शीर्षस्थ दशमंक का सकल धन सम्पदा के 75 प्रतिशत पर अधिकार है।

12. देखें: ऑन लाईन तकनीकी परिशिष्ट

13. यह कह पाना कठिन है कि सोवियत संघ और भूतपूर्व साम्यवादी गुट के देशोंमें इस कसौटी का अनुपालन हो पा रहा था—आंकड़े ही उपलब्ध नहीं हैं। हां इतना अवश्य सत्य है: अधिकांश पूंजी पर सरकार का अधिकार था—इस कारण से ही इस प्रश्न का महत्त्व बहुत कम रह जाता है।

14. ध्यान दें: तालिका 7.2 में निरूपित "आदर्श समाज" में भी विषमता का स्तर उच्च ही बना रहता है [धनिकतम 10 प्रतिशत का गरीबतम 50 प्रतिशत से अधिक पूंजी पर अधिकार होता है—जबकि गरीब समुदाय का आकार धनिक से 5 गुना बड़ा है, धनिकतम 1 प्रतिशत की औसत सम्पदा का मान तो गरीब वर्ग 50 प्रतिशत से 20 गुना अधिक

है। हमें और अधिक महत्त्वाकांक्षी [विषमता निवारण का] लक्ष्य निर्धारित करने से कोई रोक नहीं सकता।]

15. या 400000 यूरो प्रति युगल
16. देखें: अध्याय 3 से 5। सटीक आंकड़े तकनीकी परिशिष्ट में हैं।
17. स्थायी प्रयोग की वस्तुओं पर अध्याय–5 और तकनीकी परिशिष्ट देखें।
18. सटीक रूप से 35/9 × 20000 = 777, 778 यूरो। देखें: ता. S.7.1
19. इसके अभिप्राय: को और स्पष्ट रूप से जानने के लिए हम उपर्युक्त अंक गणित को आगे बढ़ा सकते हैं। ता. 7.2 में दर्शाई गई "बहुत उच्च" विषमता के परिदृश्य में औसत सम्पदा धारिता 200,000 यूरो थी और उसके साथ गरीबतम 50 प्रतिशत जन समुदाय की औसत सम्पदा मात्र 20,000 यूरो और मध्यमवर्गीय 40 प्रतिशत की सम्पदा 25000 यूरो तथा उच्चतम 10 प्रतिशत की सम्पदा 1.8 मिलियन यूरो होगी—यहाँ भी शीर्षस्थ एक प्रतिशत की औसत 10 मिलियन तो शेष 9 प्रतिशत की औसत 8,90,000 ही आंकलित होती है। देखें तकनीकी परिशिष्ट एवं तालिका S.7.1–3।
20. यदि हम केवल वित्तीय एवं व्यवसायिक पूंजी पर ध्यान दें जो फर्मों और काम से जुड़े उपस्करों के स्वामित्व का नियंत्रण दिखाती है तो शीर्षस्थ दशमंक का 70–80 प्रतिशत, किंचित अधिक भी, पर अधिकार है। अधिकांश जनसंख्या के लिए फर्म का स्वामित्व एक अमूर्त्त विचार मात्र है।
21. विषमता के दो आयामों में बढ़ता हुआ सह–संबंध, उदाहरण के रूप में, विश्वविद्यालयों में और अधिक शिक्षार्थियों के आगमन का एक परिणाम भी हो सकता है। इस बिन्दु पर कुछ ठहर कर अधिक विस्तार से चर्चा होगी।
22. ये गणनाएं सामाजिक समूह की निश्चित संरचना [ता. 7.3 में इंगित] की मान्यता पर आधारित है और इसी कारण से वास्तविक गिनि, गुणांक का कुछ न्यून–अनुमान कर जाती हैं [वास्तव में तो धन सम्पदा का वितरण एक सतत् वितरण होता है। सामाजिक समूहों के विभिन्न अनुमान तालिका S.7.4–6 में तकनीकी परिशिष्ट में देखें।

23. अन्य अनुपात, P_{90}/P_{50}, P_{50}/P_{10}, P_{75}/P_{25} आदि का भी प्रयोग होता है [यहां P50 पचासवें शतमंक अर्थात माध्यिका को सूचित करता है और P_{75}, P_{25} 75वें एवं 25वें शतमंक को दर्शा रहे हैं।]

24. इसी प्रकार विषमता के वैयक्तिक या पारिवारिक स्तर पर मापन के निर्णय का P_{90}/P_{10} जैसे अनुपातों पर बहुत अस्थिरताकारी प्रभाव हो सकता है [क्योंकि अनेक मामलों में स्त्रियां घर से बाहर काम नहीं करती] हां निम्नतम 50 प्रतिशित वर्ग पर इसका प्रभाव नगण्य रहता है।

25. जोसेफ ई. स्टिग्लर, अमर्त्य सेन और जीन–पौल फिटौसी की रचनाएं एवं आर्थिक निष्पादन एवं सामाजिक प्रगति के मापन पर आयोग की रिपोर्ट, 2009, विशेष ध्यान देने योग्य हैं।

26. सामाजिक तालिका भावनात्मक स्तर फ्रैंकॉयज क्वीने की 1758 आर्थिक तालिकाओं के निकट थीं [उन तालिकाओं ने भी अर्थव्यवस्था का एक संश्लिष्ट चित्रांकन करते हुए विभिन्न सामाजिक समूहों के बीच आदान–प्रदान का निरूपण किया था। वस्तुत: पुरातन काल से ही विभिन्न अर्थव्यवस्थाओं में इसी प्रकार की सामाजिक तालिकाओं की रचना होती रही है। NBER Working Paper No 13550 (अक्टूबर 2007) में बी मिलानोविक, पी; लिन्ड्रे और जे विल्लियमसन ने "Measuring Ancient Inequality" लेख में ऐसी कई रौचक तालिकाओं की चर्चा की है। बी मिलानोविक की रचना: The Haves and Have Nots: A Brief and Idiosyncratic History of Global Inequality [New York, Basic Books, 2010] भी एक अच्छा संदर्भग्रन्थ है। किन्तु दुर्भाग्यवश समरूपताएवं तुलनीयता की दृष्टि से इन पुरातन तालिकाओं के आंकड़े बहुत संतोषप्रद सिद्ध नहीं होते। देखें: तकनीकी परिशिष्ट।

8. दो विश्व

1. देखें: ता. 7.3
2. देखें: ता. 7.1 और तकनीकी परिशिष्ट
3. विभिन्न शतमंकों और शीर्षस्थ दस हजारवें अंश तक जानकारी एवं सारे विकास क्रम के विश्लेषण के लिए देखें : Thomas Piketty L

Les hauts revenus en France an 20c siecle : Inegalit es it redistinbuton 1901–1998 [पैरिस, ग्रेस्सेट, 2001] यहां, मैं अपनी चर्चा को अधिक नवीन शोध का सहारा लेते हुए बस सारी गाथा के मुख्य प्रश्नों तक ही सीमित रखूँगा। उक्त श्रृंखला का नवीन स्वरूप ऑनलाइन WTID में उपलब्ध है।

4. रेखाचित्रों: 8.1 और 8.2 में दर्शाए गए अनुमान घोषित आय और वेतन पर आधारित हैं [फ्रांस में सामान्य आय कर 1914 में और मजदूरी पर तथाकथित सेड्यूलेअर कर 1917 में लगाए गए थे, अत: उक्त वर्षों से हमें उच्च आय एवं उच्च वेतन–मजदूरी के आंकड़े सुलभ हो जाते हैं]। साथ ही राष्ट्रीय लेखा खातों [जो हमें सकल राष्ट्रीय आय एवं सकल वेतन–मजदूरी भुगतान की जानकारी देते हैं] का कुजनेट्स द्वारा प्रारंभ की गई विधि [जिनकी हमने विषय प्रवेश में ही संक्षिप्त व्याख्या की थी] के प्रयोग से प्राप्त जानकारी भी इन्हीं रेखाचित्रों में समाहित है। राजाकोषीय आंकड़े तो वर्ष 1915 से ही प्रारंभ हो पाए हैं [वह पहला वर्ष जब आय कर लगा था]। मैंने 1910–14 की श्रृंखला का आंकलन महायुद्ध से पूर्व कर अधिकारियों द्वारा किए गए आंकलन और उस समय के अर्थशास्त्रियों की रचनाओं से सुलभ जानकारी के आधार पर किया है। देखें तकनीकी परिशिष्ट

5. रेखाचित्र: 8.3 [और आगे के इसी प्रकार के रेखाचित्रों में भी] मैंने Les hauts revenus en France और WTID वाले ही संकल्पना सूचकों का प्रयोग करते हुए आय क्रमिकता के विभिन्न अंश भागों को दर्शाया है: P_{90-95} में 90वें और 95वें शतमंक में आने वाले सभी व्यक्ति सम्मिलित है [अर्थात धनिकतम दशमंक वर्ग के निर्धनतम अर्द्धांश]; P_{95-99} में इसी प्रकार 95वें से 99वें शतमंक के सदस्य हैं—ये धनिकतम दशमंक के अगले 40 प्रतिशत है; $P_{99-99.5}$ में उसी शतमंक का अगला 0.4 प्रतिशत; $P_{99.9-99}$ अगले 0.09 प्रतिशत और $P_{99.99-100}$ धनिकतम 0.01 प्रतिशत या धनिकतम दस हजारवाँ अंश वर्ग है।

6. एक बार फिर याद दिला दूं: 2010 में फ्रांसी वयस्क जनसंख्या 50 मिलियन थी और शीर्षस्थ दशमंक में 500,000 व्यक्ति होने चाहिए।

7. यही बात 90वें शतमंक से नीचे वाले 90 प्रतिशत समुदाय पर भी लागू होनी चाहिए, किन्तु इनके क्षतिपूरक हितलाभ अर्थात

सेवानिवृत्ति आय/बेरोजगारी बीमा भत्ते आदि का मान काफी कम रहता है।

8. प्रशासनिक अधिकारियों के वेतन मानों पर हमारे पास सबसे दीर्घकालिक श्रृंखलाएं हैं। फ्रांस में 19वीं सदी के प्रारंभ से ही सरकारी बजट और विधायिका की रिपोर्टों में यह जानकारी उपलब्ध है–हां निजी क्षेत्र के इन वेतन मानों की तो कर संबंधी दस्तावेजों में से खोजबीन करनी पड़ती है, अत: 1914–17 में लगाए गए आयकर से पूर्व की जानकार नगण्य ही है। प्रशासनिक अधिकारियों के वेतनमानों की जानकारी से स्पष्ट हो रहा है कि 19वीं सदी में वेतन क्रमिकताएं 1910–2010 में अवलोकित स्तरों से अधिक भिन्न नहीं थी—शीर्षस्थ दशमंक एवं न्यूनतम अर्द्धांश दोनों पर ही यह बात लागू होती है। संभवत: शीर्षस्थ शतमंक में कुछ भिन्नता रही होगी किन्तु निजी वेतन मानों के आंकड़ों के अभाव में इस विषय में निश्चित रूप से कह पाना कठिन है। देखें: तकनीकी परिशिष्ट।

9. वर्ष 2009–10 में $P_{99–99.5}$ और $P_{99.99.9}$ के अंशवर्गों—जो मिलकर शीर्षस्थ शतमंक वर्ग के 90 प्रतिशत के समान है—को कुल वेतन आय का 50–60 भाग प्राप्त हो रहा था, जबकि मिश्रित आय में इनका अंश 20–30 प्रतिशत ही था [देखें रेखाचित्र 8.4]। अंत: महायुद्धकाल [देखें रेखाचित्र 8.3] की ही भांति इस समय भी उच्च वेतन वर्ग उच्चमिश्रित आय वर्ग पर भारी पड़ रहा था।

10. अध्याय–7 की भांति यहां भी यूरो आंकड़ों को जानबूझ कर पूर्णांक एवं लगभग रखा गया है ताकि उनसे परिमाण क्रमिकता से अधिक अर्थ नहीं निकाला जाए। प्रत्येक वर्ष के प्रत्येक शतमंक एवं सहत्रमंकों के सीमा बिन्दुओं को आप तकनीकी परिशिष्ट में देख सकते हैं।

11. किन्तु ध्यान रहे कि इन सीमाओं के आधारभूत आंकड़ें स्वयं भी अपूर्ण हैं। हमने अध्याय–6 में देखा था कि उद्यम से आय को कई बार लाभांश के रूप में दिखा दिया जाता है और वह पूंजी से आय में जुड़ जाती है। यहां भी 1914 से लेकर वर्षानुगत शीर्षस्थ शतमंक एवं सहत्रमंक की रचना तकनीकी परिशिष्ट में देखी जा सकती है।

12. रेखाचित्र: 8.4 में उक्त “9 प्रतिशत” वर्ग की आय का 10 प्रतिशत से भी कम भाग पूंजी से प्राप्त हो रहा है, किन्तु, इसका एक बड़ा कारण भी है: शीर्षस्थ दशमंक एवं शतमंक की श्रृंखला की भांति ही ये आंकड़ें

भी पूर्णत: स्वघोषित आय विवरणियों पर निर्भर हैं, इनमें 1960 से स्वामी के उपयोग में आ रहे घर के किराये का मान सम्मिलित नहीं है [पहले वह भी कर योग्य आय में जोड़ा जाता था]। यदि इस प्रकारकी अनुमानित आयों का भी आंकलन करें तो 2000–10 से भी उक्त "9 प्रतिशत वर्ग" की पूंजीसे प्राप्त आय 20 प्रतिशत से कुछ अधिक ही हो जाएगी। देखें तकनीकी परिशिष्ट।

13. देखें: ऑनलाइन तकनीकी परिशिष्ट।

14. मैं तो विशेष रूप से सभी किराये–भाड़े, ब्याज, लाभांश को एक बार घोषित आय में रखने का पक्षधर हूँ भले ही इन पर अलग अलग दर से कर लगते हों या विभिन्न प्रावधानों के अंतर्गत ये कर से मुक्त भी हों।

15. देखें: तकनीकी परिशिष्ट

16. ध्यान रहे कि द्वितीय महायुद्ध काल में भी फ्रांस के कर अधिकारी आय के विवरण एकत्र करने, उन्हें रिकार्ड करने और उनके आधार पर आंकड़े तैयार करने के कार्य में ऐसे जुटे रहे थे जैसे उनके आसपास कुछ हो ही नहीं रहा हो। वस्तुत: वह मशीनी विधि से आंकड़ों के प्रसंस्करण का 'स्वर्णयुग' था, नई प्रौद्योगिकी से छिद्रांकित कार्डों की स्वचालित छंटाई संभव हो गई थी—उसने जल्दी से आंकड़ों को मिश्रित तालिकाओं में निबद्ध करना सरल बना दिया था—यह पहले की हाथ से ही सब कुछ करने की व्यवस्था से बहुत आगे की बात थी। परिणाम स्वरूप युद्धकाल में वित्त मंत्रालय के प्रकाशन पहले की अपेक्षा बहुत अधिक समृद्ध हो गए थे।

17. राष्ट्रीय आय में उच्चतर दशमंक का अंश 47 प्रतिशत से घट कर 29 प्रतिशत रह गया और उच्चतर शतमंक का अंश 21 से घटकर मात्र 7 प्रतिशत रह गया। विवरण तकनीकी परिशिष्ट में देखें।

18. इन विकास क्रमों का वर्षानुगत विवरण Les hauts revenus en France, अध्याय 2,3 पृष्ठ 93–229 में देखा जा सकता है।

19. जिसे द्वितीय महायुद्ध के दौरान वेतन क्रमिकताओं का संकुचन कहा जाता है वह प्रक्रिया वास्तव में युद्ध से पहले ही 1936 में 'मेतिग्नन समझौते" के अंतर्गत प्रारंभ हो चुकी थी।

20. देखें: Les hauts revenus entrance, 201–2। वेतन विषमताओं में 1968 में आया एक तीखा विवर्तन उसी समय पहचान लिया गया

था। इस संदर्भ में क्रिश्चियन बॉडलोट और ए. लेब्यूयिन का शोध Les salaries de 1950 a' 1975, पैरिस INSEE, 1979 एक उत्कृष्ट संदर्भ ग्रन्थ है।

21. देखें: रेखाचित्र 6.6.

22. ये दो शोध विशेष रूप से ध्यान देने योग्य हैं: कैमिले लैंडास: Les hauts revenus en France (1998–2006). Line explosion des inegalities? [पैरिस, पैरिस स्कूल ऑफ इक्नॉमिक्स, 2007]; और ओलिवर गोडशोट, "In Finance Responsible for Rise in wage Inequality in France?" Socio–Economic Review 10, No.3 (2012): 447–70.

23. मैंने 1910–12 के वर्षों के लिए विभिन्न उपलब्ध आंकड़ा स्रोतों का प्रयोग करते [विशेष कर संयुक्त राज्य की संघीय सरकार द्वारा संभावित संघीय आय कर लागू कर सकने की पूर्वायोम के आधार पर तैयार अनुमान] हुए श्रृंखला को पूरा करने का प्रयास किया है। देखें: तकनीकी परिशिष्ट

24. मैंने, 1913–26 के वर्षों के लिए आय के स्तरों और आय के वर्गों के आंकड़ों को आधार बनाकर वेतन विषमता का विकास क्रम अनुमानित किया है। देखें: तकनीकी परिशिष्ट

25. हाल ही में संयुक्त राज्य में विषमता वृद्धि पर दो विख्यात अर्थ शास्त्रियों की पुस्तकें प्रकाशित हुई हैं। इनमें भी संयुक्त राज्य के इतिहास में इस अपेक्षा कृत समतापूर्ण समय से लगाव स्पष्ट दिखाई दे रहा है। ये पुस्तकें हैं: पॉल क्रूगमैन, The conscience of a Liberal [न्यूयार्क, मॉर्टन, 2007] और जोसेफ स्टिग्लिट्स, The Price of Inequality (न्यूयार्क, नॉर्टन, 2012)।

26. उपलब्ध आंकड़े अपूर्ण होते हुए भी सुझा रहे हैं कि पूंजी से आय की वास्तविक से कम घोषणाओं के लिए उपयुक्त समंजन करने पर इसमें राष्ट्रीय आय के 2 से 3 प्रतिशत बिन्दुओं जितना सुधार हो सकता है। शीर्षस्थ दशमंक का अपरिमार्जित अंश 2007 में 47.9 प्रतिशत था और 2010 में 49.7 प्रतिशत—यहां भी वृद्धिमान होने की प्रवृत्ति स्पष्ट दिखाई पड़ रही है।—देखें: तकनीकी परिशिष्ट

27. "पूंजीगत लाभ सहित" श्रृंखला के अंश एवं [शीर्ष आय दशमंक एवं शतमंक के लिए] और हर [राष्ट्रीय आय के लिए] में पूंजी गत लाभ सम्मिलित हैं। दूसरी श्रृंखला—"पूंजीगत लाभ रहित" में इस मद को अंश एवं हर, दोनों से बाहर रखा गया है। तकनीकी परिशिष्ट

28. एकमात्र संदेहास्पद उछाल 1986 में रीगन द्वारा प्रारंभ बड़े कर सुधारों के समय आया था—अनेक फर्मों ने अपनी विधिक स्थिति को परिवर्तित कर लाभ को वैयक्तिक आय कर के अंतर्गत लाने का कार्य किया था—पहले उन्हें निगम कर देना पड़ता था। राजस्व निर्धारण आधार में यह परिवर्तन एक अत्यल्प कालिक प्रभाव पैदा करता है—वैयक्तिक आय कुछ पहले हो जाती है—पूंजीगत आय कुछ स्थगित हो जाती है। इसका दीर्घकालिक प्रवृत्ति की रचना पर द्वितीयक प्रभाव ही रहा है। तकनीकी परिशिष्ट

29. यहां उल्लिखित कर पूर्व आय पारिवारिक आय है [विवाहित या एकल व्यक्ति की आय]। वैयक्तिक स्तर पर आय की विषमता भी पारिवारिक आय की विषमता के समान अनुपात में ही अधिक हुई है। तकनीकी परिशिष्ट

30. अर्थव्यवस्था का यह अंतरंग बोध अमेरिकी विश्वविद्यालयों में अध्यापन कर रहे उन अर्थशास्त्रियों में विशेष रूप से पाया जाता है जो कहीं गरीब देशों से आकर वहां बस गए हैं। तकनीकी परिशिष्ट

31. सभी विस्तृत श्रृंखलाएं तकनीकी परिशिष्ट में हैं

32. यह तर्क अधिकाधिक स्वीकार्य हो रहा है। इसका अनुमोदन करने वाले संयुक्त राज्य की राष्ट्रीय आय में शीर्ष वर्ग के बढ़ते हुए महत्व की अल्पगणना भी कर जाते हैं: देखें : Micheal Kumhof and Romain Rancire : "Inequality, Leverage and crises", International Monetary Find working Paper [Nov, 2010] एवं Raghuram Rajan, "Fault Lines"—Princeton, New Jersey, Princeton University Press, 2010.

33. देखें Anthony B. Atkinson, Thomas Piketty, and Emmanuel Saez, "Top Incomes in the Long Run of History," *Journal of Economic Literature* 49, no. 1 (2011): Table 1, p. 9.

34. ध्यान रहे ये सभी आंकड़े कर एवं अन्तरण पूर्व प्राथमिक आय के हैं। मैं करों एवं अन्तराणों के प्रभावों की समीक्षा खण्ड–4 में करने वाला हूँ। संक्षेप में, इस अवधि में कर व्यवस्था की प्रगतिशीलता में काफी कमी आई है—उससे आंकड़ों की जानकारी का अधोपतन स्पष्ट होता है—हां कुछ अन्तरण अवश्य निर्धनतम व्यक्तियों की दशा में थोड़ा बहुत सुधार पा रहे हैं।

35. देखें: अध्याय–5, जहां जापान और स्पेन के अस्थाई बुलबुलों की व्याख्या की गई है।

36. देखें: Thomas Piketty and Emmanuel Saez, "Income Inequality in the United States, 1913-1998," *Quarterly Journal of Economics* 118, no. 1 (February 2003): 29-30. देखें, Claudia Goldin and R. Margo, "The Great Compression: The Wage Structure in the United States at Mid-Century," *Quarterly Journal of Economics 107, no.* 1 (February 1992): 1-34.

37. इसकी प्रतिपूर्ति तो महान अंतर्पीढ़ी गतिशीलता भी नहीं कर पाई प्रभाव कुछ विपरीत ही रहा है। इस विषय अध्याय–13 में आगे चर्चा करूँगा।

38. देखें: Wojciech Kopczuk, Emmanuel Saez, and Jae Song, "Earnings Inequality and Mobility in the United States: Evidence from Social Security Data since 1937," *Quarterly Journal of Economics 125,* no. 1 (2010): 91-128.

39. देखें: Edward N. Wolff and Ajit Zacharias, "Household Wealth and the Measurement of Economic well–Being in US," Journal of Economic Inequality, 7, No 2 [June 2009] पृष्ठ 83–115। इन लेखकों की यह टिप्पणी सटीक है कि मेरे [इम्मनुएल साइज के साथ] लेख, 2003 में किए गए दावे कि "कार्य कर रहे धनि" द्वारा "बस बांड से आय" पाने वाले वर्ग की स्थान पूर्ति से हमारे स्पष्ट हो रहे विकास क्रम की प्रर्याप्त व्याख्या हो जाती है—वस्तुत: ये दोनों वर्ग सह अस्तित्व भाव से विद्यमान रहते हैं।

40. देखें: रेखाचित्र S8.1 और S8.2 ऑन लाइन परिशिष्ट

41. देखें: Steven N. Kaplan and Joshua Rauh, "Wall Street and Main Street: What Contributes to the Rise of the Highest Incomes?" *Review of Financial Studies 23,* no. 3 (March 2009): 1004-1050.

42. देखें: Jon Bakija, Adam Cole and Bradley T. Heim, "Jobs and Income Growth of Top Earners and cause of Changing Income Inequality: Evidence from US Tax Returns Data," Department of Economics Working Papers 2010–24, Department of Economics, Williams College Table। अन्य महत्त्वपूर्ण व्यवसायिक समूहों में डॉक्टर एवं वकील शामिल हैं [सकल का 10 प्रतिशत] तथा भवन सम्पदा प्रवर्तक [5 प्रतिशत]। किन्तु इन आंकड़ों का प्रयोग सावधानीपूर्वक करना चाहिए क्योंकि हमें इनकी सम्पदाओं के मूल स्रोत की जानकारी नहीं मिल पा रही [हम नहीं जानते कि इनकी धन सम्पदा उत्तराधिकार में प्राप्त हुई थी या नहीं]। किन्तु यदि पूंजीगत लाभ को जोड़ लें तो प्रत्येक आय स्तर पर लगभग आधी आय संपत्ति अथवा पूंजी से आय का रूप धारण कर लेती है—यदि पूंजीगत लाभ को नहीं जोड़े तो भी पूंजी से आय का अंश एक चौथाई तो बन ही जाता है [देखें: परिशिष्ट रेखा चित्र S8.2 – ऑन लाइन]।

43. बिल गेट्स जैसे सुपर नवप्रवर्तक उद्यमी इतने कम हैं कि आय के विश्लेषण में उनकी गणना अधिक सार्थक नहीं होगी—हां, उनका उद्धरण धन सम्पदाओं, विशेषकर उनके प्रकार भेदों के उदय के संदर्भ में अवश्य सार्थक होगा। देखें अध्याय–12।

44. सटीक रूप से बात करें तो: यदि एक प्रबंधक को आज 100 डालर में एक स्टॉक शेयर खरीदनेका विकल्प दिया जाता है जो उस विकल्प को भुनाने के समय $200 का हो जाता है तो निश्चित रूप से दोनों कीमतों का अंतर—यहां $100–को भुनाने के वर्ष में प्रबंधक की आय में जोड़ना चाहिए। यदि वह उस शेयर को और भी ज्यादा कीमत—$250 पर बेचने में सफल हो जाता है तो $50 की राशि को पूंजीगत लाभ माना जाएगा।

9. श्रम आय की विषमता

1. Claudia Dale Goldin and Lawrence F. Katz, The Race between Education and Technology: The Evolution of U.S. Educational Wage Differentials, 1890-2005 (Cambridge, MA: Belknap Press, 2010).
2. देखें: ता. 7.2
3. राष्ट्रीय लेखांकन की भाषा में तो स्वास्थ्य और शिक्षा व्यय को उपभोग व्यय [जो व्यक्ति के कुशल क्षेम को बढ़ाते हैं] कहा जाता है, निवेश नहीं। इस कारण से भी 'मानवीय पूंजी' का विचार समस्या पूर्ण बन जाता है।
4. प्रत्येक घटनाक्रम में कुछ उप–घटनाएं भी थीं, उदाहरण के लिए 1998–2002 में विधिक रूप से कार्य के घंटे 39 से घटा कर 35 किए जाने और साप्ताहिक वेतन को पूर्व स्तर पर स्थिर रखने को श्रम की वास्तविक मजदूरी में 10 प्रतिशत की वृद्धि माना गया है।
5. संघीय आय कर की ही भांति न्यूनतम मजदूरी विधेयक भी कार्यपालिका और सर्वोच्च न्यायालय के बीच कड़े संघर्ष का विषय बन गया था—जिसने 1935 में पारित पहले न्यूनतम मजदूरी विधेयक को रद्द कर दिया था—किन्तु रूटवेल्ट ने 1938 में उसे पुन: पारित करा लागू करवा ही दिया।
6. रेखाचित्र: 9.1 में मैंने मौद्रिक न्यूनतम मजदूरी को 2013 के यूरो एवं डॉलरों में व्यक्त किया है।
7. कुछ राज्यों में 2013 में न्यूनतम मजदूरी संघीय स्तर पर निर्धारित मान से अधिक थी। कैलीफोर्निया और मेसाचुसेट्स राज्यों में यह $8 प्रतिघंटा है और वांशिगटन राज्य में 9.19 है।
8. एक पौंड के लिए 1.30 यूरो की विनिमय दर पर। वास्तवमें ब्रिटिश और फ्रांसीसी न्यूनतम मजदूरी में अन्तर कहीं अधिक है—इसका कारण नियोक्ता द्वारा सामाजिक सुरक्षा आदान राशियां है— ये सकल मजदूरी में जोड़ दी जाती है। इस विषय पर मैं एक बार फिर खण्ड–4 में लौट कर आऊँगा।

9. विभिन्न देशों के अनुभवों में भारी अंतर बने हुए हैं: उदाहरण के लिए ब्रिटेन में कई प्रकार की कीमतों और भत्तों का निर्धारण साप्ताहिक आधार पर होता है [भाड़ा, कुछ प्रकार के व्यवसायों की मजदूरी भी]। इन्हीं प्रश्नों पर अधिक विस्तारके लिए देखें: Robert castel, Les Meta/morphoses de la question sociale: Une chronique du salariat [Paris, Fayard, 1995]

10. विशेषकर देखें: David Card and Alan Kruger, "Myth and Measurement : The New Economics of Minimum Wage [Princeton University Press, 1995]। इन लेखकों ने इस बात का भरपूर प्रयोग किया है कि पड़ौसी राज्यों में भी न्यूनतम मजदूरी दर में अंतर देखे जा सकते हैं।" विशुद्ध क्रय एकाधिकार' की स्थिति में तो किसी निश्चित भूक्षेत्र में एक ही नियोक्ता की उपस्थिति हो सकती है [विशुद्ध एकाधिकार में विक्रेता एक ही रहता है]। फिर तो वह नियोक्ता मजदूरी दर को न्यूनतम स्तर पर रखने का प्रयास करता है। यहां वैधानिक रूप से न्यूनतम मजदूरी निर्धारित होने से [या उसमें वृद्धि होने से भी] रोजगार में कभी नहीं होती—उस नियोक्ता का लाभ का स्तर इतना अधिक होता है कि वह वर्धित न्यूनतम मजदूरी पर भी सभी इच्छुक श्रमिकों को काम पर रख सकता है। 'उच्चतर' मजदूरी से आकृष्ट होकर अधिक व्यक्ति रोजगार पाने का प्रयास कर सकते है और इस कारण रोजगार के स्तर में सुधार भी हो सकता है।

11. रेखाचित्र: 8.6–8.8 पर विशेष ध्यान दें

12. यह तथ्य निर्णायक है। किन्तु सं. राज्य के विद्वत संवाद में प्राय: इसकी उपेक्षा की जाती है। गोल्डिन और काट्ज की रचना Race between Education and Technology के साथ ही रेबेक्का ब्लैंक की हाल ही में प्रकाशित रचना Changing Inequality [बर्कले, कैलीफोर्निया विश्वविद्यालय प्रैस, 2011] भी महाविद्यालय स्तरीय उपाधि के साथ साथ वेतन दर में आ रहे अन्तर [और परिवार की रचना में बदलाव] पर ध्यान आकर्षित कर रही है। रघुराम राजन, Fault Lines [प्रिसंटन विश्वविद्यालय प्रैस, प्रिसंटन, 2010] भी इस बात पर सहमत लगते हैं कि महाविद्यालयी शिक्षा से जुड़ी विषमता का विकास क्रम शीर्षस्थ शतमंक की आय में हुई विस्फोटक वृद्धि से अधिक महत्त्वपूर्ण है [किन्तु यह धारणा गलत है]। इस भ्रांति का संभावित

कारण यही होगा कि श्रम और शिक्षा पर कार्य कर रहे अर्थशास्त्रियों के आंकड़े शीर्षस्थ शतमंक वर्ग के अतिउत्कृष्ट निष्पादन का पूरी तरह मापन नहीं कर पाते [इसे समझने के लिए तो कर विवरणियों की जानकारी का अध्ययन आवश्यक होगा]। सर्वेक्षण आंकड़ों की एक विशेषता अधिक सामाजिक जनांकीय कारकों का समाहन है [शिक्षा सहित]—कर आंकड़े ऐसा नहीं कर पाते। किन्तु सर्वेक्षण प्राय: बहुत छोटे प्रतिदर्शों पर आश्रित रहते हैं और सर्वेक्षित व्यक्तियों की "स्वचित्रित छवि" के प्रभाव से मुक्त नहीं हो पाते। आदर्श स्थिति तो यही होगी कि कर एवं सर्वेक्षण दोनों स्रोतों का समन्वित रूप से प्रयोग किया जाए। इन कार्यविधिक प्रश्नों पर देखें: तकनीकी परिशिष्ट

13. ध्यान दें; रेखाचित्र 9.2 एवं उससे आगे के रेखाचित्रों में अंकित वक्रों में पूंजीगत लाभ सम्मिलित नहीं है [सभी देशों में इनके मापन में समरूपता का अभाव रहता है]। किन्तु सं. राज्य में ये पूंजीगत लाभ बहुत विशाल हैं [इन्हीं के कारण की 2000–2010 की अवधि में शीर्षस्थ शतमंक का आय अंश 20 प्रतिशत से अधिक हो जाता है], इसी कारण वास्तविक अन्तराल तो रेखाचित्र 9.2 में दशाए गए स्तर से भी कहीं अधिक विस्तृत है। देखें: S.9.3, ऑनलाइन

14. न्यूजीलैंड भी लगभग ऑस्ट्रेलिया जैसे ही प्रसार पथ पर चला है। देखें: S.9.4 ऑन लाइन। आंकड़ों को सरल बनाए रखने के लिए मैंने कुछ ही देशों की उपलब्ध श्रृंखलाएं प्रस्तुत की हैं। जिज्ञासु पाठक ऑनलाईन तकनीकी परिशिष्ट या WTID में संपूर्ण श्रृंखलाएं पा सकते हैं।

15. यदि हम स्वीड़न में 1990–2010 में प्रबल रहे पूंजीगत लाभ प्रवाहों को जोड़ लें तो शीर्षस्थ शतमंक का अंश 9 प्रतिशत हो जाता है। तकनीकी परिशिष्ट

16. WTID में सम्मिलित अन्य सभी यूरोपीय देशों, नीदरलैंड, स्विटजरलैंड, नॉर्वे, फिनलैंड और पुर्तगाल के विकासक्रम भी अन्य महाद्विपीय देशों से मिलते जुलते ही रहे हैं। ध्यान रहे, हमारे पास दक्षिण यूरोप के देशों के काफी पर्याप्त आंकड़े हैं। स्पेन की श्रृंखला तो 1933 से प्रारंभ हो जाती है किन्तु इससे कई बिन्दुओं पर कटाव भी हैं। इटली में आयकर 1923 में लागू हो गया था, किन्तु पूरे आंकड़े तो 1974 से ही मिल पाते हैं। देखें: तकनीकी परिशिष्ट

17. सं. राज्य में 2000–2010 लाभ जोड़ देने पर यह 12 प्रतिशत हो जाता है।—तकनीकी परिशिष्ट।

18. अत: फ्रांस और जापान में 0.1 प्रतिशत की औसत आय औसत राष्ट्रीय आय के 15 गुना से बढ़कर 25 गुना हो गयी [अर्थात यदि औसत 30,000 यूरो हो तो इसका मान 450000 से बढ़कर 750,000 यूरो वार्षिक हो गया]। इसी समय संयुक्त राज्य में तो इस शीर्ष 0.1 प्रतिशत वर्ग की औसत आय औसत राष्ट्रीय आय के 20 गुना से बढ़कर 100 गुना हो गयी—अर्थात यह $600,000 वार्षिक से $3 मिलियन स्तर पर पहुँच गई। ये परिमाण क्रम अनुमानित ही हैं किन्तु ये हमें समूची प्रक्रिया की एक बेहतर झलक प्रदान करते हैं और आय अंशों की प्रचार माध्यमों में वर्णित वेतन मानों से भली प्रकार तुलना करने में भी सहायक हैं।

19. "एक प्रतिशत" की आय निश्चित रूप से कम है—शीर्ष एक प्रतिशत का राष्ट्रीय आय के 10 प्रतिशत भाग पर अधिकार यही जानकारी देता है कि इस वर्ग की औसत आय राष्ट्रीय औसत से 10 गुनी ही अधिक है [20 प्रतिशत अंश का अर्थ इसका राष्ट्रीय औसत से 20 गुना होना होगा]। पैरेटो गुणांक [विस्तृत चर्चा अध्याय–10 में] शीर्षस्थ दशमंक, शतमंक और सहस्तमंक के अंशों की अपेक्षाकृत समतापूर्ण समाजों [जैसे कि स्वीड़न, 1970 का दशक] में तुलना करने में विशेष सहायक है—वहां शीर्षस्थ सहस्त्रमंक की औसत शतमंक से मात्र दो गुनी थी। अत: सहस्त्रमंक का राष्ट्रीय आय में अंश शतमंक के अंश से पाँचवा भाग ही था। बहुत उच्च विषमताग्रत देशों [जैसे कि संयुक्त राज्य, 2000 का प्रथम दशक] शीर्ष सहस्त्रमंक का शतमंक के राष्ट्रीय आय अंश में 40–50 प्रतिशत भाग पर अधिकार हो जाता है।

20. यह पूंजीगत लाभ को शामिल करने/नहीं करने पर निर्भर है—देखें: तकनीकी परिशिष्ट

21. ता. 5.1 को विशेष रूप से देखिए

22. अवधि 1900–1910 में कुछ वर्षों में स्वीड़न और डेनमार्क में शीर्षस्थ शतमंक का राष्ट्रीय अंश 25 प्रतिशत भी रहा है—वह उस समय के फ्रांस, ब्रिटेन और जर्मनी में अवलोकित अंशों [अधिकतम 22–23 प्रतिश] से अधिक ही था। किन्तु हमारे सूचना स्रोतों की सीमाओं के

कारण यह कह पाना निश्चित नहीं है कि क्या यह अंतर वास्तव में महत्त्वपूर्ण थे। देखें: तकनीकी परिशिष्ट

23. पिछले अध्याय में प्रस्तुत संयुक्त राज्य और फ्रांस के आंकड़ों के समतुल्य जानकारी जिस भी देश के लिए सुलभ है वहां यही वस्तुस्थिति दिखाई पड़ रही है [देखें: रेखाचित्र 8.3–4 और 8.9–10]।

24. देखे: रेखाचित्र S9.6–ऑनलाईन—उसमें इसी रेखाचित्र को वार्षिक आंकड़ों के साथ अंकित किया गया है। अन्य देशों की श्रृंखलाएं भी समान प्राय: है और ऑन लाइन उपलब्ध हैं।

25. रेखाचित्र 9.8 में उन चार यूरोपीय देशों का साधारण औसत दिखाया गया है जिनका चित्रांकन रेखाचित्र 9.8 में किया गया है। ये चार देश यूरोपीय विविधता को भली प्रकार दर्शा रहे हैं—यदि उन उत्तरी एवं दक्षिणी यूरोपीय देशों को भी जोड़ लिया जाए जिनके आंकड़े उपलब्ध हैं—या प्रत्येक देश की औसत को उसकी राष्ट्रीय आय द्वारा भारित कर दिया जाए तो भी इस वक्र के आकार पर विशेष प्रभाव नहीं पड़ेगा। देखें: तकनीकी परिशिष्ट।

26. जिज्ञासु पाठक एंथनी एटकिन्सन के साथ मिलकर मेरे दो खंडों में प्रकाशित शोध [2007 एवं 2010] Top Incomes over the Twentieth country: A contrast between Continental European and English speaking countries (Oxford University Press, 2007) और Top Incomes: A Global Perspective [Oxford University Press 2010] में 23–देशों के अध्ययन देख सकते हैं।

27. सही रूप से तो चीन में 1980 से पूर्व कोई आय कर नहीं लगाया जाता था अत: वहां आय की विषमता का समूची 20 सदी में विकास क्रम समझ पाना संभव नहीं है—चीन विषयक श्रृंखला1986 से ही प्रारंभ हो पाती है। किन्तु कोलंबिया में बहुत पहले से आयकर लागू रहने के बाद भी मैं अभी तक अपनी श्रृंखला को 1993 तक ही ले जा पाया हूँ—बहुत संभव है कि भविष्य में हम अतीत में और दूर तक झांकने में सफल हो जाएं [वैसे, अनेक दक्षिण अमेरिकी देशों में कर दस्तावेज बहुतअधिक संभालकर नहीं रखे जाते]।

28. इस समय चल रहे अध्ययन प्रकल्पों की जानकारी WDIT की वेब साइट पर देखें।

29. जब डिजिटल कर विवरणियां उपलब्ध हों तो कंप्यूटरीकरण से हमारे सूचना स्रोतों में स्वाभाविक रूप से बड़ा सुधार आ सकता है। किन्तु यदि विवरणियां रक्षित हों या उनके अनुक्रम ठीक से नहीं बनाए गए हों [जैसा प्राय: होता है] तो कागज पर मुद्रित सांख्यिकीय आंकड़ों का अभाव हमारी आयकर आंकड़ों की ऐतिहासिक स्मृति को बाधित कर सकता है।

30. आयकर अनुपातिकता के जितना निकट होगा विभिन्न कर कोष्ठकों के बारे जानकारी की आवश्यकता उतनी ही कम रह जाएगी। मैं खण्ड–4 में काराधान व्यवस्था में ही परिवर्तन की बात उठाने जा रहा हूँ यहां तो हमारा वर्तमान संदर्भ यही है कि कर के लिए आय कोष्ठकों में परिवर्तन हमारे अवलोकन तन्त्र एवं आधार को प्रभावित करते हैं।

31. रेखाचित्र 9.9 में वर्ष 2010 की जानकारी फर्म प्रबंधकों के प्रतिफल के विषय में बहुत ही अपूर्ण सूचनाओं पर आधारित है। इसे एक प्रारंभिक अनुमान ही मानना चाहिए। देखें: तकनीकी परिशिष्ट

32. देखें: Abhijit Banerjee and Thomas Piketty : "Top Indian Incomes: 1922–2000", World Bank Economic Review 19, no 1, (May 2005): 1–20 साथ ही देखें: A Banerjee and T. Piketty, "Are the rich Growing Richer? Evidence from Indian Tax Data" in Angus Deaton and Valerie Kozel, eds, Data and Dogma : The Great Indian Poverty Debate (New Delhi, Macmillan India Ltd. 2005), 598–611। यह "अंधकूप" भारत में 1990 और 2000 के हुई लगभग आधी संवृद्धि को निगल जाता है: राष्ट्रीय आय लेखांकन आंकड़ों का दावा है कि प्रतिव्यक्ति आय में 4 प्रतिशत वार्षिक दर से वृद्धि हुई है किन्तु पारिवारिक सर्वेक्षण केवल 2 प्रतिशत वृद्धि दर्शा रहे हैं। अत: यह एक महत्त्वपूर्ण मुद्दा बन गया है।

33. देखें: तकनीकी परिशिष्ट

34. वस्तुत:, अपूर्ण जानकारी के आधार पर अभीष्टीकरण प्रयोगों का प्रमुख एवं स्वाभाविक परिणाम यही होता है कि कर्ता [यहां फर्मों] की

रूचि पूर्णजानकारी एकत्र करने में कभी भी नहीं होगी क्योंकि प्रयोग करना—[एक के बाद एक मुख्य वित्त अधिकारी की आजमाइश करने के पश्चात् किसी का चयन करना] बहुत महँगा प्रयोग सिद्ध हो सकता है [विशेषकर उस दशा में जहां जानकारी का सार्वजनिक मूल्य मान उस कर्ता के लिए निजी स्तर के मूल्यवान से कहीं अधिक हो]। देखें: तकनीकी परिशिष्ट

35. देखें : Marianne Bertrand and sendhil Mullainathan "Are [CEOs Rewarded for Luck"? The Ones without Principals Are,". Quarterly Journal of Economics 116, no 3 [2001]; 901–932। साथ ही देखें: Lucian Bebchuk and Jesse Fried," Pay without Performance (Combridge, MA: Harvard University Press, 2004].

10. पूंजी स्वामित्व की विषमता

1. विशेष बात है: कुल मिलाकर आय के सभी स्तरों पर आय की संरचना के आंकड़े इस निष्कर्ष की पुष्टि कर रहे हैं। यही बात 19वीं सदी के उत्तरार्द्ध में प्रारंभ श्रृंखलाओं पर भी लागू होती है [जर्मनी, जापान और नॉर्डिक देश]। गरीब एवं उदीप्यमान देशों के आंकड़े कहीं अधिक बिखरे बिखरे से हैं—पर उनसे भी ऐसे ही परिदृश्य उभर कर आ रहे हैं।
2. ता. 7.2 पर विशेष ध्यान दें।
3. अन्य देशों की तुल्य श्रृंखलाएं भी इन्हीं के संगत परिणाम दे रही हैं। उदाहरण के लिए 19वीं सदी से डेनमार्क और नार्वे में दिखाई पड़े विकास क्रम भी स्वीडन के विकास पथ के बहुत निकट लगते हैं। जर्मनी और जापान के आंकड़े फ्रांस का सादृश्य करते दिख रहे हैं। ऑस्ट्रेलिया का एक नवीन अध्ययन संयुक्त राज्य के निष्कर्षों की समानता करता दिखाई दे रहा है। देखें तकनीकी परिशिष्ट
4. प्रयुक्त स्रोतों की संक्षिप्त व्याख्या के लिए देखें: Thomas Piketty; "On the Long-run Evolution of Inheritance: France 1820–2050", Paris School of Economics, 2010, इसी का एक प्रक्षिप्त स्वरूप Quarterly Journal of Economics, 126,

No 3, [Aughust 2011]: 107–131 में भी छपा है। वैयक्तिक विवरणियां गिल्लस पोस्टल–विनय और जीन–लॉरेंट रोजेन्थाल के साथ मिलकर पैरिस के अभिलेखागार से एकत्र की गई थी। हमने Enquete TRA प्रकल्प के अंतर्गत पूरे फ्रांस के लिए एकत्र विवरणों का भी प्रयोग किया है—वह महती कार्य अनेक अध्येताओं के प्रयास का परिणाम था—उनमें से भी जेरोम बौर्डिओ, लायनेल केज्स्टनबॉम और एकीको सुवा–ऐज़नमान्न का योगदान विशेषरूप से उल्लेखनीय है। तकनीकी परिशिष्ट

5. इन परिणामों के विस्तृत विश्लेषण के लिए देखें: Thomas Piketty, Gilles Postel–Vinay and Jean Laurent Rosenthal, “Wealth Concentration in a ‘Developing Economy: Paris and France 1807–1994,” American Economic Review 96, No 1 [Feb 2006 : 236–56]। वर्तमान प्रस्तुति उक्त श्रृंखलाओं का संवर्धित स्वरूप है। रेखाचित्र 10.1 [और उससे आगे] में दशकीय औसत अंकित की गई हैं ताकि हमारा ध्यान दीर्घकालिक विकासक्रमों पर केंद्रित रहे। सभी वार्षिक आंकड़ों की श्रृंखलाएं ऑनलाइन उपलब्ध हैं।

6. रेखाचित्र 10.1 में और उससे आगे के चित्रों में भी] प्रत्येक दशमंक और शतमंक के निजी धनसम्पदा के प्रतिशत अंश दर्शाए गए हैं। प्राय: समग्र राष्ट्रीय सम्पदा पर निजी स्वामित्व होने के कारण इस प्रकार के चित्रांकन में कोई दोष नहीं होता।

7. ये “मरणशीलता गुणांक” विधि प्रत्येक प्रसमूह में अवलोकित मानों को उपयुक्त मृत्युदर के विलोम से भारित करती है: 40 वर्ष की आयु पर मृत्यु को पाने वाला व्यक्ति 80 वर्ष पर मरने वाले की तुलना में वस्तुत: जीवित व्यक्तियों का अधिक प्रतिनिधित्व करता है—यहां हमें सम्पदाधारणा स्तरानुसार मरणशीलता को ध्यान में रखना है। इस विधि का फ्रांसीसी और ब्रिटिश अर्थ एवं सांख्यिकीविदों [विशेषकर बी. मैल्लर, एम.जे. सीएल्लेस, एच.सी. स्ट्रट और जे.सी स्टैम्प] ने 1900–10 के दशक में किया था और उस समय से इस विषय के सारे शोधकर्ता इसका प्रयोग करते आ रहे हैं। जब हमारे पास वार्षिक सम्पदा सर्वेक्षण या फिर जीवित व्यक्तियों द्वारा भरे गए सम्पदा कर के आंकड़े होते हैं [नॉर्डिक देशों में इस प्रकार के कर 20 वीं सदी के

आरंभ से लग रहे हैं—फ्रांस में भी 1990–2010 के सम्पदा कर आंकड़े उपलब्ध हो गए हैं] तो हम इस विधि का पुन: सत्यापन कर सम्पदा धारण में मरणशीलता अंतर विषयक अपनी अवधारणा का और परिष्कार कर सकते हैं। इन विधियों से जुड़े विषयों पर देखें: ऑनलाइन तकनीकी परिशिष्ट।

8. देखें: तकनीकी परिशिष्ट। यह प्रतिशत 1789 से पूर्व संभवत: 50 से अधिक ही था।

9. इसी प्रश्न पर देखें:—देखें, Jerome Bourdieu, Gilles Postel-Vinay, and Akiko Suwa-Eisenmann, "Pourquoi la richesse ne s'est-elle pas diffuse avec la croissance? Le degree zero de l'inegalite et son evolution en France: 1800-1940," *Histoire et mesure* 18, ½ (2003): 147-98.

10. यहां बहुत रोचक आंकड़ों का उद्धरण है: Rogger S. Bagnall," Land-holding in Late Roman Egypt: The Distribution of Wealth" Journal of Roman Studies, 82 (Nov, 1992): 128–49। इसी प्रकार के अन्य शोध कार्यों में भी ऐसे ही निष्कर्ष उभर कर आए हैं। देखें तकनीकी परिशिष्ट

11. संदर्भ एवं तकनीकी विवरण के लिए: तकनीकी परिशिष्ट

12. कुछ अनुमानों के अनुसार वर्ष 1800 के आसपास संयुक्त राज्य की कुल राष्ट्रीय सम्पदा के 15 प्रतिशत से अधिक पर शीर्षस्थ शतमंक वर्ग का अधिकार था। किन्तु यह निष्कर्ष केवल "स्वतंत्र व्यक्तियों" से संबंधित है और अपने आप में एक बड़ा विवाद का विषय है। यहां हमारा अनुमान समस्त जनसंख्या से संबंधित है [स्वतंत्र+ गैर स्वतंत्र] देखें: तकनीकी परिशिष्ट

13. देखें: Willford king," The wealth and Income of the people of United States. [New York, Macmillan, 1915]। उस समय विस्कोन्सिन विश्वविद्यालय में सांख्यिकी एवं अर्थशास्त्र के प्रौफेसर किंग ने कई अमेरिकी राज्यों के अपूर्ण किन्तु पर्याप्त संकेत भरे आंकड़ों का प्रयोग कर उनकी तुलना यूरोपीय अनुमानों से की थी—

वहांभी उसने मुख्यत: जर्मन प्रांत प्रशा के कर संबंधी आंकड़े ही प्रयोग किए थे। उसने पाया कि अन्तर उसकी पूर्व धारणा से बहुत कम था।

14. आधिकारिक संघीय रिवर्ज बैंक के सर्वेक्षण पर आधारित ये स्तर कुछ कम हो सकते हैं [बड़ी सम्पदाओं का सटीक अनुमान कठिन रहता है] और शीर्षस्थ शतमंक का अंश संभवत: 40 प्रतिशत का आंकड़ा पार कर चुका है। देखें: तकनीकी परिशिष्ट

15. रेखाचित्र 10.6 में प्रतिशत यूरोपीय औसत का आंकलन फ्रांस, ब्रिटेन और स्वीड़न की जानकारी पर आधारितहै [ये कुल मिलाकर यूरोप का प्रतिनिधित्व कर रहे हैं]। देखें: तकनीकी परिशिष्ट।

16. भूमि के भाड़े के लिए पुरातन एवं मध्य कालिक आंकड़े सुझाते है कि यह भूमि के मूल्य के लगभग 5 प्रतिशत वार्षिक रहा है। ऋण पर ब्याज दर प्राय: इससे अधिक पायी गई हैं—6 से 8 प्रतिशत तक [यह दर उन ऋणों पर भी मान्य होती थी, जहां भू या भवन सम्पदा गिरवी रखी गई हो]। उदाहरण के लिए, S Homer and R. Syl a," A History of Interest Rates [New Brunswick, NJ : Rutgers University Press, 1996] में उद्धरत आंकड़े देखें।

17. यदि पूंजी पर प्रतिप्राप्ति काल वरीयता दर से अधिक हो तो प्रत्येक व्यक्ति वर्तमान उपभोग में कटौती कर अधिक बचत करने में जुट जाएगा और पूंजी के भण्डार में अपरिमित वृद्धि का क्रम तब तक चलता रहेगा जब तक कि प्रतिप्राप्ति दर फिर से काल वरीयता दर के समान नहीं हो जाती। इसके विपरीत परिदृश्य में प्रत्येक व्यक्ति वर्तमान उपयोग बढ़ाने के लिए पूंजी का विक्रय करने की लालायित दिखाई पड़ेगा और यह क्रम तब तक चलेगा जब तक कि पूंजी भंडार में कमी से प्रति प्राप्तिकी दर पुन: θ नहीं हो जाती। अन्तत: हमें मिलता है $r = \theta$।

18. अनन्त कालिक प्रतिमान का अभिप्राय होगा बचत की अनंत लोच शीलता—इससे पूंजी की आपूर्ति की दीर्घकालिक लोच भी अनंत हो जाएगी। इसी कारण से इस अवधारणा की मान्यता है कि कराधान नीति पूंजी की आपूर्ति को प्रभावित नहीं कर पाती।

19. औपचारिक रूप से, मानक अनंत कालिक प्रतिमान में संतुलन प्रतिप्राप्ति दर का सूत्र $r = \theta + \gamma \times g$ द्वारा निर्देशन किया जाता है

[यहां θ = काल वरीयतादर और γ द्वारा उपयोगिता फलन की अवतलता का अनुमान अभिप्रेत है।] सामान्यत: अनुमान किया जाता है कि γ का मान 1.5 से 2.5 के बीच रहता है। अत: उदाहरण के तौर पर, यदि $\theta = 5\%$, $\gamma = 2$ तो $g = 0$ के लिए $r = 5\%$ हो जाता है। देखें: तकनीकी परिशिष्ट

20. दो बच्चों के अभिभावकों के लिए एक तिहाई और एक संतान के अभिभावकों के लिए आधा ही।

21. ध्यान दें; कि 1807 में नेपोलियन ने अपने शाही सामंतों के लिए एक दायाधिकार व्यवस्था प्रारंभ की थी जिसके अनुसार सामंतों के पदों से संबंधित भू सम्पदाओं का एक अधिक बड़ा हिस्सा ज्येष्ठ पुरुष उत्तराधिकारी को मिलने लगा था। इस व्यवस्था का संबंध कुछ हजार व्यक्तियों से ही था। यही नही, चार्ल्स दशम् ने अपने सामंतों के लिए 1826 में उत्तराधिकारी प्रतिस्थापन व्यवस्था को पुन: आरंभकर दिया। इस प्रकार पुन: पुरातन व्यवस्था की ओर उठाए गए गदम जनसंख्या के बहुत संक्षिप्त भाग को प्रभावित कर रहे थे—इनका भी 1848 में पूरी तरह उन्मूलन हो गया।

22. देखें : Jens Beckert," Jnherited wealth [Princeton university Press 2008]

23. नागरिक संहिता के अनुसार तो सिद्धांत रूप से सम्पदा विभाजन के समय महिलाओं को पुरुषों के समान अधिकार प्राप्त थे। किन्तु कोई पत्नी अपनी ईच्छानुसार अपनी संपत्ति बेचने को स्वतंत्र नहीं थी; बैंक खाते खोलने, संचालित करने और संपत्ति के विक्रय आदि के अधिकारों में इस प्रकार की विषमता वस्तुत: 1970 के दशक तक बनी रही है। इस प्रकार व्यवहारिक स्तर पर नए कानून ने परिवार के पुरुष मुखिया का पक्ष लिया, कनिष्ठ पुत्रों को तो वरिष्ठ जैसे ही अधिकार दिए गए, किन्तु बेटियों को नजर अंदाज कर दिया गया। देखें: तकनीकी परिशिष्ट।

24. देखें: pierre Rosanvallon, La Societe des egaus [Paris: Le sevil, 2011], 50.

25. पैरेटो गुणांक को [r–g] से जोड़ने वाला समीकरण तकनीकी परिशिष्ट में देखें।

26. स्पष्टत: इस का अभिप्राय: यह नहीं है कि r > g का तर्क ही एक मात्र कार्यरत तर्क है। प्रतिमान एवं तत्संबंधी गणनाएं तो वस्तुस्थिति की एक सरलीकृत प्रस्तुति मात्र हैं और ये प्रत्येक प्रक्रिया की भूमिका की सटीक रूप से पहचान नहीं कर पाते [अनेक परस्पर विरोधी शक्तियां होने पर उनके प्रभावों का शमन भी संभव है]। किन्तु फिर भी इससे यह लगता है कि r > g का तर्क संकुलन के अवलोकित स्तरों की व्याख्या कर तो सकता है। देखें: तकनीकी परिशिष्ट।

27. स्वीड़न का अनुभव बहुत रोचक रहा है—इसमें अनेक परस्पर विरोधी शक्तियां कार्यरत रही हैं, और एक दूसरे का संतुलन करती रही हैं; सबसे पहले तो यहां 19वीं सदी में और 20वीं के प्रारंभ तक पूंजी/आय अनुपात फ्रांस और ब्रिटेन से कम रहा है [क्योंकि यहां भूमि की कीमतें अपेक्षा कृत कम थीं, अंशत: विदेशी उसके स्वामी थे, इस प्रकार स्वीड़न की स्थिति कैनेडा जैसी ही थी] और दूसरे, 19वीं सदी के अंत तक ज्येष्ठ उत्तराधिकार व्यवस्था कायम थी, यही नहीं आज भी स्वीड़न में बड़ी पीढ़ी दर पीढ़ी चली आ रही सम्पदाओं पर ज्येष्ठाधिकार व्यवस्था चल रही है। कुल मिलाकर परिणाम यही था कि 1900–10 में स्वीड़न में धन सपंदा संकुलन का स्तर फ्रांस और ब्रिटेन से काफी कम ही रहा। देखें: रेखाचित्र 10.1–4 और हेनरी ऑलसन, जेस्पर रॉयन तथा डेनियल वॉल्डेनस्ट्रोम के शोधकार्य।

28. याद रहे कि रेखाचित्र 10–10 में दर्शित पूंजी पर "विशुद्ध" प्रतिप्राप्ति का अनुमान उसका न्यूनतम स्तर माना जाना चाहिए और ब्रिटेन तथा फ्रांस में तो 19वीं सदी में औसत प्रतिप्राप्ति दरें 6–7 प्रतिशत के उच्च स्तरों पर पहुँच गयीं थी [देखें: अध्याय–6]।

29. सौभाग्यवश डयूकेस और उसकी बिल्लियों की थॉमस ओ मैल्ले नामक गली के बिल्ले से मुलाकात हो गई और उन्हें कला प्रशिक्षण की अपेक्षा उसका सामान्य वस्तु स्थिति पूर्ण व्यवहार अधिक पसंद आ गया [लगभग ऐसा ही दो वर्ष बाद 'टाइटैनिक' के डैक पर जैक डॉसन और युवा रोज की भेंट का अनुभव रहा था]।

30. पैरेटो के आंकड़ों की व्याख्या के लिए देखें मेरी रचना: Les hauts revenus en France au 20e siècle: Inegalite's et redistmbution, 1901–1998 [Paris, Graset, 2001], 527–30।

31. विवरण के लिए तकनीकी परिशिष्ट देखें।

32. पैरेटो के गुणांकों के विषय में सरलतम विचार विलोम गुणांक की संकल्पना होगी, ये व्यवहार में 1.5 से 3.5 तक रहते हैं। विलोम गुणांक का मान किसी एक प्रारंभिक स्तर से लेकर औसत आय या धनसम्पदा का स्तर उस प्रारंभिक स्तर से 1.5 गुणा है [अर्थात एक मिलियन यूरो से अधिक सम्पदा के स्वामियों की सम्पदा का औसत मान 1.5 मिलियन यूरो होगा—आदि]। यह विषमता का एक अपेक्षाकृत निम्न स्तर है [बहुत ही कम बहुत धनी लोग हैं]। इसके विपरीत 3.5 का विलोम गुणांक विषमता के अति उच्च स्तर को दर्शाता है। इन घातांकीय फलनों के विषय में एक अन्य विचार यह हो सकता है: गुणांक का मान 1.5 होने का अर्थ है कि शीर्षस्थ 0.1 प्रतिशत वर्ग के सदस्य औसतन रूप से शीर्षस्थ शतमंक वर्ग से मात्र दुगुने धनी ही होंगे [यही बात शीर्षस्थ 0.1 प्रतिशत पर लागू होगी]। किन्तु गुणांक का मान 3.5 होने का अर्थ होगा कि वह शीर्षस्थ उपवर्ग 5 गुना धनी होगा। ये सभी व्याख्याएं तकनीकी परिशिष्ट में दी गई हैं। विभिन्न देशों के पैरेटों गुणांकों के 20वीं सदी के व्यवहार को WTID में रखा गया है, देखें: Anthony B. Atkinson, T. Piketty and Emmanual Saez, Top Incomes in the Long Run of History." Journal of Economic Literature 49, No, (2011), 3–71.

33. अर्थात्, उनकी आय 2–2.5 मिलियन यूरो वार्षिक थी–वह भी ऐसे समाज में जहां औसत मजदूरी आय 24000 यूरो वार्षिक [2000 यूरो मासिक] थी। देखें: तकनीकी परिशिष्ट

34. उस समय पैरिस की भवन सम्पदा गृहखंडों में विभाजित नहीं बल्कि पूरे भवनों के रूप में थी और वह सामान्य अमीर व्यक्ति के लिए भी पहुँच से बाहर थी—उनको तो दूर–दराज की प्रांतीय सम्पदा से संतुष्ट रहना होता था—अत: उनके लिए भूमि अभी भी महत्त्वपूर्ण थी। सीजर विरोट्यो, जिसने चिनॉन के निकट कृषिखंडों में निवेश की अपनी पत्नी की सलाह इस लिए ठुकरा दी थी कि ये बड़ा दकियानूसी विचार था जबकि वह तो बहुत दूर की सोचने वाला निवेशक था—और यही उसका दुर्भाग्य सिद्ध हुआ। देखें ता. S10.4 (ऑनलाइन)—यह इस पुस्तक की ता. 10.1 का अधिक विस्तृत स्वरूप है, इसमें

1872–1912 की अवधि मे विदेशी परिसम्पदाओं की बहुत तीव्र वृद्धि स्पष्ट रूप से दिखाई पड़ती है। यह बात बहुत बड़े सम्पदा पत्रों में विशेष रूप से सही थी।

35. राष्ट्रीय सहमति कर [1945 में लागू] एक अगस्त माह में जारी एक अध्यादेश से लगाया गया था—यह सभी सम्पदाओं पर लगने वाला एक बारगी कर था। इसमें जून 4, 1945 को मूल्यांकन आधार तिथि माना गया था। विशालतम सम्पदाओं पर इसकी दर 20 प्रतिशत तक पहुंच गई थी, और 1940–45 के बीच पाई गई सारी सम्पदा वृद्धि पर तो कर की दर 100 प्रतिशत तक भी रखी गई थी। वस्तुत: युद्ध काल में बहुत उच्च स्फीति के कारण [कीमतें 1940–45 के दौरान ही तीन गुना हो गई थी] यह कर उन पर 100 प्रतिशत का भार थी जिन्हें युद्ध की विभीषिका ने पर्याप्त रूप से दण्डित नहीं किया था [जनरल चार्ल्स डी गॉल की काम चलाऊ सरकार के एक समाजवादी सदस्य आंद्रेफिलिप ने यही स्वीकारोक्ति की थी]। फिलिप की व्याख्या थी : कर का भार उन पर समान रूप से पड़ना चाहिए जो युद्ध काल में धनी नहीं हो पाए, और उन पर भी जो मौद्रिक रूप से [सम्पदा वृद्धि से वंचित रह जाने के कारण] गरीब हो गए थे—अर्थात् जिनकी सम्पदा का मूल्य सामान्य कीमत वृद्धि से पिछड़ गया था—किन्तु फिर भी [जब फ्रांस में इतना विशाल समुदाय अपना सब कुछ गवां बैठा था] जो अपनी सम्पदा को बचाए रह पाने में सफल रहे थे। देखें: Andre' Siegfried, L'Annee' Politique 1944–45 [Paris, Editions du Grand Siede, 1946, 159

36. देखें: तकनीकी परिशिष्ट

37. विशेष रूप से देखें: मेरी रचना—Les hauts revenus en France 396–403 यह भी देखें: Thomas Pikettly, Income Inequality in France, 1901–1998", Journal of Political Economy, 111, no.5, [2003]: 1004–42।

38. देखें पूर्वाकलन: Fabien Dell", Lallemagne Inegale; Ineqalites de revenus et de patrimoine en Allemagne dynamique d'accumulation du capital et taxation de Bismark a' Schroder, 1870–2005", Ph.D Thesis, Paris School of Economics, 2008, साथ ही देखें: F. Del ," Top

incomes in Germany and Switzerland over the Twentieth Century", Journal of European Economic Association, 3, no 2/3 (2005): 412–21।

11. प्रतिभा और उत्तराधिकार : दीर्घकाल में

1. मैंने चोरी और सेंधमारी को यहां नहीं गिना है—वैसे इनका भी अपना ऐतिहासिक महत्त्व रहा है। प्राकृतिक संसाधनों को निजी स्तर पर हस्तगत करने के विषय में अगले अध्याय में चर्चा की जा रही है।
2. दीर्घकालिक विकासक्रम पर ध्यान केंद्रित रखने के लिए ही मैंने यहां दशकवार औसतों का प्रयोग किया है। वार्षिक आंकड़ों की श्रृंखलाएं ऑनलाईन तकनीकी परिशिष्ट में हैं। और अधिक तकनीकी विवरण के लिए देखें: Thomas Piketty", On the Long-run Evolution of Inheritance: France 1820–2050", Paris School of Economics 2010; इसी का एक संक्षिप्त रूप Quanterly Journal of Economics, 126 No. 3 [August 2011]: 1071–1131 में भी प्रकाशित हो चुका है। ये रचनाएं भी ऑनलाइन तकनीकी परिशिष्ट में संकलित हैं।
3. यहां की चर्चा पूर्ववर्ती विश्लेषण से कुछ अधिक तकनीकी है [किन्तु ये विकासक्रम के आधारभूत घटनाक्रमों को समझने के लिए आवश्यक है]; कुछ पाठक यहां कुछ पृष्ठों को छोड़ कर सीधे 21वीं सदी के संभावित परिदृश्य को देख सकते है—मैंने उसे वॉट्रिन के व्याख्यान और रेस्टीनेक की दुविधा नामक अनुच्छेदों में चित्रित किया है।
4. उपहारों का लेखा करने के लिए μ का परिमार्जन करना पड़ता है।
5. दूसरे शब्दों के, 5 में से एक वयस्क की प्रतिवर्ष मृत्यु हो जाती है। सामान्यत:, अल्पवय व्यक्तियों के पास बहुत कम पूंजी का स्वामित्व होता है, इसी कारण इस विभक्ति को वयस्क मरणशीलता के अनुसार दिखाना अधिक संगत लगता है [μ की परिभाषा भी केवल वयस्क वर्ग के संदर्भ में की जाती है]। अत: अल्पवयस्कों की पूंजी का हिसाब लगाने के लिए कुछ छोटा सा संशोधन करना जरूरी हो सकता है। देखें: तकनीकी परिशिष्ट

6. इस विषय में देखें: Jens Beckert (अनुवाद) Thomas Dunlop", Inherited wealth" (Princeton University Press, 2008): 291

7. यद्यपि बैकर ने खुलकर यह नहीं कहा कि मानवीय पूंजी का उदय उत्तराधिकारी पूंजी पर भारी पड़ना चाहिए किन्तु उसकी रचना में यह विचार निहित रूप से विद्यमान रहा है। यह बात विशेष रूप से ध्यान देने योग्य है कि वह बार–बार दावा कर रहे हैं कि समाज अब शिक्षा का महत्त्व बढ़ने के कारण अधिक प्रतिभावादी हो गया है [और इस दावे के पक्ष में वह कोई विवरण नहीं देता]। बेकर ने ऐसे प्रतिमान भी सुझाए हैं जिनमें अभिभावक अपनी कम मेधावी संतानों को अधिक वसीयत कर विषमता निवारण कर सकते हैं। उत्तराधिकारी सम्पदा के अतिशय उर्द्धव संकुलन [शीर्षस्थ दशमंक का सदैव ही उत्तराधिकार के लिए उपलब्ध धन–सम्पदा के 60 प्रतिशत पर अधिकार तथा आधी जनसंख्या के पास कुछ भी नहीं होना] इस प्रकार किए गए क्षैतिज पुन: वितरण को धनिक समूह में ही सीमित रखता है [किन्तु आंकड़ों में इसका भी कोई चिन्ह नहीं दिखाई देता]।अत: इस प्रतिभा आधारित प्रबलता के विचार का कोई औचित्य नहीं प्रतीत होता—वैसे बेकर ने आंकड़ों के प्रयोग से परहेज ही रखा है।

8. यहां हम दो महायुद्धों के हिंसक घटनाक्रम से इतर बातों की चर्चा कर रहे हैं [वे दो महायुद्ध तो दशकीय औसत में छिप गए है]। तकनीकी परिशिष्ट में वार्षिक आंकड़ों की श्रृंखला में ये पक्ष भी स्पष्ट हो जाता है।

9. फ्रांस में, 1940 के दशक से लेकर 2010 के दशक के प्रारंभिक वर्षों तक प्रतिवर्ष 750,000 से 850,000 [के बीच] बच्चे पैदा होते रहे हैं। अधिकारिक अनुमान हैं कि यही क्रम पूरी 21वीं सदी में चलता रहेगा। उन्नीसवीं सदी में, प्रतिवर्ष 10 लाख जन्म होते थे, किन्तु, उस समय शिशु मृत्यु दर उच्च थी और इसी कारण 18वीं सदी से लेकर प्रत्येक वय–प्रसमूह के आकार में कोई विशेष परिवर्तन नहीं हो रहा था—हां युद्धों में जनहानि होने एवं अंतर्महायुद्ध काल में जन्म संख्या में कुछ गिरावट अवश्य दिखाई पड़ी थी। देखें तकनीकी परिशिष्ट

10. फ्रांस में 1880–1910 के बीच "सम्पदा अंतरण की दर" का सिद्धांत बहुत लोकप्रिय रहा है। इसके अल्बर्ट डी फॉविले क्लेमेंट कोल्सन और

पियरे एमिले लेवास्स्यॉर की रचनाओं का विशेष योगदान था। इन्होंने शोध किया था कि परिसम्पदा की गणना के आधार पर अंकलित राष्ट्रीय सम्पदा का अनुमान वार्षिक उत्तराधिकार प्रवाह के लगभग 30 गुना था। इस विधि को कई बार "सम्पदा गुणक" भी कहा जाता है। इसका प्रयोग इंग्लैंड में भी हुआ था [विशेषकर गिफेन द्वारा] किन्तु, ब्रिटिश अर्थ शास्त्रियों को सम्पदाकार के आंकड़े बहुत कम सुलभ थे। अत:, वे सामान्यत: तालिका बद्ध आयकर व्यवस्था में निहित "पूंजी से आय" की जानकारी से ही काम चलाते थे।

11. प्राय: दोनों प्रकार की धनसम्पदा एक ही प्रकार के वित्तीय पत्रकों में समाहित होती है [यह बचतकर्ताओं के लिए मिले जुले उद्देश्यों की एक झलक है]। फ्रांस में कई बार जीवन बीमा अनुबंधों में से परिपक्वता पर एक अंश बच्चों को अन्तरित हो जाता है और एक छोटा अंश पॉलिसी धारक को जीवन पर्यंत वार्षिक किश्तों में मिलता रहता है। ब्रिटेन और संयुक्त राज्य में भी अब सेवानिवृत्ति कोषों और पैन्शन योजनाओं में अब अधिकाधिक रूप से एक उत्तराधिकारियों को अन्तरणीय घटक दिखाई देने लगा है।

12. एक लोकप्रिय कहावत है: "सार्वजनिक पैन्शन उन लोगों की सम्पदा है जिनके पास और कोई सम्पदा नहीं होती"। विभिन्न पैन्शन व्यवस्थाओं की तुलना करते समय अध्याय–13 में इस बारे में फिर चर्चा करूंगा।

13. इस विषय में विस्तृत आंकड़ों के लिए देखें: Thomas Piketty," On the Long–Run Evolutions of Inheritance।

14. वार्षिक आंकड़ों की पूर्ण श्रृंखला ऑन'लाइन उपलब्ध है।

15. स्पष्ट रहे, कि इन अनुमानों में मरणशीलता अन्तरों के लिए एक बड़ा परिमार्जन किया गया है [यहां अन्तरों से अभिप्राय: यह है कि एक धनी व्यक्ति अधिक समय तक जीवित रह पाता है]। यह एक महत्त्वपूर्ण घटनाक्रम है, किन्तु यहां दर्शाए गए परिदृश्य की यह व्याख्या नहीं कर पाता। देखें: तकनीकी परिशिष्ट।

16. वार्षिक संवृद्धि 1.7 प्रतिशत पूरी तरह से 1980–2010 की औसत वार्षिक संवृद्धि दर के समान है। पूंजी पर 3 प्रतिशत की निवल प्रतिप्राप्ति के अनुमान की मान्यता है कि राष्ट्रीय आय में पूंजी का अंश

1980–2010 के अपने औसत स्तर पर बना रहेगा और वर्तमान कर व्यवस्था भी इसी रूप में चलती रहेगी। देखें: तकनीकी परिशिष्ट

17. अन्य प्रकार भेद एवं परिदृश्य तकनीकी परिशिष्ट में देखें।

18. "बचत दर आय और प्रारंभिक सम्पदा के आकार" के साथ बढ़ती जाती है।" जिसकी आय अधिक हो या वह जिसे किराया नहीं भरना पड़ता अधिक बचत कर सकता है। यदि दोनों ही बातें हों तो बचत और भी अधिक हो जाती है।" व्यक्तियों के व्यवहार में भी अन्तर होते हैं:" उदाहरण के लिए कुछ लोग धन जोड़ना चाहते हैं तो कुछ उसे वाहन खरीदने और ऑपेरा आदि देखे पर खर्च कर देते हैं।

19. उदाहरण: किसी भी आय स्तर पर बच्चों वाले व्यक्ति का खर्च संतानहीन व्यक्ति से अधिक रहता है।

20. यदि पैंशन और स्वास्थ्य व्यवस्थाओं के वित्तीयन पर राष्ट्रीय आय के वृद्धिमान अंश के प्रयोग का हिसाब लगाएं, तो मजदूरी दर में वृद्धि और भी कम हो सकती है।

21. वय वर्गानुसार मजदूरी परिदृश्य के समष्टि आर्थिक एवं जनांकिकीय आंकड़ों के आधार पर अनुमानित चित्रण की अधिक सटीक तकनीकी व्याख्या के लिए देखें तकनीकी परिशिष्ट।

22. अधिक सटीक रूप से दिखाया जा सकता है कि संवृद्धि कम होने पर $\mu \times m$ का भान 1/H के निकट पहुँचने लगता है—जीवाशा का स्तर चाहे जो भी हो। यदि पूंजी/आय अनुपात 600–700 प्रतिशत हो तो समझ आ जाता है कि उत्तराधिकार प्रवाह b किस प्रकार पुन: β/H की ओर अग्रसर हो जाता है—अर्थात यह 20–25 प्रतिशत क्यों हो जाता है। अत: 19वीं सदी के अर्थविदों द्वारा विकसित "सम्पदा अंतरण दर" का विचार निम्न आर्थिक संवृद्धि दर वाले समाज में ठीक ही प्रतीत होता है। देखें: तकनीकी परिशिष्ट।

23. वास्तविक स्थिति अधिक जटिल होती है—कुछ उत्तराधिकारी अपनी विरासत का एक अंश उपभोग भी कर लेते हैं। दूसरी ओर, यदि विरासत में मिले गृहखंड से अनुमानित किराये—क्योंकि उसमें रहने वाले उत्तराधिकारी को किराये पर खर्च नहीं करना पड़ता—का पूंजीकरण करते जाएं तो उनकी सम्पदा 100 प्रतिशत से भी अधिक हो जाएगी।

24. विशेषकर जब हम कहते हैं कि उत्तराधिकार प्रवाह निर्वत्य आय के 20 प्रतिशत के समान है तो स्वाभाविक रूप से हमारा यह अभिप्राय: नहीं है कि प्रत्येक व्यक्ति को प्रत्येक वर्ष उपहार–उत्तराधिकार के रूप में 20 प्रतिशत अतिरिक्त आय मिलती रहती है। इसका अर्थ है कि प्रत्येक व्यक्ति को अपने जीवन काल में किसी न किसी समय पर इतनी बड़ी धन राशि अंतरित हो जाती है, जो उसकी कई वर्षों की आय के समान होती है। ऐसा अभिभावक की मृत्यु के समय या किसी अन्य अवसर पर उपहार मिलने के समय हो सकता है। कुल मिलाकर हमारा आशय यही है कि किसी भी वर्ष में इस प्रकार उपहार एवं विरासत में मिली सम्पदाओं का मूल्यमान उस वर्ष की सभी व्यक्तियों की निर्वर्त्य आय के 20 प्रतिशत के समान होता है।

25. प्रतिस्थापन आय [सेवानिवृत्ति पैंशन, बेरोजगारी भत्ता आदि] को हम अध्याय–2 की ही भांति श्रम से आय में सम्मिलित करते हैं।

26. सभी संसाधनों को 50 वर्ष की आयु पर पूंजीकृत किया गया है—किन्तु यदि सभी संसाधनों के पूंजीकरण के लिए एक ही प्रतिप्राप्ति दर का प्रयोग करें तो सकल आय में विरासत और अर्जित आय के अंशों के आकलन में पूंजीकरण के लिए किसी आधार वर्ष का चयन महत्त्वपूर्ण नहीं रहता। विभिन्न प्रकार की पूंजी पर अलग अलग प्रतिप्राप्ति दरों के प्रश्न पर अगले अध्याय में चर्चा की गई है।

27. इन विभिन्न अनुपातों के अंतर्संबधों की विस्तृत व्याख्या तकनीकी परिशिष्ट में देखी जा सकती है। उत्तराधिकार प्रवाह [राष्ट्रीय आय का 20–25 प्रतिशत] या फिर पूंजी से आय [राष्ट्रीय आय का 25–35 प्रतिशत] होना विशिष्ट जनांकीय एवं प्रौद्योगिकीय प्राचलों के आकार द्वारा सृजित संयोग मात्र है—क्योंकि उत्तराधिकार प्रवाह $b_y = \beta/H$ पूंजी/आय अनुपात एवं एक पीढ़ी के वय अंतराल पर निर्भर रहता है जबकि संतुलन की दशा में पूंजी का अंश α उत्पादन फलन पर निर्भर है।

28. एक सामान्य अनुभव रहा है कि आय क्रमिकता के निम्नतम 50 प्रतिशत को अर्जित आय का 30 प्रतिशत अंश प्राप्त होता है [ता. 7.1] और इसीलिए इन व्यक्तियों को औसत मजदूरी का 60 प्रतिशत [या सकल राष्ट्रीय प्रतिव्यक्ति आय का 40–50 प्रतिशत अंश—क्योंकि श्रम से आय राष्ट्रीय आय के 65–75 प्रतिशत के समान रहती है]

प्राप्त होता है। उदाहरण के लिए, आज फ्रांस में निम्नतम 50 प्रतिशत वर्ग की आय न्यूनतम मजदूरी एवं उसके डेढ़ गुना के बीच में रहती हैं—अर्थात उनकी वार्षिक आय औसतन 15000 यूरो [या फिर 1250 यूरो मासिक] रहती है, जबकि राष्ट्रीय औसत प्रतिव्यक्ति आय तो 30000 यूरोप वार्षिक [2500 यूरो मासिक] है।

29. शीर्षस्थ शतमंक को सकल श्रम आय का 6–7 प्रतिशत मिलने का अर्थ है उस वर्ग के प्रत्येक सदस्य की औसत आय राष्ट्र व्यापी औसत आय से 6–7 गुना और उस मजदूरी दर से 11–12 गुना होगी जो निम्नतम 50 प्रतिशत वर्ग के सदस्यों को मिल रही होती है। देखें: अध्याय–7 और 8।

30. यदि शीर्षस्थ शतमंक के स्थान पर दशमंक या सहस्त्रमंक के अंशों के आधार पर आंकलन करे तो भी हमें रेखाचित्र11.10 जैसा ही विकास परिदृश्य दिखाई पड़ता है [मेरा विचार शतमंक वर्ग को सबसे महत्त्वपूर्ण अध्ययन वर्ग मानने पर ही दृढ़ है]। देखें: प्रतिपूरक रेखाचित्र S_{11}.9–10 तकनीकी परिशिष्ट।

31. फ्रांस जैसे आधुनिक समाज में यह परिभाषानुसार 50 मिलियन वयस्क जनसंख्या में से 500,000 वयस्कों का समूह होगा।

32. विरासती सम्पदा का सकल मान 19वीं सदी के स्तर से बहुत कम नहीं है, किन्तु अब फ्रांस में बिना मेहनत किए ही निम्न वर्ग से दर्जनों गुना बेहतर जीवन यापन सहज बनाने वाली सम्पदा का उत्तराधिकार इने गिने व्यक्तियों को ही मिल पाता है।

33. 'अठारहवीं–उन्नीसवीं शतियों और 21वीं सदी में भी लगभग तीन गुना अधिक, [जब श्रम से आय समस्त संसाधनों का तीन चौथाई रहती थी और उत्तराधिकारी पूंजी से आय एक चौथाई बनती थी] तथा 20वीं सदी में लगभग 10 गुना [जब श्रम आय संसाधनों का 90 प्रतिशत एवं विरासती पूंजी 10 प्रतिशत मात्र थी]' देखें: रेखाचित्र 11.9।

34. अठारहवीं–उन्नीसवीं और इक्कीसवीं शतियों में लगभग 3 गुना और बीसवीं सदी में 10 गुना अधिक। यही बात शीर्षस्थ 10 प्रतिशत और 0.01 प्रतिशत वर्गों पर भी लागू होगी।

35. विभिन्न आबंटनों में भाड़ा जीवियों की प्रबंधकों पर प्रबलता [या उसके विपरीत परिदृश्यों] के लिए आवश्यक गणितीय शर्तों का निरूपण तकनीकी परिशिष्ट में देखें।

36. उन्नीसवीं सदी में उत्तराधिकारी सम्पदा अनुक्रम के शीर्षस्थ शतमंक का जीवन स्तर निम्नतम 50 प्रतिशत से 25–30 गुना उच्चतर था [देखें रेखाचित्र 11.10] या हम कह सकते हैं कि यह प्रतिव्यक्ति राष्ट्रीय आय से 12–15 गुना था। शीर्षस्थ 0.1 वर्ग का जीवन यापन और 5 गुना विपुलतापूर्ण था [अध्याय–10 में पैरेटो गुणांक देखें]—अर्थात उनका जीवन यापन स्तर औसत प्रतिव्यक्ति आय के 60–75 गुना व्यय पर आधारित था। बालजैक और ऑस्टिन ने तो औसत आय से 20–30 गुना व्यय स्तर को ही एक सभ्य समाज की जीवन शैलीका न्यूनतम आधार माना था—वह उत्तराधिकार क्रमिकता के शीर्षस्थ 0.5 प्रतिशत वर्ग [फ्रांस की 1820–30 की 20 मिलियन वयस्क जनसंख्या में से केवल 100000 व्यक्ति–या ब्रिटेन की 1800–10 की 10 मिलियन जनंसख्या में से 50,000 ही इस वर्ग में सम्मिलित थे] की संपन्नता के समतुल्य बनता है। अत: बालजैक और ऑस्टिन, दोनों के पास ही अपने पात्रों का चुनाव करने के लिए बहुत बड़े एवं विविधा पूर्ण समूह विद्यमान थे।

37. उन्नीसवीं सदी में, उच्चतम वेतन वाले शीर्ष 1 प्रतिशत पदों पर आसीन व्यक्ति निम्न वर्ग से 10 गुना संपन्न जीवन यापन कर सकते थे [देखें रेखांचित्र 11.10] अर्थात औसत आयसे 5 गुना सम्पन्न। अनुमान है कि 20 मिलियन की जनसंख्या में से उच्चतम वेतन भोगी 0.01 प्रतिशत वर्ग में 2000 से अधिक व्यक्ति नहीं आ पाएंगे—उनको औसत आय से 20–30 गुना की प्राप्ति हो रही थी। संभवत: वॉट्रिन का यह कथन अतिशयोक्ति पूर्ण नहीं था कि पैरिस में 50000 फ्रैंक वार्षिक कमाने वाले 5 वकील मुश्किल से होंगे [यह औसत आय से 100 गुना रकम थी]। देखें: तकनीकी परिशिष्ट।

38. अध्याय–2 की ही भांति यहां भी औसत आय से हमारा तात्पर्य औसत राष्ट्रीय प्रति व्यक्ति आय से ही है। फ्रांस में 1810–20 में औसत आय 400–500 फ्रैंक वार्षिक थी, हाँ पैरिस में इसका मान संभवत: 500 फ्रैंक से कुछ अधिक रहा होगा। घरेलू नौकरों का वेतन तो इस औसत के एक तिहाई से आधे तक ही था।

39. याद करें, कि 19वीं सदी ही नहीं1914 तक, एक पौंड स्टर्लिंग का मान 25 फ्रैंक के समान रहा है। देखें: अध्याय–2।

40. क्या 30 वर्ष पूर्व जॉर्ज III के एक नजदीकी ने बैरी लिंडन को यह नहीं कहा था कि 30000 पौंड या अधिक पूंजी वाले सभी व्यक्तियों को 'सर की उपाधि दे देनी चाहिए? अंग्रेजी सेना में एक शिलिंग दैनिक या 15 पौंड वार्षिक की आय से आरंभ कर रेंडमंड बैरी बहुत ऊपर उठ चुका था [उसका वह वेतन उस समय के ब्रिटेन 1750–60 की औसत आय—30 पौंड–से आधा ही था। पतन भी अपरिहार्य ही था। ध्यान रहे कि 19वीं सदी के सुप्रसिद्ध उपन्यास से प्रेरित स्टैनले क्युबरिक भी रूपये पैसे की गणना में ऑस्टिन जैसे ही स्टीक एवं सतर्क था।]

41. जेन ऑस्टिन, "Sense and Sensibility, [Cambridge, MA; Belknap Press, 2013], 405.

42. जेन ऑस्टिन, "Sense and Sensibility.

43. उसके अत्याग्रह ने अंततः रेस्टीनेक को सहमत कर ही लिया उसने हथिया लेने के ध्येय के साथ व्यापारिक संबंध स्थापित कर ही लिया।

44. अक्टूबर1788 में, नोरमैंडी के लिए रवाना होने से पूर्व यंग ने नोट किया था, "अब यूरोप में इतना अधिक सादृश्य सा आ गया है कि यदि कोई 15–20 हजार लिवरे की सम्पदा वाले किसी परिवार के घर में पहुँचे तो उसे प्रायः वह सब कुछ दिखाई दे जाएगा जिसकी उसने अपेक्षा की हो [या जिससे उसे कोई हैरानी नहीं हो]—Arther Young: Travels in 1787, 1788, 1789, प्रकाशन वर्ष 1992, पुनः मुद्रण : Arthur Youngs Travels in France [Cambridge University Press, 2012], 145। वह उस समय प्रचलित लिवरे टोर्निस सिक्कों के बारे में बात कर रहा था—जो फ्रैंक जर्मिनल के समान होता था। यह राशि 700–900 पौंड स्टर्लिंग के समान होती थी, जो उस काल की ब्रिटिश और फ्रांसीसी औसत आय से 30–50 गुना अधिक होती थी। आगे चलकर वह इस आय का और खुलासा करते हुए लिखता है: इस आय के सहारे व्यक्ति "6 नौकर, 5 नौकरानियां, 8 घोड़े, एक बगीचे और एक नियमित टेबल" वाला जीवन जी सकता था। किन्तु 6000–8000 लिबरे टोर्निस के सहारे तो केवल "2 नौकर और 3 घोड़े" ही मिल पाते। ध्यान रहे कि पशु–मवेशी उस काल की पूंजी एवं व्यय–दोनों के आवश्यक अंग थे। नवंबर1789

में यंग ने टोलोन में अपना घोड़ा 600 लिवरे टोर्निस ने बेच दिया [यह राशि एक समान्य नौकर की 4 वर्ष की सकल वेतन आय के समान थी]। ये कीमत उस समय की प्रचलित कीमत थी। देखें: ऑनलाइन तकनीकी परिशिष्ट

45. माइकेल यंग ने The Rise of Meritocracy में यही आंशका व्यक्त की है [London: Thames & Hudson, 1958]

46. इस अवधि में प्रशासनिक अधिकारियों के वेतन मानों को लेकर कई बड़े टकराव सामने आए। वर्ष 1792 में क्रांतिकारियों ने एक सीमाबद्ध वेतन मान अनुपात 8:1 निर्धारित करने का प्रयास किया। [यह अन्तत: 1948 में लागू हुआ] किन्तु शीघ्र ही उच्च पदस्थ अधिकारियों के लिए विशेष बोनस व्यवस्था ने इसे निष्प्रभावी बना दिया—आज भी यही व्यवस्था लागू है। नेपोलियन ने उच्च वेतन भोगियों की एक छोटी पद संख्या निर्धारित की थी—यह इतनी छोटी थी कि 1831 में थेयर्स को इसमें कटौति का कोई औचित्य नहीं दिखाई पड़ा ["क्षेत्राधिकारियों, सेनापतियों, न्यायधीशों और राजदूतों को 3 मिलियन अधिक या कम देने पर ही यह निर्भर करेगा कि हम समृद्ध साम्राज्य की बात कर रहे हैं या अमेरिकी सादगी की। उसी भाषण में उसने आगे कहा था। तॉकविले ने भी नोट किया था कि उस समय संयुक्त राज्य के शीर्ष पदों के अधिकारियों को समतुल्य फ्रांसीसी अधिकारियों की तुलना में बहुत कम वेतन मिल रहा था—इसे उसने सं. राज्य में लोकतांत्रिक भावनाओं की प्रबलता का चिन्ह माना था। अनेक उतार–चढ़ावों के बाद भी फ्रांस में यह अतिउच्च वेतन प्रणाली प्रथम महायुद्ध तक चलती रही [इसका भी भाड़ा जीवी वर्ग के पतन में योग दान रहा।इस घटना क्रम पर तकनीकी परिशिष्ट में अधिक विस्तार से चर्चा की गई है।]

47. देखें : Piketty, Les hauts revenus en France, 530

48. ये दलील बहुत अधिक एवं दिखावापूर्ण उपभोग की आवश्यकता के तर्क का खंडन करती है। थोर्नस्टीन वेब्लन ने भी The Theory of the Leisure class [New Yourk, MacMillan, 1899] में यही कहा था: समतापूर्ण सं.राज्य का स्पप्न तो एक भूली बिसरी याद बन कर रह गया है।

49. मिशेल लेमोंट, Money, Morals and Manners: The culture of the French and the American Upper-Middle Class, University of Chicago Press, 1992]। लेमोंट ने जिन व्यक्तियों से साक्षात्कार किए थे वे निश्चित रूप से आय क्रमिकता के 90 से 95वें शतमंक से संबंधित रहे होंगे [कुछ एक मामलों में तो 98वें या 99वें शतमंक के भी हो सकते हैं]—60वें या 70वें दशमंक के नहीं। यह भी देखें; J. Naudet, Entres dans L'elite Parcours de reussite en France, aux E'tats-Unis et en: Inde [Paris, Universitaires de France, 2012].

50. अति अंधकारपूर्ण चित्रण से बचने के लिए मैं रेखाचित्रों 11.9-11 में केवल मध्यम परिदर्श अंकित कर रहा हूं। वैकल्पिक परिदृश्य बहुत चिंताकारी है–देखें: पूरक रेखाचित्र S11.9-11 कर प्रणाली का विकास दर्शा रहा है कि सकल संसाधनों में उत्तराधिकार का अंश 19वीं सदी के स्तर से क्यों अधिक नहीं हो पाता। आज श्रम से आय पर भी उच्च स्तर पर कर लगता है [सेवानिवृत्ति एवं बेरोजगारी बीमा योगदान को छोड़ दें तो 30 प्रतिशत]। किन्तु उत्तराधिकार पर तो 5 प्रतिशत से भी कम का प्रभावी कर लगाया जाता है। [जबकि उत्तराधिकार से भी वस्तुरूपी अंतरणों–शिक्षा, स्वास्थ्य, सुरक्षा आदि पर वैसे ही अधिकार प्राप्त होते हैं, जैसे श्रम से आय से मिलते हैं।] ये सभी करों द्वारा वित्तपोषित अधिकार हैं। कर संबंधी प्रश्नों पर खंड-4 में अधिक विस्तार से चर्चा की जाएगी।

51. जेन ऑस्टिन द्वारा वर्णित 30,000 पौंड की भू–सम्पदा पर भी यही बात लागू होती—वह उस युग की बात कर रही थी जहां औसत आय मात्र 30 पौंड वार्षिक थी।

52. Desperate Housewives, Season 4 में भी बहामा में छिपाकर रखी गई दौलत की बात उठाई गई है [कार्लोस सोलिस को अपने $ 10 मिलियन वापस लाने हैं, इसी को लेकर उसका अपनी पत्नी से बार–बार टकराव होता है] भले ही यह कार्यक्रम चाहे जितनी मिठास से भरा हो और भले ही इसका ध्येय सामाजिक विषमताओं का चिन्ताजनक निरूपण नहीं हो [यदि यह किन्हीं शरारती पर्या उग्रवादियों का कार्य नहीं है, जो स्थापित सामाजिक व्यवस्था को

छिन्न भिन्न करना चाहते हैं या फिर विक्षिप्त अल्पसंख्यकों का जो षड़यन्त्रों में ही लिप्त रहते हैं]।

53. मैं अध्याय–13 में एक बार फिर इस विषय पर लौटकर आऊँगा।

54. यदि वैकल्पिक परिदृश्य ठीक हुआ तो यह अनुपात 25 प्रतिशत होगा। देखें प्रतिपूरक रेखाचित्र–S_{11-11}–तकनीकी परिशिष्ट में।

55. मोड़गिलियानी,बेकॅर और पारसन्स के सामाजिक सिद्धांतों की तुलना में De ca division du travail social, 1893, में वर्णित डर्कहीम का सिद्धांत मूल रूप से उत्तराधिकार के अंत [निर्मूलन] का राजनीतिक सिद्धांत प्रतीत होता है। इसकी भविष्यवाणियां भी अन्य सिद्धांतों से अधिक सटीक सिद्ध नहीं हो पायी हैं, किन्तु यह भी संभव है कि 20वीं सदी के महायुद्धों ने इस कार्य को 21वीं सदी के लिए स्थगित कर छोड़ दिया हो।

56. Mario Draghi, Le monde, July 22, 2012.

57. मैं टैक्सी समस्या को कम गंभीर मानता। किन्तु इस बात से भी सहमत नहीं हो पाऊँगा, कि यूरोप या विश्व पूंजीवाद के समक्ष 21वीं सदी में यही सबसे बड़ी चुनौती होगी।

58. 'पुनप्रर्तिष्ठा' के अंतर्गत फ्रांस की वयस्क पुरुष जनसंख्या के एक प्रतिशत से भी कम—[एक करोड़ में से मात्र 90,000] को मतदान का अधिकार था—जूली के राज्यकाल में इसका विस्तार दो प्रतिशत तक हो गया था। उच्च पद पाने के लिए सम्पदा आधारित योग्यताएं और भी अधिक कड़ी थी: वयस्क पुरुषों में से मात्र 0.2 प्रतिशत ही उस शर्त को पूरा कर पाते थे। यद्यपि, 1793 में एक बार व्यापक पुरुष मताधिकार प्रारंभ किया गया था—किन्तु यह व्यवस्था 1848 में ही पूर्ण रूप से प्रभावी हो पायी थी। ब्रिटेन में भी 1831 तक तो 2 प्रतिशत से कम जनसमुदाय ही मतदान का अधिकारी था—आगे चल कर 1831, 1867, 1884, और 1918 के सुधारों ने धीरे–धीरे सम्पदा स्वामित्व की शर्तों को निरस्त किया था।

59. यहां प्रस्तुत जर्मनी संबंधी आंकड़ों का स्रोत है: Christoph Schink, "Inheritance in Germany, 1911 to 2009: A Mortality Multiplier Approach," Masters Thesis, Paris School of Economics 2012। देखें तकनीकी परिशिष्ट।

60. ब्रिटिश प्रवाह कुछ कम प्रतीत होते हैं [20 से 21 प्रतिशत, 23–24 प्रतिशत नहीं]। किन्तु ध्यान रहे, यह अनुमान राजकोषीय प्रवाह पर आधारित है [आर्थिक प्रवाह पर नहीं] और इसी कारण इसका कुछ कम होना स्वाभाविक है। ब्रिटिश आंकड़ों का स्रोत है, Anthony Atkinson," Wealth on Interitance in Britain from 1896 to the Present," London School of Economics 2012।

61. यदि यह विश्वस्तर पर हुआ तो पूंजी पर वैश्विक प्रतिप्राप्ति दर कम हो सकती है और अधिक जीवन चक्रीय पूंजी अन्तरणीय सम्पदा का स्थान ले सकती है [क्योंकि पूंजी पर निम्न प्रतिप्राप्ति दर पहले की अपेक्षा दूसरी प्रकार के संचयन को अधिक निरूत्साहित करती है] मैं इन प्रश्नों पर अध्याय–12 में और आगे चर्चा करूँगा।]

62. इस विषयपर ऐन गॉटमैन की इस विलक्षण पुस्तक को देखें: "Dilapidation et prodigalite' [Paris Nathan 1995]। यह उन व्यक्तियों से साक्षात्कारों पर आधारित है जिन्होंने उत्तराधिकार में प्राप्त बड़ी बड़ी सम्पदाओं को लुटा [उड़ा] दिया था।"

63. मोडगिलयानी तो विशेष रूप से अपने आंकलन में उत्तराधिकारी सम्पदा में उससे प्राप्त हुई आय के पूजीकृत मान को समाहित करने में असफल रहे थे। कोटलीकोफ और सम्मर्स ने अपने कार्य में इसका लेखा लगाने में किसी सीमा बाधा को स्वीकार नहीं किया [भले ही पूंजीकृत विरासत का मान उसे पाने वाले उत्तराधिकारी की समस्त सम्पदा से भी अधिक हो गया हो।] यह विधि भी गलत ही थी। इन प्रश्नों की विस्तृत समीक्षा के लिए देखें तकनीकी परिशिष्ट।

12. 21वीं सदी में धन सम्पदा की वैश्विक विषमता

1. एक बार फिर याद करें कि क्रय शक्ति तुल्य विश्व सकल घरेलू उत्पाद का मान 2012–13 में $85 ट्रिलियन था। मेरा अनुमान है, कि उसी वर्ष सकल निजी सम्पदा [भवन, व्यवसायिक एवं वित्तीय सम्पदाएं— देनदारियों से निवल रूप में] $340 मिलियन–अर्थात लगभग 4 वर्षों के सकल घरेलू उत्पाद के समान थी। देखें: अध्याय1 और 6 तथा तकनीकी परिशिष्ट।

2. इस अवधि में स्फीति दर 2–2.5 प्रतिशत वार्षिक रही है, [अध्याय–1 में भी बात उठी थी कि यूरो क्षेत्र में यह डॉलर की अपेक्षा कुछ कम ही थी]। सभी विस्तृत श्रृंखलाएं तकनीकी परिशिष्ट में है।
3. यदि सकल विश्व जनसंख्या [वयस्क एवं बच्चों सहित] के अनुसार औसतों का अनुमान लगाया जाए तो यह ध्यान रखना होगा कि 1987–2013 की अवधि में यह सकल जनसंख्या वयस्क जनसंख्या की अपेक्षा काफी धीमी दर से ही वर्धित हुई है [इसकी वृद्धि दर 1.3% वार्षिक रही जबकि वयस्क जनसंख्या की वृद्धि दर 1.9 प्रतिशत थी], यहां सभी संवृद्धि दरें अधिक हो जाएंगी, किन्तु उनके बीच अन्तर नहीं बदल पाते। देखें: अध्याय 1 और तकनीकी परिशिष्ट।
4. देखें: तकनीकी परिशिष्ट एवं प्रतिपूरक रेखाचित्र S12.1
5. उदाहरण के लिए, यदि ये मान लें कि 1987–2013 के बीच शीर्षस्थ 20 मिलियनवें स्तर पर दिखाई दी प्रत्यावर्तन दर भविष्य में उस 1400 बिलियन दौलत वालों पर लागू रहेगी जिन्हें 2013 की क्रमिकता में शामिल किया गया था [यह लगभग शीर्षस्थ 3 मिलियनवां अंश बनता है] तो इस न्यून अंश का सकल विश्व सम्पदा में अंश 2013 के 1.5 प्रतिशत से बढ़कर 2050 में 7.2 प्रतिशत और 2100 में 59.6 प्रतिशत हो जाएगा।
6. संयुक्त राज्य, फ्रांस, ब्रिटेन, जर्मनी आदि देशों में विभिन्न पत्रिकाओं की राष्ट्रीय सम्पदा क्रमिकताएं फॉर्बिस की वैश्विक क्रमिकता से कहीं नीचे तक जाती है और कई बार निजी राष्ट्रीय सम्पदा के 2 से 3 प्रतिशत तक उनकी गणना पहुंच जाती है। देखें: तकनीकी परिशिष्ट।
7. मीडिया में अरबपतियों की सम्पदा को विश्व उत्पाद के वार्षिक प्रवाह के अंश के रूप में दर्शाया जाता है [या, किसी देश की सकल घरेलू आय के गुणांक के रूप में भी, जिससे उनकी दौलत का एक बहुत डरावना रूप उभरकर आता है]। मेरे विचार में अरबपतियों की दौलत को वैश्विक दौलत के अनुपात में व्यक्त करना अधिक उपयुक्त होगा।
8. ये रिपोर्ट विशेष रूप से James B Davies, Susanna ….. Anthony Shorrocles and Edward N. Wolff की विलक्षण रचना, “The Level and Distribution of Global Household wealth,” Economic journal 121 No 551 [March 2011];

223–54 और अध्याय–10 में प्रस्तुत आंकड़ों पर आधारित है। देखें तकनीकी परिशिष्ट।

9. सामान्यत:, प्रत्येक देश के धनसम्पदा वितरणों के अनुमान के लिए प्रयुक्त सूचना स्रोत कुछ वर्ष पीछे तक चले जाते हैं, इनका राष्ट्रीय लेखा और इसी प्रकार के आंकड़ों के आधारपर नवीकरण किया गया है। देखें: तकनीकी परिशिष्ट।

10. उदाहरण के लिए, वर्षों से फ्रांसीसी मीडिया को देश बड़े पैमाने पर बड़ी बड़ी धनसम्पदाओं के पलायन की कहानियां सुनाने/छापने का अभ्यास–सा हो गया है [इन कहानियों में सुनी सुनाई बातें ही होती हैं—उनके सत्यापन का कोई प्रयास नहीं किया जाता]। किन्तु इस मीडिया को प्रत्येक पतझड़ ऋतु में क्रेडिट सुएस की रिपोर्टोंसे यह जानकर धक्का सा लगता है कि फ्रांस धनसम्पदा के मामले में यूरोप का अग्रणि देश है—यह ब्रिटेन और जर्मनी से भी आगे निकल चुका है और विश्व में इसका क्रम संयुक्त राज्य और जापान के बाद तीसरा बनता है [यह आंकलन मिलियन स्वामी नागरिकों की संख्या पर आधारित है]। इस मामले में जानकारी सही लगती है [वहां तक उपलब्ध स्रोतों से इसका सत्यापन हो पाता है], भले ही उक्त बैंक द्वारा अपनाई गई विधि फ्रांस एवं जर्मनी के बीच अन्तर को कुछ बढ़ा चढ़ा कर प्रस्तुत कर रही हो। देखें: तकनीकी परिशिष्ट।

11. देखें: तकनीकी परिशिष्ट

12. वैश्विक आय वितरण के संदर्भ में लगता है कि शीर्षस्थ शतमंक के अंश में तीखी वृद्धि भी वैश्विक गिनि गुणांक को कम होने से नहीं रोक पाई है [चीन जैसे देशों में विषमता मापन में बहुत अनिश्चितता भी विद्यमान है]। वैश्विक धनंसपदा वितरण शीर्ष स्तर की ओर अधिक संकुलित है और इसी से सहज स्पष्ट हो जाता है कि शीर्षस्थ शतमंक के अंश का महत्त्व कहीं अधिक होगा। देखें: तकनीकी की परिशिष्ट।

13. शीर्षस्थ दस–सहस्त्रमंक [4.5 बिलियन में से 450 वयस्क] की औसत सम्पदा लगभग 50 मिलियन यूरो है—यह विश्व स्तरीय औसत प्रति वयस्क सम्पदा से 1000 गुना है—इस संक्षिप्त से वर्ग का समस्त विश्व सम्पदा के 10 प्रतिशत पर अधिकार है।

14. फॉर्बेस क्रमिकता में बिलगेट्स 1995–2007 तक प्रथम रहे—किन्तु यह 2008–09 में वारेन बुफे तथा फिर 2010–13 में कॉर्लोस स्लिम से पीछे रह गए।

15. वर्ष 1907 में, नवविकसित रंगों का "L Aureale" नाम उस समय एक आभामंडल सदृश्य लोकप्रिय केश विन्यास पर रखा गया था। इसी नवविकास से प्रेरित हो 1909 में फ्रांस के Company for Harmless Hair Dyes की स्थापना हुई। आगे चलकर अनेक 1920 में Monsavon आदि] अन्य ब्रांड बनने के बाद 1936 में इसका नाम 'Loreal' कर दिया गया। इसकी बाल्जैक द्वारा रचित पात्र सीजर विरोट्टो से बहुत ही निकट समानता लगती है—उस पात्र ने L'Eau Carminative और "La paite des Sultanes" जैसे नामों का 19वीं सदी के आरंभ में सृजन किया था।

16. यदि 10 बिलियन यूरो की पूंजी हो तो केवल 0.1 प्रतिशत की प्रतिप्राप्ति से 10 मिलियन यूरो के वार्षिक उपभोग की व्यवस्था हो सकती है। यदि पूंजी पर प्रतिप्राप्ति 5 प्रतिशत हो तो उसका 98 प्रतिशत अंश बचाया जा सकता है, 10 प्रतिशत प्रतिप्राप्ति में से तो 99 प्रतिशत अंश बचत में जुड़ जाएगा—प्रत्येक दशा में उपभोग नाम मात्र का ही हो पाता है।

17. देखें: Honore de Balzac," Le pere Goriot [Paris Livre de Poche, 1983], 105–9.

18. Challenges के मामले में तो 50–500 मिलियन मान की सम्पदाएं समतुल्य कर विवरणियों की संख्या में बहुत ही कम रही [वैसे भी व्यवसाय में लगी पूंजी पर संपत्ति/धन कर नहीं लगता अत: ऐसी सम्पदाओं के आंकड़े यहां नहीं दिखाई देते]। इसका कारण यही होगा कि Challenges विविधिकृत धनसम्पदाओं पर ध्यान नहीं देता। वास्तव में बहुत ही विपरीत कारणों से दोनों ही स्रोत विशाल सम्पदाओं की संख्या का न्यून आंकलन कर रहे हैं: Challenges के स्रोत व्यवसायिक प्रयोग में आ रही सम्पदा को अधिक करके आंक रहे हैं तो राजकोषीय स्रोत उसी का न्यून मूल्यांकन कर रहे है—यही नहीं, दोनों ही अस्पष्ट और परिवर्तनशील परिभाषाओं का भी प्रयोग कर रहे हैं। सामान्य नागरिक तो भ्रमित होकर रह जाता है और उसे यह

अनुभूति कराई जाती है कि सम्पदा संबंधी विषय बहुत ही अस्पष्ट है। देखें: तकनीकी परिशिष्ट।

19. अवधारणा स्तर पर यह परिभाषा करना सरल नहीं है कि उत्तराधिकारी पूंजी पर सामान्य प्रतिप्राप्ति दर क्या होनी चाहिए। मैंने अध्याय–11 में सभी सम्पदाओं पर समान पूंजी प्राप्ति दर का प्रयोग किया है, इसके कारण लिलिएन बेट्टन कोर्ट एक बहुत ही विद्रूप उत्तराधिकारिणी की भांति निरूपण हो जाता है [उसकी पूंजी पर प्रतिप्राप्ति की दर बहुत ही उच्च थी], यह संभवत: स्वयं स्टीव फॉर्बेस से अधिक पक्षपात पूर्ण थी जिसने कभी उसे विशुद्ध उत्तराधिकारिणी के रूप में वर्गीकृत ही नहीं किया जबकि वह स्वयं को उत्तराधिकारी पूंजी के संवर्धकों एवं पक्ष पोषकों में सम्मिलित करता है। देखें: तकनीकी परिशिष्ट।

20. गेट्स और स्लिम की सापेक्ष प्रतिभाओं पर बिना किसी आधार के ही बहुत सशक्त टिप्पणियों के लिए देखें: Daron Acemoglu and James A Robinson, "Why Nations Fail: The Origins of Power, Prosperity and Poverty, [New York, Crown Publishing, 2012], 34–41। इन लेखकों की आक्रोश पूर्ण शैली पर हैरानी होती है—क्योंकि इन्होंने धनंसपदा के किसी आदर्श वितरण पर तो चर्चा ही नहीं की। सारी पुस्तक ब्रिटिश,अमेरिकी और फ्रांसीसी क्रांतियों से प्रारंभ कर विकास प्रक्रिया में धन सम्पदा व्यवस्थाओं की भूमिका पर ही आश्रित लगती है [इसके अधिक नवीन सामाजिक व्यवस्थाओं और कराधान व्यवस्थाओं को तो छुआ तक नहीं गया है]।

21. उदाहरण के लिए, देखें: पत्रिका Capital, संख्या 255, दिसंबर 2012: "180 मि. यूरो में फिलिपींस के दूतावास का पुराना भवन अपनी पुत्री वनिशा के लिए खरीदा है। कुछ समय पहले उसके पुत्र आदित्य को 144 मिलियन यूरो मूल्य का भवन बड़े उदारता पूर्ण उपहार के रूप में मिला था। ये दोनों संपत्तियां केंसिंगटन पैलेस गार्डन के अरबपति पथ पर उनके पिता के घर के पास ही हैं। लक्ष्मी मित्तल का निवास विश्व का सबसे महंगा निजी निवास है जिसमें एक तुर्की स्नान गृह, मणि मंडित तरण ताल, जिसमें उन्हीं खानों से आया संगमरमर लगा है, जहां से ताज महल के लिए पत्थर निकाला गया था] और नौकरों के आवास भी है। कुल मिलाकर ये सारी संपत्तिया

542 मि. यूरो की है जो फ्लोरेंज में निवेशित 180 मि. यूरो से तीन गुना बन जाती है।

22. 'फॉर्बेस' क्रमिकताएं भी एक रौचक सी कसौटी का प्रयोग करती हैं किन्तु उनका कहीं भी प्रयोग करना कठिन रहता है—इसने तानाशाहों—वस्तुत: उन सभी को अपनी गणनाओं से बाहर रख छोड़ा है जिनकी संपत्ति [इंग्लैंड की महारानी की भांति] उनके "राजनीतिक ओहदे" पर आधारित है। किन्तु, यदि किसी व्यक्ति ने सत्ता में पहुंचने से पहले सम्पदा प्राप्त कर ली हो, तो उसे इन क्रमिकताओं में स्थान मिलता रहता है। उदाहरण: जॉर्जिया के बड़े व्यापारी बिद्जीना ईवानशिवली अभी भी 1913 की क्रमिकता में हैं, जबकि वे 2012 में ही प्रधान मंत्री बन चुके हैं। उनकी सम्पदा $5 बिलियन आंकी गई है जो उसके देशों के सकल घरेलू उत्पाद के एक चौथाई और सकल राष्ट्रीय सम्पदा के 5 से 10 प्रतिशत अंश के समान है।

23. अमेरिकी विश्वविद्यालयों की निधियों का योग देश के सकल घरेलू उत्पाद का 3 प्रतिशत और उस पूंजी पर प्रतिप्राप्ति घरेलू उत्पाद के 0.2 प्रतिशत के समान है—यह उच्च शिक्षा पर सं. राज्य के सकल व्यय के 10 प्रतिशत से कुछ अधिक आंकलित होता है। किन्तु यह अंश उच्च निधि संपन्न विश्वविद्यालयों के मामले में तो 30–40 प्रतिशत तक पहुँच जाता है। यही नहीं ये पूंजीगत निधियां इनके प्रशासन में भी एक बड़ी भूमिका निभाती हैं—वह प्राय: इनके मौद्रिक महत्त्व से कहीं अधिक विशाल होती है। देखें: तकनीकी परिशिष्ट।

24. यहां प्रकाशित आंकड़ों का मुख्य स्रोत महाविद्यालय एवं विश्व विद्यालय व्यवसाय अधिकारियों के राष्ट्रीय संघ द्वारा प्रकाशित रिपोर्टें है, साथ ही हार्वर्ड, येल, प्रिंस्टन विश्वविद्यालयों और अन्य संस्थानों द्वारा प्रकाशित रिपोर्टों का भी प्रयोग किया गया है। देखें: तकनीकी परिशिष्ट।

25. उपअवधियों के परिणामों के लिए देखें: तकनीकी परिशिष्ट और प्रतिपूरक ता. S12.2।

26. किन्तु प्रमुख अंतर का कारण निजी सम्पदा स्वामियों द्वारा देय महत्त्वपूर्ण कर हैं; सं. राज्य में कर पूर्व वास्तविक प्रतिप्राप्ति दर 1920–2010 में 5 प्रतिशत के लगभग रही है। देखें: तकनीकी परिशिष्ट।

27. ता. 12.2 में कोष्ठकों में इंगित विश्वविद्यालयों की संख्याएं 2010 में निधियों के अनुसार हैं। किन्तु परिणामों को पूर्वाग्रहों से मुक्त रखने के लिए प्रत्येक दशक के आरंभ में विश्वविद्यालयों के निधियों के आकार पर आधारित अनुक्रम बनाए गए हैं। सभी विस्तृत परिणाम तकनीकी परिशिष्ट में है। विशेष रूप से प्रतिपूरक ता. S12.2 को अवश्य देखें।

28. यदि विश्वभर में सही प्रकल्पों का चयन किया जाए, तो भवन सम्पदा एक बहुत उच्च आय निवेश सिद्ध हो सकती है। व्यवहार में इसमें बहुत बड़े स्तर पर व्यवसायी, व्यापारिक और निवासीय संपत्तियां होती हैं।

29. इसका सत्यापन इस बात से भी हो जाता है कि सापेक्ष क्रमिकता में 980–2010 के तीन दशकों में कोई परिवर्तन नहीं आया है। विश्वविद्यालयों की निधि क्रमिकताएं प्राय: अपरिवर्तित रही हैं।

30. हार्वर्ड विश्वविद्यालय का उदाहरण लें: इसकी वित्तीय रिपोर्ट दिखा रही हैं कि, निधियों पर 1990–2010 की अवधि में औसत वास्तविक प्रतिप्राप्ति दर 10 प्रतिशत रही है, जबकि नए उपहारों से निधियों में औसतन 2 प्रतिशत की वार्षिक वृद्धि हुई है। अत: निधियों से सकल वार्षिक वास्तविक आय [निधियों पर प्रतिप्राप्ति और नए उपहारों का योगफल] कुल मिलाकर 12 प्रतिशत बन जाती है। इसका एक अंश—5 प्रतिशत–विश्वविद्यालय के चालू वर्षों के व्यय पर प्रयोग किया गया तथा शेष 7 प्रतिशत को निधिकोष में ही जोड़ते चले गए। परिणाम स्वरूप यह निधि 1990 के $5 बिलियन से वर्धित होकर 2010 में $30 बिलियन पर पहुँच गई, साथ ही विश्वविद्यालय वार्षिक उपहार प्रवाह से अढाई गुना राशियों का उपभोग व्यय भी करता रहा।

31. किन्तु, ध्यान रहे, परिसम्पदा मूल्यों में ऐतिहासिक पुनर्वृद्धि वार्षिक प्रतिप्राप्ति दर में केवल एक बिन्दु की वृद्धि कर पाती है, वह उन प्रतिप्राप्ति दरों की तुलना में बहुत कम है जिनकी में यहां चर्चा कर रहा हूँ। देखें: तकनीकी परिशिष्ट।

32. उदाहरण के लिए, बिल गेट्स ने बिल एवं मेलिंडा गेट्स प्रतिष्ठान की परिसम्पदाओं पर प्रभावी नियंत्रण बनाए रखा है—इसी कारण से 'फॉर्बेस' प्रतिष्ठान की सम्पदाओं को भी गेट्स की व्यक्तिगत सम्पदा के साथ ही जोड़ देता है। नियंत्रण का बना रहना निष्प्रह उपहार दान की भावना के अनुरूप नहीं लगता।

33. विश्व में विलासिता उत्पादों के क्षेत्र में अग्रणी LVMH के प्रमुख शेयर धारी बर्नार्ड आर्नोल्ट के अनुसार जो बेल्जियन प्रतिष्ठान उसकी परिसम्पदाओं को धारण करता है उसके लक्ष्य न तो धर्मार्थ हैं और न ही राजकोषीय। यह तो वस्तुत: एक परिसम्पदा संवहन का उपस्कर मात्र है। "मेरी 5 संतानों और 2 भतीजों में से निश्चय ही एक तो मेरी मृत्यु के बाद काम संभालने में सक्षम निकल ही आएगा"—उसने एक टिप्पणी में कहा है। किन्तु वह अगली पीढ़ी में विवाद नहीं चाहता। अपनी परिसम्पदाएं उस प्रतिष्ठान में रख कर वह अपने संभावी उत्तराधिकारियों को "निष्पक्ष रूप से" मतदान करने को विवश कर रहा है, ताकि उस द्वारा स्थापित उद्योग समूह उस समय भी चलता रहे जब उसके उत्तराधिकारी आपस में पूर्ण सहमति पर नहीं पहुँच पा रहे हों।" देखें: La Monde, April 11, 2013।

34. संयुक्त राज्य और फ्रांस में इसी प्रकार के सुधारों पर आधारित शोध कार्य में ग्रैब्रियल फैक और केमिले लैंडेस ने इस विषय में बहुत खुलकर चर्चा की है। देखें: तकनीकी परिशिष्ट।

35. संयुक्त राज्य के अपूर्ण अनुमानों के लिए देखें: तकनीकी परिशिष्ट।

36. देखें: अध्याय–5

37. शहरों में विशेष कर पैरिस में, तो 19वीं सदी में हालत और भी खराब थी, वहां प्रथम महायुद्ध से पूर्व बड़े भवनों को गृह खंड़ों [फलैट्स] में परिवर्तित नहीं किया गया था। अत: व्यक्ति को पूरा भवन खरीदने के लिए बहुत ही अमीर होना आवश्यक होता था।

38. देखें: अध्याय–5

39. अवधि 1998–2012 में औसत मौद्रिक प्रतिप्राप्ति दर केवल 5 प्रतिशत वार्षिक थी। किन्तु इन दरों की विश्वविद्यालयों की निधियों द्वारा अर्जित दरों से तुलना कठिन है क्योंकि उक्त अवधि—1998–2012 न तो 1990–2010 जितनी अच्छी थी और न ही 1980–2010 जितनी [किन्तु दुर्भाग्य वश नॉर्वे के निधिकोष के आंकड़े 1998 से पूर्ववर्ती वर्षों तक नहीं पहुँच पाते]। साथ ही इस निम्न प्रतिप्राप्ति दर का आंशिक कारण नॉर्वे की मुद्रा 'क्रोन' के विनियम मान में सुधार भी था।

40. वर्ष 2010 की जनगणना के अनुसार, संयुक्त अरब अमीरात [जिसका सबसे बड़ा घटक राज्य आबू धाबी है] की देशीय जनसंख्या 10 लाख से कुछ ही अधिक है [वहां 70 लाख विदेशी श्रमिक भी है]। कुवैत की देशीय जनसंख्या भी उतनी ही है, कतार में तो 3 लाख नागरिक और 15 लाख विदेशी कर्मचारी हैं। सऊदी अरब में एक करोड़ विदेशी कर्मचारी और 2 करोड़ स्थानीय नागरिक हैं।

41. देखें: तकनीकी परिशिष्ट।

42. हमें सार्वजनिक गैर वित्तीय परिसम्पदाओं का भी हिसाब लगाना चाहिए। ये सार्वजनिक भवनों, स्कूलों और अस्पतालों के रूप में हो सकती हैं। साथ ही सार्वभौम सम्पदाकोषों से बाहर रही वित्तीय सम्पदाओं को भी जोड़ लेना चाहिए। उसके बाद ही सार्वजनिक ऋण को उक्त योगफल में से घटाना उपयुक्त होगा। धनी देशों में इस समय निवल सार्वजनिक धन सम्पदा औसत रूप से निजी सम्पदा के मात्र 3 प्रतिशत के समान है [कई मामलों में तो निवल सार्वजनिक सम्पदा का मान ऋणात्मक है]। अत: इसके समंजन से कोई विशेष प्रभात्र नहीं होगा। देखें अध्याय 3–5, और तकनीकी परिशिष्ट।

43. भवन सम्पदा एवं गैर–अनुसूचित व्यवसायों की परिसम्पदाएं घटा दें तो संकीर्ण स्वरूप में वित्तीय परिसम्पदाएं 2010 में वैश्विक निजी सम्पदा के एक चौथाई से एक तिहाई अंश के समान बनती थीं। दूसरे शब्दों में इसका मान 4 नहीं बल्कि एक से डेढ़ वर्ष के विश्व घरेलू उत्पाद के समान बनता था। इस प्रकार सार्वभौम धन कोष विश्व वित्तीय परिसम्पदाओं के 5 प्रतिशत के स्वामी हैं। यहां मैं परिवारों और सरकारों की निवल वित्तीय सम्पदाओं की बात कर रहा हूँ। वित्तीय और गैर वित्तीय निगमों का अंतर्राष्ट्रीय स्तर पर एक दूसरे की सम्पदाओं पर स्वामित्व भी बहुत गहरा होता है, और उसका मान तीन वर्षों के विश्व घरेलू उत्पाद के समान बनता है। देखें: तकनीकी परिशिष्ट।

44. प्राकृतिक संसाधनों पर भाडा 1970 से 1980 के दशक मध्यों में विश्व घरेलू उत्पाद के 5 प्रतिशत से अधिक हो चुका था। देखें: तकनीकी परिशिष्ट।

45. मेरी अवधारणा निहित रूप से चीन और अन्य देशों की दीर्घकालिक बचत दर को सम्मिलित किए हुए है—इसमें सार्वजनिक एवं निजी,

दोनों क्षेत्रों की बचतें शामिल हैं। हम चीन में सार्वजनिक संपत्ति [विशेष कर सार्वभौम कोष] और निजी सम्पदा के बीच संबंधों को लेकर कोई भविष्यवाणी नहीं कर सकते।

46. कुछ भी हो, भाड़ा प्रत्यावर्तन [तैल भाड़ा से विविधिकृत पूंजी भाड़ा] की पारदर्शी प्रक्रिया इन बातों को स्पष्ट कर रही है: ऐतिहासिक रूप से पूंजी अनेक रूप धारण कर रही है [भूमि, तैल, वित्तीय पूंजी, व्यवसायिक पूंजी, भवन सम्पदा आदि] किन्तु इसका आधारभूत तर्क शास्त्र अपरिवर्तित रहा है—या इसका परिवर्तन सामान्य धारणा से बहुत कम रहा है।

47. 'कमाते जाओ देते जाओ' व्यवस्था में सक्रिय कर्मियों के पैन्शन कोष में योगदान सीधे ही सेवानिवृत्तों को चुका दिए जाते हैं—कोई दीर्घ कालिक निवेश नहीं हो पाता। इन प्रश्नों पर देखें अध्याय–13।

48. यूरोपीय एवं संयुक्त राज्य की पूंजी का एक चौथाई से आधा अंश [अधिक भी, विभिन्न मान्यताओं के आधार पर]। देखें: तकनीकी परिशिष्ट।

49. तैल निर्यातकों का प्रत्यावर्तन एक अल्पाधिकारी प्रत्यावर्तन है, साथ ही तैल भाड़ा वस्तुत: बहुत छोटे से जन समूह को प्राप्त होता है—और वे सार्वभौम धन कोष के माध्यम से बहुत उच्च दर पर संकुलन बनाए रख सकते हैं।

50. वर्ष 2012–13 में यूरोपीय महासंघ का सकल घरेलू उत्पाद 15 बिलियन यूरो था जबकि चीन का 10 बिलियन [क्रय शक्ति तुल्य मान] था [वर्तमान विनिमय दर पर भी चीन का मान 6 बिलियन था—संभवत: यह आंकड़ा अंतर्राष्ट्रीय वित्तीय परिसम्पदाओं की तुलना में अधिक उपयोगी होगा]। देखें: अध्याय–1। चीन की निवल विदेशी परिसम्पदाएं बहुत तेजी से वृद्धि शील हैं किन्तु इसकी वृद्धि दर धनी देशों की सकल निजी सम्पदा को पार कर जाने के लिए पर्याप्त नहीं है। देखें: तकनीकी परिशिष्ट।

51. देखें: औरिले सोचुरा—"Les etrangers font its monter less prix de L'immobilier? Estimotion a' partir de la base de la chamber des Notaires de Paris, 1993–2008" Paris,

Ecoles des Hautes Etudes en Sciences Social and Paris School of Economics, 2011।

52. देखें, विशेष रूप से रेखाचित्र 5.7।

53. रेखाचित्र 12.6 में धनी देशों में जापान, पं. यूरोप और संयुक्त राज्य सम्मिलित हैं। कनाड़ा और आस्ट्रेलिया–न्यूजीलैंड का जोड़ लेने से कोई विशेष अंतर नहीं पड़ता। देखें तकनीकी परिशिष्ट।

54. देखें: अध्याय–3.5।

55. या विश्वव्यापी सकल वित्तीय परिसम्पदाओं का 7–8 प्रतिशत।

56. जेम्ज हेनरी द्वारा 2012 में Tax Justice Net Work के लिए तैयार उच्च अनुमानों और रोनेन पैलन, रिचर्ड मर्फी एवं क्रिश्चियन शेवेनोक्स के 2010 के कुछ निम्न अनुमानों की व्याख्या तकनीकी परिशिष्ट में उपलब्ध है।

57. रेखाचित्र 12.6 के आंकड़े गैब्रियल जुकमेन के लेख "The missing Wealth of Nations : Are Europe and US net debtes or net Crediters"? Quarterely Journal of Economics, 128, No 3 (2013): 1321–64 से लिए गए हैं।

58. रॉइन और वाल्डेन्ट्रोम के एक अनुमान के अनुसार विदेशों में धारित परिसंपत्तियां [स्वीड़न के भुगतान शेष में विसंगतियों के आधार पर अनुमानित] किन्हीं मान्यताओं के आधार पर हमें इस निष्कर्ष तक ले जा सकती हैं कि स्वीड़न का शीर्षस्थ धनसम्पदा शतमंक संयुक्त राज्य के उसी शतमंक जितना ही धनी है [इसमें कुछ वृद्धि होने की ही संभावना है]। देखें: तकनीकी परिशिष्ट।

13. इक्कीसवीं सदी के लिए एक सामाजिक सरकार

1. जैसा कि परंपरा है, मैं कर राजस्व में सभी करों, शुल्कों, सामाजिक योगदानों एवं उन सभी भुगतानों को सम्मिलित कर रहा हूँ जो नागरिकों को कानून के भय से सरकार को करने होते हैं। विभिन्न प्रकार के भुगतानों, विशेषकर करों एवं सामाजिक बीमा योगदानों, में अंतर सदैव बहुत स्पष्ट नहीं होते और सभी देशों में इनके अर्थ भी एक समान नहीं रहते। ऐतिहासिक एवं अंतर्राष्ट्रीय स्तर पर तुलनाएं करने

के लिए सरकार—केंद्रीय, प्रादेशिक या स्थानीय एवं अन्य सार्वजनिक निकायों [जैसे कि सामाजिक सुरक्षा निकाय आदि] को किए गए सभी भुगतानों पर एक साथ विचार करना महत्त्वपूर्ण होगा। चर्चा को सरल रखने के लिए मैं केवल "करों" शब्द का प्रयोग करूँगा, किन्तु इसमें सामान्यत: सभी अनिवार्य भुगतान सम्मिलित होंगे। देखें: तकनीकी परिशिष्ट।

2. सामान्यत: सैन्य व्यय राष्ट्रीय आय के 2–3 प्रतिशत तक सीमित रहता है किन्तु सैन्य दृष्टि से अधिक सक्रिय देशों [जैसे स. राज्य, जो राष्ट्रीय आय का 4 प्रतिशत इस मद पर खर्च कर रहा है] में अथवा जो समझते हैं कि उनकी सुरक्षा एवं सम्पदा संकट में हैं [सऊदी अरब एवं खाड़ी देश अपनी आय का 10 प्रतिशत सैन्य कार्यों पर खर्च कर रहे हैं] पर व्यय प्रतिशत अधिक भी हो सकता है।

3. उन्नीसवीं सदी में, स्वास्थ्य एवं शिक्षा व्यय राष्ट्रीय आय के 1–2 प्रतिशत से कम ही थे। अठारहवीं–उन्नीसवीं शतियों में सामाजिक व्यय के धीमे विकास और इसमें 20 सदी में आए त्वरण का ऐतिहासिक परिदृश्य देखें: P. Lindert, "Growing public : social spending and Economic Growth since Eighteenth Century," [Cambridge, Cambridge University Press, 2004]।

4. ध्यान दें, अनिवार्य भुगतान की राशियों को राष्ट्रीय आय के अनुपात में व्यक्त किया गया है [राष्ट्रीय आय का मान GDP के 90 प्रतिशत के लगभग रहता है—10 प्रतिशत की कटौती पूंजी के मूल्यह्रास के नाम पर की जाती है]। मुझे ऐसा करना ठीक भी लगता है, क्योंकि मूल्यह्रास को किसी की आय मान लेना उचित नहीं होगा [देखें अध्याय–1] यदि हम उक्त भुगतानों को GDP के अनुपात में व्यक्त करें तो ये अनुपात अपनी परिभाषा के कारण 10 प्रतिशत कम रह जाएंगे [उदाहरण : यदि राष्ट्रीय आय से अनुपात 50 प्रतिशत है तो GDP से उसी राशि का अनुपात 45 प्रतिशत होगा]।

5. एक–आध बिन्दुओं के अन्तर पूरी तरह से सांख्यिकीय कारणों से हो सकते हैं, किन्तु 5–10 बिन्दुओं के अंतर प्रत्येक देश में सरकार की भूमिका में महत्त्वपूर्ण अन्तर के सूचक होंगे।

6. ब्रिटेन में 1980 के दशक में करानुपात में कई बिन्दुओं की कमी आई थी—यह थैचर सरकार द्वारा सरकारी हस्तक्षेप न्यूनतम करने की नीति का परिणाम थी—किन्तु 1990–2000 में करानुपात फिर से ऊपर उठ गया है क्योंकि नई सरकारों ने सार्वजनिक सेवाओं में पुनर्निवेश की नीति अपनाई है। फ्रांस में सरकार के अंश में अन्य देशों के कुछ बाद वृद्धि का क्रम प्रारंभ हुआ। 1970–80 में इसमें तीव्र वृद्धि जारी रही और स्थायित्व 1985–90 तक ही आ पाया था। देखें: तकनीकी परिशिष्ट।

7. दीर्घकालिक प्रवृत्तियों पर ही ध्यान केंद्रित रखने के लिए मैंने यहां भी दशकीय औसतें प्रयोग की हैं। कर दरों की वार्षिक श्रृंखलाओं में सभी प्रकार के छोटे–छोटे चक्रीय परिवर्तन भी सम्मिलित होते हैं जो अस्थायी स्वरूप के होते हैं और जिनका कोई विशेष महत्त्व नहीं होता। देखें: तकनीकी परिशिष्ट।

8. जापान में यह स्तर संयुक्त राज्य [राष्ट्रीय आय के 32–33 प्रतिशत] से कुछ अधिक है तो कनाड़ा, ऑस्ट्रेलिया और न्यूजीलैंड के सूतर ब्रिटेन [35–40 प्रतिशत] के निकट हैं।

9. वाक्यांश 'सामाजिक सरकार' द्वारा सरकार के ध्येयों एवं उपक्रमों की प्रकृति और विविधता की अभिव्यक्ति "क्षेमवादी सरकार" की अपेक्षा अधिक बेहतर होती है। ऐसी मेरी मान्यता है।

10. देखें प्रतिपूरक ता. S13.2। इसमें फ्रांस, जर्मनी, ब्रिटेन और सं. राज्य में 2000–10 में सार्वजनिक व्यय का पूर्ण विवरण दिया गया है।

11. सामान्यत: 5–6 प्रतिशत शिक्षा और 8–9 प्रतिशत स्वास्थ्य पर। देखें: तकनीकी परिशिष्ट।

12. राष्ट्रीय स्वास्थ्य सेवा [स्थापना 1948] आज ब्रिटेन की राष्ट्रीय अस्मिता का अविभाजय अंग बन चुकी है। यहां तक कि 2012 के ओलंपिक खेलोंके उदघाटन समारोह में भी उसे औद्योगिक क्रांति और 1960 के दशक में रॉक संगीत समूहों के समकक्ष स्थान दिया गया था।

13. यदि निजी स्वास्थ्य बीमा व्यय भी जोड़ लिया जाए तो सं. राज्य की स्वास्थ्य सेवा व्यवस्था विश्व की सबसे महंगी व्यवस्था [राष्ट्रीय आय के 20 प्रतिशत भाग का उपभोग करने वाली] बन जाती है, जबकि जनसंख्या का एक बहुत बड़ा अंश इसके लाभ से वंचित ही रहता है

और सं. राज्य के स्वास्थ्य सूचकों का स्तर भी यूरोप से निम्न ही है। निस्संदेह, सर्वव्यापी सार्वजनिक स्वास्थ्य सेवाएं, अपनी त्रुटियों के बाद भी, सं. राज्य की व्यवस्था की तुलना में कहीं बेहतर लागत–हितलाभ अनुपात सृजित करती हैं।

14. इसके विपरीत शिक्षा और स्वास्थ्य पर सामाजिक व्यय परिवारों की निर्वर्त्य आय [मौद्रिक] में कमी लाते हैं—इसी से यह भी स्पष्ट हो जाता है कि निर्वर्त्य आय का राष्ट्रीय आय में अंश 20वीं सदी के आरंभ के 90 प्रतिशत से घटकर अब 70–80 प्रतिशत क्यों रह गया है। देखें: अध्याय।

15. ब्रिटेन के सामाजिक सरकार प्रतिमान की रचना पर आधारित उच्च सीमा वाली पेंशन व्यवस्था को "बीवरीजियन" [चरम रूप में सभी को एक समान पेंशन का प्रावधान भी हो सकता है] कहा जाता है। यह बिस्मार्कीय, स्कैंडेनेवियाई या फिर लैटिन व्यवस्थाओं से भिन्न है—इन सब में मजदूरी/वेतन के अनुपात में पेंशन दी जाती है [फ्रांस का मामला तो बहुत ही विलक्षण है जहाँ पेंशन की उच्च सीमा बहुत ही उच्च स्तर पर है—अर्थात औसत वेतन से 8 गुना—अधिकांश देशों में यह औसत वेतन से 3 गुना होती है]।

16. फ्रांस में, [जहां सामाजिक हितलाभों और नियमों एवं एजेंसियों की दुरूहता की भरमार है], जिन लोगों को कार्य क्षेम कार्यक्रम—अर्थात सक्रिय एक जुटता–या अतिन्यून अशंकालिक वेतन पाने वाले वर्ग के लिए हित लाभ पाने का अधिकार था—उनमें से आधे से भी कम ने इसके लिए आवेदन दिये हैं।

17. यूरोप और संयुक्त राज्य के आय समर्थन सहायता कार्यक्रमों में एक बड़ा अन्तर है: संयुक्त राज्य में यह सहायता केवल उन्हीं को दी जाती है जिन पर बच्चों के पालन पोषण का भार हो। बच्चों से रहित व्यक्तियों के लिए स्थानिक स्तर का प्रशासन क्षेम सरकार का रूप धारणकर लेता है [विशेषकर अश्वेत युवाओं के लिए]। वर्ष 2013 में संयुक्त राज्य की वयस्क जनसंख्या में से 1 प्रतिशत जेल के सींखचों के पीछे बंद थे। ये विश्व में सबसे अधिक कारावास दर है—[रूस से कुछ ही अधिक और चीन से तो बहुत ही अधिक]। अश्वेत वयस्क पुरुषों में तो यह कारावास दर 5 प्रतिशत से अधिक थी। देखें तकनीकी परिशिष्ट। अमेरिकी व्यवस्था की एक अन्य विलक्षणता है—यहां

सहायता राशि का वितरण खाद्य–टिकटों के रूप में होता है ताकि उन्हें पाने वाले उस सहायता को केवल खाद्य सामग्री पर खर्च कर पाएं— शराब और अन्य व्यसनों पर नहीं। यहां सं. राज्य के नीति निर्माताओं के गरीबों के प्रति पूर्वाग्रह पूर्ण व्यवहार की छाप भी साफ–साफ दिखती है—यह यूरोपीय पूर्वाग्रहों से कहीं अधिक प्रबल है और कदाचित, इसमें कुछ जातीय भेदभाव की भावना भी भरी हुई है।

18. उल्लिखित देशों के बीच कुछ न कुछ अंतर अवश्य विद्यमान हैं।

19. हम इन सत्यों को स्वयंसिद्ध मानते हैं कि सभी पुरुषों को समान बनाया गया है, कि सभी के रचियता ने उन्हें कुछ न कुछ अहरणीय अधिकारों से संपन्न किया है और इन अधिकारों में सम्मिलित हैं जीवन, स्वातन्त्र्य और सुख का अनुष्ठान; तथा इन्हीं अधिकारों को सुनिश्चित करने के लिए सरकारों का गठन होता है और इन सरकारों को शासित जनसमुदाय की सहमति से ही न्यायपूर्ण शक्तियां प्राप्त होती हैं।

20. "सांझी उपयोगिता" की संकल्पना पर निरंतर बहस चल रही है और हमारे लिए इसकी समीक्षा में उलझना हमें इस पुस्तक की रूप रेखा से कहीं दूर ले जाएगा। यह निश्चित है कि 1789 के घोषणापत्र के रचयिता उस उपयोगितावादी भावना से सहमत नहीं थे जिसने जोन स्टुअर्ट मिल के समय से अनगिनत अर्थशास्त्रियों को अभिभूत किया है: वैयिक्तक उपयोगिताओं का गणितीययोग [साथ में उपयोगिता फलनों के अवतल "होने की कल्पना भी सन्निहित थी" [अर्थात उपयोगिता वृद्धि ही हो]। पुनर्वितरण की वांछनीयता की इस गणितीय रचना का इस विषय में जनसामान्य के सोच के साथ कोई संबंध नहीं था।अधिकारों का विचार अधिक उपयुक्त लगता है।

21. "सर्वाधिक अभावग्रस्त" की परिभाषा उन व्यक्तियों के रूप में करना उचित ही लगता है, जिन्हें अपने नियंत्रण से परे के विपरीत कारकों से सबसे अधिक जूझना पड़ता है। किसी सीमा तक विषिमता के कारक अंशत: अवश्य भुक्तभोगियों के नियंत्रण से बाहर रहते हैं—उदाहरण : परिवारों की असमान सम्पदा धारिता [उत्तराधिकार, सांस्कृतिक, पूंजी आदि] या अच्छा भाग्य होना [विशेष गुण, सुखद संयोग आदि], और न्यायपूर्ण सरकारों का दायित्व है कि इन विषमताओं का यथासंभव निवारण करें। अवसरों और दशाओं के बीच की सीमा रेखा

बहुत छिद्रपूर्ण होती है [शिक्षा, स्वास्थ्य और आय सुअवसर भी हैं और दशाएं भी]। रॉल्स की मूलभूत पदार्थोंकी संकल्पना इस कृत्रिम विरोध से आगे निकलने का एक मार्ग है।

22. "सामाजिक एवं आर्थिक विषमताएं..... तभी न्यायपूर्ण होंगी जब वह सभी के लिए प्रतिपूरक हितलाभों में परिणित हो जाएं, विशेषकर समाज के सर्वाधिक अभावग्रस्त वर्ग के सदस्यों के लिए" [जॉन रॉल्स, A theory of Justice, Combridge, M.A. : Belknap Press 15]। यही 1971 की संकल्पना की रूपरेखा 1993 में प्रकाशित रचना Political Liberalism में भी दोहराई गई है।

23. इन्हीं चार राजनीतिक सूत्रों को अभी मार्क फल्यूबे और जॉन रॉमेर ने कुछ अन्वीक्षात्मक सांख्यिकीय प्रयोगों के माध्यम से आगे बढ़ाया है। देखें: तकनीकी परिशिष्ट।

24. यूरोप में, आम सहमति के बाद भी काफी अंतर बने हुए है। सबसे धनी और उत्पादक देशों में सबसे अधिक कर भी हैं [स्वीड़न और डेनमार्क में राष्ट्रीय आय का 50–60 प्रतिशत तक] और सबसे कम विकसित और गरीब देशों में सबसे कम कर रहे हैं [बुल्गारिया और रोमानिया में राष्ट्रीय आय का मात्र 30 प्रतिशत]। देखें तकनीकी परिशिष्ट। संयुक्त राज्य में सहमति कम है। कुछ बहुत ही छोटे से वर्ग सभी संघीय ही नहीं प्रत्येक प्रकार के सामाजिक कार्यक्रमों की वैधानिकता को ही गंभीर चुनौती दे रहे हैं। एक बार फिर कुछ सामाजिक पूर्वाग्रहों का ही प्रभाव दिखाई दे रहा है [यही बात ओबामा प्रशासन द्वारा अपनाए गए स्वास्थ्य सेवा सुधारों संबंधी विवाद में भी स्पष्ट हो रही है]।

25. संयुक्त राज्य और ब्रिटेन में "सामाजिक सरकार" की संवृद्धि बहुत तीव्र रही, यद्यपि आर्थिक संवृद्धि काफी धीमी थी—इसमें भी एक सशक्त नुकसान की भावना प्रबल हुई है कि अन्य देश बहुत तेजी से हमारे निकट पहुँच रहे है। हमने पहले भी इस विषय में चर्चा की है—विशेषकर अध्याय–2 में।

26. अंद्रेज जोर्कलेंड और ऑर्नोड लेफ्रेंस के क्रमशः स्वीड़न और फ्रांस विषयक शोध से प्रतीत होता है कि अंतर्पीढ़ी सहसंबंध 1910–30 के जन्में प्रसमूह की अपेक्षा 1940–50 के जन्में प्रसमूह में कुछ कम हो गया था किन्तु 1960–70 के प्रसमूह से यह फिर बढ़ने लगा है। देखें: तकनीकी परिशिष्ट।

27. यदि विभिन्न देशों के बीच तुलनीयता के अभाव और मापन में कुछ असटीकता स्वीकार्य हो तो 20वीं सदी में जन्में प्रसमूहों की गतिशीलता का आंकलन–मापन हो सकता है—किन्तु 19वीं सदी की अंतपीढ़ी गतिशीलता का मापन केवल उत्तराधिकार के अनुसार ही संभव है [देखें अध्याय–11]। किन्तु यह मुद्दा प्रतिभा एवं अर्जित आय पर आधारित गतिशीलता से बहुत भिन्न होगा। दूसरे शब्दों में मुख्य बात तो यही है कि अंतर्पीढ़ी गतिशीलता के मापन का आधार क्या है। इन रचनाओं में प्रयुक्त आंकड़े हमें पूंजी आय की गतिशीलता का पृथक्कीकरण नहीं करने देते।

28. सहसंबंध गुणांक का मान स्वीड़न और फिनलैंड में 0.2 से 0.3 तथा संयुक्त राज्य में 0.5 से 0.6 रहा है। ब्रिटेन (0.4–0.5) संयुक्त राज्यके निकट लगता है किन्तु यह फ्रांस और जर्मनी [0.4] से भी बहुत दूर नहीं है। अर्जित आय के अंतर्पीढ़ी सह संबंध गुणोंकी अंतर्राष्ट्रीय तुलना [इन्हें भी उक्त अध्ययनों ने सत्यापित किया है] के लिए मार्कस जेंट्टी की रचना देखें। देखें: तकनीकी परिशिष्ट।

29. वर्ष 2012–2013 में हार्वर्ड में एक पूर्व सनातक स्तरीय शिक्षार्थी की वार्षिक लागत 54000/ थी—इसमें रहने का कमरा, खाना तथा अन्य सभी शुल्क शामिल थे [वैसे पढ़ाई का शुल्क ही $38000/– था]। हार्वर्ड तो अपने निधि कोषों पर बहुत अच्छी आय कमा रहा है—कई अन्य विश्वविद्यालयों में तो शिक्षा और भी अधिक महंगी है [देखें: अध्याय–13]।

30. देखें G.Duncan and R. Murnane, “Whither Opportunity?. Rising Inequality, Schools and Childerns life Chances”, [New York, Russell Sage Foundation, 2011] विशेषकर अध्याय–6। देखें: तकनीकी परिशिष्ट।

31. देखें Jonathan Meer and Harvey S. Rosen,” Altruism and Child-Cycle of Alumini Donations,” American Economic Journal: Economic Policy 1. W.1 (2009): 258–86।

32. इसका अर्थ यह कदापि नहीं है, कि हावर्ड अपने शिक्षार्थियों का चयन देश के धनिकतम 2 प्रतिशत वर्ग में से करता है। आशय इतना ही है कि उक्त वर्ग से नीचे के वर्ग से बहुत कम शिक्षार्थी प्रवेश पाने में सफल रह

पाते हैं, धनिकतम 2 प्रतिशत में से चयन की प्रायिकता बहुत अधिक रहती है और औसत वही रहती है जो है। देखें: तकनीकी परिशिष्ट।

33. अमेरिकी विश्वविद्यालयों के छात्र–छात्राओं के अभिभावकों की आय और सम्पदा के आंकड़ों जैसी मूलभूत सांख्यिकीय जानकारी प्राप्त करना बहुत कठिन है, और इनका अधिक अध्ययन नहीं हो पाया है।

34. किसी ब्रिटिश विश्वविद्यालय द्वारा ली जा सकने वाली उच्चतम फीस को 1998 में £1000 तो 2004 में £3000 और 2012 में £9000 कर दिया गया। ब्रिटिश विश्वविद्यालयों के सकल संसाधनों में इन शिक्षण शुल्कों का अंश 1920 जितना ही उच्च हो चला है–और अब अमेरिका स्तर के निकट है। इस संदर्भ में विन्सेंट कारपेन्टीयर का अध्ययन, "Public-Private Substitution in Higher Education," Higher Education Quarterly, 66, no. 4 (October 2012), 163-90 विशेष उल्लेखनीय है।

35. जर्मनी में, बावेरिया और लोअर सेक्सेनी ने 2013 के प्रारंभ में विश्वविद्यालय शिक्षण शुल्क [500 यूरो प्रति सत्र] समाप्त कर शेष देश की भांति उच्च शिक्षा को नि:शुल्क कर दिया। फ्रांस और नॉर्डिक देशों में भी शिक्षण शुल्क कुछ सौ यूरो से अधिक नहीं है।

36. प्राथमिक एवं माध्यमिक शिक्षा में भी नीचे से ऊपर की ओर ऐसा ही पुनर्वितरण दिखाई पड़ता है : सबसे अधिक अभावग्रस्त प्राथमिक और माध्यमिक स्कूलों के छात्र–छात्राओं को सबसे कम अनुभवी और कम प्रशिक्षित अध्यापक प्रदान किए जाते हैं, और इसी कारण उन स्कूलों में आर्थिक लाभान्वित प्राथमिक एवं माध्यमिक स्कूलों से प्रति विद्यार्थी सबसे कम सार्वजनिक धन का व्यय होता है। यह बहुत ही खेद का विषय है—यदि प्राथमिक स्तर पर संसाधनों का बेहतर आबंटन हो तो शैक्षिक अवसरों की विषमता में बहुत कमी आ सकती है। देखें Thomas piketty and M. Valdnaire, "L impact de la taille des classes sur la resussite scolaire dans les e'coles, colle'ges et lycees [Paris, Ministere de Education National, 2006)]।

37. हार्वर्ड की ही भांति इस औसत आय का अर्थ यह नहीं होगा। कि विज्ञान संस्थान धनिकतम 10 प्रतिशत परिवारों में से ही अपने

अध्येताओं का चयन करते हैं। इनके अध्येताओं के अभिभावकों की आय के संपूर्ण आबंटन के लिए देखें: तकनीकी परिशिष्ट।

38. जानी मानी शंघाई क्रमिकताओं के अनुसार, 2012–13 में विश्व के 100 शीर्ष विश्वविद्यालयों में से 53 संयुक्त राज्य में थे—सारे यूरोप में, 31 [उनमें से भी 9 ब्रिटेन में] थे। यदि हम श्रेष्ठतम 500 विश्व विद्यालयों की सूची देखें तो अनुक्रम उलट जाता है: संयुक्त राज्य में 150, यूरोप में 202 तथा ब्रिटेन में 38 की संख्या दिखाई देती है। यह तथ्य 800 अमेरिकी विश्वविद्यालयों के बीच महत्त्वपूर्ण स्तर की विषमताओं की झलक दिखाता है। देखें: अध्याय–12।

39. किन्तु, एक बात पर ध्यान दें, पेन्शन आदि अन्य व्ययोंकी तुलना में निम्न वर्तमान स्तर [फ्रांस में राष्ट्रीय आय का मात्र एक प्रतिशत से उच्च शिक्षा पर व्यय में वृद्धि कर उसे बहुत आसानी से स्वीडन और संयुक्त राज्य के 2–3 प्रतिशत तक पहुँचाया जा सकता है।]

40. उदाहरण के लिए, विज्ञान संस्थान में निम्न आय वर्ग के परिवारों का शिक्षण शुल्क शून्य है तो 20,0000 यूरो वार्षिक से अधिक कमाने वाले अभिभावकों की संतानों से 10000 यूरो शुल्क लिया जाता है। यह व्यवस्था अभिभावकों की आय का अध्ययन करने के लिए उपयुक्त आंकड़े प्रदान कर सकती है [किन्तु दुर्भाग्यवश अभी उसका अधिक अध्ययन नहीं हो पाया है]। स्कैंडेनेविया की सार्वजनिक वित्त पोषण व्यवस्था की तुलना में यह व्यवस्था प्रगतिशील आयकर के निजीकरण जैसा रूप धारण कर लेती है: धनी अभिभावकों द्वारा चुकाई गई अतिरिक्त राशियों का लाभ उनकी अपनी संतानों को मिलता है अन्य व्यक्तियों के बच्चों को नहीं। स्पष्टत: यह उनके अपने निजी हितों का पोषण करता है—जनहित का नहीं।

41. ऑस्ट्रेलिया और ब्रिटेन में, मध्यमवर्गीय छात्रों को "आय पर आधारित" ऋण दिए जाते हैं। इनका भुगतान उसी समय प्रारंभ होता है जब छात्र एक निश्चित स्तर से अधिक आय कमाने लगते हैं। यह व्यवस्था भी अंतत: मध्यम पृष्ठभूमि के छात्रों पर एक अतिरिक्त आयकर जैसी सिद्ध होती है—जबकि धनी छात्रों को तो ऐसी उच्च शिक्षा का अवसर अपने परिजनों से उपहार के रूप में मिल जाता है और प्राय: उस उपहार पर कोई कर नहीं लगता।

42. Emile Boutmy," Quelques idees sur la creation d'une Faculte libre d' ensiegnements superieur [Paris, 1871]. देखें: P. Favve, "Les sciences d'Etat entre determinisme et libe'ralisme: Emile Bautmy [1835–1906] et la creation de L' Ecole libre des sciences politiques," Revue francaise de sociologie 22 [1981]।

43. "बहुमुखी एकजुटता" प्रतिमान के विश्लेषण एवं मंडन के लिए देखें Ande Masson, "Des liens et des transferts entre generations [Paris : Editions de l' EHESS, 2009.]"

44. देखें: रेखाचित्र 10–9–11.

45. याद ये करें कि, इसी अनिश्चितता के कारण द्वितीय महायुद्ध के बाद पेन्शन भुगतान की PAYGO व्यवस्था लागू की गई थी: जिन लोगों ने सेवानिवृत्ति हेतु बचत करके वित्तीय बाजारों में 1920–30 में निवेश किया था वे तो पूरी तरह से बर्बाद हो गए थे और कोई भी एक अनिवार्य पूंजीकरण पर आधारित ऐसी पेंशन व्यवस्था नहीं लागू करना चाहता था जैसी महायुद्ध से पूर्व अनेक देशों में रही थी [उदाहरण : फ्रांस में 1910 और 1928 के सन्नियमों ने ऐसा प्रावधान किया था]।

46. स्वीडन के 1990 के दशक के सुधारों की यह उपलब्धि रही। इस व्यवस्था को और विकसित कर अन्य देशों की आवश्यकताओं के अनुसार परिवर्तित किया जा सकता है। देखें: Antoine Bozio and Thomas Piketty, "Pour un nouveau systeme de retraite: Des comptes individuels de cotisation finances par re'partition [Paris : Editions rue d'ulm, 2008]।"

47. एक ऐसी ऐकीकृत पेंशन योजना की कल्पना की जा सकती है जिसमें 'Paygo' हितलाभ के साथ साथ कुछ बचतों पर निश्चित प्रतिप्राप्ति दर का भी प्रावधान हो। मैंने पिछले अध्याय में स्पष्ट किया था कि क्यों संक्षिप्त सी सम्पदा वाले व्यक्तियों के लिए अपनी पूंजी पर औसत दर से कमाई कर पाना भी संभव नहीं होता [कई बार तो कीमत वृद्धि के समंजन के बाद प्रतिप्राप्ति दर धनात्मक भी नहीं रह पाती]। किसी सीमा तक स्वीडन की व्यवस्था यही कार्य कर रही है—

यह पूंजीकृत वित्तीयन में कुल पेंशन राशि का एक छोटा–सा भाग ही निवेश करती है।

48. मैं, यहां Julia cage' और Lucie Gadenne की इस रचना के मुख्य परिणामों को संक्षेप में प्रस्तुत कर रहा हूँ: "The Fiscal cost of trade Liberalization, ""Harvard University Press and Paris School of Economics Working paper no. 2012–27। रेखाचित्र–1 पर विशेष ध्यान दें।

49. आज गरीब देशों के समक्ष कुछ स्वास्थ्य एवं शिक्षा संबंधी समस्याएं उनकी विशेष परिस्थितियों से जुड़ी हैं और उनका समाधान आज के विकसित देशों के अतीत में झांक कर नहीं मिल पाएगा [जरा AIDS जैसे रोग पर विचार कर देखें]। यहां नए प्रयोग संभवत: यादृच्छीकृत नियंत्रित प्रयोग उचित हो सकते हैं। देखें अभिजित बैनर्जी और एस्थर डफ्लो, "Poor Economics [New York Public Affairs, 2012]। किन्तु, फिर भी मेरा मत है कि सामान्यत: विकास अर्थशास्त्र वास्तविक ऐतिहासिक अनुभवों को अनदेखा कर जाता है, और वर्तमान चर्चा के संदर्भ में इस कथन का अभिप्राय: है कि बहुत कम राजस्व के सहारे एक प्रभावी समाजोन्मुखी प्रशासन व्यवस्था के विकास की कठिनाइयों पर पर्याप्त ध्यान नहीं दिया जाता। एक महत्त्वपूर्ण कठिनाई तो उपनिवेशी अतीत ही है [और इसी कारण यादृच्छीकृत नियंत्रित प्रयोग कहीं अधिक निष्पक्ष धरातल उपलब्ध करा सकते हैं।]

50. देखें: Thomas Piketty and Nancy Qian, "Income Inequality and Progressive Income Taxation in China and India : 1986–2015," American Economic Journal: Applied Economics 1 no 2 [April 2009]: 53–63] दोनों देशों में अंतर का चीन में मजदूरी श्रम के अधिक प्रचलन से निकट संबंध है। ऐतिहासिक अनुभव बताते हैं कि एक राजकोषीय एवं "सामाजिक सरकार" की रचना और मजदूरी कमाने वाले नागरिकों के बीच प्राय: अच्छा साहचर्य रहता है।

14. प्रगतिशील आय कर पर पुनर्विचार

1. ब्रिटिश अर्थशास्त्री निकोलस काल्डर द्वारा सुझाए गए इस कर पर आगे और विस्तार से चर्चा करूँगा, किन्तु, काल्डर की दृष्टि में यह कर प्रगतिशील आय एवं सम्पदा करों का एक संपूरक था, इससे यह सुनिश्चित हो जाता था कि उक्त दो करों से बचने के प्रयास सफल नहीं हो पाएंगे।
2. उदाहरण के लिए, 1990 में, जब फ्रांस में कुछ सामाजिक योगदानों को रोजगार से आय [पूंजी आय एवं सेवानिवृत्ति आय] से इतर कुछ अन्य आगमों पर लागू कर एक "व्यापक सामाजिक योगदान" [Coutribution sociale Generalisee] की रचना करने का प्रयास हुआ तो तत्संगत प्राप्तियों को अंतर्राष्ट्रीय मानकों के अनुसार 'आयकर' के रूप में पुन: वर्गीकृत कर दिया गया था।
3. व्यक्तिकर [1988 में लागू, 1991 में निरस्त] एक ऐसा स्थानीय कर था जिसका प्रत्येक वयस्क को भुगतान करना पड़ता था, उसकी या सम्पदा का कुछ स्तर भी रहा हो। इसका धनिक वर्ग पर नगण्य भार रहता था।
4. देखें: Camille Ladais, Thomas Piketty and Emmanuel Saez, "Pour: Une re'volution fiscal: Un impot sur le revenu pour le 21e siècle. [Paris: Le Seuil, 2010]; pp.48–53" यह www.revolution fiscal. fr पर भी उपलब्ध है।
5. विशेष रूप से, यह अनुमान कर स्वर्गों में छुपाई गई आय का लेखा नहीं कर पाता [हमने अध्याय–12 में स्पष्ट कियाथा कि यह आय बहुत विशाल है] और यह मानकर चलता है कि "कर आवासन" सभी धन एवं आय स्तरों पर समान रूप से उपलब्ध होते हैं [इससे संभवत: उच्चस्थ आय वर्ग पर लगे करों का कुछ न कुछ अधिक अनुमानन हो जाता है]। एक और बात पर ध्यान दें: फ्रांस की कर प्रणाली बहुत ही दुरूह है, इसमें अनेक विशेष वर्ग भी हैं और प्रतिच्छादी कर भी। उदाहरण के लिए फ्रांस एक मात्र ऐसा विकसित देश है जहां आयकर की स्रोत पर कटौती नहीं होती जबकि सामाजिक सुरक्षा योगदानोंकी सदैव कटौती होती है। इस जटिलता से कर प्रणाली और भी प्रतिगामी

एवं दुरूह हो जाती है। उसी भांति, जैसे पैंशन व्यवस्था सहज समझ में नहीं आती]।

6. प्रगतिशील आयकर व्यवस्था में उत्तराधिकार में प्राप्त पूंजी से आय पर तो कर लगता है, उस पूंजी पर नहीं।
7. उदाहरण के लिए, फ्रांस में उपहारों और विरासतों पर औसत कर मात्र 5 प्रतिशत है—शीर्षस्थ शतमंकीय उत्तराधिकारों पर भी यह दर 20 प्रतिशत ही रहती है। देखें: तकनीकी परिशिष्ट।
8. रेखाचित्र 11.9–11 और तकनीकी परिशिष्ट
9. उदाहरण के लिए, निम्नतम 50 प्रतिशत वर्ग पर 40–50 प्रतिशत और अगले 40 प्रतिशत वर्ग पर 45–50 प्रतिशत कर लगाने के स्थान पर निम्न वर्ग पर 30–35 प्रतिशत और दूसरे उच्च वर्ग पर 50–55 प्रतिशत दर से कर लगाया जा सकता है।
10. अंतर्पीढ़ी अंतरण की दर धीमी के होने के कारण यह व्यवस्था अध्याय–13 में चर्चित न्यायपूर्णता की कसौटी के भी अधिक अनुरूप होगी। देखें: तकनीकी परिशिष्ट।
11. आय पर सामान्य कर [impot general sur le revenu अथवा IGR] ने सकल आय पर प्रगतिशील कराधान की रचना की थी। वह आधुनिक आय कर का प्रारंभिक स्वरूप था। उसे जुलाई 31, 1917 के अधिनियम द्वारा परिवर्तित कर "cedulaire tax" [विभिन्न प्रकार की आय—यथा निगम लाभ और वेतन मजदूरी आदि पर अलग अलग दर से कर लगाने की व्यवस्था] का नाम दिया गया था। यह कर आज के निगम कर का पूर्वज कहा जा सकता है। फ्रांस में 1714–17 के मूलभूत सुधारों के बाद से आय कर उठापटक के मेरे इतिहास के लिए देखें Thomas Piketty." Les hauts en France au 20e siecle: negalites et redistribution 1901–1998 [Paris: Grasset, 2001], 233–334.
12. प्रगतिशील आय कर का मुख्य लक्ष्य शीर्ष स्तर की पूंजी आय था [उस समय यह सुविदित था, कि पूंजी से आय ही आय की क्रमिकताओं में प्रबलरूप से प्रतिष्ठित थी], और उस समय तो देश में कोई सोच भी नहीं सकता था कि पूंजी से आय पर किसी प्रकार की विशेष छूट दी जानी चाहिए।

13. उदाहरण के लिए, 1890–1910 की अवधि में सं. राज्य के अर्थशास्त्री एडविन सेलिग्मैन की प्रगतिशील आयकर प्रणाली की प्रशंसा में लिखी गई अनेक रचनाओं के विभिन्न भाषाओं में अनुवाद भी हुए और उन्होंने एक बहुत भाव पूर्ण संवाद का प्रारंभ किया। इस अवधि और इस संवाद के लिए देखें: Pierre Rosanvallon, "La societe des egaux [Paris: Le Seuil, 2011], 227–33 और Nicolas Delalaande," Les batailles de limpot : Consentement et resistances de 1789 a' nos jours [Paris: Le Seuil, 2011]।

14. शीर्ष कर दरें वस्तुत: सीमांत दरें होती हैं—एक सीमा से ऊपर की आय पर ही लागू होती हैं। शीर्षस्थ दर तो एक प्रतिशत से भी कम जनसंख्या पर लागू होती है [बहुत बार तो यह जनानुपात 0.1 प्रतिशत से भी कम होता है]। किन्तु, फिर भी 'शीर्ष दर' के निर्धारण का घटनाक्रम रोचक रहता है: यह प्रभावी दर की उस उच्चतम सीमा को दर्शाती है जिस पर धनिकतम व्यक्ति को कर चुकाना होता है।

15. रेखाचित्र-14.1 की शीर्ष कर दरें 1920 में लागू उस 25 प्रतिशत की वृद्धि को नहीं दर्शाती, जो अविवाहित कर दाता एवं विवाह के दो वर्ष बाद भी संतानहीन रहे कर दाताओं पर लगाई गई थी। यदि उस वृद्धि को जोड़ दें तो शीर्ष दरें 1920 में 62 प्रतिशत और 1925 में 90 प्रतिशत हो जाती। यह प्रावधान जन्म दर को लेकर फ्रांस के अतिआग्रह और विधायिका के सदस्यों की कल्पना की सीमाविहीन उड़ान क्षमता को दर्शाती हैं जिन्हें शायद यह भ्रम है कि देश की आशाओं और आशंकाओं का संवर्धन एवं निराकरण कर की दरों द्वारा हो सकता है। इन्हीं कर प्रावधानों को 1939–44 की अवधि में "परिवार प्रति पूर्ति कर" का नया नाम दिया गया था और बाद में इसे 1945–51 की अवधि में भी जारी रखा गया। यहां एक विचित्र सी अंश व्यवस्था गढ़ी गई थी—संतान हीन विवाहित युगल को सामान्यत: दो इकाई या अंश मानने के स्थानपपर विवाह के तीन वर्ष बाद भी संतान को जन्म नहीं देने पर 1.5 इकाई के तुल्य मान लिया जाता था। ध्यान दें कि 1943 की संविधान सभा ने 1920 में राष्ट्रीय महासभा द्वारा निर्धारित संतानोंत्पत्ति अवधि को 2 साल से बढ़ाकर 3

साल कर दिया था। देखें Les hauts revenus en France, 233–334।

16. नेपोलियन युद्धों के काल में ब्रिटेन में भी एक प्रगतिशील आय कर का प्रयोग-परीक्षण हुआ था तो संयुक्त राज्यमें गृह युद्ध काल में यही विधि अपनाई गई थी। किन्तु दोनों ही देशों में संर्घष विराम में कुछ समय बाद ये व्यवस्था हटा दी गई।

17. देखें Mirelle Touzery, L'invention de l'impot sur le revenu. La taille tarifee 1715–1789 [Paris : Comite' pour histoire 'economique et financiere, 1994].

18. व्यावसायिक मालभंडार और पूंजी पर "patente" नाम से अलग अलग दर से कर लगता था। "चहुँमुखी कर प्रणाली"—चार प्रत्यक्षक कर और उत्तराधिकार कर मिलकर 1791–92 में रची गई कर व्यवस्था की आत्मा थी। देखें Les hauts revenus en france, 234–239.

19. प्रगतिशील उत्तराधिकार के प्रस्ताव पर विचार करने वाली 19वीं सदी की अनेक संसदीय समितियों में से एक का कहना इस प्रकार था: "जब एक पुत्र अपने पिता का उत्तराधिकारी बनता है तो सम्पदाका अन्तरण नहीं बल्कि निरंतर उपयोग ही होगा—यही नागरिक संहिता के रचनाकारों का मत था। किन्तु यदि इस अवधारणा को संपूर्ण रूप से स्वीकार कर लें, तो कभी भी प्रत्यक्ष उत्तराधिकार पर कोई कर नहीं लग पाएगा।[अत:] प्रत्येक दशा में ऐसे कर के निर्धारण में अत्यंत ही उदारतापूर्वक कर की दर को निम्न रखना आवश्यक होगा।" देखें: वही, 245.

20. Ecole libre de sciences politiques and the coll'ege de France के 1880–1916 की अवधि के एक प्रोफेसर लेरॉय व्यूलिओ अनुदार अर्थशास्त्रियों में उपनिवेश बनाने के बड़े पक्षधर थे और वह उस समय की बड़ी प्रभावशाली सप्ताहिक पत्रिका L'economiste fromcais के संपादक भी थे। उक्त पत्रिका को अपने समय के रूप हितों का पक्षपोषण करने में आज की पत्रिका the Economist जैसा प्रभावशाली माना जा सकता है। [विशेषकर प्रबल समकालिक हितों के पृष्ठ पोषण में]

21. उदारहण के लिए, उन्होंने संतोष व्यक्त किया है कि फ्रांस में 1837 से 1860 में सहायता पाने वाले दरिद्रों की संख्या में केवल 40 प्रतिशत की वृद्धि हुई थी, जब कि सहायता प्रदान करने वाले कार्यालयों की संख्या दोगुनी हो गई थी। इन आंकड़ों से ऐसा निष्कर्ष निकालने वाला कि देश में वास्तव में गरीबों की संख्या कम हो गई है, तो बहुत ही आशावादी होगा [लेरॉय ब्यूलियो ने ऐसा ही किया था]। वैसे ही आर्थिक संवृद्धि के संदर्भ में गरीबों की संख्या में कमी भी समाज में आर्थिक विषमता की अवस्था के विषय में कुछ नहीं बता पाती। देखें: वही, 522–31।

22. कभी–कभी लगता है कि कुछ वर्ष पूर्व HSBC ने हवाई अड्डे की दीवारों पर जो विज्ञापन छिपका दिया था उसके लिए कहीं हम तो उत्तरादायी नहीं थे। वह विज्ञानपन था: "हमें एक सुअवसर भरा विश्व दिख रहा है। क्या आप भी देख पा रहे हैं?"

23. उस समय का एक जाना माना तर्क यह भी था कि करदाता से आपराधिक जांच पड़ताल भरी आय की घोषणा करने का आग्रह जर्मनी जैसा किसी अधिनायकवादी देश में ठीक हो सकता था किन्तु फ्रांस के "स्वतंत्र व्यक्ति" इस विचार को तत्काल अस्वीकार कर देंगे। देखें Les hauts revenus en France, 48।

24. उदाहरण के लिए उस समय के वितमंत्री जोसेफ कैल्लक्स का कहना था: "हमें यह समझने और कहने की शिक्षा मिली है कि फ्रांस एक छोटी–छोटी सम्पदाओं वाला देश है, जहां पूंजी अत्यंत ही विखंडित एवं बिखरी हुई है। [किन्तु] नए सम्पदा कर आंकड़े हमें उक्त धारणा से विचलित कर रहे हैं...सज्जनों मैं आप से इस सत्य को छुपा नहीं पाऊँगा कि इन आंकड़ों ने मेरी कई पूर्वधारणाओं को परिवर्तित कर दिया है। सच्चाई यह है कि, इस देश की अधिकांश सम्पदा पर कुछ ही [मुट्ठी भर] व्यक्तियों का अधिकार है।" देखें जो जोसफ कैल्लक्स।" L'impot sur le revenua [Paris: Beger, 1910], 530], 530–32।

25. जर्मनी में, चली बहस के लिए देखें: Jens Beckert, tr. Thomas Dunlop, Inherited Wealth [Princeton: Princeton University Press, 2008], 220–35। रेखाचित्र 14.2 में दर्शाई गई दरें उन प्रत्यक्ष अन्तरणों को दर्शा रही हैं जो माता–पिता से उनकी

संतानों को हुए है। फ्रांस और जर्मनी में सदैव ही अन्य अंतरणों की दरें काफी ऊँची रही है। संयुक्त राज्य और ब्रिटेन में प्राय: ये दरें किसी उत्तराधिकारी के दाता से संबंध या नाते पर निर्भर नहीं करती।

26. उत्तराधिकार [सम्पदा] करों के प्रति दृष्टिकोण परिवर्तन में युद्ध की भूमिका के लिए देखें: केनेथ शेव और डेविड स्टेसेवेज, Democracy, War and wealth : Evidence of Two Centuries of Inheritance Taxation", American Political Sc ence Review 106 No 1 [Feb, 2012]: 81–102.

27. एक चरम स्तर का उदाहरण लें: सोवियत संघ को कमी भी अत्यधिक आय या सम्पदा पर जब्ती करने वाले कर नहीं लगाने पड़े। उसकी आर्थिक व्यवस्था ने प्राथमिक आय के आबंटन पर प्रत्यक्ष नियंत्रण लगा रखा था तो साथ ही निजी संपत्ति व्यवस्था लगभग पूर्णत: प्रतिबंधित की हुई थी [हां ये प्रतिबंध कुछ ऐसे थे कि इनसे विधानका अधिक सम्मान नहीं हो पाता था]। कई बार सोवियत संघ में आयकर भी लगाया गया, किन्तु यह प्राय: महत्त्वहीन ही रहा। क्योंकि शीर्ष दरें भी बहुत निम्न थीं]। चीन की भी ऐसी व्यवस्था रही है। इस बारे में मैं अगले अध्याय में अधिक विस्तार से चर्चा करूँगा।

28. Pace Leroy-Beaulieu, King ने फ्रांस को उसी वर्ग में रख दिया था जिसमें ब्रिटेन और प्रशा थे—यह बात बहुत सीमा तक ठीक भी थी।

29. देखें: Irving Fisher, "Economists in Public service: Annual Address of the President," American Economic Review 9, No. 1 [March 1919]: 5–21। फिशर की मुख्य प्रेरणा इटली के अर्थशास्त्री यूजिनिओ रिग्नानो थे। देखें G. Erreygers and G.D. Bartolomeo, "The Debates on Eugenio Regnanos Inheritance tax Proposals. History of Political Eccnomy, 39, no.4 [Winter, 2007]: 605–38। यह विचार कि कई पीढ़ियों से अंतरित हो रही सम्पदा की तुलना में केवल पिछली पीढ़ी में संकलित सम्पदा पर अंतरण कर की दर कम रहनी चाहिए बहुत आकर्षक लगता है—क्योंकि इस [केवल पिछली पीढ़ी की जमा] के विषय में दोहरे कराधान की भावना अधिक आहत करती है—भले ही दोनों मामलों में अलग–अलग पीढ़ियां और व्यक्ति सम्मिलित रहते हैं। फिर भी इस विचार को औपचारिक रूप प्रदान कर लागू कर पाना

सकल नहीं है [क्योंकि सम्पदा अंतरण अनेक प्रकार की जटिल विधियों और राहों पर चल सकता है], संभवत: इसी लिए इस सुझाव का कहीं भी प्रयोग नहीं हो पाया।

30. इस संघीय कर के साथ प्रांतीय आय कर भी जोड़ लेना चाहिए—वह भी 5 से 10 प्रतिशत रहता है।

31. संयुक्त राज्य के कब्जे के दौरान 1947–49 में जापान में आयकर की शीर्षस्थ दर 85% हो गई थी, किन्तु जैसे ही जापान को आर्थिक संप्रभुता पुन: प्राप्त हुई, यह दर भी तुरन्त 55 प्रतिशत हो गई। देखें: तकनीकी परिशिष्ट।

32. ये दरें तो पिता से पुत्र/पुत्रियों को उत्तराधिकार अंतरण पर लागू थी। भाई–बहनों, चचेरे भाई बहनों एवं रिश्तेदारों के वर्ग से बाहर के अंतरणों पर प्राय: उच्चतर दरों से कर लगाया जाता है। उदाहरण के लिए आज फ्रांस में गैर–रिश्तेदारों के उत्तराधिकार अंतरण पर 60 प्रतिशत कर लगाया जाता है, किन्तु यह दर भी कभी संयुक्त राज्य एवं ब्रिटेन में सगे बच्चों पर भी लगाए गए 70–80 प्रतिशत कर तक कभी नहीं पहुँची थी।

33. ब्रिटेन में, इस दर का रिकार्ड स्तर 1941–1952 और फिर 1974–1978 तक लागू रहा। संपूर्ण श्रृंखला के लिए तकनीकी परिशिष्ट देखें। अमेरिकी राष्ट्रपति के लिए चुनाव प्रचार के दौरान 1972 में डेमोक्रेटिक प्रत्याशी जार्ज मक्गवर्न ने शीर्ष स्तर की सम्पदा के उत्तराधिकार पर 100 प्रतिशत कर लगाने की बात उठाई थी [उस समय देश में 77 प्रतिशत की दर थी] यह विचार इनकी न्यूनतम आय गारंटी योजना का एक अंग था। निक्सन के हाथों मक्गवर्न की करारी हार के साथ ही संयुक्त राज्य में पुनर्वितरण का जोश भी ठंडा पड़ गया। देखें: Beckert," Inherited Wealth, 196।

34. जिस समय [1974–78] ब्रिटेन में पूंजी आय पर शीर्षस्थ कर 98 प्रतिशत था। उसी समय श्रम से आय पर भी शीर्षस्थ दर 83 प्रतिशत थी। देखें ऑन लाइन उपलब्ध प्रतिपूरक रेखाचित्र-S14.1.

35. जॉन स्टुअर्ट मिल जैसे ब्रिटिश विचारक उन्नीसवीं सदी में भी उत्तराधिकार के विषय में सोच विचार कर रहे थे। अधिक परिष्कृत उत्तराधिकार पंजीकरण आंकड़ों की उपलब्धि के बाद अंत: महायुद्ध

काल में यह चिंतन और गहन हो गया। युद्धके बाद भी जेम्ज मीड़ और एंथनी ऐटकिन्सन आदि के लेखों में यह विचार बार–बार उठता रहा है। यह भी ध्यान देने योग्य है कि निकोलस काल्डर का उपभोग [वस्तुत: विलासितापूर्ण उपभोग] पर प्रगतिशील कर लगाने के विचार का आधार उनकी यह धारणा थी कि निठल्ले भाड़ाखोर तो प्रगतिशील सम्पदा एवं आय करों से अपने न्यास कोष आदि के माध्यम से बच निकलते हैं जबकि उन जैसे विश्वविद्यालय प्रोफेसर नियमानुसार आयकर भरते रह जाते हैं। देखें Nichdas Kaldor," An Expenditure Tax, [London: Allen and Unwin, 1955]।

36. देखें: Josiah wedgwood, "The Economics of Inheritance." [Harmo rdsworth, England : Pelican Books, 1929, New edition 1939]। बेजवुड़ ने बहुत कुशलता पूर्वक सभी प्रभावी एवं कार्यरत शक्तियों का विश्लेषण किया है। उन्होंने यह भी दर्शाया है कि 'दान' का कोई विशेष महत्त्व नहीं रहा है। उनके विश्लेषण सूत्र उन्हें इस निष्कर्ष पर ले गए कि वांछित स्तर की समता तो करों द्वारा ही संभव होगी। उन्होंने यह भी दर्शाया कि 1910 में फ्रांस में भी सम्पदाओं का संकुलन ब्रिटेन जैसा ही था और इससे उनका निष्कर्ष रहा कि सम्पदाओं का समतापूर्ण विभाजन [जो स्वयं में वांछनीय था] भी सामाजिक समता पाने के लिए पर्याप्त नहीं होगा।

37. फ्रांस के लिए मैंने सामान्य [व्यापक] सामाजिक योगदान जो इस समय 8 प्रतिशत है—को भी आयकर में जोड़ लिया है। इससे आयकर की दर 53 प्रतिशत हो जाती है। संपूर्ण श्रृंखला तकनीकी परिशिष्ट में उपलब्ध है।

38. यह बात केवल [प्रथम समूह] संयुक्त राज्य और ब्रिटेन ही नहीं बल्कि [द्वितीय समूह] फ्रांस और जापान के साथ साथ सभी 18 OECD देशों, जिनके विषय में हमारे पास WTID में आंकड़े उपलब्ध है, पर खरी उतरती है। देखें Thomas Piketty Emmanuel Saez and Stefari Stantcheva," Optimal Taxation of Top Labour Incomes : A Tale of Three Elasticities," American Economic Journal : Economic Policy, प्रकाशनाधीन [रेखाचित्र–3] तकनीकी परिशिष्ट भी देखें।

39. देखें: Piketty et al, "Optimal Taxation of Top Labour Incomes," रेखाचित्र 3 और A1 तथा तालिका–2। आठ देशों के आंकड़ों के ये परिणाम हमारे तकनीकी परिशिष्ट में भी उपलब्ध हैं। यह निष्कर्ष विश्लेषण के प्रथम और अंतिम वर्ष के चयन पर निर्भर नहीं करता। सभी देशों में करों की शीर्ष सीमांत दर में कटौती और संवृद्धि दर में कोई सांख्यिकीय दृष्टि से महत्त्वपूर्ण संबंध नहीं दिखाई दे रहा। विशेष बात तो यह है कि 1960 या 1970 के स्थान पर 1980 से विश्लेषण प्रारंभ करने से भी परिणामों में कोई परिवर्तन नहीं आता। इसी पुस्तक की तालिका 5.1 में आप 1970–2010 की अवधि में विभिन्न देशों में धनसम्पदा की संवृद्धि दरें देख सकते हैं।

40. हम श्रम की आपूर्ति की लोच का मान 0.1–0.2 से अधिक होने की बात सीधे ही नकार सकते हैं और यहां वर्णित अभीष्ट सीमांत आय कर दरों को उचित ठहरा सकते हैं। सैद्धांतिक तर्कों और परिणामों का सारा विवरण Piketty el al, "Optimal Taxation of Top Labour Incomes ….. में देखा जा सकता है। इसी का संक्षेप तकनीकी परिशिष्ट में दिया गया है।"

41. संवृद्धि की तुलनाओं को सार्थक स्वरूप प्रदान करने के लिए एक अपेक्षाकृत दीर्घकालिक [10 से 20 वर्ष तक की] औसत का प्रयोग करना आवश्यक है। बहुत अल्प अवधि में तो अनेक कारणों से संवृद्धि में बड़े उतार–चढ़ाव दिखाई पड़ सकते हैं और उनके कारण किसी सही निष्कर्ष तक पहुँच पाना संभव नहीं रहता।

42. प्रतिव्यक्ति सकल घरेलू उत्पाद में अंतर का एक कारण यह है कि संयुक्त राज्य में नागरिकों के दैनिक कार्य के घंटे यूरोपवासियों की अपेक्षा अधिक होते हैं। मानक अंतर्राष्ट्रीय आंकड़ों के आधार पर कार्य के प्रत्येक घंटे के लिए अमेरिकी सकल घरेलू उत्पाद यूरोप के धनिकतम देशों के समान प्राय: ही है [किन्तु ब्रिटेन में इसका मान काफी कम है] देखें: तकनीकी परिशिष्ट।

43. विशेषकर देखें: रेखाचित्र-2.2

44. संयुक्त राज्य में, 1950–70 की अवधि में प्रतिव्यक्ति GDP में वार्षिक 2.3 प्रतिशत संवृद्धि हुई और 1970–90 के बीच 2.2 प्रतिशत किन्तु 1990–2012 के बीच यह पर 1.4 प्रतिशत रह गई। देखें: रेखाचित्र–2.3।

45. "संयुक्त सं. राज्य ने पूरे विश्व के लिए नव प्रवर्तन किया है—यह विचार अभी कुछ समय पूर्व ही सुझाया गया है। देखें: Daron Acemoglu, James Robinson and Thierry Verdiers "Can't we All Be more like Scandinavians? Asymmetiric. Growth and Institutions in an Inter dependent World". [MIT, Deptt of Economics Working Paper no 12–22, Angust 2012]। यह मूलत: एक सैद्धांतिक लेख है, इसका प्रमुख सांख्यिकीय आधार संयुक्त राज्य में प्रतिव्यक्ति पेटेंट संख्या का यूरोप से अधिक होना है। यह बात आकर्षक लगती है किन्तु कहीं न कहीं इससे किन्हीं विशिष्ट कानूनी प्रक्रियाओं का भी बड़ा योगदान है—किन्तु फिर भी नवप्रवर्तक देश को महत्त्वपूर्ण रूप से अधिक उत्पादिता [और राष्ट्रीय आय] पाने का अधिकार होना ही चाहिए।

46. देखें: Piketty et. al," Optimal Taxatian of Top Labour Incomes", fig 5, Tables 3–4। ये परिणाम 14 देशों की 3000 के लगभग फर्मों के विशद् आंकडों के अध्ययन पर आधारित है।

47. Xavier Gabaix और Augustine Landier का तर्क है कि आकाशगामी प्रबंधक वेतन तो फर्मों के आकार में वृद्धि का परिणाम है [उससे, समझा जा रहा है, कि शीर्ष प्रतिभाशाली प्रबंधकों की उत्पादिता में भी वृद्धि होती है]। देखें: "Why Has CEO Pay Increaced So much?", Quarterly Journal of Economics 123 no 1 [2008] 49–100। इस सिद्धांत की सबसे बड़ी समस्या इसकी सीमांत उत्पादिता प्रतिमान पर निर्भरता है और यह आंकड़ों में विद्यमान व्यापक अंतर्राष्ट्रीय अंतरों की व्याख्या नहीं कर पाती। [प्राय: सभी देशों में कंपनियों के आकार एक सनान अनुपात में वर्धित हुए हैं किन्तु उक्त अधिकारियों के वेतन मानों में इसी प्रकार की वृद्धियां नहीं हो पायी हैं]। इन लेखकों ने विश्लेषण को केवल अमेरिकी आंकड़ों तक सीमित रखा है और इसी कारण इनकी अनुभव जन्य समीक्षा की कसौटी पर परीक्षा नहीं हो पाती।

48. बहुत से अर्थशास्त्री इस बात के पक्ष में है कि स्पर्धावृद्धि से विषमता में कमी आ सकती है। उदाहरण के लिए देखें: Raghuram C. Rajan and Luigi Zingales, "Saving Capitalism from the

Capitalists [New York, Crown Busines, 2003] और L. Zingales, "A Capitalism for the People, [New York: Basic Books, 2012] या Ace- mogul, Robinson and Verdier, "Can't We All be More Like Scandinavians." कुछ समाजशास्त्री भी इसी मत से सहमत लगते हैं, देखें : David B Grusky, "Forum : What to Do about Inequality?, Boston Review, March 21, 2012."

49. प्रायः पढ़ाए, किन्तु शायद ही कभी परिक्षित विचार, कि 1950–80 में प्रबंधकों ने अपने निम्न वेतन की भरपाई अन्य प्रकार के वस्तु/सुविधा रूपी प्रतिफल से कर ली थी, [जैसे कि निजी वायुयान, बहुत शानदार सुविधा संपन्न कार्यालय आदि] के पक्ष में कोई साक्ष्य नहीं मिल पाते। वास्तविक बात तो यही है कि 1980 के बाद से इस प्रकार की सुविधाओं का अधिक प्रसार हुआ है।

50. सटीक रूप में 82 प्रतिशत। देखें: Picketty et.al., "Optimal Taxation of Top Labour Incomes," तालिका–5।

51. ध्यान दें, कि इस सैद्धांतिक प्रतिमान में प्रगतिशील कराधान की दो पृथक–पृथक भूमिकाएं रहती हैं [ऐसी कर व्यवस्था के इतिहास में भी यही बात स्पष्ट होती रही है]: जब्तीपूर्ण दरों [आबंटन के शीर्ष 0.5 या 1 प्रतिशत पर 80 से 90 प्रतिशत तक] से विकृतिपूर्ण एवं निर्अर्थक 'क्षतिपूर्ति' का अन्त हो जाएगा, जबकि उच्च गैर जब्ती पर, दरों [शीर्ष 5 से 10 प्रतिशत पर 50 से 60 प्रतिशत की दर] से राजस्व में महत्त्वपूर्ण वृद्धि होगी, जो शेष 90 प्रतिशत जन–समुदाय से प्राप्त राजस्व से कहीं उच्च स्तर पर "सामाजिक शासन व्यवस्था का वित्तीयन करने में समर्थ होगी।"

52. देखें: Jacob Hacker and Paul Pierson: Washington made the Rich Richer—And Turned its Back on the Middle Class, [New York; Simon and Schuster, 2010]; K. Schlozman, Sidney Verba and H. Brady, "The unheavonly Chorus: Unequal Political Voice and the Broken Promise of American Democracy [Princeton University Press, 2012]; Timothy Noah, "The Great Divergance (New York; Bloomsbury Press, 2012)]

53. देखें: Claudia Goldin and L.F. Katz, "The Race Between Education and Technology : The Evolution of US Educational Wage Differentials, 1890–2005 [Cambridge MA, Belknap Press and NBER, 2010], Rebecca M. Blank, "Changing Inequalily [Berkley : University of California Press, 2011] and Raghuram G. Rajan, "Fault Lines" [Princeton : Princeton University Press, 2012]।

54. शैच्छिक अर्थशास्त्रियों के वेतन मान निजी क्षेत्र, विशेषकर वित्तीय क्षेत्र, द्वारा दिए गए ऐसे ही कौशल के लिए दिए गए वेतन–भत्तों के कारण ऊपर उठ रहे हैं। देखें: अध्याय–8।

55. उदाहरण के लिए: विस्तृत सैद्धांतिक प्रतिमान का निर्माण यह सिद्ध करने के लिए भी हो सकता है कि धनिकतम वर्ग पर कोई कर लगाने के स्थान पर उसे तो साहाय्य मिलने चाहिए। ऐसे प्रतिमानों की विस्तृत संदर्भ सूची के लिए देखें: तकनीकी परिशिष्ट।

15. पूंजी पर एक विश्व व्यापी कर

1. अतिरिक्त राजस्व का प्रयोग कर पूर्व प्रचलित करों में रियायतें देने तथा अतिरिक्त नई सेवाएं प्रदान [विदेशी सहायता देने, विदेशी कर चुकाने] करने का विचार हो सकता है। इस विषय पर मैं आगे चल कर और चर्चा करूँगा।

2. प्रत्येक महाद्वीप में विशिष्ट संस्थान हैं, जो केंद्रीय स्तर पर धरोहर संरक्षक समाशोधक बैंक के रूप में कार्य करते हैं, उनका उद्देश्य यह लेखा रखना है कि किस प्रकार किन परिसम्पदाओं के स्वामी कोन है। किन्तु इन निजी संस्थानों का काम उक्त निक्षेप जारी करने वाली कंपनियों को सेवा प्रदान करना है, किसी व्यक्ति विशेष की सभी सम्पदाओं का लेखा रखना नहीं। इन संस्थानों के विषय में और जानकारी के लिए देखें: Gabriel Zucmen "The missing Wealth of Nations : Are Europe and US Net Debters or Net creditors?", Quarterly Journal of Economics 128 No 3 [2013]: 1321–64.

3. उदाहरण के लिए, रोमन साम्राज्य के पतन पर भूमि पर लगा शाही कर समाप्त हो गया था और परिणाम स्वरूप भूस्वामित्व पत्र और जमाबन्दी खातों का भी विलोप हो गया। पीटर टेमिन का मत है कि इस घटना ने मध्ययुग में आर्थिक अराजकता का सृजन कर दिया था। देखें Peter Temin," The Roman Market Economy [Princeton: Princeton University Press, 2012], 149–51.

4. इसी कारण से निवल निगम पूंजी पर एक निम्न दर तथा निजी धन–सम्पदा पर उच्च दर से कर लगाना उपयोगी होगा। फिर सरकारों को लेखांकन के मानदंड स्थापित करने होंगे, अभी तक तो ये काम निजी लेखाकारों के संघ कर रहे है। इस विषय पर और जानकारी के लिए देखें: Nicolas Veron, Matthieu Autrer and Alfred Galichon, "L' information Financiers en crise: Comptabilite et capitalism (Paris: Odile Jacob, 2004).

5. सटीक रूप से सरकार एक विद्रूप सी प्रतीपगमन विधि का प्रयोग कर सम्पदा की विभिन्न विशेषताओं के फलन के रूप में उसके "बाजार मूल्य" का आंकलन करती है। सभी विकसित देशों में इसके लिए विनिमय कीमतों के आंकड़े उपलब्ध हैं [और उनका भवन सम्पदा कीमत सूचकों के आकलन में प्रयोग भी होता है]।

6. कर दाता द्वारा स्वयं घोषणा पर आधारित सभी व्यवस्थाओं में इस लालसा के कारण समस्या पैदा होती है—जैसे कि फ्रांस में धन सम्पदा कर, यहां सदैव ही करारोपण स्तर से कुछ ही कम मूल्य की सम्पदाओं की भरमार दिखाई देती है। स्पष्टत: भवन सम्पदा के मूल्य उस स्तर से कुछ कम बताए जाते है जिस स्तर से आगे सम्पदाकर देय हो जाता है—अधौमूल्यन प्राय: 10 से 20 प्रतिशत का होता है। किन्तु सरकार द्वारा पूर्वाकलित विवरणी सार्वजनिक रूप से उपलब्ध आंकड़ों और स्पष्ट कार्यविधि के आधार पर सम्पदा के सटीक मूल्यांकन के आंकड़े प्रदान कर सकती है। इस प्रकार निम्न मूल्यांकन दर्शा कर कर भार से बचने के प्रयासों पर अंकुश लग सकता है।

7. फ्रांस सरकार, 2013 में एक बार फिर से अपने मंत्रियों की सम्पदाओं की जानकारी एकत्र करने के लिए उसी पुरानी अराजकतापूर्ण व्यवस्था की ओर लौट गई है—अधिकारिक रूप से इसका कारण यही बताया गया है कि एक मंत्री के अपने कर दायित्व के विषय में झूठ

बोलने की बात पकड़ी जाने से जो विश्वास का संकट उत्पन्न हुआ है उसी का समाधान करने के लिए यह कदम उठाया गया है।

8. उदाहरण के लिए चैनल द्वीप समूह, लिचेन्स्टीन, मोनेको आदि।

9. इस प्रकार की हानि के स्तर का अनुमान लगाना भी कठिन रहता। है, किन्तु लकस्मबर्ग या फिर स्विट्जरलैंड जैसे देश में भी यह राष्ट्रीय आय के 10–20 प्रतिशत के समान होगा और इसका वहां के जीवन स्तर पर गंभीर प्रभाव होगा। [यही बात सिटी ऑफ लंदन" नामक वित्तीय एनक्लेव पर भी लागू होगी]। और अधिक उत्कृष्ट कर स्वर्गों एवं अत्यल्पाकार देशों में तो यह हानि राष्ट्रीय आय के 50 प्रतिशत या उससे भी अधिक तक हो सकती है—वस्तुत: छदम निगमों की स्थानिकता का व्यवसाय कर रहे क्षेत्रों में तो इसका स्तर 80–90 प्रतिशत भी हो सकता है।

10. सामाजिक बीमा योगदान भी एक प्रकार का आय कर ही है और कई देशों में इन्हें आयकर के साथ ही जोड़कर उगाहा भी जाता है। देखें: अध्याय–13

11. विशेष रूप से देखें: ता. 12.1

12. जरा ब्रिटिश अर्थशास्त्री जॉन हिक्स द्वारा आर्थिक दृष्टि से दी गई आय की परिभाषा को याद करें: किसी व्यक्ति या समूह की आय उस अधिकतम उपभोग का मूल्य है जिसे करने के बाद अवधि के अंत में भी व्यक्ति या समूह उतना ही धनी बना रहता है जितना अवधि के प्रारंभ में था।

13. यदि पूंजी पर केवल 2 प्रतिशत की प्रतिप्राप्ति हो [यह 1987–2013 में, बेट्टन कोर्ट सम्पदा पर हुई वास्तविक प्रतिप्राप्ति से बहुत कम है], तो 30 अरब यूरो की सम्पदा पर आर्थिक आय का मान 600 मिलियन यूरो होगा, मात्र 5 मिलियन नहीं।

14. फ्रांस की विशालतम सम्पदा, बेट्टनकोर्ट सम्पदा के विषय में एक और समस्या भी थी: पारिवारिक न्यास का प्रबंधन देश के बजट प्रभारी मंत्री की पत्नी कर रही थी और वह उस राजनीतिक दल का कोषाध्यक्ष भी था जिसे बेट्टनकोर्ट से एक बड़ी राशि दान स्वरूप मिली थी। उसी दल ने अपने कार्यकाल में देश में सम्पदा कर दो तिहाई कम कर दिया था—अत: इसके प्रति जन सामान्य मन में प्रतिक्रिया होना

स्वाभाविक था। संयुक्त राज्य अकेला ऐसा देश नहीं है जहां धनिकों का बहुत अधिक राजनीतिक प्रभाव रहता है—ऐसा ही मैंने पिछले अध्याय में दर्शाया था। एक और बात ज्ञातव्य है: उक्त बजट मंत्री के उत्तराधिकारी बने समाज को भी इस आरोप के बाद त्यागपत्र देना पड़ गया था कि उनके स्विट्जरलैंड में गुप्त बैंक खाते हैं। फ्रांस में भी धनिकों का राजनीतिक प्रभाव दलीय सीमाओं से कहीं ऊपर उठ चुका है।

15. व्यवहारिक स्तर पर डच व्यवस्था भी पूर्णत: संतोषप्रद नहीं है—इसमें भी अनेक प्रकार की छूटों का प्रावधान है [जैसे कि पारिवारिक न्यास द्वारा धारित सम्पदाओं पर], और सभी परिसम्पदाओं पर 4 प्रतिशत दर की प्रतिप्राप्ति की मान्यता रहती है—यह दर कुछ सम्पदाओं के लिए बहुत उच्च तो अन्य के लिए बहुत निम्न सिद्ध होती है।

16. आयकर तालिकाओं और पूंजीकर तालिकाओं में पूर्ण सामंजस्य स्थापित करने के लिए सबसे अधिक तर्क संगत विधि प्रत्येकवर्ग की सम्पदा पर अवलोकित प्रतिप्राप्ति दरों की औसत के आधार पर इस त्रुटि या अपर्याप्तता का निवारण करना होगी। अधिकतम एवं न्यूनतम करों को पूंजी आय का फलन भी बनाया जा सकता है। देखें: तकनीकी परिशिष्ट।

17. मॉरिस एल्लेस के प्रयत्न प्रयोजन युक्त कार्य का केन्द्रभूत तर्क हो संप्रेषण ही है। अपनी इस रचना L'Impot sur le capital et in reforme monetaire [Paris: Editions Hermann, 1977] मैं एल्लैस पूंजी पर कर के पक्ष के प्रतिपादन में इस सीमा तक चले गए कि उन्होंने आयकर एवं अन्य सभी करों की समाप्ति का भी आह्वान कर डाला। यह एक बड़ा ही अति उत्साहपूर्ण विचार है और इसको अधिक सूझबूझ पूर्ण नहीं माना जा सकता] क्योंकि इस सारे प्रकरण में बहुत विशाल धन राशियां सम्मिलित होंगी। एल्लैस के विचारों एवं उनके नवविकसित स्वरूपों पर तकनीकी परिशिष्ट देखें। कुल मिलाकर, जब भी पूंजी पर कर की बात उठती है, प्राय: विभिन्न व्यक्ति बहुत ही कड़े और चरम दृष्टिकोण अपना लेते हैं [कोई इस विचार को सीधे ही नकार देते हैं तो अन्य यह आग्रह करने लगते हैं कि अन्तत: यही कर अकेले ही सभी अन्य करों का प्रतिस्थापन करने वाला सिद्ध हो सकता है]। यही बात सम्पदा कर के विषय में भी रही है [कि

या तो इन पर कर लगाओ ही नहीं या उसकी दर को शतप्रतिशत पर पहुँचा दो]। मेरा विचार है कि विवाद की गर्मी को कम करना आवश्यक हो गया है और प्रत्येक कर का महत्त्व स्वीकार किया जाना चाहिए। एक पूंजीकर उपयोगी होगा—किन्तु यह अन्य सभी करों का स्थान नहीं ले सकता।

18. यही स्थिति उस बेरोजगार श्रमिक की हो जाएगी जिसे उच्च दर पर संपत्ति कर चुकाना पड़े [विशेषकर उस समय जब उस संपत्ति की किस्तों पर कर में छूट नहीं मिलती हो]। ऋणों के भार तले दबे परिवारों के लिए ऐसी कर प्रणाली के परिणाम बहुत ही भीषण हो सकते हैं।

19. यह बीच का रास्ता पूंजी की प्रति प्राप्ति के निर्धारण में विभिन्न संप्रेरणाओं एवं यादृच्छिक संक्षोभों के अपने अपने महत्त्वों की स्वीकारोक्ति पर निर्भर करेगा। किन्हीं दशाओं में पूंजी से आय पर कर की दर श्रम आय की तुलना में कम रखना बेहतर हो सकता है [और पूरी तरह पूंजी के भंडार पर कर पर निर्भर करना उपयुक्त होगा], तो किन्हीं अन्य दशाओं में पूंजी से आय पर भारी दर से कर लागू करना उचित प्रतीत होगा [ऐसा ही 1980 से पूर्व ब्रिटेन और संयुक्त राज्य में होता था—क्योंकि वहां पूंजी से आय को निश्चित रूप से स्वेच्छाचारी माना जाता था] देखें: Thomas Piketty and Emmanuel Saez, “A Theory of Optimal Capital Taxation, NBER Working Paper 17989, [April, 2012]; इसी का एक संक्षिप्त रूप Econometrica 81, no 5 [Septembar 2013]: में A Theory of Optimal Inheritance Taxation”। नाम से भी प्रकाशित हुआ है।

20. इसका कारण यही है कि, अन्तरण के समय विरासत का पाने वाले के जीवन काल में पूंजीकृत मूल्य अज्ञात होता है। जब 1972 में एक व्यक्ति को 1,00000 यूरो मूल्य का पैरिस स्थित गृह खंड विरासत में मिला तो किसी को यह मालूम नहीं था कि 2013 में उस संपत्ति का मूल्य एक मिलियन यूरो हो जाएगा और उसमें निवास करने पर 40,000 यूरो तो वार्षिक किराए के रूप में ही बच जाएंगे। अत: 1972 में उत्तराधिकार पर भारी कर लगाने से कहीं दक्षतापूर्ण कार्य मामूली सा उत्तराधिकार कर लगाना और उस पर वार्षिक संपतिकर

वसूलना रहेगा—या फिर वार्षिक धनसम्पदा कर लगाना—क्योंकि सपंत्ति का मूल्य और उस प्रतिप्राप्ति तो प्रतिवर्ष वृद्धिमान रहेगी।

21. देखें: Piketty and Saez, "Theory of Optimal Capital Taxation। तकनीकी परिशिष्ट भी देखें।

22. देखें: रेखाचित्र–14.2

23. उदाहरण के लिए, 500,000 यूरो मूल्य की भवन सम्पदा पर कर [0.5 से 1 प्रतिशत] लगाने पर उस सम्पदाधारी की वार्षिक कर देयता 2500 से 5000 यूरो होगी। उसे उक्त सम्पदा से 20,000 यूरो किराया मिल सकता है। इस उदाहरण में 4-5 प्रतिशत का कर सम्पदा मूल्य का अर्थ होगा पूरी सम्पदा आय की कर के रूप में उगाही हो जाना। पूंजी आय पर और कर भी लगते हैं। अत: इस प्रकार का कर न तो व्यवहारिक होगा और न ही उसे न्यायोचित ठहरा पाना सहज होगा।

24. वर्ष 2013 में यूरोप की वयस्क जनसंख्या के लगभग 2.5 प्रतिशत अंश का एक मिलियन यूरो से अधिक की संपत्तियों पर अधिकार था और 0.2 प्रतिशत वर्ग की सम्पदा का मान 5 मिलियन यूरो से अधिक था। अत: इस प्रस्तावित कर से 15 ट्रिलियन के सकल घरेलू उत्पाद से 300 बिलियन यूरो की राशि करों के रूप में वसूली जा सकती है। अधिक विस्तार के लिए प्रतिपूरक तालिका S5.1 तथा तकनीकी परिशिष्ट देखें। उनमें एक सरल सी अनुमान विधि दी गई है जिससे विभिन्न कर तालिकाओं के आधार पर कर दाताओं की संख्याओं और राजस्व राशियों का अनुमान लगाया जा सकता है।

25. शीर्षस्थ शतमंक आज सकल धन सम्पदा के 25 प्रतिशत का स्वामी है—अर्थात् पूरे यूरोप के सकल घरेलू उत्पाद के 25 प्रतिशत पर उक्त एक प्रतिशत समुदाय का अधिकार है। धनिकतम 2.5 प्रतिशत वर्ग का 40 प्रतिशत धन सम्पदा पर—अर्थात पूरे समय यूरोप के सकल घरेलू उत्पाद के लगभग 200 प्रतिशत पर अधिकार है। अत: कोई आश्चर्य नहीं कि 1 से 2 प्रतिशत की सीमांत दर से लगे कर द्वारा सकल घरेलू उत्पाद का लगभग 2 प्रतिशत अंश राजस्वके रूप में एकत्र हो सकता है। यदि यही दर किन्हीं स्तर विशेष से ऊपर के अंश नहीं बल्कि सभी आकार की सम्पदाओं पर लगाए जाएं तो राजस्व और भी अधिक हो सकता है।

26. फ्रांस का धन सम्पदा कर—जिसे "धन सम्पदा पर एक जुटता कर" का नाम दिया गया था [Impot de solidarite' sur la fortune, या ISF], अब 1.3 मिलियन यूरो से अधिक की सम्पदाओं पर लगाया जाता है [इसमें प्राथमिक निवास के आधारपर 30 प्रतिशत की छूट शामिल है]। इसकी दरें 0.7 प्रतिशत से बढ़ते हुए उच्च सम्पदा वर्ग [10 मिलियन यूरो से अधिक] पर 1.5 प्रतिशत तक पहुँच जाती है। विभिन्न कर छूटों एवं कर मुक्तियों के बाद इस कर से सकल घरेलू उत्पाद का मात्र 0.5 प्रतिशत राजस्व के रूप में एकत्र हो पाता है। सिद्धांत रूप में तो उसी धन अंश को परिसम्पदा माना जाता है जो उसके स्वामी के व्यवसाय में सक्रिय रूप से प्रयोग हो रहा हो। किन्तु व्यवहार में यह शर्त इतनी अस्पष्ट रहती है कि सहज ही इसका उल्लंघन हो जाता है, विशेषकर पिछले कुछ समय से इसके बचाव की कई नई छूंटे गढ़ ली गई है—यथा "शेयर धारियों के अनुबंध" जिनसे यदि शेयरधारियों का कोर समूह अपने निवेश को एक निश्चित अवधि तक बनाए रखे, तो उन्हें आंशिक या पूर्ण छूट मिल जाती है। उपलब्ध आंकड़ें यही दर्शा तो रहे हैं कि फ्रांस के धनिकतम व्यक्ति धनसम्पदा कर चुकाने से बच निकलते हैं। कर अधिकारी प्रत्येक कर वर्ग के लिए बहुत कम जानकारी प्रकाशित करते हैं [यह बीसवीं सदी के पूर्वार्द्ध में उत्तराधिकार करके विषय में प्रकाशित जानकारी से भी कम है]; इससे सारा ही कर संग्रह कार्य बहुत अपारदर्शी होकर रह जाता है। देखें: तकनीकी परिशिष्ट।

27. विशेषकर अध्याय–5, रेखाचित्र-5.4 व उससे आगे देखें।

28. फिर तो प्रगतिशील पूंजी कर से सकल घरेलू उत्पाद का 3–4 प्रतिशत जुटाया जा सकता है, इसका 1 से 2 प्रतिशत बिन्दु वर्तमान संपत्ति कर का प्रतिस्थापक होगा। देखें: तकनीकी परिशिष्ट।

29. उदाहरण: फ्रांस में शीर्ष धनसम्पदा कर 1.8 से 1.5 कम करने को उचित ठहराने के लिए ऐसे ही तर्क का प्रयोग हुआ है।

30. P. Judet de la Combe, "Le jour Solon a abolou is dette des Atheniens". Liberation, May 31,2010.

31. वास्तव में, जैसा कि मैंने दर्शाया है, भूमि रूपी पूंजी में भूमि में किए गए गुणात्मक सुधार भी सम्मिलित थे और इन सुधारों में निरंतर वृद्धि हो रही थी। इस दृष्टि से भू–पूंजी का दीर्घकालिक स्वरूप पूंजी के अन्य

संचनीय स्वरूपों से बहुत अधिक अलग नहीं रह गया था। फिर भी, भू–पूंजी का संकलन कुछ प्राकृतिक सीमाओं के बंधन से तो अवश्य बंधा था और इसकी प्रधानता का एक परिणाम था कि अर्थव्यवस्था बहुत धीमी दर से ही संवृद्धि कर पाती थी।

32. इसका यह अर्थ नहीं है कि "पण–धारियों" [श्रमिकों, संघों एवं समूहों] को उपयुक्त मताधिकार प्रदान कर निवेश निर्णयों को प्रभावित करने का अधिकार नहीं दिया जाना चाहिए। यहां वित्तीय पारदर्शिता की भूमिका निर्णायक हो सकती है। इस विषय में मैं अगले अध्याय में और आगे चर्चा करूँगा।

33. पूंजी कर की अभीष्ट दर का निर्धारण $r > g$ के प्रभावों के निवारण से प्रेरित होने के कारण पूंजी पर प्रतिप्राप्ति की दर r तथा संवृद्धि दर g, के बीच अंतर पर निर्भर रहेगा। उदाहरण के लिए, कतिपय मान्यताओं को स्वीकार कर लेने पर उत्तराधिकार कर की अभीष्टदर का सूत्र $t = 1–G/R$ हो सकता है—यहां G पीढ़ीनुसार संवृद्धि दर और R पीढ़ीनुसार पूंजी पर प्रतिप्राप्ति दर हैं। इस प्रकार जब संवृद्धि दर पीढ़ीनुसार प्रतिप्राप्ति दर के अनुपात में अतिसूक्ष्म अर्थात् शून्यानुगामी हो—तो कर शत प्रतिशत के निकट पहुँच जाएगा। किन्तु वास्तविक परिस्थितियां अधिक जटिल होती हैं, क्योंकि आदर्श रूप में तो पूंजी पर प्रगतिशील वार्षिक कर होना चाहिए। मैंने तकनीकी परिशिष्ट में प्रमुख अभीष्ट कर सूत्रों का निरूपण एवं व्याख्या करने का कार्य किया है [किन्तु मेरा ध्येय केवल संवाद के मुद्दों का स्पष्टीकरण है—कोई प्रयोग के लिए तैयार समाधान प्रदान करना नहीं—[इसका कारण यही है कि अनेक प्रकार की शक्तियां एक साथ कार्य करती दिखाई देती हैं और उन सबके अलग अलग प्रभावों की सटीक मूल्यांकन कर पाना कठिन ही रहता है]।

34. Thomas Paine ने अपने पत्रक Agrarian Justice [1795] में 10 प्रतिशत दर पर उत्तराधिकार कर सुझाया था [उसके मतानुसार यह सम्पदा का "असंचित" अंश होता, जब कि वह संचित अंश पर कर लगाने के पक्ष में नहीं था—भले ही वह संचय अनेक पीढ़ियों में हुआ हो]। फ्रांसीसी क्रांति के दौरान सुझाए गए कई "राष्ट्रीय उत्तराधिकारी कर" प्रस्ताव तो बहुत क्रांतिकारी थे। किन्तु बहुत विचार विमर्श के बाद प्रत्यक्ष उत्तराधिकार पर कर की दर 2 प्रतिशत से अधिक नहीं रह

पायी। इन प्रस्तावों और उन पर बहस के लिए देखें: तकनीकी परिशिष्ट।

35. संयुक्त राज्य और ब्रिटेन में, विशेषकर 1960 के दशक में और 2000–10 के दशक में बहुत अधिक बहस आदि के बाद भी—देखें: तकनीकी परिशिष्ट।

36. इस रचना में त्रुटियों का कारण यह था, कि इन पूंजी करों का उद्गम 19वीं सदी में हुआ था जब स्फीति की समस्या का नाम निशान नहीं था और भू एवं भवन सम्पदा का पुन: मूल्यांकन 10–15 वर्ष बाद कर लेना पर्याप्त माना जाता था—या फिर वित्तीय सम्पदा मूल्यांकन के लिए वास्तविक विनिमय मूल्यों का प्रयोग कर लिया जाता था। किन्तु 1914–45 की स्फीति ने इस मूल्यांकन व्यवस्था को छिन्न–भिन्न कर दिया और स्थायी एवं महत्त्वपूर्ण स्फीति पूर्ण विश्व में इसे पुन: उपयोगी स्वरूप प्रदान करने का कोई प्रयास नहीं हुआ।

37. प्रशा में प्रारंभ से लेकर जर्मन पूंजी कर के 1997 में निलंबन तक [इस संबंधी कानून को रद्द नहीं किया गया है] का वृत देखें: Fabien Dell." L'Allemagne inegale," PhD diss, Paris School of Economics, 2008. स्वीडन के 1947 में प्रारंभ [वैसे यह 1910 से ही पूंजी से आय पर एक पूरक कर के रूप में लगाया जा रहा था] और 2007 में समाप्त कर दिए गए पूंजीकर के विवरण के लिए Ohlsson and Waldenstrom की पूर्व उल्लिखित रचना और परिशिष्ट में संकलित संदर्भ–सूची देखें। इन करों की शीर्षस्थ सम्पदाओं पर दर प्राय: 1.5 से 2 प्रतिशत ही रही हां स्वीड़न में बाजार मूल्यांकन से परे की परिसम्पदाओं पर इसका अधिकतम स्तर1983 में 4 प्रतिशत तक पहुँच गया था। दोनों देशों में कर आधार के क्षरण [जिसका उत्तराधिकार कर राजस्व पर भी प्रभाव रहा था] के साथ–साथ राजकोषीय स्पर्धा का प्रभाव स्वीड़न में बहुत स्पष्ट दिखाई पड़ा है—वहां 2005 में उत्तराधिकार कर समाप्त कर दिया गया है। स्वीड़न के सामान्य समताशील व्यवहार के विपरीत इस घटना से हमारा यह तर्क और पुष्ट होता है कि छोटे देश अपनी राजकोषीय नीतियों की स्वतंत्र रूप से रचना नहीं कर पा रहे है।

38. फ्रांस में बड़ी सम्पदाओं पर धन सम्पदा कर 1981 में लगाया गया और 1986 में इसे समाप्त कर दिया गया। किन्तु 1988 में इसे

"सम्पदा पर एक जुटता" कर के नाम से पुन: लागू किया गया है। सम्पदाओं के बाजार दामों में बड़े उतार चढ़ाव आ सकते है और इस कारण सम्पदा कर में मनमानापन निहित हो सकता है किन्तु यही बाजार मूल्य सबसे अधिक स्वीकार्य एवं तथ्यात्मक कर आधार भी है। फिर भी कर की दरों और विभिन्न दरों की सीमाओं में निरंतर फेरबदल करने की आवश्यकता होगी। यह ध्यान रखना होगा कि भवन सपंदा के दामों में वृद्धि के साथ–साथ स्वचालित रूप से कर भार में वृद्धि नहीं हो—अन्यथा कर विद्रोह की स्थिति उत्पन्न हो सकती है। कुछ ऐसा ही 1978 में वृद्धिशील संपत्तिकर को सीमित करने के लिए कैलीफोर्निया में स्वीकृत प्रसिद्ध प्रस्ताव–13 में झलकता है।

39. स्पेन का कर 700,000 यूरो से अधिक मूल्य मान की सम्पदाओं पर लगता है [300,000 यूरो मूल्य के मुख्य निवास के मान को घटा देने के बाद]। यहां उच्चतम दर 2.5 प्रतिशत है [कैटेलोनिया में 2.75 प्रतिशत है]। स्विट्ज़रलैंड में भी एक वार्षिक पूंजी कर है—किन्तु वहां की विभिन्न क्षेत्रीय प्रशासनिक इकाइयों के बीच स्पर्धा के कारण उसकी दर बहुत कम—एक प्रतिशत से भी कम–रह गई है।

40. या फिर किसी विदेशी स्पर्धी के विकास को रोकने के लिए [19वीं सदी के प्रारंभ में भारतीय वस्त्र उद्योग का उपनिवेशकों द्वारा विनाश आज भी भारत के जन मानस पर अंकित है]। इसके चिरस्थायी प्रभाव हो सकते है।

41. यह बहुत ही आश्चर्यजनक है क्योंकि वित्तीय ऐकीकरण के विश्वस्तर के आर्थिक लाभों के इक्का–दुक्का उपलब्ध अनुमान तो बहुत ही कम लाभ वृद्धि के संकेत दे रहे हैं [वह भी विशेषता अस्थिरता के ऋणात्मक प्रभावों को नजर अंदाज कर देने पर संभव हो पाते हैं] देखें Pierre–Oliver Gourinchas and Olivier Jeanne," The Elusive Gains from International Financial Integration," Review of Economic Studies 73, no 3 (2006), 715–41। ध्यान रहे कि जानकारी के निर्बाध एवं स्वत: प्रवाह को लेकर अंतर्राष्ट्रीय मुद्रा कोष का रवैया बहुत ही अस्पष्ट रहा है: अंतनिर्हित सिद्धांत तो स्वीकार है, किन्तु इसे व्यावहारिक रूप प्रदान करने में ऐसी तकनीकी बाधाओं की अडंगियां लगाई जाती हैं जिनसे कोई सहमत नहीं हो पाता।

42. समाचार पत्र पत्रिकाओं में अक्सर एक तुलना दिखाई दे जाती है: सेंटर फॉर रिस्पोंसिबल पॉलिटिक्स द्वारा एकत्र विवरणियों के आधार पर संयुक्त रूप के हाउस ऑफ रिप्रेजेंटेटिव्स के 535 सदस्यों की औसत सम्पदाधारिता की चीन की पीपल्स एसेंबली के 70 धनिकतम सदस्यों के साथ तुलना। अमेरिकी सदस्यों की औसत सम्पदाधारिता मात्र $ 15 मिलियन है जबकि चीनी प्रतिनिधियों की सम्पदा $ 1 बिलियन है [यह आंकड़े हूरून रिपोर्ट 2012 के हैं, यह फॉर्बेस की ही भांति चीन में धन सम्पदा की क्रमिकताएं निर्धारित करती है—किन्तु इसकी कार्यविधि अधिक स्पष्ट नहीं है। दोनों देशों की जनसंख्या के अंतर को देखते हुए चीन की असेंबली के सभी 3000 सदस्यों की औसत सम्पदा से तुलना संयुक्त राज्य के 70 शीर्ष धनिक राजनीतिक दान दाताओं से करना अधिक उपयुक्त होगा।]

43. देखें: N. Qian and Thomas Piketty, "Income Inequality and Progressive Income Taxation in China and India : 1986–2015" American Economic Journal : Applied Economics 1, no 2 [April 2009]: 53–63।

44. एक अतिदीर्घ कालिक संदर्भ में कहा जाता है कि यूरोप को अपने राजनीतिक विखंडित स्वरूप के कारण कुछ लाभ होता रहा है [क्योंकि विभिन्न राज्यों के बीच स्पर्धा ने नवप्रवर्तनों, विशेषकर सैन्य प्रौद्योगिकी, को बहुत प्रोत्साहन दिया है]। किन्तु चीन के समक्ष आकर यह एक बाधा बन गया है, देखें, Jean–Laurent Rosenthal and R Bin Wong, "Before and Beyond Divergence : The politics of Economic Change in China and Europe [Cambridge, M.A. Harinand University Press, 2011]।

45. देखें: तकनीकी परिशिष्ट।

46. कई यूरोपीय देशों में 2000–2010 में स्थायी ऐकीकरण [स्वीकार करने वाले देश की जनसंख्या के अनुपात के रूप में] दर लगभग 0.6–0.7 वार्षिक तक पहुँच गई थी [इटली, स्पेन, स्वीड़न और ब्रिटेन]। जबकि यही दर संयुक्त राज्य में 0.4 प्रतिशत और फ्रांस एवं जर्मनी में 0.2–03 प्रतिशत रही है। देखें तकनीकी परिशिष्ट। संकट के बाद से इन प्रवाहों में फिर से सुधार आने लगा है, विशेषकर यूरोप और जर्मनी में। कुल मिलाकर संपूर्ण यूरोप में स्थायी आप्रवासन 2000–2010 में

उत्तरी अमेरिकी स्तर के निकट रहा है। किन्तु उत्तरी अमेरिका में जन्मदर कहीं अधिक उच्चतर है।

16. सार्वजनिक ऋण का प्रश्न

1. विशेष कर देखें: ता. 3.1.
2. यदि कर स्वर्गों में यूरोपीय परिवारों की परिसम्पदाएं भी जोड़ लें तो यूरोप की शेष विश्व की तुलना में परिसम्पदा महत्त्वपूर्ण रूप से धनात्मक हो जाएगी। यूरोपीय परिवारों का उतने कुछ पर अधिकार हो जो कुछ यूरोप और शेष विश्व के एक भाग में भी स्वामित्व योग्य है। देखे: रेखाचित्र 12.6।
3. सार्वजनिक वित्तीय परिसम्पदाओं के विक्रय से प्राप्त राशियों सहित [वैसे गैर वित्तीय परिसम्पदाओं की तुलना में इनका विशेष महत्त्व नहीं है]। देखें: अध्याय 3–5 और तकनीकी परिशिष्ट।
4. ऋण पर बयाज की समाप्ति से कर घटाना तथा/या नए निवेशों का वित्तीयन [विशेषकर शिक्षा में] संभव हो जाएगा। आगे देखें।
5. समतुल्यता को संपूर्ण बनाने के लिए धनसम्पदा पर इस प्रकार कर लगाना होगा कि वह भवन सम्पदा और वित्तीय परिसम्पदाओं की स्थानिकता के अनुरूप हो [यूरोप में जारी सार्वभौम बॉडों सहित]—केवल नागरिकों के निवास स्थान के अनुसार नहीं। मैं इस प्रश्न पर कुछ ठहर कर फिर लौटूंगा।
6. सार्वजनिक एवं निजी पूंजी संचय के स्तर से स्वतंत्र रह कर दीर्घकालीन सार्वजनिक ऋण के अभीष्ट स्तर का निर्णय नहीं हो सकता। इसीलिए मैं इस प्रश्न पर कुछ ठहरकर चर्चा करूँगा।
7. प्रतिपूरक ता.S15.1 की सहायता से अन्य कर तालिकाओं का अनुमान लगाया जा सकता है।
8. देखें: अध्याय–10
9. निष्क्रमण कोष के विषय चर्चा के लिए देखें: German council of Economic Experts, Annual Report 2011 [Nov, 2011], The European Redemption Pact: Questions and Answers [Lau, 2012]। तकनीकी दृष्टि से दोनों विचारों को पूर्णत:

प्रतिपूरक माना जा सकता है। राजनीतिक और सांकेतिक दृष्टियों से "निष्क्रमण" को विचार का प्रगतिशील पूंजीकर के साथ साहचर्य नहीं हो सकता—संभवत: निष्क्रमण शब्द का चयन ही उपयुक्त नहीं है [वस्तुत: निष्क्रमण शब्द का प्रयोग तो समस्त जनसंख्या द्वारा दीर्घकाल तक सहे गए कष्ट से मुक्ति के लिए किया जाता है]।

10. स्फीति के माध्यम से काफी ऋण निवारण हो चुका था—शेष को द्वितीय महायुद्ध के बाद सहयोगी शक्तियों ने माफ कर दिया [वस्तुत: पुन: भुगतानों का अन्तत: जर्मनी के पुन: ऐकीकरण तक स्थगित किया गया था—किन्तु ऐकीकरण के इतने वर्षों बाद भी इस विषय में कोई प्रश्न नहीं उठाया गया है]। जर्मन इतिहासकार अल्ब्रेस्ट रित्शेल के आंकलन के अनुसार यदि एक मान्यदर पर पुन: पूंजीकरण किया जाए तो यह भी राशि बहुत विशाल हो जाएगी। इस ऋण में वह कब्जा-शुल्क भी है, जो जर्मनी ने कब्जा करने के बाद ग्रीस पर थोंप दिया था और जिसके कारण अनेक अनावश्यक विवाद होते रहे हैं। इससे भी आज सादगी भरे व्यवहार और ऋण के पुन: भुगतान के तर्क अत्यंत जटिल हो चले हैं। देखें: अल्ब्रेस्ट रित्शेल, "Does Germany Owe Greece a Debt? The European Debt Crisis in Historical Perspective", Paper given at OeNB, 40th Economic Conference, Vienna [London School of Economics, 2012]।

11. यदि सकल घरेलू उत्पाद 2 प्रतिशत और ऋण 1 प्रतिशत वार्षिक दर से वृद्धिमान हों [और ऋण का मान सकल घरेलू उत्पाद के समान हो] तो ऋण और सकल घरेलू उत्पाद का अनुपात 1 प्रतिशत वार्षिक दर से घटने लगेगा।

12. जैसा एक विशेष एक बारगी या दस वर्षीय पूंजी कर हमने ऊपर सुझाया है, वह प्राथमिक अतिरेक ऋण निवारग के लिए प्रयोग माना जा सकता है। एक अंतर अवश्य है : यह कर एक नया संसाधन होगा। वह न तो अधिकांश जनसंख्या पर भार होगा और शेष सरकारी बजट से भी वह छेड़ छाड़ नहीं करेगा। व्यवहार में तो यह विभिन्न बिन्दुओं का एक सतत् स्वरूप है जिससे सभी समाधानों [पूंजी कर, स्फीति, सादगी]:सब कुछ इस बात पर निर्भर कि इन तीन का क्या सम्मिश्रण होगा और समंजन का भार किस प्रकार विभिन्न सामाजिक वर्गों के

बीच विभाजित होगा। पूंजी कर लगभग सारा भार अत्यंत धनिक वर्ग पर डालता है, तो सादगी की नीतियां प्राय: उन्हें अछूता छोड़ देती हैं।

13. वस्तुत: शेयर बाजार के ध्वंस ने 1920 के बाद की सारी बचतों को समाप्त कर दिया था। फिर 1945–48 की तीव्र स्फीति एक बड़ा संक्षोभ सिद्ध हुई। प्रतिक्रिया स्वरूप 1956 में "वृद्धवस्था हेतु न्यूनतम की रचना हुई तथा कमाते जाओ देते जाओ"। पेन्शन व्यवस्था [जो 1945 में ही बन चुकी थी] को और विकसित एवं सुदृढ़ बनाया गया।

14. इस विचार पर आधारित सैद्धांतिक प्रतिमान तकनीकी परिशिष्ट में देखें।

15. अध्याय—12 में प्रस्तुत परिणामों पर विशेष ध्यान दें।

16. यूरो क्षेत्र के बिखर जाने पर भी यही बात लागू होगी। अधिक करेंसी नोट छाप कर स्फीति के माध्यम से भी सार्वजनिक ऋण को कम किया जा सकता है, किन्तु इस प्रकार सृजित वितरण–आबंटन के संकट के दुष्प्रभावों का नियंत्रण सहज नहीं होता, बात चाहे यूरो की हो, फ्रैंक की, मार्क की या लीरा की।

17. बहुत बार 19वीं सदी में औद्योगिक देशों में कीमतों एवं मजदूरी में हल्की सी कमी का उदाहरण दिया जाता है।। इस अवस्फीति से रोजगारदाता एवं कर्मी सभी नाखुश थे—वह स्वयं को प्रत्यक्षत: प्रभावित करने वाली कीमत और मजदूरी में कटौती को तब तक स्वीकार करने को तैयार नहीं थे जब तक सभी कीमतें और मजदूरी दरें घट नहीं जाती। मजूदरी कीमत में कमी के प्रति इस प्रकार के प्रतिरोध को कई बार "मौद्रिक रूढ़ता" का नाम दे दिया जाता है। धीमी, किन्तु सकारात्मक स्फीतिदर [प्राय: 2 प्रतिशत] के पक्ष में सबसे महत्त्वपूर्ण तर्क है कि शून्य या ऋणात्मक स्फीति की दिशा की अपेक्षा सापेक्ष मजदूरी एवं कीमतों में समंजन अधिक आसान हो जाता है।

18. स्पेन के पतन का प्रतिष्ठित सिद्धांत स्वर्ण एवं चांदी को प्रशासन के ढुलमुलपन के लिए उत्तरदायी ठहराता है।

19. Milton Friedman and Anna J Schwartz, "A Monetary History of United States, 1857–1960 [Princeton : Princeton University Press, 1963]।

20. ध्यान दें: हम जिस परिदृश्य का निरूपण कर रहे हैं उसमें करेंसी नोट छापने वाली मशीनें नहीं हैं: जब एक केंद्रीय बैंक सरकार को ऋण देने के लिए मुद्रा का सृजन करता है तो उसके बहीखातों में इस ऋण का रिकार्ड रखा जाता है। यह कार्य अत्यंत ही अराजकता भरे समय में भी चलता है जैसा कि 1944–48 के फ्रांस में भी हुआ था। मुद्रा सरकार को उपहार में नहीं दी जाती। फिर, सब कुछ इस बात पर निर्भर रहता है कि इससे आगे क्या होता है: यदि मुद्रा सृजन से स्फीति का प्रसार होता है तो निश्चित रूप से धन का पुनर्वितरण होगा [जैसे कि सार्वजनिक ऋणों का वास्तविक मूल्यमान बहुत घट सकता है—जिसका निजी मौद्रिक परिसम्पदाओं पर गहरा प्रभाव होगा]। राष्ट्रीय आय और पूंजी पर समग्र प्रभाव तो नीतियों के देश में आर्थिक गतिविधियों के स्तर पर पड़े प्रभावों पर निर्भर करेगा। यह सैद्धांतिक स्तर पर निजी प्रयोक्ताओं को दिए गए ऋणों की भांति ही सकारात्मक एवं नकारात्मक हो सकते हैं। केंद्रीय बैंक मौद्रिक धन सम्पदा का पुनर्वितरण तो कर सकते हैं किंतु उनके पास प्रत्यक्ष रूप से नवीन धन सम्पदा के सृजन की क्षमता नहीं होती।

21. इसके विपरीत अपेक्षाकृत कम सुदृढ़ देशों से जिस व्याज की दर की मांग की जा रही थी, वह 2011–12 में बहुत उच्च हो गई थी [इटली और स्पेन में 6–7 प्रतिशत और ग्रीस में 15 प्रतिशत]। इससे स्पष्ट होता है कि निवेशक स्वेच्छाचारी हो गए हैं और उन्हें निकट भविष्य को लेकर बहुत अनिश्चितता है।

22. सकल वित्तीय परिसम्पदाओं और देनदारियों का योगफल तो और भी अधिक है: अधिकांश विकसित देशों में यह सकल घरेलू उत्पाद के 10 से 20 गुना तक होता है [देखें अध्याय–5]। अत: केन्द्रीय बैंक तो धनी देशों की सकल वित्तीय परिसम्पदाओं और देनदारियों के कुछ एक प्रतिशत भाग को ही धारण करते हैं। अनेक केंद्रीय बैंकों के तुलनपत्रों का साप्ताहिक या मासिक आधार पर ऑन लाइन प्रकाशन होता है। प्रत्येक सम्पदा और देनदारी के परिमाण को तुलनपत्र में एक आंकड़े द्वारा दिखाया जाता है किन्तु केंद्रीय बैंक से ऋण पाने वालों के अलग

अलग ऋण नहीं दिखाए जाते। नोट और स्वर्ण आदि तो तुलन पत्र की एक संक्षिप्त सी लिखत होते हैं [प्राय: सकल घरेलू उत्पाद के 2 प्रतिशत से अधिक नहीं], और शेष सब कुछ तो बही खातों की लिखतें ही होती हैं, कुछ ऐसा ही परिवारों, व्यवसायों और सरकारों के बैंक खातों में दिखाई देता है। अतीत में कभी केंद्रीय बैंकों के तुलनपत्र सकल घरेलू उत्पाद के 90–100 प्रतिशत के समान भी रहे हैं [फ्रांस, 1944–45—उसके बाद वह तुलन पत्र स्फीति के चलते शून्य प्राय: रह गया था]। वर्ष 2013 के ग्रीष्म काल में बैंक ऑफ जापान का तुलन पत्र सकल घरेलू उत्पाद के 40 प्रतिशत को छू रहा था। प्रमुख केंद्रीय बैंकों के तुलन पत्रों की ऐतिहासिक काल श्रृंखलाएं ऑन लाइन तकनीकी परिशिष्ट में दिखाई गई है। इन तुलन पत्रों का विश्लेषण बहुत रोचक है और स्पष्ट होता है कि इनके आकार अतीत के कीर्तिमानों से बहुत दूर हैं। यही नहीं, स्फीति तो और अनेक कारणों पर भी निर्भर करती है। अंतर्राष्ट्रीय मजदूरी–कीमत स्पर्धा आजकल विशेष रूप से स्फीतिकारी प्रभावों का शमन और परिसम्पदा कीमतों का परिवर्धन करती दिखाई पड़ रही है।

23. जैसा पिछले अध्याय में नोट किया गया था, बैंक जानकारी सांझा करने संबंधी यूरोपीय नियमों में संभावित संशोधनों पर चर्चा का 2013 में आरंभ मात्र हुआ है—यह विचार विमर्श अभी प्रभावी नीति का रूप धारण करने से बहुत दूर है।

24. एक अत्यंत प्रगतिशील कर लगाने के लिए तो प्रत्येक व्यक्ति के विभिन्न बैंकों में सभी खातों [आदर्श रूप से केवल साइप्रस नहीं बल्कि पूरे यूरोपीय महासंघ में अवस्थित] में जमा परिसम्पदाओं की जानकारी पाना आवश्यक होगा। कम प्रगतिशील कर को लागू करने में यही सुविधा है कि इसे प्रत्येक बैंक पर लगाया जा सकता है।

25. फ्रांस में, 1803–1936 तक बैंक डी फ्रांस के दो सौ सबसे बड़े शेयरधारियों को बैंक के प्रशासन में केंद्रीय भूमिका निभाने का वैधानिक अधिकार था—दूसरे शब्दों में वे देश की मौद्रिक नीति का

निर्धारण करने में सक्षम थे। पॉपूलर फ्रंट ने उस यथास्थिति वाद को चुनौती दी, और कानून परिवर्तन कर सरकार को ऐसे गवर्नर एवं उप गवर्नर नियुक्त करने का अधिकार दे दिया जिनका शेयरधारी होना आवश्यक नहीं था। वर्ष 1945 में तो बैंक का राष्ट्रीय करण ही कर दिया गया। उसके बाद से फ्रांस के केंद्रीय बैंक ने भी शेष विश्व के कंद्रीय बैंकों की भांति कोई निजी शेयरधारी नहीं बचा है।

26. ग्रीस संकट में एक निर्णायक बिंदु, दिसंबर 2009, में यूरोपीय सांझा बैंक की यह घोषणा रही कि वह बॉड रेटिंग ऐजेंसियों द्वारा ग्रीक बांड के अधौ अंकन के बाद उन्हें स्वीकार नहीं करेगा [सांझे बैंक के किसी नियम–सन्नियन में ऐसा कोई प्रावधान नहीं था]।

27. निष्क्रमण कोष की एक अन्य तकनीकी त्रुटि पुन: चक्रण के परिमाण से जुड़ी है [अधिकांश बचा हुआ ऋण कुछ वर्षों में देय हो जाता है और उस का नियमित रूप से पुन: चक्रण, विशेषकर इटली में होते रहना चाहिए]। सकल घरेलू उत्पाद के 60 प्रतिशत की सीमा कुछ ही वर्षों में पार हो जाएगी और इस प्रकार अन्तत: सारा ही सार्वजनिक ऋण स्थायी रूप से सह धारिता करता जाएगा।

28. बजट निर्मात्री संसद में प्रत्येक बड़े यूरो क्षेत्रीय देश के लग्भग 50 प्रतिनिधि उनकी जनसंख्या के अनुपात में, हो सकते हैं। इन सदस्यों का चुनाव उनके देशों की संसदों की वित्तीय एवं सामाजिक मामलों की सलाहकार समितियां कर सकती हैं—या अन्य कोई विधि भी अपनाई जा सकती है। वर्ष 2012 में स्वीकृत नवीन यूरोपीय संधि ने तो "राष्ट्रीय संसदों की महासभा" का प्रावधान किया है, किन्तु यह विशुद्ध रूप से परामर्शदात्री संस्था ही होगी, इसकी अपनी कोई शक्तियां नहीं होगी और इसी कारण यह ऋण धारिता से भी मुक्त होगी।

29. सरकारी स्तर पर दावा किया जाता है कि साईप्रस के राष्ट्रपति के अनुरोध पर जमाओं पर एक समान दर जैसा कर लगाया गया था—

वह छोटे जमा कर्ताओं पर भारी कर लगाना चाहते थे ताकि जमाकर्ता देश से भाग नहीं जाएं। निस्संदेह इस बात में कुछ सत्य है: यह संकट इस विवशता की ओर इंगित करता है : छोटे देशों को वैश्विक अर्थ व्यवस्था में अपना स्थान बनाने के क्रम में बहुत निर्ममता से कर स्पर्धा में सम्मिलित होकर पूंजी को आकृष्ट करना पड़ता है—वह पूंजी चाहे जितने निकृष्ट स्रोतों से आ रही हो। समस्या यही है कि हम कभी भी पूर्ण सत्य नहीं जान पाएंगे—क्योंकि, सारी सौदेबाजी बंद दरवाजों के पीछे ही हुई थी।

30. आमतौर पर यह व्याख्या दे दी जाती है : यूरोपीय सवैंधानिक संधि पर 2005 में जनमत संग्रह में अपनी पराजय के सदमे से फ्रांसीसी नेतृत्व उबर नहीं पाया था। किन्तु यह व्याख्या स्वीकार्य नहीं लगती, क्योंकि उस संधि के मुख्य प्रावधान तो बिना किसी जनमत संग्रह के बाद में जोड़े गए हैं और उसमें कोई बड़ा लोकतान्त्रिक नवप्रवर्तन नहीं था—वस्तुत: सारी शक्तियां राज्याध्यक्षों एवं मंत्रियों की परिषद को ही सौंपी गई हैं—यह वस्तुत: यूरोप की वर्तमान नपुंसक दशा को ही प्रमाणित करता है। संभवत: यह फ्रांस की राष्ट्रपतिवादी राजनीतिक संस्कृति का परिणाम है कि वहां यूरोपीय राजनीतिक संघ के विषय में चिंतन जर्मनी या इटली जितना प्रखर नहीं हो पाया है।

31. फ्रैंकोइज होलेंड के फ्रांसीसी प्रशासन ने यूरोपीय ऋणों की सहधारिता *(Mutualization)* के पक्ष में बहुत जोर शोर से बयानबाजी तो की है, किन्तु इस विषय में कोई विशेष प्रस्ताव प्रस्तुत नहीं किया है—संभवत: यह माना जा रहा है कि प्रत्येक सदस्य देश यह निर्धारित करता रह सकता है कि उसे कितना ऋण धारण करना है—पर यह विचार व्यवहारिक स्तर पर असंभव है। सहधारिता का अर्थ है कि समग्र ऋण भार के आकार पर मतदान होना चाहिए। प्रत्येक देश अपने अपने ऋणों को बनाए रह सकते हैं, किन्तु उनका आकार सीमित रखना होगा—जैसा कि संयुक्त राज्य में प्रांतीय एवं नगर प्रशासन स्तर पर किया जाता है। तर्क की दृष्टि से बंडसबैंक का अध्यक्ष मीडिया में नियमित बयान जारी करता रहता है कि साख कार्ड [Credit Card] को आप उसी समय झांझा कर सकते हैं उक्त कार्ड पर समस्त व्यय पर सहमति हो।

32. निगम कर की अपेक्षा प्रगतिशील आय एव पूंजीकर अधिक संतोष जनक रहते हैं—क्योंकि इनमें प्रत्येक कर दाता की आय या सम्पदा में परिवर्तन के अनुसार ढल सकने की क्षमता होती है। निगम कर तो सभी निगमों की आय पर एक स्थिर अनुपात में लगाया जाता है इसका बड़े–छोटे, सभी शेयरधारियों पर समान अनुपात में प्रभाव पड़ता है।

33. गूगल जैसी कंपनियों के प्रबंधकों के वक्तव्य तो कुछ इस प्रकार रहते हैं: हम अपने लाभ एवं वेतनों की तुलना में समाज में बहुत अधिक धन–सृजन का योगदान देते हैं अत: हमारा निम्न कर भुगतान पूर्णत: उचित है।" वस्तुत: यदि कोई कंपनी अपने उत्पाद के मूल्य से अधिक योगदान शेष समाज के क्षेत्र में कर रही हो तो उसका कम कर चुकाना या सहाय्य प्राप्त करना [अर्थशास्त्री इसे सकारात्मक बाह्यता कहेंगे] भी उचित होगा। किन्तु समस्या यही है कि प्रत्येक व्यक्ति को यह दावा करना निजी हितों के अनुरूप लगता है कि वह शेष विश्व के लिए एक बड़ा सकारात्मक बाह्य हितलाभ सृजित कर रहा है। गूगल ने अभी तक ऐसा कोई भी प्रमाण नहीं दिया है कि उसने ऐसा क्या योगदान किया है। एक और बात भी स्पष्ट है कि यदि प्रत्येक व्यक्ति को स्वयं इस प्रकार अपना का दायित्व निर्धारित करने दिया गया तो उस समाज का प्रबंधन संचलन असंभव हो जाएगा।

34. अभी कुछ समय पूर्व यह भी सुझाव आया था कि विश्व स्तरीय धनसम्पदा कर का राजस्व अंतर्राष्ट्रीय से स्वंतत्र रह कर बहुराष्ट्रीयता के अधिकारों एवं हितों का संरक्षक हो सकत है। देखें Patrick Weil," Let Them Eat Less Cake : An International Tax on the wealthiest Citizens of the World." Policy Network, May 26–2001।

35. यह निष्कर्ष Dani Rodrik जैसा ही है जिनका तर्क है कि राष्ट्र–राज्य लोकतंत्र और वैश्वीकरण एक अस्थिर त्रि–अंगिका हैं [इनमें से एक को अवश्य शेष दो के समक्ष किसी न किसी सीमा तक घुटने टेकने पड़ेंगे]। देखें Dani Rodrik, "The Glcbligation Paradox: Democracy and the Future of the World Economy [New York, Norton, 2011]"

36. "निगम शेयर पूंजी के लिए छूट" की 2006 में बेल्जियम में अपनायी गई व्यवस्था कर योग्य निगम लाभ में से अंशपूंजी पर 'सामान्य' प्रतिप्राप्ति के तुल्य राशि को घटा देती है। इस को निगम ऋण पर ब्याज के समान मान कर अंश पूंजी और ऋणी पूंजी के साथ सम्यक व्यवहार का दावा किया जाता है। किन्तु जर्मनी और फ्रांस ने अभी कुछ समय से एक दूसरा ही रास्ता अपनाया है: इन्होंने ब्याज की कटौतियों को सीमित किया है। इस विचार विमर्श में अंतर्राष्ट्रीय मुद्राकोष जैसे भागीदारों, एवं कुछ सीमा तक यूरोपीय आयोग भी दावा कर रहे हैं कि ये दोनों समाधान समतुल्य हैं—किन्तु वास्तव में ऐसा नहीं हैं: यदि हम ऋण और अंश पूंजी दोनों पर ही "सामान्य दर से कटौती स्वीकार कर लेंगे तो निगम कर पूर्णत: लुप्त हो जाएगा।"

37. विशेष रूप से, यदि अलग अलग प्रकार के उपभोग पदार्थों पर अलग अलग दरों से कर लगाए जाएं तो इस आय वर्गानुसार उपभोग कर का एक परिष्कृत संस्करण कहा जा सकता है। इस समय यूरोपीय सरकारों को मूल्यवृद्धि कर लगाने का शौक केवल इसलिए लगा है कि वे इस प्रकार आयातित वस्तुओं और छोटे पैमाने पर बने किन्तु स्पर्धाशील उत्पादों को भी अपने कर–पाश में समेट लेती है। यह वस्तुत: एक शून्य योगी द्यूत के समान है: यदि अन्य देश भी यही करेंगे तो "तुलनात्मक लाभ" विलुप्त हो जाएंगे। यह निम्न स्तरीय सहयोग वाले मौद्रिक संघ का एक लक्षण बनकर रह जाता है। उपभोग कर का एक अन्य जाना माना तर्क निवेश को बढ़ावा देना है, किन्तु इसका सैद्धांतिक आधार अधिक स्पष्ट नहीं है [उस समय तो बिल्कुल नहीं जब पूंजी/आय अनुपात बहुत उच्च स्तर पर हो]।

38. राजकोषीय विनिमय [लेन देन] कर का उद्देश्य बार–बार वित्तीय लेन–देन को हतोत्साहित करना है—यह एक अच्छा विचार है। किन्तु इसकी परिभाषा ही ऐसी है कि इससे अधिक राजस्व नहीं मिल पाएगा—इस कर का ध्येय उस राजस्व स्रोत को ही सोख लेना है। इससे प्राप्य राजस्व के अनुमान प्राय: आशावाद से भरे रहते हैं। यह

राजस्व सकल घरेलू उत्पाद के 0.5 प्रतिशत से अधिक नहीं हो पाएगा, यह भी एक अच्छी बात है—क्योंकि यह कर व्यक्तियों की आय या सम्पदाधारिता को अपना लक्ष्य नहीं बना पाता। देखें: तकनीकी परिशिष्ट।

39. देखें: रेखाचित्र-10.9–11। स्वर्णिम नियम के मूल्यांकन के लिए पूंजी पर प्रतिप्राप्ति की कर पूर्व दर पर विचार करना होगा [उसके पूंजी की सीमांत उत्पादिता के समान होने का दावा किया जाता है]।

40. मूल लेख एक व्यग्योक्तिपूर्ण कहानी सा था—उसे अवश्य पढ़ना चाहिए: Edmund Phelps. "The Golden Rule of Accumulation : A fable for Growthmen," American Economic Review 51 no 4 [September 1961] : 638–43"। ऐसे से विचार, कुछ कम स्पष्ट एवं किसी स्वर्णिम नियम पर आक्षेप किए बिना, इन रचना में भी व्यक्त किए गए थे: Maurice Allais :, Economic et interet paris : Librarie des Publications Officieles, 1947]। Von Newmann [1945] और Malinvand [1953] के लेखों में भी यही भात्र झलकते हैं। ध्यान रहे कि Phelps के लेख सहित ये सभी रचनाएं पूरी तरह सैद्धांतिक हैं और कहीं भी यह निरूपण नहीं करती कि r को g के समान बनाने के लिए संचयन का क्या स्तर आवश्यक हो सकता है। देखें: तकनीकी परिशिष्ट।

41. पूंजी का अंश $\alpha = r \times \beta$ द्वारा इंगित है। दीर्घकाल में $\beta = s/g$, अत: $\alpha = (s \times r)/g$। अत: अभिप्राय: होगा कि यदि $r = g$ तो किंतु $\alpha > s$ तभी हो पाएगा जब r का मान g से अधिक हो। देखें: तकनीकी परिशिष्ट।

42. स्वर्णिम नियम द्वारा एक उच्चतम सीमा के निर्धारण के कारणों की सटीक व्याख्या तकनीकी परिशिष्ट में की गई है। इससे प्राप्य विशेष

अभिज्ञान यह है: पूंजी के स्तर के स्वर्णिम नियम द्वारा वर्णित से अधिक हो जाने पर पूंजी पर प्रति प्राप्ति दर संवृद्धि दर से नीचे खिसक जाएगी, पूंजी का दीर्घकालिक अंश बचत दर से कम हो जाएगा। सामाजिक दृष्टि से यह विचित्र सा लगता है क्योंकि कि यहां तो पूंजी को अपने स्तर पर ही बनाए रखने की लागत उससे संभव प्रतिप्राप्ति से अधिक हो जाती है। इस प्रकार की "गत्यात्मक दक्षताहीनता" उसी समय संभव है जब व्यक्ति प्रतिप्राप्ति की चिंता किए बिना ही बचत करने लगे: उदाहरण के लिए, वे अपनी बढ़ती हुई जीवाशा के संदर्भ में वृद्धावस्था के लिए बचत जमा करने में व्यस्त हो सकते हैं। उस दशा में सरकार के लिए दक्षतापूर्ण नीति पूंजी के भंडार को कम करने की होगी—उदाहरण के लिए इस कार्य के निमित्त सरकार बड़े पैमाने पर सार्वजनिक ऋण पत्र जारी कर सकती है। इस प्रकार एक पूंजीकृत पेन्शन व्यवस्था का स्थान एक "कमाते जाओ चुकाते जाओ" व्यवस्था ग्रहण कर लेगी। किन्तु इस प्रकार की आकर्षक सैद्धांतिक नीति को कहीं भी व्यावहारिक रूप नहीं दिया गया है, वैसे यह भी सत्य है कि प्राय: सभी परिचित समाजों में पूंजी पर औसत प्रतिप्राप्ति दर सदैव संवद्धि दर से अधिक ही पायी जाती है।

43. व्यवहारिक स्तरपर एक पूंजी कर [या फिर पूंजी पर सार्वजनिक स्वामित्व यह सुनिश्चित कर सकता है कि निजी पूंजी पर कर पश्चात् आय के रूप में दिया जाने वाला राष्ट्रीय आय का अंश बचत दर से कम रह जाएगा और इतना कुछ संचित करने की भी आवश्यकता नहीं रहेगी। महायुद्धो परांत सामाजिक लोकतांत्रिक आदर्श कुछ इस प्रकार था: लाभ से निवेश का वित्तीयन हो, नकि शेयर पूंजीधारियों की विलासता का। जर्मनी के चान्सलर हेल्मट श्मिट का कहना था: "आज के लाभ कल के निवेश है और परसों यही नए रोजगार बन जाएंगे।" पूंजी और श्रम साथ-साथ काम करते हैं। किन्तु यह समझ लेना भी आवश्यक है कि इसके लिए उपयुक्त संस्थाओं की आवश्यकता होगी,

अर्थात कर और सार्वजनिक स्वामित्व आदि की [अन्यथा हमें संचयन के अप्रत्याशित स्तर की कल्पना करनी पड़ेगी]।

44. एक प्रकार से स्वर्णिम नियम की सोवियत व्याख्या ने निजी पूंजीपति की अपरिमित संचय की कामना को सामूहिकता को अंतरित कर दिया था। केन्ज ने अपनी पुस्तक The General Theory of Employment Interest and Money [1936] के अध्याय16 और 24 में "भाड़ा जीवी की इच्छामृत्यु की व्याख्या करते हुए "पूंजी संतृप्ति" के बहुत निकट के एक विचार को विकसित किया था: भाड़ा जीवी द्वारा इतना अधिक संचय होगा कि उसकी पूंजी पर प्रतिप्राप्ति की दर शून्य रह जाएगी—अर्थात वह भाड़ा जीवी स्वेच्छया मृत्यु का वरण कर बैठेगा। किन्तु केन्ज भी अधिक स्पष्ट नहीं थे कि वह संचय कितना होगा [उन्होंने r = g] की चर्चा ही नहीं की] और न ही सार्वजनिक संचयन पर खुलकर कोई बात की।"

45. इस समस्या का गणितीय समाधान तकनीकी परिशिष्ट में है। संक्षेप में कहें तो सबकुछ उपयोगिता फलन की अवनतोदरता कही जाने वाली विशेषता पर निर्भर है [हम इसे अध्याय–10 में r = θ + r × g] सूत्र द्वारा व्यक्त कर चुके हैं—इसे "परिवर्तित स्वर्णिम नियम" भी कहा जाता है]। अनन्त अवनतोदरता होने पर भावी पीढ़ियों को सौंवे अतिरिक iPhone की आवश्यकता नहीं होगी और कोई भी उनके लिए पूंजी छोड़ कर नहीं जाएगा। इसके दूसरे चरम छोर पर हम स्वर्णिम नियम का अनुसरण करते हुए कई दर्जन वर्षों की राष्ट्रीय आय के समान पूंजी संचित करने में जुट सकते हैं। राउल्स के सामाजिक उद्देश्य के विचार के साथ समीकृत यह अनंत अवनतोदरता का विचार बहुत लुभाता है। किन्तु समस्या यही है कि यदि भविष्य के लिए कुछ भी पूंजी नहीं छोड़नी तो क्या उत्पादिता वृद्धि का क्रम इसी प्रकार चलता रह पाएगा? इस समस्या का समाधान सहज नहीं है—इससे अर्थशास्त्री भी उतने ही हतप्रभ है जितने कि सामान्य नागरिक।

46. अधिक व्यापक स्तर पर एक "स्वर्णिम नियम" वह नैतिक अपरिहार्यता है जो जनता के पारस्परिक दायित्वों की परिभाषा करता है। प्राय: अर्थशास्त्र और राजनीतिशास्त्र में इसी को उन सामान्य नियमों के निरूपण के लिए प्रयोग किया जाता है जो वर्तमान जनसंख्या के भावी पीढ़ियों के प्रति दायित्वों का निर्धारण करते हैं। दुर्भाग्यवश अभी तक ऐसा कोई सरल नियम नहीं विकसित हो पाया है जो इस अस्तित्व मूलक प्रश्न का निश्चयात्मक समाधान प्रदान करने में सक्षम हो। अत: इस प्रश्न को बार–बार उठाना अनिवार्य रहेगा।

47. ये आंकड़ों को 2012 में हस्ताक्षरित नई संधि में भी सम्मिलित रहे, हां एक नई विशेषता भी जोड़ दी गई: "संरचनात्मक" घाटा सकल घरेलू उत्पाद के 0.5 प्रतिशत तक सीमित रहेगा [यह संरचनात्मक घाटा व्यवसाय चक्रीयता के प्रभावों का निवारण करता है], साथ ही इन प्रतिबद्धताओं का अनुपालन नहीं करने पर स्वचालित रूप से दंड का विधान भी किया गया था। एक बात पर ध्यान दें: सभी यूरोपीय संधियों में घाटे के आंकड़े द्वितीयक घाटे से संबंधित हैं [सार्वजनिक ऋण पर ब्याज के आंकड़े भी व्यय के साथ जोड़ दिए जाते हैं]।

48. सूत्र $\beta = s/g$ को सार्वजनिक ऋण पर लागू करने पर तीन प्रतिशत का घाटा ऋण–सकल घरेलू उत्पाद अनुपात को 60 प्रतिशत पर स्थायित्व प्रदान कर सकता है—यदि मौद्रिक घरेलू उत्पाद की संवृद्धि दर 5 प्रतिशत [2 प्रतिशत स्फीति, 3 प्रतिशत वास्तविक उत्पादन वृद्धि] हो। किन्तु यह तर्क बहुत स्वीकार्य नहीं हो पाता—क्योंकि ऐसी किसी मौद्रिक संवृद्धि दर के लिए कोई वास्तविक औचित्य नहीं दिखाई देता। देखें तकनीकी परिशिष्ट।

49. उन्नीसवीं सदी के अंत—बीसवीं के प्रारंभ में अमेरिकी सर्वोच्च न्यायालय ने संघीय आय कर लागू करने के कई प्रभावों को निरस्त कर दिया था—यहीं नहीं 1930 के दशक में न्यूनतम मजदूरी विधेयक को भी न्यायालय ने संविधान के विरुद्ध माना था—हां दो शतियों के

लगभग दासता और जातीय भेदभाव को मौलिक संवैधानिक अधिकारों के पूर्णत: अनुरूप माना जाता रहा! अभी कुछ समय पूर्व फ्रांस की संविधान पीठ ने एक ऐसे दीर्घ वैधानिक विचार विमर्श, जिसके विषय में पीठ के अतिरिक्त किसी को कोई जानकारी नहीं है, के बाद आयकर की वह अधिकतम सीमा निर्धारित करने का सिद्धांत गढ़ा है जो संविधान संगत हो—यह दर 65–67 प्रतिशत के बीच है। पर यह संविधान पीठ भी यह निश्चित नहीं कर पायी कि इस सीमा में "कार्बन उत्सर्जन कर" भी सम्मिलित होगा या नहीं।

50. यह भी वैसी ही समस्या थी जो 'कमाते जाओ चुकाते जाओ' व्यवस्था में प्रतिप्राप्ति को लेकर उठी थी। जब तक संवृद्धि दर सबल थी और राजकोषी आधार का विस्तार उस दर से हो रहा था जो ऋण पर ब्याज की दर के सामान प्राय: था तो सार्वजनिक ऋण का राष्ट्रीय आय से अनुपात घटाना सहज था। किन्तु, जब संवृद्धि दर शिथिल हो जाए तो ऋण के भार को घटा पाना सहज नहीं रहता। यदि 1970–2010 की अवधि की औसत लें तो पता चलता है कि ऋण पर ब्याज औसत प्राथमिक घाटे से कहीं अधिक रहा है—जो कई देशों में, विशेष कर इटली में, शून्य के निकट है जबकि ऋण पर ब्याज सकल घरेलू उत्पाद के 7 प्रतिशत के विशाल स्तर पर पहुँच चुका है। देखें तकनीकी परिशिष्ट और प्रतिपूरक तालिका S16.1।

51. यदि इस प्रश्न को संविधानीकृत कर दिया जाए तो पूंजी पर कर जैसे समाधान को असंवैधानिक ठहराना असंभव प्राय: हो जाएगा।

52. Sterns और Nordhaus की अपनी चुनी हुई काटा दर की निर्धारण विधि को तकनीकी परिशिष्ट में देखें। मजेदार बात यह है कि इन दोनों ने उसी परिवर्तित स्वर्णिम नियम का प्रयोग किया है जिसके मैंने कुछ पहले चर्चा की थी—किन्तु इन्होंने सामाजिक उपयोगिता फलन की अवनतोदरता के चयन में बिल्कुल अलग अलग दृष्टिकोण अपना लिए हैं [नोर्घोस ने स्टेर्न की अपेक्षा अधिक राउल्सवादी चयन किया है ताकि

वह भावी पीढ़ियों की वरीयताओं को दिए गए अत्यल्प भार मान को उचित ठहरा सके]। एक कहीं अधिक स्वीकार्य विधि तो इस तथ्य का समावेश करना होगा कि प्राकृतिक पूंजी की अन्य सभी प्रकार की पूंजियों के लिए प्रतिस्थापन क्षमता दीर्घकाल में भी अनंत नहीं हो पाती [जैसाकि रोजर गस्नेरी और थामस स्टेर्नर ने मान लिया है]। दूसरे शब्दों में यदि प्राकृतिक पूंजी नष्ट कर दी जाए तो भविष्य में iphone की कम संख्या का प्रयोग भी उस हानि का परिमार्जन नहीं कर पाएगा।

53. जैसा हमने नोट किया है, सरकारी ऋणों पर वर्तमान निम्न ब्याज दरों को अस्थायी और कदाचित भ्रामक मानना चाहिए: कितने ही देशों को कहीं अधिक ब्याज देना पड़ रहा है और इस बात की बहुत कम संभावना है कि इस समय 1 प्रतिशत से कम ब्याज पर ऋण पाने का सुख भोगने वाले देश दशकों तक यह आनंद उठा पाएंगे। वस्तुत: 1970–2010 की अवधि का विश्लेषण दिखाता है कि धनी देशों में दीर्घकालिक सार्वजनिक ऋणों पर वास्तविक ब्याज दर 3 प्रतिशत के आस पास है; देखें तकनीकी परिशिष्ट। फिर भी वर्तमान निम्न ब्याज दर अधिक सार्वजनिक निवेश के पक्ष में एक सशक्त आधार प्रस्तुत कर रही है [कम से कम जब तक यह ब्याज की दर निम्न रहती है]।

54. पिछले कई दशकों से [मूल्य ह्रास से निवल] वार्षिक सार्वजनिक निवेश का मान अधिकांश धनी देशों में सकल घरेलू उत्पाद के 1–1.5 प्रतिशत के बीच रहा है। देखें तकनीकी परिशिष्ट और प्रतिपूरक ता. S16.1

55. इसमें ऊर्जा उपभोग की लागत बढ़ाने वाले कार्बन कर *(Carbon Tax)* जैसे उपस्कर सम्मिलित है—पैट्रोल पर लगे करों के विपरीत बजट के उतार चढ़ाव नहीं बल्कि कार्बन डाई आक्साईड के उत्सर्जन का फलन होता है। किन्तु यह विश्वास करने के भी पर्याप्त कारण है कि उत्सर्जनों पर कीमत संकेतों के प्रभाव कम ही रहते हैं—इनकी अपेक्षा

सार्वजनिक निवेश एवं निर्माण सहिंताओं में परिवर्तन [ताप प्रतिरोधक उपायों को सम्मिलित करना] कहीं अधिक प्रभावी सिद्ध होते हैं।

56. यह विचार कि निजी संपत्ति एवं बाजार व्यवस्था [कतिपय शर्तें पूरी होने पर] लाखों व्यक्तियों के पास उपलब्ध योग्यताओं एवं जानकारियों में समन्वय और उनका दक्षतापूर्ण प्रयोग संभव बनाती हैं, ऐडम स्मिथ, फ्रेड्रिक हेक और केन्नेथ एँरो तथा क्लॉड डेबरॉय आदि की रचनाओं में मिलता है। साथ ही यह विचार कि मतदान जानकारियों के समूहन की एक विधि प्रदान करता है [विचारों,चिंतन आदि को भी सामूहिक स्वरूप प्रदान कर सकता है] भी बहुत पुराना है और इसका उद्गम काँर्डोसे की रचनाओं से हुआ है। राजनीतिक संस्थाओं और निर्वाचन प्रणालियों विषयक इस रचनात्मक विश्लेषण विधि में चल रहे आधुनिक शोध कार्यों के लिए तकनीकी परिशिष्ट देखें।

57. उदाहरण के लिए: यह अध्ययन कर पाना भी महत्त्वपूर्ण होगा कि विभिन्न देशों के राजनीतिक अधिकारी धन एवं आय की क्रमिकताओं में किस स्तर पर अवस्थित हैं [देखें पिछले अध्याय]। फिर भी, सांख्यिकीय संक्षेपण इस उद्देश्य के लिए पर्याप्त रह सकते हैं, प्राय: व्यक्ति स्तर के विस्तृत विवरण की आवश्यकता नहीं होती। हां, जब कोई अन्य मार्ग नहीं बचे तो विश्वास की स्थापना करने के लिए तो 1789–90 की क्रांतिकारी महासभाओं का एक प्रथम कदम नामानुसार शाही सरकार द्वारा विभिन्न व्यक्तियों को दी गई धन राशियों की सूची "पैंशन आंकड़ा सार" प्रकाशित करना था [इसमें भूतपूर्व अधिकारियों एवं अपनी चहेतों आदि को ऋण वापसी और पेंशन के रूप में दी गई राशियां अंकित की गई थी]। इस 1600 पृष्ठ की पुस्तक में 23,000 नामों की सूची थी उनके विभिन्न आय स्रोतों को व्यक्ति वार स्तर पर एकत्र कर के दिखाया गया था। किस मंत्रालय द्वारा किस आयु के व्यक्ति को किस कारण भुगतान किए गए, अंतिम भुगतान कब हुआ आदि भी बताए गए थे। यह अप्रैल 1790 में

प्रकाशित हुई थी। इस विलक्षण दस्तावेज के विषय में देखें: तकनीकी परिशिष्ट।

58. इसका मुख्य कारण यही है कि मजदूरी को भी अन्य मध्यवर्ती आदानों के साथ एक ही समूह में जोड़ दिया जाता है [अर्थात अन्य फर्मों/इकाइयों से खरीदारी इसी खाते से श्रम और पूंजी दोनोंको प्रतिफल प्रदान किए जाते हैं]। अत: प्रकाशित लेख से कभी लाभ और मजदूरी के बीच विभाजन स्पष्ट नहीं हो पाता, उन से हमें मध्यवर्ती उपभोग [जो प्राय: फर्म के अधिकारियों और शेयरधारियों की आय बढ़ाने का परोक्ष माध्यम भी होता है] के दुरूपयोग का रहस्योदघाटन करने के अवसर भी नहीं मिल पाते। उदाहरण के लिए तकनीकी परिशिष्ट में लोनमिन खातों और मेरीकाना खदानों पर ध्यान दें।

59. यहां लोकतंत्र के प्रति जेक्वेस रेन्सीअर जैसे दार्शनिक जैसा आपत धर्मवादी दृष्टिकोण अपरिहार्य हो जाता है। उनकी रचना La baine de la democratie [Paris : La Fabrique, 2005] विशेष रूप से पठन योग्य है।

निष्कर्ष

1. ध्यान रहे: यह सोचना पूर्णत: वैध होगा कि संवृद्धि दर g में वृद्धि से पूंजी पर प्रतिप्राप्ति दर r, में भी वृद्धि होगी और इस कारण से यह आवश्यक नहीं कि [r – g] का अन्तराल कम हो पाए। देखें: अध्याय–10।

2. जब हम जीन–पॉल सार्त्रे, लुइस एल्ट्सर और एलैन बाडिओ जैसे दार्शनिकों उनकी मार्क्सवादी या/तथा साम्यवादी प्रतिबद्धताओं को लेकर अध्ययन करते हैं तो कई बार यह अनुभूति होती है कि पूंजी और वर्ग विषमता में उनकी रूचि तो सामान्य स्तर तक ही सीमित रही है और ये संभवत: किन्हीं अन्य प्रकार के वाग संग्राम का बहाना मात्र रही है।

■ ■ ■

विस्तृत अनुक्रम

खण्ड-3 : विषमता की संरचना

तालिकाएं और रेखाचित्र

तालिका Table

रेखाचित्र Graph

शब्दावली

अपरिमित संचयन (Infinite Accumulation) : पूंजी का निरंतर संचयन होने से समाज ऐसी स्थिति की ओर अग्रसर होने लगता है जिसमें सकल उत्पादन का निरंतर वृद्धिमान अंश पूंजी निर्माण के लिए प्रयोग करना अनिवार्य प्रतीत होता है। यहाँ तो अधिकांश व्यक्तियों की मूलभूत आवश्यकताओं की भी अनदेखी कर निरंतर अधिक से अधिक लाभ कमाने का ध्येय प्रमुख हो जाता है।

अमेरिकी विशिष्टता/विलक्षणता (American Exceptionalism): संयुक्त राज्य में वर्ग निबद्ध यूरोपीय देशों की अपेक्षा व्यक्तियों के समाज में उच्च स्तरों की ओर अधिक सहज संक्रमण की धारणा।

अपसृति (Divergence): किसी सामान्य प्रवृत्ति से अन्य दिशा की ओर प्रवाह

अभिसृति (Convergence): किसी एक बिन्दु या सांझे बिन्दु की ओर अग्रसर होना।

अर्जित आय (Earned Income): श्रम से कमाई गई आय।

स्वअर्जित/स्वसंचित पूंजी (Self Accumulated Capital): अपनी कमाई से बचत द्वारा संग्रहित पूंजी।

अनार्जित सम्पदा (Un-earned Wealth): किसी से उपहार या उत्तराधिकार में मिल गई सम्पदा।

अत्यंत प्रतिभा तंत्रीय समाज (Exreme Meritocratic Society): वह देश जहां प्रतिभा ही सर्वोपरि मानी जाती हो।

अत्यंत सम्पदाधारित समाज (Extreme Patrimonial Society): वह समाज जहां उत्तराधिकार में मिली सम्पदा ही सर्वोपरि हो।

अल्पाधिकारी अपसृति (Oligopolistic Divergence): प्रतियोगिता के स्तर में बहुत कमी आने केवल इने गिने प्रतियोगी रह जाने के कारण प्रवृत्तियों में आ रही अपसृति।

आयु-सम्पदा परिदृश्य (Age-Wealth Profile): समाज के सदस्यों की आयु वर्ग के अनुसार धन-सम्पदा धारिता।

अवमूल्यन (Devaluation): किसी मुद्रा के विदेशी मुद्राओं से विनिमय मान में कमी करना

आय क्रमिकता (Income Distribution): आय के स्तर के अनुसार निम्न से उच्च तक जनसंख्या का वर्गीकरण या विभाजन। न्यूनतम एक प्रतिशत को यहाँ हम प्रथम शतमंक कहेंगे।

उपनिवेश व्यवस्था (Colonial System): एक देश का दूसरे देश में शासन। यहाँ शासित देश को उपनिवेश कहते हैं।

उपभोग (Consumption): वस्तु या सेवा के प्रयोग से संतुष्टि की प्राप्ति।

उपभोग कर (Consumption Tax): उपभोग पर व्यय के अनुसार लगने वाला कर।

उदीप्यमान अर्थव्यवस्थाएं (Emerging Economies): वे देश जहां अभी कुछ समय से ही तीव्र आर्थिक संवृद्धि का क्रम प्रारंभ हुआ है।

उत्तराधिकार प्रवाह (Inheritance Flow): अगली पीढ़ी को अंतरित धनसम्पदा का वार्षिक प्रवाह।

एक समान दर पर कर (Flat Rate Tax): कर की दर का व्यक्ति की आय या सम्पदा से संबंध नहीं होना–सभी से एक जैसी राशी या एक ही दर पर कर की उगाही।

कर स्वर्ग (Tax Havens): वह देश जहां कर शून्य प्राय: हैं।

केंद्रीय बैंक (Central Bank): वह बैंक जो देश की मुद्रा व्यवस्था का संचालन करता है। अनेक देशों में इसे रिजर्व बैंक कहा जाता है।

कार्बन कर (Carbon Tax): कार्बन डाइऑक्साइड गैस के [औद्योगिक] उत्सर्जन पर कर।

किराया-भाड़ा जीवी (Society Rentiers): वह वर्ग जो पूंजी से प्राप्त आय पर निर्भर रहते हैं।

क्रय शक्ति समता या तुल्यता (Purchasing Power Parity): विभिन्न देशों की तुलना में प्रयुक्त विधि। इसके अनुसार भारत और संयुक्त राज्य अमेरिका की आय की तुलना करते हुए एक डालर को आज प्रचलित 66 रुपये के [लगभग] समान नहीं माना जाता। हम यह जानने का प्रयास करते हैं कि भारत में आंतरिक रूप से जिन वस्तुओं की खरीदारी एक रुपये में हो

जाती है उन पर संयुक्त राज्य में कितने डालर खर्च होंगे। इस दृष्टि से एक डालर 66 रुपये नहीं 12-13 रुपये के समान ही बनता है।

गत्यात्मकता (Dynamics):

ज्येष्ठाधिकार (Primogeniture): वह व्यवस्था जहां सबसे बड़े पुत्र को ही सारी संपत्ति उत्तराधिकार में मिलती थी। इस व्यवस्था में किसी मृतक के पुत्रविहीन होने पर उसकी सारी संपत्ति किसी अन्य निकटतम पुरुष संबंधी को भी मिल जाती थी।

जनांकीय (Demographic): जनसंख्या संबंधी।

जब्तीकारी कर (Confiscatory Tax): वह कर जो अपने निर्धारण के आधार को ही निगल जाता है उदाहरण : किसी आय पर 100% दर से लगा कर। बहुत उच्च दर पर [90% या अधिक] लगने वाले करों को भी जब्तीकारी करोंका नाम दे दिया जाता है।

जीवनचक्र सिद्धांत (Life Cycle Theory): इस सिद्धांत के अनुसार व्यक्ति अपने सेवानिवृत्त जीवन काल में निर्वाह के ध्येय से ही बचत करता है–और अन्ततः मृत्यु के समय तक सारी बचत राशियों का उपयोग कर जाता है।

तरलता (Liquidity): नकद मान।

दशमंक (Decile): दसवां अंश। आयक्रमिकता में न्यूनतम 10 प्रतिशत का धारक वर्ग प्रथम दशमंक होगा।

दीर्घोपयोगी वस्तुएं (Durable Goods): वह वस्तुएं जिनका हम काफी समय तक प्रयोग करते रहते हैं – जैसे घर में उपकरण, फर्नीचर आदि।

धन संचयन (Accumulation of Wealth): धन सम्पदा का एकत्र/संग्रहित होना।

धनक्रमिकता (Wealth Distribution): धन का निम्न से उच्चतम स्तरों की ओर वितरण। हम इस वितरण में भी शतमंक, दशमंक आदि का आंकलन कर रहे हैं।

धीमी संवृद्धि (Low Growth): निम्न वार्षिक दर पर संवृद्धि।

निधि कोष (Endowment): संस्थानों द्वारा जमा करके रखे गए वह कोष जिनसे प्राप्त होने वाली आय से वे संस्थान अपना काम चलाते हैं–उस कोष को खर्च नहीं करते–हां उसमें कुछ और जमा किया जा सकता है। वैश्विक

वितरण धन, उत्पादन, आय, पूंजी, विषमता आदि का विभिन्न देशों के उक्त परिमाणों में अंशों का निरूपण।

पर्या-उत्प्रेरणा (Environmental Stimulus): पर्यावरण द्वारा प्रदान प्रेरणाएं।

प्रतिस्थापन की लोच (Elasticity of Substitution): उत्पादन प्रक्रिया में उत्पादन स्थिर रहते हुए एक संसाधन के स्थान पर अन्य के प्रयोग की प्रतिशत दर। उपभोग में भी हम एक के स्थान पर दूसरी वस्तु के प्रतिस्थापनकी दर का इसी प्रकार आकलन करते हैं।

प्रति व्यक्ति आय (Per Capita Income): देश की आय [राष्ट्रीय आय] ÷ [जनसंख्या]

प्रगतिशील कर (Progressive Tax): ऐसा कर जिसकी दर आय या सम्पदा के आकार के अनुसार अधिक हो जाती है। भारत में व्यक्तियों पर लगने वाला आय कर इसका एक उदाहरण है।

प्रतिगामी कर (Regressive Tax): ऐसा कर जिसकी भार निम्न आर्य वर्गपर अधिक रहता हो। उदाहरण: व्यक्ति कर – प्रत्येक व्यक्ति पर एक समान कर राशियां चुकाने का भार।

प्रसमूह (Cohort): किसी एक विशेषता से जुड़ी इकाइयों का समूह : उदाहरण किसी एक वर्ष में जन्में व्यक्तियों का समूह।

पारदर्शिता (Transparency): लेन देन, नियम लागू करने आदि में स्पष्टता।

पूंजी (Capital): सामान्यत: व्यक्ति या समाज के धन का वह अंश है जो आगे उत्पादन में काम आ रहा हो। उसी को पूंजी कहा जाता है। किन्तु इस पुस्तक में पूंजी का अर्थ धन-सम्पदा से ही लिया गया है।

पूंजी आय/प्रतिप्राप्ति (Capita Income/Return on Capital): पूंजी से प्राप्त होने वाली आय

पूंजी पर प्रति प्राप्तिदर (Rate of Return on Capital): वार्षिक पूंजी आय और उस पूंजी का अनुपात (प्रतिशत में)

पूंजी का प्रत्यावर्तन (Transformation of Capital): इतिहासकाल में पूंजी के स्वरूप अौर रचना में परिवर्तन–भू-सम्पदा, गुलामों की संख्या,

औद्योगिक पूंजी, भवन सम्पदा, वित्तीय पूंजी आदि के ऐतिहासिक विकास क्रम का विचार।

पूंजीगत लाभ (Capital Gains): दीर्घकाल पश्चात् किसी पूंजीगत साधन को उसकी खरीद/निर्माण पर आई लागत से अधिक मूल्य पर बेचकर कमाया गया लाभ।

पूंजी/आय अनुपात (Capital/Income Ratio): देश की समस्त पूंजी और उसकी वर्ष भर की उत्पादित आय का अनुपात।

पूंजी-श्रम विभाजन (Capital-Labour Split): उत्पादित मूल्य का श्रम और पूंजी के अंशों में विभाजन।

पूंजी कर (Capital Tax): पूंजी के मूल्यानुसार उस पर लगने वाला कर।

पूर्ण स्पर्धा/प्रतियोगिता (Perfect Competition): जहां बाजार में क्रेताओं और विक्रेताओं की संख्या बहुत ही विशाल होती हैं, कोई भी एक व्यक्ति अपने व्यवहार से बाजार की कीमत को प्रभावित नहीं कर पाता और सभी उत्पादक समरूप [एक जैसा] सामान बेचते हैं। इस बाजार में प्रवेश या यहाँ से बाहर जाने पर कोई प्रतिबंध नहीं होता। बाजार विषयक सारी जानकारी प्रत्येक व्यक्ति को निशुल्क और स्वतंत्र रूप से सुलभ होती है।

पूंजी संचयन का स्वर्णिम नियम (Golden Rule of Capital Accumulation): एडमंड फेल्प्स द्वारा सुझाया गया वह पूंजी संचयन का नियम जिसके अनुसार पूंजी के संचय से उस पर प्रति प्राप्ति की दर अर्थव्यवस्था की संवृद्धि दर के समान हो जाती है।

बाजार की अपूर्णता (Market Imperfection): पूर्ण प्रतियोगी बाजार के लिए बताई गई एक या अधिक शर्तों का पूरा नहीं हो पाना। ऐसे बाजार एकाधिकार प्रतियोगी, अल्पाधिकारी, द्वैधाधिकारी या फिर एकाधिकारी हो सकते हैं।

भौतिक पूंजी (Physical Capital): मानवीय पूंजी से भिन्न वह धन सम्पदा जो उत्पादन में काम आ रही हो–या जिससे आय का प्रत्यक्ष अथवा परोक्ष 'प्रवाह' सृजित हो रहा हो। इसमें भूमि, भवन सम्पदा [आवासीय एवं गैर आवासीय], कारखानों में लगी मशीनें, उपकरण, वाहन, संरचनात्मक सुविधाएं–जैसे कि सड़कें, रेलवे, जल, विद्युत आपूर्ति शिक्षा एवं स्वास्थ्य सेवा व्यवस्थाएं आदि सम्मिलित हैं।

मंदी (Depression): वह आर्थिक परिदृश्य जिसमें रोजगार व उत्पादन में कमी आ रही हो।

मानवीय पूंजी (Human Capital): श्रम का कौशल शिक्षा-प्रशिक्षण आदि से श्रमिकों की उत्पादिता में वृद्धि ही मानवीय पूंजी का निर्माण है।

माध्यिका (Median): वह विभाजिका जिससे नीचे समाज का आधा भाग हो।

मितव्ययता (Austerity): कम खर्च करना, सादगी से निर्वाह।

मुद्रास्फीति (Inflation): कीमतों में निरंतर वृद्धि।

मूल्य ह्रास (Depreciation): उत्पादन प्रक्रिया में मशीनों आदि की घिसावट के कारण उनके मूल्यमान में कमी।

राजकोषीय प्रवाह (Fiscal Flow): सरकार के कोष में/से प्रवाह।

राजकोषीय दबाव (Fiscal Pressure): प्राय: सरकार के व्यय का प्राप्तियों से अधिक हो जाना। इसे 'राजकोषीय घाटे' या 'घाटे की वित्त व्यवस्था' द्वारा भी इंगित किया जाता है।

राजकोषीय स्पर्धा (Fiscal Competition): विभिन्न देशों के बीच पूंजी को आकर्षित करने के लिए निगम क्षेत्रों को दी जा रही रियायतों की स्पर्धा।

वित्तीय परिसम्पदाएं (Financial Assets): वह सम्पदाएं जिनका मौद्रिक मान पूर्व-निर्धारित है और इसको किसी पत्रक पर अंकित किया गया है। इस मान में बाजार की दशाओं और अनेक राजनीतिक सामाजिक परिस्थितियों के कारण बदलाव आ सकते हैं–

उदाहरण : शेयर पत्र [अंश पूंजी], बांड आदि

वित्तीय बाजार (Financial Market): वह बाजार जहां वित्तीय परिसम्पदाओं का लेन देन होता है।

विदेशी पूंजी (Foreign Capital Holding): विदेशियों की हमारे देश में पूंजी और हमारे देशवासियों की विदेशों में पूंजी।

विषमता (Inequality): समानता का अभाव। यह अभाव आय में, धन सम्पदा धारण में–या किसी भी लक्षण में हो सकता है।

विनियमन (Regulation): अधिकारिक स्तर पर कुछ नियम-प्रतिबंध लागू करना।

शतमंक (Centile): सौंवां अंश-सौ में से एक अंश।

शीर्षस्थ दशमंक (Top Decile): उच्चतम 10 प्रतिशत वाला वर्ग।

शीर्षस्थ शतमंक (Top Centile): उच्चतम एक प्रतिशत वाला वर्ग।

स्वर्णमान (Gold Standard): वह मुद्रा व्यवस्था जहां बैंक अपने पास स्वर्ण भंडार के मूल्य जितनी ही मुद्रा का निर्गमन करते थे। इस प्रकार विभिन्न देशों की मुद्राओं की विनिमय दरें उनके द्वारा इंगित सोने के मूल्य से निर्धारित हो जाती थी।

स्पर्धा या प्रतियोगिता (Competition): पूंजीवादी बाजार व्यवस्था, जहां सभी उपभोक्ता आवश्यक वस्तुएं पाने के लिए बाजार में स्पर्धा करते और विक्रेता/उत्पादक अपना माल बेचने की स्पर्धा करते हैं।

सम्पदाधारी पूंजीवाद (Patrimonial Capitalism): सामंतवादी व्यवस्था से भिन्न वह पूंजीवादी सामाजिक व्यवस्था जहां विशाल पूंजी [धनसम्पदा] एक पीढ़ी से अगली पीढ़ी को अंतरित होती थी।

सम्पदा कर (Estate Duty): उत्तराधिकार कर अनेक देशों में उत्तराधिकार की प्राप्ति के समय देय कर को सम्पदा कर [Estate Duty] का नाम दिया जाता है।

संचयी संवृद्धि का नियम (Principle of Cumulative Growth): निम्न वार्षिक दर पर संवृद्धि भी दीर्घकाल में बहुत बड़े आकार का कारण बन जाती है।

संतुलन वितरण (Equilibrium Distribution): आय या धनसम्पदा का वह वितरण जिसमें सतुलन दिखाई देता है।

समानीकरण और संवृद्धि (Equalization and Growth): संवृद्धि की दरों में अंतर के कारण आने वाली समानता। यदि एक देश की संवृद्धि दर एक प्रतिशत हो और दूसरे की 10 प्रतिशत तो भले ही प्रारंभ में पहला देश धनी रहा हो–कुछ वर्षों में दूसरा देश उसके निकट पहुंच जाएगा। इसे ही अभिसृति भी कहा जाता है।

संकुलन (Concentration): धन सम्पदा या आय का कम से कम हाथों में सिमटते जाना।

सहधारिता (Mutualization): यूरोप में वर्तमान में यूरोपीय संघ के सदस्य देशों के ऋण भारों को 'सांझे दायित्व' का रूप देने का विचार।

संक्षोभ: धक्के (Shocks): आघात वह घटनाएं जो समाज की चल रही व्यवस्था को झकझौर देती है : जैसे महायुद्ध आदि।

सुपर प्रबंधक (Super Manager): वह प्रबंधक जिन्हें बहुत ही उत्कृष्ट या विलक्षण माना जा रहा है।

सुपर उद्यमी (Super Entrepreneur): वह उद्यमी जो बहुत ही सफल रहे हैं।

सार्वजनिक ऋण (Public Debt): सरकार एवं सरकारी निकायों द्वारा जन-सामान्य एवं बैंक व्यवस्था [देश से बाहर से भी] से लिया गया ऋण। सरकार द्वारा बजट में घाटा दिखाना भी उस द्वारा ऋण लेने के समान होता है।

सीमांत उत्पादिता (Marginal Productivity): किसी साधन की एक अतिरिक्त इकाई का प्रयोग करने से उत्पादन में वृद्धि [अन्य साधनों का प्रयोग स्थिर रहते हुए]।

सामाजिक बीमा योगदान (Social Insurance Contribution): अनेक विकसित देशों में सभी से उनकी आय में से नियमित रूप से कुछ धनराशियां एकत्र की जाती हैं। इस कोष में से सरकार बेरोजगारी भत्ते आदि का भुगतान करती है। अनेक समाज कल्याण प्रकल्प जैसे कि वृद्धाश्रमों, शिक्षा-संस्थानों, चिकित्सालयों के लिए भी इसी कोष की राशियों का बहुधा प्रयोग होता है।

■ ■ ■